# 革新村志

GEXIN CUNZHI

桐乡市梧桐街道革新村志编纂委员会 编

方志出版社

图书在版编目（CIP）数据

革新村志 / 桐乡市梧桐街道革新村志编纂委员会编 .—
北京 ：方志出版社， 2023.9
（桐乡村志丛书）
ISBN 978-7-5144-5702-5

Ⅰ. ①革… Ⅱ. ①桐… Ⅲ. ①村史—桐乡 Ⅳ.
① K295.55

中国国家版本馆 CIP 数据核字（2023）第 153836 号

责任编辑：丛珺
责任校对：刘玉霞
责任印制：梅中英
出 版 者：方志出版社
地　　址：北京市朝阳区潘家园东里 9 号（国家方志馆 4 层）
邮　　编：100021
网　　址：http://www.zgfzcb.cn
发　　行：方志出版社图书营销中心（010-67110500）
印　　刷：桐乡市高美印务股份有限公司
开　　本：710 毫米 ×1000 毫米　1/16
印　　张：49
字　　数：415 千字
版　　次：2023 年 9 月第 1 版
印　　次：2023 年 9 月第 1 次印刷
定　　价：128.00 元

## 桐乡市村志编纂工作领导小组

**组　　长：**朱国清

**副 组 长：**钟　丽　费明强　姚建明　吴云峰

**成　　员：**庄永明　潘洪民　朱振宇　沈长松　于瑞华　沈富洪

领导小组办公室设在市档案馆

## 桐乡市梧桐街道村志编纂工作领导小组

**组　　长：**冯叶萍

**副 组 长：**周　城　董伟锋　殳佳欢

**成员单位：**东方红村　城南村　三新村　逾桥村　钱林村　城西村
革新村　新玄村　城东村　庆丰村　民安村　同心村
梧桐村　桃园村

领导小组办公室设在街道党政办

## 桐乡市梧桐街道革新村志编纂委员会

**顾　　问：**陈志农

**主　　任：**朱玉建

**副 主 任：**庄林法

**委　　员：**方鑫利　朱炬方　戴圣炜　陈　兰　周　鑫　沈柏洪　张建英

**主　　编：**庄复兴

**副 主 编：**庄林法

**撰　　稿：**庄复兴　蔡月林

**审　　稿：**谭晓杰　朱春俊　许剑明

**文字输入：**姚周颖　李君婷　蔡月林

**资料收集：** 蔡月林　庄寿良　沈德兴　陈桂庆　姚阿生　高华生　周庆荣
沈如松　沈兴林　庄水民　徐金忠　徐水根　陈连兴　徐荣玉
徐建国　姚金其　姚福龙　赵伟林　蔡炳明　沈水洪　朱雪州
姚金洲　朱正龙　沈全森　汪虎松　谈发根　吴玉林　张长松
费松泉　高宜发　陈金发　殳伯清　丁阿康　方叙坤　盛兴伦
楼永其　石林芳

**图文提供：** 方鑫利　孔九娜　殳海官　殳连福　朱玉建　朱正龙　朱炬方
朱有林　朱四洪　朱四英　庄林法　庄荣兴　庄金甫　庄寿良
许建明　祁柏林　陈　兰　陈桂庆　陈金坤　沈柏洪　沈德兴
沈金坤　沈龙顺　沈春洪　杨承禹　李永堂　张建英　周　鑫
范子堂　姚金生　姚阿生　姚福权　费兴华　倪阿泉　施培昌
徐建方　徐兰毛　徐福坤　徐正坤　高　峰　盛锡金　曹炳林
潘全宝　戴圣炜

**资料汇总：** 庄寿良　高华生　蔡月林

**扉页题字：** 庄明林

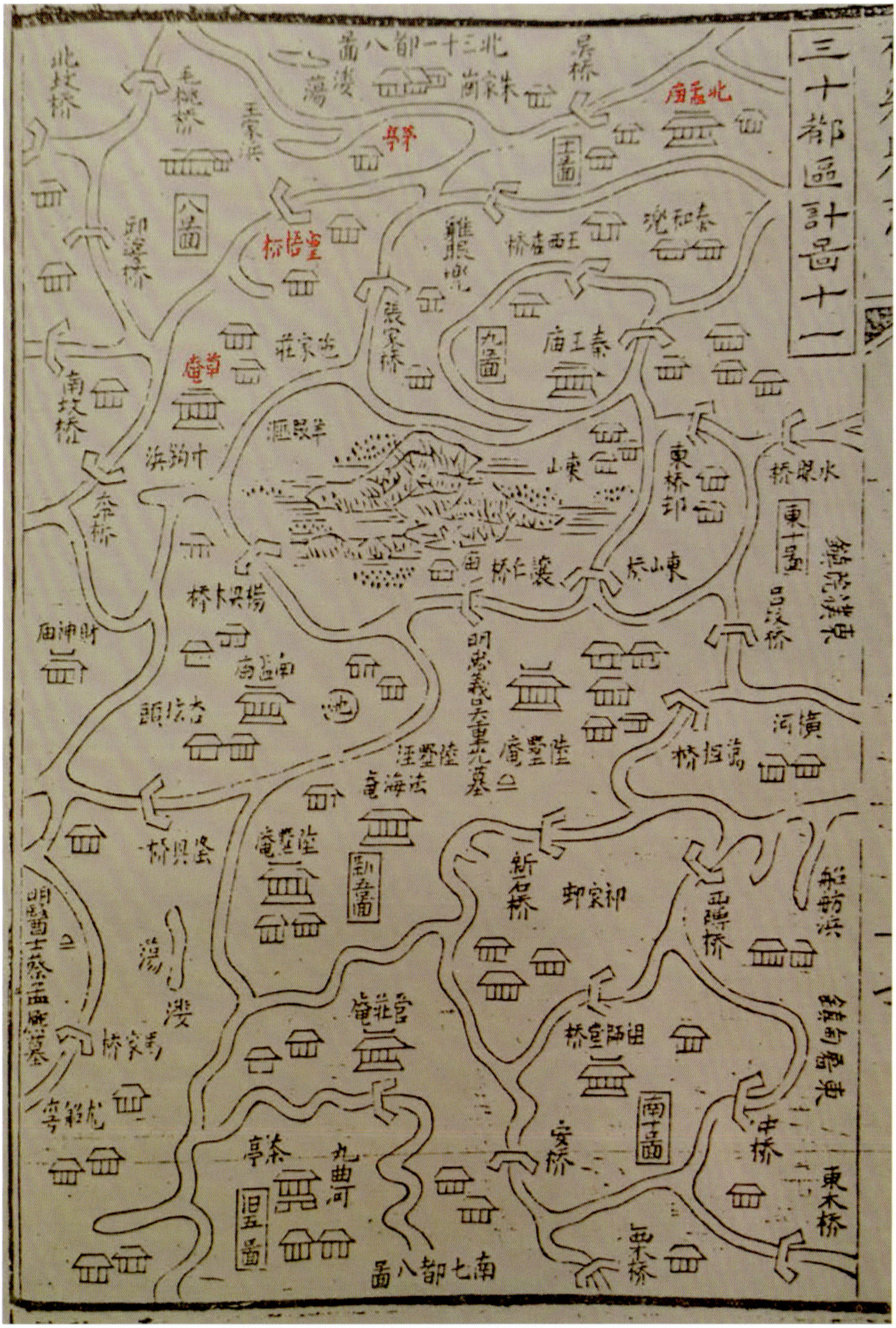


▲ 清嘉庆四年（1799）三十都区图所示部分村域（嘉庆《桐乡县志》）

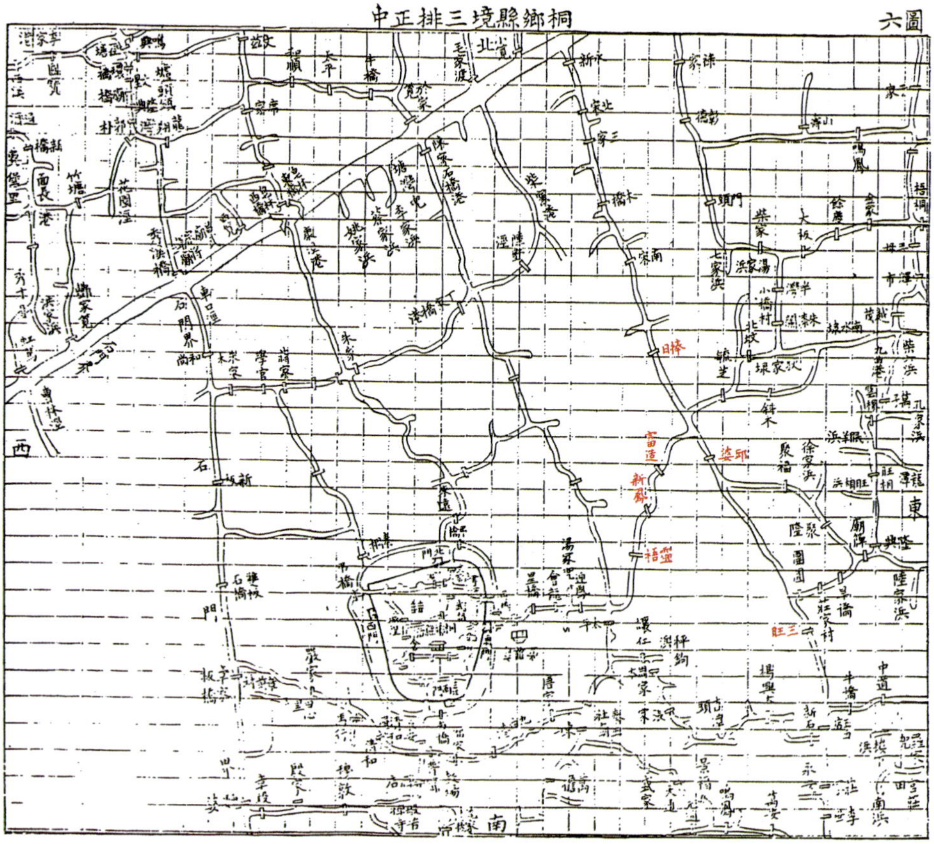


▲ 清光绪年间桐乡县境水系图所示村域水系（光绪《桐乡县志》）

▲ 2000年前革新村域内革一、向阳、新南区划示意图

▲ 振东新城（金炳仁摄于 2019 年）

▲ 灵悟小区大门（李群力摄于 2020 年）

▲ 灵悟小区全景（李群力摄于 2020 年）

▲ 永兴小区大门（李群力摄于 2020 年）

▲ 鸟瞰永兴港与凤凰湖之间的永兴小区（李群力摄于 2020 年）

▲ 金晖小区局部（李群力摄于 2020 年）

▲ 高空俯瞰莲花桥港边的金晖小区（李群力摄于 2020 年）

▲ 革新便民果蔬超市（李群力摄于 2020 年）

▲ 革新小区全景（李群力摄于 2020 年）

▲ 1973 年村域内女社员在耙田（李渭钫摄）

▲ 1974 年村域内机耕队在耕田（李渭钫摄）

▲ 1974 年社员在进行晚稻插秧（李渭钫摄）

▲ 1974 年桐乡县委书记朱士元（右二）在梧桐人民公社革一大队检查农业生产（李渭钫摄）

▲ 1975 年桐乡县农林局下派农技员徐八斤（右一）在新南大队检查水生饲料生长情况（李渭钫摄）

▲ 1975 年社员在采摘杭白菊（李渭钫摄）

▲ 1977 年 7 月 6 日，新南大队达标“百头牧场”，向县委报喜。县委常委宋奇胜（左三）、洪秉康（左四）到新南大队部北孟庙接喜报（汤闻飞摄）

▲ 20 世纪 70 年代，原革一大队党支部书记高伯乔（右一）和社员在田间检查水稻生长情况（汤闻飞摄）

▲ 20 世纪 60—70 年代，农民们用楝树做的长扁担和一副担绳，把在田里晒干的稻挑到晒谷场上，垒好稻堆等农闲时再脱粒。图为 1974 年初冬，革一大队的社员在挑稻（李渭钫摄）

▲ 1991 年范家埭村民翻晒红烟叶。（革新村委会提供）

▲ 2010 年革新村村委会办公楼（革新村村委会提供）

▲ 2016 年村委给高龄老人送生日蛋糕（革新村村委会提供）

▲ 2018 年母亲节插花活动（革新村村委会提供）

▲ 2018 年革新村村晚（革新村村委会提供）

▲ 2019 年革新村村晚（革新村村委会提供）

▲ 2020 年革新村村晚（革新村村委会提供）

▲ 2019 年非遗传承捏面人活动（革新村村委会提供）

▲ 2020 年“和美中秋，共话团圆”活动（革新村村委会提供）

▲ 2019 年第四届“优秀学子奖”颁奖暨开蒙礼（革新村村委会提供）

▲ 凤凰湖湿地（《今日桐乡》提供）

▲ 凤头鸊鷉在凤凰湖筑巢孵蛋（倪荣庆摄）

▲ 征迁以前的灵悟桥港（革新村村委会提供）

▲ 整洁的灵悟桥港（革新村村委会提供）

▲ 革新村篮球场（革新村村委会提供）

▲ 革新村健身设施（革新村村委会提供）

▲ 国画《荷风沐清莲》（蔡征清）

▲ 篆刻《革新村志》（许剑明）

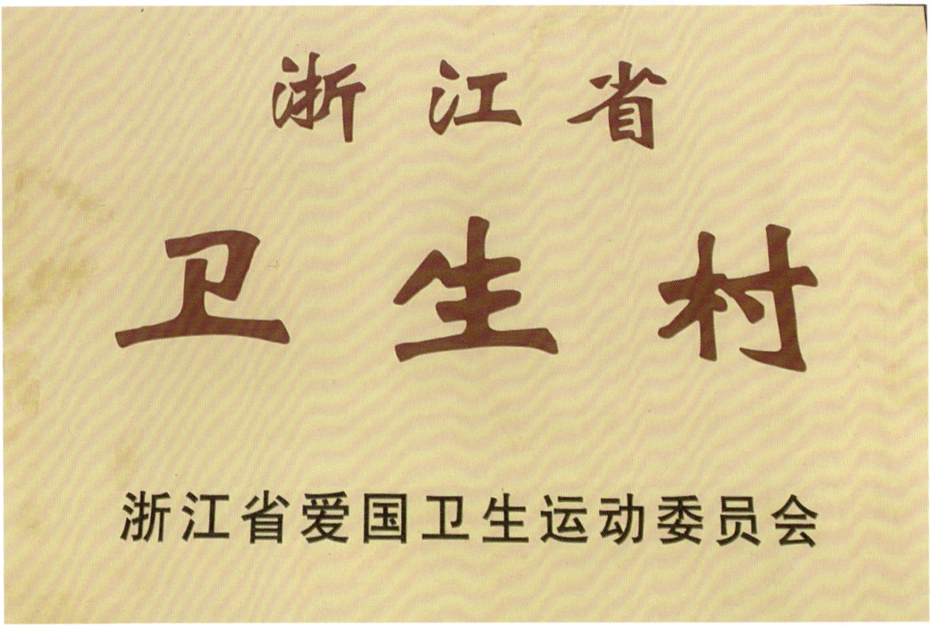


▲ 2019年12月11日浙江省爱国卫生运动委员会授予的铜牌

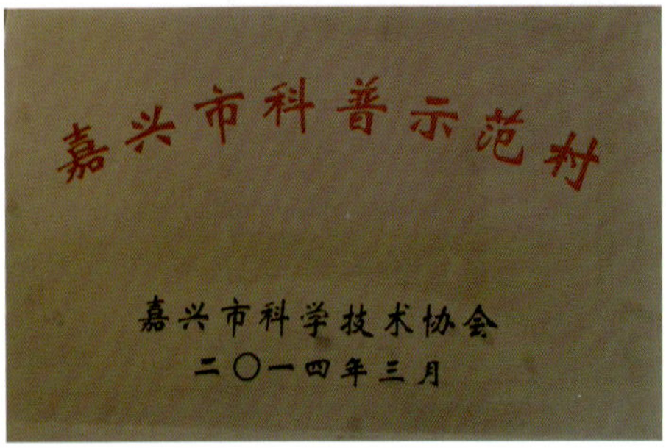

▲ 革新村荣誉铭牌

▲ 2022 年 11 月 1 日《革新村志》评审委员合影
后排左起：庄林法 吕学强 徐杰 朱玉建 庄永明 冯叶萍 朱春俊 谭晓杰 董伟峰
前排左起：施长兴 蔡月林 陈志农 沈坤山 庄复兴

▲ 《革新村志》编委会人员
从左往右：陈兰、沈柏洪、方鑫利、戴圣炜、朱玉建、庄林法、朱炬方、周鑫、张建英

▲ 《革新村志》编辑组人员
从左往右：姚周颖、庄寿良、蔡月林、庄复兴、庄林法、陈桂庆、沈德兴、陈兰

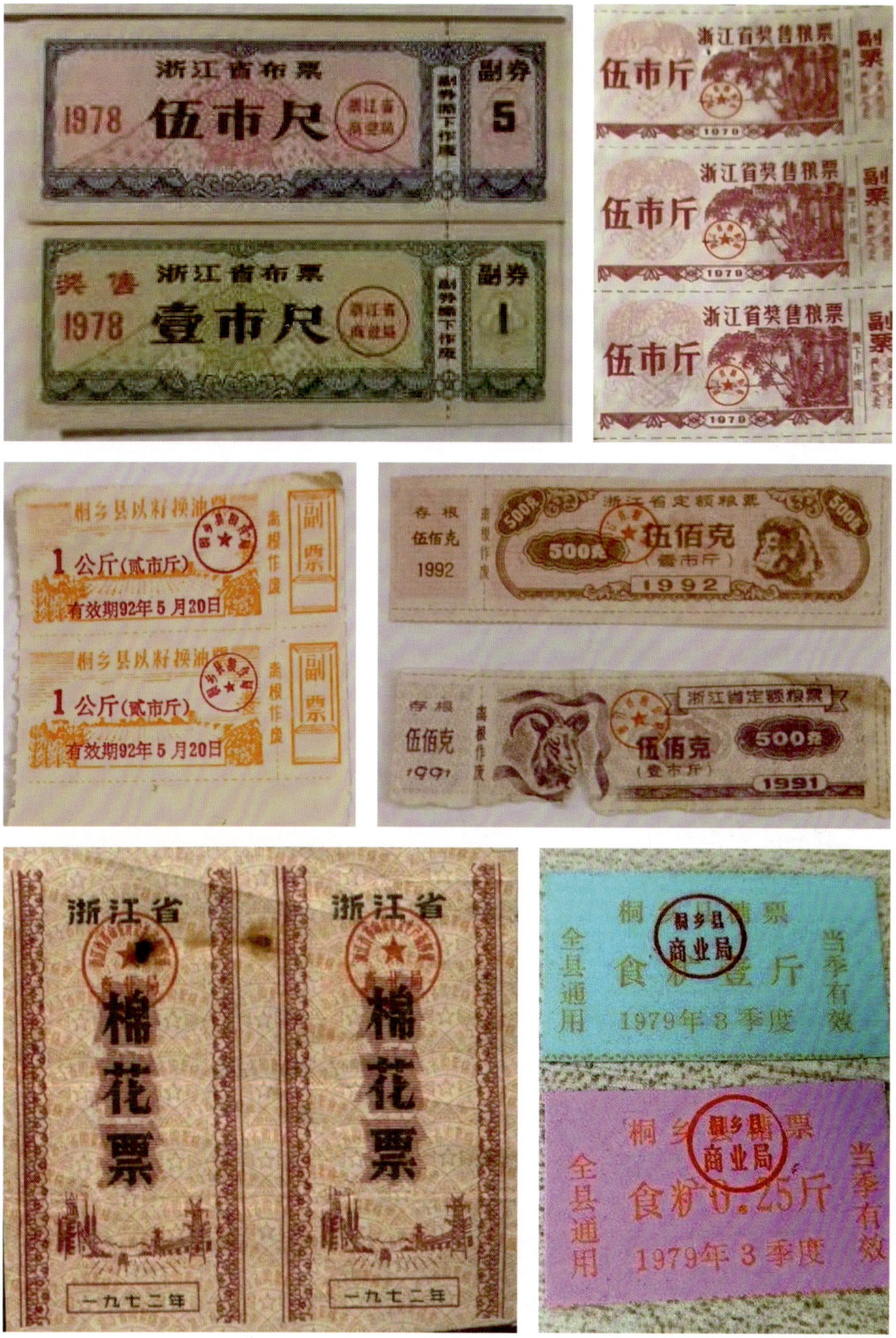


▲ 20 世纪 60—90 年代初各种票据（一）

▲ 20 世纪 60—90 年代初各种票据（二）

# 总　　序

桐乡地处杭嘉湖平原腹地，气候温润、土地肥沃，阡陌纵横、河网密布，素有“鱼米之乡、丝绸之府、百花地面、文化之邦”美誉。桐乡历史悠久，源远流长，良渚文化、吴越文化、运河文化、古镇文化交相辉映，精彩纷呈。

桐乡史志文化底蕴深厚、博大精深。桐乡历代先贤坚定自信、笔耕不辍，为菊乡人民留下了宝贵的方志遗产。南宋时，已有《语溪志》《乌青记》面世；明清两代，纂修的县志、镇志、村志近40种；近现代以来，又有卢学溥修《乌青镇志》、夏辛铭修《濮院志》。这些典籍是桐乡的文化瑰宝，连接着历史、当下和未来。

近年来，桐乡市委市政府坚持以文化人、以文惠民、以文兴业、以文塑城，围绕“建设人文名城、打造风雅桐乡”的目标，生动奏响“风雅桐乡”十二乐章，进一步挖掘地方志在继承优秀传统文化、激发文化创新活力中的积极作用，桐乡方志文化呈现出“百花齐放”的繁荣景象。一轮、二轮修志成果斐然：点校影印出版了一批旧志，并完成馆藏旧志数字化扫描；编修县（市）志、镇（街道）志、部门（专业）志等各类志书近50种；挖掘整理了一批地情文献，有计划地出版档案史志丛书……地方志编修形成了市镇乡联动、新志旧志联动、乡镇部门联动的良好局面。一张张档案史志名片不断厚植“风雅桐乡”的文化底蕴，开创了档案史志工作新局面。

编史修志，功在当代，利在千秋。清康熙五十六年（1717），桐乡第一部村志《前朱里纪略》问世，该志设沿革、风俗、古迹、人物、释道、文集等章节，可谓“麻雀虽小，五脏俱全”。而今300多年过去，这本质朴厚重的村志已然成为我们研究桐乡乡土文化和古村落变迁的重要史料。编纂村志丛书，以基层村落为研究对象，全面盘点村域历史人文、物产风俗等状况，系统梳理总结村庄发展改革历程，留住乡音、乡风、乡思，对于传承优秀历史文化、服务全市经济社会发展都有重要的现实意义和深远的历史意义。2022年，桐乡全面启动村志编纂工作。根据工作规划，全市以2021年底的176个村和41个社区为编纂对象，计划至2025年，50%的村（社区）启动村志编纂，鼓励有条件的村（社区），特别是正在开展或已经完成拆迁、撤并的村（社区），开展历史资料搜集和村志编纂工作。在前期试点基础上，市档案馆（史志研究室）主动作为、有序推进，各镇（街道）、各村（社区）组织人员、积极响应，编纂人员精耕细作、久久为功，基本形成了“直笔著信史，彰善引风气”的修志工作良好局面。这一轮村志完成后，将持续启动其余村志编修，努力实现市域全覆盖，积极打造桐乡村史村志文化工程。

“修志问道，以启未来。”编修村志需要全社会共同努力，相信随着一部部村志的出版发行，能让越来越多的桐乡人从地方志中感知传统、历史和记忆，让“风雅桐乡”的弦歌奏响在乡间田野，为全面推进乡村振兴、促进共同富裕提供强大动力！

桐乡市村志编纂工作领导小组

2023年2月

# 序　一

今年8月，革新村村委会给我送来一部《革新村志》初稿，厚厚的40多万字。这是在村党委领导下，《革新村志》编写组历时三年，经过走访调研、查阅文档、精心论证，付出无数心血汗水凝结成的丰硕成果。它的问世，是革新村全体村民文化生活中的一件盛事，实属难能可贵，可喜可贺。悉心研读村志初稿，不仅可以从中感知村庄变迁历史、感受人情世事沧桑、感悟现实生活启示，而且可以从革新村的发展轨迹中看到整个桐乡向前跨越的矫健步伐，听到一个时代进步的铿锵足音。

打开记忆的闸门，革新村曾是我学习、工作、生活过的第二故乡。回想20世纪70年代，我自1973年浙江农业大学毕业分配到桐乡县农林局任农技员，于1975年、1978年先后两次到革新村（原新南大队）蹲点，数年间与父老乡亲们同吃同住同劳动，探索发展畜牧业、破解猪饲料不足瓶颈、参与机械化牧场建设等等，从中洞见革新村民风淳朴、崇德向善、乡邻和睦，尤其是革新村干部、群众的敬业、诚信、特别能吃苦的精神深深感动了我。虽已时隔40多年，但至今依然历历在目，受益终身。

古往今来，盛世修志，村志给我们的启迪同样弥足珍贵。在此由衷感谢革新村的干部和编辑老师，因为你们的关心重视和辛勤付出，相信即将出版的《革新村志》，一定会发挥好存史、资政、教化、育人的正能量，一定能给读者带来文化上的愉悦、道德上的滋养、情感上的通融、灵魂上的升华，一定能为乡村振兴和社会主义新农村建设呈献丰硕成果，让这一方热土永远保持向善向美的力量，永远生长风清气正的生命。衷心祝福革新村的明天更美好，乡亲们的生活越来越幸福。

谨述数语，权以为序。

桐乡市原副市长、桐乡市政协原主席　徐八斤

2022 年 10 月 26 日

# 序　二

志书是一种全面系统地记述特定地域自然、政治、经济、文化和社会的历史与现状的资料性文献，对于一个地域而言，是一种最具系统性和全面性的地情书。它横陈百科，纵述史实，素有“地方百科全书”之誉，是一种取之不尽、用之不竭的文化资源宝库。

习近平总书记指出：“高度重视修史修志……把历史智慧告诉人们……”

革新村历史悠久，人杰地灵， 经济发达，环境优美，是名副其实的鱼米之乡、丝绸之府。特别是改革开放以来，在各级党委、政府的关心下，依靠全体村民的接续努力，经济社会得到了快速的发展，村级经济、社会事业、公共福利、人居环境、生活面貌等各方面都得到了翻天覆地的改变，呈现出一幅村美民富的和谐画卷，俨然已成为美丽乡村建设的一个示范性区域。对于家乡发生的巨变，取得的成就，作为一个土生土长的革新人，一种归属感油然而生。

盛世修志，志载盛世，事在当前，泽惠千秋。近年来，我也参与了《浙江通志·文物志》的部分工作，前后历时四五年时间，从史料的挖掘、收集、考据、遴选到最后成文，是一件十分烦琐、细致的工作，需要参编人员脑力、体力的辛勤付出。革新村继2018年编纂《百年革新村》后，又在各位乡贤、老师的合力下编写《革新村志》，记述过往，立足当下，放眼未来，这是革新村具有里程碑意义的盛事，也是以志记史、垂鉴未来的大好事，必将成为用方志视角讲好中国故事、讲好革新故事的好材料，也将会成为对青少年开展乡土教育的好教材。有了这部村志，就留住了村根村脉，追忆村的历史，记录村的变迁，传承村的文化，给后辈提供了寻根觅祖的依据。它是一部立身、治世、发展、光前裕后、意义非凡的珍贵史料。

在此，首先要由衷地感谢上级党委、政府的大力支持和关心，感谢梧桐街道的具体指导和帮助。村是我国最基层的社会组织，是祖国大家庭的一员，其发展和进步离不开上级组织的关心和支持。正是有各级党委、政府持续不断的关心、帮助、支持，革新村才有美好的今天。

其次要感谢全村每一位乡亲的接续奋斗和共同努力，齐心打造了村美民富的新革新。长期以来，乡亲们一代一代地不辞辛劳，勠力同心，甘愿付出，为经济社会发展和人民生活水平提高而无私奉献，换来了和谐、盈足的美好生活。

再次要感谢从村里走出去的参与祖国建设的人们不忘乡情，时刻关心革新村的发展，为美好家园的建设出谋划策、奉献智慧，为革新村的扩大影响、提升魅力奔走呼号，体现了浓浓的家国情怀。

更要感谢各位令人敬仰的乡贤、老师们以深厚的文化情感，以当仁不让的担当，接受《革新村志》的编纂任务，发挥各自的文化和智力优势，克服各种困难，查阅史料、深入考究，调查访问、总结当代，放眼全局、展望未来。其间的辛苦和付出是旁人无法估摸的。正是有这批老文化人的忘我精神和文化自信，才使《革新村志》最终顺利付梓。

衷心感恩新时代、全力参与新征程。我国已擘画出第二个百年新征程的蓝图，在中共中央的关怀下，我省已正式启动了高质量发展建设共同富裕示范区，桐乡作为经济发达的县域，正努力争当高质量发展建设共同富裕示范区的排头兵，体现桐乡担当、展现桐乡作为。革新村也将在上级党委、政府的关心下，通过乡亲们的不断奋进，必将迎来飞跃式的发展，现代化、共同富裕的未来值得期待，并将在不远的将来呈现在大家面前！

作为常年在外的游子，读了《革新村志》，浓浓的乡情拨动了我思乡的心弦。革新村有我童年的足迹，有我童年的梦境，虽然他乡有我的事业，无论走多远，革新村永远是我的家乡，永远是我魂牵梦绕的地方，我的根永远在革新村。祝我的家乡——革新村的明天更美好！

是为序。

浙江省文物局博物馆与社会文物处一级调研员　沈坤荣

2022 年 10 月 6 日

# 序　三

我的家乡革新村位于桐乡市主城区的东部，地处杭嘉湖平原的腹部，总面积 6.8 平方千米，2020 年常住总户数 1169 户，总人口 4874 人，新居民人数 18826 人，人口密度为每平方千米 3485 人。这里气候温暖，雨水充沛，四季分明，自然环境优越，素有“鱼米之乡、丝绸之府、百花地面”之称。长期以来，形成了以水稻为主，粮、畜、桑全面发展的农业生产格局。新中国成立前，村域内天灾人祸频发、田地荒芜，尽管村民们终年没日没夜地干，还是难求温饱，许多人不得不背井离乡、逃荒要饭、无家可归，是一部苦难史。新中国成立后，在中国共产党的领导下，人民政府组织广大农民兴修水利、整治河道，全面实施农业“八字宪法”，大力推广良种，实现农田耕作机械化，农桑业得到飞速发展。粮食亩产从新中国成立前的 50 余千克提高到 1980 年的 680 千克。1983 年，全面推行家庭联产承包责任制，极大激发和调动了广大农民的生产积极性，粮桑生产逐年增长，完成国家任务 2129 吨，为国家作出了很大的贡献。在发展壮大集体经济的过程中，我们的前辈们从零开始，白手起家，20 世纪 50 年代初几乎没有集体经济，在捉襟见肘的情况下，勒紧裤带办企业，特别是 20 世纪 60 年代初的新南稻谷加工厂和向阳的小土窑厂，那时的窑墩在我们孩童的心中就是“一座山”。每天放学后，几个小伙伴背着书包在窑墩上爬上爬下玩游戏。长大后才知道，它是我们大队的“功臣”，为大队积累了资金，为村民办了实事，为我们建造了新校舍。现在六十多岁的人都对小窑厂有着深厚的感情。正是因为前辈们的艰苦创业，打下了集体经济的坚实基础，才有了我们今天雄厚的集体经济。1992 年，革新村全年经济总量达 1235.4 万元，农民人均纯收入达 1626.27 元，到 2020 年，革新村全年经济总量达 37945 万元，村民人均纯收入 46285.94 元，过上了小康生活。2001 年起，因城市发展需要，村域内部分村民小组开始征迁，农业产业在村级经济发展中的比重开始下降。2009 年，全村 31 个村民小组全部征迁完成，形成了灵悟、革新、永兴、金晖 4 个小区。从此，革新村的农业画上了圆满句号，正式步入了城镇化的进程。

2013 年 3 月，我走上了革新村党总支（2019 年 4 月升格为党委）书记岗位，正值村域征迁完成，工作重心也要从抓农业生产、多种经营转入到如何谋划让失地农民再就业，引导、带动全体村民转变创业思路，发展羊毛衫加工、电商、房屋租赁等产业，使村民的收入来源多样化。到 2019 年，村域内开设电商网店 60 余家，从事电商人数达 5000 余人，销售额达 8500 多万元，电商规模大、收益好，被第七届中国淘宝高峰论坛授予“中国淘宝村”称号，浙江省商务厅授予“浙江省电子商务示范村”称号。在帮助农户增加收入的同时，村党委积极用好盘活土地存量，先后在 4 个小区建起了 30000 多平方米的店面、办公用房、菜场等集体用房，进行房产出租；成立革新股份经济合作社，入股振东新区物流园项目，增加集体收入，把村级经济的这块蛋糕做大做强，守护好前辈们留下来的这份家业。

集体经济的壮大也为小区的自然环境、文化建设、民生改善提供了物质保障。从 2016 年起，村里给 80 岁以上的老人过生日，有 346 名老人享受这一待遇；成立革新村帮扶基金，救助村域内因病致贫的困难户、伤残户；为全体村民购买人身意外保险；设立开蒙礼、崇学奖等。这些用真金白银办的实事，让全体村民共享改革开放的红利，增加村民的获得感和幸福感。各个小区的面貌也焕然一新，变得更加宜居宜业，村民富裕富足，先后获得“浙江省卫生村”“嘉兴市文明村”“嘉兴市平安村”“嘉兴市党风廉政建设示范村”“嘉兴市科普示范村”“嘉兴市生态村”“嘉兴市民主法治村”“桐乡市先进基层党组织”等荣誉称号。

2020年6月，根据梧桐街道党委的部署，革新村作为编修村志的试点村，村党委研究决定编纂《革新村志》。2020年7月11日，举行了《革新村志》编纂的启动仪式。经编辑组全体人员近三年来的努力工作，收集资料、查阅史料、走访社情、寻找亲历者，花费了大量的心血，终于编纂完成了40多万字的《革新村志》，行将付梓出版。这是革新村人民精神文明建设的一大硕果，可喜可贺。兴奋之余，我要感谢《革新村志》的顾问陈志农老师和两位肩负繁重编写任务的编辑老师，他们不辞辛劳，甘于清苦，全力奉献，倾注了全部心血，同时还要感谢为志书提供资料、照片、实物的社会贤达和热心人士。

《革新村志》记载了革新村的历史沿革、民情民风、史话掌故、桑麻农事和新时期农村建设，特别是21世纪以来村域征迁发生的翻天覆地的巨变，真实地反映了改革开放40多年来农村嬗变的历程。补县志所缺，详县志所略。志书凝结了乡情、乡音、乡愁、乡景，字里行间流溢着浓浓的家乡情愫。一卷在手，家乡的历史一目了然，堪称革新村的百科全书、信息宝库。这是对我们的下一代进行爱国主义、共产主义和革命传统教育的生动乡土教材，也是惠及子孙后代的宝贵文化财富。

欣逢盛世，修志以铭。《革新村志》是一部革新人的家乡史，一定会激励一代又一代的革新人，情怀故里、建设家乡。一方水土养一方人，家乡的未来一定文如其名，革除旧貌，创新未来。我衷心祝愿家乡的明天更美好，村民的生活更幸福。故乐为之序。

中共梧桐街道革新村委员会书记　朱玉建

2022年10月18日

# 凡　例

一、《革新村志》以马克思列宁主义、毛泽东思想、邓小平理论、“三个代表”重要思想、科学发展观、习近平新时代中国特色社会主义思想为指导，坚持辩证唯物主义和历史唯物主义的立场、观点和方法，实事求是、求实存真，立足当代，明古详今。

二、本志记述现行革新村地域范围发生之事。革新历史上有分有合，多有变迁。明宣德五年（1430），始归桐乡县管辖，明、清时期属梧桐乡三十都。民国时期为城东乡第五保大部分、第六保、第七保、第八保和第九保一部分；乡镇调整后，为秀川乡第四保、第五保和第六保。新中国成立初期为革新乡茅亭村、团结村、柏子村，人民公社期间为梧桐人民公社革新大队，1959—1961年分设为革一大队、新南大队、向阳大队，1984年撤社改乡后为梧桐乡革一村、新南村、向阳村，2000年12月三村合并为革新村。新中国成立初期，中共革新乡、新南乡、梧桐人民公社革新管理区基层组织的建立以及民国时期城东乡部分机构，均涉及革新村域的人、事和地点，难以分清，略有逾越。

三、记述时间，上溯发端，下限为2020年12月，个别地方延伸至出版前。

四、采用章节体结构，除凡例、大事记、编后记之外，共19章、84节；以述、记、志、传、图、表、录为主要表述形式，横排门类，纵述史实，述而不论；行文采用规范的现代语体文和第三人称记述。

五、新中国成立前用历史纪年，加注公元年号；新中国成立后用公元纪年。

所称解放前和解放后，以 1949 年 5 月村域解放为界。新中国成立前与新中国成立后，以 1949 年 10 月 1 日中华人民共和国成立为界。凡仅称年代未标明世纪者，均属 20 世纪。

六、数字用法、标点符号用法分别采用国家标准《出版物上数字用法》（GB/T 15835—2011）、《标点符号用法》（GB/T 15834—2011），计量单位采用国家技术监督局 1993 年 12 月发布的《量和单位》系列国家标准。历史上使用的计量单位，如斗、石、里、尺、磅、华氏度等，在引文时可照录。考虑到社会使用习惯，全书中亩不统一换算。

七、人民公社期间的村级建制名称“生产队”“生产大队”统称“大队”，如“革一大队”。

八、全志各种图表分布于各章节及附录中，资料主要来源于桐乡市、梧桐街道统计部门，桐乡市城市档案中心，革新村村委会，公开出版的图书、报刊和本村有关人员口述等。

九、人物编分人物传略、人物简介两部分。人物传略遵循“生不立传”原则，收录有一定声望的已故人物；人物简介收录本志时限内在世人物，其中一部分收录在能工巧匠名录中。

# 目　录

# 概　述

革新村位于长江三角洲南翼、杭嘉湖平原腹地、京杭大运河南侧，地理坐标为北纬 30°38′42.90″、东经 120°34′05.72″，海拔 4.02 米，总面积 6.8 平方千米。地处桐乡东城区，梧桐街道所辖，东面以永兴港为界，与濮院镇隔港相望，南邻振兴东路，以谢仁桥港为界，西邻桐乡市区，以平安路为界，北至濮院大道，与东方红村为邻。320 国道、环城东路由南向北，振兴东路、茅盾东路由西向东呈“井”字形穿越村域，莲花桥港东西横贯村域，静静地守护着革新大地，满满地滋养着两岸的人们。

桐乡市的著名景点凤凰湖坐落于原村域的北荡，拥有 900 多亩的水域面积，桐乡市植物园建在原村域的南荡，面积 392 亩。革新村村民委员会坐落于茅盾东路南方家园北侧，距梧桐街道办事处 1.5 千米，村域内有 31 个村民组。2001—2009 年，由于拓展主城区的需要，革新村域内全部土地被征用，1100 多户农户被征迁，先后建造了灵悟、革新、永兴、金晖 4 个小区。陈家埭、新凤桥、港北村、后村、殳家埭、丁家里、倪家门、南港上、吴家里、方家埭、盛家里、祁家里、范家埭归属灵悟小区，位于平安大道以东、环城东路以西，南与南方家园和金晖小区相邻，北至国源路；麦干浜东、麦干浜西、高家里、朱家浜、沈家村、潘家门归属革新小区，位于环城东路以西、茅亭浜以东、谢仁港以北、莲花桥港以南；周家里、富饶桥、陆家埭、朱家兜、椿树下、浮石桥、镬子浜、徐家兜、大道场、北孟庙部分归属永兴小区，位于320国道以东、永兴港以西、浮石桥以南、青溪路以北；包家桥东、包家桥西、北孟庙大部分归属金晖小区，位于环城东路以西、莲花桥港以北，西与南方家园相邻，北与灵悟小区相邻。2020年，总户数为1169户，常住总人口4874人。其中，男性2382人，女性2492人；少数民族29人，分别为壮族3人、土家族19人、苗族4人、回族2人、彝族1人，占总人数的0.59%。新居民18826人，其中男性9755人，女性9071人，人口密度为每平方千米3485人。

光绪《桐乡县志》记载："梧桐乡自县治东至濮院镇十八里。"革新村地属梧桐乡。春秋时期，吴越争霸，今桐乡一带成为吴越争夺的焦点。战国时期，楚威王六年（前334）兴兵伐越，属楚国。秦朝时期为由拳县（今嘉兴）。西汉时属扬州会稽郡，三国时由拳县改禾兴县，至东吴赤乌五年（242）改为嘉兴县。南北朝时期，属海宁郡。隋朝时期，撤嘉兴县并入吴县。唐朝时恢复设置嘉兴县属苏州嘉兴县。北宋熙宁十年（1077）割嘉兴县的梧桐、永新、清风、保宁、千金五乡入崇德县。明宣德五年（1430），划募化、千金、保宁、清风、永新、梧桐六乡归桐乡县辖，梧桐乡在县城周边，革新村域属梧桐乡三十都。

民国3年（1914）至民国19年（1930）实行区自治制，梧桐乡隶属城濮区；民国21年（1932）桐乡县划为21乡、5镇，分隶4区，革新村域为第一区域城东乡辖；民国22年（1933）实行保甲制，革新村域内分别为第五保里11个甲中的10个甲，第六保7个甲，第七保12个甲，第8保12个甲，第九保里4个甲，共45个甲。民国28年（1939）7月，桐乡县设城濮、青玉、日石3区，革新村域为城濮区城东乡辖，民国35年（1946）城东乡、城北乡合并为秀川乡，革新村为秀川乡辖。

1949年5月，桐乡解放，革新村属濮院区秀川乡。1950年5月，废除保甲制，同时在村域内设立柏子村、团结村和茅亭村，属城濮区革新乡辖。1953年改为区、乡、代表区制，革新村域分设4个代表区。1956年10月，革新村域内撤销四个代表区，成立3个高级合作社：革新高级合作社一社、革新高级合作社二社、新丰高级合作社，隶属新南乡。同年，桐乡县撤区，由县直辖乡镇。1958年9月18日，成立梧桐人民公社，革新一社、革新二社、新丰社3个高级合作社合并，成立革新大队；1959年，革新大队分为革一大队（老革一大队，含新南大队）和革二大队（1966 年更名为向阳大队）；1961 年，革一大队分为革一和新南两个大队，属梧桐人民公社；1984 年“公社”更名为“乡”，“大队”更名为“村”，革一村、向阳村、新南村属梧桐乡管辖；2000 年 12 月新南、革一、向阳 3 个村合并为革新村，属梧桐镇城东片；2001 年，梧桐镇更名为梧桐街道。2003 年，为了便利开发和管理，革新村归属振东新区管理。2017 年，撤销振东新区，革新村重新归属梧桐街道。

革新村地处杭嘉湖平原的中部，属北亚热带季风区，年平均气温 16℃，年日照时数 1842.3 小时，年降水量 1233.6 毫米，气候温暖，雨量适中，日照充足，四季分明。地势平坦，土壤肥沃，形成了以水稻为主，粮、畜、桑全面发展的生产格局。新中国成立前，村域内天灾人祸频发，田地荒芜，一片荒凉。尽管农民们终年起早贪黑，脚踏烂泥，面朝黄土背朝天，也难求温饱，有的人家也只能逃荒要饭、无家可归。新中国成立后，在党和人民政府的正确领导下，废止了旧有的土地制度，组织广大农民兴修水利，整改河道，全面实施农业“八字宪法”，大力推广良种，提高播种指数，农田耕作实现机械化，解放了生产力，使得农桑生产有了飞速发展，粮食亩产从新中国成立前的 50 多千克提升到 1980 年的 680 千克。1983 年，全面推行家庭联产承包责任制，极大地调动和激发了广大农民的生产积极性，粮食、蚕桑产量逐年增加。1992 年，全村粮食总产达到 2443 吨，全年饲养蚕种 5771.5 张，向国家出售鲜茧 185 吨；养猪 2951 头，养殖家禽 2.2 万羽，完成国家粮食生产任务 2129 吨。2004—2015 年，中央连续 12 年出台一号文件，向“强农、富农、惠农”转型。构建新型农业经济体系，大力倡导多业并举、多种经营全面发展的现代农业。1992 年，革新村全年经济总量 1235.4 万元，到 1998 年增加到 6594.6 万元，到 2020 年，革新村全年经济总量达 37945 万元。农民人均收入从 1992 年的 1626.27 元增加到 2020 年的 46285.94 元，增加了 44659.67 元，达到小康水平。2001 年起，村域内部分村民小组开始征迁，农业产业在村级经济发展中的比重开始下降，直至 2009 年全村全部完成征迁，才让革新村的农业史画上了圆满句号。从此，革新村步入城镇化发展，开启了新征程。

新中国成立前的革新村地处偏僻，环境卫生较差，一般农户都与家禽、家畜生活在同一屋檐下，饮水都取自河、浜、池、塘。因此，结核病、血吸虫病、疟疾等各种传染病肆虐横行。由于缺医少药，患病的死亡率极高。据 1996 年版的《桐乡县志》记载：“民国 35 年（1946），人均寿命在 50 ～ 60 岁左右，65 岁以上的是极少数。”新中国成立后，根据毛泽东主席“一切为了人民健康”的指示精神，把医院（诊所）办到农村去。20 世纪 50 年代，梧桐人民公社卫生院选派医生在革新管理区（麦干浜）开办诊所，后来搬迁至北孟庙，让村民们在家门口就能获得城里的优质医疗服务。20 世纪 70 年代，农村赤脚医生应运而生，成了村民健康的守护神、农村卫生工作的骨干。实行农村合作医疗制度，解除了村民看不起病的后顾之忧。随着村级经济的发展壮大，村民的医疗保险实现全覆盖，做到小病小痛不出村、大病往市级医院治疗，解决了看病贵、看病难问题。随着医疗水平的提高和生活质量的提升，人们的平均寿命也逐渐延长。村里有了两位百岁老人，到 2020 年依然精神矍铄，能做一些轻便家务，这是革新村史无前例的长寿老人。

在注重疾病防治的同时，革新村加强环境卫生整治，改厕、改水、五水共治，拆除小区中的违章乱搭乱建，清除卫生死角。小区实行保洁员制度，对 6 条村级河道和 3 条市级河道实行河长负责制，由专人负责检查。生活垃圾分类入箱，污水排放入网管，实现了河道、村道、小区卫生保洁全覆盖的常态化管理机制。全面整治后，村域内的天更蓝、水更清、地更绿了，小区内的面貌也焕然一新。2019 年 12 月，革新村被浙江省爱国卫生运动委员会评为“浙江省卫生村”。

一直以来，农民最大的心愿就是改善住房条件。解放初至 20 世纪 50—60 年代，世居村域内的本地人家有两三间平房就已经是“上等人家”了。当时，村域内有 194 户人家住在 709 间草棚里，占总户数的 16.5%。自 20 世纪 70 年代以来，人们用树木梁条或水泥梁条，用竹子当作椽子，用泥砖替代砖头造平房，以缓解住房破旧、拥挤的状况。20 世纪 80—90 年代，用五孔水泥预制板将平房改建为楼房，有的农户造了后埭楼房造前埭，历经多次翻建、改造，人们将几十年来攒下的钱都用在改善居住条件上，村域内 95% 的农户都住上了宽敞、亮堂的楼房。

2001—2009 年，由于桐乡中心城市扩展的需要，全村域先后整体征迁，形成了革新、灵悟、永兴、金晖 4 个小区，家家户户拥有占地面积 160 平方米、建筑面积 600 平方米的四层别墅式楼房，乡下人过上了城里人的生活，令城里人羡慕不已。

村域内的文化底蕴深厚，人才济济。始建于明洪武年间的北孟庙内有壁画“孟母三迁”。受其影响，村域内兴校重教蔚然成风。先后兴办了幼儿园、小学、初中，一批又一批的革新学子考上大学。村委会从2016年起设立“崇学奖”，给每年考取大学的学子发放奖学金。不少革新儿女在祖国的四面八方为祖国建设作贡献。学成归来的有的考取公务员走上领导岗位；有的考取教师走上讲台；有的成为国企的老总；有的成为民营企业的老板……都成为建设家乡、振兴经济、改善民生的主力军。

站在新的历史起点上，革新村党委班子开始谋划如何让失地农民再就业，增加收入，过上小康生活，带领全体村民转变创业思路，发展羊毛衫加工、电商网店、房屋租赁等产业，使村民的收入来源多样化。2019年，村域内有店铺160家，电商网点60余家，从事电商人数1200多人，占总人口的5.5%，销售额8500多万元，初步形成了快递公司、网货中心等相对完善的电子商务产业链，形成了规模大、效益好的电商环境。2019年，革新村被第七届中国淘宝村高峰论坛授予“中国淘宝村”称号，被浙江省商务厅授予“浙江省电子商务示范村”称号。

村两委班子在帮助村民致富的同时，做好壮大村级集体经济这篇大文章，盘活土地存量，先后在各小区建起30000多平方米的店面、办公用房、菜场等集体用房，进行房产租赁，成立革新股份经济合作社，入股振东新区物流园、梧桐智创孵化中心等项目，增加集体经济收入，把村级经济的蛋糕做大做强。村级集体经济得以发展壮大，也为小区环境的提升和文体建设提供了物质保障。

随着村级经济的壮大，村党委居安思危，本着“发展第一、民生优先、办公节俭”的宗旨，没有新造办公楼，仍旧在20世纪90年代建的三层老式办公楼里办公，将钱用在了发展经济、改善民生上。自2016年起，革新村拿出部分资金，给村域内340多名80岁以上老人过生日，由网格长负责走访并送上蛋糕和红包；成立革新村帮扶基金，资助村域内因病致贫的困难户、伤残户；投入25万元为革新村全体村民购买人身意外保险；设立开蒙礼，为即将进入小学的学前生集中举行开蒙仪式，送上书包、文具等礼品；设立崇学奖，为村域内考上一本、二本的高考学子分别奖励5000元和3000元；为村域内全民参保医疗保险的村民发放补贴将近80万元，让村民充分享受村级集体经济发展壮大的红利，提升广大村民的幸福感和获得感。

革新村人口基数大，人口密度高，有羊毛衫加工户200多家，由此也带来了环境卫生、小区安全、纠纷调解等问题。为创建平安小区、解决问题、化解矛盾，村党委把支部建在网格上，做到服务群众无盲区，134名党员、4个网格区域建立的党员先锋站遍布在小区的各个角落。以党风带民风、以民风促村风，展现出革新村党委班子的凝聚力和战斗力。通过网格化管理机制，真真切切做到了“小事不出网格，大事不出村”，做到服务村民全覆盖，实现村更美、民更富的目标。由于责任到人、措施到位、落实到户，村域内连续多年无重大事故发生。2019年，革新村被评为“嘉兴市平安村”“嘉兴市农村基层党风廉政建设示范村”。

革新村在抓好物质文明的同时，也十分重视精神文明建设。秉承绿色发展、生态优先的理念，打造乡村意境，留住乡土风情，打造绿色小区，催生“美丽经济”，助力乡村振兴。几年来，共投入718500元，在4个小区内建造运动健身场地，置办健身器材等体育设施，让全体村民在闲暇之余有修身养性、健康生活的好去处。为丰富全体村民的精神生活，自2016年起，每年举行革新村村晚，用群众喜闻乐见的形式，奏响时代主旋律，弘扬民族精神，让老人们感受到社会大家庭的温暖和关爱，让孩子们接受传统美德的洗礼，充分展现了革新人良好的精神风貌和时代风采。充分发挥文化礼堂的示范引领作用，通过三治融合、民主道德评审团、村民议事监督团、为民服务团等形式，展示革新村的文化特色，注重乡土文化与主流文化的有机融合，凸显“一村一品”，宣传除恶扬善的革新好人榜、见义勇为的先进人物、尊老爱幼的好媳妇、勤劳致富的好家庭，使得村域内风清气正，村貌焕然一新，全力打造“桑梓情，养心地，梦里水乡革新村”。2016年，革新村被评为“嘉兴市生态村”。2018年，被评为“嘉兴市文明村”。2020年，被评为“嘉兴市民主法治村”“桐乡市先进基层党组织”。

# 大事记

**唐·贞观八年**（634）

置嘉兴县，属苏州。嘉兴县内有下属五十乡，内包括梧桐乡。革新村时属嘉兴县梧桐乡。

**北宋·熙宁十年**（1077）

割嘉兴县梧桐、永兴、清风、保宁、千金五乡入崇德县。

**明·洪武年间**（1368—1398）

村域内建造北孟庙。

**明·宣德五年**（1430）

崇德县东析出梧桐等六个乡，置桐乡县。革新村分属桐乡县梧桐乡和嘉兴县长水乡。

**清·咸丰十一年**（1861）

十月二十五日，钱塘江口坍塘，咸水潮涌入内河，稻田绝收。

**清·宣统三年**（1911）

濮院镇以庙桥港为界，港北属嘉兴秀水县，港南属桐乡县濮院乡。时北孟庙属濮院乡，北孟庙以西属梧桐乡。

**民国8年**（1919）

7月，梅雨滂沱近二十天，引发洪灾，淹没小桥。农民粮食无收，逃荒讨饭。

**民国 10 年**（1921）

村域内首次发现血吸虫病患者，被感染的村民面黄肌瘦，男人腹部鼓胀，死者多人。1970 年 3 月，第一批患者得到锑剂治疗。1991 年革新村域内消灭了钉螺，消灭了血吸虫病。

**民国 11 年**（1922）

“范烟”远销埃及、马里、几内亚、德国、菲律宾和中国港澳地区。1996 年版《桐乡县志》记载：桐乡县烟叶产量 5700 担，“范烟”产量占全县总产量的四分之一以上。

**民国 15 年**（1926）

因改良蚕种，蚕农当年蚕茧丰收。

**民国 17 年**（1928）

优良蚕种广泛推广，蚕茧增产。

**民国 19 年**（1930）

桐乡县有 6 个区，区以下设镇、闾、保、甲。

**民国 22 年**（1933）

桐乡县遵令撤区并乡，同时改闾邻制为乡镇保甲制，十户为一甲，十甲为一保，设保长负责地方事务。桐乡县城正式定名为梧桐镇。

**民国 23 年**（1934）

桐乡大旱，因运河断流，村内河浜全部干涸，庄稼枯死。村民吃树皮、观音土（白泥），多人被胀死。

**民国 26 年**（1937）

11 月 23 日，日机轰炸桐乡城，沿公路放火杀人，实行“三光”（烧光、抢光、杀光）政策。革新村域内深受其害。

**民国 28 年**（1939）

国民党部队 62 师在麦干浜一带与日军展开游击战。该部队因头戴斗笠，号称箬帽兵。

**民国 29 年**（1940）

日军在革新村一带，白天，村民蔡金松、蔡子泉等数十人被抓夫修筑公路，晚上被国民党部队抓夫破坏公路。村民苦不堪言。

**民国 31 年**（1942）

日军扫荡清乡，划区分片，用竹篱笆把各村坊隔离开来，竹子被砍殆尽。小浮石桥村村民陆阿大等人因有异议被日寇刺刀刺穿大腿，幸得一包烟丝，塞入伤口才躲过一劫。

是年，日军扫荡至北孟庙，有管庙老太不从日军羞辱，被绑在银杏树上刺死。

**民国 34 年**（1945）

8 月 15 日，日本政府宣布无条件投降，村民纷纷进城、与市民共同庆祝抗战胜利。

**民国 36 年**（1947）

县长范文治组织开展对日军暴行调查统计，革新村死伤村民十余人，被烧房子 350 多间。

**1949 年**

5 月 4 日，中国人民解放军和平解放桐乡城。

**1950 年**

5 月，桐乡县城关区与濮院区合并为城濮区，区公所设在北孟庙。上级派南下干部史禄清担任指导员，在革新村域内指导土地改革运动。同时，宣布废除保甲制，组建团结村、柏子村、茅亭村的村级行政机构。

是年，革新村域内成立农民协会（简称农会）。一切权力归农会是农村基层政权的体现。农会组织存在至 1953 年。

是年，抗美援朝战争开始，村民徐锦章、姚咬和等多人参加中国人民志愿军赴朝作战。

**1951 年**

4 月，陈贵山在村域内建立第一个互助组。

是年，村民高文山报名参加海军，并参加解放一江山岛战斗。1960 年退役，任革一大队民兵连长。

**1953 年**

7 月 1 日，革新村域内参加全国第一次人口普查。

**1954 年**

是年，陈贵山在革新乡建立第一个初级合作社，组织农民走合作社道路。

是年，降雨八十余天，发生特大洪灾。人民政府拨下救济款，组织生产自救，减免农业税。

是年，革新乡成立中心小学，管辖5所村校。

1955年

中心小学建起新校舍一排和操场。

1956年

8月，强台风袭击桐乡。

10月，初级合作社升为高级社，革新村域内建立革新高级一社、革新高级二社、新丰高级社。

是年，改革水稻耕作，由单季稻变为双季稻，并广种春花（麦子与油料作物），推广“三熟制”。

1958年

9月18日，成立梧桐人民公社，革新一社、革新二社、新丰高级社合并成立革新大队，革新大队属梧桐人民公社管理。

10月，革新大队在朱家浜修筑第一个灌溉机埠，渠道总长度超5千米，受益小队20多个，灌溉面积2500多亩。

10月，参加“大炼钢铁”，挖掉乌柏树无数。家家户户扒掉灶头，大队办食堂，粮食先宽后紧。

11月，崇德、桐乡两县合并，称桐乡县。

12月，杭善公路全线通车，许多村民在浮石桥畔第一次见到汽车。

1959年

7月，浙江省委领导陈继良带领省委检查团到梧桐人民公社革一生产队（老革一大队）柏子桥小队实割验收早稻丰产方。

是年，中共嘉兴地委发文，公布革一大队（老革一大队）为农村标兵党支部。

1960年

2月9日，在全县四级干部大会上，梧桐人民公社革一生产队（老革一大队）被评为1959年全县全面跃进标兵生产队。

2月18日，桐乡县委第一书记贺修贤带领检查团深入革一生产队（老革一大队）检查社员备耕高潮，落实早稻种植面积情况。

7月22日，桐乡县委第一书记贺修贤在梧桐人民公社革一生产队（老革一大队）召开推广插秧机插秧现场会。

1962年

3月，有十余名城里人下放户口，进村务农。

4月，桐濮10千伏高压线途经村域，第一台变压器安装在朱家浜机埠的高台沟上。至此，村域内开始用电。

是年，高伯乔作为浙江全省支部书记的典型代表（粮食全面发展），参加浙江省农业先进单位和劳动模范代表会议。

1963年

由于三年经济困难和浮夸风危害，粮食紧张，不少村民吃树皮草根。

1964年

4月，村域内开始用电耕犁耕作农田，减轻人们的劳动强度，缓解了当时劳力和季节的矛盾。

4月，全县开展“工业学大庆”“农业学大寨”运动。

7月1日，革新村域内开展全国第二次人口普查。

是年，国民经济好转，实行奖励政策，农民养猪积极性高涨。

1965年

梧桐人民公社建立有线广播放大站。4月，村域内开始装有线广播。村民开始从广播里知晓国家大事和生产农事。

1966年

4月25日，首批51名崇福知青落户革新村域。革一、新南、向阳三个大队先后接收知青142名。

12月，村村成立造反队，对“四类分子”广泛抄家和揪斗干部。同年革二大队更名为向阳大队。

是年，建立贫下中农协会，各生产队确定贫协组长1名。

1967年

2月，派出村民去乌镇参加市河疏浚工程，4月竣工。

是年，三个大队每大队购入手扶拖拉机1～2台。

1968年

冬，村民被派去疏浚金牛塘。

1969 年

3 月，原 43 个生产队合并为 19 个生产队。

是年，村民被派去疏浚康泾塘。

1970 年

解放党员干部，恢复农村党员组织生活。

1971 年

10 月 13 日，《浙北报》报道了“新南大队党支部坚持思想教育，切实抓好粪便和饮水管理”的新闻。

是年，派出村民疏拓崇福市河。

1972 年

3 月，原 19 个生产队分为 29 个生产队。

是年，派出村民疏拓运河石门段。

1973 年

5 月，桐乡县首届农民篮球赛在新南大队举行。新南男篮战胜大麻庄河队，获冠军。

11 月，新南农民男篮代表桐乡出战嘉兴地区农民男篮赛（地点在嘉善县洪溪乡）。新南男篮以 1 分之差战胜海盐队，获第九名（嘉兴地区十个县）。

12 月，革一大队被县委公布为“农业学大寨”先进集体。

1975 年

是年，县委派出工作组帮助革一村秋收冬种，总结扩大春花种植面积的经验。

是年，姚家浜开通，连接十字港、北港河。

1976 年

9 月 9 日，毛泽东逝世，革新村内 3 个大队均设灵堂、缅怀毛主席。

10 月，粉碎江青反革命集团后，3 个大队农民均上桐乡城参加庆祝游行活动。

1977 年

1 月，县委发文革一大队、新南大队被评为“农业学大寨”先进集体。

6月，新南大队成立村级8.75毫米电影放映队。1984年换成16毫米放映机。1995年，村电影放映队结束18年的历史使命。

6月12日，全省养猪生产现场会在桐乡召开，会议期间，省委常委陈冰率全体代表赴新南大队参观集体牧场。养猪模范徐海荣作大会介绍发言。

是年，大批知青回城。

### 1978年

5月，向阳大队陆家埭生产队用2000多元买了一台波兰产24英寸黑白电视机，成为村域内第一台电视机。

6月，根据县委、县府文件，决定投资20万元，在村域内的塘家浜建造全县规模最大的机械化牧场。

冬，派出村民开挖长山河。

是年，320国道由石子路改为沥青路面，革新村域内得益2千米。

是年，梧桐人民公社在革一大队试点建造沼气池284个，占总户数的84.8%，随后在村域内全面铺开。

### 1979年

是年，新南大队被桐乡县委、县革委会评为1978年度“农业学大寨”先进大队。新南、革一、向阳三个大队被评为畜牧生产先进大队。新南大队还获粮食生产先进大队称号。新南大队良种场获农业科研先进单位称号。

是年，贯彻中央文件，为地主、富农“摘帽”，他们的子女成分确认为“社员”。

### 1980年

9月，桐乡被评为“平原绿化先进县”，革新村推广种植水杉、樟树等树苗，3个大队均建立育树苗基地。路边、渠边绿树成行。

### 1982年

7月1日，全国第三次人口普查，革新村总人口4269人，其中男2228人、女2041人。

### 1983年

3月，村域内全面推行家庭联产承包责任制，实行包产到户。

### 1984年

1月，根据文件，“公社”更名为“乡”，将原来的“大队”名更名为“村”。

1月7日，桐乡罕见大雪，革新村域内雪厚18厘米。各大队组织生产自救。

10月，桐乡县成立电视台，许多村民家有了电视机。

1985年

2月，桐乡全县宣布消灭血丝虫病。从此，农民摆脱“流火大脚”病。

1986年

1月，县气象站成立。村民听广播，知气象。

1987年

7月，全县推行火葬。火化场设在莫敦桥，村民提高文明殡葬认识，全村积极贯彻。

1988年

8月7日，7号台风正面袭击桐乡，风力9级，全村齐心抗台。

1989年

10月，桐乡实现初级电气化县。村内供电充足。

12月，宣布消灭疟疾病。农民摆脱了“发寒热”。

1990年

6月26日，桐乡革命烈士纪念碑、桐乡党史陈列室在革新村（原革一村南港上村民组）的土地上建成。中共桐乡县委、县政府举行落成典礼。

7月1日，全国第四次人口普查，革新村总人数4292人，其中男2249人、女2043人。

12月29日，副省长许行贯召开乡镇企业座谈会。村办企业蓬勃发展，革新村域内先后建立10余家村办企业。

是年，县蚕种场建立催青楼，在革新村域内选有文化的青年农民参加催青工作，为年产蚕种30万张出力。

1992年

3月，村干部带领村民学习贯彻邓小平南方讲话精神，深入推行“三农”改革。

6月24日，浙江省民政厅批复同意桐乡县扩镇并乡方案，调整县内行政区划，撤销梧桐乡、城南乡、钱林乡建制，并入梧桐镇。

7月31日下午2:30，冰雹、狂风袭击桐乡东片，给农业带来大损失。

## 1993年

是年，全县停止粮票购粮食制品，粮食市场全面开放，革新的3个村向多种经营发展。

是年，桐乡设市撤县，促进东部郊区的革新村的建设与发展。

## 1994年

通过十多年的大办农民夜校，村域内青壮年农民基本扫除文盲。

## 1995年

7月6日，发生特大洪灾，村民组织抗洪并战胜洪涝灾害。

9月28日，桐乡市首座立交桥竣工，桥长422米，宽9米，经过革一村地段。

## 1997年

6月21日—7月16日，发生梅雨洪灾，淹没水田大片庄稼，损失巨大。

8月18日晚，11号台风正面袭击桐乡，大片良田被淹，晚稻减产，造成巨大经济损失。

12月，太湖流域水文自动测报建成，革新村得益。

## 1998年

6月30日，革新村全面推行村务公开制度。

12月1日，流经革新村域的杭嘉湖南排工程莲花桥港开坎通航。此项水利对抗旱排涝大为有利。

## 1999年

6月30日，发生“6·30”特大洪灾，村民全力以赴抗洪救灾。

11月6—15日，首届桐乡菊花节开幕，村民积极投入各项活动和上街观摩文化游行。

## 2000年

4月，最后一个“风子缸”被深埋于南塘田中，标志着折磨人们可怕的麻风病在革新村消失。一些尚健在的麻风病人得到免费治疗。

11月1日，第五次全国人口普查，革新村总人口5093人，其中男2656人、女2437人。

12月，根据市政府文件，革一村、新南村、向阳村3村合并为梧桐镇革新村。

2001 年

9 月，梧桐镇更名为梧桐街道，革新村因此更名为梧桐街道革新村。

9 月，为建造南方家园商城，桐乡市统一征地办公室和北港河建设指挥部，征迁丁家里、南港上两村民组的 344.929 亩土地，开启了革新村整体征迁的序幕。

10 月，市北港河综合整治开工，连接莲花桥港，革新村灵悟桥港因而拓宽，由于缺乏文物保护意识，古代石拱桥——灵悟桥被拆除。

是年，根据市政府决定，取消粮食定购任务，实行购销市场化，1953 年开始实行的粮食统购统销政策终止，革新村农民享有了自由种植的自主权。

2002 年，农村进行“改水”“改厕”工作，家家户户喝上了自来水，建房中普及了抽水马桶。

2003 年

1 月，桐乡植物园开工建设，所用土地以麦干浜、沈家村村民组为主。由此，村民们拆迁至革新小区，住上了排屋式新房。

10 月，最后一条水泥船被淘汰。全村先后有 10 户人家买了铁皮货船，从事水上运输，也增加了家庭收入。

2004 年

9 月至 11 月上旬，桐乡大旱，干旱程度超过民国 23 年（1934），但由于兴修水利，农民吃水用水有保障。

2005 年

8 月 5 日，10 级台风“麦莎”袭击桐乡，农村专业户损失巨大。

9 月 11—12 日，10 级台风“卡奴”袭击桐乡，两个月两场台风，给农民带来更大损失。

2006 年

2 月，从当年起，市政府决定城乡居民享受健康体检，每两年一次免费体检。革新村村民一样受益。

是年，革新村不再种早稻。水稻栽种一年只种单季晚稻。

2007 年

10 月 6—9 日，台风“罗莎”带来大暴雨，农田被淹无数。

12月，9路城乡公交车经过革新村村委会。村里有了公交车。至2016年有3路、13路两条公交线路经过革新村，在文匠桥畔设公交车站，极大方便村民出行。

## 2008年

1月中旬至2月初，桐乡降暴雪，积雪超过20厘米，出现历史罕见的冰冻低温天气。

5月12日，由市委布置，村支部换届选举实行无候选人直选。

5月19日，村党总支组织企业和村民群众热心捐款，慰问汶川特大地震的灾民。

9月28日，灵悟小区便民菜场投入使用，大大方便了村民的日常生活。

10月30日，以麦干浜沈家村等自然村的土地为主建造起来的桐乡植物园竣工。工程占地26.13公顷，国家投资1.6亿元。

冬，凤凰湖在革新村土地上进行奠基典礼，市委书记费建文，市长朱海平出席并奠基。

## 2009年

2月15日至3月7日，出现连续21天的阴雨天气。总雨量近200毫米，春花作物和蔬菜损失严重。

6月4日，革新村最后一亩土地被国家征用。

7月22日上午8时14分55秒，五百年一遇的罕见日全食在革新村域上空出现。此次日全食从日食初亏到复圆长达2个多小时，日全食的持续时间可达5分钟。这时村域内一片漆黑，公路上行驶的汽车打开大灯。这是1814—2009年间中国境内可观测到持续时间最长的一次日全食。

## 2010年

8月，革新小学撤并至中山路小学。

10月，革新股份经济合作社成立。

10月，凤凰湖在革新土地上正式开工挖掘。

11月1日，全国第六次人口普查，革新村总人数5049人，其中男2522人、女2527人。

## 2011年

春，革新小区菜场和便民服务的会所开工建设。

2012 年

春，两幢革新村综合服务楼同时开工建设，建筑面积近 1 万平方米，投资 1500 万余元。

12 月，革新村慈善帮扶基金成立。

2013 年

是年，革新小区和灵悟小区活动中心开工建设，中心设灯光球场和排舞广场。这些文化体育设施的建成，推进了村民的文体活动。

是年，永兴小区住宅建设竣工，300 余户村民迁入新居。

2014 年

革新村投资 1679 万元在振东物流园区参股。

2015 年

是年，永兴小区会所和便民菜场开工建设，总投资 1600 余万元。

是年，省委副书记王辉忠考察永兴小区。

是年，灵悟小区发生重大刑事案件，凶犯杀 1 人，重伤 1 人（伤者经抢救无效死亡）。市公安局在不到 24 小时内破案。凶犯逮捕归案后被判死刑。革新村总结此案教训，加强法制工作并重点开展出租屋整治。

2016 年

5 月 10 日，市委书记卢跃东考察永兴小区。

7 月，设立“开蒙礼”，为村域内刚要进入小学的学前生集中举行“开蒙礼”仪式，并送上书包、文具等用品。同时设立“崇学奖”，村域内考上一本、二本的高考学子凭大学录取通知书到村委会领取“崇学奖”，一本 5000 元 / 人，二本 3000 元 / 人。

是年，村党总支为了进一步加强社会主义精神文明建设，丰富村民的文化生活，决定每年举办一届革新村村晚。

是年，村成立老年协会。至此，村内共有治安巡逻队、卫生督察队、社会工作站、慈善工作站、计生协会、党员义工队、消防站、道德评判团、文艺宣传队等 10 个群团组织。

是年，嘉兴市委副书记、市长胡海峰到革新村考察世界互联网大会安保工作。

是年，市委政法委书记蒋惠玲在革新村永兴小区召开全市出租房整治现场会。

2017年

9月，市委、市政府发文撤销振东新区，革新村重归梧桐街道管辖。

是年，革新村荣获嘉兴市文明村和卫生村称号。

2018年

2月，《百年革新村》村史编辑工作启动。

5月，革新村成立乡贤参事会。

暑期，永兴小区幼儿园、灵悟小区幼儿园由市教育局批准成立。该区幼童的入园问题基本得到解决。

7月，村域内全面实施垃圾分类，村委会给每家每户分发2个垃圾桶。

7月，革新村迎接国家卫生城市的复查。

8月，革新村开展“社情民意大走访、‘八八战略’大宣讲、思想观念大解放”活动。

10月，革新村开展交通安全大会战，对60岁以上老人进行道路安全知识宣传，骑电瓶车必须要戴头盔。

是年，村域内设立居住出租房旅馆总台3个，对房屋出租、外来人员租房实施全面管理服务。11月，给村民住宅安装“门禁”系统，为广大农户提供安全保障。

2019年

4月，革新村全面开展“三服务”活动（服务基层、服务企业、服务群众）。

4月，经桐乡市委批准，中共梧桐街道革新村总支部委员会升格为中共梧桐街道革新村委员会。召开党员大会，传达桐委〔2019〕14号文件，宣布革新村党委组成成员和纪委组成成员。

8月12日，梧桐街道革新股份经济合作社收获全市首张农村集体经济组织登记证，标志着桐乡农村集体经济组织自此拥有了第一张全国统一的“身份证”。

8月，市政协副主席陈英到村调研村域基本情况、特色工作、发展思维。

9月，市委第二巡视组到村督查涉及工程项目、村务监督、廉政建设、三治管理。

10月，投资205万余元，对革新第二会所、果蔬超市进行提升改造。

12月，革新村获评“浙江省卫生村”。

是年，革新村被阿里研究院第七届中国淘宝村高峰论坛授予“中国淘宝村”称号。

是年，浙江省商务厅授予革新村“浙江省电子商务示范村”称号。

## 2020年

1月下旬，新冠疫情严峻，革新村党委根据上级防控领导小组的统一部署，组织全村党员干部、村民落实防控措施。从2月1日至3月8日，村域内四个小区实行封闭式管理，设卡点9个，党员干部及志愿者和小区每户一人，共1200多人轮流日夜驻守卡点值班。由于防控措施严格到位，革新全村零感染。

1月28日，嘉兴市中医院主管技师、共产党员沈晓华（革新村沈家村组）带领嘉兴市第二批援鄂医疗队驰援武汉，进驻武汉科技大学附属天佑医院。4月3日，顺利返程，离家66天，后被授予“全国卫生健康系统新冠肺炎疫情防控工作先进集体”称号。2月8日，村党委书记朱玉建陪同嘉兴市委组织部副部长到革新村沈家村组慰问沈晓华的家人。

4月，永兴小区实施“开转封”工程（开放式改造成封闭式）。

6月，根据梧桐街道党委和办事处的决定，由革新村试点编写村志。这是编写村志的第一个行政村。7月11日，在革新第二会所党员活动室举行《革新村志》启动仪式。

8月1日，革新村开展党总支升格为党委后的第一次换届选举。此届起，党委书记、村委会主任“一肩挑”。

8月29日，革新村村委会选举。

8月，投资360多万元，对灵悟菜场进行提升改造。使场内的环境卫生、摊位设置、配套设施、功能管理有了更好的提升。

9月4日，革新村村务监督委员会、革新股份经济合作社成立。

11月1日零时，第七次全国人口普查登记，全村总人口为12298人（包括在革新村住满人口普查规定时间的非本村户籍人员）。

12月，灵悟小区北区实施“开转封”工程。

# 第一章　建置区划

春秋初期，革新村域属越国。光绪《桐乡县志》载："梧桐乡周县治东至濮院镇一十八里"，革新村域属梧桐乡。从明宣德五年（1430）至民国时期一直隶属桐乡县。

## 第一节　地理位置

革新村位于长江三角洲南翼、杭嘉湖平原腹地、京杭大运河南侧的浙江省桐乡市境内，地理坐标为北纬30°38′42.90″、东经120°34′05.72″，总面积6.8平方千米。村域地处梧桐街道东南部，东以永兴港为界，与濮院镇永联村隔河相望，南至振兴东路（以谢仁桥港为界），西与平安路为界，紧靠桐乡市区，北临濮院大道与东方红村为邻。320国道、环城东路由南向北，振兴东路、茅盾东路由西向东，呈"井"字形穿越村域，莲花桥港由西向东横贯全境，连接康泾塘与永兴港。约886亩水域面积的著名景区——凤凰湖位于村域北侧境内，桐乡植物园位于村域南侧境内。村委会坐落于茅盾东路南方家园北侧，距梧桐街道办事处驻地约1.5千米。

南距沪昆高速公路入口、高铁站约10千米，北距京杭大运河约3千米，距乌镇约15千米，距苏州约74千米，东距嘉兴市约21千米，距上海约131千米，西南距杭州约65千米。

## 第二节　历史沿革

光绪《桐乡县志》载：“梧桐乡自县治东至濮院镇十八里”，当时革新村域属梧桐乡。

春秋时期，今革新村域为吴越征战之地。战国楚威王六年（前 334），兴兵伐越，尽取吴地至钱塘江，属楚国。秦朝时为由拳县（今嘉兴）所治。西汉时属扬州会稽郡。东汉时属吴郡。三国时由拳县改禾兴县，至东吴赤乌五年(242)改为嘉兴县。两晋至南朝（其间从吴郡分立为海宁郡）属海宁郡。隋时撤嘉兴县并入吴县。唐复置嘉兴县属苏州，曾两次改为吴郡，属苏州嘉兴县。五代时属吴越国。北宋熙宁十年（1077），将嘉兴县梧桐、永新、清风、保宁、千金五乡入崇德县。南宋、元、明三朝（1127—1429）属崇德县。明宣德五年（1430）置桐乡县，始归桐乡所辖，至清朝未有变动。民国时期，先后属梧桐乡、城东乡、秀川乡辖，隶属桐乡县。新中国成立初期沿置秀川乡，1950 年归革新乡，仍属桐乡县。1993 年 3 月桐乡撤县设市，属桐乡市。

## 第三节　行政区划

明宣德五年（1430），划募化、千金、保宁、清风、永新、梧桐六乡置桐乡县，始由桐乡县辖。革新村域分属桐乡县梧桐乡和嘉兴县长水乡。

梧桐乡位于县城周边（今梧桐、濮院），“宋管梧桐、凤鸣、永众、邵庄、善众五里。分属南二十八都、第二十九都、第三十都、第三十一都，四都各管十保。明初仍管四都。四都管六十五里（南二十八都四里，二十九都二十四里，三十都十六里，三十一都二十一里）。后管四十七里（南二十八都四里，二十九都十八里，三十都十里，三十一都十五里）。康熙十年编造黄册，销去三十都之第六图。康熙二十二年，编审又销去三十一都十三图”。（清光绪《桐乡县志》）革新村域属梧桐乡三十都。

宣统三年（1911）至民国 2 年（1913），实行乡镇自治，村域内北孟庙以东属濮院乡，北孟庙以西属梧桐乡。

民国 3 年（1914）至民国 19 年（1930）实行设区自治，梧桐乡、濮院乡隶属城濮区。

民国20年（1931）筹设乡镇，下设闾邻制（25户为闾、5户为邻），隶属梧桐乡、濮院乡。

民国21年（1932）桐乡县划为21乡、5镇，分隶4区，裁撤梧桐乡划为梧桐镇和城东、附廓、城北3个乡，革新村域东边以永兴港为界（北孟庙以东区域划入城东乡），为第一区城东乡所辖，城东乡驻地在本村域北孟庙。

民国22年（1933）废闾邻制改保甲制，革新村域内设有45个甲，分别为第五保驻地麦干浜，辖10甲（共有11甲，其中周家木桥1甲属现在的城南村）；第六保驻地北孟庙，辖7甲；第七保驻地坍桥头，辖12甲；第八保驻地草庵头，辖12甲；第九保驻地秤勾浜，其中3甲在今革新村域。仍由城东乡所辖。

民国28年（1939）7月，日军占领后设城濮、青玉、日石3区，革新村域为城濮区城东乡辖。

民国34年（1945）抗日战争胜利后奉命裁撤所有区属，民国35年（1946）撤销城东乡、城北乡（含附廓乡一部分）合并为秀川乡，秀川乡驻地在本村域草庵头。革新村域内调整为第四、第五和第六保，减少为3个保，第四保驻地北孟庙，第五保驻地殳家埭，第六保驻地范家埭，为秀川乡所辖。当时桐乡县下设16个乡镇建制，从民国36年（1947）1月1日起实施。1949年5月桐乡和平解放，县域设城关区、濮院区等5个区，革新村域属濮院区秀川乡。

1950年春，革新村域内废除保甲制，柏子村、团结村和茅亭村3个行政村同时建立。原第四保保域为团结村，辖朱家浜、沈家村、小庄村、姚家埭、张家里、赵家木桥、潘家门、庙东、庙西、南徐兜、中徐兜、北徐兜、大道场等自然村。原第五保保域为柏子村，辖陈家埭、新凤桥、港北村、柏子村、后村、殳家埭、方家埭、盛家里、祁家里、周家里、富饶桥、陆家埭、朱家兜、椿树下南、椿树下北、大浮石桥、小浮石桥、镬子浜东、镬子浜西等自然村。原第六保保域为茅亭村，辖范家埭、吴家里、南港上、倪家门、丁家里、蔡家里、沈家门、高家里、庄家门等自然村。同年5月，开始划区建乡、民主建政，革新村域为新建立的革新乡辖，并隶属城关、濮院两区合并的城濮区。

1953年改为区、乡、代表区制，革新村域分设4个代表区。一代表区包括原柏子村的陈家埭、新凤桥、港北村、柏子村、后村、殳家埭、方家埭、盛家里、祁家里等自然村，以及原茅亭村的范家埭、吴家里、南港上、倪家门、

02890

# 桐鄉縣鄉鎮區域變遷表

| 古鄉名稱 | 所轄里都圖 | 行政區原稱 | 行政區三十五年名稱 | 行政區現稱 | 三十五年調整前之鄉鎮名稱 | 調整後之鄉鎮名稱 | 調整後之鄉鎮原屬鄉鎮 | 調整後之鄉鎮所轄圖籍 | 備註 |
|---|---|---|---|---|---|---|---|---|---|
| 梧桐鄉 | 轄梧桐、鳳鳴、永樂、卻莊五里分屬二十八、二十九、三十、三十一、四都共計四十七圖 | 城區 | 城濮區 | 城濮區 | 梧桐鎮 | 梧桐鎮 | 梧桐鎮城北附廓鄉之一部份 | 城區第一至六圖，十二圖及第八、九破圖 | |
| | | | | | 附廓鄉 | | | | |
| | | | | | 城北鄉 | 秀川鄉 | 城東鄉城北附廓鄉之一部份 | 城區第七、十三至廿四圖及第七、八破圖 | |
| | | | | | 城東鄉 | | | | |
| | | 濮區 | | | 濮南鄉 | 報恩鄉 | 濮南濮北鄉之大部份 | 濮區第一至八圖，十二至十六圖，及第九、十一破圖 | |
| | | | | | 濮北鄉 | | | | |
| | | | | | 濮院鎮 | 濮院鎮 | 濮院鎮濮南濮北之小部份 | 濮區第一圖，及第九十破圖 | |

桐鄉誌略　三

▲ 民国 35 年（1946）《桐乡年鉴》所载《桐乡县乡镇区域变迁表》

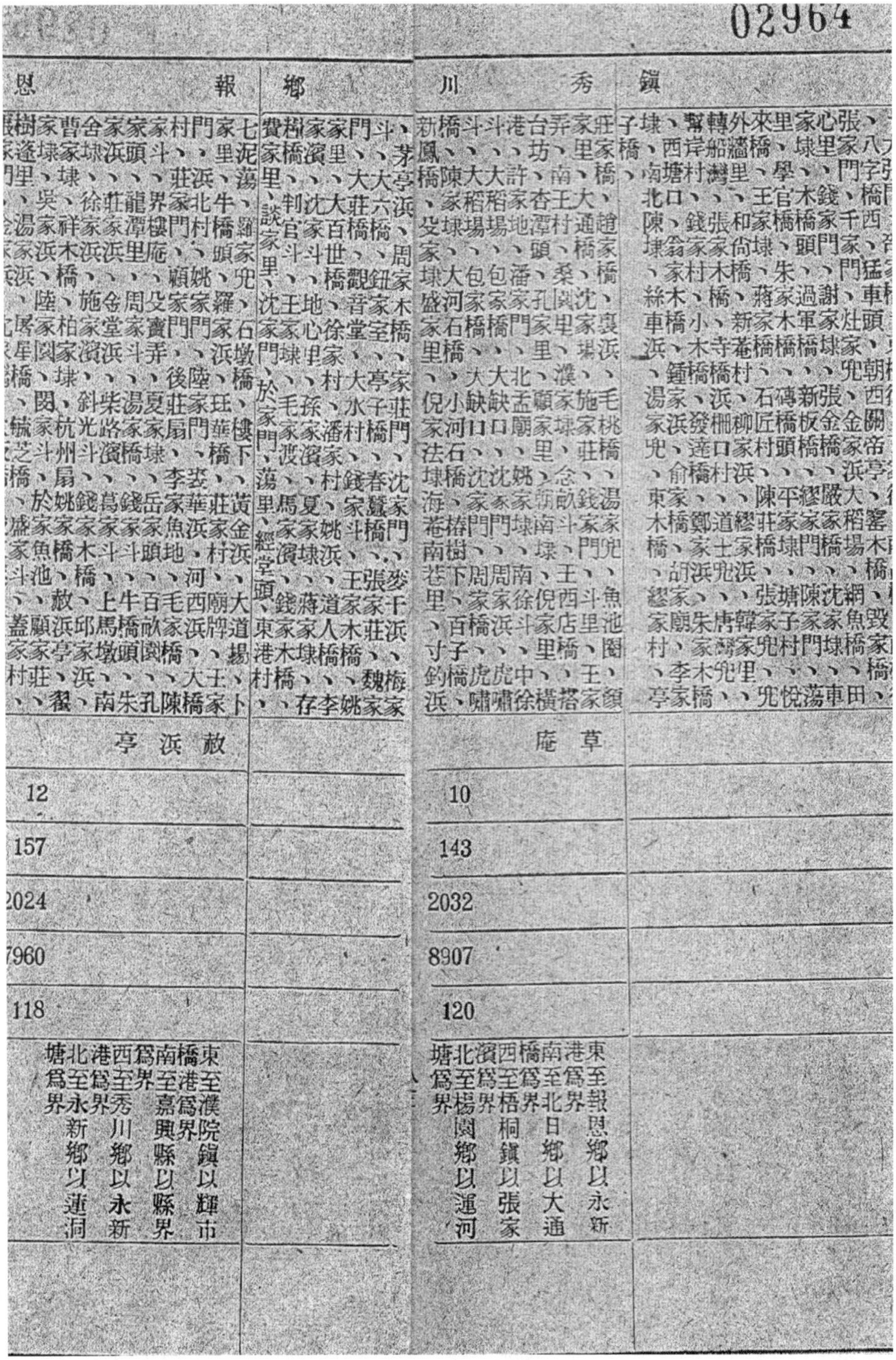

02964

| 鄉鎮 | 報恩鄉 | 秀川鎮 |
|---|---|---|
| | 亭浜赦 | 庵草 |
| | 12 | 10 |
| | 157 | 143 |
| | 2024 | 2032 |
| | 7960 | 8907 |
| | 118 | 120 |
| | 東至濮院鎮以輝市橋港爲界南至嘉興縣以縣界爲界西至秀川鄉以永新港爲界北至永新鄉以運河塘爲界 | 東至報恩鄉以永新港爲界南至北日鄉以大通橋爲界西至梧桐鎮以張家濱爲界北至楊園鄉以運河塘爲界 |

▲ 民国 35 年（1946）《桐乡年鉴》所载《桐乡县乡镇编制报告表》一部分

丁家里等自然村。二代表区包括原柏子村的周家里、富饶桥、陆家埭、朱家兜、椿树下南、椿树下北、大浮石桥、小浮石桥、镬子浜东和镬子浜西自然村。三代表区、四代表区包括原团结村的朱家浜、沈家村、小庄村、姚家埭、张家里、赵家木桥、潘家门、庙东、庙西、南徐兜、中徐兜、北徐兜、大道场等自然村和原茅亭村的蔡家里、沈家门、高家里、庄家门等自然村。仍由城濮区革新乡辖。

1956 年 3 月，桐乡县撤区并乡，由县直辖乡镇，原革新乡、城南乡合并为新南乡，革新村域隶属新南乡。同年 10 月，革新村域内撤销四个代表区，成立 3 个高级合作社。原一代表区改为革新高级合作社一社，原二代表区改为革新高级合作社二社，原三代表区、四代表区合并为新丰高级合作社。

1958 年 9 月 18 日，桐乡县梧桐人民公社成立，实行政社一体，同时撤销新南乡、逾禄乡和梧桐镇建制，所在区域并入梧桐人民公社。梧桐人民公社下设革新、城南、逾桥、稻乐和梧桐镇 5 个管理区。同时，革新村域撤销新丰高级合作社、革新高级合作社一社和革新高级合作社二社建制，合并后建立革新大队，归属梧桐人民公社革新管理区。

1959 年上半年，撤销革新大队建制，分设为革一大队（老革一大队）和革二大队，仍归梧桐人民公社革新管理区管辖。

1961 年，调整梧桐人民公社规模，恢复梧桐镇建制，同时调整生产大队规模，革新村域内的革一大队（老革一大队）又分出新南大队。至此，村域内有革一大队（小革一大队）、新南大队和革二大队 3 个大队，归梧桐人民公社辖。革一大队西靠杭申公路（现平安路）南以北港河为界，东邻新南大队，东北与革二大队连接，西北邻东方红、新星大队。革二大队东以永兴港为界，南接新南大队，西南邻革一大队，北靠杭申公路（现濮院大道）。新南大队东与永兴港为界，南与爱国大队相连，北邻革二大队，西接革一大队。

1966 年，村域内原革二大队更名为向阳大队。

1984 年 1 月，撤销梧桐人民公社建制，改设为梧桐乡；同时撤销大队建制，革新村域内 3 个大队改设村民委员会，分别为新南村村民委员会、革一村村民委员会和向阳村村民委员会，归梧桐乡辖。同年 12 月，原梧桐乡（大乡）分设为梧桐（小乡）、城南 2 个乡，革新村域内新南村、革一村和向阳村属梧桐乡（小乡）辖。

1992年6月，桐乡县实行扩镇并乡，经批准撤销梧桐乡、城南乡和钱林乡建制，所辖区域并入梧桐镇，以镇管村。梧桐镇下设城东、城南和城西3个办事处，革新村域内新南村、革一村和向阳村属梧桐镇城东办事处管辖。

2000年12月，实行并村改革，撤销新南村、革一村和向阳村建制，3村合并为梧桐镇革新村。

2001年，梧桐镇更名为梧桐街道。

2003年，革新村因桐乡市区设立振东新区，为有利于征地拆迁工作，将革新村辖区从梧桐街道划出，归振东新区管理。

2009年，革新村下属31个村民组因桐乡市主城区扩展需要，集体土地全部被征收，村民住房全部被拆迁安置，实行“小区”化管理。陈家埭、新凤桥、港北村、后村、殳家埭、丁家里、倪家门、南港上、吴家里、方家埭、盛家里、祁家里、范家埭13个村民组安置在灵悟小区；周家里、富饶桥、陆家埭、朱家兜、椿树下、浮石桥、镬子浜、徐家兜、大道场9个村民组安置在永兴小区；麦干浜东、麦干浜西、高家里、朱家浜、沈家村、潘家门6个村民组安置在革新小区；包家桥东、包家桥西、北孟庙3个村民组安置在金晖小区。

2017年，因撤销振东新区，革新村重新归属桐乡市梧桐街道管辖。

表 1-1　新中国成立后革新村村域沿革一览表

| 时间 | 名称 | | |
|---|---|---|---|
| 1950—1951 | 团结村 | 茅亭村 | 柏子村 |
| 1953—1956.9 | 三、四代表区 | 一代表区 | 二代表区 |
| 1956.10—1958.8 | 新丰高级合作社 | 革新高级合作社一社 | 革新高级合作社二社 |
| 1958.9—1959.3 | 革新大队 | | |
| 1959.4—1961.3 | 革一大队（老革一大队） | | 革二大队 |
| 1961.4—1983.12 | 新南大队 | 革一大队 | 革二（向阳）大队 |
| 1984.1—2000.11 | 新南村 | 革一村 | 向阳村 |
| 2001 年以后 | 革新村 | | |

表 1-2 革新村域内各时期组织机构驻地一览表

| 时间 | 机构名称 | 驻地 | 备注 |
|---|---|---|---|
| 民国 21 年（1932） | 城东乡 | 北孟庙 | |
| 民国 22 年（1933） | 城东乡第五保 | 麦干浜 | |
| | 城东乡第六保 | 北孟庙 | |
| | 城东乡第七保 | 坍桥头 | |
| | 城东乡第八保 | 草庵头 | |
| | 城东乡第九保 | 秤勾浜 | 秤勾浜现属城南村 |
| 民国 35 年（1946） | 秀川乡 | 草庵头 | |
| | 秀川乡第四保 | 北孟庙 | |
| | 秀川乡第五保 | 殳家埭 | |
| | 秀川乡第六保 | 范家埭 | |
| 新中国成立初 | 柏子村 | 屠家里 | |
| | 团结村 | 北孟庙 | |
| | 茅亭村 | 茅亭头 | |
| 1950.5 | 桐乡县城濮区 | 北孟庙 | 先在庙白后搬至北孟庙 |
| | 革新乡 | 高家里 | |
| 1956.3 | 新南乡 | 牛桥头 | 牛桥头现属城南村 |
| 1956.10 | 新丰高级合作社 | 北孟庙 | |
| | 革新高级合作社一社 | 草庵头 | |
| | 革新高级合作社二社 | 周家里 | |
| 1958.9 | 梧桐人民公社革新管理区 | 朱家浜 | 1959 年搬至庄家门庄锦春家 |
| | 革新大队 | 草庵头 | |
| 1961.4 | 革一大队 | 草庵头 | 70 年代搬至文桥头 |
| | 新南大队 | 包家桥 | 1963 年搬至北孟庙 |
| | 革二大队 | 富饶桥 | |
| 2000.12 | 革新村 | 塘家浜 | 2011 年搬至茅盾东路北侧 |

表 1-3

## 革新村域生产队（自然村落）、村民组一览表

（原新南村）

| 生产队（村落） | 1962年 户数 | 1962年 人数 | 2020年 村民组 | 2020年 户数 | 2020年 人数 | 村名来历 |
|---|---|---|---|---|---|---|
| 蔡家里 | 14 | 60 | 麦干浜东 | 32 | 133 | 沈家门、蔡家里分别因沈姓、蔡姓先期入住而得名，有河浜纵贯两村，据传浜中水浅，旧时每到麦收季节，水常干涸，故称麦干浜。蔡家里也叫麦干浜东，沈家门也叫麦干浜西 |
| 沈家门 | 19 | 92 | 麦干浜西 | 23 | 90 | |
| 高家里 | 22 | 93 | 高家里 | 58 | 262 | 住户多高姓，故名 |
| 庄家门 | 18 | 75 | | | | 住户多庄姓，故名 |
| 朱家浜 | 29 | 108 | 朱家浜 | 49 | 189 | 住户多朱姓，故名。住户房屋临朱家浜而建 |
| 沈家村 | 21 | 84 | 沈家村 | 62 | 247 | 旧时祁家村，后祁姓衰败，有沈氏迁来，子孙繁衍兴旺，故改名为沈家村 |
| 小庄村 | 21 | 86 | | | | 村落甚小，住户多庄姓，故名。后因防洪堤坝缺口事由引发官司，又名“大缺口” |
| 姚家埭 | 20 | 81 | 包家桥东 | 33 | 122 | 村上居住的都为姚姓，以姓而得名姚家埭。村西有包家桥，故也称包家桥东 |
| 张家里 | 9 | 42 | 包家桥西 | 34 | 122 | 相传，这里原由包家居住，在姚家浜浜兜建了一座桥，取名包家桥，后来包家绝了代，有张姓、赵姓人家迁居此地，遂改称张家里、赵家木桥。为了纪念包家，至今仍以包家桥相称。又因在桥西，故称包家桥西 |
| 赵家木桥 | 14 | 55 | | | | |
| 潘家门 | 26 | 114 | 潘家门 | 40 | 182 | 潘姓先期入住，故名 |
| 庙东 | 19 | 83 | 北孟庙 | 70 | 302 | 村中原有北孟庙，村以庙名。原为庙东、庙西两个居住点，后合并。传说，从前有户富裕人家弟兄三人，长大后分家立业，靠自己的双手分别建三座庙，即秦王庙、南孟庙和北孟庙 |
| 庙西 | 26 | 93 | | | | |
| 南徐兜 | 14 | 53 | 徐家兜 | 56 | 237 | 村中有浜兜，住户多徐姓，故名。也曾统称徐家兜 |
| 中徐兜 | 17 | 82 | | | | |
| 北徐兜 | 13 | 52 | 大道场 | 45 | 197 | |
| 大道场 | 15 | 66 | | | | 村庄前有一长排开阔晒场，故称大稻场，现名大道场 |
| 合计 | 317 | 1319 | — | 502 | 2083 | — |

表 1-4

## 革新村域生产队（自然村落）、村民组一览表

（原革一村）

| 生产队（村落） | 1962 年 | | 2020 年 | | | 村名来历 |
|---|---|---|---|---|---|---|
| | 户数 | 人数 | 村民组 | 户数 | 人数 | |
| 陈家埭 | 24 | 101 | 陈家埭 | 43 | 164 | 村中都为陈姓，故名。很久以前陈姓只有一户，到民国时期发展到 6 户，新中国成立后发展较快 |
| 新凤桥 | 14 | 82 | 新凤桥 | 31 | 117 | 村中有新凤桥，村以桥名 |
| 港北村 | 13 | 68 | 港北村 | 46 | 195 | 村在新木桥港北侧，故名。新木桥港流经此地河道多湾，故又名港北湾里 |
| 柏子村 | 15 | 44 | | | | 村旁有柏子桥，村以桥名。解放初，桥周围从绍兴搬迁来几户人家，形成一个自然村 |
| 后村 | 19 | 72 | 后村 | 25 | 101 | 旧属殳家埭，1958 年分立，因位于殳家埭之后，故取名后村 |
| 殳家埭 | 19 | 89 | 殳家埭 | 38 | 143 | 村中多殳姓，故名 |
| 丁家里 | 15 | 76 | 丁家里 | 35 | 128 | 村中多丁姓，故名（含紧靠该村的毕家里几户毕姓住户） |
| 倪家门 | 15 | 66 | 倪家门 | 33 | 126 | 村中多倪姓，故名 |
| 南港上 | 15 | 73 | 南港上 | 25 | 111 | 村庄南有条河名十字港，故取名南港上 |
| 吴家里 | 17 | 60 | 吴家里 | 28 | 112 | 村处丁家桥港与北港河交汇的十字漾一侧，原名十字港。后因村中多吴姓，故更名为吴家里 |
| 方家埭 | 17 | 69 | 方家埭 | 29 | 109 | 村中都为方姓，故名。旧时村东有一草庵，“文化大革命”时被拆毁，民间习惯称草庵头 |
| 盛家里 | 10 | 49 | 盛家里 | 32 | 134 | 据传，清末时江苏盛泽有盛姓夫妇迁居于此，以后子孙繁衍，分住东盛家、中盛家、西盛家三处，统称盛家里 |
| 东南上 | 11 | 66 | | | | 旧属盛家里，有几户人家住在村的东南方向，故取名东南上 |
| 祁家里 | 6 | 34 | 祁家里 | 20 | 76 | 村中多祁姓，故名 |
| 范家埭 | 13 | 58 | 范家埭 | 61 | 272 | 村中有范、刘两姓，以范姓居多，故名。村后有一河浜，也称范家埭浜。此地所产红烟，品质特优，供出口用于生产高档雪茄烟。抗战前“范烟”已享誉海外 |
| 刘家里 | 22 | 117 | | | | |
| 合计 | 223 | 1124 | — | 446 | 1788 | — |

表 1-5

## 革新村域生产队（自然村落）、村民组一览表

（原向阳村）

| 生产队（村落） | 1962年 户数 | 1962年 人数 | 2020年 村民组 | 2020年 户数 | 2020年 人数 | 村名来历 |
|---|---|---|---|---|---|---|
| 周家里 | 18 | 76 | 周家里 | 30 | 151 | 村中多姓周，故名，别名毛笋桥。早先，该村与大道场交界处有一座桥，据传当时有人偷毛笋，被造桥人捉住，所罚款项用作造桥费用，故名毛笋桥 |
| 富饶桥 | 18 | 76 | 富饶桥 | 29 | 114 | 村中有富饶桥，村以桥名。抗战时期其周边房屋被日军烧毁，故民间俗称为“火烧桥” |
| 陆家埭 | 20 | 96 | 陆家埭 | 34 | 168 | 昔日村中多陆姓，故名 |
| 朱家兜 | 16 | 71 | 朱家兜 | 27 | 111 | 村中有浜，其形如兜，住户多朱姓，故名。因此处有屠姓人家，也叫屠家里 |
| 椿树下南 | 10 | 40 | 椿树下 | 25 | 95 | 据传昔日这里没有人居住，后来从他乡迁来一户人家在此定居，家门前有枝椿树，干粗叶茂，把这户人家遮住，人们便称此地为椿树下 |
| 椿树下北 | 11 | 45 | | | | |
| 大浮石桥 | 13 | 58 | 浮石桥 | 36 | 164 | 村旁永兴港上有一座桥，名叫浮石桥，村以桥名。因河较大，也称大河石桥，现名大浮石桥 |
| 小浮石桥 | 15 | 61 | | | | 村中有桥，叫小浮石桥，村以桥名。此桥坐落在永兴港支流的一条小河上，即斛子浜、椿树下浜出口交叉的地方，因河较小，也称小河石桥 |
| 镬子浜东 | 7 | 39 | 镬子浜 | 40 | 200 | 村中有镬子浜，村以浜名。后来此浜与外河连通，并造了一座水管桥 |
| 镬子浜西 | 15 | 52 | | | | |
| 合计 | 143 | 614 | — | 221 | 1003 | — |

说明：革新村域 1962 年合计有 43 个生产队，683 户、3057 人；2020 年合计有 31 个村民组，1169 户、4874 人

附：革新村的历史足迹

1950 年土地改革后，广大农民摆脱了封建剥削，但农村经济仍是建立在生产资料私有制基础上的小农经济。广大农民，尤其是雇农，因家底薄、资金少，无力抗拒天灾人祸造成的生产、生活上的困难，无法彻底摆脱贫困。为发展农业生产，避免农村重新出现贫富分化，党和人民政府及时引导农民组织起来，按照自愿互利的原则，走农业互助合作道路。

互助组 1951 年春天，土改后的农民有了自己的土地，生产积极性高涨，但由于单干独户，碰到农忙时节，缺少畜力及生产用的大型农具，有的家庭缺乏劳动力，于是在同姓、亲眷、邻里之间自发出现伴工、帮工、短工的互助互帮。村域内茅亭村范家埭陈贵山组、团结村潘家门姚子林组和大道场徐方官组是附近较早建立的互助组。高家里村民组的庄金甫回忆：当时单干独户，有些农活难以做好，需要几个强壮劳力同时踏才能运作，于是同一圩头的几家农户合作伴工；种田时节农活来不及，邻里或亲戚相互伴工；有的农户没有水牛，就请养牛户帮忙犁田，自己则到对方农户以工抵工。互助组农户之间有来有往不计报酬，忙时帮几天就散伙，以临时帮忙组、伴工组等互助形式提高生产效率，不误农事。

表 1-6　1951 年团结村姚子林互助组基本情况表

<table>
<tr><th colspan="4">正副组长</th><th colspan="3">户数</th><th colspan="3">人数</th><th colspan="4">劳动力（个）</th><th colspan="3">土地情况（亩）</th></tr>
<tr><th>姓名</th><th>职务</th><th>性别</th><th>年龄</th><th>合计</th><th>贫农</th><th>中农</th><th>合计</th><th>男</th><th>女</th><th colspan="2">男</th><th colspan="2">女</th><th>类别</th><th>田</th><th>地</th></tr>
<tr><td>姚子林</td><td>正组长</td><td>男</td><td>35</td><td rowspan="2">7</td><td rowspan="2">2</td><td rowspan="2">5</td><td rowspan="2">29</td><td rowspan="2">20</td><td rowspan="2">9</td><td>正</td><td>半</td><td>正</td><td>半</td><td>入组</td><td>32.102</td><td>68.358</td></tr>
<tr><td>姚阿南</td><td>副组长</td><td>男</td><td>43</td><td>8</td><td>4</td><td>2</td><td>3</td><td>包入</td><td>6.62</td><td>0</td></tr>
</table>

1951年12月25日，中共中央颁发《关于农业生产互助合作决议（草案）》，各级政府号召农民组织起来，参加互助组。临时互助组虽然在农忙季节解决了农业生产不误农事的矛盾，特别是解决了土改后仍然缺少劳力、资金、耕畜和生产工具的贫苦农民的困难，促进了生产的发展，但这种互助组往往是农忙组织农闲散，很多贫雇农由于历史原因，无法解决生产中更多的困难以达到增产增收的目的。于是，在政府的推动下，互助合作基本形成群众性运动，许多农民自愿组织起3户以上不等规模的常年互助组。对个别继续单干的农户，政府结合大批资本主义思想，对其给予批评教育，并作检讨。据档案资料《桐乡县互助合作发展情况及各个时期特点的典型材料》记载，村域内生产委员徐福良继续单干还不愿检讨，经多次动员，才勉强在农代会上检讨说："我的资本主义思想严重，希望大家不要学我的样子。"据1952年10月中共桐乡县委总结资料记载，革新村域内的茅亭村当年有92个互助组。

1952年12月，革新乡开展总结丰收评比先锋活动，自下而上总结全年丰收，评比互助组活动中的模范先锋。茅亭村陈贵山等六个重点互助组全年水稻平均亩产253.2千克，比上年增产4.4成；蚕茧平均每张19.75千克，比上年增产3成。团结村朱善生互助组组员朱张氏1.3亩田，上年产粮200多千克，由于政府贷肥、互助组的帮助当年粮食总产量近500千克，她说自己活到50多岁，第一年收这么多粮食。通过总结丰收提高了农户爱国增产的积极性，柏子村吴金堂被评为生产先锋，在庆模（表彰）大会后的一天早晨，冰冻未解，就和互助组人员去处理稻枝蒲头，一天开好五只填埋稻枝蒲头的泥塘；陈贵山等六个重点组312亩晚稻田稻枝蒲头比预计提前了五天挖好；茅亭村92个组接连挖了两夜，完成挖稻枝蒲头任务。

挖稻枝蒲头集中填埋是消灭害虫的有效方法，可减轻下一年水稻虫害，因为害虫或虫卵藏在稻枝蒲头过冬。

**初级合作社**　1953年12月16日，中共中央《关于发展农业生产合作社的决定》下发，掀起了成立初级农业合作社的高潮。初级合作社是在常年互助组基础上发展起来的，规模比互助组扩大好几倍。1954年，革新村域内范家埭初级农业合作社成立，它是革新乡第一个初级农业合作社，陈贵山任首任社长，刘元通任会计，共有31户农户，另外29户的户主分别为：陈炳文、刘元顺、刘炳浩、刘文祥、刘雪康、刘清荣、刘潮荣、刘炳荣、刘年洲、刘元熙、刘禹棠、刘文浩、刘文贤、刘文山、刘元发、刘文熙、刘文高、刘文康、刘文华、范子堂、倪金寿、范阿二、范炳忠、范炳章、范炳潮、范庆年、范叙康、石荣跃、石利跃。村域内农户较少的自然村单独建立一个或两个自然村合建一个合作社，农户较多的自然村则建立多个合作社，如麦干浜浜北高家里、庄家门建立一个初级合作社，第一任社长是庄珍宝，而浜南的沈家门、蔡家里组建另一个初级合作社。根据“自愿互利、等价交换、民主管理”和“入社自愿、退社自由”的原则，土地入股，耕牛和大、中型农具折价入社，由初级社统一经营，社员集体劳动，评工记分，实行按定产付给土地报酬和按劳分配相结合的分配形式。

土地入股，水田按照土质好差、自然条件及常年产量等状况划分五个等级，每等确定标准田：一等田每年租谷 95 千克，二等田 90 千克，三等田 85.5 千克，四等田 81 千克，五等田 76.5 千克。随后对照标准田，商议各户入社土地租谷。旱地按照土质好差，距居住地远近，照顾地面有桑、柏树等条件，划分 8 个等级，一等旱地 49.5 千克，二等地 48 千克，三等地 47 千克，四等地 46 千克，五等地 44 千克，六等地 38.5 千克，七等地 33 千克，八等地 27.5 千克。随后对照标准田、地等级划分，商议各户入社土地租谷。年终，根据全年收获的粮食总产量减去土地租谷后，剩余部分按劳动工分分红。

1954 年初夏，出现了百年未遇的洪涝灾害。在这场特大洪涝灾害中，组织起来的农户发挥集体力量的巨大威力，迅速排除积水，扶苗种田，取得了灾年增产增收。在灾害面前，合作社发挥了它的优越性，未入社的农户因此转变思想，纷纷自愿结合，加入初级合作社。

**高级合作社** 1956 年 1 月 26 日，中共中央正式公布了《1956 年到 1967 年全国农业发展纲要（草案）》，要求合作基础较好的地区，在 1957 年基本上完成高级形式的农业合作化。1956 年下半年，革新村域分别组建新丰高级合作社，社长徐锦源；革新高级合作社一社（简称革新一社），社长陈贵山；革新高级合作社二社（简称革新二社），社长徐金章。革新一社是新南乡最大的一个高级社，有 500 多农户。组建期间，乡政府干部驻村，带有强迫性，农户必须入社。对农民在土改后分到的田地、农具、耕牛、家禽等低价折股入社，不久无偿归高级社所有，农民改称社员，社员收入按劳动工分进行分配，评工记分，多劳多得。对劳力弱、吃口重、生活有困难的社员给予照顾，对鳏、寡、孤、独的社员实行“五保”，即：保吃、保穿、保烧（燃料）、保教（儿童和少年）、保葬。考虑到社员日常生活需要，划出一部分土地按基数、人口分给社员种植蔬菜，称自留地（平均每户 0.5 亩）。

高级合作社下设若干生产小队，以小队为作业单位，社为基本核算单位，实行定生产内容、定质、定量、定工、定时、定人“六定”责任制。生产小队推行“三包四到田”，即包工、包产、包成本，劳力、耕畜、肥料、责任到田。1958 年 4 月 9 日，《桐乡报》报道了革新一社四大队二小队实行六定管理制、促进技术跃进的具体做法和经验。高级合作社的“六定”责任制和生产小队的“三包四到田”极大地调动了广大社员生产劳动的积极性，社员们鼓足干劲，起早落夜，勤出工、肯出力，甚至在恶劣天气也不停工。同年 4 月 22 日，《桐乡报》报道了革新一社四大队八小队日夜冒雨插秧的事迹。这个小队为了第一批秧田不超过秧龄，下雷阵雨也没有停止插秧，一边放水，一边插秧，晚上又点了煤油灯插秧，17 个男女社员每人每天种 0.3 亩以上。同年 5 月 9 日，《桐乡报》又刊登以《促使早稻早发　一天半结束头耘》为题的文章，介绍革新一社四大队二小队实行分户包干田间管理的事迹。这个小队 53 亩双季早稻除 10 亩直播（苗小不能耘）外，其余 43 亩从 7 日下午开始到 8 日下午 4 时完成了头耘，20 个男女劳力平均每个劳力负担耘 2.15 亩田，并完全符合规格要求。与此同时，革新一社发动群众千方百计寻找肥源，男女老少大积土肥，刮家庭脚头泥，捞家庭坑底泥，刨路边草皮泥。当时工分标准：家庭脚头泥每担（50 千克）4 厘（连挑进生泥填平地基工分在内），草皮泥、坑底泥每担 2 厘。社管委计算任务，分配到户，超额完成部分双工分，既保证积肥任务，又公平合理。积足土肥，为水稻丰收打好基础。

农业合作化运动，经过具有社会主义萌芽状态的互助组到半社会主义性质的初级社，到社会主义性质的高级社。在自然灾害威胁的时候，解决了单干独户难以做到的难题，发挥了集体作用，保证农业生产的增产增收。据当时新南乡对革新一社一生产小队几种主要农作物亩产和张产的调查，产量出现了逐年提高的喜人局面。

表 1-7　　1952—1956 年革新村域农作物产量对比表　　单位：千克

| 作物 | 1952 年 | 1953 年 | 1954 年 | 1955 年 | 1956 年 | 1956 年比 1952 年增长 |
|---|---|---|---|---|---|---|
| 水稻 | 228 | 280 | 272（受灾） | 283 | 312 | 37% |
| 蚕茧 | 19 | 28 | 32 | 33 | 33.5 | 76% |
| 烟片 | 60 | 60 | 65 | 70 | 75 | 25% |
| 油菜 | 30 | 30 | 没收 | 60 | 52.5 | 75% |

说明：水稻、烟片、油菜为亩产，蚕茧为张产

由于生产的增长，社员收入也随着不断提高，如：

表 1-8　　1952—1956 年革新村域部分社员年收入对比表　　单位：元

| 姓名 | 成分 | 1952 年 | 1953 年 | 1954 年 | 1955 年 | 1956 年 | 1956 年比 1952 年增长 |
|---|---|---|---|---|---|---|---|
| 姚子林 | 上中农 | 551 | 560 | 573 | 589 | 620 | 13% |
| 姚文松 | 下中农 | 430 | 450 | 477 | 550 | 602 | 40% |
| 姚品松 | 贫农 | 184 | 220 | 265 | 278 | 304 | 65% |

**人民公社化**　1958年9月18日，梧桐人民公社成立，村域进入了人民公社化时代，取消农民个体单干，实行集体生产生活。

桐鄉日報

欢欢喜喜办公社　轟轟烈烈搞生产　狠狠打击美国狼

万人高举紅旗浩浩蕩蕩向共产主义迈进

# 梧桐人民公社成立

农林牧副漁全面發展　工农商学兵互相結合

第306期
1958年9月19日

梧桐人民公社緊緊抓住辦社中心

昨开首届一次社員代表大会

▲ 1958年9月19日，《桐乡日报》报道18日下午梧桐人民公社成立大会情况

农民在土改时属个人所有的土地、农具、耕牛、粮食、物资和合作社时的公共积累全部无偿归公社所有，全面实行公有制。村域内新丰高级合作社、革新高级合作社一社、革新高级合作社二社进行合并，建立革新大队，下属43个生产队。社员以军事战斗序列编制，实行组织军事化、生产战斗化、生活集体化的农业生产模式。

1962年，桐乡县在梧桐人民公社进行“贯彻分配大包干和实物按劳分配加照顾政策”的试点工作，包干的项目有两个：一是粮食上交任务，包括分配国家粮食任务、增产增购的任务、大队储备粮和机动粮分摊到队；二是国家计划收购的主要农产品投售任务及增产增购任务，如油料、蚕茧、烟叶、麻、菊、稻草等；收入扣留上交部分，指农业税、公积金、公益金、大队使用的管理费。试点工作得到大多数干部、社员的拥护和支持，据桐乡县委《关于梧桐人民公社贯彻分配大包干政策的情况报告》记载，村域内原新南大队23个干部中，对分配大包干政策积极拥护的有 20 人，怀疑的有 2 人，不赞成的只有 1 人。分配大包干政策受到广大社员的拥护，产生巨大威力，有力地推动了农业生产，也促进了畜牧业发展和积肥运动。原新南大队沈家村生产队，为了下一年大幅增产，经全体社员讨论，调整肥料报酬，制订了发展绵羊的计划，全队 20 户，现有羊 34 头，其中 26 头母羊怀胎，计划全留，到年底增加 50 头，每户达到 4.2 头。同时，新南大队在秋收冬种劳动力紧张季节里，有 6 个生产队挤出劳力，开展积肥运动，5 天积河泥 177 船，可肥田 40 亩。蔡家里生产队社员，为了迅速改变落后面貌，决定扩大冬种面积，下一年一定超过先进的潘家里生产队，全队 30 亩三类花草改种小麦，规划扩种蕃薯 30 亩。为处理好大队误工的分配问题，新南大队划出 3 亩田、3 亩地归大队干部种植，以解决大队干部误工部分分不到超产粮和其他超产实物的问题，大队干部分配超产部分时参照同等劳力，由社员评议决定，这样可以不再向生产队摊交实物。

1984 年 1 月，人民公社体制被彻底废除，恢复乡人民政府，新南、革一和向阳 3 个大队分别改为行政村，设立村民委员会和村经济合作社，所有生产队改为村民小组。

**办大食堂**　1958 年，在“吃饭不用钱，跑步进入社会主义”的口号下，各自然村几乎都办起了公共食堂，男女老少进食堂吃饭，粮食实行供给制，吃饱为止。村域内最多时开办食堂 30 多个，有的在开办过程中就近合并，至 1961 年 2 月，仍有 27 个食堂在继续开办。在食堂领导层面上，全部由贫农、下中农掌大权，各个食堂都有五个骨干组成管委会。小队长以上干部和大队 11 名干部，都轮流担任炊事员，十天一次。方家埭食堂当时办得较好，服务热情，餐餐称米下锅，天天结清账目，社员用粮省，月月有节余。潘家门村民组潘全宝回忆，当时粮食由大队统一保管，自己是原革一大队粮食总仓库保管员，负责统计、发放粮食，下面食堂来人领粮食，做好过秤、登记。刚开始时，基本能满足各食堂需求的数量，但后来越来越紧张，只能按需求数打折供应食堂。由于当时客观条件、管理水平等多种因素，公共食堂存在许多问题：一是浪费用粮，损耗、偷窃、贪污严重，损害社员利益；二是烧柴浪费，燃料供应困难；三是过多地占用农业用工，影响按劳分配的收入；四是炊具损失严重，费用大；五是居住分散，社员吃饭不便。据椿树下村民组徐兰毛回忆，当时喜欢喝酒的人经常在椿树下食堂喝酒，久而久之，酒瓶放了一稻桶，上面派人来调查处理了。据资料记载，截至1960年4月6日，革一大队尚有库存粮食28.8吨，其中留下种子10吨，实际只有18.8吨，全大队2150人，若每人每天供应12两（375克）粮食，也只能维持23天。后因无粮食供应，至1961年上半年食堂全部关停。

表1-9 1958年10月至1961年6月村域内部分食堂情况表

| 自然村 | 食堂地点 | 炊事员 | 自然村 | 食堂地点 | 炊事员 |
|---|---|---|---|---|---|
| 沈家门、蔡家里 | 蔡三娜家 | 蔡七娜等3人 | 高家里、庄家门 | 高年洲家 | 庄珍宝、高阿四、陆阿大 |
| 朱家浜、张家里 | 朱善定家 | 朱善定等2人 | 沈家村、小庄村 | 沈寿坤、沈炳坤、沈雪荣三家通间 | 沈金祥等2人 |
| 赵家木桥 | 李文龙家 | 赵坤松、张阿大 | 姚家埭、潘家门、北孟庙 | 先在庙里，后在姚子林、姚财荣家 | 姚来宝、姚庆荣、姚金甫 |
| 南徐兜、中徐兜、北徐兜 | 徐松官、徐木官、徐福坤家 | 徐玉林、王发喜 | 大稻场 | 徐福泉家 | 王发奎、徐玉林、徐阿大、徐金娜 |
| 周家里、富饶桥 | 沈金林家 | 顾子林等2人 | 陆家埭 | 徐三毛家 | 徐三毛、沈洪生、徐阿二 |
| 椿树下、浮石桥 | 小浮石桥桥头社间 | 徐小狗、徐金祥 | 镬子浜 | 陆阿毛、陈阿贤家和公家草棚 | 高方才 |
| 殳家埭 | 殳子荣、殳金山、方子林家 | 殳玉堂 | 吴家里 | 吴源衣家 | 于阿二 |

# 第二章　自然环境

革新村域地处杭嘉湖平原腹地，境内河港交错，土地肥沃，自然条件优越，年平均气温16.0℃，年日照时数1842小时，年降水量1233.6毫米。1996年版《桐乡县志》记载：“田面高程在海拔吴淞基面2.8～6.0米之间，平均4.5米，地面高程在海拔5.0～8.0米之间，最高为10米。境域地势分为塘东、塘南高田区和塘西、塘北低田区。”革新村域位于塘南高田区，先民在远古时代就在这片土地上辛勤劳作，开凿河渠，围圩造田，堆土栽桑，平整土地，造房修路，开垦了大片土地。民国34年（1945）《塘南半月》刊载：“北宋熙宁十年（1077），梧桐乡有田111097亩3角2步，地16410亩2角5步。”梧桐乡辖下的革新村人在这片土地上居住耕作，养育着一代又一代的革新人。

## 第一节　土壤 气候

### 土壤

在第四纪晚更新世出现的第二次假轮虫海侵后，海水退缩，杭嘉湖平原全部露出，但仍是一片海湾淤积的大型湖泊沼泽地，生长着各种水生植物，7000多年前，革新村域曾是一片浅海，由于泥沙来源丰富，沉积了大片厚层的冲积物。杭嘉湖平原中部则是比较高亢的陆地与潮汐通道，表层沉积物以细颗粒泥沙（细粉沙、黏土）为主，属河流、湖沼堆积物。先民们在这片平坦的海滨湿地和湖沼洼地上，开始定居生活，用石器、骨器耕作，生产稻谷。土壤在长期栽培水稻中逐步熟化，演变成“水稻土”。

革新村域内的土壤类型，据《桐乡市农业志》记载：“县境的主要土壤分两大类，即水稻土和潮土。”革新村域内兼有水稻土和潮土两种土壤类型。水稻土土系又可分为潴育型水稻土和脱潜潴育型水稻土；潮土土系则仅有堆叠土一种类型。

**潴育型水稻土**

是主要的土壤类型，分布较广，面积较大。由于地势低平易积水，加上地下水位高，土壤发育深受灌溉水和地下水的双重影响，有很多铁锰积淀物，交杂形成该种结构。潴育型水稻土包括黄斑田、小粉田、荡田并松泥田、堆叠泥田 4 个土属。

**黄斑田** 宜种性广，适宜种植水稻、大小麦、油菜。革新村域内的南荡田和部分水圩属黄斑田。

**小粉田** 土质轻松，通气性好，土壤供肥性好，但保肥性差，养分中等。革新村域内的北荡田属小粉田。

**荡田并松泥田** 是一种高平田，平均海拔为 5.3 米，革新村域内也有小部分田块，如 60 年代新开垦的高荡田。

**堆叠泥田** 又称加土田，是人工把圩田四周高突旱地土堆加到低洼圩田上而成的水田。革新村域内各村民小组都有这种土质的田。

**脱潜潴育型水稻土**

在革新村域内分布面积不大，是介于潜育型水稻土、潴育型水稻土的过渡类型。土体颜色呈暗灰色，有明显的铁锰锈纹锈斑，包括青紫泥田和半青紫泥田两种。村域内的部分沉水圩田，属于此种土系。

**堆叠土** 是村民在开辟圩田，疏浚河道，用挑挖土堆积而成的一种土壤，以小粉质堆叠土为主。该土壤质地轻松，粗粉砂含量很高，耕作性好，宜种瓜果、蔬菜等经济作物，特别适宜种植烟片、麻类、菊花和桑树。革新村域内的桑园地和旱地均属此种土质。

**气候**

革新村域地属东南沿海北亚热带，为典型季风气候，冬夏季风交替明显，四季分明，气候温和，雨水充沛，日照充足，无霜期较长，台风、暴雨、干旱等灾害性天气时有发生。同时因受海洋、地形、水系等自然因素影响，基本构成了春夏季“雨热同步”、秋冬季“光温互补”的气候特征。

**气温** 革新村域处于北亚热带南缘，属典型的亚热带季风气候，四季分明，日照充足，气温适中，雨量充沛，空气湿润，但洪涝、干旱等气象灾害也时有发生。

全年平均气温约15.8℃，平均无霜期239天，年平均结冰天数42天，生长期8个月，农作物可种三熟。

按气象学四季划分标准，革新村域内四季始终日期及持续天数大约为：

春季3月31日起，6月17日止，共79天。

夏季6月18日起，9月16日止，共91天。

秋季9月17日起，11月18日止，共63天。

冬季11月19日起，3月30日止，共132天。

最冷为1月份，平均气温在3～4℃，最热为7月份，平均气温28℃左右。但也会出现极端天气：2013年8月9日极端高温达到41.1℃，全年高温天数达到50天（≥35℃）；1977年1月31日极端低温零下11℃，创1959年桐乡气象台建立以来最低纪录。常年初霜期出现在11月14日左右，终霜期在3月15日左右。

**降水** 革新村域内平均降水量约为1190毫米，年内分配不均，且有明显的季节变化，主要集中在4—5月的春雨、6月中旬至7月上旬的梅雨和8月下旬至9月的秋雨，6月、7月两个月的雨量占全年总雨量的四分之一左右。降水量年度之间变化较大，最多年份发生在1983年，为1652.6毫米，最少年份出现在1978年，为774.4毫米。

年平均雨日145.6天，最多4月为15.2天，其次3月和5月，分别为14.7天和14.6天，最少11月和12月，分别为8.3天和8.4天。

**无霜期** 革新村域内霜期主要出现在11月到翌年3月，每年的10月和4月也偶有出现。其中1月霜日最多，其次是12月和2月。

**四季** 革新村域内四季分明，气候宜人。春季，平均开春日期在3月下旬，春终为6月中旬。春季是冬季风转为夏季风的过渡季节，冷暖空气交替频繁，风向多变，天气时冷时热，阴雨天较多。倒春寒和连阴雨是春季主要灾害性天气。夏季，一般自6月中旬开始，至9月中旬结束，季内气温高，雨量集中。“梅雨”是此季的主要特征，一般6月中旬入梅，7月上旬出梅，梅雨期平均22天，雨量为200毫米左右。出梅后进入高温天气，常有伏旱发生。其间因台风影响，常会出现大风、暴雨。秋季一般从9月中旬开始，至11月中旬结束，是四季中最短的一季。在此期间会出现秋雨连绵的现象。冬季，从11月中旬开始，至次年3月下旬结束，是一年中最长的一季。多偏北风，气候寒冷干燥，遇寒潮侵袭时，会出现降雪、冰冻等灾害性天气。但由于全球气候变暖，近来常出现暖冬的现象。

**日照**　革新村域内年平均日照时数约为1984小时。7、8两月日照时数最多，2月份最少。月平均日照时数约为165.3小时。

**风**　革新村域内3月至8月盛行东南偏南风，9、10两月以东北偏东风为主，11月至翌年2月多为偏北风。

**暴雨**　革新村域内主要发生在6、7月份的梅雨期和8、9月份的台风期。

表2-1　1961—1990年若干年份革新村域内气象情况表

| 年份 | 平均气温（℃） | 雨天（天） | 降水量（毫米） | 无霜期（天） | 日照（小时） |
|---|---|---|---|---|---|
| 1961 | 16.7 | 147.0 | 1389.7 | 221 | 1951.9 |
| 1970 | 15.5 | 161.0 | 1281.5 | 220 | 1676.7 |
| 1973 | 15.9 | 161.0 | 1416.2 | 241 | 2106.3 |
| 1977 | 15.8 | 170.0 | 1317.2 | 238 | 1584.9 |
| 1981 | 15.4 | 153.0 | 1300.6 | 254 | 1909.1 |
| 1986 | 15.6 | 120.0 | 988.1 | 220 | 2037.7 |
| 1990 | 15.8 | 145.7 | 1193.8 | 238.6 | 1983.4 |

说明：资料来源于1996年版《桐乡县志》

## 第二节　水系 河道

革新村河流属太湖流域的运河水系。南北向的主要河流有永兴港、灵悟桥港、亭子桥港，东西向的主要河流有莲花桥港、谢仁桥港、先生桥港。村域内有十多条河浜，几十个溇潭，31 个村民小组傍水而居，河浜交叉，小桥流水，是个江南水乡。

表 2-2　　2020 年流经革新村村域内市级河道情况表

| 河道名称 | 走向 | 起止地点 | 长度（千米） | 流经自然村（小区） |
|---|---|---|---|---|
| 永兴港 | 南北 | 南起旺华桥<br>北至浮石桥公路桥 | 2.5 | 永兴小区 |
| 莲花桥港 | 东西 | 东起永兴港<br>西至北港河 | 3.5 | 革新小区、<br>金晖小区 |
| 灵悟桥港 | 南北 | 南起莲花桥港<br>北至秀才桥公路桥 | 1.5 | 灵悟小区、<br>金晖小区 |
| 茅亭港 | 南北 | 南起谢任桥港<br>北至北港河 | 1 | 革新小区 |
| 莲湖港 | 南北 | 南起植物园<br>北至莲花桥港 | 0.5 | 文化中心 |
| 先生桥港 | 东西 | 东起凤凰湖<br>西至秀才桥港 | 1 | 凯旋名都 |

表 2-3 2000 年以前革新村村级河道一览表

| 河道名称 | 长度（千米） | 平均深度（米） | 平均宽度（米） | 面积（平方米） |
|---|---|---|---|---|
| 姚家浜 | 1.5 | 3 | 28 | 84000 |
| 朱家浜 | 0.5 | 3 | 28 | 14000 |
| 庄家门浜 | 0.3 | 2.5 | 25 | 7500 |
| 麦干浜 | 1.2 | 2 | 20 | 24000 |
| 李家浜 | 0.8 | 2 | 15 | 12000 |
| 沈家村浜 | 1 | 2 | 15 | 15000 |
| 蟹溇浜 | 0.5 | 2 | 25 | 7500 |
| 油车浜 | 0.6 | 2 | 20 | 12000 |
| 坍桥浜 | 1 | 2.5 | 25 | 25000 |
| 李家浜（鬼出浜） | 1.2 | 3 | 20 | 24000 |
| 周家里浜 | 0.6 | 2 | 15 | 9000 |
| 塘家浜 | 1 | 2 | 15 | 15000 |
| 新开河（张家里） | 0.5 | 2.5 | 20 | 10000 |
| 陆家埭浜 | 0.3 | 2 | 15 | 4500 |
| 屠家里浜 | 0.3 | 2 | 15 | 4500 |
| 镬子浜 | 1.5 | 2.5 | 20 | 30000 |
| 草庵浜 | 0.6 | 2 | 15 | 9000 |
| 范家埭浜 | 0.5 | 2 | 15 | 7500 |
| 张家浜 | 0.5 | 2.5 | 16 | 8000 |
| 鱼鳝浜 | 0.4 | 2 | 13 | 5200 |
| 对丰浜 | 0.8 | 2 | 14 | 11200 |

附：已填埋的港浜潭的说明

原革新村域内河港浜纵横交错，溇潭星罗棋布，有的小河浜、小溇潭在60—70年代平整土地中被填埋。姚家浜、朱家浜在1975年开通北港河与姚家浜、朱家浜的工程中，变成了北港河。1998年，在开挖莲花桥港后，变成了莲花桥港。集体土地被征收后，在振东新区的建设中大部分已被填埋或开挖掉。原新南村的麦干浜于2003年建植物园时被填埋，该土地上已建成了桐乡植物园、海关大楼、市检察院办公楼、电力大厦和市文化中心等。原沈家村浜、永兴港西岸的李家浜、油车浜、坍桥浜、周家里浜、富饶桥港中段、屠家里浜、陆家埭浜、塘家浜、草庵浜和镬子浜等众多河浜都在2010年开挖凤凰湖时被开挖掉，建成了凤凰湖景区，只剩下吴家里组的从丁家桥港往东大约500米的张家浜和潘家门组与爱国许家兜相邻的从永兴港往西大约1200米的李家浜（鬼出浜）。昔日村域内荡田中，村庄里溇潭（鱼塘）大大小小几十口，大的有五六亩，小的只有几十平方米。这些溇潭为村民的生产生活提供了便利。雨天，庄稼地里的积水可以排到溇潭中，干旱时农作物需要灌溉，村民可到溇潭中就近取水灌溉。盛家里村民组十多户人家的住房就建在一口大溇潭边，因距离范家埭浜较远，村民喝水、提水都从溇潭中获取，洗涤、沐浴也都在溇潭中，溇潭成为不可缺少的水源。被填埋或开挖掉的这些溇潭中，比较有名的有北孟庙和沈家村南荡田中的肚子溇、潮潮溇、面长溇、西长溇、烧鸡溇和杨家溇等。这片土地上现已建成了星湖湾、望湖湾等住宅小区。北荡田中有圆溇潭、四转鱼池、长溇潭、南北溇等，现都在凤凰湖湖区，那里已成为浙北地区有名的旅游景区之一。湖北岸是桐乡市最大的企业集团总部所在地，已建成了振石集团的振石大楼、桐昆集团的桐昆大厦等高层建筑。凤凰湖科技城也在建设中。凤凰湖南岸的丰子恺艺术中心于2020年末举行了奠基仪式。这里百余亩土地原是盛家里、范家埭的大荡田，几只溇潭已被填埋。

## 第三节　自然资源

### 水

**地表水**　革新村域内河浜纵横交错，池潭星罗棋布，水资源非常丰富。根据《桐乡市农业志》记载：“桐乡境域多年（1961—1978年）的平均年径流深为400～450毫米，年径流量为3.04亿立方米。径流量中有部分渗入地下，年平均地表水资源为2.73亿立方米，折算成每平方千米面积为898.0635万立方米。”

**地下表层空隙潜水** 境内地下表层空隙水主要靠降水渗入补给，年补给量为3074.06万立方米。地下含水层由海湖冲积亚黏土、亚砂土、粉砂等组成，厚约5米。大运河以南表部为海积平原，水位埋深0.40～2.30米，民井出水量5～10米$^3$/日。

**深层承压淡水** 地下含水层因没有大量补给来源，属消耗型地下水资源。地下有四个水层，表层潜水在地下5～15米处；第一含水层顶板埋深30～37米；第二含水层60～110米处；第三含水层102～187米处。

**黏土** 平原表层土统称为黏土，黏土分布广泛，是制作砖瓦的良好材料，属于可利用的矿产资源，分布在山地、地势较高的地带。70—80年代建房大部分使用黏土烧制的砖瓦，有八五砖、九五砖，洋瓦和土瓦。1994年，城东砖瓦厂就建造在革新村域内。村域内的革一村、向阳村、新南村都把高墩地的黏土出售给砖瓦厂制砖。砖瓦厂在十多年时间内，向革一村购买黏土180亩、向阳村120亩、新南村230亩，黏土价格由地价和赔青费两部分组成，一般在1500～2000元/亩，取土深度在1～1.5米。

1999年11月1日，桐乡市政府发布《桐乡市黏土开采管理办法》第三条明确规定：“黏土是矿产资源，属国家所有，不因其所依附土地所有权的不同而改变，任何单位和个人不得将依附其土地上的黏土当成私人财产进行任意开采买卖”。企业因生产需要使用黏土实行报批制度，经主管部门批准后方可开采，开采黏土需缴纳每亩500元的复耕保证金。为保护黏土资源，减少环境污染，城东砖瓦厂于在2006年底关停。

### 野生动物

《桐乡市农业志》载：“桐乡境内主要的野生动物有兽类31种，鸟类93种，爬行类17种，两栖类7种。另外，有益动物中有节肢动物29种，软体动物22种。”村域内的野生动物相似，到现在，有些野生动物在村域内已绝迹：如猪獾、狗獾、狼、乌鸦等。

**野兔** 学名华南兔。皮毛呈棕褐色，四肢健壮，耳朵长，警觉性高，食青草和农作物。

**黄鼠狼**　学名黄鼬。头尖尾巴长，皮毛橙黄色。以捕食青蛙、泥鳅为主，也有时潜入农家偷吃家禽。最大体重在 1500 克左右。黄鼠狼的繁衍生存与其皮有关，20 世纪 50—60 年代黄鼠狼皮毛值钱，一到冬天村民们千方百计捕捉黄鼠狼，以其皮毛换钱，所以黄鼠狼的数量越来越少。到了 90 年代以后，由于皮毛市场疲软，黄鼠狼皮毛越来越不值钱，人们也不再捕捉，再加上土地征迁，抛荒现象严重，有利于黄鼠狼的繁衍生存，其数量逐年增多，经常出现在人们的视线内。

**豹猫**　又称偷鸡豹。其身体和尾巴通常有 1 米多长。四肢高挑，脚爪锋利，身上皮毛长有黄色斑点，所以叫豹猫。1993 年早春，在新南蔬菜厂的菜窖里曾发现了一只掉进菜窖的偷鸡豹。听村域内年纪大的人说："偷鸡豹偷鸡时都不动声色，能一口咬住鸡的脖子，人们称其为一口封喉，鸡便无力发声，被甩在背上，纵然是一米多高的围墙也挡不住它的去路。"2001 年后，村域开始征迁，农户的家庭养殖逐年减少。到了 2009 年以后，全村征迁，村域内没有了家养的鸡、鸭、鹅，偷鸡豹断了食物的来源，村域内没有了偷鸡豹的踪迹。

**狗獾、猪獾**　解放初期出现过。狗獾，外形像狗，大耳朵、尖嘴巴，重大约在八九斤。挖洞穴居，栖息在荒坟、柴茅棺材底下。猪獾，洞穴居住，杂食性动物，形如家养的猪，最大体重在 20 多斤。沈家村村民曾在后浜竹园中的槐树洞里发现猪獾，根据还健在的当年目击者回忆："他们采用烟熏的办法，迫使猪獾跑出树洞，最后猪獾被预先张好的网逮住了。"20 世纪 60 年代后，此类动物在村域内已绝迹。

**刺猬**　别名刺球子，喜食昆虫、地瓜。一般隐居在荒坟洞穴中，也有少数出现在农家的柴房、猪羊棚内。1998 年，小庄村村民庄长林在清理柴房时，曾发现一个刺猬窝，里面有一只大刺猬，还有四只小刺猬。

**乌鸦（老鸹）**　有一身乌黑的羽毛，连脚和嘴巴都是黑的。它是一种人们不太喜欢的鸟类，"乌鸦叫""乌鸦嘴"是不吉利的象征。它还有一个"懒惰"的坏名气，虽然体型大、力气大，可它自己懒得搭窝，看到喜鹊搭好的窝就去抢夺，经常会出现"乌鹊大战"的现象。每当此时，周边的喜鹊都会来支援，最后由于喜鹊数量众多而获胜。60 年代后期，乌鸦的数量渐渐减少。70—80

年代，由于新开荡田，平整土地，乌柏树逐年减少，80年代中期，村里几乎没有乌柏树了。而乌鸦以柏子为食，再加上自然环境污染，生态失衡，乌鸦失去了生存的环境，所以，村域内已经见不到乌鸦的踪影了。

**蛇类** 村域内最毒的毒蛇是蝮蛇（俗称盲子灰链鳖）。以前的农村，特别是在夏天的农忙季节，人们赤脚在田间劳作，经常会出现人被毒蛇咬的事件。被蛇咬了，要及时治疗，如不及时治疗，毒性发作，到那时已无药可救，危及生命。邻近的逾桥村有位姓俞的先生是远近闻名的蛇郎中，他用草药治疗，疗效显著，救治了许多患者。村域内其他的毒蛇还有“金方砖蛇”和“银方砖蛇”。

黑眉锦蛇，也叫似鳗蛇，俗称家蛇，属无毒蛇。体型较大，常常在房屋及周围栖居，捕捉鼠类、鸟类、蛙类为食。以前，几乎每家每户都有，有时孩子们发现了这种蛇，大人们都会劝告不让打死，将它放生。

村域内其他的无毒蛇还有：黄蟒蛇、四脚蛇（黑鱼蛇）、水游蛇（水律蛇）。有微毒：火赤链蛇、水赤链蛇、乌梢蛇（扁担蛇）、虎斑游蛇（竹叶青蛇）等。

除上述野生动物外，村域内还有野鸡、野鸭、白头翁、黄春鸟、麻雀、苦阿鸟、斑鸡、布谷鸟、喜鹊、燕子等动物。随着自然环境的不断改善，越来越多的野生动物在村域内栖息。据1996版《桐乡县志》记载：县域内“生物有292科、992种。有苔藓植物3种，蕨类植物和菌类植物8种，裸子植物16种，被子植物458种，木本植物14种。无脊椎动物195种，脊椎动物113种，分别为：鱼类35种，两栖类9种，爬行类11种，鸟类35种，哺乳类23种”。

附：野兔的生存环境

以前，每到下雪时，一大早是寻找野兔（雪兔）的好时机。野兔夜里出来找食物，在雪地上留下了脚印，人们跟着脚印去寻找野兔的踪迹。当发现没有了野兔的脚印时，说明野兔就在附近了。野兔非常狡猾，当它有了栖身之处时，会朝不同的方向来回奔跳，兔跳三丈，使人们找不到它的去处，蒙蔽人们的眼睛，获得自保。有经验的村民，知道野兔的把戏，每到下大雪，总有人捕到野兔，尝到野味。因为20世纪50—60年代，人们的生活水平还不是很高，不能经常吃到肉，所以，人们千方百计寻一些野味来充荤。那个年代，人们大力发展湖羊养殖，一是增加土什肥，增产粮食，二是农户家庭增加工分收益。羊养多了，地上的野草植物少了，几乎地里、田里、路边、岗边都是光秃秃的，这样，野兔的生存环境受到影响，数量逐年下降，到了20世纪80年代，人们很少能发现野兔了。到了20世纪90年代后，人们的生活水平高了，吃得好了，很少有人去寻找野味了，随着养殖业逐年下降，传统农业逐年淡出人们的生活，土地野草茂盛，这给野兔等草食动物提供了良好的生存空间，所以，20世纪90年代以后，野兔逐步增多了，庄稼地里经常有野兔出没的痕迹。

## 第四节 自然灾害

### 水灾

唐

大和四年（830）两浙水害稼。

北宋

天圣元年（1023）六月，桐乡大水。

元丰六年（1083）桐乡大水，田不播种，庐舍飘荡，民弃牛卖田。

南宋

绍兴二十三年（1153）六月，湖、秀二州民被灾，大雨坏田。

乾道三年（1167）八月，桐乡水坏田庐，积潦至九月，禾稼皆腐。

景定二年（1261）七月，浙右大水，至于冬十月不退。

元

至元二十五年（1288）三月，浙西大水，杭、秀、湖三州庄稼尽淹。

至顺元年（1330）闰七月，桐乡大水，坏田。

至正二年（1342）桐乡田禾淹没，大风驾太湖水汹涌而来，民庐顷刻倒荡。

明

洪武八年（1375）嘉兴、湖州、杭州俱水。

永乐二年（1404）六月，嘉兴、湖州等府水。

宣德元年（1426）春夏雨，嘉兴、湖州成灾。

正统九年（1444）桐乡大水，堤防冲击，淹没禾稼。

景泰元年（1450）夏，桐乡淫潦，大饥。

景泰五年（1454）桐乡二月大雪十四日。夏，大水。

天顺四年（1460）四、五月，杭嘉湖阴雨连绵，江河泛滥，麦禾俱伤。

成化二年（1466）七月，桐乡海溢，大水败稼。

成化六年（1470）正月，桐乡大水，无麦。

成化十八年（1482）夏，桐乡淫雨连绵，田畴成浸。

弘治四年（1491）正月至五月，桐乡阴雨伤禾，民饥。

弘治五年（1492）五月，桐乡大水。

正德四年（1509）七月七日，嘉兴大雨，至十月不霁，稼腐烂。

正德十年（1515）六月十八日夜，嘉兴等地暴雨，水涨丈余，淹民居害稼。

正德十四年（1519）嘉兴秋大水。

嘉靖十三年（1534）桐乡大水。

嘉靖二十二年（1543）秋，大水伤稼，大饥。

嘉靖四十年（1561）秋，桐乡大水。

万历九年（1581）桐乡大水。

万历十三年（1585）秋，桐乡大水，败稼。

万历三十六年（1608）桐乡大雨霖，居民陆地行舟。

天启四年（1624），桐乡大水。

天启六年（1626）八月，桐乡海潮自海宁入，一夕水涨三尺余，河流皆咸。

崇祯四年（1631）秋，桐乡大水。

**清**

顺治六年（1649）五月，桐乡大雨，水溢，麦无收。

顺治八年（1651）桐乡春雨不止，麦豆浸死。夏，大水。

康熙九年（1670）桐乡正月大风雪。是年，大水，庐舍淹没，民饥。

康熙十一年（1672）闰七月，水淹杭、嘉、湖三府州县。其未淹者，天忽雨虫，飞食米穗，有声如雨，田禾俱尽。

康熙十五年（1676）桐乡大水，田禾俱没。

康熙二十二年（1683）自正月至四月，桐乡久雨，无麦。

康熙三十年（1691）六月，桐乡大水，平地水深三尺。

康熙三十四年（1695）五月，桐乡大水。

康熙四十九年（1710）秋，桐乡淫雨，伤稼。

康熙五十五年（1716）五月二十九日，桐乡暴雨，田成巨浸，苗烂且尽。

康熙五十九年（1720）五月，桐乡大水。

雍正四年（1726）八月至十月，桐乡恒雨，大水。

乾隆二十年（1755）七月，桐乡淫雨，害稼。

乾隆二十三年（1758）夏，桐乡大水。

乾隆二十七年（1762）桐乡暴雨十余日。

嘉庆十年（1805）三月，桐乡恒雨，伤麦。

嘉庆十七年（1812）春，桐乡淫雨，伤麦。

道光三年（1823）桐乡大雨，水灾。

道光二十九年（1849）桐乡大水，田禾淹没无存，舟从平地行，房屋皆坍。

咸丰七年（1857）水溢，河中起浪，嘉兴、湖州等地皆然。

同治四年（1865）夏，淫雨成灾，田禾尽没。“同治四年，水没廊檐。”

光绪十五年（1889）八月二十四日起，阴雨连绵，四十余日，河水溢岸，平地水涌数尺。

宣统元年（1909）大水成灾，田禾淹没无收，乞讨成群。有谚云：“宣统元年，豆腐过年。”

## 中华民国

民国 8 年（1919）浙江梅雨连旬，淹没良田，桐乡灾情尤为严重。

民国 10 年（1921）桐乡夏秋大水。

民国 20 年（1931）大水，诸乡农田被淹者约有万亩。

民国 35 年（1946）6 月，淫雨连绵，河水泛滥，一片汪洋，田禾尽淹。

## 中华人民共和国

1949 年夏，大水害稼。

1954 年，梅雨淫雨 80 余天，春花尽淹，大部腐烂。

1956 年 6—7 月，淫雨，农田受涝。

1973 年 6 月中下旬，淫雨半月，禾田成涝，烂秧。

1980 年，大水，县境内成灾 26 万余亩。

1981 年 6 月，水溢，淹禾 12 万余亩。

1983 年 6 月 20 日至 7 月 2 日，两次持续大雨，田禾受灾。

1984年6月13—15日，连续3天暴雨，田禾受灾。

1991年5月21日至7月8日，太湖流域大水，桐乡连续阴雨，积涝成灾，粮食减收，经济作物受灾。

1997年7月10日，普降大暴雨，洪涝成灾，早稻减产，瓜果蔬菜损失严重。

1999年6月25日至7月20日，特大洪涝灾害。7月1日0时，崇德水文站测定水位5.63米，超历史最高水位0.47米，灾情之重，百年未遇。

2001年6月下旬，受“飞燕2号”台风影响，22—24日持续大暴雨，雨量214毫米。

2008年7月8日、22日和8月19日、31日，出现较大雷阵雨、大风和强雷电、强对流天气。

2008年10月7—9日，受16号台风“罗莎”外围影响，普降大暴雨。

2009年2月22日、3月21日、6月21日和8月26日，出现较大雷阵雨，伴有7～8级大风。

2010年3月1—6日，连续6天出现雷暴并伴有强降水。4月21日晚出现雷雨大风和强对流天气，极大风速18.7米/秒。8月26日傍晚因强对流影响，出现强雷电和8～9级大风。

### 旱灾

#### 唐

贞元六年（790）春，桐乡大旱，井泉竭，疫死者甚多。

贞元二十一年（805）桐乡大旱。

#### 北宋

太平兴国元年（976）秋，江南大旱。

咸平元年（998）春夏，浙江旱。

天圣五年（1027）夏秋，大旱。

宝元元年（1038）桐乡旱，无禾，民饥。

熙宁三年（1070）两浙旱。

宣和五年（1123）秀州春旱。

## 南宋

建炎二年（1128）夏，旱。

绍兴三年（1133）江浙自六月不雨至八月。

绍兴三十年（1160）秋，江浙旱。

乾道七年（1171）春旱、秋旱。

嘉泰二年（1202）桐乡春旱，至于夏秋。

开禧元年（1205）夏，浙东西不雨百余日。

嘉定八年（1215）五月，大熯，草木枯槁，百泉皆竭，两浙旱灾为虐。

淳祐八年（1248）夏大旱，运河干涸。

## 元

至元八年（1271）夏，大旱，运河干涸。

元统元年（1333）十一月，江浙旱饥，发义仓粮，募富人入粟以赈之。

至元二年（1336）江浙旱，自春至八月不雨，民大饥。

## 明

嘉靖三十二年（1553）旱。

万历三十三年（1605）六月，桐乡大旱。

万历三十四年（1606）夏，桐乡大旱，伤稼。

天启五年（1625）桐乡夏秋大旱，禾尽槁。

崇祯十四年（1641）濮院夏大旱，飞蝗蔽天，河流尽涸，民食草芽、树皮为食。

崇祯十六年（1643）桐乡大旱，田禾尽枯。

## 清

顺治元年（1644）五月不雨，河底起尘，晚禾枯槁。

顺治九年（1652）桐乡自五月不雨至于秋，运河见底，苗尽槁。

康熙十年（1671）五月至七月，桐乡旱异常，大熯，草木枯槁，人多渴死。

康熙十七年（1678）夏秋，亢旱，秋无收，岁饥。

康熙三十二年（1693）五月、六月，桐乡大旱，田不获插。

康熙四十六年（1707）夏，桐乡大旱。

康熙五十九年（1720）夏旱，民饥。

康熙六十年（1721）桐乡夏秋旱，河底龟坼，至八月始雨。

雍正二年（1724）桐乡大旱。

乾隆三年（1738）旱，无菽麦。

乾隆十三年（1748）夏旱，米价腾贵。

乾隆三十三年（1768）夏，桐乡亢旱。

乾隆四十三年（1778）夏大旱，冬暖，桃李俱华。

嘉庆十九年（1814）夏，桐乡大旱。

道光十二年（1832）桐乡大旱。

咸丰六年（1856）夏，大旱，地生白毛。

同治十二年（1873）大旱。

光绪二十四年（1898）大旱，米价至石六千。

### 中华民国

民国 7 年（1918）夏旱，运河枯浅。

民国 23 年（1934）桐乡大旱，河流干涸，田地龟裂，颗粒无收。

民国 36 年（1947）旱灾，土地龟裂，河床干涸，人们只能饮浑浊的泥浆水。

### 中华人民共和国

1951 年夏，旱。

1953 年，旱。

1958 年，旱。

1963 年夏，旱。

1967 年 7 月 6 日至 10 月 31 日，连旱 118 天，河港断流。

1971 年 6 月 24 日至 9 月 3 日，降水量为 53.3 毫米，比平均值少 6 倍，旱。

1978 年夏，旱。

1988 年 7 月 1—22 日，持续高温干旱，早稻受损严重。

1990 年 7 月 11 日至 8 月 10 日，高温干旱。

2005 年 9 月中旬起，气温异常偏高，比平均气温偏高 5℃以上，气温高又久不下雨，空气污染严重。

2008 年 6 月下旬开始出现气温高于 35℃的高温天气，至 8 月下旬止，共出现高温天数 31 天。

2009年极端最高气温为39.8℃，土壤墒情不足，普遍出现旱象。

## 风灾

### 唐

大中十三年（859）大风拔树于野。

### 北宋

建隆三年（962）七月，大风拔树。

绍圣元年（1094）秋，海风坏田。

### 南宋

绍兴五年（1135）六月，秀州大风，坏坍覆屋，十月丁未夜，秀州大风。

嘉定十六年（1223）八月，大风害稼。

### 元

至顺元年（1330）闰七月，嘉兴府各县大风，崇德尤甚，坏民田，民饥。

至正二年（1342）大风驾太湖水汹涌而来，民庐顷刻倒荡。

### 明

正统八年（1443）八月，大风雨害稼。

嘉靖三年（1524）七月，疾风暴雨交作。

嘉靖四十三年（1564）八月，狂风终日，拔木扬沙。

万历十五年（1587）夏秋，龙风骤作，发屋拔木，皮吹裂，田禾淹。七月终飓风大作，环数百里，一望成湖。

万历二十四年（1596）杭、嘉、湖三府大风雨数日不息。

万历四十一年（1613）三月十四日，大风、雨雹。

天启六年（1626）七月初一，大风拔木，淫雨如注，舍庐俱损，两昼夜方息。

崇祯六年（1633）六月二十五日，大风发屋拔木。

### 清

顺治八年（1651）六月二日，龙卷风大作。

顺治十四年（1657）六月，大风，民居皆坏。

康熙四十四年（1705）六月三日，雷雨，尽晦，飓风大作，摄去人舟无算。

康熙四十七年（1708）二月晦日，大风。

雍正二年（1724）九月十九日，大风雨，海水灌入内河。

乾隆三十九年（1774）七月二十，大风雨，坏室庐无算。

乾隆四十六年（1781）六月十八日，飓风大雷雨，伤烟、豆、棉。

乾隆五十四年（1789）飓风大雷雨。

同治三年（1864）六月十二日，大风拔木。

同治九年（1870）四月十三日，大风毁屋。

光绪三年（1877）五月二十三日，大风，拔木倒房甚多。

光绪三十二年（1906）六月十四日，桐乡地区大风，并雨夹雪。

宣统三年（1911）闰六月十六日夜九时，大风，到十七日止。

### 中华民国

民国 3 年（1914）5 月 11 日，大风，下雹，大如拳，历时 2 小时。

民国 26 年（1937）8 月 3 日，台风袭击，行道中断。

民国 36 年（1947）9 月 26 日，发生龙卷风。

### 中华人民共和国

1955 年 8 月 1 日，强台风袭击桐乡东部，房屋倒塌，大树拔起。

1956 年 8 月，遭强台风袭击，最大风力达 10 级，普降大到暴雨。

1959 年 9 月，5 号台风影响桐乡，最大风力为 8 级，降雨量 92.3 毫米。

1960 年 8 月，7 号台风影响桐乡，最大风力为 8 级，降雨量 142.5 毫米。

1961 年 10 月，受 26 号台风影响，最大风力为 8 级，降雨量 104.1 毫米。

1986 年 4 月 9 日，遭冰雹大风袭击，农田受灾。

1988 年 8 月 8 日，遭 7 号台风袭击，民房、树木及夏粮作物损失严重。

1989 年 9 月，台风，最大风力 7 级。

1990 年 8 月 31 日，台风，风力 7 级。

1997 年 8 月 19 日，遭 11 号台风袭击，又值天文大潮，狂风暴雨，吹倒房屋、树木，供电中断。

2005 年 8 月 6 日，9 号台风“麦莎”来袭。

2006 年 4 月 11—13 日，急风暴雨，气温骤降，出现严重倒春寒。

2008 年 3 月 4 日，出现大风降温，极大风速 16.4 米 / 秒。

2008 年 10 月 7—9 日，受 16 号台风“罗莎”影响，最大风力 8 级（19.5

米／秒）。

## 雪、雹灾害

### 唐

天复三年（903）三月，大雪平地三尺，其气如烟，其味苦。

### 后唐

应顺元年（934）正月，大雪，平地三尺。

### 北宋

开宝六年（973）十一月二日，大雪，雪气如烟。

### 南宋

绍兴四年（1134）三月，大雨雹，伤稼。

绍兴十三年（1143）二月，雨雹伤麦；五月，夜雹；七月，雹害稼。

嘉定六年（1213）夏，江浙郡县多雨雹，害稼。

### 明

景泰元年（1450）正月，大雪二旬，间有黑花，凝积丈许，鸟雀几尽。

景泰五年（1454）桐乡二月大雪四十日，压覆民居，诸港冰结。

成化十三年（1477）正月五日，大雪，时复雷。

弘治十四年（1501）十一月，恒寒，冰坚半月，河荡皆可徒行。

正德十二年（1517）十一月，复大雪至闰十二月止。

嘉靖四十年（1561）二月二日起大雪三日。春，大雪三尺余。

隆庆二年（1568）元旦，大风扬沙，白昼晦冥。四月大雹。

万历三十年（1602）正月十四日，河冻不通三日。

天启七年（1627）十二月十四日，大雪，至二十七日止。

崇祯十五年（1642）四五月间，瘟疫大作，物价倍涨。

### 清

顺治六年（1649）二月十九日，桐乡大雷雹。

康熙九年（1670）正月，大风雪。九月，雪雨。

康熙四十二年（1703）二月十九日，大雷、雨雹损菜麦。三月桐乡大雨雹。

雍正十一年（1733）三月，雨雹伤麦。

乾隆五十四年（1789）夏，大雨雹，伤麦。

乾隆五十六年（1791）正月，大雪一昼夜，堆积盈尺。

嘉庆元年（1796）正月，桐乡大风雪，寒甚，冰凝不解。

嘉庆五年（1800）正月十六日，大雪，平地三尺。

道光二年（1822）正月，大雪经旬。

道光十九年（1839）正月，雷，大雨雪。

道光二十一年（1841）十月二十九日，雨雪，大如棉花，门外深五六尺，压圮屋宇，伤人甚多，停市数日，民多饥死，菜麦苗俱伤。

咸丰十年（1860）三月十三日，雪。清明节后积雪数寸。

咸丰十一年（1861）十二月十七日，大雪至除夕始止，深可一丈，河道皆冻，冰厚尺余。

同治元年（1862）正月二十九日，连日大寒冰冻，舟楫不通，雪积不消。

同治十一年（1872）三月十一日，大雨雹，大者十七斤。

光绪二年（1876）十二月，天雪连旬。

光绪八年（1882）清明大雪。

光绪十八年（1892）冬，大寒，河港冰厚尺许。

光绪二十二年（1896）九月十五日，雨雪，地积雪一寸许，时在霜降前。

### 中华民国

民国3年（1914）5月11日，大风，下雹，大如拳，历两小时始息。

### 中华人民共和国

1970年3月中旬，大雪。

1976年冬，连续冰雪至次年1月，农作物严重受损。

1980年，四次遭受狂风、暴雨、冰雹袭击，损失严重。

1982年，遭雷暴雨袭击五次，其中一次下冰雹，受灾面积较大。

1983年4月28日凌晨2时18分，遭冰雹袭击，历时10分钟。

1984年1月17—20日，普降大雪，积雪厚18厘米，压倒电杆、树木，公路运输中断。

1986年4月9日，遭冰雹、大风袭击，农作物受损，房屋倒塌。

1988年7月14日，遭冰雹袭击，历时10分钟，最大的有鸡蛋大。

1998 年 1 月 22 日，晨始雪，上午气温较高，下午气温骤降，至 23 日 8 时，积雪厚 16 厘米。

2016 年 6 月 8 日，雷雨中夹带冰雹，最大直径 3 厘米。

## 地震

### 明

嘉靖四十四年（公元 1565）六月，桐乡、乌青镇均地震。

万历十二年（1584）二月二十四日，桐乡地震，声如雷。

万历二十八年（1600）十一月，桐乡、崇德皆地震。

万历四十六年（1618）冬，桐乡地震。

天启三年（1623）二月十日，崇德、桐乡皆大地震。

### 清

康熙六年（1667）桐乡地震。

康熙七年（1668）六月十七日，桐乡大地震，地皆生白毛，长尺余。

雍正八年（1730）一月六日，桐乡地震。

雍正九年（1731）桐乡地震。

乾隆十七年（1752）桐乡地震，震中在上海长江口。

乾隆二十年（1755）一月二日，桐乡地震，震中在吴江东北。十二月，桐乡又地震，屋瓦鸣。

乾隆二十一年（1756）十二月七日，桐乡地震。

乾隆二十六年（1761）三月十一日，桐乡地震有声。

道光十九年（1839）十月十二日，桐乡地微震。

咸丰三年（1853）三月初七，桐乡、石门地皆大震，房屋震撼有声。

同治十一年（1872）秋，桐乡地震，震级 3.5 级。

### 中华民国

民国 4 年（1915）1 月 3 日，地震，桐乡震感强烈，行人摇晃欲倒。

民国 16 年（1927）1 月间两次地震，桐乡于 3 日正午忽然地震，门窗闪动，格格有声，约 1 分钟止；下午 1 时许，又地震，约 30 分钟止。

### 中华人民共和国

1971 年 12 月 30 日，长江口发生 4.9 级地震，桐乡有震感。

1974 年 4 月 22 日，江苏溧阳市西北发生 5.5 级地震，桐乡有震感。

1976 年 7 月 28 日，唐山发生 7.8 级大地震，村域内有震感，村民露宿野外，不敢进入室内。

1979 年 7 月 9 日，江苏溧阳附近发生 6 级地震，桐乡有震感。

## 霾

霾是现代环境下出现的一种自然灾害。分为五级：轻微、轻度、中度、重度、严重度。根据《环境空气质量标准》大气中每立方米灰尘粒浓度指数，75 毫克为最高限值，国际上统称 $PM_{2.5}$ 值。桐乡市气象局从 2013 年开始发布全市空气质量指数和霾的级别。

表 2-4　　2013—2020 年桐乡市环境监测全年空气质量指数和霾级别有关数据一览表

| 项目＼年份 | 2013 年 | 2014 年 | 2015 年 | 2016 年 | 2017 年 | 2018 年 | 2019 年 | 2020 年 |
|---|---|---|---|---|---|---|---|---|
| 全年污染总计（天） | 41 | 37 | 34 | 58 | 44 | 43 | 56 | 35 |
| 轻度污染（天） | 27 | 26 | 25 | 54 | 37 | 36 | 54 | 31 |
| 中度污染（天） | 9 | 6 | 6 | 4 | 6 | 6 | 2 | 4 |
| 重度污染（天） | 5 | 5 | 3 | 0 | 1 | 1 | 0 | 0 |
| 严重污染（天） | 0 | 0 | 0 | 0 | 0 | 0 | 0 | 0 |
| 污染最严重日期 | 12 月 5 日，$PM_{2.5}$ 平均浓度 404ug/m$^3$ | 1 月 18 日，$PM_{2.5}$ 平均浓度 248 ug/m$^3$ | — | 2 月 6 日，$PM_{2.5}$ 平均浓度 148 ug/m$^3$ | 12 月 31 日，$PM_{2.5}$ 平均浓度 234ug/m$^3$ | 1 月 31 日，$PM_{2.5}$ 平均浓度 177 ug/m$^3$ | 6 月 16 日，$O_3$ 最大 8 小时滑动平均浓度 217 ug/m$^3$ 和 10 月 30 日，$PM_{10}$ 平均浓度 254 ug/m$^3$ | 12 月 13 日，$PM_{2.5}$ 平均浓度 140ug/m$^3$ |

说明：数据由桐乡市环境保护局提供。革新村域属桐乡市的东城区，空气质量指数和霾的级别情况基本相同

# 第三章　土地

清光绪《桐乡县志》记载："梧桐乡自县治东至濮院十八里，宋管梧桐、凤鸣、永乐、邵庄、善众五里。"民国34年（1945）《塘南半月》刊载："宋时梧桐乡有田111097亩3角2步，地16410亩2角5步。"除了部分是官田，大部分集中在地主手中，农民只占一小部分。新中国成立前，革新村域南荡一带的田地大部分为梧桐镇上的李姓大地主所有。土地是私有财产，可以自由买卖、出租、典当、抵押，一直沿袭至新中国成立初期。

1950年，经过土地改革，村域内农民确立了土地的所有权。从1954年组织初级合作社到1956年组织高级合作社，村域内农民个人所有的土地逐步向集体所有过渡。1958年成立人民公社，收益分配以公社为核算单位，村域内农民以劳动工分作为收益的依据，土地和生产资料无偿为公社所有。1983年，村域内实行家庭联产承包责任制，把集体所有的土地按责任田、口粮田分到农户家庭，时称"双田制"。土地承包期从三年延长至十五年。1990年确定土地承包经营期限30年不变。

随着经济、社会的发展，城市建设、道路拓宽、河道开挖、农户建房，土地需求量逐年上升，耕地面积缩减较快。1962年，革新村域内革一大队人口1124人，有耕地2758.27亩（其中水田1322.01亩、旱地1436.26亩）；新南大队人口1319人，有耕地2921.8亩（其中水田1554.8亩、旱地1367亩）；

革二（向阳）大队人口 614 人，有耕地 1618 亩（其中水田 818 亩、旱地 800 亩）。村域人均耕地 2.388 亩。2000 年，革新村人口为 4517 人，有耕地 5115 亩，其中水田 3467 亩、旱地 1648 亩，人均耕地 1.132 亩。2003 年，桐乡植物园开工建设，革新村麦干浜、沈家村等村民组土地被征收，耕地大幅减少，当年全村人口 4800 人，有耕地 3556 亩，其中水田 2383 亩、旱地 1173 亩，人均耕地 0.741 亩。

2009 年 6 月 4 日，随着最后一亩土地被征收，革新村 31 个村民组全部完成征迁工作，村民彻底告别了世代传承的土地耕种方式，村民变成了市民，村域成了城市的新区，以凤凰湖为核心，一幢幢总部大楼，一个个高档小区拔地而起，成为城市新坐标。

## 第一节 封建土地制

封建社会里，大量土地集中在官僚、地主阶级手中，清朝初期达到顶峰，为犒赏八旗将士，摄政王多尔衮下令圈地，史称“跑马圈地”，亦称“八旗圈地”，直到康熙八年（1669）才被制止。土地作为私有财产，可以自由买卖、出租、典当、抵押。无地少地农民只能以租赁形式向土地所有者租种，每年向地主缴纳粮食或折成货币作为地租，租赁形式有包租、定租、分租等多种，其中定租形式居多，不论丰收歉收，每亩租米 5～8 斗（1 斗等于 7.5 千克）；分租则按粮食实际收成，农民与地主按三七或四六的比例分成。

▲ 斗

据调查，革新村域在民国时期拥有水田、旱地 70 亩以上者有 8 户，50 亩以上 70 亩以下的有 16 户，不足 10 亩田地的农户为数最多。由于人力畜力不足，一遇旱涝灾害，度日艰难，少数无田无地的农户靠租田维持生计。新中国成立前，革新村域以出卖劳动力为生的长工（也称“长年”或“全年”）有 10 多人，其报酬一年为 5 担（1 担等于 50 千克）米上下。如蔡金松、沈桂林、姚继年为地主家做长工，贫困户的未成年子女为地主家放牛，只管吃饭，不给工钱。

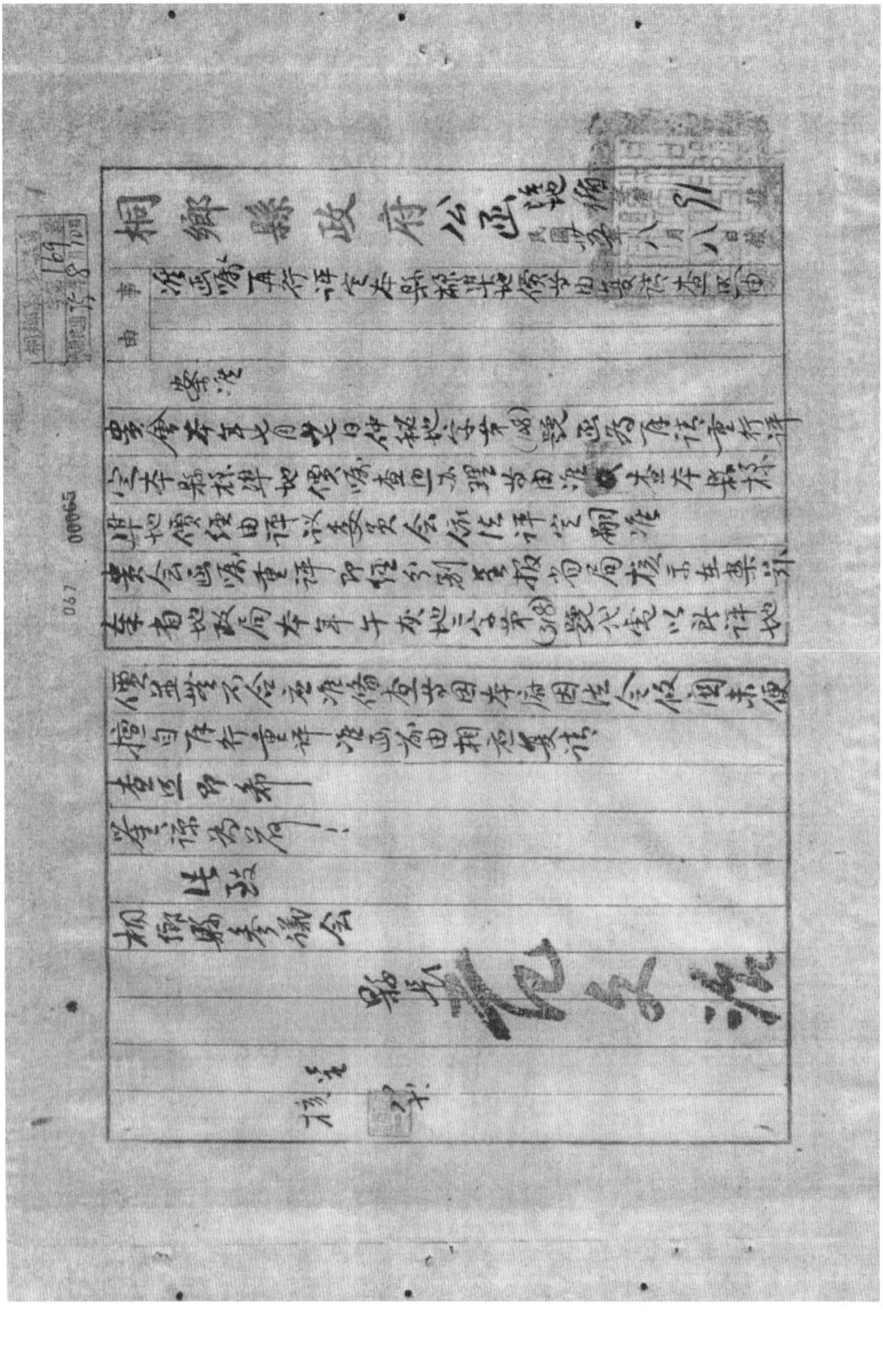
桐鄉縣政府公函

▲民国35年（1946）桐乡县政府准函嘱再行评定本县标准地价等的公函

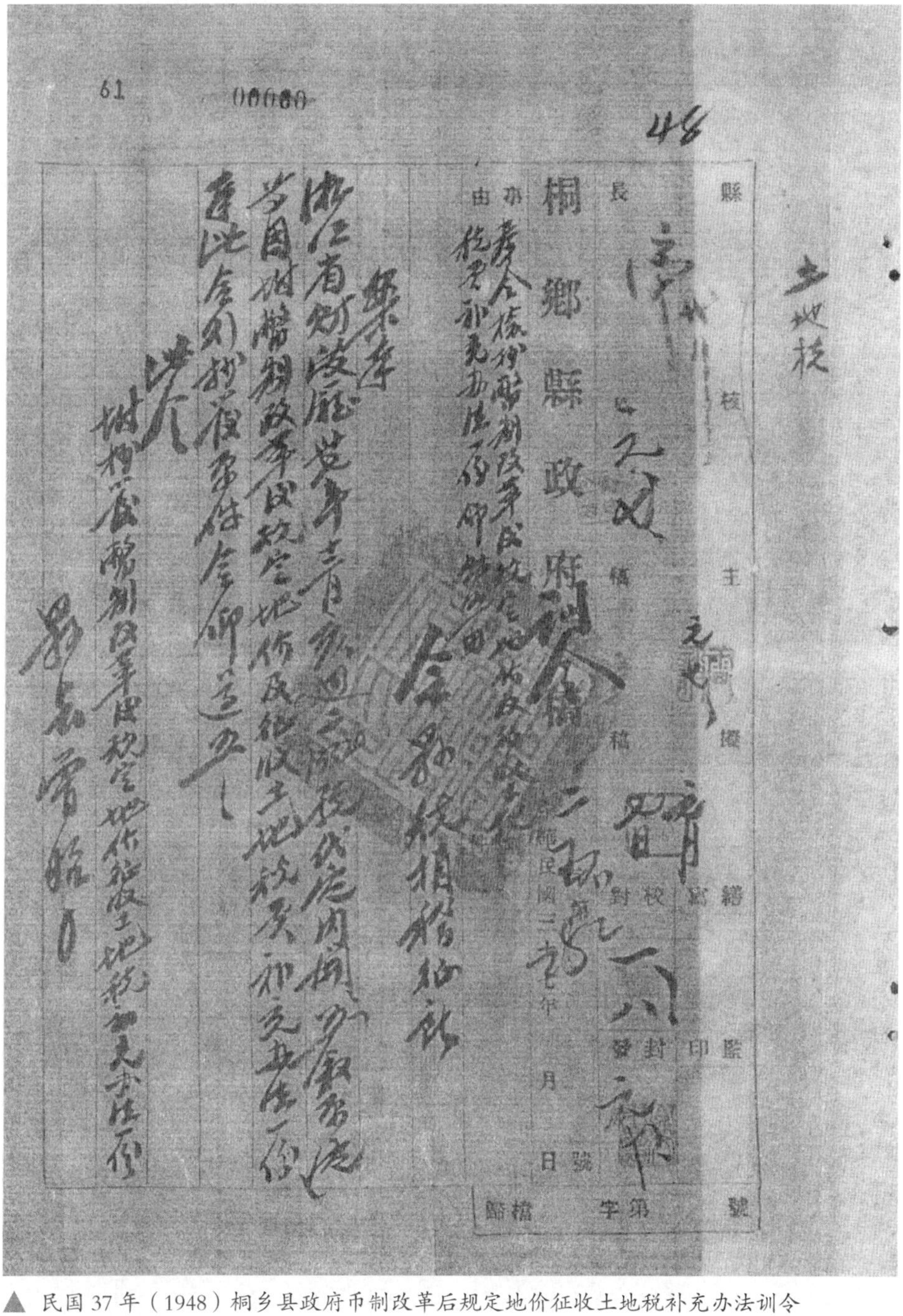
桐鄉縣政府訓令

▲ 民国 37 年（1948）桐乡县政府币制改革后规定地价征收土地税补充办法训令

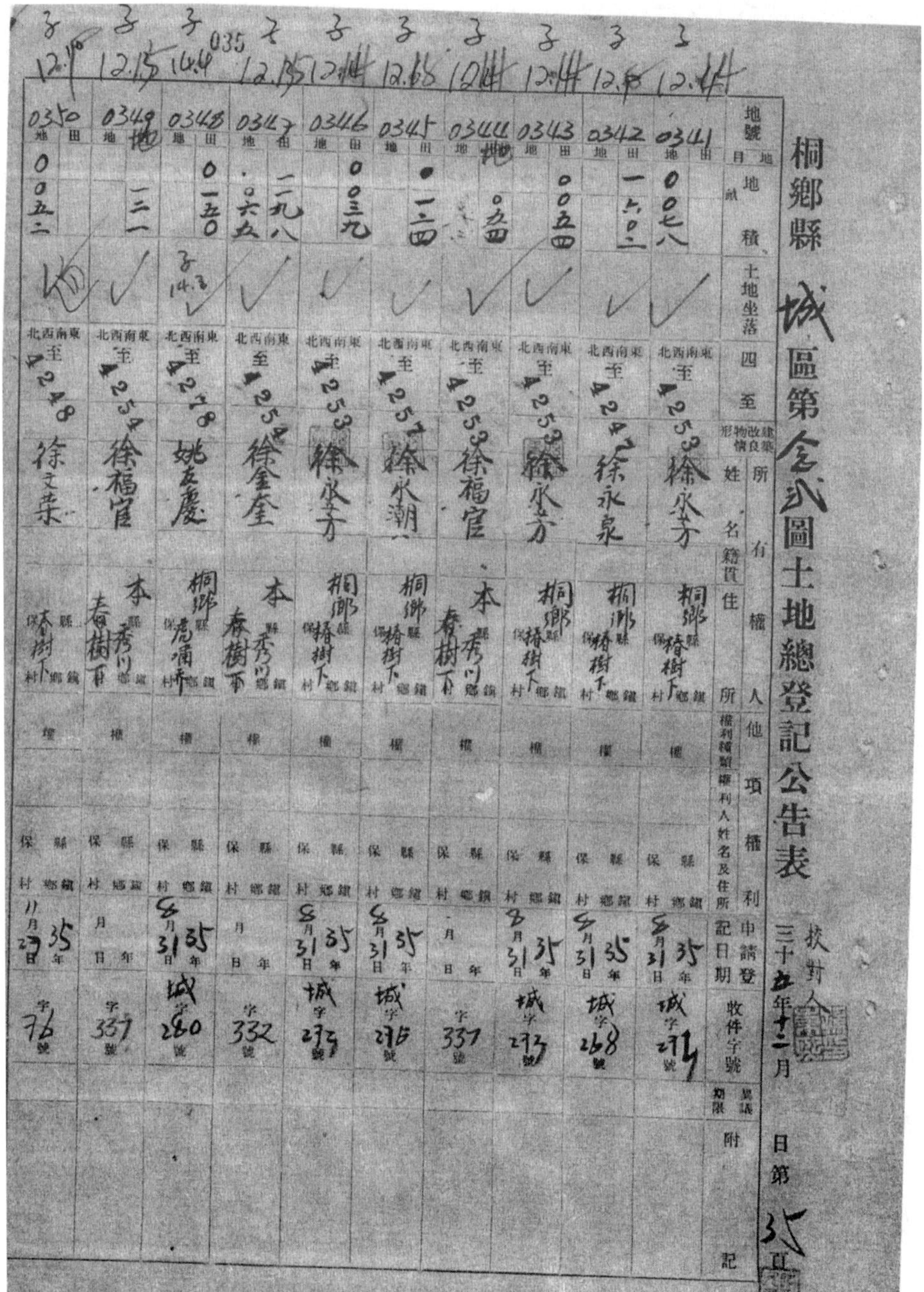

桐鄉縣城區第二十二圖土地總登記公告表

| 地號 | 所有權人姓名 | 籍貫住所 | 申請登記日期 | 收件字號 |
|---|---|---|---|---|
| 0341 | 徐永方 | 桐鄉縣椿樹下 | 35年8月31日 | 城字274號 |
| 0342 | 徐永泉 | 桐鄉縣椿樹下 | 35年8月31日 | 城字268號 |
| 0343 | 徐永方 | 桐鄉縣椿樹下 | 35年8月31日 | 城字273號 |
| 0344 | 徐福官 | 本縣秀川鄉春樹下 | | 字337號 |
| 0345 | 徐永潮 | 桐鄉縣椿樹下 | 35年8月31日 | 城字275號 |
| 0346 | 徐永方 | 桐鄉縣椿樹下 | 35年8月31日 | 城字273號 |
| 0347 | 徐金奎 | 本縣秀川鄉春樹下 | | 字332號 |
| 0348 | 姚友慶 | 桐鄉縣 | 35年8月31日 | 城字280號 |
| 0349 | 徐福官 | 本縣秀川鄉春樹下 | | 字337號 |
| 0350 | 徐文栄 | 春樹下 | 35年11月27日 | 字76號 |

三十五年十二月 日第35頁

▲ 桐乡县城区第二十二图土地总登记公告表〔民国35年（1946）12月第35页〕

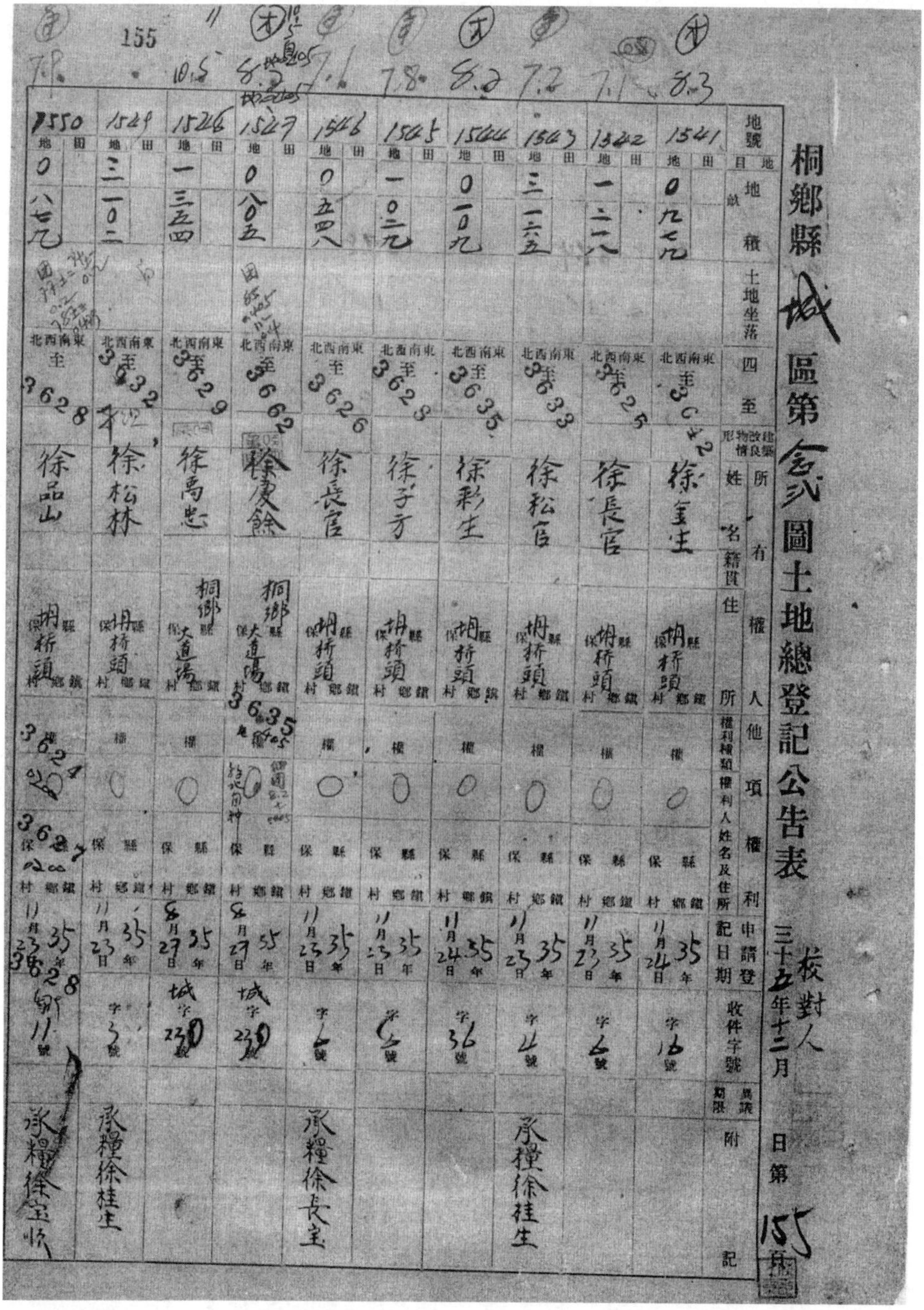

桐鄉縣城區第念弍圖土地總登記公告表

三十五年十二月 日第155頁　校對人

| 地號 | 1541 | 1542 | 1543 | 1544 | 1545 | 1546 | 1547 | 1526 | 1549 | 1550 |
|---|---|---|---|---|---|---|---|---|---|---|
| 地目 | 地 田 | 地 田 | 地 田 | 地 田 | 地 田 | 地 田 | 地 田 | 地 田 | 地 田 | 地 田 |
| 地積（畝） | 0九七九 | 一二八 | 三一六五 | 0一0九 | 一0二九 | 0五四八 | 0六0五 | 一三五四 | 三一0二 | 0八七九 |
| 土地坐落 | | | | | | | | | | |
| 四至（東南西北） | 3642 | 3625 | 3633 | 3635 | 3628 | 3626 | 3662 | 3629 | 3632 | 3628 |
| 建築改良物情形 | | | | | | | | | | |
| 所有權人姓名 | 徐金生 | 徐長官 | 徐松官 | 徐彩生 | 徐子方 | 徐長官 | 徐慶餘 | 徐禹忠 | 徐松林 | 徐品山 |
| 籍貫住所 | 桐縣 桥頭 | 桐縣 桥頭 | 桐縣 桥頭 | 桐縣 桥頭 | 桐縣 桥頭 | 桐縣 桥頭 | 桐鄉縣 大道場 | 桐鄉縣 大道場 | 桐縣 桥頭 | 桐縣 桥頭 |
| 他項權利種類 | 0 | 0 | 0 | 0 | 0 | 0 | | 0 | 0 | 0 |
| 權利人姓名及住所 | | | | | | | | | | |
| 申請登記日期 | 35年11月24日 | 35年11月23日 | 35年11月23日 | 35年11月24日 | 35年11月23日 | 35年11月23日 | 35年8月27日 | 35年8月27日 | 35年11月23日 | 35年11月23日 |
| 收件字號 | 字16號 | 字6號 | 字4號 | 字36號 | 字4號 | 字6號 | 城字220號 | 城字220號 | 字3號 | 字11號 |
| 異議期限 | | | | | | | | | | |
| 附記 | | | 承糧徐桂生 | | | 承糧徐長生 | | | 承糧徐桂生 | 承糧徐寶收 |

▲ 桐乡县城区第二十二图土地总登记公告表〔民国35年（1946）12月第155页〕

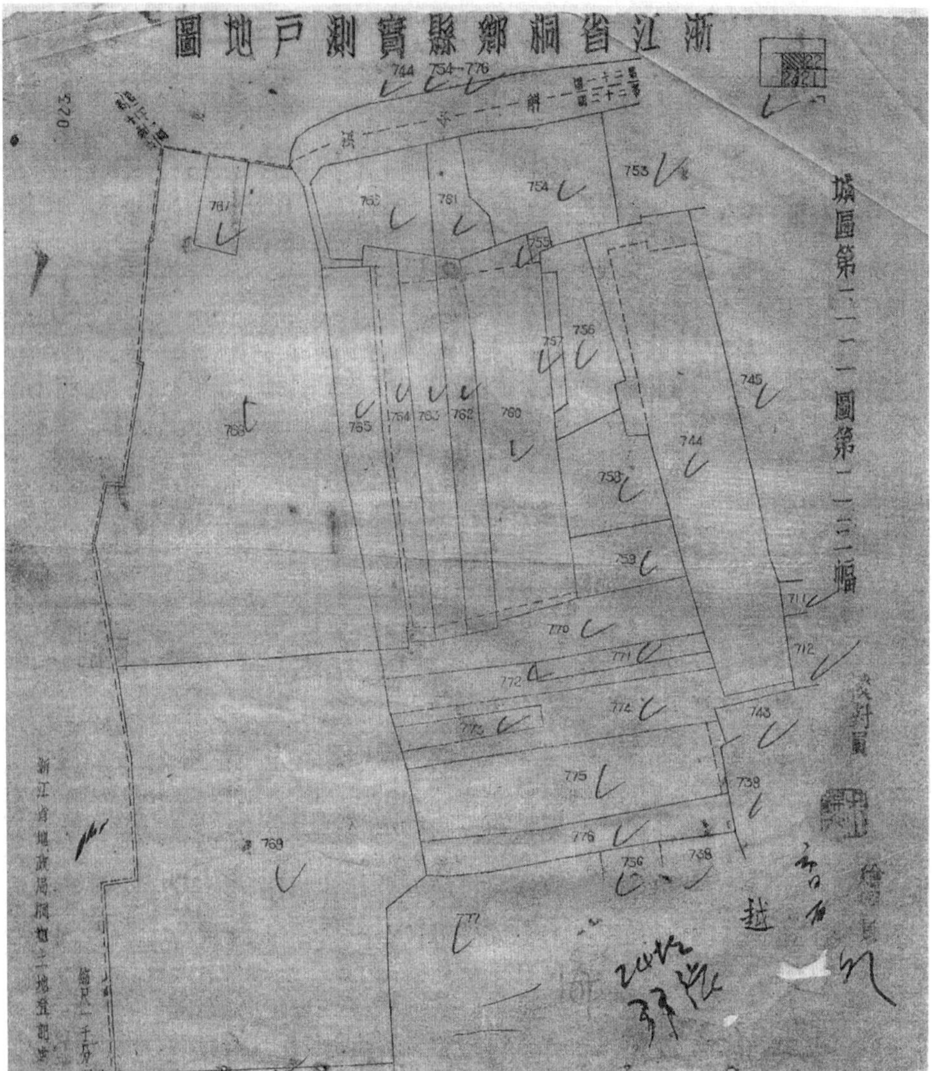


▲ 民国时期桐乡县实测户地图（城区第二十二图第二十三幅）

## 第二节 土地改革

新中国成立初期，新旧社会制度交替，匪、盗流窜隐匿在农村，缺田少地的农民依然靠受雇做长工、短工维持生活，生产积极性不高，农业生产发展不快。

1950年8月，革新村域所在的城濮区革新乡成为全县第二批土改工作试验地区，桐乡县土改工作队进驻乡、村，带领柏子村村长陆长荣、团结村村长姚掌官、茅亭村村长殳叙春，开展了土地改革运动。同年11月4日，《浙江日报》刊登《桐乡县人民政府通告》称：桐乡县土地改革即将开始，凡本县土地所有者而居住在外乡外县或其他各地者，限于11月20日前，携带书面材料向土地所在地乡政府申请登记。村域内居住在外乡外县的村民相互转告，在规定期限内到革新乡政府申请登记，并递交书面材料。

第一阶段，放手发动群众，打击封建势力。工作队进村后，主动接近贫苦农民，组织起以贫苦农民为主的农民代表会（简称“农会”）、妇女会，宣传土改政策，帮助农民发展生产。村域内团结村、柏子村、茅亭村分别组织宣传队宣传土地法，通过快板、歌曲、三句半等多种形式宣传党的好政策。团结村潘家门自然村姚金生和姚家埭自然村姚福南、徐美英三人组成宣讲队，走村入户，通过摆事实、讲道理宣传土改的好处。同时召开诉苦会，用切身的苦难经历控诉旧社会。有的诉苦住着破草棚，没有隔夜粮，以讨饭过日子；有的诉苦为地主干活，受冻挨饿；还有的诉苦碰到荒年借高利贷，借四还六，遭富户剥削。团结村在村部举行全村诉苦大会，地主金某某被押上台接受面对面的批斗。再是开展讨论苦的原因，以激发群众痛恨封建剥削制度。贫苦农民发动起来了，大多数人消除了顾虑，对土改政策有了理解。

第二阶段，划分阶级成分。依据上级相关规定，将农村阶级成分划分成地主、富农、中农、贫农、雇农。中农又分上中农、中农和下中农。对土地70亩以上，雇工3人以上，农具齐全的划定地主成分，次之为富农，50亩以下土地，不雇用长工，以自己劳动为主的被划分富裕中农（也称上中农），以下为中农、下中农、贫农，无土地者为雇农。通过宣传政策，对比算账，集中力量划分地主、富农的阶级成分，采取自报公议的办法，即由难划定的农户自报，经土改小组与贫雇农代表民主评议。评议结果报上级批准后张榜公布，用红纸张榜公布的是雇农、贫农、中农，白纸张榜公布的是地主、富农。村域内被评为地主 8 户、富农 16 户。其中柏子村地主 2 户、富农 6 户，团结村地主 4 户、富农 8 户，茅亭村地主 2 户、富农 2 户。

第三阶段，没收征收与合理分配。成分划定后，土改工作队对地主分子先责令交出地契和房照，逐块查证，核对亩数，然后清点没收多余粮食、耕牛、大件农具和房屋（留下地主家庭住房的一份），贴上封条。团结村一姚姓地主，总家有 150 多亩田地，弟兄分家后拥有 70 多亩，田地被没收后，重新分得每人 3 亩 1 分，6 个人共 18.6 亩，10 间平房被没收 5 间，几百扇烟被没收后重新分到十几扇。对富农出租的土地，按政策规定征收其一部分或全部，保护富农所有自耕和雇人耕种的土地及其他财产。在基本了解村内农户田地拥有量、生产农具、房屋、耕牛、农船、蚕具、雇工及生活状态后，土改工作队召开无田户、少田户、租田户群众大会，按人口列出田地不动户、抽田户、补进户、租田户、分进户表格，特别对抽田户，自报公议，做到正确公平，然后张榜公布，征得农民协会讨论同意后实施，对没收的房屋分给贫雇农中的无房户居住。土改工作队员到田间地头插上标签，正确丈量田、地，同时对农户土改后的住房类别、间数、占地情况进行清点、测量，各农户自认后登记权属表。村域内大部分贫农和雇农分进了田地，少部分地主富农没收了田地，一部分富裕中农被征收抽出了田地。

第四阶段，检查土改，发放土地证。1951 年 3 月，桐乡县土地改革检查工作全面展开，革新村域的土地改革工作经检查组检查、评定，符合相关要求，没有错划、漏划成分和隐瞒黑田等现象。土改运动彻底废除了两千多年的封建剥削制度，消灭了地主阶级，实现了“耕者有其田”的目标。1951 年春夏之交，所有农户（含地主、富农）都领到了桐乡县人民政府颁发的“土地房产所有证”，明确土地房屋归私人所有。

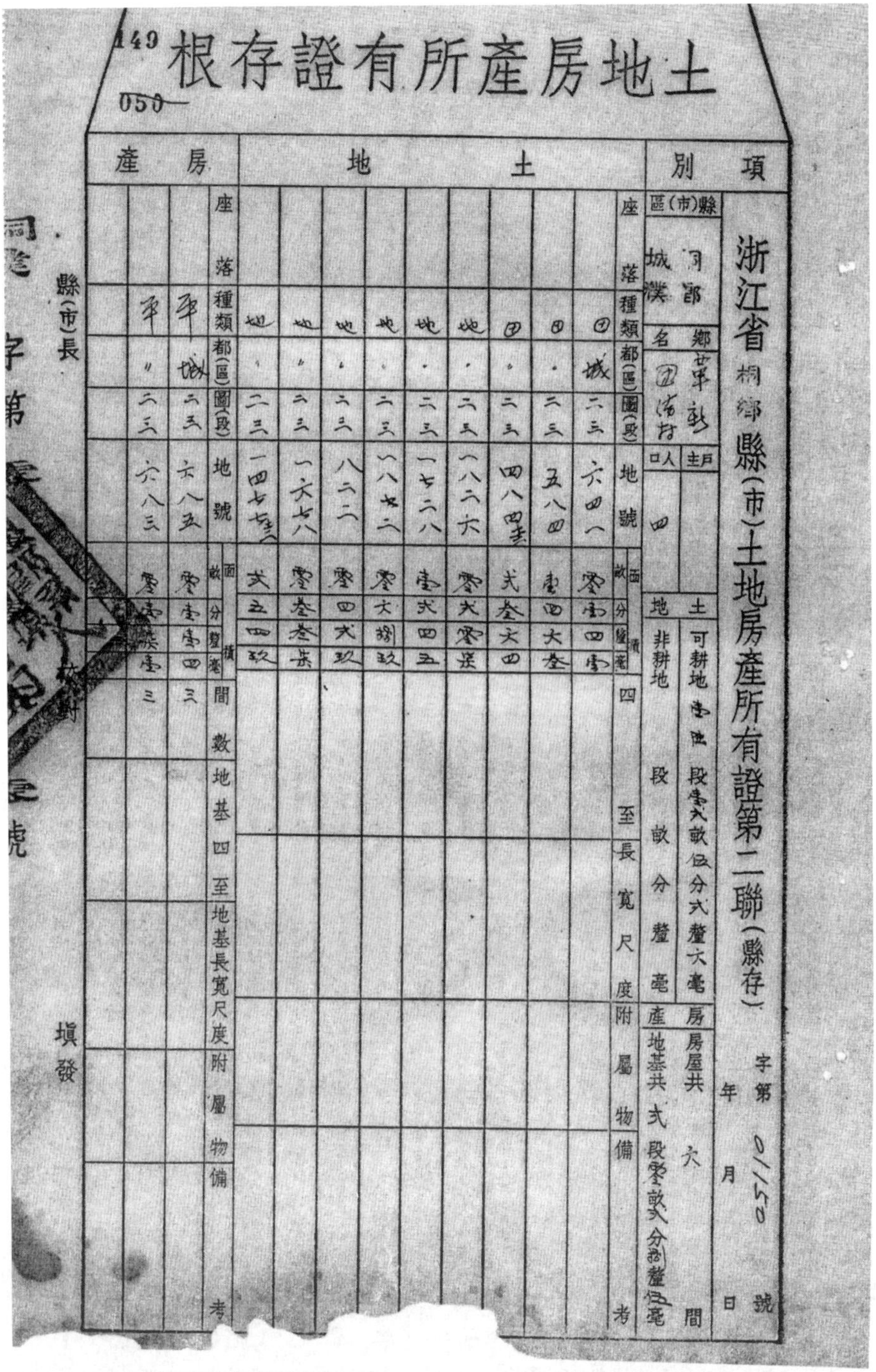
149
050
土地房產所有證存根

浙江省桐鄉縣(市)土地房產所有證第二聯(縣存)
字第 0150 號
年 月 日

| 項別 | |
|---|---|
| 區(市)縣 | 城郊 / 城濮 |
| 鄉名 | 革新 / 田灣村 |
| 戶主 | |
| 人口 | 四 |
| 土地 | 可耕地 壹 段 壹畝伍分弍釐六毫；非耕地 段 畝 分 釐 毫 |
| 房產 | 房屋共 六 間；地基共 弍 段 零畝 分 釐 毫 |

縣(市)長
填發

▲ 1951 年，浙江省桐乡县土地房产所有证存根（一）

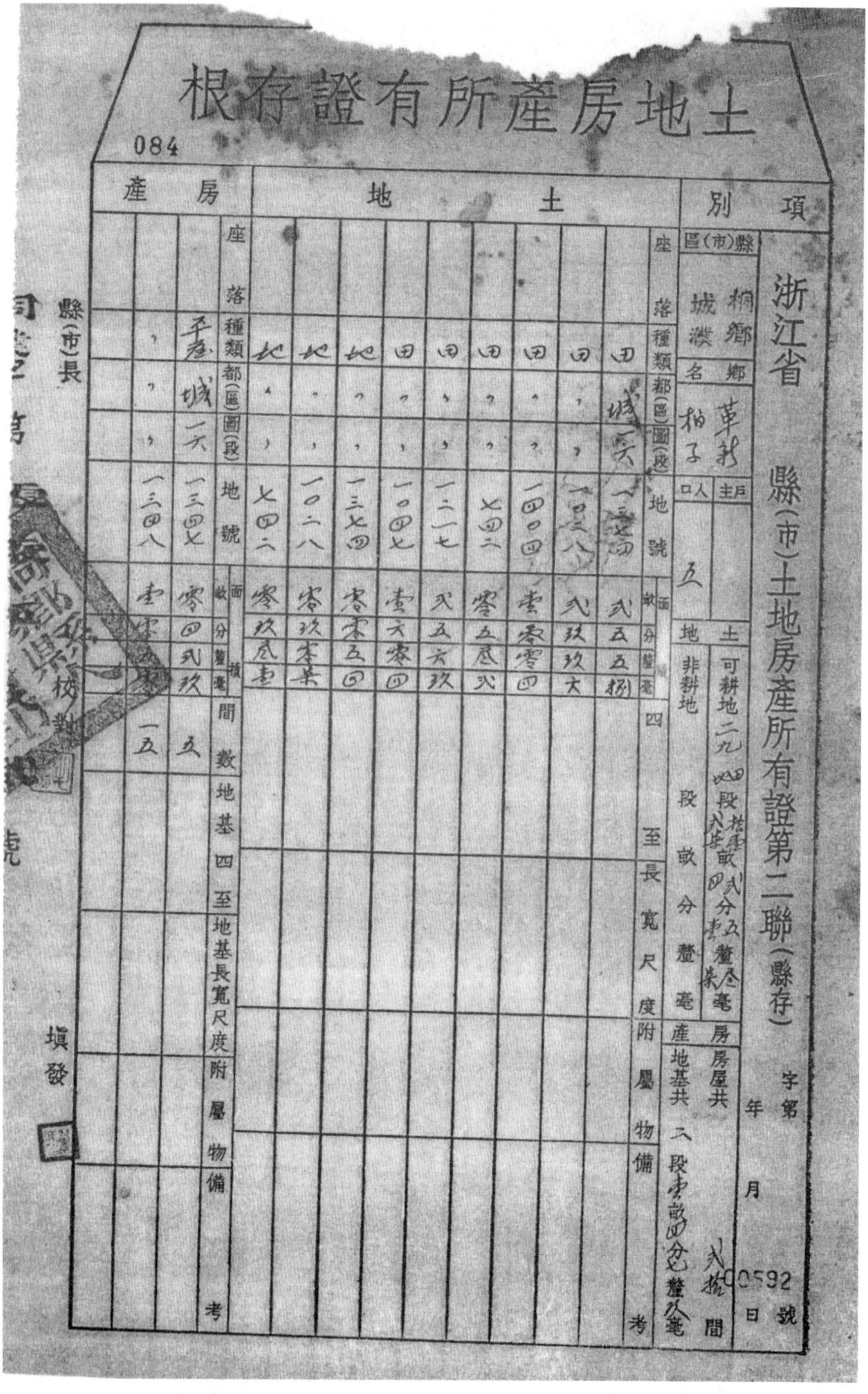
土地房產所有證存根

084

浙江省　縣(市)土地房產所有證第二聯(縣存)　字第　號

00592

年　月　日

項別

區(市)縣　桐鄉城濮

鄉名　革新　柏子

戶主

人口　五

土地　可耕地　段　畝　分　釐　毫

非耕地　段　畝　分　釐　毫

房產　房屋共　間

地基共　段　畝　分　釐　毫

土地　座落　種類　都(區)　圖(段)　地號　面積（畝 分 釐 毫）　四至　長寬尺度　附屬物　備考

房產　座落　種類　都(區)　圖(段)　地號　面積（畝 分 釐 毫）　間數　地基四至　地基長寬尺度　附屬物　備考

縣(市)長

填發

▲ 1951 年，浙江省桐乡县土地房产所有证存根（二）

表 3-1　1951 年革新村域（柏子村）部分农户土地房产分户明细表

| 户主 | 人口（人） | 房产 | | | 耕地（亩） | |
|---|---|---|---|---|---|---|
| | | 楼房（间） | 平房、草棚(间) | 占地（亩） | 非耕地 | 可耕地 |
| 吴宝祥 | 4 | — | 10 | 0.7 | — | 19.409 |
| 吴元禹 | 4 | — | 10 | 0.8 | — | 20.043 |
| 王阿根 | 4 | — | — | — | — | 8.83 |
| 蔡文浩 | 1 | — | — | — | — | 4.531 |
| 汪季龙 | 7 | — | 9 | 0.735 | — | 22.407 |
| 汪季荣 | 2 | — | 8 | 0.6 | — | 9.452 |
| 毕子堂 | 5 | — | 6 | 0.963 | — | 21.534 |
| 毕金荣 | 5 | — | 6 | 0.35 | — | 22.569 |
| 孔金松 | 7 | — | 5 | 0.754 | — | 21.526 |
| 丁金和 | 5 | — | 4 | 0.3 | — | 15.479 |
| 孔叙松 | 5 | — | 5 | 0.5 | — | 18.922 |
| 丁金福 | 3 | — | 6 | 0.406 | — | 9.303 |
| 丁金宝 | 5 | — | 4 | 0.5 | — | 13.432 |
| 丁金明 | 5 | — | 3 | 0.673 | — | 15.029 |
| 丁宝和 | 7 | — | 5 | 0.5 | — | 23.444 |
| 倪三娜 | 3 | — | 2 | 0.3 | — | 11.469 |
| 倪七宝 | 4 | — | 10 | 0.762 | — | 12.033 |
| 倪金荣 | 2 | — | 2 | 0.1 | — | 6.893 |
| 倪楚荣 | 6 | — | 4 | 0.345 | — | 14.577 |
| 倪六庆 | 7 | — | 4 | 0.228 | — | 21.83 |
| 丁福和 | 3 | — | 5 | 0.54 | — | 17.355 |
| 倪金尧 | 1 | — | 烧毁 | 1.008 | 0.129 | 2.882 |
| 倪金如 | 4 | — | 3 | 0.5 | 0.225 | 14.32 |

续表 3-1

| 户主 | 人口（人） | 房产 | | | 耕地（亩） | |
| --- | --- | --- | --- | --- | --- | --- |
| | | 楼房（间） | 平房、草棚(间) | 占地（亩） | 非耕地 | 可耕地 |
| 倪坤兴 | 3 | — | 3 | 0.3 | — | 11.085 |
| 倪顺芳 | 4 | — | 2 | 0.206 | — | 9.96 |
| 倪子林 | 5 | — | 7 | 0.777 | — | 37.381 |
| 倪宝生 | 5 | — | 5 | 0.777 | — | 22.621 |
| 沈金林 | 3 | — | 3 | 0.75 | — | 13.68 |
| 沈阿坤 | 2 | — | 1 | 0.095 | — | 19.952 |
| 张宝金 | 6 | — | 5 | 0.862 | 0.3 | 24.042 |
| 盛子全 | 1 | — | — | — | — | 1.303 |
| 盛伯松 | 5 | — | 5 | 0.376 | — | 15.938 |
| 盛子祥 | 2 | — | 5 | 0.35 | — | 7.73 |
| 盛金泉 | 6 | — | 6 | 0.42 | — | 15.11 |
| 盛春玉 | 6 | — | 8 | 0.56 | — | 17.288 |
| 盛金生 | 3 | — | 7 | 0.595 | — | 9.739 |
| 盛春松 | 3 | — | 7 | 0.49 | — | 13.168 |
| 郑子先 | 4 | — | 3 | 0.21 | 1.868 | 15.578 |
| 方庆和 | 3 | — | 7 | 0.35 | — | 11.371 |
| 方云和 | 4 | — | 5 | 0.35 | 0.481 | 11.157 |
| 方文官 | 1 | — | 3 | 0.249 | — | 3.138 |
| 方宝桂 | 2 | — | 4 | 0.49 | — | 11.31 |
| 方德和 | 7 | — | 7 | 0.377 | — | 21.416 |
| 方老虎 | 3 | — | 6 | 0.358 | 0.354 | 19.94 |
| 方锦潮 | 6 | — | 9 | 0.715 | 0.359 | 17.555 |
| 方子林 | 7 | — | 10 | 0.64 | — | 17.212 |

续表 3-1

| 户主 | 人口（人） | 房产 | | | 耕地（亩） | |
|---|---|---|---|---|---|---|
| | | 楼房（间） | 平房、草棚(间) | 占地（亩） | 非耕地 | 可耕地 |
| 方福林 | 1 | — | 10 | 0.629 | — | 10.313 |
| 方祖明 | 3 | — | 2 | 0.243 | 0.29 | 11.225 |
| 方金如 | 3 | — | 6 | 0.42 | — | 28.159 |
| 祁子华 | 5 | — | 4 | 0.28 | — | 16.485 |
| 祁子荣 | 2 | — | 3 | 0.21 | — | 4.881 |
| 祁锦荣 | 1 | — | 2 | 0.14 | 0.52 | 4.672 |
| 方文生 | 1 | — | — | — | 0.719 | 2.677 |
| 祁锦方 | 4 | — | 6 | 0.858 | — | 12.649 |
| 村农会 | — | — | — | — | — | 56.983 |
| 殳爱金 | 1 | — | 3 | 0.34 | — | 2.748 |
| 殳永坤 | 2 | — | 4 | 0.28 | — | 13.428 |
| 殳金山 | 1 | — | 6 | 0.473 | — | 8.157 |
| 殳品松 | 3 | — | 6 | 0.491 | 1.384 | 10.337 |
| 殳明宝 | 6 | — | 6 | 0.42 | 0.762 | 16.224 |
| 殳正魁 | 2 | — | 4 | 0.368 | — | 16.904 |
| 殳明坤 | 4 | — | 7 | 0.513 | 0.771 | 12.421 |
| 殳子荣 | 5 | — | 8 | 0.403 | 0.165 | 13.13 |
| 殳银坤 | 2 | — | 4 | 0.216 | — | 6.217 |
| 殳锡棠 | 2 | — | 2 | 0.915 | — | 10.078 |
| 殳龙山 | 1 | — | 4 | 0.325 | — | 5.571 |
| 殳三娜 | 1 | — | — | — | 0.76 | 8.326 |
| 殳明龙 | 2 | — | 3 | 0.5 | — | 4.18 |
| 盛子顺 | 2 | — | — | — | — | 8.959 |

续表 3-1

| 户主 | 人口（人） | 房产 | | | 耕地（亩） | |
|---|---|---|---|---|---|---|
| | | 楼房（间） | 平房、草棚(间) | 占地（亩） | 非耕地 | 可耕地 |
| 盛文炳 | 6 | — | 18 | 1.265 | — | 14.582 |
| 盛子全 | 3 | — | 5 | 0.354 | — | 12.383 |
| 殳宝官 | 1 | — | — | — | — | 1.56 |
| 沈宝玉 | 3 | — | 7 | 0.65 | — | 12.934 |
| 陈小狗 | 1 | — | — | — | — | 2.41 |
| 高阿毛 | 5 | — | 4 | 0.645 | — | 13.08 |
| 周奕勤 | 1 | — | — | — | — | 2.033 |
| 陈龙生 | 4 | — | 6 | 0.81 | 1.599 | 11.892 |
| 施茂生 | 4 | — | 9 | 0.63 | — | 19.479 |
| 高小老 | 4 | — | 2 | 0.34 | — | 12.655 |
| 陈阿田 | 1 | — | 2 | 0.153 | 0.778 | 6.731 |
| 殳来官 | 1 | — | — | — | — | 4.416 |
| 费永和 | 5 | — | 6 | 0.654 | 0.04 | 14.823 |
| 沈永林 | 7 | — | 10 | 0.824 | — | 22.977 |
| 沈山宝 | 8 | — | 7 | 0.49 | — | 23.107 |
| 沈永珍 | 8 | — | 8 | 0.918 | — | 22.198 |
| 王凤珍 | 3 | — | 4 | 0.28 | — | 8.812 |
| 王荣全 | 5 | — | 4 | 0.28 | — | 14.841 |
| 王荣许 | 2 | — | 5 | 0.35 | 0.372 | 8.443 |
| 王金山 | 5 | — | 6 | 0.42 | — | 14.867 |
| 殳子荣 | 1 | — | — | — | 1 | 8.821 |
| 陈永文 | 5 | — | 11 | 1.035 | — | 21.194 |
| 汤永炳 | 5 | — | 4 | 0.28 | 1.588 | 11.656 |

续表 3-1

| 户主 | 人口（人） | 房产 | | | 耕地（亩） | |
|---|---|---|---|---|---|---|
| | | 楼房（间） | 平房、草棚（间） | 占地（亩） | 非耕地 | 可耕地 |
| 刘国民 | 2 | — | — | — | — | 5.185 |
| 傅先法 | 1 | — | 6 | 0.42 | — | 5.423 |
| 赵长言 | 3 | — | 3 | — | — | 7.503 |
| 俞金官 | 3 | — | 5 | 0.4 | — | 10.542 |
| 吴清潮 | 1 | — | — | — | — | 4.6 |
| 周文清 | 1 | — | — | — | — | 4.553 |
| 朱岳兴 | 1 | — | — | — | — | 4.42 |
| 陈炳雪 | 3 | — | 2 | 0.117 | — | 7.995 |
| 陈建兴 | 1 | — | 2 | 0.116 | — | 5.538 |
| 陈阿三 | 5 | — | 3 | 3 | — | 15.647 |
| 陈四宝 | 5 | — | 3 | 0.3 | — | 13.694 |
| 陈阿宝 | 4 | — | 6 | 0.42 | — | 18.572 |
| 陈元洪 | 3 | — | 6 | 0.42 | — | 18.313 |
| 徐品生 | 1 | — | 3 | 0.26 | — | 6.626 |
| 陈金坤 | 4 | — | 4 | 0.28 | — | 11.17 |
| 陈品荣 | 2 | — | 8 | 0.552 | 0.552 | 15.82 |
| 陈伯生 | 2 | — | 7 | 0.49 | — | 13.273 |
| 陈叙良 | 3 | — | 6 | 0.46 | — | 13.879 |
| 陈永坤 | 6 | — | 8 | 0.445 | — | 18.652 |
| 陈品和 | 2 | — | 5 | 0.397 | — | 10.414 |
| 陈文庆 | 3 | — | 3 | 0.224 | — | 8.206 |
| 陈文华 | 1 | — | 3.5 | 0.225 | — | 6.298 |
| 陈永兴 | 2 | — | 3 | 0.153 | — | 5.169 |

续表 3-1

| 户主 | 人口（人） | 房产 | | | 耕地（亩） | |
| --- | --- | --- | --- | --- | --- | --- |
| | | 楼房（间） | 平房、草棚（间） | 占地（亩） | 非耕地 | 可耕地 |
| 陈永培 | 4 | — | 3 | 0.17 | — | 12.654 |
| 陈兰生 | 1 | — | 5 | 0.35 | — | 4.491 |
| 陈文铨 | 5 | — | 5 | 0.373 | — | 14.623 |
| 陈文龙 | 3 | — | 4 | 0.273 | — | 9.345 |
| 陈永祥 | 5 | — | 6 | 0.55 | — | 15.987 |
| 戚宝顺 | 1 | — | — | — | — | 3.119 |
| 陈亦坤 | 3 | — | 4 | 0.28 | — | 10.592 |
| 陈云坤 | 4 | — | 4 | 0.28 | — | 11.918 |
| 陆金山 | 3 | — | 3 | 0.472 | — | 13.357 |
| 徐松春 | 2 | — | 5 | 0.35 | — | 14.712 |
| 顾二毛 | 5 | — | 11 | 0.91 | — | 18.136 |
| 沈金生 | 6 | — | 9 | 0.63 | — | 18.811 |
| 沈金山 | 1 | — | 2 | 0.14 | — | 6.107 |
| 沈吉祥 | 3 | — | 4 | 0.3 | — | 9.42 |
| 沈文庆 | 4 | — | 9 | 0.8 | — | 17.288 |
| 沈金林 | 7 | — | 9 | 0.63 | — | 18.48 |
| 沈金奎 | 4 | — | 6 | 0.42 | — | 12.25 |
| 沈阿四 | 3 | — | 8 | 0.56 | — | 17.162 |
| 沈阿龙 | 6 | — | 17 | 1.293 | — | 20.96 |
| 许春松 | 10 | — | 6 | 0.473 | — | 39.084 |
| 许连生 | 6 | — | 7 | 0.322 | — | 21.476 |
| 许春芳 | 4 | — | 6 | 0.474 | — | 19.695 |
| 张连生 | 4 | — | 3 | 0.205 | 0.145 | 12.003 |

续表 3-1

| 户主 | 人口（人） | 房产 | | | 耕地（亩） | |
|---|---|---|---|---|---|---|
| | | 楼房（间） | 平房、草棚(间) | 占地（亩） | 非耕地 | 可耕地 |
| 周志芳 | 4 | — | 5.5 | 0.495 | — | 15.289 |
| 周锡章 | 7 | — | 7 | 0.946 | — | 22.272 |
| 周志龙 | 3 | — | 3 | 0.21 | 1.13 | 8.806 |
| 周杏官 | 4 | — | 4 | 0.294 | — | 13.106 |
| 周子坤 | 3 | — | 4 | 0.294 | — | 9.077 |
| 周子松 | 4 | — | 4 | 0.354 | — | 11.519 |
| 周子洪 | 13 | — | 8 | 0.56 | — | 17.959 |
| 周子浩 | 4 | — | 7 | 0.47 | — | 25.411 |
| 周子堂 | 3 | — | 4 | 0.441 | — | 12.076 |
| 钟金奎 | 9 | — | 13 | 1.393 | — | 27.955 |
| 钟明林 | 2 | — | 8 | 0.56 | 0.359 | 9.183 |
| 蒋永春 | 4 | — | 3 | 0.21 | — | 9.923 |
| 於菊梅 | 4 | — | 3 | 0.2 | — | 11.275 |
| 沈茂洪 | 10 | — | 7 | 0.49 | — | 32.105 |
| 徐庆龙 | 1 | — | 3 | 0.302 | 0.215 | 5.917 |
| 徐锦商 | 5 | — | 7 | 0.805 | 0.361 | 16.744 |
| 徐茂潮 | 3 | — | 5 | 0.262 | — | 11.19 |
| 徐茂方 | 3 | — | 5 | 0.262 | — | 11.36 |
| 徐金生 | 4 | — | 8 | 0.75 | — | 17.894 |
| 徐金松 | 1 | — | — | — | — | 2 |
| 徐金宝 | 3 | — | 5 | 0.282 | — | 16.439 |
| 徐顺宝 | 3 | — | 5 | 0.368 | — | 11.127 |
| 徐永生 | 5 | — | 7 | 0.593 | — | 17.733 |

续表 3-1

| 户主 | 人口（人） | 房产 | | | 耕地（亩） | |
|---|---|---|---|---|---|---|
| | | 楼房（间） | 平房、草棚(间) | 占地（亩） | 非耕地 | 可耕地 |
| 陆金泉 | 5 | — | 6 | 0.547 | — | 14.956 |
| 陆阿男 | 1 | — | 2 | 0.14 | 1.947 | 8.153 |
| 朱春泉 | 5 | — | — | — | — | 18.811 |
| 陆阿大 | 2 | — | 4 | 0.473 | 0.11 | 5.603 |
| 殳福堂 | 5 | — | — | — | — | 4.923 |
| 殳金法 | 4 | — | 7 | 0.915 | — | 11.771 |
| 殳顺昌 | 1 | — | 5 | 0.35 | — | 8.679 |
| 殳金林 | 3 | — | 6 | 0.42 | 0.3 | 17.107 |
| 殳永堂 | 3 | — | 5 | 0.593 | — | 11.58 |
| 殳金毛 | 3 | — | 5 | 0.486 | — | 12.131 |
| 殳子林 | 4 | — | 3 | 0.21 | — | 15.333 |
| 殳锦奎 | 2 | — | 3 | 0.281 | — | 7.025 |
| 殳锦文 | 2 | — | 2 | 0.532 | — | 6.298 |
| 殳福生 | 4 | — | 1 | 0.174 | 1.295 | 11.112 |
| 殳锡春 | 4 | — | 4 | 0.28 | 0.72 | 15.177 |
| 殳茂龙 | 2 | — | 5 | 0.453 | — | 10.972 |
| 殳玉堂 | 4 | — | 4 | 0.345 | — | 12.584 |
| 殳品和 | 1 | — | 3 | 0.291 | — | 4.013 |
| 殳锦山 | 4 | — | 5 | 0.3 | 0.34 | 12.848 |
| 殳福高 | 6 | — | 8 | 0.7 | — | 6.241 |
| 殳品山 | 4 | — | 6 | 0.43 | — | 10.198 |
| 殳宝和 | 2 | — | 7 | 0.49 | — | 14.975 |
| 殳天龙 | 2 | — | 5 | 0.35 | 0.256 | 9.39 |

续表 3-1

| 户主 | 人口（人） | 房产 | | | 耕地（亩） | |
|---|---|---|---|---|---|---|
| | | 楼房（间） | 平房、草棚(间) | 占地（亩） | 非耕地 | 可耕地 |
| 殳海官 | 4 | — | 4 | 0.378 | — | 11.609 |
| 殳金生 | 1 | — | — | — | 1.684 | 4.344 |
| 殳锡荣 | 6 | — | 6 | 0.42 | — | 17.625 |
| 殳金顺 | 3 | — | 5 | 0.35 | — | 5.734 |
| 殳子松 | 2 | — | 3 | 0.25 | — | 7.179 |
| 殳叙春 | 3 | — | 6 | 0.42 | — | 11.148 |
| 殳荣林 | 3 | — | 9 | 0.63 | — | 17.185 |
| 殳金泉 | 4 | — | 2 | 0.11 | — | 13.198 |
| 费玉魁 | 4 | — | 6 | 0.42 | 0.753 | 14.175 |
| 费叙才 | 8 | — | 7 | 0.49 | 0.5 | 21.137 |
| 费文荣 | 4 | — | 7 | 0.42 | 0.665 | 12.875 |
| 殳彩和 | 6 | — | 6 | 0.42 | — | 18.552 |
| 殳彩福 | 2 | — | 2 | 0.14 | — | 13.512 |
| 殳彩荣 | 4 | — | 4 | 0.28 | 0.805 | 14.917 |
| 殳恒宝 | 5 | — | 3 | 0.175 | — | 16.452 |
| 吴银宝 | 5 | — | 7 | 0.49 | 1.25 | 17.089 |
| 殳文高 | 5 | — | 20 | 1.479 | — | 38.67 |
| 殳元官 | 5 | — | 5 | 0.446 | — | 25.347 |
| 殳福官 | 1 | — | 3 | 0.585 | — | 8.454 |
| 陈伯喜 | 4 | — | 5 | 0.55 | 0.161 | 11.498 |
| 殳锡堂 | 3 | — | 2 | 0.14 | 0.5 | 11.104 |
| 殳福金 | 4 | — | 4 | 0.6 | — | 11.978 |
| 殳阿顺 | 1 | — | 2 | 0.14 | — | 7.198 |

续表 3-1

| 户主 | 人口（人） | 房产 | | | 耕地（亩） | |
|---|---|---|---|---|---|---|
| | | 楼房（间） | 平房、草棚(间) | 占地（亩） | 非耕地 | 可耕地 |
| 殳松官 | 3 | — | 3 | 0.35 | 0.399 | 22.917 |
| 殳宝官 | 5 | — | 8 | 0.56 | — | 29.997 |
| 徐松春 | 1 | — | — | — | — | 4.8 |
| 徐三毛 | 4 | — | 3 | 0.21 | 0.179 | 20.813 |
| 徐长生 | 6 | — | 10 | 1.079 | 0.096 | 22.85 |
| 徐龙生 | 7 | — | 8.5 | 0.772 | 0.526 | 20.928 |
| 徐金潮 | 2 | — | 3 | 0.2 | — | 9.04 |
| 徐锦章 | 1 | — | — | — | — | 6.001 |
| 屠金泉 | 2 | — | 6 | 0.5 | — | 20.126 |
| 屠福坤 | 2 | — | 7 | 0.593 | — | 10.864 |
| 屠德宝 | 2 | — | 4 | 0.28 | — | 9.572 |
| 朱荣洲 | 4 | — | 5 | 0.346 | — | 17.061 |
| 朱锦山 | 4 | — | 6 | 0.42 | 1.163 | 12.827 |
| 朱品潮 | 2 | — | 8 | 0.703 | 0.193 | 14.319 |
| 朱炳荣 | 2 | — | 5 | 0.42 | 0.085 | 19.305 |
| 朱宝松 | 2 | — | 3 | 0.21 | 0.183 | 10.148 |
| 朱松松 | 1 | — | 3 | 0.21 | 0.29 | 7.673 |
| 庄宝龙 | 6 | — | 4 | 0.284 | — | 21.207 |
| 庄宝章 | 1 | — | — | — | — | 8.105 |
| 庄彩法 | 6 | — | 6 | 0.6 | — | 26.09 |
| 庄彩和 | 6 | — | 5 | 0.385 | — | 26.053 |
| 庄彩方 | 4 | — | 5 | 0.35 | — | 18.107 |
| 徐洪宝 | 3 | — | 3 | 0.298 | — | 12.956 |

续表 3-1

| 户主 | 人口（人） | 房产 | | | 耕地（亩） | |
|---|---|---|---|---|---|---|
| | | 楼房（间） | 平房、草棚(间) | 占地（亩） | 非耕地 | 可耕地 |
| 徐锡荣 | 1 | — | 6 | 0.47 | — | 6.997 |
| 徐长官 | 5 | — | 4 | 0.319 | — | 15.204 |
| 徐松官 | 4 | — | 3 | 0.21 | — | 11.831 |
| 徐财生 | 6 | — | 6 | 0.499 | 0.09 | 32.749 |
| 徐天生 | 5 | — | 6 | 0.385 | — | 16.335 |
| 徐兰生 | 2 | — | 5 | 0.341 | 0.19 | 7.308 |
| 徐永泉 | 1 | — | 1 | 0.07 | — | 9.051 |
| 徐文荣 | 3 | — | 3 | 0.486 | — | 10.133 |
| 徐天福 | 4 | — | 5 | 0.35 | — | 15.849 |
| 徐金祥 | 5 | — | 5 | 0.35 | — | 21.709 |
| 徐永潮 | 4 | — | 4 | 0.343 | — | 12.362 |
| 徐银官 | 3 | — | 4 | 0.4 | — | 14.734 |
| 徐永芳 | 3 | — | 6 | 0.413 | — | 11.894 |
| 徐金奎 | 3 | — | 6 | 0.532 | — | 14.819 |
| 徐阿三 | 4 | — | 3 | 0.3 | — | 13.662 |
| 徐天和 | 4 | — | 3 | 0.3 | — | 12.771 |
| 徐正南 | 2 | — | — | — | — | 13.991 |
| 徐兰英 | 2 | — | 2 | 0.25 | — | 8.734 |
| 徐海英 | 2 | — | 2 | 0.25 | — | 8.282 |
| 石阿顺 | 3 | — | 4 | 0.389 | — | 9.748 |
| 石金松 | 3 | — | 2 | 0.291 | 0.077 | 11.275 |
| 陈阿才 | 5 | — | 6 | 0.6 | — | 12.675 |
| 朱友宝 | 2 | — | 2 | 0.245 | — | 8.873 |

续表 3-1

| 户主 | 人口（人） | 房产 | | | 耕地（亩） | |
| --- | --- | --- | --- | --- | --- | --- |
| | | 楼房（间） | 平房、草棚(间) | 占地（亩） | 非耕地 | 可耕地 |
| 陆才庆 | 6 | — | 4 | 0.688 | 0.331 | 21.861 |
| 史火吉 | 9 | — | 6 | 0.867 | — | 21.609 |
| 潘忠珊 | 3 | — | 3 | 0.65 | — | 7.46 |
| 潘傅兴 | 5 | — | 5 | 0.5 | — | 13.132 |
| 高宜森 | 6 | — | 7 | 0.9 | — | 18.448 |
| 庞世品 | 5 | — | 6 | 0.3 | — | 13.673 |
| 盛阿三 | 6 | — | 2 | 0.157 | 0.12 | 15.41 |
| 石尧奎 | 5 | — | 5 | 0.815 | — | 16.98 |
| 董友生 | 1 | — | 2 | 0.117 | 0.9 | 4.954 |
| 曹志兴 | 1 | — | — | — | — | 5.583 |
| 金阿龙 | 1 | — | — | — | — | 4.837 |
| 张阿根 | 1 | — | — | — | — | 4.853 |
| 沈廷标 | 5 | — | 6 | 0.42 | — | 24.095 |
| 庄文松 | 4 | — | 2 | 0.14 | — | 14.045 |
| 姚叙生 | 8 | — | 7 | 0.49 | — | 28.57 |
| 庄关元 | 5 | — | 3 | 0.21 | 0.554 | 21.003 |
| 徐金泉 | 2 | — | 4 | 0.688 | — | 11.645 |
| 沈廷高 | 4 | — | 5 | 0.35 | — | 18.75 |
| 庄永高 | 5 | — | 5 | 0.35 | — | 19.055 |
| 徐金和 | 5 | — | 6 | 0.458 | 0.367 | 16.541 |
| 陶振田 | 5 | — | 6 | 0.42 | — | 18.634 |
| 徐玉堂 | 3 | — | 4 | 0.28 | 0.288 | 10.344 |
| 沈关龙 | 4 | — | 4 | 0.25 | — | 18.376 |

续表 3-1

| 户主 | 人口（人） | 房产 | | | 耕地（亩） | |
|---|---|---|---|---|---|---|
| | | 楼房（间） | 平房、草棚（间） | 占地（亩） | 非耕地 | 可耕地 |
| 沈宝龙 | 2 | — | 2 | 0.14 | — | 12.611 |
| 沈富龙 | 1 | — | 2 | 0.14 | 0.417 | 11.083 |
| 徐金生 | 4 | — | 4 | 0.28 | 0.25 | 13.852 |
| 徐金祥 | 1 | — | 3 | 0.21 | 0.16 | 10.435 |
| 徐福龙 | 3 | — | 2 | 0.307 | — | 9.639 |
| 徐贵生 | 1 | — | — | — | — | 6.248 |
| 徐陆生 | 1 | — | 3 | 0.304 | — | 5.882 |
| 徐宝棠 | 2 | — | 5 | 0.35 | 0.115 | 3.545 |
| 许宜毛 | 4 | — | 4 | 0.28 | 0.711 | 19.243 |
| 陈生才 | 4 | — | 4 | 0.375 | 0.2 | 10.75 |
| 陈阿耀 | 4 | — | 3 | 0.21 | — | 10.346 |
| 陈生贤 | 6 | — | 4 | 0.28 | 0.2 | 18.564 |
| 戚明潮 | 3 | — | — | — | — | 6.302 |
| 金阿狗 | 2 | — | 3 | 0.21 | — | 20.337 |
| 高伯桥 | 2 | — | — | — | — | 4.6 |
| 沈永泉 | 3 | — | 6 | 0.504 | 0.84 | 8.635 |

表 3-2 1951 年革新村域（团结村）部分农户土地房产分户明细表

| 户主 | 人口（人） | 房产 | | | 耕地（亩） | |
|---|---|---|---|---|---|---|
| | | 楼房（间） | 平房、草棚（间） | 占地（亩） | 非耕地 | 可耕地 |
| 姚子山 | 6 | — | 7 | 0.399 | — | 14.651 |
| 姚松山 | 3 | — | 8 | 0.441 | — | 9.025 |
| 姚子堂 | 2 | — | 9 | 0.714 | — | 8.922 |
| 姚荣田 | | — | 13 | 0.533 | — | 12.809 |
| 姚关荣 | 5 | — | 7 | 0.396 | — | 14.083 |
| 姚纪元 | 4 | — | — | — | — | 9.757 |
| 姚春宝 | 8 | — | 17 | 1.259 | — | 33.986 |
| 姚品华 | 3 | — | 4.5 | 0.466 | — | 9.592 |
| 姚品乾 | 3 | — | 2.5 | 0.394 | — | 9.429 |
| 姚品潮 | 4 | — | 8 | 0.542 | — | 13.713 |
| 姚品德 | 5 | — | 5 | 0.35 | — | 14.064 |
| 姚品生 | 3 | — | 5 | 0.3 | — | 11.367 |
| 范荣山 | 5 | 2 | 18.5 | 0.531 | — | 16.777 |
| 姚品才 | 2 | — | 6 | 0.811 | — | 5.588 |
| 姚品堂 | 2 | — | 9 | 0.58 | — | 7.975 |
| 姚品松 | 3 | — | 13.5 | 0.938 | 0.866 | 18.039 |
| 姚阿林 | 2 | — | 7 | 0.463 | — | 14.392 |
| 姚连生 | 4 | — | 6.5 | 0.435 | — | 13.874 |
| 姚品槐 | 3 | — | 6 | 0.42 | — | 9.03 |
| 姚掌官 | 7 | — | 15 | 0.522 | — | 18.822 |
| 姚士山 | 4 | 3 | — | 0.184 | — | 11.072 |
| 姚茂山 | 8 | 3 | 2 | 0.835 | 0.055 | 23.817 |
| 姚财生 | 5 | — | 7 | 0.36 | — | 14.045 |

续表 3-2

| 户主 | 人口（人） | 房产 | | | 耕地（亩） | |
|---|---|---|---|---|---|---|
| | | 楼房（间） | 平房、草棚（间） | 占地（亩） | 非耕地 | 可耕地 |
| 姚春和 | 6 | — | 19 | 1.23 | — | 31.181 |
| 姚炳林 | 5 | — | 20 | 1.6 | — | 26.832 |
| 姚阿二 | 2 | — | 4 | 0.28 | — | 7.441 |
| 姚叙金 | 7 | — | 6 | 0.42 | — | 12.428 |
| 姚金官 | 4 | — | 4 | 0.153 | — | 11.639 |
| 姚阿菊 | 1 | — | 4 | 0.175 | — | 4.347 |
| 姚阿金 | 1 | — | 6 | 0.423 | — | 5.672 |
| 徐彩生 | 4 | — | 5.5 | 0.385 | — | 13.108 |
| 徐云生 | 4 | 1.5 | 1 | 0.32 | — | 12.146 |
| 徐禹长 | 2 | 1.5 | 4.5 | 0.42 | — | 8.955 |
| 徐彩官 | 1 | — | 8 | 0.66 | — | 10.615 |
| 徐金坤 | 3 | — | 4 | 0.28 | — | 11.11 |
| 徐金松 | 6 | — | 8 | 0.522 | 0.1 | 22.059 |
| 徐阿品 | 1 | — | 4 | 0.29 | — | 6.21 |
| 徐文荣 | 6 | — | 10 | 0.7 | — | 25.193 |
| 徐有庆 | 2 | — | 12 | 0.8 | — | 16.631 |
| 徐福堂 | 6 | — | 10 | 0.842 | — | 24.062 |
| 徐禹连 | 3 | 1.5 | 3 | 0.15 | — | 10.289 |
| 徐福全 | 3 | 1.5 | 3.5 | 0.23 | — | 13.031 |
| 费金生 | 1 | — | 3 | 0.14 | — | 6.309 |
| 徐金荣 | 2 | — | 5 | 0.286 | — | 7.79 |
| 徐云全 | 5 | — | 7 | 1.221 | 0.05 | 18.916 |
| 徐松林 | 3 | — | 6 | 0.465 | — | 14.403 |

续表 3-2

| 户主 | 人口（人） | 房产 | | | 耕地（亩） | |
|---|---|---|---|---|---|---|
| | | 楼房（间） | 平房、草棚(间) | 占地（亩） | 非耕地 | 可耕地 |
| 费云龙 | 5 | — | 3 | 0.28 | — | 15.445 |
| 徐宝珍 | 5 | — | 5 | 0.382 | — | 14.11 |
| 徐龙生 | 4 | — | 11 | 0.452 | — | 12.103 |
| 徐彩生 | 5 | — | — | — | — | 15.311 |
| 徐阿荣 | 3 | — | 5.5 | 0.597 | — | 11.471 |
| 姚芝标 | 3 | — | 10 | 0.754 | — | 11.345 |
| 姚万连 | 5 | 1 | 10 | 0.582 | — | 20.1 |
| 姚芝林 | 6 | 2 | 3 | 0.307 | — | 15.214 |
| 姚文官 | 3 | 2 | 9 | 0.518 | — | 8.023 |
| 姚品文 | 2 | — | 4 | 0.219 | — | 9.517 |
| 姚宝珠 | 1 | — | — | — | — | 3.341 |
| 姚宝龙 | 4 | — | 7 | 0.352 | — | 13.379 |
| 姚兰官 | 3 | — | 6 | 0.504 | — | 12.518 |
| 姚万春 | 4 | — | 6 | 0.472 | — | 11.254 |
| 姚子兰 | 5 | — | 14 | 1.027 | 0.178 | 26.968 |
| 姚品兴 | 3 | — | 5 | 0.35 | — | 9.579 |
| 姚炳官 | 5 | — | 4 | 286 | — | 14.731 |
| 姚福南 | 4 | — | 4 | 0.28 | — | 15.599 |
| 姚庆余 | 4 | — | 8 | 0.945 | — | 14.279 |
| 姚松官 | 3 | — | 9 | 0.303 | 0.188 | 7.733 |
| 徐顺春 | 5 | — | 12 | 0.84 | — | 17.02 |
| 徐玉林 | 5 | — | 7 | 0.81 | — | 15.841 |
| 徐玉堂 | 4 | — | 12 | 0.84 | 0.72 | 17.506 |

续表 3-2

| 户主 | 人口（人） | 房产 | | | 耕地（亩） | |
|---|---|---|---|---|---|---|
| | | 楼房（间） | 平房、草棚（间） | 占地（亩） | 非耕地 | 可耕地 |
| 徐咬金 | 6 | — | 13 | 1.088 | — | 28.182 |
| 徐阿兴 | 2 | — | — | — | — | 2.352 |
| 徐锦元 | 3 | — | 5 | 032 | — | 13.176 |
| 徐福林 | 3 | — | 4 | 1.428 | — | 12.096 |
| 徐阿林 | 4 | — | 5 | 0.434 | — | 14.212 |
| 徐边宝 | 6 | 2 | 6.5 | 0.453 | — | 18.177 |
| 徐品山 | 4 | — | 7 | 0.499 | — | 12.652 |
| 徐子香 | 2 | — | 6 | 0.42 | — | 8.123 |
| 徐三娜 | 4 | 1 | 3 | 0.31 | — | 11.642 |
| 徐文松 | 1 | — | 3.5 | 0.245 | — | 7.117 |
| 徐金荣 | 3 | — | 6 | 0.552 | — | 11.374 |
| 徐子芳 | 4 | — | 3 | 0.25 | — | 11.659 |
| 徐金顺 | 2 | — | 4 | 0.5 | — | 10.266 |
| 徐长生 | 1 | — | 4 | 0.515 | — | 5.702 |
| 徐松林 | 6 | — | 8 | 0.46 | — | 18.379 |
| 徐松官 | 4 | — | 8 | 0.56 | — | 18.655 |
| 徐掌金 | 1 | — | 2.5 | 0.208 | — | 3.167 |
| 姚四宝 | 1 | — | 1 | 0.129 | — | 4.436 |
| 姚阿掌 | 3 | — | 13 | 0.977 | — | 15.761 |
| 姚子祥 | 8 | — | 9 | 0.733 | — | 25.057 |
| 姚顺福 | 1 | — | 4.5 | 0.347 | — | 2.817 |
| 朱金和 | 1 | — | — | — | — | 4.656 |
| 姚宝兴 | 6 | — | 6 | 0.42 | — | 17.222 |

续表 3-2

| 户主 | 人口（人） | 房产 | | | 耕地（亩） | |
|---|---|---|---|---|---|---|
| | | 楼房（间） | 平房、草棚(间) | 占地（亩） | 非耕地 | 可耕地 |
| 姚阿虎 | 5 | — | 5.5 | 0.4 | — | 15.229 |
| 姚炳林 | 2 | — | 6 | 0.614 | — | 10.752 |
| 姚珊和 | 7 | — | 12 | 1.359 | — | 26.96 |
| 姚富元 | 5 | — | 12 | 0.66 | — | 14.757 |
| 姚炳盛 | 4 | — | 4 | 0.2 | — | 12.798 |
| 姚金松 | 3 | — | 8 | 0.573 | — | 12.737 |
| 姚炳良 | 3 | — | 4 | 0.28 | — | 12.614 |
| 姚九龙 | 4 | — | 9 | 0.65 | — | 15.995 |
| 姚炳春 | 4 | — | 5.5 | 0.62 | — | 17.672 |
| 姚田宝 | 3 | — | 6.5 | 0.623 | — | 16.087 |
| 姚德和 | 3 | — | — | — | — | 3.80 |
| 姚阿男 | 4 | — | 8 | 0.487 | — | 15.228 |
| 姚芝官 | 6 | — | 4 | 0.253 | — | 17.513 |
| 庄姚美 | 2 | — | 7 | 0.572 | — | 8.3 |
| 庄金昌 | 5 | — | 7 | 0.391 | — | 29.928 |
| 庄兰珍 | 7 | — | 13 | 0.796 | — | 23.6 |
| 庄顺芳 | 2 | — | 5 | 0.187 | — | 13.181 |
| 庄顺林 | 1 | — | 5 | 0.53 | — | 8.036 |
| 庄阿昌 | 1 | — | 3 | 0.18 | — | 7.286 |
| 庄子官 | 1 | — | 3 | 0.187 | — | 6.182 |
| 沈福元 | 2 | — | 5 | 0.35 | 0.246 | 7.875 |
| 李炳生 | 3 | — | 9 | 0.657 | — | 13.063 |
| 姚金山 | 4 | — | 3 | 0.201 | — | 12.333 |

续表 3-2

| 户主 | 人口（人） | 房产 | | | 耕地（亩） | |
|---|---|---|---|---|---|---|
| | | 楼房（间） | 平房、草棚(间） | 占地（亩） | 非耕地 | 可耕地 |
| 沈春松 | 4 | — | 8 | 0.595 | — | 14.56 |
| 沈金忠 | 2 | — | 3.5 | 0.292 | — | 10.482 |
| 沈国生 | 4 | — | 10 | 0.811 | — | 13.541 |
| 沈宝乾 | 3 | — | 5 | 0.437 | — | 11.678 |
| 沈宝顺 | 2 | — | 3 | 0.2 | — | 5.505 |
| 沈宝山 | 2 | — | 5 | 0.341 | — | 6.775 |
| 沈叙金 | 4 | — | 5 | 0.332 | — | 12.524 |
| 沈和生 | 2 | — | 4 | 0.32 | — | 8.507 |
| 李阿五 | 2 | — | 17 | 1.19 | — | 5.943 |
| 沈福堂 | 5 | — | 7 | 0.5 | — | 12.625 |
| 沈子明 | 4 | — | 20 | 1.073 | — | 15.002 |
| 沈祥坤 | 3 | — | 6 | 0.4 | — | 10.203 |
| 沈德顺 | 5 | — | 7 | 0.5 | — | 18.961 |
| 沈子松 | 6 | — | 8 | 0.56 | 0.221 | 18.237 |
| 沈柏顺 | 3 | — | 4 | 0.28 | — | 9.388 |
| 沈金宝 | 3 | — | 10 | 0.7 | 0.27 | 17.451 |
| 沈叙春 | 8 | — | 14 | 0.98 | 0.892 | 32.764 |
| 朱永兴 | 1 | — | 2 | 0.1 | 0.7 | 5.243 |
| 李子林 | 4 | — | 6 | 0.53 | — | 13.312 |
| 沈金伦 | 3 | — | 4 | 0.287 | 0.305 | 8.284 |
| 沈品荣 | 2 | — | 3 | 0.132 | — | 6.709 |
| 沈彩英 | 1 | — | 5 | 0.263 | — | 4.159 |
| 沈寿坤 | 7 | — | 12 | 0.748 | — | 30.649 |

续表 3-2

| 户主 | 人口（人） | 房产 | | | 耕地（亩） | |
|---|---|---|---|---|---|---|
| | | 楼房（间） | 平房、草棚（间） | 占地（亩） | 非耕地 | 可耕地 |
| 沈老虎 | 3 | — | 5 | 0.18 | — | 12.003 |
| 沈金昌 | 6 | — | 7 | 0.273 | — | 21.149 |
| 潘玉山 | 6 | — | 6 | 0.35 | — | 20.064 |
| 潘玉田 | 3 | — | 7 | 0.5 | — | 11.913 |
| 姚万兴 | 3 | — | 5 | 0.343 | — | 9.755 |
| 姚金林 | — | — | 11 | 0.77 | — | 18.476 |
| 姚阿堂 | 4 | — | 6 | 0.42 | — | 11.414 |
| 姚子祥 | 4 | — | 7 | 0.49 | 1.145 | 12.422 |
| 姚宝珠 | — | — | — | — | — | 3.5 |
| 姚咬生 | 4 | — | 6 | 0.285 | — | 12.526 |

表 3-3　1951 年革新村域（茅亭村）部分农户土地房产分户明细表

| 户主 | 人口（人） | 房产 | | | 耕地（亩） | |
|---|---|---|---|---|---|---|
| | | 楼房（间） | 平房、草棚(间) | 占地（亩） | 非耕地 | 可耕地 |
| 戴锡林 | 4 | — | — | — | — | 8.693 |
| 庄景春 | 5 | — | 14 | 0.81 | — | 26.369 |
| 庄朱氏 | 1 | — | 7 | 0.663 | — | 2.357 |
| 庄锦林 | 4 | — | 3 | 0.48 | — | 24.686 |
| 庄坤松 | 5 | — | 9 | 0.5 | — | 25.861 |
| 庄荣生 | 1 | — | — | — | — | 5.403 |
| 庄才元 | 5 | — | 9 | 0.505 | — | 15.623 |
| 庄凤生 | 3 | — | 5.5 | 0.376 | — | 9.388 |
| 蔡福祥 | 5 | — | 7.5 | 0.628 | — | 14.102 |
| 蔡文豪 | 1 | — | 4 | 0.184 | — | 5.889 |
| 蔡金松 | 5 | — | 3 | 0.127 | — | 13.814 |
| 蔡娜松 | 3 | — | 4 | 0.247 | — | 9.195 |
| 蔡荣标 | 7 | — | 10 | 0.917 | — | 17.733 |
| 蔡渭才 | 6 | — | 6.5 | 0.525 | — | 17.173 |
| 蔡品堂 | 2 | — | 3 | 0.666 | 0.2 | 11.264 |
| 祁金生 | 5 | — | 6 | 0.462 | — | 11.027 |
| 祁叙伦 | 5 | — | — | 0.3 | — | 13.178 |
| 谈阿二 | 6 | — | — | 0.357 | — | 6.974 |
| 谈金荣 | 5 | — | 2 | 0.397 | — | 18.013 |
| 谈金槐 | 6 | — | 2 | 0.397 | — | 16.638 |
| 祁叙良 | 2 | — | 5 | 0.689 | — | 8.475 |
| 祁金山 | 6 | — | 5 | 0.35 | — | 14.852 |
| 谈金潮 | 5 | — | 5 | 0.35 | — | 15.985 |

续表 3-3

| 户主 | 人口（人） | 房产 | | | 耕地（亩） | |
|---|---|---|---|---|---|---|
| | | 楼房（间） | 平房、草棚(间） | 占地（亩） | 非耕地 | 可耕地 |
| 谈启龙 | 6 | — | 6 | 0.436 | — | 21.358 |
| 祁叙源 | 6 | — | 5 | 0.591 | — | 21.379 |
| 祁维祯 | 5 | — | 5 | 0.35 | — | 14.374 |
| 祁维兴 | 2 | — | 3 | 0.21 | — | 10.909 |
| 范阿四 | 2 | — | — | — | — | 6.293 |
| 吴桂龙 | 8 | — | 11 | 0.77 | — | 33.786 |
| 张金生 | 3 | — | 5 | 0.35 | 0.77 | 20.894 |
| 吴叙堂 | 9 | — | 11 | 0.885 | — | 32.495 |
| 吴桂林 | — | — | 7 | 0.49 | 0.78 | 19.829 |
| 吴贵兴 | 3 | — | 8 | 0.6 | — | 22.786 |
| 吴子堂 | 4 | — | 6 | 0.62 | — | 13.253 |
| 吴永堂 | 6 | — | 9 | 0.63 | — | 24.828 |
| 蔡菊林 | 5 | — | 7 | 0.449 | — | 15.132 |
| 蔡顺和 | 4 | — | 9 | 0.421 | — | 14.713 |
| 胡成记 | 4 | — | — | — | — | 11.102 |
| 胡阿来 | 3 | — | — | — | — | 5.903 |
| 胡明友 | 3 | — | — | 0.5 | — | 7.899 |
| 徐才德 | 6 | — | 6 | 1.75 | — | 15.692 |
| 王毛银 | 1 | — | — | — | — | 5.501 |
| 蔡二宝 | 2 | — | 2 | 0.14 | — | 6.398 |
| 蔡福南 | 3 | — | 2 | 0.124 | — | 9.55 |
| 蔡宝祥 | 5 | — | 8 | 0.749 | — | 25.269 |
| 蔡茂良 | 7 | — | — | 0.792 | — | 19.482 |

续表 3-3

| 户主 | 人口（人） | 房产 | | | 耕地（亩） | |
|---|---|---|---|---|---|---|
| | | 楼房（间） | 平房、草棚(间） | 占地（亩） | 非耕地 | 可耕地 |
| 蔡茂堂 | 3 | — | 3 | 0.21 | — | 9.923 |
| 蔡志成 | 2 | — | 3 | 0.3 | — | 8.426 |
| 蔡茂兴 | 5 | — | 10 | 0.904 | — | 14.042 |
| 蔡永清 | 2 | — | 8 | 0.56 | — | 9.719 |
| 陈永福 | 1 | — | — | — | — | 4.828 |
| 陈贵山 | 6 | — | 6 | 0.42 | — | 17.283 |
| 刘年洲 | 5 | — | 7 | 0.485 | — | 17.752 |
| 刘元其 | 1 | — | 5 | 0.35 | — | 0.61 |
| 刘炳荣 | 3 | — | 10 | 0.63 | — | 10.78 |
| 刘绍荣 | 7 | — | 8 | 0.588 | — | 18.098 |
| 刘庆祥 | 3 | — | — | 0.52 | — | 11.532 |
| 刘文斌 | 4 | — | 7 | 1.056 | — | 16.209 |
| 刘文祥 | 5 | — | 10 | 0.839 | — | 16.289 |
| 刘炳浩 | 7 | — | 6 | 0.527 | — | 26.651 |
| 刘元顺 | 2 | — | 5 | 0.7 | 0.429 | 8.328 |
| 刘禹棠 | 1 | — | 4 | 0.227 | — | 9.366 |
| 刘禹兴 | 2 | — | 7 | 1.412 | — | 14.172 |
| 刘文浩 | 6 | — | 11 | 1.58 | — | 20.04 |
| 刘文贤 | 9 | — | 10 | 0.7 | — | 26.736 |
| 刘文山 | 5 | — | 11 | 0.699 | — | 18.582 |
| 刘元禹 | 4 | — | 5 | 0.371 | 0.2 | 9.651 |
| 刘元熙 | 6 | — | 8 | 1.346 | — | 16.855 |
| 刘文高 | 5 | — | 4 | 0.372 | — | 12.64 |

续表 3-3

| 户主 | 人口（人） | 房产 | | | 耕地（亩） | |
|---|---|---|---|---|---|---|
| | | 楼房（间） | 平房、草棚（间） | 占地（亩） | 非耕地 | 可耕地 |
| 刘文华 | 2 | — | 5.5 | 0.336 | — | 7.153 |
| 刘文康 | 2 | — | 5 | 0.38 | — | 9.093 |
| 陈贵乾 | 1 | — | 3 | 0.36 | — | 6.428 |
| 蔡老虎 | 2 | — | 7 | 0.498 | — | 8.402 |
| 蔡志龙 | 1 | — | — | — | 0.217 | 3.182 |
| 蔡庆寿 | 2 | — | 6 | 0.41 | — | 11.479 |
| 蔡义荣 | 6 | — | 4 | 0.593 | — | 7.71 |
| 蔡尤宝 | 1 | — | 2 | 0.4 | — | 3.41 |
| 蔡明山 | 2 | — | 7 | 0.669 | — | 8.672 |
| 高阿毛 | 2 | — | 2 | 0.288 | — | 4.5 |
| 蔡金松 | 3 | — | 10 | 6.29 | — | 11.86 |
| 蔡福官 | 4 | — | 10 | 0.7 | — | 15.508 |
| 蔡荣堂 | 9 | — | 8 | 0.563 | — | 24.924 |
| 蔡子堂 | 3 | — | 5 | 0.5 | — | 11.264 |
| 蔡忠堂 | 4 | — | 2.5 | 0.414 | — | 10.744 |
| 蔡顺龙 | 4 | — | 5 | 0.812 | — | 13.797 |
| 蔡天福 | 4 | — | 2 | 0.443 | — | 11.138 |
| 蔡子松 | 5 | — | 7 | 0.525 | — | 19.434 |
| 蔡子荣 | 5 | — | 8 | 0.717 | — | 17.955 |
| 蔡顺洪 | 3 | — | 4 | 0.28 | — | 13.556 |
| 蔡顺福 | 3 | — | 2 | 0.14 | — | 7.753 |
| 蔡阿七 | 3 | — | 4 | 0.28 | — | 9.149 |
| 蔡锦镛 | 1 | — | 2 | 0.28 | — | 7.338 |

续表 3-3

| 户主 | 人口（人） | 房产 | | | 耕地（亩） | |
|---|---|---|---|---|---|---|
| | | 楼房（间） | 平房、草棚(间) | 占地（亩） | 非耕地 | 可耕地 |
| 沈金奎 | 4 | — | 8 | 0.6 | 0.674 | 19.067 |
| 沈金学 | 3 | — | 5 | 0.336 | — | 11.43 |
| 沈德龙 | 3 | — | 6 | 0.5 | — | 10.799 |
| 沈玉林 | 3 | — | 3 | 0.3 | — | 9.046 |
| 沈三林 | 4 | — | 5 | 0.43 | 1.244 | 12.992 |
| 沈德芳 | 2 | — | 5 | 0.35 | — | 11.356 |
| 沈德松 | 2 | — | 2 | 0.5 | — | 11.619 |
| 沈圣福 | 1 | — | — | — | 0.25 | 4.111 |
| 冯阿珍 | 1 | — | 3 | 0.329 | 0.091 | 5.09 |
| 沈叙福 | 7 | — | 7.5 | 0.58 | — | 25.129 |
| 沈叙来 | 3 | — | 6 | 0.561 | 1.094 | 11.865 |
| 沈圣山 | 5 | — | 7 | 0.571 | — | 17.533 |
| 沈圣荣 | 2 | — | 3 | 0.4 | 0.288 | 7.125 |
| 高子山 | 4 | — | — | 0.4 | — | 12.257 |
| 沈叙宝 | 1 | — | 3 | 0.09 | — | 5.246 |
| 沈富忠 | 1 | — | — | — | — | 5.517 |
| 高全兴 | 3 | — | 8 | 0.4 | — | 12.253 |
| 高应生 | 5 | — | 10 | 0.7 | — | 16.419 |
| 高昌林 | 2 | — | 10 | 0.609 | — | 7.62 |
| 高维山 | 7 | — | 20 | 1.546 | — | 43.063 |
| 张桂龙 | 1 | — | — | — | — | 3.404 |
| 邱茂和 | 4 | — | 7 | 0.49 | — | 12.324 |
| 高荣生 | 12 | — | 15 | 1.097 | — | 31.387 |

续表 3-3

| 户主 | 人口（人） | 房产 | | | 耕地（亩） | |
|---|---|---|---|---|---|---|
| | | 楼房（间） | 平房、草棚(间) | 占地（亩） | 非耕地 | 可耕地 |
| 高长松 | 3 | — | 8 | 0.441 | — | 10.607 |
| 高昌全 | 2 | 4 | 2 | 0.588 | 0.084 | 6.488 |
| 高品堂 | 1 | — | 3 | 0.2 | — | 5.365 |
| 高庆生 | 2 | — | 3 | 0.127 | 0.236 | 5.625 |
| 高永坤 | 4 | — | 7 | 0.369 | — | 11.286 |
| 高福全 | 3 | — | 6 | 0.27 | — | 9.738 |
| 邱有金 | 5 | — | 4 | 0.945 | — | 27.583 |
| 邱贵芳 | 2 | — | 6 | 0.43 | — | 13.807 |
| 高永林 | 4 | — | 9 | 1.104 | — | 18.215 |
| 金阿有 | 9 | — | — | — | — | 20.239 |
| 朱金生 | 5 | — | 16 | 1.725 | — | 23.809 |
| 朱文庆 | 4 | — | 6 | 0.496 | — | 19.232 |
| 朱永其 | 3 | — | 6 | 0.779 | — | 16.34 |
| 庄贵芳 | 2 | — | 3 | 0.353 | — | 7.377 |
| 庄阿堂 | 4 | — | 3 | 0.2 | — | 12.266 |
| 庄叙龙 | 6 | — | 8 | 0.6 | — | 18.463 |
| 庄子堂 | 3 | — | 2 | 0.467 | — | 7.819 |
| 戴锡林 | 4 | — | 7 | 0.62 | — | 13.905 |

## 第三节　土地公有制

1951 年下半年，土改后的农民有了自己的土地，劳动积极性高涨。但由于单干独户，碰到农忙季节缺乏劳力、畜力（耕牛）和生产工具的农户，还有的家庭主要劳力疾病缠身，于是亲眷、朋友、邻居之间自发出现“帮工”“伴工”形式的互助。此后这种形式不断扩大，许多农户在自愿的基础上组织起 3 户以上不等规模的互助合作组。互助组主要是共同劳动，个体经营的田、地、农具、耕牛等生产资料，以及收获的粮食仍归农户私人所有。年底，各级政府号召农民组织起来，参加互助组。到 1952 年参加互助合作组的农户超过一半。

1954 年，革新村域在县、乡工作队的指导下，推广外乡、村经验，将原有的多个互助组组建成初级合作社，村域内相继成立多个初级合作社。1955 年 10 月，刚成立的初级合作社随即向高级合作社过渡，村域内组建了新丰高级合作社、革新高级合作社一社（简称革新一社）和革新高级合作社二社（简称革新二社）。

合作化期间，农民土改后分到的田地、农具、耕牛等生产资料折价入社抵股金，不久无偿归高级合作社所有，村民改称为社员。社员收入按劳动工分进行分配，评工记分，多劳多得。

1958 年 8 月，中共中央《关于在农村建立人民公社的决议》颁布实施。人民公社定义为工农商学兵五位一体、政社合一的农村组织。收益分配以公社为核算单位，粮食实行供给制，“吃饭不用钱”。同年 9 月 18 日，桐乡县人民政府撤销新南乡，成立梧桐人民公社。原属高级社的土地、耕牛、农具、粮食、物资及公共积累全部归公社所有。

人民公社的建立，完成了农村土地从农民所有制向农村集体所有制的转变，实行公社、大队、生产队三级所有。其间，允许农民有少量的自留地，革新村域内以当时生产队田地多少确定标准，一般占生产队耕地面积的 5% ～ 10%，每户 0.1 ～ 0.15 亩不等，每人 0.05 ～ 0.1 亩不等，坟地、宅基地不算在内。1961 年春，村域范围内的土地，包括社员的自留地、宅基地归生产队所有，个人不得占用，奠定了农村土地集体所有的社会主义土地公有制的基础。

土地承包，中共十一届三中全会后，开放了农村工商业、家庭副业和农村

人民公社全部土地面积报告表（公社、大队综合通用）

填报单位：　　公社（镇）　　大队　　一九六二年度　　单位：亩

附记：1961年本大队（公社）土地面积总计　亩　其中：水田　亩，荡田　亩，旱地　亩，旱地中社员自留地　亩，饲料地　亩。

实际报送日期：1963年　月13日　　负责人（签署）　　统计员（签章）

▲ 1962年新南大队各生产队土地面积报告表

集贸市场。同年，安徽省凤阳县小岗村的“包产到户”生产责任制逐渐推广全国。1982年，各地效仿小岗村经验，划小核算单位，水田、旱地、专桑地划到操作组。当年村域内原新南大队5个大生产队划小为9个生产队，原革一大队7个大生产队划小为12个生产队，原向阳大队生产队个数不变，仍为7个生产队。每个生产队又划分为若干个操作小组，实行“田地到组、包工到户、责任到人”。1983年，村域内全部实行家庭联产承包责任制，水田按口粮田、责任田分到农户家庭。旱地、专桑地也承包到户，同时对承担国家征收的农副产品任务按比例拆分到户，并签订了承包合同，明确双方的权利和义务。

家庭联产承包责任制是将集体土地承包给农户耕种经营，实行土地所有权与使用权分离的制度，但土地的公有制性质没有改变。

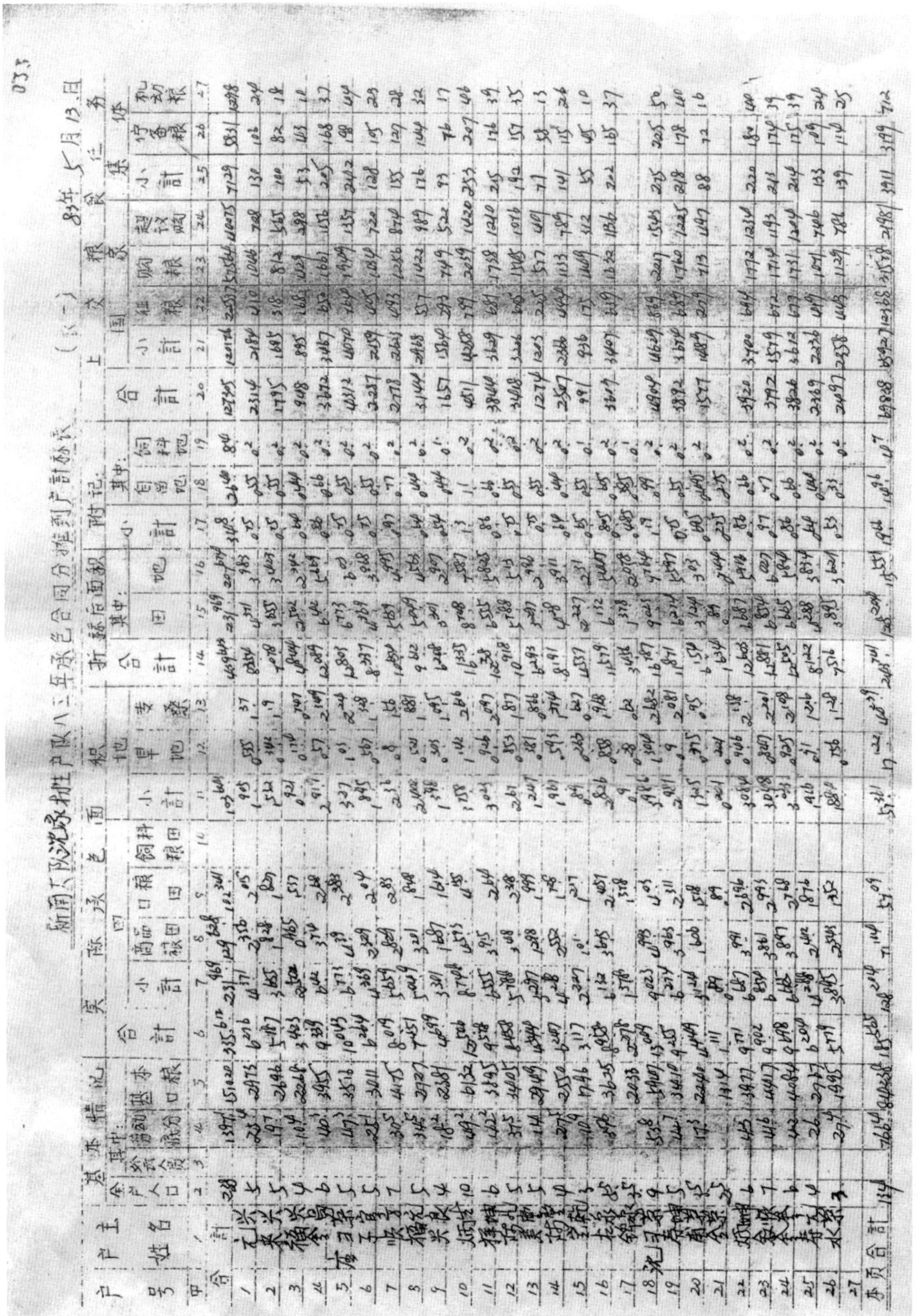

▲ 原新南大队沈家村生产队 1983 年承包合同分摊到户计算表（表一）

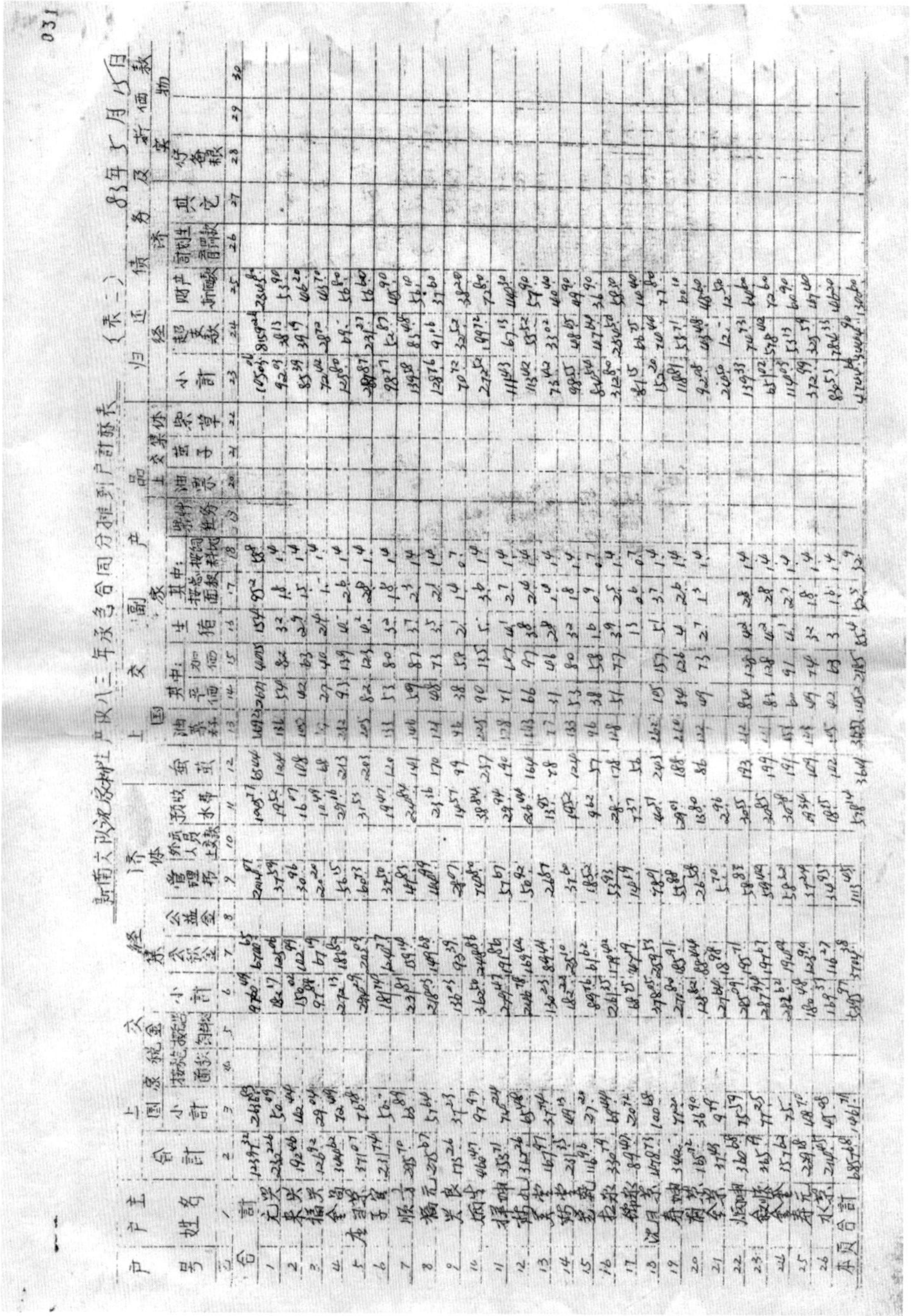


▲原新南大队沈家村生产队1983年承包合同分摊到户计算表（表二）

1990 年，根据家庭人口变动情况，在村域范围内对农户承包土地实行“大稳定、小调整”，使农户之间人口与土地保持了相对平衡。1998 年，明确土地承包经营期限为 30 年。1999 年实行第二轮土地承包，采取“小调整”的办法，承包权按人口分配到户，承包期内通过 5% 的机动田地，解决人地矛盾。同时根据相关政策实施土地规模经营，承包户可以自愿转包土地，由种粮大户等规模种植大户经营。同年，“浙江省农村集体土地承包权证”发放到户。承包期内如遇村庄规划、国家建设征用农户承包土地，农户必须服从。2002 年，国家在法律层面对土地家庭承包进行了明确规定，村域内农户的土地承包经营权有了法律保障。

▲ 土地承包相关证件（1999 年）

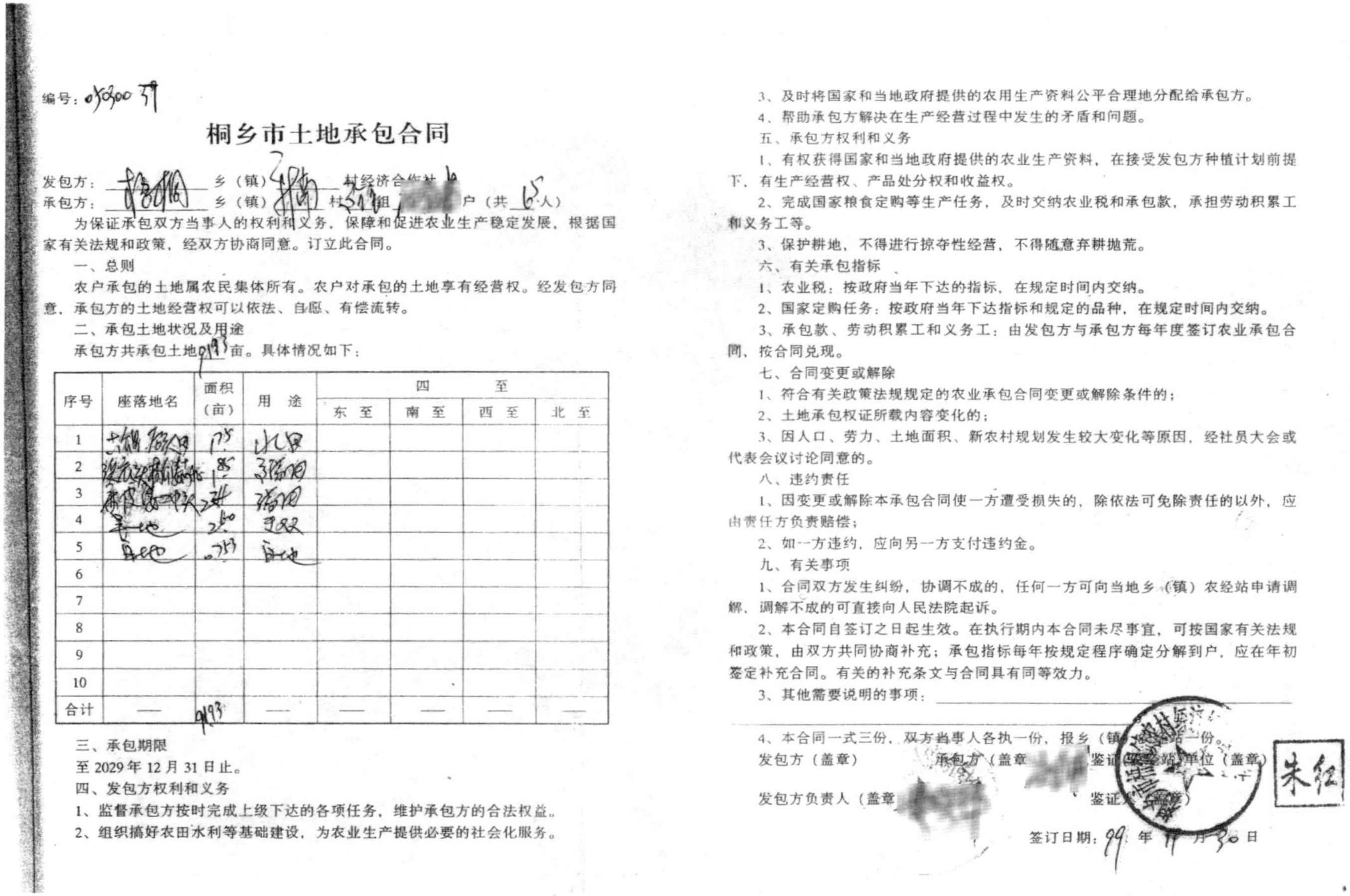

编号：[illegible]

桐乡市土地承包合同

发包方：[illegible] 乡（镇）[illegible] 村经济合作社 [illegible]
承包方：[illegible] 乡（镇）[illegible] 村 [illegible] 组 [redacted] 户（共 6 人）
为保证承包双方当事人的权利和义务，保障和促进农业生产稳定发展，根据国家有关法规和政策，经双方协商同意。订立此合同。

一、总则
农户承包的土地属农民集体所有。农户对承包的土地享有经营权。经发包方同意，承包方的土地经营权可以依法、自愿、有偿流转。

二、承包土地状况及用途
承包方共承包土地 [illegible] 亩。具体情况如下：

| 序号 | 座落地名 | 面积（亩） | 用　途 | 四至 | | | |
|---|---|---|---|---|---|---|---|
| | | | | 东　至 | 南　至 | 西　至 | 北　至 |
| 1 | [illegible] | 1.75 | [illegible] | | | | |
| 2 | [illegible] | 1.85 | [illegible] | | | | |
| 3 | [illegible] | [illegible] | [illegible] | | | | |
| 4 | [illegible] | 2.60 | [illegible] | | | | |
| 5 | [illegible] | [illegible] | [illegible] | | | | |
| 6 | | | | | | | |
| 7 | | | | | | | |
| 8 | | | | | | | |
| 9 | | | | | | | |
| 10 | | | | | | | |
| 合计 | — | [illegible] | — | — | — | — | — |

三、承包期限
至 2029 年 12 月 31 日止。

四、发包方权利和义务
1、监督承包方按时完成上级下达的各项任务，维护承包方的合法权益。
2、组织搞好农田水利等基础建设，为农业生产提供必要的社会化服务。
3、及时将国家和当地政府提供的农用生产资料公平合理地分配给承包方。
4、帮助承包方解决在生产经营过程中发生的矛盾和问题。

五、承包方权利和义务
1、有权获得国家和当地政府提供的农业生产资料，在接受发包方种植计划前提下，有生产经营权、产品处分权和收益权。
2、完成国家粮食定购等生产任务，及时交纳农业税和承包款，承担劳动积累工和义务工等。
3、保护耕地，不得进行掠夺性经营，不得随意弃耕抛荒。

六、有关承包指标
1、农业税：按政府当年下达的指标，在规定时间内交纳。
2、国家定购任务：按政府当年下达指标和规定的品种，在规定时间内交纳。
3、承包款、劳动积累工和义务工：由发包方与承包方每年度签订农业承包合同，按合同兑现。

七、合同变更或解除
1、符合有关政策法规规定的农业承包合同变更或解除条件的；
2、土地承包权证所载内容变化的；
3、因人口、劳力、土地面积、新农村规划发生较大变化等原因，经社员大会或代表会议讨论同意的。

八、违约责任
1、因变更或解除本承包合同使一方遭受损失的，除依法可免除责任的以外，应由责任方负责赔偿；
2、如一方违约，应向另一方支付违约金。

九、有关事项
1、合同双方发生纠纷，协调不成的，任何一方可向当地乡（镇）农经站申请调解，调解不成的可直接向人民法院起诉。
2、本合同自签订之日起生效。在执行期内本合同未尽事宜，可按国家有关法规和政策，由双方共同协商补充；承包指标每年按规定程序确定分解到户，应在年初签定补充合同。有关的补充条文与合同具有同等效力。
3、其他需要说明的事项：
4、本合同一式三份，双方当事人各执一份，报乡（镇）[illegible]一份。

发包方（盖章）　　承包方（盖章）[redacted]　　鉴证[illegible]单位（盖章）　　朱红
发包方负责人（盖章）[redacted]　　鉴证[illegible]

签订日期：99 年 11 月 30 日

▲ 土地承包合同（1999 年 11 月）

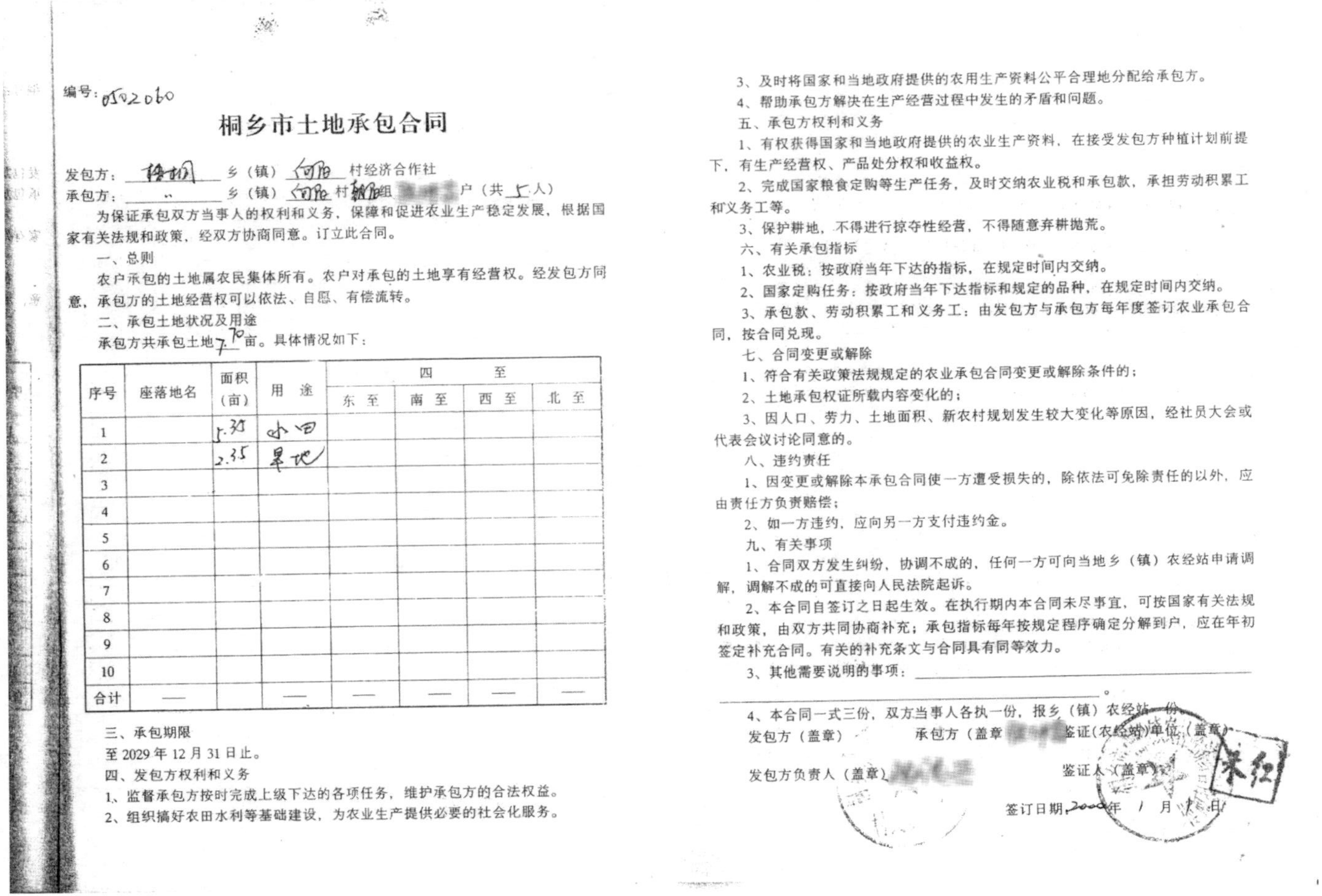

编号：0502060

## 桐乡市土地承包合同

发包方：梧桐 乡（镇）向阳 村经济合作社

承包方：〃 乡（镇）向阳 村[illegible]组[redacted]户（共 5 人）

为保证承包双方当事人的权利和义务，保障和促进农业生产稳定发展，根据国家有关法规和政策，经双方协商同意。订立此合同。

一、总则

农户承包的土地属农民集体所有。农户对承包的土地享有经营权。经发包方同意，承包方的土地经营权可以依法、自愿、有偿流转。

二、承包土地状况及用途

承包方共承包土地 7.70 亩。具体情况如下：

| 序号 | 座落地名 | 面积（亩） | 用途 | 四至 东至 | 南至 | 西至 | 北至 |
|---|---|---|---|---|---|---|---|
| 1 | | 5.35 | 水田 | | | | |
| 2 | | 2.35 | 旱地 | | | | |
| 3 | | | | | | | |
| 4 | | | | | | | |
| 5 | | | | | | | |
| 6 | | | | | | | |
| 7 | | | | | | | |
| 8 | | | | | | | |
| 9 | | | | | | | |
| 10 | | | | | | | |
| 合计 | — | | — | — | — | — | — |

三、承包期限

至 2029 年 12 月 31 日止。

四、发包方权利和义务

1、监督承包方按时完成上级下达的各项任务，维护承包方的合法权益。

2、组织搞好农田水利等基础建设，为农业生产提供必要的社会化服务。

3、及时将国家和当地政府提供的农用生产资料公平合理地分配给承包方。

4、帮助承包方解决在生产经营过程中发生的矛盾和问题。

五、承包方权利和义务

1、有权获得国家和当地政府提供的农业生产资料，在接受发包方种植计划前提下，有生产经营权、产品处分权和收益权。

2、完成国家粮食定购等生产任务，及时交纳农业税和承包款，承担劳动积累工和义务工等。

3、保护耕地，不得进行掠夺性经营，不得随意弃耕抛荒。

六、有关承包指标

1、农业税：按政府当年下达的指标，在规定时间内交纳。

2、国家定购任务：按政府当年下达指标和规定的品种，在规定时间内交纳。

3、承包款、劳动积累工和义务工：由发包方与承包方每年度签订农业承包合同，按合同兑现。

七、合同变更或解除

1、符合有关政策法规规定的农业承包合同变更或解除条件的；

2、土地承包权证所载内容变化的；

3、因人口、劳力、土地面积、新农村规划发生较大变化等原因，经社员大会或代表会议讨论同意的。

八、违约责任

1、因变更或解除本承包合同使一方遭受损失的，除依法可免除责任的以外，应由责任方负责赔偿；

2、如一方违约，应向另一方支付违约金。

九、有关事项

1、合同双方发生纠纷，协调不成的，任何一方可向当地乡（镇）农经站申请调解，调解不成的可直接向人民法院起诉。

2、本合同自签订之日起生效。在执行期内本合同未尽事宜，可按国家有关法规和政策，由双方共同协商补充；承包指标每年按规定程序确定分解到户，应在年初签定补充合同。有关的补充条文与合同具有同等效力。

3、其他需要说明的事项：＿＿＿＿＿＿＿＿＿＿。

4、本合同一式三份，双方当事人各执一份，报乡（镇）农经站一份。

发包方（盖章） 承包方（盖章）[redacted] 鉴证（农经站）单位（盖章）

发包方负责人（盖章）[redacted] 鉴证人（盖章）

签订日期：2000 年 1 月 1 日

▲ 土地承包合同（2000 年 1 月）

表 3-4

## 革新村域第二轮土地承包清册

1999 年 12 月　　　　单位：人、亩

| 村民组 | 户主 | 人口 | 承包面积 | 村民组 | 户主 | 人口 | 承包面积 |
|---|---|---|---|---|---|---|---|
| 麦干浜东 | 蔡建林 | 4 | 4.895 | 麦干浜东 | 蔡德华 | 4.25 | 4.805 |
| | 蔡建明 | 4 | 4.131 | | 蔡校中 | 5 | 5.278 |
| | 蔡圣伟 | 3 | 3.471 | | 蔡子方 | 5 | 6.052 |
| | 蔡炳坤 | 5 | 5.282 | | 蔡坤荣 | 5 | 5.665 |
| | 蔡炳明 | 3 | 3.811 | | 蔡坤生 | 4 | 4.518 |
| | 胡金林 | 4 | 4.528 | | 蔡水堂 | 3 | 3.418 |
| | 胡金浩 | 4 | 4.378 | | 蔡阿方 | 5 | 5.943 |
| | 蔡柏林 | 5 | 5.365 | 麦干浜西 | 沈发兴 | 7 | 10.107 |
| | 蔡柏良 | 4 | 4.188 | | 沈发伦 | 3 | 4.18 |
| | 蔡洪林 | 5 | 5.665 | | 沈子兴 | 5 | 7.066 |
| | 蔡凤高 | 6 | 6.782 | | 沈子堂 | 3 | 4.824 |
| | 蔡月忠 | 7 | 7.566 | | 沈永洲 | 3 | 4.291 |
| | 蔡三娜 | 3.7 | 4.292 | | 沈水洪 | 5 | 7.236 |
| | 蔡连兴 | 6.6 | 7.057 | | 徐金海 | 4 | 5.812 |
| | 蔡良荣 | 3.7 | 4.527 | | 沈玉林 | 2 | 2.887 |
| | 徐永明 | 4 | 4.878 | | 沈柏洪 | 3.5 | 5.506 |
| | 胡阿毛 | 5 | 5.665 | | 沈坤堂 | 4 | 5.52 |
| | 蔡荣熙 | 6 | 6.775 | | 沈雪洪 | 4.5 | 6.753 |
| | 蔡月兴 | 5 | 5.747 | | 沈水泉 | 1 | 1.444 |
| | 蔡月生 | 5 | 5.583 | | 沈柏泉 | 4 | 5.774 |
| | 蔡月良 | 3.75 | 4.246 | | 沈雪昌 | 7 | 9.108 |
| | 蔡洪生 | 3.75 | 4.244 | | 沈雪金 | 4 | 5.774 |
| | 蔡荣华 | 4.25 | 4.805 | | 沈金荣 | 3.67 | 5.257 |

续表 3-4

| 村民组 | 户主 | 人口 | 承包面积 | 村民组 | 户主 | 人口 | 承包面积 |
|---|---|---|---|---|---|---|---|
| 麦干浜西 | 沈月明 | 4.67 | 6.667 | 高家里 | 高元洲 | 5 | 7.538 |
| | 沈海金 | 3.61 | 5.289 | | 邱月高 | 4 | 5.76 |
| | 沈风林 | 4 | 5.774 | | 高柏松 | 3.5 | 5.495 |
| | 沈小林 | 4 | 5.774 | | 高柏荣 | 4.5 | 6.439 |
| | 沈正林 | 4 | 5.72 | | 邱坤华 | 4 | 5.75 |
| | 沈卫东 | 5 | 6.64 | | 金丙松 | 5 | 7.192 |
| | 沈善明 | 4 | 5.685 | | 金丙炎 | 4 | 5.591 |
| 高家里 | 高柏林 | 3.5 | 5.339 | | 金宝林 | 5 | 7.365 |
| | 高建林 | 3 | 4.333 | | 高海林 | 4 | 5.686 |
| | 邱顺高 | 6 | 8.632 | | 朱玉荣 | 4 | 5.355 |
| | 高金法 | 4 | 5.548 | | 朱雪荣 | 4 | 5.718 |
| | 高金明 | 4 | 5.531 | | 朱雪洲 | 4 | 2.43 |
| | 高柏清 | 4 | 5.736 | | 朱雪洪 | 3 | 3.758 |
| | 高柏华 | 4 | 5.757 | | 朱雪祥 | 3 | 5.946 |
| | 高宝兴 | 5 | 7.545 | | 朱坤林 | 3 | 4.59 |
| | 高柏炎 | 5.5 | 6.64 | | 朱明洲 | 4 | 6.264 |
| | 高月章 | 5 | 7.139 | | 高炳荣 | 3 | 3.57 |
| | 邱圣奎 | 4 | 5.716 | | 庄金甫 | 6.5 | 9.193 |
| | 高玉林 | 4 | 5.755 | | 高洲泉 | 5 | 7.126 |
| | 高玉堂 | 5 | 6.986 | | 高顺堂 | 4.5 | 5.895 |
| | 高建东 | 4.5 | 6.416 | | 胡福生 | 2 | 2.835 |
| | 金建松 | 4 | 5.729 | | 姚庆海 | 4 | 6.289 |
| | 金宝兴 | 2 | 3.477 | | 庄寿良 | 4.4 | 6.384 |

续表 3-4

| 村民组 | 户主 | 人口 | 承包面积 | 村民组 | 户主 | 人口 | 承包面积 |
|---|---|---|---|---|---|---|---|
| 高家里 | 庄雪良 | 7 | 10.043 | 朱家浜 | 朱金祥 | 4.25 | 4.41 |
| | 庄金奎 | 3.5 | 6.124 | | 朱爱明 | 5 | 5.22 |
| | 戴阿大 | 6 | 8.418 | | 朱阿二 | 4 | 4.15 |
| | 戴阿荣 | 2 | 2.916 | | 朱林明 | 4 | 4.16 |
| | 庄金洪 | 7.3 | 9.405 | | 朱子泉 | 4.5 | 4.68 |
| | 庄金泉 | 4.3 | 6.178 | | 朱子明 | 5.5 | 5.72 |
| | 庄金炎 | 3.4 | 5.228 | | 朱福泉 | 6 | 6.17 |
| | 庄永昌 | 2.3 | 3.391 | | 朱潮生 | 4 | 4.17 |
| | 庄洪生 | 3 | 4.236 | | 朱世兴 | 4 | 4.1 |
| | 庄永林 | 6.3 | 9.064 | | 朱阿根 | 3 | 3.29 |
| | 庄洪山 | 3 | 4.316 | | 朱世洪 | 5 | 5.21 |
| | 庄金龙 | 6 | 8.087 | | 朱雪交 | 4.5 | 4.75 |
| | 庄全松 | 4.5 | 6.051 | | 朱雪林 | 5.5 | 5.57 |
| | 庄晓松 | 3.5 | 4.792 | | 朱永良 | 3 | 3.12 |
| | 庄明甫 | 5 | 7.179 | | 朱雪良 | 5 | 5.25 |
| | 费雪荣 | 5 | 7.304 | | 朱尧根 | 4 | 4.14 |
| 朱家浜 | 朱阿伦 | 3.4 | 3.54 | | 朱阿四 | 6.5 | 6.56 |
| | 朱三甫 | 5.3 | 5.5 | | 朱月根 | 1 | 1.31 |
| | 朱月林 | 3.3 | 3.45 | | 朱金林 | 4.25 | 4.33 |
| | 朱善奎 | 5 | 5.09 | | 朱丙林 | 4.25 | 4.35 |
| | 朱阿七 | 3.5 | 3.59 | | 朱金兴 | 5 | 5.2 |
| | 朱世琴 | 4.5 | 4.68 | | 朱金奎 | 4 | 4.19 |
| | 朱金根 | 4.25 | 4.41 | | 朱建伟 | 4.5 | 4.61 |

续表 3-4

| 村民组 | 户主 | 人口 | 承包面积 | 村民组 | 户主 | 人口 | 承包面积 |
|---|---|---|---|---|---|---|---|
| 朱家浜 | 朱建利 | 4.5 | 4.68 | 包家桥西 | 赵金根 | 5 | 6.612 |
| | 朱善金 | 5 | 5.2 | | 赵建林 | 4 | 4.843 |
| | 朱汉中 | 4 | 4.14 | | 赵惠林 | 2 | 3.026 |
| | 朱丙根 | 4 | 4.15 | | 赵生泉 | 4 | 4.233 |
| | 朱丙堂 | 4 | 4.15 | | 赵阿奎 | 5 | 6.06 |
| | 朱丙生 | 3 | 3.1 | | 赵兴根 | 4.5 | 5.497 |
| | 朱全甫 | 3 | 3.12 | | 赵永根 | 3.5 | 4.284 |
| | 朱正龙 | 5 | 5.2 | | 赵坤荣 | 4 | 5.143 |
| | 朱雪荣 | 4 | 4.15 | | 赵美祥 | 3 | 3.66 |
| | 朱善其 | 5 | 5.2 | | 赵顺兴 | 2 | 3.155 |
| | 朱四海 | 4.5 | 4.68 | | 赵开林 | 3 | 3.664 |
| | 朱有林 | 6.3 | 6.53 | | 赵云松 | 4 | 4.451 |
| | 朱有生 | 4.4 | 4.61 | | 张惠国 | 2 | 2.586 |
| | 朱永泉 | 6.3 | 6.65 | | 张建国 | 4 | 4.733 |
| | 朱云松 | 5.5 | 5.71 | | 张金林 | 2 | 3.16 |
| | 朱建林 | 3.75 | 3.92 | | 张金泉 | 4 | 4.883 |
| | 朱建荣 | 3.75 | 3.89 | | 费月文 | 2 | 2.415 |
| 包家桥西 | 李福祥 | 4 | 4.845 | | 张雪祥 | 6 | 6.679 |
| | 姚志雄 | 4 | 4.783 | | 张雪松 | 1 | 1.92 |
| | 李志明 | 4 | 4.844 | | 张雪夫 | 4 | 5.312 |
| | 李文龙 | 2 | 2.359 | | 姚福清 | 5 | 6.004 |
| | 赵金祥 | 4 | 4.863 | | 张金昌 | 4.5 | 5.405 |
| | 赵甫祥 | 4 | 4.871 | | 张玉坤 | 3.5 | 4.21 |

续表 3-4

| 村民组 | 户主 | 人口 | 承包面积 | 村民组 | 户主 | 人口 | 承包面积 |
|---|---|---|---|---|---|---|---|
| 包家桥西 | 张小狗 | 4 | 3.941 | 包家桥东 | 姚庆元 | 5 | 5.433 |
| 包家桥东 | 姚阿培 | 3 | 4.215 | | 姚云松 | 5.66 | 6.348 |
| | 姚建忠 | 4.25 | 5.375 | | 姚九龙 | 5 | 6.326 |
| | 姚惠忠 | 4.25 | 4.889 | | 姚有松 | 4.67 | 5.813 |
| | 姚福龙 | 3.5 | 4.121 | | 姚阿二 | 3.67 | 4.628 |
| | 姚福根 | 4 | 4.854 | | 姚坤祥 | 4 | 4.887 |
| | 姚建坤 | 4 | 4.99 | | 姚金祥 | 3 | 4.202 |
| | 姚建如 | 4 | 5.077 | | 姚祥松 | 5 | 5.732 |
| | 姚洪泉 | 3 | 3.802 | | 姚水泉 | 4 | 4.591 |
| | 姚福奎 | 5 | 6.928 | | 姚权根 | 1 | 1.44 |
| | 姚小顺 | 4 | 5.284 | 沈家村 | 庄元兴 | 3.5 | 6.258 |
| | 姚阿花 | 4 | 5.358 | | 庄来兴 | 3 | 4.433 |
| | 姚德荣 | 4 | 4.966 | | 庄复兴 | 2 | 2.532 |
| | 姚金伦 | 5 | 6.294 | | 庄荣兴 | 5 | 7.391 |
| | 姚兴泉 | 3.67 | 4.621 | | 庄炳林 | 5 | 6.822 |
| | 姚阿大 | 3.67 | 4.628 | | 庄长林 | 3 | 4.431 |
| | 姚金泉 | 4.67 | 5.856 | | 庄银洲 | 5 | 7.661 |
| | 姚金桂 | 5 | 6.294 | | 庄培松 | 3 | 5.208 |
| | 姚金坤 | 4 | 4.825 | | 沈福元 | 4 | 6.491 |
| | 姚长夫 | 5 | 6.194 | | 沈兴良 | 5 | 7.262 |
| | 姚金兴 | 5 | 5.852 | | 李炳生 | 2 | 3.28 |
| | 姚根兴 | 3 | 4.252 | | 李金祥 | 5 | 7.125 |
| | 姚庆荣 | 4 | 5.025 | | 沈祥坤 | 5 | 6.766 |

续表 3-4

| 村民组 | 户主 | 人口 | 承包面积 | 村民组 | 户主 | 人口 | 承包面积 |
|---|---|---|---|---|---|---|---|
| 沈家村 | 沈阿九 | 5 | 7.391 | 沈家村 | 沈坤全 | 4 | 5.921 |
| | 沈美堂 | 3 | 4.211 | | 沈甫金 | 4 | 5.32 |
| | 沈建国 | 3 | 3.23 | | 沈建林 | 2 | 3.177 |
| | 沈阿堂 | 5 | 7.851 | | 沈荣生 | 1 | 0.42 |
| | 沈建高 | 4 | 5.931 | | 沈发清 | 4 | 5.821 |
| | 沈永其 | 4 | 5.809 | | 沈福明 | 3 | 4.531 |
| | 沈永祥 | 4 | 6.292 | | 曹新良 | 4 | 5.886 |
| | 沈寿坤 | 7 | 8.913 | | 沈甫良 | 3 | 4.806 |
| | 沈甫荣 | 3 | 6.181 | | 沈玉良 | 4.5 | 6.661 |
| | 沈丙坤 | 7 | 9.601 | | 沈全生 | 5 | 8.192 |
| | 沈水泉 | 5 | 8.034 | | 沈永森 | 2 | 2.932 |
| | 沈寿林 | 2.5 | 3.533 | | 沈阿二 | 4 | 5.951 |
| | 沈建芳 | 5 | 7.421 | | 姚德仁 | 5 | 7.391 |
| | 李雪生 | 2 | 3.841 | | 沈建明 | 3.5 | 4.738 |
| | 沈水荣 | 3 | 3.803 | | 沈建华 | 3.5 | 5.181 |
| | 赵云松 | 7 | 9.442 | | 沈菊林 | 5 | 7.718 |
| | 赵坤松 | 4 | 5.931 | | 沈兴荣 | 5 | 7.26 |
| | 沈佩洪 | 4.5 | 6.242 | | 沈兴根 | 3 | 4.134 |
| | 沈佩芳 | 4.5 | 5.604 | | 沈龙顺 | 3 | 5.104 |
| | 沈坤生 | 3 | 3.476 | | 沈子荣 | 5 | 7.256 |
| | 沈圣泉 | 5 | 7.089 | | 沈祥林 | 3.5 | 5.041 |
| | 沈云泉 | 5 | 6.719 | | 沈发荣 | 4 | 4.888 |
| | 沈全泉 | 5 | 8.172 | 潘家门 | 顾连锁 | 4 | 4.507 |

续表 3-4

| 村民组 | 户主 | 人口 | 承包面积 | 村民组 | 户主 | 人口 | 承包面积 |
|---|---|---|---|---|---|---|---|
| 潘家门 | 顾阿锁 | 5 | 5.643 | 潘家门 | 姚子顺 | 3 | 3.418 |
| | 姚林长 | 3 | 3.467 | | 姚雪堂 | 4.5 | 5.982 |
| | 姚小狗 | 6 | 6.833 | | 姚明祥 | 4.5 | 5.016 |
| | 潘全宝 | 3 | 3.422 | | 姚明其 | 5.5 | 6.276 |
| | 潘荣宝 | 5 | 5.696 | | 姚乐生 | 4.33 | 4.672 |
| | 姚雪坤 | 4.5 | 3.412 | | 姚金浩 | 5 | 5.648 |
| | 姚雪林 | 5 | 5.7 | | 姚阿二 | 5 | 5.713 |
| | 潘小荣 | 4 | 4.405 | | 姚玉坤 | 3.33 | 3.774 |
| | 姚子浩 | 5 | 5.693 | | 姚玉根 | 4 | 4.521 |
| | 姚子兰 | 1 | 1.156 | | 姚雪生 | 4.33 | 5.195 |
| | 姚丙华 | 6.5 | 7.406 | | 姚金和 | 4 | 4.966 |
| | 姚利强 | 4.25 | 4.848 | | 姚德和 | 5 | 5.703 |
| | 姚利炜 | 4.25 | 4.838 | | 姚丙林 | 4 | 4.566 |
| | 姚甫荣 | 4 | 4.559 | | 姚丙荣 | 5 | 5.7 |
| | 姚水泉 | 4 | 4.554 | | 姚兴林 | 4 | 4.566 |
| | 姚雪根 | 4.5 | 5.994 | | 姚金洲 | 4.5 | 4.75 |
| | 姚金荣 | 4 | 4.975 | 北孟庙 | 姚海方 | 6 | 6.705 |
| | 姚毛毛 | 3 | 4.025 | | 姚金林 | 5 | 5.593 |
| | 姚金康 | 3 | 3.797 | | 姚乐六 | 3 | 3.36 |
| | 姚金伟 | 5 | 4.564 | | 姚阿明 | 5 | 5.59 |
| | 姚子明 | 5 | 5.698 | | 姚立人 | 4 | 4.476 |
| | 姚文松 | 5 | 5.256 | | 姚建成 | 4 | 4.476 |
| | 姚明甫 | 3 | 3.448 | | 姚金坤 | 2 | 2.233 |

续表 3-4

| 村民组 | 户主 | 人口 | 承包面积 | 村民组 | 户主 | 人口 | 承包面积 |
|---|---|---|---|---|---|---|---|
| 北孟庙 | 姚全荣 | 4 | 4.476 | 北孟庙 | 姚雪荣 | 5 | 5.822 |
| | 姚祥生 | 3 | 3.466 | | 马海官 | 3 | 3.36 |
| | 姚锦华 | 3 | 3.746 | | 姚金潮 | 6 | 6.715 |
| | 姚根生 | 4 | 4.478 | | 姚金明 | 4 | 4.476 |
| | 姚毛毛 | 6 | 5.641 | | 姚丙坤 | 3 | 3.348 |
| | 姚阿生 | 4 | 4.476 | | 姚阿松(大) | 3 | 4.274 |
| | 姚阿根 | 5 | 5.623 | | 姚金林 | 4 | 5.726 |
| | 姚金荣 | 5 | 5.51 | | 姚金洲 | 4 | 4.476 |
| | 姚坤生 | 3 | 3.371 | | 姚金康 | 4 | 4.427 |
| | 姚阿松(小) | 3 | 3.205 | | 姚长潮 | 3.5 | 3.923 |
| | 姚金方 | 4 | 3.226 | | 姚长明 | 3.5 | 3.923 |
| | 姚伯松 | 5 | 5.567 | | 姚长荣 | 3.5 | 3.923 |
| | 姚建明 | 3 | 3.36 | | 姚长林 | 5.5 | 6.156 |
| | 姚建荣 | 4 | 5.169 | | 姚元松 | 3 | 3.793 |
| | 姚阿二 | 5 | 5.59 | | 姚金煜 | 5 | 5.59 |
| | 姚来宝 | 4 | 4.244 | | 姚柏松 | 6 | 6.457 |
| | 姚阿四 | 3 | 2.571 | | 姚小毛 | 4 | 4.476 |
| | 姚锦熙 | 3 | 3.36 | | 姚金奎 | 5 | 5.59 |
| | 姚锦山 | 3 | 3.36 | | 姚金根 | 4 | 4.453 |
| | 姚丙林 | 3 | 2.973 | | 姚金虎 | 5 | 5.59 |
| | 姚福祥 | 4 | 4.09 | | 姚毛毛 | 5 | 5.59 |
| | 姚建祥 | 4 | 4.09 | | 姚金池 | 3.5 | 3.896 |
| | 姚金林 | 4 | 4.476 | | 姚建如 | 3.5 | 3.95 |

续表 3-4

| 村民组 | 户主 | 人口 | 承包面积 | 村民组 | 户主 | 人口 | 承包面积 |
|---|---|---|---|---|---|---|---|
| 北孟庙 | 姚坤华 | 3 | 3.115 | 徐家兜 | 徐坤荣（小） | 4 | 4.98 |
| | 姚坤标 | 4.5 | 5.017 | | 徐海荣 | 5 | 6.22 |
| | 姚福昌 | 6 | 6.705 | | 徐子坤 | 4 | 4.868 |
| | 姚金标 | 3.7 | 4.14 | | 徐丙其 | 4 | 5.12 |
| | 姚金毛 | 4.6 | 5.118 | | 徐坤其 | 5 | 5.616 |
| | 姚金狗 | 3.7 | 4.14 | | 徐福其 | 5 | 5.226 |
| | 姚德明 | 3 | 2.973 | | 徐正其 | 3 | 4.052 |
| | 姚洪明 | 5 | 5.983 | | 徐森其 | 2 | 2.869 |
| | 姚顺奎 | 4 | 4.67 | | 徐全林 | 7 | 8.532 |
| | 顾增荣 | 3.5 | 3.923 | | 徐云根 | 3 | 4.302 |
| | 顾增强 | 3.5 | 3.923 | | 徐树生 | 4 | 4.673 |
| | 姚祥龙 | 2.5 | 2.797 | | 徐丙泉 | 4 | 5.382 |
| | 姚经球 | 5 | 5.565 | | 徐兴全 | 4 | 4.847 |
| | 姚伟球 | 4 | 4.473 | | 徐金其 | 4 | 4.496 |
| | 姚培学 | 6 | 6.705 | | 徐云其 | 3 | 4.117 |
| | 姚金其 | 3 | 3.36 | | 徐雪洲 | 3 | 3.617 |
| | 姚金祥 | 3 | 3.36 | | 徐雪根 | 2 | 2.36 |
| 徐家兜 | 庄建明 | 4 | 5.177 | | 徐雪林 | 3 | 4.299 |
| | 徐建秋 | 4 | 4.641 | | 徐雪坤 | 4 | 4.535 |
| | 徐洪泉 | 6 | 7.236 | | 徐生荣 | 4 | 4.679 |
| | 徐虎林 | 6 | 7.153 | | 徐建华 | 3 | 3.387 |
| | 徐云龙 | 3 | 4.034 | | 徐云松 | 4 | 4.883 |
| | 徐丙龙 | 3 | 3.417 | | 徐云山 | 5 | 6.229 |

续表 3-4

| 村民组 | 户主 | 人口 | 承包面积 | 村民组 | 户主 | 人口 | 承包面积 |
|---|---|---|---|---|---|---|---|
| 徐家兜 | 徐林松 | 5.6 | 6.67 | 徐家兜 | 徐惠荣 | 4 | 4.86 |
| | 徐坤松 | 4.7 | 5.821 | | 徐惠忠 | 3 | 3.278 |
| | 徐全松 | 4.7 | 5.623 | | 徐荣华 | 3 | 4.106 |
| | 徐金顺 | 6 | 7.403 | | 徐金安 | 4 | 5.037 |
| | 徐菊明 | 5 | 5.542 | 大道场 | 徐荣林 | 3 | 4.265 |
| | 徐虎明 | 4 | 4.432 | | 徐荣明 | 4 | 5.28 |
| | 徐永明 | 2 | 2.453 | | 徐正华 | 4 | 5.58 |
| | 徐德明(大) | 6.5 | 6.681 | | 徐建华 | 4 | 5.64 |
| | 徐德林 | 3.5 | 4.373 | | 徐海明 | 4 | 7.032 |
| | 徐金坤 | 4 | 4.526 | | 徐松泉 | 5 | 6.926 |
| | 徐金富 | 6 | 7.493 | | 徐松青 | 4 | 5.698 |
| | 徐方荣 | 6 | 6.491 | | 钱凤英 | 4 | 5.668 |
| | 徐坤荣(大) | 4 | 4.946 | | 徐明洲 | 4 | 5.431 |
| | 徐金祥 | 2 | 2.218 | | 徐松林 | 2 | 1.056 |
| | 徐坤龙 | 3 | 3.686 | | 费云龙 | 6 | 8.46 |
| | 徐阿全 | 4 | 4.827 | | 费阿二 | 7 | 9.85 |
| | 徐坤全 | 3 | 3.646 | | 费兴华 | 3.5 | 5.035 |
| | 徐建国 | 3 | 3.579 | | 费明华 | 3.5 | 5.248 |
| | 徐明松 | 3 | 3.193 | | 徐昌生 | 5.5 | 7.81 |
| | 徐锦洲 | 6 | 7.371 | | 徐昌元 | 5.5 | 7.822 |
| | 徐德荣 | 5 | 5.478 | | 徐丙华 | 5 | 7.23 |
| | 徐德明(小) | 4 | 5.42 | | 徐坤华 | 5 | 6.56 |
| | 徐文彬 | 6 | 7.506 | | 徐方南 | 5 | 6.34 |

续表 3-4

| 村民组 | 户主 | 人口 | 承包面积 | 村民组 | 户主 | 人口 | 承包面积 |
|---|---|---|---|---|---|---|---|
| 大道场 | 徐来荣 | 5 | 7.095 | 新凤桥 | 陈云甫 | 4 | 6.1 |
| | 徐纪荣 | 5 | 7.078 | | 王明发 | 5 | 7.25 |
| | 徐春荣 | 4 | 5.776 | | 王阿四 | 4 | 6.19 |
| | 徐顺荣 | 3 | 4.521 | | 沈雪坤 | 6 | 9.49 |
| | 徐金方 | 5 | 7.12 | | 沈金宝 | 6 | 8.86 |
| | 徐雪明 | 3.7 | 5.255 | | 沈金全 | 6 | 7.57 |
| | 徐雪堂 | 3 | 4.638 | | 沈柳明 | 4 | 7.14 |
| | 徐雪荣 | 3.7 | 5.25 | | 沈正明 | 1 | 0.94 |
| | 徐小狗 | 7 | 8.892 | | 沈阿明 | 2 | 3.81 |
| | 徐荣玉 | 4 | 6.486 | | 沈堂堂 | 3 | 5.02 |
| | 沈学文 | 4 | 5.677 | | 沈荣明 | 4 | 4.85 |
| | 沈月洲 | 1.5 | 1.874 | | 沈利明 | 4 | 5.83 |
| | 沈学兴 | 1 | 0.93 | | 王炳坤 | 3 | 5.34 |
| | 徐荣熙 | 4 | 5.708 | | 王明德 | 4 | 5.76 |
| | 徐荣煌 | 6 | 7.03 | | 沈权坤 | 4 | 5.11 |
| | 徐坤浩 | 4 | 6.662 | | 沈坤荣 | 4 | 8.99 |
| | 徐坤安 | 5 | 7.092 | | 陈云良 | 5 | 6.78 |
| | 徐宝林 | 4 | 6.165 | | 王炳松 | 4 | 5.25 |
| | 徐来松 | 4 | 5.695 | | 费永泉 | 2 | 2.66 |
| | 徐坤元 | 4 | 5.679 | | 王明忠 | 6 | 7.95 |
| | 徐海荣 | 5 | 7.1 | | 费发荣 | 5 | 8.84 |
| | 徐荣清 | 5 | 6.401 | | 费长林 | 2 | 1.37 |
| | 徐荣海 | 3 | 4.266 | | 费金坤 | 4 | 5.74 |

续表 3-4

| 村民组 | 户主 | 人口 | 承包面积 | 村民组 | 户主 | 人口 | 承包面积 |
|---|---|---|---|---|---|---|---|
| 新凤桥 | 费玉林 | 4 | 6.34 | 陈家埭 | 陈桂泉 | 3.5 | 4.19 |
| 新凤桥 | 费松泉 | 4 | 5.28 | 陈家埭 | 陈文龙 | 3 | 5.55 |
| 新凤桥 | 费福泉 | 4 | 5.23 | 陈家埭 | 陈阿三 | 3 | 4.44 |
| 新凤桥 | 费阿荣 | 3 | 4.89 | 陈家埭 | 陈根荣 | 3 | 3.56 |
| 新凤桥 | 费玉坤 | 5 | 7.61 | 陈家埭 | 陈雪荣 | 6.5 | 7.76 |
| 新凤桥 | 费炳南 | 6 | 5.4 | 陈家埭 | 陈潮生 | 6 | 8.475 |
| 陈家埭 | 陈领甫 | 4 | 6.16 | 陈家埭 | 陈顺生 | 6 | 7.16 |
| 陈家埭 | 陈印松 | 5 | 5.65 | 陈家埭 | 陈阿五 | 7 | 8.29 |
| 陈家埭 | 陈松官 | 5 | 6.3 | 陈家埭 | 王荣西 | 5 | 5.95 |
| 陈家埭 | 陈柏林 | 4 | 4.82 | 陈家埭 | 陈惠良 | 6.5 | 8.54 |
| 陈家埭 | 陈金发 | 5.25 | 9.11 | 陈家埭 | 陈桂和 | 2.3 | 2.779 |
| 陈家埭 | 陈发荣 | 4.5 | 5.32 | 陈家埭 | 陈桂庆 | 3.3 | 4.069 |
| 陈家埭 | 陈金海 | 4.25 | 1.74 | 陈家埭 | 陈桂生 | 3.4 | 4.019 |
| 陈家埭 | 陈桂明 | 4.5 | 4.89 | 陈家埭 | 陈二娜 | 5 | 5.95 |
| 陈家埭 | 陈桂林 | 3.5 | 3.89 | 陈家埭 | 陈松甫 | 6 | 7.14 |
| 陈家埭 | 汤木林 | 9 | 8.66 | 陈家埭 | 陈文根 | 4 | 4.66 |
| 陈家埭 | 陈柏仁 | 5 | 6.12 | 陈家埭 | 许品仁 | 2 | 2.72 |
| 陈家埭 | 陈松标 | 2.5 | 3.69 | 陈家埭 | 陈金明 | 4 | 4.81 |
| 陈家埭 | 陈金康 | 4 | 5.26 | 陈家埭 | 陈老虎 | 3 | 3.48 |
| 陈家埭 | 陈肖金 | 5 | 6 | 陈家埭 | 陈印康 | 4 | 4.96 |
| 陈家埭 | 陈松金 | 4 | 4.82 | 陈家埭 | 陈松泉 | 3.5 | 4.63 |
| 陈家埭 | 陈彩松 | 6 | 7.22 | 殳家埭 | 殳水明 | 4 | 6.748 |
| 陈家埭 | 陈桂堂 | 4.5 | 5.31 | 殳家埭 | 殳二毛 | 4 | 6.238 |

续表 3-4

| 村民组 | 户主 | 人口 | 承包面积 | 村民组 | 户主 | 人口 | 承包面积 |
|---|---|---|---|---|---|---|---|
| 殳家埭 | 殳林根 | 4 | 5.338 | 殳家埭 | 殳定标 | 3 | 4.601 |
| | 殳林松 | 2 | 3.736 | | 殳定甫 | 3 | 4.571 |
| | 殳柏松 | 5 | 7.822 | | 殳顺康 | 3 | 4.691 |
| | 殳洪生 | 2 | 3.084 | | 殳雪康 | 5 | 7.125 |
| | 殳洪年 | 4 | 6.878 | | 殳月泉 | 3 | 4.781 |
| | 殳松年 | 3 | 5.301 | | 殳阿三 | 1 | 1.717 |
| | 殳生荣 | 2.5 | 2.318 | | 殳雪生 | 3 | 4.191 |
| | 殳雪年 | 3.25 | 4.811 | | 殳柏清 | 2 | 3.504 |
| | 殳定华 | 4.25 | 6.57 | | 殳雪章 | 4 | 6.688 |
| | 殳阿四 | 5 | 8.305 | | 殳阿二 | 2 | 1.854 |
| | 殳定佳 | 3 | 4.611 | | 殳林明 | 3 | 5.311 |
| | 殳月英 | 3.3 | 5.208 | | 殳福明 | 3 | 5.301 |
| | 殳林坤 | 3.3 | 5.088 | | 殳水林 | 4 | 3.459 |
| | 殳建坤 | 3.5 | 5.255 | 港北村 | 朱岳兴 | 2 | 1.52 |
| | 殳玉坤 | 3.5 | 5.355 | | 殳仁明 | 4 | 4.7 |
| | 殳月明 | 3.5 | 5.385 | | 殳仁宝 | 3 | 3.46 |
| | 殳月坤 | 4.5 | 6.297 | | 殳仁龙 | 4 | 4.96 |
| | 殳炳官 | 3 | 4.745 | | 吴金坤 | 3 | 3.34 |
| | 殳炳能 | 3 | 4.621 | | 殳金根 | 5 | 5.55 |
| | 殳九娜 | 5 | 7.675 | | 殳金明 | 4 | 4.69 |
| | 殳祖望 | 4 | 5.548 | | 殳雪坤 | 5 | 5.52 |
| | 殳炳生 | 3 | 4.519 | | 殳雪金 | 5 | 5.57 |
| | 殳五林 | 3.3 | 5.145 | | 殳福官 | 3 | 3.48 |

续表 3-4

| 村民组 | 户主 | 人口 | 承包面积 | 村民组 | 户主 | 人口 | 承包面积 |
|---|---|---|---|---|---|---|---|
| 港北村 | 殳火林 | 5 | 5.19 | 港北村 | 施虎林 | 4 | 4.49 |
| | 殳兴根 | 4 | 4.45 | | 施永林 | 5 | 5.24 |
| | 殳九宝 | 4 | 4.43 | | 施培昌 | 1 | 1.05 |
| | 殳金狗 | 4 | 4.49 | | 石金田 | 4 | 4.43 |
| | 殳菊林 | 4 | 4.61 | | 石建明 | 3.5 | 5.761 |
| | 殳玉林 | 6 | 6.33 | | 董青林 | 3.5 | 4.781 |
| | 殳海坤 | 3 | 3.4 | | 陈文斌 | 2 | 2.58 |
| | 殳玉坤 | 4 | 4.45 | | 陈子坤 | 6 | 6.29 |
| | 殳权荣 | 4 | 4.41 | | 沈金狗 | 3 | 3.38 |
| | 殳福洲 | 5 | 6.925 | | 殳仁林 | 3 | 3.38 |
| | 殳金才 | 1 | 1.38 | | 陈海林 | 3.3 | 4.08 |
| | 高宜根 | 5.3 | 5.579 | | 陈小林 | 3.4 | 3.8 |
| | 高宜海 | 2.3 | 2.641 | | 殳美堂 | 4 | 4.45 |
| | 高宜法 | 3.4 | 4.311 | 丁家里 | 丁子荣 | 5 | 5.375 |
| | 施高升 | 4 | 4.45 | | 丁春荣 | 3 | 3.201 |
| | 沈银狗 | 3 | 3.38 | | 丁子祥 | 5 | 5.075 |
| | 沈春亳 | 2 | 2.22 | | 王初香 | 2 | 1.744 |
| | 朱金甫 | 3 | 3.73 | | 毕美祥 | 5 | 5.345 |
| | 朱金标 | 3 | 3.75 | | 毕美龙 | 4 | 4.278 |
| | 殳材坤 | 4 | 4.14 | | 丁荣祥 | 4 | 4.738 |
| | 殳付荣 | 5 | 5.825 | | 曹炳林 | 4 | 4.278 |
| | 陈建国 | 3 | 4.38 | | 汪月松 | 5 | 5.325 |
| | 陈海荣 | 4.6 | 5.152 | | 毕明甫 | 4 | 4.801 |

续表 3-4

| 村民组 | 户主 | 人口 | 承包面积 | 村民组 | 户主 | 人口 | 承包面积 |
|---|---|---|---|---|---|---|---|
| 丁家里 | 毕文斌 | 4 | 3.725 | 后村 | 殳国其 | 3 | 3.79 |
| | 毕九林 | 3 | 3.311 | | 殳阿六 | 3 | 5.52 |
| | 汪武松 | 5 | 5.345 | | 殳金松 | 4 | 2.65 |
| | 丁雪康 | 4 | 3.795 | | 殳仁官 | 6 | 7.73 |
| | 丁雪坤 | 3 | 3.605 | | 殳桂堂 | 3.5 | 4.9 |
| | 毕雪忠 | 4 | 4.278 | | 殳桂泉 | 4.5 | 5.871 |
| | 毕云忠 | 4 | 4.278 | | 殳建坤 | 2.5 | 4.772 |
| | 汪洪松 | 3 | 3.391 | | 殳子松 | 5 | 6.685 |
| | 汪虎松 | 3 | 2.811 | | 殳福南 | 4 | 5.176 |
| | 孔仁荣 | 2 | 1.497 | | 殳福坤 | 3.5 | 4.292 |
| | 孔伟忠 | 3 | 3.841 | | 殳德明 | 5 | 6.5 |
| | 孔锦坤 | 4 | 4.348 | | 殳建明 | 4 | 5.306 |
| | 孔永坤 | 5 | 5.335 | | 殳连松 | 6 | 7.44 |
| | 丁阿四 | 4 | 5.335 | | 殳天龙 | 3 | 3.77 |
| | 孔阿荣 | 6 | 6.482 | | 殳玉泉 | 2 | 1.15 |
| | 丁玉根 | 3 | 3.465 | | 殳玉根 | 5 | 7.465 |
| | 丁金根 | 3 | 3.605 | | 殳龙官 | 6 | 7.704 |
| | 孔学坤 | 3 | 3.391 | | 殳阿五 | 3 | 4.721 |
| | 孔九娜 | 5 | 5.395 | | 殳永泉 | 1 | 2.11 |
| 后村 | 殳长林 | 4 | 4.78 | | 殳洪坤 | 4 | 4.77 |
| | 殳松官 | 5 | 6.405 | | 殳雪洪 | 4 | 4.94 |
| | 殳仁林 | 5 | 6.515 | | 殳玉林 | 4 | 4.68 |
| | 殳生德 | 3 | 3.71 | 范家埭 | 范虎明 | 4 | 3.638 |

续表 3-4

| 村民组 | 户主 | 人口 | 承包面积 | 村民组 | 户主 | 人口 | 承包面积 |
|---|---|---|---|---|---|---|---|
| 范家埭 | 刘雨明 | 7 | 6.336 | 范家埭 | 范进发 | 6 | 5.438 |
| | 范玉坤 | 4 | 3.622 | | 范福明 | 4 | 3.622 |
| | 范炳坤 | 4 | 3.653 | | 范铁明 | 4 | 3.63 |
| | 刘炳生 | 5 | 4.58 | | 刘建忠 | 6 | 4.96 |
| | 刘玉林 | 5 | 4.078 | | 刘炳松 | 6 | 5.444 |
| | 石长生 | 4 | 3.608 | | 刘柏生 | 6 | 5.916 |
| | 潘雪文 | 1 | 0.95 | | 刘雨金 | 5 | 4.53 |
| | 刘杏珍 | 2 | 1.37 | | 刘松金 | 4 | 3.622 |
| | 范锦洲 | 3.5 | 3.651 | | 刘松泉 | 4 | 3.622 |
| | 范锦炎 | 3.5 | 3.183 | | 刘永明 | 6 | 5.438 |
| | 石林芳 | 4.5 | 4.091 | | 刘雨根 | 3 | 2.714 |
| | 石财芳 | 5 | 4.292 | | 刘雨芳 | 5 | 4.53 |
| | 石长青 | 4 | 3.695 | | 陈胜明 | 4.25 | 3.842 |
| | 石银芳 | 1 | 0.99 | | 陈明华 | 4.25 | 3.842 |
| | 石子芳 | 1 | 0.898 | | 陈金泉 | 3 | 2.709 |
| | 石炳祥 | 4.5 | 5.041 | | 刘元忠 | 2 | 2.284 |
| | 范坤松 | 4 | 2.188 | | 刘林海 | 5 | 4.71 |
| | 范云松 | 3 | 2.714 | | 刘林坤 | 6 | 5.438 |
| | 范洪年 | 5 | 4.53 | | 陈金坤 | 2.5 | 2.015 |
| | 范华坤 | 4 | 3.645 | | 陈雪英 | 4 | 2.09 |
| | 范叙兴 | 4 | 3.622 | | 刘雨松 | 5 | 4.109 |
| | 范叙林 | 4 | 3.622 | | 刘坤明 | 5 | 4.54 |
| | 范叙生 | 3 | 2.714 | | 刘建明 | 4 | 3.612 |

续表 3-4

| 村民组 | 户主 | 人口 | 承包面积 | 村民组 | 户主 | 人口 | 承包面积 |
|---|---|---|---|---|---|---|---|
| 范家埭 | 刘雨生 | 5 | 4.53 | 倪家门 | 倪顺甫 | 4 | 3.934 |
| | 刘雨林 | 4 | 3.622 | | 倪阿宝 | 4 | 3.514 |
| | 刘利华 | 3 | 2.236 | | 倪四林 | 3 | 2.638 |
| | 刘雨龙 | 5 | 4.53 | | 倪林甫 | 4.5 | 3.957 |
| | 徐永其 | 6 | 5.438 | | 倪桂甫 | 3.5 | 3.081 |
| | 刘福坤 | 4 | 3.672 | | 倪六林 | 3 | 1.836 |
| | 刘福明 | 5 | 4.53 | | 倪桂山 | 5 | 4.41 |
| | 刘建荣 | 4 | 3.144 | | 倪甫祥 | 2 | 2.573 |
| | 刘建兴 | 4 | 3.144 | | 倪阿三 | 3.2 | 3.219 |
| | 刘锦元 | 7 | 5.865 | | 倪阿五 | 3.2 | 2.809 |
| | 刘国强 | 4 | 3.622 | | 倪永和 | 3 | 3.048 |
| | 姚国平 | 4 | 2.666 | | 倪永康 | 4 | 3.104 |
| 倪家门 | 张发兴 | 4 | 3.504 | | 丁子芳 | 2.5 | 2.205 |
| | 张国芳 | 4 | 3.504 | | 倪德其 | 3.5 | 3.18 |
| | 钱荣明 | 5 | 4.4 | | 倪炳兴 | 6 | 4.866 |
| | 倪月祥 | 5 | 4.4 | | 张长松 | 5 | 4.402 |
| | 张才松 | 4 | 3.504 | | 沈银佳 | 6 | 4.906 |
| | 丁发荣 | 4.5 | 3.947 | | 张木林 | 5 | 3.98 |
| | 丁杏发 | 5.5 | 4.413 | | 张荣兴 | 4 | 3.504 |
| | 倪子兴 | 4 | 3.534 | 吴家里 | 吴仁堂 | 4 | 1.67 |
| | 倪阿泉 | 3.2 | 2.809 | | 吴炳林 | 3.5 | 1.272 |
| | 倪阿九 | 3.2 | 3.601 | | 吴玉林 | 3.5 | 1.272 |
| | 倪阿四 | 4.2 | 3.685 | | 吴德龙 | 5 | 1.535 |

续表 3-4

| 村民组 | 户主 | 人口 | 承包面积 | 村民组 | 户主 | 人口 | 承包面积 |
|---|---|---|---|---|---|---|---|
| 吴家里 | 吴雪春 | 3.5 | 1.192 | 南港上 | 祁金生 | 1 | 1.126 |
| | 吴炳兴 | 3 | 1.115 | | 祁雪洪 | 4 | 5.124 |
| | 吴炳华 | 2 | 1.08 | | 祁柏林 | 4.5 | 5.11 |
| | 吴炳松 | 4 | 1.1 | | 祁文元 | 3 | 3.4 |
| | 吴柏荣 | 4 | 1.8 | | 谈月洪 | 3 | 3.39 |
| | 吴虎堂 | 4 | 1.57 | | 谈杏宝 | 4 | 4.52 |
| | 吴金甫 | 5 | 1.735 | | 谈月明 | 5 | 5.63 |
| | 吴金荣 | 4 | 1.74 | | 祁荣根 | 5 | 6.12 |
| | 吴楚堂 | 3 | 1.835 | | 沈德荣 | 4 | 4.52 |
| | 吴柏松 | 3 | 1.905 | | 谈雪堂 | 4 | 4.53 |
| | 吴金堂 | 5 | 2.075 | | 祁德明 | 3 | 3.39 |
| | 吴仙荣 | 3 | 1.54 | | 祁文宝 | 1 | 1.61 |
| | 吴顺荣 | 4 | 1.24 | | 祁水林 | 6 | 6.12 |
| | 吴柏清 | 3 | 1.145 | | 范阿四 | 6 | 6.755 |
| | 吴柏良 | 4 | 1.22 | | 谈阿九 | 5 | 5.666 |
| | 吴长官 | 5 | 1.715 | | 祁美康 | 4 | 4.58 |
| | 吴春荣 | 4.5 | 1.868 | | 谈发荣 | 3.75 | 4.235 |
| | 任杏仁 | 3 | 1.565 | | 谈发根 | 3.75 | 4.235 |
| | 张龙兴 | 5.5 | 1.833 | | 祁文荣 | 5 | 5.66 |
| | 张仁龙 | 3.5 | 1.332 | | 谈建明 | 4 | 4.48 |
| | 吴茂荣 | 4 | 1.435 | | 谈建松 | 4 | 4.56 |
| | 吴宝荣 | 3 | 1.08 | | 谈新芳 | 4.5 | 5.075 |
| 南港上 | 祁柏松 | 4.5 | 4.47 | | 祁金浩 | 5 | 5.66 |

续表 3-4

| 村民组 | 户主 | 人口 | 承包面积 | 村民组 | 户主 | 人口 | 承包面积 |
|---|---|---|---|---|---|---|---|
| 盛家里 | 盛雪荣 | 1 | 1.235 | 盛家里 | 盛金荣 | 3 | 3.879 |
| | 盛玉生 | 5 | 5.855 | | 盛金培 | 4 | 3.789 |
| | 盛永福 | 4 | 4.487 | | 盛水林 | 4 | 4.656 |
| | 盛永利 | 4 | 4.515 | | 盛志荣 | 4 | 4.656 |
| | 盛雪林 | 3.5 | 4.093 | | 盛福荣 | 4 | 4.726 |
| | 盛明旺 | 2.5 | 3.259 | | 盛金官 | 4 | 5.241 |
| | 盛三宝 | 5 | 5.885 | | 盛宝林 | 6 | 6.691 |
| | 盛阿五 | 5 | 5.795 | | 郑凤林 | 5 | 5.465 |
| | 盛阿七 | 4 | 4.756 | | 郑林奎 | 4 | 4.68 |
| | 徐金林 | 3 | 3.415 | | 盛兴明 | 3 | 3.415 |
| | 徐金龙 | 1 | 1.575 | 祁家里 | 盛金伦 | 3 | 5.8 |
| | 盛金甫 | 5 | 6.069 | | 盛树康 | 5 | 6.74 |
| | 盛金生 | 1 | 1.175 | | 盛福康 | 1 | 1.28 |
| | 盛雪金 | 3 | 3.497 | | 盛火祥 | 5 | 6.39 |
| | 高松林 | 3 | 3.847 | | 盛永林 | 5 | 6.64 |
| | 徐金和 | 3 | 3.497 | | 盛振宇 | 4 | 4.75 |
| | 楼永其 | 4 | 4.58 | | 盛振荣 | 4 | 5.67 |
| | 楼福其 | 4 | 4.632 | | 盛兴能 | 2 | 4.96 |
| | 盛火林 | 4 | 4.65 | | 盛七娜 | 6 | 7.46 |
| | 盛二宝 | 5 | 5.885 | | 祁雪坤 | 4 | 5.36 |
| | 盛金发 | 4 | 4.71 | | 祁洪官 | 4 | 5.81 |
| | 盛雨林 | 4 | 4.77 | | 祁金根 | 3 | 4.09 |
| | 盛金坤 | 4 | 4.931 | | 祁泉根 | 3 | 0.89 |

续表 3-4

| 村民组 | 户主 | 人口 | 承包面积 | 村民组 | 户主 | 人口 | 承包面积 |
|---|---|---|---|---|---|---|---|
| 祁家里 | 祁雪林 | 3 | 4.16 | 方家埭 | 方虎潮 | 2 | 2.68 |
|  | 祁永堂 | 3 | 3.91 |  | 方虎海 | 3 | 3.92 |
|  | 杨树青 | 1 | 1.82 |  | 祁美宝 | 4 | 5.01 |
|  | 祁元官 | 6 | 8.51 |  | 祁阿大 | 3 | 3.51 |
|  | 盛祥兴 | 4 | 5.41 |  | 祁宝发 | 6 | 7.79 |
|  | 盛荣林 | 5 | 6.83 |  | 祁宝松 | 3 | 4.23 |
|  | 盛金明 | 6 | 6.65 |  | 方雪坤 | 3 | 4.12 |
|  | 盛德林 | 5 | 6.73 |  | 方雪昌 | 1 | 3.04 |
| 方家埭 | 方玉英 | 1 | 1.415 |  | 方雪良 | 3 | 4.18 |
|  | 方金海 | 1 | 2.14 |  | 方玉良 | 3 | 4.9 |
|  | 方海荣 | 2 | 3.13 |  | 方建良 | 4 | 4.58 |
|  | 方叙堂 | 4 | 5.56 | 光明 | 周庆安 | 3 | 4.27 |
|  | 方叙坤 | 6 | 8 |  | 蒋林海 | 4 | 4.73 |
|  | 方宝生 | 5 | 6.68 |  | 蒋林甫 | 4 | 6.18 |
|  | 方阿兴 | 4 | 6.31 |  | 蒋阿欢 | 6 | 8.22 |
|  | 方兴荣 | 5 | 6.76 |  | 钟小狗 | 6 | 8.6 |
|  | 方根荣 | 4 | 4.67 |  | 钟明松 | 5 | 8.68 |
|  | 方松标 | 7 | 10.2 |  | 钟小奎 | 6 | 7.98 |
|  | 方金标 | 4 | 7.47 |  | 钟泉奎 | 5 | 7.17 |
|  | 方荣甫 | 3 | 3.96 |  | 周庆林 | 4 | 5.85 |
|  | 方庆召 | 6 | 7.9 |  | 於水根 | 4 | 6.23 |
|  | 方文松 | 6 | 7.5 |  | 周水良 | 4 | 5.87 |
|  | 方荣金 | 3 | 3.71 |  | 姚雪荣 | 6 | 8.02 |

续表 3-4

| 村民组 | 户主 | 人口 | 承包面积 | 村民组 | 户主 | 人口 | 承包面积 |
|---|---|---|---|---|---|---|---|
| 光明 | 周阿五 | 4 | 5.97 | 向阳 | 沈阿松 | 2 | 1.66 |
| | 周阿四 | 5 | 7.38 | | 沈杏林 | 6 | 8.64 |
| | 周建华 | 3 | 5.04 | | 沈三林 | 4 | 5.34 |
| | 周建明 | 3 | 5.05 | | 沈发明 | 3 | 5.75 |
| | 周阿二 | 3 | 1.89 | | 沈发生 | 6 | 8.05 |
| | 周培根 | 3 | 4.41 | | 沈阿二 | 6 | 7.45 |
| | 周金狗 | 6 | 8.04 | | 许木良 | 5 | 7.24 |
| | 周雪荣 | 5 | 8.6 | | 许玉良 | 4 | 9.33 |
| | 周庆荣 | 4 | 5.74 | | 许金男 | 5 | 5.96 |
| | 周兰荣 | 3 | 4.59 | | 许长林 | 3 | 6.21 |
| | 周银田 | 3 | 3.77 | | 张玉其 | 4 | 5.83 |
| | 周银龙 | 4 | 6.63 | | 张玉兴 | 5 | 6.11 |
| | 周银松 | 4 | 6.45 | | 张阿松 | 6 | 8.3 |
| | 周庆和 | 3 | 4.85 | | 沈惠宝 | 6 | 6.21 |
| | 周庆中 | 3 | 5.04 | | 沈金兴 | 5 | 5.16 |
| | 周庆廷 | 4 | 5.6 | | 沈海金 | 3 | 5.18 |
| 向阳 | 沈利明 | 3 | 2.81 | | 许福明 | 5 | 6.13 |
| | 沈玉明 | 4 | 4.63 | | 许福林 | 3 | 5.48 |
| | 许福昌 | 2 | 4.63 | | 沈雪林 | 4 | 5.32 |
| | 顾金福 | 4 | 6.66 | | 沈炳林 | 1 | 2 |
| | 顾和生 | 6 | 7.56 | | 陈文奎 | 2 | 3.23 |
| | 沈锦林 | 4 | 6.21 | | 沈利平 | 3 | 3.53 |
| | 沈阿九 | 6 | 6.81 | | 沈如松 | 3 | 4.02 |

续表 3-4

| 村民组 | 户主 | 人口 | 承包面积 | 村民组 | 户主 | 人口 | 承包面积 |
|---|---|---|---|---|---|---|---|
| 朝阳 | 顾云松 | 3 | 6.29 | 朝阳 | 沈德兴 | 3 | 5.72 |
| | 徐长林 | 4 | 6.03 | | 徐永坤 | 5 | 8.71 |
| | 陆坤泉 | 5 | 7.7 | | 沈德林 | 2 | 0.9 |
| | 徐金伦 | 4 | 7.16 | | 沈永明 | 4 | 4.47 |
| | 徐树堂 | 3 | 3.35 | | 沈水林 | 3 | 5.19 |
| | 徐阿堂 | 4 | 4.49 | | 沈永林 | 4 | 6.45 |
| | 徐金官 | 4 | 9.04 | | 徐雪生 | 4 | 5.54 |
| | 徐小毛 | 3 | 5.33 | | 徐雪章 | 3 | 5.41 |
| | 徐云松 | 5 | 3.35 | | 徐雪坤 | 3 | 5.61 |
| | 陆金山 | 5 | 9.53 | | 徐长明 | 4 | 4.9 |
| | 徐学坤 | 5 | 10.3 | | 徐长兴 | 3 | 5.46 |
| | 徐洪兴 | 3 | 3.8 | | 陆松泉 | 5 | 8.41 |
| | 徐张兴 | 3 | 3.35 | 东风 | 朱雪林 | 2 | 5.36 |
| | 徐建林 | 4 | 7.05 | | 屠福坤 | 1 | 0.9 |
| | 徐炳坤 | 4 | 5.76 | | 朱美根 | 4 | 4.77 |
| | 韩永泉 | 7 | 10.24 | | 王永海 | 3 | 3.36 |
| | 徐安宝 | 2 | 2.1 | | 庄阿金 | 3 | 8.08 |
| | 朱阿四 | 4 | 7.49 | | 高儿先 | 5 | 6.82 |
| | 赵水泉 | 6 | 10.77 | | 朱甫林 | 5 | 6.89 |
| | 徐雪堂 | 3 | 6.91 | | 朱雪坤 | 6 | 9.8 |
| | 徐云洲 | 4 | 6.03 | | 庄金坤 | 3 | 5.11 |
| | 徐云山 | 3 | 6.03 | | 庄金良 | 5 | 8.14 |
| | 沈兴林 | 5 | 7.06 | | 庄金海 | 4 | 3.81 |

续表 3-4

| 村民组 | 户主 | 人口 | 承包面积 | 村民组 | 户主 | 人口 | 承包面积 |
|---|---|---|---|---|---|---|---|
| 东风 | 庄林坤 | 4 | 3.12 | 新村 | 徐林坤 | 4 | 5.87 |
| | 庄玉坤 | 4 | 5.27 | | 徐水泉 | 4 | 6.87 |
| | 庄小狗 | 3 | 3.94 | | 徐炳甫 | 2 | 4.12 |
| | 庄七男 | 4 | 4.92 | | 徐建华 | 3 | 5.43 |
| | 庄水林 | 3 | 3.81 | | 徐建林 | 3 | 3.76 |
| | 庄水泉 | 4 | 3.82 | | 徐雪方 | 3 | 4.01 |
| | 庄阿三 | 2 | 4.58 | | 徐雪康 | 3 | 4.31 |
| | 庄全泉 | 3 | 4.05 | | 徐子发 | 2 | 3.34 |
| | 庄福福 | 5 | 7.13 | | 徐月坤 | 3 | 4.15 |
| | 朱宝荣 | 5 | 9.18 | | 徐泉坤 | 5 | 7.92 |
| | 朱银甫 | 4 | 2.99 | | 徐兴泉 | 3 | 3.46 |
| | 朱金甫 | 4 | 5.8 | | 徐福泉 | 3 | 3.38 |
| | 朱玉建 | 5 | 4.96 | | 徐荣甫 | 4 | 5.59 |
| | 朱国强 | 3 | 6.04 | | 徐玉林 | 3 | 6.7 |
| | 朱福泉 | 5 | 4.69 | | 徐松林 | 4 | 7.59 |
| | 朱雪泉 | 3 | 4 | | 徐雪荣 | 5 | 7.17 |
| | 庄玉林 | 3 | 5.26 | | 徐金忠 | 6 | 8.13 |
| | 朱长宝 | 1 | 0.99 | | 徐荣堂 | 7 | 7.87 |
| 新村 | 陶甫荣 | 3 | 4.59 | | 徐雪坤 | 1 | 0.34 |
| | 徐阿大 | 7 | 9.51 | | 徐福林 | 1 | 0.9 |
| | 徐金荣 | 2 | 2.25 | | 魏寿官 | 6 | 8.48 |
| | 徐兰毛 | 4 | 5.3 | | 蔡跃金 | 5 | 7.68 |
| | 徐阿甫 | 3 | 4.07 | 立新 | 徐雪良 | 3 | 2.49 |

续表 3-4

| 村民组 | 户主 | 人口 | 承包面积 | 村民组 | 户主 | 人口 | 承包面积 |
|---|---|---|---|---|---|---|---|
| 立新 | 沈加洲 | 4 | 3.33 | 立新 | 陈兴发 | 5 | 4.25 |
| | 徐松林 | 4 | 6.48 | | 徐水根 | 5 | 6.02 |
| | 徐月华 | 4 | 3.7 | | 张美宝 | 4 | 6.13 |
| | 徐正华 | 2 | 3.05 | | 金正根 | 5 | 4.87 |
| | 徐银狗 | 2 | 1.96 | | 金振荣 | 4 | 8.5 |
| | 庄永方 | 2 | 3.37 | | 许月其 | 5 | 5.08 |
| | 翁兰加 | 4 | 4.38 | | 许明其 | 4 | 5.56 |
| | 沈加正 | 5 | 6.95 | | 金正国 | 4 | 4.8 |
| | 戴玉花 | 3 | 2.72 | | 陈建兴 | 5 | 3.46 |
| | 徐平 | 5 | 4.92 | | 姚建茂 | 4 | 3.09 |
| | 庄金法 | 3 | 3.27 | | 庄建发 | 4 | 3.33 |
| | 姚建荣 | 3 | 4.59 | 建设 | 陆林甫 | 3 | 4.58 |
| | 庄阿荣 | 3 | 8.61 | | 陈雪林 | 4 | 5.9 |
| | 徐伯荣 | 5 | 6.34 | | 陈小娜 | 2 | 1.35 |
| | 沈金荣 | 3 | 2.7 | | 陈建学 | 5 | 5.82 |
| | 沈贵松 | 7 | 7.09 | | 陈建荣 | 3 | 3.33 |
| | 沈水荣 | 4 | 3.52 | | 陈中根 | 2 | 0.9 |
| | 姚士林 | 6 | 9.38 | | 石纪堂 | 7 | 10.54 |
| | 徐月松 | 4 | 6.4 | | 盛阿六 | 6 | 7.25 |
| | 陶茂言 | 5 | 5.64 | | 陈金田 | 5 | 4.54 |
| | 陶茂生 | 5 | 7.64 | | 陈木春 | 3 | 6.3 |
| | 周阿堂 | 1 | 1.17 | | 陈建良 | 3 | 5.16 |
| | 沈元林 | 4 | 5.63 | | 陈菊林 | 4 | 4.47 |

续表 3-4

| 村民组 | 户主 | 人口 | 承包面积 | 村民组 | 户主 | 人口 | 承包面积 |
|---|---|---|---|---|---|---|---|
| 建设 | 潘永林 | 3 | 5.31 | 建设 | 潘传宝 | 2 | 2.87 |
| | 陈阿元 | 5 | 7.73 | | 庞小兴 | 4 | 7.16 |
| | 陈老甫 | 3 | 4.37 | | 陈木林 | 4 | 5.24 |
| | 陈建康 | 5 | 5.26 | | 陈毛毛 | 3 | 5.12 |
| | 陈荣根 | 3 | 6.93 | | 陈连牛 | 5 | 6.71 |
| | 陈建兴 | 5 | 6.81 | | 庞小龙 | 3 | 6.36 |
| | 陈中林 | 5 | 6.04 | | 石炳生 | 7 | 8.2 |
| | 陆林官 | 6 | 6.66 | | 陆伯荣 | 4 | 4.42 |
| | 潘玉林 | 3 | 4.7 | | 陆阿毛 | 2 | 0.96 |
| | 高阿乔 | 2 | 2.49 | | 陆建荣 | 3 | 4.05 |
| | 高学林 | 4 | 4.34 | | 史福寿 | 3 | 3.22 |
| | 高学华 | 3 | 4.21 | | 潘传德 | 5 | 6.89 |
| | 潘永海 | 3 | 4.72 | | 陈子华 | 1 | 0.45 |
| | 肖雪娥 | 3 | 3.61 | | 潘永堂 | 4 | 5.86 |
| | 高阿兴 | 6 | 7.26 | | 周甫林 | 4 | 6.13 |
| | 高阿孝 | 5 | 5.94 | | 夏毛男 | 6 | 8.14 |
| | 高华生 | 3 | 6.27 | | | | |

说明：1. 人口一栏的小数，一般指大家庭中老人人数分摊份额，如：一家庭 3 个儿子分家立户，父母 2 人分摊 3 份，每份 0.67 亩；

2. 同一村民组户主姓名相同，按年龄大小，在姓名后面（ ）内注明大小

## 第四节　建设用地

**国家建设用地**　中华人民共和国成立后，国家逐步建立了建设用地审批制度。土改后土地归农民所有，国家建设征用村域内农户土地，大多从土改时保留的公有土地中调换补偿。合作化后土地归集体所有，国家建设用地单位依据项目核准用地数，与集体签订用地协议，支付土地补偿费、青苗作物补偿费后，方可使用土地。

20 世纪 80 年代开始，革新村域内吴家里、南港上和丁家里村民组的部分土地先后被征用，地块坐落在茅盾东路以南、莲花桥港以北、丁家桥港以东、平安路以西区域，建设项目主要有：公社中心小学、啤酒厂、水泥预制厂、革命烈士纪念馆和纪念碑、公路改道、立交桥等。截至 2020 年尚保留革命烈士纪念馆和纪念碑，其他建设项目大多已改变用途。

国家建设征收（征用）集体土地实行补偿政策，补偿标准由市、县人民政府公布实施，根据各地经济发展水平，人均收入水平，逐步提高补偿标准。革新村域大范围土地征收、农房拆迁在 2001 年、2003 年和 2009 年。2001 年征收土地补偿价格：白地每亩 17600 元（包括安置补助费），专桑地外加每亩 2000 元（包括竹园），春花作物地外加每亩 500 元；零星杂树补偿：大树每株 10 元（直径 8 厘米以上），小树每株 5 元，零星桑树每株 3 元。2003 年和 2009 年征收土地补偿标准：土地补偿费每亩 12000 元；青苗补偿费平均每亩 1595 元（以净预征面积扣除河浜面积计算），其他不再分项赔青；零星苗木补偿费每户 1500 元；成片苗木补偿费按规定进行实地评估后确定。

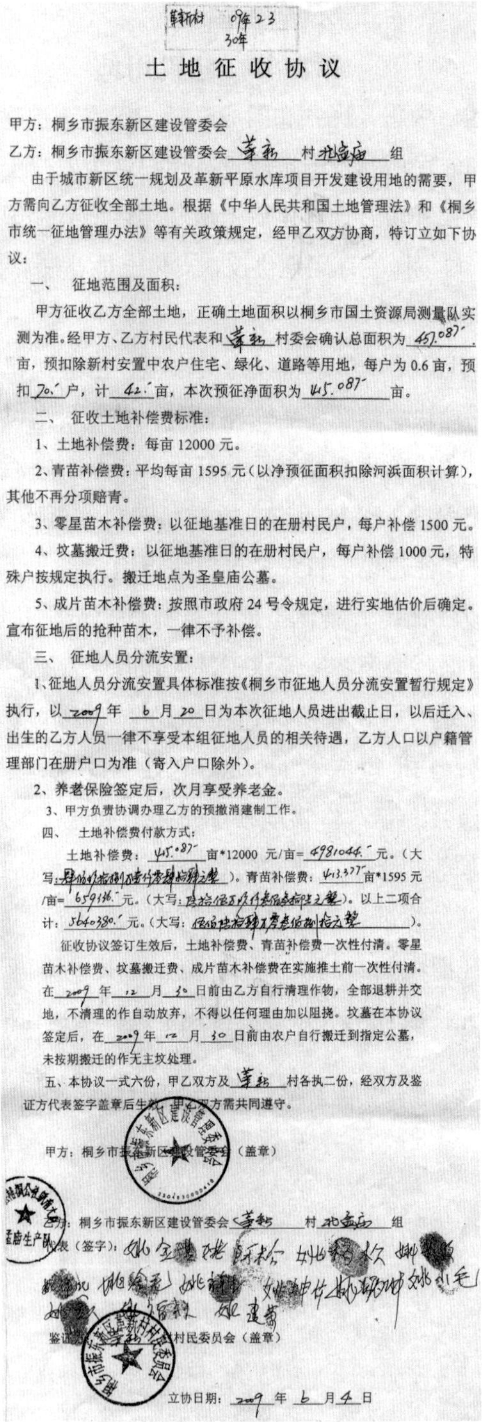

革新村 09年23 30年

# 土地征收协议

甲方：桐乡市振东新区建设管委会

乙方：桐乡市振东新区建设管委会 革新 村 北盛庙 组

由于城市新区统一规划及革新平原水库项目开发建设用地的需要，甲方需向乙方征收全部土地。根据《中华人民共和国土地管理法》和《桐乡市统一征地管理办法》等有关政策规定，经甲乙双方协商，特订立如下协议：

一、 征地范围及面积：

甲方征收乙方全部土地，正确土地面积以桐乡市国土资源局测量队实测为准。经甲方、乙方村民代表和 革新 村委会确认总面积为 457.087 亩，预扣除新村安置中农户住宅、绿化、道路等用地，每户为0.6亩，预扣 70 户，计 42 亩，本次预征净面积为 415.087 亩。

二、 征收土地补偿费标准：

1、土地补偿费：每亩12000元。

2、青苗补偿费：平均每亩1595元（以净预征面积扣除河浜面积计算），其他不再分项赔青。

3、零星苗木补偿费：以征地基准日的在册村民户，每户补偿1500元。

4、坟墓搬迁费：以征地基准日的在册村民户，每户补偿1000元，特殊户按规定执行。搬迁地点为圣皇庙公墓。

5、成片苗木补偿费：按照市政府24号令规定，进行实地估价后确定。宣布征地后的抢种苗木，一律不予补偿。

三、 征地人员分流安置：

1、征地人员分流安置具体标准按《桐乡市征地人员分流安置暂行规定》执行，以 2009 年 6 月 20 日为本次征地人员进出截止日，以后迁入、出生的乙方人员一律不享受本组征地人员的相关待遇，乙方人口以户籍管理部门在册户口为准（寄入户口除外）。

2、养老保险签定后，次月享受养老金。

3、甲方负责协调办理乙方的预撤消建制工作。

四、 土地补偿费付款方式：

土地补偿费：415.087 亩*12000 元/亩= 4981044 元。（大写：肆佰玖拾捌万壹仟零肆拾肆元整）。青苗补偿费：413.377 亩*1595 元/亩= 659136 元。（大写：陆拾伍万玖仟壹佰叁拾陆元整）。以上二项合计：5640380 元。（大写：伍佰陆拾肆万零叁佰捌拾元整）。

征收协议签订生效后，土地补偿费、青苗补偿费一次性付清。零星苗木补偿费、坟墓搬迁费、成片苗木补偿费在实施推土前一次性付清。在 2009 年 12 月 30 日前由乙方自行清理作物，全部退耕并交地，不清理的作自动放弃，不得以任何理由加以阻挠。坟墓在本协议签定后，在 2009 年 12 月 30 日前由农户自行搬迁到指定公墓，未按期搬迁的作无主坟处理。

五、本协议一式六份，甲乙双方及 革新 村各执二份，经双方及鉴证方代表签字盖章后生效，甲乙双方需共同遵守。

甲方：桐乡市振东新区建设管委会（盖章）

乙方：桐乡市振东新区建设管委会 革新 村 北盛庙 组

代表（签字）：

鉴证方：革新村民委员会（盖章）

立协日期：2009 年 6 月 4 日

▲ 土地征收协议（2009年）

表 3-5

## 革新村国家建设用地征用情况表

单位：亩

| 村民组 | 协议时间 | 总面积 | 安置面积 | 实际征用面积 | 征用项目 |
|---|---|---|---|---|---|
| 吴家里 | 1980.7.12 | — | — | 21.6195 | 桐乡水泥构件厂 |
| 吴家里 | 1982 | — | — | 约 10.0 | 梧桐人民公社中心小学 |
| | 1992.4.21 | — | — | 4.919 | |
| 吴家里 | 1986.11.13 | — | — | 23.232 | 桐乡啤酒厂 |
| 向前 | 1986.11.13 | — | — | 9.964 | |
| 祁家里 | 1987.10.12 | — | — | 2.708 | |
| 南港上 | 1990.10.4 | — | — | 8.69 | 革命烈士纪念碑 |
| 吴家里 | 1990.10.4 | — | — | 11.119 | |
| 港北村 | 1994 | — | — | 2.74 | 国道线 |
| 倪家门 | 1994 | — | — | 6.1476 | |
| 丁家里 | 1994 | — | — | 1.314 | |
| 南港上 | 1994 | — | — | 1.21 | |
| 吴家里 | 1994 | — | — | 3.955 | |
| 吴家里 | 1995.5 | — | — | 2.374 | 国道加宽 3.5 米 |
| 南港上 | 1995.5 | — | — | 0.833 | |
| 丁家里 | 1995.5 | — | — | 0.578 | |
| 倪家门 | 2000.7.13 | — | — | 6.8 | 梧桐镇农办 |
| 范家埭 | 2001.2.16 | — | — | 83.6 | 公墓 |
| 丁家里 | 2001.9.3 | 206.234 | 预留 20 | 186.234 | 南方家园商城等 |
| 南港上 | 2001.9.3 | 178.695 | 预留 20 | 158.695 | |
| 倪家门 | 2003.4.3 | 171.022 | 22 | 149.022 | 凤凰湖工程一期、巴黎都市小区等 |
| 范家埭 | 2003.4.4 | 313.417 | 41 | 272.417 | |
| 方家埭 | 2003.4.5 | 210.525 | 20 | 190.525 | |
| 港北村 | 2003.4.6 | 316.6 | 32 | 284.6 | |

续表 3-5

单位：亩

| 村民组 | 协议时间 | 总面积 | 安置面积 | 实际征用面积 | 征用项目 |
|---|---|---|---|---|---|
| 后村 | 2003.4.7 | 213.929 | 18 | 195.929 | 凤凰湖工程一期、巴黎都市小区等 |
| 盛家里 | 2003.4.7 | 238.329 | 23 | 215.329 | |
| 殳家埭 | 2003.4.7 | 285.679 | 26 | 259.679 | |
| 新凤桥 | 2003.4.7 | 260.936 | 22 | 238.936 | |
| 陈家埭 | 2003.4.7 | 343.389 | 28 | 315.389 | |
| 祁家里 | 2003.4.7 | 159.293 | 14 | 145.293 | |
| 吴家里 | 2004.8.4 | 60.12 | 16.8 | 43.32 | |
| 潘家门 | 2003.11.29 | 296.312 | 24 | 272.312 | 桐乡植物园工程等 |
| 沈家村 | 2003.11.29 | 471.458 | 36.6 | 434.858 | |
| 朱家浜 | 2003.11.29 | 307.206 | 29.4 | 277.806 | |
| 麦干浜东 | 2003.11.29 | 244.26 | 19.2 | 225.06 | |
| 麦干浜西 | 2003.11.30 | 196.355 | 13.8 | 182.555 | |
| 高家里 | 2003.12.3 | 486.717 | 34.8 | 451.917 | |
| 陆家埭 | 2009.5.25 | 366.734 | 21 | 345.734 | 凤凰湖工程二期 |
| 富饶桥 | 2009.5.26 | 249.966 | 17.4 | 232.566 | |
| 周家里 | 2009.5.26 | 215.364 | 17.4 | 197.964 | |
| 朱家兜 | 2009.5.27 | 184.685 | 16.8 | 167.885 | |
| 椿树下 | 2009.5.27 | 246.257 | 16.8 | 229.457 | |
| 浮石桥 | 2009.5.31 | 277.711 | 22.2 | 255.511 | |
| 斛子浜 | 2009.6.1 | 362.379 | 24.6 | 337.779 | |
| 大道场 | 2009.6.1 | 335.704 | 27.6 | 308.104 | |
| 徐家兜 | 2009.6.2 | 425.746 | 34.8 | 390.946 | |
| 包家桥东 | 2009.6.3 | 256.063 | 20.4 | 235.663 | |
| 包家桥西 | 2009.6.3 | 241.84 | 19.2 | 222.64 | |
| 北孟庙 | 2009.6.4 | 457.087 | 42 | 415.087 | |

**集体建设用地** 解放初直到1980年，农业生产合作社和人民公社、生产大队兴建畜牧场、试验场、种子场、机埠、机耕路、水沟渠、社队企业、生产队公房等公共设施用地，用地的公社、大队，对被征用生产队所承担的农业税和出售的商品粮任务，在全公社、大队范围内以人口或土地面积按比例摊平，或安置劳动力进社队企业务工，逐年给予一定数额的经济补偿等方式进行处理，不办理用地审批手续。1981年3月起，农村社队企业需要占用耕地进行建设必须根据县级以上主管部门批准建设的文件和占地平面图，办理用地手续。1983年7月，根据《浙江省城乡建设用地管理办法》规定，乡（镇）村建设用地审批权限与国家建设用地相同。1986年1月起，每亩收取造地费1000元，1987年征收耕地占用税后减半征收。社队（乡镇）企业申请用地，须持有县级以上主管部门批文，经土地管理部门审核同意，与被用地单位洽谈土地补偿、农作物补偿、劳动力安置等事项并签订协议。

**农户个体建设用地** 解放初期，农民生活、生产建房用地大多在原有宅基地上扩建，无相关管理制度。1962年9月《农村人民公社工作条例（修正草案）》公布，农民宅基地归生产队所有，社员需扩建房屋，由生产队利用闲散地统一规划解决，不占用耕地。1982年，桐乡县人民政府规定，社员建房用地为每户留底7厘（折合47平方米），人均建房用地4人（含4人）以下每人5厘（折合33平方米），5人以上（含5人）每人4厘半（折合30平方米）。农户建房获批准后必须由大队统一放样，不得擅自动工。1989年，为规范农户建房用地，保护农户宅基地使用权，由乡、村两级派出丈量人员，对每户宅基地进行面积核准，并由桐乡县人民政府颁发“集体土地建设用地使用证”，土地使用期限为长期。宅基地所有权和使用权受法律保护，任何单位和个人不得侵犯。1996年5月，根据《桐乡市农村居民建房用地暂行规定》，对农户建房用地进行调整，从原来按户留底加按人口计算调整为大户、中户、小户三种户型，分生活用地和农业生产用地两种。户型按农户家庭人口划分，5人以上（含5人）为大户，3人（含）以上至4人为中户，3人以下为小户，独生子女可享受2人计算的优惠政策。大户、中户、小户生活用房标准用地分别为125平方米、105平方米和85平方米。生产用房用地标准分别为85平方米、75平方米和55平方米。2001年1月后，农民生活用房用地标准调整为每人 30 平方米、每户农户不得超过 120 平方米，生产用房用地标准为每人 10 平方米，每户不得超过 40 平方米。

革新村域的土地分别在 2001 年、2003 年和 2009 年分三批被全部征收，农户安置房用地每个正常户按政策享受 160 平方米。

▲ 集体土地建设用地使用证

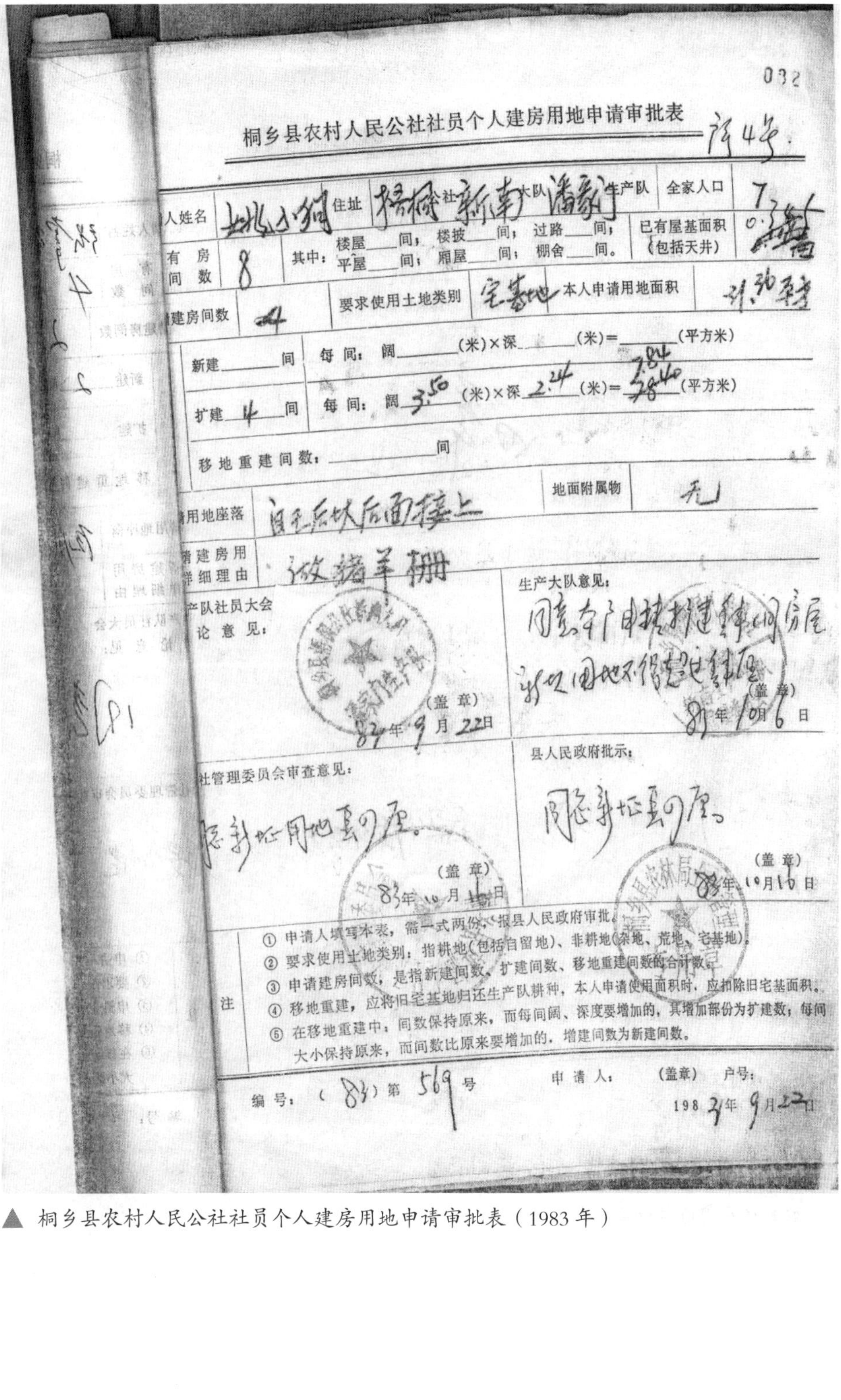

032

桐乡县农村人民公社社员个人建房用地申请审批表

| | | | | | | | |
|---|---|---|---|---|---|---|---|
| 申请人姓名 | | 住址 | 公社 大队 生产队 | | | 全家人口 | 7 |
| 现有房间数 | 8 | 其中：楼屋___间，楼披___间，过路___间；平屋___间；厢屋___间，棚舍___间。 | | | | 已有屋基面积（包括天井） | |
| 申请建房间数 | 4 | 要求使用土地类别 | 宅基地 | 本人申请用地面积 | | | |

新建____间 每间：阔____（米）×深____（米）=____（平方米）

扩建 4 间 每间：阔 3.50（米）×深 2.24（米）= 7.84（平方米）

移地重建间数：____间

| | | | |
|---|---|---|---|
| 申请用地座落 | | 地面附属物 | 无 |
| 申请建房用地详细理由 | | | |

生产队社员大会讨论意见：

（盖章）

83年 9月 22日

生产大队意见：

（盖章）

83年 10月 6日

公社管理委员会审查意见：

（盖章）

83年 10月 日

县人民政府批示：

（盖章）

83年 10月 日

注

① 申请人填写本表，需一式两份，报县人民政府审批。

② 要求使用土地类别：指耕地（包括自留地）、非耕地（杂地、荒地、宅基地）。

③ 申请建房间数，是指新建间数、扩建间数、移地重建间数的合计数。

④ 移地重建，应将旧宅基地归还生产队耕种，本人申请使用面积时，应扣除旧宅基面积。

⑤ 在移地重建中，间数保持原来，而每间阔、深度要增加的，其增加部份为扩建数；每间大小保持原来，而间数比原来要增加的，增建间数为新建间数。

编号：（83）第 569 号

申请人：（盖章） 户号：

1983年 9月 22日

▲ 桐乡县农村人民公社社员个人建房用地申请审批表（1983年）

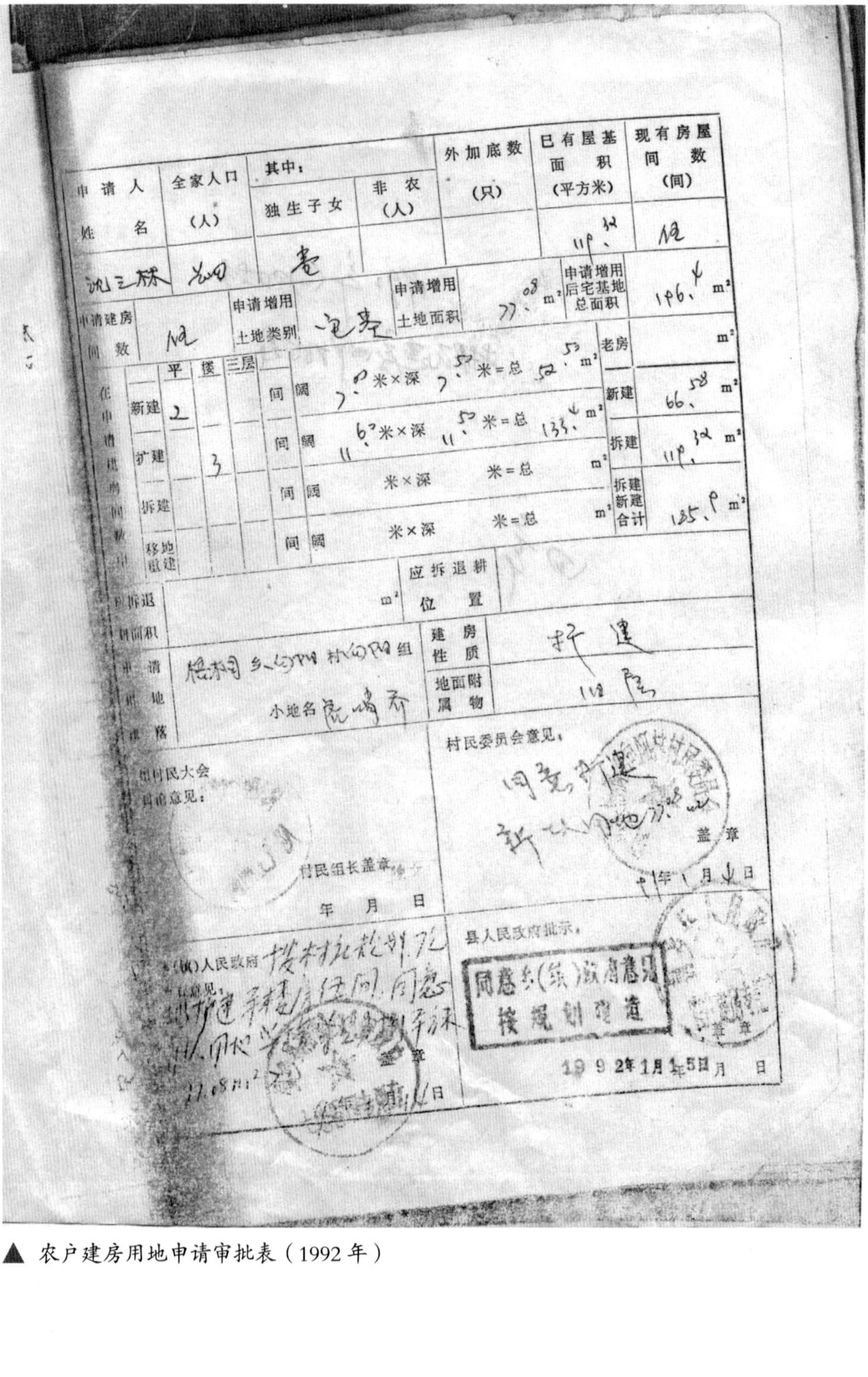

| 申请人姓名 | 全家人口（人） | 其中：独生子女 | 非农（人） | 外加底数（只） | 已有屋基面积（平方米） | 现有房屋间数（间） |
|---|---|---|---|---|---|---|
| 沈三林 | [illegible] | 壹 | | | 110.32 | [illegible] |

| 申请建房间数 | [illegible] | 申请增用土地类别 | 宅基 | 申请增用土地面积 | 77.08 m² | 申请增用后宅基地总面积 | 186.4 m² |
|---|---|---|---|---|---|---|---|

| 在申请建房间数中 | 平 | 楼 | 三层 | | | |
|---|---|---|---|---|---|---|
| 新建 | 2 | | | 间 阔 7.0 米×深 7.50 米＝总 52.50 m² | 老房 | m² |
| 扩建 | | 3 | | 间 阔 6.0 米×深 11.50 米＝总 133.4 m² | 新建 | 66.58 m² |
| 拆建 | | | | 间 阔 米×深 米＝总 m² | 拆建 | 110.32 m² |
| 移地建 | | | | 间 阔 米×深 米＝总 m² | 拆建新建合计 | 185.8 m² |

| 应拆退耕地面积 | m² | 应拆退耕位置 | |
|---|---|---|---|
| 申请用地坐落 | 梧桐乡白坊村白阳组 小地名[illegible] | 建房性质 | 拆建 |
| | | 地面附属物 | 旧房 |

组村民大会讨论意见：

村民组长盖章

年 月 日

村民委员会意见：同意拆建 新增用地77.08 m²

盖章

年 月 日

乡（镇）人民政府审核意见：[illegible]

盖章

年 月 日

县人民政府批示：

同意乡（镇）政府意见 按规划建造

盖章

1992年1月15日

▲ 农户建房用地申请审批表（1992年）

# 第四章　人口

革新村域内有史料可查到的户籍人口数记载，在民国 34 年（1945），有 45 个甲，总户数是 584 户，总人口是 2202 人。新中国成立前，由于战乱、饥荒、疾病等原因，人口不兴。新中国成立初期，革新村域内总户数为 542 户，总人口为 2157 人。20 世纪 50 年代，国家号召多生育，实行奖励生育政策，提倡做光荣妈妈，增加人口基数，改变人口状况后人口增长过快，影响了经济发展和人民生活水平。村民的文化程度绝大多数为文盲和半文盲。到 1979 年，村域内总户数为 931 户，总人口为 4269 人。20 世纪 70 年代中期，国家实行计划生育，提倡一对夫妇只生一个政策，人口增长得到有效控制，人口质量得到提升，1990 年，村域内首次出现两个大学生。人的寿命逐年提高，2020 年，村域内首次出现了两位百岁老人。由于人们生育观念的改变，人口的自然增长缓慢。2016 年 1 月 1 日起，国家全面实施二孩政策，即一对夫妇可生育两个孩子。2009 年，村域全部征迁后，新居民大量涌入，到 2020 年，在村域内租房居住的新居民有 18000 多人，改变了村域内原来的人口结构。2020 年，革新村的人口密度为每平方千米 3485 人。

## 第一节　人口状况

革新村域内户籍人口数记载始于民国 34 年（1945），时城东乡第五保共有 123 户，人口 271 人，其中男 159 人、女 112 人；第六保共有 106 户，人口 421 人，其中男 228 人、女 193 人；第七保共有 156 户，人口 664 人，其中男 356 人、女 308 人；第八保共有 157 户，人口 619 人，其中男 350 人、女 269 人；第九保（属于本村域的为第八甲、第九甲和第十甲）共有 42 户，人口 227 人，其中男 126 人、女 101 人。村域内总人口 2202 人，其中男 1219 人、女 983 人。

新中国成立初期，村域内原茅亭村有 196 户、811 人；原团结村有 237 户、911 人；原柏子村有 109 户、435 人。1979 年，村域内原革一大队 331 户、1562 人，其中男 778 人、女 784 人；原新南大队 404 户、1854 人，其中男 942 人、女 912 人；原向阳大队 196 户、853 人，其中男 437 人、女 416 人。

2001 年后，村域内因婚嫁、求学和就业迁出户口的有 500 人，迁入户口的有 554 人。人口高峰年是 2016 年，总人口为 4890 人，低峰年是 2001 年，总人口为 4552 人。2020 年革新村有 1169 户，常住人口 4874 人，其中男性 2382 人、女性 2492 人；暂住村域内的新居民[①]有 18826 人，其中男性 9789 人、女性 9037 人。2020 年人口密度为每平方千米 3485 人。

自 1953 年以来，革新村域内共进行七次人口普查，其中第三、四、五、六、七次普查，革新村户数、人口数有确切数据。

表 4-1　**第二次至第七次全国人口普查革新村人口变动情况表**

单位：户、人

| 次数 | 普查时间 | 单位 | 总户数 | 总人口 | | |
|---|---|---|---|---|---|---|
| | | | | 合计 | 男 | 女 |
| 第三次 | 1982.7.1 | 革一大队 | 339 | 1547 | 804 | 743 |
| | | 向阳大队 | 186 | 858 | 450 | 408 |
| | | 新南大队 | 406 | 1864 | 974 | 890 |
| | | 合计 | 931 | 4269 | 2228 | 2041 |
| 第四次 | 1990.7.1 | 革一村 | 380 | 1594 | 820 | 774 |
| | | 向阳村 | 199 | 845 | 443 | 402 |
| | | 新南村 | 449 | 1853 | 986 | 867 |
| | | 合计 | 1028 | 4292 | 2249 | 2043 |

① “新居民”是对在本市务工、经商、创业等，但非本市户籍、在本村域有固定住所的外来人员的统一称呼。

续表 4-1

| 次数 | 普查时间 | 单位 | 总户数 | 总人口 | | |
|---|---|---|---|---|---|---|
| | | | | 合计 | 男 | 女 |
| 第五次 | 2000.11.1 | 革一村 | 519 | 2246 | 1209 | 1037 |
| | | 向阳村 | 217 | 890 | 453 | 437 |
| | | 新南村 | 486 | 1957 | 994 | 963 |
| | | 合计 | 1222 | 5093 | 2656 | 2437 |
| 第六次 | 2010.11.1 | 革新村 | 1207 | 5049 | 2522 | 2527 |
| 第七次 | 2020.11.1 | 革新村 | 5153 | 12298 | 6219 | 6079 |

说明：第五、六、七次人口普查数据，包括在本村住满人口普查规定时间的非本村户籍人员

表 4-2

## 1963—1999 年部分年份革新村域人口及其变动情况统计表

单位：户、人

| 年度 | 村别 | 年末数 | | | | 1月1日至12月31日人口变动 | | | | | | | | | | 本乡镇 | |
|---|---|---|---|---|---|---|---|---|---|---|---|---|---|---|---|---|---|
| | | 总户数 | 总人口 | | | 出生 | | | 死亡 | | | 迁入 | | 迁出 | | 迁入 | 迁出 |
| | | | 合计 | 男 | 女 | 合计 | 男 | 女 | 合计 | 男 | 女 | 省外 | 省内 | 省外 | 省内 | | |
| 1963 | 革一 | 259 | 1147 | 635 | 512 | 45 | 23 | 22 | 1 | — | 1 | 6 | 24 | — | 1 | — | — |
| | 向阳 | 166 | 667 | 352 | 315 | 23 | 11 | 12 | 1 | — | 1 | 8 | 26 | — | 9 | — | — |
| | 新南 | 333 | 1420 | 736 | 684 | 72 | 33 | 39 | 11 | 7 | 4 | 5 | 12 | — | — | 4 | — |
| | 合计 | 779 | 3234 | 1723 | 1511 | 140 | 67 | 73 | 13 | 7 | 6 | 19 | 62 | — | 10 | 4 | — |
| 1966 | 革一 | 288 | 1324 | 728 | 596 | 60 | — | — | 26 | — | — | — | 27 | — | 3 | 1 | 6 |
| | 向阳 | 162 | 739 | 384 | 355 | 37 | — | — | 1 | — | — | — | 1 | — | 3 | 1 | 2 |
| | 新南 | 359 | 1586 | 831 | 755 | 67 | — | — | 10 | — | — | — | 37 | — | 10 | 4 | 13 |
| | 合计 | 809 | 3649 | 1943 | 1706 | 164 | — | — | 37 | — | — | — | 65 | — | 16 | 6 | 21 |

续表 4-2

| 年度 | 村别 | 年末数 | | | | 1月1日至12月31日人口变动 | | | | | | | | | | 本乡镇 | |
|---|---|---|---|---|---|---|---|---|---|---|---|---|---|---|---|---|---|
| | | 总户数 | 总人口 | | | 出生 | | | 死亡 | | | 迁入 | | 迁出 | | 迁入 | 迁出 |
| | | | 合计 | 男 | 女 | 合计 | 男 | 女 | 合计 | 男 | 女 | 省外 | 省内 | 省外 | 省内 | | |
| 1967 | 革一 | 294 | 1392 | 713 | 679 | 43 | — | — | 2 | — | — | — | 29 | — | 2 | — | — |
| | 向阳 | 161 | 760 | 395 | 365 | 27 | — | — | 5 | — | — | — | 2 | — | 3 | — | — |
| | 新南 | 352 | 1601 | 857 | 744 | 43 | — | — | 18 | — | — | — | — | — | 16 | — | — |
| | 合计 | 807 | 3753 | 1965 | 1788 | 113 | — | — | 25 | — | — | — | 31 | — | 21 | — | — |
| 1982 | 革一 | 339 | 1547 | 804 | 743 | 28 | 15 | 13 | 9 | 4 | 5 | — | — | — | — | — | — |
| | 向阳 | 186 | 858 | 450 | 408 | 15 | 10 | 5 | 5 | 2 | 3 | — | — | — | — | — | — |
| | 新南 | 406 | 1864 | 974 | 890 | 39 | 21 | 18 | 13 | 7 | 6 | — | — | — | — | — | — |
| | 合计 | 931 | 4269 | 2228 | 2041 | 82 | 46 | 36 | 27 | 13 | 14 | — | — | — | — | — | — |
| 1984 | 革一 | 343 | 1565 | 788 | 777 | 14 | 9 | 5 | 11 | 8 | 3 | — | 1 | 4 | 1 | — | — |
| | 向阳 | 191 | 843 | 447 | 396 | 4 | 3 | 1 | 6 | 6 | — | 1 | 1 | 1 | 2 | — | — |
| | 新南 | 433 | 1866 | 969 | 897 | 14 | 8 | 6 | 15 | 7 | 8 | 3 | 3 | 5 | 6 | — | — |
| | 合计 | 967 | 4274 | 2204 | 2070 | 32 | 20 | 12 | 32 | 21 | 11 | 4 | 5 | 10 | 9 | — | — |
| 1985 | 革一 | 352 | 1500 | 770 | 730 | 11 | 6 | 5 | 12 | 5 | 7 | — | 2 | 2 | 64 | — | — |
| | 向阳 | 190 | 798 | 441 | 357 | 2 | 2 | — | 4 | 3 | 1 | 2 | 3 | 1 | 46 | — | — |
| | 新南 | 432 | 1825 | 954 | 871 | 24 | 9 | 15 | 10 | 5 | 5 | — | 17 | — | 72 | — | — |
| | 合计 | 974 | 4123 | 2165 | 1958 | 37 | 17 | 20 | 26 | 13 | 13 | 2 | 22 | 2 | 182 | — | — |
| 1986 | 革一 | 406 | 1520 | 781 | 739 | 19 | 10 | 9 | 10 | 4 | 6 | — | 7 | 2 | 3 | 10 | 1 |
| | 向阳 | 205 | 804 | 445 | 359 | 18 | 12 | 6 | 10 | 7 | 3 | — | 7 | 3 | 2 | 3 | 7 |
| | 新南 | 445 | 1847 | 973 | 874 | 37 | 22 | 15 | 13 | 2 | 11 | 2 | 12 | — | 13 | 8 | 11 |
| | 合计 | 1056 | 4171 | 2199 | 1972 | 74 | 44 | 30 | 33 | 13 | 20 | 2 | 26 | 5 | 18 | 21 | 19 |
| 1990 | 革一 | 380 | 1594 | 820 | 774 | 24 | 13 | 11 | 16 | 11 | 5 | — | — | — | — | — | — |
| | 向阳 | 199 | 845 | 443 | 402 | 20 | 7 | 13 | 10 | 9 | 1 | — | — | — | — | — | — |
| | 新南 | 449 | 1853 | 986 | 867 | 25 | 14 | 11 | 19 | 11 | 8 | — | — | — | — | — | — |
| | 合计 | 1028 | 4292 | 2249 | 2043 | 69 | 34 | 35 | 45 | 31 | 14 | — | — | — | — | — | — |

续表 4-2

| 年度 | 村别 | 年末数 | | | | 1月1日至12月31日人口变动 | | | | | | | | | | 本乡镇 | |
|---|---|---|---|---|---|---|---|---|---|---|---|---|---|---|---|---|---|
| | | 总户数 | 总人口 | | | 出生 | | | 死亡 | | | 迁入 | | 迁出 | | 迁入 | 迁出 |
| | | | 合计 | 男 | 女 | 合计 | 男 | 女 | 合计 | 男 | 女 | 省外 | 省内 | 省外 | 省内 | | |
| 1994 | 革一 | 422 | 1666 | 842 | 824 | 27 | 16 | 11 | 7 | 3 | 4 | — | 5 | 4 | 4 | 21 | 11 |
| | 向阳 | 224 | 875 | 446 | 429 | 10 | 2 | 8 | 5 | 2 | 3 | — | 3 | 2 | 1 | 3 | 7 |
| | 新南 | 477 | 1921 | 1000 | 921 | 25 | 18 | 7 | 18 | 13 | 5 | — | 6 | 3 | 2 | 14 | 19 |
| | 合计 | 1123 | 4462 | 2288 | 2174 | 62 | 36 | 26 | 30 | 18 | 12 | — | 14 | 9 | 7 | 38 | 37 |
| 1995 | 革一 | 424 | 1672 | 849 | 823 | 23 | 9 | 14 | 9 | 3 | 6 | 2 | 6 | 1 | 5 | — | — |
| | 向阳 | 222 | 882 | 454 | 428 | 15 | 11 | 4 | 6 | 3 | 3 | 1 | 5 | 1 | 7 | — | — |
| | 新南 | 475 | 1910 | 993 | 917 | 23 | 13 | 10 | 17 | 11 | 6 | 4 | 4 | 2 | 8 | — | — |
| | 合计 | 1121 | 4464 | 2296 | 2168 | 61 | 33 | 28 | 32 | 17 | 15 | 7 | 15 | 4 | 20 | — | — |
| 1996 | 革一 | 421 | 1668 | 843 | 825 | 18 | 10 | 8 | 16 | 11 | 5 | 7 | 5 | 4 | 3 | — | — |
| | 向阳 | 224 | 895 | 462 | 433 | 17 | 12 | 5 | 7 | 4 | 3 | 3 | 5 | 1 | — | — | — |
| | 新南 | 492 | 1948 | 1003 | 945 | 28 | 17 | 11 | 15 | 7 | 8 | 4 | 11 | 7 | 1 | — | — |
| | 合计 | 1137 | 4511 | 2308 | 2203 | 63 | 39 | 24 | 38 | 22 | 16 | 14 | 21 | 12 | 4 | — | — |
| 1997 | 革一 | 427 | 1673 | 850 | 823 | 19 | 11 | 8 | 8 | 7 | 1 | 3 | 2 | 3 | 3 | — | — |
| | 向阳 | 225 | 895 | 458 | 437 | 12 | 4 | 8 | 8 | 5 | 3 | 4 | 3 | 3 | 2 | — | — |
| | 新南 | 492 | 1953 | 1011 | 942 | 24 | 16 | 8 | 11 | 6 | 5 | 4 | — | 3 | 1 | — | — |
| | 合计 | 1144 | 4521 | 2319 | 2202 | 55 | 31 | 24 | 27 | 18 | 9 | 11 | 5 | 9 | 6 | — | — |
| 1998 | 革一 | 425 | 1673 | 839 | 834 | 12 | 5 | 7 | 12 | 6 | 6 | 6 | 5 | 8 | 6 | — | — |
| | 向阳 | 221 | 896 | 459 | 437 | 10 | 5 | 5 | 6 | 3 | 3 | — | 1 | — | 3 | — | — |
| | 新南 | 490 | 1962 | 1011 | 951 | 24 | 11 | 13 | 9 | 3 | 6 | 3 | 2 | 2 | 7 | — | — |
| | 合计 | 1136 | 4531 | 2309 | 2222 | 46 | 21 | 25 | 27 | 12 | 15 | 9 | 8 | 10 | 16 | — | — |
| 1999 | 革一 | 426 | 1685 | 847 | 838 | 22 | 11 | 11 | 5 | 1 | 4 | 3 | 3 | 1 | 2 | — | 2 |
| | 向阳 | 219 | 891 | 452 | 439 | 8 | 2 | 6 | 12 | 7 | 5 | 3 | — | 1 | 2 | — | — |
| | 新南 | 488 | 1965 | 1012 | 953 | 20 | 10 | 10 | 14 | 8 | 6 | 8 | 1 | 2 | 7 | — | 2 |
| | 合计 | 1133 | 4541 | 2311 | 2230 | 50 | 23 | 27 | 31 | 16 | 15 | 14 | 4 | 4 | 11 | — | 4 |

表 4-3　2001—2020 年革新村人口及其变动情况统计表

单位：户、人

| 年度 | 年末数 | | | | 1月1日至12月31日人口变动 | | | | | | | | | | 本乡镇 | |
|---|---|---|---|---|---|---|---|---|---|---|---|---|---|---|---|---|
| | 总户数 | 总人口 | | | 出生 | | | 死亡 | | | 迁入 | | 迁出 | | 迁入 | 迁出 |
| | | 合计 | 男 | 女 | 合计 | 男 | 女 | 合计 | 男 | 女 | 省外 | 省内 | 省外 | 省内 | | |
| 2001 | 1134 | 4552 | 2289 | 2263 | 36 | 17 | 19 | 34 | 22 | 12 | 6 | 2 | 5 | 7 | 12 | 2 |
| 2002 | 1139 | 4587 | 2305 | 2282 | 19 | 12 | 7 | 1 | 1 | — | 9 | 2 | — | — | 6 | 4 |
| 2003 | 1201 | 4800 | 2369 | 2431 | 41 | 19 | 22 | 28 | 16 | 12 | 55 | 58 | 3 | 18 | — | — |
| 2004 | 1202 | 4853 | 2387 | 2466 | 54 | 32 | 22 | 35 | 22 | 13 | 6 | 10 | 1 | 11 | — | — |
| 2005 | 1201 | 4849 | 2378 | 2471 | 33 | 13 | 20 | 36 | 21 | 15 | 5 | 4 | 8 | 6 | 3 | 3 |
| 2006 | 1205 | 4866 | 2384 | 2482 | 31 | 20 | 11 | 26 | 14 | 12 | 8 | 8 | 2 | 7 | 40 | 37 |
| 2007 | 1201 | 4883 | 2391 | 2492 | 36 | 19 | 17 | 36 | 23 | 13 | 11 | 11 | 2 | 8 | 6 | 5 |
| 2008 | 1199 | 4887 | 2392 | 2495 | 30 | 18 | 12 | 31 | 19 | 12 | 7 | 15 | 1 | 18 | 4 | 6 |
| 2009 | 1198 | 4888 | 2387 | 2501 | 22 | 13 | 9 | 41 | 20 | 21 | 12 | 20 | — | 12 | 2 | 3 |
| 2010 | 1197 | 4881 | 2384 | 2497 | 32 | 17 | 15 | 31 | 17 | 14 | 4 | 10 | 7 | 15 | 1 | 3 |
| 2011 | 1194 | 4875 | 2381 | 2494 | 28 | 18 | 10 | 37 | 23 | 14 | 2 | 18 | 5 | 6 | — | 7 |
| 2012 | 1192 | 4885 | 2389 | 2496 | 38 | 16 | 22 | 32 | 12 | 20 | 10 | 13 | 4 | 12 | 2 | 6 |
| 2013 | 1192 | 4876 | 2377 | 2499 | 24 | 7 | 17 | 28 | 17 | 11 | 8 | 16 | 1 | 22 | 3 | 9 |
| 2014 | 1190 | 4888 | 2384 | 2504 | 54 | 27 | 27 | 36 | 20 | 16 | 8 | 11 | 4 | 22 | 4 | 4 |
| 2015 | 1189 | 4877 | 2371 | 2506 | 40 | 19 | 21 | 35 | 23 | 12 | 12 | 2 | 6 | 24 | 2 | 3 |
| 2016 | 1188 | 4890 | 2378 | 2512 | 52 | 33 | 19 | 42 | 24 | 18 | 3 | 4 | 3 | 6 | 12 | 7 |
| 2017 | 1184 | 4890 | 2389 | 2501 | 63 | 37 | 26 | 44 | 27 | 17 | 7 | 5 | 7 | 19 | 9 | 14 |
| 2018 | 1183 | 4874 | 2384 | 2490 | 41 | 20 | 21 | 25 | 14 | 11 | 3 | 1 | 5 | 14 | 8 | 25 |
| 2019 | 1182 | 4877 | 2384 | 2493 | 41 | 20 | 21 | 23 | 18 | 5 | 3 | 10 | 4 | 14 | 37 | 47 |
| 2020 | 1169 | 4874 | 2382 | 2492 | 36 | 20 | 16 | 40 | 29 | 11 | 4 | 39 | 4 | 40 | 28 | 29 |

表 4-4　　2001—2020 年革新村人口自然增长情况表

| 年份 | 年末人口（人） | 出生 | | 死亡 | | 自然增长 | |
|---|---|---|---|---|---|---|---|
| | | 人口(人) | 出生率（‰） | 人口(人) | 死亡率（‰） | 人口(人) | 自然增长率（‰） |
| 2001 | 4552 | 36 | 7.9 | 22 | 4.8 | 14 | 3.1 |
| 2002 | 4587 | 19 | 4.1 | 1 | 0.2 | 18 | 3.9 |
| 2003 | 4800 | 41 | 8.5 | 16 | 3.3 | 25 | 5.2 |
| 2004 | 4853 | 54 | 11.1 | 22 | 4.5 | 38 | 6.6 |
| 2005 | 4849 | 33 | 6.8 | 21 | 4.3 | 12 | 2.5 |
| 2006 | 4866 | 31 | 6.4 | 14 | 2.9 | 17 | 3.5 |
| 2007 | 4883 | 36 | 7.4 | 23 | 4.7 | 13 | 2.7 |
| 2008 | 4887 | 30 | 6.1 | 19 | 3.9 | 11 | 2.2 |
| 2009 | 4888 | 22 | 4.5 | 20 | 4.1 | 2 | 0.4 |
| 2010 | 4881 | 32 | 6.6 | 17 | 3.5 | 15 | 3.1 |
| 2011 | 4875 | 28 | 5.7 | 23 | 4.7 | 5 | 1 |
| 2012 | 4885 | 38 | 7.8 | 12 | 2.5 | 26 | 5.3 |
| 2013 | 4876 | 24 | 4.9 | 17 | 3.5 | 7 | 1.4 |
| 2014 | 4888 | 54 | 11 | 20 | 4.1 | 34 | 6.9 |
| 2015 | 4877 | 40 | 8.2 | 23 | 4.7 | 17 | 3.5 |
| 2016 | 4890 | 52 | 10.6 | 24 | 4.9 | 28 | 5.7 |
| 2017 | 4890 | 63 | 12.9 | 27 | 5.5 | 36 | 7.4 |
| 2018 | 4874 | 41 | 8.4 | 14 | 2.9 | 27 | 5.5 |
| 2019 | 4877 | 41 | 8.4 | 18 | 3.7 | 23 | 4.7 |
| 2020 | 4874 | 36 | 7.4 | 40 | 8.2 | −4 | −0.8 |

## 第二节　人口结构

**性别**　革新村域有确切人口记载以来，多数年份男性多于女性。1963 年人口 3284 人，男性 1723 人，女性 1561 人，男性占 52.5%；1966 年人口 3649 人，男性 1943 人，女性 1706 人，男性占 53.2%；1990 年人口 4292 人，男性 2249 人，女性 2043 人，男性占 52.4%；1997 年人口 4601 人，男性 2309 人，女性 2292 人，男性占 50.2%；2002 年人口 4587 人，男性 2305 人，女性 2282 人，男性占 50.3%。2003 年始，女性多于男性。

表 4-5　革新村 2003—2020 年男女人口性别比例情况表

| 年份 | 总户数（户） | 人口（人） | | | 男性占比（%） |
|---|---|---|---|---|---|
| | | 合计 | 男 | 女 | |
| 2003 | 1201 | 4800 | 2369 | 2431 | 49.4 |
| 2004 | 1202 | 4853 | 2387 | 2466 | 49.2 |
| 2005 | 1201 | 4849 | 2378 | 2471 | 49 |
| 2006 | 1205 | 4866 | 2384 | 2482 | 49 |
| 2007 | 1201 | 4883 | 2391 | 2492 | 49 |
| 2008 | 1199 | 4887 | 2392 | 2495 | 48.9 |
| 2009 | 1198 | 4888 | 2387 | 2501 | 48.8 |
| 2010 | 1197 | 4881 | 2384 | 2497 | 48.8 |
| 2011 | 1194 | 4875 | 2381 | 2494 | 48.8 |
| 2012 | 1192 | 4885 | 2389 | 2496 | 48.9 |
| 2013 | 1192 | 4876 | 2377 | 2499 | 48.7 |
| 2014 | 1190 | 4888 | 2384 | 2504 | 48.8 |
| 2015 | 1189 | 4877 | 2371 | 2506 | 48.6 |
| 2016 | 1188 | 4890 | 2378 | 2512 | 48.6 |
| 2017 | 1184 | 4890 | 2389 | 2501 | 48.9 |
| 2018 | 1183 | 4874 | 2384 | 2490 | 48.9 |
| 2019 | 1182 | 4877 | 2384 | 2493 | 48.9 |
| 2020 | 1169 | 4874 | 2382 | 2492 | 48.9 |

2010 年 11 月 1 日，革新村按人口性别分的 10 组年龄段中，有 5 组男性多于女性，5 组女性多于男性，而相对于 1990 年的 9 组年龄段，有 7 组男性多于女性，2 组女性多于男性。村域内人口性别比例发生变化，从男多女少逐步变为女多男少。从 80 岁以上人口男女性别比例看，女性明显多于男性，反映了女性平均寿命高于男性。

表 4-6 2010 年 11 月 1 日革新村人口年龄段统计表

| 年龄段（岁） | 总人数（人） | 男（人） | 女（人） | 男性占比（%） | 占总人数比（%） |
|---|---|---|---|---|---|
| 0 ~ 9 | 548 | 299 | 249 | 54.6 | 10.85 |
| 10 ~ 19 | 528 | 250 | 278 | 47.3 | 10.46 |
| 20 ~ 29 | 912 | 425 | 487 | 46.6 | 18.06 |
| 30 ~ 39 | 990 | 497 | 493 | 50.2 | 19.61 |
| 40 ~ 49 | 907 | 463 | 444 | 51 | 17.96 |
| 50 ~ 59 | 516 | 288 | 228 | 55.8 | 10.22 |
| 60 ~ 69 | 369 | 170 | 199 | 46 | 7.31 |
| 70 ~ 79 | 204 | 103 | 101 | 50.5 | 4.04 |
| 80 ~ 89 | 70 | 26 | 44 | 37.1 | 1.39 |
| 90 以上 | 5 | 1 | 4 | 2 | 0.10 |
| 合计 | 5049 | 2522 | 2527 | 49.95 | 100 |

说明：其中 168 人为符合人口普查规定居住时间的非本村户籍人员

表 4-7

## 1990 年革新村域人口年龄段统计表

| 村名/内容 | 革一 | | | | | 向阳 | | | | | 新南 | | | | | 总计 | | | | |
|---|---|---|---|---|---|---|---|---|---|---|---|---|---|---|---|---|---|---|---|---|
| 年龄段（岁） | 总人数（人） | 男（人） | 女（人） | 男性占比（%） | 占总人数比例（%） | 总人数（人） | 男（人） | 女（人） | 男性占比（%） | 占总人数比例（%） | 总人数（人） | 男（人） | 女（人） | 男性占比（%） | 占总人数比例（%） | 总人数（人） | 男（人） | 女（人） | 男性占比（%） | 占总人数比例（%） |
| 0 ～ 9 | 207 | 105 | 102 | 50.7 | 12.99 | 111 | 56 | 55 | 50.5 | 13.14 | 240 | 128 | 112 | 53.3 | 12.95 | 558 | 289 | 269 | 51.8 | 13 |
| 10 ～ 19 | 232 | 110 | 122 | 47.1 | 14.55 | 98 | 56 | 42 | 57.1 | 11.60 | 255 | 137 | 118 | 53.7 | 13.76 | 585 | 303 | 282 | 51.8 | 13.63 |
| 20 ～ 29 | 373 | 197 | 176 | 52.8 | 23.40 | 208 | 104 | 104 | 50 | 24.62 | 416 | 227 | 189 | 54.6 | 22.45 | 997 | 528 | 469 | 53 | 23.23 |
| 30 ～ 39 | 261 | 137 | 124 | 52.5 | 16.37 | 148 | 80 | 68 | 54.1 | 17.51 | 344 | 185 | 159 | 53.8 | 18.56 | 753 | 402 | 351 | 53.4 | 17.54 |
| 40 ～ 49 | 215 | 109 | 106 | 50.7 | 13.49 | 109 | 53 | 56 | 48.6 | 12.90 | 234 | 122 | 112 | 52.1 | 12.63 | 558 | 284 | 274 | 50.9 | 13.0 |
| 50 ～ 59 | 145 | 83 | 62 | 57.2 | 9.10 | 71 | 38 | 33 | 53.5 | 8.40 | 171 | 91 | 80 | 53.2 | 9.23 | 387 | 212 | 175 | 54.8 | 9.02 |
| 60 ～ 69 | 105 | 54 | 51 | 51.4 | 6.59 | 70 | 40 | 30 | 57.1 | 8.28 | 127 | 68 | 59 | 53.5 | 6.85 | 302 | 162 | 140 | 53.6 | 7.04 |
| 70 ～ 79 | 48 | 22 | 26 | 45.8 | 3.01 | 28 | 16 | 12 | 57.1 | 3.31 | 49 | 23 | 26 | 46.9 | 2.64 | 125 | 61 | 64 | 48.8 | 2.91 |
| 80 ～ 89 | 8 | 3 | 5 | 37.5 | 0.5 | 2 | — | 2 | 0 | 0.24 | 17 | 5 | 12 | 29.4 | 0.92 | 27 | 8 | 19 | 29.6 | 0.63 |
| 90 以上 | 0 | 0 | 0 | — | — | 0 | 0 | 0 | — | — | 0 | 0 | 0 | — | — | 0 | 0 | 0 | — | — |
| 合计 | 1594 | 820 | 774 | 51.4 | 100 | 845 | 443 | 402 | 52.4 | 100 | 1853 | 986 | 867 | 53.2 | 100 | 4292 | 2249 | 2043 | 52.4 | 100 |

**年龄** 1982年第三次人口普查，革新村域人口数为4269人，到2020年为4874人，从年龄段对比中，未成年人比例呈下降趋势，青壮年及老年人比例增大。2020年11月，革新村60岁以上人口为1289人，其中60～69岁672人、70～79岁433人、80岁以上184人；60岁以上人口占总人口的26.43%，显示人口老龄化进程在加快。

表4-8 2020年革新村80岁以上人员名录

| 序号 | 姓名 | 性别 | 年龄(岁) | 出生年月 | 所在村民组 |
|---|---|---|---|---|---|
| 1 | 姚巧文 | 女 | 98 | 1922.4 | 包家桥东 |
| 2 | 沈银宝 | 女 | 98 | 1922.11 | 麦干浜西 |
| 3 | 姚阿南 | 女 | 97 | 1923.1 | 范家埭 |
| 4 | 徐松桂 | 男 | 96 | 1924.2 | 大道场 |
| 5 | 殳凤珍 | 女 | 96 | 1924.7 | 港北村 |
| 6 | 石继堂 | 男 | 95 | 1925.11 | 镬子浜 |
| 7 | 吴阿四 | 女 | 94 | 1926.5 | 吴家里 |
| 8 | 戴庆文 | 女 | 94 | 1926.11 | 高家里 |
| 9 | 张金坤 | 女 | 93 | 1927.7 | 吴家里 |
| 10 | 姚田宝 | 女 | 93 | 1927.1 | 包家桥东 |
| 11 | 殳雪文 | 女 | 92 | 1928.9 | 后村 |
| 12 | 徐玉宝 | 女 | 92 | 1928.9 | 大道场 |
| 13 | 盛七娜 | 男 | 92 | 1928.1 | 祁家里 |
| 14 | 盛金娜 | 女 | 92 | 1928.11 | 祁家里 |
| 15 | 陈林宝 | 女 | 91 | 1929.7 | 新凤桥 |
| 16 | 吴引宝 | 女 | 91 | 1929.8 | 港北村 |
| 17 | 徐阿大 | 女 | 91 | 1929.9 | 大道场 |
| 18 | 俞美娜 | 女 | 91 | 1929.11 | 范家埭 |
| 19 | 谈长金 | 女 | 91 | 1929.12 | 南港上 |
| 20 | 徐云泉 | 男 | 90 | 1930.2 | 大道场 |
| 21 | 方潮官 | 男 | 90 | 1930.3 | 方家埭 |
| 22 | 姚松宝 | 女 | 90 | 1930.5 | 北孟庙 |
| 23 | 费龙宝 | 女 | 90 | 1930.9 | 大道场 |
| 24 | 陈兰英 | 女 | 90 | 1930.1 | 港北村 |
| 25 | 范子堂 | 男 | 90 | 1930.11 | 范家埭 |
| 26 | 朱阿掌 | 女 | 89 | 1931.2 | 朱家兜 |

续表 4-8

| 序号 | 姓名 | 性别 | 年龄(岁) | 出生年月 | 所在村民组 |
|---|---|---|---|---|---|
| 27 | 殳雨明 | 男 | 89 | 1931.6 | 港北村 |
| 28 | 赵爱金 | 女 | 89 | 1931.7 | 包家桥西 |
| 29 | 徐进宝 | 女 | 89 | 1931.7 | 陆家埭 |
| 30 | 姚文宝 | 女 | 89 | 1931.9 | 沈家村 |
| 31 | 徐阿六 | 女 | 89 | 1931.12 | 浮石桥 |
| 32 | 李稳宝 | 女 | 88 | 1932.2 | 沈家村 |
| 33 | 石炳荣 | 男 | 88 | 1932.2 | 镬子浜 |
| 34 | 蔡巧英 | 女 | 88 | 1932.3 | 麦干浜东 |
| 35 | 盛玲宝 | 女 | 88 | 1932.3 | 盛家里 |
| 36 | 姚文松 | 男 | 88 | 1932.5 | 潘家门 |
| 37 | 朱四洪 | 男 | 88 | 1932.5 | 朱家浜 |
| 38 | 谈杏宝 | 女 | 88 | 1932.5 | 南港上 |
| 39 | 徐爱宝 | 女 | 88 | 1932.8 | 大道场 |
| 40 | 范进法 | 男 | 88 | 1932.1 | 范家埭 |
| 41 | 姚咬生 | 男 | 87 | 1933.1 | 北孟庙 |
| 42 | 沈彩金 | 女 | 87 | 1933.1 | 新凤桥 |
| 43 | 赵阿珍 | 女 | 87 | 1933.2 | 包家桥西 |
| 44 | 徐美宝 | 女 | 87 | 1933.4 | 椿树下 |
| 45 | 芦阿二 | 女 | 87 | 1933.4 | 镬子浜 |
| 46 | 倪阿宝 | 男 | 87 | 1933.4 | 倪家门 |
| 47 | 施培昌 | 男 | 87 | 1933.8 | 港北村 |
| 48 | 徐金富 | 男 | 87 | 1933.8 | 徐家兜 |
| 49 | 张雪英 | 女 | 87 | 1933.8 | 包家桥西 |
| 50 | 姚小宝 | 女 | 87 | 1933.8 | 北孟庙 |
| 51 | 徐翠宝 | 女 | 87 | 1933.9 | 徐家兜 |
| 52 | 沈雪文 | 女 | 87 | 1933.1 | 沈家村 |
| 53 | 庄阿宝 | 女 | 87 | 1933.11 | 朱家兜 |
| 54 | 沈四囡 | 女 | 87 | 1933.11 | 沈家村 |
| 55 | 潘传宝 | 男 | 86 | 1934.1 | 镬子浜 |
| 56 | 徐兰毛 | 男 | 86 | 1934.3 | 椿树下 |
| 57 | 吴金宝 | 女 | 86 | 1934.4 | 吴家里 |
| 58 | 殳炳潮 | 男 | 86 | 1934.7 | 殳家埭 |

续表 4-8

| 序号 | 姓名 | 性别 | 年龄(岁) | 出生年月 | 所在村民组 |
|---|---|---|---|---|---|
| 59 | 徐金宝 | 女 | 86 | 1934.7 | 徐家兜 |
| 60 | 殳巧明 | 女 | 86 | 1934.8 | 港北村 |
| 61 | 徐二宝 | 女 | 86 | 1934.1 | 大道场 |
| 62 | 盛彩文 | 女 | 86 | 1934.11 | 祁家里 |
| 63 | 曹金文 | 女 | 86 | 1934.12 | 盛家里 |
| 64 | 姚阿义 | 男 | 86 | 1934.12 | 北孟庙 |
| 65 | 徐金荣 | 男 | 85 | 1935.2 | 陆家埭 |
| 66 | 沈杏宝 | 女 | 85 | 1935.5 | 港北村 |
| 67 | 朱四英 | 女 | 85 | 1935.7 | 朱家浜 |
| 68 | 徐金英 | 女 | 85 | 1935.8 | 范家埭 |
| 69 | 王小妹 | 女 | 85 | 1935.8 | 麦干浜西 |
| 70 | 祁文荣 | 男 | 85 | 1935.9 | 南港上 |
| 71 | 沈彩娜 | 女 | 85 | 1935.11 | 南港上 |
| 72 | 姚阿五 | 女 | 85 | 1935.11 | 北孟庙 |
| 73 | 殳阿二 | 女 | 85 | 1935.12 | 殳家埭 |
| 74 | 石美英 | 女 | 84 | 1936.1 | 镬子浜 |
| 75 | 钟文英 | 女 | 84 | 1936.1 | 周家里 |
| 76 | 范叙堂 | 女 | 84 | 1936.2 | 范家埭 |
| 77 | 李雪英 | 女 | 84 | 1936.3 | 包家桥西 |
| 78 | 魏寿官 | 男 | 84 | 1936.4 | 椿树下 |
| 79 | 徐子林 | 男 | 84 | 1936.5 | 椿树下 |
| 80 | 姚四宝 | 女 | 84 | 1936.6 | 盛家里 |
| 81 | 殳兰宝 | 女 | 84 | 1936.6 | 港北村 |
| 82 | 姜雪宝 | 女 | 84 | 1936.6 | 范家埭 |
| 83 | 祁阿六 | 女 | 84 | 1936.6 | 南港上 |
| 84 | 许福昌 | 男 | 84 | 1936.7 | 富饶桥 |
| 85 | 徐福坤 | 男 | 84 | 1936.7 | 大道场 |
| 86 | 陆金娜 | 女 | 84 | 1936.8 | 陆家埭 |
| 87 | 徐阿五 | 女 | 84 | 1936.78 | 徐家兜 |
| 88 | 姚阿良 | 男 | 84 | 1936.8 | 潘家门 |
| 89 | 沈炳坤 | 男 | 84 | 1936.8 | 沈家村 |
| 90 | 石金芳 | 男 | 84 | 1936.9 | 范家埭 |

续表 4-8

| 序号 | 姓名 | 性别 | 年龄(岁) | 出生年月 | 所在村民组 |
|---|---|---|---|---|---|
| 91 | 丁志祥 | 男 | 83 | 1937.1 | 丁家里 |
| 92 | 沈银佳 | 男 | 83 | 1937.1 | 倪家门 |
| 93 | 祁文生 | 女 | 83 | 1937.1 | 南港上 |
| 94 | 姚子宝 | 女 | 83 | 1937.2 | 潘家门 |
| 95 | 姚金生 | 男 | 83 | 1937.3 | 潘家门 |
| 96 | 孔阿荣 | 男 | 83 | 1937.3 | 丁家里 |
| 97 | 陈柏生 | 男 | 83 | 1937.3 | 陈家埭 |
| 98 | 沈金兰 | 女 | 83 | 1937.3 | 祁家里 |
| 99 | 王雪和 | 女 | 83 | 1937.4 | 陈家埭 |
| 100 | 徐阿里 | 女 | 83 | 1937.4 | 大道场 |
| 101 | 沈小宝 | 女 | 83 | 1937.4 | 沈家村 |
| 102 | 沈金和 | 女 | 83 | 1937.4 | 新凤桥 |
| 103 | 张元坤 | 男 | 83 | 1937.5 | 富饶桥 |
| 104 | 俞彩兰 | 女 | 83 | 1937.5 | 镬子浜 |
| 105 | 姚美娥 | 女 | 83 | 1937.8 | 潘家门 |
| 106 | 潘传德 | 男 | 83 | 1937.8 | 镬子浜 |
| 107 | 陆星宝 | 女 | 83 | 1937.8 | 浮石桥 |
| 108 | 沈彩文 | 女 | 83 | 1937.8 | 富饶桥 |
| 109 | 殳海官 | 男 | 83 | 1937.8 | 后村 |
| 110 | 庄雪荣 | 男 | 83 | 1937.8 | 沈家村 |
| 111 | 沈茂英 | 女 | 83 | 1937.9 | 麦西 |
| 112 | 姚玉宝 | 女 | 83 | 1937.1 | 北孟庙 |
| 113 | 赵福英 | 女 | 83 | 1937.11 | 包家桥西 |
| 114 | 祁美生 | 女 | 83 | 1937..11 | 倪家门 |
| 115 | 沈坤宝 | 女 | 83 | 1937.11 | 沈家村 |
| 116 | 姚元松 | 男 | 83 | 1937.12 | 北孟庙 |
| 117 | 陈兰英 | 女 | 83 | 1937.12 | 镬子浜 |
| 118 | 沈金坤 | 男 | 82 | 1938.2 | 陆家埭 |
| 119 | 胡阿花 | 女 | 82 | 1938.2 | 麦干浜东 |
| 120 | 钟明松 | 男 | 82 | 1938.2 | 周家里 |
| 121 | 沈子文 | 女 | 82 | 1938.2 | 沈家村 |
| 122 | 陈宝芬 | 女 | 82 | 1938.3 | 盛家里 |

续表 4-8

| 序号 | 姓名 | 性别 | 年龄(岁) | 出生年月 | 所在村民组 |
|---|---|---|---|---|---|
| 123 | 朱美宝 | 女 | 82 | 1938.3 | 朱家兜 |
| 124 | 刘杏珍 | 女 | 82 | 1938.4 | 范家埭 |
| 125 | 赵水泉 | 男 | 82 | 1938.4 | 陆家埭 |
| 126 | 徐宝松 | 男 | 82 | 1938.4 | 陆家埭 |
| 127 | 姚囡宝 | 女 | 82 | 1938.5 | 北盂庙 |
| 128 | 姚全宝 | 女 | 82 | 1938.5 | 北盂庙 |
| 129 | 朱菊生 | 男 | 82 | 1938.7 | 高家里 |
| 130 | 沈福金 | 女 | 82 | 1938.7 | 陆家埭 |
| 131 | 龚彩宝 | 女 | 82 | 1938.8 | 陆家埭 |
| 132 | 周菊章 | 男 | 82 | 1938.8 | 周家里 |
| 133 | 姚顺龙 | 男 | 82 | 1938.8 | 北盂庙 |
| 134 | 姚福洲 | 男 | 82 | 1938.8 | 潘家门 |
| 135 | 徐文英 | 女 | 82 | 1938.9 | 徐家兜 |
| 136 | 姚福宝 | 女 | 82 | 1938.1 | 潘家门 |
| 137 | 徐月娥 | 女 | 82 | 1938.1 | 高家里 |
| 138 | 殳金法 | 男 | 82 | 1938.11 | 殳家埭 |
| 139 | 姚福昌 | 男 | 82 | 1938.12 | 北盂庙 |
| 140 | 沈坤英 | 女 | 81 | 1939.1 | 沈家村 |
| 141 | 盛四娜 | 女 | 81 | 1939.1 | 徐家兜 |
| 142 | 金宝林 | 男 | 81 | 1939.1 | 高家里 |
| 143 | 陈金宝 | 男 | 81 | 1939.1 | 浮石桥 |
| 144 | 费玉英 | 女 | 81 | 1939.2 | 大道场 |
| 145 | 盛阿六 | 男 | 81 | 1939.2 | 镬子浜 |
| 146 | 沈连英 | 女 | 81 | 1939.2 | 沈家村 |
| 147 | 孔正倩 | 女 | 81 | 1939.3 | 浮石桥 |
| 148 | 庄永芳 | 男 | 81 | 1939.3 | 浮石桥 |
| 149 | 姚阿华 | 男 | 81 | 1939.3 | 潘家门 |
| 150 | 姚阿二 | 女 | 81 | 1939.3 | 北盂庙 |
| 151 | 范洪元 | 男 | 81 | 1939.3 | 范家埭 |
| 152 | 徐明宝 | 女 | 81 | 1939.4 | 陆家埭 |
| 153 | 刘正英 | 女 | 81 | 1939.9 | 徐家兜 |
| 154 | 姚小狗 | 男 | 81 | 1939.11 | 潘家门 |

续表 4-8

| 序号 | 姓名 | 性别 | 年龄(岁) | 出生年月 | 所在村民组 |
|---|---|---|---|---|---|
| 155 | 高阿三 | 女 | 81 | 1939.11 | 吴家里 |
| 156 | 沈龙夫 | 男 | 81 | 1939.11 | 镬子浜 |
| 157 | 陈稳宝 | 女 | 81 | 1939.11 | 陈家埭 |
| 158 | 孔九娜 | 男 | 81 | 1939.12 | 丁家里 |
| 159 | 盛阿五 | 男 | 80 | 1940.1 | 盛家里 |
| 160 | 殳雪林 | 男 | 80 | 1940.1 | 港北村 |
| 161 | 沈福珍 | 女 | 80 | 1940.1 | 麦西 |
| 162 | 杨云娥 | 女 | 80 | 1940.2 | 南港上 |
| 163 | 沈炳堂 | 男 | 80 | 1940.3 | 新凤桥 |
| 164 | 朱尧章 | 男 | 80 | 1940.3 | 朱家浜 |
| 165 | 朱善其 | 男 | 80 | 1940.3 | 朱家浜 |
| 166 | 顾文英 | 女 | 80 | 1940.5 | 富饶桥 |
| 167 | 张仁英 | 女 | 80 | 1940.5 | 陈家埭 |
| 168 | 高彩文 | 女 | 80 | 1940.6 | 吴家里 |
| 169 | 祝华花 | 女 | 80 | 1940.7 | 镬子浜 |
| 170 | 姚子明 | 男 | 80 | 1940.7 | 潘家门 |
| 171 | 沈凤英 | 女 | 80 | 1940.8 | 沈家村 |
| 172 | 徐三宝 | 女 | 80 | 1940.9 | 徐家兜 |
| 173 | 戚阿花 | 女 | 80 | 1940.1 | 镬子浜 |
| 174 | 邱玉英 | 女 | 80 | 1940.11 | 富饶桥 |
| 175 | 陈二娜 | 男 | 80 | 1940.11 | 陈家埭 |
| 176 | 卜雪宝 | 女 | 80 | 1940.12 | 周家里 |
| 177 | 高云林 | 女 | 80 | 1940.12 | 高家里 |
| 178 | 徐全林 | 男 | 80 | 1940.12 | 徐家兜 |
| 179 | 庄金甫 | 男 | 80 | 1940.12 | 高家里 |
| 180 | 祁美英 | 女 | 80 | 1940.12 | 丁家里 |
| 181 | 石尧根 | 男 | 80 | 1940.12 | 港北村 |
| 182 | 庄金龙 | 男 | 80 | 1940.12 | 高家里 |
| 183 | 沈阿二 | 女 | 80 | 1940.12 | 富饶桥 |
| 184 | 陈松标 | 男 | 80 | 1940.12 | 陈家埭 |

表 4-9 2007—2020 年 11 月 80~89 岁革新村谢世老人统计表

| 序号 | 姓名 | 年龄(岁) | 出生年月 | 卒年月 | 自然村 |
|---|---|---|---|---|---|
| 1 | 高明宝 | 89 | 1929.1 | 2018.11 | 高家里 |
| 2 | 盛彩宝 | 89 | 1928.2 | 2018.1 | 盛家里 |
| 3 | 徐阿堂 | 89 | 1927.11 | 2017.5 | 陆家埭 |
| 4 | 费云龙 | 89 | 1926.2 | 2015.8 | 大道场 |
| 5 | 徐锦堂 | 89 | 1925.1 | 2015.1 | 陆家埭 |
| 6 | 周子庆 | 89 | 1925.8 | 2014.9 | 周家里 |
| 7 | 陈先和 | 89 | 1923.9 | 2013.6 | 港北村 |
| 8 | 许福堂 | 89 | 1924.1 | 2013.3 | 富饶桥 |
| 9 | 庞阿二 | 89 | 1922.8 | 2012.5 | 镬子浜 |
| 10 | 徐海荣 | 88 | 1932.1 | 2020.8 | 徐家兜 |
| 11 | 殳坤荣 | 88 | 1931.3 | 2019.11 | 后村 |
| 12 | 李炳生 | 88 | 1928.9 | 2017.1 | 沈家村 |
| 13 | 高昌全 | 88 | 1928.1 | 2016.1 | 高家里 |
| 14 | 徐坤伦 | 88 | 1928.9 | 2016.1 | 大道场 |
| 15 | 费林娜 | 88 | 1927.6 | 2015.11 | 范家埭 |
| 16 | 祁永堂 | 88 | 1926.8 | 2014.8 | 祁家里 |
| 17 | 沈阿松 | 88 | 1926.7 | 2014.7 | 富饶桥 |
| 18 | 蔡彩文 | 88 | 1923.7 | 2012.6 | 高家里 |
| 19 | 王荣喜 | 88 | 1923.8 | 2012.4 | 陈家埭 |
| 20 | 费明宝 | 88 | 1923.12 | 2012.2 | 新凤桥 |
| 21 | 姚彩和 | 88 | 1921.1 | 2010.8 | 北孟庙 |
| 22 | 顾松文 | 88 | 1920.9 | 2009.7 | 潘家门 |
| 23 | 陈正宝 | 87 | 1931.11 | 2019.4 | 陈家埭 |
| 24 | 徐坤安 | 87 | 1931.8 | 2018.12 | 大道场 |
| 25 | 吴德龙 | 87 | 1930.9 | 2018.4 | 吴家里 |
| 26 | 陈文斌 | 87 | 1929.12 | 2017.11 | 港北村 |
| 27 | 陆阿二 | 87 | 1928.9 | 2015.12 | 镬子浜 |
| 28 | 丁文宝 | 87 | 1927.7 | 2015.3 | 丁家里 |
| 29 | 梅引珍 | 87 | 1926.1 | 2014.1 | 徐家兜 |
| 30 | 沈金宝 | 87 | 1927.5 | 2014.8 | 麦干浜 |

续表 4-9

| 序号 | 姓名 | 年龄(岁) | 出生年月 | 卒年月 | 自然村 |
|---|---|---|---|---|---|
| 31 | 殳茂龙 | 87 | 1927.3 | 2014.4 | 殳家埭 |
| 32 | 吴福堂 | 87 | 1924.8 | 2012.4 | 吴家里 |
| 33 | 高阿大 | 87 | 1923.12 | 2011.6 | 吴家里 |
| 34 | 吴阿三 | 87 | 1923.1 | 2010.6 | 吴家里 |
| 35 | 金阿狗 | 86 | 1934.3 | 2020.1 | 浮石桥 |
| 36 | 沈顺松 | 86 | 1932.5 | 2019.1 | 富饶桥 |
| 37 | 方引宝 | 86 | 1932.1 | 2018.5 | 方家埭 |
| 38 | 沈梅清 | 86 | 1931.5 | 2017.9 | 麦干浜 |
| 39 | 徐引金 | 86 | 1929.7 | 2016.7 | 椿树下 |
| 40 | 范叙康 | 86 | 1930.1 | 2016.3 | 范家埭 |
| 41 | 徐玉和 | 86 | 1927.1 | 2014.1 | 椿树下 |
| 42 | 姚阿三 | 86 | 1927.1 | 2014.1 | 潘家门 |
| 43 | 殳美文 | 86 | 1927.12 | 2013.12 | 殳家埭 |
| 44 | 姚美英 | 86 | 1927.3 | 2013.11 | 北孟庙 |
| 45 | 蔡三娜 | 86 | 1926.12 | 2013.3 | 麦干浜 |
| 46 | 蔡彩文 | 86 | 1926.5 | 2012.12 | 麦干浜 |
| 47 | 胡阿小 | 86 | 1925.2 | 2012.2 | 高家里 |
| 48 | 姚阿根 | 86 | 1931.1 | 2017.4 | 北孟庙 |
| 49 | 沈寿坤 | 85 | 1934.8 | 2020.6 | 沈家村 |
| 50 | 许阿大 | 85 | 1933.1 | 2018.2 | 浮石桥 |
| 51 | 庄财元 | 85 | 1931.1 | 2017.1 | 高家里 |
| 52 | 徐小狗 | 85 | 1930.11 | 2016.5 | 大道场 |
| 53 | 陈忠根 | 85 | 1930.7 | 2015.11 | 镬子浜 |
| 54 | 沈引宝 | 85 | 1928.6 | 2013.8 | 新凤桥 |
| 55 | 徐雪娜 | 85 | 1928.1 | 2013.6 | 徐家兜 |
| 56 | 徐金潮 | 85 | 1927.1 | 2013.3 | 陆家埭 |
| 57 | 姚有金 | 85 | 1926.7 | 2012.2 | 陈家埭 |
| 58 | 罗金英 | 85 | 1926.3 | 2012.2 | 盛家里 |
| 59 | 蔡阿虎 | 85 | 1926.1 | 2011.6 | 麦干浜 |
| 60 | 姚新宝 | 85 | 1925.12 | 2011.1 | 潘家门 |

续表 4-9

| 序号 | 姓名 | 年龄(岁) | 出生年月 | 卒年月 | 自然村 |
|---|---|---|---|---|---|
| 61 | 孔美金 | 85 | 1924.12 | 2010.11 | 倪家门 |
| 62 | 陈阿二 | 85 | 1935.8 | 2020.9 | 陈家埭 |
| 63 | 殳金顺 | 84 | 1935.7 | 2019.12 | 后村 |
| 64 | 徐文珍 | 84 | 1934.1 | 2018.6 | 徐家兜 |
| 65 | 范阿四 | 84 | 1934.3 | 2018.8 | 南港上 |
| 66 | 盛老虎 | 84 | 1932.12 | 2017.9 | 盛家里 |
| 67 | 朱有庆 | 84 | 1932.7 | 2017.7 | 朱家浜 |
| 68 | 殳松宝 | 84 | 1932.7 | 2017.2 | 殳家埭 |
| 69 | 朱长宝 | 84 | 1932.11 | 2017.1 | 朱家兜 |
| 70 | 徐大大 | 84 | 1931.12 | 2016.11 | 大道场 |
| 71 | 沈新宝 | 84 | 1931.8 | 2016.7 | 沈家村 |
| 72 | 殳永坤 | 84 | 1931.7 | 2016.4 | 后村 |
| 73 | 陈爱珍 | 84 | 1932.2 | 2016.4 | 陈家埭 |
| 74 | 殳雪堂 | 84 | 1931.9 | 2016.3 | 港北村 |
| 75 | 盛庆松 | 84 | 1931.4 | 2015.9 | 祁家里 |
| 76 | 史阿关 | 84 | 1930.12 | 2015.9 | 镬子浜 |
| 77 | 殳福官 | 84 | 1930.7 | 2015.2 | 港北村 |
| 78 | 韩永泉 | 84 | 1930.9 | 2014.1 | 陆家埭 |
| 79 | 陈雨林 | 84 | 1930.6 | 2014.7 | 新凤桥 |
| 80 | 蔡美英 | 84 | 1929.9 | 2014.5 | 麦干浜 |
| 81 | 沈小娜 | 84 | 1925.1 | 2009.1 | 沈家村 |
| 82 | 陈忠意 | 84 | 1936.5 | 2020.1 | 镬子浜 |
| 83 | 朱善奎 | 83 | 1936.7 | 2020.4 | 朱家浜 |
| 84 | 殳正奎 | 83 | 1932.4 | 2016.2 | 殳家埭 |
| 85 | 方阿松 | 83 | 1932.5 | 2015.12 | 方家埭 |
| 86 | 陈文林 | 83 | 1931.1 | 2015.4 | 陈家埭 |
| 87 | 韩永宝 | 83 | 1931.1 | 2014.9 | 陆家埭 |
| 88 | 毕阿男 | 83 | 1931.3 | 2014.8 | 吴家里 |
| 89 | 庄阿二 | 83 | 1929.12 | 2013.4 | 高家里 |
| 90 | 郑三娥 | 83 | 1938.5 | 2012.2 | 范家埭 |

续表 4-9

| 序号 | 姓名 | 年龄(岁) | 出生年月 | 卒年月 | 自然村 |
|---|---|---|---|---|---|
| 91 | 沈柏松 | 83 | 1928.7 | 2012.1 | 富饶桥 |
| 92 | 吴元珍 | 83 | 1926.7 | 2010.6 | 吴家里 |
| 93 | 徐阿五 | 83 | 1926.7 | 2010.1 | 大道场 |
| 94 | 姚美宝 | 83 | 1926.1 | 2009.6 | 包家桥 |
| 95 | 徐心宝 | 83 | 1924.9 | 2008.5 | 徐家兜 |
| 96 | 蔡荣堂 | 83 | 1937.1 | 2020.5 | 麦干浜 |
| 97 | 赵仁兴 | 82 | 1937.3 | 2020.2 | 包家桥 |
| 98 | 盛二宝 | 82 | 1936.1 | 2019.3 | 盛家里 |
| 99 | 倪三宝 | 82 | 1935.8 | 2018.1 | 倪家门 |
| 100 | 徐安宝 | 82 | 1933.1 | 2016.8 | 陆家埭 |
| 101 | 胡阿毛 | 82 | 1933.11 | 2016.2 | 麦干浜 |
| 102 | 陈福宝 | 82 | 1933.8 | 2015.11 | 陈家埭 |
| 103 | 庄月琴 | 82 | 1932.2 | 2014.5 | 倪家门 |
| 104 | 蔡荣熙 | 82 | 1932.2 | 2014.3 | 麦干浜 |
| 105 | 王阿四 | 82 | 1938.6 | 2020.8 | 新凤桥 |
| 106 | 丁长林 | 81 | 1938.6 | 2019.6 | 倪家门 |
| 107 | 沈松宝 | 81 | 1938.2 | 2019.4 | 沈家村 |
| 108 | 沈春浩 | 81 | 1937.1 | 2019.1 | 港北村 |
| 109 | 朱定宝 | 81 | 1936.9 | 2018.7 | 朱家浜 |
| 110 | 盛阿六 | 81 | 1934.1 | 2016.9 | 盛家里 |
| 111 | 徐巧英 | 81 | 1935.4 | 2016.8 | 徐家兜 |
| 112 | 沈祥坤 | 81 | 1935.6 | 2016.8 | 沈家村 |
| 113 | 陈文生 | 81 | 1933.7 | 2015.1 | 陈家埭 |
| 114 | 陈美宝 | 81 | 1931.1 | 2013.7 | 祁家里 |
| 115 | 丁阿坤 | 81 | 1928.8 | 2009.1 | 倪家门 |
| 116 | 顾文珍 | 81 | 1926.6 | 2007.12 | 北孟庙 |
| 117 | 姚美宝 | 81 | 1934.1 | 2015.3 | 北孟庙 |
| 118 | 殳富荣 | 81 | 1939.7 | 2020.1 | 港北村 |
| 119 | 赵勇荣 | 80 | 1939.1 | 2020.1 | 方家埭 |
| 120 | 徐文彬 | 80 | 1936.12 | 2017.6 | 徐家兜 |

续表 4-9

| 序号 | 姓名 | 年龄(岁) | 出生年月 | 卒年月 | 自然村 |
| --- | --- | --- | --- | --- | --- |
| 121 | 沈长娥 | 80 | 1936.12 | 2017.2 | 盛家里 |
| 122 | 毕琴娥 | 80 | 1936.6 | 2017.1 | 丁家里 |
| 123 | 蔡金元 | 80 | 1936.4 | 2016.8 | 麦干浜 |
| 124 | 徐金宝 | 80 | 1935.12 | 2016.2 | 陆家埭 |
| 125 | 高宝兴 | 80 | 1935.1 | 2015.2 | 高家里 |
| 126 | 黄阿娥 | 80 | 1933.1 | 2014.9 | 浮石桥 |
| 127 | 金菊芬 | 80 | 1933.12 | 2014.9 | 高家里 |
| 128 | 许炳荣 | 80 | 1933.9 | 2014.8 | 富饶桥 |
| 129 | 金宝发 | 80 | 1932.12 | 2013.9 | 高家里 |
| 130 | 马仙娥 | 80 | 1931.8 | 2012.4 | 北孟庙 |
| 131 | 陆大宝 | 80 | 1929.1 | 2009.1 | 北孟庙 |
| 132 | 朱阿八 | 80 | 1929.2 | 2009.3 | 朱家兜 |

表 4-10 2007—2020 年 11 月 90 ~ 99 岁革新村谢世老人统计表

| 序号 | 姓名 | 年龄(岁) | 出生年月 | 卒年月 | 自然村 |
|---|---|---|---|---|---|
| 1 | 郑子仙 | 97 | 1921.1 | 2018.12 | 盛家里 |
| 2 | 朱阿四 | 96 | 1923.8 | 2020.1 | 高家里 |
| 3 | 高冬仙 | 95 | 1922.1 | 2018.3 | 浮石桥 |
| 4 | 高阿大 | 94 | 1922.2 | 2017.12 | 镬子浜 |
| 5 | 李文宝 | 94 | 1919.5 | 2014.4 | 陈家埭 |
| 6 | 倪美珍 | 93 | 1923.1 | 2017.2 | 范家埭 |
| 7 | 殳文宝 | 93 | 1923.11 | 2017.2 | 殳家埭 |
| 8 | 朱锦山 | 93 | 1922.5 | 2015.6 | 朱家兜 |
| 9 | 姚凤英 | 93 | 1919.2 | 2012.11 | 潘家门 |
| 10 | 陆阿二 | 92 | 1928.3 | 2020.11 | 陆家埭 |
| 11 | 蔡杏宝 | 92 | 1927.9 | 2020.4 | 蔡家里 |
| 12 | 沈廷高 | 92 | 1924.7 | 2017.2 | 浮石桥 |
| 13 | 蔡子英 | 92 | 1919.12 | 2012.8 | 麦千浜 |
| 14 | 沈德英 | 92 | 1919.12 | 2012.2 | 倪家门 |
| 15 | 殳顺官 | 92 | 1927.12 | 2020.4 | 后村 |
| 16 | 朱新宝 | 92 | 1917.5 | 2009.9 | 朱家浜 |
| 17 | 朱阿文 | 91 | 1921.9 | 2012.12 | 朱家兜 |
| 18 | 沈桂珍 | 91 | 1924.9 | 2016.7 | 沈家村 |
| 19 | 周子坤 | 91 | 1926.11 | 2018.1 | 周家里 |
| 20 | 姚玲宝 | 91 | 1926.12 | 2018.1 | 北孟庙 |
| 21 | 徐金荣 | 91 | 1929.2 | 2020.9 | 徐家兜 |
| 22 | 蔡子文 | 91 | 1928.8 | 2019.12 | 范家埭 |
| 23 | 姚凤宝 | 91 | 1928.3 | 2019.11 | 包家桥 |
| 24 | 高叙仙 | 91 | 1928.1 | 2019.9 | 港北村 |
| 25 | 徐金仁 | 90 | 1922.1 | 2012.6 | 徐家兜 |
| 26 | 姚美娥 | 90 | 1921.1 | 2012.2 | 后村 |
| 27 | 徐彩文 | 90 | 1924.1 | 2015.6 | 大道场 |
| 28 | 姚秀生 | 90 | 1925.8 | 2016.1 | 大道场 |
| 29 | 殳龙山 | 90 | 1928.1 | 2018.12 | 殳家埭 |
| 30 | 徐阿文 | 90 | 1927.2 | 2017.5 | 椿树下 |

**文化职业** 20 世纪 50—60 年代，革新村域内小学文化程度以上人数很少，绝大多数为文盲和半文盲。1982 年村域内人口数为 4269 人，其中高中学历 95 人、初中学历 490 人、小学文化程度 2118 人、半文盲 1227 人。初中及以上文化程度 585 人，占总人数的 13.7%。1990 年村域内人口数为 4292 人，其中大学专科学历 2 人、中专学历 8 人、高中学历 101 人、初中学历 691 人、小学文化程度 2054 人、半文盲 1068 人。初中及以上文化程度 802 人，占总人数的 18.69%。2010 年全村人口数为 5049 人，其中研究生学历 2 人、大学本科学历 62 人、大学专科学历 93 人、高中学历 452 人、初中学历 1938 人、小学文化程度 2123 人。初中及以上文化程度 2547 人，占总人数的 50.45%，受教育程度显著提高。

1985 年，村域内 16 ～ 60 岁人口 2659 人。其中，从事农林牧副渔业 1809 人，占 68.03%；从事工业建筑业 678 人，占 25.5%；从事交通运输业 32 人，占 1.2%；从事服务行业及其他行业 140 人，占 5.27%。

1995 年，村域内 16 ～ 60 岁人口为 2545 人。其中，从事农林牧副渔业 1056 人，占 41.49%；从事工业建筑业 970 人，占 38.11%；从事交通运输业 77 人，占 3.03%；从事服务行业及其他行业 442 人，占 17.37%。

2005 年，全村 16 ～ 60 岁人口 2812 人。其中，从事农林牧副渔业 761 人，占 27.06%；从事工业建筑业 1768 人，占 62.87%；从事交通运输业 67 人，占 2.38%；从事服务行业及其他行业 216 人，占 7.68%。

2015 年，全村 16 ～ 60 岁人口 2765 人。其中，从事农林牧副渔业 82 人，占 2.97%；从事工业建筑业 1384 人，占 50.05%；从事交通运输业 85 人，占 3.07%；从事服务行业及其他行业 1214 人，占 43.91%。

三十多年来，村民务农传统发生了很大变化，特别是村域征迁后，绝大多数有劳动能力的人口告别了农业生产劳动，转向其他领域就业，只有少数人在花木苗圃等场所劳作，从事农林牧副渔业生产的人数占比从 1985 年的 68.03% 降至 2015 年的 2.97%。

表 4-11　1982 年革新村域各生产队人口文化程度统计表

单位：人

| 大队 | 生产队 | 合计 | 高中 | 初中 | 小学 | 半文盲 | 0～5岁人口 |
|---|---|---|---|---|---|---|---|
| 革一 | 陈家埭 | 155 | 5 | 17 | 85 | 38 | 10 |
| | 新凤桥 | 117 | 2 | 8 | 48 | 44 | 15 |
| | 合心 | 163 | 1 | 5 | 79 | 64 | 14 |
| | 人民 | 203 | 6 | 20 | 99 | 65 | 13 |
| | 丁家里 | 115 | 4 | 18 | 56 | 27 | 10 |
| | 倪家门 | 107 | 5 | 16 | 40 | 37 | 9 |
| | 吴家里 | 93 | — | 11 | 57 | 20 | 5 |
| | 南港上 | 99 | 1 | 16 | 42 | 29 | 11 |
| | 向前 | 212 | 4 | 28 | 114 | 50 | 16 |
| | 盛家里 | 106 | — | 12 | 58 | 29 | 7 |
| | 祁家里 | 78 | 2 | 13 | 25 | 27 | 11 |
| | 方家埭 | 99 | 7 | 14 | 46 | 29 | 3 |
| 向阳 | 光明 | 119 | 3 | 2 | 80 | 27 | 7 |
| | 向阳 | 120 | 6 | 14 | 56 | 36 | 8 |
| | 朝阳 | 135 | 4 | 14 | 60 | 43 | 14 |
| | 东风 | 102 | 1 | 10 | 48 | 32 | 11 |
| | 新村 | 104 | — | 7 | 50 | 41 | 6 |
| | 立新 | 124 | 7 | 15 | 65 | 28 | 9 |
| | 建设 | 154 | 1 | 14 | 80 | 48 | 11 |
| 新南 | 麦干浜 | 209 | 2 | 45 | 95 | 48 | 19 |
| | 高家里 | 229 | 1 | 25 | 118 | 64 | 21 |
| | 朱家浜 | 163 | — | 14 | 94 | 38 | 17 |
| | 沈家村 | 242 | 11 | 41 | 109 | 66 | 15 |
| | 包家桥 | 222 | 5 | 14 | 118 | 70 | 15 |
| | 潘家门 | 154 | 2 | 11 | 89 | 39 | 13 |
| | 北孟庙 | 258 | 7 | 37 | 128 | 71 | 15 |
| | 徐家兜 | 211 | 4 | 23 | 91 | 74 | 19 |
| | 大稻场 | 176 | 4 | 26 | 88 | 43 | 15 |
| 合计 | — | 4269 | 95 | 490 | 2118 | 1227 | 339 |

表 4-12

## 2010 年革新村人口文化程度统计表

单位：人

| 文化程度/性别 | 合计 | 研究生 | 大学本科 | 大学专科 | 高中 | 初中 | 小学 | 未上过学 |
|---|---|---|---|---|---|---|---|---|
| 男 | 2522 | 0 | 31 | 42 | 263 | 1029 | 1026 | 131 |
| 女 | 2527 | 2 | 31 | 51 | 189 | 909 | 1097 | 248 |
| 合计 | 5049 | 2 | 62 | 93 | 452 | 1938 | 2123 | 379 |

## 第三节　民族 姓氏

**民族**　革新村域历来是汉族聚居地，20 世纪 80 年代后，濮院羊毛衫市场的快速兴起，带动了周边的经济发展和人口流动。村域与濮院镇隔永兴港相望，交通十分便捷，来自云南、贵州、四川等地的人员在此租房，从事羊毛衫的生产、加工、经营。同时，有的女青年婚嫁到本地，使得村域内的民族构成发生了变化。2020 年，革新村人口数为 4874 人，其中汉族 4845 人，占 99.41%，少数民族 29 人，他们中包括壮族 3 人、土家族 19 人、苗族 4 人、回族 2 人、彝族 1 人，占总人口的 0.59%。

表 4-13

## 2020 年革新村少数民族人员一览表

| 姓名 | 民族 | 性别 | 年龄(岁) | 家庭住址 | 姓名 | 民族 | 性别 | 年龄(岁) | 家庭住址 |
|---|---|---|---|---|---|---|---|---|---|
| 陆金凤 | 壮族 | 女 | 72 | 包家桥东 | 向友云 | 土家族 | 女 | 41 | 大道场 |
| 冉珍银 | 土家族 | 女 | 48 | 包家桥西 | 李书琼 | 土家族 | 女 | 53 | 大道场 |
| 吴　霞 | 土家族 | 女 | 48 | 北孟庙 | 徐芳 | 土家族 | 女 | 29 | 大道场 |
| 田春英 | 土家族 | 女 | 46 | 北孟庙 | 田茂娥 | 土家族 | 女 | 53 | 大道场 |
| 吴　群 | 苗族 | 女 | 47 | 北孟庙 | 向金妮 | 土家族 | 女 | 48 | 范家埭 |
| 冉素珍 | 土家族 | 女 | 52 | 北孟庙 | 唐承模 | 土家族 | 男 | 51 | 富饶桥 |
| 姚　斌 | 土家族 | 男 | 27 | 北孟庙 | 杨亚芬 | 土家族 | 女 | 27 | 港北村 |
| 董禄梅 | 土家族 | 女 | 35 | 北孟庙 | 杨玉珠 | 苗族 | 女 | 48 | 倪家门 |
| 姚煜欣 | 土家族 | 女 | 1 | 北孟庙 | 沈钰珩 | 回族 | 男 | 1 | 沈家村 |
| 姚娟新 | 苗族 | 女 | 28 | 北孟庙 | 陆春凤 | 壮族 | 女 | 53 | 殳家埭 |

续表 4-13

| 姓名 | 民族 | 性别 | 年龄(岁) | 家庭住址 | 姓名 | 民族 | 性别 | 年龄(岁) | 家庭住址 |
|---|---|---|---|---|---|---|---|---|---|
| 黄卯英 | 苗族 | 女 | 45 | 北孟庙 | 杨芝妹 | 土家族 | 女 | 36 | 新凤桥 |
| 冯昌仙 | 土家族 | 女 | 48 | 北孟庙 | 吴大霞 | 土家族 | 女 | 68 | 徐家兜 |
| 陈丽玲 | 土家族 | 女 | 27 | 陈家埭 | 庄东 | 土家族 | 男 | 27 | 徐家兜 |
| 陶雪婷 | 回族 | 女 | 27 | 椿树下 | 王权珍 | 彝族 | 女 | 47 | 朱家浜 |
| 唐凤善 | 壮族 | 女 | 50 | 朱家浜 | | | | | |

**姓氏**　2020年革新村域内姓氏共有165个。100人以上的姓氏有：徐姓536人、姚姓515人、沈姓430人、殳姓284人、陈姓279人，朱姓250人、庄姓156人、张姓153人、刘姓143、盛姓118人、周姓109人、高姓106人、蔡姓100人；吴、王、祁、陆、赵、倪、方、范、费、李、潘、石、顾，人数在40人以上、100人以下。

表 4-14

## 2020年革新村姓氏一览表

单位：人

| | | | | | | | | | | | | | | | | | |
|---|---|---|---|---|---|---|---|---|---|---|---|---|---|---|---|---|---|
| 姓氏 | 徐 | 姚 | 沈 | 殳 | 陈 | 朱 | 庄 | 张 | 刘 | 盛 | 周 | 高 | 蔡 | 吴 | 王 | 祁 | 陆 |
| 人数 | 536 | 515 | 430 | 284 | 279 | 250 | 156 | 153 | 143 | 118 | 109 | 106 | 100 | 96 | 94 | 79 | 74 |
| 姓氏 | 赵 | 倪 | 方 | 范 | 费 | 李 | 潘 | 石 | 顾 | 丁 | 金 | 许 | 孔 | 谈 | 钟 | 杨 | 曹 |
| 人数 | 73 | 71 | 66 | 59 | 56 | 47 | 42 | 41 | 40 | 39 | 39 | 39 | 32 | 32 | 31 | 29 | 27 |
| 姓氏 | 钱 | 邱 | 汪 | 毕 | 胡 | 蒋 | 黄 | 施 | 陶 | 夏 | 戴 | 马 | 孙 | 董 | 罗 | 任 | 冯 |
| 人数 | 27 | 27 | 24 | 23 | 23 | 20 | 18 | 18 | 18 | 13 | 12 | 12 | 12 | 11 | 11 | 11 | 10 |
| 姓氏 | 韩 | 庞 | 郑 | 汤 | 宋 | 龚 | 史 | 屠 | 俞 | 虞 | 袁 | 楼 | 戚 | 魏 | 章 | 鲍 | 田 |
| 人数 | 10 | 10 | 10 | 9 | 9 | 8 | 8 | 8 | 8 | 8 | 8 | 7 | 7 | 7 | 6 | 5 | 5 |
| 姓氏 | 曾 | 程 | 缪 | 邵 | 唐 | 肖 | 杭 | 何 | 姜 | 黎 | 林 | 毛 | 彭 | 濮 | 冉 | 束 | 万 |
| 人数 | 4 | 4 | 4 | 4 | 4 | 4 | 3 | 3 | 3 | 3 | 3 | 3 | 3 | 3 | 3 | 3 | 3 |
| 姓氏 | 向 | 薛 | 於 | 潭 | 柏 | 边 | 卜 | 查 | 付 | 富 | 葛 | 江 | 凌 | 莫 | 钮 | 秦 | 申 |
| 人数 | 3 | 3 | 3 | 3 | 2 | 2 | 2 | 2 | 2 | 2 | 2 | 2 | 2 | 2 | 2 | 2 | 2 |

续表 4-14

| 姓氏 | 伍 | 谢 | 严 | 颜 | 晏 | 尹 | 于 | 祝 | 白 | 包 | 薄 | 卞 | 柴 | 常 | 车 | 崔 | 单 |
|---|---|---|---|---|---|---|---|---|---|---|---|---|---|---|---|---|---|
| 人数 | 2 | 2 | 2 | 2 | 2 | 2 | 2 | 2 | 1 | 1 | 1 | 1 | 1 | 1 | 1 | 1 | 1 |
| 姓氏 | 邓 | 都 | 端 | 樊 | 甘 | 耿 | 管 | 过 | 郝 | 贺 | 计 | 季 | 解 | 经 | 冷 | 梁 | 廖 |
| 人数 | 1 | 1 | 1 | 1 | 1 | 1 | 1 | 1 | 1 | 1 | 1 | 1 | 1 | 1 | 1 | 1 | 1 |
| 姓氏 | 卢 | 鲁 | 麻 | 欧 | 泮 | 齐 | 丘 | 尚 | 舒 | 苏 | 覃 | 童 | 韦 | 隗 | 卫 | 闻 | 翁 |
| 人数 | 1 | 1 | 1 | 1 | 1 | 1 | 1 | 1 | 1 | 1 | 1 | 1 | 1 | 1 | 1 | 1 | 1 |
| 姓氏 | 邬 | 鲜 | 邢 | 叶 | 易 | 应 | 詹 | 占 | 卓 | 邹 | 郁 | 芦 | | | | | |
| 人数 | 1 | 1 | 1 | 1 | 1 | 1 | 1 | 1 | 1 | 1 | 1 | 1 | | | | | |

## 第四节 计划生育与人口流动

**计划生育** 新中国成立初期至1962年，村域内人口出生处于自然状态。这一时期由于经历战争不久，人口减少，特别是缺少青壮年，国家鼓励多生孩子，争当“光荣妈妈”。由于医疗条件的改善，生活水平的提高，死亡率大幅下降，人口自然增长率大幅上升。1967年，革新村域人口自然增长率达到23.48‰。

▲ 独生子女光荣证

20世纪70年代初，革新村域3个大队开始提倡节制生育，适当控制人口增长率。

1973年，村域内实行“晚、稀、少”的生育政策（晚：结婚年龄男25周岁、女23周岁；稀：两胎间隔四年左右；少：一对夫妇不超过两个孩子）。

1979年，村域内开始实行独生子女奖励政策，对符合条件的夫妇发给“独生子女优待证”，1980年3月，改称“独生子女光荣证”。

1982年，村域内开始推行“一对夫妇只生一个孩子”的政策，人口增长

▲ 20世纪七八十年代宣传计划生育纪念品

得到有效控制。1984年人口自然增长率仅为2.58‰，之后一直保持较低的自然增长率。

1990年，村域内，生育二胎须上报桐乡县计划生育主管部门审查批准。

2016年1月1日起，村域内全面实施二孩政策，即一对夫妇可生育两个孩子。

实行计划生育后，分管计划生育的妇女主任，原新南大队（村）先后有徐美琴、姚丽英、徐玲芬，原革一大队（村）先后有倪美娥、倪金凤、汤菊文、殳金梅，原向阳大队（村）先后有沈惠宝、张建英。2000年三村合并后分管计划生育的妇女主任为张建英、方鑫利。张建英于1999年、2000年、2015年、2018年4次被评为桐乡市计划生育先进工作者。革新村2011年和2014年被评为桐乡市人口和计划生育基层基础工作示范村，2005—2008年、2014年、2016年共6次被评为桐乡市人口与计划生育工作先进集体。

**精简下放和知青下乡落户** 1962—1963年，贯彻中央关于“调整、巩固、充实、提高”的方针和省委“关于缩短战线，保证重点，整顿劳动力，加强农业第一线”的指示精神，动员职工精简下放。部分城镇职工和居民到农村下乡落户，部分原农村户籍因就学、进企业工作人员精简回乡，有些城镇居民家庭未成年子女随父母下乡。据不完全统计，有55名精简下放、回乡人员在革新村域落户。

1964年开始，知识青年上山下乡，各级政府动员城镇中学毕业生和社会青年到农村插队落户，接受锻炼。

1966年4月25日，崇福镇51位男女知识青年首批来到村域内新南大队、革一大队插队落户。他们分别被安排到徐家兜、沈家村、潘家门、北孟庙、麦干浜、高家里、姚家埭、赵家木桥、港北村、新凤桥、丁家里、南港上、吴家里、殳家埭、范家埭、方家埭等生产队。当时，在每个生产队建立一个知青点，建造简易平房，每人一间，配备好生活必需物品及生产农具。随后几年，陆续下乡到革新村域原革一大队、原新南大队和原向阳大队的知识青年有91名，他们大多来自梧桐镇，也有少数来自濮院镇，以及上海、杭州、苏州、嘉兴等城市。他们多数被安排在各生产队知青点，少数安排到农户家，与农户同吃同住同劳动。他们与社员们一起插秧、割稻、垦地、锄草、养蚕、采菊花；到镇上运过垃圾，康泾塘上开过河，稻场上和老人们一起晒过粮；在大队学校教过书，也参加宣传队，教社员们唱革命歌曲。原新南大队的知青还组建以知青为主力的篮球队，并在 1975 年 5 月在新南大队举行的桐乡县首届农民篮球赛上，战胜大麻庄河队，获得冠军。同年 11 月，代表桐乡县出战在嘉善县洪溪乡举行的嘉兴地区农民男篮赛，战胜海盐队获第九名。这些城里知青，插队到村域内住得简陋，吃得清苦，干得劳苦，手上老茧破了又生，肩上红肿消了又红，初春的雨水冰得刺骨，炎夏的烈日烫得烧心，但是他们坚持再坚持，克服一个又一个困难，熬过一天又一天。与此同时，他们也得到当地干部、社员的关怀和帮助，结下深厚感情。他们在农村时间长的达十五六年，短的也有二三年，在其人生中留下永恒的记忆。

自 1966 年首批知青插队落户至 1980 年最后一批回城，村域内共接纳知识青年 142 名。

▲ 2016 年 4 月，原革一、新南大队及兄弟大队的崇福知青下乡五十周年回乡留影

▲ 1975 年 7 月 25 日，新南大队领导迎接知识青年的到来（汤闻飞摄）

▲ 2021 年 6 月，原向阳大队知青回乡留影

表 4-17 革新村域 1962—1963 年部分精简下放、回乡人员名单

| 姓名 | 性别 | 落户时间 | 落户时年龄(岁) | 落户地点 | 原单位或职业 |
|---|---|---|---|---|---|
| 陈玉琪 | 男 | 1962.9 | 19 | 新南大队蔡家里生产队 | 梧桐一中心教师 |
| 陈森如 | 男 | 1962.9 | 25 | 新南大队沈家村生产队 | 梧桐镇 |
| 毛德新 | 男 | 1963 | — | 新南大队朱家浜生产队 | 梧桐镇 |
| 姚福昌 | 男 | 1962.4 | 24 | 新南大队庙东生产队 | 杭州钢铁厂 |
| 朱震华 | 男 | 1963 | 47 | 新南大队庙东生产队 | 梧桐二中心教师 |
| 俞珍珠 | 女 | 1963 | 46 | 新南大队庙东生产队 | 梧桐镇武庙街 |
| 王剑鸣 | 男 | 1962.6 | 25 | 新南大队麦干浜生产队 | 梧桐镇茶食店 |
| 朱可劳 | 男 | 1962.4 | 44 | 新南大队包家桥生产队 | 梧桐镇刻字店 |
| 毕玲娜 | 女 | 1963.5 | 24 | 新南大队 | 梧桐镇环卫所 |
| 周志浩 | 男 | 1963.5 | 24 | 新南大队 | 梧桐镇环卫所 |
| 杜士坤 | 男 | 1962.6 | 36 | 新南大队北徐兜生产队 | 梧桐镇竹器店 |
| 沈云初 | 男 | 1962.7 | 60 | 新南大队高家里生产队 | 梧桐公社卫生院 |
| 宋金章 | 男 | 1962.6 | 46 | 新南大队庙西生产队 | 梧桐镇 |
| 诸惠敏 | 女 | 1963.6 | 45 | 新南大队沈家村生产队 | 梧桐镇 |
| 顾祥官 | 男 | 1962.4 | 45 | 新南大队潘家门生产队 | 梧桐镇理发社 |
| 张宝文 | 女 | 1962 | — | 革一大队 | 梧桐镇武庙街 |
| 朱粉金 | 女 | 1962 | — | 革一大队 | 梧桐镇武庙街 |
| 刘杏珍 | 女 | 1962 | — | 革一大队 | 梧桐镇北港街 |
| 姚文标 | 男 | 1962.12 | 33 | 革一大队范家埭生产队 | 梧桐镇搬运站 |
| 章伯毅 | 男 | 1962.7 | 47 | 革一大队 | 教师 |
| 吴金荣 | 男 | 1962.8 | 26 | 革一大队 | 嘉兴新塍竹器厂 |
| 许秀芬 | 女 | 1963.5 | 11 | 革一大队陈家埭生产队 | 梧桐镇武庙街 |
| 许品盛 | 男 | 1963.5 | 9 | 革一大队陈家埭生产队 | 梧桐镇武庙街 |
| 许秀玉 | 女 | 1963.5 | 6 | 革一大队陈家埭生产队 | 梧桐镇武庙街 |
| 许秀言 | 女 | 1963.5 | 4 | 革一大队陈家埭生产队 | 梧桐镇武庙街 |
| 许秀红 | 女 | 1963.5 | 1 | 革一大队陈家埭生产队 | 梧桐镇武庙街 |
| 刘禹堂 | 男 | 1962.4 | 33 | 革一大队范家埭生产队 | 农林局抽水站 |
| 李顺康 | 男 | 1962.10 | 26 | 革一大队南港上生产队 | 梧桐镇太平街 |

续表 4-17

| 姓名 | 性别 | 落户时间 | 落户时年龄(岁) | 落户地点 | 原单位或职业 |
| --- | --- | --- | --- | --- | --- |
| 蒋树春 | 男 | 1962.12 | 21 | 革一大队方家埭生产队 | 梧桐镇梧桐街 |
| 许福兴 | 男 | 1963.4 | 38 | 革一大队陈家埭生产队 | 梧桐镇武庙街 |
| 徐　荣 | 男 | 1963.5 | 20 | 革一大队倪家门生产队 | 梧桐镇梧桐街 |
| 金鸿明 | 男 | 1962.5 | 30 | 革一大队刘家里生产队 | 梧桐镇 |
| 朱经鑑 | 男 | 1962.7 | 48 | 革一大队 | 教师 |
| 费民生 | 男 | 1962.7 | 27 | 革一大队盛家里生产队 | 乌镇镇北栅 |
| 沈德惠 | 女 | 1962.6 | 25 | 革一大队殳家埭生产队 | 乌镇镇教师 |
| 陈源芳 | 男 | 1962.7 | 47 | 革一大队刘家里生产队 | 梧桐镇理发店 |
| 潘阿法 | 女 | 1962.6 | 36 | 革一大队南港上生产队 | 乌镇镇帽厂 |
| 陆连生 | 男 | 1962.6 | 53 | 革一大队吴家里生产队 | 梧桐镇鞋厂 |
| 仇鸣宝 | 男 | 1963.6 | 47 | 革一大队倪家门生产队 | 梧桐运输队 |
| 姚松堂 | 男 | 1963.5 | 53 | 革一大队 | 梧桐镇环卫所 |
| 李顺兴 | 男 | 1962.4 | 26 | 革一大队丁家里生产队 | 梧桐渔业队 |
| 方祖荣 | 男 | 1962.4 | 34 | 革一大队（回乡） | 抽水机站 |
| 陈阿五 | 男 | 1962.3 | 23 | 革一大队（回乡） | 砖瓦厂 |
| 方宝祥 | 男 | 1962.1 | 19 | 革一大队（回乡） | 教师 |
| 金春菊 | 女 | 1963.5 | 53 | 革二大队第二生产队 | 梧桐镇收购商店 |
| 项阿林 | 男 | 1963.5 | 38 | 革二大队 | 梧桐镇环卫所 |
| 魏文金 | 男 | 1963.5 | 51 | 革二大队第四生产队 | 梧桐镇油货部 |
| 章顺发 | 男 | 1962 | — | 革二大队第八生产队 | 梧桐镇造纸厂 |
| 张祖祥 | 男 | 1962.3 | — | 革二大队第一生产队 | 梧桐镇 |
| 李保和 | 女 | 1962.7 | 47 | 革二大队第二生产队 | 乌镇镇 |
| 孙德林 | 男 | 1962.5 | 21 | 革二大队第五生产队 | 梧桐建筑社 |
| 周玲云 | 女 | 1963.6 | 19 | 革二大队第一生产队 | 梧桐粮管所 |
| 朱金英 | 女 | 1962.10 | 26 | 革二大队第七生产队 | 梧桐镇梧桐街 |
| 王伯权 | 男 | 1963.5 | 28 | 革二大队 | 梧桐镇水果店 |
| 张顺福 | 男 | 1962.5 | 38 | 革二大队第三生产队 | 梧桐镇烟丝厂 |

表 4-18 1966—1978 年革新村域（原新南大队）城镇知识青年插队落户统计表

| 姓名 | 性别 | 落户时年龄(岁) | 原籍 | 落户自然村 | 落户时间 | 回城时间 | 备注 |
|---|---|---|---|---|---|---|---|
| 张国跃 | 男 | 20 | 崇福镇 | 徐家兜 | 1966.4.25 | 1979.5 | — |
| 姚余亮 | 男 | 20 | 崇福镇 | 徐家兜 | 1966.4.25 | 1976.11 | — |
| 朱家伟 | 男 | 23 | 梧桐镇 | 大稻场 | 1972 | 1979 前 | — |
| 蒋丽华 | 女 | 19 | 梧桐镇 | 大稻场 | 1974 | 1979 前 | — |
| 何依霖 | 男 | 18 | 崇福镇 | 沈家村 | 1966.4.25 | 1979.5 | — |
| 陈伟栋 | 男 | 18 | 崇福镇 | 沈家村 | 1966.4.25 | 1975.7 | — |
| 施曙亮 | 男 | 18 | 梧桐镇 | 沈家村 | 1973 | 1979.7 | — |
| 徐志铭 | 男 | 22 | 梧桐镇 | 朱家浜 | 1971 | 1979 前 | — |
| 朱惠耐 | 女 | 19 | 崇福镇 | 潘家门 | 1966.4.25 | 1979.1 | — |
| 陈才田 | 男 | 19 | 梧桐镇 | 潘家门 | 1973 | 1979 前 | — |
| 谢忠健 | 男 | 20 | 濮院镇 | 潘家门 | 1974 | 1979.8 | — |
| 沈利亚 | 女 | 17 | 梧桐镇 | 北孟庙 | 1966.4.29 | 1979.8 | — |
| 王爱娥 | 女 | 20 | 崇福镇 | 北孟庙 | 1966.4.25 | 1973.11 | — |
| 莫法珍 | 女 | 19 | 梧桐镇 | 北孟庙 | 1974 | 1979 前 | — |
| 祝金林 | 男 | 18 | 崇福镇 | 高家里 | 1966.4.25 | 1979 前 | — |
| 李汉民 | 男 | 18 | 崇福镇 | 高家里 | 1966.4.25 | 1976.10.25 | — |
| 朱乐权 | 男 | 18 | 梧桐镇 | 高家里 | 1973 | 1976.12 | 参军 |
| 李湘华 | 女 | 18 | 崇福镇 | 麦干浜 | 1966.4.25 | 1979.1 | — |
| 范蓓蕾 | 女 | 17 | 崇福镇 | 姚家埭 | 1966.4.25 | 1978.11 | — |
| 郭元龙 | 男 | 19 | 崇福镇 | 赵家木桥 | 1966.4.25 | 1979 前 | — |
| 陆建东 | 男 | 19 | 梧桐镇 | 包家桥 | 1972.12 | 1976.8 | — |
| 徐柏泉 | 男 | 19 | 梧桐镇 | 包家桥 | 1974 | 1979 前 | — |
| 朱　萍 | 女 | 18 | 梧桐镇 | 高家里 | 1971 | 1974.12 | 参军 |
| 李小荣 | 女 | 19 | 梧桐镇 | 徐家兜 | 1975.7 | 1978.7 | — |
| 骆初阳 | 男 | 17 | 梧桐镇 | 大稻场 | 1975.7 | 1978.12 | — |
| 张理英 | 女 | 18 | 梧桐镇 | 潘家门 | 1975.7.24 | 1978.7 | — |
| 黄俐丽 | 女 | 19 | 梧桐镇 | 麦干浜 | 1975.8 | 1976.12 | — |
| 陆向红 | 女 | 18 | 梧桐镇 | 高家里 | 1975.7 | 1978.10 | — |
| 杨洪熙 | 男 | 19 | 梧桐镇 | 北孟庙 | 1975.7 | 1979.10 | — |
| 杨兰英 | 女 | 17 | 梧桐镇 | 沈家村 | 1976.12 | 1979 前 | — |

续表 4-18

| 姓名 | 性别 | 落户时年龄(岁) | 原籍 | 落户自然村 | 落户时间 | 回城时间 | 备注 |
|---|---|---|---|---|---|---|---|
| 杜建芬 | 女 | 18 | 梧桐镇 | 高家里 | 1976.12 | 1979.12 | — |
| 席丽萍 | 女 | 19 | 梧桐镇 | 北孟庙 | 1976.12 | 1979.4 | — |
| 周伟平 | 男 | 18 | 梧桐镇 | 徐家兜 | 1978.1 | 1979 前 | — |
| 李金明 | 男 | 21 | 梧桐镇 | 麦干浜 | 1978.1 | 1980.3 | — |
| 钱亚英 | 女 | 19 | 梧桐镇 | 高家里 | 1978.1 | 1979.12 | — |
| 褚月芬 | 女 | 19 | 梧桐镇 | 沈家村 | 1975.7.24 | 1978.7 | — |
| 吴宁儿 | 男 | 19 | 崇福镇 | 沈家村 | 1966.4.25 | 1971.12 | — |
| 徐伟平 | 男 | 18 | 梧桐镇 | 徐家兜 | 1972.6 | 1978.12 | — |
| 陈钰鸣 | 女 | 18 | 崇福镇 | 潘家门 | 1966.4.25 | 1978.12 | — |
| 张秋生 | 男 | 18 | 崇福镇 | 徐家兜 | 1966.4.25 | 1971.12 | — |
| 汤秋荣 | 男 | 20 | 崇福镇 | 高家里 | 1966.4.25 | 1971.3 | — |
| 胡国光 | 男 | 18 | 崇福镇 | 高家里 | 1966.4.25 | 1971.6 | — |
| 樊利清 | 女 | 18 | 崇福镇 | 麦干浜 | 1966.4.25 | 1979 前 | — |
| 陈涛元 | 男 | 19 | 崇福镇 | 赵家木桥 | 1966.4.25 | 1972.3 | — |
| 赵云霞 | 女 | 22 | 梧桐镇 | 包家桥 | — | 1979 前 | — |
| 钱　敏 | 女 | 22 | 杭州市 | 北孟庙 | — | 1979 前 | — |
| 李建忠 | 女 | 18 | 梧桐镇 | 麦干浜 | — | 1979 前 | 参军 |
| 李为稼 | 男 | 18 | 崇福镇 | 麦干浜 | 1966.4.25 | 1978.10 | — |
| 杨稚华 | 女 | 18 | 崇福镇 | 麦干浜 | 1966.4.25 | 1976.11 | — |
| 程文娟 | 女 | 17 | 崇福镇 | 潘家门 | 1966.4.25 | 1976.11 | — |
| 杨丽清 | 女 | 18 | 崇福镇 | 北孟庙 | 1966.4.25 | 1971.12 | — |
| 孙秋芬 | 女 | 18 | 崇福镇 | 北孟庙 | 1966.4.25 | 1978.8 | — |
| 金丽华 | 女 | 18 | 崇福镇 | 姚家埭 | 1966.4.25 | 1976.5 | 参军 |
| 周　英 | 女 | 18 | 崇福镇 | 姚家埭 | 1966.4.25 | 1978.12 | — |
| 胡鹰高 | 男 | 18 | 崇福镇 | 赵家木桥 | 1966.4.25 | 1974.11 | — |
| 史玉珍 | 女 | 20 | 梧桐镇 | 北孟庙 | 1975.7.24 | 1979.10 | — |

表 4-19 1966—1978 年革新村域（原向阳大队）城镇知识青年插队落户统计表

| 姓名 | 性别 | 落户时年龄(岁) | 原籍 | 落户自然村 | 落户时间 | 回城时间 | 备注 |
|---|---|---|---|---|---|---|---|
| 张利青 | 男 | 17 | 梧桐镇 | 朝阳 | 1971.4 | 1976.11 | — |
| 于永明 | 男 | 19 | 梧桐镇 | 朝阳 | 1971.7 | 1977.8 | — |
| 徐国良 | 男 | 18 | 梧桐镇 | 朝阳 | 1971.7 | 1978.10 | — |
| 刘逸飞 | 男 | 20 | 梧桐镇 | 向阳 | 1971.7 | 1976.12 | — |
| 谢永涌 | 男 | 19 | 梧桐镇 | 向阳 | 1971.7 | 1978.10 | — |
| 施炳祥 | 男 | 19 | 梧桐镇 | 向阳 | 1969.7 | 1975.10 | 屠甸转入 |
| 沈建楚 | 男 | 19 | 梧桐镇 | 向阳 | 1973 | 1979 前 | — |
| 朱　瑛 | 女 | 20 | 梧桐镇 | 立新 | 1971.7 | 1977.6 | — |
| 曹利明 | 女 | 17 | 梧桐镇 | 立新 | 1971.7 | 1976.9 | — |
| 丁龙龙 | 男 | 20 | 梧桐镇 | 光明 | 1971.7 | 1978.12 | — |
| 张惠芳 | 女 | 19 | 濮院镇 | 建设 | 1971.3 | 1975.11 | — |
| 阮建玲 | 女 | 19 | 梧桐镇 | 建设 | 1970.3 | 1978.11 | — |
| 游媛媛 | 女 | 18 | 苏州市 | 朝阳 | 1969.10 | 1979 前 | — |
| 鲁照蓉 | 女 | 19 | 苏州市 | 新村 | 1969 | 1979 前 | — |
| 陈厚生 | 男 | 18 | 梧桐镇 | 东风 | 1975.7 | 1979 前 | — |
| 陈建良 | 男 | 19 | 梧桐镇 | 东风 | 1975.7 | 1976.10 | — |
| 姚佑羽 | 男 | 19 | 梧桐镇 | 东风 | 1975.7 | 1978.10 | — |
| 胡芬芬 | 女 | 19 | 梧桐镇 | 建设 | 1975.7 | 1979.4 | — |
| 刘谷璃 | 男 | 20 | 梧桐镇 | 向阳 | 1975.11 | 1979.5 | — |
| 王建华 | 男 | 17 | 梧桐镇 | 立新 | 1976.12 | 1979 前 | — |

续表 4-19

| 姓名 | 性别 | 落户时年龄(岁) | 原籍 | 落户自然村 | 落户时间 | 回城时间 | 备注 |
|---|---|---|---|---|---|---|---|
| 万丽萍 | 女 | 17 | 梧桐镇 | 建设 | 1976.12 | 1979 前 | — |
| 曹新华 | 男 | 17 | 梧桐镇 | 新春 | 1976.12 | 1979.1 | — |
| 万宝华 | 女 | 20 | 梧桐镇 | 立新 | 1976.12 | 1979.10 | — |
| 贾新根 | 男 | 18 | 梧桐镇 | 新春 | 1977.4 | 1979 前 | — |
| 凌伟华 | 男 | 18 | 上海市 | 东风 | 1977.5 | 1979 前 | — |
| 闫建秋 | 男 | 17 | 梧桐镇 | 光明 | 1977.12 | 1980.9 | — |
| 倪秋芬 | 女 | 20 | 梧桐镇 | 建设 | 1978.11 | 1980.3 | — |
| 郑玉玲 | 女 | 18 | 梧桐镇 | 向阳 | 1978.1 | 1979.12 | — |
| 邹月芬 | 女 | 18 | 梧桐镇 | 建设 | 1978.1 | 1979 前 | — |
| 尹建国 | 男 | 19 | 梧桐镇 | 光明 | 1971.7 | 1975.9 | — |
| 冯建明 | 男 | 19 | 梧桐镇 | 朝阳 | 1976.12 | 1978.8 | — |
| 沈永清 | 男 | 19 | 梧桐镇 | 东风 | 1972.7 | 1979 前 | — |
| 金跃明 | 男 | 19 | 梧桐镇 | 朝阳 | 1976.3 | 1978.7 | — |
| 陈文武 | 女 | 20 | 梧桐镇 | 建设 | 1971.5 | 1974.11 | — |

表 4-20　1966—1978 年革新村域（原革一大队）城镇知识青年插队落户统计表

| 姓名 | 性别 | 落户时年龄（岁） | 原籍 | 落户自然村 | 落户时间 | 回城时间 | 备注 |
|---|---|---|---|---|---|---|---|
| 胡德波 | 男 | 19 | 崇福镇 | 港北村 | 1966.4.25 | 1978.10 | — |
| 阮浩清 | 男 | 18 | 崇福镇 | 新凤桥 | 1966.4.25 | 1977.11 | — |
| 唐银根 | 男 | 18 | 崇福镇 | 新凤桥 | 1966.4.25 | 1976.11 | — |
| 冯伯明 | 男 | 18 | 崇福镇 | 新凤桥 | 1966.4.25 | 1976.11 | — |
| 董汉儒 | 男 | 21 | 崇福镇 | 丁家里 | 1966.4.25 | 1975.6 | — |
| 屠建明 | 男 | 21 | 梧桐镇 | 人民 | 1974 | 1979 前 | — |
| 冯向明 | 男 | 19 | 梧桐镇 | 人民 | 1974 | 1979 前 | — |
| 黄祖兴 | 男 | 20 | 崇福镇 | 红星 | 1966.4.25 | 1979.1 | — |
| 沈森木 | 男 | 20 | 崇福镇 | 红星 | 1966.4.25 | 1974.5 | — |
| 丁森其 | 男 | 19 | 梧桐镇 | 红星 | 1965 | 1979 前 | — |
| 孙引弟 | 女 | 17 | 梧桐镇 | 新丰 | 1973 | 1979 前 | — |
| 冯永仙 | 女 | 19 | 梧桐镇 | 新丰 | 1973 | 1979 前 | — |
| 许荣芬 | 女 | 19 | 梧桐镇 | 新丰 | 1973 | 1979 前 | — |
| 田伯清 | 男 | 20 | 梧桐镇 | 向前 | 1965 | 1979 前 | — |
| 孙伟忠 | 男 | 20 | 梧桐镇 | 向前 | 1973 | 1979 前 | — |
| 吴镜清 | 男 | 20 | 梧桐镇 | 向前 | 1973 | 1979 前 | — |
| 谢　云 | 女 | 19 | 梧桐镇 | 向前 | 1974 | 1979 前 | 参军 |
| 熊根仙 | 女 | 19 | 崇福镇 | 南港上 | 1966.4.25 | 1975.5 | — |
| 黄芝英 | 女 | 18 | 崇福镇 | 吴家里 | 1966.4.25 | 1979.1 | — |
| 江永明 | 男 | 20 | 嘉兴市 | 东风 | 1971 | 1979 前 | — |
| 葛桐彤 | 男 | 19 | 梧桐镇 | 东风 | 1970 | 1979.1 | — |
| 沈克勇 | 男 | 18 | 梧桐镇 | 东风 | 1965 | 1979 前 | — |
| 董静娥 | 女 | 18 | 梧桐镇 | 东风 | 1965 | 1979 前 | 参军 |
| 金九娜 | 女 | 18 | 梧桐镇 | 范家里 | 1975.7 | 1979 前 | — |
| 张志明 | 男 | 18 | 梧桐镇 | 范家里 | 1975.7 | 1979 前 | — |
| 杨连松 | 男 | 19 | 梧桐镇 | 范家里 | 1975.7 | 1979 前 | — |
| 赵建萍 | 女 | 18 | 梧桐镇 | 合心 | 1976.1 | 1979 前 | — |
| 李玲芬 | 女 | 18 | 梧桐镇 | 陈新 | 1978.1 | 1979 前 | — |
| 陈莉萍 | 女 | 19 | 梧桐镇 | 红星 | 1978.1 | 1979 前 | — |
| 虞建如 | 女 | 19 | 梧桐镇 | 红星 | 1978.1 | 1979 前 | — |

续表 4-20

| 姓名 | 性别 | 落户时年龄(岁) | 原籍 | 落户自然村 | 落户时间 | 回城时间 | 备注 |
|---|---|---|---|---|---|---|---|
| 金吕良 | 男 | 18 | 梧桐镇 | 新丰 | 1978.2 | 1979 前 | — |
| 曹婉明 | 女 | 18 | 梧桐镇 | 红星 | 1978.1 | 1979 前 | — |
| 徐惠芬 | 女 | 18 | 梧桐镇 | 东风 | 1978.1 | 1979 前 | — |
| 钟富洪 | 男 | 18 | 梧桐镇 | 陈新 | 1978.1 | 1979 前 | — |
| 孔　宸 | 男 | 20 | 崇福镇 | 殳家埭 | 1966.4.25 | 1979.11 | 1973 年转留良公社 |
| 姚玉英 | 女 | 18 | 崇福镇 | 吴家里 | 1966.4.25 | 1972.2 | — |
| 周宝珠 | 女 | 18 | 崇福镇 | 吴家里 | 1966.4.25 | 1972.12.25 | — |
| 马问蓓 | 女 | 19 | 崇福镇 | 南港上 | 1966.4.25 | 1977.6 | — |
| 韩慧珍 | 女 | 21 | 崇福镇 | 南港上 | 1966.4.25 | 1972.3 | — |
| 钱明丽 | 女 | 17 | 崇福镇 | 范家埭 | 1966.4.25 | 1976.7 | — |
| 乔梅丽 | 女 | 18 | 崇福镇 | 范家埭 | 1966.4.25 | 1976.8 | — |
| 汪丹秋 | 女 | 18 | 崇福镇 | 范家埭 | 1966.4.25 | 1979.1 | — |
| 姜九伦 | 女 | 18 | 崇福镇 | 范家埭 | 1966.4.25 | 1978.11 | — |
| 罗铁峰 | 男 | 19 | 崇福镇 | 丁家里 | 1966.4.25 | 1971.12.20 | 参军 |
| 李遐勤 | 男 | 18 | 崇福镇 | 丁家里 | 1966.4.25 | 1968 | — |
| 吴纪明 | 男 | 19 | 崇福镇 | 方家埭 | 1966.4.25 | 1970.10 | — |
| 贾锦铨 | 男 | 18 | 崇福镇 | 殳家埭 | 1966.4.25 | 1970.12.26 | — |
| 李益强 | 男 | 18 | 崇福镇 | 殳家埭 | 1966.4.25 | 1974.9 | — |
| 沈佰良 | 男 | 19 | 崇福镇 | 港北村 | 1966.4.25 | 1972.5 | — |
| 吴金根 | 男 | 19 | 崇福镇 | 港北村 | 1966.4.25 | 1977.12 | — |
| 潘芸华 | 女 | 20 | 上海市 | 范家埭 | 1969.12 | 1979.9 | — |
| 潘瑞华 | 女 | 18 | 上海市 | 港北村 | 1967.3 | 1979.12 | — |

**暂住人口** 2009年，村域整体完成征地搬迁后，村民安置于革新、灵悟、金晖、永兴4个小区，云南、贵州、四川等中西部地区到桐乡从事羊毛衫的生产、加工、经营的人员，暂时租住在村民自建的安置房内，成为桐乡新居民。这些新居民流动性大，暂住时间长的几年，短的几个月，有的甚至租住不到一个月。

表4-21 2014—2020年革新村暂住人口统计表

| 年份 | 暂住人口（人） |
| --- | --- |
| 2014 | 8804 |
| 2015 | 7681 |
| 2016 | 8183 |
| 2017 | 10817 |
| 2018 | 12394 |
| 2019 | 17368 |
| 2020 | 18826 |

说明：数据来源于公安部门暂住人口登记管理系统

# 第五章　农业

革新村域位于桐乡的东部，长期以来，形成了以水稻为主，粮、畜、桑全面发展的农业生产格局。村域地势平坦，无一山丘，历史上旱涝灾害记载无数，民国23年（1934）大旱，永兴港、姚家浜等河浜见底。人们在河底挖井舀水，解决生活用水。据潘家门组村民姚金生回忆：“1954年特大洪涝，从农历三月初开始下雨，直到六月夏天连续下雨51天，水田汪洋一片，水深齐大腿，农民蓑衣笠帽不离身，户与户之间联合起来，日夜轮流踏大水车（人力水车），停人不停车，连续几个昼夜，所以在那个时期有了‘瘤肤膀’，都是踏水车踏伤了腿静脉而导致静脉曲张。”在这一带曾流传着这样的民谣：“三里姚家浜，七里到桐乡，旱水年成浜朝天，大水年成踏断腰。”新中国成立后，党和政府视农业为国民经济的基础，加强对农业生产的领导，引导农民走互助合作道路，废止了封建的土地制度，改革耕作制度，整治河道、兴修水利，提高播种指数，大力培育推广良种和农田耕作机械化，生产力得到了解放，农业生产有了飞速发展。1972年，本村域粮食总产量创历史最高纪录，达到5612吨。1991年，全村年饲养蚕种6141张，向国家出售鲜茧185吨，全年生猪饲养量2951头，家禽养殖2.2万羽。1983年，全面实行家庭联产承包责任制，提高了农民的生产积极性，在抓好粮食生产的同时，大力发展副业，增加经济收入。2006年废止《中华人民共和国农业税条例》，结束了2000多年历史的农业税收，使得农民受益，增加了农民收入。1991 年，革新村全年经济总量 1235.4 万元，到 1998 年，革新村经济总收入 6594.61 万元，比 1991 年增长 5359.21 万元。农民人均收入从 1992 年的 1626.27 元到 2020 年的 46285.94 元，增加了 44659.67 元。2009 年，全村集体土地全部被国家征收，革新村几千年来靠田地吃饭、靠种桑养蚕用钱的传统农业画上了圆满句号，成为历史。

## 第一节 全面实施“农业八字宪法”

1958 年，党中央和毛主席提出搞好农业生产的八项措施，总结为八个字，即土、肥、水、种、密、保、管、工。广大农村干部群众在贯彻这八个字的实践中，用简洁、形象的语言归结为一句话，即“农业八字宪法”。至此，村域内全面实施“农业八字宪法”。

**土** 土是土壤，土地是农民的命根子。1962 年，革新村域内有 7298 亩土地，其中水田 3694 亩、旱地 3603 亩。20 世纪 60 年代初，尽管粮食生产位列全县前茅，但征收任务重，村民的口粮还是十分紧张，会出现粮食断档的窘境，粮食吃完了，麦子还没有成熟，山薯也烂了不能吃了，因此有些农户只能靠吃新蚕豆度日，所以上级要求大量开垦旱地为水田，也叫开新荡田，扩大水稻的种植面积，增加粮食产量，解决农户的吃饭问题。

**肥** 农谣说：庄稼一枝花，全靠肥当家。大片的农田如果没有肥料就会变得越来越贫瘠，特别是那些新开荡田土质更加差，没有肥料的农田长不好庄稼。革新村域内有句俗语道：“黄鼠狼跑过不碰肚皮。”有了田还是没有好的收成。所以，村民们想办法要改善土质，村域内用肥主要有两条途径，一是有机肥，二是化肥。有机肥料主要靠养猪养羊，多养猪羊，多罱河泥，多种植绿肥，多搞土什肥等方法来多积肥料。为了鼓励农户多养猪羊，大队制定奖励政策。同时，大队、生产队大办集体牧场，新南大队实现队队都有百头牧场，为改善土质、增加土地肥力和粮食丰收起到极大作用。1958 年 3 月 23 日，桐乡县委机关报《桐乡报》对革新一社男女老少大积土肥给予大幅报道，并在全县进行推广。

革新一社男女老少大積土肥

【本报訊】一个迎接大检查的生产高潮，已在新南鄉革新一社步步高升。

20日晚的縣廣播大会振奋了革新一社的全体社員。当夜，有不少小队安排生产到天明，有的小队大开夜工。他們为了迎接大检查，除保証做好当前播种防凍育秧外，要在27日前每畝积足肥料500担，坚决消滅“三类苗”，并且立即行动起来。如四大队一算本队肥料畝田只有158担，急了，不等天亮，男女老少就大搞家庭肥，土埭不夠，立刻去買了70付。

在生產浪潮高漲的过程中，社管委的新决定，又进一步鼓舞了社員們的干勁。這个决定是：找肥源，算任务，分配到戶、限期完成，超額的要獎勵，不完成的要扣分。工分标準是：家庭肥每担4厘（連挑進生泥填平地基工分在内），草皮、坑底泥每担2厘。到期逐戶检查，超額完成的，超額部分双工分，完不成任务的，缺少部分一担要倒扣一担工分。社員們說，這个办法好，既能保証积肥任务，又公平合理。

【又訊】昨夜，該社为了統一挖地脚泥的标準規格，还以大队为單位，从新做样子組織参观，以保証肥料的数量、質量。預計，革新一社的多样化积肥運动，規模将越来越大。

▲《桐乡报》1958 年 3 月 23 日报道：革新一社男女老少大积土肥

**水**　水利是农业的命脉。20 世纪 60—70 年代，村域大搞农田基础建设，消灭“箱子田”低洼田，修筑排涝、灌溉机埠、排涝水闸、灌溉渠道，开挖排涝沟，疏浚河道，做到田成方、沟成网、沟渠配套、旱能灌、涝能排，为粮食高产稳产起到关键作用。

**种**　粮食要稳产高产，选种育种尤为重要。20 世纪 70 年代，在桐乡县农业局、桐乡县种子公司的关怀和支持下，在村域内的塘家浜办起了育种试验场

廣开肥源　分段突击

革新一队大搞积肥

〔本报訊〕梧桐革新一队全面規划肥源，1500亩单季晚稻在7月5日前亩施15担标肥，組織积肥专业队伍，采取定額包工的法，大搞积肥运动。

本月二十二日結束插秧后，該队就安排力投入以积肥为主的田間管理运动，二十日組織小队长以上干部在四、五小队召开积肥現場会，具体地算了肥料帳：全队单晚稻1500亩，早期施轉青肥每亩15担，共23500担，这批肥料在7月5日前积好。此規划，安排了肥料来源：計划搞蘊草900担，运上海人粪1000担，积家庭人粪00担，削草皮泥制漚肥8000担，猪羊垃圾00担，山空“六棚”和家庭什肥2385担，000担，折算标准每亩十担，还少7500担，除了継續再大积土什肥和一部分草皮泥外，用菜餅解决。

在肥料落实的基础上，把任务分到小队，組織三个积肥专业队：一队搞家庭什肥和“六棚”肥；一队搞草皮泥；一队搞蘊草和运人粪。每天投入积肥人数198人，目前在交售紧張时候，采取分段突击的办法，全队39只船白天搞蘊草，夜里运送交粮，組織一批半劳力进行削草皮泥，到昨日止，已积蘊草7700担，草皮泥6800担，运人粪1770担，猪、羊垃圾1170担。

在大搞积肥的同时，又加強了单季晚稻的田間管理，早批二十日前插的秧，有1 50亩已施上的轉青肥，每亩施标准肥15担。（高百乔、单小学）

▲《桐乡报》1958 年 6 月 29 日报道：广开肥源，分段突击，革新一队大搞积肥

（科技站）进行大田育种，然后把优质良种供各生产队进行大面积播种，粮食亩产稳步提高。80 年代，新南大队成了全县的育种基地，种子公司提供种子，农户种植。由农业局、种子公司下派农技员长期下乡蹲点，指导农户育种、选种，把好种子质量关，把优良种子通过种子公司源源不断供应全县农村。

**密** 密指的是农作物的合理密植。农作物的间距、横距太宽了，基本苗根数少，产量就不高；太密了，农作物吃不到露水、见不到阳光，影响作物的生长，也达不到高产。因此，要合理密植，做到小株密植，在保证基本苗数的同时，又让农作物充分享受阳光雨露。村域内有一句俗语道：“稻无脚（基本苗不足），收不着（产量低）。”1958 年 4 月 23 日，桐乡县委机关报《桐乡报》对革新一社改进小队管理、适应早插密植、提高规格质量的做法给予头版报道。

**保** 保是指对植物的保护。农作物的病虫害防治也是粮食丰收的关键。在“以粮为纲”的年代里，每个生产队都至少有一名植保员，每天在庄稼田里巡视，是农作物的“医生”和保护神，责任重大。水稻的主要病害有稻瘟病和纹

中國共產党浙江省桐鄉縣委員会机關報
1958年4月23日 戊戌年三月初五日
星期三 第176期 十八立夏

改進小队管理 適应早插密植

革新一社加快插秧速度提高规格質量

新南乡革新一社在20日开始插[illegible]后，改进小队管理，适应早插密[illegible]的需要，保证了技術革新运动的[illegible]利开展。

由于今年插秧時間比去年提早[illegible] 12天，密植的标准和耕作質量，[illegible]远远超过前期搞三包四到田责任[illegible]的技術规格，对已經制訂的小[illegible]包工定額和劳动組織，都和新的[illegible]势不相適应，另外，由于前一[illegible]期寒潮低温的影响，不少秧田受[illegible]损失，以致在插秧前又补播了[illegible] 64000 斤直播，这样就增加了工[illegible]量，使劳力顯得格外緊張。为了[illegible]解决这个問題，全社除継續貫[illegible]执行三包四到田的各項規定外，[illegible]劳动定額調整劳动組織等方面，[illegible]作了研究和改进。

第一，根据工种要求和質量的[illegible]高，重新初步修订了插秧时期的[illegible]段計划的包工分，如插秧、拔秧[illegible]前每畝定工 30 分，现在提高为

五小队的具体計算，在插秧時，还有其他农活夹在一起，这个队折算劳力21人，从20日开始插秧到月底结束，总共10天共需403工，平均每个劳力要每天干两工。因此，在提高劳动效率这問題上，社里把各项农活进行了合理安排，并坚持执行小队社員劳动基本工分投放后的超奖减賠制。在劳动組織上也按照農活技術需要根据各人特長进行分工。該队已建立插秧、运肥、直播管理、拔秧、另活等专业生产小組；并把拔秧、共育、削地、匀烟秧、种菊花等农活，归妇女和老年半劳力包干，插秧、包肥等农活，由青年正劳力包干。在按农活分組后，又按农活的具体性质，再划小組或包给个人進行。比如拔秧組里匀烟秧又专門包給老年社員，规定工分、时間、質量，在統一領导下包干完成任务。第三，建立队的核心組織，加强对当前生产技術革新的領导。

白等組織通过逐段進行檢查和插旗标签分别驗收。

由于小队管理改进了，適应了当前技術革新的需要，因此插秧進度加快，规格也有了一定的提高，预計全社將在 4 月30日以前完成早稻插秧任务。（趙尔有）

抓住六环發动妇[illegible]

革新一社重視运用占人口半[illegible]

新南乡革新一社为了突击完成早插等一系列工作，在既要保証技術规格又要加快速度的要求下，除了改进經营管理提高劳动效率外，着重解决了发动和提高占人口半数的妇女劳力投入生产，目前，全社518名妇女劳力出勤已達98%，有力的推动了以早插密植为中心的技术革新运动。

這个社在发动妇女这一工作上，主要

▲《桐乡报》1958 年 4 月 23 日报道：革新一社加快插秧速度提高规格质量

枯病，主要的虫害是稻飞虱和螟虫。如果病虫害参顶了（影响到顶盘叶上）就很难防治，粮食产量就要歉收了。因此，植保员要天天在田间观察，早发现、早防治。防病治虫是农作物能否长势旺盛、获得高产的重要一环。

**管**　就是管理。农业生产是一门大学问，春耕、夏锄、秋收、冬藏都要加强管理。县有农业局，公社有农技站，大队有农技员、植保员对农作物进行田间管理、为养蚕提供技术指导，对水稻进行肥水管理、耘田、搁田、控制无效分蘖，不要出现“笑苗哭稻”的情况（笑苗：化肥过多，苗黑发嫩，长势旺盛，看了很开心；哭稻：等到抽穗、提浆后，头重脚轻的稻子倒伏了，看了很伤心）。村域内一句俗语道：“麦倒全无，稻倒一半。”所以，合理、科学是一种最好的管理方法。1958 年 5 月 9 日，桐乡县委机关报《桐乡报》对革新一社实行分户包干管理，促使早稻早发的经验在头版给予报道。

革新一社四大二小隊实行分戶包干田間管理

促使早稻早發　一天半結束头耘

新南乡革新一社四大队二小队，53畝双季早稻除10畝直播（苗小不能耘）外，其余43畝从7日下午开始到8日下午4時完成了頭耘，並完全符合規格要求。

這个小队21个男女劳力，這次平均每个劳力要負担耘2·15亩田，所以能迅速地在一天半時間內完成，其主要經驗是因为实行了分戶田間管理。分戶田間管理的办法是：首先按不同圩頭田畝，將到收割为止的全部耘田拔草、施肥等工作，規定質量、工分，然后按劳力强弱、多少，分配到戶，并定出奬賠办法。該队每亩定額：苗田，标准为40分，坐水田易耘草少的为35分，草多又难做的田为45分；直播田，标準为60分，草多难做的寬田最高为75分，好做草少的为55分。質量按技术操作規格，延誤季节或操作粗糙的，經四到田的圩头員責人驗收決定扣分或重做。田間管理包到戶后，他們还規定了這样的两条，来解开个人生活与集体生活的矛盾：①分户的工作，必須在队的統一領导下进行，並服从小队集体生产；②分戶工作，規定时間，限期完成。

这个队去年就实行了这个办法，效果很好，田間管理的速度快、質量好。如新开的2·4畝荡田，往年因乾旱而減产，去年实行分戶管理后，有了专人負責，灌溉得到了保証，獲得了單季畝产700斤（比往年增300斤）的丰收。（宣子華）

▲《桐乡报》1958 年 5 月 9 日报道：革新一社四大二小队实行分户包干田间管理

**工**　指的是工具。昔日农业生产主要靠手工劳动，主要的劳动工具是铁耙（俗称六尺杆）、锄头、钎步等。工具好了，干活省力速度又快，人不吃力。所以，在 20 世纪 60—70 年代，农民把自己吃饭的工具保护得很好，每次干活回家都要把劳动工具洗净、擦干，有时还要给工具上油，防生锈。随着时代的发展，机械化、电气化逐渐普及，农业现代化的水平越来越高，传统的劳动工具用处越来越小了。

随着“农业八字宪法”在村域内的全面实施，粮食亩产从新中国成立前的50多千克提高到1972年的350多千克。1978年12月，中共中央召开十一届三中全会，全国范围内逐步实行家庭联产承包责任制。从1983年开始，村域内的革一、新南、向阳大队全面推行家庭联产承包责任制，实行包产到户，极大调动和激发了广大农民的积极性，农业生产力得到极大提高。

## 第二节 农业水利

清光绪《桐乡县志》记载：“桐之北十里为运河，循河而下，有大川贯南北，曰永新溪，两岸腴田，斗笠不绝。”永新溪即现在的永兴港，永兴港环绕村域内的浮石桥、椿树下、朱家兜、屠家里、富饶桥、周家里、大道场、徐家兜、北孟庙、潘家门10个村民小组，连接河浜8条，总长度21.5千米。解放以前兴修水利很少，整治河道几乎没有，使得河岸坍塌，河浜淤泥导致河床抬高，两岸杂草丛生，一下大雨就发生洪涝。碰到雨水少的年份就出现干旱，严重制约了田地的灌溉与排涝，影响了农民的生产生活。面对频发的自然灾害，作为单干独户的农民束手无策，只能听天由命，出路只有一条，那就是逃荒要饭。

新中国成立后，党和政府十分重视农业，拨付专款、发动群众治河治水，兴修水利。毛主席在深入农村广泛调查研究的基础上，提出“水利是农业的命脉”的口号。过去全村农民吃尽了在旧社会“下雨成汪洋，久晴盼甘露”的苦头，新中国成立后在党和政府号召下，兴修水利、挖沟筑渠的积极性大幅提高。20世纪50年代，各自然村主动合作，清除河浜杂草，疏通河浜淤积堵塞之处。一时间，排涝灌溉有了一定程度的缓解。1954年，发生特大洪涝，革新村域内那些低洼的水圩头颗粒无收，只有部分较高的荡田排水及时，有七八成的收成。1958年10月，在梧桐人民公社党委、政府的帮助下，拨专款修筑了村域内第一个机埠——朱家浜灌溉机埠，建机埠所需的材料由大队向各个生产队分摊。据沈家村村民沈龙顺回忆，他与同村的另一人连续干活五六天，每天晚上摇船去桐乡的市河里摸石头，直到完成本生产队的石头任务。经过三个多月的紧张施工，终于在第二年的春耕前完工，安装12英寸口径水泵3台、动力是3台老式12马力烧柴蒸汽发动机。在建造机埠的同时，各生产队组织人员修筑渠道，南至爱国大队的许家兜，北至向阳的富饶桥，革一的陈家埭，渠道总长度超5千米，受益生产队20多个，灌溉面积2500多亩。同时，全村还有4条流动抽水机船，其中新南2条、革一1条、向阳1条，每条船上有一台10英寸口径的水泵，配有一台8马力的柴油机。新南一条船上配有20英寸口径的水泵、20马力柴油机1台，主要是沿河浜两岸边的圩头水田灌溉。

1961年9月起，浙江电网开始向桐乡县境内送电。依托新安江电网延伸，全县以农业电力排灌为主体的供电网络开始向各公社、大队供电。1961年末，桐濮35千伏线途经村域。1962年，第一条高压线路落地本村域，第一台10千伏安高压变压器设在朱家浜机埠的高台沟上。从此，机埠内的烧柴蒸汽发动机换成12千瓦的电动机（马达），成为电力排灌机埠。同年12月，在朱家浜灌溉机埠的基础上，再修筑排涝机埠，内装口径为45英寸的超大水泵（又名轴承泵）。在修筑排涝机埠的同时，在永兴港与姚家浜出口处修筑革新村第一个石坝（排涝水闸），受益面积占总面积的35%，实现农业生产旱涝保收。但对一些箱子田、低洼水圩头还是要靠人力水车，直到70年代进行平土填高，建造小型排灌机埠，才真正实现了灌溉排涝的机械化、电气化。

20世纪60年代中后期，革新村域内各生产队掀起了平整土地，积肥造肥，兴修水利的运动，并普及推广“三熟制”，多打粮多售粮，支援国家建设。在行政编制上，扩大经济核算单位，合并小生产队为大生产队，原新南大队17个生产队合并为红光、合心、人民、勤俭、红卫5个大生产队，原革一大队16个生产队合并为陈新、合心、人民、新丰、东风、红星、向前7个大生产队，原向阳大队10个生产队合并为光明、向阳、朝阳、东风、新村、立新、建设7个大生产队。劳动出工“大呼隆”，推行评工记分办法，出工点人头，记分一划头。一季度或半年度搞一次评分，采取社员自报与队务委员评议相结合的办法，确定每个社员劳动一天的工分数额，男正劳力每天10分，女正劳力每天7.5分（有的生产队为7分）。出工、收工，开早工、开夜工，生产队开会都用信号通知，当时，村域内各个生产队用不同信号，有吹海螺的，有吹牛角的，有吹军号的，有吹哨子的，也有敲锣的。由于作息时间基本相近，常常会同时有各种信号声响。

20世纪70年代初，革新村域通过大搞农田基本建设，开展平整土地，实现了“千亩土地连成方，爿爿水田都向阳，排灌分系连成网，高产稳产有保障”。1970年—1975年，革新村域内对63个圩区进行整治改造，平整土地1402亩。其中改造圩区较大的项目有：镬子浜生产队浜北荡田200亩，陆家埭生产队圆溇潭、莫家岗荡田125亩，高家里生产队茅亭头、浜底头荡田120亩。

▲ 1976年，村域内男女社员开夜工平整土地（李渭钫摄）

经过三年多的艰苦奋斗，开挖排涝沟32条，总长度7.8千米。挑土修筑机耕路加主渠道8条，主渠宽9米，渠深2米，底宽2米，面宽2.5米，机耕路宽4.5米，总长度8.5千米。同时，生产队分别修筑分渠道，挑挖土方20万余立方米。建造排灌大型机埠9个：沈家村机埠、麦干浜机埠、包家桥机埠、大道场机埠、富饶桥机埠和丁家里机埠、范家埭机埠、新凤桥机埠、镬子浜机埠。修建排涝水闸6个：麦干浜水闸、大道场水闸、浮石桥水闸、镬子浜水闸、范家埭水闸和殳家埭水闸。

至此，涝能排、旱能灌，排灌沟渠网格化，农业水利得到了根本改观，粮食旱涝保收。同时，建成了渠、林、路配套，地势平坦、成方成片的良田和桑园，确保了粮食的稳产高产。

表 5-1　　1980 年新建农业水利泵站名称、设施一览表

| 泵站名称 | 类 型 | 水泵型号 | 数量（台） | 功率（千瓦） |
|---|---|---|---|---|
| 大道场 | 灌溉 | 泥 300 | 1 | 14 |
| 沈家村 | 灌溉 | 泥 300 | 1 | 14 |
| 包家桥 | 灌溉 | 泥 300 | 1 | 14 |
| 麦干浜 | 灌溉 | 泥 350 | 1 | 16 |
| 丁家里 | 灌溉 | 泥 300 | 1 | 14 |
| 范家埭 | 灌溉 | 泥 350 | 1 | 16 |
| 新凤桥 | 灌溉 | 泥 300 | 1 | 14 |
| 镬子浜 | 灌溉 | 泥 350 | 1 | 16 |
| 富饶桥 | 灌溉 | 泥 250 | 1 | 13 |
| 麦干浜 | 排灌 | 轴 500 | 1 | 31 |
| 大道场 | 排灌 | 轴 500 | 1 | 31 |
| 浮石桥 | 排灌 | 轴 500 | 1 | 31 |
| 殳家埭 | 排灌 | 轴 500 | 1 | 31 |
| 范家埭 | 排灌 | 轴 500 | 1 | 31 |
| 丁家里 | 排灌 | 泥 350 | 1 | 16 |
| 庄家门 | 排灌 | 泥 400 | 1 | 20 |
| 合计 | — | — | 16 | 322 |

表 5-2 1970—1975 年革新村圩区整治、平整土地面积一览表

| 新南大队 | | | | 革一大队 | | | | 向阳大队 | | | |
|---|---|---|---|---|---|---|---|---|---|---|---|
| 村民小组 | 平整时间 | 圩名 | 平整后面积（亩） | 村民小组 | 平整时间 | 圩名 | 平整后面积（亩） | 村民小组 | 平整时间 | 圩名 | 平整后面积（亩） |
| 沈家村 | 1970.12 | 下层头 | 8 | 范家埭 | 1970.12 | 过西田 | 14.5 | 椿树下 | 1971.2 | 木桥北面（羊桥头） | 20 |
| | 1971.11 | 上爿头高坟低 | 16 | | 1971.11 | 老秧田 | 5 | | 1972.2 | 加土田 | 17 |
| | 1972.11 | 后田头小河西 | 20 | | | 东汉田 | 12 | 陆家埭 | 1972.11 | 圆溇潭莫家岗 | 125 |
| | 1973.12 | 木桥河南 | 50 | | 1972.2 | 大卡角 | 4 | 周家里 | 1973.2 | 邱婆桥 | 16 |
| | 1974.11 | 羊家溇头 | 15 | | | 南塘田 | 45 | 浮石桥 | 1972.12 | 西头田 | 17 |
| 潘家门 | 1971.12 | 柞树岗 | 26 | | 1974.11 | 东塘田 | 41 | 朱家兜 | 1971.2 | 鱼鳝浜 | 25 |
| | 1973.11 | 潘家门田畈 | 6 | 陈家埭 | 1970.12 | 东头圈 | 8 | | 1973.2 | 北荡 | 10 |
| 麦干浜 | 1971.2 | 香樟坟头门对田 | 52 | | 1971.2 | 元宝田 | 6 | 富饶桥 | 1972.12 | 南田横 | 18 |
| | 1973.12 | 西田横 | 26 | | 1972.11 | 南塘田 | 15 | 镬子浜 | 1971.2 | 浜北荡田 | 200 |

续表 5-2

| 新南大队 | | | | 革一大队 | | | | 向阳大队 | | | |
|---|---|---|---|---|---|---|---|---|---|---|---|
| 村民小组 | 平整时间 | 圩名 | 平整后面积（亩） | 村民小组 | 平整时间 | 圩名 | 平整后面积（亩） | 村民小组 | 平整时间 | 圩名 | 平整后面积（亩） |
| 高家里 | 1971.1 | 北头坟中爿头 | 50 | 陈家埭 | 1972.11 | 长柳梢 | 4.5 | — | — | — | — |
| | | 茅亭头浜对头 | 120 | | 1973.2 | 长柳西 | 13 | — | — | — | — |
| 徐家兜 | 1970.12 | 西圩头 | 51 | | 1974.12 | 机埠头 | 10 | — | — | — | — |
| | 1972.11 | 张家田头 | 10 | 新凤桥 | 1970.12 | 文浜田 | 4 | — | — | — | — |
| | 1973.12 | 三爿头小圩头 | 7 | | | 东塘田 | 5 | — | — | — | — |
| 大道场 | 1971.2 | 河填里 | 20 | | 1971.11 | 台沟北 | 13 | — | — | — | — |
| | 1973.12 | 大圩头 | 31 | | 1972.2 | 社间后头（小圩头） | 18 | — | — | — | — |
| 包家桥 | 1970.12 | 后爿头 | 20 | | 1973.11 | 火枪田 | 4 | — | — | — | — |
| | 1971.11 | 岗圈里 | 9 | | | 十爿头 | 15 | — | — | — | — |

续表 5-2

| 新南大队 | | | | 革一大队 | | | | 向阳大队 | | | |
|---|---|---|---|---|---|---|---|---|---|---|---|
| 村民小组 | 平整时间 | 圩名 | 平整后面积（亩） | 村民小组 | 平整时间 | 圩名 | 平整后面积（亩） | 村民小组 | 平整时间 | 圩名 | 平整后面积（亩） |
| 包家桥 | 1973.2 | 蟹溇浜 | 10 | 新凤桥 | 1974.11 | 桩头门堆 | 5 | — | — | — | — |
| 朱家浜 | 1971.2 | 三亩岗 | 8 | 港北村 | 1971.2 | 观子桥西 | 36 | — | — | — | — |
| | 1972.11 | 东山岗 | 7 | | 1973.12 | 浜对头 | 20 | — | — | — | — |
| | 1974.2 | 池堂地 | 30 | 倪家门 | 1970.12 | 毛草墩 | 40 | — | — | — | — |
| 北孟庙 | | 南田横 | 8 | | 1973.2 | 秀才桥 | 20 | — | — | — | — |
| — | — | — | — | 殳家埭 | 1971.2 | 种子场 | 15 | — | — | — | — |
| — | — | — | — | | 1972.11 | 草庵头 | 5 | — | — | — | — |
| — | — | — | — | | 1973.1 | 杨蒲地 | 30 | — | — | — | — |
| — | — | — | — | | 1974.11 | 炮台漾 | 12 | — | — | — | — |

续表 5-2

| 新南大队 | | | | 革一大队 | | | | 向阳大队 | | | |
|---|---|---|---|---|---|---|---|---|---|---|---|
| 村民小组 | 平整时间 | 圩名 | 平整后面积（亩） | 村民小组 | 平整时间 | 圩名 | 平整后面积（亩） | 村民小组 | 平整时间 | 圩名 | 平整后面积（亩） |
| — | — | — | — | 方家埭盛家里 | 1971.12 | 南塘田 | 62 | — | — | — | — |
| — | — | — | — | | 1974.2 | 草庵门堆 | 19 | — | — | — | — |
| — | — | — | — | 南港上吴家里 | 1971.2 | 坍桥头 | 30 | — | — | — | — |
| — | — | — | — | | 1972.11 | 亭子桥 | 30 | — | — | — | — |
| — | — | — | — | | 1973.12 | 法海湾<br>草庵头<br>九爿头 | 100 | — | — | — | — |
| | | | | | | | | | | | |
| | | | | | | | | | | | |
| | | | | | | | | | | | |
| | | | | | | | | | | | |

1975年12月，秋收冬种一结束，梧桐人民公社党委根据排涝、运输的需要和东片广大人民群众的实际需求，决定举全公社之力，开挖疏通姚家浜与十字港。全公社19个生产大队，近万名民工劳作20天，把一条弯曲、窄小的断头浜变成了直通桐乡市河的北港河。

1987年3月，县政府发动各乡镇、村自筹资金修筑水泥渠道。由于原先的灌溉渠道渗水严重，影响了灌溉效率，水电浪费严重，所以主要修筑大机埠的主渠道，由县农经委下拨补助款，标准为每亩1米补10元，1米以上2米以下补5元，2米以上不补。当时，新南村获得补助2.1万元，革一村获得补助1.8万元，向阳村获得补助1.5万元。

农田水利基本建设，除了平整土地、开挖排涝水渠以外，河浜的开挖疏浚也是关键的一步。每年秋收冬种结束后是冬闲季节，可为了兴修水利，勤劳的革新人民从来都是农闲不闲。除了参加县里组织的大型水利工程崇福疏浚运河、乌镇开挖市河、疏拓北港河、康泾塘、丁家桥港，开挖长山河等外，革新村村民在村域内开挖疏浚河浜也从未停止过。

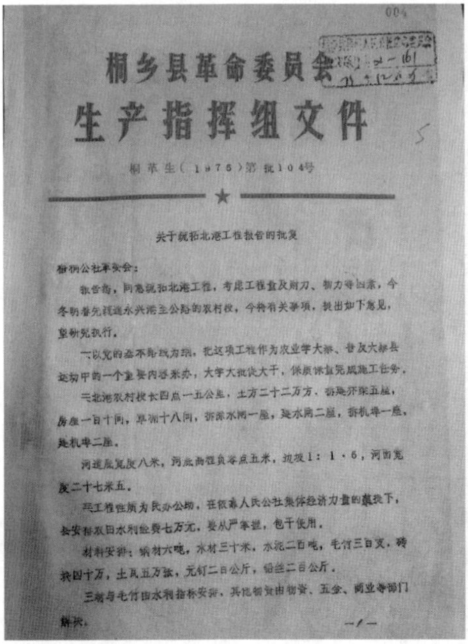

004

桐乡县革命委员会
生产指挥组文件

桐革生（1975）第批104号

关于疏拓北港工程报告的批复

梧桐公社革委会：

报告悉，同意疏拓北港工程，考虑工程量及财力、物力等因素，今冬明春先疏通永兴港至公路的农村段，今将有关事项，提出如下意见，望研究执行。

一、以党的基本路线为纲，把这项工程作为农业学大寨、普及大寨县运动中的一个重要内容来办，大学大批促大干，保质保量完成施工任务。

二、北港农村段长四点一五公里，土方二十二万方，拆建桥梁五座，房屋一百十间，草棚十八间，拆除水闸一座，建水闸二座，拆机埠一座，建机埠二座。

河道底宽度八米，河底高程负零点五米，边坡1：1.6，河面宽度二十七米五。

三、工程性质为民办公助，在依靠人民公社集体经济力量的基础下，县安排农田水利经费七万元，要从严掌握，包干使用。

材料安排：钢材六吨，木材三十米，水泥二百吨，毛竹三百支，砖块四十万，土瓦五万张，元钉二百公斤，铅丝二百公斤。

三材与毛竹由水利指标安排，其他物资由物资、五金、商业等部门解决。

—1—

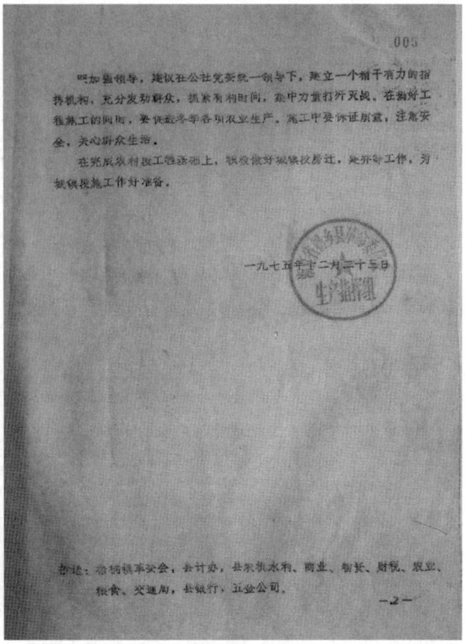

005

四、加强领导，建议在公社党委统一领导下，建立一个精干有力的指挥机构，充分发动群众，抓紧有利时间，集中力量打歼灭战。在搞好工程施工的同时，要促进冬季各项农业生产。施工中要保证质量，注意安全，关心群众生活。

在完成农村段工程基础上，积极做好城镇段房迁，拆建等工作，为城镇段施工作好准备。

一九七五年十二月二十三日

抄送：梧桐镇革委会，县计办，县农机水利、商业、物资、财税、农业、粮食、交通局，县银行，五金公司。

—2—

▲ 1975年12月23日，桐乡县革命委员会生产指挥组关于疏拓北港工程报告的批复

表 5-3　　革新村开挖疏浚河浜情况一览表

| 时间 | 河浜名及内容 | 长度（米） | 主要目的 |
|---|---|---|---|
| 1968.3 | 大稻场浜疏浚 | 250 | 便于船只进出和灌溉 |
| 1969.8 | 麦干浜疏浚 | 200 | 便于水运和灌溉 |
| 1971.12 | 镬子浜延伸开挖 | 600 | 便于船只运输肥料与作物 |
| 1972.11 | 木桥浜疏浚 | 400 | 便于船只进出和灌溉 |
| 1972.12 | 唐家浜疏浚 | 150 | 便于种子场送肥和灌溉 |
| 1973.11 | 姚家浜疏浚 | 1000 | 便于运输与灌溉 |
| 1975.11 | 开挖姚家浜与北港相通 | 3500 | 方便水上交通，增强泄洪能力 |
| 1978.12 | 包家桥新开河 | 500 | 便于向北荡运肥、农作物 |
| 1998.11 | 开挖莲花桥港 | — | 便于水运，成为南排泄洪水泵之一 |

经过几十年的疏浚，村域内大小河浜得到挖深拓宽，并向旱荡田延伸，来水去水速度快，排涝、灌溉得到根本保证，使得影响农业发展的排涝、灌溉等制约因素变成了农业生产发展的动力。特别是 1998 年 11 月，人工开挖莲花桥港。莲花桥港是国务院确定的太湖流域综合治理十大工程之一，属杭嘉湖南排工程的一个项目。河线东起濮院镇新华村沈家睦桥，经大桥、庙白港穿接永新港至梧桐镇革新村、朱家浜，再向西延伸至丁家桥港，全长 6.84 千米，1998 年 12 月 1 日全面竣工。这是桐乡市最后一次由人工开挖的水利工程，共投入 2952.8 万工，完成土方 2726.6 万立方米，投入资金 11378 万元。

莲花桥港的开挖大大提高了太湖流域及杭嘉湖地区的泄洪能力。1999 年 6 月 30 日的特大洪涝，外河水位平均上涨 10 厘米，达到历史最高位，农业生产却没有受到影响，水稻仍获得大丰收。

**莲花桥港**　它是杭嘉湖南排工程中的三大水系之一，西至康泾塘，东经嘉兴市秀洲区王店镇至海盐县出杭州湾。莲花桥港流经革新村域，横贯穿越市区，它是桐乡东城区的主要运输水道，两岸人们在港里洗涮东西，取水浇溉庄稼。

20世纪60—70年代，尚无莲花桥港这个名字，只有东面的姚家浜，西面的北港河和十字港。两头中间隔了1.5千米左右的旱地。那时，在姚家浜两岸流传着这样的歌谣："三里姚家浜，七里到桐乡（梧桐镇）；大水年成没稻场，旱水年成要相打。"断头河浜严重制约了姚家浜两岸的农业生产发展。从姚家浜到十字港，从水路到镇上，需要往东到永兴港再往北绕到富饶桥港，再往西绕至灵悟桥港，然后往南到十字港往西到北港，多绕了七八里的水路。

▲ 开挖莲花桥港时的"蚂蚁传"（李渭钫摄）

20世纪70年代，全国各地掀起"农业学大寨"、大搞农田水利基本建设的热潮。1975年冬，梧桐人民公社党委根据全公社地形低洼、旱年灌溉难、洪涝排洪慢的现状，顺应广大人民群众的呼声，作出了打通姚家浜与十字港的决定。举全公社之力，完成北港河疏拓工程。挖通姚家浜与十字港，疏浚姚家浜至永兴港，全长4.5千米，河面宽30米。全公社19个生产大队，相继成立指挥部，组织青年突击队。近万民工参与疏浚作业。当时有一句口号："小雪小雨不停工，轻伤小病不下工地。"最难的是挖到河底，挑泥的步头（台阶）又深又陡，泥土越来越泥泞，民工们穿着雨鞋、胶鞋，一脚高一脚低，鞋子陷进烂泥里越陷越深，拔不出来，为此在寒冷的冬天，许多民工只好赤脚挑土。到最后只剩下上坡台阶的泥土，无法用担挑，只好拿铁耙用"蚂蚁传"的办法，从底下一铁耙、一铁耙地往上传。经过二十天夜以继日的连续奋战，民工们的肩上、手上都磨出了血泡，身体瘦了好几斤，终于把一条原先弯弯曲曲、又窄又小的断头浜——姚家浜，变成了直通市区市河宽阔的北港河。从此，姚家浜两岸的人们结束了几千年来“天旱翘浜底，水涝变汪洋，摇船要走冤枉路”的历史。北港河实现了旱则灌、涝能泄、货能运，大大促进了城乡的交通、水利和经济发展，是一条发展生产、壮大集体经济的重要水道。

1998年，桐乡市委、市政府为了完善杭嘉湖南排工程水系，从根本上解决杭嘉湖平原地势低洼、洪涝泄水慢的现状，决定拓宽北港河，使之成为南排工程中的三大水系之一。这年下半年，秋收冬种一结束，倾全市之力，组织两万多民工，经过15天奋战，工程顺利完成，使一条西起康泾塘，东经秀洲王店镇至海盐下关河的莲花桥出杭州湾的水利工程——莲花桥港全线贯通。工程在桐乡市境内长6.48千米，河面从原来的30米拓宽到50米，这也是桐乡市最后一次采用人工方式开挖的水利工程。莲花桥港的开挖，大大改善了桐乡市区及桐乡北部地区旱灌、涝泄、排污、货运的能力。1999年的“6·30”特大洪涝，全市水位都超过了危急水位。由于莲花桥港的贯通，大大加快了泄洪的速度，仅仅一夜的时间，就降到了安全水位。当年，革新村粮食生产丝毫没有受到特大洪涝的影响，仍然获得了大丰收。

如今的莲花桥港，不仅是灌溉、泄洪、货运的主要水道，还是广大市民避暑纳凉、健身休闲的好去处。

## 第三节　粮食作物

桐乡市自然条件优越，宜种性广，粮食作物开发利用早，种类繁多。革新村地处桐乡市的东面，地势平坦，河渠纵横，四季分明，气候宜人，形成了以水稻为主，蚕桑、畜牧、油菜籽、杭白菊、瓜果和蔬菜等全面发展的传统农业格局。

**水稻**　几千年来传承下来的品种繁多，按季节不同分为早稻、晚稻，按品质不同分为粳米稻、糯稻，稻米产量占粮食总产量的85%。民国时期，籼稻品种主要有六十日（观音尖）、八十日、大广叶籼、胜利籼、龙凤尖、大黄胖、小黄胖等。粳稻品种主要有荔枝红、黑头红、霜打青、铁杆青、太湖青、纯系129等。糯稻品种主要有鸡爪糯、白壳糯等。20世纪50年代，国家粮食任务按土地面积计算，革新村是全公社最重的。为了缓解粮食任务重与群众口粮的矛盾，革新村干部在县委的组织下，前往黄岩考察学习取经，并带回了优良高产水稻种子。第二年春进行播种，当年早稻试验田获得成功，亩产250多千克。耕作制度也从一年一季稻向一年两季稻转变，改变了几千年来传统单季稻的模式，初步解决了征收任务重与群众口粮的矛盾。20世纪60年代，在双季稻种植成功后，又大胆积极引进三熟制（一年种三次粮食），包括“麦—稻—稻”“豆—稻—稻”“菜—稻—稻”三种模式。革新村人多田地少，为了保证既能填饱肚子，又能按时超额完成国家任务，扩大三熟制的种植面积，选择稳产高产的优良品种是唯一的选择，因而在水稻品种培育推广方面选择高产、早熟、防病的优良品种。

表 5-4

## 1962—1990 年革新村国家粮食定购任务情况表

单位：千克

| 年份 | 单位 | 全年粮食定购任务 | 年份 | 单位 | 全年粮食定购任务 | 年份 | 单位 | 全年粮食定购任务 |
|---|---|---|---|---|---|---|---|---|
| 1962 年 | 革一大队 | 245227 | 1974 年 | 革一大队 | 338500 | 1984 年 | 革一村 | 462475 |
| | 新南大队 | 271881 | | 新南大队 | 406500 | | 新南村 | 423174 |
| | 向阳大队 | 128247 | | 向阳大队 | 183500 | | 向阳村 | 300000 |
| 1963 年 | 革一大队 | 208562 | 1975 年 | 革一大队 | 338500 | 1985 年 | 革一村 | 219625 |
| | 新南大队 | 242729 | | 新南大队 | 406500 | | 新南村 | 246900 |
| | 向阳大队 | 110465 | | 向阳大队 | 183500 | | 向阳村 | 160000 |
| 1965 年 | 革一大队 | 222637 | 1979 年 | 革一大队 | 300383 | 1986 年 | 革一村 | 400000 |
| | 新南大队 | 296501 | | 新南大队 | 378174 | | 新南村 | 362500 |
| | 向阳大队 | 114822 | | 向阳大队 | 172568 | | 向阳村 | 235000 |
| 1966 年 | 革一大队 | 297667 | 1980 年 | 革一大队 | 298572 | 1987 年 | 革一村 | 411650 |
| | 新南大队 | 337731 | | 新南大队 | 378174 | | 新南村 | 583027 |
| | 向阳大队 | 157408 | | 向阳大队 | 172568 | | 向阳村 | 225749 |
| 1967 年 | 革一大队 | 296316 | 1981 年 | 革一大队 | 323572 | 1988 年 | 革一村 | 307000 |
| | 新南大队 | 338237 | | 新南大队 | 384326 | | 新南村 | 462802 |
| | 向阳大队 | 157408 | | 向阳大队 | 175068 | | 向阳村 | 187500 |
| 1972 年 | 革一大队 | 338500 | 1982 年 | 革一大队 | 338572 | 1989 年 | 革一村 | 343900 |
| | 新南大队 | 406500 | | 新南大队 | 504260 | | 新南村 | 523150 |
| | 向阳大队 | 183500 | | 向阳大队 | 193593 | | 向阳村 | 197500 |
| 1973 年 | 革一大队 | 338500 | 1983 年 | 革一大队 | 377475 | 1990 年 | 革一村 | — |
| | 新南大队 | 406500 | | 新南大队 | 423174 | | 新南村 | — |
| | 向阳大队 | 183500 | | 向阳大队 | 230568 | | 向阳村 | — |

1958年12月19日，桐乡县委机关报《桐乡报》对革新一社坚持边晒边交售、掀起晒粮入库高潮给予报道。

革新一社貫徹边晒、边交售

# 同时掀起晒粮、入庫高潮

【本报訊】新南鄉革新一社深入發动羣众，在掀起晒粮高潮的同時，掀起了入庫高潮。

該社僅16日一天就晒出了19万斤稻谷（占送交任务的30%），達到全乡最高出晒紀錄；17日送交入庫56000斤，粮食水份符合标準。到目前为止，全社已有533162斤粮食交售入庫。該社之所以能同時掀起晒粮、入庫高潮，主要是抓住了：①充分思想發动；②建立晒粮組織，認真檢查督促；③合理規定了工具折旧和劳动报酬。

## 要保証安全入庫

当前問題

全縣粮食入庫已趋向高潮，怎样保證安全入庫，已是当前的一項重要工作了。14日新生乡二社送粮时，船载过重，运至下塔廟，有沉沒之势，經搶救脱險，但已有3千多斤稻谷受潮。該乡一社也有类似事故發生。這一情況应引起各地警惕，我們应該接受去年因麻痹大意，在送粮途中發生沉船、翻船等事故的教訓，加强对社員的教育，認真做好送交的人力、物力的組織工作，統一领导，統一指挥，从出运到入庫，必須嚴格檢查和妥善运送，以保証不出任何事故，安全入庫。

▲《桐乡报》1958年12月19日报道：革新一社同时掀起晒粮、入库高潮

20世纪50—60年代，早稻品种有团头天花落、早三倍、嘉兴白皮等早熟长秆品种，后引进莲塘早、矮脚南稻、南特号、陆财号等品种。20世纪70年代，早稻选用二九青、科梅、农革16、广陆矮四号、青秆黄、双科1号等为当家品种。20世纪80年代引进了浙福802、二九丰、嘉籼222、嘉籼758、浙852等，占早稻种植面积的90%以上。1986年全村种植早稻2060亩，亩产415千克，总产量1357.11吨。晚粳品种从1963年开始引进农垦58，当时全村80%的晚稻为该品种。20世纪70年代引进农虎6号、沪选19等品种，其中以农虎系列品种为主，占晚稻面积的95%，成为当家品种。

20世纪80年代，晚粳稻以秀水系列品种为主，到20世纪90年代以秀水620为当家品种，占晚稻面积的85%。2000年以后，以秀水134、嘉禾218为晚稻主要品种。2001年，全村种植单季晚稻3187亩，亩产565千克，总产1801吨。糯稻品种20世纪60年代以京115为主，到20世纪70—80年代以祥禾47、祥禾13为当家品种，占糯稻种植面积的95%以上。糯稻种植面积历来较少，约占水稻面积的2%，产量较低，1996年全村种植糯稻103.5亩，亩产450千克，总产量46.5吨。

**育秧**　“秧好半年田”。育好壮秧是水稻丰收的关键。凡是要用来育秧的田块都不种春花作物，空白半年，叫“白头田”，放水浸泡，以水养田。第二年开春，翻耕秧田，以土杂肥作底肥，做好秧板头。

**催芽**　古代清水浸种，育谷落田，密播水育，此时气温较低，易冻伤芽苗，故一般用糠灰覆盖，以水灌满秧田保温。现代催芽，提倡晒种、风选筛选、泥盐水选种、用药剂浸种等。1957 年起逐步改廪条、小草墩打堆催芽、地窖催芽。1959 年试验蒸汽育秧。1962 年调整播种期，二熟制早稻一般在清明前后播种，不超过 4 月 10 日。二熟制以“小苗带土”为多，在播种前五天要浸种催芽，先用药剂浸种两昼时，然后用清水漂净，再放入地窖催芽二昼时，在这期间每隔 5 小时要撒一次热水，热水在 45℃左右。用河道淤泥铺在已做好的秧板上面，铺平后均匀撒上催好芽的种子，用钎步拓没种子，使其不露在外面，然后用小竹头搭好架子，盖上尼龙薄膜保温育秧，等到种子长到一叶一芯时，要注意通风通气，白天两头掀开薄膜，等秧苗长到三叶一芯时，要做到白天掀开薄膜（以免烧苗），晚上再盖上，因为春夏之交昼夜温差大。如果是雨天，就不需要掀开薄膜。等到秧苗长到四叶一芯时，就可以完全揭开薄膜，进行移栽前的练苗。三熟制早稻在 4 月 20—25 日播种，播种后采用地膜覆盖保温育秧。在播种三到四天后，秧苗长到一叶一芯揭膜。如雨天，雨停揭膜；如晴天，傍晚揭膜。揭膜后用药剂“幼禾保”除草，保持秧田湿润。在二叶一芯期，要灌水上秧板，并用 5 ～ 6 千克尿素第一次施“断奶肥”。在拔秧移栽前 3 ～ 4 天，要施好每亩 10 千克的“起身肥”，并做到带药下田。

**连作晚稻育秧**　采用适当推迟播期和放稀播量的水育大秧方法，推广“一扩两降”的育秧技术。“一扩”即扩大秧田面积。“两降”：一是亩秧田用种量下降，从原来的每亩 80 ～ 100 千克，降至 30 ～ 40 千克；二是亩大田用种量下降，从原来的每亩 6 ～ 8 千克降至 4 ～ 5 千克，以稀播育壮苗来降低超秧龄的风险。常规晚粳秧龄在 45 天左右，秧龄对水稻来说是一个生长发育的关键节点。如果超秧龄，秧苗在秧田里拔节做胎，秧苗带胎移植到大田，将会严重影响移栽后秧苗的生长发育，年长的农民常说“种前三张叶，种后一枝茅草花，黄鼠狼跑过不碰肚皮”，会造成减产。每年的 7 月下旬到 8 月上旬，要收割早稻，及时播种晚稻，这就是夏收夏种，也叫“双抢”（抢收抢种）。为了确保不超秧龄，20世纪80年代初试验推广“两段育秧”，即两次移栽。第一次利用“双抢”前的空闲时间进行移栽，大棵密植，把能种6亩大田的秧苗种在1亩田里，每棵10～12根，每亩20万丛。两次移栽能延长秧苗的秧龄期，从45天延长至55天，用这种方法虽然是一番农活两番做，费工夫，但这是以闲补忙的好办法，大大缓解了劳动力紧张与超秧龄的矛盾。一般“两段育秧”面积掌握在总大田面积的5%～10%。在几年的“两段育秧”实验中，由于秧苗移栽早，发棵早，分蘖早，为第二次移栽搭好了丰产的架子，所以“两段育秧”的苗田要比一般苗田返青快、发育齐，产量要高出10%左右。20世纪90年代初，试验推广“秧田拔秧留苗”，这又是一种缓解劳动力紧张与超秧龄的矛盾的好方法。

**单晚育秧** 20世纪90年代末，国家取消粮食定购任务，实行购销市场化，农民们开始逐年减少早稻种植，到2000年全面退出早稻种植，一年只种一季单季晚稻。播种前1～2天晒种子，然后用药剂“线菌清”或“稻种清”浸种48小时，清水淘洗后催芽。播种时用药剂（“大功臣”或“呋喃丹”）拌种播种或把药剂先撒在秧板头上再播种后用钎步拓谷。1995年起，推广“二早二稀”（早播稀种、早栽稀植）的高产技术，播种时间为5月15—20日，秧龄30天左右。2000年后试验推广单季晚稻浸种催芽、大田直播，村域内农户大都采用这种新的栽种方式，不再用人工移栽，结束了几千年来“面朝黄土背朝天”的种田历史。单季晚稻浸种，大田植播不仅省工、省力、省成本，而且产量高。

表 5-5

## 1962—1968 年革新村水稻种植面积及产量情况表

| 年份 | 单位 | 水稻合计 | | | 其中早稻 | | | 其中晚稻 | | | 其中单季晚稻 | | |
|---|---|---|---|---|---|---|---|---|---|---|---|---|---|
| | | 面积（亩） | 单产（千克） | 总产（吨） | 面积（亩） | 单产（千克） | 总产（吨） | 面积（亩） | 单产（千克） | 总产（吨） | 面积（亩） | 单产（千克） | 总产（吨） |
| 1962 | 革一大队 | 2258.2 | 492 | 1110 | 899.2 | 475 | 427 | 1359 | 503 | 683 | — | — | — |
| | 新南大队 | 2541 | 502 | 1277 | 974 | 470 | 458 | 1567 | 522 | 818 | — | — | — |
| | 向阳大队 | 1188 | 433 | 514 | 370 | 450 | 166 | 818 | 425 | 348 | — | — | — |
| 1963 | 革一大队 | 2173 | 591 | 1285 | 814 | 534 | 435 | 1359 | 626 | 850 | — | — | — |
| | 新南大队 | 2502.8 | 626 | 1568 | 932 | 526 | 491 | 1570.8 | 686 | 1078 | — | — | — |
| | 向阳大队 | 1178 | 807 | 660 | 360 | 491 | 177 | 818 | 591 | 483 | — | — | — |
| 1964 | 革一大队 | 2345 | 614 | 1439 | 1002 | 540 | 542 | 1343 | 668 | 897 | — | — | — |
| | 新南大队 | 2696.3 | 661 | 1783 | 1125.5 | 541 | 609 | 1570.8 | 744 | 1173 | — | — | — |
| | 向阳大队 | 1306.5 | 544 | 710 | 488.5 | 460 | 225 | 818 | 593 | 485 | — | — | — |
| 1965 | 革一大队 | 2393 | 591 | 1415 | 1050 | 703 | 739 | 1343 | 503 | 676 | — | — | — |
| | 新南大队 | 2843 | 606 | 1725 | 1273 | 622 | 793 | 1570 | 669 | 933 | — | — | — |
| | 向阳大队 | 1468 | 486.5 | 714 | 650 | 555 | 361 | 818 | 432 | 353 | — | — | — |
| 1966 | 革一大队 | 2381 | 621 | 1478 | 1038 | 683 | 709 | 1343 | 572 | 768 | — | — | — |
| | 新南大队 | 2726.8 | 660 | 1801 | 1156 | 708 | 823 | 1570.8 | 622 | 978 | — | — | — |
| | 向阳大队 | 1490 | 503 | 749 | 672 | 546 | 367 | 818 | 467 | 382 | — | — | — |
| 1967 | 革一大队 | 2618 | 590 | 1544 | 1075 | 542 | 582 | 1543 | 623 | 962 | — | — | — |
| | 新南大队 | 2732 | 648 | 1772 | 1161 | 562 | 654 | 1571 | 711 | 1118 | — | — | — |
| | 向阳大队 | 1389 | 573 | 792 | 571 | 488 | 279 | 818 | 628 | 514 | — | — | — |
| 1968 | 革一大队 | 2631 | 511 | 1344 | 1088 | 543 | 591 | 1543 | 488 | 753 | — | — | — |
| | 新南大队 | 2875 | 576 | 1656 | 1305 | 507 | 662 | 1570 | 632 | 994 | — | — | — |
| | 向阳大队 | 1493 | 517 | 772 | 675 | 515 | 348 | 818 | 519 | 424 | — | — | — |

表 5-6

## 1972—1978 年革新村水稻种植面积及产量情况表

| 年份 | 单位 | 水稻合计 | | | 其中早稻 | | | 其中晚稻 | | | 其中单季晚稻 | | |
|---|---|---|---|---|---|---|---|---|---|---|---|---|---|
| | | 面积（亩） | 单产（千克） | 总产（吨） | 面积（亩） | 单产（千克） | 总产（吨） | 面积（亩） | 单产（千克） | 总产（吨） | 面积（亩） | 单产（千克） | 总产（吨） |
| 1972 | 革一大队 | 2864 | 749.8 | 2147 | 1301 | 840 | 1092 | 1563 | 675 | 1055 | — | — | — |
| | 新南大队 | 3053 | 796.4 | 2431 | 1480 | 845 | 1252 | 1573 | 750 | 1180 | — | — | — |
| | 向阳大队 | 1556 | 664.4 | 1034 | 738 | 710 | 524 | 818 | 623 | 510 | — | — | — |
| 1973 | 革一大队 | 2864 | 760 | 2177 | 1301 | 912.5 | 1186 | 1563 | 634.5 | 991 | — | — | — |
| | 新南大队 | 3003 | 782.2 | 2349 | 1430 | 901 | 1288 | 1573 | 674 | 1061 | — | — | — |
| | 向阳大队 | 1550 | 696.9 | 1080 | 732 | 817 | 598 | 818 | 589 | 482 | — | — | — |
| 1974 | 革一大队 | 2842.7 | 624.8 | 1776 | 1279.7 | 760 | 973 | 1563 | 514 | 802 | — | — | — |
| | 新南大队 | 2998 | 745.6 | 2235 | 1430 | 807 | 1154 | 1568 | 690 | 1081 | — | — | — |
| | 向阳大队 | 1550 | 629.8 | 976 | 732 | 721 | 527 | 818 | 549 | 449 | — | — | — |
| 1975 | 革一大队 | 2829 | 603.3 | 1707 | 1278 | 726 | 928 | 1551 | 501 | 778 | — | — | — |
| | 新南大队 | 2988 | 756.2 | 2260 | 1420 | 804 | 1142 | 1568 | 712 | 1117 | — | — | — |
| | 向阳大队 | 1550 | 545 | 846 | 732 | 623 | 456 | 818 | 476 | 389 | — | — | — |
| 1976 | 革一大队 | 2751 | 725.3 | 1995 | 1242 | 852 | 1058 | 1509 | 621 | 937 | — | — | — |
| | 新南大队 | 2911 | 807.1 | 2350 | 1378 | 925 | 1275 | 1533 | 700 | 1074 | — | — | — |
| | 向阳大队 | 1550 | 671.5 | 1041 | 732 | 795 | 582 | 818 | 561 | 458 | — | — | — |
| 1977 | 革一大队 | 2752 | 705 | 1940 | 1243 | 702 | 872 | 1509 | 707 | 1068 | — | — | — |
| | 新南大队 | 2880 | 856.4 | 2467 | 1347 | 863 | 1164 | 1533 | 849 | 1303 | — | — | — |
| | 向阳大队 | 1550 | 693.4 | 1075 | 732 | 684 | 501 | 818 | 702 | 574 | — | — | — |
| 1978 | 革一大队 | 2752 | 725 | 1995 | 1243 | 778 | 967 | 1509 | 682 | 1028 | — | — | — |
| | 新南大队 | 2880 | 890.8 | 2566 | 1347 | 934 | 1257 | 1533 | 853 | 1308 | — | — | — |
| | 向阳大队 | 1550 | 522.4 | 810 | 732 | 723 | 529 | 818 | 760 | 622 | — | — | — |

表 5-7

## 1987—1993 年革新村水稻种植面积及产量情况表

| 年份 | 单位 | 水稻合计 | | | 其中早稻 | | | 其中晚稻 | | | 其中单季晚稻 | | |
|---|---|---|---|---|---|---|---|---|---|---|---|---|---|
| | | 面积（亩） | 单产（千克） | 总产（吨） | 面积（亩） | 单产（千克） | 总产（吨） | 面积（亩） | 单产（千克） | 总产（吨） | 面积（亩） | 单产（千克） | 总产（吨） |
| 1987 | 革一村 | 2519 | 699 | 1761 | 1091 | 685 | 747 | 1428 | 710 | 1014 | — | — | — |
| | 新南村 | 2854 | 703 | 2008 | 1334 | 685 | 914 | 1520 | 720 | 1094 | 16 | 850 | 12.8 |
| | 向阳村 | 1482 | 744.7 | 1104 | 612 | 680 | 416 | 870 | 790 | 688 | — | — | — |
| 1988 | 革一村 | 2485 | 667.7 | 1659 | 1057 | 485 | 513 | 1428 | 803 | 1147 | — | — | — |
| | 新南村 | 2854 | 695.7 | 1986 | 1334 | 495 | 660 | 1520 | 872 | 1325 | — | — | — |
| | 向阳村 | 1382 | 704.9 | 974 | 570 | 525 | 299 | 812 | 831.2 | 675 | — | — | — |
| 1989 | 革一村 | 2501 | 391.2 | 980 | 1073 | 380 | 407 | 1428 | 401 | 573 | — | — | — |
| | 新南村 | 2854 | 397.5 | 1134.7 | 1334 | 359 | 478.8 | 1520 | 386 | 655.9 | — | — | — |
| | 向阳村 | 1387 | 383.2 | 531.5 | 575 | 368 | 211.6 | 812 | 394 | 319.9 | — | — | — |
| 1990 | 革一村 | 2546 | 404 | 1029 | 1105 | 407 | 449.7 | 1441 | 402 | 579.3 | — | — | — |
| | 新南村 | 2854 | 438.5 | 1233.5 | 1334 | 415 | 553.6 | 1520 | 447 | 679.9 | — | — | — |
| | 向阳村 | 1417 | 409.4 | 580.1 | 605 | 413 | 249.6 | 812 | 407 | 330.5 | — | — | — |
| 1991 | 革一村 | 2536 | 386 | 979.1 | 1101 | 352 | 387.9 | 1435 | 412 | 591.2 | 300 | 419 | 125.8 |
| | 新南村 | 2822 | 415.3 | 1172 | 1302 | 369 | 480.4 | 1520 | 455 | 691.6 | 242 | 510 | 123.4 |
| | 向阳村 | 1422 | 384.7 | 547.1 | 610 | 343 | 209.2 | 812 | 416 | 337.9 | 125 | 450 | 56.2 |
| 1992 | 革一村 | 2480 | 344 | 886.7 | 1210 | 377 | 392 | 1270 | 359.6 | 456.7 | 95 | 400 | 38 |
| | 新南村 | 2832 | 376 | 1064.8 | 1312 | 389 | 510 | 1520 | 365 | 554.8 | 233 | 490 | 114.2 |
| | 向阳村 | 990 | 348.5 | 345 | 422 | 377 | 159 | 568 | 327 | 186 | 95 | 350 | 33.2 |
| 1993 | 革一村 | 1708 | 377 | 644.1 | 587 | 366 | 214.8 | 1121 | 386 | 429.3 | 421 | 410 | 172.6 |
| | 新南村 | 2830 | 379 | 1072 | 1310 | 378 | 495 | 1520 | 386 | 587 | 253 | 475 | 120 |
| | 向阳村 | 957 | 389 | 391.3 | 350 | 398 | 139.3 | 607 | 384 | 252 | 187 | 420 | 87.5 |

表 5-8

## 1995—2003 年革新村水稻种植面积及产量情况表

| 年份 | 单位 | 水稻合计 | | | 其中早稻 | | | 其中晚稻 | | | 其中单季晚稻 | | |
|---|---|---|---|---|---|---|---|---|---|---|---|---|---|
| | | 面积（亩） | 单产（千克） | 总产（吨） | 面积（亩） | 单产（千克） | 总产（吨） | 面积（亩） | 单产（千克） | 总产（吨） | 面积（亩） | 单产（千克） | 总产（吨） |
| 1995 | 革一村 | 2076 | 386 | 801 | 804 | 330.8 | 266 | 1272 | 421 | 535 | 233 | 500 | 117 |
| | 新南村 | 2378 | 380.2 | 904.2 | 984 | 348 | 342.4 | 1394 | 403 | 561.8 | 248 | 498 | 123.5 |
| | 向阳村 | 1214 | 245.4 | 298 | 487 | 270 | 131 | 727 | 350 | 167 | 133 | 420 | 56 |
| 1996 | 革一村 | 1894 | 435 | 823.8 | 694 | 371 | 257.4 | 1200 | 418 | 566.4 | 490 | 550 | 269.5 |
| | 新南村 | 2365 | 396.7 | 938.3 | 955 | 355 | 339 | 1410 | 425 | 599.3 | 267 | 502 | 134 |
| | 向阳村 | 1084 | 400.8 | 434.56 | 484 | 340 | 164.56 | 600 | 450 | 270 | 200 | 500 | 100 |
| 1997 | 革一村 | 1650 | 464.5 | 766.5 | 450 | 418 | 188.1 | 1200 | 482 | 578.4 | 750 | 550 | 412.5 |
| | 新南村 | 2098 | 432.2 | 906.9 | 582 | 407 | 236.9 | 1516 | 442 | 670 | 934 | 510 | 476.3 |
| | 向阳村 | 640 | 443.7 | 284 | 50 | 370 | 18.5 | 590 | 450 | 265.5 | 310 | 540 | 167.4 |
| 1998 | 革一村 | 1217 | 484 | 589 | — | — | — | 1217 | 484 | 589 | 50 | 550 | 28 |
| | 新南村 | 1572 | 558 | 877.1 | 56 | 448 | 25.1 | 1516 | 562 | 852 | 1454 | 568 | 826 |
| | 向阳村 | 625 | 560 | 350 | — | — | — | 625 | 560 | 350 | 625 | 560 | 350 |
| 1999 | 革一村 | 1150 | 515 | 592 | — | — | — | 1150 | 515 | 592 | 1150 | 515 | 592 |
| | 新南村 | 1588 | 511 | 811.5 | 72 | 340 | 24.5 | 1516 | 519 | 787 | 1420 | 528 | 750 |
| | 向阳村 | 620 | 520 | 322.4 | — | — | — | 620 | 520 | 322.4 | 620 | 520 | 322.4 |
| 2000 | 革新村 | 3179 | 553 | 1758 | — | — | — | 3179 | 553 | 1758 | 3179 | 553 | 1758 |
| 2001 | | 3187 | 565 | 1801 | — | — | — | 3187 | 565 | 1801 | 3187 | 565 | 1801 |
| 2002 | | 3201 | 575 | 1840 | — | — | — | 3201 | 575 | 1840 | 3201 | 575 | 1840 |
| 2003 | | 2106 | 550 | 1216 | — | — | — | 2106 | 550 | 1216 | 2106 | 550 | 1216 |

必须把粮食抓紧，必须把棉花抓紧，必须把布匹抓紧。

094

浙江省革命委员会生产指挥组制定

农年1表

单位：面积：亩，产量：市斤

一九七〇年国营及集体经营的农作物实际面积产量统计年报（二）

填报单位名称：梧桐公社

| 顺序号 | 生产大队或生产队名称 | 二、水稻 水稻小计 播种面积 | 单产 | 总产量 | ①早稻及早中稻 播种面积 | 单产 | 总产量 | ②晚稻及迟中稻 播种面积 | 单产 | 总产量 | 三、山茹（五斤折一斤）播种面积 | 单产 | 总产量 | 四、玉米 播种面积 | 单产 | 总产量 | 五、其他杂粮 播种面积 | 单产 | 总产量 |
|---|---|---|---|---|---|---|---|---|---|---|---|---|---|---|---|---|---|---|---|
| | 甲 | 19＝22＋25 | 20 | 21＝24＋27 | 22 | 23 | 24 | 25 | 26 | 27 | 28 | 29 | 30 | 31 | 32 | 33 | 34 | 35 | 36 |
| | 合计 | 5413.6 | 572.8 | 3100807 | 2490.1 | 573.1 | 1427210 | 2923.3 | 572.5 | 1673659 | 1502 | 1362 | 2045940 | 13 | 1614 | 20983 | 87 | 167 | 146462 |
| 1 | [illegible] | 2811 | 578 | 1624818 | 1241 | 578 | 717007 | 1570 | 578 | 907831 | 66 | 1026 | 67767 | | | | 1 | 180 | 180 |
| 2 | [illegible] | 1543 | 548 | 845961 | 735 | 538 | 384153 | 818 | 558 | 456208 | 62 | 1606 | 67463 | | | | 2 | 562.5 | 1125 |
| 3 | [illegible] | 2981 | 690 | 2057282 | 1608 | 608 | 856968 | 1573 | 763 | 1200314 | 73 | 842 | 61513 | | | | 18 | 130 | 2354 |
| 4 | [illegible] | 5486 | 493 | 2714443 | 2518 | 533.8 | 1344098 | 2968 | 462.7 | 1373345 | 137 | 1102.3 | 151017 | | | | | | |
| 5 | [illegible] | 1756 | 587 | 1031130 | 791 | 580 | 459903 | 965 | 591.9 | 571227 | 41 | 1390.5 | 57012 | | | | | | |
| 6 | [illegible] | 2827 | 575.5 | 1627795 | 1274 | 564 | 718687 | 1553 | 585 | 909108 | 78 | 2513 | 196039 | | | | 2.8 | 879 | 2461 |
| 7 | [illegible] | 2658.5 | 608 | 1616646 | 1226 | 606 | 745448 | 1432.5 | 608 | 871196 | 83 | 1671 | 139206 | | | | 3.5 | 145 | 508 |
| 8 | [illegible] | 1269 | 593.6 | 751056 | 565 | 541 | 301694 | 704 | 567.3 | 399358 | 33 | 1827 | 60300 | | | | | | |
| 9 | [illegible] | 3497.1 | 582 | 2037144 | 1632 | 584 | 953989 | 1865.1 | 581 | 1083155 | 114 | 1613 | 184436 | | | | | | |
| 10 | [illegible] | 2914 | 645 | 1891588 | 1410 | 606 | 855237 | 1504 | 680 | 1036351 | 86 | 1151.6 | 99042 | | | | | | |
| 11 | [illegible] | 2895 | 628.1 | 1810257 | 1346 | 623 | 838409 | 1549 | 633.5 | 981348 | 80 | 1065 | 85199 | 13 | 660 | 8581 | | | |
| 12 | [illegible] | 2459 | 549 | 1349008 | 1141 | 576 | 656927 | 1318 | 525 | 692081 | 78 | 944 | 73659 | | | 8829 | | | 655 |
| 13 | [illegible] | 2610 | 625.3 | 1642002 | 1200 | 576.5 | 691871 | 1410 | 674 | 950131 | 70 | 986 | 69030 | | | 3573 | | | |
| 14 | [illegible] | 2010.7 | 593 | 1193800 | 945 | 584 | 551839 | 1065.7 | 602 | 641961 | 56 | 1429.6 | 80061 | | | | 2 | 328.7 | 657.5 |
| 15 | [illegible] | 5975 | 538.6 | 3218131 | 2740 | 544.1 | 1490865 | 3235 | 534 | 1727266 | 157 | 851 | 135267 | | | | | | 140 |
| 16 | [illegible] | 2273 | 511 | 1163107 | 1011 | 519 | 524946 | 1262 | 506 | 638251 | 60 | 949 | 57972 | | | | 3 | 101 | 304 |
| 17 | [illegible] | 2465 | 491 | 1210635 | 1121 | 543 | 614789 | 1344 | 441 | 595846 | 63 | 1652 | 104512 | | | | 7 | 174 | 1219 |
| 18 | [illegible] | 2938 | 567 | 1665663 | 1331 | 584 | [illegible] | 1607 | 553 | 888441 | 93 | 1780 | 165569 | | | | 32 | 102 | 3256 |
| 19 | [illegible] | 2748.5 | 579 | 1591637 | 1276.5 | 610 | 778458 | 1472 | 552 | 813179 | 92 | 2074 | 190885.5 | | | | 16 | 111 | 1782 |
| 20 | | | | | | | | | | | | | | | | | | | |
| 21 | | | | | | | | | | | | | | | | | | | |
| 22 | | | | | | | | | | | | | | | | | | | |

说明：1. 山茹：鲜山茹以五斤折一斤原粮，山茹干一斤折一斤原粮统计，芋艿五斤折一斤统计。

2. 杂粮：包括小米、高粱、芋艿、绿豆、赤豆、豇豆、马料豆、荞麦等。

负责人 [illegible]　　制表人 [illegible]　　实际报出日期：1971年2月8日

▲ 梧桐公社1970年国营及集体经营的农作物实际面积产量统计年报表

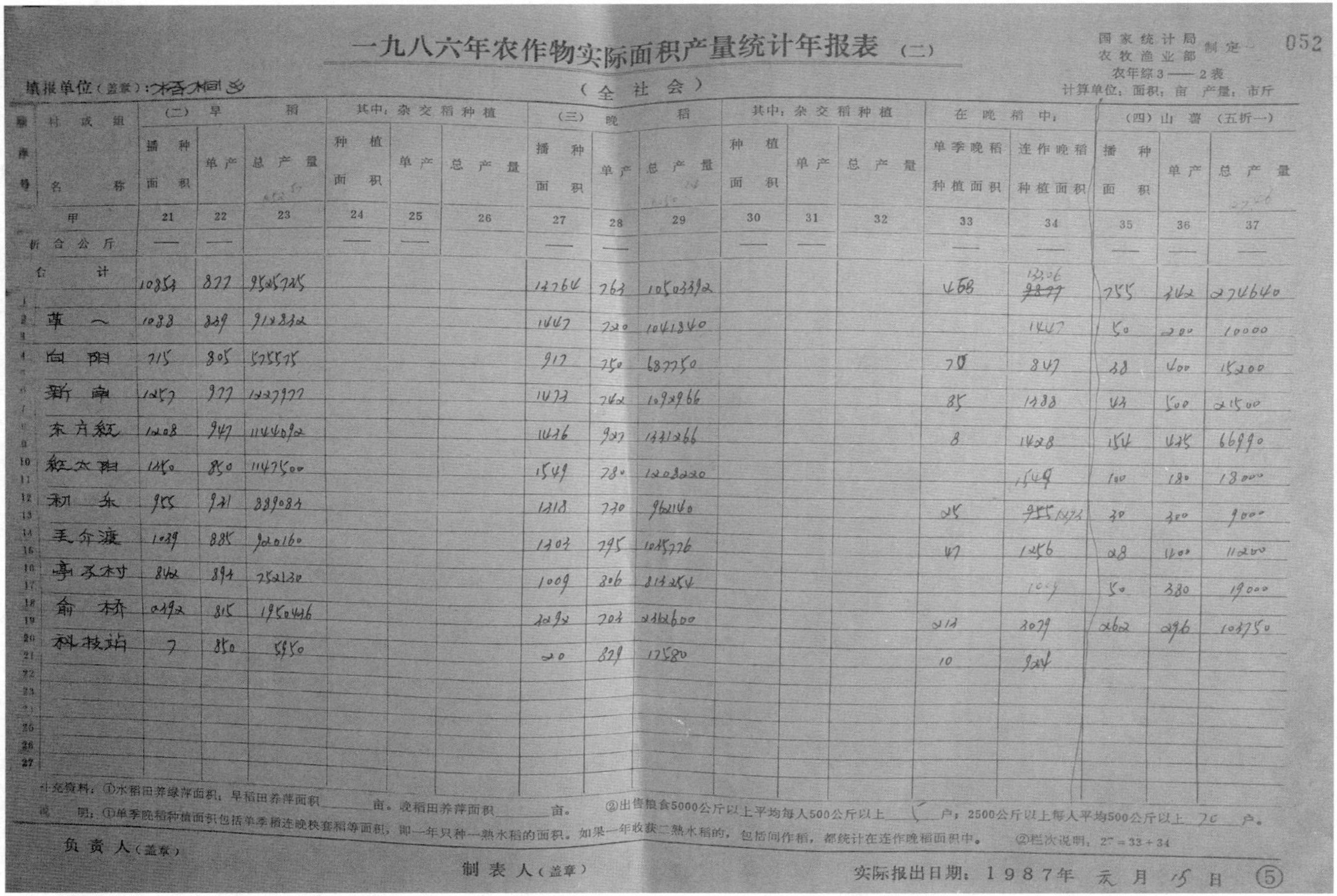

# 一九八六年农作物实际面积产量统计年报表（二）

（全社会）

国家统计局 农牧渔业部 制定 052

农年综3——2表

填报单位（盖章）：梧桐乡

计算单位：面积：亩 产量：市斤

| 村或组名称 | （二）早稻 播种面积 | 单产 | 总产量 | 其中：杂交稻种植 种植面积 | 单产 | 总产量 | （三）晚稻 播种面积 | 单产 | 总产量 | 其中：杂交稻种植 种植面积 | 单产 | 总产量 | 在晚稻中：单季晚稻种植面积 | 连作晚稻种植面积 | （四）山薯（五折一） 播种面积 | 单产 | 总产量 |
|---|---|---|---|---|---|---|---|---|---|---|---|---|---|---|---|---|---|
| 甲 | 21 | 22 | 23 | 24 | 25 | 26 | 27 | 28 | 29 | 30 | 31 | 32 | 33 | 34 | 35 | 36 | 37 |
| 折合公斤 | — | — | | — | — | | — | — | | — | — | | — | — | — | — | — |
| 合计 | 10853 | 877 | 9525725 | | | | 12764 | 763 | 10503392 | | | | 468 | ~~9877~~ 13306 | 755 | 362 | 274640 |
| 革一 | 1088 | 839 | 912832 | | | | 1447 | 720 | 1041840 | | | | | 1447 | 50 | 200 | 10000 |
| 向阳 | 715 | 805 | 575575 | | | | 917 | 750 | 687750 | | | | 70 | 847 | 38 | 400 | 15200 |
| 新南 | 1257 | 977 | 1227977 | | | | 1473 | 742 | 1092966 | | | | 85 | 1388 | 43 | 500 | 21500 |
| 东方红 | 1208 | 947 | 1144092 | | | | 1436 | 927 | 1331266 | | | | 8 | 1428 | 154 | 435 | 66990 |
| 红太阳 | 1350 | 850 | 1147500 | | | | 1549 | 780 | 1208220 | | | | | 1549 | 100 | 180 | 18000 |
| 初东 | 955 | 931 | 889084 | | | | 1318 | 730 | 962140 | | | | 25 | ~~955~~ 1293 | 30 | 300 | 9000 |
| 王介渡 | 1039 | 885 | 920160 | | | | 1303 | 795 | 1035776 | | | | 47 | 1256 | 28 | 400 | 11200 |
| 亭子村 | 842 | 894 | 752130 | | | | 1009 | 806 | 813254 | | | | | 1009 | 50 | 380 | 19000 |
| 俞桥 | 2392 | 815 | 1950436 | | | | 2292 | 703 | 2162600 | | | | 212 | 3079 | 262 | 396 | 103750 |
| 科技站 | 7 | 850 | 5950 | | | | 20 | 879 | 17580 | | | | 10 | 924 | | | |

补充资料：①水稻田养绿萍面积，早稻田养萍面积____亩，晚稻田养萍面积____亩。 ②出售粮食5000公斤以上平均每人500公斤以上____户，2500公斤以上每人平均500公斤以上 70 户。

说明：①单季晚稻种植面积包括单季稻连晚秧套稻等面积，即一年只种一熟水稻的面积。如果一年收获二熟水稻的，包括间作稻，都统计在连作晚稻面积中。 ②栏次说明：27 = 33 + 34

负责人（盖章） 制表人（盖章） 实际报出日期：1987年元月15日 ⑤

▲ 梧桐乡1986年农作物实际面积产量统计年报表

**移栽** 秧苗移栽也叫种田（插秧）。移栽前需对大田进行翻耕，以前，村域内主要是以人工用铁耙翻垦为主，俗称“撬板头”，然后用耙、耖进行平整。新中国成立初期到60年代初末，普遍采用人工和牛进行大田犁、耙、耖平整大田。牛耕的田，田里蚂蟥（会吸血的水生环节动物）特别多，它是牛粪里带来的。人在牛耕田中插秧时，两脚、两手上会被蚂蟥叮着，怕蚂蟥的人，有时真的不敢下田。好在我们的长辈留下来一个简便易灵的办法，一旦被蚂蟥叮着了，只要用一把秧的根部轻轻一擦，蚂蟥就会掉下。20世纪70年代中期，广泛使用电耕犁。电耕犁耕作，虽优越于人力和牛耕，但电线随处拉，水中拖，难免有漏电，触电事故时有发生，很不安全。麦干浜自然村有一位12岁的男孩，赶鸭时不慎碰到电线，触电身亡。到20世纪70年代末开始使用手扶拖拉机耕作。少量的田角落、箱子田还是要人工耕作平整。种田一定要有种田绳、种田棒，以前种田绳是用棕制成的棕绳，棕绳吸水性好，吸了水后，重量增加，经绳时不方便。后来改成用塑料制成的尼龙绳，尼龙绳不吸水，用起来轻巧、方便，每根种田绳长100米左右。种田棒是测量秧苗密植程度的码尺，长90厘米，一根种田棒宽为一埭田。田埂两头用种田绳拉直，每埭田横插6棵秧苗，每棵3～4根，在种田绳的规范下，行行笔直，纵横通气，便于田间管理。旧时种田一年只种一季晚稻，采取大株稀植。20世纪70年代起采取小株密植，浅插易发，早稻为4×3寸（10厘米）亩栽50000丛；晚稻为5×3寸，亩栽40000丛。20世纪50—60年代早晚稻二熟制，早稻插秧时间在5月5—10日，到了20世纪70—80年代，三熟制比例扩大，季节矛盾十分突出。早晚稻插秧出现了“大部适时、部分偏迟”的现象。为了力保早稻不种六月田，晚稻不插秋后田，农民们开早工、摸夜工抢季节，生产队分几个操作班，面积划分到班，任务分到人。春粮成熟一块，收割一块，做到早晨一片黄，傍晚一片绿。因为超过季节，亩产量很低。为了高产稳产，对迟插的田采取以下措施：一是增加基本苗；二是加强田间管理，多施追肥，特别是土杂肥，使迟插田早发棵，并扼制无效分蘖，确保基本穗数。促使“三熟制”苗田生长平衡，提高总产量。20世纪60年代的《浙北报》多次报道了原革一生产大队大搞积肥的经验，主要是：“搅水蕴草，运上海粪，削草皮泥，出空‘六棚’（猪棚、草棚、鸡棚、鸭棚、灰棚、垃圾棚）。”20世纪90年代初，秧田大面积推广“拔秧留苗”有效解决了劳力与季节的矛盾，插秧季节，农民在上午、中午拔秧，等到太阳偏西，再去大田种田。农谚曰：“有钿（钱）难买夜落株。”阴雨天不宜种田，冷水田不得发。晴天种田，秧苗被当场晒枯了，但也有句俗语称“晒得死，活得发”。

2001 年，浙江省在全国率先取消粮食定购任务，开放粮食市场，村域内双季稻的种植面积逐年减少。到 2003 年，全村村域内不再种植早稻，全部改种单季晚稻。同年试验推广单晚大田植播，免除了人工插秧，单晚插秧要在 6 月 15—20 日完成，本地有句俗语“错过黄梅不种田”。因此，单晚直播提前到 5 月底、6 月初播种。

**施肥**　水稻施肥，要讲究施肥科学与技术。解放初至 70 年代，施肥以施用有机肥为主。主要有机肥来源于养猪、羊增积栏肥，扩种绿肥、大积水河泥等土杂肥。20 世纪 80 年代初，开始少量使用含氮化肥，主要是碳铵与氨水，这两样氮肥不仅容易挥发，而且使用不当反而要烧苗，会带来肥害。因此，1980 年推广水稻化肥深施技术。即碳铵作底肥，撒好碳铵后，用铁耙再耙一遍，使碳铵尽可能进入泥下，减少挥发；施氨水时，用氨水拌泥做成小泥球，人工将小泥球嵌到泥里，防止化肥流失，增加肥力。但这样做速度慢，而且工作量大，不适合大面积使用。后来，使用方法不断改进，在苗田灌水时把氨水桶放在苗田进水口，用小软管把氨水匀速滴在水中，与水混合后流遍整块苗田。这办法虽然效果比深施差一点，但方便大面积使用，又不会烧苗。20 世纪 80 年代中期到 90 年代，大面积增加氮肥用量，施磷钾肥，施肥方法主要是“施足底肥、早施追肥、补施穗肥”。其中，底肥占 52%，追肥占 38%，穗肥占 10%。

**田间管理**　俗话说：“三分种、七分管。”可见田间管理在整个水稻生长过程中的重要性。田间管理分为三个步骤：耘田、灌溉和防治病虫害。

（一）耘田　耕耨作业是水稻栽培上促进土壤通气并除草的一次技术措施。自古以来，水稻管理上就有耘田作业，耘田分两次，第一次栽种 5 ～ 7 天后，进行第一次耘田，主要是耙平脚踝潭，补浮株和缺棵，扶正扑倒苗株，保证基本苗。第二次是在移栽后 15 ～ 20 天，秧苗开始发棵分蘖，据《补农书》记载，“耘者膝跪于苗间，两手匍匐而前，细剔苗根之草，徒手十指往来于苗之空段间，令草根尽起，不致复生，促使苗根向下扎，以免倒伏”。20 世纪 80 年代开始广泛使用除草剂后，一是在秧板头上除草，二是在大田里除草，此后就不再耘田。

（二）灌溉　自从有人工栽植水稻就有了灌溉。稻田保持一定的干湿度，以湿为主。古时稻田灌溉用的是人力水车，民国时期，水利失修，排灌工具落后，低洼田常年满灌漫灌，高荡田又常年为缺水所害。20 世纪 70 年代始，随着平整土地和排灌工程的进一步完善，水浆管理水平逐年提高，大面积推行“浅水插秧、满水护苗、薄露分蘖、够苗搁田、薄水养胎抽穗、齐穗后活水间隙灌溉”的模式，即“浅、满、露、搁、薄、活”管水方法。搁田，20 世纪 60 年代为一次性重搁，搁到田土发白开裂再上水，结果导致稻根拉断，稻苗生长受抑。20 世纪 70—80 年代推行分次轻搁，先轻后重，搁田在水稻栽培中是重要一环。主要是促使苗根向下扎深，防倒伏，另外是控制无效分蘖，确保有效株穗。齐穗后间隙灌溉，保持田土湿润，直至收割前一周停止灌溉。

（三）防病治虫　水稻病虫种类很多，主要是“三病”（稻瘟病、纹枯病和白叶枯病）和“三虫”（稻飞虱、螟虫、稻纵卷叶螟），其次是稻菌核病、稻马、稻苞虫和稻螟蛉等。其中，螟虫（蛀杆虫）对水稻的危害最大。20 世纪 50—60 年代以农业防治为主：①采取人工采摘卵块（堆生在稻叶上长椭圆排列），按卵块多少记工分；②剪去枯心稻和变色稻秆，变了色的稻秆内已经有三化螟虫潜伏；③在稻田中间，每 50 米放一口缸，装大半缸水，在缸中间上方点一盏灯，晚间灯亮诱蛾，扑灭母体，减少繁殖；④利用冬季深挖稻根，消灭越冬螟虫。1957 年 12 月的《桐乡报》对革新高级一社开夜工开展挖稻根比赛进行了报道。20 世纪 70—80 年代，随着化学药剂的出现，发展为协调使用农业防治、药剂防治和物理防治措施。在每年早稻收割后，用柴油喷烧田塍及稻田四周，使稻飞虱、稻螟虫、稻马、稻纵卷叶螟等害虫无处藏身，极大降低了虫害的基数，保证晚稻播种后少受虫害。当时，六六六粉在村域内普遍使用，螟虫得到有效控制。几年后，螟虫产生抗体后使用毒性更强的有机磷农药钾胺磷、三唑磷和辛硫磷等；对稻瘟病和白叶枯病，则使用稻瘟净、多菌灵进行叶面喷雾防治；对纹枯病，则使用井冈霉素喷雾防治，效果极佳，一直沿用至 20 世纪末。20 世纪 70 年代起开始推广化学除草，普遍使用杀草丹、丁西、双超醚等除草剂，稻田杂草得到控制。从此，不再需要人工耘田、耥田。

**大小麦**　大多种植在旱地或荡田，故又称旱粮，或叫春花作物（春粮）。

新中国成立前，种植面积不大，产量也非常低，亩产不超过百斤。大麦用作牲畜饲料，也用作制啤酒的主要原料。小麦大都由农民当作主食，通常把小麦加工成面粉和麸皮食用。面粉可制作成豆瓣酱、饴糖、面饼、面条和面包等多种面制品；麸皮可用来洗面筋，面筋炒咸菜也是一道常见的农家菜。民国时期大麦品种以四棱、六棱、和尚头麦和南大 2419 为主。70 年代，大麦品种有吉利、九兰、万年二号等。到了 20 世纪 80—90 年代，大麦品种则有杨麦 1 号、杨麦 3 号、镇 7629、加 77 等品种，以杨麦 10 号、杨麦 158 为主要品种。20 世纪 70—80 年代，新南大队是桐乡县种子公司的大小麦良种培育基地，桐乡县农林局派农业种子培育技术员杨承禹驻地，负责技术指导，监督良种培育的全过程，每年给全县提供 2 万多千克的大小麦良种。20 世纪 60 年代后，大小麦均可以抵交粮食定购任务。为了多卖粮，同时保证村民吃饱肚子，从那时起就大力扩种大小麦，这就需要大力增加水稻田的“三熟制”种植面积。同时，充分利用有效播种面积，尽量减少沟渠面积，把原来的窄塄浅沟变为阔塄深沟。人们用深沟撬挖沟，挖出来的沟面窄而深，有利于排水。后来人们把深沟变成暗沟，先挖去沟面上的一层肥泥，一块块放在沟两边，然后再用暗沟撬挖深沟，最后在深沟面上盖上一层挖起来的泥块，像铺阴沟一样。从表面上看麦田里没有沟渠，麦塄变成瓦形。这样的优点是增加麦子的播种面积，避免了下雨天泥块被雨水淋落在沟里，堵住流水；缺点是大大增加了农民的劳动强度。所以，当时人们在农忙季节，起早贪黑，种田种得手脚糜烂。1986 年，新南村种植大麦 581 亩，亩产 267 千克，总产量 154.8 吨；种植小麦 165 亩，亩产 180 千克，总产量 29.6 吨。革一村种植大麦 385 亩，亩产 260 千克，总产量 98.9 吨；种植小麦 250 亩，亩产 190 千克，总产量 47.4 吨。向阳村种植大麦 250 亩，亩产 200 千克，总产量 50 吨；种植小麦 207 亩，亩产 230 千克，总产量 46.6 吨，达到历史最高值。

表 5-9

## 1962—1968 年革新村大小麦、蚕豆种植面积及产量情况表

| 年份 | 单位 | 春粮合计 | | | 其中小麦 | | | 其中大麦 | | | 单季蚕豆 | | |
|---|---|---|---|---|---|---|---|---|---|---|---|---|---|
| | | 面积（亩） | 单产（千克） | 总产（吨） | 面积（亩） | 单产（千克） | 总产（吨） | 面积（亩） | 单产（千克） | 总产（吨） | 面积（亩） | 单产（千克） | 总产（吨） |
| 1962 年 | 革一大队 | 1627 | 181 | 319 | 314.9 | 234 | 74 | 251.6 | 174 | 44 | 1060.5 | 190 | 201 |
| | 新南大队 | 1836 | 190 | 350 | 309 | 210 | 65 | 241 | 169 | 43 | 1286 | 188 | 242 |
| | 向阳大队 | 948 | 182 | 173 | 113 | 203 | 23 | 96 | 184 | 18 | 739 | 179 | 132 |
| 1963 年 | 革一大队 | 1675 | 122 | 205 | 378 | 211 | 80 | 349 | 145 | 505 | 948 | 79 | 74 |
| | 新南大队 | 1750.2 | 107 | 189 | 451 | 152 | 69 | 243.2 | 146 | 35 | 1056 | 80 | 84 |
| | 向阳大队 | 976 | 79 | 77 | 189 | 133 | 25 | 91 | 115 | 10 | 696 | 60 | 41 |
| 1964 年 | 革一大队 | 1214 | 159 | 193 | 416 | 196 | 82 | 289 | 175 | 50 | 509 | 120 | 61 |
| | 新南大队 | 1745 | 114 | 199 | 485.6 | 174 | 85 | 345 | 144 | 50 | 914.5 | 71 | 65 |
| | 向阳大队 | 939 | 90 | 83 | 222 | 119 | 26 | 120 | 106 | 12 | 597 | 75 | 45 |
| 1965 年 | 革一大队 | 1045 | 192 | 201 | 590 | 208 | 122 | 88 | 236 | 21 | 367 | 158 | 58 |
| | 新南大队 | 1405.1 | 119 | 168 | 521.8 | 180 | 94 | 179 | 160 | 26 | 704.3 | 68 | 48 |
| | 向阳大队 | 724 | 85 | 67 | 139.5 | 171 | 24 | 44.5 | 159 | 7 | 540 | 56 | 30 |
| 1966 年 | 革一大队 | 681 | 222 | 151 | 419 | 252 | 106 | 72 | 246 | 18 | 190 | 148 | 28 |
| | 新南大队 | 989 | 164 | 163 | 641 | 190 | 122 | 64 | 166 | 11 | 284 | 105 | 30 |
| | 向阳大队 | 498 | 132 | 66 | 206 | 176 | 36 | 47 | 175 | 8 | 245 | 86 | 21 |
| 1967 年 | 革一大队 | 893 | 110 | 98 | 587 | 115 | 68 | 110 | 131 | 14 | 196 | 81 | 16 |
| | 新南大队 | 966 | 106 | 103 | 766 | 113 | 87 | 10 | 149 | 2 | 190 | 77 | 15 |
| | 向阳大队 | 603 | 80 | 48 | 366 | 93 | 34 | 42 | 122 | 5 | 195 | 46 | 9 |
| 1968 年 | 革一大队 | 696 | 224 | 155 | 382 | 232 | 89 | 67 | 241 | 16 | 247 | 205 | 51 |
| | 新南大队 | 783 | 195 | 153 | 448 | 222 | 100 | / | / | / | 335 | 158 | 53 |
| | 向阳大队 | 493 | 166 | 82 | 227 | 232 | 53 | 33 | 165 | 5 | 233 | 108 | 24 |

表 5-10

# 1976—1982 年革新村大小麦、蚕豆种植面积及产量情况表

| 年份 | 单位 | 春粮合计 | | | 其中小麦 | | | 其中大麦 | | | 单季蚕豆 | | |
|---|---|---|---|---|---|---|---|---|---|---|---|---|---|
| | | 面积（亩） | 单产（千克） | 总产（吨） | 面积（亩） | 单产（千克） | 总产（吨） | 面积（亩） | 单产（千克） | 总产（吨） | 面积（亩） | 单产（千克） | 总产（吨） |
| 1976 年 | 革一大队 | 724.8 | 231 | 167 | 286.7 | 278 | 80 | 288.1 | 250 | 72 | 150 | 104 | 16 |
| | 新南大队 | 872 | 256 | 224 | 335 | 313 | 105 | 440 | 233 | 103 | 97 | 166 | 16 |
| | 向阳大队 | 449 | 171 | 77 | 206 | 211 | 43 | 153 | 164 | 25 | 90 | 90 | 8 |
| 1977 年 | 革一大队 | 776 | 112 | 87 | 289 | 151 | 46 | 337 | 91 | 31 | 150 | 73 | 11 |
| | 新南大队 | 907 | 125 | 114 | 368 | 159 | 58 | 403 | 108 | 44 | 136 | 88 | 12 |
| | 向阳大队 | 421 | 123 | 52 | 207 | 137 | 28 | 137 | 130 | 18 | 77 | 74 | 6 |
| 1978 年 | 革一大队 | 785 | 400 | 313 | 304 | 499.5 | 151 | 331 | 425 | 141 | 105 | 141 | 21 |
| | 新南大队 | 891 | 376 | 335 | 500 | 403 | 202 | 255 | 422 | 108 | 136 | 192 | 26 |
| | 向阳大队 | 499 | 268 | 134 | 275 | 315 | 87 | 124 | 294 | 36 | 100 | 105 | 11 |
| 1979 年 | 革一大队 | 804.5 | 433.5 | 349 | 280 | 508 | 146 | 414.5 | 259.5 | 108 | 110 | 289 | 32 |
| | 新南大队 | 909 | 444 | 403 | 323 | 498 | 159 | 467 | 472 | 220 | 119 | 203 | 24 |
| | 向阳大队 | 476 | 399 | 190 | 193 | 455 | 88 | 217 | 371 | 80 | 66 | 325 | 21 |
| 1980 年 | 革一大队 | 882 | 300 | 272 | 278 | 342 | 95 | 513 | 304 | 156 | 91 | 230 | 21 |
| | 新南大队 | 887 | 357 | 317 | 338 | 391 | 132 | 465 | 359 | 167 | 84 | 206 | 17 |
| | 向阳大队 | 518 | 318 | 165 | 188 | 349 | 66 | 222 | 391 | 87 | 108 | 113 | 12 |
| 1981 年 | 革一大队 | 767 | 325 | 250 | 311 | 330 | 103 | 373 | 349 | 130 | 83 | 203 | 17 |
| | 新南大队 | 816 | 379 | 309 | 229 | 385 | 88 | 502 | 405 | 203 | 85 | 209 | 18 |
| | 向阳大队 | 397 | 351 | 140 | 112 | 329 | 36 | 226 | 409 | 93 | 59 | 172 | 10 |
| 1982 年 | 革一大队 | 681 | 371 | 252 | 245 | 440 | 108 | 380 | 354 | 135 | 56 | 170 | 10 |
| | 新南大队 | 759 | 383 | 290 | 158 | 369 | 58 | 560 | 402 | 225 | 41 | 180 | 7 |
| | 向阳大队 | 398 | 328 | 131 | 69 | 280 | 20 | 271 | 373 | 101 | 58 | 166 | 10 |

表 5-11

## 1983—1989 年革新村大小麦、蚕豆种植面积及产量情况表

| 年份 | 单位 | 春粮合计 | | | 其中小麦 | | | 其中大麦 | | | 单季蚕豆 | | |
|---|---|---|---|---|---|---|---|---|---|---|---|---|---|
| | | 面积（亩） | 单产（千克） | 总产（吨） | 面积（亩） | 单产（千克） | 总产（吨） | 面积（亩） | 单产（千克） | 总产（吨） | 面积（亩） | 单产（千克） | 总产（吨） |
| 1983 年 | 革一大队 | 839 | 357 | 300 | 328 | 400 | 131 | 469 | 350 | 161 | 42 | 180 | 8 |
| | 新南大队 | 1054 | 376 | 396 | 160 | 380 | 61 | 836 | 383 | 321 | 58 | 256 | 15 |
| | 向阳大队 | 622 | 306 | 190 | 125 | 317 | 40 | 422 | 340 | 143 | 75 | 100 | 8 |
| 1984 年 | 革一村 | 1149 | 373 | 428 | 386 | 387 | 149 | 663 | 359 | 236 | 100 | 431 | 43 |
| | 新南村 | 1178 | 392.5 | 462 | 173 | 342 | 59 | 962 | 409 | 394 | 43 | 228 | 10 |
| | 向阳村 | 682 | 378 | 234 | 145 | 440 | 64 | 445 | 342 | 152 | 92 | 204 | 19 |
| 1985 年 | 革一村 | 920 | 374 | 344 | 309 | 429 | 133 | 406 | 410 | 166 | 205 | 220 | 45 |
| | 新南村 | 756 | 374.5 | 283 | 145 | 320 | 46 | 460 | 452 | 208 | 151 | 192 | 29 |
| | 向阳村 | 381 | 307 | 117 | 175 | 321 | 56 | 125 | 421 | 53 | 81 | 100 | 8 |
| 1986 年 | 革一村 | 879 | 393 | 345 | 250 | 379 | 94 | 385 | 514 | 198 | 244 | 215 | 53 |
| | 新南村 | 891 | 461.5 | 411 | 165 | 359 | 59 | 581 | 533 | 310 | 145 | 292 | 42 |
| | 向阳村 | 557 | / | 205 | 207 | 450 | 93 | 250 | 400 | 100 | 100 | 120 | 12 |
| 1987 年 | 革一村 | 975 | 433 | 423 | 128 | 490 | 63 | 594 | 512 | 304 | 253 | 220 | 56 |
| | 新南村 | 874 | 539 | 471 | 38 | 412 | 16 | 797 | 562 | 448 | 39 | 196 | 8 |
| | 向阳村 | 622 | 381 | 251 | 130 | 453 | 59 | 395 | 422 | 167 | 97 | 120 | 12 |
| 1988 年 | 革一村 | 916 | 444 | 407 | 86 | 305 | 26 | 650 | 530 | 345 | 180 | 200 | 36 |
| | 新南村 | 1083 | 547 | 593 | 25 | 428 | 11 | 1027 | 561 | 576 | 31 | 193 | 6 |
| | 向阳村 | 628 | 444 | 279 | 132 | 481 | 63 | 390 | 502 | 199 | 99 | 160 | 16 |
| 1989 年 | 革一村 | 774 | 194 | 149.9 | 122 | 164 | 20 | 548 | 228 | 124.7 | 104 | 50 | 5.2 |
| | 新南村 | 1075 | 221 | 227.3 | 86 | 163 | 14 | 940 | 221 | 208.1 | 49 | 105 | 5.2 |
| | 向阳村 | 631 | 198 | 125 | 140 | 196 | 27.4 | 386 | 220 | 84.9 | 105 | 120 | 12.6 |

表 5-12

## 1995—2003 年革新村大小麦、蚕豆种植面积及产量情况表

| 年份 | 单位 | 春粮合计 | | | 其中小麦 | | | 其中大麦 | | | 单季蚕豆 | | |
|---|---|---|---|---|---|---|---|---|---|---|---|---|---|
| | | 面积（亩） | 单产（千克） | 总产（吨） | 面积（亩） | 单产（千克） | 总产（吨） | 面积（亩） | 单产（千克） | 总产（吨） | 面积（亩） | 单产（千克） | 总产（吨） |
| 1995 年 | 革一村 | 275 | 180 | 49 | 80 | 230 | 18 | 110 | 225 | 25 | 85 | 75 | 6 |
| | 新南村 | 396 | 217 | 85.9 | 18 | 230 | 4.1 | 351 | 225 | 79 | 27 | 102 | 2.8 |
| | 向阳村 | 150 | 193 | 29 | / | / | / | 120 | 200 | 24 | 30 | 150 | 5 |
| 1996 年 | 革一村 | 355 | 225 | 79.88 | 210 | 268 | 56.28 | 70 | 230 | 16.1 | 75 | 100 | 7.5 |
| | 新南村 | 565 | 247 | 139.3 | 45 | 265 | 12 | 500 | 251 | 125.3 | 20 | 103 | 2 |
| | 向阳村 | 230 | 222 | 51 | 50 | 240 | 12 | 150 | 230 | 34.5 | 30 | 150 | 4.5 |
| 1997 年 | 革一村 | 550 | 233.8 | 128.63 | 320 | 271.5 | 86.88 | 150 | 225 | 33.75 | 80 | 100 | 8 |
| | 新南村 | 545 | 248 | 134.9 | 85 | 260 | 22.1 | 379 | 271 | 102.7 | 81 | 125 | 10.1 |
| | 向阳村 | 280 | 253 | 70.9 | 70 | 270 | 18.9 | 200 | 250 | 50 | 10 | 200 | 2 |
| 1998 年 | 革一村 | 812 | 94.8 | 77 | 82 | 105 | 8.6 | 623 | 97 | 60.4 | 107 | 75 | 8 |
| | 新南村 | 918 | 120 | 110.2 | 522 | 136 | 71 | 293 | 115 | 33.7 | 103 | 54 | 5.5 |
| | 向阳村 | 465 | 143 | 66.75 | 350 | 150 | 52.5 | 100 | 120 | 12 | 15 | 150 | 2.25 |
| 1999 年 | 革一村 | 827 | 160 | 132 | 657 | 178 | 117 | 20 | 200 | 4 | 150 | 73 | 11 |
| | 新南村 | 845 | 333 | 197 | 570 | 263 | 150 | 165 | 244 | 40 | 110 | 61 | 7 |
| | 向阳村 | 415 | 244 | 101 | 350 | 250 | 88 | 50 | 220 | 11 | 15 | 150 | 2 |
| 2000 年 | 革新村 | 1101 | 219.8 | 242 | 809 | 255 | 206 | 7 | 285 | 2 | 285 | 119 | 34 |
| 2001 年 | | 1133 | 219.8 | 249 | 821 | 254 | 208 | 11 | 274 | 3 | 301 | 125 | 38 |
| 2002 年 | | 57 | 210.5 | 12 | 41 | 248 | 10 | — | — | — | 16 | 124 | 2 |
| 2003 年 | | 80 | 162 | 13 | 25 | 238 | 6 | — | — | — | 55 | 122 | 7 |

民国时期，水田种麦普遍采用狭塄，俗称三耙塄（宽约 1.5 ～ 2 尺）土地利用率仅 50% ～ 60%，亩产量低下。20 世纪 50 年代，推行精耕细作，增施肥料和适时早播等增产措施。20 世纪 60 年代，旱地小麦改为点播，狭条变成阔塄；水田大小麦则以阔塄、狭条播为主，土地利用率在 85% 左右。20 世纪 70 年代，全面推广“明暗沟结合、四沟一渠”（明沟、暗沟、腰沟、围沟、排水渠）的高产技术，土地利用率达 90%。1986 年，开始推广省工、省力、省成本的高产、高效农业技术，稻畈麦耕作方法，受到了广大农民的一致好评。1998 年，试验推广晚稻田“套播麦”。稻麦共生期在 7 天左右，也就是为大小麦播种提前了 7 天左右，确保大小麦适时播种，不错过农时。20 世纪 90 年代中期，效益农业结构调整加快，种植大小麦比不上其他经济作物的效益，大小麦面积锐减，到 2002 年大小麦在本村域内已成为了历史。

**杂粮**　又称为旱粮。村域内杂粮主要以蚕豆、大豆、番薯、玉米为主，绿豆、豌豆、赤豆、白扁豆、马铃薯、芋艿等则以零星种植为主，或与其他作物套种，很少成片种植，都由农民自己食用。20 世纪 60—70 年代，蚕豆、大豆、番薯、玉米可抵作粮食统购任务，番薯按 2.5 千克鲜番薯抵作 0.5 千克原粮。

**蚕豆**　李时珍《本草纲目》中记载：豆荚状如老蚕，故名蚕豆。蚕豆品种有桐乡小青豆、平湖牛踏扁等，普遍在水田或旱地种植，也有套种，播种期在小雪之前，古话说“小雪一张叶、夏至可有荚”。20 世纪 60 年代末，三熟制扩大。蚕豆不再在水田种植，只能种在旱地、田塍和沟渠边，面积减少。蚕豆鲜嫩时可当菜肴，也可作粮食充饥。老蚕豆（硬蚕豆）可炒着吃，也可以浸泡烧胖蚕豆吃，还可制成豆瓣酱作烧菜佐料。种蚕豆已延续至今，虽然在 2009 年全村土地被征收，但有的村民仍在零星地边、小区四周的闲地上种植蚕豆。

蚕豆原是从印度传入，考古学家在 20 世纪 50 年代的时候，曾在吴兴（今湖州市）钱山漾新石器时代遗址中便发现了蚕豆，距今已经有 5000 多年的历史了。明代宋应星所著《天工开物》记载蚕豆“甚多而贱”，所以在古代是用来代粮充饥的。

**大豆**　俗称毛豆或黄豆。用途很广，是制作豆制品、豆油和做酱的原料。新鲜大豆可作菜肴，如青豆咸菜汤、臭卤毛豆荚；老大豆可浸胖，肉烧酥大豆等都是乡下人传承下来的经典名菜。大豆是旱地作物，栽培方法简单。革新村域内人多、田地少，所以没有用大片的田地播种大豆，而是充分利用河边、路边、沟边、屋边、岗边、田边这些零星边角地见缝插针，播种大豆。大豆的品种有早大豆、夏大豆、秋大豆（播种最多）、白毛香梗豆、红毛豆、青玉豆、花鸡玉豆等，其中青玉大豆清香易酥，口感好，多用作菜肴食材，征迁前的2002年，全村种植大豆折合面积为110亩，亩产130千克，总产14.3吨。

**玉米** 又叫玉蜀黍、黄栗等，原产拉丁美洲，有黄、白两种，据《桐乡市农业志》载：玉米已有700多年的栽培历史，其品种分春玉米、夏玉米、秋玉米。民国时期至20世纪50年代，以秋玉米为主，大都是地方土种，品种杂乱，产量低下。20世纪70—80年代，开始引进杂交春玉米丹玉6号、苏玉1号、苏玉4号、丹玉13号和掖单13号等，这些品种，杂交优势强，株型紧凑，丰产性好，抗逆力强。1989年开始推广苏玉1号、农大107号、掖单4号和苏玉4号等高产品种。

2000年以后，相继引入试种示范鲜食玉米品种有美玉3号、美玉7号、浙凤糯2号、苏玉糯1号、燕禾金丰糯2号和超甜玉米金银蜜脆等品种。玉米栽培有种子播种、育秧移栽两种方式。利用零星土地，田边地头种植，也有套种形式，种植面积不大，以自食为主。2000年全村种植面积约30亩，亩产330千克，总产量9.9吨。

**番薯** 又名甘薯、山茹，北方人叫地瓜。明代时已开始种植，到民国时期大规模种植。番薯是旱地作物，栽种方法简单，对土壤的适应性强，产量高，用途广，可充饥，制作粉丝、酿酒或当作饲料。番薯品种有白皮白心、红皮白心、黄皮白心和黄皮黄心等，产量较低，60年代起引进高产品种“胜利百号”，到2000年开始引进“浙薯313”“富硒早紫薯”等新型特色品种，一般亩产在1000～1800千克。当番薯收获后，要精心挑选好种番薯，用于做种的收获要适时，不宜过早，早了种薯太嫩；迟了，过了霜降，种薯保存过冬要烂掉。种薯越冬需挖好地窖，一般挖在朝阳的土岗上，地窖四周用稻草铺好，种薯放进地窖后，用土填好，但需露出一撮稻草，起到通风、通气的作用。等到下一年清明前后，把种薯从地窖中拿出进行发芽育苗，并用薄膜覆盖；等到种薯发芽后，揭开薄膜，然后用小竹子环空薄膜；等到番薯苗长到四叶一芯时，剪来扦插种龙头（种苗）。到了夏至，开始起时，头时3天，二时7天，三时15天，进入三时，就可以把种龙头藤蔓剪成 20 ～ 25 厘米左右，扦插在预先垦好的番薯墩子上（也叫排番薯）。因为排番薯的最佳时间在三时的 15 天里，所以得名“山茹”。1980 年番薯抵国家公粮的政策取消，村域内种植面积逐年减少。如今，人们的生活讲究健康，吃食要精粗搭配，多吃粗粮，番薯便成了首选。番薯的种植面积又有了增加，2003 年，全村种植折合面积约 45 亩，亩产 1800 千克，总产量 81 吨。

表 5-13

## 1962—1968 年革新村杂粮种植面积及产量情况表

| 年份 | 单位 | 番薯（5 折 1） | | | 玉米 | | | 大豆 | | | 其他杂粮 | | |
|---|---|---|---|---|---|---|---|---|---|---|---|---|---|
| | | 面积（亩） | 单产（千克） | 总产（千克） | 面积（亩） | 单产（千克） | 总产（千克） | 面积（亩） | 单产（千克） | 总产（千克） | 面积（亩） | 单产（千克） | 总产（千克） |
| 1962 年 | 革一大队 | 188.5 | 715 | 40563 | — | — | — | 329 | 112 | 36825 | 2 | — | 804 |
| | 新南大队 | 186 | 366 | 68110 | — | — | — | 361 | 94 | 33862 | 8 | 154 | 1238 |
| | 向阳大队 | 111 | 241 | 28016 | — | — | — | 396 | 78 | 30900 | 23 | 140 | 3131 |
| 1963 年 | 革一大队 | 35 | 1016 | 35555 | — | — | — | 576 | 106 | 61129 | — | — | — |
| | 新南大队 | 84 | 1056 | 55162 | — | — | — | 428 | 105 | 53490 | 3 | 323 | 969 |
| | 向阳大队 | 77 | 310 | 23870 | — | — | — | 315 | 126 | 39712 | 9 | 106 | 957 |
| 1964 年 | 革一大队 | 28 | 217 | 6082 | — | — | — | 396 | 97 | 38031 | — | — | — |
| | 新南大队 | 7 | 570 | 3993 | — | — | — | 307.5 | 131 | 40830 | 1 | 238 | 238 |
| | 向阳大队 | 25 | 262 | 6546 | — | — | — | 312 | 98 | 30443 | 4 | 160 | 640 |
| 1965 年 | 革一大队 | 22 | 745 | 16384 | — | — | — | 189 | 204 | 46160 | — | — | — |
| | 新南大队 | 23 | 696 | 16009 | — | — | — | 268 | 103 | 27708 | 1 | 293 | 293 |
| | 向阳大队 | 22 | 236 | 9597 | — | — | — | 231 | 122 | 28154 | — | — | — |
| 1966 年 | 革一大队 | 21 | 752 | 15802 | — | — | — | 311 | 102 | 31582 | — | — | — |
| | 新南大队 | 32 | 574 | 18379 | — | — | — | 125 | 184 | 23015 | 14 | 352 | 4968 |
| | 向阳大队 | 6 | 255 | 1527 | — | — | — | 183 | 121 | 22234 | — | — | — |
| 1967 年 | 革一大队 | 65 | 205 | 13292 | — | — | — | 397 | 33 | 13185 | — | — | — |
| | 新南大队 | 54 | 367 | 19826 | — | — | — | 132 | 84 | 11086 | 20 | 461 | 9237 |
| | 向阳大队 | 75 | 228 | 17074 | — | — | — | 133 | 52 | 10978 | — | — | — |
| 1968 年 | 革一大队 | 24 | 311 | 7465 | — | — | — | 341 | 94 | 32013 | — | — | — |
| | 新南大队 | 13 | 586 | 7625 | — | — | — | 152 | 124 | 18875 | — | — | — |
| | 向阳大队 | 44 | 273 | 12121 | — | — | — | 206 | 83 | 17106 | — | — | — |

表 5-14

## 1976—1982 年革新村杂粮种植面积及产量情况表

| 年份 | 单位 | 番薯（5 折 1） | | | 玉米 | | | 大豆 | | | 其他杂粮 | | |
|---|---|---|---|---|---|---|---|---|---|---|---|---|---|
| | | 面积（亩） | 单产（千克） | 总产（千克） | 面积（亩） | 单产（千克） | 总产（千克） | 面积（亩） | 单产（千克） | 总产（千克） | 面积（亩） | 单产（千克） | 总产（千克） |
| 1976 年 | 革一大队 | 46 | 502 | 22620 | — | — | — | 40 | 442 | 17697 | — | — | — |
| | 新南大队 | 30 | 492 | 14755 | — | — | — | 75 | 311 | 23845 | — | — | — |
| | 向阳大队 | 35 | 417 | 14578 | — | — | — | 23 | 449 | 10349 | 0.5 | 520 | 260 |
| 1977 年 | 革一大队 | 118 | 349 | 41130 | — | — | — | 69 | 340 | 21014 | — | — | — |
| | 新南大队 | 137 | 555 | 76123 | — | — | — | 142 | 199 | 28391 | — | — | — |
| | 向阳大队 | 104 | 444 | 46184 | — | — | — | 30 | 450 | 13513 | 3 | 50 | 152 |
| 1978 年 | 革一大队 | 105 | 324 | 34068 | — | — | — | 73 | 389 | 28435 | — | — | — |
| | 新南大队 | 131 | 337 | 44294 | 36 | 385 | 14638 | 98 | 436 | 42725 | — | — | — |
| | 向阳大队 | 91 | 256 | 23254.5 | — | — | — | 36 | 325 | 11710 | — | — | — |
| 1979 年 | 革一大队 | 97 | 314 | 31553 | 4 | 500 | 2074 | 87 | 287 | 25394 | — | — | — |
| | 新南大队 | 106 | 427 | 45252 | 28 | 503 | 14072 | 96 | 310 | 27658 | — | — | — |
| | 向阳大队 | 55 | 354 | 19435 | 6 | 293 | 1753 | 37 | 362 | 13440 | 2 | 128 | 256 |
| 1980 年 | 革一大队 | 68 | 182 | 12387 | — | — | — | 87 | 178 | 15508 | — | — | — |
| | 新南大队 | 72 | 410 | 29486 | — | — | — | 73 | 211 | 15399 | — | — | — |
| | 向阳大队 | 55 | 250 | 13776 | — | — | — | 35 | 250 | 8753 | — | — | — |
| 1981 年 | 革一大队 | 87 | 259 | 22558 | — | — | — | 32 | 226 | 7564 | — | — | — |
| | 新南大队 | 35 | 397 | 13878 | — | — | — | 51 | 138 | 7053 | — | — | — |
| | 向阳大队 | 22 | 100 | 2197 | — | — | — | 50 | 93 | 4653 | — | — | — |
| 1982 年 | 革一大队 | 59 | 240 | 12058 | — | — | — | 35 | 222 | 7795 | — | — | — |
| | 新南大队 | 10 | 239 | 2390 | — | — | — | 69 | 200 | 13794 | — | — | — |
| | 向阳大队 | 5 | 515 | 2578 | — | — | — | 62 | 73 | 4559 | — | — | — |

表 5-15

## 1989—1995 年革新村杂粮种植面积及产量情况表

| 年份 | 单位 | 番薯（5折1） | | | 玉米 | | | 大豆 | | | 其他杂粮 | | |
|---|---|---|---|---|---|---|---|---|---|---|---|---|---|
| | | 面积（亩） | 单产（千克） | 总产（千克） | 面积（亩） | 单产（千克） | 总产（千克） | 面积（亩） | 单产（千克） | 总产（千克） | 面积（亩） | 单产（千克） | 总产（千克） |
| 1989 年 | 革一村 | 24 | 200 | 4800 | 19 | 52.5 | 1000 | 83 | 100 | 8300 | — | — | — |
| | 新南村 | 33 | 330 | 10900 | — | — | — | 57 | 74 | 4200 | — | — | — |
| | 向阳村 | 38 | 150 | 5700 | — | — | — | 82 | 100 | 8200 | — | — | — |
| 1990 年 | 革一村 | 20 | 300 | 6000 | 10 | 50 | 500 | 85 | 100 | 8500 | — | — | — |
| | 新南村 | 43 | 340 | 14600 | — | — | — | 87 | 78 | 6800 | — | — | — |
| | 向阳村 | 31 | 150 | 4100 | 10 | 100 | 1000 | 60 | 125 | 7500 | — | — | — |
| 1991 年 | 革一村 | 18 | 500 | 9000 | 9 | 200 | 1800 | 88 | 60 | 5300 | — | — | — |
| | 新南村 | 39 | 370 | 14400 | — | — | — | 57 | 98 | 5600 | — | — | — |
| | 向阳村 | 18 | 200 | 3600 | — | — | — | 34 | 150 | 5100 | — | — | — |
| 1992 年 | 革一村 | 16 | 500 | 8000 | 100 | 65 | 6500 | — | — | — | — | — | — |
| | 新南村 | 23 | 380 | 8740 | — | — | — | 49 | 110 | 5400 | — | — | — |
| | 向阳村 | 10 | 200 | 2000 | — | — | — | 30 | 100 | 3000 | — | — | — |
| 1993 年 | 革一村 | 20 | 1500 | 30000 | — | — | — | 40 | 75 | 3000 | — | — | — |
| | 新南村 | 14 | 1800 | 25200 | — | — | — | 25 | 95 | 2400 | — | — | — |
| | 向阳村 | 10 | 2000 | 20000 | — | — | — | 39 | 100 | 4000 | — | — | — |
| 1994 年 | 革一村 | — | — | — | — | — | — | 24 | 75 | 1800 | — | — | — |
| | 新南村 | 9 | 1700 | 15300 | — | — | — | 21 | 98 | 2100 | — | — | — |
| | 向阳村 | 15 | 1500 | 22500 | — | — | — | 45 | 100 | 4800 | — | — | — |
| 1995 年 | 革一村 | 13 | 1600 | 20800 | — | — | — | 35 | 75 | 3000 | — | — | — |
| | 新南村 | 10 | 1680 | 16800 | — | — | — | 32 | 101 | 3200 | — | — | — |
| | 向阳村 | 8 | 1500 | 12000 | — | — | — | 37 | 100 | 4000 | — | — | — |

## 第四节　经济作物

经济作物是“农业增效、农民增收”的重要来源。革新村村域内主要经济作物有油菜、麻、烟叶、杭白菊、花卉苗木、柏子、棉花、胡瓜等。经济作物的收益远比粮食作物高，从而调动了农民种好、种植经济作物的积极性。

**油菜**　古名芸薹，因其籽可榨油而得名。品种有白菜型和甘蓝型两大类，白菜型油菜（又称土油菜）历史上长期种植，产量很低，一般亩产 30 ～ 40 千克。1956 年，从省种子公司引进迟熟高产的甘蓝型“胜利油菜”，试种后表现耐肥、耐寒、耐湿，抗病性和丰产性好，适合于密植和施肥水平不断提高的条件，自此种植面积逐年扩大，成为本村域内的油菜当家品种。1979 年开始种植“九二 13 系”油菜品种，种植比例 86.7%，其间搭配种植的还有九二、21006 等甘蓝型油菜和长梗白、三月红等白菜型油菜。2000—2003 年先后推广由浙江、上海两地农科院杂交育成的浙双 72、沪油 15 号和浙双 6 号等油菜新品种，成为村域内的主栽品种，具有产量高（亩产在 130 ～ 140 千克）、出油率高（一般出油率在 30% ～ 36%）的优点，种植面积占油菜总面积的 99%。

油菜栽培多采用播种育苗移栽，早先人们用松柱打潭种植，后来人们采用钎步（铁铲）开槽种植。油菜播种要跟循季节，农谚“寒露油菜霜降麦”讲的就是这个道理。油菜都是在水稻收获后种植，20 世纪 80 年代后期，推广稻田全层翻新、精整，阔塄深沟，塄宽 5 米，栽油菜 4 行，亩栽 1 万～ 1.2 万株。1985 年开始逐步推广屠甸等乡镇的稻板油菜（免耕种油菜），1995 年改为稻板“双垄”种植，即按塄沟宽 1 米，种植油菜二行。为防止渍水害必需沟渠配套，排水畅通。20 世纪 70 年代末和 80 年代初，为了缓解秋收冬种劳力与季节的矛盾，村域内全面推广扩大旱地“五边”（路边、沟边、河边、渠边、岗边）油菜的种植面积，压缩三熟制水稻田的种植。1997 年推广油菜水田直播免耕法，此方法省工、省力、有利争季节，一般可提早 5 ～ 7 天。油菜移栽后，肥水需要量大，20 世纪 50—60 年代以人粪、猪粪、羊粪等农家肥为主等。20 世纪 70 年代后在农家肥的基础上使用化肥。俗话说：“麦浇子、菜浇花。”20 世纪 80 年代后在油菜开花期，进行“根外施肥”，用 5% ～ 8% 的硼砂肥，稀释后喷雾，提高了油菜的结实率和饱满度。2001 年，革新村种植油菜 578 亩，亩产 140 千克，总产 81 吨，创历史新高。

▲ 烟叶

**烟叶** 又称烟草，土话又叫烟片。桐乡从明朝嘉靖年间开始种植烟叶，按晒制后的颜色分类，桐乡所产的烟叶属晒红烟，其特点是叶色均匀、色泽红亮、味香浓醇、油分丰润、质地柔韧、不易破裂，是制作雪茄外包烟和卷烟的优质原料，远销东南亚、欧洲、非洲诸国，享有盛誉，晒红烟成为桐乡农业“三大宝”名特产之一。光绪《桐乡县志》载：“烟叶产塘南，塘北则无。”革新村域地处运河塘南，梧桐镇之东，永兴港之西，村域内的范家埭及四周是晒红烟主产地之一。这一带种植的烟叶，叶片大似芭蕉扇，片厚，色泽红亮，质柔韧，油丰润，是众多烟片中属上乘的一种。这里的烟农种烟技术精湛，他们在选种、栽培、留叶、收晒等方面有着丰富的经验。在选留烟叶时，从上到下，将其分成 5 个等级；盖露烟、顶烟、雪皮烟、二皮烟、脚烟。盖露烟就是长在最上面的那三四张叶，这几张叶受雨露阳光沐浴，长得大而厚，且色泽油亮，最适合做雪茄烟的包皮，深受外商青睐。所以，烟农对盖露烟特别重视，在采摘前，就用丝瓜汁液在这些烟叶上写上“范烟”二字。叶青时，这字是看不出来的，待到烟叶晒红后，叶上的字即显现出来，擦也擦不掉，成为一种天然商标。所以称之为“范烟”，声名远扬。

烟叶是旱地作物，村域内旱地与水田各半，旱地土质肥沃、松软，腐殖质多，与水田形成落差，成为一块块高地，不易被水淹，即使是阴雨连绵的黄梅季节，土壤也不会积水，再加上桐乡地区气候四季分明，雨水均匀，非常适宜烟片生长。

冬闲时，辛劳的烟农结伴摇船去镇集市“埏市泥”（用竹筛筛去碎砖屑和粗粒），运回后把垃圾堆成小丘，让其腐烂，再用竹筛筛出瓦片碎砖，留下乌黑肥沃的碎泥屑，备在做秧窖用。烟籽一般在 2 月播种，播种时，先把烟籽和细砂土拌和，均匀撒在畦面上，播后再撒上3～4毫米厚的碎泥屑，用木板轻轻压紧压平，再用水壶洒上清水粪，最后盖上塑料薄膜。一星期后，将塑料薄膜用小竹子环空，白天注意通风换气，晚上盖严密，等到烟秧长到二叶一芯时，揭开薄膜，每隔两天施一次淡粪水，还要进行匀苗、拔草。等到秧苗长到四叶一芯时就可以移栽了。

**移栽**　一般在4月中下旬开始移栽，5月中旬，移栽后要加强管理。施肥以有机肥为主，化肥为辅，配施磷、钾肥，要保湿防旱，移栽后要小水勤浇，每隔2～3天浇淡水肥一次，保持畦土潮润。等到烟苗长到15～25厘米高时，要施肥“坞烟”也叫中耕培土，将土培于烟株基部，保湿保肥防倒伏，当烟苗长至12～16张叶时，要打顶抹茬，摘去株顶芯，抹掉腋芽。这就是“拔烟头”，此后2～3天，重复一次，“拔烟头”是为了抑制烟叶向上生长，让其横向生长，使烟叶变厚、变大。因而习惯以“三皮、四脚、七顶叶”作为高产优质留叶标准。

**采摘**　在打顶后半月，开始第一次采摘，先采摘基部3～4张底烟（脚烟），再隔8～10天，采摘顶烟，从上到下依次采摘，一般2～3次采摘完毕。接下来要把采来的青烟叶在屋内堆起来发黄后，或先用烟掠夹起来，再用烟签（竹篾签子）穿过两扇烟掠，使之夹紧压平等到烟叶发黄后，把一扇扇烟掠挪到晒场上，让太阳曝晒，很快，青黄的烟叶被烈日晒烤得暗红油亮。

“范烟”是中国的名晒烟之一，1996年版《桐乡县志》记载：“范烟”曾远销埃及、马里、几内亚、德国、菲律宾和中国港澳地区。民国11年（1922）桐乡县烟叶产量5700担，“范烟”占桐乡县总产量的四分之一以上。

烟农除了种植烟叶销售，还留一小部分自用。以前，农民没条件抽香烟，当地男子大多喜欢“敲潮烟”，少数女人爱吸水烟，而“范烟”制成的烟丝油分足、弹性强、色泽丰润、香味浓郁，所以都用自家出产的烟片到刨烟作坊加工成烟丝后自用，此习惯一直延续到20世纪末。

20世纪60年代中期，国家大力鼓励发展蚕桑生产，由于蚕茧收益远比烟叶收益高，再加上烟叶对蚕桑发展有制约作用，种了烟叶的地，地里桑树以及周边的桑树上长的桑叶都不能用来喂蚕宝宝。因此，村域内蚕桑得到大力发展，烟叶则逐年减少种植。到20世纪90年代，村域内只有零星种植，不成气候。

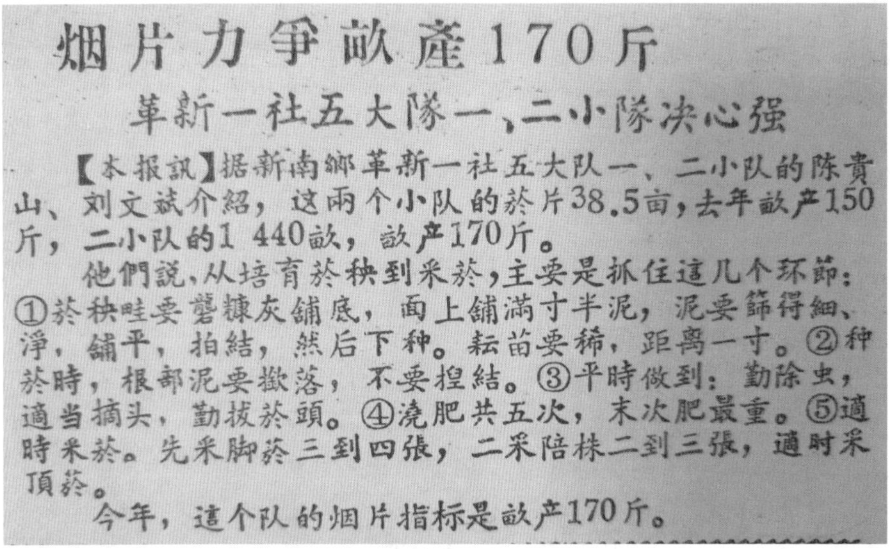

烟片力争畝產170斤

革新一社五大隊一、二小隊决心强

【本报訊】据新南鄉革新一社五大队一、二小队的陈貴山、刘文斌介紹，这兩个小队的菸片38.5亩，去年畝产150斤，二小队的1 440畝，畝产170斤。

他們說，从培育菸秧到采菸，主要是抓住這几个环節：①菸秧畦要礱糠灰舖底，面上舖满寸半泥，泥要篩得細、淨，舖平，拍結，然后下种。耘苗要稀，距离一寸。②种菸時，根部泥要撒落，不要捏結。③平時做到：勤除虫，適当摘头，勤拔菸頭。④澆肥共五次，末次肥最重。⑤適時采菸。先采脚菸三到四張，二采陪株二到三張，適时采頂菸。

今年，這个队的烟片指标是畝产170斤。

▲《桐乡报》1958年1月19日报道：烟片力争亩产170斤，革新一社五大队一、二小队决心强

**杭白菊** 菊花起源于中国，杭白菊生长对气候和土壤的要求很高。革新村地处杭嘉湖平原水网地带，属亚热带季风湿润气候区，全年气候温和，光、热、水协调，适宜杭白菊生长，称为“百花地面”。

据1996年版《桐乡县志》载：菊花，境内300多年前就种植，分白、黄二种。白菊分为小白菊、大白菊，是主栽的当家品种；黄菊花也分为小黄菊、大黄菊，又称“药菊”，种植面积较少。白菊，又称甘菊。杭白菊既是我国传统的茶用菊，也是我国传统的药用植物，是浙江省名药材“浙八味”之一。据清初《补农书》记载：甘菊性甘温，久服最有益。《本草纲目》中载：菊能利五脉，调四肢，治头风热补。由于菊花具有较高的药用价值，市场供不应求，20世纪50—60年代每斤甲级干菊1.08元、乙级0.94元，还有其他的奖励。20世纪70年代中期到80年代初，政府允许农户在自留地上种植经济作物，从而调

▲ 杭白菊

动了农民种菊的积极性。种菊面积有所增加。1983 年全面推行家庭联产承包责任制后，农业生产面向市场，按照市场需求进行产业调整。1984 年，菊花收购打破医药公司独家经营模式，改为多渠道经营，菊花价格成倍上涨，菊花成了“致富花”，农民种菊热情不断高涨，市场供不应求。1988 年，收购商互相争抢，互抬物价，每斤干菊 12 元，称为“菊花大战”，导致菊花质量下降。到了 20 世纪 90 年代，由于盲目扩种，市场供大于求，价格一落千丈，村域内菊花种植面积逐年减少。到 2001 年，部分村民小组被征迁，种植菊花逐渐退出革新村农业生产历史。

杭白菊是无性繁殖育苗，以农户自留自用为主，广大菊农在长期的杭白菊栽培过程中摸索到一些栽培方式。（1）捂墩栽种法。栽种密度一般行距 120 厘米，株距 20 厘米，每穴栽 2 株，前期就打顶（给菊花苗剪头，又叫回头），经过 2 ～ 3 次回头，6 月中旬要给菊花苗施肥（羊垃圾、鸡鸭粪、加上化肥），然后要给菊花苗的基部用泥土捂好墩子，保湿、保肥、保根部，促使菊花旺长，花蕾多，花期早，优质高产。（2）嫩头扦插法。即把菊花苗打顶剪下来的嫩头（回头）趁着黄梅季节，利用春花作物收获后的空地进行扦插扦种。扦插要增加密度，以多取胜。扦插后要加强肥水管理，遇到晴热天气，要用稻草或草荐遮光，抗旱保苗。（3）压条栽种法。适用于菊花与其他作物套种的情况，当其他作物收获后，因套种的菊花苗不打顶，菊花苗长得很长了，压条前，应先把地翻垦一遍，然后把菊花的茎按倒在地上，用泥块压住，不让其翘起来，再施上清水粪。过几天后再压第二遍，这样能促使早活苗，早成株，早分枝。20 世纪 90 年代村域内 70% 的菊花面积都用了这种技术，比一般传统方法增产 30% ～ 40%。

菊花的主要病虫害是纹枯病和蚜虫。纹枯病用多菌灵或井冈霉素稀释 100 倍喷治，蚜虫可用氧化乐果，吡虫啉稀释 1000 倍喷治。

杭白菊采摘一般在 10 月下旬，11 月初是旺季。头花早、质量好，二花旺、数量多，三花少、质量差。一般采摘大都在晴天上午露水干后采摘，做到随采随运随摊，防止菊花发热变质。

白天采菊花，晚上蒸菊花。用 2 尺（66.67 厘米）锅子，配上高 18 厘米的木锅盖，有的配上铁皮锅盖，6 只菊花甏，直径 30 厘米，边高 7 厘米，底部有小孔，甏底插有两条横杆，两端露出甏口外缘 2 ～ 3 厘米，便于架空蒸甏。

蒸菊花前在锅内放入清水，水深一般占锅高的三分之一。再放竹蒸架，离水面5厘米左右，水煮沸后立刻将盛满鲜花的簃入锅，每锅叠放三簃。每簃菊花摊放厚薄均匀，重量一般在每簃0.3～0.4千克。蒸制4分钟左右，蒸气笔直上冒时，揭锅将簃取出，换上下一批，依次循环下去。在蒸制过程中，需要及时加水，保持原水位，这一步是蒸制菊花的技术活，起簃、放簃的时间不固定，要凭着人的直觉，根据柴火的旺弱作出判断。

蒸好的菊花倒扣在柴烟掠上或竹帘子上，就像一张平薄的花饼，应趁晴天及时晒花。因为碰到有的年份雨水多，菊花不及时晒干，会发霉变质。有的农户土法上马用煤饼烘菊花，非常不安全，时有中毒、火灾事件发生。90年代中期，一些企业采用微波技术加工杭白菊，开始收购鲜菊花，受到广大菊农的欢迎。1999年桐乡市被农业部命名为“中国杭白菊之乡”，产销两旺。2004年起，菊花加工企业组织收购鲜胎菊，由于价格较高，菊农逐渐改变了以往待菊花开后再采收的习惯，使杭白菊增加了一种新的加工产品。1992年，革新村种植杭白菊1314亩，亩产170千克，总产223.3吨。

表 5-16

## 1962—1968 年革新村种植油菜籽、菊花、烟叶产量情况表

| 年份 | 单位 | 油菜籽 | | | 烟叶 | | | 菊花 | | |
|---|---|---|---|---|---|---|---|---|---|---|
| | | 面积（亩） | 单产（千克） | 总产（吨） | 面积（亩） | 单产（千克） | 总产（吨） | 面积（亩） | 单产（千克） | 总产（吨） |
| 1962 | 革一大队 | 286.1 | 113 | 32.4 | 203.4 | 150 | 30.6 | 46 | 41 | 1.9 |
| | 新南大队 | 214 | 108 | 23.1 | 197.5 | 129 | 25.6 | 39 | 75 | 3 |
| | 向阳大队 | 116 | 91 | 12.3 | 61 | 231 | 14.2 | 12 | 92 | 1.1 |
| 1963 | 革一大队 | 216 | 85 | 18.3 | 245.8 | 190 | 46.6 | 108 | 68 | 7.4 |
| | 新南大队 | 202 | 77 | 15.6 | 220.5 | 213 | 47.1 | 85 | 97 | 8.2 |
| | 向阳大队 | 119 | 76 | 9 | 77 | 151 | 1107 | 34 | 63 | 2.2 |
| 1964 | 革一大队 | 266 | 110 | 29.2 | 262 | 190 | 50 | 170 | 70 | 12 |
| | 新南大队 | 299 | 133 | 39 | 198 | 225 | 44.6 | 159 | 124 | 20 |
| | 向阳大队 | 157 | 120 | 18.7 | 71 | 135 | 9.6 | 64 | 81 | 5.2 |
| 1965 | 革一大队 | 234 | 118 | 27.5 | 135 | 231 | 31.3 | 276 | 65 | 18 |
| | 新南大队 | 286 | 115 | 32.9 | 168 | 177 | 30 | 209 | 77 | 16.2 |
| | 向阳大队 | 110 | 138 | 15.2 | 32 | 157 | 5 | 103 | 95 | 10 |
| 1966 | 革一大队 | 144 | 166 | 24 | 136 | 200 | 27.1 | 125 | 45 | 5.7 |
| | 新南大队 | 258 | 108 | 27.9 | 98 | 242 | 23.8 | 112 | 67 | 7.5 |
| | 向阳大队 | 121 | 177 | 14.1 | 37 | 71 | 2.6 | 113 | 33 | 3.8 |
| 1967 | 革一大队 | 148 | 145 | 21.4 | 117 | 157 | 18.4 | 82 | 27 | 2.2 |
| | 新南大队 | 214 | 116 | 25 | 125 | 189 | 23.6 | 73 | 50 | 3.7 |
| | 向阳大队 | 104 | 108 | 11.2 | 25 | 156 | 3.9 | 70 | 29 | 2 |
| 1968 | 革一大队 | 235 | 137 | 31.5 | 156 | 177 | 27.7 | 98 | 21 | 2 |
| | 新南大队 | 277 | 138 | 38.2 | 210 | 217 | 45.6 | 69 | 47 | 3.3 |
| | 向阳大队 | 134 | 112 | 15.1 | 38 | 217 | 8.1 | 46 | 51 | 2.4 |

表 5-17

## 1976—1982 年革新村种植油菜籽、菊花、烟叶产量情况表

| 年份 | 单位 | 油菜籽 | | | 烟叶 | | | 菊花 | | |
|---|---|---|---|---|---|---|---|---|---|---|
| | | 面积（亩） | 单产（千克） | 总产（吨） | 面积（亩） | 单产（千克） | 总产（吨） | 面积（亩） | 单产（千克） | 总产（吨） |
| 1976 | 革一大队 | 250 | 154 | 38.5 | 137 | 278 | 38.1 | 70 | 92 | 6.5 |
| | 新南大队 | 332 | 151 | 50.1 | 115 | 432 | 49.7 | 98 | 97 | 9.6 |
| | 向阳大队 | 135 | 125 | 16.8 | 68 | 322 | 21.9 | 43 | 152 | 6.6 |
| 1977 | 革一大队 | 251 | 133 | 33.5 | 147 | 229 | 35.1 | 98 | 48 | 4.7 |
| | 新南大队 | 329 | 110 | 36.2 | 125 | 269 | 34 | 96 | 57 | 5.5 |
| | 向阳大队 | 159 | 108 | 17.2 | 74 | 297 | 22 | 34 | 112 | 3.8 |
| 1978 | 革一大队 | 277 | 235 | 65.2 | 126 | 175 | 22 | 63 | 100 | 6.3 |
| | 新南大队 | 356 | 201 | 71.7 | 144 | 185 | 26.2 | 70 | 97 | 6.8 |
| | 向阳大队 | 167 | 216 | 36.1 | 87 | 147 | 12.8 | 43 | 122 | 5.3 |
| 1979 | 革一大队 | 276 | 209 | 63.1 | 89 | 334 | 29 | 71 | 99 | 7.1 |
| | 新南大队 | 295 | 217 | 64 | 123 | 183 | 225 | 136 | 104 | 14.1 |
| | 向阳大队 | 164 | 218 | 35.8 | 73 | 170 | 12.4 | 57 | 96 | 5.5 |
| 1980 | 革一大队 | 353 | 185 | 65.1 | 62 | 204 | 12.7 | 56 | 276 | 15 |
| | 新南大队 | 380 | 167 | 63.5 | 119 | 84 | 10 | 46 | 27 | 1.2 |
| | 向阳大队 | 193 | 173 | 33.5 | 70 | 160 | 11.2 | 61 | 62 | 3.8 |
| 1981 | 革一大队 | 380 | 213 | 81 | 66 | 247 | 16.3 | 56 | 233 | 11.1 |
| | 新南大队 | 514 | 195 | 100 | 108 | 102 | 11 | 44 | 86 | 3.8 |
| | 向阳大队 | 271 | 213 | 57.7 | 71 | 66 | 4.7 | 34 | 190 | 6.3 |
| 1982 | 革一大队 | 339 | 239 | 81.1 | 70 | 205 | 14.3 | 65 | 180 | 11.7 |
| | 新南大队 | 440 | 214 | 94 | 67 | 81 | 54 | 50 | 101 | 5.1 |
| | 向阳大队 | 186 | 262 | 48.9 | 77 | 150 | 11.6 | 44 | 80 | 3.5 |

表 5-18

## 1986—1992 年革新村种植油菜籽、菊花、烟叶产量情况表

| 年份 | 单位 | 油菜籽 | | | 烟叶 | | | 菊花 | | |
|---|---|---|---|---|---|---|---|---|---|---|
| | | 面积（亩） | 单产（千克） | 总产（吨） | 面积（亩） | 单产（千克） | 总产（吨） | 面积（亩） | 单产（千克） | 总产（吨） |
| 1986 | 革一村 | 483 | 205 | 99 | 150 | 120 | 18 | 100 | 200 | 20 |
| | 新南村 | 446 | 217 | 96.8 | 172 | 215 | 37 | 165 | 185 | 30.5 |
| | 向阳村 | 226 | 180 | 40.7 | 105 | 150 | 15.8 | 54 | 120 | 6.5 |
| 1987 | 革一村 | 419 | 245 | 102.7 | 230 | 150 | 34.5 | 215 | 190 | 40.9 |
| | 新南村 | 464 | 241 | 111.8 | 192 | 220 | 42.2 | 221 | 155 | 34.3 |
| | 向阳村 | 180 | 208 | 37.4 | 160 | 150 | 24 | 60 | 100 | 6 |
| 1988 | 革一村 | 420 | 250 | 105 | 230 | 160 | 36.8 | 250 | 250 | 62.5 |
| | 新南村 | 408 | 257 | 105 | 127 | 210 | 26.7 | 290 | 200 | 58 |
| | 向阳村 | 186 | 205 | 38 | 140 | 160 | 22.4 | 120 | 200 | 24 |
| 1989 | 革一村 | 313 | 116 | 36 | 139 | 80 | 11.1 | 183 | 100 | 18.3 |
| | 新南村 | 380 | 130 | 49.6 | 141 | 111 | 15.7 | 265 | 105 | 27.8 |
| | 向阳村 | 197 | 109 | 21.5 | 106 | 75 | 8 | 102 | 75 | 7.7 |
| 1990 | 革一村 | 405 | 119 | 48.2 | 140 | 110 | 15.4 | 180 | 120 | 21.6 |
| | 新南村 | 447 | 123 | 55 | 208 | 129 | 26.8 | 259 | 133 | 34.4 |
| | 向阳村 | 197 | 124 | 24.4 | 85 | 80 | 6.8 | 91 | 100 | 9.1 |
| 1991 | 革一村 | 409 | 79 | 32 | 96 | 100 | 9.6 | 189 | 125 | 23.6 |
| | 新南村 | 449 | 115 | 51.6 | 104 | 141 | 14.7 | 351 | 155 | 54.4 |
| | 向阳村 | 192 | 83 | 15.9 | 117 | 75 | 8.8 | 157 | 130 | 20.4 |
| 1992 | 革一村 | 355 | 110 | 39.05 | — | — | — | 398 | 170 | 67.6 |
| | 新南村 | 225 | 121 | 27 | 144 | 104 | 15 | 681 | 123 | 83.8 |
| | 向阳村 | 149 | 140 | 20.1 | 108 | 75 | 8.1 | 235 | 125 | 29.4 |

表 5-19　1995—2003 年革新村种植油菜籽、菊花、烟叶产量情况表

| 年份 | 单位 | 油菜籽 | | | 烟叶 | | | 菊花 | | |
|---|---|---|---|---|---|---|---|---|---|---|
| | | 面积（亩） | 单产（千克） | 总产（吨） | 面积（亩） | 单产（千克） | 总产（吨） | 面积（亩） | 单产（千克） | 总产（吨） |
| 1995 | 革一村 | 200 | 170 | 34 | 5 | 100 | 1 | 155 | 110 | 17 |
| | 新南村 | 219 | 135 | 29.6 | 12 | 87 | 1 | 448 | 115 | 51.5 |
| | 向阳村 | 150 | 125 | 19 | 3 | 100 | 0.3 | 125 | 100 | 13 |
| 1996 | 革一村 | 85 | 75 | 6.4 | 10 | 100 | 1 | 185 | 105 | 19.4 |
| | 新南村 | 320 | 131 | 41.2 | 15 | 85 | 1.3 | 469 | 120 | 56.3 |
| | 向阳村 | 100 | 130 | 13 | — | — | — | 145 | 150 | 22 |
| 1997 | 革一村 | 60 | 100 | 6 | 10 | 150 | 1.5 | 230 | 120 | 27.6 |
| | 新南村 | 171 | 122 | 20.8 | — | — | — | 412 | 110 | 45 |
| | 向阳村 | 70 | 150 | 10.5 | — | — | — | 150 | 150 | 22.5 |
| 1998 | 革一村 | 105 | 50 | 5.25 | — | — | — | 205 | 125 | 26 |
| | 新南村 | 219 | 51 | 11.1 | 2 | 145 | 0.3 | 420 | 135 | 57 |
| | 向阳村 | 120 | 100 | 12 | — | — | — | 150 | 130 | 20 |
| 1999 | 革一村 | 120 | 110 | 13 | 2 | 130 | 0.3 | 216 | 135 | 29 |
| | 新南村 | 150 | 134 | 20 | 5 | 125 | 0.6 | 445 | 132 | 58.7 |
| | 向阳村 | 120 | 150 | 18 | — | — | — | 200 | 100 | 20 |
| 2000 | 革新村 | 575 | 134 | 77 | — | — | — | 781 | 126 | 98 |
| 2001 | | 578 | 140 | 81 | — | — | — | 658 | 125 | 82 |
| 2002 | | 358 | 135 | 48 | 5 | 150 | 1 | 585 | 130 | 76 |
| 2003 | | 148 | 130 | 19 | 7 | 160 | 1.1 | 380 | 160 | 61 |

**花卉苗木** 1974 年，革新村域内原新南大队成立全公社的第一个大队树苗场（又叫苗圃）。

第一年采购了十几斤苗木种子，进行种子育苗。第二年，在县林科站的协助下，进行树苗枝干（剪成10厘米左右）进行浸枝催芽，扦插的试验，采用了“干做、水插、短条”的技术措施获得成功，大大提高了苗木产量和质量。《桐乡市农业志》记载：“1976 年以来，县林科站和新南大队林业队共同协作实施的池杉浸种催芽的试验获得成功。新南林业队职工从开始催芽到基本齐苗仅用 36 天，比不浸种催芽提前 3 个多月，苗木质量显著提高。1980 年，县林业局认真总结推广了县林科站和新南林业队的技术措施。”是年，在大队树苗场的指导下，潘家门、沈家村、高家里三个生产队的 10 多户农户，在自留地上进行小面积水杉苗扦插获得成功。第二年，他们有了足够的扦插枝条，扩大扦插面积，在承包的高荡田扦插，从原来的 1 ～ 2 分地，扩大到 1 亩多。有了第一年的实践，第二年更有经验了，苗木的质量和产量得到提高，而且平均根茎粗达到 0.6 ～ 0.7 厘米，苗高 63 厘米，按当时的价格一级苗木每株 0.09 元，二级 0.07 元。1984 年革新村域内杉木扦插面积 52 亩，亩产株数 11 万～ 12 万株，总收入 43.68 万元。

1985 年，由于盲目跟风，扦插的农户增加、面积扩大，结果市场上出现了供大于求的情况，树苗滞销。村党支部、村委会抓住这个树苗充裕的有利时机，大力开展“植树造林、平原绿化”运动，河岸边、道路边、沟边和田边地头、屋前屋后都栽种了水杉树苗。除了在村域内种植外，苗木基本无销路，部分农户只能把树苗当柴烧，伤了农户的心。之后，村域内的苗木扦插成为历史。

**桕子** 桕子树又称乌桕树，所长的籽叫桕子，乌桕树具有 1400 多年的栽培历史，是中国特有的经济树种。民国时期至解放初，村域内最多的树就是乌桕树，屋前屋后河岸沟边，所有的旱地，全是乌桕树。冬天，人们用桕钩和梯子折摘桕子。桕子在民国时期是重要的工业原料，可制桕油、蜡烛、肥皂等。所以收购价格高。在当时对农民来说是一笔可观的经济收入。1958 年大办钢铁，乌桕树被砍伐作小高炉燃料。20 世纪 60—70 年代，在以粮为纲的年代，大力新开塘田（旱地变水田），乌桕树被砍的砍、挖的挖，所剩无几。到了 20 世纪 80 年代就没有乌桕树的踪影了。现在，桐乡植物园的绕园河北岸和市博物馆的门对面还有几棵乌桕树。

**麻类** 有大麻、黄红麻、苎麻三种，黄红麻有黄麻、红麻之分，统称络麻。村域内以种植大麻、络麻为主，苎麻稀少。1957年，村域内种植麻类作物168亩，亩产125千克，总产量21吨。黄红麻占三分二，因为黄红麻的价格要比大麻高一点。原革一大队、革二大队花白地多一点，种植面积要比新南大队多。20世纪60年代因扩种粮食及发展蚕桑生产，种植麻逐年减少，至80年代中期村域内已没有成片种植麻类作物。

**棉花** 属锦葵科作物，产种子纤维。史载宋元之间，开始传到中国。明初，南方普遍种植。明崇祯十年（1637），宋应星《天工开物》详细记述了棉花纺成布的全过程。民国时期，在塘南一带种植棉花较多，品种有“中棉”、“改良棉”（陆地棉）都有，产量不高，农户种棉、纺纱、织布都是用于自给。20世纪50年代中期后，因要重点发展蚕桑和粮食作物，棉花种植面积逐年减少。到20世纪80年代，村域内几乎没有种植棉花了。2003年以后，人们的生活讲究绿色纯天然，穿的、盖的、垫的都要用自己种的棉花加工。村域内种植棉花的农户又开始多起来了，到2007年、2008年时，种植棉花多的农户，一家要收好几百斤，不仅自用，还有多余的出售。一些新居民用了这里的棉絮、垫絮后，都觉得舒服，比那些腈纶絮不知好多少，所以棉絮十分畅销，价格也越来越贵。2013年后，随着城市的扩展，征用的土地全都进行施工建设，失去了种植棉花的土地，此时，村域内已无棉花种植。

**胡瓜** 又名黄瓜、青瓜或日本胡瓜。1993年，革新南村蔬菜厂与海宁斜桥蔬菜厂联营，引进日本胡瓜在本村种植。新南厂负责提供种植基地、加工场地和加工人员；海宁厂付费提供种子、技术和资金，并派专业技术人员，实行包收包销售。第一年，广大农户还不了解胡瓜的种植方法和经济效益，种植面积不大，种植的户数也不多，最多的不超过1亩，大部分农户只种几分地。结果，一年下来，其经济效益远远超过其他经济作物，每亩收入在4000～5000元左右，而当时1亩水稻的收入只有800～900元左右。

尝到甜头的农民，大面积扩大种植，旱地不够，就用地势高、排水好的水田种植，最多的农户要种3～4亩多地。如果国家的粮食任务完不成，就向别人买稻谷来抵交粮食任务。种植的户数占村域总户数的90%以上，而且还带动周边村的农户种植。

胡瓜清明前后播种培育瓜秧，此时厂里有技术人员巡回指导育秧。4 月底、5 月初开始移栽，大田种植，桑地套种，田边地头、屋前屋后都种上了胡瓜。移栽后的管理是关键，松土、锄草、施肥、浇水、治虫、防病、搭棚，这些都需要大量的人力和时间。搭棚需要大量的芦竹，本地不够，农户们摇船去海宁、嘉兴的农村买芦竹。一时间，芦竹也成了紧俏商品，原来当柴烧的芦竹简直变成了金条银条，价格一涨再涨。

由于胡瓜出口销量大，供不应求，行情年年涨。1995—1998 年，胡瓜采摘旺季，不知有多少瓜贩来抢购胡瓜，有的开船，有的开车到地头，价格天天涨，最贵每斤胡瓜达 0.41 元，而正常价格为每斤 0.31 元，这就是人们说的“胡瓜大战”。由此形成了价格上涨、质量下降的恶性循环。1997 年，总厂实行合同收购，即供应种子，农户必须卖给厂里，签订合同。厂方按合同价格全部收购，农户保证质量规格出售。这样，农户也有了卖瓜的保障，小贩便无足可插，“胡瓜大战”由此平息，胡瓜种植一直到 2003 年全村土地被逐步征迁。

表 5-20　革新村 1992—2002 年胡瓜种植面积及产量统计表

| 年份 | 亩数 | 总产（吨） | 单价（每千克） | 总收入（元） |
|---|---|---|---|---|
| 1992 | 402 | 603 | 0.52 | 313560 |
| 1993 | 560 | 503 | 0.56 | 281680 |
| 1994 | 235 | 588 | 0.62 | 364560 |
| 1995 | 406 | 1143 | 0.68 | 777240 |
| 1996 | 478 | 1242 | 0.80 | 993600 |
| 1997 | 445 | 1098 | 0.76 | 834480 |
| 1998 | 423 | 1051 | 0.72 | 756720 |
| 1999 | 361 | 892 | 0.68 | 606560 |
| 2000 | 407 | 982 | 0.68 | 667760 |
| 2001 | 59 | 84 | 0.62 | 52080 |
| 2002 | 150 | 300 | 0.62 | 186000 |
| 合计 | 3926 | 8386 | — | 5834240 |

## 第五节　果蔬作物

革新村范围内种植的蔬菜品种有青菜、大白菜、萝卜、榨菜、茄子、葱、韭、蒜等传统蔬菜，水果品种有桃、李、枇杷、葡萄等大宗水果，以前大多是以自食为主。改革开放后，种植格局发生根本改变，果蔬作物走向商品化，大批域外果蔬品种引进本村域，包括韩国萝卜、日本南瓜、意大利生菜、非洲秋葵等洋品种蔬菜和外地的甜椒、小番茄、香丝瓜、青瓜等优良品种。在自食自足后，部分菜农向市场供应新鲜蔬菜，满足了新居民在内的广大城乡居民的消费需求，又使自己得到了可观的经济收益。

**水果**　20 世纪 60—70 年代，几乎每家农户都在房前屋后种一些桃、梨、枣等果树，数量不多。那个年代，小孩们嘴馋，还没成熟就开始偷吃，真正到成熟时往往所剩无几了。为改善社员生活，生产队每年安排出几亩旱地，集体种一点西瓜、香瓜（雪甜瓜）等瓜果。快成熟时，都要在瓜地中央搭个瓜棚，派人日夜看守。收获后，好的瓜到市场出售，为生产队经济收入，余下的部分，按劳动工分分配给社员家庭自食。

1983 年，实行家庭联产承包责任制后，农民逐渐有了生产自主权。一些有经济头脑的农户意识到单一的粮食生产只能吃饱饭，而生活要富裕，一定要种植经济价值高的作物。原向阳村周家里小组村民周庆和、蒋林甫、蒋阿欢三人在《浙江科技报》上获得信息，栽培葡萄可以致富，那时一斤葡萄可以抵得上十来斤大米的价值。1985 年，他们三人从县农林局各自定购了数十棵的巨峰葡萄苗，壮着胆子每人种了六七分地。这在当时的革新村域，甚至全梧桐人民公社，也算是敢于打破传统种植业的拓荒者。

毕竟是尝试，由于缺乏经验和技术，起初四年，没有取得应有收益，但比种田还是划算的。到了 1990 年，周庆和有了前几年的经验积累和教训，这一年他种的 1.3 亩葡萄取得了 8000 多元的收益，1991 年收入超过万元。这让周围群众刮目相看，于是有不少农户上门来取经，了解种葡萄的诀窍。周庆和毫无保留地把自己掌握的技术与门道传授给周边乡邻，特别是手把手地传授、示范用葡萄的茎扦插育苗的栽培技术。在他的带动下，20 世纪 90 年代，向阳村的 7 个村民小组全面铺开了葡萄的种植，特别是周家里、镬子浜、陆家埭、富饶桥 4 个村民小组，充分利用旱地、高荡田，搭起了无数的葡萄藤支架，从 1983 年的 3 亩多地种植，到 2011 年前已扩大到 600 多亩的种植规模，增加近二十倍，成为远近闻名的“葡萄村”。1996 年，周庆和被浙江省委宣传部、农村工作办公室、计划生育委员会、妇女联合会四部会评为“新家庭示范户”。

1989 年，周庆和依靠种植葡萄赚下的 2 万余元钱，拆除了原来的平瓦房，盖起了三间楼房，这在当时算得上是凤毛麟角了。在他的影响和带动下，众多的葡萄种植户都把平房变成了楼房。桐乡市人民广播电台还播发了《小小葡萄让火烧桥变成了名副其实的富饶桥》的消息；浙江电视台也慕名前来采访拍摄，在新闻中给予报道。

2009 年村域集体土地被征收后，曾经的葡萄村依然是人们美好的回忆。

表 5-21

## 1986—1992 年革新村瓜果类种植面积及产量统计表

| 年份 | 单位 | 西瓜 | | | 葡萄 | | | 桃子、苹果、梨子 | | | 其他类 | | |
|---|---|---|---|---|---|---|---|---|---|---|---|---|---|
| | | 面积（亩） | 单产（担） | 总产（担） | 面积（亩） | 单产（担） | 总产（担） | 面积（亩） | 单产（担） | 总产（担） | 面积（亩） | 单产（担） | 总产（担） |
| 1986 | 革一村 | 50 | 30 | 1500 | — | — | — | — | — | — | — | — | — |
| | 新南村 | 23 | 25 | 575 | — | — | — | 8.5 | 2.1 | 18 | 251 | 3.3 | 829 |
| | 向阳村 | 37 | 32.4 | 1200 | 2 | 5 | 10 | — | — | — | — | — | — |
| 1987 | 革一村 | 60 | 3.33 | 200 | — | — | — | — | — | — | 5 | 10 | 50 |
| | 新南村 | 23 | 25 | 575 | — | — | — | — | — | — | 24 | 4.75 | 114 |
| | 向阳村 | 95 | 20 | 1900 | 3 | 5 | 15 | — | — | — | 2 | 5 | 10 |
| 1988 | 革一村 | 60 | 30 | 1800 | — | — | — | — | — | — | 5 | 8 | 40 |
| | 新南村 | 41 | 12 | 492 | — | — | — | — | — | — | — | — | — |
| | 向阳村 | 80 | 30 | 2400 | 4 | 5 | 20 | — | — | — | — | — | — |
| 1989 | 革一村 | 52 | 10.6 | 551 | — | — | — | — | — | — | — | — | — |
| | 新南村 | 40 | 21 | 840 | — | — | — | — | — | — | — | — | — |
| | 向阳村 | 125 | 6.2 | 775 | 4 | 10 | 40 | — | — | — | — | — | — |
| 1990 | 革一村 | 50 | 30 | 1500 | — | — | — | — | — | — | — | — | — |
| | 新南村 | 11 | 40 | 440 | 9.5 | 13.6 | 129 | 10 | 10 | 100 | 26 | 15.4 | 400 |
| | 向阳村 | 101 | 40 | 4040 | 8 | 20 | 160 | — | — | — | — | — | — |
| 1991 | 革一村 | 52 | 10 | 520 | — | — | — | — | — | — | — | — | — |
| | 新南村 | 7 | 13 | 91 | 9.5 | 8.4 | 79.8 | 6 | 3 | 18 | — | — | — |
| | 向阳村 | 26 | 15 | 390 | 10 | 12 | 120 | — | — | — | — | — | — |
| 1992 | 革一村 | 19 | 20 | 380 | — | — | — | — | — | — | — | — | — |
| | 新南村 | — | — | — | 9.5 | 13.6 | 129 | 6 | 3 | 18 | 19 | 11 | 209 |
| | 向阳村 | 28 | 25 | 700 | 20 | 12 | 240 | — | — | — | — | — | — |

表 5-22

## 1993—1999 年革新村瓜果类种植面积及产量统计表

| 年份 | 单位 | 西瓜 | | | 葡萄 | | | 桃子、苹果、梨子 | | | 其他类 | | |
|---|---|---|---|---|---|---|---|---|---|---|---|---|---|
| | | 面积（亩） | 单产（担） | 总产（担） | 面积（亩） | 单产（担） | 总产（担） | 面积（亩） | 单产（担） | 总产（担） | 面积（亩） | 单产（担） | 总产（担） |
| 1993 | 革一村 | 20 | 30 | 600 | — | — | — | — | — | — | 10 | 10 | 100 |
| | 新南村 | 12 | 16 | 192 | 9.5 | 10 | 95 | 4 | 4 | 16 | — | — | — |
| | 向阳村 | 71 | 20 | 1420 | 20 | 10.5 | 210 | — | — | — | — | — | — |
| 1994 | 革一村 | 60 | 30 | 1800 | — | — | — | — | — | — | 333 | 20 | 6600 |
| | 新南村 | 14 | 30 | 420 | 9.5 | 10.5 | 100 | 4 | 4 | 16 | — | — | — |
| | 向阳村 | 115 | 20 | 2300 | 75 | 16 | 1200 | — | — | — | — | — | — |
| 1995 | 革一村 | 55 | 20 | 1100 | — | — | — | — | — | — | 330 | 20 | 6600 |
| | 新南村 | 22 | 30 | 660 | 9.5 | 25 | 238 | 8 | 7.6 | 60.8 | — | — | — |
| | 向阳村 | 119 | 30 | 3570 | 130 | 12.4 | 1612 | — | — | — | — | — | — |
| 1996 | 革一村 | 50 | 20 | 1000 | — | — | — | — | — | — | 30 | 15 | 450 |
| | 新南村 | — | — | — | 9.5 | 20 | 190 | 4 | 4 | 16 | — | — | — |
| | 向阳村 | 90 | 30 | 2700 | 164 | 21 | 3444 | 7 | 3.5 | 24.5 | — | — | — |
| 1997 | 革一村 | 10 | 24 | 240 | — | — | — | — | — | — | 20 | 15 | 300 |
| | 新南村 | — | — | — | 9.5 | 25 | 238 | 4 | 4 | 16 | — | — | — |
| | 向阳村 | 20 | 20 | 400 | 164 | 0.94 | 150 | 6 | 3.5 | 21 | — | — | — |
| 1998 | 革一村 | 13 | 25 | 325 | — | — | — | — | — | — | — | — | — |
| | 新南村 | — | — | — | 9.5 | 15 | 142.5 | 4 | 4 | 16 | — | — | — |
| | 向阳村 | 100 | 20 | 2000 | 164 | 15 | 2460 | 10 | 3 | 30 | — | — | — |
| 1999 | 革一村 | 45 | 24 | 1080 | 10 | 15 | 150 | — | — | — | — | — | — |
| | 新南村 | — | — | — | 9.5 | 18.9 | 179.5 | 1 | 6 | 6 | — | — | — |
| | 向阳村 | 120 | 25 | 3000 | 300 | 16 | 4800 | 8 | 3 | 24 | — | — | — |

## 蔬菜

**青菜** 村域内的青菜主要有矮蒲头、长梗白两种。白露开始播种，当菜秧长到四叶一芯时，开始移栽。施肥以浇清水粪为主，适量施一点化肥，一般一个月左右可以收获。吃矮蒲头青菜的最佳时间是霜降后，青菜经过几次明霜或暗霜后，炒出来的青菜柔软有甜味。长梗白成熟后，村民们通常喜欢把来不及鲜食的青菜腌制成咸菜，又叫盐渍菜，用来做菜清香可口，还可以晒成梅干菜便于长期保存。青菜一般可以吃到第二年的春天，到了春天吃苔心菜，一直可以吃到初夏。“长梗菜饭吃不厌”，可见青菜在人们生活中的重要性。

**大白菜** 又名胶菜，因从山东胶州引入而得名，也称山东青胶。大白菜的品种有早熟白胶，中、迟熟青胶，生长期是 2.5 个月，亩栽 2000 ~ 3000 株。20 世纪 60—70 年代，村域内各生产队均有大面积种植，产量高，亩产在 6000 千克左右。由于包心结实、球形整齐、菜叶白嫩，受到城市居民喜爱。当时，由供销社统一收购，生产队收获后用船运到镇上、庄家桥等地去卖。20 世纪 70 年代，北孟庙供销商店也开始收购，在当时，这是每个生产队一笔可观的经济收入。农户在自留地上种植，大多是自食为主，是农户家的常菜。20 世纪 80 年代引进中熟的 85-1 号、早熟 5 号。土地承包到户后，农户不再大片种植胶菜，改种其他经济作物，胶菜也只有零星种植。

▲ 20 世纪 70—80 年代社员向供销社出售大白菜（汤闻飞 摄）

**榨菜** 据《桐乡市农业志》记载：桐乡榨菜种植始于民国 23 年（1934），从四川引入栽培。榨菜也称茎瘤芥菜，因成品是瘤状茎经过腌渍压榨脱水加工而成，故称榨菜。20 世纪 50—60 年代，只有少量农户零星种植榨菜，收获的榨菜以自食为主，大多是腌制咸菜（冬菜），脱水后装在坛内，可长期保存食用，也有少数农户将腌制后的榨菜拿去街上出售。20 世纪 70 年代末，原新南大队办起了蔬菜加工厂，榨菜有了加工销售的渠道，村域内开始扩大面积种植榨菜，较多的是在桑园地里套种。1985 年，蔬菜厂与海宁斜桥菜厂联营，生产航空小包装榨菜。鲜榨菜需求量增加，村域内农户再次扩大种植面积，在排水好、地势高的塘田种植榨菜。种植的模式有：桑园冬季套种榨菜，杭白菊采收后种榨菜，连作晚稻收割后种榨菜，胶菜收获后种榨菜。

种植品种：20 世纪 80 年代以“浙桐一号”为主要品种。20 世纪 90 年代，以“桐农四号”为主要品种，一直延续到 2009 年全村集体土地被全部征收，种植榨菜成为历史。

育苗，即培育榨菜秧，一般在 10 月上旬播种，苗床与大田的比是 1 ∶ 8 左右，苗期 45 天左右。旱地（包括桑园）一般在 10 月底到 11 月初种植榨菜，连作晚稻待晚稻收割后再种植，最迟至 12 月上旬种植结束。榨菜是越冬作物，在肥水管理上要把握好：刚移栽要以保苗、保成活为重点，秋冬季节干燥，要以清水粪点浇为主；当成活后要保证菜地土壤湿润，碰到冬雨天要开沟排水，要掌握年前不施氮肥，以免榨菜发嫩冬发，出现倒春寒时受冻害，影响产量。榨菜采收一般在清明前后，适时采收很重要，过嫩，产量低；过老，空心率高，影响榨菜质量。采收榨菜要削去根、叶、苔心，运输至菜厂出售。革新村域内 1985 年种植面积 911 亩，亩产 3000 千克，总产 5466 吨。

鲜榨菜的腌制加工流程：鲜菜第一次腌制 5 ～ 7 天→起窖用石块压制脱水→第二次腌制 5 ～ 7 天→起窖挑筋剥皮→分级整形→淘洗上榨→拌料装坛→封口。

**萝卜** 传统品种有红萝卜、白萝卜（浙大萝卜）、一点红（耸头）、太湖萝卜、胡萝卜（丁香萝卜）。含有丰富的维生素和碳水化合物、钙、硫和铁矿物质，生吃品种有雪梨种、水晶萝卜（水果萝卜），熟吃可以当菜肴。俗话说：“冬吃萝卜夏吃姜，郎中先生卖老婆。”民间有冬天吃萝卜的习惯，萝卜烧肉、萝卜煮排骨汤、萝卜丝烧带鱼、蒸萝卜蘸酱吃都是不错的菜肴。萝卜切成条，晒干后可腌制成萝卜干。萝卜是两年生作物，俗话说：“若要萝卜大，播下萝卜（籽）过白露。”农历二月初二民间称为“萝卜生日”“撑腰萝卜”，传说这一天吃了萝卜，人的腰一年不会酸痛。过了二月二，天气转暖，萝卜茎叶抽长，渐渐变空，不能食用。1962 年，种植 609.5 亩，总产 833 吨。

**南瓜** 又叫番瓜、饭瓜。原产美洲，明代传入我国，大都种在房前屋后的墙角及零星荒地上。1962年经济困难时，南瓜被当作粮食充饥。后来生产队集体利用“九边八套”大量种植。其中本地的“盒盘糙皮”“长柄”南瓜品质较好，煮熟后味甜，糯腻。后引进外地洋南瓜，又叫牛头南瓜，个大，产量高，但其肉味淡粗，多作饲料。20世纪60—70年代，供销社专门为外地的奶牛场收购南瓜，这也成了集体经济的一个补充。20世纪70年代末、80年代初，以粮为纲，提高粮食产量，南瓜种植渐渐减少。20世纪90年代，村域内的农户引进日本南瓜种植，以做菜肴为主，另外还种植一些口感好的优质品种，当作粗粮食用。

**芋艿**　种植在田边、沟边上。品种有白梗芋艿（也叫旱芋）和紫秆芋艿（也叫水芋）。白秆芋艿叶柄青白色，为早熟旱芋，田里地里都适宜，肉质粗糙；紫梗芋艿，口感香糯，叶柄紫红色，中熟高产，是村域内种植的主要品种，亩产在500千克左右，一般种在田横头、沟边上、靠水的地方，零星种植，自食为主。八月十五中秋节可以食用。还有一种叫菊芋，又称洋芋艿或“山东芋艿”。村域内有零星种植，块茎腌渍食用，松脆可口。

**马铃薯**　别名土豆，又叫“洋山薯”。20世纪50—60年代，村域内各有零星种植，种薯以自留自用为主，因种性退化，产量不高，后由县种子公司调入北方种薯，产量有明显提高，主要品种有克新1号、克新3号等。马铃薯可一年栽培二茬：春季和秋季，以春季为主，种植面积多，产量高；秋季种植面积少，产量低。

**葱、韭、大蒜**　在村域内种植的面积不大，但家家户户都要种植一点，这是因为葱、韭、蒜是烧煮各种菜肴的重要辅料。最著名的家常菜有：葱煎豆腐、大蒜豆腐干、韭芽炒肉丝。

村域内除了以上几种蔬菜外，还种植芹菜、莴苣、空心菜、包心菜、黄芽菜、瘤芥菜、雪里蕻菜、姜、黄瓜、冬瓜、丝瓜、地蒲、葫芦、豇豆、豌豆（寒豆）、扁豆（援寒豆）、四季豆、茄子、西红柿、青椒、辣椒、茭白、茹菇等多种蔬菜。

**野生菌**　村域内的野生菌有鸡肉蕈、桑树蕈、地衣（又称地滑塌）等。

**鸡肉蕈**　鲜美无比。大多在农历七月十五前后，闷热潮湿天气时会长出鸡肉蕈。以前经常会有人挖到鸡肉蕈，形状似现在的食用菌类中的平菇蕈。随着

▲ 鸡肉蕈

时间的推移，出现的数量越来越少，不知是自然环境还是人为因素，鸡肉蕈在村域内几乎灭绝，在边远农村可能还会找到它的踪影。

**桑树蕈**　现在叫“木耳”，是人们做佳肴时的上好食材。它生长在桑柴拳头上，越老的桑树，拳头越大，桑树蕈也生得越多。一般在春蚕结束、桑树春伐后，在湿闷潮湿的环境中，桑拳上长满了桑树蕈，人们会拿着竹篮去采桑树蕈。采来的蕈在清水中浸一浸，可以炒菜吃，也可炒肉吃，还可以做凉拌菜。吃不完的，晒一晒，就成了“木耳”，随浸随吃，可以久存。

**地衣**　又称地滑塌。一般在春夏之交，潮湿闷热，几场雨水下来，在雨水沉积下来的肥泥或屋前屋后的墙脚边，到处都会长出地衣。把捡来的地衣用清水漂出杂物，浸出泥沙，就可以做菜肴了。地衣营养丰富，功效很大，能补钙，降血脂，清热解毒等。民间常说“生在地上当成草，捡来吃吃是个宝”。以前到处都有的地衣现在已成稀罕物。

▲ 地衣

表 5-23

## 1962—1967 年革新村蔬菜类种植面积及产量统计表

| 年份 | 单位 | 合计 | | | 其中：分品种种植面积 | | | | | | | | | | | | | | |
|---|---|---|---|---|---|---|---|---|---|---|---|---|---|---|---|---|---|---|---|
| | | | | | 青菜 | | | 榨菜 | | | 萝卜 | | | 大白菜 | | | 其他菜 | | |
| | | 面积（亩） | 单产（千克） | 总产（千克） | 面积（亩） | 单产（千克） | 总产（千克） | 面积（亩） | 单产（千克） | 总产（千克） | 面积（亩） | 单产（千克） | 总产（千克） | 面积（亩） | 单产（千克） | 总产（千克） | 面积（亩） | 单产（千克） | 总产（千克） |
| 1962 年 | 革一大队 | 563 | 669 | 374392 | 22 | 650 | 14521 | — | — | — | 294 | 676 | 199500 | 19 | 686 | 13025 | 228 | 646 | 147347 |
| | 新南大队 | 430 | 851 | 398806 | 6 | 500 | 3000 | — | — | — | 221.5 | 751 | 166395 | 20.5 | 1225 | 25109 | 182 | 1123 | 204303 |
| | 向阳大队 | 195 | 600 | 111564 | — | — | — | — | — | — | 94 | 550 | 50750 | 17 | 1765 | 30000 | 84 | 700 | 57814 |
| 1963 年 | 革一大队 | 270 | 877 | 236706 | 50 | 874 | 43700 | — | — | — | 50 | 874 | 43700 | 98 | 874 | 85650 | 72 | 884 | 63656 |
| | 新南大队 | 277.7 | 1627 | 451891 | 10 | 500 | 5000 | — | — | — | — | — | — | 146.3 | 1975 | 288891 | 121.4 | 1300 | 158000 |
| | 向阳大队 | 220 | 75 | 16550 | — | — | — | — | — | — | 82 | 12 | 980 | — | — | — | 138 | 5 | 675 |
| 1964 年 | 革一大队 | 225 | 950 | 222300 | 11 | 750 | 8250 | — | — | — | 110 | 1000 | 110000 | 104 | 1000 | 104000 | — | — | — |
| | 新南大队 | 156 | 1761 | 275100 | 71 | 1574 | 111750 | — | — | — | 40 | 1922 | 76850 | 45 | 1920 | 86500 | — | — | — |
| | 向阳大队 | 114 | 950 | 104600 | 67 | 600 | 40200 | — | — | — | 20 | 1350 | 27000 | 27 | 1350 | 36450 | — | — | — |
| 1965 年 | 革一大队 | 149 | 1200 | 176500 | 22 | 750 | 16500 | — | — | — | 42 | 1250 | 52500 | 85 | 1265 | 107500 | — | — | — |
| | 新南大队 | 309 | 1780 | 550300 | 15 | 800 | 12400 | — | — | — | 72 | 2000 | 144000 | 80 | 2000 | 164650 | 142 | 1750 | 229250 |
| | 向阳大队 | 191 | 950 | 182550 | 22 | 850 | 18700 | — | — | — | 73 | 1050 | 76650 | 96 | 905 | 87200 | — | — | — |
| 1966 年 | 革一大队 | 371 | 1000 | 371000 | 25 | 900 | 22500 | — | — | — | 115 | 1000 | 115000 | 231 | 1010 | 233500 | — | — | — |
| | 新南大队 | 255 | 1300 | 336000 | 15 | 1150 | 17250 | — | — | — | 95 | 1250 | 118750 | 145 | 1380 | 200000 | — | — | — |
| | 向阳大队 | 165 | 850 | 142700 | 10 | 750 | 7500 | — | — | — | 43 | 800 | 34400 | 112 | 900 | 100800 | — | — | — |
| 1967 年 | 革一大队 | 71 | 400 | 27950 | 15 | 300 | 4500 | — | — | — | — | — | — | 56 | 420 | 23450 | — | — | — |
| | 新南大队 | 110 | 1250 | 142900 | 20 | 1000 | 20000 | — | — | — | 25 | 1150 | 28750 | 65 | 1450 | 94150 | — | — | — |
| | 向阳大队 | 121 | 300 | 37850 | 15 | 250 | 3750 | — | — | — | 35 | 250 | 8750 | 71 | 357 | 25350 | — | — | — |

表 5-24

## 1972—1978 年革新村蔬菜类种植面积及产量统计表

| 年份 | 单位 | 合计 | | | 其中：分品种种植面积 | | | | | | | | | | | | | | |
|---|---|---|---|---|---|---|---|---|---|---|---|---|---|---|---|---|---|---|---|
| | | | | | 青菜 | | | 榨菜 | | | 萝卜 | | | 大白菜 | | | 其他菜 | | |
| | | 面积（亩） | 单产（千克） | 总产（千克） | 面积（亩） | 单产（千克） | 总产（千克） | 面积（亩） | 单产（千克） | 总产（千克） | 面积（亩） | 单产（千克） | 总产（千克） | 面积（亩） | 单产（千克） | 总产（千克） | 面积（亩） | 单产（千克） | 总产（千克） |
| 1972 年 | 革一大队 | 119 | 1250 | 148750 | — | — | — | 61 | 1150 | 70150 | — | — | — | 58 | 1355 | 78600 | — | — | — |
| | 新南大队 | 259 | 1310 | 339300 | 23 | 1100 | 25300 | 55 | 1400 | 77000 | — | — | — | 181 | 1310 | 237000 | — | — | — |
| | 向阳大队 | 268 | 1170 | 313550 | 52 | 1000 | 52000 | 11 | 1250 | 13750 | 63 | 900 | 56700 | 142 | 1345 | 191100 | — | — | — |
| 1973 年 | 革一大队 | 161 | 1250 | 201250 | 17 | 1050 | 17850 | — | — | — | 45 | 1100 | 49500 | 99 | 1350 | 133900 | — | — | — |
| | 新南大队 | 161 | 1300 | 209300 | — | 0 | 0 | 72 | 1250 | 90000 | — | — | — | 89 | 1340 | 119300 | — | — | — |
| | 向阳大队 | 126 | 1215 | 153100 | — | 0 | 0 | 11 | 1100 | 12100 | 30 | 1150 | 34500 | 85 | 1250 | 106500 | — | — | — |
| 1974 年 | 革一大队 | 217 | 1280 | 277750 | 25 | 1100 | 27500 | 65 | 1300 | 84500 | — | — | — | 127 | 1305 | 165750 | — | — | — |
| | 新南大队 | 168 | 1240 | 208300 | — | 0 | 0 | 68 | 1250 | 85000 | — | — | — | 100 | 1230 | 123300 | — | — | — |
| | 向阳大队 | 256 | 1175 | 300800 | 50 | 1000 | 50000 | 9 | 1150 | 10350 | 80 | 1000 | 80000 | 117 | 1370 | 160450 | — | — | — |
| 1975 年 | 革一大队 | 137 | — | 206500 | 21 | 1250 | 26250 | 66 | 1500 | 99000 | — | — | — | 50 | 1625 | 81250 | — | — | — |
| | 新南大队 | 170 | — | 268975 | 24 | 1225 | 29400 | 91 | 1575 | 143325 | — | — | — | 55 | 1750 | 96250 | — | — | — |
| | 向阳大队 | 304 | — | 544850 | 50 | 1150 | 57500 | 25 | 1525 | 38125 | 159 | 1275 | 202725 | 170 | 1450 | 246500 | — | — | — |
| 1976 年 | 革一大队 | 262 | 1170 | 307200 | 103 | 1100 | 113300 | 62 | 1350 | 83700 | — | — | — | 35 | 1510 | 52850 | 62 | 925 | 57350 |
| | 新南大队 | 174 | 1395 | 242540 | 21 | 1160 | 24465 | 88 | 1410 | 124080 | — | — | — | 52 | 1575 | 81900 | 13 | 965 | 12545 |
| | 向阳大队 | 300 | 1075 | 322470 | 64 | 960 | 61440 | 21 | 1300 | 27300 | — | — | — | 152 | 1275 | 191520 | 63 | 670 | 42210 |
| 1977 年 | 革一大队 | 545 | 725 | 394500 | 115 | 600 | 69000 | 58 | 760 | 44950 | 105 | 590 | 61950 | 205 | 900 | 184500 | 62 | 550 | 34100 |
| | 新南大队 | 571 | 780 | 445000 | 117 | 610 | 71370 | 82 | 740 | 60680 | 95 | 660 | 62700 | 195 | 1010 | 196950 | 82 | 650 | 53300 |
| | 向阳大队 | 315 | 680 | 215050 | 65 | 525 | 341250 | 36 | 800 | 28800 | 25 | 535 | 13375 | 155 | 780 | 120900 | 34 | 525 | 17850 |
| 1978 年 | 革一大队 | 328 | 680 | 223340 | 82 | 490 | 40180 | 44 | 770 | 33880 | 50 | 660 | 33000 | 152 | 765 | 116280 | — | — | — |
| | 新南大队 | 575 | 680 | 392910 | 114 | 550 | 62700 | 91 | 810 | 73710 | 180 | 570 | 102600 | 190 | 810 | 153900 | — | — | — |
| | 向阳大队 | 314 | 595 | 187200 | 80 | 510 | 40800 | 26 | 825 | 21450 | 103 | 525 | 54075 | 105 | 675 | 70875 | — | — | — |

表 5-25

## 1985—1991 年革新村蔬菜类种植面积及产量统计表

| 年份 | 单位 | 合计 | | | 其中：分品种种植面积 | | | | | | | | | | | | | | |
|---|---|---|---|---|---|---|---|---|---|---|---|---|---|---|---|---|---|---|---|
| | | | | | 青菜 | | | 榨菜 | | | 萝卜 | | | 大白菜 | | | 其他菜 | | |
| | | 面积（亩） | 单产（千克） | 总产（千克） | 面积（亩） | 单产（千克） | 总产（千克） | 面积（亩） | 单产（千克） | 总产（千克） | 面积（亩） | 单产（千克） | 总产（千克） | 面积（亩） | 单产（千克） | 总产（千克） | 面积（亩） | 单产（千克） | 总产（千克） |
| 1985 年 | 革一村 | 312 | 798 | 248870 | 52 | 560 | 29120 | 125 | 840 | 105000 | — | — | — | 135 | 850 | 114750 | — | — | — |
| | 新南村 | 801 | 780 | 624410 | 85 | 490 | 41650 | 536 | 785 | 420760 | — | — | — | 180 | 900 | 162000 | — | — | — |
| | 向阳村 | 615 | 636 | 390950 | 105 | 365 | 38325 | 250 | 715 | 178750 | 125 | 500 | 62500 | 135 | 825 | 111375 | — | — | — |
| 1986 年 | 革一村 | 443 | 1970 | 874000 | 154.5 | 450 | 70000 | 183.5 | 355 | 65000 | — | — | — | 105 | 1465 | 154000 | — | — | — |
| | 新南村 | 904 | 860 | 779450 | 97 | 1290 | 125000 | 323 | 1220 | 394000 | 198 | 145 | 29000 | 32 | 7000 | 225000 | 51 | 125 | 6450 |
| | 向阳村 | 630 | 1180 | 745000 | 150 | 665 | 100000 | 230 | 1215 | 280000 | — | — | — | 150 | 1930 | 290000 | 100 | 750 | 75000 |
| 1987 年 | 革一村 | 658 | 1580 | 1107500 | 174 | 259 | 45000 | 184 | 4050 | 750000 | 60 | 1250 | 75000 | 105 | 975 | 102500 | 135 | 1000 | 135000 |
| | 新南村 | 694 | 1225 | 850500 | 123 | 180 | 22500 | 384 | 2000 | 768000 | 55 | 150 | 8250 | 110 | 430 | 47500 | 22 | 190 | 4250 |
| | 向阳村 | 529 | 350 | 185000 | 150 | 500 | 75000 | 305 | 160 | 50000 | — | — | — | 74 | 540 | 40000 | — | — | — |
| 1988 年 | 革一村 | 659 | 2970 | 3920000 | 52 | 765 | 40000 | 205 | 4350 | 900000 | 85 | 2900 | 250000 | 250 | 3050 | 770000 | 272 | 90 | 25000 |
| | 新南村 | 778 | 1300 | 1028000 | 110 | 115 | 12500 | 358 | 1500 | 537000 | 50 | 100 | 5000 | 150 | 1100 | 166000 | 110 | 135 | 15000 |
| | 向阳村 | 523 | 1700 | 900000 | 123 | 2400 | 300000 | 208 | 1200 | 250000 | — | — | — | 192 | 1820 | 350000 | — | — | — |
| 1989 年 | 革一村 | 559 | 5350 | 2997000 | 88 | 1500 | 132000 | 219 | 600 | 138500 | 151 | 1500 | 226500 | 220 | 2500 | 550000 | — | — | — |
| | 新南村 | 542 | 6900 | 3746500 | 50 | 100 | 5700 | 330 | 1050 | 352850 | 12 | 400 | 5000 | 150 | 7000 | 1110000 | — | — | — |
| | 向阳村 | 387 | 500 | 196000 | 97 | 195 | 19000 | 170 | 650 | 117000 | — | — | — | 120 | 500 | 60000 | — | — | — |
| 1990 年 | 革一村 | 407 | 1050 | 444000 | 32 | 2100 | 68000 | 210 | 1000 | 210000 | 60 | 2000 | 120000 | 105 | 435 | 46000 | — | — | — |
| | 新南村 | 715 | 850 | 609500 | 120 | 160 | 19250 | 302 | 1650 | 504000 | 93 | 480 | 45000 | 200 | 205 | 41250 | — | — | — |
| | 向阳村 | 320 | 1200 | 389000 | 30 | 2500 | 75000 | 177 | 770 | 137000 | — | — | — | 79 | 1140 | 90000 | 34 | 2550 | 87000 |
| 1991 年 | 革一村 | 435 | 550 | 476500 | 100 | 1000 | 100000 | 200 | 1000 | 100000 | 85 | 450 | 38250 | 30 | 1500 | 45000 | 20 | 250 | 5000 |
| | 新南村 | 785 | 980 | 773150 | 150 | 1000 | 150000 | 350 | 1430 | 500000 | 85 | 270 | 23150 | 200 | 500 | 100000 | — | — | — |
| | 向阳村 | 236 | 1250 | 295000 | 30 | 830 | 25000 | 120 | 1750 | 210000 | — | — | — | 86 | 700 | 60000 | — | — | — |

表 5-26

## 1995—2003 年革新村蔬菜类种植面积及产量统计表

| 年份 | 单位 | 合计 | | | 其中：分品种种植面积 | | | | | | | | | | | | | | |
|---|---|---|---|---|---|---|---|---|---|---|---|---|---|---|---|---|---|---|---|
| | | | | | 青菜 | | | 榨菜 | | | 萝卜 | | | 大白菜 | | | 其他菜 | | |
| | | 面积（亩） | 单产（千克） | 总产（千克） | 面积（亩） | 单产（千克） | 总产（千克） | 面积（亩） | 单产（千克） | 总产（千克） | 面积（亩） | 单产（千克） | 总产（千克） | 面积（亩） | 单产（千克） | 总产（千克） | 面积（亩） | 单产（千克） | 总产（千克） |
| 1995 年 | 革一村 | 385 | 630 | 242500 | 100 | 375 | 37500 | 200 | 750 | 150000 | 20 | 500 | 10000 | 50 | 750 | 37500 | 15 | 500 | 7500 |
| | 新南村 | 658 | 2225 | 1467000 | 35 | 830 | 29000 | 608 | 1390 | 851000 | — | — | — | 22 | 700 | 15500 | — | — | — |
| | 向阳村 | 120 | 1665 | 200000 | 10 | 500 | 5000 | 110 | 1770 | 195000 | — | — | — | — | — | — | — | — | — |
| 1996 年 | 革一村 | 270 | 1200 | 330000 | 110 | 750 | 85000 | 150 | 1500 | 230000 | — | — | — | 10 | 1500 | 15000 | — | — | — |
| | 新南村 | 1133 | 1215 | 1376500 | 92 | 1200 | 110500 | 548 | 1150 | 630000 | — | — | — | 15 | 1000 | 15000 | — | — | — |
| | 向阳村 | 140 | 1185 | 166500 | 3 | 10000 | 30000 | 134 | 1000 | 134000 | — | — | — | 3 | 830 | 2500 | — | — | — |
| 1997 年 | 革一村 | 490 | — | 563500 | 100 | 750 | 75000 | 200 | 1500 | 300000 | 50 | 500 | 25000 | 100 | 1500 | 150000 | 40 | 338 | 13500 |
| | 新南村 | 986 | — | 1185000 | 59 | — | 76500 | 469 | — | 551000 | — | — | — | 18 | — | 13500 | — | — | — |
| | 向阳村 | 165 | — | 147500 | 10 | — | 4000 | 140 | — | 132000 | — | — | — | 5 | — | 6500 | — | — | — |
| 1998 年 | 革一村 | 309 | 1150 | 355500 | 50 | 1230 | 61500 | 248 | 1150 | 285000 | — | — | — | 5 | 900 | 4500 | 6 | 750 | 4500 |
| | 新南村 | 1015 | 1210 | 1232500 | 218 | 1250 | 272500 | 356 | 1200 | 427000 | — | — | — | 12 | 875 | 10500 | — | — | — |
| | 向阳村 | 125 | 1300 | 162500 | 5 | 1300 | 6500 | 60 | 1725 | 103500 | — | — | — | 55 | 900 | 49500 | — | — | — |
| 1999 年 | 革一村 | 380 | 1130 | 430000 | 50 | 1300 | 65000 | 260 | 1175 | 305000 | — | — | — | 60 | 875 | 52500 | 10 | — | 7500 |
| | 新南村 | 1052 | 1225 | 1287500 | 261 | 1300 | 339500 | 419 | 1175 | 492500 | — | — | — | 11 | 865 | 9500 | — | — | — |
| | 向阳村 | 185 | 1350 | 250000 | 10 | 1500 | 1500 | 120 | 1560 | 187500 | — | — | — | 50 | 850 | 42500 | 5 | — | 5000 |
| 2000 年 | 革新村 | 1478 | 1170 | 1736500 | 249 | 1160 | 290000 | 764 | 1175 | 897000 | — | — | — | 55 | 1005 | 55500 | 3 | 1000 | 3000 |
| 2001 年 | | 1430 | 1115 | 1601500 | 113 | 1240 | 140000 | 802 | 1175 | 941500 | 256 | 1250 | 320000 | 90 | 775 | 70000 | 110 | 800 | 88000 |
| 2002 年 | | 2062 | 1020 | 2104500 | 225 | 775 | 175000 | 1052 | 970 | 1020000 | 220 | 1135 | 250000 | 110 | 725 | 80000 | 305 | 1405 | 429500 |
| 2003 年 | | 880 | 1000 | 880000 | 115 | 750 | 86000 | 612 | 1070 | 656500 | — | — | — | 153 | 900 | 137500 | — | — | — |

## 第六节 养殖业

村域内家畜家禽饲养历史悠久，明末清初时，域内饲养猪、羊、鸡、鸭得到较大的发展，以羊、猪为多。《补农书》载：“养猪六口。每口吃豆饼三百觔，六口计一千八百觔，常价十二三两。”民国初期，农民养猪、羊有较快增长，尤以养羊较为普遍，以增积畜粪肥田为主。新中国成立后，政府多次制定、调整畜牧生产方针、政策和措施，特别是在农村经济体制改革和市场需求的推动下，加大对畜牧生产的扶持力度，逐步优化畜牧业结构和饲养管理，畜禽产品数量与质量明显提高，从而使畜牧业得到空前的发展，成为农村的主导产业之一。

**猪** 以前人们养猪主要是为过年，自宰自食，俗称“过年猪”。由于养猪需要一些粮食作饲料，成本高，生长期长，有的农户两户或三四户人家拼宰一头过年猪。1958 年 9 月，人民公社成立，全县兴起大办、特办集体牧场的热潮，当时称为“百头场”。1958 年 4 月，桐乡县第一畜牧场开始建造，地址在原新南大队塘家浜北岸边上，有几十间高大草棚，到 1959 年 5 月完工，开始饲养生猪，由县农林局直接派员领导、管理。在“一大二公”的思想影响下，畜牧业生产以“公养为主、私养为辅”的方针，不顾客观条件，以生产队为单位，队队兴办集体牧场。禁止农户私养，代之集体公养，结果大多数牧场亏本经营，畜牧业生产出现下降趋势，存栏头数减少 33% 以上。1962 年初，县委、县府领导十分重视畜牧业生产下降趋势，提出将“公养为主、私养为辅”调整为“公养私养并举、以私养为主”的畜牧业生产方针，停办公社、大队和生产队畜牧场，公母猪实行公有私养，并划给社员饲料地，分饲料粮，记畜肥工分，以肥换粮，调动了广大农民养猪、羊的积极性，畜牧业生产有了较快恢复和发展，生猪存栏数比上一年增长了 37% 以上。此年，县畜牧场停办，转为新南大队畜牧场，由徐海荣、庄荣海等 7 人管理，一直到 1964 年止，1965 年搬迁至姚家浜南岸、小庄村浜东。1965 年，县农林局确定梧桐人民公社新南大队为良种猪基地，首次引进瑞典产瘦肉型公猪兰德瑞斯（长白猪），同时还引进苏联大型约克夏（约克）公猪。饲养员沈雪昌负责饲养公猪（长白山、约克）2 头、母猪 8 头、仔猪 36 头、肉猪 12 头，工作以配种为主。村域内农户生猪饲养量：

新南1659头、革一1431头、向阳971头。20世纪60年代“文化大革命”时期，生猪饲养量下降。在那个年代“以粮为纲”思想指导下，提出了“猪多、羊多、肥多、粮多”的口号。1968—1969年，村域内建造集体畜牧场19个。其中，新南大队建有6个畜牧场，饲养母猪67只，出售生猪750头，年终存栏1176头，仔猪108头，畜牧大队长徐海荣，赤脚兽医姚福全。革一大队建有7个畜牧场，饲养母猪59头，出售生猪695头，年终存栏1305头，仔猪112头，畜牧大队长丁阿五，赤脚兽医方庆潮。向阳大队建有7个畜牧场，饲养母猪48头，出售生猪587头，年终存栏908头，仔猪97头，畜牧大队长徐福龙，赤脚兽医沈金坤。办场的目标是：场场超百头，做到一户一猪，一亩一猪。赤脚兽医主要是指导猪圈防病消毒，病疫以猪丹毒、猪瘟为常见病。公社有兽医站，兽医吴炳炎负责指导全公社的赤脚兽医，并负责全公社的仔猪的阉猪工作（仔猪都是小公猪、小母猪，要养肉猪就要阉猪）。

表5-27　1972—1975年新南大队生猪饲养情况一览表

| 年份 | 生猪总数（头） | 出售生猪（头） | 年终存栏（头） | 母猪（头） | 仔猪（头） | 平均每户养猪（头） | 平均每人养猪（头） | 平均每亩养猪（头） | 牧场数（个） |
|---|---|---|---|---|---|---|---|---|---|
| 1972 | 2368 | 1035 | 1319 | 89 | 302 | 6.2 | 1.37 | 1.08 | 6 |
| 1973 | 2475 | 1136 | 1336 | 108 | 192 | 6.62 | 1.42 | 1.02 | 10 |
| 1974 | 2563 | 1110 | 1453 | 157 | 429 | 6.67 | 1.46 | 1.1 | 10 |
| 1975 | 2689 | 1151 | 1538 | 145 | 605 | 6.65 | 1.51 | 1.2 | 12 |

新南大队的畜牧生产得到了县委、县政府和有关部门的肯定，从1972年起，连续9年被评为全县畜牧生产先进单位。1977年2月，在全县畜牧生产会议上，梧桐人民公社新南大队作为先进单位代表进行经验介绍。据《桐乡市农业志》记载："同年6月12日，在桐乡县召开全省养猪生产现场会，梧桐人民公社新南大队作为先进典型作了介绍。"会后，县委、县政府定出对集体牧场和社员养畜的奖励办法：一是留饲料粮；二是划饲料地；三是定畜肥报酬。此后，全县29个公社、3000多个生产队掀起了大办"百头"牧场和"一户一猪、一亩一猪"的高潮。当时村域内也实行社员养畜的奖励办法：一是生产队的余粮分配60%按畜肥工分、40%按劳动工分（余粮＝总产量－国家任务粮－口粮）；二是饲养一头猪，划猪留地1分；三是养1头猪每天底分1分，按猪粪每担1分。奖励政策极大地提高了农户养猪、养羊的积极性，牲畜饲养量达到一个历史最高点，各个生产队实现百头牧场。

1978年，县委、县政府决定在革新村域内的新南大队试点建造大型机械化牧场，投资20万元。大队党支部在县农林局的帮助支持下，决定在塘家浜建造全县规模最大的机械化牧场，以缓解肥田倒挂的局面。农林局下派干部徐八斤（后任桐乡政协主席）帮助、参与机械化牧场的建造全过程，指导生猪饲养过程中饲料喂养、防病治病等养猪技术。至1979年，生猪饲养量有800多头，全年出售生猪537头。大量的猪粪使塘家浜一带大片贫瘠的北塘荡田土质改良，肥力大增，为提高粮食产量打下了坚实的基础。

其间，国家实施商品猪收购奖励政策，有平价饲料票、平价肉票，县食品公司梧桐食品站定期、定点在村域内收购毛猪。新南大队安排在每月10号、20号在北孟庙桥堍头收购毛猪；革一大队安排在每月11日、21日在文桥头收购毛猪；向阳大队安排在每月9号、19号在富饶桥堍收购毛猪。估白肉（俗称"喝刀头"，即出肉率）的验货员绰号"杀猪阿四"，在毛猪过秤后，用手在猪颈上一捏，在猪肋上一揿，在猪肚皮上一摸，马上报出"刀头"。有的农民对此持怀疑态度，可马上屠宰过秤白肉，一般误差在500克以内，受到了农户的信赖。毛猪收购价在20世纪70年代时，每担55元到65元之间，是农民的一项重要的副业收入。

▲ 1977 年 7 月新南大队生猪收购点（汤闻飞摄）

1977 年 6 月 12—20 日，中共浙江省委在桐乡县召开“浙江省养猪生产现场会议”，会议除了听省委副书记陈作霖、省委常委陈冰作报告，以及全省有关县市典型介绍外，有一项议程就是实地现场参观新南大队的畜牧场。

▲ 新南大队潘家门生产队女饲养员在小队畜牧场喂猪（汤闻飞摄于 1977 年 6 月）

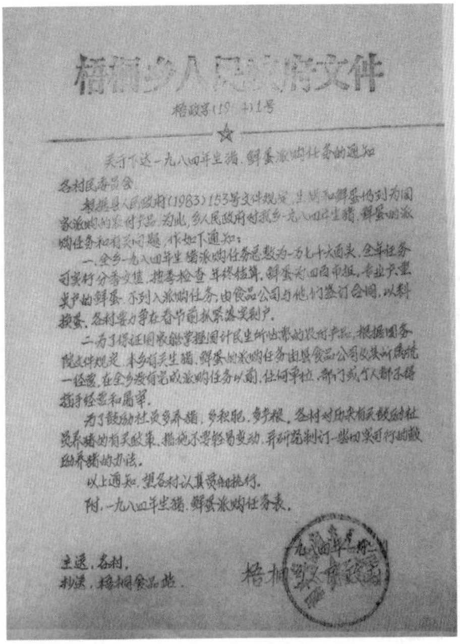

梧桐乡人民政府文件

梧政字(19 4)1号

关于下达一九八四年生猪、鲜蛋派购任务的通知

各村民委员会：

根据县人民政府(1983)153号文件规定，生猪和鲜蛋仍列为国家派购的农副产品。为此，乡人民政府对我乡一九八四年生猪、鲜蛋的派购任务和有关问题，作如下通知：

一、全乡一九八四年生猪派购任务总数为一万七十六百头，全年任务到村，分季交售，按季检查，年终结算。鲜蛋按田亩布派，专业户、重点户的鲜蛋，不列入派购任务，由食品公司与他们签订合同，以料换蛋。各村要力争在春节前抓紧落实到户。

二、为了保证国家能掌握国计民生所必需的农副产品，根据国务院文件规定，本乡有关生猪、鲜蛋的派购任务由县食品公司及其所属统一经营，在全乡没有完成派购任务以前，任何单位、部门或个人都不得插手经营和屠宰。

为了鼓励社员多养猪，多积肥，多产粮，各村对历来有关鼓励社员养猪的有关政策、措施不要轻易变动，并研究制订一些切实可行的鼓励养猪的办法。

以上通知，望各村认真贯彻执行。

附：一九八四年生猪、鲜蛋派购任务表。

主送：各村。

抄送：梧桐食品站。

梧桐乡人民政府

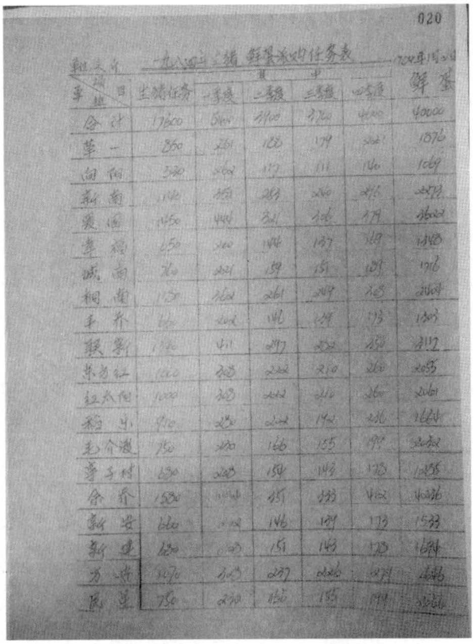

一九八四年生猪、鲜蛋派购任务表

| 项目 | 生猪任务 | 鲜蛋 |
| --- | --- | --- |
| 合计 | | |
| 第一 | | |
| 向阳 | | |
| 新南 | | |
| 袁园 | | |
| 幸福 | | |
| 城南 | | |
| 桐南 | | |
| 丰乔 | | |
| 联新 | | |
| 东方红 | | |
| 红太阳 | | |
| 新乐 | | |
| 毛介港 | | |
| 亭子村 | | |
| 余乔 | | |
| 新安 | | |
| 新建 | | |
| 万兴 | | |
| 民主 | | |

▲ 梧桐乡人民政府1984年1月2日关于下达1984年生猪、鲜蛋派购任务的通知

1983年实行家庭联产承包责任制后，停止集体养猪，改为家庭养猪，原集体畜牧场被拆除。同时，大力推广混合饲料喂养，猪生长期缩短为3～4个月，毛猪价每担450元，经济收益明显提高。1986年村域内生猪饲养量达到4450头，年终存栏2054头。90年代时，村域内出现许多规模养猪的农户。

表5-28

## 革新村养猪专业户

单位：头

| 序号 | 养殖名称 | 组名 | 姓名 | 年份 | 年培育 | 年存栏 | 年出售 |
| --- | --- | --- | --- | --- | --- | --- | --- |
| 1 | 肉猪 | 北孟庙 | 姚立人 | 1993—2007 | — | 200 | 600 |
| 2 | 肉猪 | 大道场 | 徐荣兴 | 1994—2009 | — | 150 | 450 |
| 3 | 肉猪 | 沈家村 | 姚培松 | 1995—1998 | — | 50 | 100 |
| 4 | 肉猪 | 高家里 | 戴洪泉 | 1995—2002 | — | 50 | 150 |
| 5 | 母猪 | 高家里 | 戴洪泉 | 1995—2002 | — | 8 | — |
| 6 | 苗猪 | 高家里 | 戴洪泉 | 1995—2002 | 120 | — | 70 |
| 7 | 肉猪 | 陈家埭 | 陈林甫 | 1996—2005 | — | 130 | 180 |
| 8 | 母猪 | 陈家埭 | 陈林甫 | 1996—2005 | — | 10 | — |
| 9 | 苗猪 | 陈家埭 | 陈林甫 | 1996—2005 | 130 | — | 80 |

新中国成立前后，猪的品种有“龙游乌”“江山乌”，后来以“嘉兴黑猪”为主。1962年后开始饲养二元杂交白猪，1965年后开始养殖“大约克”“长白山”两种瘦肉型猪种。主要青饲料有紫云英（花草）、番薯藤、萝卜、青菜等，20世纪70年代中期村域内引进水葫芦养殖，充分利用村域内众多的河浜、溇潭养殖水葫芦。水葫芦繁殖速度快，一个月时间水葫芦就长满了河浜、溇潭，就可以加工利用了。将水葫芦与统糠一起用青饲料机打碎，当作青饲料喂养。到了深秋霜打前，把水葫芦除留好种戎芦外，全部收起，拌上酵母菌在泥窖里踏实发酵，当作冬季的青饲料，有了充足的饲料，生猪饲养量稳步上升。

精饲料有米糠、大麦、麸皮、玉米、番薯、南瓜等，农户都将饲料煮熟后喂饲。农户家的猪棚大都建在后排屋内，一般与羊棚为邻，面积在4～5平方米，挖坑砌墙，底下铺砖，后来改浇混凝土，放置猪石槽，猪食倒入槽内。20世纪80年代中期，普及混合饲料替代了传统饲料喂养，用清水拌匀即可，不用煮熟了喂养，一定程度上减轻了劳动强度。

**羊** 村域内养羊历史悠久，品种以湖羊为主，少有山羊（大队牧场偶有饲养）。湖羊经济价值高，羊毛均匀度好，绒毛含量高，一年可剪二次。春羊毛质地好，产量高，是供销社收购的农副产品之一。繁殖的羔羊，其皮称为小湖羊皮，能出口换取宝贵的外汇，故又被称为“软宝石”。大部分母羊一年产羔1～2次，每窝1～3只，20世纪60年代1只羔羊可卖到3～5元。羊毛、羔羊是农民重要的经济收入来源。羔羊肉味美鲜嫩，是桐乡特有的上等菜肴。

羊的品种有桐乡湖羊和杂交绵羊（引进美国种羊进行改良后的品种）。20世纪50—60年代，湖羊肉和羔羊皮价格贵，农户养桐乡湖羊居多，因为桐乡湖羊多食青草、植物茎叶，冬季吃枯草、枯叶、水草（湖羊草）、柴糠等，饲养成本较低。一般人家养4～6头，多的人家

▲ 20世纪60—80年代农户的羊棚（汤闻飞摄）

在10头以上。羊棚建在后排屋内，与猪棚相邻，面积8～9平方米，挖深0.7米，前面装栅栏，用稻草垫棚，踏出来的就是羊垃圾，是庄稼的好肥料。20世纪60年代中期到70年代，为了鼓励社员多养羊，多积羊肥，村域内实行记工分与称羊垃圾相结合的养羊报酬政策。记工分：50斤以上每天1.5分，30～49斤每天1分，30斤以下每天0.5分；称羊垃圾：每担（100斤）羊垃圾记工分6～7分。这一政策的实行大大提高了广大农户养羊积极性，1990年村域内羊存栏数3530头，其中新南1381头、革一1239头、向阳910头。20世纪70年代，纺织业发展，羊毛需求量大、价格高，农户大量发展养改良羊。当时，村域内农户去海宁的硖石、袁花等地购买改良羊，改良羊占养羊总数的85%以上。到了20世纪90年代，人们时尚以吃羊肉为主，羊肉面店星罗棋布，湖羊肉飞速上涨。人们从养羊积肥，卖羊毛、羔羊皮逐步转变为以养湖羊，出售羊肉为主，饲养改良羊从此消失，同时村域内出现了不少规模养羊的养殖户。

表5-29 革新村养羊专业户

单位：头

| 序号 | 养殖名称 | 组名 | 姓名 | 年份 | 年存栏 | 年出售 |
|---|---|---|---|---|---|---|
| 1 | 湖羊 | 徐家兜 | 徐坤荣 | 2007—2019 | 150 | 80 |
| 2 | 胎羊 | 徐家兜 | 徐坤荣 | 2007—2019 | — | 100 |
| 3 | 湖羊 | 朱家浜 | 朱世明 | 2007—2018 | 150 | 320 |
| 4 | 湖羊 | 朱家浜 | 朱世海 | 2007—2011 | 140 | 180 |

**牛** 主要是为耕作农田而饲养。村域内以养水牛为主，都是从金华、宁波等地买来，少有繁殖。养牛成本较高，要有专人管放，冬闲时搭配黄豆、稻谷等粮食饲养，平时早晨放牛人一定要牵着牛出去吃露水草。由于牛食草量大，还得人工割草给予补充，故生产队派任务给每家每户轮流割草。民国时期到解放初，村域内只有田地多的大户人家才养牛，大部分人家是养不起牛的，主要用于耕田、耙田、耖田，还用牛盘车戽水。20世纪60—70年代，两熟制双季稻种植面积不断扩大，水田复种面积的扩大，使得土地劳力之间的矛盾加重，

▲ 20 世纪 60—70 年代农民用牛在耙田

政府号召多养牛，当时每个生产队饲养 1 ～ 2 头牛，专门搭建牛棚，落实专人放养。那时，新南大队沈家村生产队还专门从萧山请来一位放牛娃，名叫放牛阿根，专门负责放养小队里的两头牛。阿根从小就放牛，在牛背上长大，所以对牛的生活习性了如指掌。在他饲养的这几年中，生产队的两头牛没出现过问题，牛长得膘肥毛亮，十分强壮，耕田速度快。那时买牛要到金华去买，买牛的人要带足钱，带好被子、草席、雨具和饲料，一站一站乘车去。买了牛以后，要跟随着牛从金华步行回来，一般要走十多天。一路上，牛走到哪里就在哪露宿，牛吃到哪里，人就跟到哪儿，一路护着、养着，可见得牛的珍贵，人们把牛当成了“宝”。1972 年，村域内耕牛存栏数 33 头（其中新南大队 12 头、革一大队 13 头、向阳大队 8 头）。20 世纪 70 年代中后期，随着电耕犁、手扶拖拉机的普及，牛退出了农田耕作的历史，村域内已无饲养。

**兔** 民国时期，村域内农户养兔数量很少，主要饲养短毛兔（俗称草兔），作屠宰食肉，其皮可出售。1958 年，县供销社引进安哥拉长毛兔，兔毛由供销社收购，兔毛市场行情看好，农户们纷纷将草兔改养为长毛兔。20 世纪 60 年代初，养兔量逐渐下降。20 世纪 70 年代中后期，兔毛出口市场行情看好，收购价格一涨再涨，农户饲养安哥拉长毛兔数量迅速增加。20 世纪 80 年代初，养兔农户越来越多，几乎遍地开花，家家户户建造兔舍饲养兔子。其间，村域内也出现了几家养兔专业户。当时，一对仔兔（一雌一雄）要卖 20 多元，每 500 克兔毛要卖 80 多元。兔子每 2 ～ 3 个月剪一次毛，每次剪毛 100 ～ 150 克左右。至 1985 年，村域内共饲养长毛兔 19050 只，出售兔毛 4286 千克，达到村域内养兔存栏量的最高峰。养兔成为农户副业收入的重要来源。1986 年后，因受国际市场兔毛行情波动影响，养兔生产开始回落，并呈逐年下降趋势。兔毛供大于求，价格一落千丈。到 1998 年末，存栏数仅存 120 只，以后几年逐年减少，至 2003 年全村土地被逐步征收后，便无人养兔了。

**家禽**　饲养历史久远，村域内以养鸡、鸭为主，养鹅为次。村域内流传着这样一句俗语："养猪为过年，养鸡、养鸭换油盐。"禽蛋出售是平常老百姓平时开销的来源之一。人们特别看重"头窝蛋"（母鸡第一次生的蛋）营养价值高，是产妇上等的营养品，娘家"端蛋汤"一定要"头窝蛋"。农家一般在园子的角落内搭个 2 ～ 4 平方米大的鸡窝，白天将鸡放于户外觅食，晚上进窝。一般农户养 8 ～ 10 只鸡、2 ～ 3 只鸭。同时，一定要配养 1 ～ 2 只公鸡，一是为了"踏雄"（雌雄交配），二是为了养只"过年鸡"。"有雄"的蛋，农户能自孵苗鸡，一窝一般孵 10 ～ 16 只。清明时节孵出的苗鸡，喂养到秋季时，又成为生蛋鸡，一年可以孵两窝：三月鸡和八月鸡。养殖品种以本地草鸡为主，后来引进萧山大种鸡，1970 年后，引进白洛克、三黄鸡等品种。鸭以绍兴麻栗鸭为主，产蛋多，后引进北京鸭。鹅的品种有太湖大白鹅、广东狮头鹅、灰鹅等。

20 世纪 60 年代中期后，村域内提出"三献一并"（献自留地、饲料地、宅基地，小小队并大小队），限制农户家庭副业，在缩减自留地的同时，限制农户养鸡、养鸭，一般按人口每人 0.5 只，最多不超过 5 只鸡鸭。

表 5-30

## 1962—1968 年革新村畜牧生产情况表

| 年份 | 单位 | 生猪（头） | | | 羊（只） | | | 兔（只） | | | 家禽（羽） | 出售生猪（头） | 自食（头） | 耕牛（头） |
|---|---|---|---|---|---|---|---|---|---|---|---|---|---|---|
| | | 饲养量 | 年终存栏 | 其中母猪 | 饲养量 | 年终存栏 | 其中湖羊 | 饲养量 | 年终存栏 | 其中长毛兔 | | | | |
| 1962 | 革一大队 | 214 | 214 | 16 | 1233 | 1233 | 1233 | 1250 | 1250 | — | 2105 | — | — | 21 |
| | 新南大队 | 201 | 201 | 6 | 1038 | 1038 | 1038 | 850 | 850 | — | 1431 | — | — | 16 |
| | 向阳大队 | 112 | 112 | — | 513 | 513 | 513 | 304 | 304 | — | 626 | — | — | 10 |
| 1963 | 革一大队 | 367 | 244 | 5 | 1509 | 1509 | 1509 | 528 | 528 | — | 1222 | 75 | 48 | 21 |
| | 新南大队 | 426 | 253 | 3 | 1310 | 1310 | 1249 | 119 | 119 | — | 1409 | 79 | 94 | 17 |
| | 向阳大队 | 185 | 138 | — | 573 | 573 | 573 | 66 | 66 | — | 793 | 25 | 22 | 10 |
| 1964 | 革一大队 | 683 | 435 | 10 | 1583 | 1583 | 1581 | 179 | 179 | — | 1526 | 230 | 18 | 24 |
| | 新南大队 | 900 | 477 | 7 | 1817 | 1817 | 1726 | 84 | 84 | — | 1748 | 369 | 54 | 18 |
| | 向阳大队 | 294 | 171 | — | 765 | 765 | 745 | — | — | — | 780 | 104 | 19 | 11 |
| 1965 | 革一大队 | 927 | 545 | 27 | 1928 | 1928 | 1928 | — | — | — | — | 375 | 7 | 26 |
| | 新南大队 | 967 | 510 | 5 | 1958 | 1958 | 1957 | — | — | — | — | 424 | 33 | 22 |
| | 向阳大队 | 348 | 194 | — | 894 | 894 | 894 | — | — | — | — | 151 | 3 | 10 |
| 1966 | 革一大队 | 1307 | 709 | 22 | 1940 | 1940 | 1940 | — | — | — | — | 598 | — | 25 |
| | 新南大队 | 1447 | 604 | 14 | 2234 | 2234 | 2234 | — | — | — | — | 829 | 14 | 23 |
| | 向阳大队 | 440 | 219 | 2 | 808 | 808 | 808 | — | — | — | — | 221 | — | 11 |
| 1967 | 革一大队 | 1270 | 626 | 8 | 1571 | 1571 | 1571 | — | — | — | — | 644 | — | 19 |
| | 新南大队 | 1659 | 679 | 14 | 1670 | 1670 | 1670 | — | — | — | — | 901 | 79 | 19 |
| | 向阳大队 | 451 | 152 | 2 | 800 | 800 | 800 | — | — | — | — | 275 | 24 | 7 |
| 1968 | 革一大队 | 231 | 231 | 6 | 1483 | 1483 | — | — | — | — | — | — | — | 14 |
| | 新南大队 | 566 | 566 | 43 | 1612 | 1612 | — | — | — | — | — | — | — | 14 |
| | 向阳大队 | 103 | 103 | 14 | 955 | 955 | — | — | — | — | — | — | — | 9 |

表 5-31

## 1982—1988 年革新村畜牧生产情况表

| 年份 | 单位 | 生猪（头） | | | 羊（只） | | | 兔（只） | | | 家禽（羽） | 出售生猪（头） | 自食（头） |
|---|---|---|---|---|---|---|---|---|---|---|---|---|---|
| | | 饲养量 | 年终存栏 | 其中母猪 | 饲养量 | 年终存栏 | 其中湖羊 | 饲养量 | 年终存栏 | 其中长毛兔 | | | |
| 1982 | 革一大队 | 1279 | 465 | 38 | 1467 | 1467 | 724 | 471 | 471 | 471 | 1018 | — | — |
| | 新南大队 | 2173 | 963 | 108 | 1928 | 1831 | 196 | 839 | 839 | 839 | 4333 | 1158 | 52 |
| | 向阳大队 | 898 | 332 | 41 | 913 | 881 | 881 | 237 | 237 | 237 | 1270 | 542 | 24 |
| 1983 | 革一大队 | 1545 | 693 | 32 | 1678 | 1648 | 728 | — | — | — | 3200 | 801 | 51 |
| | 新南大队 | 1973 | 732 | 34 | 1426 | 1426 | 154 | 661 | 661 | 661 | 4220 | 1200 | 41 |
| | 向阳大队 | 932 | 322 | 50 | 913 | 872 | 782 | 180 | 180 | 180 | 2000 | 593 | 17 |
| 1984 | 革一村 | 1606 | 596 | 35 | 1467 | 1407 | 653 | 1500 | 1500 | 1500 | 6280 | 781 | 100 |
| | 新南村 | 1929 | 965 | 52 | 1364 | 1364 | 151 | 2189 | 2189 | — | 6480 | 946 | 12 |
| | 向阳村 | 637 | 301 | 45 | 685 | 650 | 400 | 500 | 500 | 500 | 6000 | 316 | 20 |
| 1985 | 革一村 | 1200 | 520 | 20 | 1270 | 1220 | 535 | 4500 | 4500 | 4500 | 7200 | 630 | 50 |
| | 新南村 | 2190 | 1121 | 35 | 1317 | 1317 | 133 | 11050 | 11050 | 11050 | 6450 | 843 | 226 |
| | 向阳村 | 745 | 250 | 25 | 671 | 606 | 451 | 3500 | 3000 | 3000 | 5000 | 470 | 25 |
| 1986 | 革一村 | 1223 | 603 | 16 | 1391 | 1306 | 650 | 3200 | 3000 | 3200 | 8060 | 620 | — |
| | 新南村 | 1737 | 1231 | 43 | 1158 | 1036 | 122 | 5525 | 5525 | 5525 | 7580 | 398 | 108 |
| | 向阳村 | 675 | 220 | 20 | 745 | 710 | 150 | 1500 | 1500 | — | 6000 | 455 | — |
| 1987 | 革一村 | 1396 | 520 | 8 | 1490 | 1400 | 620 | 2900 | 2600 | 2600 | 8970 | 846 | 30 |
| | 新南村 | 1806 | 676 | 14 | 1364 | 1266 | 245 | 2036 | 1856 | 1856 | 7514 | 1130 | 130 |
| | 向阳村 | 540 | 195 | 8 | 885 | 800 | 640 | 2200 | 1000 | 1000 | 4000 | 345 | — |
| 1988 | 革一村 | 1246 | 480 | 8 | 1585 | 1490 | 624 | 1310 | 950 | 950 | 5970 | 728 | 38 |
| | 新南村 | 1631 | 702 | 11 | 1250 | 1164 | 125 | 1559 | 1404 | 1404 | 7026 | 831 | 98 |
| | 向阳村 | 304 | 141 | 8 | 660 | 490 | 390 | 438 | 277 | 277 | 2670 | 155 | 8 |

表 5-32

## 1989—1995 年革新村畜牧生产情况表

| 年份 | 单位 | 生猪（头） | | | 羊（只） | | | 兔（只） | | | 家禽（羽） | 出售生猪（头） | 自食（头） |
|---|---|---|---|---|---|---|---|---|---|---|---|---|---|
| | | 饲养量 | 年终存栏 | 其中母猪 | 饲养量 | 年终存栏 | 其中湖羊 | 饲养量 | 年终存栏 | 其中长毛兔 | | | |
| 1989 | 革一村 | 1214 | 547 | 6 | 1540 | 800 | 600 | 1000 | 1000 | 1000 | 6050 | 547 | 120 |
| | 新南村 | 1571 | 554 | 10 | 1571 | 1386 | 554 | 818 | 508 | 508 | 6098 | 957 | 60 |
| | 向阳村 | 369 | 106 | — | 834 | 674 | 594 | 190 | 190 | 190 | 3300 | 215 | 48 |
| 1990 | 革一村 | 932 | 415 | 2 | 1239 | 1149 | 755 | 213 | 213 | 213 | 5781 | 517 | — |
| | 新南村 | 1817 | 768 | 12 | 1381 | 1261 | 646 | 797 | 666 | 666 | 11300 | 925 | 124 |
| | 向阳村 | 272 | 166 | 1 | 910 | 785 | 700 | 143 | 143 | 143 | 2688 | 106 | — |
| 1991 | 革一村 | 897 | 406 | 2 | 1527 | 1273 | 886 | 515 | 515 | 515 | 8500 | 437 | 54 |
| | 新南村 | 1858 | 697 | 14 | 1722 | 1481 | 1089 | 451 | 313 | 313 | 9121 | 1085 | 76 |
| | 向阳村 | 431 | 147 | 1 | 950 | 665 | 610 | 50 | 50 | 50 | 2880 | 219 | 65 |
| 1992 | 革一村 | 866 | 402 | 6 | 1203 | 920 | 884 | 550 | 550 | 550 | 9000 | 412 | 52 |
| | 新南村 | 1702 | 632 | 12 | 1702 | 1190 | 1011 | 303 | 303 | 303 | 8968 | 992 | 78 |
| | 向阳村 | 383 | 122 | 1 | 793 | 596 | 576 | 50 | 50 | 50 | 4000 | 201 | 61 |
| 1993 | 革一村 | 911 | 380 | 6 | 1741 | 1340 | 1133 | 600 | 600 | 600 | 11000 | 531 | — |
| | 新南村 | 1693 | 568 | 15 | 2050 | 1835 | 917 | 368 | 258 | 258 | 7291 | 1125 | — |
| | 向阳村 | 565 | 320 | — | 1045 | 645 | 645 | 50 | 50 | 50 | 4300 | 245 | — |
| 1994 | 革一村 | 1045 | 410 | 2 | 1680 | 1215 | 1100 | 500 | 500 | 500 | 13000 | 635 | — |
| | 新南村 | 1471 | 486 | 16 | 2182 | 1855 | 1300 | 313 | 215 | 215 | 7718 | 985 | — |
| | 向阳村 | 620 | 250 | — | 1000 | 750 | 750 | — | — | — | 4300 | 370 | — |
| 1995 | 革一村 | 985 | 325 | 2 | 1750 | 1270 | 1200 | — | — | — | 12000 | 660 | — |
| | 新南村 | 1493 | 468 | 14 | 2234 | 1895 | 1500 | 305 | 195 | 195 | 8105 | 1025 | — |
| | 向阳村 | 600 | 150 | — | 1000 | 600 | 600 | — | — | — | 4000 | 450 | — |

表 5-33

# 1996—2003 年革新村畜牧生产情况表

| 年份 | 单位 | 生猪（头） | | | 羊（只） | | | 兔（只） | | | 家禽（羽） | 出售生猪（头） | 自食（头） |
|---|---|---|---|---|---|---|---|---|---|---|---|---|---|
| | | 饲养量 | 年终存栏 | 其中母猪 | 饲养量 | 年终存栏 | 其中湖羊 | 饲养量 | 年终存栏 | 其中长毛兔 | | | |
| 1996 | 革一村 | 750 | 350 | 2 | 1600 | 1150 | 800 | — | — | — | 8000 | 400 | — |
| | 新南村 | 1675 | 586 | 12 | 2551 | 1858 | 892 | 283 | 185 | 185 | 7370 | 1089 | — |
| | 向阳村 | 270 | 120 | — | 1010 | 730 | 730 | — | — | — | 3000 | 150 | — |
| 1997 | 革一村 | 536 | 186 | 2 | 1595 | 1200 | 1000 | — | — | — | 8500 | 350 | — |
| | 新南村 | 954 | 360 | 11 | 2424 | 1785 | 928 | 285 | 158 | 158 | 8399 | 594 | — |
| | 向阳村 | 400 | 50 | — | 1070 | 650 | 580 | — | — | — | 4700 | 250 | — |
| 1998 | 革一村 | 624 | 198 | 1 | 1520 | 860 | 750 | — | — | — | 8100 | 426 | — |
| | 新南村 | 1025 | 380 | 10 | 2788 | 2195 | 1028 | 230 | 120 | 120 | 8012 | 645 | — |
| | 向阳村 | 255 | 100 | — | 1090 | 670 | 610 | — | — | — | 4800 | 155 | — |
| 1999 | 革一村 | 446 | 128 | 2 | 522 | 365 | 257 | — | — | — | 4158 | 318 | — |
| | 新南村 | 888 | 408 | 2 | 2330 | 1910 | 1018 | 190 | 110 | 110 | 7460 | 480 | — |
| | 向阳村 | 175 | 75 | — | 1150 | 700 | 630 | — | — | — | 4800 | 100 | — |
| 2000 | 革新村 | 1105 | 513 | 6 | 4121 | 2504 | 1953 | 193 | 125 | — | 19646 | 592 | — |
| 2001 | | 3802 | 1119 | 33 | 6689 | 4629 | 3240 | 635 | 425 | — | 22344 | 2683 | — |
| 2002 | | 3761 | 1163 | 23 | 6630 | 4595 | 3589 | 630 | 350 | — | 10720 | 2598 | — |
| 2003 | | 3001 | 1189 | 23 | 9554 | 5122 | — | 900 | 500 | 55 | 17820 | 1812 | — |

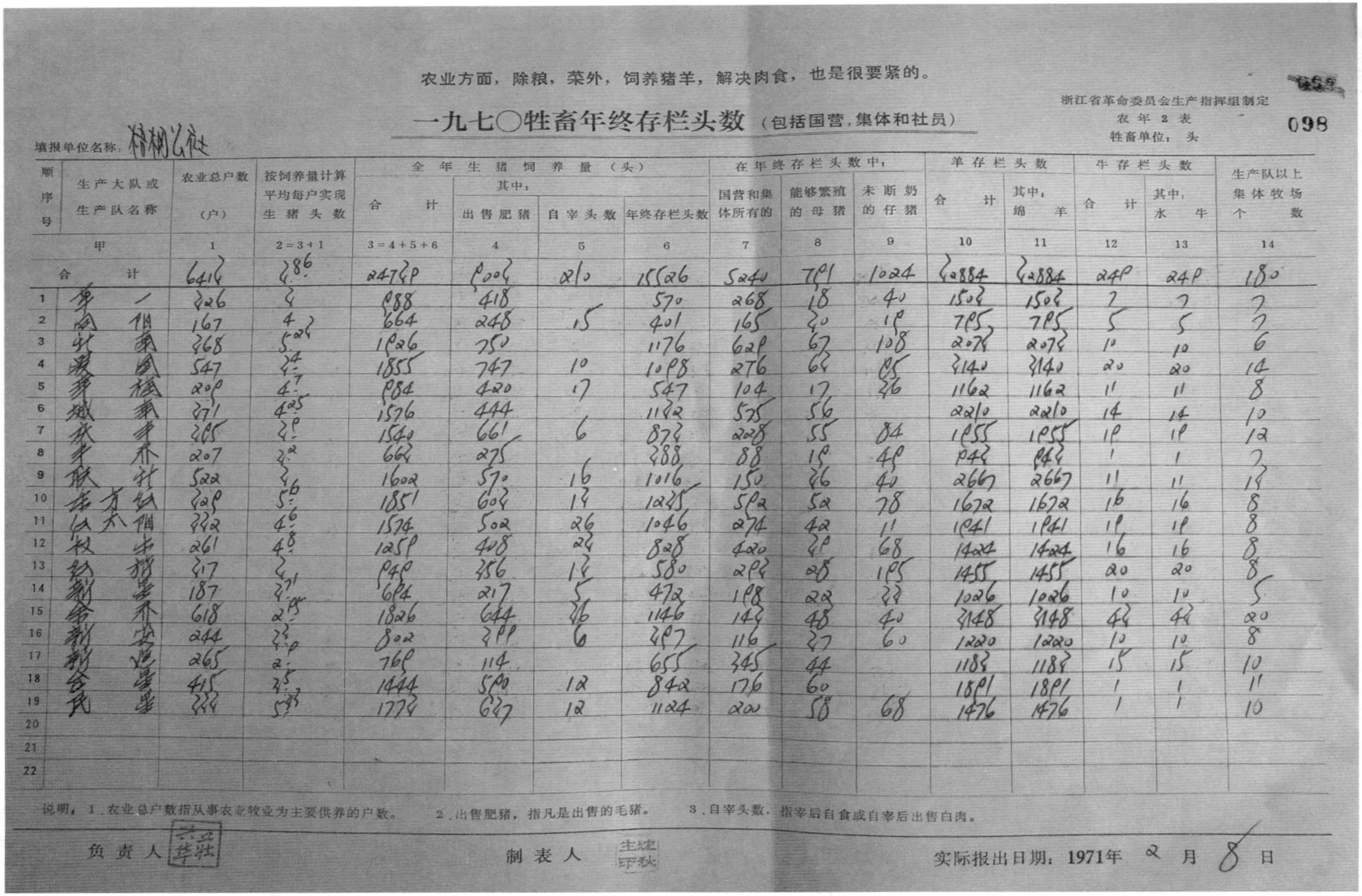

农业方面，除粮，菜外，饲养猪羊，解决肉食，也是很要紧的。

浙江省革命委员会生产指挥组制定

农年2表

牲畜单位：头

098

## 一九七〇牲畜年终存栏头数（包括国营，集体和社员）

填报单位名称：梧桐公社

| 顺序号 | 生产大队或生产队名称 | 农业总户数（户） | 按饲养量计算平均每户实现生猪头数 | 全年生猪饲养量（头）合计 | 其中：出售肥猪 | 其中：自宰头数 | 其中：年终存栏头数 | 在年终存栏头数中：国营和集体所有的 | 能够繁殖的母猪 | 未断奶的仔猪 | 羊存栏头数 合计 | 其中：绵羊 | 牛存栏头数 合计 | 其中：水牛 | 生产队以上集体牧场个数 |
|---|---|---|---|---|---|---|---|---|---|---|---|---|---|---|---|
| | 甲 | 1 | 2=3÷1 | 3=4+5+6 | 4 | 5 | 6 | 7 | 8 | 9 | 10 | 11 | 12 | 13 | 14 |
| | 合计 | 6413 | 3.86 | 24739 | 9003 | 210 | 15526 | 5240 | 791 | 1024 | 32884 | 32884 | 249 | 249 | 180 |
| 1 | [illegible] | 326 | 3 | 988 | 418 | | 570 | 268 | 18 | 40 | 1503 | 1503 | 7 | 7 | 7 |
| 2 | [illegible] | 167 | 4 | 664 | 248 | 15 | 401 | 165 | 30 | 19 | 795 | 795 | 5 | 5 | 7 |
| 3 | [illegible] | 368 | 5.23 | 1926 | 750 | | 1176 | 629 | 67 | 108 | 2073 | 2073 | 10 | 10 | 6 |
| 4 | [illegible] | 547 | 3.4 | 1855 | 747 | 10 | 1098 | 276 | 63 | 85 | 3140 | 3140 | 20 | 20 | 14 |
| 5 | [illegible] | 209 | 4.7 | 984 | 420 | 17 | 547 | 104 | 17 | 36 | 1162 | 1162 | 11 | 11 | 8 |
| 6 | [illegible] | 371 | 4.25 | 1576 | 444 | | 1132 | 575 | 56 | | 2210 | 2210 | 14 | 14 | 10 |
| 7 | [illegible] | 365 | 3.9 | 1540 | 661 | 6 | 873 | 228 | 55 | 84 | 1955 | 1955 | 19 | 19 | 12 |
| 8 | [illegible] | 207 | 3.2 | 663 | 275 | | 388 | 88 | 19 | 49 | 943 | 943 | 1 | 1 | 7 |
| 9 | [illegible] | 522 | 3.6 | 1602 | 570 | 16 | 1016 | 150 | 36 | 40 | 2667 | 2667 | 11 | 11 | 13 |
| 10 | [illegible] | 329 | 5.6 | 1851 | 603 | 13 | 1235 | 592 | 52 | 78 | 1672 | 1672 | 16 | 16 | 8 |
| 11 | [illegible] | 332 | 4.6 | 1574 | 502 | 26 | 1046 | 274 | 42 | 11 | 1941 | 1941 | 19 | 19 | 8 |
| 12 | [illegible] | 261 | 4.8 | 1259 | 408 | 23 | 828 | 420 | 39 | 68 | 1424 | 1424 | 16 | 16 | 8 |
| 13 | [illegible] | 317 | 3 | 949 | 356 | 13 | 580 | 293 | 28 | 195 | 1455 | 1455 | 20 | 20 | 8 |
| 14 | [illegible] | 187 | 3.71 | 694 | 217 | 5 | 472 | 198 | 22 | 33 | 1026 | 1026 | 10 | 10 | 5 |
| 15 | [illegible] | 618 | 2.95 | 1826 | 644 | 36 | 1146 | 143 | 48 | 40 | 3148 | 3148 | 43 | 43 | 20 |
| 16 | [illegible] | 244 | 3.29 | 802 | 399 | 6 | 397 | 116 | 37 | 60 | 1220 | 1220 | 10 | 10 | 8 |
| 17 | [illegible] | 265 | 2.9 | 769 | 114 | | 655 | 345 | 44 | | 1183 | 1183 | 15 | 15 | 10 |
| 18 | [illegible] | 415 | 3.5 | 1444 | 590 | 12 | 842 | 176 | 60 | | 1891 | 1891 | 1 | 1 | 11 |
| 19 | [illegible] | 333 | 5.32 | 1773 | 637 | 12 | 1124 | 200 | 58 | 68 | 1476 | 1476 | 1 | 1 | 10 |
| 20 | | | | | | | | | | | | | | | |
| 21 | | | | | | | | | | | | | | | |
| 22 | | | | | | | | | | | | | | | |

说明：1.农业总户数指从事农业牧业为主要供养的户数。 2.出售肥猪，指凡是出售的毛猪。 3.自宰头数，指宰后自食或自宰后出售白肉。

负责人 制表人 实际报出日期：1971年2月8日

▲ 梧桐公社1970年国营及集体和社员牲畜年终存栏头数

# 一九八六年畜牧生产统计年报表

（全社会）

国家统计局 农牧渔业部 制定 060
农年综6表

填报单位（盖章）：梧桐乡

| 村或组名称 | 生猪（头）全年饲养量头数 | 1.年内出售给国家的肥猪头数 | 2.年内自宰自食肥猪头数 | 3.年内出售给市场的肥猪头数 | 4.年终存栏头数 | 在年终存栏头数中：能繁殖的母猪 | 未断奶仔猪 | 羊（只）年终存栏合计 | 其中：能繁殖的母羊 | 在年终存栏只数中：改良羊 | 湖羊 | 年内售给食品公司羊只数 | 年内自宰自食肥羊只数 | 出售市场只数 | 年末养蜂箱数（箱） | 蜂蜜产量（担） | 兔（只）年末存栏数合计 | 其中：长毛兔 | 年内出栏只数 | 家禽（鸡、鸭、鹅）（只）全年饲养只数 | 其中：年内出栏只数 | 年末存栏只数 |
|---|---|---|---|---|---|---|---|---|---|---|---|---|---|---|---|---|---|---|---|---|---|---|
| 甲 | 1 | 2 | 3 | 4 | 5 | 6 | 7 | 8 | 9 | 10 | 11 | 12 | 13 | 14 | 15 | 16 | 17 | 18 | 19 | 20 | 21 | 22 |
| 折合公斤 | | | | | | | | | | | | | | | | | | | | | | |
| 合计 | 13992 | 2046 | 814 | 5312 | 5820 | 168 | 818 | 11751 | 6560 | 6727 | 5024 | | 5 | 962 | 60 | 70 | 21065 | 21065 | 5260 | 63810 | 26700 | 37110 |
| 革一 | 1220 | 52 | 45 | 620 | 603 | 16 | 31 | 1306 | 842 | 656 | 650 | | | 85 | | | 2200 | 2200 | 200 | 8060 | 4200 | 3860 |
| 向阳 | 675 | 35 | 20 | 400 | 220 | 20 | 40 | 710 | 450 | 560 | 150 | | | 35 | | | 1500 | 1500 | | 4000 | 2000 | 2000 |
| 新南 | 2056 | 398 | 108 | 319 | 1221 | 43 | 298 | 1158 | 112 | 1036 | 122 | | | | | | 5525 | 5525 | 980 | 5340 | 890 | 4450 |
| 东方红 | 1543 | 50 | 70 | 853 | 570 | 14 | 52 | 1500 | 975 | 900 | 600 | | | 210 | | | 2340 | 2340 | 780 | 3510 | 1160 | 2350 |
| 红太阳 | 1900 | 150 | 200 | 800 | 750 | 5 | 30 | 1300 | 500 | 400 | 900 | | | | | | 2000 | 2000 | | 6500 | 3600 | 2900 |
| 利东 | 1330 | 250 | 145 | 450 | 485 | 50 | 280 | 1096 | 600 | 501 | 595 | | 5 | 35 | | | 1500 | 1500 | 650 | 5800 | 2550 | 3250 |
| 王介渡 | 1340 | 60 | 150 | 550 | 580 | 4 | | 800 | 500 | 300 | 500 | | | 200 | | | 2000 | 2000 | 500 | 11000 | 4000 | 7000 |
| 亭子村 | 1200 | 154 | 45 | 645 | 357 | 11 | 54 | 775 | 520 | 450 | 325 | | | 105 | | | 500 | 500 | 650 | 2600 | 1300 | 1300 |
| 俞桥 | 2620 | 894 | 31 | 675 | 1020 | 5 | 33 | 3106 | 2100 | 1924 | 1182 | | | 292 | 60 | 70 | 2500 | 2500 | 1500 | 17000 | 7000 | 10000 |
| 科技站 | 8 | 4 | | | 4 | | | | | | | | | | | | | | | | | |

补充指标：1、耕牛年终存栏　　只，其中：能繁殖的母牛　　只。2、奶牛年末存栏　　只，其中：能繁殖的母牛　　只，年内出生的仔牛　　只，3、牛奶产量　　担。

说　明：1、出售给国家的肥猪，羊是指卖给食品公司的活猪，羊和自已杀白后出售给食品公司的大猪、羊。2，自宰肥猪，指自宰自食。3，年内出售市场的肥猪，指农民杀白后的肥猪到附近的集镇上设摊零星出售，包括农民杀白后分食。4、家兔年内出栏只数，指售给国家作种兔和作内食出售的家兔，但不包括农民与农民之间的交换。

负责人（盖章）　　制表人（盖章）　　实际报出日期：1987年元月15日　（13）

▲ 梧桐乡1986年畜牧生产统计年报表

**水产养殖** 革新村域内河浜交错，大小池潭星罗棋布，是鱼类栖息繁殖的天然场所，天然野生的水产品有：鲫鱼、鲇鱼、鲤鱼、青鱼、鳜鱼（又名花记鱼）、黑鱼、鳑鲏、汪刺、白鲦、鲈鱼、黄鳝、鳗鲡、泥鳅、甲鱼、石蟹、龟、虾、青蛙（又名田鸡）、螺蛳、田螺、河蚌等。捕捞方式有：张游丝网，拖索泥夹网，张鱼簖、蟹簖，用鱼叉，用扳网，用鱼钩钓，用耥网耥，抽池潭，打坝断浜，沟兜捉鱼等，有少数村民用危害性大的方法捉鱼，如用农药药鱼，用电瓶电鱼，这些是渔政部门严禁、取缔的。

20世纪60—70年代，一些生产队利用自有的水域开始人工养殖，主要养殖鲢鱼（白鲢、花鲢）、青鱼、草鱼、鲤鱼、鳊鱼等鱼种，每年春节前捕捞，按劳动工分与人口分鱼到户。1983年实行家庭联产承包责任制后，有的农户在自己的承包田里开始挖鱼塘，饲养鱼类。

**牛蛙养殖** 据《桐乡市农业志》载：“牛蛙原产于北美洛基山脉一带，故称美国牛蛙。境内最早养殖始于1989年，梧桐乡新南村高家里农民庄建荣，利用0.5亩低洼田，放养牛蛙蝌蚪4000只，进行牛蛙人工养殖。”1989年6月，原新南村村民庄建荣在自家屋后的半亩承包田中开挖出养蛙池塘，围上篱笆，从嘉兴步营购进牛蛙蝌蚪4000只，每只0.12元，进行人工养殖牛蛙，成了全县养蛙第一人。第二年春天，牛蛙繁殖产卵，原有的池塘太小，于是庄建荣就扩大养蛙池塘，从原来的0.5亩扩大到3亩多。1990年出售牛蛙蝌蚪30多万尾，单价0.17元，收益5万多元。1991—1993年，蝌蚪数量年年增加，可价格下降，从0.17元降到0.08～0.06元，经济效益欠佳，再加上1993年洪涝灾害，把牛蛙池塘淹了，损失严重。至此，庄建荣结束了四年多的养蛙历史。

**人工水稻养蟹** 1987年，桐乡县农林局水产养殖站站长杨承禹带领水产养殖科研组一行来到革新村（原新南大队）的塘家浜大队种子场前面的四爿头进行人工水稻养蟹的试验。稻田面积3.4亩，稻田四周及田中间纵横挖宽1.5米、深1.2米的水沟，使稻田呈“田”字形，并在沟渠里放入水草。5月23日，放养种蟹苗102.9千克，套养花鲢苗34尾。水稻生长期，鱼、蟹和稻苗生活在同一片水域，当水稻无水期时，鱼、蟹只生活在沟渠里的水草下。到12月6日收捕，共养193天，捕获成品蟹278.8千克，成活率79.9%，收捕花鲢69

千克。这在嘉兴市人工稻田养蟹试验中获得第一名，得到了嘉兴市科学技术委员会的表彰，为立体农业开辟了一条新路子。

表 5-34

## 1963—1987年革新村水产养殖统计表

| 年份 | 单位 | 水产养殖合计 面积（亩） | 水产养殖合计 总产（担） | 年份 | 单位 | 水产养殖合计 面积（亩） | 水产养殖合计 总产（担） | 年份 | 单位 | 水产养殖合计 面积（亩） | 水产养殖合计 总产（担） |
|---|---|---|---|---|---|---|---|---|---|---|---|
| | 革一大队 | 16 | 6 | | 革一大队 | 20 | 12 | | 革一大队 | — | — |
| 1963年 | 新南大队 | 26 | 35 | 1969 | 新南大队 | — | — | 1983 | 新南大队 | 9.5 | 130 |
| | 向阳大队 | — | — | | 向阳大队 | — | — | | 向阳大队 | — | — |
| | 革一大队 | 20 | 20 | | 革一大队 | 12 | 3 | | 革一村 | — | — |
| 1964年 | 新南大队 | — | — | 1970 | 新南大队 | — | — | 1984 | 新南村 | 6 | 6 |
| | 向阳大队 | — | — | | 向阳大队 | — | — | | 向阳村 | — | — |
| | 革一大队 | 19 | 29 | | 革一大队 | — | — | | 革一村 | — | — |
| 1965年 | 新南大队 | — | — | 1973 | 新南大队 | — | — | 1985 | 新南村 | 8.5 | 17 |
| | 向阳大队 | — | — | | 向阳大队 | 1 | 2 | | 向阳村 | — | — |
| | 革一大队 | 13 | 4 | | 革一大队 | — | — | | 革一村 | 66 | 486 |
| 1966年 | 新南大队 | — | — | 1980 | 新南大队 | 9 | 1730 | 1986 | 新南村 | 13.5 | 35 |
| | 向阳大队 | — | — | | 向阳大队 | — | — | | 向阳村 | 15 | 45 |
| | 革一大队 | 13 | 27 | | 革一大队 | — | — | | 革一村 | 46 | 430 |
| 1967年 | 新南大队 | — | — | 1981 | 新南大队 | 9 | 17 | 1987 | 新南村 | 7 | 26.5 |
| | 向阳大队 | — | — | | 向阳大队 | — | — | | 向阳村 | 6 | 20 |
| | 革一大队 | 20 | 16 | | 革一大队 | — | — | — | — | — | — |
| 1968年 | 新南大队 | — | — | 1982 | 新南大队 | 9 | 11.5 | — | — | — | — |
| | 向阳大队 | — | — | | 向阳大队 | — | — | — | — | — | — |

## 第七节　农具 农机 农肥

光绪《桐乡县志》记载："农具自耒耜而外，戽水有车，取泥有罱，芟草有耥，筑场有轴，割稻有镰，曝谷有迁，击稻有床，翻谷有耙，脱谷有砻，去秕有筛，扇粟有车，去屑有枷。"由此可见，当时农耕生产所需的传统农具已十分丰富。人们在生产实践中创造农具，在使用农具过程中完善农具。

### 畜力农具

**木犁**　用牛力牵引翻耕的畜力农具。传统的木犁由古代的石犁演变而来，主要部件有：犁铧、犁壁、犁底、犁辕、操作手柄等。犁铧和犁壁为铁制件，其余部件均由坚硬的木材制成。20世纪50年代初，将犁辕、犁托改为铁制，也叫"铁犁头"，是20世纪60年代至70年代初水田翻耕的主要工具。公社化后，全面实施三熟制种植，水田复种指数不断提高，每个生产队养牛1～2头，可在双抢季节还是要开早工、夜工犁田。

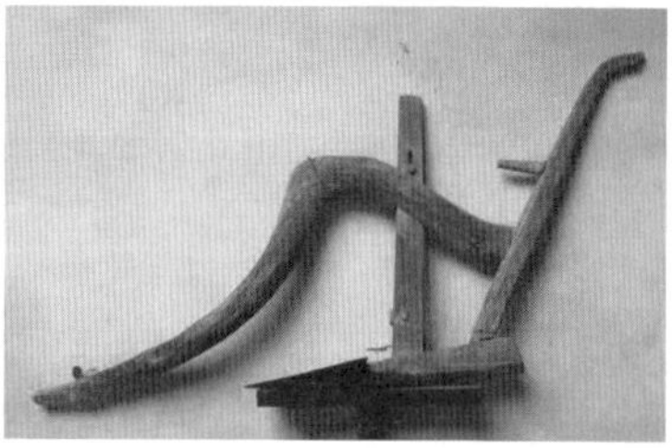

▲ 牛耕田用的木犁

**耙耖**　翻耕后用于碎土、碎草、平土、平田农具。耙有刀耙、滚耙两种。用四块木板制成长为140～160厘米、宽为65～70厘米的木框，中间装有两块长木板，木板底下沿长度方向互相错位，各安装一排刀片，人站在木板上驱牛前行，将犁耕后的土块切碎，并初步平土，我们这里又称"踏耙"。滚耙是在刀排中间加装一个可以转动的滚轴，滚轴上装有刀片，将稻花、杂草压入土中，同时也起到平土作用。

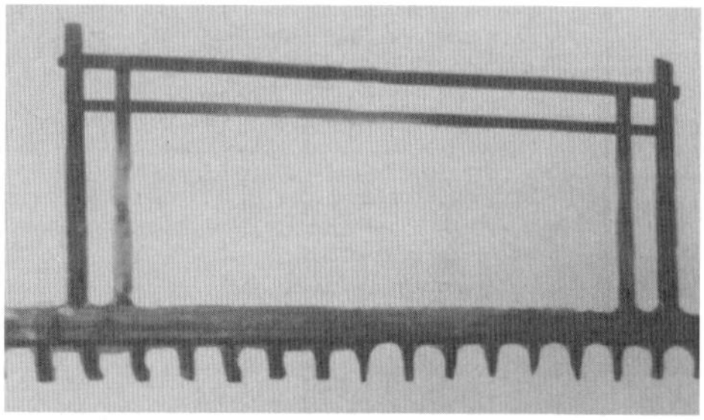

▲ 牛耙田用的木耖

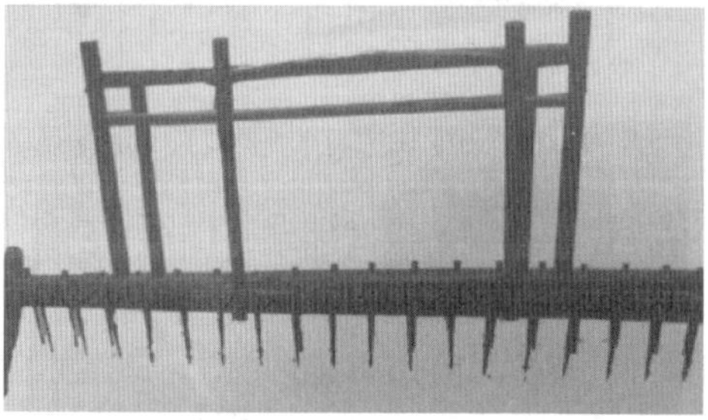

▲ 牛耙田用的钉耖

耖也有两种，木耖和钉耖，形状似“而”字。耖分上梁和下梁，下梁长200～250厘米，装有一排木齿的是木耖，装有铁齿的叫钉耖。耖能把高出水平面的泥土带往低洼处，同时耖起水田中杂草，集中后再人工掩埋，起到碎土平田的作用。一般用到犁、踏耙、滚耙、铁耖、木耖等农具整理过后的田就可以插秧了。

## 传统农具

**铁耙** 传统人力翻耕农具。铁耙多数为4齿、1孔，用熟铁锻打而成，齿长20～25厘米、宽17～23厘米，上部有铆，用于安装竹柄或木柄。铁耙按照不同用途可分为4种：用于翻耕、碎土、平土的叫垦地铁耙；用于烂水田或硬田翻垦叫扒塄铁耙；用于板田翻耕的叫阔齿铁耙；用于装猪羊垃圾、河中扒水草的为尖齿铁耙，也叫钉耙。

▲ 传统农具

**锄头** 也叫刮子，有大刮子、小刮子之分。呈半圆形，口薄略锋利，在弯管处有孔，装上竹柄或木柄，用于削草、碎土、挖潭、开槽、栽苗的必备工具。

**翻锄** 又称山子、翻子。锄口扁平，宽约10厘米，长约20厘米，上面有重铆头，有孔，装上木柄，锄口锋利，专用于翻树、竹蒲头等。

**利锲、镰刀、锲子** 专门用于收割庄稼的铁制农具。利锲呈月牙状，刃口有锋利的细齿，装有木柄，20世纪50—60年代用它收割稻、麦。镰刀刀口长，锋利，收割时人弯腰角度小，省力，收割稻、麦时比利锲快。70年代后，村域内利锲已少见，镰刀至今还在用。锲子刀口锋利，刀背略厚，装有木柄，以割草、菜为主，也可割稻、麦。

**钎步** 用于开沟、撬土、培土，做秧田，铡田埂脚的主要农具。钎步分为鹅毛管钎步和直管钎步，装竹柄或木柄，两边宽约12厘米，长约26厘米，钎步口刃锋利，正面中央凸起一条长20厘米的钎步埂，背部平整，便于撬沟时走土松。

**扁担、粪桶、料子** 扁担一般用毛竹制成，长1.3米左右，中间宽15厘米左右，两头稍窄，挑、抬均可，至今仍在使用。粪桶是浇水、施肥的工具，以前是木制的，后来多以塑料制成的。木制的有弯板和直口两种，口径约 35 ～ 40 厘米，高约 38 厘米，底部直径为 25 厘米左右，桶身有三只竹箍或三只铁箍，上口有两耳，用于系绳，便于抬、挑。有了塑料粪桶后，木制就渐渐退出了。料子又叫粪勺，也有木制与塑料两种，口径 20 厘米左右，高约 12 厘米，装有 2 米的竹柄或木柄，浇水、浇粪时，用料子从桶里舀出来浇。

▲ 扁担、粪桶、料子

**罱篰**　俗称罱泥夹。罱网是用丝麻绳编织制成，是罱河泥的工具。

▲ 罱篰

▲ 罱河泥

### 收获农具

传统的收获农具有稻桶、稻床、榻车、风车、谷垫、廪条、谷箩、畚箕等。

**榻车（稻架）**　用于烂水田割稻时临时堆放稻粑。由 2 副木架交错联结而成，能折叠。也可用来上烟之用，又称上烟架。也可用来喂蚕时放蚕扁之用。

**稻桶、稻床**　稻桶为木制方形脱粒农具，上口大、底部小，底板下面安有两根光滑圆直杉木（又称拖泥），便于下田移动方便。上口 4 角有环，环里插入竹竿，作业时三面围上麻布

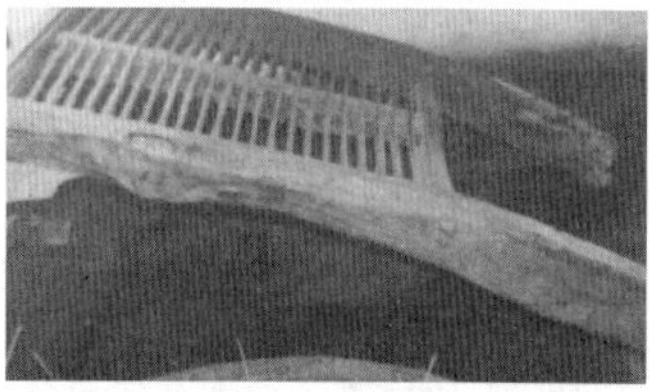
▲ 稻床

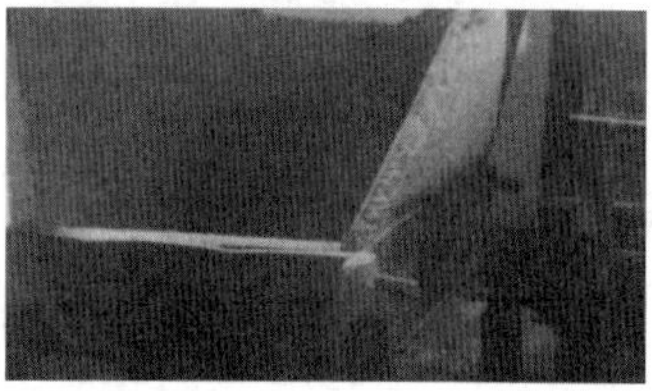
▲ 稻桶

或塑料纺织物，减少谷粒飞溅损失（又叫稻桶张头）。稻床（掼床）用木材制成倾斜框，框内横向穿入若干竹栅条，放入稻桶内，用人力在其上面掼稻头（俗称掼稻）。20 世纪 70 年代，村域内推广机械脱粒，稻桶逐渐被淘汰。1983 年实行家庭联产承包责任制后，稻桶有所增加。20 世纪 80 年代中期，用机械收割，脱粒增多，稻桶已很少使用。

**风车**　木制农具，用于清除谷物中不饱满的颗粒以及其中杂质和灰尘，由车身、车腹、车斗、车轴、风叶、风道、进料口、出料口、摇手等组成。工作时，将谷物倒入车斗内，摇动手柄，利用风力使饱满的谷粒在出料口流出，秕谷、杂质、灰尘从后面出料口扬出，起到清洗谷物的作用。可扇谷、麦、豆、米、菜籽等，后来被电动扬谷扇替代。

▲ 风车

**廪条、米囤**　储藏谷、米、豆、麦等粮食的主要用具。廪条由薄竹篾编织而成，有旋廪和竖廪二种。旋廪高 20 厘米左右，长度不一；竖廪高 85 厘米，长 5 米多。储藏时底部铺稻柴，上面放蚕扁，廪条放入扁中，粮食随廪条堆高。米囤是农民自制的，用删光的稻草编成，米囤有大、有小，高 2 米左右的圆柱稻柴囤，放大米可防潮。20 世纪 80 年代，人们都用塑料纺织袋（蛇皮袋）存放粮食，廪条、米囤继而消失。

▲ 廪条

▲ 米囤

**谷箩、栲栳**　谷箩是由细而圆的竹篾编制，口圆，中间略大，直径 60 厘米，高 75 厘米，用两根麻绳或尼龙绳从箩底穿过到箩口，便于挑、抬，是农户家必备的农具。栲栳用藤蔓编成，形状半球形，俗称笆斗，直径一般在 40 厘米左右，高 60 厘米左右，用于存放粮食和加工粮食时用。

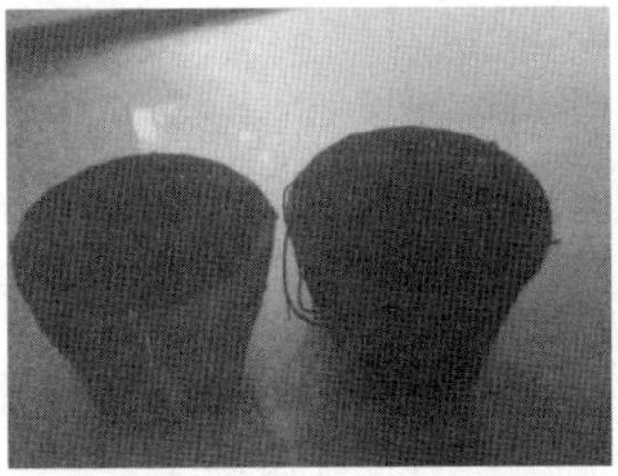

▲ 谷箩

▲ 栲栳

**筛子** 竹篾编成，根据不同用途，分为筛谷篣、米筛、麻筛、筛笼等，用于清除谷、麦、豆脱粒后柴禾、杂物、糙米中的谷壳和白米中的糠、麦粉中的麸皮。

**砻** 用坚硬的木材制成的粮食加工工具，分上下两臼，合拢面凿有斜槽，直径约80厘米，配丁字形把手，中间有投料孔。使用时，将砻放在砻凳上，上臼孔加入稻谷，拉动手把，使砻上臼旋转，碾出糙米，俗称“牵砻”。这种原始的粮食加工工具一直到20世纪60年代被碾米机替代而停止使用。

**石臼** 牵砻出来的是糙米，一定要在石臼中舂过。石臼有容量三斗、五斗两种。放入糙米后用臼柱舂，可以由一人或二人操作，又叫“打米”。20世纪60年代后被机器替代而停止使用，但用石臼打年糕却延续至今。

▲ 石臼

**石磨** 又称磨子，呈圆形，用两块石头凿成，分上下两部分，合交面上凿有斜槽，上合装有磨耳，磨中间有铁制的磨轴，装上丁字形磨杆，两边用绳子吊起，拉磨的人站在磨杆中间转动上合，喂磨的人左手挡着磨杆头，右手往上合中间的投料口投入米或豆、麦，俗称“牵磨”。20世纪60年代中期被磨粉机替代而停止使用。

**农业机械**

**插秧机** 1960年7月22日，时任桐乡县委第一书记贺修贤在原梧桐人民公社革一生产大队（现村新村前身为革一、新南、向阳3个生产大队）召开推广插秧机现场会。当时的插秧机耕作时由畜力牵引，一个人操纵，每天可插秧40亩左右，比人工快数十倍，全大队共配备了插秧机28台。

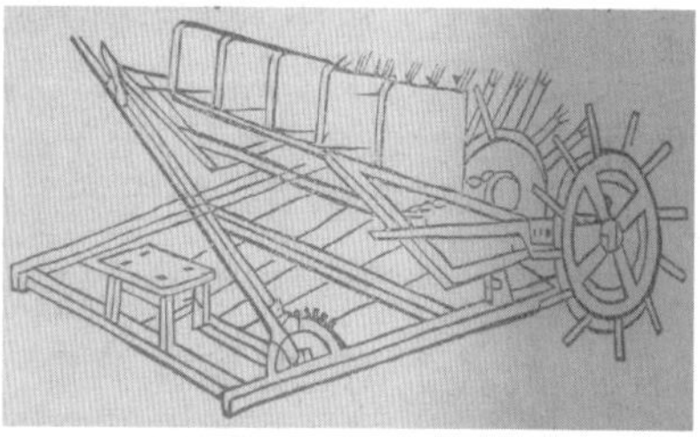

▲ 畜力牵引插秧机示意图

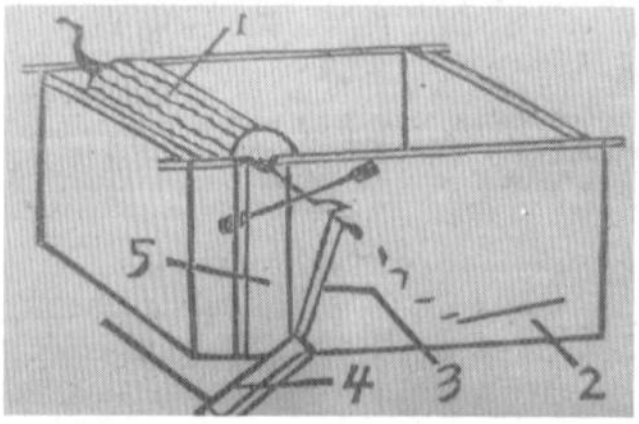


▲ 改装后的打稻机示意图

**稻桶改装打稻机** 利用旧稻桶拆去一边木板，把两根拖泥木延长，装上双人打稻滚筒，再钉上一块脚踏板而成。

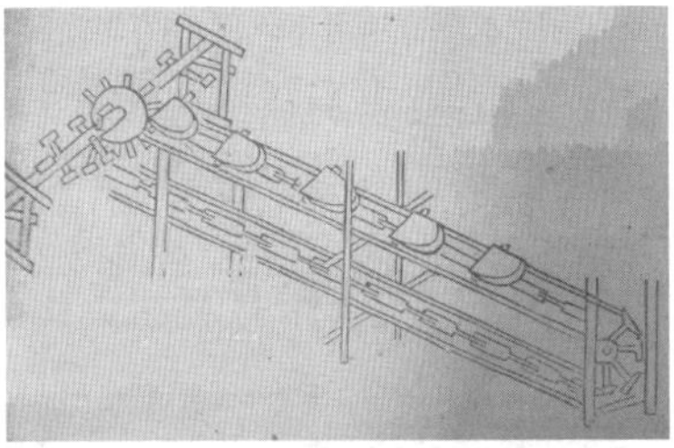
▲ 人力脚踏竹轨运泥机示意图

**人力脚踏竹轨运泥机** 机身、机架是用旧式水车改装而成，可就地取材，制作简便，成本低。运泥机工效极高，平均每人可日积水河泥 2000 多担，而劳动强度大大减轻，妇女、半劳力都可操作。

**电耕犁** 以电为动力，通过钢丝索牵引犁耕作。1964 年，村域内有了 380 伏的低压线，县农机部门推广电耕犁耕作水田，比牛耕作快大约 4 ～ 5 倍，还可以带上开沟机，在冬忙时开挖麦沟和菜沟。当时村域内共有电耕犁 11 台，其中新南 5 台，革一 4 台，向阳 2 台。但电耕犁有电才能作业，适用于大田圩作业，对小田块、角落田仍靠人工或牛耕作。电耕犁要用电，电缆线随便拉，存在着很大的安全隐患。原新南大队麦干浜社员沈善华，因赶鸭碰到裸露的电缆线，不慎触电身亡。20 世纪 70 年代初，随着手扶拖拉机的使用，电耕犁退出耕作。

▲ 12 马力的手扶拖拉机

**手扶拖拉机** 操作灵活，适应性好，翻耕速度快，村域内 1968 年开始使用。随着三熟制面积的不断扩大，土劳矛盾突出，各大队都购入了 12 马力的手扶拖拉机，其中新南大队 2 台、革一大队 2 台、向阳大队则有 1 台 27 型中型拖拉机和 1 台手扶拖拉机。至 1969 年，村域内 23 个生产队均购入手扶拖拉机，小的生产队购买 1 台，大的生产队购买 2 台，其中新南大队组建大队机耕组，拖拉机共有 15 台，集中调配，实行停人不停机，昼夜耕作。1973 年，大队机耕组解散，分散到生产队，此时，村域内共有拖拉机 53 台，实现了全域机耕。

**船型拖拉机** 该型拖拉机的底部形状像一只船，柴油机装在船体内，故称船型拖拉机。村域内沉水圩、烂水田较多，手扶拖拉机容易沉陷，不适合在烂水田耕作，故引进了船型拖拉机。1979 年，县农机公司分配给新南大队、革一大队、向阳大队各一台船型拖拉机。1980 年，沉水田较多的生产队也买了一台船型拖拉机，至此，村域内共有船型拖拉机 8 台。船型拖拉机虽然在烂水田里也不会陷进烂泥，但对于爬坡、爬田塍不方便。1983 年实行家庭联产承包责任制后停止使用。

**打稻机**　分为脚踏、电动两种。解放初至 50 年代都是人工掼稻脱粒，到 1960 年，出现脚踏打稻机，比起掼稻来，速度快、省力、脱得干净。1974 年后，

▲ 脚踏打稻机

▲ 1974 年，社员用电动打稻机脱粒（李渭钫摄）

村域内普遍使用 1800 型长滚筒电动打稻机，可三、四人同时操作，功效倍增，比起脚踏打稻机来，速度更快、更省力。1983 年承包到户后，村域内 95% 以上的农户都自购小型电动打稻机。到 2000 年，村域内共有电动打稻机 986 台。

**联合收割机**　20 世纪 90 年代中期，村域内的主要男、女劳动力都外出打工挣钱，到了农忙收割季节，唤帮工也没处唤。此时，村域内开始出现收割机收割。苏南地区和本市的种粮大户都有久保田联合收割机，他们在完成自己的收割后出来挣钱，一是帮了别人，二是自己挣到了钱。第一年是每亩 60 元，往后逐年上涨。自从有了收割机，村域内七八成的单季晚稻都是机割，只有那些低洼的水圩头由于田烂，收割机不能下田，只好人工收割了。

▲ 联合收割机在收割水稻

**电动稳秸头机**　与电动打稻机配套使用，其功能是把打稻机剩下的秸头谷、半穗谷倒入稳秸头机内，稳秸头机把谷与柴禾杂质分离，流出谷粒。1983 年以前，

村域内共有稳秸头机 29 台，承包责任制后，有的折价卖给农户，有的报废。

**电动扬谷扇** 与电动打稻机、稳秸头机配套使用。打稻机脱下谷粒，经过筛谷箩筛过，然后把稻秸头、半穗谷经过稳秸头机后，再用扬谷扇把柴禾杂质吹去，留下谷粒。

▲ 电动扬谷扇

**运输机械**

20 世纪 70 年代初，出现了挂桨机船，替代了几千年的人工手摇船。村域内 5 吨以上的挂机船有 32 艘，10 吨以上大型挂机船 5 艘，多用于运送公粮、农户建房用的砖、砂等建筑材料。1983 年实行家庭联产承包责任制后，多数农户拥有了平板手推车，后来有了电瓶三轮车，随着乡村公路的不断延伸，农用小型货车、拖拉机也出现在田间地头。

**农副产品加工机械**

20 世纪 50 年代末、60 年代初，农村通电后，利用电动机造福村民，碾米机替代了原始的“牵砻”，白米饭就此进入农户家。20 世纪 80 年代，村域内原新南村有碾米机 4 台、饲料机 3 台、粉碎机 1 台；原革一村有碾米机 2 台、饲料机 1 台、粉碎机 1 台；原向阳村有碾米机 1 台、饲料机 1 台、粉碎机 1 台。原新南村潘家门组村民姚金和购买 10 吨挂机船 1 艘、16 匹柴油机 2 台、碾米机 1 台、饲料机 1 台，开着船在村域周边上门为农户服务，既增加自己的收益，又方便了农户。

**农家肥**

革新村属于水稻种植主产区，田地多，国家任务重。20 世纪 60—70 年代，在“以粮为纲”大背景下，推广双季稻、三熟制的耕作模式，肥料更趋紧张。要多打粮，必须要多积肥，当时流行着这样一句口号：“多养猪羊多积肥，多打粮食为国家。”

**猪羊垃圾** 是水田、专桑地的当家肥料。一般在插秧时，先在耙平的田里施上每亩 6 ～ 8 担羊垃圾作为底肥。播种大小麦，要在种麦播种后施上猪羊垃圾，再铺上细土。专桑地要在冬春季节，羊垃圾剩余时随桑园冬垦，填上羊垃圾，再挑上稻秆泥。

**人粪** 是优质的速效有机肥。庄稼一枝花，全靠肥当家。各种蔬菜、秧田、瓜果，使用人粪的菜、瓜果要比使用化肥的好吃。所以，当时，村域内各生产大队都曾组织社员摇船去上海购买人粪，称之为“摇上海粪”；也有就近到梧桐镇上摇粪的，还和镇环卫所联营，派人员帮助“倒粪”（粪脚子），解决了农村的一部分肥源。

**灰肥** 又称草木灰。以前，农户家都有柴灶，使用的柴火用柴灶煮饭、炒菜。有稻柴、麦柴、菜花柴、豆梗柴、桑柴等。每户农户都有一两个柴堆，可备烧一年。烧过的柴灰，以每担5分的工分给生产队，施在蚕豆、大小麦用的草灰泥里。草木灰有较高的钾元素，能促进农作物的生长。

**泥肥** 村域内以河泥、塘泥、稻干泥为主。20世纪50—70年代，每个生产队入冬后，都要安排男劳力出动1～2条船罱泥。河泥存放在河边的座塘内，并拌入羊垃圾，腐烂后肥力会大增。等到座塘内的河泥干得能挑的时候，就用土埭挑到每片田头的泥塘里（挑座塘泥），等到田耕好、耙平时，再把田头泥塘中的泥挑到田里（挑出田泥）。挑出田泥需要到田中央，烂泥田不宜行走，就要用到脚排（用毛竹或小木头捆扎而成），走在脚排上就陷不下去了。这时候，青壮年劳动力负责挑泥，刚参加劳动的“小潮头”翻“脚排”，挑到哪里，翻到哪里。大集体期间，上级要求一亩田一塘泥，以增加土地肥力，使粮食丰收。

**扒垃圾** 以前，每到冬闲季节，生产队都要安排劳动力轮流摇船到附近的城镇上去扒垃圾，近的去梧桐、濮院、屠甸、嘉兴，远的到苏州、上海等地。吃、住、睡都在船上，煤球灰、甘蔗皮、果蔬下脚料等都当作肥料运回来。扒垃圾不但辛苦，而且住在船上腥臭味刺鼻，所以，每个生产队都要给扒垃圾的人补贴：周边的城镇每天0.15元，去苏州、上海每天0.50元。20世纪70年代后，上海垃圾用驳船装来，然后生产队凭分配数量，摇小船去卸到船上运回。这些垃圾主要是用在专桑地里，改善桑园的土质，增加桑叶产量。

**绿肥** 用绿色植物制成的肥料，是一种养分完全的有机肥料。村域内主要种植紫云英（又称花草），二年生草本植物，很久以前就有大面积种植。“花草亩不过三升，自己收子，价不甚值，一亩可壅三亩田。”在晚稻收割前25天左右，播种在稻田里，每亩种子1～1.5千克，晚稻收割时已长苗，收割后马上开挖环田沟、厢沟、十字沟，做到排水畅通。开春后，天气渐热，长势茂盛，每亩产鲜草 2500 ～ 3000 千克。在种植早稻 1 个月前，翻耕入土，作为水稻基肥，对提高粮食产量有重要作用。20 世纪 70 年代中期，随着大面积扩大三熟制的种植，冬闲田锐减，花草面积也随之锐减。1983 年推行家庭联产承包责任制后，村域内便再没有种花草。

## 第八节　农业税

### 历史沿革

农业税亦称田赋，俗称皇粮国税。春秋时期规定，不论公田、私田一律“履亩而税”，直到 2006 年，国家取消农业税，才结束了长达 2000 多年农民种田纳税的历史。史料记载：秦汉时期的“三十税一”制，前后执行 350 多年。唐德宗建中元年推行“两税法”，按户征银，按地征粮，分夏秋两季缴纳。宋朝将唐朝的户税和地税改按田亩征收，赋额增加，史称“田赋”。明万历十六年（1588），田地每亩课税米 1.189 斗，折税银 3.87 分。清初改为“田赋”与“丁役”征收，各地征法不一。浙江省实行田赋有三种：地丁、漕粮、租课。清雍正六年（1728 年），将应征丁银摊入田地统一计征。光绪十七年（1891），桐乡县赋额地丁银 28200 余两、漕白米 26800 余石。至民国 20 年（1931），田赋改制，浙江省政府废除地丁税等各目，改征银圆。民国 36 年（1947），由于战乱，政府除了征税，还征借田赋，所征借田赋在税后，分期抵缴。到民国 37 年（1948），短短一年就已征借到 1953 年，提前 5 年征借，对农民进行空前的课税盘剥。

**近代农业税**　新中国成立初期，称之为交公粮，后来改称农业税。1949 年 11 月，浙江省人民政府发布《浙江省征收农业税暂行办法（草案）》（以下简称《办法》）。《办法》规定，将公粮、田赋、公柴及乡镇经费等各项负担合并，一次征收，统称农业税。为了公平，把当时的土地按质量、产量分为四个等级：全年亩产量在 500 斤以上为甲田，亩产 400 斤以上为乙田，亩产 300 斤以上、不足 400 斤为丙田，亩产 300 斤以下为丁田。农业税任务由省政府根据各地实际情况逐级下达。

表 5-35　　1952 年桐乡县每亩水田税额情况表

| 每户水田（亩） | 每亩税额（千克） | | | |
|---|---|---|---|---|
| | 甲 | 乙 | 丙 | 丁 |
| 2 ～ 3 | 25.0 | 20.5 | 11.5 | 11.0 |
| 3 ～ 4 | 27.5 | 22.5 | 12.5 | 12.5 |
| 4 ～ 5 | 30.0 | 25.0 | 20.0 | 15.0 |
| 5 ～ 6 | 35.0 | 30.0 | 24.0 | 17.5 |
| 6 ～ 7 | 40.0 | 34.0 | 27.5 | 20.0 |
| 7 ～ 8 | 45.0 | 37.5 | 30.0 | 22.0 |
| 8 ～ 9 | 50.0 | 41.0 | 32.5 | 24.0 |
| 9 ～ 10 | 55.0 | 45.0 | 35.0 | 26.0 |
| 10 ～ 11 | 60.0 | 50.0 | 40.0 | 29.0 |
| 11 ～ 12 | 65.0 | 53.5 | 42.5 | 30.5 |
| 12 ～ 13 | 70.0 | 57.5 | 45.0 | 31.5 |
| 13 ～ 14 | 75.0 | 61.5 | 48.5 | 35.5 |
| 14 ～ 15 | 80.0 | 66.5 | 52.5 | 39.0 |
| 15 ～ 16 | 85.0 | 70.0 | 55.5 | 40.5 |
| 16 ～ 18 | 90.0 | 74.0 | 59.0 | 42.5 |
| 18 ～ 20 | 95.0 | 78.0 | 62.0 | 45.0 |
| 20 ～ 30 | 100.0 | 82.5 | 65.0 | 47.5 |
| 30 ～ 50 | 110.0 | 90.0 | 72.5 | 52.5 |
| 50 亩以上 | 120.0 | 100.0 | 75.0 | 57.5 |

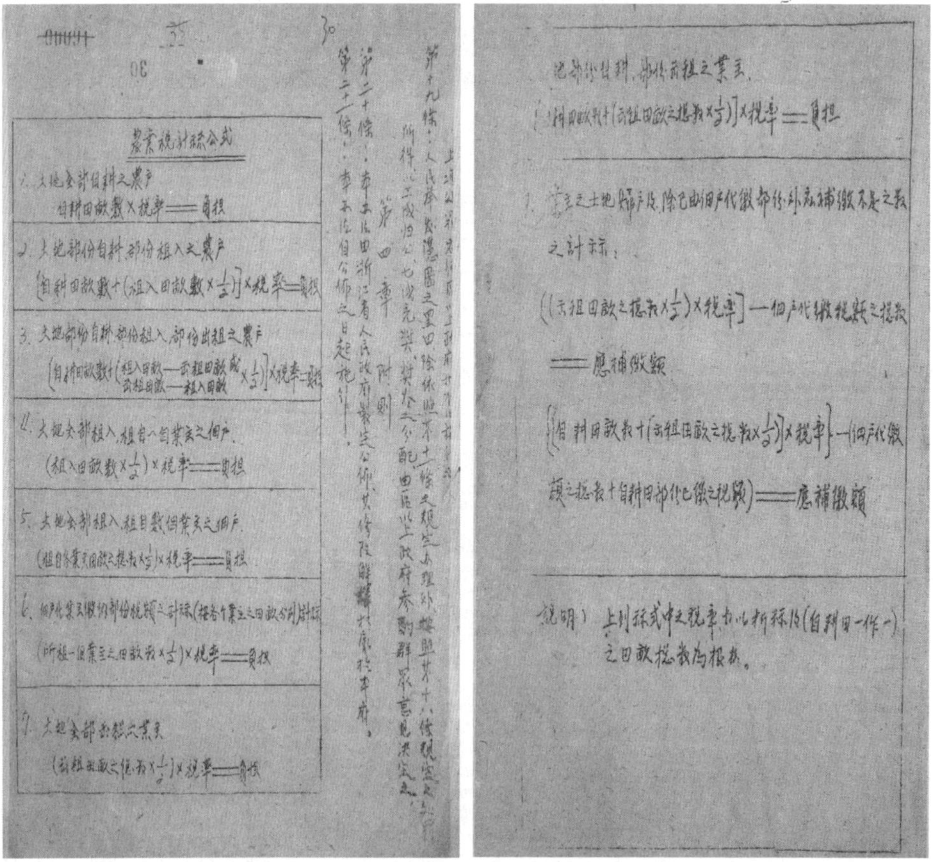

▲ 1950 年农业税计算公式

1953 年起，按照政务院“种多少田、应产多少粮，依率计征、依法减免、增产不增税”的政策，广大农民勤劳耕作，千方百计提高单位面积产量，获得充裕的基本口粮。1965 年，国家粮食任务实行一定三年不变，农业税在定购任务中扣除，称“老三定”，又称为以粮抵税。1995 年后，以代金缴纳农业税，农户在出售蚕茧、春粮、早晚稻谷时，直接现金扣除。自 2006 年 1 月 1 日起，实施了 48 年的《中华人民共和国农业税条例》被废止，标志着我国沿袭 2000 年之久的这项传统税收的终结，从根本上减轻了农民的负担。

表 5-36

## 1962—1990 年革新村上缴公粮（农业税）情况表

| 年份 | 单位 | 数量（千克） | 折款（元） | 年份 | 单位 | 数量（千克） | 折款（元） | 年份 | 单位 | 数量（千克） | 折款（元） |
|---|---|---|---|---|---|---|---|---|---|---|---|
| 1962 年 | 革一大队 | 129535 | 12539 | 1973 年 | 革一大队 | 157314 | 15228 | 1982 年 | 革一大队 | 152285 | 17787 |
| | 新南大队 | 137159 | 13277 | | 新南大队 | 167489 | 16213 | | 新南大队 | 162020 | 18924 |
| | 向阳大队 | 68006 | 6583 | | 向阳大队 | 84948 | 8223 | | 向阳大队 | 84880 | 9914 |
| 1963 年 | 革一大队 | 151983 | 14712 | 1974 年 | 革一大队 | 56859 | 15184 | 1986 年 | 革一村 | 77942 | 24162 |
| | 新南大队 | 146115 | 14144 | | 新南大队 | 167985 | 16261 | | 新南村 | 82006 | 25422 |
| | 向阳大队 | 77469 | 7499 | | 向阳大队 | 84979 | 8226 | | 向阳村 | 42377 | 13137 |
| 1965 年 | 革一大队 | 158221 | 15315 | 1975 年 | 革一大队 | 157985 | 15293 | 1987 年 | 革一村 | 71065 | 24162 |
| | 新南大队 | 167490 | 16213 | | 新南大队 | 167407 | 16205 | | 新南村 | 82003 | 27881.70 |
| | 向阳大队 | 84645 | 8193 | | 向阳大队 | 84948 | 8223 | | 向阳村 | 42376 | 14408 |
| 1966 年 | 革一大队 | 133605 | 12933 | 1979 年 | 革一大队 | 152311 | 17790.27 | 1988 年 | 革一村 | 74750 | 25415 |
| | 新南大队 | 159287 | 15419 | | 新南大队 | 170094 | 19867 | | 新南村 | 82003 | 27881 |
| | 向阳大队 | 79338 | 7680 | | 向阳大队 | 78587 | 9179.89 | | 向阳村 | 42059 | 14300 |
| 1967 年 | 革一大队 | 138471 | 13404 | 1980 年 | 革一大队 | 153544 | 17934.54 | 1989 年 | 革一村 | 73180 | 32492.36 |
| | 新南大队 | 168729 | 16333 | | 新南大队 | 155248 | 18133 | | 新南村 | 82002 | 36409 |
| | 向阳大队 | 84204 | 8151 | | 向阳大队 | 82885 | 9681.53 | | 向阳村 | 42117 | 18700 |
| 1972 年 | 革一大队 | 158677 | 15360 | 1981 年 | 革一大队 | 155128 | 18119 | 1990 年 | 革一村 | 79937 | 35492 |
| | 新南大队 | 167768 | 16240 | | 新南大队 | 163082 | 19048 | | 新南村 | 82002 | 36409 |
| | 向阳大队 | 85175 | 8245 | | 向阳大队 | 83955 | 9806 | | 向阳村 | 42117 | 18700 |

2006 年 1 月 1 日起，国家免征农业税，使得桐乡市人民人均减负 28 元。这是党中央政策向“三农”倾斜，重视农业、造福农民的一大举措，开创中国几千年来的历史先河。

# 第六章　蚕桑业

革新村地处桐乡东部，位于杭嘉湖平原中心地带。这里河浜交错，大小池潭星罗棋布。光绪《嘉兴府志》记载：“运河一线，介于其中，桑林稼陇，四望无际。”《桐乡市农业志》记载：“桐乡县栽桑养蚕、缫丝、织绸历史悠久。早在4700年前的新石器时代，杭嘉湖一带就已栽桑养蚕，并已初步掌握织绸技术。”清光绪《桐乡县志》记载：“境无闲塘，上下地必植桑，富者等侯封，培壅茂美，不必以亩计；贫者数弓之宅地，小隙必栽，沃若连属，蚕月无不育之家。地利树桑，人多习蚕务者。”蚕桑业是村域内农民经济收入的重要来源，是人民公社时期农村集体经济的一项支柱产业。民国35年（1946）《桐乡年鉴》记载：“桐乡地多于田，食粮尽够自给，而他种物产颇丰，其中以蚕桑为大宗，为农村唯一经济命脉。”20世纪70年代，村域内以栽培桑苗、桑果子育广秧、野桑嫁接为突破口，推广矮秆密植、培育71-1、桐乡青等产叶量高的桑园，亩产桑叶从200千克提高到2250千克，满足了一年五熟蚕（春蚕、夏蚕、早秋、中秋、晚秋蚕）的桑叶需要。1981年全村域蚕种饲养量2908张，产茧101.1吨，拥有专桑面积1251亩。到1998年，饲养量达到6141张，产茧达到169.1吨，比1981年增加了68吨。

从2001年开始，因国家建设发展的需要，革新村部分村民小组陆续开始征迁，专桑种植面积逐年减少，蚕桑产量也开始下降。到2009年，全村集体土地被全部征迁，革新村的蚕桑产业成为历史。

表 6-1

## 1965—1971 年革新村蚕桑生产情况表

| 年份 | 单位 | 蚕桑面积（亩） | 饲养量（张） | 春蚕 | | | 夏蚕 | | | （早、中、晚）秋蚕 | | |
|---|---|---|---|---|---|---|---|---|---|---|---|---|
| | | | | 张 | 单产（千克） | 总产（千克） | 张 | 单产（千克） | 总产（千克） | 张 | 单产（千克） | 总产（千克） |
| 1965 年 | 革一大队 | 641 | 559 | 320 | 31 | 9902 | 58 | 24 | 1395 | 181 | 18 | 3171 |
| | 新南大队 | 824 | 462 | 309 | 33 | 10027 | 52 | 23 | 1210 | 101 | 16 | 1633 |
| | 向阳大队 | 135.5 | 252 | 155 | 31 | 4714 | 36 | 18 | 620 | 61 | 17 | 1040 |
| 1966 年 | 革一大队 | — | 669 | 381 | 35 | 13103 | 32 | 31 | 976 | 236 | 19 | 4482 |
| | 新南大队 | — | 607 | 355 | 36 | 12633 | 51 | 27 | 1381 | 201 | 15 | 3101 |
| | 向阳大队 | — | 328 | 198 | 32 | 6179 | 23 | 24 | 552 | 107 | 18 | 1769 |
| 1967 年 | 革一大队 | — | 627 | 365 | 35 | 12642 | 76 | 34 | 2105 | 186 | 19 | 3534 |
| | 新南大队 | — | 644 | 373 | 31 | 11395 | 77 | 25 | 1920 | 194 | 21 | 3977 |
| | 向阳大队 | — | 374 | 209 | 32 | 6712 | 30 | 24 | 707 | 135 | 26 | 3443 |
| 1968 年 | 革一大队 | — | 661 | 388 | 37 | 14263 | 95 | 33 | 3120 | 178 | 23 | 4105 |
| | 新南大队 | — | 571 | 366 | 37 | 13945 | 62 | 34 | 2079 | 143 | 24 | 3242 |
| | 向阳大队 | — | 354 | 215 | 36 | 7595 | 35 | 34 | 1191 | 104 | 27 | 2777 |
| 1969 年 | 革一大队 | — | 749 | 407 | 36 | 14672 | 121 | 22 | 2680 | 221 | 22 | 4704 |
| | 新南大队 | — | 707 | 406 | 38 | 15380 | 93 | 25 | 2278 | 208 | 20 | 4123 |
| | 向阳大队 | — | 393 | 227 | 36 | 8212 | 52 | 24 | 1239 | 114 | 25 | 2819 |
| 1970 年 | 革一大队 | 473 | 724 | 436 | 39 | 16754 | 63 | 30 | 1860 | 225 | 19 | 4211 |
| | 新南大队 | 668 | 788 | 468 | 37 | 17429 | 52 | 24 | 1256 | 268 | 16 | 4201 |
| | 向阳大队 | 346 | 442 | 247 | 36 | 8789 | 30 | 31 | 932 | 165 | 15 | 2411 |
| 1971 年 | 革一大队 | 513 | 792 | 448 | 38 | 16890 | 90 | 25 | 2231 | 254 | 17 | 4325 |
| | 新南大队 | 564 | 847 | 482 | 37 | 17989 | 80 | 23 | 1853 | 312 | 18 | 5738 |
| | 向阳大队 | 334 | 449 | 250 | 37 | 9092 | 49 | 24 | 1178 | 150 | 17 | 2479 |

表 6-2

## 1981—1987 年革新村蚕桑生产情况表

| 年份 | 单位 | 蚕桑面积（亩） | 饲养量（张） | 春蚕 | | | 夏蚕 | | | 早秋蚕 | | | 中秋蚕 | | | 晚秋蚕 | | |
|---|---|---|---|---|---|---|---|---|---|---|---|---|---|---|---|---|---|---|
| | | | | 张 | 单产（千克） | 总产（千克） | 张 | 单产（千克） | 总产（千克） | 张 | 单产（千克） | 总产（千克） | 张 | 单产（千克） | 总产（千克） | 张 | 单产（千克） | 总产（千克） |
| 1981 年 | 革一大队 | 469 | 991 | 470 | 41 | 19345 | 68 | 31 | 2129 | — | — | — | — | — | — | 453 | 27 | 12014 |
| | 新南大队 | 502 | 1308 | 572 | 43 | 24371 | 102 | 31 | 3205 | — | — | — | — | — | — | 634 | 30 | 19185 |
| | 向阳大队 | 280 | 609 | 287 | 41 | 11732 | 22 | 33 | 734 | — | — | — | — | — | — | 300 | 28 | 8299 |
| 1982 年 | 革一大队 | 469 | 938 | 488 | 34 | 16846 | 94 | 27 | 2034 | — | — | — | — | — | — | 376 | 27 | 9998 |
| | 新南大队 | 502 | 1246 | 596 | 38 | 22927 | 116 | 28 | 3205 | — | — | — | — | — | — | 534 | 31 | 16444 |
| | 向阳大队 | 280 | 576 | 300 | 32 | 8717 | 42 | 26 | 1093 | — | — | — | — | — | — | 234 | 32 | 7465 |
| 1983 年 | 革一大队 | 469 | 808.5 | 482 | 39 | 18595 | 16 | 25 | 446 | — | — | — | — | — | — | 310.5 | 35 | 10820 |
| | 新南大队 | 580 | 1025 | 562 | 38 | 21308 | 62 | 24 | 1472 | — | — | — | — | — | — | 401 | 35 | 14185 |
| | 向阳大队 | 280 | 406 | 267 | 34 | 8967 | 7 | 33 | 228 | — | — | — | — | — | — | 132 | 30 | 3894 |
| 1984 年 | 革一村 | 469 | 957 | 452 | 50 | 18306 | 9.6 | 36 | 355 | 123.6 | 32 | 3881 | 299.5 | 39 | 11818 | 72.3 | 40 | 3049 |
| | 新南村 | 580 | 1229.8 | 540.5 | 37 | 20105 | 23.5 | 25 | 579 | 214.5 | 29 | 6222 | 376.75 | 36 | 13630 | 74.5 | 19 | 1446 |
| | 向阳村 | 280 | 440 | 223 | 38 | 8463 | 1 | 35 | 35 | 47 | 28 | 1300 | 140 | 36 | 4988 | 29 | 19 | 560 |
| 1985 年 | 革一村 | 469 | 1161 | 463.25 | 53 | 24321 | 17.5 | 21 | 360 | 181.5 | 30 | 5290 | 390.6 | 38 | 14648 | 108.5 | 33 | 3526 |
| | 新南村 | 580 | 1372.75 | 528.25 | 50 | 26466 | 48 | 26 | 1231 | 244.5 | 26 | 6418 | 506.5 | 38 | 19213 | 45.5 | 24 | 1092 |
| | 向阳村 | 290 | 484 | 257 | 50 | 12722 | 3 | 30 | 90 | 43 | 31 | 1312 | 161 | 31 | 4911 | 20 | 31 | 610 |
| 1986 年 | 革一村 | 471 | 1421 | 538.5 | 44 | 23425 | 43 | 26 | 1097 | 283.75 | 39 | 10924 | 438.25 | 39 | 18847 | 72.5 | 33 | 2356 |
| | 新南村 | 580 | 1595 | 604.5 | 38 | 23131 | 55 | 33 | 1796 | 336.75 | 29 | 9732 | 559.25 | 36 | 19901 | 39.5 | 28 | 1106 |
| | 向阳村 | 290 | 545.5 | 248 | 38 | 9300 | 7 | 25 | 175 | 105.5 | 28 | 2902 | 181 | 36 | 6516 | 4 | 30 | 120 |
| 1987 年 | 革一村 | 471 | 1405 | 534.75 | 48 | 25668 | 32 | 31 | 992 | 282.5 | 38 | 10591 | 483.25 | 39 | 18847 | 72.5 | 33 | 2356 |
| | 新南村 | 580 | 1666.25 | 622.5 | 36 | 22161 | 32.5 | 28 | 910 | 340.75 | 29 | 9848 | 588.25 | 36 | 21354 | 82.25 | 29 | 2357 |
| | 向阳村 | 290 | 560 | 258 | 40 | 10320 | 10 | 23 | 225 | 102 | 28 | 2805 | 184 | 33 | 6100 | 6 | 25 | 150 |

表 6-3

## 1988—1994 年革新村蚕桑生产情况表

| 年份 | 单位 | 蚕桑面积（亩） | 饲养量（张） | 春蚕 | | | 夏蚕 | | | 早秋蚕 | | | 中秋蚕 | | | 晚秋蚕 | | |
|---|---|---|---|---|---|---|---|---|---|---|---|---|---|---|---|---|---|---|
| | | | | 张 | 单产（千克） | 总产（千克） | 张 | 单产（千克） | 总产（千克） | 张 | 单产（千克） | 总产（千克） | 张 | 单产（千克） | 总产（千克） | 张 | 单产（千克） | 总产（千克） |
| 1988 年 | 革一村 | 471 | 1658.25 | 685.75 | 45 | 30859 | 16.25 | 25 | 406 | 288.25 | 28 | 7927 | 643 | 38 | 24113 | 25 | 30 | 750 |
| | 新南村 | 580 | 1824 | 728.25 | 46 | 33718 | 36.75 | 26 | 969 | 336.5 | 27 | 9052 | 703.5 | 34 | 23567 | 19 | 45 | 855 |
| | 向阳村 | 290 | 785.5 | 335 | 46 | 15410 | 6.75 | 20 | 135 | 126 | 25 | 3150 | 302 | 39 | 11778 | 15.75 | 23 | 355 |
| 1989 年 | 革一村 | 491 | 2123.3 | 808 | 42 | 34300 | 42 | 29 | 1200 | 349.5 | 24 | 8400 | 787.5 | 29 | 22400 | 136.3 | 23 | 3100 |
| | 新南村 | 606 | 2350 | 867.8 | 40 | 35000 | 84.5 | 27 | 2300 | 419.8 | 26 | 10800 | 878.3 | 30 | 26700 | 99.5 | 20 | 2000 |
| | 向阳村 | 310 | 986 | 402.8 | 40 | 16200 | 16.3 | 31 | 500 | 157.8 | 23 | 3700 | 360 | 30 | 10700 | 49 | 24 | 1200 |
| 1990 年 | 革一村 | 495 | 2278 | 879 | 36 | 31500 | 69 | 19 | 1300 | 374 | 14 | 5300 | 790 | 25 | 19500 | 166 | 18 | 3000 |
| | 新南村 | 654 | 2433 | 929 | 40 | 37100 | 100 | 25 | 2500 | 444 | 20 | 8700 | 851 | 27 | 22800 | 109 | 236 | 2600 |
| | 向阳村 | 310 | 1128 | 462 | 35 | 16400 | 28 | 27 | 700 | 174 | 11 | 2000 | 397 | 30 | 11800 | 67 | 26 | 1700 |
| 1991 年 | 革一村 | 503 | 2309 | 889 | 33 | 29500 | 58 | 21 | 1200 | 308 | 26 | 7900 | 893 | 26 | 23200 | 161 | 17 | 2800 |
| | 新南村 | 654 | 2566 | 966 | 35 | 34100 | 108 | 23 | 2400 | 392 | 25 | 9800 | 993 | 23 | 22500 | 107 | 13 | 1400 |
| | 向阳村 | 310 | 1266 | 506 | 32 | 16300 | 51 | 22 | 1100 | 161 | 24 | 3900 | 482 | 25 | 12000 | 66 | 16 | 1000 |
| 1992 年 | 革一村 | 503 | 2156.5 | 807.5 | 42 | 34200 | 46.75 | 34 | 1600 | 316.25 | 25 | 7800 | 861.75 | 30 | 25900 | 124.25 | 16 | 2000 |
| | 新南村 | 678 | 2382 | 844.75 | 43 | 36660 | 86.5 | 39 | 3200 | 417.75 | 27 | 11300 | 958 | 25 | 24000 | 75 | 12 | 900 |
| | 向阳村 | 310 | 1233 | 486 | 40 | 19400 | 43 | 30 | 1300 | 167 | 25 | 4100 | 495 | 24 | 12000 | 42 | 16 | 700 |
| 1993 年 | 革一村 | 503 | 1994.5 | 801 | 44 | 35000 | 51.5 | 32 | 2000 | 246 | 28 | 7000 | 893 | 28 | 25000 | 3 | 33 | 100 |
| | 新南村 | 678 | 2374.5 | 905 | 42 | 38000 | 94.5 | 30 | 3000 | 376 | 19 | 7000 | 998 | 25 | 25000 | — | — | — |
| | 向阳村 | 310 | 1190 | 497 | 40 | 40000 | 27.5 | 26 | 720 | 129 | 23 | 3000 | 514 | 31 | 16000 | 2 | 50 | 100 |
| 1994 年 | 革一村 | 468 | 2054 | 841.5 | 34 | 28170 | 58 | 252 | 14600 | 272.25 | 22 | 5990 | 862 | 26 | 22000 | 20 | 30 | 600 |
| | 新南村 | 654 | 2385.75 | 921.5 | 36 | 39400 | 100 | 246 | 2500 | 383.25 | 24 | 9200 | 981.25 | 26 | 25500 | — | — | — |
| | 向阳村 | 310 | 1194.25 | 501.75 | 32 | 16100 | 25.75 | 20 | 500 | 130.25 | 25 | 3300 | 521 | 27 | 13800 | 15.5 | 25 | 400 |

表 6-4

## 1995—2003 年革新村蚕桑生产情况表

| 年份 | 单位 | 蚕桑面积（亩） | 饲养量（张） | 春蚕 | | | 夏蚕 | | | 早秋蚕 | | | 中秋蚕 | | | 晚秋蚕 | | |
|---|---|---|---|---|---|---|---|---|---|---|---|---|---|---|---|---|---|---|
| | | | | 张 | 单产（千克） | 总产（千克） | 张 | 单产（千克） | 总产（千克） | 张 | 单产（千克） | 总产（千克） | 张 | 单产（千克） | 总产（千克） | 张 | 单产（千克） | 总产（千克） |
| 1995 年 | 革一村 | 468 | 1822.5 | 893 | 34 | 30000 | 56.75 | 31 | 1740 | 180 | 19 | 3500 | 670.5 | 19 | 13000 | 22.25 | 28 | 600 |
| | 新南村 | 654 | 2166 | 941.5 | 36 | 34200 | 151.5 | 30 | 4500 | 280 | 20 | 5700 | 790.5 | 16 | 12600 | 2.5 | 25 | 100 |
| | 向阳村 | 310 | 1012.25 | 498 | 34 | 17000 | 25.75 | 22 | 570 | 87 | 25 | 2200 | 389.5 | 23 | 8800 | 12 | 25 | 300 |
| 1996 年 | 革一村 | 468 | 1234.5 | 707.75 | 32 | 22440 | 50 | 12 | 600 | 2.5 | 23 | 60 | 474.25 | 26 | 12270 | 1 | 30 | 30 |
| | 新南村 | 654 | 1309.75 | 846.75 | 31 | 26500 | 48 | 26 | 1220 | 31 | 12 | 370 | 384 | 26 | 10160 | — | — | — |
| | 向阳村 | 310 | 569.75 | 216 | 40 | 17040 | 7 | 20 | 140 | 13.5 | 8 | 110 | 333.25 | 23 | 7680 | — | — | — |
| 1997 年 | 革一村 | 468 | 1149.5 | 594.75 | 41 | 24385 | 14.5 | 44 | 632 | 58.5 | 35 | 2065 | 476.75 | 46 | 21931 | 5 | 35 | 175 |
| | 新南村 | 654 | 1083.5 | 499.5 | 41 | 20480 | 21 | 33 | 691 | 118.5 | 29 | 3437 | 444.5 | 49 | 21781 | — | — | — |
| | 向阳村 | 310 | 714.5 | 405 | 36 | 14580 | 8.25 | 36 | 297 | — | — | — | 301.25 | 41 | 123513 | — | — | — |
| 1998 年 | 革一村 | 401 | 1336 | 624.75 | 41 | 25490 | 30.25 | 28 | 835 | 104 | 27 | 2777 | 573 | 40 | 23063 | 4 | 35 | 140 |
| | 新南村 | 608 | 1487.75 | 662 | 39 | 25686 | 46.5 | 26 | 1200 | 137 | 25 | 3384 | 642.25 | 39 | 24727 | — | — | — |
| | 向阳村 | 310 | 832.25 | 406.5 | 40 | 16260 | 28.25 | 25 | 706 | 58.25 | 15 | 874 | 339.25 | 34 | 11535 | — | — | — |
| 1999 年 | 革一村 | 401 | 1155.75 | 570.5 | 37 | 21109 | 29.25 | 30 | 878 | 29 | 39 | 1131 | 515 | 28 | 14575 | 12 | 30 | 360 |
| | 新南村 | 608 | 1330.5 | 660.25 | 42 | 27731 | 63.75 | 33 | 2104 | 65.75 | 36 | 2367 | 525.75 | 31 | 16456 | 15 | 41 | 615 |
| | 向阳村 | 310 | 809.25 | 396.5 | 43 | 17050 | 20.25 | 32 | 648 | 15.25 | 45 | 686 | 357.75 | 27 | 9731 | 19.5 | 45 | 878 |
| 2000 年 | 革新村 | 1319 | 3317.45 | 1483.5 | 46 | 67499 | 155.2 | 45 | 6906 | 83.25 | 41 | 3356 | 1486.5 | 37 | 55001 | 109 | 47 | 5123 |
| 2001 年 | | 1319 | 4093 | 1686.5 | 46 | 77579 | 307.5 | 41 | 12515 | 52 | 37 | 1908 | 1761.2 | 41 | 72209 | 285.4 | 51 | 14470 |
| 2002 年 | | 1319 | 4120.25 | 1901.75 | 46 | 86530 | 224.5 | 49 | 11068 | 38 | 37 | 1395 | 1841.25 | 37 | 68606 | 114.75 | 45 | 5164 |
| 2003 年 | | 839 | 2815.5 | 1632 | 50 | 81000 | 212.5 | 43 | 9200 | 3.5 | 37 | 130 | 937.5 | 34 | 31600 | 30 | 53 | 1575 |

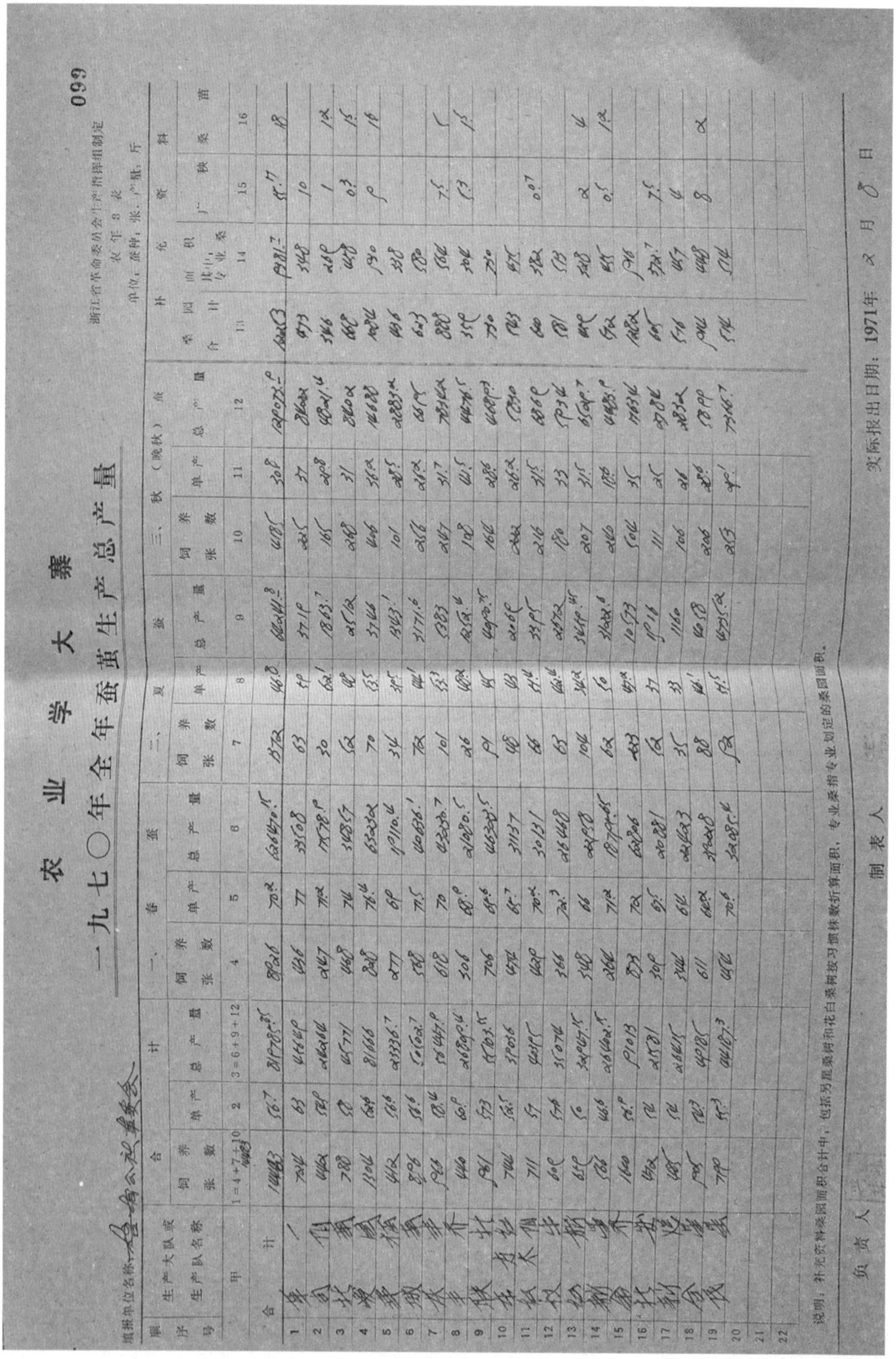

099

浙江省革命委员会生产指挥组制定
农年3表
单位：张、蚕种，张；产量，斤

农业学大寨

一九七〇年全年蚕茧生产总产量

填报单位名称：梧桐公社革委会

| 顺序号 | 生产大队或生产队名称 | 合计 饲养张数 | 合计 单产 | 合计 总产量 | 一、春蚕 饲养张数 | 春蚕 单产 | 春蚕 总产量 | 二、夏蚕 饲养张数 | 夏蚕 单产 | 夏蚕 总产量 | 三、秋（晚秋）蚕 饲养张数 | 秋蚕 单产 | 秋蚕 总产量 | 补充资料 桑园面积 合计 | 桑园面积 其中：专业桑 | 肥料 秋 | 肥料 春 |
| --- | --- | --- | --- | --- | --- | --- | --- | --- | --- | --- | --- | --- | --- | --- | --- | --- | --- |
| | 甲 | 1=4+7+10 | 2 | 3=6+9+12 | 4 | 5 | 6 | 7 | 8 | 9 | 10 | 11 | 12 | 13 | 14 | 15 | 16 |

说明：补充资料桑园面积合计中，包括另星桑树和花白桑树按习惯株数折算面积，专业桑指专业划定的桑园面积。

负责人　　制表人　　实际报出日期：1971年2月8日

▲梧桐公社1970年全年蚕茧生产总产量

057

国家统计局 农牧渔业部 制定
农年综4表

# 一九八六年蚕茧生产总产量统计年报表

（全社会）

填报单位（盖章）：梧桐乡

计算单位：张数：张 产量：斤

| 行次 | 村或组名称 | 合计 饲养张数 | 合计 单产 | 合计 总产量 | 一、春蚕 饲养张数 | 春蚕 单产 | 春蚕 总产量 | 二、夏蚕 饲养张数 | 夏蚕 单产 | 夏蚕 总产量 | 三、早秋蚕 饲养张数 | 早秋蚕 单产 | 早秋蚕 总产量 | 四、中秋蚕 饲养张数 | 中秋蚕 单产 | 中秋蚕 总产量 | 五、晚秋蚕 饲养张数 | 晚秋蚕 单产 | 晚秋蚕 总产量 |
|---|---|---|---|---|---|---|---|---|---|---|---|---|---|---|---|---|---|---|---|
| | 甲 | 1=4+7+10+13+16 | 2 | 3=6+9+12+15+18 | 4 | 5 | 6 | 7 | 8 | 9 | 10 | 11 | 12 | 13 | 14 | 15 | 16 | 17 | 18 |
| | 折合公斤 | — | — | | — | — | | — | — | | — | — | | — | — | | — | — | |
| | 合计 | 10900.5 | 73 | 796740 | 4425.35 | 81.78 | 361907 | 438.45 | 51.2 | 22446 | 2336.9 | 63.1 | 147362 | 3442.8 | 72.6 | 250018 | 256.75 | 58.4 | 15007 |
| 2 | 革一 | 1420 | 79 | 113295 | 528 | 87 | 46849 | 43 | 51 | 2193 | 284 | 77 | 21848 | 483 | 78 | 37693 | 72 | 65 | 4712 |
| 4 | 向阳 | 545.5 | 72 | 38025 | 248 | 75 | 18600 | 7 | 50 | 350 | 105.5 | 55 | 5803 | 181 | 72 | 13022 | 4 | 60 | 240 |
| 6 | 新南 | 1595 | 69.8 | 111329 | 604.5 | 76.5 | 46261 | 55 | 65.3 | 3591 | 336.75 | 57.8 | 19464 | 559 | 71.2 | 39301 | 39.5 | 56 | 2212 |
| 8 | 东方红 | 1170.25 | 74.4 | 87114 | 414 | 85 | 35190 | 58.5 | 45.4 | 2658 | 261.25 | 70 | 13288 | 386.25 | 75 | 28968 | 50.25 | 40 | 2010 |
| 10 | 红太阳 | 1261.5 | 73.1 | 92292 | 545.8 | 85 | 46393 | 88.5 | 52 | 4602 | 254.9 | 65 | 16569 | 354.3 | 67 | 23728 | 18 | 55 | 990 |
| 12 | 利东 | 894 | 75.9 | 67808 | 398.5 | 88.9 | 35426 | 34.5 | 61 | 2104 | 196 | 52 | 10192 | 259.5 | 76.7 | 19906 | 45 | 40 | 180 |
| 14 | 王介渡 | 1070.5 | 70.9 | 75913 | 433.3 | 80 | 34664 | 62.7 | 44.3 | 2778 | 240.75 | 65 | 15649 | 315.75 | 70 | 22102 | 18 | 40 | 720 |
| 16 | 亭子村 | 917.25 | 66.5 | 61010 | 407 | 77.7 | 31624 | 32.5 | 56.7 | 1843 | 205 | 49.3 | 10120 | 268.75 | 63.75 | 17135 | 4 | 72 | 288 |
| 18 | 翁桥 | 2027.5 | 73.9 | 149954 | 836.25 | 80 | 66900 | 56.75 | 41 | 2327 | 452.75 | 65 | 29429 | 635.25 | 75 | 42643 | 46.5 | 70 | 3655 |

说明：春蚕包括迟春蚕。

负责人（盖章）　　制表人（盖章）　　实际报出日期：1987年元月15日

⑩

▲ 梧桐乡1986年蚕茧生产总产量统计年报表

## 第一节　栽桑

**栽桑历史**　早在4700多年前的新石器时代，桐乡境内便已利用桑叶育蚕。唐代，桑树主要散栽于屋边、田边、河边等处，桑树以株计算。据1996年版《桐乡县志》记载："南宋初年，大批北方官民随宋室南渡，把北方的栽桑、育蚕技术也带到了江南。"南宋建炎三年（1129）驸马都尉濮凤（山东曲阜人），定居于梧桐乡之幽湖（今濮院）。其后濮氏子孙弃官归田，经营家业，有臧获千丁，督课农桑，在"北草荡"一带的荒地上大搞农桑，兼营缫丝，栽桑技术也随之推广，桑林不断扩大，带动了周围的蚕桑业发展。到了明代，农桑更盛，桐乡一带的桑树品种有晚清桑、白皮桑、荷叶桑、鸡爪桑（野桑）等十多个品种，栽桑面积逐步扩大。民国17年（1928），桐乡境内有92%的农户栽桑养蚕，形成了"粮—桑—羊"综合传统农业良性生态循环，蚕桑生产保持较高水平。日军入侵期间，广大农民无力经营蚕桑，大批桑地被破坏抛荒。抗日战争胜利后，蚕桑生产略有恢复。

中华人民共和国成立后，种桑养蚕进入新的历史机遇期。20世纪50年代，重点是清除桑地杂草，缺株补植，罱河泥、挑稻秆泥，以改善桑园的土壤条件，使老桑树枯木逢春。20世纪60年代以后，重点是以绿肥桑地来改良土壤，同时增加桑树株数、拳数和条数，使亩桑产叶量明显提高。要栽桑、多产叶、多养蚕，必须要有桑苗。据1996年版《桐乡县志》记载："20世纪60年代，一升白米只能换购14～15株大号嫁接苗，当时桑苗的价格很贵。"有的生产队由于不重视栽桑培桑，严重影响了产叶量。等到老蚕五昼即将上山时，蚕没有桑叶，吃不足叶量，蚕儿饿上山，结的茧是薄壳茧、污蚕茧，产量很低，蚕农得不到收益。事实证明要养好蚕、多产茧的关键是桑叶。民国34年（1945）《塘南半月》上有句农谚："识得四月天，靠着吃一年。"意思是：农历四月是农家的蚕桑月，如果你预知今年蚕讯不熟，那就趁早卖掉桑叶；如果预知今年蚕讯大熟，那就趁早买桑叶。因为蚕讯熟，后期桑叶价会暴涨，反之会猛跌。俗话说："桑叶行情上台阶下台阶，涨跌变化大，仙人难断桑叶价。"如果识准了这个，那么一年的吃用就不愁了。

蚕农们从养蚕实践中得到启发，那就是：要养好蚕、多产茧，一定要重视栽桑培桑。从 20 世纪 60 年代末到 70 年代初，蚕农采收成熟的桑果，通过浸淘取子，在夏季进行苗圃播种，育成广秧，也叫小野桑或毛桑。在第二年春天，进行人工嫁接，到秋天叶落尽后就育成了桑苗，可以进行移栽，从而大大缓解桑苗供应紧张的情况。20 世纪 70 年代末，桑苗供大于求，因此蚕农不再需要嫁接桑苗，直接购买优质品种桑苗种植即可。

**桑树品种的改良** 桑树品种的优劣关系到桑叶的质量和产量，关系到养好蚕、采好茧，关系到茧的质量、丝的品质。黄省曾在《蚕经》中说：“凡择桑之本也，皱皮者，其叶必小而薄；白皮而节疏芽大者，为柿叶之桑，其叶必大而厚，是坚茧多丝。鸡脚之桑，其叶薄，是薄茧而少丝。”

20 世纪 70 年代，由县农业局蚕业管理总站推广“矮秆密植桑”，改变原来桑树栽植以稀为贵的栽种方法，把纵横各七尺，每亩约 200 株的老桑地，大大增加亩植桑的密度，从原来的 200 株提高到 800 ～ 1000 株，把原来的高秆无拳、鸡脚毛桑替换为矮秆密植的优良品种桑。桑苗形成林从原来的 4 ～ 5 年缩短为 2 ～ 3 年，产叶量的提高促使养蚕量快速增长。

▲ 桑园地

1975年，经浙江省农作物品种审定委员会评比鉴定，“荷叶白”“团头荷叶白”“桐乡青”“湖桑197”这四个品种被评为全省优良当家品种，并在全省范围内加速培育推广。

**荷叶白** 晚生桑品种，树形高大开展，发芽迟。叶片成熟硬化也迟，生长势旺，发条数多，全年产叶量高，叶质较优，养蚕成效好；抗桑疫病、褐斑病、花叶型萎缩病力较强，抗黄化型萎缩病力弱；耐瘠，抗寒力较强，适应性广。

**团头荷叶白** 春期发芽较迟，成熟慢，秋叶硬化也迟，长势旺，发条中等；全年产叶量高，叶质中等；抗萎缩型和黄化型萎缩病、褐斑病，污叶病力强，受大气氟污染时，桑叶的含氟量比其他品种的桑叶低。

**桐乡青** 又叫湖桑35号，俗称“五眼头”“牛舌头”，属湖桑系列中的早熟品种，春期发芽早，成熟和秋叶硬化都比较早，长势旺，发条数一般，春发芽率较低；全年产叶量高，叶质极优，养蚕成效好；抗萎缩病、褐斑病力较强，抗旱耐瘠力较弱。

**湖桑197** 中晚熟品种，树形挺直，春期发芽、成熟和秋叶硬化比较迟，长势较旺，发条树中上，产叶量高，叶质较优，养蚕成绩好，抗病力强，抗旱耐瘠，适应性广。

2001年开始，桐乡市蚕业管理部门又培育推广优质桑丰田2号、农桑12号、农桑14号、育71-1作为新一代高产优质品种桑，逐步替代荷叶白、桐乡青等老品种。亩桑叶产量提高20%～30%，而且抗病抗逆性较强，适应于本地区栽种。其中，育71-1属中熟高产品种，树形展开，枝条粗而长，产叶量高，亩产桑叶能达到2250千克，受到广大蚕农欢迎。短短两年时间，育71-1占专桑面积的75%。

**专桑地管理** 大量种植优质桑苗，发展成片桑园，这仅仅是基础，关键是加强桑园地管理。专桑地的精心管理，直接影响桑树生长、长势和蚕茧的产量。

第一要清除专桑地的杂草，清除杂草和桑树施肥，退出专桑地的各种套种植物，专桑要真正“专”起来。

第二要施足冬、春肥。冬肥一般以农家肥为主，如猪粪、羊垃圾、草木灰、水河泥、稻秆泥等，提高土地肥力，改善土壤结构。秋冬季节桑叶落尽，这是施冬肥的时候，一般对专桑地进行一年一次的深翻细作，同时填上农家肥，这样能促进桑树根系向下扎，填上有机肥后，能保证桑树根有足够的营养过冬，待春季旺发。春肥主要以化肥为主，一般每亩施用尿素 30 千克、硫铵 70 千克、过磷酸钙 50 千克、钾肥 25 千克。桑树在春季发芽，应在 3 月底完成施肥，这样能提高发芽率，促进芽叶生长，提高春叶产量和叶质。

第三是开沟排水。栽下的品种桑抗旱、抗瘠力强，但缺乏抗湿力，对水比较怕，比较敏感。如果桑树根浸泡在水中，树根的皮会烂掉，桑树就不能生长发育，严重的会死掉。因此，农民十分重视桑地的开沟排水工作，一般开出纵横及周边的畦沟，两行为一纵，两纵之间开畦沟，周边开好排水沟，确保大雨过后桑地里无积水，做到雨停沟干。

第四是整枝、修拳、剪梢，修整树形，增强树势，减少养分消耗。在农历冬至过后到立春之前这一段时间里，对桑树进行整枝修剪。锯掉枯桩、死拳，剪去病虫枝、细小无用枝，切口要平滑，防止扯皮和误伤健枝，一般每拳留 4～5 条健枝最宜。桑树剪梢可增加发芽眼数，提高桑叶产量。实践证明，一般冬剪比春剪效果好，一般是以剪去枝条长的四分之一或五分之一为宜，如有病条、虫蛀条的则要全部剪掉。

**病虫害防治** 桑树虫害主要有桑蝗、桑天牛、青虫、蚜虫、蛀虫、桑尺蠖等，病害主要有萎缩病、赤锈病、污叶病、褐斑病等。在除虫方面，人们用捉虫刮卵的办法。晚秋蚕结束、桑叶落尽后，生产队发动男女老少利用早中晚的空闲时间，以户为单位，到专桑地的桑树上捉尺蠖、毛虫、桑象虫、天牛、卷叶虫等，以条为单位记工分。对于蛀虫就用针筒加入敌百虫水剂，在桑树上找到虫眼，往虫眼里注入敌百虫，以此压低蛀虫越冬的数量，保护下一年春叶芽萌发。

对那些遗留下来的害虫，它们需要产卵越冬。为此，人们就用人工刮卵、灭虫根基的办法消灭害虫，也有用石灰水加雷公藤汁，涂于桑树的有虫害处来杀死幼虫的。20 世纪 80 年代，农药治病虫害得到普及，大部分采取气压喷雾机对桑地喷杀病虫。针对不同的病虫，使用不同的农药，如治桑白象，在春伐后用敌百虫喷杀；治毛虫，在养秋蚕前用马拉松药水喷洒；治野蚕，用敌敌畏在早秋、中秋、晚秋蚕收蚁前一星期各喷洒一次。因野蚕与家蚕是同时孵化蚕卵的，故要在野蚕刚孵化时喷洒农药效果最佳。桑尺蠖一年繁殖四代，用双效磷、亚胺硫磷喷条。治桑螟，用灭多威喷杀。

## 第二节 养蚕

种桑养蚕的生产方式千百年来一成不变，可养蚕的形式、规模随着时代的发展和历史的变迁而改变。以前都是单家独户饲养，养蚕的形式也是十分原始。收蚁前，要把蚕卵放在一个布袋里，放在人体的胸前或腋下保温催青，把蚁蚕从蚕卵里焐出来，等蚁蚕从卵里出来后再收蚁。新中国成立后，从1951年开始，村域内成立互助组，成立初级合作社，有一半以上的农户参加合作化运动，初步形成养蚕共育，联户共养。1953年，村域内全部建立互助组，参加合作化运动，以互助组为单位养蚕共育。随着初级合作社升为高级合作社，全面实施合作化运动。1958年，人民公社成立后，养蚕从互助组过渡到以生产队为单位建立养蚕共育室。从此，养蚕规模、养蚕技术、蚕茧质量逐年提高。1983年，随着农村经济体制的改革，村域内全面实行家庭联产承包责任制，养蚕形式从生产队大集体转向家庭式饲养，并出现了联户小蚕共育、小蚕饲养合作社等多种形式。

▲ 蚕蛾交配、产卵

▲ 蚕种

**养蚕历史** 从出土文物可知，桑蚕丝织者始于唐代。唐代，吴郡育蚕渐兴，“丝出各县”并开始贡丝。南宋时，境内蚕业达到鼎盛时期，濮院等集镇依托蚕桑丝织业的发展而逐渐扩大。明代，境内蚕业发展加快，据清光绪《桐乡县志》记载：其时“以蚕代耕者十之七”。至万历年间，蚕业又出现了一个兴盛时期。清乾隆十六年（1751），乾隆皇帝首次巡游江南，舟过嘉兴、石门时写道“夹岸桑林数十里，果然蚕事此邦多”的诗句。古代农民大多养一次春蚕。清初，张履祥提倡补二蚕，《补农书》中记载：“计桑之成，一蚕可二十筐。蚕苟熟，丝绵可得三十觔（斤），虽有不足，补以二蚕，可必也。”民国 14 年（1925）省立蚕丝学校派员来桐乡设立改良场，开始提倡新法育蚕，蚕业生产比重逐步提高。到民国 17 年（1928），崇德、桐乡两县农村一般每年饲养春、秋蚕二期。

清末民国初，村域内养蚕规模扩大，蚕种供应趋紧，本村域内桑园多的大户纷纷自制蚕种。制作的方法是在采摘茧子时，专门挑选饱满硬健的茧子，作为种蚕收藏。茧子腰大的是雌蛹，茧子腰小的是雄蛹，挑选时雌雄搭配合适，一般 5 ∶ 1 左右。等到茧中的蛹蜕皮后变为蛾时会破茧而出，雌雄蛾交配后，雄蛾死去，雌蛾产卵。这时，人们要用吸水性好、纤维粗糙的桑皮纸或土布，填在蚕蛾的下面，让蚕蛾把卵产在上面，这就是蚕种，蚕种要收藏至第二年春。据朱家浜村民组朱四洪讲述：“我爷爷朱关卿，有三个儿子，是一户大户人家。当时蚕种紧俏，爷爷很有商业头脑，认为养蚕卖茧比不上制种卖蚕种。于是，他去余杭、新市的制种场学习制种留种之法。第一年，他把蚕茧一半用于制种，一半用于缫丝，结果蚕种收入远超过缫丝收入。于是第二年，他把全部蚕茧进行制种，同时还收购其他农户的茧子，并雇用了十几个帮工。四面八方来买蚕种的人络绎不绝，每天都有五六桌人吃饭，卖种的银圆放满了好几个簸箕。几年下来靠制种发了财，三年里造了二十几间木瓦房，俗称‘长廊屋’，成了远近有名的暴发户。”

农户除了自制蚕种以外，还有一部分要靠蚕种贩子从外地贩运过来。最多的是“余杭种”，还有“江北种”“新市种”等。据民国档案记载：民国 33 年（1944）城东乡一带一些不法商贩，高价强销伪劣蚕种，连续不断且数额很大，并有不肖之徒时常威吓乡民，高价强销蚕种。为此，时任城东乡乡长的姚炳荣向区、县呈上报告，请求县长鉴核，迅速处理，解决民众痛苦，维护地方稳定。

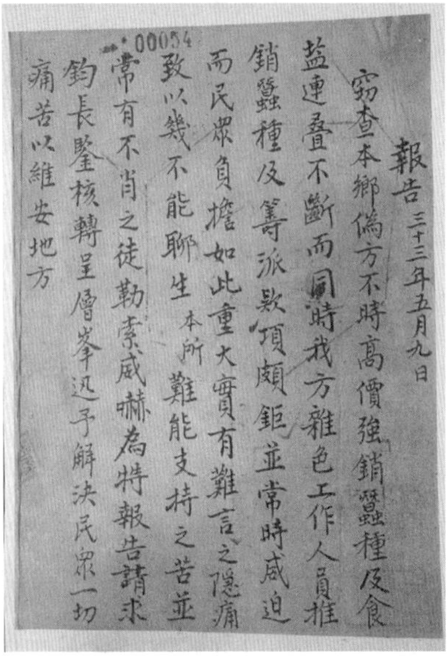
00054

報告 三十三年五月九日

窃查本鄉僞方不時高價強銷蠶種及食鹽連疊不斷而同時我方雜色工作人員推銷蠶種及籌派款項頗鉅並常時威迫而民衆負擔如此重大實有難言之隱痛致以幾不能聊生 本所難能支持之苦並常有不肖之徒勒索威嚇為特報告請求鈞長鑒核轉呈層峯迅予解決民衆一切痛苦以維安地方

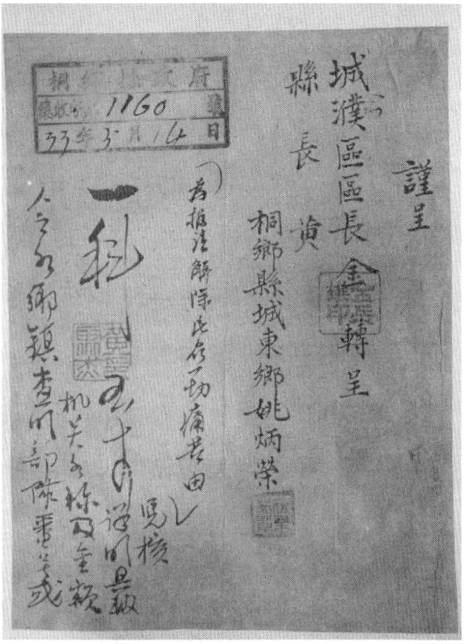
謹呈

城濮區區長 金 轉呈

縣長 黄

桐鄉縣城東鄉姚炳榮

1160

33年5月14日

▲ 民国 33 年时任城东乡乡长姚炳荣向区、县呈上的报告

由于自制蚕种，缺乏良好的消毒环境，所以在饲养过程中，往往会发生各种蚕病，导致产量降低。1949 年，经浙江省蚕业改进委员会批准，桐乡县在石门成立蚕种场后，蚕种供应充裕，自制蚕种和贩运蚕种消失。

新中国成立后，国家提高了蚕茧收购价格，蚕农收益好，极大调动了广大蚕农种桑养蚕的积极性，养蚕的张数和蚕茧的产量成倍增长，养蚕的期数也随之渐增。1954 年恢复饲养夏蚕，1956 年开始饲养晚秋蚕，1964 年开始饲养早秋蚕。从这一年起，全县形成了“春蚕、夏蚕、早秋蚕、中秋蚕、晚秋蚕”一年饲养五期蚕的格局。

表 6-5　一年饲养五期蚕时间表

| 蚕期名 | 收种时间 | 饲养期 | 上蔟时间 | 采茧时间 |
|---|---|---|---|---|
| 春蚕 | 4 月 30 日 | 26 天 | 5 ~ 6 天 | 6 月 3 日 |
| 夏蚕 | 6 月 22 日 | 22 天 | 5 天 | 7 月 19 日 |
| 早秋蚕 | 7 月 25 日 | 23 天 | 5 天 | 8 月 23 日 |
| 中秋蚕 | 8 月 24 日 | 24 天 | 5 ~ 6 天 | 9 月 24 日 |
| 晚秋蚕 | 9 月 20 日 | 28 天 | 7 天 | 10 月 25 日 |

20 世纪 90 年代，部分农户只养春蚕、夏蚕、早秋蚕、中秋蚕四期。到 90 年代末，部分农户只养春蚕、夏蚕、中秋蚕三期，有的农户只养春蚕、中秋蚕二期，主要原因是茧丝行情下滑，市场供大于求，经济效益下滑，影响蚕农养蚕的积极性，蚕桑业开始萎缩，再也不是集体经济和农民收益的支柱产业了。

**养蚕准备** 要养好蚕，准备工作很重要。首先在每一期蚕饲养前，公社（乡镇）的蚕桑管理指导站（也叫农技站）都要举办养蚕技术培训班，一般春蚕培训班要 4 ～ 5 天，夏、秋蚕培训班一天左右。培训班由蚕桑技术辅导员对当期蚕的特征、饲养中的技术性问题进行辅导，并听取养蚕先进单位的经验介绍和参观现场。参加培训班的妇女一般是生产队选出来的，有养蚕经验、养蚕技术的被叫作“蚕娘”。由于革新村是全公社养蚕先进单位，很多年份养蚕培训班在革新村举办。

培训班一结束，蚕娘们回到生产队，第一件事是建好小蚕共育室，搭好坑房育，打好小蚕室的“地火龙”（暗火加温）。原先人们是用“炭盆”明火加温，对人、蚕都不安全，容易引发人员中毒、火灾等安全事故；用“地火龙”加温对人、蚕绝对安全，而且能精确控制蚕室里的温度和湿度，有益于蚕体正常发育。所谓“地火龙”，就是在蚕室门前的走廊上打一个泥柴灶，在室里挖一条沟，填上瓦管，再在蚕室后面的外墙边砌一个烟囱，利用空气吸力，把灶里的烟火通过瓦管穿过蚕室从烟囱向外排出，这一过程，就使得蚕室的温度升高，达到加温的目的。

**蚕具**

**蚕架** 俗称蚕台架，一般高 220 厘米左右，结构为 9 层，丁字木架横挡，中间连接处可左右活动，能折叠，所以经常会破损，在每期养蚕前需要对损坏的进行修理。

**蚕匾** 用竹制成，有大圆匾和腰子形匾两种，大圆匾直径三尺七八寸（约 125 厘米），边高一寸半（5 厘米）；腰子形匾长三尺五寸（116.67 厘米），宽二尺五寸（83.33 厘米），边高一寸半（5 厘米），是养小蚕用的。由于蚕匾在蚕台里反复推进拖出，很容易磨损，所以要在每年春

▲ 喂蚕（方鑫利摄）

蚕前请竹匠师傅修理。

▲ 给叶架

**给蚕架** 俗称喂蚕架，由两根长木、两根短木构成长方形框，两框结合在中间部位，钉入长钉成交叉状，在两短木或长木之间系上绳索，使用时两筐展开成“X”形，即可在两长木上放置蚕匾给桑，使用后折叠放在一边，尽可能少占蚕室空间。

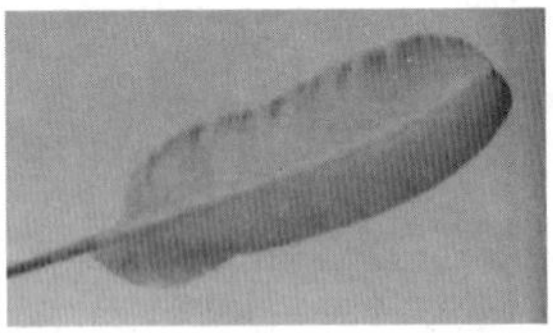

▲ 鹅毛

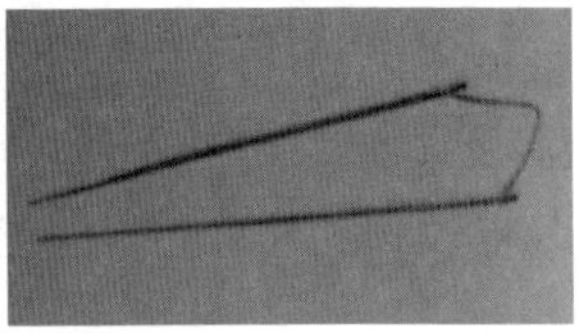

▲ 蚕筷

**鹅毛、蚕筷** 收蚁时，刚孵出的稚蚕叫“乌娘头”，体质娇嫩，爬行缓慢，不少幼蚕因爬得慢而吃不到桑叶，这时就需要用鹅毛轻轻掸拨到桑叶上，而到了二眠、三眠逐渐长大后，就可以用蚕筷进行分拨了。

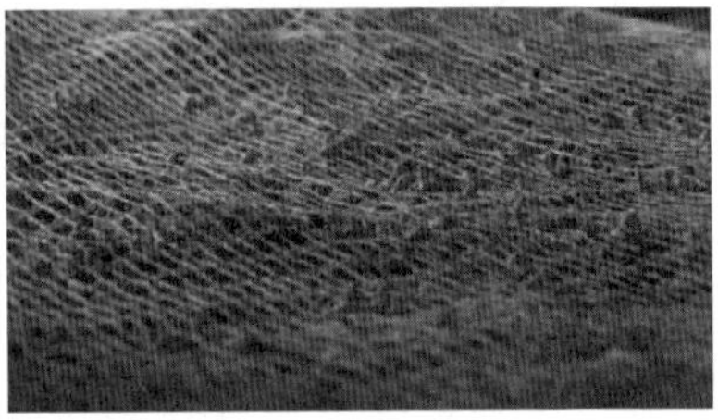

▲ 蚕网

**蚕网** 一是分蚕时用，幼蚕头眠一般是一只匾，要吃二眠了，就要用两张蚕网张两只匾，这样既分了匾，又清除了蚕沙。二是由于蚕卵老嫩不一，孵化时有先后，所以等到蚕到了眠期，出现有的眠出、有的还没有眠出的情况。这时，就需要用蚕网把没有眠出的挑出来，俗称“张青条”，这样有利于蚕儿发育齐整。

▲ 叶篰

**叶篰、簸箕、竹制编** 叶篰也叫亮篰，用于到桑地采叶时装叶。簸箕，也叫篓箕，口是圆形，底是正方形，用绳子居中穿过底部作背带即可，背在身上，小蚕时到桑地里采少量桑叶时用。

**叶刀、叶砧** 叶刀也叫面刀，是喂养小蚕时切叶用的。叶砧，又叫叶墩头，用稻草芯为原料，纵向排列，竹篾箍紧，高约半尺，直径尺半的圆柱体。高家里生产队的邱师傅，父子两代是远近闻名的箍叶墩师傅，在叶砧上切叶整齐，

▲ 叶墩头、叶刀

没有杂质。

**其他蚕具用具与物料** 桑剪，用于剪带桑叶的桑枝或桑条；贮叠缸，用来贮藏小蚕桑叶，把桑叶摘来放入缸内，能使桑叶保湿、保鲜、保质；火盆，小蚕室取暖用具，先在盆中放置燃烧的桑柴拳头，上覆砻糠、木屑，按结实，桑柴引燃砻糠、木屑后却无明火、无浓烟，达到加湿的目的；温湿器，用于测量蚕室内空气的温度和湿度；火钳，用于火盆加温时添加燃料；筛笼，用于筛选石灰，经筛选后的石灰用在蚕身上进行消毒；棉纸（也称桃花纸），用于在蚕子收蚁时用；塑料薄膜、防干纸，用来覆盖于蚕身，起到将喂的桑叶进行保湿保鲜的作用，蚕吃得干净，不会出现抱叶饿的情况；砻糠灰，用于蚕儿眠讯期，撒在“眠头”宝宝身上，使蚕座里的桑叶上有糠灰变干燥，防止先脱皮的“起娘”宝宝先吃叶而造成蚕儿发育不齐；木炭，用于蚕室加温；蚕毛柴是用钉齿耙删净的稻柴，就是把稻柴的柴壳用钉齿耙耙掉，剩下柴芯，扎成一小把，用来绞柴龙，供蚕宝宝上山结茧。

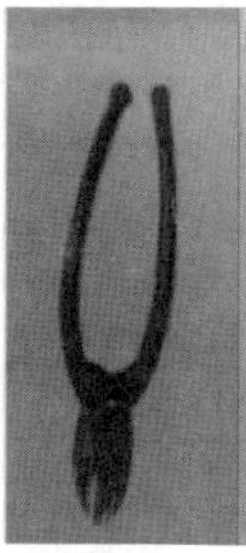
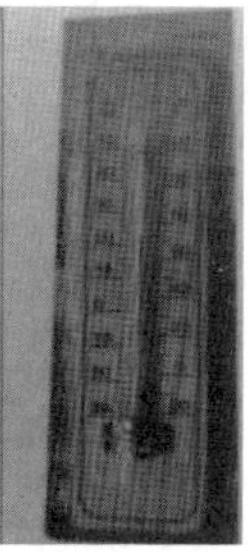
▲ 桑剪 ▲ 温湿器

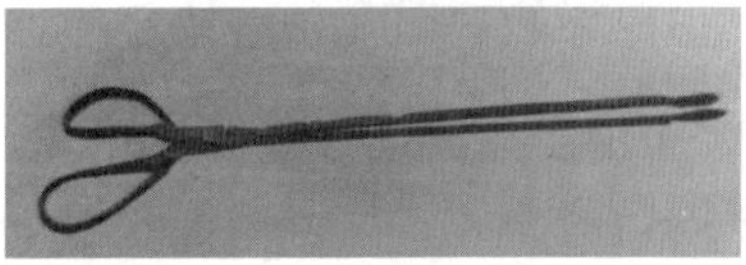
▲ 火钳

**蚕室、蚕具消毒** 蚕室建好后，应先把蚕室内地面上的旧土刮去，挑来新土填平、踏实。然后把所有的蚕具，如蚕台、给蚕架、蚕匾、叶箉、蚕网等，在河里浸一浸，再用竹洗帚一一清洗、晒干。接着把晒干的各种蚕具摆放在打好的坑房育（用塑料薄膜围的棚）里消毒。第一步是用硫黄熏蒸，硫黄在火盆中燃烧后产生的烟气弥漫整个蚕室，然后密封 24 小时左右进行充分的开窗通风通气。第二步，在硫黄熏蒸了 3～4 天后，用药物全面消毒，20 世纪 60—70 年代用漂白粉、百菌清进行消毒，80 年代用消毒新药“消特灵”，到了 90 年代起，大面积推广消毒剂“消立威”。药物消毒

▲ 河浜里洗蚕扁

后密封 24 小时后再开门、开窗通风通气，把所有蚕具拿到阳光下暴晒，最后把消好毒、晒干了的小蚕用具在蚕室里摆好，多余的蚕具则放在贮藏间备用。至此，养蚕前的准备工作全部完成，只等发蚕种了。

**养蚕过程** 发种。春蚕发种一般在 5 月 1 日左右。20 世纪 50—60 年代每张蚕种以 7 克蚁量为标准，到 20 世纪 70—80 年代每张蚕种提高到 13.5 克，90 年代以后每张蚕种在 14 克左右。每次发蚕种，一般在下午傍晚，发种当日，共育室的“地火龙”要开始加温，加到标准温度后，再次开门开窗放气，然后再加温到蚁蚕标准温度。接蚕种后，蚕娘们要摊蚕卵，蚕匾里放一张红纸，蚕卵倒在红纸上，用鹅毛把蚕卵摊平，摊均匀，摊成一个长方形。然后盖上宣纸，用墨汁把宣纸四周封住，在宣纸上面再盖上红纸。为提高孵化率，采取隔日收蚁的办法，补催青一日。补催青要做到“三保”，即保温、保湿、保暗。

收蚁。发种后经过一天的补催青，第三天清晨要收蚁了。收蚁当天清晨 5—6 时感光（催青时保暗，一下子有亮光，幼蚕从卵中钻出来），7—8 时蚁体（乌娘头）用小蚕防病一号消毒，然后加盖蚕网，网上撒切碎的叶丝，开始首次喂叶。

小蚕饲养。蚕种孵化至四龄，称小蚕为稚蚕，俗称“乌娘头”。小蚕饲养，民国《乌青镇志》中有详细叙述：“叶焙燥揉碎似丝，筛在蚁上，蚁闻香而集于上，烧炭以筐下，并四周切叶而勤饲，上下抽翻，昼夜巡视，火不可烈，叶不可缺。”20 世纪 60—70 年代生产队集体饲养小蚕时，蚕娘们昼夜轮流值班，管好“地火龙”，使室内温度保持恒温，平均在 27℃。掌握好小蚕给叶的时间，一般间隔 3 小时给叶一次，促使小蚕长个均匀，发育正常。

小蚕到大蚕（又叫老蚕）有四个龄期。一龄期又叫“头眠”，收蚁后，饲养三昼时，吃切成丝的桑叶，眠一昼时左右，脱一次皮醒起，称“起娘”。二龄期又叫“二眠”，饲养也是三昼时。吃切成细的条叶，再次休眠，时间是一昼时。“二眠”是四个眠期中最短的一个眠期。三龄期即“三眠”，也叫“出火”，蚕进入三龄期，逐步适应自然温度，不再需要用火加温，饲养四天左右，吃切小的叶片。这时蚕体渐大，天气渐暖，室内不再用“地火龙”加温，故而叫“出火眠”。出火以后，进入四龄期，吃全叶片，即桑树枝上端的最大叶。在夜深人静的时候，能清晰地听到蚕儿沙沙的吃叶声，饲养四到五天，第四次休眠又叫“大眠”，眠期二昼时半左右。至此，小蚕饲养期结束，前后时间约

20天。

小蚕的饲养技术和方法，随着时代的变迁而不断地改进，但无论怎样变化也改变不了小蚕饲养靠温度这一关键技术，小蚕饲养掌握和控制好温度的要求是室内保持26～27℃的恒温。其次是喂叶，叶要切细切匀，喂叶要喂得平整，使蚕体身上没有堆起的叶山，也没有空隙，做到勤喂、薄喂、带青喂。第三是喂好后需盖上塑料薄膜。20世纪80年代后，变成打孔薄膜覆盖育，这样既保温又保鲜，促使蚕儿吃好吃饱吃新鲜，发育正常均匀。1983年，实行家庭联产承包责任制后，蚕农们自发组织几户农户建成联户共育室，实行与原生产队的共育室一样的管理、一样的饲养技术和方法。出火后，再分户各自饲养。

大蚕饲养。四龄之后，蚕进入五龄期，也叫大蚕或老蚕。蚕至大眠，好坏已分，好者起眠齐集，蚕体大小均匀，其色清白。大蚕喂养应十分重视叶质。张履祥《补农书》记载："蚕食热叶，则茧浮松不可丝，其害浅；食温叶则溃死，食湿热叶则僵死，食雾露叶则萎死，叶染风沙则不食，叶宿则不食而仍饥，其害深。"

老蚕的饲养技术和管理方法，直接关系到养蚕的经济效益。广大蚕农在实践中得出经验："小蚕靠火，老蚕靠风。"即养老蚕要通风通气，放稀吃饱。要做到通风通气，首先要做到"放稀"，蚕儿之间有空隙，促使空气流通。老蚕开桑后就要落地铺，这是放稀的一种方式。但由于多数农户的房屋不多，难以做到放稀，许多农户就在屋里用竹子和芦帘搭起了梯形架，梯形架分两层，算上地面就有三层了，地铺面积相当于扩大了三倍，这样就能满足放稀这个要求。放稀的方法还有在屋边的树荫下挖一个约50厘米深的长方形土坑，长度根据实地情况而定，掘出的土堆在四周，以防雨水和虫害侵入，土坑上方搭船棚形架，坑底安放草垫子或塑料薄膜，然后把老蚕放进去，这叫"室外坑棚育"。蚕住得舒坦了，那就要吃饱吃好吃新鲜。吃饱就要给足桑叶，不要让蚕饿着。为了解决人力与

▲ 蚕毛柴

▲ 搞柴龙

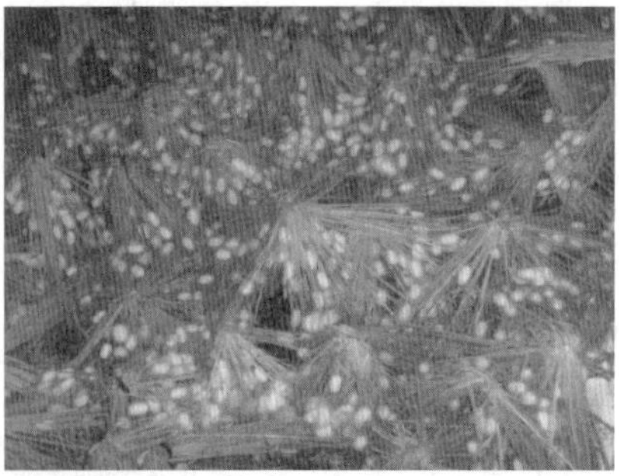

▲ 和尚帚

▲ 方格簇

采叶的矛盾，蚕农想到了用条桑喂养，从地里剪来的整条桑叶直接喂蚕，不用人工来采叶。这不仅解决了劳力紧张的矛盾，又使蚕儿爬上枝条吃叶，空间大，蚕与蚕之间不挤压，桑叶又新鲜，不会出现桑叶被蚕踩在下面吃不干净、浪费桑叶的情况。吃好，就是要吃质地好的桑叶。吃新鲜，就是要吃新鲜的桑叶，不吃隔夜叶、湿叶、雾露叶、发热叶，要做到喂一次采一次。如碰到下雨天，把剪来桑叶挂在绳子上，晾干后再喂蚕。老蚕喂养七到八天后，蚕体粗大，蚕体呈玉色透明，这就意味着蚕将吐丝结茧，俗称“上山”。

上蔟又叫“上山”。上山前，先把蚕毛柴晒一晒，准备做“蔟”。“蔟”有三种：第一种是伞型蔟，用蚕毛柴一束，在中间用柴扎紧折成伞形，交错倒置在地上，又叫“和尚帚”。蚕熟后爬上柴杆做茧。第二种是20世纪70年代推广的蜈蚣蔟，又叫“柴龙”。上山时将柴龙并列纵贯于地铺中即可。柴龙的优点是可以减少柴印茧、黄斑茧和双宫茧。以上两种蔟只能一次性使用。第三种是新式的纸板方格蔟，纸条宽3厘米，纵横交叉形成12×13孔方格，孔的大小为4.5厘米×3厘米，正适合一条蚕吐丝结茧，其优点是茧形整齐、茧衣少、双宫茧少，上茧率可达95%以上，而且方格蔟可多次使用。

蚕宝宝上蔟后门窗要关好，尽量避风，这叫“闷山头”，因为上山的蚕俗称“考娘”，吐丝做茧时一旦碰到风，蚕就吐不出丝了。第一个晚上要在屋里点上灯，因为“考娘”喜欢往亮处爬，在灯光引导下全部爬到柴龙上，这样就没有地铺茧和黄斑茧了。第二天就保暗，因为哪里有亮光，蚕就爬到哪里，挤在一起，就会增加“双宫茧”和“柴印茧”。等到“考娘”吐丝入网后就可以开窗通风了，这些都是为了提高茧质和上茧率。

表 6-6 2000—2002 年朱家浜组朱正龙养蚕及产量统计表

| 2000 年 | 春蚕 | 夏蚕 | 早秋 | 中秋 | 晚秋 | 合计 |
|---|---|---|---|---|---|---|
| 张数 | 7.5 | 1 | 1.5 | 8 | 1.5 | 19.5 |
| 单产（千克） | 45 | 35 | 35 | 42.5 | 47.5 | — |
| 总产（千克） | 337.5 | 35 | 52.5 | 340 | 71.3 | 836.3 |
| 2001 年 | 春蚕 | 夏蚕 | 早秋 | 中秋 | 晚秋 | 合计 |
| 张数 | 8 | 1 | 1.5 | 8.5 | 1.7 | 20.7 |
| 单产（千克） | 46 | 35 | 35 | 42.5 | 47.5 | — |
| 总产（千克） | 368 | 35 | 52.5 | 361.3 | 80.8 | 897.5 |
| 2002 年 | 春蚕 | 夏蚕 | 早秋 | 中秋 | 晚秋 | 合计 |
| 张数 | 9 | 1.5 | 1.5 | 9.5 | 2 | 23.5 |
| 单产（千克） | 47.5 | 35 | — | 44 | 48.5 | — |
| 总产（千克） | 427.5 | 52.5 | — | 418 | 97 | 995 |

## 第三节 蚕病虫害防治

明清时期，广大蚕农就已知晓蚕病有传染性，精心管理就可以减少蚕病发生。《乌青镇志》记载：“勿食水叶，食则放白水而死。”《补农书》记载：“饥则首亮，热则体焦……食湿叶则溃死、食湿热叶则僵死，食雾露叶则萎死。”

民国时期，蚕室蚕具一般只打扫洗涤，采用蒸汽、日晒、熏烟或用福尔马林、漂白粉、石灰、硫黄等消毒，对各种蚕病有较好的防治效果。

新中国成立后，国家十分重视蚕丝绸产业发展，在蚕病虫害防治方面，不断推进技术进步。20 世纪 50 年代，蚕病主要是白僵和水白肚，用福尔马林、漂白粉及硫黄消毒，还可用西力生防僵粉、石灰浆消毒。20 世纪 60 年代，蚕病主要是水白肚和亮头蚕，仍用漂白粉、福尔马林、石灰浆等消毒。20 世纪 70 年代，饲养规模逐步扩大，防病虫害的措施也更加科学、方便、有针对性。蚕体蚕座消毒，各龄晌食时，一龄、二龄会用“小蚕防病 1 号”，出火以后用“大蚕防病 1 号”进行蚕体蚕座消毒。大蚕时期每天早上用“大蚕防病 1 号”，晚上用新鲜石灰消毒。从二龄、三龄开始，添加抗菌素药剂，蚕沙集中堆积发酵，不施入桑地。另外在大蚕落地铺时，要用新鲜石灰地面消毒，同时做好防蚂蚁、老鼠、蜈蚣等害虫对蚕宝宝的侵害。在老蚕期如有桑叶被氟化物污染。用1%的新鲜石灰水洗过晾干方可喂蚕。其他每期秋蚕饲养中，在蚕上山前一天，用灭蚕蝇释水喷于叶面，喂蚕食之，防多化性蚕蛆蝇危害，效果良好。另外，还要注意农药污染桑园对蚕的中毒危害。

坚持回山消毒，等一期蚕饲养结束，应及时清扫蚕沙，烧毁用过的旧柴龙，打扫蚕室，清洗蚕具，用药剂全面彻底消毒，做到不留死角，以迎接下一期蚕的饲养。

## 第四节　蚕茧价格及副产品

清朝前期，农民养蚕采茧后，大多自行缫制土丝，自行卖丝织绸，不出售蚕茧。南宋，栽桑养蚕大盛，蚕丝业骤兴。清光绪十三年（1887）境内始有茧行。据《桐乡市农业志》记载：“南宋时期，蚕丝业渐兴，农民家家养蚕，户户缫丝，土丝自行销售或织绸，不卖蚕茧。元代，濮院设有四大牙行，收购丝绸。”据张履祥《补农书》记载：“一亩桑地养蚕可缫丝十斤左右，换回白银十两。”以当时每亩水田产粮三石计算，养蚕收入是种粮的三倍，清同治元年（1862）法国商人在上海开设了中国第一家缫丝厂。从那时起，蚕户自制土丝逐渐减少，以出售蚕茧为主。

清宣统元年（1909），每担茧价约值50枚银圆。民国17年（1928），每担茧价涨至银圆105元。民国20年（1931），“九一八”事变后，丝价惨落，茧价亦随之暴跌，经营者大都宣告破产。民国21年（1932），桐乡、崇德两县仅存茧行7家、茧灶57乘，日军侵华期间，两县蚕茧收购被日本人在上海开办的华中蚕丝公司垄断，其他厂商无力与之竞争，茧行纷纷关闭。抗战胜利后，国民政府接收汪伪丝绸商业机构，重新办理合作烘茧业务，设立社员鲜茧集运处。其时，物价飞涨，茧价变动频繁，养蚕往往亏本。

1950年，国家规定50千克鲜茧相当于263千克白米的价格，中准价为72.1元。自1952年起，蚕茧由省丝绸公司委托各县供销社包收包烘，其他单位和个人不准购销。1953年，规定中准价为83元。1958年，调整收购价格，

50千克鲜茧调整为100元，上调幅度在20%以上。1966年，中准价从100元提高到110元。1970年，按国家物价局通知，按干壳量计茧标准，每50千克新茧中准价（干壳量7克）调高到140元。1987年2月，国家物价局规定，每50千克鲜茧中准价由140元调高到175元。同年6月，各地争抢茧源，发生蚕茧价格大战。省人民政府对茧价作出调整，夏早秋茧每50千克中心收购价为370元，不超过400元；中、晚秋茧每50千克中心收购价480元，不超过500元。1989年3月，国家物价局规定，以干壳量9.2克为中准价，每50千克鲜茧最高收购价为480元。1992年，国家物价局规定，从秋茧起，每50千克鲜茧中准价480元，可适当下浮，但不得低于440元。1993年，省政府规定，蚕茧收购由政府转变为政府指导价。

▲ 70—80年代茧站收茧

20世纪70—80年代，国际丝绸市场供不应求，出口创汇形势不断看好。为争夺资源，蚕茧价格一涨再涨，终于在1987年春茧收购时爆发“春茧价格大战”，国营丝厂、丝绸公司以及乡办、村办丝厂为争夺原材料，各自轮番涨价，从480元涨到800元不等。乡、村领导派人在域内的河道、公路设卡，不让本域生产的蚕茧外流。同年8月21日，省物价局在杭召开杭嘉湖三市四县（桐乡、海宁、德清、余杭）边界蚕茧收购工作协调会，要求各产区必须坚决执行省政府确定的收购价和

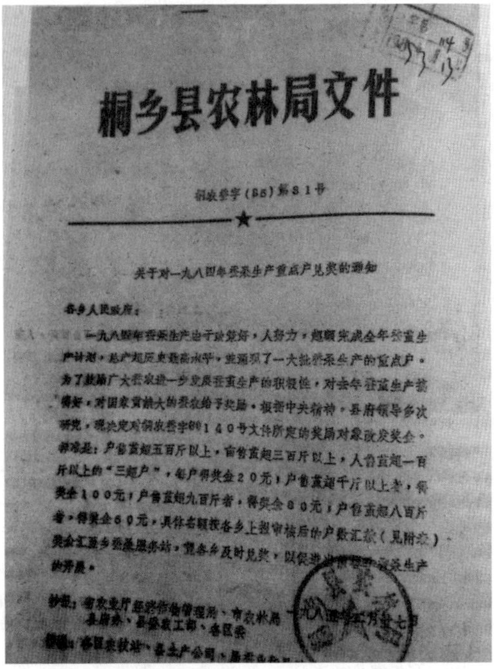

桐乡县农林局文件

关于对一九八四年蚕桑生产重点户兑奖的通知

各乡人民政府：

▲ 桐乡县农林局下发关于1984年蚕桑生产重点户兑奖的通知

奖励政策，不得临时增设收购点，也不得收购境外蚕茧，未经批准，任何单位和个人不得经营收购。1988 年，县政府下文加强蚕茧收购管理，实行蚕茧统一收购，重申蚕茧一律由县丝绸公司统一经营，并委托供销社统一收购，其他任何单位和个人不得经营收购。到 1990 年，“蚕茧价格大战”得以平息。

20 世纪 50 年代中期，梧桐供销社在革新村北孟庙建立革新茧站，收购范围为革一、向阳、新南、爱国、幸福五个大队。1970 年，按照国家物价局通知，按干壳量计价的政策，国营梧桐丝厂要向茧站派出验茧员（主评）组成评茧台。收茧时，先由验茧员进行验收待售鲜茧，看是否有“毛脚”（蚕有没有变蛹）、是否有杂质、茧子的干湿程度验好后，抽取样茧 1 千克左右，然后放到评茧台上，称 50 克鲜茧，数一数 50 克有多少茧，然后剥去鲜茧中的蛹，再把鲜茧壳放到烘灯里去烘，最后根据干壳量、验茧员验茧的等级综合定价。茧站将收购的鲜茧及时烘燥，防止生蛾。为此，茧站配有烘灶、烘工，鲜茧要烘两次后才能装袋进仓。革新茧站经历了 50 多年的时代变迁，在 2009 年因全村集体土地被收回而拆除，成为人们的记忆。

**售茧奖励** 从 1961 年春茧收购开始，每 100 千克鲜茧奖标氮化肥票 100 千克、粮票 20 千克、布票 19.9 尺枚、煤油票 4 千克。1962 年，奖励化肥票 200 千克、布票 10 尺（3.33 米）、煤油票 2 千克。1963 年开始，奖售化肥标准改“以量计奖”为“以值计奖”，每百元茧款奖化肥票 87.75 千克、布票 26 尺（8.67 米）。1965 年，调整为每百元茧款奖化肥票 60 千克，出售自留茧奖布票 60 尺（20 米）。到 1969 年，奖励政策被取消。1973 年，又恢复每百元茧款奖化肥票 40 千克，一直沿用至 1984 年。1985 年又增加奖项：户售茧超 250 千克以上，亩售茧超 150 千克以上，人售茧超 50 千克以上的“三超户”，每户奖现金 20 元；户售茧超 500 千克以上者得奖金 100 元；户售茧超 450 千克者，得奖金 80 元；户售茧超 400 千克者，得奖金 50 元。

20 世纪 90 年代后，随着超细纤维、仿真丝纤维的迅速发展，国内外丝绸出现供大于求的现象，蚕丝产品受到较大影响。2000 年后，蚕丝产品开始出口转内销，剥棉兜、制丝棉被成为主要消费方式，市场价每 500 克棉兜的价格一般为 150 ～ 160 元。

▲ 2017年6月5日，桐乡市第二届蚕桑丝织技艺——“巧手蚕娘”剥丝绵大赛，图右一为本村村民张建英，在大赛中获得一等奖

表6-7　**1991—2010年蚕茧市场平均售价一览表**

单位：元/50千克

| 年份 | 1991 | 1992 | 1993 | 1994 | 1995 | 1996 | 1997 | 1998 | 1999 | 2000 |
|---|---|---|---|---|---|---|---|---|---|---|
| 价格 | 1020 | 750 | 620 | 1450 | 650 | 720 | 680 | 980 | 1080 | 1100 |
| 年份 | 2001 | 2002 | 2003 | 2004 | 2005 | 2006 | 2007 | 2008 | 2009 | 2010 |
| 价格 | 860 | 750 | 850 | 950 | 1050 | 1250 | 750 | 680 | 1100 | 1496 |

**蚕桑副产品的综合利用**　蚕桑副产品资源丰富，开发利用历史悠久。在古代和近代，常把桑叶、白桑皮、白僵蚕、蚕沙、蚕蛹入药，枯叶喂羊。在当代，桑叶、桑枝条、蚕蛹、蚕丝下脚料等经开发加工，为化工、纺织、医药、保健、畜牧业和食用菌栽培提供原料，提高了蚕桑副产品资源的利用率，拓宽了蚕桑产业链，获得较好的经济效益和社会效益。

**桑叶**　明清以来，村域内广大农户养羊盛行，充分利用桑叶来喂羊，羊粪又用于桑地，形成了生态良性循环。《补农书》记载：“畜羊五六头，以为桑树之本。”桑叶中含有丰富的氨基酸、纤维素、维生素、矿物质以及多种生理活性物质。《本草经疏》记载：“桑叶性味甘、寒，甘所以益血，寒所以凉血，甘寒相合，故下气而益阴，又能明目而止咳，有补益之功。”所以人们把桑叶常作为药食两用的原料。1990 年以来，桐乡市春发杭白菊制品有限公司、桐乡市康健生物科技有限公司等企业先后开展对桑叶的综合开发利用研究，研制出桑叶茶、桑菊茶等保健品，投放市场。

**桑皮**　又称桑条皮，为优质造纸原料。20 世纪 60—80 年代，农民把刚剪下来的桑条用木榔头锤扁，然后再将皮剥下。后来人们发明了剥桑皮条机，就是用两根直径为 2 厘米的钢筋，中间装上弹簧，桑条从两根钢筋之间拉过，在弹簧的压力下把桑条夹扁，这样剥桑皮又快又好又省力。桑皮剥好后，晒干出售给供销社，干桑条皮每 500 克 0.14 元。90 年代后，供销社停止收购。桑枝可以加工成桑枝屑，加入适当辅料，配制成栽蘑菇、香菇的基质，用于生产食用菌，在许多食用菌栽培大户中得到推广运用。2004 年，桐乡市大华人造板有限公司以桑枝条为原料，成功生产出了高密度纤维板。

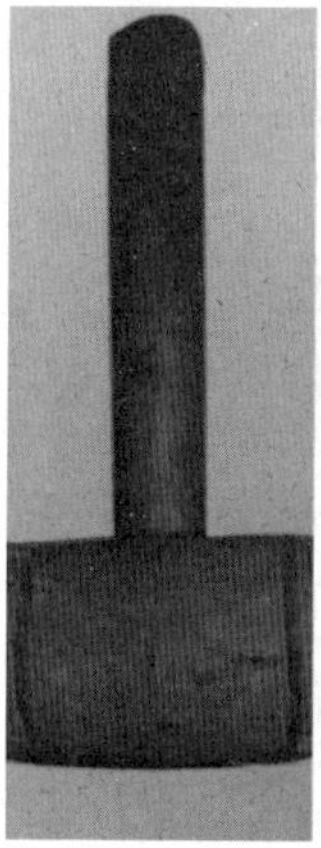

▲ 木榔头

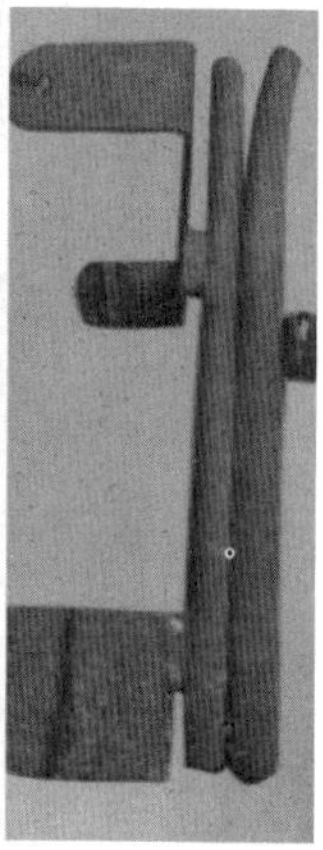

▲ 轧桑条皮机

**桑果**　又叫桑葚，可食。桑果分为野桑果和家桑果。家桑果，个头大、肉厚、色紫红、糖分足，含有活性蛋白、维生素、胡萝卜素、矿物质等成分。把桑果捣碎，用纱布袋滤干汁水，可制成果糖。此外，桑果子可育成桑苗，也叫毛桑。桑果还可以入药。中医认为，桑葚味甘酸，性微寒，入心、肝、肾经，滋补强壮、养心益智。

▲ 桑果

**蚕蛹**　又称蚕蚁。蚕蛹营养丰富，药用价值高，每百克含蛋白质 50 ～ 60 克，所含氨基酸达 18 种之多，还含有脂肪以及蛋白质，是一种很好的滋补品，而且里面还含有非常丰富的维生素 D、维生素 B2 以及维生素 A。李时珍《本草纲目》中有详细记述：“蚕蛹瑞曰：缫丝后蛹子。今人食之、呼小蜂儿。为末饮服、热除蛔虫。煎汁饮、止消渴。犬啮者、终身禁食，

▲ 蚕蛹

发则难免。”20 世纪 80 年代，桐乡农药厂以蚕蛹粉代替粮食作为生产井冈霉素农药的培养剂。蚕蛹榨干后制成粉可作为水产养殖的好饲料。蚕蛹也是人们喜爱的美味佳肴，可以炒着吃，也可以干煸着吃。但是也有少部分人食用蚕蛹会过敏。蚕蛹还可以用作有机肥料，在播种蔬菜时，用蚕蛹做底肥，蔬菜出苗快，长得粗壮，肥力时间长，蔬菜长得清秀旺盛。

**蚕沙** 又叫蚕沙替子，是上等的农家有机肥料。20 世纪 70—80 年代，早稻二熟制，插秧时间早，遇到倒春寒，苗田容易变成“僵田”（泥土板结、秧苗不发新根变成金丝苗）。这时施撒蚕沙，能促使苗田泥土肥沃，秧苗及时发出新根，返青发棵。此外，蚕沙还可以用作培育蘑菇的基肥，也是饲养湖羊的上好饲料。不过，由于蚕沙有胀性，所以并不能喂得太多。

## 第五节 养蚕习俗

千百年来，养蚕是桐乡农民们一年中最重要的农事，蚕茧是他们最主要的经济来源。无论哪朝哪代的农民，都把蚕当作发家致富的宝贝，所以才有了“蚕宝宝”这个名词，才有了“蚕娘”这个尊称。人们把蚕视作宝，把蚕当作神来拜，把蚕看成花来插，表达了人们的美好愿望，祈求养蚕有好收成。

**祭拜蚕神** 农历十二月十二日为蚕神生日，俗称“蚕生十二”。革新村一带的家家户户都要做南瓜馍馍，烧熟的南瓜去皮后与糯米粉拌和，做出来的馍馍呈金黄色，形状做成茧子状和元宝状，放在灶山上点燃香烛祭拜蚕神：一拜财神保佑，来年蚕儿无病无害；二拜财神，保佑来年蚕茧廿四分（是一个象征丰收的数字，也是蚕农寄托美好心愿的一句口彩）；三拜蚕神保佑明年财源滚滚。

**清明请蚕花** 每到清明节，农户们要祈蚕请蚕花，用三荤三素六个菜，加上粽子、清明圆子、四副盅筷，点燃香烛，祈蚕迎蚕花。清明的第一天、第二天，俗称头日、二日，年轻人摇船或乘车去河山边上的含山赶庙会、轧蚕花。蚕娘们回来时都要在头上别两朵花，俗称插蚕花，讨个吉利。

**望蚕讯** 又叫望山头。蚕宝宝开始上蔟结茧，俗称“上山”。若家里有女儿刚出嫁，娘家人惦念着女儿家的养蚕情况，总想去探望、询问收成，这就是望蚕讯。望蚕讯都要带上丰厚的礼品，民间谚语称：“秧凳箬笠拔秧伞，枇杷梅子灰鸭蛋。黄鱼大肉鳓鲞篮，软糕包子挑一担。”这既是一种走亲访友礼尚往来的形式，又是人们对养好蚕、采好茧的期盼和美好愿望。

**嫁桑秧** 每当女儿出嫁，娘家要撒蚕花钱并准备好两株毛桑（野桑），另外还要准备好硬币，硬币两面贴上大红“喜”字，毛桑扎上红丝带随同嫁妆嫁到男方，然后栽在男方家土地上。当新娘嫁到男方家，左脚跨进门槛时，陪伴左右的伴娘向屋内撒硬币（以前撒的是1分，后来撒的是1角，现在撒的是1元），有的撒几十元，有的撒几百元，这就是俗称“撒蚕花钱”。无论是嫁“毛桑”还是“撒蚕花钱”都是博得一个好口彩：生儿育女传香火，蚕花茂盛廿四分。

**扯蚕花布** 扯蚕花棉兜、盘蚕花、抢蚕花布。长者仙逝，在入殓时要施行盘蚕花的仪式：长子手捧米盆，上面插满蜡烛，点燃蜡烛，双手举过头顶，其后是长媳，依次排列，每人手拿一炷香，先沿灵柩顺时针方向盘三圈半，再按逆时针方向盘三圈半，在盘蚕花过程中把一块白布事先剪成一条一条的口子，扯下的布条抛向空中，称为“扯蚕花布”。众人争着把抢到的蚕花布带回家，能保佑家中养蚕兴旺，为小孩辟邪保平安，能祈求一个好“蚕运”。

**蚕花会** 北孟庙里有蚕花殿，供着蚕花菩萨。每到农历二月初二，北孟庙界域里的四邻八乡，包括濮院的新华村、爱国村的许家兜和本地的向阳、革一、新南3个村以村坊为单位入股赶庙会、请蚕花，农户纷纷携老带幼前往，在庙前烧高香、插蜡烛拜蚕花，祈盼蚕茧丰收，这一习俗一直延续到1975年12月因开挖姚家浜工程北孟庙被拆除为止。

养蚕是件大事，繁文缛节也多，不过有些禁忌还是有科学依据的。如：养蚕开始，农户间停止交往，家家户户用芦帘围住大门，厢房搭个蚕棚，外人不能走进蚕棚，是为了防止外人把病菌、病毒带入蚕室。又如，蚕娘在养蚕期间不扑粉，不抹胭脂，不涂花露水，这是为了防止蚕宝宝中毒。再如，因为蚕有蚕神，所以在养蚕期间不吉利的话语不能随便说，有些犯忌的字音要改变叫法：“葱”改称为“香头”，怕蚕被冲掉；“生姜”改称为“辩烘”，怕蚕得僵病；“天亮”改称“天开眼”，怕蚕得亮头病；“爬”改叫“行”，因白肚病是乱爬的，所以要忌讳“爬”。

附（一）：野蚕

▲ 野蚕

野蚕，是生长在野外、跟家蚕争桑叶资源、给家蚕带去病菌病毒的害虫。但从另一方面来看，野蚕也跟家蚕一样，上山结茧，称为野蚕茧，也叫桑蚕茧，也有一定的利用价值。

野蚕对自然环境有着较强的适应力，抗药力、孵化力更是超出了人们的想象。尽管人们为了保证家蚕饲养资源，千方百计想消灭野蚕，采用人工捕捉、农药“敌敌畏、灭蚕蝇、双效磷”进行喷杀，可野蚕还是难以被消灭。存活下来的野蚕由于具有超强的繁殖能力，春蚕时还是幼蚕，到了秋天已经儿孙十几代了。所以到了晚秋蚕结束，桑树枝条上的叶头正好是野蚕生长、发育、结茧的最佳场所。深秋时节，大片的桑树绿色的枝条上挂满了白色的野蚕茧。

新中国成立前，农村的生产资料大多掌握在地主、富农手中，贫苦农民没有田地，只能给地主家做长工、打短工。没有地就没桑树，养不了蚕就没有丝绸穿，没有丝棉被盖。看到满枝头的桑蚕茧，就想用野蚕茧来做“丝绵”翻衣被。大家纷纷背着簸箕，到处采摘野蚕茧，然后把采来的野蚕茧剥去茧上的叶子杂质，最后用铁锅把野蚕茧烧熟，再把烧熟的野蚕茧放在缸或者坛子里浸泡，浸泡十天到半个月，浸到蚕蛹腐烂为止，最后把腐烂的野蚕茧在河水中漂洗，这就叫发汏头，即用一只三尺竹筛放在水面上，竹筛在水中是浮起的，把浸好的野蚕茧放在竹筛上，再用一根小竹竿抽水中的野蚕茧，一直抽到野蚕茧里蛹皮漂净后，捞上来挤干，这样一张汏头就发好了。接下来，把发好的汏头晒干、拉松，就可以翻衣被了。桑蚕茧絮比不上真正的蚕丝棉絮，可比那些又重又硬的老破絮好上多少倍。

20 世纪 50—60 年代，蚕桑业有了很大的发展，可还是满足不了人们日益增长的物质需求。蚕茧丰收了，全部卖给国家，支援社会主义建设，蚕农还是没有茧子来做丝棉，于是去采野蚕茧发汏头代替丝棉。能穿上一件桑蚕茧汏头絮棉袄，盖上一条桑蚕茧汏头絮被子，是一种奢望。到了70—80年代，随着集体经济的不断壮大，蚕桑业得到飞速发展，蚕茧产量不断提高，生产队就会把拣出来的双宫茧和下脚茧、次茧分给社员剥棉兜、扯丝绵。从此，人们采桑蚕茧、发汏头渐渐退出了历史舞台，取而代之的是真正的蚕丝棉、蚕丝被。

附（二）：柞蚕

柞蚕生长在柞树上，以柞树叶为食料，与家蚕一样，要经过蛹、卵、幼虫、成虫四次眠期和脱皮，从幼虫到结茧要40天左右，比家蚕的生育期稍长。柞蚕丝的优点是耐潮湿、耐酸碱、拉伸力强，缺点是不易染色、缩水率较大。

▲ 柞蚕

柞树为壳斗科栎，落叶乔木，叶缘有锯齿，少有全缘，多分布于我国黄河以北地区。革新村一带柞树由来历史已无从考证，但是解放初期村域内还有柞树，数量不多，在浜岸、竹园、荒草岗上。据革新村朱家浜组村民朱四英回忆：小时候看见妈妈养过柞蚕，还采过柞叶。1951年她16岁，嫁到朱家浜。那时，养蚕是互助组，个人不可以养蚕，她看到自家屋西面的茅草岗上有几棵大柞树，于是她从柞树上采几片有柞蚕幼虫的叶子，拿回家放在三尺小竹匾中喂养。第一年没有多少，只是把第一年的柞蚕茧进行制种，第二年好几匾的柞蚕。柞蚕比家蚕的蚕体略小些，整个蚕体有小的黑点，比家蚕要花一些。茧样比家蚕要小一点，茧色没有家蚕茧那么白，有点淡棕色，剥棉兜时拉起来要比家蚕茧紧一点，拉力大。因为蚕丝纤维要粗。饲养柞蚕要比家蚕容易，养柞蚕不需要消毒什么的，只要吃饱就好了。对温度不敏感，眠期要长一些，但每次的“起娘”很齐。那时养了三年。后来不允许私人养蚕，再加上开荒种桑，柞树也没有了，从此，村民们再也不养柞蚕了。养柞蚕主要是弥补家蚕丝绵的不足，给家庭御寒增加一些棉絮，也算是充分利用自然资源，物尽其用。

# 第七章　工商业

革新村地处梧桐镇与濮院镇之间，早先交通十分不便，如果要到城里去办点事或做点买卖，只能靠航船（做买卖的商船）。在当时，航船成了城乡经济交流的主要交通工具和流动的商店、集市。1962 年，随着村域内有了第一台 10 千伏安变压器，随即先后建起了 20 多家队办集体企业和几十家民营企业。20 世纪 60—70 年代，梧桐供销社在原新南大队北孟庙、原革一大队文桥头、原向阳大队富饶桥设立 3 家下伸店，主要供应村民日常生活用品和化肥、农药等农资产品，并收购农副产品。改革开放后，市场经济逐步发展，商品流通全面开放，个体私营商店成为市场主流。2020 年底，村域内有服装、百货、建材、五金、水果、副食、餐饮、文具、鞋业、车行等各类店铺 149 家。

## 第一节　工业

**队（村）办集体企业**　1960 年，各镇的原县属手工业划给公社管理，社办企业有了较大的发展。此后，在“大办粮食”中，几经调整，多数社办企业下放给生产大队经营。队办企业按照“三就地”（即就地取材、就地加工、就地销售）的原则开展生产经营活动。20 世纪 60 年代初，苏南地区农村大办企业，促进了集体经济的飞速发展。集体经济的壮大，使得农民的生活水平逐步提高。这些信息很快传到了与其相距不远的革新村域，给当时的新南大队、革一大队和向阳大队的党支部指明了壮大集体经济的好路子。当时大队里实在没有钱，有时到过年时节连买一瓶墨水的钱也没有，只好由大队干部先垫付。穷则思变，在现实困难面前，大队领导明白，要想富，办企业。通过“鸡下蛋、蛋孵鸡”“滚雪球”的办法以小博大。大队党支部主要负责人咬紧牙关，下定决心，要以一种坚韧不拔的精神办企业。经过讨论，先办与农村、农民密切关联的企业。

▲ 1966 年 3 月建造的原向阳村小土窑

1964 年初春，时任新南大队党支部书记的徐锦源得知，小学老师陈玉琪（后改名为陈志农）的父亲陈振华时任濮院油米厂厂长，于是请陈振华帮助办一个碾米厂。陈振华派出了全厂技术最好的老师傅韩兆明，并带来了一班技术骨干。经过半年时间，碾米厂试营业，一炮打响，出米率高达 72%，高于镇上的梧桐米厂。从此，附近生产队的稻谷船再也不用去梧桐、濮院去碾米了。稻谷船络绎不绝地摇进姚家浜北孟庙加工厂的河埠头，一时间挤满了小小的姚家浜。

新南稻谷加工厂不但让农民就近碾米，节省了时间与劳力，而且源源不断的加工费，让新南大队的集体经济很快壮大起来。大队有了钱，把钱用在发展生产、为民办实事上。在 20 世纪 70 年代至 80 年代初，凭借雄厚的集体经济，先后办起了新南蔬菜厂、水泥预制厂、机械化牧场，建起了大礼堂，并在大队部旁边开辟了茶馆、肉店、水作店、副食品店、生资商店，形成了农村小集市。

在新南大队北侧的向阳大队党支部书记史福寿、大队长徐兰毛也及时抓住时机办企业。他们看到本大队住草棚的农户较多，渐渐富裕起来的农民首先想到的是把草棚变成砖瓦房，而造房子急需砖头和瓦片。于是，大队领导和队委会决定建造一座土窑。1966 年 3 月，在富饶桥港北面的一片桑地里，经过三个多月的时间终于垒起了一座土窑。烧制砖瓦是一门学问，他们先是花高薪到嘉善聘来懂制坯、烧窑技术的师傅，再选出本队的青壮年社员跟着学习，很快学到了制泥坯、垒土坯、烧砖瓦的技术。从此，附近农户可以用自己多余的柴草调换砖瓦，除了向阳大队外，周边的新南、革一等大队的农户也纷纷摇船把多余的柴草运来向阳窑厂。调换砖瓦的方法是：先把调砖瓦的柴草作价收进，再按定额调换相应的砖瓦。根据 20 世纪 70 年代初窑厂会计庄阿金回忆："具体政策如下：麦柴、桑柴、豆柴每担（50 千克）1.6 元，菜花梗、稻柴每担 1 元，柴龙每担 0.3 元；225 千克柴换 1000 张瓦，500 千克柴换 600 块砖。"几年下来，使一户又一户的农户草棚变成了砖瓦平房。同时，大队集体经济也由此得到壮大，先后用这些资金建造了大礼堂和小学，同时修桥铺路，为民办实事，还为大队的水利工程建设、电气化改造，提供了资金保障。

在新南大队西侧的革一大队，他们凭借靠近桐乡城区的地理优势，村办企业发展很快。1980 年，革一大队党支部书记方宝祥与全体支部委员研究决定利用亭子桥东塊杭申公路南侧的农田与原桐乡县二轻工业局下属的建筑公司梧桐工区联合投资，办起了梧桐人民公社第一家水泥预制品加工厂（简称预制厂）。20 世纪 70 年代末至 80 年代，有一部分先富起来的农民拆旧房、盖楼房，而用来造楼房的五孔水泥板供不应求。预制厂的规模一年比一年扩大，产量一年比一年增加，大队集体经济也像滚雪球一样，越来越壮大。大队领导利用雄厚的集体资金，扩大再生产，投入基础设施建设。先后办起了塑料厂、有色金属铸件厂；造桥筑路，方便了村民出行；新建了大队小学校舍，让学生有了良好的学习环境。队（村）办企业的职工实行农闲务工、农忙务农，计酬形式以计时为主，企业在工资中提取 70% ～ 80% 金额返给职工所在的生产队，职工交钱计分参加生产队分配。

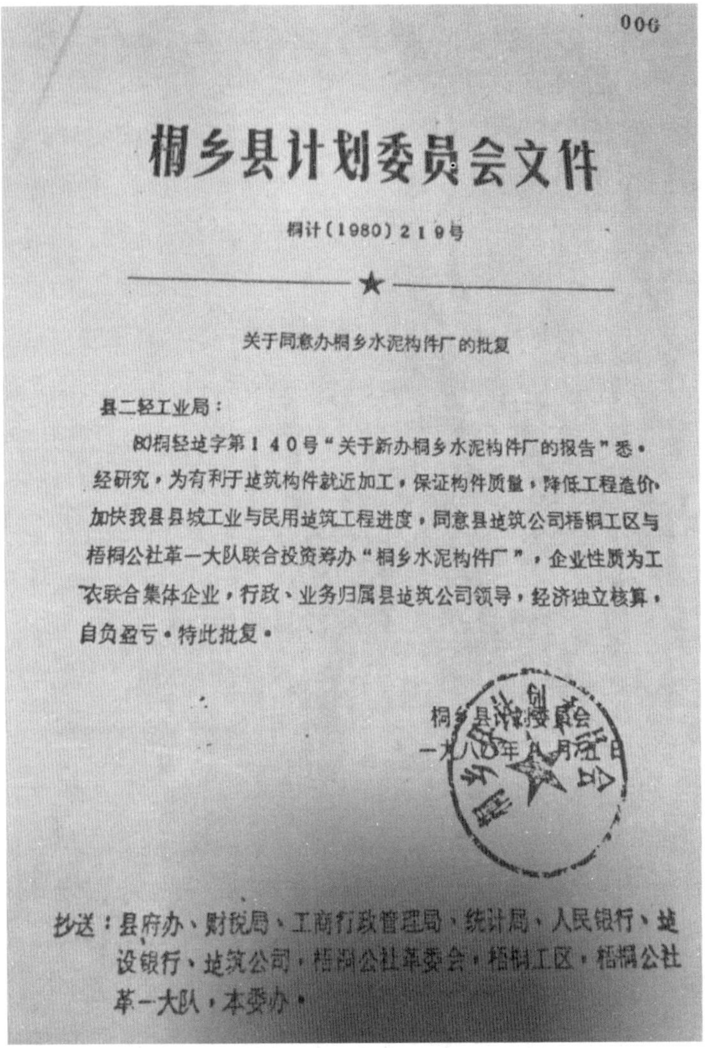

006

# 桐乡县计划委员会文件

桐计（1980）219号

★

关于同意办桐乡水泥构件厂的批复

县二轻工业局：

80桐轻建字第140号“关于新办桐乡水泥构件厂的报告”悉。经研究，为有利于建筑构件就近加工，保证构件质量，降低工程造价，加快我县县城工业与民用建筑工程进度，同意县建筑公司梧桐工区与梧桐公社革一大队联合投资筹办“桐乡水泥构件厂”，企业性质为工农联合集体企业，行政、业务归属县建筑公司领导，经济独立核算，自负盈亏。特此批复。

桐乡县计划委员会

一九八〇年八月[illegible]日

抄送：县府办、财税局、工商行政管理局，统计局、人民银行、建设银行、建筑公司，梧桐公社革委会，梧桐工区，梧桐公社革一大队，本委办。

▲ 1980年8月桐乡县计划委员会同意办桐乡水泥构件厂的批复

革新村域的集体企业，从无到有，从小到大，从弱到强，为革新村的建设发展积累了资金；为村民就业提供岗位，增加了农民收益，改善了农民生活；为壮大村级集体经济、农民脱贫致富、乡村宜居宜业作出了贡献。

表 7-1 1964—1995 革新村集体企业名录

| 村(大队) | 企业名称 | 存续时间 | 主要产品 | 职工(人) | 负责人 |
|---|---|---|---|---|---|
| 新南 | 新南稻谷加工厂 | 1964—2005 | 稻谷加工 | 7 | 姚乐生 |
| 新南 | 新南种子场 | 1973—1983 | 种子试验繁殖 | 8 | 沈甫荣 |
| 新南 | 新南花木苗圃 | 1977—1998 | 苗木花卉盆栽 | 6 | 高昌全 |
| 新南 | 新南水泥预制厂 | 1978—2005 | 水泥物料 | 12 | 沈甫金 |
| 新南 | 新南蔬菜厂 | 1979—2005 | 蔬菜收购 | 15 | 姚阿九 |
| 新南 | 新南锯板厂 | 1981—1995 | 木材加工 | 4 | 费元洪 |
| 新南 | 新南服装厂 | 1981—1983 | 服装 | 16 | 姚金荣 |
| 新南 | 新南机械化牧场 | 1981—1991 | 生猪 | 6 | 徐海荣 |
| 新南 | 新南绸厂 | 1982—1984 | 纺织面料 | 18 | 沈柏洪 |
| 新南 | 新南农副产品购销站 | 1985—1988 | 杭白菊收购 | 2 | 徐雪林 |
| 新南 | 桐乡市金菊羊毛衫厂 | 1986—1989 | 羊毛衫 | 22 | 姚金荣 |
| 向阳 | 向阳砖瓦厂 | 1966—1992 | 砖瓦 | 8 | 许福昌 |
| 向阳 | 向阳电器修配厂 | 1978—1983 | 电器维修 | 4 | 沈玉明 |
| 向阳 | 向阳绣花厂 | 1980—1982 | 绣花 | 15 | 徐雪林 |
| 向阳 | 浮石桥农副产品购销站 | 1984—1990 | 经营木材 | 3 | 许福昌 |
| 向阳 | 向阳坑边纸厂 | 1989—1993 | 坑边纸 | 16 | 沈德兴 |
| 向阳 | 向阳水泥制品厂 | 1990—2002 | 水泥构件 | 12 | 庄阿三 |
| 向阳 | 桐乡城东印刷厂 | 1993—2020 | 纸质印刷 | 10 | 戴瑞根 |
| 向阳 | 桐乡玲龙制腊厂 | 1993—2015 | 日用蜡 | 7 | 沈云熙 |
| 向阳 | 向阳旅社 | 1993—2008 | 服务 | 7 | 沈永明 |
| 向阳 | 向阳经编厂 | 1994—2002 | 纺织品 | 30 | 徐雪明 |

续表 7-1

| 村(大队) | 企业名称 | 存续时间 | 主要产品 | 职工(人) | 负责人 |
|---|---|---|---|---|---|
| 向阳 | 向阳锯板厂 | 1996—2018 | 木材加工 | 4 | 沈小荣 |
| 向阳 | 梧桐向阳家禽批发市场 | 1996—2005 | 家禽批发 | 8 | 朱玉建 |
| 向阳 | 向阳泡花碱厂 | 1997—2015 | 泡花碱 | 6 | 姚水荣 |
| 革一 | 华昌电镀厂 | 1976—1998 | 镀锌 | 15 | 倪月祥 |
| 革一 | 桐乡市水泥构件厂 | 1980—1999 | 预制构件 | 30 | 殳炳官 |
| 革一 | 革一半导体厂 | 1983—1986 | 机外壳 | 11 | 方宝祥 |
| 革一 | 桐乡有色金属铸件厂 | 1984—2005 | 浇制制件 | 6 | 刘国强 |
| 革一 | 革一农副产品购销站 | 1984—1995 | 农产品收购 | 6 | 殳顺宝 |
| 革一 | 梧桐铸钢厂 | 1985—1990 | 铸铁 | 16 | 盛兴伦 |
| 革一 | 桐乡纺织厂 | 1986—1988 | 丝织面料 | 20 | 盛锡金 |
| 革一 | 革一丝棉厂 | 1987—1989 | 丝绵 | 12 | 盛阿林 |
| 革一 | 桐乡市美术广告经营部 | 1993—1995 | 广告牌 | 3 | 盛兴伦 |

**民营企业**　1978 年 12 月，党的十一届三中全会召开，开启了我国改革开放的新征程。国家保护和鼓励个体、私营经济发展，逐步取消了一些限制性规定，村域内个体私营商店、私营工厂逐步出现。20 世纪 90 年代，我国的社会主义市场经济体制初步建立，商品市场建设出现高潮，商业企业股份制改革初见成效，非公有制商业得到进一步发展，成为流通领域市场主体的主要力量。1994 年起，对村办企业进行改制，转为个人或股份制经营，个体私营企业走上前台，成了革新村域内工商业的主体，称为民营企业。在这些民营企业经营者中，不乏下海经商、创业经营过程中的成功人士。

**嘉兴市迷客纺织品有限公司**　2008 年成立，主营业务：纺织面料、里料、成衣加工，产品出口欧洲市场。企业规模由小到大，产品质量有保障，客户信誉高，外商客户多，2019年产值达600多万美元。

**嘉兴市酩悦餐饮管理有限公司**　2014年成立，经营餐饮业，专营海鲜。几年来，酒店生意兴隆，每逢双休，包厢难求。于是2018年和2019年分别在桐乡和海宁等地开了多家连锁直营店。2020年共有员工200多人，年销售额达4500万元。

**桐乡市向阳泡花碱厂**　1993年7月成立，主营硅酸钠等化工产品。成立之初，只有20万启动奖金，5名工人，年产值80多万元。2016年，随着生产经营规模的扩大，厂址搬迁至桐乡市经济开发区化工园区。规模从小到大，员工增加到20人。产品供不应求，2020年实现销售收入3000多万元，利税500多万元。

**桐乡市濮院圣孚伊针织制衣厂**　成立于2020年，主营针织制衣。工厂有3000多平方米的厂房，有固定管理人员和技术人员30人，生产全部外包，年销售额达4000多万元，上缴税金20多万元。

**桐乡市府苑餐厅**　成立于2018年，主营餐饮服务，有员工30人。同年在城郊接合部开设连锁店——“三府农家”，占地19亩，为集休闲、旅游、餐饮于一体的农家乐餐厅，荣获“浙江省农家乐特色店”“嘉兴市休闲观光农业基地”“嘉兴市美丽田园”等荣誉称号。

**杭州诺誉纺织有限公司**　成立于2012年，主营沙发面料的生产和销售。经过8年的艰苦创业，公司规模由小到大，建起了5000多平方米的厂房，有员工和技术人员30多人，年产值6000多万元。

**桐乡市徐锋羊毛衫整理有限公司**　成立于1999年5月。在桐乡市经济开发区有4100多平方米的厂房，有员工50多人，年利润达250多万元。

表 7-2　　截至 2020 年革新村民营企业名录

| 企业名称 | 开办时间 | 主要产品 | 职工（人） | 负责人 |
| --- | --- | --- | --- | --- |
| 桐乡市向阳泡花碱厂 | 1993.7 | 加工制造泡花碱 | 20 | 姚水荣 |
| 桐乡市梧桐环城机械厂 | 1994.3 | 机械制造加工 | 8 | 毕美祥 |
| 杭州市星大传媒有限公司 | 2018.11 | 市场营销策划 | 8 | 刘伟栋 |
| 桐乡市梧桐府苑餐厅 | 2018.7 | 餐饮 | 30 | 丁杏发 |
| 桐乡市梧桐桐山春饭店 | 2012.5 | 餐饮 | 16 | 庄汉民 |
| 桐乡市梧桐新城文印部 | 2007.9 | 印刷 | 3 | 丁发荣 |
| 嘉兴市酩悦餐饮管理有限公司 | 2014.6 | 餐饮 | 180 | 庄惠铭 |
| 桐乡市濮院圣孚伊针织制衣厂 | 2020.4 | 针织制衣 | 15 | 姚松强 |
| 桐乡市濮院赛尔马羊毛衫门市部 | 2009.7 | 羊毛衫批发零售 | 6 | 徐冠华 |
| 桐乡市梧桐红玫瑰歌舞厅 | 2008.3 | 娱乐、歌舞 | 5 | 姚国强 |
| 桐乡市嘉美酒店有限公司 | 2015.7 | 餐饮 | 60 | 高秋杰 |
| 荣誉生活质燃料科技有限公司 | 2020.2 | 生活质颗粒 | 12 | 庄建荣 |
| 嘉兴市中青广告传媒有限公司 | 2005.8 | 广告设计、制作、发布 | 9 | 费建利 |
| 桐乡市乌镇民宿 | 2018.4 | 住宿、餐饮 | 5 | 姚春龙 |
| 嘉兴锐奇服饰有限公司 | 2017.7 | 羊毛衫生产销售 | 20 | 张雪龙 |
| 嘉兴蓝灵服饰有限公司 | 2018.4 | 服装加工、销售 | 20 | 沈学斌 |
| 桐乡市梧桐华发菊花制品厂 | 1999.6 | 杭白菊茶 | 3 | 沈发伦 |
| 嘉兴市农新基础有限公司 | 2017.10 | 基础维护 | 10 | 沈月明 |
| 桐乡市安居物业管理有限公司 | 2016.3 | 物业管理、卫生保洁 | 100 | 赵伟林 |
| 桐乡市跃强粮油批发部 | 2008.4 | 粮油批发 | 3 | 高跃强 |
| 桐乡市梧桐锦鑫门业经营部 | 2005.12 | 防盗门销售、安装 | 3 | 徐建华 |

续表 7-2

| 企业名称 | 开办时间 | 主要产品 | 职工（人） | 负责人 |
|---|---|---|---|---|
| 桐乡市梧桐张国良蔬菜经营部 | 2014.10 | 蔬菜销售 | 3 | 张国良 |
| 桐乡市濮院新创凤云字牌店 | 2013.10 | 字牌设计、制作 | — | 徐森强 |
| 城南丝坊有限公司 | 1994.5 | 仿真丝 | 10 | 陆　林 |
| 梧桐建荣粮油店 | 2004.3 | 粮油批发 | 6 | 姚建荣 |
| 桐乡市徐锋羊毛衫整理有限公司 | 1992.5 | 毛衫整理 | 60 | 徐荣堂 |
| 桐乡市濮院佳益发羊毛衫门市部 | 2005.11 | 毛衫批发零售 | 4 | 沈永林 |
| 连兴纱业 | 2012.8 | 毛纱批发 | 4 | 陈连兴 |
| 桐乡市梧桐宇新羊毛衫加工厂 | 2003.7 | 毛衫加工、批发、销售 | 5 | 周建强 |
| 桐乡市锐强玻纤材料有限公司 | 2011.6 | 巨石玻纤 | 20 | 许正强 |
| 桐乡市濮院德力孚羊毛衫门市部 | 1994.6 | 毛衫销售、批发 | 3 | 徐建明 |
| 桐乡市新都物业管理有限责任公司 | 2006.9 | 物业管理 | 30 | 蒋伟良 |
| 嘉兴市久映文化传播有限公司 | 2016.5 | 庆典礼仪服务 | 12 | 沈　洁 |
| 桐乡市梧桐振东星尚庆典礼仪工作室 | 2010.11 | 庆典礼仪服务 | 6 | 刘伟栋 |
| 桐乡市斯普林橡塑科技有限公司 | 2009.8 | 橡塑制品生产 | 22 | 殳玉泉 |
| 桐乡市宏鑫玻璃纤维制品有限公司 | 2007.7 | 针织服装生产 | 15 | 陈金林 |
| 桐乡市翱翔五金有限公司 | 2018.10 | 针织品服装复合 | 18 | 费福明 |
| 嘉兴市秀洲区王店革新石材加工厂 | 2016.6 | 石材加工、安装 | 6 | 高柏权 |
| 嘉兴市倍得酒业有限公司 | 2008.3 | 餐饮、酒类批发 | 160 | 徐月华 |
| 桐乡市梧桐林坤农村家宴管理服务部 | 2019.6 | 农村家宴服务 | 20 | 徐林坤 |
| 桐乡市梧桐振东家妮羊毛衫厂 | 2015.7 | 羊毛衫生产、加工 | 3 | 张洪清 |

## 第二节　商业

民国时期及解放初期，由于村域离桐乡县城、濮院镇都较远，偏僻落后，没有商店集市，村民们所需的生活必需品和要出售的农产品全靠全村的7户航船户，所以航船成了流动的商店、集市。

当时，村域内各家各户生产的稻麦、豆类、油菜籽、蚕茧、烟叶、菊花等，还有自己饲养的鸡、鸭、猪、羊等牲畜，大多靠航船户带去城里销售。那时，村域内几乎每一条河浜两岸都有1～2家航船户，全村域内共有10家航船户（有的是临时，没有登记上册）。根据民国37年（1948）档案记载：“1948年，革新村域内有7户航船户：蔡阿大、蔡子荣由蔡家里至濮院，航运时间都是上午八时至下午三时；陈阿三、范阿大由新木桥至桐乡（本地村民习惯称县城梧桐镇为桐乡）濮院乡；高三毛由麦干浜至桐乡；洋小毛（沈富祥）、姚阿三由姚家浜至桐乡。”从姚家浜摇船到桐乡有12里水路，经庙白港至濮院西埠头有15里水路。村域内所产农副产品，大多由村民带着货物乘航船去出售，而购买生活日用品，则一般委托给航船户带回。无论是卖还是买，航船户都要收取少量费用，乘客则不收费。另一部分费用由商行老板付给航船户，船上的货物卖给哪家商行就由哪家商行付。航船天天开，风雨无阻，不是开桐乡就是开濮院。每次开船前，航船户都要吹海螺或敲锣，通知周边村民。村民家中如有急需，那就只好自己肩挑背驮徒步去城里出售了。步行到桐乡有7里多路，到濮院则有12里。偏僻的地理位置使得村域内与城镇的经济往来不密切，这就使得桐乡城里的大商号都来到村域内定期设点，春天收蚕茧，夏天收黄麻、瓜果，冬天收柏子、菊花等，同时出售人们日常生活用品，方便村民；域外有手艺的人，如铁匠、木匠、石匠、泥水匠、竹匠、鞋匠以及裁缝、剃头、弹棉花、修缸补甏等手艺师傅瞅准商机，纷至沓来，在村域内流动服务。货郎担、铜匠担、换糖担、箍桶担、生铁补镬子、鸡毛鸭毛换糙纸等小商小贩也络绎不绝。这些就是村域内最早最原始的个体工商业，他们走村串户，为满足农民的日常生产生活所需、活跃农村经济、促进农产品流通起到了重要作用，一直到了20世纪70—80年代才逐渐消失。

20世纪50年代，蚕茧收烘，由浙江省丝绸公司委托县供销总社包收包烘。

革新村域当时为城濮区革新乡，是蚕茧的主产区。1953年，桐乡县供销社在城濮区的所在地北孟庙建造一处茧站，名为“革新茧站”，负责收烘革新乡区域内的鲜茧。1958年，梧桐人民公社成立，同年组建梧桐供销社。第二年，供销社在原新南大队麦干浜北孟庙茧站边上设立下伸店，供应村民日常生活必需品，方便群众。20世纪60年代初，供销社调整布局，经营生活用品、副食品和农副产品收购。从此，村域内农户生产的杭白菊、晒红烟麻、大白菜、南瓜、湖羊毛、小湖羊皮等农副产品，不需要再去桐乡（旧时称梧桐镇）、濮院销售了，大大方便了村域内的农户，促进了农村经济的飞速发展。这对于满足农民日常生产、生活所需，发展农村经济、活跃农副产品流通起到了重要作用。与此同时，供销社分别在原革一大队的文桥头，向阳大队的富饶桥开设副食品下伸店，至此，航船失去了往日的作用，成为历史。20世纪60年代末至70年代初，为了进一步方便群众，梧桐供销社在新南综合商店的基础上又增设了百货商店、布店、生资商店，原新南大队也先后开办了水作店、肉店、茶馆店，从而形成了服务功能基本齐全的农村小集市，北孟庙则成了村域内的商业中心，赶集的人们陆续不断，从四面八方聚拢来，特别是革新茧站开站收茧时来往人员多，买卖生意兴旺，十分热闹。

20世纪80年代初，市场经济逐步发展，商品流通全面放开。个体私营商店悄然出现，成为市场的主体。1983年底，原革一大队新凤桥村民陈永根在浮石桥开了一家副食品小店，办了一张个体工商户营业执照，这是革新村乃至梧桐人民公社的第一张私营执照。1984年，新南北孟庙、革一文桥头、向阳富饶桥也相继开出了三家个体副食品小店。个体私营店早开门、晚打烊，服务态度好，价格坚持薄利多销，所以那年头个体店生意十分兴隆，那些经营方式死板的国营、供销商店无人问津，逼着改制经营，以适应时代潮流。

**豆制品加工村** 革新村域内的朱家浜村民组，在20世纪80—90年代是远近闻名的水作村（豆制品加工）。全村民组32户，有18户开办水作店，占总户数的56.3%，成了名副其实的水作村。

据1996年版《桐乡县志》记载，1983年9月6日，县委召开三级干部大会，贯彻中共中央文件，讨论完善农村联产承包责任制。1984年春，革新村域内全面推行家庭联产承包责任制，原朱家浜生产队的水作店也停产拆分。村民朱有林凭借自己的豆制品加工技术，自己买下了水作店的生产设备在自己家里开办了生产队里第一家私营水作店。一家三口起早贪黑，从下午一直做豆制品到深夜，第二天一早用三轮车把豆制品运到梧桐镇农贸市场批发、零售。俗话说：“豆腐水来做，”意思是利润可观。两年下来，朱有林赚了钱，将平房改造成楼房。生产队里的村民看在眼里，纷纷效仿朱有林，在短短两年多时间里，相继开出了 18 家水作店。20 世纪 80—90 年代，梧桐镇上的豆制品供应除了桐乡豆制品加工厂生产外，其余的大部分都是由朱家浜村民提供的，占了整个市场供应量的 80% 以上。村民用勤劳的双手发家致富，在 20 世纪 80 年代中后期，率先在新南村域内平房改楼房，小小水作店使得朱家浜改变了模样。他们不仅自己致富，还带动了一方经济，一方面他们大量收购周边村民的黄豆，另一方面产下的豆糟低价供应给周边村民养猪、羊和家禽。同时，还招收村民打工，使得周边村民增加了收入，得到了实实在在的利益。20 世纪 90 年代末，政府为了食品安全，下文关停豆制品加工小作坊，至此，水作店全部被关停。

**个体小商贩**　1983 年底至 1984 年，村域内全面实行家庭联产承包责任制，分田地到户后，部分家庭出现劳力剩余，特别是农闲时节无所事事。那时候，正是商品经济逐步形成、商品流通领域全面放开阶段，个体私营经济像雨后春笋般纷纷涌现。1984 年下半年，有经济头脑的原向阳村浮石桥的许明其、徐水根、陆林甫和镬子浜的陈连兴四个村民萌发了做小贩生意的念头。他们先是到梧桐农贸市场了解行情，然后骑着自行车到炉头、民合、乌镇一带，漫无目的地走街串巷，碰到能赚钱的货物买来后带到桐乡出售，获取利润差价，一天下来盈利达到几十元甚至上百元。经过一段时间，初次尝到了干小贩生意的甜头，他们的劲头更足了。他们发现乌镇一带饲养鸡、鸭的养殖场较多，而梧桐镇上家禽出售量不多，且价格较贵。于是，他们抓住这个商机，开始贩卖鸡、鸭。这时，他们感到自行车速度太慢、带货少又费力，就开始购买摩托车，用摩托车带货速度快、数量多，一天就能有好几趟来回。起先是自己零售，后来饭店、食堂的需求量大了，就开始搞批发。村上的其他村民看到他们生意做得好、赚钱多，纷纷加入他们的行列，先后有三十多人做起了贩鸡、鸭的生意。1987 年，他们了解到苏北一带养殖业发达，特别是“白洛克鸡”数量多，价格便宜。于是，他们合伙派人去苏北采购，联系货车，在浮石桥西桥堍搭了两间简易房作为运鸡车辆的停靠站。预先联系好饭店、食堂，货车一到，马上用三轮车、摩托车送至联系好的饭店、食堂，初步形成了购销、批发、运输、送货一条龙服务，在桐乡家禽市场独占鳌头。短短三五年时间，浮石桥、镬子浜两个村坊做鸡鸭生意的几十个人都富起来了，在向阳村率先平房改楼房，特别是许明其、徐水根、陆林甫、陈连兴等先后建造了乡村别墅，在320国道旁从草棚变别墅，成了一道靓丽的风景线。1992年，梧桐工商所与向阳村联办浮石桥家禽市场，向阳村负责筹划土地、建造房子，工商所负责资金、管理。自从建家禽市场后，个体商贩全部进场交易，规范了市场交易行为。从此，贩卖鸡鸭的个体商贩有的停做，有的改行，都失去往日的市场。

2001—2009年，村域内31个村民小组集体土地先后被国家征收，农房被拆迁后集中安置，先后形成了灵悟小区、革新小区、永兴小区、金晖小区等农民新村，村域内的茅盾东路及小区超市、菜场门面有店铺149家，涵盖服饰、百货、建材、车行、五金、装饰、副食品、水果、餐饮、鞋业、文具等，成为桐乡东城区的商贸服务区。

随着信息化时代的到来，数字经济在人们的生产、生活、经商等方面的作用日渐凸显。由此，一种新兴行业——电子商务（简称电商）应运而生。截至2019年，村域内开设电商网店60余家，从事电商人数达1200多人，占总人口数的5.5%，销售额达8500多万元，已初步形成快递公司、网货中心等相对完善的电子商务产业链。村域内成立电商服务组织，统一开展培训等服务工作，形成了规模大、收益好的电商大环境。2019年，革新村被阿里研究院第七届中国淘宝村高峰论坛授予“中国淘宝村”的称号。同年，革新村被浙江省商务厅授予“浙江省电子商务示范村”称号。

# 浙江省商务厅

## 浙江省商务厅关于公布2019年电子商务示范村、农村电商示范服务站（点）名单的通知

各市商务局：

为进一步营造良好的农村电子商务发展氛围，鼓励创新，增强示范带动，根据《浙江省商务厅关于开展2019年全省农村电商示范培育工作的通知》，我厅开展了农村电商示范培育工作。经县（市、区）各部门推荐，市级商务部门组织，省商务厅评审，按照总量控制、择优确定、突出示范效应的原则，确定杭州市盛中村等350个村为省电子商务示范村；杭州市上畈村农村淘宝服务站等720家电商服务站（点）为省农村电商示范服务站（点），具体名单见附件。请各地区进一步发挥好电商示范村和电商示范服务站（点）的产业带动作用，为全省“乡村振兴”作出更大贡献。

附件：1.《2019年浙江省电子商务示范村分布情况表》

2.《2019年浙江省电子商务示范村名单》

3.《2019年浙江省农村电商示范服务站（点）分布情况表》

1

4.《2019年浙江省农村电商示范服务站（点）名单》

浙江省商务厅

2019年12月25日

▲ 2019年12月浙江省商务厅公布电子商务示范村名单的通知

▲ 2019 年 8 月 30 日第七届中国淘宝村高峰论坛授予革新村中国"淘宝村"奖牌

表 7-3　　2019 年浙江省电子商务示范村名单

| 市 | 县（市、区） | 镇（乡、街道） | 电商示范村 |
| --- | --- | --- | --- |
| 嘉兴市 | 桐乡市 | 梧桐街道 | 革新村 |

表 7-4　　2020 年革新村域内店铺一览表

| 店铺名 | 开张时间 | 经营产品 | 店主 |
| --- | --- | --- | --- |
| 桐乡市梧桐振东振新砂石料供应站 | 2008.12 | 砂石料销售 | 高金明 |
| 桐乡市梧桐东鹿秋羊羊毛衫加工厂 | 2015.3 | 羊毛衫加工 | 姚建坤 |
| 桐乡市梧桐月芬面店 | 2019.11 | 饮食 | 方月芬 |
| 桐乡市梧桐振东陈兴发倒毛加工厂 | 2014.12 | 毛纱倒毛加工 | 陈兴发 |
| 桐乡市梧桐徐雪芳茶室 | 2019.3 | 餐饮服务 | 徐雪芳 |
| 桐乡市联新保洁服务有限公司 | 2017.1 | 卫生保洁 | 陈桂泉 |
| 桐乡市梧桐玲娜副食品店 | 2019.10 | 副食品 | 沈金狗 |
| 桐乡市梧桐辉瑛服装厂 | 2019.3 | 服装加工 | 祁荣根 |

续表 7-4

| 店铺名 | 开张时间 | 经营产品 | 店主 |
| --- | --- | --- | --- |
| 桐乡市梧桐振东小布丁副食品店 | 2016.8 | 副食品 | 殳金梅 |
| 桐乡市梧桐振东盛金仙副食品店 | 2015.11 | 副食品 | 盛金仙 |
| 桐乡市梧桐振东顾钰香副食品店 | 2017.1 | 副食品 | 顾钰香 |
| 桐乡市梧桐振东佰清面馆 | 2015.8 | 餐饮 | 蔡利群 |
| 桐乡市城东印刷厂 | 1993.7 | 印刷 | 戴瑞根 |
| 桐乡市梧桐振东徐锋羊毛衫加工厂 | 2009.12 | 毛衫加工、销售 | 徐　锋 |
| 桐乡市梧桐振东秋亿绒服饰商行 | 2017.7 | 服装、鞋帽批发销售 | 庄志杰 |
| 桐乡市梧桐振东非常理剪理发店 | 2016.8 | 理发 | 毕炜杰 |
| 桐乡市梧桐欣阳副食品店 | 2019.4 | 副食品 | 张　慧 |
| 桐乡市梧桐振东林悟日用品店 | 2014.6 | 日用百货、食品销售 | 张　勇 |
| 桐乡市梧桐振东炳芳副食品店 | 2015.11 | 副食品 | 盛炳芳 |
| 桐乡市梧桐殳丽萍副食品店 | 2017.12 | 副食品 | 殳丽萍 |
| 桐乡市梧桐振东企鹅绒羊毛衫厂 | 2014.12 | 羊毛衫加工 | 石每松 |
| 桐乡市梧桐六扇堂工艺品商行 | 2018.7 | 网上销售 | 费丽清 |
| 桐乡市信龙机械设备有限公司 | 2016.3 | 网上销售 | 赵晓波 |
| 桐乡市梧桐振东建芬副食品店 | 2013.12 | 副食品 | 端阿芬 |
| 桐乡市梧桐振东诚信装卸服务部 | 2008.1 | 货物装卸、搬运 | 陈海荣 |
| 桐乡市梧桐振东松金香烟店 | 2015.7 | 副食品 | 庄玉林 |
| 桐乡市梧桐振东永安家电修理部 | 2015.9 | 电器修理、安装服务 | 戴洪泉 |
| 福美生活超市 | 2016.10 | 超市 | 龚满全 |
| 时代联华购物中心 | 2010.11 | 超市 | 徐建通 |
| 桐乡老百姓药房 | 2017.4 | 药品零售 | 张学东 |
| 木森烤肉店 | 2017.8 | 餐饮 | 李　响 |
| 汇金御庭 | 2016.11 | 餐饮 | 沈晓明 |

续表 7-4

| 店铺名 | 开张时间 | 经营产品 | 店主 |
|---|---|---|---|
| 倍得酒业 | 2011.3 | 酒类批发、销售 | 钟庆林 |
| 良湖棋牌室 | 2020.7 | 棋牌 | 张哉玺 |
| 白雪棋院股份有限公司桐乡分公司 | 2018.8 | 棋类活动 | 孔永海 |
| 世纪联华永兴店 | 2016.11 | 超市 | 姜正洪 |
| 革新便民果蔬超市 | 2012.9 | 超市 | 罗爱香 |
| 杭州京都卤味城 | 2018.3 | 熟食 | 付茂轩 |
| 万州烤鱼 | 2018.7 | 餐饮 | 陈　龙 |
| 陈记传统早餐 | 2018.12 | 早点 | 陈春节 |
| 桐乡市梧桐振东汇海时代副食品超市 | 2015.6 | 副食品批发零售 | 徐建通 |
| 桐乡市梧桐百礼挑一礼品商行 | 2017.10 | 礼品批发、零售 | 高灵丽 |
| 桐乡市梧桐知秋工程咨询工作室 | 2020.6 | 招投标代理 | 徐　铮 |
| 桐乡市梧桐锦新门业经营部 | 2015.2 | 门业 | 徐建华 |
| 中财管道 | 2005.5 | 管道 | 钱煜明 |
| 超强锁行 | 2001.4 | 门锁 | 张永强 |
| 林吉电器 | 2012.12 | 电器 | 姚林吉 |
| 雅典铁艺铝艺 | 2016.7 | 铁皿、铝皿 | 吴天宝 |
| 金诚建材 | 2001.6 | 钢材 | 张德芳 |
| 嘉银车业 | 2013.10 | 汽车 | 顾掌荣 |
| 万达汽车 | 2015.11 | 汽车 | 李勇达 |
| 欧雅莱工厂店 | 2019.1 | 窗帘 | 孙晓雅 |
| 诚成汽车 | 2012.7 | 汽车 | 李永妹 |
| 谷力谷超市 | 2020.10 | 超市 | 陈力谷 |
| 爱贝妈咪烘焙店 | 2014.8 | 蛋糕 | 盛建亲 |
| 祥昇汽车美容装潢 | 2014.7 | 汽车装潢 | 全　辉 |

续表 7-4

| 店铺名 | 开张时间 | 经营产品 | 店 主 |
|---|---|---|---|
| 天宇汽贸 | 2015.1 | 汽车销售 | 钟阿根 |
| 东汇车贸 | 2006.11 | 汽车销售 | 吕建东 |
| 世佑集成吊顶 | 2012.12 | 集成吊顶 | 史天佑 |
| 梧桐旅游 | 2009.3 | 旅游 | 高梅岭 |
| 腾川布老虎 | 2012.4 | 窗帘 | 周美艳 |
| 特色小河鲜 | 2010.10 | 餐饮 | 洪秋月 |
| 河之味煲店 | 2010.5 | 餐饮 | 李跃生 |
| 长兴电瓶专卖店 | 2004.3 | 电瓶销售 | 胡惠民 |
| 李记小笼 | 2009.7 | 餐饮 | 吴云标 |
| 亚亚超市 | 2003.6 | 副食品 | 徐建立 |
| 吴记小笼 | 2011.11 | 餐饮 | 项为明 |
| 海群建材 | 2020.8 | 玻璃胶 | 龙 浩 |
| 卓禹防水 | 2020.6 | 涂料 | 徐淑月 |
| 全乔装饰 | 2014.10 | 建材 | 赖胜利 |
| 婷娜丽莎 | 2019.11 | 化妆品 | 徐冰冰 |
| 雄伟建材商行 | 2010.6 | 建材 | 曹金松 |
| 双富板材专卖 | 2011.7 | 建材 | 吕新明 |
| 好乐购超市 | 2013.8 | 副食品 | 王 杰 |
| 鑫旺水族馆 | 2005.10 | 鱼缸 | 殳建华 |
| 鑫盛油漆 | 2012.11 | 涂料 | 储晓芬 |
| 嘉航五金 | 2010.3 | 五金 | 张 龙 |
| 天马暖通设备 | 2018.9 | 通风设备 | 邹祥华 |
| 火锅冒菜 | 2020.3 | 火锅 | 陈晓兰 |
| 源源纺配 | 2015.10 | 横机配件 | 袁凤柱 |

续表 7-4

| 店铺名 | 开张时间 | 经营产品 | 店主 |
|---|---|---|---|
| 家电维修 | 2008.3 | 家电维修 | 张巧云 |
| 家园漆业 | 2010.4 | 油漆 | 黄金云 |
| 丹麦福乐阁涂料 | 2017.7 | 涂料 | 黄金云 |
| 广东洁具批发 | 2007.9 | 洁具 | 谢培龙 |
| 南园超市 | 2013.11 | 食品 | 向尚长 |
| 四国民门业 | 2008.10 | 门业 | 沈富荣 |
| 德国阔盛 | 2014.12 | 水电材料 | 吴伟 |
| 清清副食品店 | 2010.6 | 副食品 | 许少宽 |
| 安宿木门 | 2012.7 | 木门销售、安装 | 李月海 |
| 登峰五金 | 2005.9 | 五金 | 童海峰 |
| 雅迪电动车 | 2007.10 | 电动车 | 汪中惠 |
| 爱漫时墙布 | 2016.12 | 墙布 | 徐素侠 |
| 星旗电器 | 2016.7 | 电器 | 李德法 |
| 京京发艺 | 2018.3 | 发艺 | 张芳 |
| 天天见面馆 | 2018.4 | 餐饮 | 沈其荣 |
| 嘉湘饭店 | 2010.12 | 餐饮 | 童常青 |
| 阿能面馆 | 2015.10 | 餐饮 | 沈伟林 |
| 保利管道 | 2013.5 | 管道 | 朱云发 |
| 莉莉超市 | 2012.6 | 副食品 | 王兰章 |
| 电动车维修 | 2015.9 | 修车 | 徐　华 |
| 亭子桥砂石料场 | 2003.10 | 砂石料 | 孙雪明 |
| 小成石膏线专卖店 | 2006.11 | 石膏线 | 陈国斌 |
| 锦新门业 | 2005.8 | 铝合金门窗 | 徐建华 |
| 福光药淋浴房 | 2016.3 | 淋浴房 | 陈海志 |

续表 7-4

| 店铺名 | 开张时间 | 经营产品 | 店主 |
|---|---|---|---|
| 冶军门窗 | 2013.1 | 电焊 | 奉治军 |
| 百倍房产 | 2018.3 | 中介 | 徐兰芳 |
| 美的空调 | 2018.6 | 电器销售 | 李鑫兴 |
| 大众广告 | 2018.10 | 广告 | 秦　伟 |
| 梧桐金踏车行 | 2016.11 | 修车 | 张　采 |
| 兴隆不锈钢装潢部 | 2020.10 | 装潢 | 周国刚 |
| 铝合金制作 | 2015.5 | 装潢 | 张增芳 |
| 佳莱汽修 | 2020.4 | 汽修 | 苟荣强 |
| 桐乡晟园机械设备有限公司 | 2018.7 | 固件设备 | 姚金祥 |
| 鑫弘汽车 | 2020.6 | 汽车销售 | 余学海 |
| 洛卡帝尼 | 2015.9 | 服装 | 祝家伟 |
| 桐乡恒通汽贸 | 2016.10 | 汽贸 | 范勤芳 |
| 香烟店 | 2010.11 | 香烟销售 | 沈之熙 |
| 车享家 | 2016.7 | 洗车 | 沈小项 |
| 浩运装饰建材 | 2017.3 | 建材 | 冯现各 |
| 氧离子生态漆 | 2017.5 | 油漆 | 李福财 |
| 荣华灯具 | 2015.6 | 灯具 | 潘国荣 |
| 利桐建筑材料有限公司 | 2017.3 | 建材 | 辛小红 |
| 电线电缆 | 2020.12 | 电线、电缆 | 孙前勇 |
| 桐乡锦大德防水 | 2020.4 | 防水涂料 | 梅燕飞 |
| 轻质砖隔墙、卫浴 | 2004.5 | 卫浴 | 范坤荣 |
| 浙赣空调电器 | 2011.11 | 电器 | 纪辉强 |
| 上海万巨管业桐乡代理 | 2012.10 | 管道 | 鲍长益 |
| 利民茶室 | 2011.8 | 茶馆 | 沈利民 |

续表 7-4

| 店铺名 | 开张时间 | 经营产品 | 店主 |
|---|---|---|---|
| 公牛爱眼 LED 灯 | 2011.3 | 灯具 | 徐艾爱 |
| 兴旺钉业经营部 | 2009.1 | 五金 | 孙旺盛 |
| 国华五金店 | 2015.10 | 五金 | 谢国华 |
| 轻钢龙骨吊顶 | 2010.11 | 集成吊顶 | 韩旺业 |
| 阿波罗卫浴 | 2020.9 | 卫浴 | 李子艳 |
| 桐乡市梧桐惠丰电动工具商行 | 2010.8 | 电动工具 | 赵惠丰 |
| 利都横机配件针织 | 2015.7 | 横机配件 | 杨红英 |
| 友好建材 | 2012.3 | 建材 | 黄树落 |
| 兴丰防水 | 2012.10 | 防水涂料 | 宣里本 |
| 西州艺墅钢门 | 2010.3 | 门业 | 王来树 |
| 梧桐百年固美建材 | 2010.5 | 建材 | 沈跃伟 |
| 沙县小吃 | 2012.7 | 餐饮 | 陈新海 |
| 时美发屋 | 2010.10 | 理发 | 黄元琴 |
| 川味小炒 | 2017.9 | 餐饮 | 彭永梅 |
| 亚细亚管业 | 2018.10 | 管道 | 王美玉 |
| 博越装饰店 | 2008.11 | 装饰 | 王建国 |
| 早阳早餐店 | 2019.3 | 餐饮 | 查双龙 |
| 老石建材五金商行 | 2012.3 | 建材 | 石月美 |
| 长东油漆辅料 | 2006.6 | 油漆 | 朱森林 |
| 祝峰防水 | 2016.8 | 防水涂料 | 刘祝峰 |

# 第八章 基础设施

地处江南水乡的革新村，村域内河道交叉，水路便捷，东有永兴港北连大运河，西有亭子桥港连接十字港、莲花桥港，中有莲花桥港、富饶桥港、灵悟桥港，东西南北贯穿村域，是先前水路出行的主要通道。船是主要的交通工具，种类较多，按制造材料分，可分为木船、水泥船和铁皮船。旧时，村域内河浜交叉，每个自然村都有河浜连接，人们要陆路出行就要在河、浜上架桥，便于通行，按造桥的材料分，可分为木桥、石桥、水泥桥。

新中国成立前，村域地处偏僻，交通不便，信息不通，往西距离梧桐镇 7 里，往东距离濮院镇 12 里，没有大路，只有一条弯曲不平的小泥路。要到街上，得等到早晨露水干了再去，不然，人们的裤子、鞋子会被露水弄湿。自然村落都是矮小、简陋的平房，还有一部分是草棚，只有几户殷实人家有宽敞的厅屋。

新中国成立初期，村域内还没有一处公共建筑，村委设在草庵内，照明用蜡烛或洋油灯。20 世纪 70—80 年代，人民生活水平提高了，村域内的大部分农民草棚变砖瓦平房。20 世纪 90 年代，一部分先富起来的农民，平房改楼房，2001—2009 年，全村 31 个村民组整体征迁，每户建有 600 多平方米建筑面积的四层楼房，村里还建造了行政办公楼、居家养老服务中心、家宴中心、菜场、卫生服务站等公共设施。

## 第一节 交通运输

### 一、水路交通

**木船** 木船历史悠久。新中国成立前，村域内船只很少，只有少数大户人家才有，也不过是3吨的小木船。人民公社化后，集体经济有了发展，革新村域内各生产队陆续购置了3吨小木船，后来逐渐添置了5吨、6吨的。生产队里粜粮、摇粪、运肥、运稻谷稻草、罱泥等都少不了这些农用木船。

**机器船** 即木船装上抽水机。革新村域内水田多，零星散布在河浜两岸。这些水田圩头面积小，建造固定的机埠灌溉不划算。为此，各生产大队便在河边筑一条进水沟渠通向田头，用装有柴油机和水泵的机器船抽水灌溉。这种机器船被称作"临时机埠"，原革一大队、新南大队和向阳大队都有，解决了当时小圩头灌溉难的问题。还有一种土轮船也被称为机器船。6吨大木船改装后像轮船一样，后舱有机器，船尾有螺旋桨，船头有驾驶室，船上有木头船篷，能遮风挡雨，载客或运货都安全舒适，是大队里的公用船。

▲ 航船

**航船** 早年农村中农民进城从事买卖等商业活动的重要交通工具。航船一般为3吨木船，船上有船篷，艄篷高一些，便于摇船，中舱两边安装木板，上盖芦扉（用芦竹或竹子编成的竹席），用桐油油漆过，既可遮风挡雨，又能遮阳，舱中坐人装货。旧时，摇船的称作"航船夫"，航船的时间和路线基本固定，姚家浜的航船只开往桐乡（旧时对梧桐镇的称谓）、濮院，早出晚归。航船起航时吹海螺招揽生意。村民听到螺号声，要进城的就在河埠头等候乘船，有的带上农产品上街销售，有的进城购买生产资料和生活必需品。航船夫对城里的商行都比较熟悉，因此，村民时常有生意寄给他们，让他们帮办，船主收取一定的费用。头蚕罢时，茧丝麦熟豆放开，种好田后，村民习惯上街游玩、购物，称为"脱黄皮"。这时航船的生意特红火，比逢年过节生意都要好。航船回来时吹海螺为号，寄生意的人到河埠头取东西。20世纪50年代，农村集体化后，航船停开。

▲ 郎船

▲ 轿子

**郎船** 郎船是新郎接亲的专用船。郎船为3吨木船，装修特别考究，船上有船篷。船篷、船板和顶上的芦扉都油亮发光。船头较宽，可停放花轿，船上有大橹和二橹。大橹两人摇，二橹一人摇，三人同时摇船，船又快又稳。昔日的新娘乘郎船、坐轿子进婆家是最体面的。

**罱泥船** 又称“江北船”，最早来自苏北。船身直、底平、仓浅、头方，一头有船篷，适合罱河泥。20世纪60年代，桐乡经济恢复较早，农民生活有了好转。苏北兴化一带罱泥的农民，结伴带着儿女来桐乡罱泥。革新村是个农业大村，种粮面积大，特别是南荡和北荡，面积大，土地贫瘠，需要罱泥肥田，当时大部分生产队都接收了苏北罱泥人家在本队落户，刚开始是临时帮工，罱一船算多少工分，到年终参加分红，几年下来，这些罱泥人家慢慢融入了本地人的生活，开始上岸，也就是在岸上搭几间草棚，落户本地了。除了罱泥，还与本地的村民开始干其他农活。罱泥人冬春主要以罱泥为主，为队里积肥。夫妻俩男罱泥女撑篙，风雨同舟。

▲ 水泥农船

**水泥船** 水泥船是20世纪70年代的新生事物，由钢筋水泥制造而成。当时，崇福镇有水泥造船厂。水泥船比木船坚固，船身光滑阻力小，摇船速度快，维修方便，费用也低。当时每个生产队都有5吨或6吨的水泥船，还有3吨的小水泥船。有了水泥船，木船就被淘汰了。到了80年代，村民在船上装上了柴油机和挂桨。挂桨船速度快，运输能力大大提高。原向阳大队砖瓦厂和城东砖瓦厂，装泥用的船都是水泥船，村民运砖、运粮、运肥也都用水泥船。随着经济发展和道路改善，车运逐渐替代船运，大板车、拖拉机、农用汽车和电动三轮车进入了农家，大大方便了广大农户运货、购物、办事的速度，至此水泥船逐渐被淘汰。

**铁船（铁皮货轮）** 铁船是改革开放后进入革新村域内的，铁船坚固耐用、

▲ 铁皮货轮

装载量大，吨位从几十吨到上百吨，船体全是钢板制成的，航行时阻力小，速度快。船上有轮机房、驾驶室，上下货物都在专用码头，机械化操作，省去人工，效率更高。20 世纪 80 年代中期，高家里村民组的四位村民在村域内率先搞起了水路运输的副业，他们购入几十吨的水泥挂机船，专门运输黄沙、石子、水泥、石灰等建筑材料。那时平房改造楼房，建筑材料需要量大，生意十分红火。20 世纪 80 年代末至 90 年代初，他们卖掉水泥船，买了 100 多吨的铁船，跑运输的速度更快，效益更好，利润更高。当时，革新村内有这样的铁船 6 艘。到了 21 世纪，由于港航管理更加规范、严格，对从业人员要求更高，再加上旧船要报废，所以在村域内集体土地被征迁后，这些运输户卖掉铁船，上岸改行。

**桥梁**

▲ 水泥拱桥

革新村域内历史上留下来的石桥有 12 座，由于战争、年久失修、桥小阻碍航道和开河等原因，20 世纪 70 年代拆除了大部分石桥，改建成水泥拱桥。到了 90 年代，又因河道加宽，部分水泥拱桥又改建成水泥平梁公路桥。

1975 年，因姚家浜开河，连通西面北港河，姚家浜上的北孟庙桥和赵家木桥两座石桥被拆除，取而代之的是新建了新南桥、前进桥和向前桥三座水泥拱桥。

永兴港革新村域段原有 4 座三孔石板桥，其中旺华桥、宏桥、邱婆桥破损严重，于 20 世纪 70 年代先后拆除，改建水泥拱桥，桥址桥名依旧。只有浮石桥保存完整未改建。

20 世纪 70 年代，富饶桥港上的两座石板桥富饶桥和新凤桥，被拆除改建成水泥拱桥。其中富饶桥水泥拱桥在 80 年代被装着水泥的货车压断，重建成为水泥平桥。

灵悟桥港上的文桥，原来也是石桥，20 世纪 70 年代改建成水泥桥。灵悟桥港南头港口的灵悟桥，原来是座单孔石拱桥（石环桥），高大坚固，造型美观。21 世纪初，因北港河整治，石桥被拆除，建起了水泥拱桥。

1998—1999 年，因实施杭嘉湖南排工程，莲花桥港（北港河东段）需要拓宽，20 世纪 70 年代建造的水泥拱桥新南桥、前进桥和向前桥又重建为水泥平梁大桥，其中前进桥改名为“朱家浜桥”。

2004 年，永兴港南段拓宽，革新村域内的浮石桥（石桥）和邱婆桥、宏桥（都为水泥拱桥）全部被拆除，建起了恒贸桥、椿树下桥、永兴桥、邱婆桥和宏桥 5 座水泥平梁公路桥。

从 20 世纪 90 年代开始，桐乡市区迅速向东扩展，特别是进入新世纪以来，320 国道先后两次东移，世纪大道、濮院大道、环城东路、二环东路等相继建成。莲花桥港（北港河）上先后建起了世纪大道世纪莲花桥、濮院大道平安桥、环城东路水港桥、莲花桥等水泥平梁公路大桥，桥宽 40 ～ 80 米，桥长 50 多米。

2001 年开始，革新村集体土地及农房陆续被征迁，加上灵悟桥港整治，弯头改直，河面加宽，两岸筑起石帮岸等因素，原有的文桥（水泥桥）被拆除，新建了文桥、文匠桥、新苑桥、文苑桥 4 座水泥平梁公路大桥，连通了石材街、茅盾东路、国源路和逾桥东路。

**立交桥**　革新村西南角的世纪大道上，原来有座立交桥，于 1995 年 9 月 28 号竣工通车，是桐乡市第一座公路立交桥，桥名“梧桐立交桥”，该桥北起茅盾东路，南至市消防大队西侧，全长 421.74 米，桥宽 9 米，横跨在杭申公路和北港河上。2003 年，盐湖公路改道，原路基改为世纪大道，立交桥被拆除。

浮石立交桥于 2005 年建成，南北向，位于二环东路，横跨在濮院大道上，全长 800 米，宽 40 米。

**木桥**　村域内保留时间最长、最有名的木桥是坍桥。该木桥坐落于原大道

▲ 2005 年建成的浮石立交桥

场村民组前面的坍桥浜上，桥南是徐家兜村民组，桥北是大道场村民组。木桥南北向，两排桥柱和所有桥梁桥板都是木头，桥面上还铺着砖块。木头容易腐烂，桥常坍常修，桥名可能因此而来。60 年代末，木桥被拆除，改建成水泥平板，20 世纪 70 年代又改建成有闸门的石坝桥。其他河浜上也曾有过木桥，如麦干浜、沈家村浜、镬子浜等。这些木桥是两岸村民自发建成的，通常经过三五年就坍塌了。

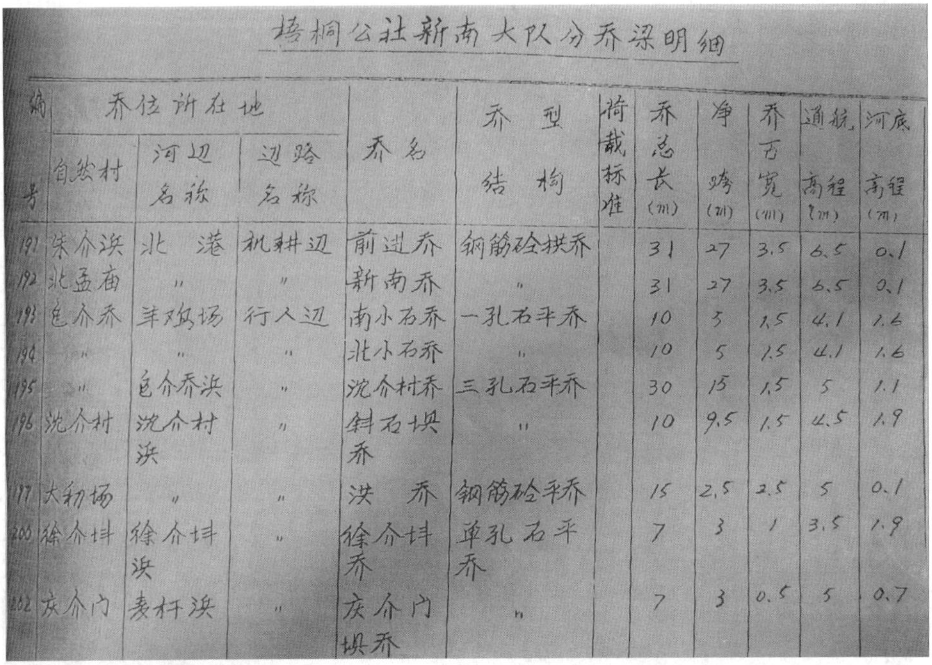

梧桐公社新南大队分乔梁明细

| 编号 | 乔位所在地 | | | 乔名 | 乔型结构 | 荷载标准 | 乔总长(m) | 净跨(m) | 乔面宽(m) | 通航高程(m) | 河底高程(m) |
|---|---|---|---|---|---|---|---|---|---|---|---|
| | 自然村 | 河道名称 | 道路名称 | | | | | | | | |
| 191 | 朱介浜 | 北　港 | 机耕道 | 前进乔 | 钢筋砼拱乔 | | 31 | 27 | 3.5 | 6.5 | 0.1 |
| 192 | 北孟庙 | 〃 | 〃 | 新南乔 | 〃 | | 31 | 27 | 3.5 | 6.5 | 0.1 |
| 193 | 邑介乔 | 羊鸡场 | 行人道 | 南小石乔 | 一孔石平乔 | | 10 | 5 | 1.5 | 4.1 | 1.6 |
| 194 | 〃 | 〃 | 〃 | 北小石乔 | 〃 | | 10 | 5 | 1.5 | 4.1 | 1.6 |
| 195 | 〃 | 邑介乔浜 | 〃 | 沈介村乔 | 三孔石平乔 | | 30 | 15 | 1.5 | 5 | 1.1 |
| 196 | 沈介村 | 沈介村浜 | 〃 | 斜石坝乔 | 〃 | | 10 | 9.5 | 1.5 | 4.5 | 1.9 |
| 197 | 大初场 | 〃 | 〃 | 洪　乔 | 钢筋砼平乔 | | 15 | 2.5 | 2.5 | 5 | 0.1 |
| 200 | 徐介斗 | 徐介斗浜 | 〃 | 徐介斗乔 | 单孔石平乔 | | 7 | 3 | 1 | 3.5 | 1.9 |
| 202 | 庆介门 | 麦杆浜 | 〃 | 庆介门坝乔 | 〃 | | 7 | 3 | 0.5 | 5 | 0.7 |

▲ 1982 年原新南大队桥梁明细表

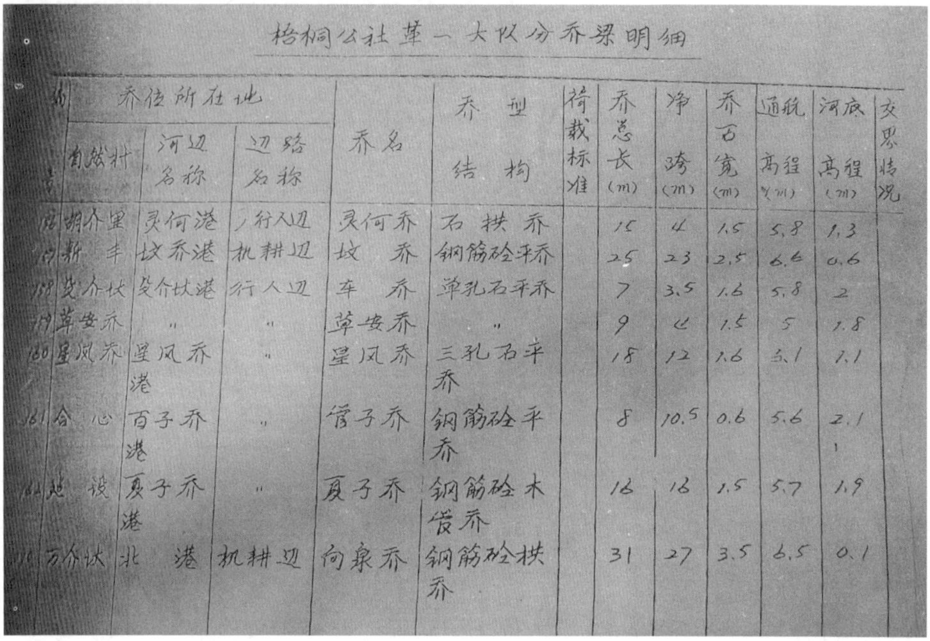

格桐公社革一大队分乔梁明细

| 编号 | 乔位所在地 自然村 | 河边名称 | 边路名称 | 乔名 | 乔型结构 | 荷载标准 | 乔总长(m) | 净跨(m) | 乔面宽(m) | 通航高程(m) | 河底高程(m) | 交界情况 |
|---|---|---|---|---|---|---|---|---|---|---|---|---|
| [illegible] | 胡介里 | 灵何港 | 行人边 | 灵何乔 | 石拱乔 | | 15 | 4 | 1.5 | 5.8 | 1.3 | |
| [illegible] | 新丰 | 坟乔港 | 机耕边 | 坟乔 | 钢筋砼平乔 | | 25 | 23 | 2.5 | 6.6 | 0.6 | |
| 158 | 戈介圩 | 戈介圩港 | 行人边 | 车乔 | 单孔石平乔 | | 7 | 3.5 | 1.6 | 5.8 | 2 | |
| 159 | 革安乔 | " | " | 革安乔 | " | | 9 | 4 | 1.5 | 5 | 1.8 | |
| 160 | 星凤乔 | 星凤乔港 | " | 星凤乔 | 三孔石平乔 | | 18 | 12 | 1.6 | 5.1 | 1.1 | |
| 161 | 合心 | 百子乔港 | " | 管子乔 | 钢筋砼平乔 | | 8 | 10.5 | 0.6 | 5.6 | 2.1 | |
| [illegible] | 建设 | 夏子乔港 | " | 夏子乔 | 钢筋砼木管乔 | | 16 | 16 | 1.5 | 5.7 | 1.9 | |
| [illegible] | 方介圩 | 北港 | 机耕边 | 向泉乔 | 钢筋砼拱乔 | | 31 | 27 | 3.5 | 6.5 | 0.1 | |

▲ 1982 年原革一大队桥梁明细表

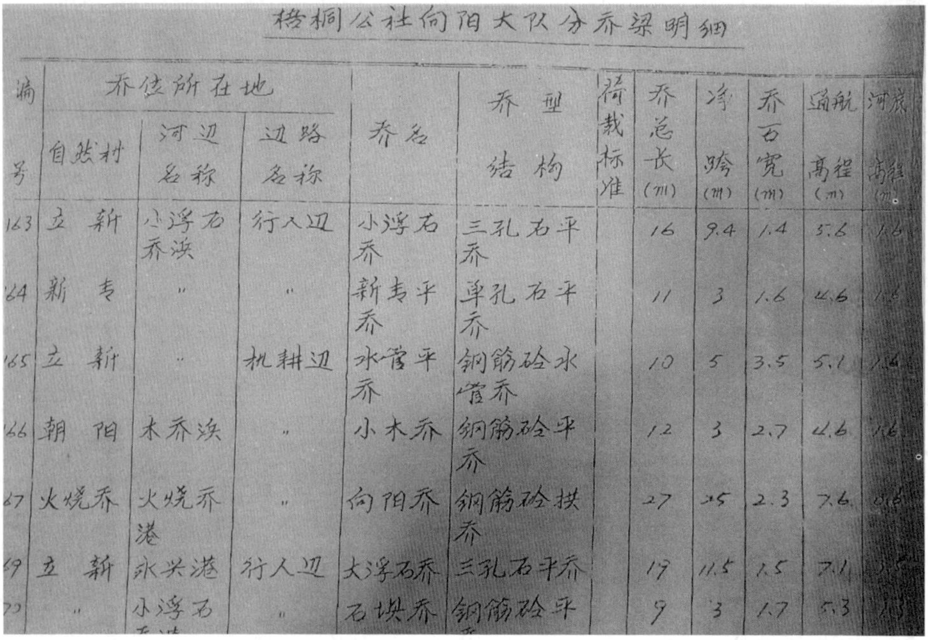

格桐公社向阳大队分乔梁明细

| 编号 | 乔位所在地 自然村 | 河边名称 | 边路名称 | 乔名 | 乔型结构 | 荷载标准 | 乔总长(m) | 净跨(m) | 乔面宽(m) | 通航高程(m) | 河底高程(m) |
|---|---|---|---|---|---|---|---|---|---|---|---|
| 163 | 立新 | 小浮石乔浜 | 行人边 | 小浮石乔 | 三孔石平乔 | | 16 | 9.4 | 1.4 | 5.6 | 1.6 |
| 164 | 新专 | " | " | 新专平乔 | 单孔石平乔 | | 11 | 3 | 1.6 | 4.6 | [illegible] |
| 165 | 立新 | " | 机耕边 | 水管平乔 | 钢筋砼水管乔 | | 10 | 5 | 3.5 | 5.1 | [illegible] |
| 166 | 朝阳 | 木乔浜 | " | 小木乔 | 钢筋砼平乔 | | 12 | 3 | 2.7 | 4.6 | 1.6 |
| 167 | 火烧乔 | 火烧乔港 | " | 向阳乔 | 钢筋砼拱乔 | | 27 | 25 | 2.3 | 7.6 | [illegible] |
| [illegible] | 立新 | 永兴港 | 行人边 | 大浮石乔 | 三孔石平乔 | | 17 | 11.5 | 1.5 | 7.1 | [illegible] |
| [illegible] | " | 小浮石[illegible] | " | 石坝乔 | 钢筋砼平[illegible] | | 9 | 3 | 1.7 | 5.3 | [illegible] |

▲ 1982 年原向阳大队桥梁明细表

表 8-1　　截至 2020 年革新村钢筋混凝土桥梁一览表

| 名称 | 所在河流 | 长度（米） | 跨径（米） | 建造年份 | 河面宽度（米） | 桥面宽度（米） | 坐落 |
|---|---|---|---|---|---|---|---|
| 浮石桥 | 永兴港 | 60 | 40 | 1936 | 40 | 45 | 永兴小区 |
| 恒贸桥 | 永兴港 | 56 | 40 | 2004 | 40 | 20 | 永兴小区 |
| 椿树下桥 | 永兴港 | 56 | 40 | 2004 | 40 | 20 | 永兴小区 |
| 永兴桥 | 永兴港 | 56 | 40 | 2004 | 40 | 45 | 永兴小区 |
| 邱婆桥 | 永兴港 | 56 | 40 | 2004 | 40 | 20 | 永兴小区 |
| 宏桥 | 永兴港 | 56 | 40 | 2004 | 40 | 20 | 大道场 |
| 新南桥 | 莲花桥港 | 46 | 40 | 1999 | 40 | 6 | 北孟庙 |
| 莲花桥 | 莲花桥港 | 60 | 50 | 2005 | 40 | 40 | 绕城路 |
| 桐溪桥 | 莲花桥港 | 60 | 50 | 2014 | 40 | 50 | 朱家浜 |
| 朱家浜桥 | 莲花桥港 | 46 | 40 | 1999 | 40 | 6 | 朱家浜 |
| 向前桥 | 莲花桥港 | 46 | 40 | 1999 | 40 | 6 | 范家埭 |
| 水港桥 | 莲花桥港 | 56 | 46 | 2000 | 40 | 40 | 环城东路 |
| 平安桥 | 莲花桥港 | 56 | 40 | 2000 | 40 | 40 | 平安路 |
| 世纪莲花桥 | 莲花桥港 | 52 | 52 | 2000 | 40 | 80 | 世纪大道 |
| 莲湖桥 | 环园河 | 30 | 20 | 2016 | 20 | 6 | 电视台东北 |
| 康民路桥 | 环园河 | 30 | 20 | 2016 | 20 | 20 | 电视台东 |
| 环园路桥 | 环园河 | 38 | 26 | 2004 | 26 | 35 | 电视台东 |
| 湘溪桥 | 小湖南口 | 50 | 40 | 2010 | 40 | 40 | 茅盾东路 |
| 玉溪桥 | 凤凰南口 | 60 | 50 | 2010 | 45 | 40 | 茅盾东路 |
| 语溪桥 | 凤凰北口 | 70 | 56 | 2010 | 50 | 40 | 凤凰湖大道 |

续表 8-1

| 名称 | 所在河流 | 长度（米） | 跨径（米） | 建造年份 | 河面宽度（米） | 桥面宽度（米） | 坐落 |
|---|---|---|---|---|---|---|---|
| 车溪桥 | 凤凰东口 | 70 | 56 | 2010 | 50 | 50 | 凤凰湖大道 |
| 梅泾桥 | 凤凰东口 | 70 | 56 | 2010 | 50 | 50 | 凤凰湖大道 |
| 凯旋桥 | 南新南桥港 | 36 | 20 | 2004 | 20 | 20 | 海关大楼前 |
| 清风桥 | 南新南桥港 | 36 | 20 | 2004 | 20 | 20 | 检察院前 |
| 新南桥 | 南新南桥港 | 35 | 28 | 2000 | 28 | 40 | 环城路 |
| 爱民桥 | 茅亭港 | 30 | 20 | 2000 | 20 | 20 | 利民路 |
| 茅亭桥 | 茅亭港 | 30 | 20 | 2000 | 20 | 20 | 康民路 |
| 灵悟桥 | 灵悟桥港 | 30 | 26 | 2001 | 28 | 6 | 金晖小区 |
| 文桥 | 灵悟桥港 | 30 | 28 | 2006 | 28 | 20 | 石材街 |
| 文匠桥 | 灵悟桥港 | 40 | 28 | 2007 | 28 | 38 | 茅盾东路 |
| 新苑桥 | 灵悟桥港 | 36 | 28 | 2007 | 28 | 20 | 国源路 |
| 文苑桥 | 灵悟桥港 | 40 | 28 | 2007 | 28 | 40 | 逾桥东路 |
| 秀才桥 | 秀才桥港 | 60 | 52 | 1936 | 50 | 60 | 濮院大道 |
| 后村桥 | 先生桥港 | 32 | 28 | 2000 | 28 | 40 | 环城东路 |
| 灵悟桥 | 范家埭浜 | 20 | 15 | 2006 | 15 | 15 | 灵悟小区 |
| 范苑桥 | 范家埭浜 | 16 | 12 | 2006 | 15 | 10 | 灵悟小区 |
| 亭子桥 | 亭子桥港 | 46 | 30 | 1936 | 28 | 40 | 茅盾东路 |
| 石径桥 | 屠家里浜 | 20 | 20 | 2010 | 20 | 40 | 濮凤路 |
| 朱家兜中桥 | 富饶桥港 | 35 | 28 | 2010 | 28 | 40 | 二环东路 |
| 富饶 桥 | 富饶桥港 | 35 | 28 | 2010 | 28 | 20 | 永兴小区 |

## 二、陆路交通

▲ 坑坑洼洼的道路（李渭钫摄）

20 世纪 90 年代前，革新村域内没有水泥路，只有一些机耕路，碰到下雨天自行车骑不了，泥泞不堪。90 年代末，革新村还未合并，分革一村、新南村和向阳村 3 个村。修路也是 3 个村分开修，革一村从法海湾（今濮院大道与茅盾东路口）往东修到方家埭，新南村从塘家浜往东修到北孟庙。向阳村从富饶桥往北修到浮石桥公路。水泥路总长 3.5 千米，宽 2.5 米，解决了当时骑车难的问题。第二次修筑水泥路是在 2000 年，3 个村合并为革新村，这次修筑水泥路要求高、质量好，在原有小水泥路的基础上，加宽改直，用毛石铺路基，用水泥混凝土浇筑而成，西起法海湾公路，东到新南北孟庙，北连浮石桥公路，全长 4.5 千米，宽 5 米。为解决修路资金短缺的问题，当时的梧桐镇党委、政府发动社会力量捐款，桐乡市一舟皮革有限责任公司等十多家公司捐款 129 万元。为表彰其功德，镇政府在法海湾革新村路口立碑纪念。

表 8-2　　革新村域水泥路修筑捐款明细表

| 公司名称 | 捐款金额（万元） |
|---|---|
| 桐乡市一舟皮革有限责任公司 | 30 |
| 桐乡市建泰纺织有限公司 | 20 |
| 桐乡市政建设工程公司 | 10 |
| 梧桐砖瓦厂 | 20 |
| 桐乡市城东砖瓦厂 | 10 |
| 钱林砖瓦厂 | 10 |
| 梧桐房产公司 | 5 |
| 桐乡钱凤制绒有限公司 | 5 |
| 桐乡华益绢纺厂 | 5 |
| 桐乡市丝绸公司 | 5 |
| 梧桐化纤厂 | 4 |
| 桐乡市钱林丝绸印染服装总厂 | 2 |
| 桐乡城南地毯厂 | 2 |
| 桐乡市钱林电镀厂 | 1 |

革新村域南北分别以振兴东路和濮院大道为界，东西以永兴港和亭子桥港为界，柏油路、水泥公路纵横交错。村域内南北向的大路有世纪大道、濮院大道、环城东路和二环东路，都是6车道的柏油路，中间有隔离带，两边都有非机动车道和行人道。东西向的大路有利民路、康民路、茅盾东路和逾桥东路，都是四车道柏油路，还有一些双车道的水泥路。道路四通八达，交通十分便利。

最早经过革新村域的公交线路是2002年10月开通的3路公交线。2007年8月开通了5路、8路公交线，2011年9月又相继开通了9路、10路、13路、14路公交线。家门口的公交车方便了村民的出行，并特别对70周岁以上的老年人实行优惠，一卡在手，免费坐公交。

表8-3　2023年革新村公交优惠情况表

| 卡类型 | 持卡对象 | 优惠措施 |
| --- | --- | --- |
| 普通公交卡 | 全体村民 | 5折 |
| 老年卡 | 60岁至69岁 | 2.5折 |
| 敬老卡 | 70岁以上 | 免费 |
| 爱心卡 | 60岁以上残疾人 | 免费 |
| 支付宝储值码 | 全体村民 | 5折 |

表 8-4　　2023 年革新村域内公交车班次一览表

| 公交线路 | 时间 | 起点 | 终点 | 途经革新村站点 |
| --- | --- | --- | --- | --- |
| 3 路 | 6:30—18:15 | 服务中心 | 凤鸣临时公交站 | 公安局、北港桥（凤凰湖）、灵悟小区 |
| 13 路 | 6:30—18:15 | 客运中心 | 庆北公交站 | 植物园东门、传媒中心、公安局、北港桥（凤凰湖）、灵悟小区 |
| 5 路 | 6:30—18:15 | 濮院物流园区 | 公交西站 | 永兴小区、濮凤路二环东路口、凤凰湖大道青溪路口、环园路口、植物园东门、茅盾中学 |
| 8 路 | 6:30—18:15 | 凤鸣临时公交站 | 东北公交站 | 凤凰湖（巴黎都市东环城东路）、逾桥东路濮院大道口 |
| 9 路 | 6:30—18:15 | 凤鸣临时公交站 | 东北公交站 | 逾桥东路濮院大道口<br>茅盾东路濮院大道口 |
| 10 路 | 6:30—18:15 | 南港小区 | 庆北公交站 | 植物园东门、公安局、环城东路利民路口 |
| 14 路 | 6:30—18:15 | 桐乡九中 | 东北公交站 | 环城东路逾桥路口、凤凰湖、灵悟小区（西）、濮院大道茅盾路口 |
| 长途汽车 K191 路 | 6:00—18:00 | 桐乡客运中心 | 嘉兴客运中心 | 濮院大道茅盾东路口、濮院大道逾桥东路口、逾桥东路环城东路口、凤凰湖、金马转盘、浮石桥 |
| K271 | 6:00—18:00 | 东北公交站 | 濮院汽车站 | 逾桥东路濮院大道口、环城东路口、凤凰湖凤仪路口、凤凰湖北大门、凤凰湖濮凤路口、二环东路口、永兴小区 |

## 第二节 邮政 通信

旧时人们传递信息文书的中转站叫铺，俗称“驿铺”。1996年版《桐乡县志》记载：“明朝定制十里一铺。桐乡县立四铺：县前急递总铺、皂林铺、永新铺、西蒋铺。”村域离“县前急递总铺”3千米。清光绪二十九年（1903）撤销“驿铺”，设立“民信局”。清朝末年至民国时期，民信局被撤销，设立“邮政局”。新中国成立后，设立“邮电局”。县邮电局在梧桐人民公社派出2名乡邮员，各大队设立邮政网点，由邮递员投递信件。一般本县信件三天内送达，省内五天内送达，省外则需五至七天送达。1951年，县与各乡镇开始有电话连接；1958年9月18日，梧桐人民公社成立，到年底，公社与各大队均通电话。从此，广大农村实现了电话覆盖。当时的电话只能点对点单线接听，大队没办法打电话到别的地方，只能在公社与大队之间通话。当时人们已经觉得十分方便了。没有电话时，公社有什么通知都要由人力步行到大队传送通知，大队有什么要汇报的也需步行走去。1962年，梧桐人民公社设立电话转换小总机，村域内原新南、革一、向阳三个大队的队部安装手摇电话机，实现长途通话。向外打电话需通过公社小总机交换接通。新南大队大道场自然村村民徐阿四，绰号“小麻子阿四”，担任公社小总机接线员二十多年。20世纪50年代，村民要办理电报业务，须到县邮电局才能办理。1962年后，人们可通过乡邮员办理电报业务，电报资费每个字0.03元，有加急、特急、邮送三种特别业务。20世纪90年代，传真机开始普及，人们可以去邮电局办理文字传真业务。1990年，自动电话交换机投入使用。1993年10月31日零时起，村域内电话号码从6位升至7位，统一在原号码前加“8”。1994年，开通无线寻呼设备（俗称BP机），能显示呼叫人的来电号码，被呼叫人据此回拨电话，就能实现两人之间的通话。2007年5月19日零时，村域内固定电话和小灵通号码从7位升至8位数，也统一在原号码的前面加“8”。2008年，邮政与电信实行分设。

**邮政业务** 20世纪50年代初，全国实行邮（政）发（行）合一，报刊发行由邮政局承办。1953年，邮政局接管了原由新华书店承担的期刊发行业务。1962年后，村域内有一名乡邮员，靠步行投递报刊、信件，发送至大队部办公室，后来则配备了自行车分送邮件、报刊。当时，投送的报刊有《人民日报》《浙江日报》《浙北报》《桐乡日报》等。1978 年，试行邮政编码，当时村域内的邮政编码为 314500。1988 年，统一使用要求书写邮政编码的标准信封。改革开放后，邮政业务不断扩大，拓展到函件、包裹、汇兑、储蓄、报刊发行、集邮等业务。

**函件**　分国际、国内两大类。国内又分为本地与外地。随着移动通信技术和网络的出现，文字信件类函件锐减，无论国内外，只要有网络均可通过发短信、微信等方式替代。

**包裹**　以邮寄小件包裹为主。种类有民用包裹、商品包裹、快递包裹、航空包裹、纸质包裹、保价包裹等。2008 年后，包裹业务除中国邮政办理外，中国邮政快递、顺丰快递、圆通快递、中通快递、汇通快递、申通快递、京东快递、韵达快递等一大批快递企业均能承接包裹投送业务。

**报刊发行**　20 世纪 60—70 年代，每个大队都有一份《人民日报》《浙江日报》和《参考消息》，大队部就是投递点。90 年代后，发行《人民日报》《浙江日报》《嘉兴日报》和《桐乡报》。当时，除了村委会订阅《人民日报》《浙江日报》外，每个村民组都要求订阅一份《浙江日报》和一份《浙江科技报》，一般村民组长家是投递点。此外村里的企业、学校都按要求订阅《浙江日报》和《中国教育报》等。

**邮资变化**　新中国成立前，尽管农村地区识字人不多，少有信件来往，但有开往梧桐镇和濮院镇的航船，航船的船主也办理代带信件或政府布告、函件等业务。当时的邮资任由寄信者付予 1 ～ 2 个铜板，稍大一点或重一点的邮件付 5 个铜板。

新中国成立初，寄信需前往梧桐镇上的邮政所办理，平信每封贴邮票 500 圆。从 1950 年 7 月 1 日起，寄本埠平信每信贴邮票 400 圆，寄外埠每信贴 800 圆邮票。

1955 年，实行人民币改革，废“圆”改为元、角、分。国内寄信（信重限 20 克以内）属本埠的贴邮票 4 分，外埠的贴 8 分，印刷品每件 2 分。如投寄“航空”信件（适用于远程快速投寄），除了购买专门的航空信封（右上角标有“航空”票签）之外，每封信贴邮票 1 角。

1990 年 7 月 31 日起，本埠平信（20 克以内）每信贴邮票 1 角，外埠每信贴邮票 2 角。

1996 年 12 月 1 日起，不分本埠与外埠，每信贴邮票 5 角。

1999年3月1日起，国内平信每信（100克以内）邮资为本埠6角，外埠8角。

从2006年11月15日至今，国内平信邮资（20克以内）本埠为8角，外埠为1元2角。

村民寄平信在原革一、新南和向阳三个大队均有副食品商店代售邮票，向阳大队北部村民则多数前往北邻的濮院供销社浮石桥综合商店付邮资寄信。上述商店均设有投递信箱，但不收挂号信，挂号信业务需在镇上邮政所办理。

20世纪90年代至21世纪初，每逢新年和春节来临之际，邮政部门发行有奖明信片业务，当时，村民们通过寄送有奖明信片向亲朋好友问候新春佳节成为一种时尚，邮资为每张1元2角。2010年以后，随着电信事业的飞速发展，电话拜年逐渐盛行，有奖明信片便淡出人们的视野。至2020年，人们通过写信与亲朋好友进行联络的方式也几乎成为了历史。

**特种服务电话**　1991年，邮电局推出特种服务电话，常用的有113——长途市农合用挂号电话、112——电话故障报修特种服务电话等。特种服务电话能正确、专业、迅速地服务广大人民群众。

表8-5　**特种服务电话一览表**

| 特种电话 | 特种服务内容 |
|---|---|
| 119 | 火警 |
| 110 | 盗警 |
| 120 | 急救 |
| 114 | 查号台 |
| 112 | 电话故障报修台 |
| 96121 | 天气预报台 |
| 88103226 | 新华书店专用 |
| 88022806 | 自来水抢修 |
| 95598 | 电力抢修 |
| 12345 | 市长电话 |
| 96345 | 社会公共服务中心台 |
| 96315 | 消费者投诉台 |
| 96371 | 华数电视报修台 |

说明：资料来源于2010年版《桐乡市志》

**电信业务**　民国时期至新中国成立初，革新村域内没有电话。直到1962年，农村各公社设立电话小总机，村域内原新南、革一、向阳三个大队开始安装手摇电话，可以通过公社小总机打短途电话，拨打长途电话必须要等对方总机一步一步接转，既费时又费钱，故村民很少去大队部打电话，一般都用信件联系。1993年10月，村域内镬子浜村民组村民费兴堂用1.4万多元钱安装了一部住宅电话，成为革新村域内最早安装程控固定电话机的农户。当时，村民有时要打电话，有时外地打电话过来找人听电话，时常要去叫人听电话，虽然麻烦，但方便了村民。随后，同村陆家埭村民小组徐正坤在1994年5月，花了1万多元成为第二个安装电话机的村民。20世纪90年代中期，电话开始进入平常百姓人家。1993年始，开办无线寻呼业务及移动电话业务。2000—2014年，电信事业快速发展，电话与网络相继普及。革新村村民与城市居民一样步入网络信息时代。到2019年底，革新村域内宽带用户（电脑）达1324户，拥有移动电话（手机）4191部。

**电话**　1990年，自动电话交换机开始投入使用，电话用户大幅增加。此后十年，电话初装费逐年下降至取消，住宅电话快速增加普及，老式的摇摆式、拨号式电话机被淘汰。

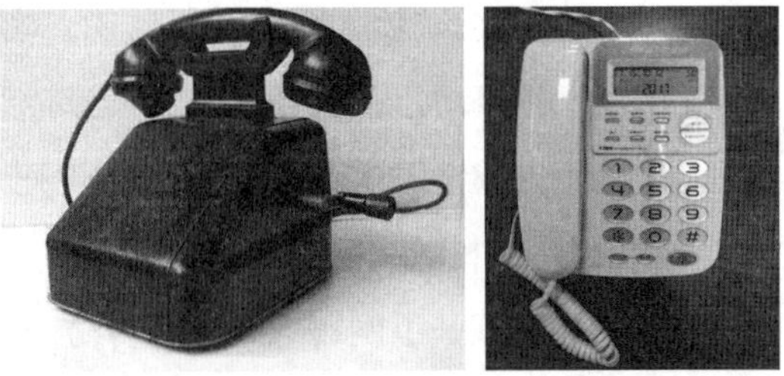

▲ 电话机

**移动电话**　1994年，桐乡市开始建立模拟移动通信和无线寻呼基站，有了第一台模拟移动电话，是美国的摩托罗拉产“8800”型，时称“大哥大”，入网费在内，价格在3万元左右，成了当时身份的象征。1995年，革新村包家桥村民组姚水荣购买了一台摩托罗拉（大哥大）移动电话，成为革新村使用手机的第一人。2000年后，全数字移动电话出现，手机价格下降，移动电话进入普通百姓家。此时市场上出现了芬兰的诺基亚手机，体积小、质量好，深受用户欢迎。后来美国的

▲ 移动电话

苹果手机（iPhone），以宽带技术为主体，能提供语音、数据、视频等多媒体业务。此时，同时出现更新速度快，具有拍照、录像、上网、打游戏、使用支付宝、炒股等功能的智能手机，其中国产的“华为”“小米”“vivo”“oppo”等品牌都已占据了手机和销售榜的前列。

**寻呼机** 1994年，无线寻呼机站建立后，开通无线寻呼业务。当时，一部摩托罗拉寻呼机价格在4000元。寻呼机（俗称BP机）的出现使人们相互联系更加方便，一时间腰间挂着BP机成为一种时尚，“有事请呼我”成为当时的时尚流行语。

**小灵通** 2003年，电信企业开通小灵通业务。小灵通外观和一般智能手机一样，也具有发短信功能，实行单向收费，资费与固定电话一致，经济实惠、灵活方便，受到中老年消费者的喜爱。

**互联网** 2000年前后，中国联通、中国移动宽带通信光缆升级，互联网开始进入革新村民的生活并迅速发展，应用范围也越来越广。村服务中心处理村民事务，利用系统软件既公开又透明，实行电子化管理。金融、交通及工商企业利用互联网开展营销、服务、广告等活动。此外，互联网还被应用在小区管理上，智慧小区管理模式，实现全程无死角监控，有力助推了平安小区建设。

2010年后，村域内所有电脑均接入宽带网络，村民通过网络浏览新闻、收发邮件、娱乐游戏、上网聊天、网上购物、炒股、订票、看病挂号、缴费、学习。宽带年资费从2008年的1200元降至2018年的800元。随着手机的上网，给村民生活、工作带来了极大的便捷，同时也改变着人们的生活方式和行为方式。

## 第三节　公共设施

**改水** 革新村域位于杭嘉湖平原的水网地带，河浜交错，池潭星罗棋布，水资源十分丰富。旧时，村民生产、生活用水以河、浜、潭水为主，农户生活用水一般都使用明矾淀水，因为明矾能沉淀杂质，清洁饮用水。新中国成立后，农民饮用水条件逐步得到改善。60年代中后期，村域内原新南、革一、向阳三个大队的部分生产队利用生产队的公益金开挖公用水井，每个生产队挖1～3口。70年代初，部分村民利用铁制绞具在灶边或屋前自挖小口径水井，俗称“灶边井”。这种井井径约300毫米，井壁覆9寸水泥管，取水配铁皮小水桶，水桶的桶底装有阀门，下去时，利用桶的浮力打开阀门，吊起时，利用水的重力关闭阀门。80年代初，村民普遍在房前或天井中开挖大口径水井，口径在600～800毫米，深5～6米，井壁砌小青瓦。村民以井水为饮用水，生产牲畜用水仍用河水，这是村民在饮用水卫生方面的一大改进和提升。

1999年，梧桐镇政府印发了《梧桐镇农村改水规划（1999—2000）》（以下简称《规划》），《规划》要求，村域内原新南村、革一村、向阳村在1999年底完成改水工作，资金筹措实行“农户出一点，镇、村二级补一点”的办法。即：安装农户出500元，镇每户补助200元，村级量力而行，每户补助300元。三个村共补助改水资金30多万元。至此，革新村域内1148户农户都喝上了洁净、卫生的自来水。村民用水价格为每立方米1.80元。2006年，全市实现城乡供水一体化。2014年，实行阶梯式三级收费标准：一级1～20立方米，每立方米1.90元；二级21～40立方米，每立方米2.85元；三级41立方米以上，每立方米6.7元。2017年，实行新的水费价格，收费标准为：一级1～60立方米，每立方米2.85元；二级61～120立方米，每立方米3.80元；三级121立方米以上，每立方米6.65元。

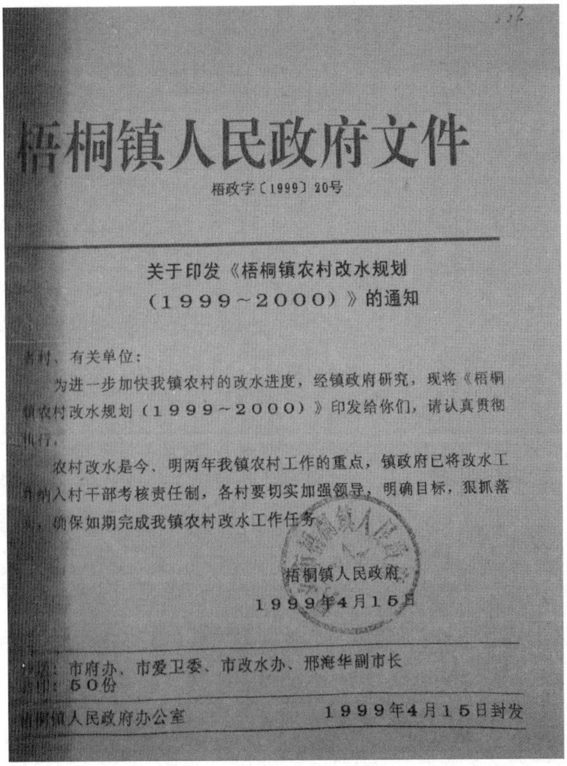

梧桐镇人民政府文件

梧政字〔1999〕20号

关于印发《梧桐镇农村改水规划（1999～2000）》的通知

各村、有关单位：

为进一步加快我镇农村的改水进度，经镇政府研究，现将《梧桐镇农村改水规划（1999～2000）》印发给你们，请认真贯彻执行。

农村改水是今、明两年我镇农村工作的重点，镇政府已将改水工作纳入村干部考核责任制，各村要切实加强领导，明确目标，狠抓落实，确保如期完成我镇农村改水工作任务。

梧桐镇人民政府

1999年4月15日

抄送：市府办、市爱卫委、市改水办、邢海华副市长

共印：50份

梧桐镇人民政府办公室　　1999年4月15日封发

▲ 梧桐镇人民政府1999年4月15日关于印发《梧桐镇农村改水规划》的通知

**改厕治污**　20世纪50年代至60年代初，村域内环境卫生差，卫生设施落后，露天粪缸、茅厕到处可见。60年代中后期，村域内开展“消灭血吸虫病”运动，开展改厕、管粪，彻底消灭露天粪缸、茅厕，修建公厕，建造无害化粪池。

村域内31个村民组，每组建造2～3个无害化粪池，配备3名专职粪管员负责粪便管理。新鲜人粪、猪粪倒入粪窖后，盖上盖并用灰泥密封，发酵10天左右才能作为肥料施用。做到不浇新鲜的猪粪、人粪，杜绝猪粪、人粪随着雨水流入河道，污染水源。80年代末、90年代初，随着收入的增加，村域内大部分农户将平房改建成了楼房，建成后的楼房都安装了抽水马桶，告别了有几千年来传统的马桶、坐窖和粪缸，是改厕治污的一次革命，使村民的居住条件、生活方式、环境卫生有了很大的提升，彻底改变了农村环境卫生脏、乱、差，农民卫生意识淡薄的状况。桐乡市经过20世纪90年代初至2002年的农村“改水”和“改厕”工作，获得全国爱国卫生运动委员会授予的“全国普及农村自来水先进县（市）”和“农村卫生厕所普及工作先进单位”称号。

从2001年开始至2009年，革新村域内31个村民小组先后被整体征地拆迁，形成革新、灵悟、永兴、金晖四个小区。小区管道，雨水、污水分设，每家每户都有一个化粪池，污水接入污水处理厂网管。

**农村用电**　1961年10月，新安江水电站35千伏高压线连接桐乡变电所，桐乡变电所安排10千伏高压线至濮院（简称桐濮线），路经革新村域。1962年，村域内第一台变压器安装在朱家浜机埠的高台沟上。从此，村域内开始步入电气化时代。到1999年，村域内共有变压器20台，总装机容量达到980千伏安。1962—1967年，村域内原新南、革一和向阳大队先后建立农田排灌机埠16座，总动力322千瓦，开始使用电耕犁、电动打稻机、碾米机、电力水泵等农业机械。1996年版《桐乡县志》记载：“1965年梧桐人民公社革一大队，以县计划安排电耕犁配套材料，各自架设电耕犁专用线路1.5千米。”“1967年开始，农村各生产队因陋就简，从就近电力排灌机埠接线，引入农户用电。至1973年，全村域农户用电率达98%”。1968年，村域内的原新南、革一和向阳三个大队所属生产队土法上马，就近取材，购买旧电线、铅丝等物资。火线用的是电线（皮线），零线用的是铅丝，电线杆子则用竹子代替。电线从机埠接出，每户

农户装 1 ～ 2 只 15 瓦灯泡。以前人们用火照明，即用油盏点火来照明。所谓油盏就是在一个器皿里倒点菜油，再放上灯草或纱线、糜头纸即可。第二次鸦片战争后，外国商人把一些商品带入中国，我们统称为“洋货”。那时，煤油也进入中国市场，中国人叫“洋油”，用“洋油”代替菜油省成本，后来人们普遍应用煤油来点火照明，称为“洋油灯”。民国后期至解放初的 50 年代，市场上有蜡烛、美孚灯、汽油灯，这是人们办喜事时或大队开大会时用的，那是当时最高档也是最亮的一种照明工具。自从村域内通上电有了电灯，几千年来照明用蜡烛、洋油灯的历史结束了。但由于电压不稳，经常发生断电现象，考虑到安全因素，1996 年，市电力公司将全市 6 千伏、10 千伏的线路改为“二线一地制”运行。80 年代初，原梧桐人民公社设立了用电管理站（简称农电站），给每个大队都设置低压配电房，村民生活用电趋于平稳、正常。

1991 年起，能源部开展“电力为农业、为农民、为农村经济服务”达标竞赛活动，重点是扩大用电范围，提高用电水平，整顿农村电价，保证农业生产季节性用电和生活照明用电。1996 年起，市供电局全面启动新农村电力改网建设工作，增设网线，更换老、旧、细线，做到一户一表，安装触电保护器。当时的电价标准是：民用电每千瓦时 0.42 元，农田排灌用电 0.409 元，农业用电 0.66 元，工业用电 0.65 元。

表 8-6　　2020 年居民用电价格表

单位：元

<table>
<tr><th colspan="2" rowspan="2">电压等级</th><th rowspan="2">电度电价</th><th colspan="2">分时电价</th></tr>
<tr><th>高峰电价</th><th>低谷电价</th></tr>
<tr><td rowspan="3">不满一千伏“一户一”表居民用电</td><td>年用电 2760 千瓦时及以下部分</td><td>0.538</td><td>0.568</td><td>0.288</td></tr>
<tr><td>年用电 2761 ~ 4800 千瓦时部分</td><td>0.588</td><td>0.618</td><td>0.338</td></tr>
<tr><td>年用电 4801 千瓦时及以上部分</td><td>0.838</td><td>0.868</td><td>0.588</td></tr>
</table>

说明：高峰时段 8:00—22:00，低谷时段 22:00—8:00（次日）

**农户燃料**

**柴草** 包括稻柴、麦柴、豆梗、桑条、桑柴、油菜梗、杂树枝等。历代以来，柴是农户的主要燃料。村域内柴源丰富，主要是粮食秸秆以及其他农作物的茎梗。柴对农户来说十分重要，一日三餐都要用到柴。当时，柴源很多，但用处也多，比较紧张。20 世纪 70—80 年代，烧制土瓦、土砖的小土窑也要用柴作为燃料。人民公社期间，生产队的柴草是按个人口粮和劳动工分进行分配的，村民们为了用柴调砖瓦建房，千方百计节省用柴，烧菜少炒多蒸，少烧多闷。

**省柴灶** 1996 年版《桐乡县志》记载："为了解决柴草不足，除推广沼气利用外，主要为改变落后的用能设备，推广省柴灶。1987 年通过试点示范对旧式灶进行改造，设计出'桐 88 型'前后进风省柴灶，具有热效能高、成本低、省时、省柴、卫生等优点，深受农户欢迎。据抽样调查，梧桐镇革一村省柴灶普及率达 82.5%，平均热效能为 26.02%。一座旧灶改建成本为 10 元，改建后每户年节约柴草 900 千克，折款 45 元。" 20 世纪 80 年代末，村域内省柴灶普及率达 90%，为缓解当时农户燃料紧张、增加村民收益起了较大的作用。

**煤球（煤饼）** 始于 20 世纪 60 年代。原先是城镇居民按人口分配、凭票供应的燃料。煤球炉火力足、省时省力，村民用农副产品向城镇居民调换煤球票，从此，农村也开始使用煤球作燃料。改革开放后，煤炭市场逐步开放，村民可以自由购买，由于省时省力、成本低，一些村民便长期使用煤球（煤饼）作燃料。

▲ 煤球

▲ 煤饼

**沼气** 一种利用人、猪羊粪便在厌氧条件下，经池内微生物发酵产生的能燃烧的气体。沼气作燃料具有清洁、热效率高、成本低的优点，既能杀死新鲜人、猪、羊粪中的病菌，又能增加肥力，一举两得。1978 年，原梧桐人民公社在革一大队建造沼气试点，派公社沼气技术专管员曹炳林进行技术指导。当时，建造沼气池，实行"公社、大队补一点，农户出一点"的办法，每只沼气池补助八五红砖 300 块、水泥 3 包、石灰 100 千克。当年革一大队共建造沼气池 284 个，占全大队总户数的 84.8%。随后，在革新村域内的新南、向阳大队也全面铺开。到 1983 年止，革新村域内三个大队共建造沼气池 662 个，占革新村总户数的 68.8%，而当时，全县的沼气池数占农户数的比例只有 12.5%。沼气的开发和普及，既缓解了农户燃料不足的状况，还能供沼气灯照明，收到了较好的经济效益。

表 8-7 革新村（1978—1983 年）沼气池建造使用情况表

单位：个

| 年份 | 大队名称 | 总户数 | 建造数量 | 使用数量 | 新增数量 | 占比例 |
|---|---|---|---|---|---|---|
| 1978 年 | 革一 | 335 | 284 | 283 | — | 84.8% |
| | 向阳 | 190 | 87 | 84 | — | 45.8% |
| | 新南 | 413 | 52 | 52 | — | 12.6% |
| 1979 年 | 革一 | 331 | 288 | 287 | 4 | 87% |
| | 向阳 | 186 | 160 | 160 | 73 | 86% |
| | 新南 | 404 | 166 | 166 | 114 | 41.1% |
| 1980 年 | 革一 | 328 | 294 | 294 | 7 | 90% |
| | 向阳 | 191 | 160 | 160 | — | 83.8% |
| | 新南 | 410 | 195 | 195 | 29 | 47.6% |
| 1981 年 | 革一 | 327 | 300 | 300 | 6 | 91.7% |
| | 向阳 | 186 | 160 | 160 | — | 86% |
| | 新南 | 396 | 195 | 195 | — | 49.2% |
| 1982 年 | 革一 | 342 | 300 | 224 | — | 87.7% |
| | 向阳 | 189 | 160 | 156 | — | 84.7% |
| | 新南 | 410 | 202 | 202 | 7 | 49.3% |
| | 革一 | 348 | 300 | 202 | — | 86.2% |
| | 向阳 | 191 | 160 | 136 | — | 83.8% |
| 1983 年 | 新南 | 423 | 202 | 202 | — | 47.8% |
| | 合计 | 962 | 662 | 582 | — | 68.8% |

说明：全县建沼气池占农户总数的 12.5%

**太阳能** 1983年，北京大学四方科贸中心成立了太阳能热水器生产企业。太阳能具有节能环保的优点，将太阳能转化为热能，自动把冷水加温到热水，以满足村民的生产、生活需要。至2019年，革新村村民拥有太阳能热水器4963台。

太阳能光伏发电是一种新能源技术。光伏发电是利用半导体界面的光生伏特效应而将光能直接转变为电能的一种技术。2017年，麦干浜村民沈柏洪第一个安装了太阳能光伏发电，费用在6.5万元左右。光伏发电不但能满足自己用电所需，多余电量由国家电网统一回收。截至2020年8月，革新村域内，四个小区共安装太阳能光伏发电的有107户，占村域总户数的9.2%。

**液化气** 俗称煤气，20世纪90年代村民开始用煤气作为燃料。1993年，市煤气公司在秀才桥建立液化气站，此后，村域内村民开始普及液化气使用，有四位村民从事灌装煤气的服务工作。液化气价格随市场而定，在2000年以前，每瓶在60～70元之间；2010年，每瓶在95元左右；2015年，每瓶在82元左右，最高时可达125元；2020年，每瓶在100元左右。

**天然气** 又称管道煤气。截至2020年，村域内尚未安装使用天然气，但在小区建设时已做了规划，并已埋设好天然气管道。

## 第四节 村居建设

### 公共建筑

**革新村行政办公楼** 2000年，原新南村、革一村、向阳村合并成现在的革新村。2001年，村里投资116.82万元，建造了新的办公楼，坐落在村域的中心地带塘家浜，三层框架结构，建筑面积992平方米，于2002年建成并交付使用。大楼的东侧建有425平方米的三层楼村民服务中心、村文化礼堂和村图书室，操场上建有标准篮球场和排球场各一个。2010年10月，由于实施凤凰湖开挖工程，村行政办公楼被拆除，搬迁到了原革一村的老办公楼，这是20世纪90年代建造的三层框架结构楼房，建筑面积800平方米。2000年并村后的革新村，虽然集体经济雄厚，但村党委本着“发展第一、民生优先、办公节俭”的宗旨，决定不再建造新的办公大楼，把钱用在发展生产、改善民生上，充分利用好老的办公楼，村办公楼内设一站式便民服务中心，集会议、办公于一体，村民办理计生、医疗、行政许可、人民调解等方面的事务，不出村就能办妥，既便利群众、服务村民，又拉近了党群、干群关系。

**居家养老服务中心** 村域内共有三处居家养老服务中心。其中，灵悟小区居家养老服务中心2015年建造，建筑面积1050平方米，总投资193.94万元；革新小区居家养老服务中心于2015年建造，建筑面积1270平方米，总投资212.43万元；永兴小区居家养老服务中心于2016年建造，建筑面积2400平方米，总投资439.9万元。各服务中心均设有老年活动中心、文化礼堂、茶室、健身功能区、图书阅览室、健身康复室、电视日托室等完备的服务设施。

**家宴中心与菜场** 村域内建有3处家宴中心、3处便民菜场。灵悟小区便民菜场被列入市政府建设便民菜场实事工程，于2008年9月28日完工投入使用，建筑面积2650平方米，总投资201万元。2020年，又投入347万元进行提升改造。第一农村家宴中心位于灵悟小区，于2009年建造完成投入使用，建筑面积1875平方米，总投资158.11万元。第二农村家宴中心位于革新小区，于2012年建造完工投入使用，建筑面积1870平方米，总投资 263.31万元。2019年，菜场、会所提升改造，投入107.26万元。第三农村家宴中心和菜场位于永兴小区，于2016年建造完工投入使用，建筑面积3300平方米，总投资716.67万元。每个家宴中心均配有35张圆桌，可容纳350人就餐。厨房间内有烧柴的老虎灶，灶间与烧菜间分设，炊具、餐具等一应俱全。村民有红白喜事均可申请租用，费用低廉，只收取平价的水、电费。

**革新村卫生服务站** 2015年，搬迁至灵悟小区居家养老服务中心底楼（二楼是老年活动中心），内设就诊室、针灸室、诊疗室、药房、辅料室等，市中医院下派了两名执业医生和一名护士作为医护人员，承担起全村四千多村民和一万多名新居民的卫生保健、防病治病职责，每天接诊在八九十人左右。

**自然村落** 1962年，村域内有43个自然村：原新南大队的沈家门、蔡家里、高家里、庄家门、朱家浜、沈家村、小庄村（大缺口）、姚家埭、张家里、赵家木桥、潘家门、庙东、庙西、南徐兜、中徐兜、北徐兜、大道场；原革一大队的陈家埭、新凤桥、港北村、柏子村、后村、殳家埭、丁家里、倪家门、南港上、吴家里、方家埭、盛家里、东南上、祁家里、范家埭、刘家里；原向阳大队的周家里、富饶桥、陆家埭、朱家兜、椿树下南、椿树下北、大浮石桥、小浮石桥、镬子浜东、镬子浜西。

旧时，自然村落中的住房简陋，殷实人家一般有七路头平房二三间。一些绍兴人、江北人移居来村，大部分是住草棚。革一大队、向阳大队沿沪杭公路边上的农户房子，抗日战争期间被日本人烧光，住的全是草棚。村域内的张家厅、朱家厅、沈家厅、庄家厅、高家厅、徐家厅、祁家厅是最好的民居建筑。屋内有四个大圆看柱、两只大捎梁、三间捎空，有过道、石板天井、青砖斗墙、落地雕花长窗。一般人家只有一二间平瓦房，后埭几间草棚猪、羊棚。

20 世纪 70 年代到 80 年代初，人民的生活水平提高了，经济也发展了，有了一点积蓄，人们开始用勤劳挣来的钱来改善自己的居住条件。村域内极大部分农户先后建造了最简陋的平瓦房，虽然简易，但比原来好多了，住得舒适。90 年代后，人们的生活有了更进一步的提高，先富裕起来的农户率先把简易的平房改建成楼房。在短短几年里，村域内有 90% 以上的农户造起了楼房，有 30% 的人家造了后埭楼房后，又造前埭楼房，彻底改变了过去那种“晴天一百个日头，雨天一百只钵头”的艰苦住房状况。

2001—2009 年，全村 31 个村民组全部征迁，形成了灵悟、革新、金晖、永兴 4 个小区，每家每户都有 600 平方米建筑面积的四层楼房，村民们安居乐业。

# 第九章　城镇化建设

革新村地处桐乡市区（原梧桐镇）东北方向，村域西侧与丁家桥港为界，离老镇区仅 1000 米左右。1978 年中共十一届三中全会后，国家实行改革开放政策，乡镇企业逐步发展，纷纷在镇区周边征地办企业。20 世纪 80 年代初开始，村域西边的几个生产队被一些单位征用土地，建设厂房、场地，随后又有学校、纪念馆、道路改造等教育、文化、交通设施的建设，征用部分土地。当时，农民由于受传统耕作观念的束缚，国家粮食定购任务和公粮（农业税）负担比较重，视土地为命根子，只有足够的土地面积，才能完成国家粮食定购任务，留足全体村民的口粮。所以，要征用土地时减免所征土地面积的国家粮食任务和农业税为首要条件，其次解决劳动力转移问题。

2001—2009 年，桐乡市主城区（梧桐镇）扩展，因南方家园商城、桐乡植物园、凤凰湖建设项目及凯旋名都（巴黎都市）、星湖湾、悦湖湾、望湖湾、璟湖湾、星都会等住宅小区建设项目的需要，革新村集体土地逐渐被征用，村民居住房屋被拆迁安置。2009 年，征迁完成。全村村民告别祖祖辈辈一脉相承的农耕生活，住进设施齐全、环境整洁的小区，过上现代的城镇化生活。

## 第一节　征迁始末

**小规模征用土地、拆迁**　1980 年 7 月，根据桐计〔1980〕219 号批文，村域内原革一大队与桐乡县建筑公司梧桐工区联办桐乡水泥构件厂，选址在梧桐镇东门亭子桥东桥堍南侧吴家里生产队的土地，当时双方各投资10万元，其中革一大队提供土地21.6195亩，折价43239元；梧桐工区负责建房、建场地、添置设备。水泥构件厂主要生产五孔楼板等水泥预制品，利润按双方入股资金比例计算。革一大队进厂的工人为一级工，试用期为半年，半年后录用转为二级工，大队派驻进厂干部为三级工。1986年6月，企业补办征用土地手续。后来由于产销原因水泥构件厂停止生产，这块土地北边茅盾东路建设、东边世纪大道建设被征用大部分，剩余土地另作他用。2004年8月，土地使用权人申请登记时，尚剩下10.36亩。

1982年，梧桐人民公社中心小学新建校舍，选址在亭子桥东、杭枫公路南侧，征用原革一大队吴家里生产队土地约10亩，详细征用情况无从考证。1992年4月，中心小学扩建，又征用原地块北面原革一村科技站水田4.919亩。为了保障村办企业的发展，保留村原有的土地，村委会与吴家里村民组协商调换相等面积的土地。原村科技站的水田，由吴家里村民组出面转让给梧桐乡中心小学，村里在原打桩队东侧吴家里村民组土地中划入相等面积旱地。同年8月，中心小学办理征用手续。1996年中心小学异地搬迁，这两次征用的约15亩土地另作他用。

1985年，杭枫公路（320国道）改道，征用原革一村吴家里等村民组的土地，具体征用地块、面积等情况无从考证。后因国道再次改道，此路段于2005年改建为润丰步行街东北段。

1986年11月，根据桐计经〔1986〕268号批文，桐乡县供销总社、梧桐乡人民政府、桐乡农林局联合投资，创办“桐乡啤酒厂”，项目选址于丁家桥港东岸、北港河北岸原革一村吴家里村民组和向前（范家埭）村民组的地块。该建设项目共征用土地33.196亩，其中吴家里组被征用水田23.232亩，每亩补偿费6300元，安置就业23人；向前组被征用水田9.964亩，每亩补偿费6300元，安置就业10人；1987年10月，桐乡啤酒厂建设瓶箱堆场，又向原革一村祁家里组征用水田2.708亩，每亩补偿6000元，安置就业1人；未征先使用土地22.8亩。因各种因素，桐乡啤酒厂投产几年后倒闭，其土地分割转让给桐乡五交化公司等单位。未办理征用手续的22.8亩土地，其国家粮食任务从 1990 年开始由梧桐乡工业办公室出面单独立户，每年按当年粮食收购（早稻谷）平议价差价经济承担，并办理粮食任务完成手续。后来，该地块由梧桐房产公司开发建造“凤栖花园（西）”住宅小区。

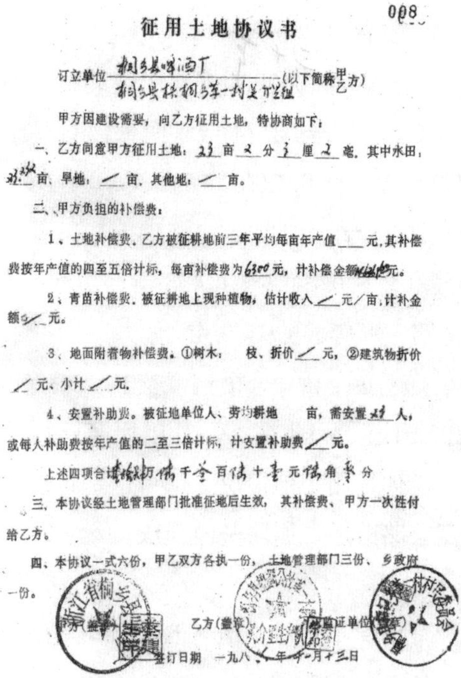

008

征用土地协议书

订立单位 桐乡县啤酒厂（以下简称甲方）
桐乡县梧桐乡革一村吴家里组（以下简称乙方）

甲方因建设需要，向乙方征用土地，特协商如下：

一、乙方同意甲方征用土地：23 亩 2 分 3 厘 2 毫，其中水田：__亩、旱地：／亩、其他地：／亩。

二、甲方负担的补偿费：

1、土地补偿费。乙方被征耕地前三年平均每亩年产值__元，其补偿费按年产值的四至五倍计标，每亩补偿费为 6300 元，计补偿金额__元。

2、青苗补偿费。被征耕地上现种植物，估计收入／元／亩，计补金额／元。

3、地面附着物补偿费。①树木：　枝、折价／元，②建筑物折价／元、小计／元。

4、安置补助费。被征地单位人、劳均耕地　亩，需安置__人，或每人补助费按年产值的二至三倍计标，计安置补助费／元。

上述四项合计__万__千叁百__十壹元__角零分

三、本协议经土地管理部门批准征地后生效，其补偿费、甲方一次性付给乙方。

四、本协议一式六份，甲乙双方各执一份，土地管理部门三份、乡政府一份。

甲方（盖章）　　乙方（盖章）　　监证单位（盖章）

签订日期　一九八__年十一月十三日

▲ 征用土地协议书

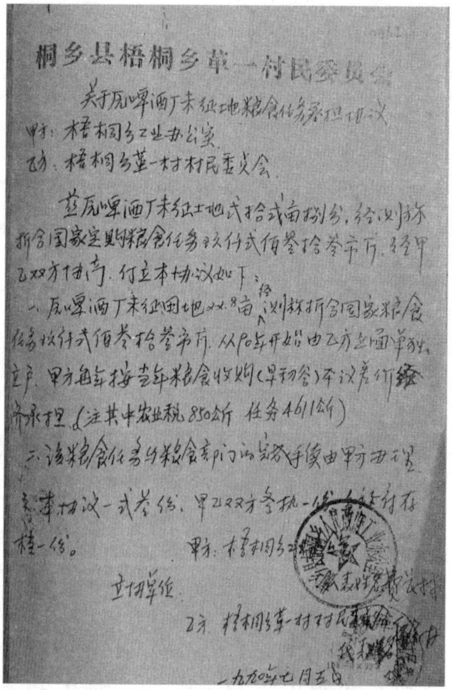

桐乡县梧桐乡革一村民委员会

关于原啤酒厂未征地粮食任务承担协议

甲方：梧桐乡工业办公室

乙方：梧桐乡革一村村民委员会

兹原啤酒厂未征土地贰拾贰亩捌分，经测核折合国家定购粮食任务玖仟贰佰叁拾叁市斤，经甲乙双方协商，订立本协议如下：

一、原啤酒厂未征田地22.8亩，经测核折合国家粮食任务玖仟贰佰叁拾叁市斤，从90年开始由乙方出面单独立户，甲方每年按当年粮食收购（早稻谷）平议差价经济承担。（注其中农业税850公斤 任务4611公斤）

二、该粮食任务与粮食部门的完成手续由甲方办理。

三、本协议一式叁份，甲乙双方各执一份，乡经委存档一份。

立协单位　甲方：梧桐乡工业办公室

乙方：梧桐乡革一村村民委员会

一九九〇年七月五日

▲ 关于原啤酒厂未征地粮食任务承担协议

1990 年 10 月，根据桐乡县委《关于“我为南湖增光辉”活动的通知》精神，桐乡县委、县政府决定建造“桐乡革命烈士纪念碑、桐乡党史陈列室”。建设项目选址于梧桐乡亭子桥东侧 600 米、新老杭枫公路交界三角地。分别向原革一村南港上、吴家里村民组征用土地 19.809 亩，其中南港上村民组被征用 8.69 亩水田，吴家里村民组被征用 11.119 亩旱地。根据协议规定，南港上村民组土地补偿费：被征水田前三年平均每亩年产值 1200 元，其补偿费按年产值的四至五倍计标，每亩补偿费为 6000 元；青苗补偿费：被征耕地上现种植物，估计收入每亩 500 元；水利设置费共 18415 元。吴家里村民组土地补偿费：被征旱地前三年平均每亩产值 1400 元，其补偿费按年产值的四至五倍计标，每亩补偿费为 7000 元；青苗补偿费：被征耕地上现种植物，估计收入每亩 300 元；

地面附着物补偿费：专桑5772枝、折价19793元，树木1185枝、折价2962.5元。征地协议还规定劳动力就业安置，具体为南港上村民组1990年耕地150.4亩，总人口104人，其中劳动力69人，平均每个劳动力负担的耕地2.2亩，安置就业4人；吴家里村民组1990年耕地103.5亩，总人口114人，其中劳动力80人，平均每个劳动力负担的耕地1.2亩，安置就业9人。

1994年，320国道线改造征用原革一村土地24.3405亩，其中港北村村民组专桑0.153亩、白地1.225亩、田1.362亩，合计2.74亩；倪家门村民组专桑4.27亩、白地0.595亩、田1.2756亩，合计6.1476亩；丁家里村民组专桑0.539亩、白地0.429亩、田0.346亩，合计1.314亩；南港上村民专桑0.622亩、田0.588亩，合计1.21亩；吴家里村民组专桑1.455亩、白地0.7亩、田1.8亩，合计3.955亩；其他（道路、河等）8.9739亩。

1995年湖盐公路改造，建造桐乡第一座立交桥——梧桐立交桥，桥宽9米，桥长421.74米，横跨杭枫公路（320国道）和北港河，征用原革一村吴家里等村民组土地，部分农户住宅拆迁，具体征用土地情况无从考证。该桥于1995年9月28日竣工通车，2003年盐湖公路改道，原路基改建成世纪大道，拆除立交桥。

1995年5月，320国道加宽3.5米，征用原革一村土地4.558亩，其中吴家里村民组田1.505亩、白地0.32亩、专桑0.549亩，合计2.374亩；南港上村民组田0.352亩、专桑0.481亩，合计0.833亩；丁家里组田0.347亩、专桑0.231亩，合计0.578亩；其他（道路等）0.773亩。

1998年，因杭嘉湖南排工程需要，开挖莲花桥港，梧桐镇杭嘉湖南排工程指挥部对原新南村、革一村部分田地实施征用，并拆迁部分农户住宅。原新南村被征用土地75.267亩，其中旱地33.236亩、专桑地42.031亩；拆迁农户楼房4876.755平方米、平房7200.05平方米，涉及63户农户。原革一村被征用土地25.222亩，其中田地19.377亩、旱地5.008亩、专桑地0.837亩。其中范家埭组18.07亩、吴家里组1.573亩、南港上组5.442亩。征用土地补偿费（含安置补助费）每亩4000元，青苗补偿费、专桑（竹、木）每亩1000元，地面附着物（含零星建筑物）每亩300元。

2000年7月，梧桐镇农业技术推广服务站向原革一村倪家门村民组征用

320国道旁、小杨桥头北侧土地6.8亩。征用土地价格每亩17600元，包括赔青及劳动力安置就业在内，粮食任务和农业税从2000年开始由征用单位负担，直到减免为止。

2001年2月，因开发建设需要，桐乡市振兴东路开发指挥部向革新村范家埭村民组征用向前桥港南、桐乡污水处理厂东土地83.6亩，征用土地价格每亩19800元，包括桑园补偿、青苗补偿、地面附着物补偿和劳动力安置及养老在内；补偿2001年春蚕种款计50张，每张40元；2001年及以后年份的农业税，由征用单位承担，有粮食任务时，差价部分也由征用单位承担。

2002年，因建设环城东路，部分村民组土地被征用，33户农户房屋实施拆迁；2004年，因建设二环东路（2010年改为绕城路并与320国道重叠）征用部分村民组土地，并对27户农户房屋实施拆迁；同年永兴港拓宽，拆迁农户房屋12户。

至21世纪初，小规模土地征用主要在原革一村吴家里、南港上和范家埭等村民组，其中吴家里村民组经多次征用后，只剩村庄宅基地及周边一些零碎地块，虽然减免或取消国家粮食任务及公粮（农业税），解决部分劳动力转移就业问题，但是村民口粮一时间难以自给，也没有解决村民住宅拆迁问题。随着市场经济的深入发展，南方家园商城（装潢五金材料市场）项目的规划建设，革新村域成批征地拆迁拉开了序幕。

**南方家园商城（装潢五金材料市场）建设项目征迁** 2001年9月，因南方家园商城（装潢五金材料市场）建设项目及其他配套建设项目的实施，桐乡市北港建设指挥部、桐乡市统一征地办公室对革新村南港上、丁家里两个村民组实施整体征迁，预征土地共344.929亩。其中南港上村民组总面积178.695亩，预留农户建房用地20亩（按实结算），预征土地158.695亩；丁家里村民组总面积206.234亩，预留农户建房用地20亩（按实结算），预征土地186.234亩。按当时国家征地、拆迁、安置政策规定，土地补偿价格：白地为17600元/亩（包括安置补助费），专桑地外加2000元/亩（包括竹园），春花作物地外加500元/亩；零星杂树补偿，大树10元/株（直径8厘米以上），小树5元/株，零星桑树3元/株。建筑物拆迁、安置补偿办法：土地被全部预征后，村民现有的农房全部拆除，并自行解决周转房。对符合安置店面条件的村民，统一安置在茅盾东路延伸段，每户出让两间，作价 3.5 万元。从拆迁补偿费中扣除，不抵本农户建房面积，其他按梧桐镇农民建房的有关政策每户安排住宅用地 160 平方米，由革新村报土地管理部门批准后建造。所有安置房的街景布置由桐乡市规划处统一规划，统一定点放样，建房由建筑设计单位统一设计（每户收取图纸成本费 600 元）由村民自行建造。所安排的店面房应在规定的期限内建造完成，每间店面房宽 3.6 米，进深 13 米，层高和沿街立面必须按规定要求建造。安置房由征地单位交纳有关费用，村民免交配套费、教育配套费、墙改费、散装水泥费。白蚁防治费和质量监督费每户象征性收取 200 元，建房保险费自行负担。建筑物拆迁补偿标准：楼房为 280 元 / 米 $^2$，平房为 200 元 / 米 $^2$，水泥场 12 元 / 米 $^2$，井 150 ～ 250 元 / 口。围墙 12 元 / 米，棚 30 ～ 50 元 / 平方米，提前搬家奖励 10 元 / 平方米，泥木匠补助费 30 元 / 米 $^2$，一次性安置费 10 元 / 米 $^2$。每户（即符合政府规定的立户条件）易地建房时，征地单位承担 2 千瓦电容量贴费（包括相配套的材料费）和 6 分水表开户费。此外，征地单位还承担原有电话机、有线电视一次性移机费，另加水电补助费 500 元 / 户。

与此同时，桐乡市北港河综合整治有限公司于 2003 年 4 月 3 日与南港上、丁家里村民组达成协议，对南港上组地面附属物（涵洞、桥埠等）及原 320 国道征地中部分遗留问题一次性补偿 8 万元；对丁家里组原公房 57.6 平方米、涵洞、桥埠等地面附属物一次性补偿 8.5 万元。

土地被一次性征完，南港上、丁家里村民组撤销建制，被征用土地的合法人口全部农转非，南港上村民组农转非 100 人，丁家里村民组农转非 133 人。

为安置拆迁商住房用地，北港河综合整治指挥部在 2003 年 8 月向革新村位于文桥港西、茅盾东路延伸段北的土地预征 15.748 亩。拆除楼房 304 平方米、平房 421.75 平方米、围墙 117 米，水泥路 363 平方米。北港河综合整治指挥部将茅盾东路延伸段东面朝南 6 间店面四层加跃层楼房，面积 386 平方米安置给革新村使用，其中营业用房面积 282 平方米。北港河综合整治指挥部应付给革新村土地款 3149600 元、补偿围墙及水泥场费 5760 元。革新村应付给北港河综合整治指挥部：拆一还一部分新旧补差每平方米 350 元，计 289012.50 元；超面积安置住宅部分每平方米 1000 元，计 278250 元；营业用房每平方米

4000 元，计 1128000 元。双方收付相抵后，北港河综合整治指挥部应付给革新村 1460097.50 元。

南方家园商城（装潢五金材料市场）征迁项目，安置新建住宅南港村民组 25 户，丁家里村民组 34 户；安置农民商住用地总面积 11300.66 平方米，以协议方式出让给 76 户农户，一楼店面、二楼及以上住宅，出让年限商业 40 年，住宅 70 年。

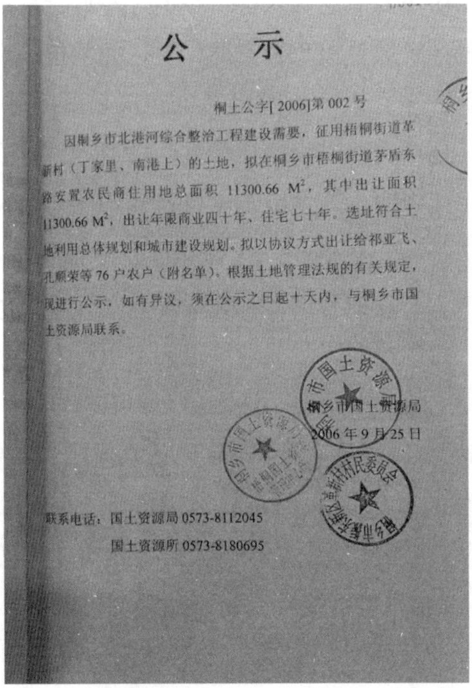
公 示

桐土公字[2006]第 002 号

因桐乡市北港河综合整治工程建设需要，征用梧桐街道革新村（丁家里、南港上）的土地，拟在桐乡市梧桐街道茅盾东路安置农民商住用地总面积 11300.66 $M^2$，其中出让面积 11300.66 $M^2$，出让年限商业四十年、住宅七十年。选址符合土地利用总体规划和城市建设规划。拟以协议方式出让给祁亚飞、孔顺荣等 76 户农户（附名单）。根据土地管理法规的有关规定，现进行公示，如有异议，须在公示之日起十天内，与桐乡市国土资源局联系。

桐乡市国土资源局

2006 年 9 月 25 日

联系电话：国土资源局 0573-8112045

国土资源所 0573-8180695

**凤凰湖一期开发建设项目征迁** 2003 年 4 月，因凤凰湖一期开发建设需要，桐乡市国源基础设施建设有限公司、桐乡市统一征地办公室对革新村倪家门、范家埭、盛家里、祁家里、方家埭、殳家埭、后村、陈家埭、港北村、新凤桥等 10 个村民组实施整体征迁，共预征土地 2267.119 亩，涉及 389 户农户。根据《桐乡市统一征地管理办法（试行）》政策规定，征用土地补偿费标准：土地补偿费每亩 12000 元；青苗补偿费平均每亩 1595 元；零星树木按现有户计算补偿 1200 元 / 户（不包括成片苗木、果园）。农民房屋拆迁、安置补偿标准：农户房屋拆迁补偿为楼房 320 元 / 米 $^2$、平房 220 元 / 米 $^2$，电话移机费 108 元

/部，有线电视费100元/户，简易围墙15元/米，自建水井100～200元/口，灶头50元/眼，普通水泥场20元/米$^2$，茅坑、化粪池150元/个，分体式空调移机费150元/台；农户建房统一按规划安置在茅盾路延伸段以北、新320国道以西、逾桥路以南地块，根据村民小组现有位置状况，原则框定定点方位，统一安置；建房审批按2001年桐乡市政府第18号市长令规定执行；农户住宅为160平方米，按征地单位规划设计、统一户型、统一层高、统一立面、统一屋面建造，层高为三层加跃层；被拆迁户自行解决周转房，提前或按时拆迁的按政策奖励；征地单位负责三通一平，并承担每户2千瓦的电容量贴费和一只6分水表开户费；农户新建房基础在沉水田按每平方米30元补偿，若建筑在河、浜由征地单位负责挖泥换土，回填塘渣；村委会协助办理农户建房报批手续，报批手续中的土地使用工本费、建房保险费、水电费等由农户自行承担。

依据2002年7月1日起执行的《桐乡市征用土地人员分流安置暂行规定》，土地被一次性征完，撤销建制，由征地单位向上申报办理撤销建制手续，待省政府批准后，被征用土地的村民组合法人口全部农转非。为失地村民办理养老保险，具体为：男满16周岁以上至45周岁，女满16周岁以上至35周岁，领取自谋职业安置费每人8000元，并享受向桐乡市社会保障管理中心缴纳养老保险费，缴费年限从16周岁起计算，按其在农村实际劳动年限缴纳养老保险费，最高为15年，就业后单位或自行缴纳的养老保险费年限与征地时给予缴纳的养老保险费年限可连续计算；愿意一次性货币补助的，16、17周岁每人补助10000元，18周岁以上每人补助12000元。男满45周岁以上，女满35周岁以上至法定退休年龄之前年龄段的，一次性为其缴纳15年的养老保险费，待达到法定退休年龄时，办理退休手续领取养老金，在法定退休年龄前，每月发给生活费100元；愿意一次性货币补助的，可领取补助费每人12000元。男满60周岁以上，女年满50周岁以上的，为其向桐乡市社会保障管理中心一次性缴纳15年的养老保险统筹费，然后以最低基本养老金生活保障标准按月发给养老金；愿意一次性货币补助的，可领取每人10000元。年满16周岁以下的，一次性发给补助费每人6000元。

2004年8月，桐乡市国源基础设施建设有限公司、桐乡市统一征地办公室对吴家里村民组历次征用剩下土地及宅基地实施征迁，具体征迁政策与上年度 10 个村民组征迁相同，土地面积 60.12 亩，预留安置面积 16.8 亩，实际征用 43.32 亩。

表 9-1 2003—2004 年革新村 11 个村民组整体征迁情况表

| 村民组 | 协议时间 | 总面积（亩） | 安置面积（亩） | 实际征用面积（亩） | 安置新建住宅（户） | | 农转非人数（人） | 办理养老保险人数（人） |
|---|---|---|---|---|---|---|---|---|
| | | | | | 正常户 | 特殊户 | | |
| 倪家门 | 2003.4.3 | 171.022 | 22 | 149.022 | 33 | 3 | 133 | 133 |
| 范家埭 | 2003.4.4 | 313.417 | 41 | 272.417 | 61 | 2 | 262 | 262 |
| 方家埭 | 2003.4.5 | 210.525 | 20 | 190.525 | 29 | 1 | 105 | 105 |
| 港北村 | 2003.4.6 | 316.6 | 32 | 284.6 | 46 | 2 | 185 | 185 |
| 后村 | 2003.4.7 | 213.929 | 18 | 195.929 | 25 | 0 | 104 | 104 |
| 盛家里 | 2003.4.7 | 238.329 | 23 | 215.329 | 33 | 1 | 134 | 134 |
| 殳家埭 | 2003.4.7 | 285.679 | 26 | 259.679 | 38 | 1 | 138 | 138 |
| 新凤桥 | 2003.4.7 | 260.936 | 22 | 238.936 | 31 | 1 | 120 | 120 |
| 陈家埭 | 2003.4.7 | 343.389 | 28 | 315.389 | 43 | 2 | 169 | 169 |
| 祁家里 | 2003.4.7 | 159.293 | 14 | 145.293 | 20 | 1 | 82 | 82 |
| 吴家里 | 2004.8.4 | 60.12 | 16.8 | 43.32 | 28 | 1 | 102 | 102 |

说明：正常户用地 160 平方米，建筑面积 365.04 平方米；特殊户用地面积 60 ~ 80 平方米，建筑面积 136.8 ~ 205.2 平方米

按照相关政策，原革新村户籍人员后来“农转非”且有房产的家庭，在这次征迁中实施调产安置，其中方家埭组 2 户、盛家里组 1 户、新凤桥组 5 户。

表 9-2

## 2003—2004 年革新村 11 个村民组征地涉村设施等补偿资金汇总表

单位：元

| 组名 | 涉村设施补偿 | 零星树木清理费 | 成片苗木、树补偿费 | 鱼苗补偿费 | 女婿户坟墓搬迁费 | 桥埠补偿费 | 其他类型坟墓搬迁补偿费 | 合计 |
|---|---|---|---|---|---|---|---|---|
| 倪家门 | 235900 | 4800 | — | — | 900 | 2200 | 1950 | 245750 |
| 范家埭 | 304800 | 9150 | — | — | 2700 | 3600 | 1500 | 321750 |
| 方家埭 | 218750 | — | — | 2240 | 600 | 2400 | — | 223990 |
| 港北村 | 271100 | — | 1794 | 6000 | 2700 | 4600 | — | 286194 |
| 后村 | 146280 | — | 480 | — | 1200 | 3000 | 1800 | 152760 |
| 盛家里 | 236900 | — | 1428 | 5800 | 1800 | 1600 | — | 247528 |
| 殳家埭 | 265000 | — | 400 | 1500 | 2100 | 3200 | 1800 | 274000 |
| 新凤桥 | 215100 | — | 500 | — | 1800 | 4000 | 500 | 221900 |
| 陈家埭 | 301700 | 6450 | — | 7090 | 2700 | 3600 | 4600 | 326140 |
| 祁家里 | 177850 | — | 200 | 2610 | 300 | 1400 | — | 182360 |
| 吴家里 | 98200 | 2800 | 3240 | — | — | — | — | 104240 |

**革新区块一期（桐乡植物园）建设项目征迁** 2003年下半年，因革新区块一期（桐乡植物园）建设项目需要，桐乡市振东新区建设管委会对革新村朱家浜、潘家门、麦干浜东、麦干浜西、高家里、沈家村6个村民组实施整体征迁。此建设项目及配套建设工程，共预征土地1844.508亩，涉及农户263户。具体征迁政策与同年四月10个村民组征迁相同。

表9-3 2003年下半年革新村6个村民组整体征迁情况表

| 村民组 | 协议时间 | 总面积（亩） | 安置面积（亩） | 实际征用面积（亩） | 安置新建住宅（户） | | 办理养老保险人数（人） |
|---|---|---|---|---|---|---|---|
| | | | | | 正常户 | 特殊户 | |
| 朱家浜 | 2003.11.29 | 307.206 | 29.4 | 277.806 | 59 | 3 | 204 |
| 潘家门 | 2003.11.29 | 296.312 | 24 | 272.312 | 40 | 3 | 174 |
| 麦干浜东 | 2003.11.29 | 244.26 | 19.2 | 225.06 | 32 | 1 | 131 |
| 麦干浜西 | 2003.11.30 | 196.355 | 13.8 | 182.555 | 23 | 2 | 101 |
| 高家里 | 2003.12.3 | 486.717 | 34.8 | 451.917 | 59 | 1 | 253 |
| 沈家村 | 2003.11.29 | 471.458 | 36.6 | 434.858 | 62 | 2 | 247 |

表9-4 2003年下半年革新村6个村民组征地补偿、涉村设施补偿清单

| 村民组 | 非农保征地面积（亩） | 农保地征地面积（亩） | 土地补偿费（12000元/亩） | 土地补偿费（7000元/亩） | 青苗补偿费（1595元/亩） | 设施补偿费（元） |
|---|---|---|---|---|---|---|
| 朱家浜 | 277.806 | — | 3333672 | — | 443100.57 | 284000 |
| 潘家门 | — | 263.003 | — | 1841021 | 419489.785 | 240900 |
| 麦干浜东 | 225.06 | — | 2700720 | — | 358970.7 | 309000 |
| 麦干浜西 | 182.555 | — | 2190660 | — | 291175.225 | — |
| 高家里 | 451.917 | — | 5423004 | — | 720807.615 | 344600 |
| 沈家村 | — | 434.858 | — | 3044006 | 693598.51 | 483400 |

**凤凰湖二期开发建设项目征迁** 2009年6月，因凤凰湖二期开发建设需要，桐乡市振东新区建设管委会对革新村陆家埭、富饶桥、周家里、朱家兜、椿树下、浮石桥、镬子浜、大道场、徐家兜、包家桥东、包家桥西、北孟庙12个村民组实施整体征迁。《桐乡年鉴（2010）》记载，桐乡市区东北入城口的革新区块开发建设工程正式启动，项目整体开发建设的主体为振东新区管委会，专门组建投资公司负责开发，计划用5年时间建成集居住、商贸以及桐乡市应急备用水源工程于一体的新城区。

凤凰湖二期共预征土地3339.339亩，涉及12个村民组的467个农户家庭，具体征迁政策与2003年一期征迁的10个村民组相同。

表9-5　2009年革新村12个村民组整体征迁情况表

| 村民组 | 协议时间 | 总面积（亩） | 安置面积（亩） | 实际征用面积（亩） | 安置新建住宅（户） | | 办理养老保险人数（人） |
|---|---|---|---|---|---|---|---|
| | | | | | 正常户 | 特殊户 | |
| 陆家埭 | 2009.5.25 | 366.734 | 21 | 345.734 | 34 | 3 | 150 |
| 富饶桥 | 2009.5.26 | 249.966 | 17.4 | 232.566 | 29 | 3 | 131 |
| 周家里 | 2009.5.26 | 215.364 | 17.4 | 197.964 | 30 | 4 | 125 |
| 朱家兜 | 2009.5.27 | 184.685 | 16.8 | 167.885 | 27 | 2 | 109 |
| 椿树下 | 2009.5.27 | 246.257 | 16.8 | 229.457 | 27 | 2 | 103 |
| 浮石桥 | 2009.5.31 | 277.711 | 22.2 | 255.511 | 36 | 1 | 160 |
| 镬子浜 | 2009.6.1 | 362.379 | 24.6 | 337.779 | 40 | 4 | 192 |
| 大道场 | 2009.6.1 | 335.704 | 27.6 | 308.104 | 45 | 5 | 203 |
| 徐家兜 | 2009.6.2 | 425.746 | 34.8 | 390.946 | 56 | 6 | 242 |
| 包家桥东 | 2009.6.3 | 256.063 | 20.4 | 235.663 | 34 | 1 | 131 |
| 包家桥西 | 2009.6.3 | 241.84 | 19.2 | 222.64 | 34 | 2 | 114 |
| 北孟庙 | 2009.6.4 | 457.087 | 42 | 415.087 | 70 | 4 | 300 |

表 9-6　2009 年革新村 12 个村民组土地、青苗补偿费清单

单位：元

| 村民组 | 土地补偿费（12000 元 / 亩） | 青苗补偿费（1595 元 / 亩） |
| --- | --- | --- |
| 陆家埭 | 4148808 | 540057 |
| 富饶桥 | 2790792 | 368646 |
| 周家里 | 2375568 | 312882 |
| 朱家兜 | 2014620 | 265751 |
| 椿树下 | 2753484 | 358711 |
| 浮石桥 | 3066132 | 393010 |
| 镬子浜 | 4053348 | 524147 |
| 大道场 | 3697248 | 480626 |
| 徐家兜 | 4691352 | 601675 |
| 包家桥东 | 2827956 | 372134 |
| 包家桥西 | 2671680 | 336705 |
| 北孟庙 | 4981044 | 659336 |

从 1980 年开始的小规模征地、拆迁到 2009 年完成整体征迁，历时 30 年，革新村域共计被征用土地（有查考数据）8690.8151 亩，其中安置面积 740.8 亩，全村 31 个村民组的 1100 多农户被实施异地拆迁安置。村域内原有聚集村庄、绿色田野、纵横河浜被凤凰湖、植物园、高楼大厦所取代。政府建设部门通过整体规划布局，投入大量财力、物力，在村域的土地上描绘出现代气息新城区的宏伟蓝图。

村域整体征迁共安置新建住宅正常户（占地 160 平方米）1177 户，特殊户（占地 60 ～ 80 平方米）64 户，安置店面 76 户，统一安置于四个小区。

## 第二节　自然村与小区转换

▲ 河埠

征迁前，革新村有43个自然村，分布于村域的四面八方。各个自然村都在河浜附近聚集，沿河浜而建，设有一个或多个河埠，因为旧时饮水、用水及货物运输离不开河浜。

有的自然村多户人家东西向排列，连结成埭，由南往北建成几埭，埭与埭间隔一定距离，形成大聚集居住；有的一个自然村在河浜两岸聚集，由桥梁连通；也有单家独户或几家小聚集居住，总体形成大聚集与小集居相结合的格局。以自族人家为主，自然村名称大都带有“埭”“里”或“门”等，有的自然村多数同姓，如庄家门多数姓“庄”，殳家埭多数姓“殳”。最大自然村是朱家浜有48户，其次是陈家埭有44户；比较小的自然村是张家里和祁家里，都在20户以下；也有同一自然村住户后因出地基建房搬离原地，二三户或五六户聚集一个点建房居住，形成独立的小村坊。自然村之间、农户之间都由水泥或塘渣道路连接镇村道路，便于出入。

**沈家门**　沈家门自然村坐落于张家桥港以东，东与蔡家里相邻，北临麦干浜，南面为田。

**蔡家里**　蔡家里自然村位于麦干浜以南，东面、南面为田，西面与沈家门相邻。

**高家里**　高家里自然村南临麦干浜，东面、北面为田，西面与庄家门相邻。

**庄家门**　庄家门自然村南临麦干浜，北面为旱地，东面与高家里相邻，西面以谢任桥港为界。

**朱家浜**　朱家浜自然村位于姚家浜浜底两岸，南面为南荡，北面为北荡，东面以沈家村浜为界。

**沈家村**　沈家村位于姚家浜以南，南面为南荡，西临沈家村浜，东面与小庄村相邻。

**小庄村**　小庄村（旧名大缺口）位于姚家浜以南，南面为南荡，东临庄家门浜，西面与沈家村相邻。

**姚家埭**　姚家埭自然村位于姚家浜以北，北至北荡，东与庙西相邻，西至蟹溇浜与赵家木桥隔浜相望。

**张家里**　张家里自然村位于姚家浜以北，北至北荡，东与赵家木桥相邻，西与朱家浜相连。

**赵家木桥**　赵家木桥自然村位于赵家木桥南塊和北塊，南与沈家村相邻，北至北荡，东至蟹溇浜与姚家埭隔浜相望，西与张家里相邻。

**潘家门**　潘家门自然村坐落于永兴港西岸，西至庙桥南塊，南至鬼出浜，北临姚家浜。

**北孟庙东**　北孟庙东自然村坐落于永兴港西岸，西与北孟庙西相连，南临姚家浜，北与南徐兜相邻。

**北孟庙西**　北孟庙西自然村位于姚家浜以北，北面与南徐兜相邻，东与北孟庙东相连，西与姚家埭相邻。

**南徐兜**　南徐兜自然村坐落于永兴港西岸，西面与姚家埭相邻，南面与北孟庙东、北孟庙西相邻，北临徐家兜浜与中徐兜隔浜相望。

**中徐兜**　中徐兜自然村坐落于永兴港西岸，西面与北徐兜相邻，南临徐家兜浜与南徐兜隔浜相望，北面至坍桥浜。

**北徐兜**　北徐兜自然村位于坍桥浜以南，南面与姚家埭为邻，东面与中徐兜相连，西面为北荡。

**大道场**　大道场自然村坐落于永兴港西岸，西面至北荡，南临大道场浜，北面以周家浜为界。

**吴家里**　吴家里自然村位于莲花桥港北岸，北面、东面为水田，西面以320国道（现平安路）为界。

**南港上**　南港上自然村位于莲花桥港北岸，北面是水田，东面以灵悟桥港为界，西面是水田与吴家里隔圩相望。

**倪家门**　倪家门自然村南临张家浜，北至秀才桥，东面为文桥港，西面是水田。

**丁家里** 丁家里自然村位于张家浜南岸，南面靠近灵悟桥，东临文桥港，西面为水田。

**殳家埭** 殳家埭自然村位于殳家埭浜南岸，南面是水田，东面靠近草庵浜，西面以文桥港为界。

**后村** 后村南临殳家埭浜，北面、东面是水田，西面以文桥港为界。

**港北村** 港北村与柏子村连在一起，位于柏子桥浜东，南至新凤桥，北至320国道（现濮院大道），东面是水田。

**新凤桥** 新凤桥自然村西临费家浜，东至王家浜，南面是水田，北面以新凤桥港为界。

**陈家埭** 陈家埭自然村西临王家浜，东面到文浜（跨角浜），南面是水田，北面以新凤桥港为界。

**方家埭** 方家埭自然村位于村道南北南边。南与盛家里相邻，北至草庵浜，东面以大水渠为界，西至王家浜。

**祁家里** 祁家里自然村南临范家埭浜，北面是水田，东面到机埠，西面至石坝。

**盛家里** 盛家里自然村与东南上连在一起，位于村道南北两边，南至机埠，北与方家埭相邻，东到溇潭，西面是水田。

**范家埭** 范家埭自然村与刘家里连在一起，位于灵悟桥港以东，东至大机埠，南面是水田，北临范家埭浜。

**周家里** 周家里自然村位于永兴港西岸，西至二环东路（320国道），南以周家里浜为界，北至邱婆桥西桥堍与富饶桥隔一条道路。

**富饶桥** 富饶桥自然村位于永兴港西岸，西至塘家浜，南至邱婆桥西桥堍与周家里隔一条路，北临富饶桥港。

**陆家埭** 陆家埭自然村南临富饶桥港，北至西荡田与椿树下南相邻，东至屠家里浜，西至跨角浜（文浜）与陈家埭隔浜相望。

**朱家兜** 朱家兜自然村位于永兴港西岸，西、北至屠家里浜，南临富饶桥港。

**椿树下南** 椿树下南自然村位于永兴港西岸，西至西头田，南与陆家埭相邻，北至沟南边与椿树下北隔沟相望。

**椿树下北** 椿树下北自然村东至南浜头，西至椿树下浜东，南与椿树下南隔沟相望，北至小浮石桥南桥堍。

**大浮石桥**　大浮石桥自然村位于永兴港西岸，西至南浜头，南至荒田头，北以濮院大道为界。

**小浮石桥**　小浮石桥自然村位于濮院大道南侧，南至小浮石桥北桥堍，东至荒田头，西临镬子浜。

**镬子浜东**　镬子浜东自然村位于椿树下浜西岸与椿树下北隔浜相望，西与镬子浜西相邻，南至十亩头北，北以濮院大道为界。

**镬子浜西**　镬子浜西自然村东与镬子浜东相邻，西与柏子村相连，南至陆家埭西荡田，北以濮院大道为界。

▲ 陆家埭村民组征迁前航拍图

▲ 富饶桥村民组征迁前航拍图

▲ 周家里村民组征迁前航拍图

▲ 朱家兜村民组征迁前航拍图

▲ 椿树下村民组征迁前航拍图

▲ 大道场村民组征迁前航拍图

▲ 徐家兜村民组征迁前航拍图

▲ 包家桥东、包家桥西村民组征迁前航拍图

▲ 北孟庙村民组征迁前航拍图

村域整体征迁后，经过开发建设单位和规划部门统一规划，在村域西部、西南部和东北部选址确定建造4个小区，安置被征迁的村民建造住宅。西部为灵悟小区、金晖小区，西南部为革新小区，东北部为永兴小区。每个小区建造的住宅，每户统一面积160平方米，高度三层加跃层，统一外墙立面、屋面结构和建筑材料，双户联体为一幢，幢与幢之间间隔1.8米，多幢连成一排，排与排之间相隔13.5米。小区内大小道路全部硬化，配套设施完善。

**灵悟小区**　灵悟小区是革新村村委会所在地。小区安置陈家埭、新凤桥、港北村、后村、殳家埭、丁家里、倪家门、南港上、吴家里、方家埭、盛家里、祁家里、范家埭等村民组的451户村民。小区位于南北向的灵悟桥港东西两岸，东面以环城东路为界，西面至平安路，南面西端与南方家园商城相连、东端以范家埭浜为界，与金晖小区相邻，北面至逾桥路、凯旋名都（巴黎都市）小区。小区占地310亩（其中村委会10亩），建设在原倪家门、丁家里、殳家埭、盛家里、祁家里和方家埭等村民组的土地上。茅盾东路延伸段和国源路由西向东平行穿过小区。小区内有振东幼教集团凤凰湖幼儿园邻湖园区和灵悟幼儿园，有“灵悟、金晖小区居家养老服务中心”“灵悟、金晖小区居住出租房旅馆服务总台”“革新村（社区）卫生服务站”“文化礼堂”“家宴中心”“灵悟菜场”等便民设施，还有篮球场、健身活动器材等体育设施。3路、13路公交车沿茅盾东路经过小区并设有停靠站。

**革新小区**　革新小区安置麦干浜东、麦干浜西、高家里、朱家浜、沈家村、潘家门等村民组的275户村民。小区位于村域西南部，东至环城东路，北至康民路，西面以茅亭桥、莲花小区和茅盾中学为界，南面与大通酩悦小区相邻。小区占地200亩，建设在原麦干浜东、麦干浜西、高家里和城南村茅亭浜村民组的土地上。东方路自南向北穿过小区与康民路连接，利民路自西向东穿越小区连接环成东路，小区南北向通道均与利民路连接，东西向通道都与东方路相连。利民路和东方路交叉口设有便民服务区，有“革新小区居家养老服务中心”“居住出租房旅馆总台”“家宴中心”和便利超市，还有篮球场、排舞场、健身器材等体育设施。

**金晖小区**　金晖小区安置包家桥东、包家桥西、北孟庙（大部分）等村民组124户村民。小区坐落于莲花桥港北岸，东至环城东路，西临灵悟桥港，与南方家园商城隔河相望，北面以范家埭浜为界，与灵悟小区相邻。小区占地200亩，建设在原范家埭村民组土地上。由于金晖小区紧靠灵悟小区，公共设施与灵悟小区共用共享。

**永兴小区** 永兴小区安置周家里、富饶桥、陆家埭、朱家兜、椿树下、浮石桥、镬子浜、徐家兜、大道场、北孟庙（小部分）等村民组382户村民。小区坐落于永兴港西岸，二环东路（320国道）东侧，北以工贸大道为界，南至青溪路（规划延伸段）。小区占地340亩，建设在原浮石桥、椿树下、周家里、富饶桥和朱家兜等村民组的土地上。永越大道自东向西将永兴小区分隔为南北两部分，路南是一区和二区，路北为三区和四区，联越路自东向西穿过三区、四区，富饶桥港自永兴港经一区、二区至凤凰湖（调节水源），周家里路自南向北纵贯小区中间。小区内设有“永兴小区居家养老服务中心”“居住出租房旅馆总台”“家宴中心”“永兴幼儿园”等便民场所，还有篮球场、健身器材等体育设施。桐乡城市公交5路车沿永越大道经过永兴小区并设停靠站，公交3路车在小区旁边设有停靠站台。

▲ 新建成安置小区

## 第三节　村貌变化

昔日，在革新村广袤的土地上，星罗棋布的村庄、高低错落的田野、纵横交错的河浜、弯曲延伸的道路，呈现典型的江南水乡风貌。

大小不一的村庄依水而居，家家户户建有一埭或双埭楼房，全部朝南，由于建造年代、经济条件不同，村民建房的式样、大小、层高、风格也有差异，有的三、四层的前埭楼房加后埭二层楼，有的前埭平房、后埭二层楼。每户前埭与后埭之间形成天井，屋前都建有与房屋一样长，四五米宽的水泥晒场。住宅后面大多种植树木、竹园，白墙、黑屋的房子掩映在树丛中，许多房屋都被树木遮住，只留下房顶露在外面，呈现乡村独特景象。

农田和旱地相间，高低错落。村域北部有大片农田称“北荡田”，东至园溇潭，西到柏子村，北到 320 国道（现濮院大道），南到新凤桥，面积四五百亩。而村域南部南荡比西荡田辽阔，面积更大，占原新南村近三分之一土地面积。水田圩头遍布全村域，大的上百亩，小的不到十亩，圩头之间相隔旱地。荡田、水田圩头都有灌溉水渠连通，抽水机埠至各个圩头形成水渠网。低压电线通往各个圩头（用于电动脱粒），间隔四五十米的水泥竿上架起三根电线，立于各个圩头之间，东西南北形成网络。

大港小浜三纵八横，相互交错。东临永兴港，西至亭子桥港，中间是灵悟桥港贯穿南北。东西横向的八条河道：莲花桥港西接十字港、东连姚家浜、麦干浜西通张家桥港；李家浜、徐家兜浜（油车浜）、坍桥浜、周家里浜、富饶桥港和镬子浜都通永兴港。大的河浜里还有小河浜：姚家浜里有沈家村浜、庄家门浜、蟹溇浜；富饶桥港里南北方向的塘家浜；灵悟港里有东西方向的范家埭浜。还有许多小浜兜：朱家浜、

▲ 重建的灵悟桥（已停止使用）

鬼出浜、屠家里浜、张家浜（东）、张家浜（西）、殳家埭浜、柏子桥浜、费家浜、王家浜、草庵浜、文浜、迪家浜等。这些大小河浜短的百来米，长的几百米甚至上千米，延伸至村域各个地方。河与浜纵横交错，灌溉着村域大片田地。

一条约 4 米的宽水泥路从 320 国道（现平安路）法海湾入口通往村域，弯曲向东延伸，经文桥、塘家浜、徐家兜往南到北孟庙，经新南桥穿过莲花桥港直至原爱国村，徐家兜西面往北经富饶桥至浮石桥西面的 320 国道（现濮院大道）。各个自然村都有水泥路或塘渣路通往村道。

▲ 田野与村庄（摄于 1999 年）

▲ 河流与住房（摄于 1997 年）

▲ 1974 年，社员在春耕育秧（李渭钫摄）

▲ 征迁前夕的村貌（摄于 1998 年）

▲ 征迁前工作人员在测量土地（摄于 1999 年）

▲ 征迁前村民住宅（摄于 1999 年）

▲ 征迁前村民住宅（摄于 1999 年）

今日，经过几年的开发建设，村域的土地上发生翻天覆地的变化，原有的村貌痕迹难以找到，凤凰湖、桐乡植物园占据原村域半壁江山，振石控股集团总部大楼、桐乡传媒中心大楼等高楼林立，灵悟、永兴、革新、金晖 4 个安置小区和凯旋名都（巴黎都市）、新都汇、星湖湾等高档商住小区坐落于凤凰湖、桐乡植物园周围，绕城东路（320 国道）、环城东路、振兴东路、茅盾东路、逾桥东路等主干道路贯穿村域，其他道路四通八达。整个革新村域已初步建成集居住、商贸以及桐乡市应急备用水源工程（凤凰湖）于一体的新城区，成为桐乡市的一张新名片。

**凤凰湖**　凤凰湖位于革新村域北侧境内，是革新区块开发建设的核心项目，区域占地约 2505 亩，景观面积约 1004 亩，中心湖区面积约 886 亩，最大蓄水量 330 万立方米，是浙江省重点工程和桐乡市政府投资建设的重大民生工程、生态工程。整个区域被划分成了自然生态区、运动湖区、生态净化区、水生花卉观赏区、水下森林观赏区、深度净化区和太阳能曝气区七大功能区块。凤栖梧桐、百鸟朝凤、登虹听溪、荷风和月、翰墨竞芳、桂雨飘香、芳草闲庭、青溪望雪八大景点和七座跨湖观景桥点缀其间，东岸建有直升机停机坪，充分体现了凤凰湖现代、大气、丰富的景观内涵。凤凰湖在原陆家埭、富饶桥、陈家埭、新凤桥、北孟庙、徐家兜、大道场、包家桥东、包家桥西、朱家浜、方家埭、盛家里等村民组的土地上开挖而成。

▲ 凤凰湖全景

**凤凰湖周边道路**　环绕凤凰湖的道路是由凤仪路、茅盾东路（局部）和凤凰湖大道三条路交接组成一个“9”字形状，封闭部分环绕着凤凰湖，全长约3.5公里。其中凤仪路、凤凰湖大道是景区内两条新建的道路。凤仪路是一条南北向的道路，南起茅盾东路、北至凤凰湖大道，长872米、宽18米，2015年建成。因该路段位于凤凰湖西侧湖岸边。寓意“凤凰来仪”，故名凤仪路。凤凰湖大道是一条长2075米、宽50米、环绕凤凰湖的五分之三圆的“问号”形的主干道路，东南起环园路，西北至环城东路。

在凤凰湖北面，新建有宽19米至25米的三纵三横6条大道，东西向的道路以桐乡籍历史名人命名，分别是木心路、肖冰路、履祥路；南北向的道路以保留原地村组名而命名，分别是凤桥路、革新路、椿树路。履祥路东起永兴港、西与肖冰路相交，长 1433 米、宽 22 米。该路以纪念明末清初著名的理学家、教育家、农学家张履祥先生的名字命名。肖冰路东起永兴港西至环城东路，全长 1517 米、宽 22 米。该路以中国近代著名摄影家桐乡人徐肖冰先生的名字命名。木心路东起濮凤路、西至凤桥路，长 726 米、宽 19 米。该路以中国当代文学大师、画家桐乡人木心先生的名字命名。凤桥路南起凤凰湖大道、北至濮院大道，长 680 米、宽 25 米，以该路段原所在区域一座老桥（新凤桥）命名。革新路南起凤凰湖大道、北至濮院大道长 830 米、宽 25 米，以该路段原所在区域革新村的名字命名。椿树路南起木心路、北至陆费路长 567 米、宽 19 米，因该路段所在区域原为椿树下村民组，以此命名。

在凤凰湖东边，有两条向东延伸、与濮院相通的道路分别为濮凤路和青溪路。濮凤路东起永兴港、西至凤凰湖大道，长 729 米、宽 35 米。因该路是从濮院通往凤凰湖景区的道路，且与桐乡历史名人濮凤之名相合，故名。青溪路东起永兴港、西至凤凰湖大道，长 557 米、宽 35 米。因该路所在方位与凤凰湖八景之一“青溪望雪”景点相邻，故名。

**桐乡植物园** 桐乡植物园位于革新村域南侧境内，南靠振兴东路，是集科普资源型、旅游休闲型于一体的综合性植物园，占地面积 392 亩。桐乡植物园在原麦干浜东、麦干浜西、高家里、沈家村等村民组的土地上开挖而成。

▲ 桐乡植物园全景

**南方家园商城** 南方家园商城（装潢五金材料市场）位于茅盾东路延伸段与平安路交叉口，占地 120 亩，建筑面积 8 万余平方米，店铺 800 余个，为南方家园全国

▲ 南方家园商城

连锁品牌首个专业建材市场，桐乡首个市场类市外资金项目。南方家园商城建在原丁家里、南港上村民组的土地上。

**桐乡市传媒中心**　桐乡市传媒中心坐落于莲花桥港南岸，桐乡市文化中心北侧，占地56亩，总建筑面积2.76万平方米，其中主楼高21层，建筑面积2.2万平方米。桐乡市传媒中心建在原高家里、朱家浜、沈家村土地上。

▲ 桐乡市传媒中心大楼

▲ 桐乡市文化中心鸟瞰图

**桐乡市文化中心**　桐乡市文化中心南临桐乡植物园，北望桐乡市传媒中心，是群众休闲、活动的集聚地和文化生活的主要场所，包括桐乡市博物馆、桐乡市文化馆、钟旭洲钱币艺术博物馆、徐肖冰侯波纪念馆、漫画艺术馆、桐乡市非物质文化遗产馆，占地58.1亩，建筑面积22777平方米。桐乡市文化中心建在原高家里、沈家村土地上。

**桐乡市丰子恺艺术中心**　桐乡市丰子恺艺术中心（在建）位于凤凰湖西南侧，西侧至环城东路，北侧紧靠茅盾东路，用地面积约69782.83平方米，计划总建筑面积为205077平方米，其中地上建筑面积114096平方米，地下建筑面积90981平方米。缘缘楼地上7层，高度49.8米；环园地上10层，高度43.5米。由美术馆、音乐厅、会议中心、酒店等构成，可提供艺术展示、研究办公、文艺创作、音乐欣赏、大型会议、餐饮住宿等综合功能。桐乡市丰子恺艺术中心建在原范家埭、盛家里、朱家浜村民组土地上。

▲ 桐乡市公共服务中心大楼

**桐乡市公共服务中心**　桐乡市公共服务中心位于康民东路58号，主体大楼12层，建筑面积602035平方米，于

2007年建成。桐乡市公共服务中心占地面积56亩，其中8亩属革新村原高家里、范家埭村民组的土地。

**桐乡海关** 桐乡海关位于振兴东路东6号，占地面积50亩，建筑面积7000平方米（含司法局借用建筑），于2009年建成使用，建在原麦干浜西、高家里村民组土地上。

**桐乡市公安局** 桐乡市公安局位于利民路1110号，占地58亩，建筑面积3.2万平方米，主楼高16层，于2009年建成，建在高家里村民组土地上。

▲ 桐乡市公安局大楼

**桐乡市人民法院审判法庭、桐乡市振东商务楼（暂名）、桐乡市人防F802工程** 桐乡市人民法院审判法庭、桐乡市振东商务楼、桐乡市人防F802工程（在建）位于媒园路、环园路西侧，桐乡市公安局东侧。桐乡市人民法院审判法庭主体大楼16层，建筑面积22876.94平方米；桐乡市振东商务楼主体大楼16层，建筑面积21008.58平方米；桐乡市人防F802工程建筑面积45812.14平方米。三个在建项目占地43亩，预计2021年竣工，建在原高家里、麦干浜村民组土地上。

**桐乡检察院** 桐乡市检察院位于振兴东路东88号，占地35亩，建筑面积1万余平方米，于2009年建成，建在原麦干浜西、麦干浜东村民组的土地上。

▲ 桐乡市检察院大楼

▲ 国网桐乡市供电公司大楼

**国网桐乡市供电公司** 国网浙江桐乡市供电有限公司位于环园路818号，占地面积25亩，建筑面积27827平方米，主体大楼21层，建在原高家里村民组的土地上。

**桐乡市供销总社**　桐乡市供销总社位于春华路115号，占地面积7.5亩，建筑面积1.508万平方米，主体大楼10层，于2016年建成，建在原倪家门村民组土地上。

▲ 桐乡市供销总社大楼

**桐乡市城市档案中心**　桐乡市城市档案中心位于莲花桥港北岸，世纪大道和平安路之间，占地面积23亩，建筑面积2.4万平方米，主体大楼5层，于2019年建成，建在原吴家里村民组土地上。

▲ 桐乡市城市档案中心大楼

**浙江桐乡国家纺织服装产品质量监督检验中心**　浙江桐乡国家纺织服装产品质量监督检验中心位于平安路396号，莲花桥港北岸，平安桥北堍，占地面积20亩，建筑面积14593.86平方米，主体大楼8层，于2016年建成，建在原吴家里村民组土地上。

▲ 浙江桐乡国家纺织服装产品质量监督检验中心大楼

**邮政大楼**　邮政大楼位于平安路500号，占地面积15.54亩，建筑面积16149平方米，主体大楼10层，于2015年建成，建在原吴家里、丁家里村民组土地上。

**中河大厦**　中河大厦位于平安路460号，邮政大楼南侧，占地面积6.35亩。大楼地面11层，计划2021年建成，建在原吴家里、丁家里村民组土地上。

**凤凰湖幼儿园望湖园区**　桐乡市振东幼儿园教育集团凤凰湖幼儿园望湖园区地址为莲花东路333号，占地面积19亩，建筑面积11650平方米，可容纳18个班。望湖园区于2019年建成，建在原沈家村村民组土地上。

**凤凰湖幼儿园邻湖园区**　桐乡市振东幼儿园教育集团凤凰湖幼儿园邻湖园

▲ 邮政大楼

▲ 中河大厦

▲ 凤凰湖幼儿园望湖园区

▲ 凤凰湖幼儿园邻湖园区

▲ 振石控股集团总部大楼

区地址为春华路 71 号，占地 9 亩，建筑面积 4791 平方米，可容纳 12 个班。邻湖园区于 2015 年建成，建在原倪家门村民组土地上。

**振石控股集团总部大楼** 振石控股集团总部大楼坐落于凤凰湖北侧，占地 50 亩，总建筑面积 6.5 万平方米，主楼 39 层，高度 182.28 米，为桐乡市第一高楼，是集全湖景办公环境、智能化办公设施、五星级自助餐厅、室内游泳池、健身房、室内篮球馆、室外田径运动场、多功能会庆中心、智能展示中心为一体的综合性智慧大楼。大楼建在原新凤桥村民组土地上。

**桐乡市金融商务区停车场** 桐乡市金融商务区停车场（在建）位于凤凰湖北岸区块，中国巨石科技中心与桐昆集团总部大楼之间，建筑面积 33937.02 平方米，建在原殳家埭、后村村民组土地上。

**凤凰湖金融广场、桐乡市金融商务区地下空间配套工程** 凤凰湖金融广场、桐乡市金融商务区地下空间配套工程（在建）位于履祥路北侧，濮院大道南侧凤桥路西侧占地 30 亩，总建筑面积 73636.97 平方米，地下 2 层，地上分别为一栋 16 层、一栋 23 层的大楼；桐乡市金融商务区地下空间工程建筑面积 2072.88 平方米。凤凰湖金融广场、桐乡市金融商务区地下空间配套工程建在原镬子浜、港北村村民组土地上。

▲ 中国巨石科技中心大楼

**中国巨石科技中心** 中国巨石科技中心（在建）位于凤凰湖北岸区块，占地 37 亩，建筑面积 6 万平方米，大楼总高 99 米，计划于 2021 年 12 月建成并投入使用。大楼建

▲ 桐昆集团总部大楼

在原新凤桥、陈家埭村民组土地上。

**桐昆集团总部大楼**　桐昆集团总部大楼（在建）位于凤凰湖北岸区块，占地面积40亩，总建筑面积117514.47平方米，是一座集办公、展会、多功能厅于一体的综合性大楼，主楼总高度100米，为地下2层，地上23层，计划2021年下半年投入使用。大楼建在原陆家埭、陈家埭村民组土地上。

**新凤鸣总部大楼**　新凤鸣总部大楼（在建）位于履祥路南侧，革新路西侧，占地面积12.3亩，建筑面积56980.49平方米，主体大楼地上30层，高度160米，是一座集智能办公、会议于一体的现代化大厦，计划于2023年5月建成使用。大楼建在原陆家埭村民组土地上。

**新澳总部大楼**　新澳总部大楼（在建）位于履祥路南侧，革新路西侧，占地面积15.1亩，建筑面积62300平方米，主体大楼地上30层，高度160米，是一座集现代化、智能化、人性化于一体的地标性建筑，计划于2023年5月使用。大楼建在原陆家埭村民组土地上。

▲ 小圆满大楼

**小圆满大楼**　小圆满大楼（在建）凤凰湖大道北侧、革新路东侧，占地面积30亩，由两栋20层的主楼和2层商业裙房组成，主楼高度79.95米，建筑面积83680.27平方米，计划2021年竣工。大楼建在原陆家埭、富饶桥村民组土地上。

▲ 振石大酒店大楼

**振石大酒店**　振石大酒店是振石控股集团有限公司全额投资并按国家五星级标准兴建的豪华酒店。酒店位于振兴东路199号，地处振东新区，商业繁华，环境优美，与桐乡植物园隔路相望，主体大楼

38层，高度169米。酒店占地面积70亩，其中30亩属于革新村原麦干浜东、麦干浜西村民组的土地。

▲ 商会大厦

**一号公馆、商会大厦** 一号公馆和商会大厦位于振兴东路南侧、环城东路东侧，与检察院、海关隔路相望。一号公馆由24栋独立建筑和19栋双拼建筑组成，建筑面积27000平方米；商会大厦由两栋23层、高度100米高层建筑组成，建筑面积78029平方米。一号公馆和商会大厦所占土地中约50亩属革新村原麦干浜东、麦干浜西村民组。

▲ 桐乡市发展和改革局、桐乡市邮政管理局（原出入境检验检疫局）大楼

**桐乡市发展和改革局、桐乡市邮政管理局** 桐乡市发展和改革局、桐乡市邮政管理局（借用原出入境检验检疫局大楼）位于振兴东路698号，占地面积30亩，其中10亩为革新村原潘家门村民组的土地。

**凯旋名都小区** 凯旋名都小区（原名巴黎都市）坐落于凤凰湖西北侧，总占地约320亩，楼盘周边拥有政府50米绿化带及天然水系，地块实际所及之处共约424亩，总建筑面积约32万平方米，总户数为2600多户，是一个集别墅、排屋、多层、小高层、高层、商业和酒店于一体的综合性住宅小区。巴黎都市小区其中324亩属原殳家埭、后村村民组的土地。

**星都会小区** 星都会小区坐落于椿树路81号，占地面积110亩，总建筑面积约20万平方米，包括8幢24层建筑。小区建在原朱家兜、陆家埭、椿树下村民组的土地上。

**云上府邸小区** 云上府邸小区（在建）位于凤凰湖北面，西临革新路，南靠木心路，占地面积60亩，建筑面积125561.99平方米，计划2023年7月完工。小区建在原椿树下、陆家埭村民组土地上。

**春天悦里小区** 春天悦里小区（在建）位于革新路东侧，履祥路南侧，占地面积 52 亩，小区建在原浮石桥、椿树下村民组土地上。

**凤启天宸小区** 凤启天宸小区（在建）位于康民东路 168 号，3 幢高层建筑，每幢 23 层，建筑面积 7400 平方米，计划 2021 年建成，占地面积 48 亩，其中 18 亩土地为原高家里村民组。

**星湖湾小区** 星湖湾小区位于环园路与利东路交叉口东南侧，占地 121 亩，建筑面积 282818 平方米，于 2014 年竣工，建在沈家村、北孟庙村民组土地上。

**悦湖湾小区** 悦湖湾小区位于利东路和环园路交叉口东北侧，占地 100 亩，建筑面积 123745 平方米。小区建在原沈家村村民组土地上。

**望湖湾小区** 望湖湾小区位于康民东路以北，凤凰湖大道以东，占地 62 亩，建筑面积 13 万平方米，由 20 幢高层建筑组成，于 2020 年建成，建在原朱家浜、沈家村村民组土地上。

**璟湖湾小区** 璟湖湾小区位（在建）于利东路与二环东路交叉口西 200 米处，占地面积 99 亩，建筑面积 199995 平方米，计划 2021 年建成，建在原沈家村、北孟庙村民组土地上。

**蓝都·诚园小区** 蓝都·诚园位于振兴东路东 508 号，建筑面积 137361 平方米，于 2018 年建成。占地面积 66 亩，其中 24 亩属原潘家门、沈家村村民组的土地。

**盛华园小区** 盛华园小区位于利民路 857 号，与桐乡市公安局隔路相望，占地面积 16.5 亩，建筑面积 3.63 万平方米，3 幢 17 层加跃层建筑，1 幢 8 层小高层组成围合式小区，于 2011 年建成，建在原高家里村民组土地上。

**凤栖花园（东）小区** 凤栖花园（东）小区位于茅盾东路南侧，润丰步行街北侧，革命烈士纪念碑西侧，占地面积 84 亩，建筑面积约 2.9 万平方米，于 2009 年建成，建在原吴家里村民组土地上。

**桐乡市蔬菜有限责任公司** 桐乡市蔬菜有限责任公司位于平安 363 号，占地面积 12 亩，属原吴家里、丁家里村民组的土地。

**桐乡市农业生产资料有限责任公司** 桐乡市农业生产资料有限责任公司（原盐业公司）位于莲花桥港北岸，平安路 329-51 号，占地面积 12 亩，属原吴家里、丁家里村民组的土地。

**桐乡市土特产有限责任公司** 桐乡市土特产有限责任公司位于平安路与石

材路交叉口东南，占地面积 48 亩，属原吴家里、丁家里村民组的土地。

**东兴商厦仓库** 东兴商厦仓库位于石材路南侧，占地面积 12 亩，属原吴家里、丁家里村民组的土地。

**日杂公司** 日杂公司（桐乡市供销冷链物流项目南方家园冷库）位于灵悟桥港西岸，石材路南侧，占地 12 亩，属原吴家里、丁家里村民组的土地。

**博农苗圃** 博农苗圃位于平安路东侧，茅盾东路店面房北面，占地面积 15 亩，属原倪家门村民组的土地。

**永兴港阀室、污水泵站、新南垃圾跳中转站** 位于莲花桥港南岸，绕城公路（320 国道）东面，永兴港阀室 1.1 亩、污水泵站 3.4 亩、新南垃圾跳中转站 4.1 亩，建在原沈家村、北孟庙村民组土地上。

**世纪大道加油站、吉臣·梅花酒店** 世纪大道加油站、梅花酒店位于世纪大道东侧、桐乡市城市档案中心西侧，南临莲花桥港，占地面积 11 亩，建在原吴家里村民组土地上。

**华友钴业总部大楼、双箭总部大楼、农商银行大楼** 华友钴业总部大楼、双箭总部大楼、农商银行大楼等建筑已在凤凰湖北岸区块选定地块，筹备建设，其中华友钴业总部大楼占地面积 70 亩，双箭总部大楼占地面积 60 亩，农商银行大楼占地面积 23 亩，均为革新村域被征用的土地。

# 第十章　中国共产党基层组织

1950 年 5 月，村域内团结村、柏子村、茅亭村为城濮区革新乡所辖，中共城濮区委驻地在本村域北孟庙，革新乡驻地为本村域高家里。1953 年之前，乡、村两级无中共基层党组织。

1957 年 10 月，随着新丰高级社、革新高级社一社党支部的成立，革新村域内首次创建了村级党组织。几十年来，随着村级建制的改变，组织机构几经分合。“文化大革命”期间，村级党组织一度被迫停止活动。中共十一届三中全会后，随着党的工作重心转移到以经济建设为中心上来，实行改革开放，村级经济迅速发展，党的自身建设得到加强。2000 年 12 月，原革一、新南、向阳 3 个村合并后，建立了革新村党总支；2019 年升格为中共梧桐街道革新村委员会，下属 4 个党支部。党员队伍不断壮大，创建党组织之初只有 12 名党员，2020 年有党员 133 名。在村党组织的领导下，村级群团组织建设得到加强。

## 第一节　村党组织的创建与发展

1954 年春，革新乡党支部成立，出生于革新村域沈家村的沈阿金为首任支部书记。村域内高伯乔、陈贵山、庄金茂等优秀青年，经沈阿金等人的介绍相继加入中国共产党。

1956 年 3 月撤区并乡，原革新乡、城南乡合并为新南乡，建立新南乡党支部，驻地牛桥头。村域内的党员其组织关系在新南乡党支部。1957年2月建立新南乡党总支部，同年10月，革新村域分别建立新丰高级社党支部，有7名党员，徐锦源为支部书记，驻地北孟庙；革新高级合作社一社（简称革新一社）党支部，有5名党员（包括革新二社2名党员），高伯乔为支部书记，驻地草庵头。革新高级合作社二社（简称革新二社），2名党员组织关系在革新一社党支部。

1958年9月18日梧桐人民公社成立，同时撤销新南乡、逾禄乡和梧桐镇建制，所在区域并入梧桐人民公社。梧桐人民公社党委下属革新、城南、逾桥、稻乐和梧桐镇5个管理区党总支部。同时，革新村域3个高级社合并建立革新大队，撤销原2个高级合作社党组织机构，成立革新大队党支部，高伯乔任支部书记，有27名党员，驻地草庵头，隶属梧桐人民公社党委下属的革新管理区党总支部，革新管理区党总支部驻地在本村域朱家浜，1959年搬至村域高家里。

1959年上半年，撤销革新大队建制，同时撤销党组织机构，分设为革一大队（老革一大队）党支部和革二大队党支部。

1961年，调整梧桐人民公社规模，恢复梧桐镇建制，同时调整生产大队规模，又撤销革一大队（老革一大队）党支部，分设新南大队、革一大队（小革一大队）党支部。至此，村域内有新南大队、革一大队（小革一大队）和革二大队3个大队党支部。新南大队党支部书记为徐锦源，驻地北孟庙，有19名党员，其中女党员4名；革一大队党支部书记为高伯乔，驻地草庵头，有15名党员，其中女党员2名；革二大队党支部书记为徐兰毛，驻地富饶桥，有7名党员。

1966年革二大队党支部更名为向阳大队党支部。

1984年1月撤销梧桐人民公社建制，改设梧桐乡；同时撤销村域内革一大队、新南大队和向阳大队建制，分别设立行政村，党组织相应更名为中共梧桐乡革一村党支部、中共梧桐乡新南村党支部和中共梧桐乡向阳村党支部。同年12月，原梧桐乡（大乡）分设为梧桐（小乡）、城南2个乡，村域内3个村党支部归属梧桐乡（小乡）党委。

1992年6月，为配合桐乡撤县设市，经批准撤销梧桐乡、城南乡、钱林乡建制，所在区域并入梧桐镇，村域内3个村党支部也分别更名为中共梧桐镇革一村党支部、中共梧桐镇新南村党支部和中共梧桐镇向阳村党支部。

2000 年 12 月，新南、革一、向阳 3 个村合并，建立中共梧桐镇革新村党总支，费兴华任党总支书记，驻地塘家浜，同时撤销新南村党支部、革一村党支部和向阳村党支部等党组织机构。革新村党总支下设农业、工业、老年、流动 4 个党支部，倪阿泉任农业党支部书记，沈柏洪任工业党支部书记，沈德兴任老年党支部书记，朱玉建任外出流动党员党支部书记。全村共有 87 名党员，其中女党员 12 名。

2001 年，因梧桐镇更名为梧桐街道，革新村党总支相应为梧桐街道党委所辖；2003 年因在梧桐街道辖区内以城南、革新两村为主体设立振东新区，革新村党总支划归振东新区党委所辖。

2013 年 12 月，革新村党总支进行第五次换届选举，朱玉建当选为新一届党总支书记。2014 年 12 月，革新村党总支重新设置为 5 个支部，分别是老年党支部、中年党支部、青年党支部、外出流动党员党支部和普通民兵连党支部。沈柏洪为老年党支部书记，张建英为中年党支部书记，庄林法为青年党支部书记，陈兰为外出流动党员党支部书记，朱玉建为普通民兵连党支部书记（兼）。

2016 年 6 月，革新村党总支下属党组织重新设置为第一党支部、第二党支部、第三党支部、外出流动党员党支部和普通民兵连党支部 5 个党支部并进行改选。丁凡任第一党支部书记，沈柏洪任第二党支部书记，张建英任第三党支部书记，陈兰任外出流动党员党支部书记，朱玉建兼任普通民兵连党支部书记。

2017 年，因撤销振东新区，革新村党总支重新归梧桐街道党委所辖。

2019 年 4 月，经上级批准撤销革新村党总支，成立中共梧桐街道革新村委员会，朱玉建任党委书记，下设第一网格、第二网格、第三网格和第四网格党支部，方鑫利任第一网格支部书记，戴圣炜任第二网格支部书记，张建英任第三网格支部书记，朱炬方任第四网格支部书记。全村共有党员 132 名，其中女党员 37 名。

村域内党组织自创建以来，随着村建制的改变，组织机构几经分合；经历农业合作化、“大跃进”、“文化大革命”和“农业学大寨”等运动，始终坚持为全体村民服务，在发展农业生产、壮大集体经济、解决群众温饱生活中发挥应有的领导作用。

1978 年中共十一届三中全会后，在改革开放的进程中，党组织成员不断调整充实，实现年轻化、知识化，驾驭能力、领导水平进一步提高；党员队伍不断发展壮大，一批大学生、转业复员军人、企业负责人充实党员队伍。党组织积极引领、指导村民委员会、村经济合作社，努力发展村级经济，使全体村民过上富裕生活。

2009 年，村域集体土地被国家全部征收后，村级工作职能大转变。革新村党总支（党委）及时调整工作思路，改进工作方法，带领村委会一班人紧紧围绕“筑牢党建阵地，壮大集体经济，细化民生服务，完善社会治理，优化生态环境，建设和谐革新”主题，把握新常态，真抓实干，坚持全心全意为人民服务的宗旨，努力壮大集体经济，夯实网格化管理组团服务，做到党的建设与乡村发展“同频共振”。

壮大集体经济，开启强村富民新模式。革新村从 2001 年开始启动征地拆迁工作，原来的 31 个村民组的村民分别被安置在革新、灵悟、金晖和永兴 4 个小区。在村党总支（党委）和致富能人的带动下，村里一些群众改变创业思路，发展起了羊毛衫加工、电商、房屋租赁等产业，村民经济收入显著增加，收入来源呈现多元化。2013 年以来，革新村利用土地存量，陆续在各个小区建起了近 3 万平方米店面、办公房、菜场等集体用房，进行房产出租，每年能增加村集体收入 300 余万元。村里成立了革新股份经济合作社，投资 30 万元参股桐乡市博农花木工程有限公司；又以部分土地入股振东新区物流园项目，两个项目的投资，增加了 100 万元的集体收入。2020 年，革新村集体经济年固定收入达到近 500 万元。集体经济发展带动了全村的环境和文化建设，并加大了民生实事投入，相继在革新小区、灵悟小区 、永兴小区分别投资 1000 多万元建成 3 个便民菜场和村民可操办酒席宴的会所。投资 550 万元建成 3 个居家养老以及村民活动中心，设有休息室、茶室、乒乓室、健身室、谈心室以及排舞场、篮球场。村里不仅举办了一年一度的春晚，更是建立起水鼓、舞蹈、越剧队，作为全村特色文化传播出去，革

▲ 党员先锋站铜牌

新村成了远近闻名的“文化村”。

支部建在网格上，服务群众无“盲区”。革新村有130多名党员，四个网格区域建立的党员先锋站遍布在村子的每个角落。通过村党总支（党委）的牵头组织，在原有管理体系基础上，结合网格化管理、专职综治员、道德评判团、新居民自治组织、党员、群众等组成民情服务队，他们齐心为共建美丽家园服务。这支民情服务队通过日常巡查，发现问题并上报，重点开展卫生清扫、河道保洁、纠纷调解等服务。由这支队伍组成的老人生日慰问队，为村里的老年人献爱心送温暖，为80岁以上的村里老人赠送生日蛋糕，定期开展形式多样的慰问活动，为村里营造尊老爱老的良好氛围。服务也覆盖到青少年，村里为刚进小学的学前生集中举行“开蒙礼”仪式，并送上书包等文具用品；每年为高考学子设立“崇学奖”，考上一本、二本的高考生凭大学

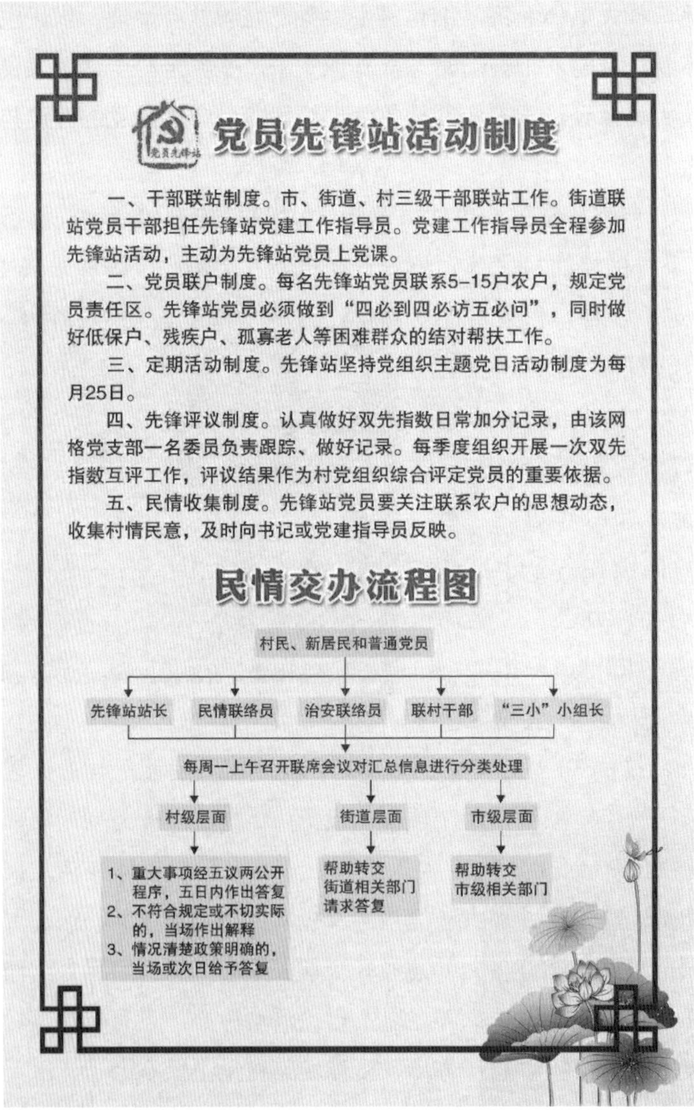

▲ 党员先锋站活动制度

录取通知书到村委会申领奖学金，村里分别发给他们5000元、3000元的奖学金。

以党风带民风，以民风促村风，让革新村党委班子的凝聚力、战斗力不断体现出来，为村级经济发展和社会良好风气的形成奠定了基础。通过党建网格化管理机制，真真切切地做到让“小事不出网格，大事不出村儿”，让服务群众无盲区、全覆盖，从而真正实现村更美、民更富。

多年来，革新村先后获浙江省卫生村、嘉兴市文明村、嘉兴市农村基层党风廉政建设示范村、嘉兴市科普示范村、嘉兴市卫生村、嘉兴市生态村等荣誉称号；村党组织在2008年、2012年和2019年被评为桐乡市先进基层党组织。

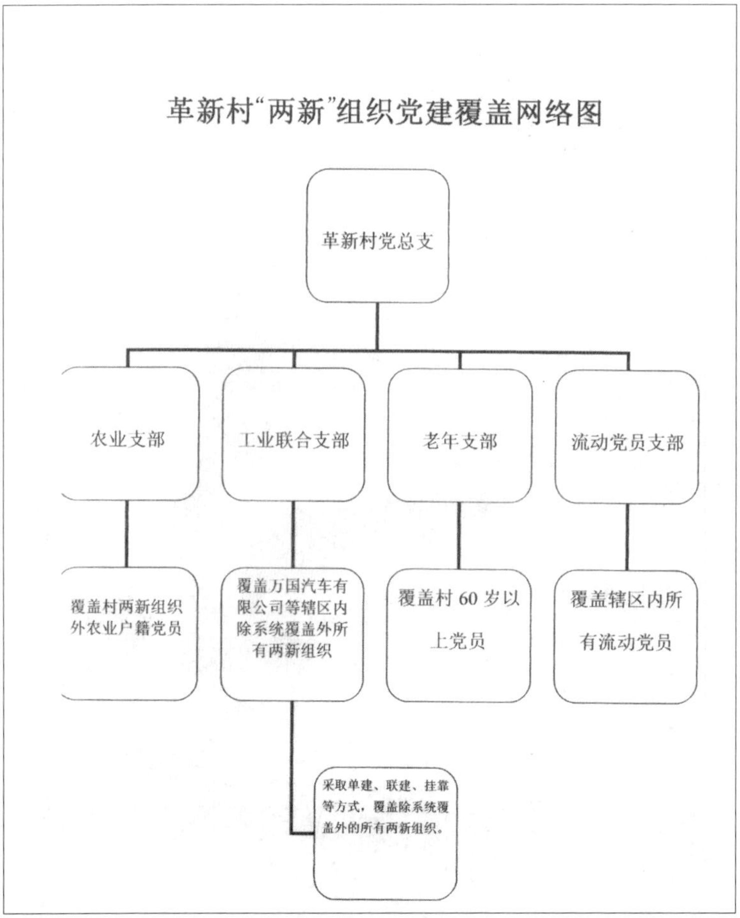


▲ 2011年革新村“两新”组织党建覆盖网络图

▲ 2019 年 5 月，桐乡市人大代表朱玉建在村先锋站传达市两会精神

图 10-1

## 五议两公开工作机制流程图

| 党员群众建议 | 村党组织提议 | 村务联席会议商议 | 党员大会审议 | 村民（代表）会议决议 | 表决结果公开 | 实施情况公开 |
| --- | --- | --- | --- | --- | --- | --- |
| 针对重大项目及事项，广泛征求本村党员、村民代表的意见 → | 根据征求的意见，村党总支对“两委”负责人沟通形成的建议，经党总支充分讨论、修改完善后，按照少数服从多数的原则进行举手表决并签字，经到会人员半数以上同意形成提议意见 → | 根据村党总支提议意见，组织两委班子成员充分讨论，发表意见，按照少数服从多数的原则进行举手表决并签字，经到会人员三分之二以上同意形成商议意见 → | 对村“两委”商定的重大事项，提交党员大会讨论审议，到会党员必须超过应到会人数的一半，经充分讨论，完善方案后，审议意见经应到会人数的一半以上同意方可通过，并提交村民代表会议或村民会议表决 → | 将审议意见提交村民代表会议或村民会议充分讨论，表决形成决议，参加会议人数必须符合法律规定，村民会议所做决议应当由到会人员过半数通过，村民代表会议所做决议必须由三分之二以上的代表通过 → | 经上级党委审核通过后的决议事项，一律采取适当形式向全体村民公示，广泛听取群众意见 → | 决议事项在村党总支领导下由村委会组织实施，实施结果及时向全体村民公布 |

表 10-1 1953—2000 年革新村域部分年份党员人数统计表

单位：人

| 年份 | 全村域 | | 新南村 | | 革一村 | | 向阳村 | |
|---|---|---|---|---|---|---|---|---|
| | 合计人数 | 其中女性 | 人数 | 其中女性 | 人数 | 其中女性 | 人数 | 其中女性 |
| 1953 | 1 | 0 | 1 | 0 | 0 | 0 | 0 | 0 |
| 1954 | 2 | 0 | 1 | 0 | 1 | 0 | 0 | 0 |
| 1955 | 4 | 0 | 2 | 0 | 2 | 0 | 0 | 0 |
| 1956 | 11 | 0 | 6 | 0 | 3 | 0 | 2 | 0 |
| 1957 | 12 | 0 | 7 | 0 | 3 | 0 | 2 | 0 |
| 1958 | 27 | 2 | 12 | 2 | 10 | 0 | 5 | 0 |
| 1959 | 35 | 4 | 16 | 3 | 14 | 1 | 5 | 0 |
| 1960 | 41 | 6 | 19 | 4 | 15 | 2 | 7 | 0 |
| 1961 | 41 | 6 | 19 | 4 | 15 | 2 | 7 | 0 |
| 1962 | 47 | 6 | 20 | 4 | 17 | 2 | 10 | 0 |
| 1963 | 47 | 6 | 20 | 4 | 17 | 2 | 10 | 0 |
| 1964 | 47 | 6 | 20 | 4 | 17 | 2 | 10 | 0 |
| 1965 | 48 | 6 | 20 | 4 | 18 | 2 | 10 | 0 |
| 1966 | 48 | 6 | 20 | 4 | 18 | 2 | 10 | 0 |
| 1970 | 45 | 6 | 20 | 4 | 16 | 2 | 9 | 0 |
| 1971 | 46 | 7 | 22 | 5 | 15 | 2 | 9 | 0 |
| 1972 | 52 | 8 | 22 | 5 | 18 | 2 | 12 | 1 |
| 1973 | 56 | 8 | 25 | 5 | 19 | 2 | 12 | 1 |
| 1974 | 61 | 8 | 27 | 5 | 21 | 2 | 13 | 1 |
| 1975 | 65 | 10 | 30 | 6 | 22 | 2 | 13 | 2 |
| 1976 | 67 | 10 | 30 | 6 | 23 | 2 | 14 | 2 |
| 1977 | 71 | 10 | 31 | 6 | 26 | 2 | 14 | 2 |
| 1978 | 77 | 10 | 33 | 6 | 26 | 2 | 18 | 2 |

续表 10-1

| 年份 | 全村域 | | 新南村 | | 革一村 | | 向阳村 | |
|---|---|---|---|---|---|---|---|---|
| | 合计人数 | 其中女性 | 人数 | 其中女性 | 人数 | 其中女性 | 人数 | 其中女性 |
| 1979 | 76 | 10 | 32 | 6 | 26 | 2 | 18 | 2 |
| 1980 | 76 | 10 | 33 | 6 | 25 | 2 | 18 | 2 |
| 1981 | 73 | 10 | 31 | 6 | 26 | 2 | 16 | 2 |
| 1982 | 77 | 10 | 32 | 6 | 27 | 2 | 18 | 2 |
| 1983 | 75 | 10 | 32 | 6 | 27 | 2 | 16 | 2 |
| 1984 | 78 | 10 | 34 | 6 | 27 | 2 | 17 | 2 |
| 1985 | 75 | 11 | 33 | 7 | 25 | 2 | 17 | 2 |
| 1986 | 80 | 10 | 37 | 7 | 27 | 2 | 16 | 1 |
| 1987 | 77 | 9 | 35 | 6 | 26 | 2 | 16 | 1 |
| 1988 | 78 | 10 | 36 | 7 | 25 | 2 | 17 | 1 |
| 1989 | 76 | 10 | 34 | 7 | 26 | 2 | 16 | 1 |
| 1990 | 75 | 8 | 33 | 5 | 26 | 2 | 16 | 1 |
| 1991 | 69 | 10 | 33 | 7 | 20 | 2 | 16 | 1 |
| 1992 | 68 | 10 | 34 | 7 | 19 | 2 | 15 | 1 |
| 1993 | 68 | 10 | 34 | 7 | 19 | 2 | 15 | 1 |
| 1994 | 73 | 10 | 35 | 6 | 22 | 3 | 16 | 1 |
| 1995 | 73 | 10 | 35 | 6 | 22 | 3 | 16 | 1 |
| 1996 | 74 | 9 | 36 | 5 | 22 | 3 | 16 | 1 |
| 1997 | 83 | 10 | 36 | 6 | 28 | 3 | 19 | 1 |
| 1998 | 83 | 6 | 36 | 4 | 28 | 1 | 19 | 1 |
| 1999 | 86 | 11 | 36 | 6 | 30 | 3 | 20 | 2 |
| 2000 | 87 | 12 | 36 | 6 | 31 | 4 | 20 | 2 |

表 10-2 2001—2020 年革新村部分年份党员人数统计

单位：人

| 年份 | 人数 | 其中女性 | 年份 | 人数 | 其中女性 |
|---|---|---|---|---|---|
| 2001 | 91 | 13 | 2012 | 118 | 26 |
| 2002 | 91 | 13 | 2013 | 117 | 28 |
| 2004 | 94 | 13 | 2014 | 122 | 34 |
| 2005 | 99 | 14 | 2015 | 131 | 38 |
| 2006 | 95 | 14 | 2016 | 131 | 38 |
| 2007 | 103 | 14 | 2017 | 130 | 39 |
| 2008 | 106 | 16 | 2019 | 132 | 37 |
| 2009 | 114 | 23 | 2020 | 133 | 39 |
| 2011 | 114 | 23 | — | — | — |

## 第二节　党组织换届选举

根据《中国共产党章程》和《中国共产党基层组织选举工作条例》规定和上级党委统一部署，革新村域原新南、革一、向阳 3 个村党支部和合并后的革新村党组织换届选举工作按时进行（“文化大革命”期间党组织停止活动除外），每三年或五年进行一次。2008 年 5 月，按照中共桐乡市委的要求，村党组织换届选举实行无候选人直选。2020 年村党组织换届选举实行“两推一选”，由上级党组织和党员、群众共同推荐产生党组织候选人，党员大会选举产生新一届党组织班子。

### 部分年代换届选举情况

1988 年 9 月，原新南、革一、向阳 3 个村党支部进行换届选举，选举结果：新南村党支部书记由沈福明担任，沈永生、姚玉英、姚金芳、徐全林任委员。（革一村、向阳村换届选举资料缺失）

1990 年 12 月，原 3 个村党支部进行换届选举，选举结果：新南村党支部由费兴华担任书记，委员由姚金方、姚玉英（组织、宣传）、姚金荣（纪检）担任；革一村党支部由陈金林担任书记，委员由刘福坤（组织）、殳顺宝（宣传）、陈桂庆（纪检）担任；向阳村党支部由徐雪林担任书记，委员由沈德兴、庄阿金（组织、宣传）、沈惠宝（纪检）担任。

1993 年 12 月，原 3 个村党支部进行换届选举，选举结果：新南村党支部由费兴华担任书记，姚金荣任副书记，姚玉英（组织、纪检）、庄寿良（宣传）任委员；革一村党支部由刘福坤担任书记，倪阿泉（组织）、陈桂庆（纪检）、殳顺宝（宣传）任委员；向阳村党支部由沈德兴担任书记，庄阿金（组织、纪检）、沈惠宝（宣传）任委员。

1998 年，原 3 个村党支部换届选举结果：新南村党支部由费兴华担任书记，姚金荣任副书记（宣传），沈柏洪任委员（组织、纪检）；革一村党支部由倪阿泉担任书记，委员由陈桂庆（纪检）、殳建明（组织、宣传）担任；向阳村党支部由沈德兴担任书记，朱玉建任副书记（组织、宣传），高华生任委员（纪检）。

2002 年 6 月，3 个村合并后，革新村党总支首次换届选举结果：费兴华任书记，倪阿泉、沈德兴任副书记，委员由朱玉建（组织）、陈桂庆（纪检）、沈柏洪（宣传）、张建英担任。

2005 年 5 月，革新村党总支换届选举结果：费兴华任书记，倪阿泉、沈德兴任副书记，朱玉建、陈桂庆、沈柏洪、张建英任委员。

2008 年 5 月，革新村党总支换届选举结果：倪阿泉任书记，朱玉建任副书记，委员由张建英、沈柏洪、庄林法担任。

2011 年 3 月，革新村党总支换届选举结果：倪阿泉任书记，朱玉建任副书记，沈柏洪、张建英任委员。

2013 年 12 月，革新村党总支换届选举结果：朱玉建任书记，沈柏洪任副书记，张建英、庄林法、陈兰任委员。

2017 年 4 月，革新村党总支换届选举结果：朱玉建任书记，沈柏洪、庄林法任副书记，张建英、陈兰任委员。

2020 年 8 月，革新村党委换届选举结果：朱玉建任书记，庄林法任副书记，陈兰、方鑫利、戴圣炜任委员。方鑫利兼任第一网格支部书记，戴圣炜兼任第二网格支部书记，张建英任第三网格支部书记，朱炬方任第四网格支部书记。

附：2020 年革新村党组织换届选举的基本程序

1. 通过选举办法。在村党员大会上通过选举办法，并把党组织成员的任职资格条件向社会公布。

2. 党员群众推荐。召开党员和村民代表会议，听取本届党组织领导班子及成员的述职报告，对现任村党组织领导班子及成员进行民主测评，推荐下届党组织领导班子成员候选人初步人选。

3. 上级党组织推荐。根据村党员、群众推荐情况，按照不低于委员职数 20% 的差额比例，推荐下届村党组织领导班子成员候选人初步人选。

4. 资格审查。在村预审的基础上，由上级党组织对党内外推荐的初步人选进行资格初审，报市相关部门进行联审，并公布资格审查合格人员名单。

5. 信任度测评。召开村党员大会和村民小组长、村民代表会议，对通过资格审查的人员进行党内外信任度测评。

6. 组织考察。根据党内外信任度测评情况，按不低于委员职数 20% 的差额比例，确定下届委员会候选人预备人选考察名单，报上级党委组织考察。

7. 社会公示。根据考察结果，集体讨论确定新一届党组织组成人员候选人预备人选名单，对预备人选的基本情况在村务公开栏内公示 3 天。

8. 谈话承诺。由上级党委对候选人预备人选进行个别或集体谈话，要求其作出书面竞职承诺，并在村务公开栏进行公示。

9. 大会选举。召开村党员大会，由上届党组织作工作报告，候选人发表竞职演说后，采取无记名投票形式，选举产生党组织成员，召开委员会第一次会议选举产生党组织书记、副书记。

选举情况报上级党委进行审批。

▲ 2020 年 8 月，中共梧桐街道革新村委员会换届选举大会，当选的新一届委员会委员一起宣誓

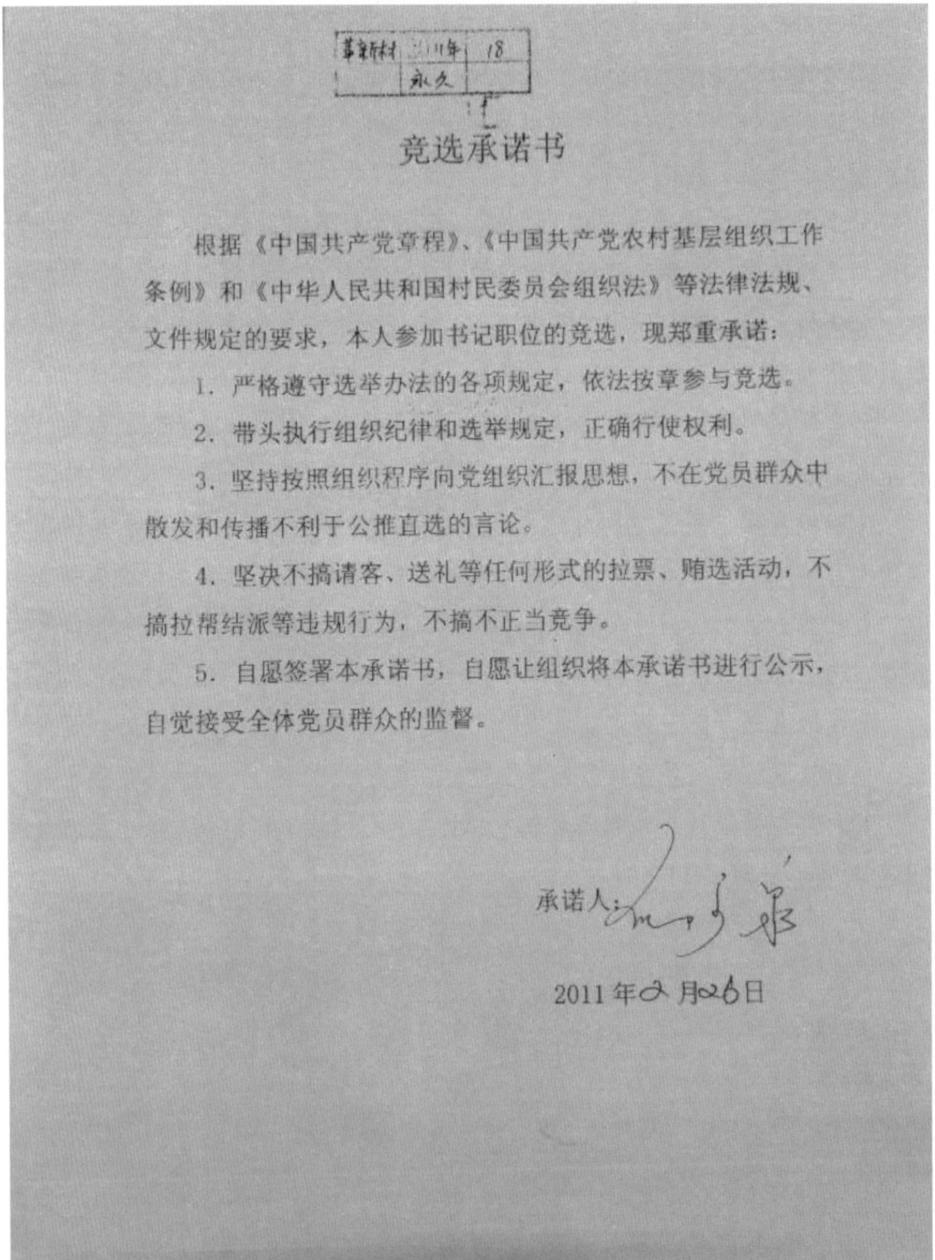

| 革新村 | 2011年 | 18 |
| --- | --- | --- |
| | 永久 | |

# 竞选承诺书

根据《中国共产党章程》、《中国共产党农村基层组织工作条例》和《中华人民共和国村民委员会组织法》等法律法规、文件规定的要求，本人参加书记职位的竞选，现郑重承诺：

1．严格遵守选举办法的各项规定，依法按章参与竞选。

2．带头执行组织纪律和选举规定，正确行使权利。

3．坚持按照组织程序向党组织汇报思想，不在党员群众中散发和传播不利于公推直选的言论。

4．坚决不搞请客、送礼等任何形式的拉票、贿选活动，不搞拉帮结派等违规行为，不搞不正当竞争。

5．自愿签署本承诺书，自愿让组织将本承诺书进行公示，自觉接受全体党员群众的监督。

承诺人：

2011年2月26日

▲ 2011年革新村党总支换届选举竞选承诺书

## 第三节　党组织重大活动

1957 年，革新村域首次成立新丰高级社党支部、革新高级社一社（简称革新一社）党支部 2 个村级党组织。

1958 年 9 月实行人民公社化，村域内建立梧桐人民公社革新大队党支部，同时撤销新丰高级社、革新高级社一社党组织机构。同年，发动“大跃进”和人民公社化运动。

1959 年上半年，撤销革新大队党组织机构，建立革一大队（老革一大队）、革二大队党支部。

1959 年，中共嘉兴地委发文，公布革一大队（老革一大队）党支部为农村标兵党支部。11 月 14 日，在嘉兴地区农村标兵党支部现场会期间，革一大队（老革一大队）党支部和嘉兴地区其他 32 个党支部一起发起“五大倡议”，向全区兄弟大队党支部提出革命友谊竞赛，开展学先进、赶先进、超先进的运动。一是坚持政治挂帅，加强政治思想工作；二是坚决贯彻以粮为纲、粮畜并举的生产方针，大力发展畜牧、蚕桑等多种经营；三是保证完成和超额完成国

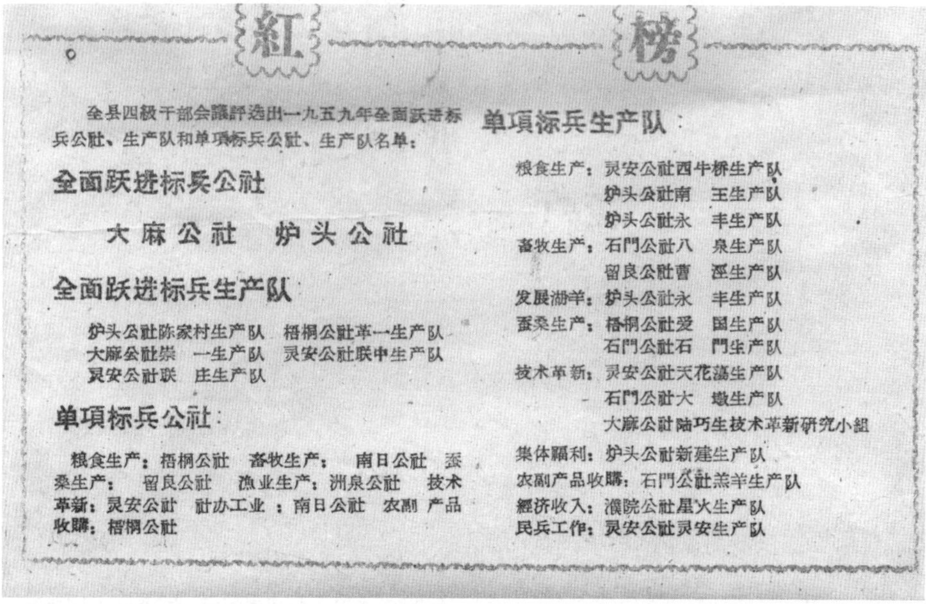
紅榜

全县四級干部会議評选出一九五九年全面跃进标兵公社、生产队和单項标兵公社、生产队名单：

全面跃进标兵公社

大麻公社　炉头公社

全面跃进标兵生产队

炉头公社陈家村生产队　梧桐公社革一生产队
大麻公社崇　一生产队　灵安公社联中生产队
灵安公社联　庄生产队

单項标兵公社：

粮食生产：梧桐公社　畜牧生产：　南日公社　蚕桑生产：　留良公社　漁业生产：洲泉公社　技术革新：灵安公社　社办工业：南日公社　农副产品收購：梧桐公社

单項标兵生产队：

粮食生产：灵安公社西牛桥生产队
炉头公社南　王生产队
炉头公社永　丰生产队
畜牧生产：石門公社八　泉生产队
留良公社曹　泾生产队
发展湖羊：炉头公社永　丰生产队
蚕桑生产：梧桐公社爱　国生产队
石門公社石　門生产队
技术革新：灵安公社天花荡生产队
石門公社大　墩生产队
大麻公社陆巧生技术革新研究小組
集体福利：炉头公社新建生产队
农副产品收購：石門公社羔羊生产队
經济收入：濮院公社星火生产队
民兵工作：灵安公社灵安生产队

▲ 1960 年 2 月 9 日《桐乡报》刊登的红榜

家粮食征购任务和农副产品的收购任务，支援国家社会主义建设；四是大搞革命的群众运动，大抓先进，大立标兵，轰轰烈烈地开展以“红、勤、巧”为中心的“学先进、赶先进、超先进”的群众性的社会主义劳动竞赛；五是加强支部的思想建设和组织建设，不断地壮大党的队伍，提高党的战斗力。

1960 年 6 月，革一大队（老革一大队）党支部与炉头公社陈家村等 12 个党支部联合向全县农村兄弟党支部发起 6 月“十好”竞赛倡议：一是政治挂帅、思想领先好；二是田间管理好；三是积肥施肥好；四是春花细收细打、选留良种好；五是“九边八套”完成扩种好；六是畜牧生产好；七是全面推广使用新式工具好；八是出售粮油、春茧好；九是食堂福利好；十是防汛抗旱好。

1961 年，撤销革一大队（老革一大队）党组织机构，分设新南大队党支部、革一大队（小革一大队）党支部。至此村域内有 3 个大队党支部。

1962 年 4 月，革一大队等五个标兵党支部向桐乡县 63 个标兵党支部发出《支部工作“六好”竞赛倡议书》：一比政治思想工作；二比贯彻执行政策；三比各项生产和完成国家任务；四比关心群众生活；五比走群众路线的工作方法；六比支部战斗堡垒作用。

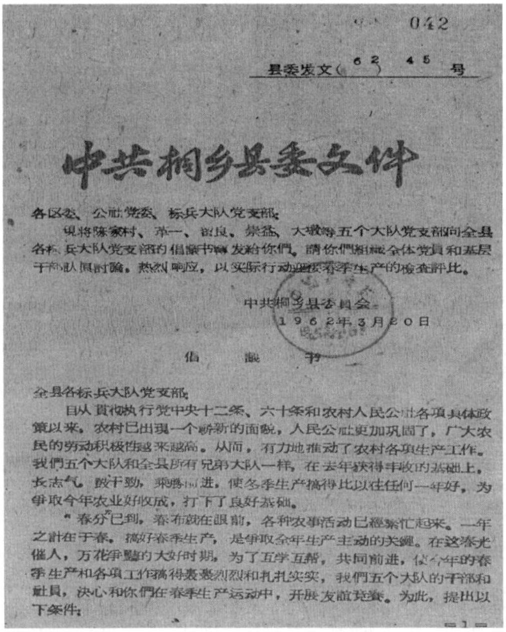

042

县委发文（62）45 号

中共桐乡县委文件

各区委、公社党委、标兵大队党支部：

现将陈家村、革一、留良、崇福、大墩等五个大队党支部向全县各标兵大队党支部的倡议书转发给你们。请你们组织全体党员和基层干部、队员讨论，热烈响应，以实际行动迎接春季生产的检查评比。

中共桐乡县委員会

1962年3月20日

倡　议　书

全县各标兵大队党支部：

自从貫彻执行党中央十二条、六十条和农村人民公社各项具体政策以来，农村已出現一个崭新的面貌，人民公社更加巩固了，广大农民的劳动积极性越来越高。从而，有力地推动了农村各项生产工作。我們五个大队和全县所有兄弟大队一样，在去年获得丰收的基础上，長志气、鼓干劲，乘勝前进，使冬季生产搞得比以往任何一年好，为争取今年农业好收成，打下了良好基础。

“春分”已到，春布就在眼前，各种农事活动已經繁忙起来。一年之計在于春。搞好春季生产，是争取全年生产主动的关鍵。在这春光催人，万花争豔的大好时期，为了互学互帮，共同前进，使今年的春季生产和各項工作搞得轰轰烈烈和扎扎实实，我們五个大队的干部和社員，决心和你們在春季生产运动中，开展友誼竞赛。为此，提出以下条件：

—1—

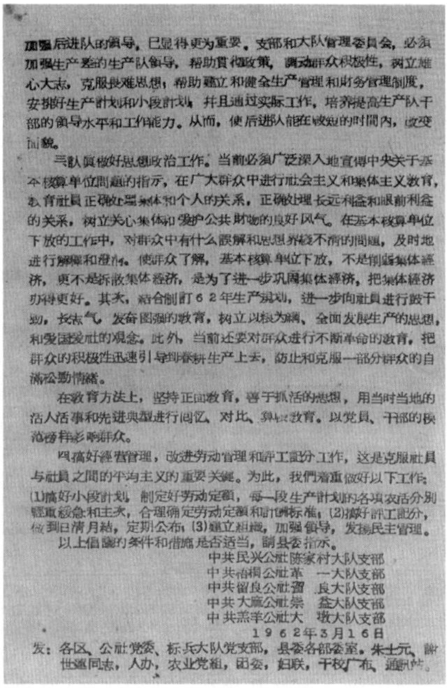

加强后进队的領导，已显得更为重要。支部和大队管理委員会，必須加强生产落后的生产队領导，帮助貫彻政策，调动群众积极性，树立雄心大志，克服畏难思想；帮助建立和健全生产管理和财务管理制度，安排好生产計划和小段計划，并且通过实际工作，培养提高生产队干部的領导水平和工作能力。从而，使后进队能在較短的时間内，改变面貌。

三认真做好思想政治工作。当前必須广泛深入地宣傳中央关于基本核算单位問題的指示，在广大群众中进行社会主义和集体主义教育，教育社員正确处理集体和个人的关系，正确处理長远利益和眼前利益的关系，树立关心集体和爱护公共財物的良好风气。在基本核算单位下放的工作中，对群众中有什么誤解和思想界綫不清的問題，及时地进行解釋和澄清。使群众了解，基本核算单位下放，不是削弱集体經济，更不是拆散集体經济，是为了进一步巩固集体經济，把集体經济办得更好。其次，結合制訂62年生产規划，进一步向社員进行鼓干劲，长志气，发奋图强的教育，树立以粮为綱、全面发展生产的思想，和爱国爱社的观念。此外，当前还要对群众进行不断革命的教育，把群众的积极性迅速引导到春耕生产上去，防止和克服一部分群众的自滿松勁情緒。

在教育方法上，坚持正面教育，善于抓活的思想，用当时当地的活人活事和先进典型进行回忆、对比、算帐教育。以党員、干部的模范榜样影响群众。

四搞好經营管理，改进劳动管理和評工記分工作，这是克服社員与社員之間的平均主义的重要关鍵。为此，我們着重做好以下工作：(1)搞好小段計划，制定好劳动定額，每一段生产計划的各项农活分别輕重緩急和主次，合理确定劳动定額和計酬标准；(2)搞好評工記分，做到日清月結，定期公布；(3)建立組織，加强領导，发揚民主管理。

以上倡議的条件和措施是否适当，請县委指示。

中共民兴公社陈家村大队支部

中共梧桐公社革　一大队支部

中共留良公社留　良大队支部

中共大麻公社崇　益大队支部

中共燕羊公社大　墩大队支部

1962年3月16日

发：各区、公社党委、标兵大队党支部，县委各部委室。朱士元、谢世運同志，人办，农业党組，团委，妇联，干校广布、通訊站。

▲ 倡议书

同年，新南、革一、革二大队党支部贯彻中共中央文件精神，改变原来以大队为基本核算单位的规定，实行以生产队（小队）为基本核算单位。

1963 年 11 月，在学习贯彻中共中央《关于目前农村工作若干问题的决定》期间，革一大队党支部配合桐乡县委做好分配试点工作。县委扩大会议期间，与会领导到革一大队现场指导。

1964 年上半年，桐乡县“四清”运动在梧桐人民公社试点，革一、新南、革二大队党支部相继组织“四清”运动，以队为基本单位先搞“小四清”，即清工分、清账目、清仓库、清财物。后改为“大四清”，即清政治、清组织、清经济、清思想。

1966 年 12 月，党组织被迫停止活动。

1970 年，贯彻上级整党建党会议精神，革一、新南、向阳 3 个大队党支部党员恢复组织生活，解放党员干部。梧桐人民公社下发《关于新南等八个大队建立党支部的批复》，批准 8 个大队建立新支部。新南大队党支部由徐锦源任书记，姚子堂任副书记；革一大队党支部由高伯乔任书记，殳金毛任副书记；向阳大队党支部由施福寿任书记。

1976 年 9 月 9 日，中共中央主席、中央军委主席毛泽东逝世，3 个大队均设灵堂，组织党员群众缅怀毛主席。

同年 10 月 6 日，中共中央粉碎江青反革命集团，3 个大队均组织党员学习中共中央两个公报，坚决拥护党中央的英明决策，声讨江青反革命集团的罪行。

1978 年 12 月，革新村域内 3 个大队党支部组织党员干部认真收听、学习和座谈讨论中共十一届三中全会公报精神，纷纷谈感想，表决心，一致表示坚决拥护三中全会的各项决定。

1979 年下半年，桐乡县开展实施新选举法的试点，进行县级人大代表直接选举。3 个大队党支部，按上级部署，经过组织准备、宣传发动、选民登记、推荐代表候选人和投票选举 5 个阶段，于 11 月上旬完成桐乡县第七届人民代表大会的直接选举工作。村域内徐海荣、盛阿六、庄阿金当选为代表，出席 12 月举行的桐乡县第七届人民代表大会第一次会议。

1982 年秋， 3 个大队党支部先后召开会议，贯彻省农村工作会议精神，讨论和研究农业生产责任制和冬种问题。决定从冬种起，全面推行家庭联产承包责任制，将水田、旱地（包括桑园）全部承包到户。口粮田按社员吃饭底分或人口分，责任田、旱地、专桑地按劳动力底分分，将国家粮食征购任务计算到户。

1984 年 1 月撤销人民公社、大队建制，村域内的党组织分别更名为梧桐乡新南村党支部、革一村党支部和向阳村党支部。

1985 年 6 月按照中共中央《关于整党的决定》，革一、新南、向阳 3 个村的全体党员认真学习中共十一届三中全会以来的重要文件，彻底否定“文化大革命”，检查违反四项基本原则、违反党的路线、方针、政策的错误，履行党员登记，进行组织处理，对不合格党员不予登记或暂不登记。

1989 年 9 月，根据桐乡县委部署，革一、新南、向阳 3 个村党支部开展以党的十三届四中全会精神为指针，以“三爱”（爱党、爱国、爱社会主义）教育为重点，以“三户”（文明户、五好家庭户、遵纪守法户）复评为主要形式，与搞好冬种面积落实、中秋茧收购、全面实施村民委员会组织法紧密结合的思想教育活动。

同年 12 月，开展党的基本路线教育活动，让村民理解党的“一个中心，两个基本点”（一个中心是指以经济建设为中心，两个基本点是指坚持四项基本原则、坚持改革开放）的基本路线、重要的方针、政策，做到家喻户晓。活动中，3 个村分别与商业局、农林局等市级机关结对，并得到资金补助，用于道路修筑、圩堤整治等项目建设。

1990 年 7 月，3 个村党支部组织开展“我为南湖增光辉”活动，广泛深入地进行党史、地方革命史、革命传统教育，发动全体党员和社会人士为兴建“南湖革命纪念馆”“桐乡县革命烈士纪念碑”“桐乡县党史陈列室”出资出力。建在革一村南港上等村民组土地上的“桐乡县革命烈士纪念碑”和“桐乡县党史陈列室”，于 11 月 3 日举行奠基典礼。

1992 年 3 月，革一、新南、向阳 3 个村党支部组织党员学习邓小平南方谈话精神，要求紧密联系工作实际，把思想统一到南方谈话精神上来，加快改革步伐，集中精力抓好经济工作，深入推进“三农”（农业、农村、农民）改革。

1992 年，革一村党支部、新南村党支部、向阳村党支部积极开展精神文明、物质文明两个文明建设活动。新南村党支部在两个文明建设中成绩显著，支部书记费兴华被桐乡县委授予农村“两个文明建设带头人”称号。

1999年6月30日，特大洪涝灾害袭击桐乡，连续降暴雨，河道水位超历史。为把灾害损失所带来的损失降到最低限度，革一、新南、向阳3个村党支部组织党员干部深入第一线，全力以赴，奋起抗灾，加固加高圩堤，尽快排除积水。

2000年，3个村党支部根据上级统一部署，开展“致富思源，富而思进”（简称“双思”教育）的教育主题活动，结合农村工作实际，通过群众喜闻乐见的形式将教育活动落到实处。

2000年12月，根据上级文件，革一村、新南村、向阳村3村合并为梧桐镇革新村，建立革新村党总支，由梧桐镇党委任命党总支成员，撤销3个村党组织机构，同时免去原党支部成员职务。党总支下设农业支部、工业联合支部、老年支部和流动党员支部。

2004年2月，设置革新村党总支电化教育活动室，实行党员远程教育，实现教育资源共享。上级对本村开展党员电化远程教育工作给予充分肯定，2005年1月被桐乡市委组织部确定为“党员电化教育示范点”；2009年10月被桐乡市远程教育办公室确定为“党员干部现代远程教育学用示范点”。

2008年，革新村党总支组织企业和村民群众热心捐款，支援四川汶川地震的灾民。

2014年4月，开展党的群众路线教育实践活动。全体党员集中听取市委党校老师的专题辅导报告《坚持党的群众路线　巩固党的政治优势》，并观看影片《焦裕禄》，开展党员干部“联系不漏户、党群心贴心”和结对帮扶残疾家庭活动。

2015年9月，革新村党总支开展“学党章、守纪律、讲规矩”党员集中轮训。集中轮训的主要内容有：组织一次党章专题党课；开展一次党章学习讨论；开展一次对照检查；重温一次入党誓词；组织一次党员先锋实践。

2015年，革新村党总支组织开展社会主义核心价值观宣传教育活动，倡导“富强、民主、文明、和谐，自由、平等、公正、法治，爱国、敬业、诚信、友善”的社会主义核心价值观。

2016年5月，开展以“学党章党规、学系列讲话，做合格党员”为内容的“两学一做”学习教育，制定《革新村党总支“两学一做”实施方案》，召开动员大会，要求全体党员认真学习，积极参与。通过学习讨论、党课宣讲、专题组织生活会、突出问题专项整治、深化党员“一员双岗”，推进基层党建工作。

2016—2018 年，革新村党支部开展“创建基层党建先锋村”活动，利用三年时间，通过创建—提升—深化，实现基层党建先锋村目标。

2017 年，组织开展“治水再出发”活动，面对全面剿灭劣Ⅴ类水的新区总动员，坚定不移将“五水共治”推向纵深，建设美丽和谐新革新。7 月 5 日，革新村党总支部组织在凤凰湖翰墨竞芳广场开展主题为“携手剿灭劣五类水，画出美好和谐家园”绘画文化衫的活动，引导村民养成良好的生活习惯和卫生习惯，减少生活垃圾对水体的污染。

2017 年 10 月 18 日，革新村全体党员带上学习包，佩戴党员徽章，集中在先锋站收看中共十九大开幕式，聆听中共中央总书记习近平的报告。

2017 年 11 月，开展“不忘初心、牢记使命”主题教育贯彻中共十九大精神主题实践活动，具体做到八个一：举办一场高质量的专题报告；书记上一堂接地气的党课；原原本本读一次报告和党章；开展一场大讨论；写一篇感悟体会；进行一场应知应会的测试和比赛；每月组织一次党员志愿服务；发力一次集中破难。

2018 年，在村党总支领导下，成立乡贤参事会。自此，村内建立了治安巡逻队、卫生督察队、社会工作社、慈善工作站、计生协会、党员义工队、消防站、道德评判团、文艺宣传队、老年协会等 11 个群团组织。

2018 年，开展“社情民意大走访、八八战略大宣讲、思想观念大解放”活动。党员干部带头深入村民小组，到村民家中，了解群众的实际情况，宣传 32 项惠民政策。（八八战略的具体内容是：1. 进一步发挥浙江的体制机制优势，大力推动以公有制为主体的多种所有制经济共同发展，不断完善社会主义市场经济体制。2. 进一步发挥浙江的区位优势，主动接轨上海、积极参与长江三角洲地区交流与合作，不断提高对内对外开放水平。3. 进一步发挥浙江的块状特色产业优势，加快先进制造业基地建设，走新型工业化道路。4. 进一步发挥浙江的城乡协调发展优势，统筹城乡经济社会发展，加快推进城乡一体化。5. 进一步发挥浙江的生态优势，创建生态省，打造“绿色浙江”。6. 进一步发挥浙江的山海资源优势，大力发展海洋经济，推动欠发达地区跨越式发展，努力使海洋经济和欠发达地区的发展成为浙江省经济新的增长点。7. 进一步发挥浙江的环境优势，积极推进基础设施建设，切实加强法治建设、信用建设和机关效能建设。8. 进一步发挥浙江的人文优势，积极推进科教兴省、人才强省，加快建设文化大省。）

2019 年 4 月，经桐乡市委批准，中共梧桐街道革新村总支部委员会升格为中共梧桐街道革新村委员会。为此，组织召开党员大会，传达《中共桐乡市委关于同意梧桐街道东方红村等 14 个村（社区）党组织升格党委的批复》，宣布革新村党委组成成员和纪委组成成员。

2020 年 1 月下旬，新冠感染疫情严峻，革新村党委根据上级防控领导小组的统一部署，组织全村党员干部、村民，落实防控措施。从 2 月 1 日至 3 月 8 日，全村四个小区实行封闭式管理，设卡点 9 个。党委、各支部成员及志愿者 1200 多人驻守卡点值班。

2020 年 8 月，革新村党委进行换届选举，选举产生新一届的党委和纪委。

## 第四节　历届党组织负责人名录

表 10-3　革新村历届党组织负责人名录

| 所属乡镇 | 党组织名称 | 职务 | 姓名 | 任职时间 |
|---|---|---|---|---|
| 城濮区革新乡（1950—1956.2） | 革新乡党支部 | 书记 | 沈阿金 | 1954—1956 |
| | | 副书记（不脱产） | 庄阿堂 | 1955—1956 |
| 新南乡（1956.3—1958.8） | 新南乡党支部 | 书记 | 汤丽娟 | 1956.2—1956.11 |
| | | 书记 | 宣子华 | 1956.11—1957.2 |
| | | 副书记 | 王阿金 | 1956.3—1958.2 |
| | | 副书记 | 沈长宝 | 1956.3—1957.2 |
| | 新南乡党总支部 | 书记 | 宣子华 | 1957.2—1958.2 |
| | 新南乡党委 | 书记 | 陈学海 | 1958.3—1958.8 |
| | | 副书记 | 刘传生 | 1958.3—1958.8 |
| | 革新一社党支部 | 书记 | 高伯乔 | 1957—1958.8 |
| | 新丰社党支部 | 书记 | 徐锦源 | 1957—1958.8 |
| | | 副书记 | 姚子堂 | 1957—1958.8 |
| 梧桐人民公社（1958.9—1983.12） | 革新管理区党总支部 | 书记 | 蒋汝坤 | 1958.10—1959.3 |
| | | 书记 | 王阿金 | 1959.4—? |
| | | 副书记 | 王阿金 | 1958.9—1959.3 |
| | | 副书记 | 高伯乔 | 1958.9—1959.3 |
| | 革新大队党支部 | 书记 | 高伯乔(兼) | 1958.9—1959.3 |
| | | 副书记 | 徐锦元 | 1958.9—1959.3 |
| | | 副书记 | 蔡金松 | 1958.9—1959.3 |
| | | 副书记 | 施金生 | 1958.9—1959.3 |
| | 革一大队（老）党支部 | 书记 | 高伯乔 | 1959.4—1961.3 |
| | | 副书记 | 徐锦元 | 1959.4—1961.3 |
| | | 副书记 | 蔡金松 | 1959.4—1961.3 |
| | | 副书记 | 施金生 | 1959.4—1961.3 |
| | | 副书记 | 殳金毛 | 1959.4—1961.3 |
| | 革一大队党支部 | 书记 | 高伯乔 | 1961.4—1974.11 |
| | | 书记 | 殳金毛 | 1976.11—1978.3 |
| | | 书记 | 方宝祥 | 1978.4—1983.12 |
| | | 副书记 | 殳金毛 | 1961.4—1964 |

续表 10-3

| 所属乡镇 | 党组织名称 | 职务 | 姓名 | 任职时间 |
|---|---|---|---|---|
| 梧桐人民公社（1958.9—1983.12） | 革一大队党支部 | 副书记 | 殳金毛 | 1970.7—1976.10 |
| | | 副书记 | 沈柳明 | 1974.6—1975.3 |
| | | 副书记 | 方祖泉 | 1974.9—1978 |
| | | 委员 | 施金生 | 1961—? |
| | | 委员 | 陈贵山 | 1961—? |
| | | 委员 | 沈水堂 | 1961—1972.4 |
| | | 委员 | 刘源顺 | 1961—? |
| | | 委员 | 盛七娜 | 1970.7—1972.4 |
| | | 委员 | 方祖泉 | 1972.10—1974.8 |
| | | 委员 | 陈金龙 | 1972 |
| | | 委员 | 盛二宝 | 1972 |
| | | 委员 | 方宝祥 | 1977.9—1978.4 |
| | | 委员 | 费长林 | 1977.9—1983.12 |
| | | 委员 | 丁阿五 | 1977.9—? |
| | | 委员 | 盛阿六 | 1977.9—? |
| | | 委员 | 刘福坤 | 1983.10—1983.12 |
| | 新南大队党支部 | 书记 | 徐锦源 | 1961.4—1978.6 |
| | | 书记 | 姚子堂 | 1978.7—1983.12 |
| | | 副书记 | 姚子堂 | 1961.4—1968 |
| | | 副书记 | 高善加 | 1961.4—? |
| | | 副书记 | 蔡金松 | 1961.4—? |
| | | 副书记 | 姚子堂 | 1970—1978.6 |
| | | 副书记 | 庄金茂 | 1970—1978.7 |
| | | 副书记 | 蔡金松 | 1975.10—1977 |
| | | 副书记 | 徐锦源 | 1979.1—1980.4 |
| | | 副书记 | 姚玉英 | 1980.4—1983.12 |
| | | 委员 | 徐阿大 | 1961.4—? |
| | | 委员 | 沈新宝 | 1961.4—? |
| | | 委员 | 姚来宝 | 1961.4—? |
| | | 委员 | 高文山 | 1970.6—1972 |

续表 10–3

| 所属乡镇 | 党组织名称 | 职务 | 姓名 | 任职时间 |
|---|---|---|---|---|
| 梧桐人民公社（1958.9 — 1983.12） | 新南大队党支部 | 委员 | 蔡金松 | 1970—1972 |
| | | 委员 | 潘全宝 | 1970.6—1974 |
| | | 委员 | 徐子芳 | 1970—1982 |
| | | 委员 | 徐全林 | 1978.1—1983.12 |
| | | 委员 | 沈全荣 | 1978.1—? |
| | | 委员 | 庄寿良 | 1980—1982 |
| | | 委员 | 费兴华 | 1980—1983.12 |
| | 向阳大队党支部（1966 年前为革二大队） | 书记 | 徐兰毛 | 1960.10—1962.11 |
| | | 书记 | 许阿大 | 1962.12—1966.5 |
| | | 书记 | 史福寿 | 1969.7—1978.4 |
| | | 书记 | 高东升 | 1978.5—1980.12 |
| | | 书记 | 庄阿三 | 1982.2—1983.12 |
| | | 副书记 | 许阿大 | 1960.10—1961.11 |
| | | 副书记 | 史福寿 | 1961.10—1969.6 |
| | | 副书记 | 徐兰毛 | 1972.6—1976.10 |
| | | 副书记（全面） | 徐兰毛 | 1976.11—1983.12 |
| | | 委员 | 徐金章 | 1964—? |
| | | 委员 | 盛叙龙 | 1964—? |
| | | 委员 | 徐兰毛 | 1970.6—? |
| | | 委员 | 徐福龙 | 1970.6—1972 |
| | | 委员 | 蒋阿欢 | 1970.6—1972 |
| | | 委员 | 沈发明 | 1972—1978.11 |
| | | 委员 | 沈惠宝 | 1978.11—1983.12 |
| 梧桐乡（1984.1 — 1992.5） | 革一村党支部 | 书记 | 费长林 | 1984.1—1986.5 |
| | | 书记 | 费永泉 | 1986.5—1988.9 |
| | | 书记 | 倪阿泉 | 1988.9—1989.9 |
| | | 书记 | 陈金林 | 1989.10—1991.8 |
| | | 书记 | 刘福坤 | 1991.9—1992.5 |
| | | 委员 | 刘福坤 | 1984.1—1991.8 |
| | | 委员 | 倪阿泉 | 1988.1—1988.9 |

续表 10-3

| 所属乡镇 | 党组织名称 | 职务 | 姓名 | 任职时间 |
|---|---|---|---|---|
| 梧桐乡（1984.1 — 1992.5） | 革一村党支部 | 委员 | 盛兴伦 | 1988.1—1990.12 |
| 梧桐乡（1984.1 — 1992.5） | 革一村党支部 | 委员 | 殳顺宝 | 1990.12—1992.5 |
| 梧桐乡（1984.1 — 1992.5） | 革一村党支部 | 委员 | 陈桂庆 | 1990.12—1992.5 |
| 梧桐乡（1984.1 — 1992.5） | 革一村党支部 | 委员 | 费永泉 | 1984.1—1986.4 |
| 梧桐乡（1984.1 — 1992.5） | 新南村党支部 | 书记 | 姚玉英 | 1984.1—1985.3 |
| 梧桐乡（1984.1 — 1992.5） | 新南村党支部 | 书记 | 徐全林 | 1985.3—1987.7 |
| 梧桐乡（1984.1 — 1992.5） | 新南村党支部 | 书记 | 沈福明 | 1987.7—1988.12 |
| 梧桐乡（1984.1 — 1992.5） | 新南村党支部 | 书记 | 费兴华 | 1989.1—1992.5 |
| 梧桐乡（1984.1 — 1992.5） | 新南村党支部 | 副书记 | 姚子堂 | 1984.1—1984.12 |
| 梧桐乡（1984.1 — 1992.5） | 新南村党支部 | 委员 | 徐全林 | 1984.1—1985.2 |
| 梧桐乡（1984.1 — 1992.5） | 新南村党支部 | 委员 | 费兴华 | 1984.1—1987 |
| 梧桐乡（1984.1 — 1992.5） | 新南村党支部 | 委员 | 姚玉英 | 1985.3—1992 |
| 梧桐乡（1984.1 — 1992.5） | 新南村党支部 | 委员 | 姚金芳 | 1987—1992.5 |
| 梧桐乡（1984.1 — 1992.5） | 新南村党支部 | 委员 | 沈永生 | 1988.9—1990.2 |
| 梧桐乡（1984.1 — 1992.5） | 新南村党支部 | 委员 | 徐全林 | 1988.9—1990.12 |
| 梧桐乡（1984.1 — 1992.5） | 新南村党支部 | 委员 | 姚金荣 | 1990.12—1992.5 |
| 梧桐乡（1984.1 — 1992.5） | 向阳村党支部 | 书记 | 庄阿三 | 1984.1—1986.5 |
| 梧桐乡（1984.1 — 1992.5） | 向阳村党支部 | 书记 | 徐荣堂 | 1986.6—1988.8 |
| 梧桐乡（1984.1 — 1992.5） | 向阳村党支部 | 书记 | 徐雪林 | 1988.9—1991.6 |
| 梧桐乡（1984.1 — 1992.5） | 向阳村党支部 | 书记 | 沈德兴 | 1991.7—1992.5 |
| 梧桐乡（1984.1 — 1992.5） | 向阳村党支部 | 委员 | 庄阿金 | 1984.1—1992.5 |
| 梧桐乡（1984.1 — 1992.5） | 向阳村党支部 | 委员 | 沈惠宝 | 1984.1—1992.5 |
| 梧桐乡（1984.1 — 1992.5） | 向阳村党支部 | 委员 | 徐雪林 | 1988—1988.9 |
| 梧桐乡（1984.1 — 1992.5） | 向阳村党支部 | 委员 | 沈德兴 | 1988.9—1991.6 |
| 梧桐乡（1984.1 — 1992.5） | 向阳村党支部 | 委员 | 高华生 | 1989—1991 |
| 梧桐镇 (1992.6 — 2003.8)（2001 年撤销梧桐镇建制，更名为梧桐街道） | 革一村党支部 | 书记 | 刘福坤 | 1992.6—1997.7 |
| 梧桐镇 (1992.6 — 2003.8)（2001 年撤销梧桐镇建制，更名为梧桐街道） | 革一村党支部 | 书记 | 倪阿泉 | 1997.7—2000.11 |
| 梧桐镇 (1992.6 — 2003.8)（2001 年撤销梧桐镇建制，更名为梧桐街道） | 革一村党支部 | 委员 | 倪阿泉 | 1992.6—1997.6 |
| 梧桐镇 (1992.6 — 2003.8)（2001 年撤销梧桐镇建制，更名为梧桐街道） | 革一村党支部 | 委员 | 陈桂庆 | 1992.6—2000.11 |
| 梧桐镇 (1992.6 — 2003.8)（2001 年撤销梧桐镇建制，更名为梧桐街道） | 革一村党支部 | 委员 | 殳顺宝 | 1992.6—1998 |

续表 10-3

| 所属乡镇 | 党组织名称 | 职务 | 姓名 | 任职时间 |
|---|---|---|---|---|
| 梧桐镇(1992.6 — 2003.8)（2001 年撤销梧桐镇建制，更名为梧桐街道） | 革一村党支部 | 委员 | 殳建明 | 1998—2000.11 |
| | 新南村党支部 | 书记 | 费兴华 | 1992.6—2000.11 |
| | | 副书记 | 姚金荣 | 1993.8—2000.11 |
| | | 委员 | 姚金荣 | 1992.6—1993.7 |
| | | 委员 | 姚金方 | 1992.6—1992.12 |
| | | 委员 | 姚玉英 | 1993.12—1997 |
| | | 委员 | 庄寿良 | 1993—1997 |
| | | 委员 | 沈柏洪 | 1998—2000.11 |
| | 向阳村党支部 | 书记 | 沈德兴 | 1992.6—2000.11 |
| | | 副书记 | 朱玉建 | 1995—2000.11 |
| | | 委员 | 庄阿金 | 1992.6—1995 |
| | | 委员 | 沈惠宝 | 1992.6—1998 |
| | | 委员 | 高华生 | 1995—2000.11 |
| | 革新村党总支 | 书记 | 费兴华 | 2000.12—2003.8 |
| | | 副书记 | 沈德兴 | 2000.12—2003.8 |
| | | 副书记 | 倪阿泉 | 2000.12—2003.8 |
| | | 委员 | 姚金荣 | 2000.12—2002.5 |
| | | 委员 | 朱玉建 | 2000.12—2003.8 |
| | | 委员 | 陈桂庆 | 2000.12—2003.8 |
| | | 委员 | 沈柏洪 | 2000.12—2003.8 |
| 振东新区（2003.9 — 2017.3） | 革新村党总支 | 书记 | 费兴华 | 2003.9—2008.4 |
| | | 书记 | 倪阿泉 | 2008.5—2013.11 |
| | | 书记 | 朱玉建 | 2013.12—2017.3 |
| | | 副书记 | 沈德兴 | 2003.9—2008.4 |
| | | 副书记 | 倪阿泉 | 2003.9—2008.4 |
| | | 副书记 | 朱玉建 | 2008.5—2013.2 |
| | | 副书记 | 沈柏洪 | 2013.12—2017.3 |
| | | 委员 | 朱玉建 | 2003.9—2008.4 |
| | | 委员 | 沈柏洪 | 2003.9—2013.11 |
| | | 委员 | 张建英 | 2002.6—2017.3 |

续表 10-3

| 所属乡镇 | 党组织名称 | 职务 | 姓名 | 任职时间 |
|---|---|---|---|---|
| 振东新区（2003.9 — 2017.3） | 革新村党总支 | 委员 | 陈桂庆 | 2003.9—2008.4 |
| | | 委员 | 庄林法 | 2008.5—2017.3 |
| | | 委员 | 陈　兰 | 2013—2017.3 |
| 梧桐街道（2017.4 — 2020.12） | 革新村党总支 | 书记 | 朱玉建 | 2017.4—2019.3 |
| | | 副书记 | 沈柏洪 | 2017.4—2019.3 |
| | | 副书记 | 庄林法 | 2017.4—2019.3 |
| | | 委员 | 张建英 | 2017.4—2019.3 |
| | | 委员 | 陈　兰 | 2017.4—2019.3 |
| | 革新村党委 | 书记 | 朱玉建 | 2019.4—2020.12 |
| | | 副书记 | 沈柏洪 | 2019.4—2020.5 |
| | | 副书记 | 庄林法 | 2019.4—2020.12 |
| | | 委员 | 张建英 | 2019.4—2020.7 |
| | | 委员 | 陈　兰 | 2019.4—2020.12 |
| | | 委员 | 方鑫利 | 2020.5—2020.12 |
| | | 委员 | 戴圣炜 | 2020.7—2020.12 |

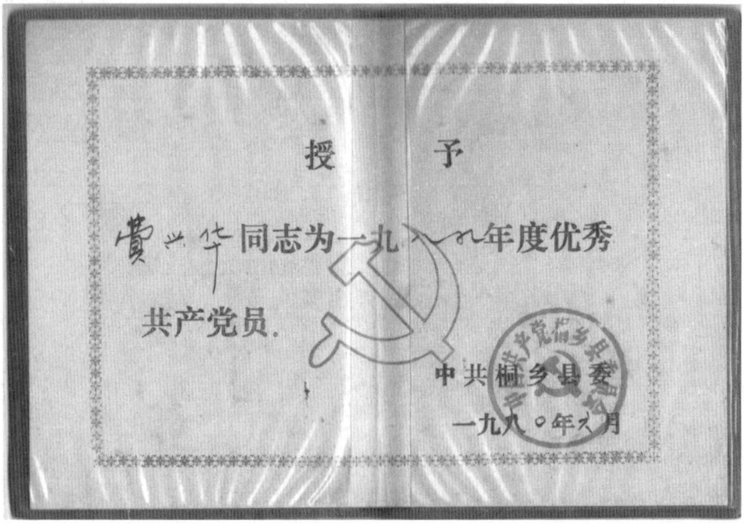


▲ 1990 年 6 月，费兴华被中共桐乡县委授予优秀共产党员称号

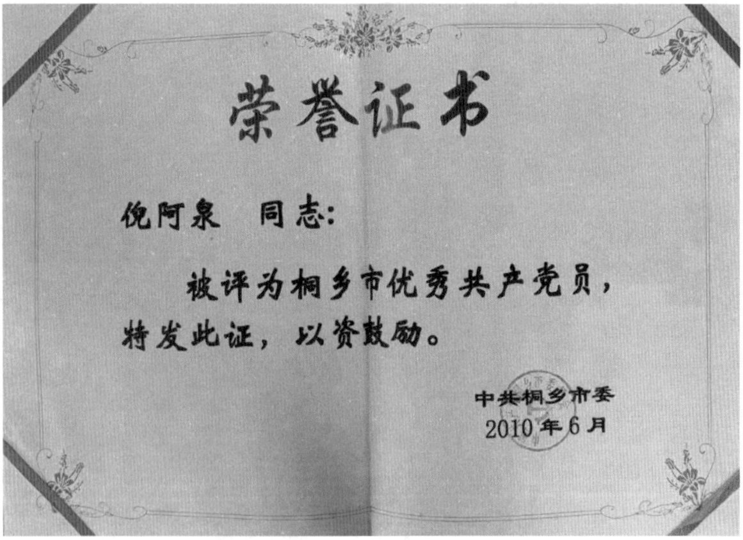


▲ 2010 年 6 月，倪阿泉被中共桐乡市委评为优秀共产党员

## 第五节　共产党员名录

表 10-4　首批获得“光荣在党 50 年”纪念章的老党员名录

| 姓名 | 性别 | 入党时间 | 所在支部 | 家庭住址 |
|---|---|---|---|---|
| 徐兰毛 | 男 | 1958.11.5 | 第三网格党支部 | 永兴小区 |
| 盛七娜 | 男 | 1958.11.8 | 第四网格党支部 | 灵悟小区 |
| 潘全宝 | 男 | 1970.10.1 | 第二网格党支部 | 革新小区 |
| 殳炳官 | 男 | 1971.4.1 | 第一网格党支部 | 灵悟小区 |
| 沈阿明 | 男 | 1971.4.1 | 第一网格党支部 | 灵悟小区 |
| 徐松清 | 男 | 1971.6.10 | 第三网格党支部 | 永兴小区 |

▲ 光荣在党 50 年纪念章

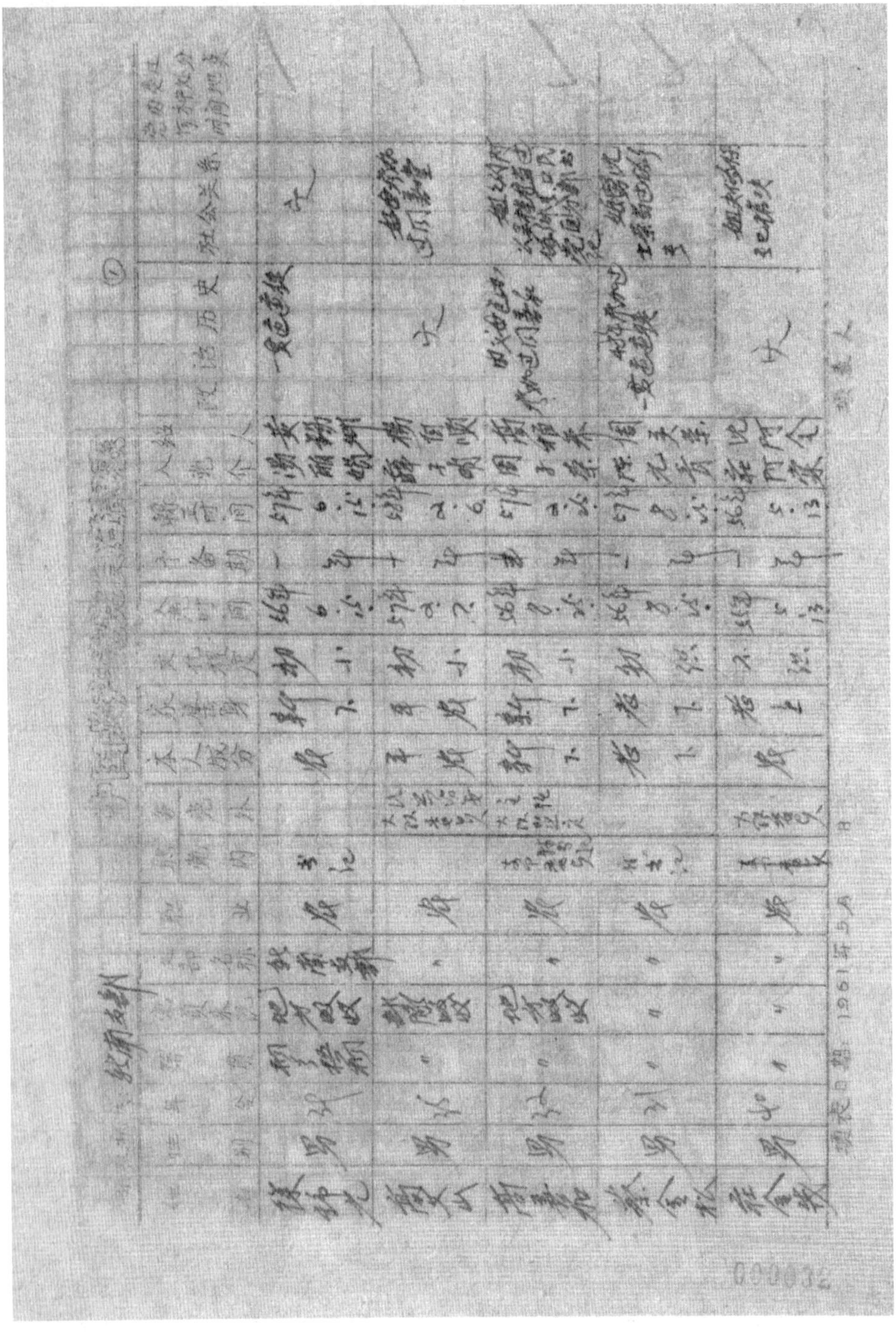

▲ 1961 年党员登记档案（一）

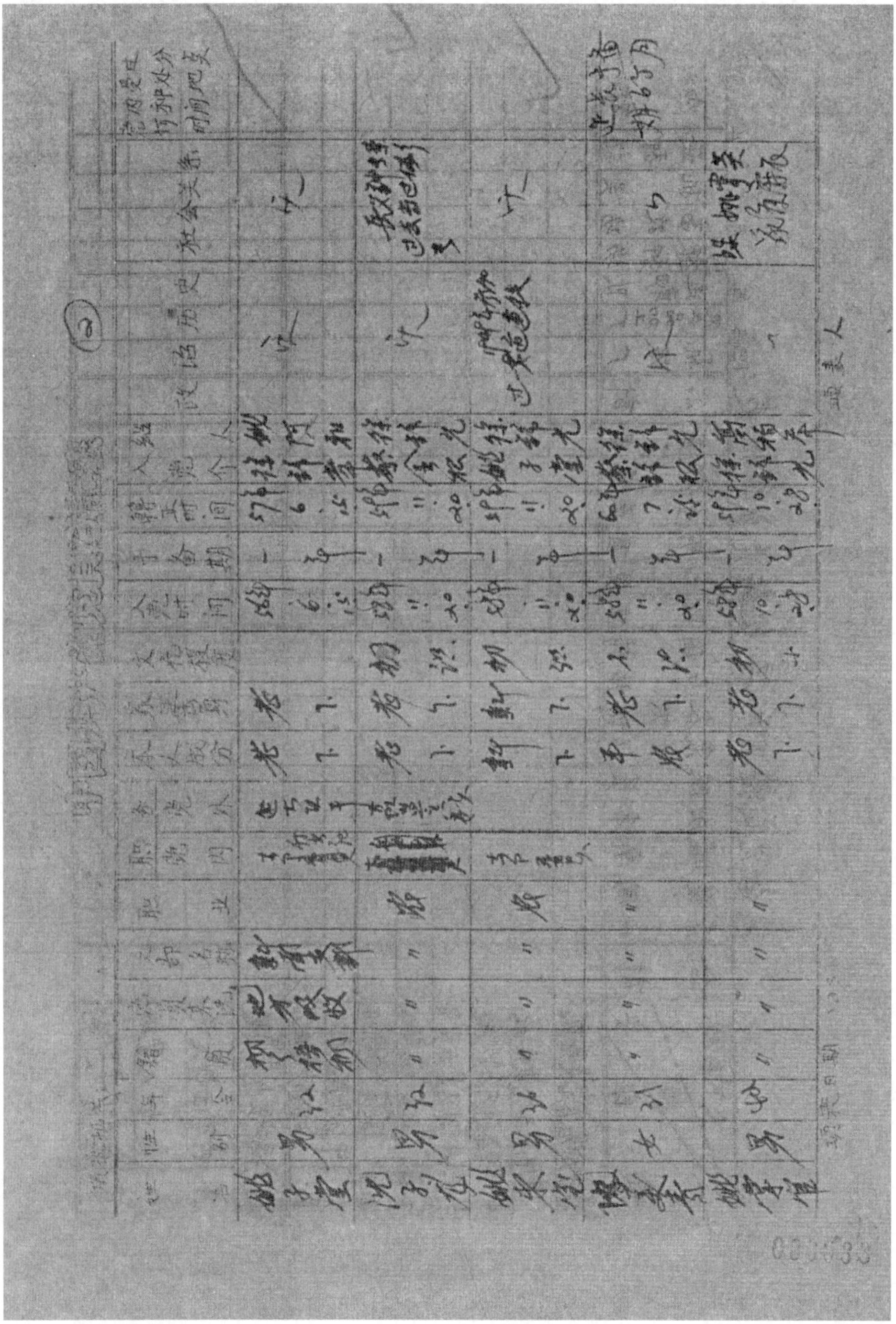

▲ 1961 年党员登记档案（二）

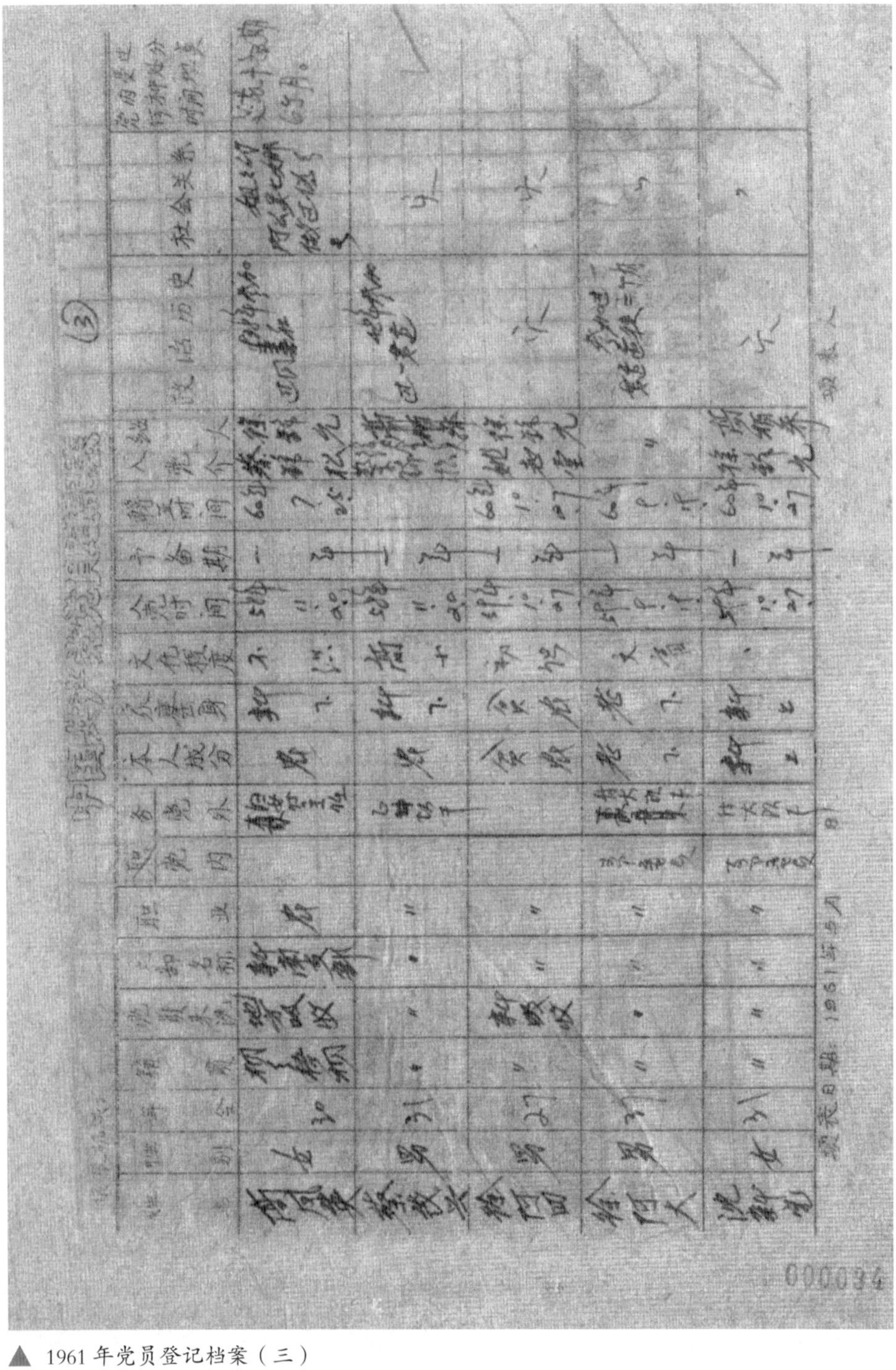

▲ 1961 年党员登记档案（三）

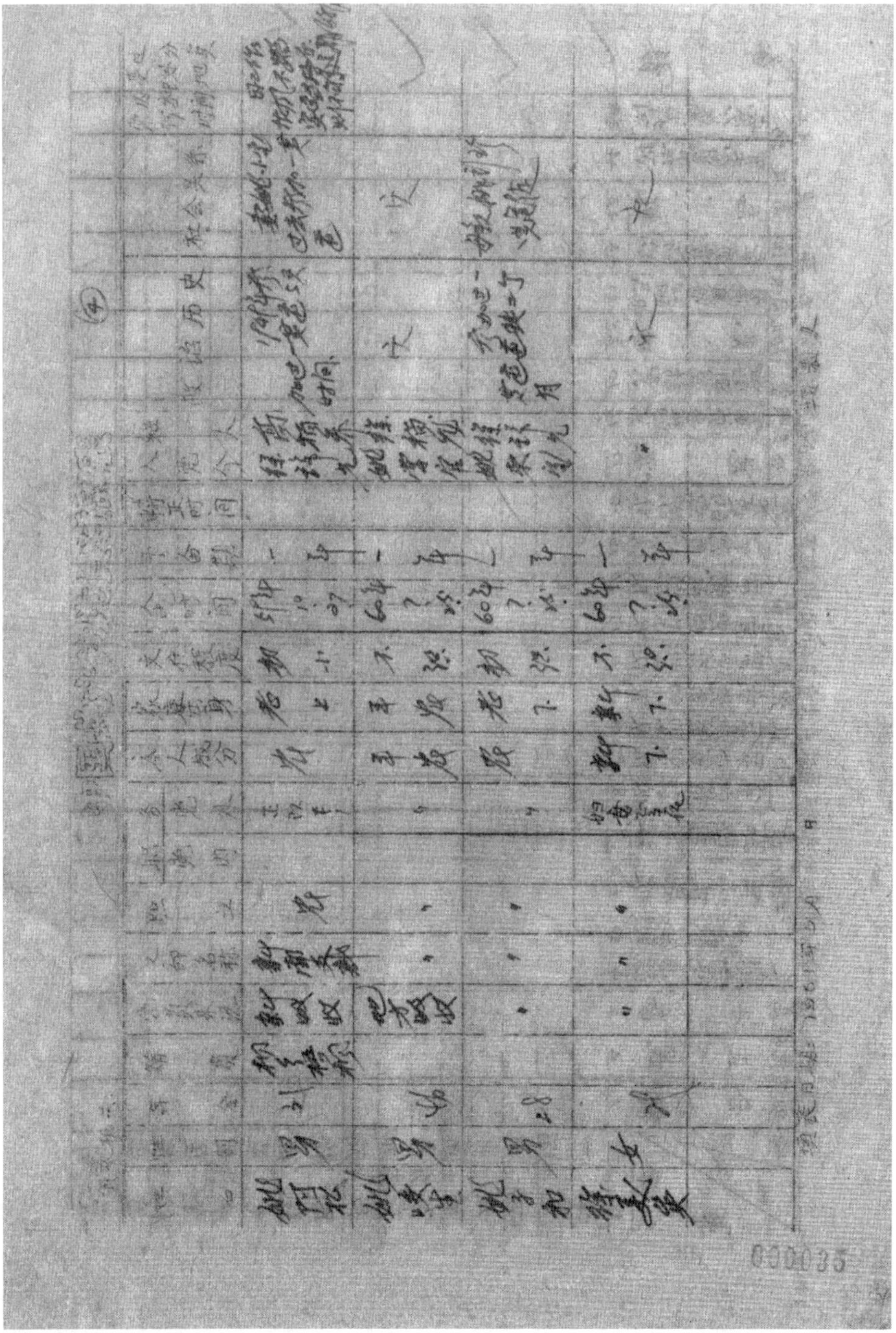

▲ 1961 年党员登记档案（四）

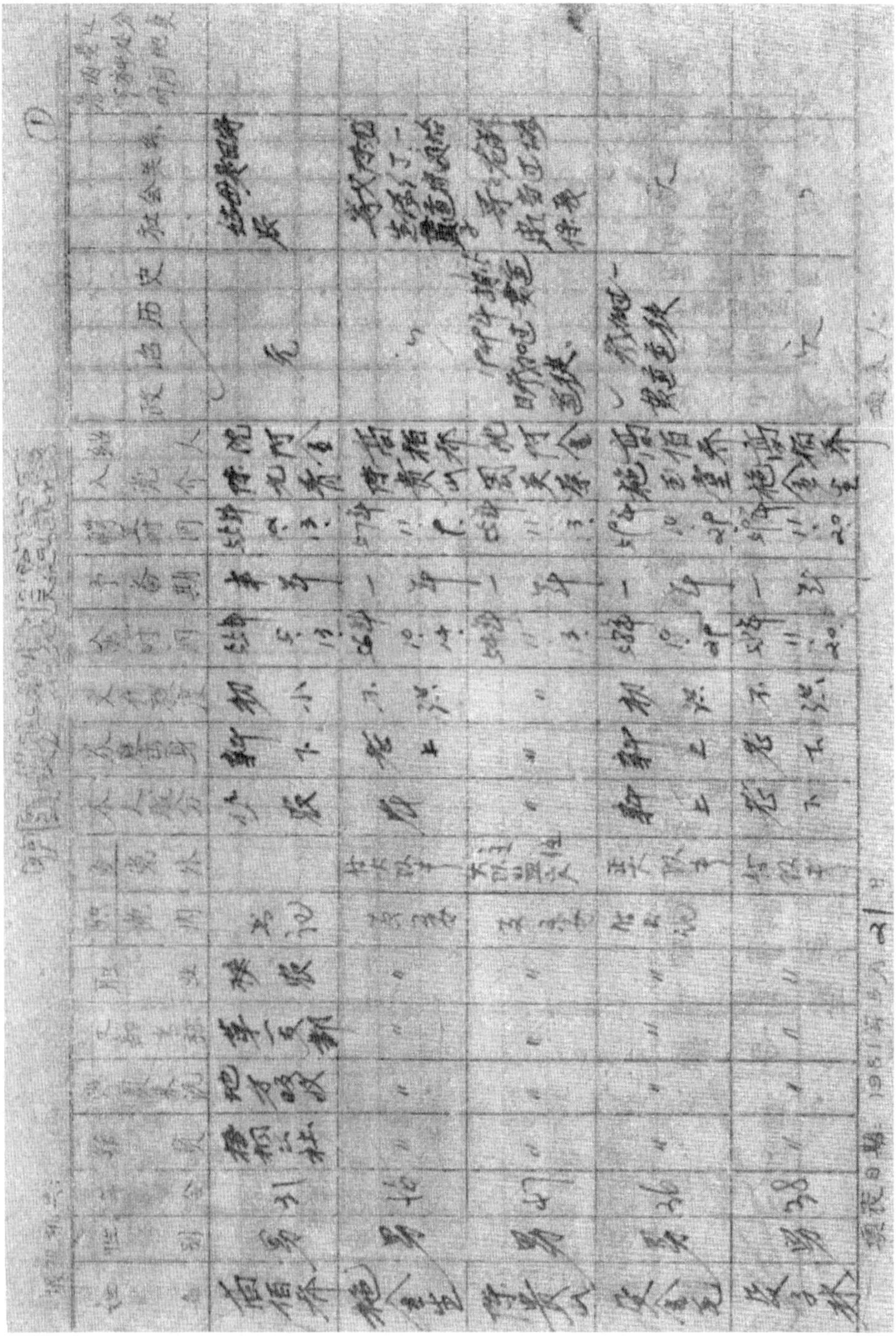

▲ 1961年党员登记档案（五）

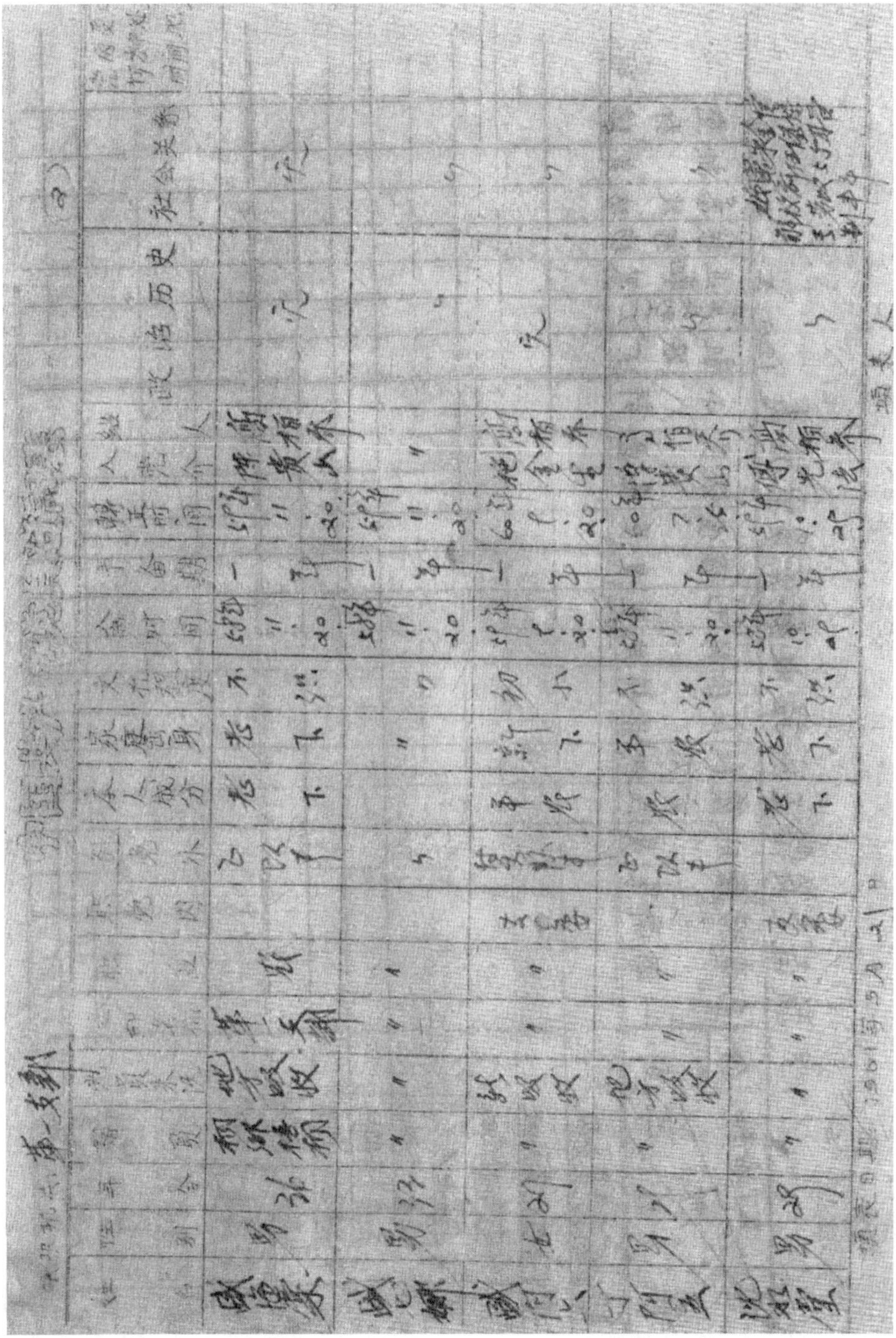

▲ 1961年党员登记档案（六）

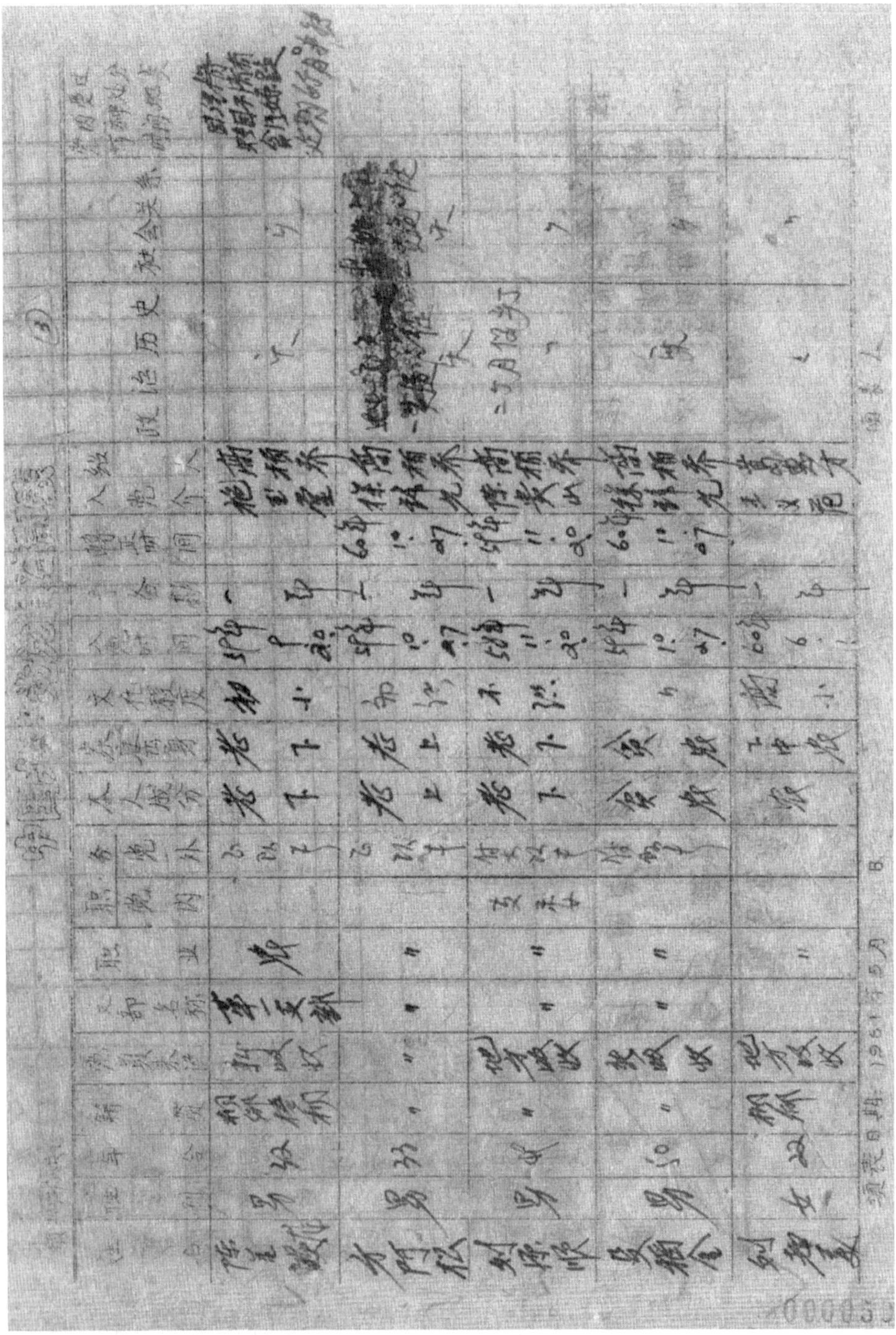

▲ 1961 年党员登记档案（七）

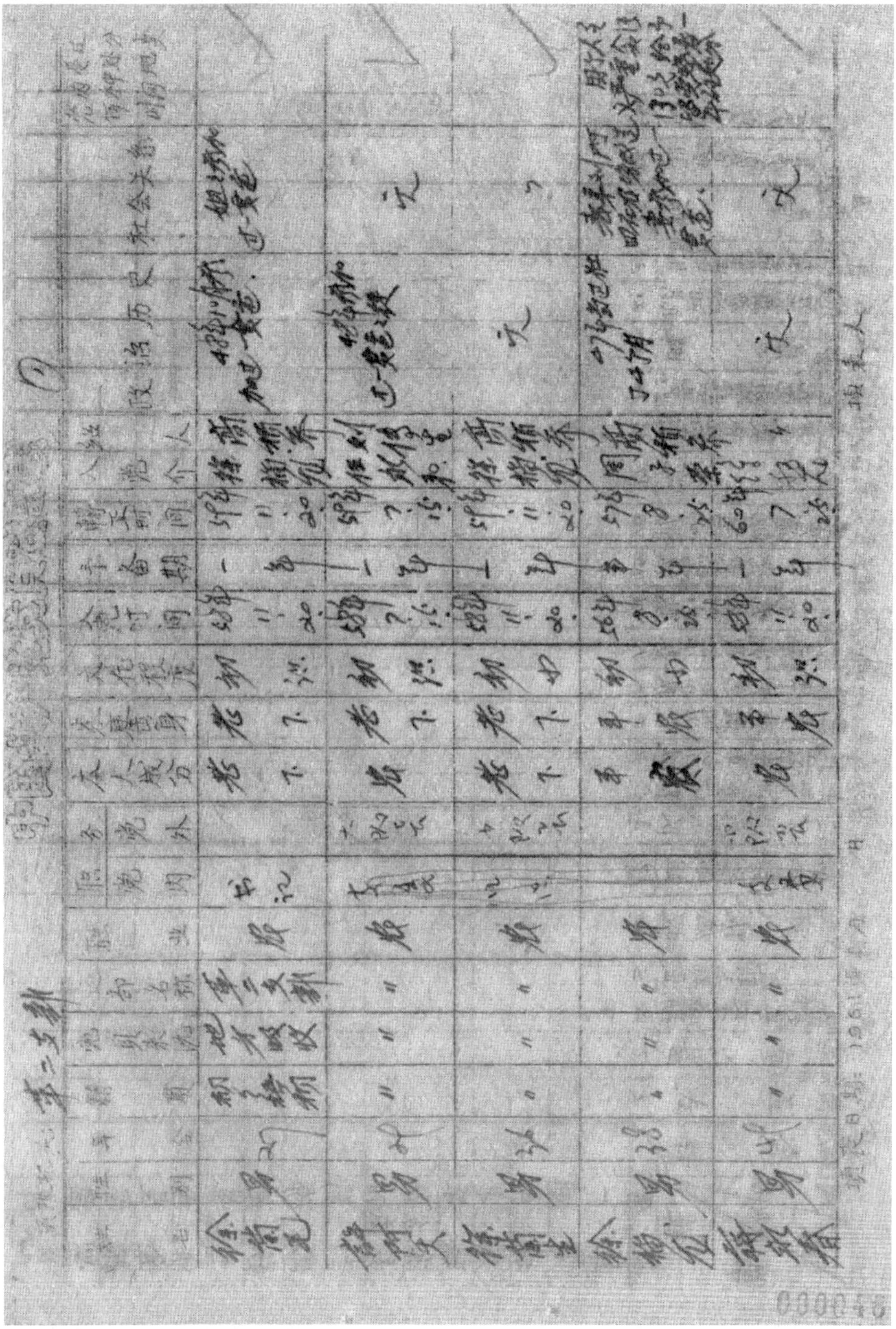

▲ 1961 年党员登记档案（八）

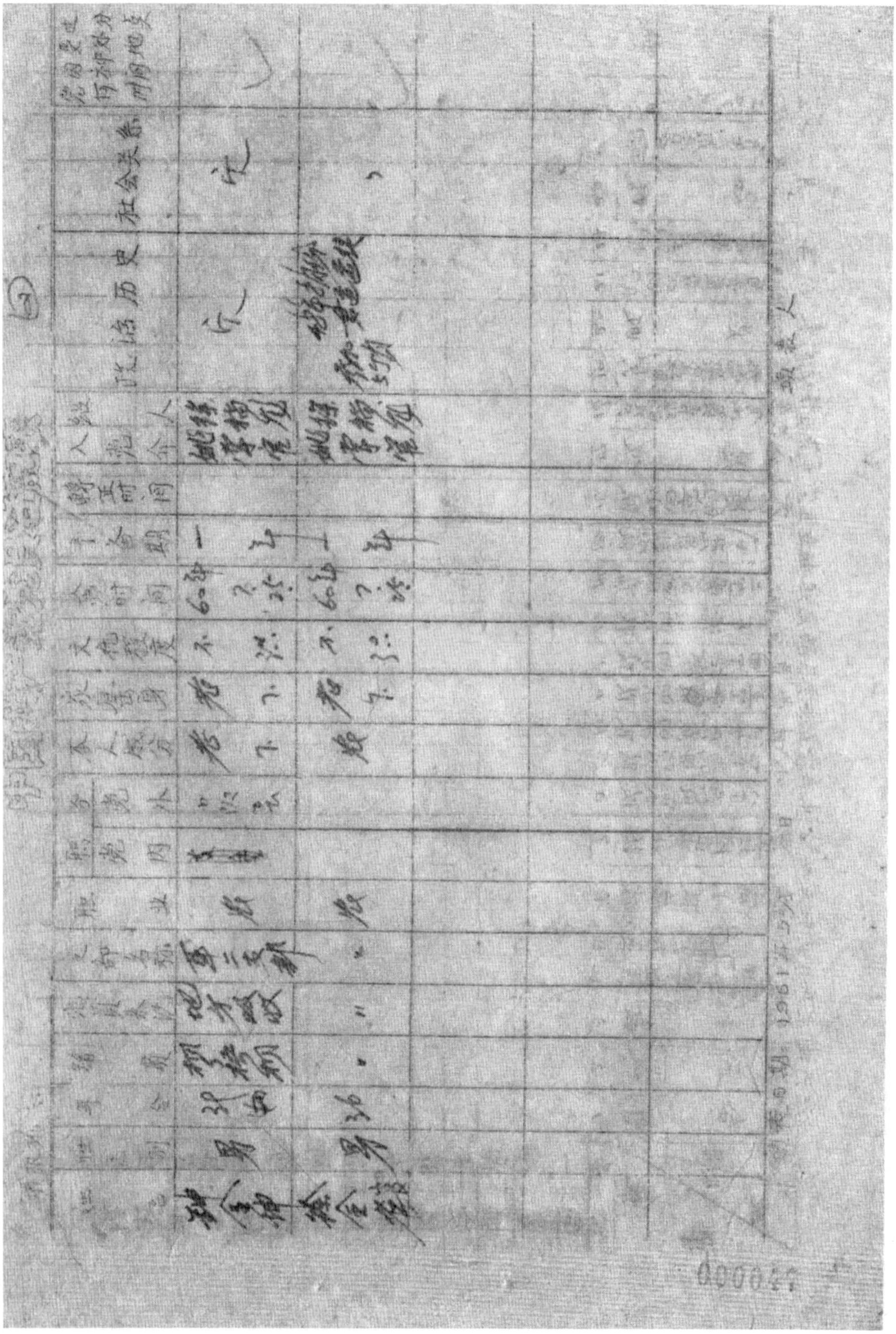

▲ 1961 年党员登记档案（九）

表 10-5

1983 年新南村中国共产党党员登记表

| 工作单位 | 姓名 | 性别 | 年龄 | 民族 | 文化程度 | 入党时间 | 职业 |
|---|---|---|---|---|---|---|---|
| 北孟庙 | 姚子堂 | 男 | 57 | 汉 | 初小 | 1956.6.15 | 农 |
| 麦干浜 | 蔡金松 | 男 | 55 | 汉 | 初小 | 1956.8.25 | 农 |
| 高家里 | 高文山 | 男 | 55 | 汉 | 初小 | 1957.2.6 | 农 |
| 沈家村 | 庄金茂 | 男 | 65 | 汉 | 文盲 | 1955.5.13 | 农 |
| 徐家兜 | 徐子方 | 男 | 58 | 汉 | 文盲 | 1959.9.19 | 农 |
| 高家里 | 高善加 | 男 | 56 | 汉 | 高小 | 1956.8.25 | 农 |
| 麦干浜 | 蔡茂兴 | 男 | 52 | 汉 | 高小 | 1958.11.20 | 农 |
| 北孟庙 | 姚阿松 | 男 | 50 | 汉 | 初小 | 1959.10.27 | 农 |
| 包家桥 | 姚阿九 | 男 | 53 | 汉 | 初小 | 1959.10 | 农 |
| 北孟庙 | 姚咬生 | 男 | 67 | 汉 | 文盲 | 1960.7.25 | 农 |
| 北孟庙 | 姚来宝 | 男 | 58 | 汉 | 初小 | 1958.11.20 | 农 |
| 包家桥 | 姚子和 | 男 | 49 | 汉 | 初小 | 1960.7.25 | 农 |
| 徐家兜 | 徐美英 | 女 | 53 | 汉 | 文盲 | 1960.7.25 | 农 |
| 沈家村 | 沈新宝 | 女 | 63 | 汉 | 文盲 | 1959.10.27 | 农 |
| 麦干浜 | 沈美清 | 女 | 52 | 汉 | 文盲 | 1958.11.20 | 农 |
| 高家里 | 高凤英 | 女 | 51 | 汉 | 文盲 | 1958.11.20 | 农 |
| 北孟庙 | 姚玉英 | 女 | 35 | 汉 | 高小 | 1971.7.3 | 农 |

续表 10-5

| 工作单位 | 姓名 | 性别 | 年龄 | 民族 | 文化程度 | 入党时间 | 职业 |
|---|---|---|---|---|---|---|---|
| 沈家村 | 沈富荣 | 男 | 53 | 汉 | 初小 | 1971.7.3 | 农 |
| 徐家兜 | 徐全林 | 男 | 44 | 汉 | 初小 | 1973.4.8 | 农 |
| 潘家门 | 姚阿良 | 男 | 48 | 汉 | 初小 | 1973.4.8 | 农 |
| 大道场 | 徐福坤 | 男 | 47 | 汉 | 初小 | 1973.4.8 | 农 |
| 徐家兜 | 盛四娜 | 女 | 46 | 汉 | 文盲 | 1974.6.22 | 农 |
| 朱家浜 | 朱泉金 | 男 | 40 | 汉 | 文盲 | 1974.6.22 | 农 |
| 大道场 | 徐松青 | 男 | 32 | 汉 | 文盲 | 1971.6.10 | 农 |
| 沈家村 | 庄来兴 | 男 | 32 | 汉 | 初中 | 1972.12.7 | 农 |
| 北孟庙 | 高品堂 | 男 | 51 | 汉 | 文盲 | 1959.4 | 农 |
| 沈家村 | 沈兴荣 | 男 | 25 | 汉 | 初中 | 1979.9.29 | 农 |
| 徐家兜 | 徐坤松 | 男 | 31 | 汉 | 初小 | 1976.12 | 农 |
| 大道场 | 费兴华 | 男 | 26 | 汉 | 初中 | 1979.1.20 | 农 |
| 高家里 | 庄寿良 | 男 | 28 | 汉 | 初中 | 1979.1.20 | 农 |
| 徐家兜 | 徐海荣 | 男 | 52 | 汉 | 文盲 | 1982.9.1 | 农 |
| 沈家村 | 沈阿金 | 男 | 60 | 汉 | 初中 | 1953.6 | 干部 |

表 10-6

## 1983 年革一村中国共产党党员登记表

| 工作单位 | 姓名 | 性别 | 年龄 | 民族 | 文化程度 | 入党时间 | 职业 |
|---|---|---|---|---|---|---|---|
| 殳家埭 | 殳金毛 | 男 | 59 | 汉 | 初小 | 1958.10.29 | 农 |
| 向前 | 陈贵山 | 男 | 72 | 汉 | 文盲 | 1954.11.13 | 农 |
| 合心 | 施金生 | 男 | 68 | 汉 | 文盲 | 1956.10.14 | 农 |
| 祁家里 | 盛七娜 | 男 | 55 | 汉 | 初小 | 1958.11.20 | 农 |
| 盛家里 | 盛阿六 | 女 | 49 | 汉 | 文盲 | 1959.9.20 | 农 |
| 丁家里 | 丁阿五 | 男 | 51 | 汉 | 文盲 | 1958.11.20 | 农 |
| 方家埭 | 方阿松 | 男 | 51 | 汉 | 文盲 | 1959.10.27 | 农 |
| 倪家门 | 倪顺甫 | 男 | 33 | 汉 | 高小 | 1974.11.30 | 农 |
| 合心 | 殳顺宝 | 男 | 33 | 汉 | 初小 | 1975.1.18 | 农 |
| 新木桥 | 费长林 | 男 | 33 | 汉 | 初小 | 1975.9.10 | 农 |
| 殳家埭 | 殳炳官 | 男 | 34 | 汉 | 初中 | 1971.4 | 农 |
| 向前 | 刘禹堂 | 男 | 53 | 汉 | 初小 | 1956.9 | 农 |
| 方家埭 | 方宝祥 | 男 | 38 | 汉 | 高小 | 1977.5.19 | 农 |
| 新木桥 | 费永泉 | 男 | 25 | 汉 | 高中 | 1978.2.2 | 农 |
| 陈家埭 | 陈桂庆 | 男 | 27 | 汉 | 初小 | 1978.2.10 | 农 |
| 殳家埭 | 殳松官 | 男 | 37 | 汉 | 初小 | 1978.3.30 | 农 |
| 丁家里 | 汪月松 | 男 | 26 | 汉 | 高中 | 1978.6.30 | 农 |

续表 10-6

| 工作单位 | 姓名 | 性别 | 年龄 | 民族 | 文化程度 | 入党时间 | 职业 |
|---|---|---|---|---|---|---|---|
| 殳家埭 | 殳子林 | 男 | 60 | 汉 | 文盲 | 1958.11.20 | 农 |
| 向前 | 刘志美 | 女 | 42 | 汉 | 高小 | 1960.6.1 | 农 |
| 方家埭 | 方祖泉 | 男 | 46 | 汉 | 初小 | 1972.7.1 | 农 |
| 盛家里 | 盛二宝 | 男 | 43 | 汉 | 初小 | 1972.7.1 | 农 |
| 新木桥 | 沈阿明 | 男 | 34 | 汉 | 初小 | 1971.4.12 | 农 |
| 殳家埭 | 殳祖望 | 男 | 38 | 汉 | 初中 | 1974.5.22 | 农 |
| 向前 | 刘福坤 | 男 | 26 | 汉 | 初小 | 1978.6.30 | 农 |
| 殳家埭 | 殳炳能 | 男 | 26 | 汉 | 高小 | 1980.1 | 农 |
| 盛家里 | 盛志荣 | 男 | 24 | 汉 | 初中 | 1982.6.22 | 农 |
| 丁家里 | 毕美龙 | 男 | 26 | 汉 | 初小 | 1979.5.7 | 农 |

表 10-7

## 1983 年向阳村中国共产党党员登记表

| 工作单位 | 姓名 | 性别 | 年龄 | 民族 | 文化程度 | 入党时间 | 职业 |
|---|---|---|---|---|---|---|---|
| 新村 | 徐兰毛 | 男 | 49 | 汉 | 初小 | 1958.11.20 | 农 |
| 朝阳 | 徐金章 | 男 | 59 | 汉 | 初小 | 1948.11.20 | 农 |
| 建设 | 盛叙龙 | 男 | 50 | 汉 | 初小 | 1958.11 | 农 |
| 朝阳 | 徐金官 | 男 | 57 | 汉 | 文盲 | 1960.7.25 | 农 |
| 光明 | 蒋永春 | 男 | 70 | 汉 | 初小 | 1958.11.20 | 农 |
| 光明 | 钟金奎 | 男 | 60 | 汉 | 文盲 | 1960.7.25 | 农 |
| 光明 | 蒋阿欢 | 男 | 43 | 汉 | 初小 | 1970.10.6 | 农 |
| 建设 | 沈文英 | 女 | 50 | 汉 | 初小 | 1972.6.7 | 农 |
| 向阳 | 许福昌 | 男 | 47 | 汉 | 初小 | 1972.6.7 | 农 |
| 向阳 | 沈惠宝 | 女 | 38 | 汉 | 初小 | 1974.5.22 | 农 |
| 光明 | 钟小奎 | 男 | 48 | 汉 | 文盲 | 1978.10.24 | 农 |
| 向阳 | 陈文奎 | 男 | 41 | 汉 | 高小 | 1978.10.24 | 农 |
| 朝阳 | 沈德兴 | 男 | 28 | 汉 | 初小 | 1978.10.24 | 农 |
| 东风 | 庄阿山 | 男 | 36 | 汉 | 初小 | 1980.3.11 | 农 |
| 东风 | 庄阿金 | 男 | 34 | 汉 | 高小 | 1980.3.11 | 农 |
| 新村 | 徐荣堂 | 男 | 25 | 汉 | 初中 | 1982.6.3 | 农 |

表 10-8 2020 年革新村党委第一网格党支部党员名册

| 姓名 | 姓名 | 姓名 | 姓名 |
| --- | --- | --- | --- |
| 丁阿四 | 殳炳能 | 倪胜建 | 陈娅婷 |
| 殳祖望 | 毕美龙 | 殳校伟 | 倪建鑫 |
| 殳松官 | 毕美祥 | 沈　彬 | 孔茜茜 |
| 毕金凤 | 陈金林 | 殳丽萍 | 朱　晴 |
| 沈阿明 | 殳金梅 | 吴娟凤 | 陈晓芳 |
| 殳顺宝 | 丁杏发 | 陈　兰 | 陈红霞 |
| 倪顺甫 | 殳建明 | 殳伟强 | 方　慧 |
| 殳炳官 | 谈发根 | 陈娟萍 | 陈鑫辉 |
| 沈权坤 | 方建忠 | 方鑫利 | 李君婷 |
| 陈桂庆 | 倪胜祥 | 殳春辉 | — |

表 10-9 2020 年革新村党委第二网格党支部党员名册

| 姓名 | 姓名 | 姓名 |
| --- | --- | --- |
| 姚阿良 | 姚兴林 | 李　晓 |
| 潘全宝 | 沈水洪 | 沈丹秋 |
| 朱全金 | 沈坤生 | 朱建忠 |
| 朱云松 | 陈凤娟 | 戴圣炜 |
| 庄寿良 | 蔡坤生 | 沈秋蕾 |
| 姚金方 | 沈雪荣 | 蔡　涛 |
| 沈兴荣 | 庄松青 | — |
| 庄金炎 | 陈达云 | — |
| 沈柏洪 | 沈伟平 | — |
| 庄炳林 | 胡　杰 | — |

表 10-10　2020 年革新村党委第三网格党支部党员名册

| 姓名 | 姓名 | 姓名 | 姓名 |
| --- | --- | --- | --- |
| 徐海荣 | 徐松清 | 徐雪洲 | 徐雅芬 |
| 徐兰毛 | 沈发明 | 沈兴林 | 万　利 |
| 许福昌 | 周阿五 | 朱玉建 | 周佳明 |
| 徐福坤 | 高华生 | 沈建清 | 沈慧英 |
| 盛四娜 | 朱雪林 | 陈建良 | 姚伟强 |
| 徐全林 | 沈德兴 | 姚利萍 | 姚海燕 |
| 陈文奎 | 费洪洲 | 张建英 | 徐钰晨 |
| 庄阿三 | 徐荣堂 | 周利清 | 姚　佳 |
| 徐福林 | 徐美琴 | 蒋惠良 | 曾莹飞 |
| 庄阿金 | 沈永明 | 庄林法 | — |

表 10-11　2020 年革新村党委第四网格党支部党员名册

| 姓名 | 姓名 | 姓名 |
| --- | --- | --- |
| 盛七娜 | 钱水英 | 刘佳冰 |
| 姚玉英 | 盛振宇 | 盛雁飞 |
| 高松林 | 姚国强 | 盛磊涛 |
| 盛兴伦 | 刘月松 | 盛小焰 |
| 盛水林 | 范学芳 | 刘夏明 |
| 刘福坤 | 朱炬方 | 盛　炜 |
| 李顺福 | 赵芳丽 | 姚周颖 |
| 赵生全 | 盛丽娟 | 石水明 |
| 盛志荣 | 姚瑜珍 | 刘　颖 |
| 刘国强 | 姚剑梅 | — |

## 第六节　出席上级历届党代会代表名录

表 10-12　　中共浙江省代表大会代表名录

| 名称 | 任职时间 | 代表姓名 |
|---|---|---|
| 中共浙江省第六次代表大会 | 1978.5—1983.10 | 姚子堂 |

表 10-13　　中共桐乡市（县）代表大会代表名录

| 名称 | 任职时间 | 代表姓名 |
|---|---|---|
| 中共桐乡县第一次代表大会 | 1956.6—1959.9 | 高伯乔 |
| 中共桐乡县第三次代表大会 | 1963.2—1970.10 | 高伯乔 徐锦源 |
| 中共桐乡县第四次代表大会 | 1970.11—1979.6 | 徐锦源 史福寿 高伯乔 高凤英 |
| 中共桐乡县第五次代表大会 | 1979.7—1984.2 | 沈惠宝 姚子堂 姚玉英 方宝祥 |
| 中共桐乡县第六次代表大会 | 1984.3—1987.2 | 徐全林 姚玉英 沈惠宝 |
| 中共桐乡县第七次代表大会 | 1987.3—1990.2 | 姚玉英 费永泉 |
| 中共桐乡市第九次代表大会 | 1993.3—1998.1 | 徐雪林 |
| 中共桐乡市第十次代表大会 | 1998.2—2003.1 | 沈德兴 陈金林 |
| 中共桐乡市第十一次代表大会 | 2003.2—2006.11 | 倪阿泉 |
| 中共桐乡市第十二次代表大会 | 2006.12—2011.11 | 费兴华 |
| 中共桐乡市第十三次代表大会 | 2011.12—2016.11 | 朱玉建 |

▲ 党代会代表证

表 10-14　　中共乡镇（街道、新区）代表大会代表名录

| 名称 | 时间 | 代表姓名 |
| --- | --- | --- |
| 中共梧桐人民公社第四次代表大会 | 1981—1984 | 方宝祥 费长林 殳炳官 殳金毛 费永泉 丁阿五 殳顺宝 陈桂庆 盛阿六 殳祖望 徐兰毛 沈惠宝 庄阿金 徐国章 陈文奎 钟金奎 庄阿三 庄金龙 姚子堂 费兴华 蔡金松 朱全金 沈兴荣 沈新宝 高文山 徐子方 姚阿良 高凤英 姚阿九 姚玉英 姚来宝 姚咬生 |
| 中共梧桐乡第五次代表大会 | 1984—1987 | 殳炳官 盛阿六 费长林 陈贵庆 费永泉 方宝祥 刘福坤 沈阿明 殳松官 沈惠宝 庄阿山 徐荣堂 陈文奎 庄阿金 沈德兴 蔡茂兴 费兴华 姚子堂 朱泉金 庄寿良 徐子方 沈兴荣 徐福坤 姚玉英 盛四宝 徐全林 |
| 中共梧桐乡第六次代表大会 | 1987—1992 | 徐全林 徐福坤 费兴华 沈兴荣 沈甫荣 姚金方 庄寿良 沈福明 徐美琴 姚玉英 费永泉 陈桂庆 殳松宝 沈阿明 刘志美 殳炳官 倪阿泉 殳祖望 沈甫生 徐荣堂 沈惠宝 庄阿金 沈德兴 蒋阿欢 沈秉林 |
| 中共梧桐乡第七次代表大会 | 1992—1993 | 费兴华 姚金方 朱云松 庄寿良 姚玉英 倪阿泉 沈惠宝 徐雪林 陈文奎 殳顺宝 陈桂庆 沈柏洪 殳祖望 |
| 中共梧桐镇第八次代表大会 | 1993—1996 | 费兴华 沈柏洪 沈甫金 沈德兴 刘福坤 殳顺宝 殳松官 沈惠宝 姚玉英 |
| 中共梧桐镇第九次代表大会 | 1996—2001 | 费兴华 沈甫金 沈柏洪 刘福坤 刘国强 沈德兴 姚玉英 殳金梅 沈惠宝 |
| 中共梧桐街道第一次代表大会 | 2001—2003 | 费兴华 陈金林 潘全宝 张建英 |
| 中共振东新区第一次代表大会 | 2006.12—? | 费兴华 倪阿泉 沈德兴 朱玉建 沈柏洪 陈桂庆 张建英 庄寿良 殳金梅 沈甫金 毕美祥 姚玉英 陈文奎 盛兴伦 费洪洲 |
| 中共梧桐街道第四次代表大会 | 2017.3— | 朱玉建、沈水洪（2017 年革新村归梧桐街道管理后补选） |

▲ 1987 年，中共梧桐乡第六次代表大会革一、新南代表团合影

## 第七节　党领导下的社团组织

**共青团**　1957 年 10 月前称中国新民主主义青年团，10 月后改为中国共产主义青年团。1958 年，大队建立青年志愿扫盲队，开展教书识字，扫除文盲活动。60 年代，新南、革一、向阳 3 个大队团支部分别组建文艺宣传队，为当地群众表演喜闻乐见的文艺节目，宣传党的政策。新南大队两次代表梧桐人民公社参加县里的文艺汇演，越剧《半篮花生》、舞蹈《敬祝毛主席万寿无疆》《丰收镰》等获县一等奖。1972 年初，新南大队团支部高玉林、革一大队团支部陈爱清和向阳大队团支部史国英当选桐乡县第六届团代会代表。1979 年、1980 年在共青团桐乡县委组织开展争当“新长征突击队”“新长征突击手”活动中，革一大队新丰生产队团小组被授予“新长征突击队”称号；高美芬、徐炳其、沈彩琴、徐建秋被授予“新长征突击手”称号。

革新村团支部在历次抗洪、抗台中，组织青年团员成立抢险突击队，日夜轮流，坚守岗位，排除险情；在交通安全、垃圾分类、抗击疫情等活动中，组织青年团员积极参加志愿者服务活动。

2020 年革新村团支部登记在册的共青团员有 40 名。

▲ 1974 年革一大队团支部组织青年团员冬季学习（李渭钫摄）

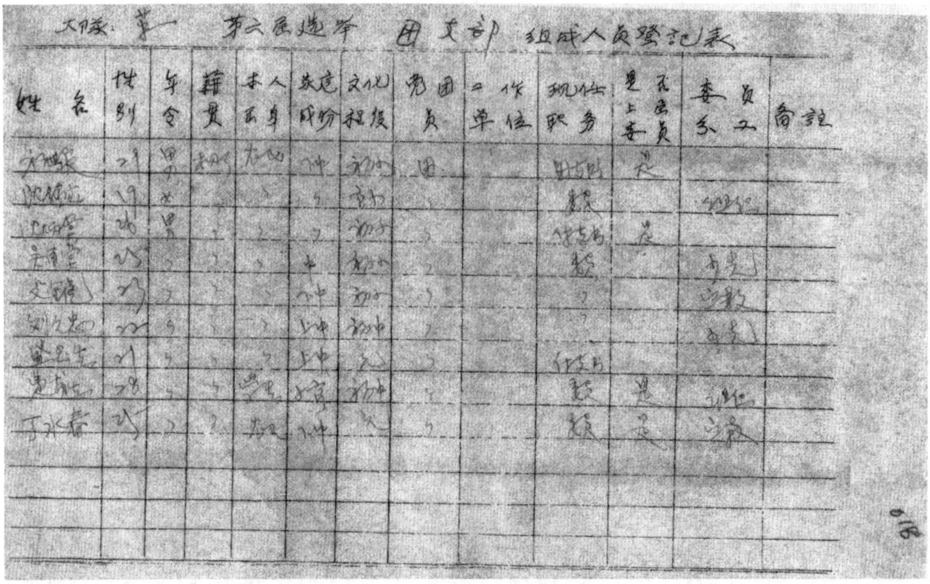

大队：革一 第六届选举 团支部 组成人员登记表

| 姓名 | 性别 | 年令 | 籍贯 | 本人出身 | 家庭成份 | 文化程度 | 党团员 | 工作单位 | 现任职务 | 是否上届委员 | 委员分工 | 备註 |
|---|---|---|---|---|---|---|---|---|---|---|---|---|
| [illegible] | 29 | 男 | [illegible] | 农民 | 下中 | 初小 | 团 | | 团支书 | 是 | | |
| [illegible] | 19 | 女 | | 〃 | 〃 | 高小 | 〃 | | 委员 | | 组织 | |
| [illegible] | 26 | 男 | 〃 | 〃 | 〃 | 初小 | 〃 | | 付支书 | 是 | | |
| [illegible] | 25 | 〃 | 〃 | 〃 | 中 | 初小 | 〃 | | 委员 | | [illegible] | |
| [illegible] | 23 | 〃 | 〃 | 〃 | 下中 | 初小 | 〃 | | 〃 | | 宣教 | |
| [illegible] | 22 | 〃 | 〃 | 〃 | 上中 | 初中 | 〃 | | 〃 | | [illegible] | |
| [illegible] | 21 | 〃 | 〃 | 〃 | 上中 | [illegible] | 〃 | | 付支书 | | | |
| [illegible] | 28 | 〃 | 〃 | [illegible] | [illegible] | 初中 | 〃 | | 委员 | 是 | 组织 | |
| 丁水春 | 25 | 〃 | 〃 | 农民 | 下中 | [illegible] | 〃 | | 委员 | 是 | 宣教 | |

018

▲ 1964 年新南大队、革一大队、革二大队第六届团支部组成人员登记表（一）

新南大队　第六届选举　团支部　组成人员登记表

| 姓名 | 性别 | 年令 | 籍贯 | 本人出身 | 家庭成份 | 文化程度 | 党团员 | 工作单位 | 现任职务 | 是否上层委员 | 委员分工 | 备注 |
|---|---|---|---|---|---|---|---|---|---|---|---|---|
| 潘金宝 | 男 | 24 | 浙江 | 农民 | 下中 | 初中 | 团 | 本大队 | 民兵教导员 | 不是 | 支部书记 | |
| 蔡荣堂 | 〃 | 30 | 〃 | 〃 | 贫 | 初小 | 〃 | 〃 | 副[illegible]主任 | 是 | 付〃 | |
| 徐金林 | 〃 | 24 | 〃 | 〃 | 〃 | 〃 | 〃 | 〃 | 〃 | 不是 | 付〃 | |
| 朱锦祥 | 〃 | 26 | 〃 | 〃 | 〃 | 〃 | 〃 | 〃 | 宣传委员 | 是 | 宣传 | |
| 沈松泉 | 〃 | 27 | 〃 | 〃 | 〃 | 〃 | 〃 | 〃 | | 〃 | 技术 | |
| 顾福昌 | 〃 | 28 | 〃 | 〃 | 下中 | 高小 | 〃 | 〃 | | 〃 | 组织 | |
| 姚杏生 | 女 | 20 | 〃 | 〃 | 〃 | 初小 | 〃 | 〃 | | 不是 | [illegible] | |

▲ 1964 年新南大队、革一大队、革二大队第六届团支部组成人员登记表（二）

大队：革二　第六届选举　团支部　组成人员登记表

| 姓名 | 性别 | 年令 | 籍贯 | 本人出身 | 家庭成份 | 文化程度 | 党团员 | 工作单位 | 现任职务 | 是否上层委员 | 委员分工 | 备注 |
|---|---|---|---|---|---|---|---|---|---|---|---|---|
| [illegible] | 男 | 21 | 浙江 | 农民 | 下中 | [illegible] | 团 | [illegible] | [illegible] | | 支书 | |
| [illegible] | 男 | [illegible] | 、 | 、 | [illegible] | 、 | 、 | [illegible] | [illegible] | | 付支书 | |
| [illegible] | 男 | [illegible] | 、 | 、 | [illegible] | [illegible] | 、 | [illegible] | [illegible] | | 委员 | |
| [illegible] | 女 | [illegible] | 、 | 、 | [illegible] | [illegible] | 、 | [illegible] | [illegible] | | 、 | |
| [illegible] | 男 | [illegible] | 、 | 、 | [illegible] | 、 | 、 | [illegible] | [illegible] | | 、 | |
| [illegible] | 、 | [illegible] | 、 | 、 | [illegible] | 、 | 、 | [illegible] | | | 、 | |

▲ 1964 年新南大队、革一大队、革二大队第六届团支部组成人员登记表（三）

表 10-15

## 历任共青团负责人名录

| 组织名称 | 职务 | 姓名 | 任职时间 | 备注 |
|---|---|---|---|---|
| 新南（大队）村团支部 | 书记 | 潘全宝 | 1960—1968 | 中共党员 |
| | 书记 | 姚庆荣 | 1969—1970 | — |
| | 书记 | 姚玉英 | 1971 | 中共党员 |
| | 书记 | 潘全宝 | 1972 | — |
| | 书记 | 沈锦泉 | 1973—1979 | — |
| | 书记 | 姚金芳 | 1980—1984 | — |
| | 书记 | 沈柏洪 | 1984—2000.11 | — |
| 革一（大队）村团支部 | 书记 | 方七娜 | 1951—1954 | — |
| | 书记 | 陈文华 | 1955—1959 | — |
| | 书记 | 方祖泉 | 1960.3—1964.12 | 中共党员 |
| | 书记 | 沈堂堂 | 1965—1971 | — |
| | 书记 | 陈金龙 | 1972—1977 | 中共党员 |
| | 书记 | 费永泉 | 1978.3—1981.9 | 中共党员 |
| | 书记 | 祁柏林 | 1982.9—1984 | — |
| | 书记 | 方雪坤 | 1985—1992.5 | — |
| | 书记 | 陈晓英 | 1992.6—1993.6 | — |
| | 书记 | 殳建明 | 1993.6—1998.11 | 中共党员 |
| | 书记 | 刘月松 | 1998.11—2000.11 | — |
| 向阳（大队）村团支部 | 书记 | 许福昌 | 1960—1969 | — |
| | 书记 | 蒋阿欢 | 1970—1978 | 中共党员 |
| | 书记 | 沈德林 | 1979—1982 | — |
| | 书记 | 徐金标 | 1983—1984 | — |
| | 书记 | 徐学坤 | 1984—1986.5 | — |
| | 书记 | 赵金毛 | 1986.5—1989 | — |
| | 书记 | 朱玉建 | 1990—1993.11 | 中共党员 |
| | 书记 | 庄林法 | 1993.11—2000.11 | — |
| 革新村团支部 | 书记 | 张建英 | 2000.12—2008.5 | 中共党员 |
| | 书记 | 庄海强 | 2008.6—2013.7 | — |
| | 书记 | 戴圣炜 | 2013.8—至今 | 中共党员 |

**妇女联合会** 解放初期，革新乡属城濮区管辖，区成立民主妇女联合会。1957年根据中国妇女第三次全国代表大会决议，更名为妇女联合会，简称妇联。1958年梧桐人民公社妇联成立，各大队组建妇女委员会。

1953年，《中华人民共和国婚姻法》颁布实施，贯彻落实时，革新村域有多对青年自动解除包办婚姻，媳妇领回娘家。同时，组织成立了以青年妇女为主的文工团，宣传《中华人民共和国婚姻法》，推动中心工作。

20世纪70年代以后，组织动员广大妇女实行晚婚晚育和计划生育基本国策，妇女组织充分发挥作用，走村串户，宣传到户，使村域内计划生育符合率年年达标。多届妇女主任和所在大队受到桐乡县（市）计生委、妇联和计生协会的表彰。

1972年2月25日，《浙北报》以《认真落实政策 推动备耕生产》为题，报道了原革一大队在落实男女同工同酬政策以后，调动了广大妇女的积极性，妇女不仅出勤率达到90%以上，而且积极参加积肥，有力地推动了备耕生产。

20世纪80年代初，农村开始实行家庭联产承包责任制后，村域内的妇女劳动领域日益拓宽，充分发挥自己的特长、积极投入商品生产行列，产生以妇女为主专业户、家庭小工厂。大批中青年妇女进企业，尤其丝绸、轻纺行业，更是使妇女有用武之地。村域内有多名有胆识、有才干的女士在企业担任厂长、经理、技术员等。

▲ 1975年革一大队的妇女们在挑出塘河泥（李渭钫摄）

1984年，根据上级妇联要求，新南、革一、向阳3个村试办农忙季节幼托班，第二年秋季正式开办幼儿班，革新村域内学前教育开始起步，并逐渐走向正轨，并由上级妇联、教育等部门共同管理。

2000年以来，围绕党的中心工作在创建“和谐社会、文明家庭”的活动中，积极组织妇女学习先进模范，重视村民道德建设，形成知荣辱、讲正气、树新风的文明风尚，使文明之风深入家庭。

表 10-16

## 妇联主要负责人名录

| 组织名称 | 职务 | 姓名 | 任职时间 | 备注 |
|---|---|---|---|---|
| 新南（大队）村妇联 | 主任 | 赵阿大 | 1952—1955 | — |
| | 主任 | 高凤英 | 1956—1958.9 | 中共党员 |
| | 主任 | 徐美英 | 1961—1968 | 中共党员 |
| | 主任 | 高凤英 | 1969—1983.12 | 中共党员 |
| | 主任 | 姚丽英 | 1984.2—1984.11 | — |
| | 主任 | 徐美琴 | 1984.12—1989.3 | — |
| | 主任 | 徐玲芬 | 1989.4—1995.6 | — |
| | 主任 | 徐美琴 | 1995.6—2000.11 | 中共党员 |
| 革一（大队）村妇联 | 主任 | 高凤英 | 1951—1955 | — |
| | 主任 | 陈爱珍 | 1955—1956 | — |
| | 主任 | 盛阿六 | 1956—1968 | — |
| | 主任 | 祁美文 | 1968—1970 | — |
| | 主任 | 盛阿六 | 1970—1984.10 | — |
| | 主任 | 倪美娥 | 1984.10—1985.5 | — |
| | 主任 | 倪金凤 | 1986—1989.4 | — |
| | 主任 | 汤菊文 | 1989.4—1991.8 | — |
| | 主任 | 殳金梅 | 1991.8—2000.11 | 中共党员 |
| 向阳（大队）村妇联 | 主任 | 徐巧英 | 1953—1956 | — |
| | 主任 | 周二宝 | 1958—1959 | — |
| | 主任 | 许彩金 | 1960—1963 | — |
| | 主任 | 沈惠宝 | 1964—1998.9 | 中共党员 |
| | 主任 | 张建英 | 1998.9—2000.11 | 中共党员 |
| 革新村妇联 | 主任 | 张建英 | 2000.12—2020.8 | 中共党员 |
| | 主任 | 方鑫利 | 2020.9— | 中共党员 |

**贫下中农协会** 20 世纪 60 年代，革新村所属新南、革一、向阳 3 个大队开始建立贫下中农组织，召开贫下中农代表大会，成立贫农下中农协会，简称贫协，各生产队建立贫协小组。当时，贫农下中农协会是由在中国共产党领导下的贫下中农自愿组成的、革命的群众性阶级组织，其主要职能是协助和监督各级组织办好集体经济，带动广大群众自力更生、艰苦奋斗，发展集体经济。“文化大革命”期间，贫协的职能与工作由革命委员会代替。1978 年 12 月，3 个大队贫协组织终止活动。

表 10-17 贫协主要负责人名录

| 组织名称 | 职务 | 姓名 | 任职时间 | 备注 |
| --- | --- | --- | --- | --- |
| 新南大队贫协 | 主任 | 姚来宝 | 1964.12—1976.10 | — |
| 革一大队贫协 | 主任 | 吴雪荣 | ？—1974.5 | — |
| 向阳大队贫协 | 主任 | 徐顺宝 | 1964—? | — |
| | 主任 | 蒋阿欢 | ？—1974.5 | 中共党员 |

表 10-18 革新村历年获得集体荣誉一览表

| 获得时间 | 荣誉名称 | 授予单位 |
| --- | --- | --- |
| 1954.1 | 桐乡县 1953 年度农业生产模范集体(原团结村潘家门姚子林互助组) | 桐乡县人民政府 |
| 1959,11 | 嘉兴地区农村标兵党支部（老革一大队） | 中共嘉兴地区委员会 |
| 1960.2 | 桐乡县 1959 年度全面跃进标兵大队（老革一大队） | 中共桐乡县委员会<br>桐乡县人民委员会 |
| 1961.12 | 桐乡县 1961 年度粮食生产先进单位（原革一大队） | 中共桐乡县委员会<br>桐乡县人民委员会 |
| 1961.12 | 桐乡县 1961 年度粮食生产先进单位（原新南大队） | 中共桐乡县委员会<br>桐乡县人民委员会 |

续表 10-18

| 获得时间 | 荣誉名称 | 授予单位 |
| --- | --- | --- |
| 1961.12 | 桐乡县 1961 年度畜牧生产先进单位（原丁家里生产队） | 中共桐乡县委员会<br>桐乡县人民委员会 |
| 1963.1 | 桐乡县 1962 年度农业生产先进集体（原革一大队） | 桐乡县人民委员会 |
| 1963.1 | 桐乡县 1962 年度农业生产先进集体（原新南大队） | 桐乡县人民委员会 |
| 1963.1 | 桐乡县 1962 年度蚕桑生产先进集体（原革二大队第三生产队） | 桐乡县人民委员会 |
| 1973.12 | 桐乡县农业学大寨先进集体（原革一大队） | 中共桐乡县委员会<br>桐乡县革委会 |
| 1977.1 | 桐乡县 1976 年度农业学大寨先进集体（原革一大队） | 中共桐乡县委员会<br>桐乡县革委会 |
| 1977.1 | 桐乡县 1976 年度农业学大寨先进集体（原新南大队） | 中共桐乡县委员会<br>桐乡县革委会 |
| 1979.2 | 桐乡县 1978 年度农业学大寨先进集体（原新南大队） | 中共桐乡县委员会<br>桐乡县革委会 |
| 1979.2 | 桐乡县 1978 年度农业学大寨先进集体（原革一大队） | 中共桐乡县委员会<br>桐乡县革委会 |
| 1979.2 | 桐乡县 1978 年度畜牧生产先进大队（原新南大队） | 中共桐乡县委员会<br>桐乡县革委会 |
| 1979.2 | 桐乡县 1978 年度畜牧生产先进大队（原革一大队） | 中共桐乡县委员会<br>桐乡县革委会 |
| 1979.2 | 桐乡县 1978 年度畜牧生产先进大队（原向阳大队） | 中共桐乡县委员会<br>桐乡县革委会 |
| 1979.2 | 桐乡县 1978 年度度粮食生产先进大队（原新南大队） | 中共桐乡县委员会<br>桐乡县革委会 |
| 1979 | 桐乡县农业科研先进单位（原新南良种场） | 中共桐乡县委员会<br>桐乡县革委会 |
| 1980 | 桐乡县新长征突击队（原革一大队新丰生产队团小组） | 共青团桐乡县委员会 |
| 1980.1 | 嘉兴地区 1979 年度畜牧生产先进单位（原新南大队） | 中共嘉兴地区委员会 |

续表 10-18

| 获得时间 | 荣誉名称 | 授予单位 |
|---|---|---|
| 1980.2 | 桐乡县1979年度农业先进单位（原新南大队） | 中共桐乡县委 桐乡县人大常委会 桐乡县人民政府 |
| 1982.1 | 桐乡县1981年度民兵工作“三落实”先进单位（原新南大队） | 桐乡县人民政府<br>桐乡县人民武装部 |
| 1982.11 | 桐乡县1982年度民兵工作“三落实”先进单位（原新南大队） | 桐乡县人民政府<br>桐乡县人民武装部 |
| 1983.7 | 桐乡县1982年度先进党支部（原新南大队） | 中共桐乡县委员会 |
| 1984.1 | 桐乡县1983年度平原绿化先进集体（原新南村） | 桐乡县人民政府 |
| 1984.1 | 桐乡县1983年度民兵工作“三落实”先进单位（原革一村） | 桐乡县人民政府<br>桐乡县人民武装部 |
| 1984.1 | 桐乡县1983年度民兵工作“三落实”先进单位（原新南村） | 桐乡县人民政府<br>桐乡县人民武装部 |
| 1984.3 | 桐乡县1983年度计划生育“三无”单位（原向阳村） | 桐乡县人民政府 |
| 1984.3 | 桐乡县1983年度计划生育“三无”单位（原新南村） | 桐乡县人民政府 |
| 1984.3 | 桐乡县1983年度计划生育先进集体（原向阳村） | 桐乡县人民政府 |
| 1984.3 | 桐乡县1983年度计划生育先进集体（原新南村） | 桐乡县人民政府 |
| 1984.4 | 桐乡县1983年度先进党支部（原新南村） | 中共桐乡县委员会 |
| 1985.2 | 桐乡县1984年度计划生育先进集体（原向阳村） | 桐乡县人民政府 |
| 1985.2 | 桐乡县1984年度计划生育先进集体（原新南村） | 桐乡县人民政府 |
| 1985.3 | 桐乡县1984年度民兵工作先进集体（原新南村） | 桐乡县人民政府 |
| 1985.3 | 桐乡县1984年度教育先进集体（原新南小学） | 中共桐乡县委员会<br>桐乡县人民政府 |

续表 10-18

| 获得时间 | 荣誉名称 | 授予单位 |
|---|---|---|
| 1990.1 | 梧桐乡 1989 年度计划生育先进集体（原革一村） | 中共梧桐乡委员会<br>梧桐乡人民政府 |
| 1990.1 | 梧桐乡 1989 年度土地管理先进集体（原向阳村） | 中共梧桐乡委员会<br>梧桐乡人民政府 |
| 1990.1 | 梧桐乡 1989 年度蚕桑生产先进集体（原新南村） | 中共梧桐乡委员会<br>梧桐乡人民政府 |
| 1990.1 | 桐乡县 1989 年度蚕桑生产先进单位（原新南村） | 桐乡县人民政府 |
| 1990.2 | 桐乡县 1989 年度粮食生产先进集体（原新南村） | 中共梧桐乡委员会<br>梧桐乡人民政府 |
| 1990.6 | 桐乡县 1989 年度先进党支部（原新南村） | 中共桐乡县委员会 |
| 1991.1 | 梧桐乡 1990 年度先进党支部（原新南村） | 中共梧桐乡委员会 |
| 1991.1 | 梧桐乡 1990 年度粮食生产先进集体（原新南村） | 中共梧桐乡委员会<br>梧桐乡人民政府 |
| 1991.1 | 梧桐乡 1990 年度蚕桑生产先进集体（原向阳村） | 中共梧桐乡委员会<br>梧桐乡人民政府 |
| 1991.1 | 梧桐乡 1990 年度农业服务先进集体（原新南村） | 中共梧桐乡委员会<br>梧桐乡人民政府 |
| 1991.1 | 梧桐乡 1990 年度土地管理先进集体（原向阳村） | 中共梧桐乡委员会<br>梧桐乡人民政府 |
| 1991.1 | 梧桐乡 1990 年度治保调解先进集体（原新南村） | 中共梧桐乡委员会<br>梧桐乡人民政府 |
| 1991.2 | 桐乡县 1990 年度粮食生产先进集体（原新南村） | 桐乡县人民政府 |
| 1992.1 | 梧桐乡 1991 年度蚕桑生产先进集体（原革一村） | 中共梧桐乡委员会<br>梧桐乡人民政府 |
| 1992.1 | 梧桐乡 1991 年度蚕桑生产先进集体（原向阳村） | 中共梧桐乡委员会<br>梧桐乡人民政府 |
| 1992.1 | 梧桐乡 1991 年度农业服务先进集体（原新南村） | 中共梧桐乡委员会<br>梧桐乡人民政府 |

续表 10-18

| 获得时间 | 荣誉名称 | 授予单位 |
| --- | --- | --- |
| 1992.1 | 梧桐乡1991年度土地管理先进集体（原革一村） | 中共梧桐乡委员会<br>梧桐乡人民政府 |
| 1992.2 | 桐乡县1991年度蚕桑生产先进集体（原革一村） | 中共梧桐乡委员会<br>梧桐乡人民政府 |
| 1992.2 | 桐乡县1991年度水利建设先进集体（原新南村） | 中共梧桐乡委员会<br>梧桐乡人民政府 |
| 1993.2 | 梧桐镇1992年度全面优胜单位（原新南村） | 中共梧桐镇委员会<br>梧桐镇人民政府 |
| 1993.2 | 梧桐镇1992年度财务管理工作先进集体（原新南村） | 中共梧桐镇委员会<br>梧桐镇人民政府 |
| 1993.7 | 梧桐镇1993年春茧投售先进集体三等奖（原革一村） | 梧桐镇人民政府 |
| 1994.1 | 梧桐镇1993年度蚕桑生产先进集体（原革一村） | 梧桐镇人民政府 |
| 1994.1 | 梧桐镇1993年度农业水利先进集体（原新南村） | 中共梧桐镇委员会<br>梧桐镇人民政府 |
| 1994.1 | 梧桐镇1993年度政法工作先进集体（原向阳村） | 中共梧桐镇委员会<br>梧桐镇人民政府 |
| 1994.1 | 梧桐镇1993年度财务统计工作先进集体（原新南村） | 中共梧桐镇委员会<br>梧桐镇人民政府 |
| 1994.1 | 梧桐镇1993年度道路建设先进集体一等奖（原新南村） | 中共梧桐镇委员会<br>梧桐镇人民政府 |
| 1994.1 | 梧桐镇1993年度道路建设先进集体二等奖（原革一村） | 中共梧桐镇委员会<br>梧桐镇人民政府 |
| 1994.1 | 梧桐镇1993年度道路建设先进集体三等奖（原向阳村） | 中共梧桐镇委员会<br>梧桐镇人民政府 |
| 1994.1 | 梧桐镇1993年度民兵工作先进集体（原向阳村） | 中共梧桐镇委员会<br>梧桐镇人民政府 |
| 1995.1 | 梧桐镇1994年度先进党支部（原新南村） | 中共梧桐镇委员会 |
| 1995.1 | 梧桐镇1994年度粮食生产先进集体（原新南村） | 中共梧桐镇委员会<br>梧桐镇人民政府 |

续表 10-18

| 获得时间 | 荣誉名称 | 授予单位 |
|---|---|---|
| 1995.1 | 梧桐镇 1994 年度蚕桑生产先进集体（原革一村） | 中共梧桐镇委员会<br>梧桐镇人民政府 |
| 1995.1 | 梧桐镇 1994 年度土地管理先进集体（原革一村） | 中共梧桐镇委员会<br>梧桐镇人民政府 |
| 1995.1 | 梧桐镇 1994 年度计划生育先进集体（原新南村） | 中共梧桐镇委员会<br>梧桐镇人民政府 |
| 1995.1 | 梧桐镇 1994 年度财务工作先进集体（原新南村） | 中共梧桐镇委员会<br>梧桐镇人民政府 |
| 1996.2 | 梧桐镇 1995 年度粮食生产先进集体（原新南村） | 中共梧桐镇委员会<br>梧桐镇人民政府 |
| 1996.2 | 梧桐镇 1995 年度政法工作先进集体（原新南村） | 中共梧桐镇委员会<br>梧桐镇人民政府 |
| 1996.2 | 梧桐镇 1995 年度政法工作先进集体（原革一村） | 中共梧桐镇委员会<br>梧桐镇人民政府 |
| 1996.2 | 梧桐镇 1995 年度妇女工作先进集体（原向阳村） | 中共梧桐镇委员会<br>梧桐镇人民政府 |
| 1997.1 | 梧桐镇 1996 年度农业生产先进集体（原新南村） | 中共梧桐镇委员会<br>梧桐镇人民政府 |
| 1997.1 | 梧桐镇 1996 年度计划生育先进集体（原向阳村） | 中共梧桐镇委员会<br>梧桐镇人民政府 |
| 1997.1 | 梧桐镇 1996 年度财务工作先进集体（原新南村） | 中共梧桐镇委员会<br>梧桐镇人民政府 |
| 1997.6 | 梧桐镇 1996 年度先进党支部（原向阳村） | 中共梧桐镇委员会 |
| 1998.1 | 梧桐镇 1997 年度政法工作先进集体（原新南村） | 中共梧桐镇委员会<br>梧桐镇人民政府 |
| 1998.1 | 梧桐镇 1997 年度政法工作先进集体（原革一村） | 中共梧桐镇委员会<br>梧桐镇人民政府 |
| 1998.1 | 梧桐镇 1997 年度财务统计工作先进集体（原新南村） | 中共梧桐镇委员会<br>梧桐镇人民政府 |
| 1998.1 | 梧桐镇 1997 年度先进团支部（原向阳村） | 共青团梧桐镇委员会 |

续表 10-18

| 获得时间 | 荣誉名称 | 授予单位 |
|---|---|---|
| 1998.1 | 梧桐镇 1997 年度社会综合治理先进单位（原向阳村） | 中共梧桐镇委员会<br>梧桐镇人民政府 |
| 1998.10 | 梧桐镇 1997 年度冬季征兵工作先进集体（原向阳村） | 中共梧桐镇委员会<br>梧桐镇人民政府 |
| 1999.2 | 梧桐镇 1998 年度农业生产先进集体（原革一村） | 中共梧桐镇委员会<br>梧桐镇人民政府 |
| 1999.2 | 梧桐镇 1998 年度土地管理先进集体（原新南村） | 中共梧桐镇委员会<br>梧桐镇人民政府 |
| 1999.2 | 梧桐镇 1998 年度先进团支部（原向阳村） | 共青团梧桐镇委员会 |
| 1999.6 | 梧桐镇 1998 年度先进党支部（原新南村） | 中共梧桐镇委员会 |
| 2000.1 | 梧桐镇 1999 年度全面优胜单位（原新南村） | 中共梧桐镇委员会<br>梧桐镇人民政府 |
| 2000.1 | 梧桐镇 1999 年度计划生育先进集体（原革一村） | 中共梧桐镇委员会<br>梧桐镇人民政府 |
| 2000.1 | 梧桐镇 1999 年度财务统计先进集体（原新南村） | 中共梧桐镇委员会<br>梧桐镇人民政府 |
| 2000.6 | 桐乡市“五好”党支部（原新南村） | 中共桐乡市委员会 |
| 2000.6 | 桐乡市“五好”党支部（原向阳村） | 中共桐乡市委员会 |
| 2000.12 | 梧桐镇第五次人口普查先进集体（原新南村） | 中共梧桐镇委员会<br>梧桐镇人民政府 |
| 2003.7 | 桐乡市交通安全村 | 桐乡市社会治安综合治理委员会 |
| 2004 | 桐乡市平安村 | 桐乡市打造“平安桐乡”活动领导小组办公室 桐乡市社会治安综合治理委员会 |
| 2005.1 | 桐乡市党员电化教育示范点 | 中共桐乡市委组织部 |
| 2005.3 | 桐乡市先锋工程“五好”村党组织 | 中共桐乡市委员会 |

续表 10-18

| 获得时间 | 荣誉名称 | 授予单位 |
| --- | --- | --- |
| 2005.11 | 桐乡市2005年度霍乱防控工作先进集体 | 中共桐乡市委员会<br>桐乡市人民政府 |
| 2005.12 | 桐乡市2005年度平安村示范点 | 桐乡市社会治安综合治理委员会 |
| 2006.3 | 桐乡市2005年度人口与计划生育工作先进集体 | 桐乡市人民政府 |
| 2006.10 | 桐乡市文明村 | 中共桐乡市委员会<br>桐乡市人民政府 |
| 2006.12 | 桐乡市2006年度平安村示范点 | 桐乡市社会治安综合治理委员会 |
| 2007.3 | 桐乡市2006年度人口与计划生育工作先进集体 | 桐乡市人民政府 |
| 2008.2 | 桐乡市2007年度村级文化阵地建设先进单位 | 中共桐乡市委员会<br>桐乡市人民政府 |
| 2008.2 | 桐乡市二级人民调解委员会 | 桐乡市司法局 |
| 2008.3 | 桐乡市第二次农业普查先进集体 | 桐乡市人民政府第二次农业普查领导小组 桐乡市统计局 |
| 2008.3 | 桐乡市2007年度人口和计划生育工作先进集体 | 桐乡市人民政府 |
| 2008.6 | 桐乡市先进基层党组织 | 中共桐乡市委员会 |
| 2008.10 | 桐乡市先进妇女组织 | 桐乡市妇女联合会 |
| 2009.2 | 桐乡市农村基层党风廉政建设示范村 | 桐乡市农村基层党风廉政建设领导小组 |
| 2009.3 | 桐乡市卫生村 | 桐乡市爱国卫生运动委员会 |
| 2009.3 | 桐乡市2008年度人口和计划生育工作先进集体 | 桐乡市人民政府 |
| 2009.10 | 桐乡市党员干部现代化远程教育学用示范点 | 桐乡市远程教育办公室 |

续表 10-18

| 获得时间 | 荣誉名称 | 授予单位 |
| --- | --- | --- |
| 2009.12 | 桐乡市充分就业村 | 桐乡市劳动和社会保障局 |
| 2011.10 | 桐乡市国家卫生城市复查迎检工作表扬村 | 中共桐乡市委员会<br>桐乡市人民政府 |
| 2011.12 | “十一五”桐乡市残疾人工作先进集体 | 中共桐乡市委员会<br>桐乡市人民政府 |
| 2012.2 | 桐乡市第六次全国人口普查先进集体 | 桐乡市人民政府 |
| 2012.3 | 嘉兴市农村基层党风廉政建设示范村 | 中共嘉兴市纪律检查委员会 嘉兴市农村基层党风廉政建设领导小组 |
| 2012.3 | 桐乡市 2011 年度计划生育基层群众自治示范单位 | 桐乡市计划生育协会 |
| 2012.6 | 桐乡市先进基层党组织 | 中共桐乡市委员会 |
| 2012.7 | 桐乡市 2010—2011 年度扶残助残爱心村 | 桐乡市人民政府 |
| 2013.1 | 桐乡市 2012 年度桐乡市科普村 | 桐乡市科学技术协会 |
| 2013.4 | 振东新区 2012 年度社会管理工作先进单位 | 桐乡市振东新区建设管理委员会 |
| 2014.3 | 嘉兴市科普示范村 | 嘉兴市科学技术协会 |
| 2014.3 | 桐乡市人口和计划生育基层基础工作示范村 | 桐乡市人口和计划生育局 |
| 2015.3 | 桐乡市 2014 年度人口和计划生育工作先进集体 | 桐乡市人民政府 |
| 2015 | 嘉兴市“五星级”和谐示范社区 | 嘉兴市委社会工作委员会 |
| 2016.1 | 桐乡市 2014—2015 年度桐乡市“五好”关工委 | 桐乡市关心下一代工作委员会 |
| 2016.4 | 桐乡市第二轮国家卫生城市复查迎检工作先进村 | 中共桐乡市委员会<br>桐乡市人民政府 |

续表 10-18

| 获得时间 | 荣誉名称 | 授予单位 |
| --- | --- | --- |
| 2016.4 | 主持实施的依托美丽凤凰湖 打造村民“水”文化队伍 荣获 2015 年度桐乡市社区教育实验项目三等奖 | 桐乡市社区教育领导小组<br>桐乡市社区学院（电大） |
| 2016 | 嘉兴市生态村 | 嘉兴市美丽嘉兴建设领导小组 |
| 2017.1 | 振东新区 2016 年度社会服务管理工作先进集体 | 桐乡市振东新区建设管理委员会 |
| 2017.1 | 桐乡市 2016 年度计划生育工作先进集体 | 桐乡市人民政府 |
| 2017.2 | 嘉兴市文明村 | 中共嘉兴市委员会<br>嘉兴市人民政府 |
| 2017.5 | 振东新区 2016 年度五四红旗团支部 | 共青团桐乡市振东新区委员会 |
| 2017.7 | 振东新区先进基层党组织 | 中共桐乡市振东新区委员会 |
| 2017.9 | 桐乡市国防后备力量基层精准抓建达标村（三星） | 桐乡市人民政府<br>桐乡市人民武装部 |
| 2018 | 桐乡市民主法治村 | 桐乡市司法局 桐乡市普法办 |
| 2018.1 | 桐乡市 2016—2017 年度桐乡市“五好”关工委 | 桐乡市关心下一代工作委员会 |
| 2018.1 | 桐乡市（一星级）文化礼堂 | 桐乡市农村文化礼堂建设工作领导小组 |
| 2018.1 | 桐乡市文化礼堂 精神家园最美团队 | 桐乡市农村文化礼堂建设工作领导小组 |
| 2018.2 | 2017 年度梧桐街道行政村职能工作考核一等奖 | 中共桐乡市梧桐街道委员会<br>桐乡市梧桐街道办事处 |
| 2018.4 | 2017 年度梧桐街道“优秀文化团队” | 桐乡市梧桐街道社会事业服务中心 |
| 2018.12 | 梧桐街道第四届全民健身艺术节暨第六届体育运动会行政村组第一名 | 桐乡市梧桐街道办事处 |
| 2019.1 | 梧桐街道 2018 年度行政村壮大村级集体经济考核二等奖 | 中共桐乡市梧桐街道委员会<br>桐乡市梧桐街道办事处 |

续表 10-18

| 获得时间 | 荣誉名称 | 授予单位 |
|---|---|---|
| 2019.1 | 梧桐街道 2018 年度行政村职能工作考核二等奖 | 中共桐乡市梧桐街道委员会<br>桐乡市梧桐街道办事处 |
| 2019.1 | 梧桐街道 2018 年度行政村重点工作（工程）考核二等奖 | 中共桐乡市梧桐街道委员会<br>桐乡市梧桐街道办事处 |
| 2019.1 | 桐乡市小康型老年体育示范村 | 桐乡市老年人体育协会 |
| 2019.6 | 桐乡市先进党组织 | 中共桐乡市委员会 |
| 2019.7 | 梧桐街道“一村一韵”展示大赛银奖 | 中共桐乡市梧桐街道委员会<br>桐乡市梧桐街道办事处 |
| 2019.8 | 2019 年中国“淘宝村” | 阿里研究院 第七届中国淘宝村高峰论坛（山东惠民） |
| 2019.9 | “传承红色经典 弘扬爱国精神”庆祝中国共产党成立 70 周年红色歌曲演唱大赛银奖 | 中共桐乡市梧街道委员会<br>桐乡市梧桐街道办事处 |
| 2019.12 | 浙江省卫生村 | 浙江省爱国卫生运动委员会 |
| 2019.12 | 梧桐街道 AAAA 档案室 | 桐乡市梧桐街道办事处 |
| 2020.4 | 梧桐街道 2019 年度党政信息工作先进集体 | 中共桐乡市梧桐街道委员会<br>桐乡市梧桐街道办事处 |
| 2020 | 嘉兴市民主法治村 | 嘉兴市司法局、嘉兴市普法办 |
| 2020 | 桐乡市抗击新冠感染疫情先进集体 | 桐乡市人民政府 |
| 2020 | 梧桐街道行政村目标责任制考核一等奖 | 中共桐乡市梧桐街道委员会<br>桐乡市梧桐街道办事处 |
| 2020 | 在桐乡市抗击新冠感染疫情中作出突出贡献，给予嘉奖 | 桐乡市人民政府 |
| 2020 | 梧桐街道先进基层党组织 | 中共桐乡市梧桐街道委员会 |

# 第十一章　地方行政组织

民国 22 年（1933），革新村域废止闾邻制度，实行保甲制度，设保长、甲长。村域内有城东乡第五保、第六保、第七保、第八保和第九保的 4 个甲，共有 45 甲。民国 35 年（1946），调整为秀川乡第四保、第五保和第六保，一直延续至新中国成立初期。

1950 年春，革新村域废除保甲制度，实行乡人民政府下属的行政村体制，建立茅亭村、柏子村和团结村行政委员会。1953 年，改为代表区制，设立 4 个代表区管理委员会。1956 年合作化运动后期，改设为新丰高级社、革新一社和革新二社管理委员会。人民公社期间，改设为革一、新南、革二（向阳）3 个大队管理委员会。1984 年初，恢复乡人民政府下属的行政村体制，3 个大队改为村，并设立村民委员会、村经济合作社。2000 年 12 月，革一村、新南村和向阳村合并为革新村，下属 31 个村民组。

## 第一节　民国时期乡村机构

民国 20 年（1931），乡以下设闾，闾以下为邻，称为闾邻制，以 25 户为闾，5 户为邻，设闾邻长。

民国 21 年（1932）桐乡县划为 21 乡、5 镇，分隶 4 区，裁撤梧桐乡划为梧桐镇和城东、附廓、城北等乡镇，革新村域为第一区城东乡辖，城东乡驻地在本村域北孟庙。

民国22年（1933）废闾邻制改保甲制，保甲编组以户为单位，设户长；10户为甲，设甲长；10甲为保，设保长。城东乡所辖第五保（周家木桥1甲除外）、第六保、第七保、第八保和第九保（其中一部分）在革新村域内，办公所在地第五保在麦干浜、第六保在北孟庙、第七保在坍桥头、第八保在草庵头、第九保在秤勾浜。村域内共有45甲，其中第五保有庄家门、沈家村2甲、朱家浜2甲、麦干浜4甲、沈家门10甲；第六保有庙河南、庙西村、庙东村2甲、姚家埭、中徐兜、坍桥头7甲；第七保有大道场3甲、火烧（富饶）桥、陈家埭、新木（凤）桥、陆家埭2甲、大河（浮）石桥、岳（镬）子浜、春（椿）树下2甲12甲；第八保有范家埭3甲、盛家门（里）2甲、草庵头、殳家埭3甲、新木桥湾、柏子桥、倪家门12甲；第九保属革新村域的为南港上、十字港、法海庵、朱家浜（浜北）4甲。

民国33年（1944），出生于革新村域姚家埭自然村的姚炳荣（小名姚阿男），担任桐乡县城濮区城东乡乡长，时年37岁。民国34年（1945）7月15日，他填呈《桐乡县城濮区城东乡保甲户口调查表》；11月12日填呈《桐乡县城濮区城东乡保长名册》。当年11月《桐乡县城濮区城东乡义勇警察队官佐名册》中显示，姚炳荣兼任义勇警察队中队长，管辖三个分队75名士兵。其中第一分队长由十字港（吴家里）自然村吴桂龙（小名吴七娜）担任，时年42岁；第二分队长由火烧桥（富饶桥）自然村沈金松担任，时年32岁。民国35年（1946），姚炳荣在任期间由于其下属出纳员徐大龄携25石（一石等于75千克）公粮款出逃，被提起公诉。同年6月24日，姚炳荣如数补缴公粮款后，获保释。解放初，姚炳荣作为地方恶霸被判刑入狱，后来病死于监狱。

民国35年（1946）3月，城东乡筹备合作社，革新村域内坍桥头的徐春熙和中徐兜的徐坤浩为筹备人员，合作社成立后，徐春熙、徐坤浩和柏子桥的石长发、十字港的吴桂龙分别在合作社管理组织任职。村域内有86户在合作社入股，认购100～1000股不等，每股10元。

民国35年（1946），城东乡参议员选举时，革新村域内第五保沈柏顺和施叙林、第六保徐金松和姚德生、第七保徐仲虎和沈建标、第八保刘元春和石长发为参议员选举人。

民国35年（1946），城东乡、城北乡和附廓乡一部分合并为秀川乡，革新村域属秀川乡管辖，秀川乡驻地草庵头。村域内调整为第四保、第五保和第六保，第四保驻地北孟庙，第五保驻地殳家埭，第六保驻地范家埭。

保长主要是按照乡公所要求，收取税收和摊派。如被抽为壮丁（当兵），该户可得到一定数额的米，由保里各户分摊；抽中壮丁不去的，则罚缴一定数额的米上交乡公所。有些因病、因灾的困难户不能按时缴纳的，由保长暂时垫付。因此，只有家庭较富有的人员才适合担任保长。保长对上不可怠慢，对下不可得罪，不太好当。据档案记载，民国35年（1946），村域内第八保保长殳金山，因催收税粮遭保民张金宝、倪六庆挟怨报复。6月13日，张、倪两人乘殳金山午后外出行至费家浜时，将其拖入费家浜淹死，时年38岁。当时，浙江省政府、桐乡县政府以殳金山因公殉职对家属予以抚恤，时任桐乡县县长范文治签发抚恤指令，浙江省政府签发抚恤证书。

当保长要有一定资格，要经过保民代表选举产生并经乡公所、县政府批准。村域内第八保保长殳金山被害后，补选殳文高担任新保长，时任县长范文治曾于民国35年（1946）7月、8月两次指令城东乡乡长丁培源派员监选。

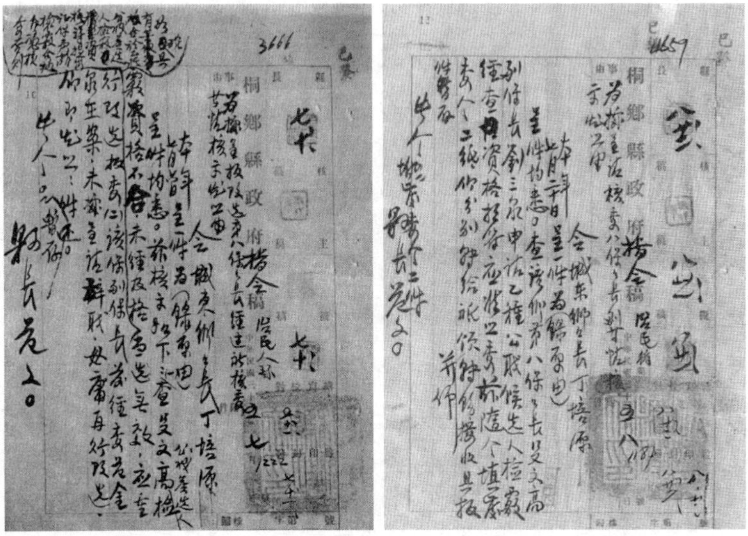

▲ 民国35年（1946），县长范文治为城东乡第八保补选殳文高担任保长的两次指令

表 11-1　1932—1949 年革新村域部分保长、副保长、干事名单

| 乡名 | 保别 | 职务 | 姓名 | 住址 | 备注 |
|---|---|---|---|---|---|
| 城东乡（1932—1946 年） | 五保 | 保长 | 朱品生 | 麦干浜 | 国民党员 |
| | | 保长 | 朱善槐 | 朱家浜 | 国民党员 |
| | | 保长 | 沈金奎 | 沈家村 | — |
| | | 副保长 | 蔡茂荣 | 麦干浜 | — |
| | | 干事 | 蔡茂良 | 麦干浜 | — |
| | | 干事 | 沈金寿 | 沈家村 | 国民党员 |
| | 六保 | 保长 | 姚万兴 | 潘家门 | — |
| | | 保长 | 姚炳浩 | 姚家浜 | — |
| | | 副保长 | 徐南夫 | 中徐兜 | — |
| | | 副保长 | 姚万良 | 姚家浜 | — |
| | | 干事 | 姚德生 | 姚家浜 | — |
| | 七保 | 保长 | 徐春喜 | 坍桥头 | — |
| | | 副保长 | 沈金山 | 虎啸（富饶）桥 | — |
| | | 干事 | 周子浩 | 毛针（笋）桥 | — |
| | | 干事 | 徐福良 | 徐家兜 | — |
| | 八保 | 保长 | 殳金山 | 殳家埭 | — |
| | | 保长 | 殳文高 | 殳家埭 | — |
| | | 副保长 | 范锦泉 | 范家埭 | — |
| | | 副保长 | 刘三泉 | — | — |
| | | 干事 | 陈龙生 | 范家埭 | — |
| | | 干事 | 石榴阿 | 范家埭 | 绍兴籍 |
| | 九保 | 保长 | 虞美堂 | 茅亭浜 | 现属城南村 |
| | | 副保长 | 许金生 | 茅亭浜 | 现属城南村 |
| | | 干事 | 李阿品 | 包家桥 | — |
| 秀川乡（1946—1949 年） | 四保 | 保长 | 姚炳浩 | 姚家浜 | — |
| | | 副保长 | 姚德生 | 北盂庙 | — |
| | 五保 | 保长 | 殳文高 | 殳家埭 | — |
| | | 副保长 | 周志豪 | — | — |
| | 六保 | 保长 | 朱品生 | 麦干浜 | 国民党员 |
| | | 副保长 | 虞美堂 | 茅亭浜 | 现属城南村 |

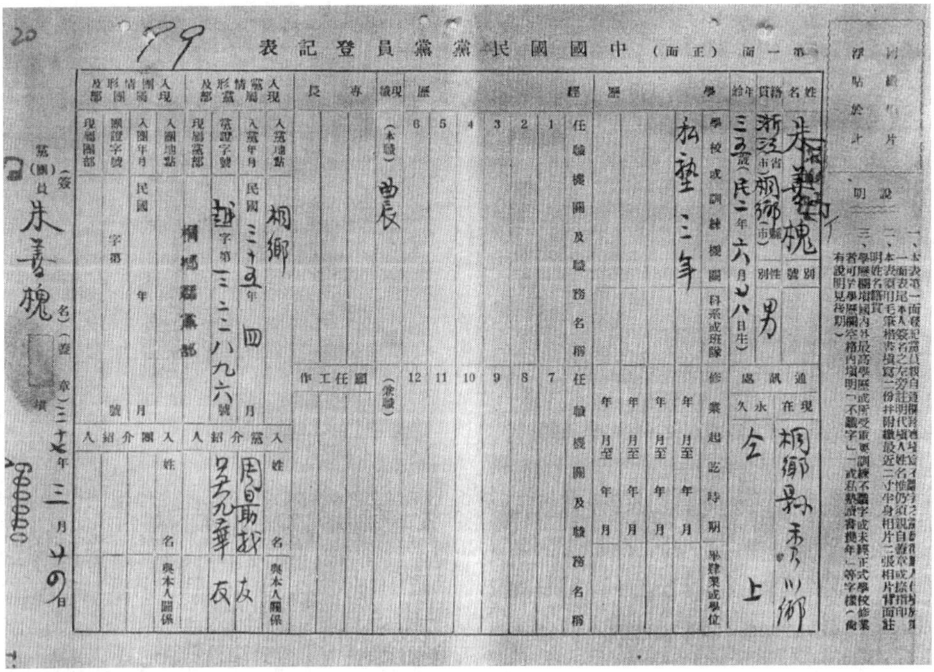
20 79
中國國民黨黨員登記表 （正面） 第一面
姓名 朱善槐
籍貫 浙江省 桐鄉縣（市）
年齡 三五歲（民二年六月廿八日生）
性別 男
學歷 私塾 三年
現職 （本職） 農
入黨地點 桐鄉
入黨年月 民國三十五年四月
黨證字號 浙字第三二二八九六號
現屬黨部 桐鄉縣黨部
黨介紹人 姓名 周昌哉 吳允華 與本人關係 友 友
通訊處 現在 桐鄉縣秀川鄉 永久 仝上
黨（團）員 朱善槐 （簽名）（蓋章）
三十七年三月廿四日填

▲ 中国国民党党员登记表（第五保保长朱善槐）

保甲制的基本形式是10进位制，鉴于各地地理、交通、经济情况各异，实行时采取了有弹性的办法，规定“甲之编制以十户为原则，不得少于六户，多于十五户”，每个甲设甲长一名。甲长主要是完成保长交办的任务，直接向村民收取各种费用，摊派各种任务，有些地方甲长采取轮流制方式。

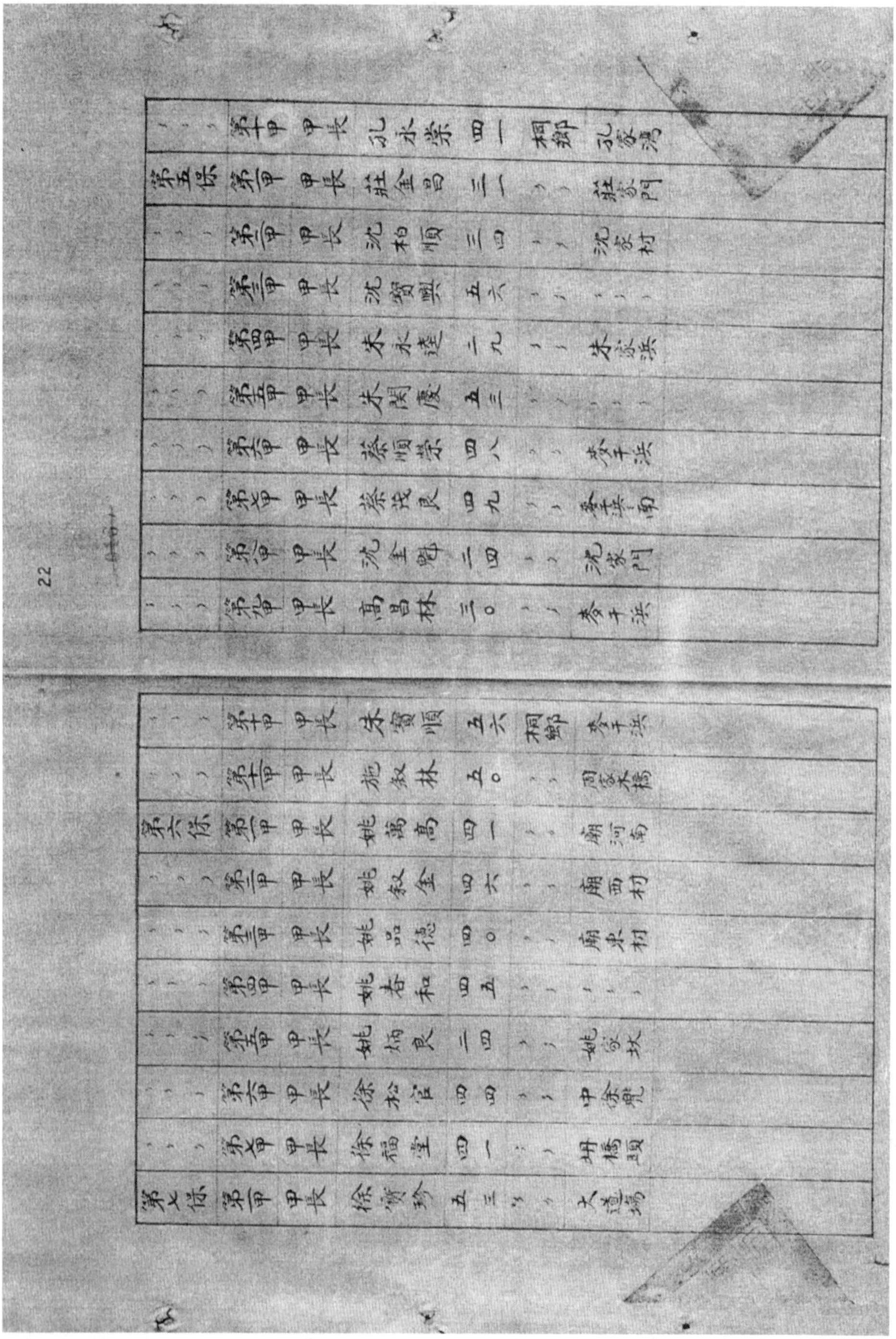

22

| | | | | | | |
|---|---|---|---|---|---|---|
| 〃〃 | 第十甲 | 甲长 | 孔永荣 | 四一 | 桐乡 | 孔家湾 |
| 第五保 | 第一甲 | 甲长 | 庄金昌 | 三一 | 〃〃 | 庄家门 |
| 〃〃 | 第二甲 | 甲长 | 沈柏顺 | 三四 | 〃〃 | 沈家村 |
| 〃〃 | 第三甲 | 甲长 | 沈贤兴 | 五六 | 〃〃 | 〃〃 |
| 〃〃 | 第四甲 | 甲长 | 朱永连 | 二九 | 〃〃 | 朱家浜 |
| 〃〃 | 第五甲 | 甲长 | 朱关庆 | 五三 | 〃〃 | 〃〃 |
| 〃〃 | 第六甲 | 甲长 | 蔡顺荣 | 四八 | 〃〃 | 李千浜 |
| 〃〃 | 第七甲 | 甲长 | 蔡茂良 | 四九 | 〃〃 | 李千浜南 |
| 〃〃 | 第八甲 | 甲长 | 沈金魁 | 二四 | 〃〃 | 沈家门 |
| 〃〃 | 第九甲 | 甲长 | 高昌林 | 三〇 | 〃〃 | 李千浜 |
| 〃〃 | 第十甲 | 甲长 | 朱宝顺 | 五六 | 桐乡 | 李千浜 |
| 〃〃 | 第十一甲 | 甲长 | 施叙林 | 五〇 | 〃〃 | 周家木桥 |
| 第六保 | 第一甲 | 甲长 | 姚万高 | 四一 | 〃〃 | 庙河南 |
| 〃〃 | 第二甲 | 甲长 | 姚叙金 | 四六 | 〃〃 | 庙西村 |
| 〃〃 | 第三甲 | 甲长 | 姚品德 | 四〇 | 〃〃 | 庙北村 |
| 〃〃 | 第四甲 | 甲长 | 姚吉和 | 四五 | 〃〃 | 〃〃 |
| 〃〃 | 第五甲 | 甲长 | 姚炳良 | 二四 | 〃〃 | 姚家坟 |
| 〃〃 | 第六甲 | 甲长 | 徐松宝 | 四四 | 〃〃 | 申家兜 |
| 〃〃 | 第七甲 | 甲长 | 徐福宝 | 四一 | 〃〃 | 坍桥头 |
| 第七保 | 第一甲 | 甲长 | 徐宝珍 | 五三 | 〃〃 | 大道湾 |

▲ 民国 34 年（1945）城东乡第五、六、七、八、九保甲长名单（一）

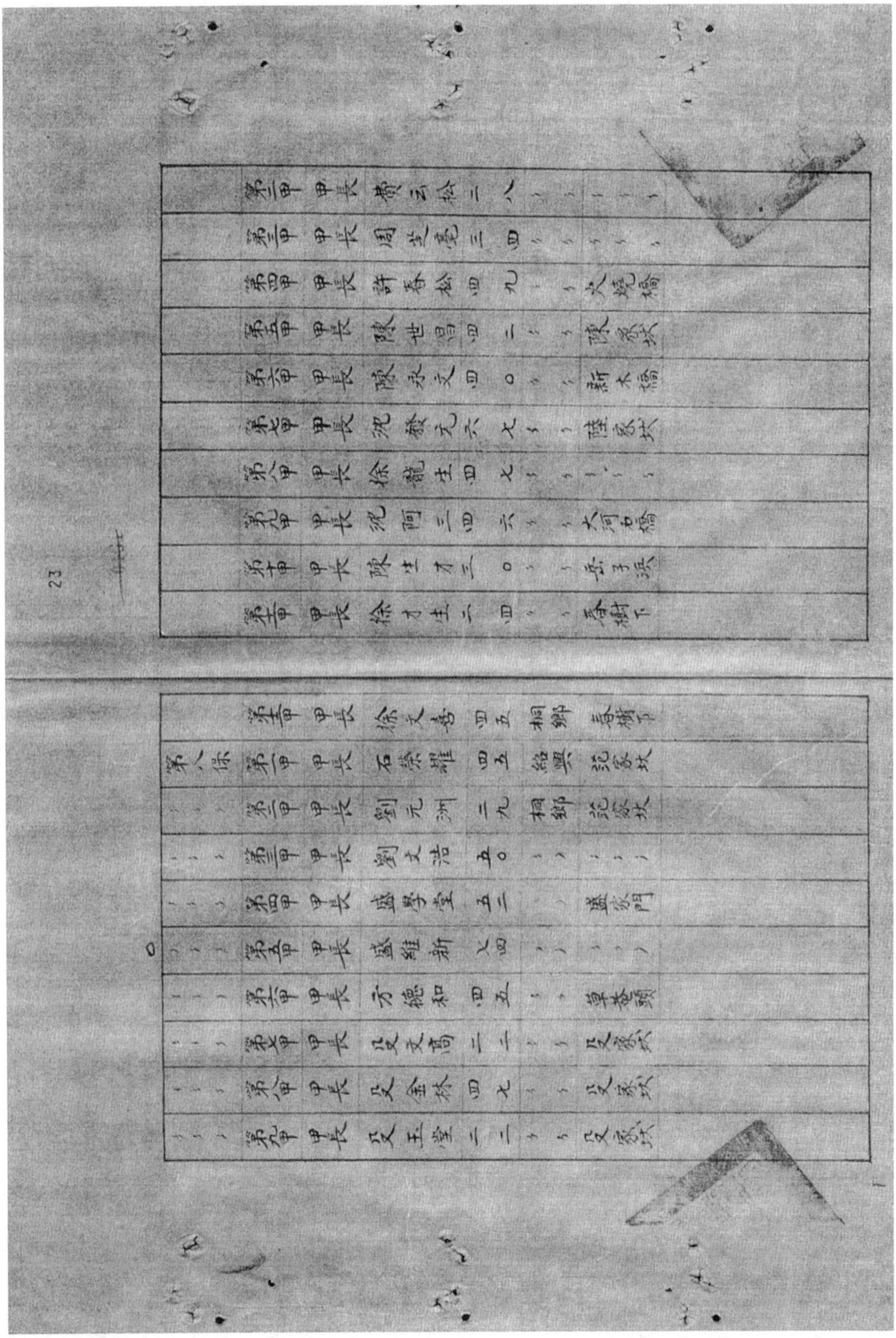

23

| | | | | | | |
|---|---|---|---|---|---|---|
| | 第二甲 | 甲長 | 黄云松 | 二八 | 〃 | 〃 |
| | 第三甲 | 甲長 | 周芝春 | 三四 | 〃 | 〃 |
| | 第四甲 | 甲長 | 許春松 | 四九 | 〃 | 大塘墳 |
| | 第五甲 | 甲長 | 陳世昌 | 四二 | 〃 | 陳家坎 |
| | 第六甲 | 甲長 | 陳承文 | 四〇 | 〃 | 新木橋 |
| | 第七甲 | 甲長 | 沈發元 | 六七 | 〃 | 陸家坎 |
| | 第八甲 | 甲長 | 徐龍生 | 四七 | 〃 | 〃 |
| | 第九甲 | 甲長 | 沈炳三 | 四六 | 〃 | 大洞石橋 |
| | 第十甲 | 甲長 | 陳生才 | 三〇 | 〃 | 香子渠 |
| | 第十一甲 | 甲長 | 徐才生 | 二四 | 〃 | 香樹下 |
| | 第十二甲 | 甲長 | 徐文吉 | 四五 | 桐鄉 | 香樹下 |
| 第八保 | 第一甲 | 甲長 | 石榮耀 | 四五 | 崇德 | 蔣家坟 |
| 〃 | 第二甲 | 甲長 | 劉元洲 | 二九 | 桐鄉 | 蔣家坟 |
| 〃 | 第三甲 | 甲長 | 劉文浩 | 五〇 | 〃 | 〃 |
| 〃 | 第四甲 | 甲長 | 盛季堂 | 五三 | 〃 | 盛家門 |
| 〃 | 第五甲 | 甲長 | 盛維新 | 七四 | 〃 | 〃 |
| 〃 | 第六甲 | 甲長 | 方德和 | 四五 | 〃 | 草蕩頭 |
| 〃 | 第七甲 | 甲長 | 吳文高 | 二一 | 〃 | 吳家坟 |
| 〃 | 第八甲 | 甲長 | 吳金林 | 四九 | 〃 | 吳家坟 |
| 〃 | 第九甲 | 甲長 | 吳玉堂 | 二三 | 〃 | 吳家坟 |

▲ 民国34年（1945）城东乡第五、六、七、八、九保甲长名单（二）

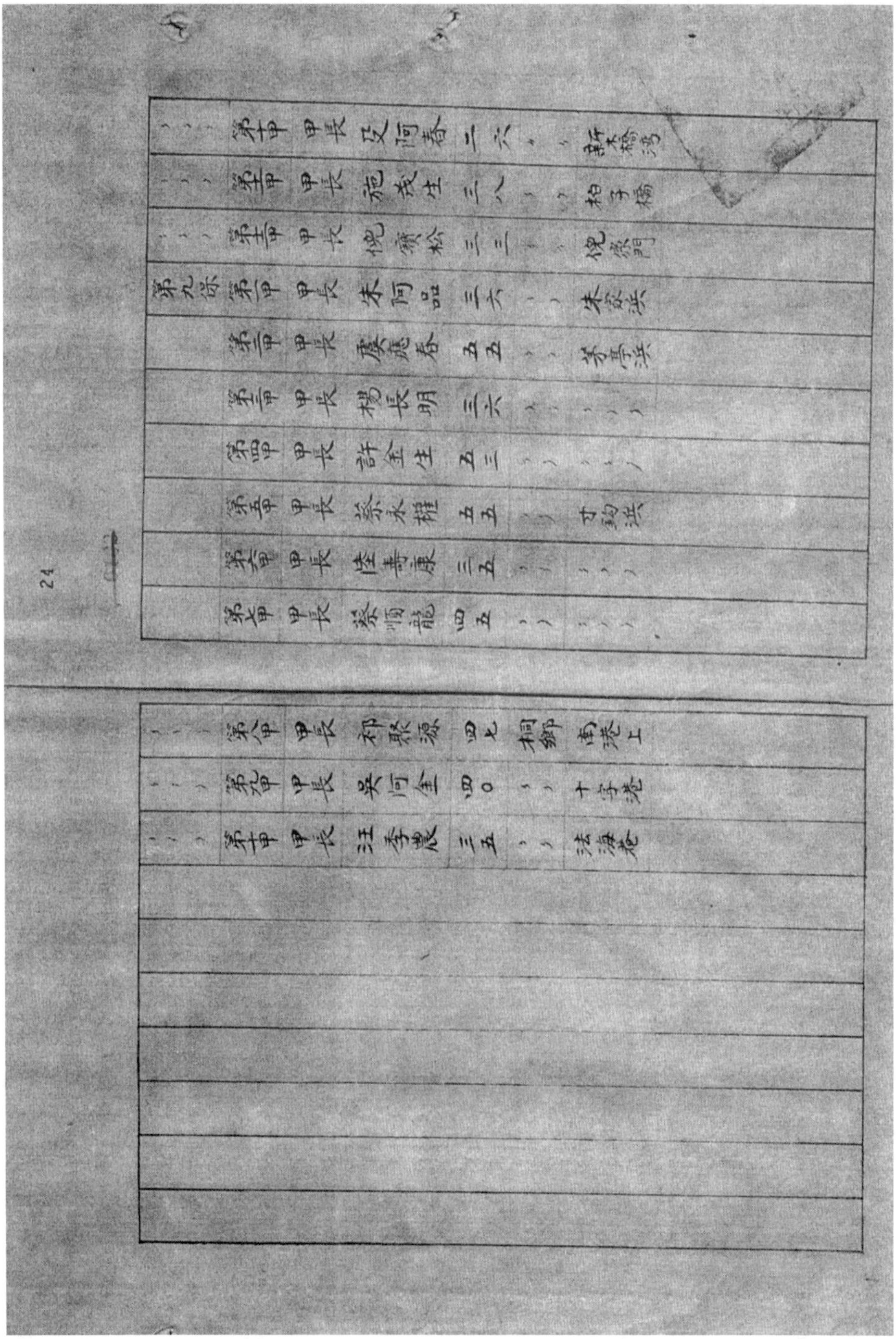

24

| | | | | | | |
|---|---|---|---|---|---|---|
| 〃 | 第十甲 | 甲長 | 殳阿春 | 二六 | 〃 | 許木橋湾 |
| 〃 | 第十一甲 | 甲長 | 施茂生 | 二八 | 〃 | 柏子橋 |
| 〃 | 第十二甲 | 甲長 | 倪蘅松 | 三三 | 〃 | 倪家門 |
| 第九保 | 第一甲 | 甲長 | 朱阿品 | 三六 | 〃 | 朱家浜 |
| | 第二甲 | 甲長 | 唐應春 | 五五 | 〃 | 黃亭浜 |
| | 第三甲 | 甲長 | 楊長明 | 三六 | 〃 | 〃 |
| | 第四甲 | 甲長 | 許金生 | 五三 | 〃 | 〃 |
| | 第五甲 | 甲長 | 蔡永權 | 五五 | 〃 | 寸鉤浜 |
| | 第六甲 | 甲長 | 陸壽康 | 三五 | 〃 | 〃 |
| | 第七甲 | 甲長 | 蔡順龍 | 四五 | 〃 | 〃 |

| | | | | | | |
|---|---|---|---|---|---|---|
| 〃 | 第八甲 | 甲長 | 郁聚源 | 四七 | 桐鄉 | 南港上 |
| 〃 | 第九甲 | 甲長 | 吳阿金 | 四〇 | 〃 | 十字港 |
| 〃 | 第十甲 | 甲長 | 汪李農 | 三五 | 〃 | 法濟庵 |

▲ 民国 34 年（1945）城东乡第五、六、七、八、九保甲长名单（三）

## 第二节 新中国成立后的村行政机构

1949年5月4日，中国人民解放军和平解放桐乡。当时革新村域隶属濮院区秀川乡，基层政权曾留用保甲长，征借粮食，支援解放战争。

1950年春，废除保甲制度，革新村域内组建柏子村、团结村和茅亭村3个行政村，柏子村（原第五保），驻地屠家里；团结村（原第四保）驻地北孟庙；茅亭村（原第六保），驻地茅亭头。3个村分别建立村行政委员会，陆长荣、姚掌官、殳叙春分别为3个村的首任村长。3个行政村隶属城濮区革新乡，城濮区公所驻地在本村域北孟庙，革新乡驻地在本村域高家里。

1950年，在土地改革运动中，农民协会成立，简称农会，一切权力归农会是农村基层政权的体现。农民协会是农民自愿成立的群众组织，是农村改革土地制度的合法执行机关，其任务是团结雇农、贫农、中农及农村中的一切反封建分子，遵照人民政府的政策法令，有步骤地实行反封建的社会改革，保护农民利益，组织农民生产，举办农村合作社，发展农业和副业，改善农民生活，保障农民的政治和文化生活，参加人民民主政权的建设工作。凡雇农、贫农、中农、手工业工人和贫苦的知识分子、自愿入会者，经上级批准后即可成为农民协会会员，地主、富农不能入会。姚咬生、殳金毛、徐玉堂分别为团结村、茅亭村、柏子村3个村农会组织的首任主任。农村农民协会组织存续至1953年底。

1953年改为区、乡、代表区制，革新村域设4个代表区，分别为一代表区（部分原茅亭村、部分原柏子村）、二代表区（原柏子村）、三代表区和四代表区（原团结村、部分原茅亭村）。各代表区由代表主任负责。

1956年3月，撤区并乡，革新乡、城南乡合并为新南乡，驻地牛桥头。革新村隶属新南乡。同年10月，革新村域撤销4个代表区，成立3个高级合作社。原一代表区改为革新高级合作社一社（简称革新一社），驻地草庵头；原二代表区改为革新高级合作社二社（简称革新二社），驻地周家里；原三代表区、四代表区合并为新丰高级合作社，驻地北孟庙。

1958年9月18日，撤销新南乡、逾禄乡和梧桐镇建制，合并后成立梧桐人民公社。梧桐人民公社下设革新、城南、逾桥、稻乐和梧桐镇5个管理区。

同时，革新村域内3个高级合作社合并，组建梧桐人民公社革新大队，驻地草庵头，辖43个小队，设大队管理委员会，殳金毛为首任大队长，隶属梧桐人民公社革新管理区，革新管理区主任高伯乔（革新村域人，任期1958.10—1959.3），驻地朱家浜，1959年搬至高家里。

1959年上半年，撤销革新大队建制，分设革一大队（老革一大队）和革二大队，建立革一大队管理委员会和革二大队管理委员会。1961年，撤销革一大队（老革一大队）建制，分设为新南大队和革一大队（小革一大队），并分别建立管理委员会。至此，革新村域内分设为新南、革一和革二3个大队。新南大队驻地包家桥（1963年搬至北孟庙），辖17个生产队；革一大队驻地草庵头（70年代搬至文桥头），辖16个生产队；革二大队驻地富饶桥，辖10个生产队。1966年，革二大队更名为向阳大队。

“文化大革命”期间，新南、革一、向阳3个大队分别设立革命委员会，简称革委会。1978年后，“大队革命委员会”这个组织被撤销。

1984年初，撤销梧桐人民公社建制，改设梧桐乡；同时撤销村域内3个大队建制，分别改设为梧桐乡新南村、梧桐乡革一村和梧桐乡向阳村，并分别建立村民委员会和村经济合作社。新南村辖13个村民组，革一村辖13个村民组，向阳村辖7个村民组。

村民委员会是村民自我管理、自我教育、自我服务的基层群众性自治组织，实行民主选举、民主决策、民主管理、民主监督。主要职责是办理本村的公共事务和公益事业，调解民间纠纷，协助维护社会治安，向人民政府反映村民的意见、要求和提出建议。

同年12月，梧桐乡（大乡）分设梧桐（小乡）、城南2个乡，村域内3个村民委员会和经济合作社属梧桐乡（小乡）政府管辖。

1992年6月，撤销梧桐乡、城南乡、钱林乡建制，所在区域并入梧桐镇（即“扩镇并乡”），梧桐镇下设城东、城南和城西3个办事处。村域内3个村分别改为梧桐镇革一村村民委员会、梧桐镇新南村村民委员会和梧桐镇向阳村村民委员会，归属梧桐镇城东办事处管理。

2000年12月，新南、革一、向阳3村合并为革新村，建立梧桐镇革新村村民委员会和村经济合作社，驻地塘家浜，辖31个村民组。

2001 年，梧桐镇更名梧桐街道，故革新村村民委员会和经济合作社为梧桐街道办事处所辖。

2003 年，因桐乡市区设立振东新区，革新村村民委员会和经济合作社遂划归振东新区管委会所辖。

2011 年，革新村村民委员会和经济合作社驻地搬至茅盾东路南方家园北侧。

2014 年，革新村经济合作社改名为革新村股份经济合作社。

2017 年，因撤销振东新区，革新村村民委员会和经济合作社仍归梧桐街道办事处所辖。

## 第三节　换届选举和历届负责人名录

根据《中华人民共和国村民委员会组织法》《浙江省村民委员会选举办法》的规定和上级统一部署，原新南、革一、向阳 3 个村民委员会和合并后的革新村村民委员会换届选举工作均按时顺利进行。

部分年份村民委员会换届（直接）选举情况：

1986 年 5 月，原 3 个村村民委员会换届选举结果：新南村村民委员会主任由费兴华担任，沈福明任副主任，姚金芳、沈永生任委员；革一村村民委员会主任由盛兴伦担任，倪阿泉任副主任，倪金凤、陈桂庆任委员；向阳村村民委员会主任由徐雪林担任，沈惠宝、庄阿三任委员。

1989 年 3 月，原 3 个村村民委员会换届选举结果：新南村村民委员会主任由姚金芳担任，沈永生任副主任，庄寿良、姚金荣、沈兴荣任委员；革一村村民委员会主任由陈桂庆担任，方雪坤、汤菊文任委员；向阳村村民委员会主任由沈德兴担任，庄阿三、沈惠宝任委员。

1989 年 11 月，原 3 个村村民委员会进行村民直接选举，结果为：新南村村民委员会主任由姚金芳担任，沈永生任副主任，庄寿良、沈兴荣、徐玲芬任委员；革一村村民委员会主任由沈乾坤担任，殳仁宝、倪阿泉任副主任，方雪坤、汤菊文任委员；向阳村村民委员会主任由沈德兴担任，沈惠宝、高华生任委员 。

1992 年 10 月，原 3 个村村民委员会换届选举，新南村村民委员会换届选举结果：姚金荣任村民委员会主任，沈兴荣任副主任，朱云松、沈柏洪、徐林

（玲）芬任委员。（原革一村、向阳村换届选举资料缺失）

1998 年 6 月，原 3 个村村民委员会换届选举结果：新南村村民委员会主任由姚金荣担任，沈柏洪任副主任，徐美琴任委员；革一村村民委员会主任由倪阿泉担任，陈桂庆任副主任，殳金梅、刘月松任委员；向阳村村民委员会主任由朱玉建担任，高华生任副主任，张建英任委员。

2001 年 5 月，3 个村合并为革新村后首次进行村民委员会换届选举，选举结果：倪阿泉任村民委员会主任，姚金荣、朱玉建任副主任，庄寿良、张建英、殳金梅任委员。

2005 年 6 月，革新村村民委员会换届选举结果：倪阿泉当选为村民委员会主任，朱玉建当选为副主任，殳金梅、庄寿良当选为委员。

2008 年 5 月，革新村村民委员会换届选举结果：朱玉建任村民委员会主任，沈柏洪任副主任，殳金梅、庄海强任委员。

2011 年 3 月，革新村村民委员会换届选举结果：朱玉建任村民委员会主任，沈柏洪任副主任，殳金梅、庄海强、陈兰任委员。

2014 年 1 月，革新村村民委员会换届选举结果：沈柏洪任村民委员会主任，庄林法任副主任，方鑫利、朱炬方任委员。

2017 年 5 月，革新村村民委员会换届选举结果：沈柏洪任村民委员会主任，朱炬方任副主任，丁凡、方鑫利、戴圣炜任委员。

2020 年 8 月，革新村村民委员会换届选举结果：朱玉建任村民委员会主任，朱炬方任副主任，方鑫利、周鑫、戴圣炜任委员。

▲ 2011 年 3 月，振东新区革新村村民委员会换届选举大会

▲ 2020 年 8 月，梧桐街道革新村村民（股东）代表大会，通过换届选举办法

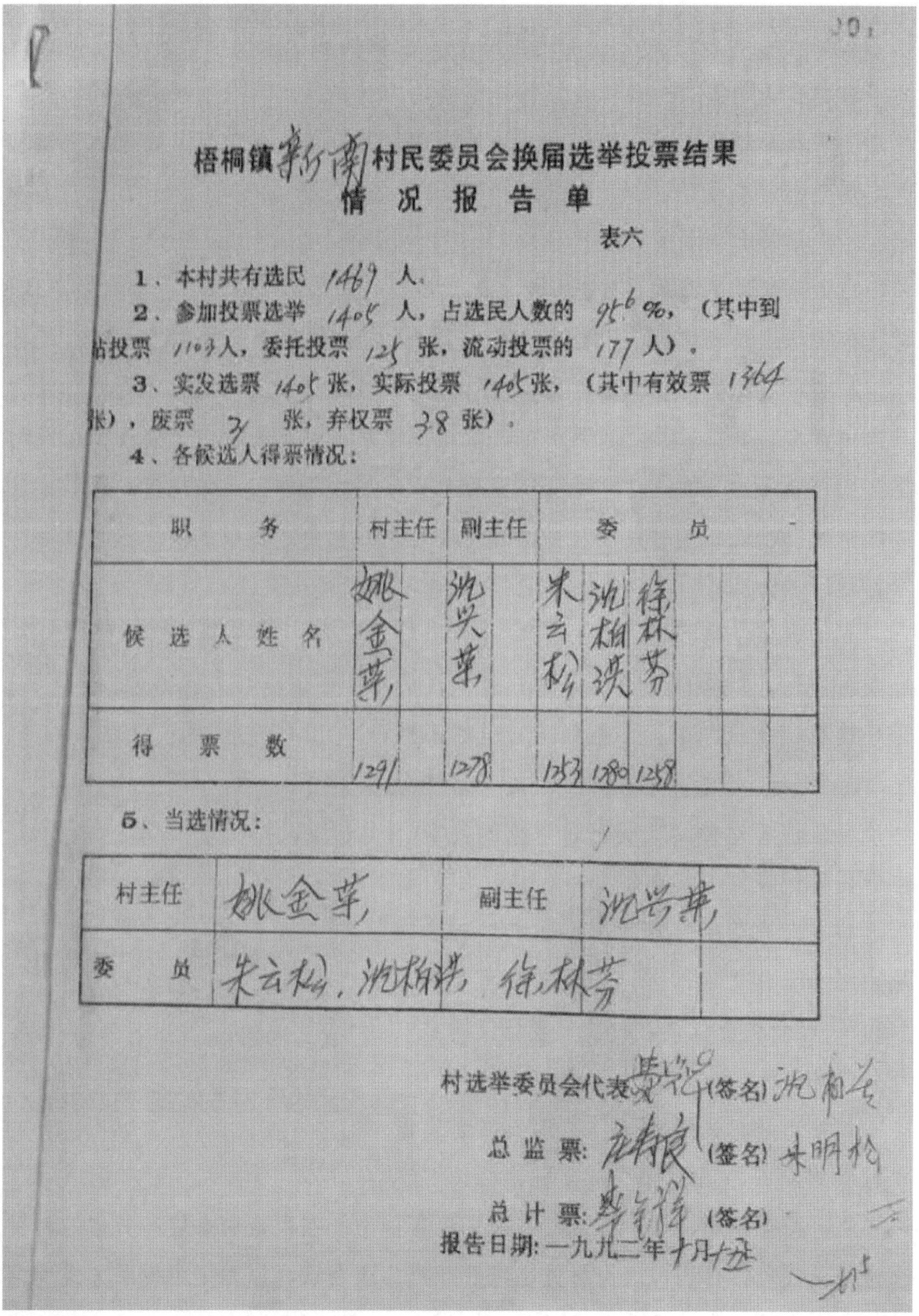

梧桐镇新南村民委员会换届选举投票结果情况报告单

表六

1、本村共有选民 1469 人。

2、参加投票选举 1405 人，占选民人数的 95.6%，（其中到站投票 1103 人，委托投票 125 张，流动投票的 177 人）。

3、实发选票 1405 张，实际投票 1405 张，（其中有效票 1364 张），废票 3 张，弃权票 38 张）。

4、各候选人得票情况：

| 职务 | 村主任 | 副主任 | 委员 | | | | | |
|---|---|---|---|---|---|---|---|---|
| 候选人姓名 | 姚金苹 | 沈兴华 | 朱云松 | 沈栢洪 | 徐林芬 | | | |
| 得票数 | 1291 | 1278 | 1253 | 1280 | 1258 | | | |

5、当选情况：

| 村主任 | 姚金苹 | 副主任 | 沈兴华 |
|---|---|---|---|
| 委员 | 朱云松，沈栢洪，徐林芬 | | |

村选举委员会代表 （签名）

总监票： （签名）朱明松

总计票： （签名）

报告日期：一九九二年十月十五

▲ 1992 年 10 月 15 日原新南村村委会换届选举结果情况报告单

附：2020 年革新村村民委员会换届的基本程序

2020 年，村民委员会换届选举在村党组织的领导下进行，采用无候选人的“自荐自选”方式，凡符合任职资格条件的选民，均可以在规定时间内报名参加竞选一个村民委员会的职位，最后由选民对自荐人以无记名投票方式直接选举产生村民委员会主任、副主任、委员。

村民委员会换届的基本程序：

1. 推选好村民选举委员会。村民选举委员会一般为 5 ～ 9 人，由村民会议、村民代表会议或者村民小组会议推选产生，主持村民委员会换届选举。

2. 制定村民委员会选举办法。由村民选举委员会依法制定具体选举办法，对选民认定、委托投票、选票认定、不当或非法选举行为裁定、处理，以及村委会成员应当具备的条件、保证秘密写票投票等方面作出具体规定。选举办法应提交村民会议或者村民代表会议讨论通过，并报街道村组织换届选举领导小组备案。

3. 认真组织选民登记。村选举委员会结合本村实际，严格依法做好本村户籍选民的资格确认、审核和登记，做到不错登、不重登、不漏登。自觉接受村民对选民登记情况的监督，认真对待村民提出的意见和要求。在选民登记期间，提前通知外出选民回村参加选举。对户籍不在本村的，在本村居住或从事村务工作 1 年以上，可提出书面申请参加选举，经村民会议或者村民代表会议同意，可登记为选民。

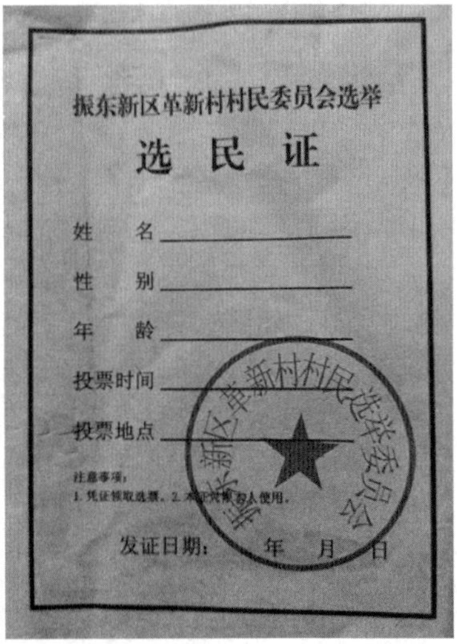

▲ 选民证

4. 推选好村民代表。村民代表推选工作在村党组织领导下进行，积极引导村民把遵纪守法、顾全大局、办事公道、有一定议事能力、在群众中有较高威信的村民选为村民代表。村民代表由村民小组召开户代表会议，以无记名投票方式直接推选产生或采用分户推选方式产生。

5. 做好自荐报名和资格审查工作。自荐报名一般在公告发布之后至选举日

10天前，由本人亲自到村民选举委员会登记报名竞选其中一个职位，不得委托他人代为自荐报名。报名时签订竞职承诺和辞职承诺。参选人员经过选举委员会预审后，由上级党委对自荐人选进行资格初审，报市相关部门联审，并公布资格审查员名单。

6. 组织好投票选举工作。选民以无记名投票的方式直接选举产生村民委员会主任、副主任和委员。村民委员会选举采用选举大会投票或者设立中心投票会场和若干投票站集中投票，保证选民在领票、写票、投票时独立行使民主权利。

表11-2 历届村（大队）委会负责人名录

| 所属乡镇 | 组织名称 | 职务 | 姓名 | 任职时间 | 备注 |
| --- | --- | --- | --- | --- | --- |
| 革新乡（1950—1956.2）<br>新南乡（1956.3—1958.8） | 团结村（三、四代表区）新丰高级合作社 | 村长 | 姚掌官 | 1951—1954 | — |
| | | 农会主任 | 姚咬生 | 1951—1953 | — |
| | | 代表主任 | 徐锦源 | 1953—1955 | — |
| | | 代表主任 | 庄金茂 | 1956—1957 | 中共党员 |
| | | 社长 | 徐锦源 | 1956—1958.8 | 中共党员 |
| | | 副社长 | 高善加 | 1956.10—1958.8 | 中共党员 |
| | | 副社长 | 姚子堂 | 1956.10—1958.8 | 中共党员 |
| | | 副社长 | 傅仙法 | 1956.10—1958.8 | 中共党员 |
| | | 副社长 | 蔡金松 | 1956.10—1958.8 | 中共党员 |
| | 茅亭村（一代表区）革新一社 | 村长 | 殳叙春 | 1950—1951 | — |
| | | 村长 | 陆长荣 | 1952—1953 | — |
| | | 村长 | 高伯乔 | 1955—1956 | 中共党员 |
| | | 农会主任 | 殳金毛 | 1951—1953 | — |
| | | 代表主任 | 殳金毛 | 1954—1955 | — |
| | | 社长 | 陈贵山 | 1956—1957 | 中共党员 |
| | | 社长 | 高伯乔 | 1957—1958.8 | 中共党员 |
| | 柏子村（二代表区）革新二社 | 村长 | 陆长荣 | 1950—1952 | — |
| | | 副村长 | 殳叙金 | 1950—1951 | — |
| | | 副村长 | 周子祥 | 1953—1956 | — |
| | | 农会主任 | 徐玉堂 | 1950—1952 | — |

续表 11-2

| 所属乡镇 | 组织名称 | 职务 | 姓名 | 任职时间 | 备注 |
| --- | --- | --- | --- | --- | --- |
| | 柏子村（二代表区）革新二社 | 代表主任 | 徐顺宝 | 1953—1954 | — |
| | | 代表主任 | 徐福龙 | 1954—1956 | — |
| | | 社长 | 徐金章 | 1956.10—1957.12 | 中共党员 |
| | | 副社长 | 徐福龙 | 1957.12—1958.8 | 中共党员 |
| | | 副社长 | 屠福坤 | 1957.3—1958.8 | — |
| 梧桐人民公社（1958.9—1983.12） | 革新大队 | 大队长 | 殳金毛 | 1958.9—1959.3 | 中共党员 |
| | | 副大队长 | 姚子堂 | 1958.9—1959.3 | 中共党员 |
| | | 副大队长 | 庄金茂 | 1958.9—1959.3 | 中共党员 |
| | | 副大队长 | 姚掌官 | 1958.9—1959.3 | 中共党员 |
| | | 副大队长 | 许阿大 | 1958.9—1959.3 | 中共党员 |
| | | 副大队长 | 徐兰毛 | 1958.9—1959.3 | 中共党员 |
| | | 副大队长 | 刘源顺 | 1958.9—1959.3 | 中共党员 |
| | | 副大队长 | 盛阿六 | 1958.9—1959.3 | 中共党员 |
| | | 副大队长 | 周二宝 | 1958.9—1959.3 | — |
| | 革一大队（老） | 大队长 | 徐锦源 | 1959.4—1961.3 | 中共党员 |
| | | 副大队长 | 殳金毛 | 1959.4—1961.3 | 中共党员 |
| | | 副大队长 | 姚掌官 | 1959.4—1961.3 | 中共党员 |
| | | 副大队长 | 姚子堂 | 1959.4—1961.3 | 中共党员 |
| | | 副大队长 | 庄金茂 | 1959.4—1961.3 | 中共党员 |
| | | 副大队长 | 刘源顺 | 1959.4—1961.3 | 中共党员 |
| | | 副大队长 | 盛阿六 | 1959.4—1961.3 | 中共党员 |
| | 新南大队 | 大队长 | 姚子堂 | 1961.4—1968.5 | 中共党员 |
| | | 革委会主任 | 徐锦源 | 1968.10—1979.9 | 中共党员 |
| | | 大队长 | 费兴华 | 1979.10—1983.12 | 中共党员 |
| | | 副大队长 | 庄金茂 | 1961.4—1968.5 | 中共党员 |
| | | 副大队长 | 徐阿大 | 1961.4—? | 中共党员 |
| | | 副大队长 | 沈新宝 | 1961.4—1966 | 中共党员 |
| | | 副大队长 | 姚庆荣 | 1965—1968.5 | 中共党员 |
| | | 革委会副主任 | 蔡金松 | 1968.10—1979 | 中共党员 |
| | | 革委会副主任 | 潘全宝 | 1968.10—1976 | 中共党员 |

续表 11-2

| 所属乡镇 | 组织名称 | 职务 | 姓名 | 任职时间 | 备注 |
| --- | --- | --- | --- | --- | --- |
| 梧桐人民公社（1958.9—1983.12） | 新南大队 | 副大队长 | 徐子芳 | 1979—1980 | 中共党员 |
| | | 革委会常委 | 姚子堂 | 1970—1972 | 中共党员 |
| | | 革委会常委 | 庄金茂 | 1970.6—1972 | 中共党员 |
| | | 革委会常委 | 高文山 | 1970.6—1972 | 中共党员 |
| | | 革委会常委 | 姚菊宝 | 1972 | — |
| | | 革委会常委 | 姚金荣 | 1972 | — |
| | | 革委会常委 | 蔡茂兴 | 1972 | 中共党员 |
| | | 革委会委员 | 徐金芳 | 1970—? | — |
| | 革一大队 | 大队长 | 殳金毛 | 1961.4—1968 | 中共党员 |
| | | 革委会主任 | 吴雪荣 | 1968.10—1970.9 | — |
| | | 革委会主任 | 高伯乔 | 1970.9—1974.11 | 中共党员 |
| | | 大队长 | 费长林 | 1978.12—1983.12 | 中共党员 |
| | | 副大队长 | 盛阿六 | 1961.4—1966 | 中共党员 |
| | | 副大队长 | 施金生 | 1961.4—1966 | 中共党员 |
| | | 副大队长 | 刘源顺 | 1961—1966 | 中共党员 |
| | | 革委会副主任 | 刘元荣 | 1968.10—1972 | — |
| | | 革委会副主任 | 方七娜 | 1968.10—1970.9 | — |
| | | 革委会副主任 | 高伯乔 | 1970.5—1970.8 | 中共党员 |
| | | 革委会副主任 | 殳金毛 | 1970.9—1978.12 | 中共党员 |
| | | 革委会副主任 | 吴雪荣 | 1972 | — |
| | | 副大队长 | 刘福坤 | 1978.12—1983.12 | 中共党员 |
| | | 副大队长 | 盛阿六 | 1978.12—1983.12 | 中共党员 |
| | | 革委会常委 | 方祖全 | 1970.10—? | — |
| | | 革委会常委 | 陈金龙 | 1972 | 中共党员 |
| | | 革委会常委 | 沈柳民 | 1972 | — |
| | | 革委会常委 | 王永银 | 1972 | — |
| | | 革委会常委 | 殳雪堂 | 1972 | — |
| | | 革委会常委 | 盛七娜 | 1972 | 中共党员 |
| | | 革委会常委 | 费阿增 | 1972 | — |
| | | 革委会常委 | 方七娜 | 1972 | — |

续表 11-2

| 所属乡镇 | 组织名称 | 职务 | 姓名 | 任职时间 | 备注 |
| --- | --- | --- | --- | --- | --- |
| 梧桐人民公社（1958.9—1983.12） | 革一大队 | 委员 | 殳炳官 | 1978.12—? | 中共党员 |
| | | 委员 | 殳仁宝 | 1978.12—? | 中共党员 |
| | | 委员 | 费永泉 | 1978.12—? | 中共党员 |
| | | 委员 | 汪月松 | 1978.12—? | — |
| | | 委员 | 祁庆生 | 1978.12—? | — |
| | | 委员 | 盛锡金 | 1978.12—? | — |
| | | 委员 | 毕雪芬 | 1978.12—? | — |
| | 向阳大队（1966年前为革二大队） | 大队长 | 傅仙法 | 1959.4—? | 中共党员 |
| | | 大队长 | 许福昌 | 1961.2—1968 | 中共党员 |
| | | 革委会主任 | 史福寿 | 1968.10—1979.12 | 中共党员 |
| | | 代大队长 | 庄阿金 | 1980.8—1982.2 | 中共党员 |
| | | 大队长 | 徐雪林 | 1982.2—1983.12 | — |
| | | 副大队长 | 徐兰毛 | 1959.4—1961 | — |
| | | 副大队长 | 徐金章 | 1964—1968.10 | 中共党员 |
| | | 革委会副主任 | 蒋阿欢 | 1968.10—1979.12 | 中共党员 |
| | | 革委会副主任 | 陆金山 | 1968.10—1970.4 | — |
| | | 副大队长 | 沈德兴 | 1979—1980 | 中共党员 |
| | | 革委会常委 | 徐兰毛 | 1970—1972 | 中共党员 |
| | | 革委会常委 | 沈顺松 | 1972 | — |
| | | 革委会常委 | 屠福坤 | 1972 | — |
| | | 革委会常委 | 章顺法 | 1972 | — |
| | | 革委会常委 | 许福昌 | 1972 | 中共党员 |
| | | 革委会委员 | 徐福龙 | 1970—? | — |
| 梧桐乡（1984.1—1992.5） | 新南村 | 村主任 | 费兴华 | 1984.1—1987.12 | 中共党员 |
| | | 村主任 | 姚金方 | 1988.1—1992.5 | 中共党员 |
| | | 村副主任 | 沈福明 | 1984.1—1987.8 | 中共党员 |
| | | 村副主任 | 姚丽英 | 1984.1—1986 | — |
| | | 村副主任 | 沈永生 | 1988.1—1990.1 | 中共党员 |
| | | 委员 | 姚金方 | 1984.1—1987.12 | 中共党员 |
| | | 委员 | 徐坤其 | 1984.1—1986 | — |

续表 11-2

| 所属乡镇 | 组织名称 | 职务 | 姓名 | 任职时间 | 备注 |
|---|---|---|---|---|---|
| 梧桐乡（1984.1—1992.5） | 新南村 | 委员 | 沈永生 | 1986.5—1988.1 | 中共党员 |
| | | 委员 | 庄寿良 | 1989.3—1992.5 | 中共党员 |
| | | 委员 | 姚金荣 | 1989.3—1989.11 | 中共党员 |
| | | 委员 | 沈兴荣 | 1989.3—1992.5 | 中共党员 |
| | | 委员 | 徐玲芬 | 1989.11—1992.5 | — |
| | 革一村 | 村主任 | 费永泉 | 1984.1—1986.4 | 中共党员 |
| | | 村主任 | 盛兴伦 | 1986.5—1989.2 | 中共党员 |
| | | 村主任 | 陈桂庆 | 1989.3—1989.11 | 中共党员 |
| | | 村主任 | 沈乾坤 | 1989.11—1992.5 | — |
| | | 村副主任 | 刘福坤 | 1984.1—1984.10 | 中共党员 |
| | | 村副主任 | 盛阿六 | 1984.1—1984.12 | 中共党员 |
| | | 村副主任 | 倪阿泉 | 1986.5—1989.2 | 中共党员 |
| | | 村副主任 | 倪阿泉 | 1989.11—1992.5 | 中共党员 |
| | | 村副主任 | 殳顺宝 | 1989.11—1992.5 | 中共党员 |
| | | 委员 | 倪月祥 | 1984.1—1986 | — |
| | | 委员 | 倪金凤 | 1986.5—1989.2 | — |
| | | 委员 | 陈桂庆 | 1986.5—1989.2 | 中共党员 |
| | | 委员 | 方雪坤 | 1989.3—1992.5 | — |
| | | 委员 | 汤菊文 | 1989.3—1992.5 | — |
| | 向阳村 | 村主任 | 庄阿金 | 1984.1—1986.5 | 中共党员 |
| | | 村主任 | 徐雪林 | 1986.6—1988.9 | — |
| | | 村主任 | 沈德兴 | 1988.10—1992.5 | 中共党员 |
| | | 村副主任 | 沈德林 | 1984.1—1984.12 | — |
| | | 村副主任 | 沈惠宝 | 1984.1—1986.4 | 中共党员 |
| | | 委员 | 蒋阿欢 | 1984.1—1986 | 中共党员 |
| | | 委员 | 沈杏林 | 1984.1—1986 | — |
| | | 委员 | 高华生 | 1989.11—1992 | 中共党员 |
| | | 委员 | 庄阿三 | 1986.5—1992.5 | 中共党员 |
| | | 委员 | 沈惠宝 | 1986.5—1992.5 | 中共党员 |

续表 11-2

| 所属乡镇 | 组织名称 | 职务 | 姓名 | 任职时间 | 备注 |
|---|---|---|---|---|---|
| 梧桐镇（1992.6—2003.8）（2001 年撤销梧桐镇建制，更名为梧桐街道） | 新南村 | 村主任 | 姚金方 | 1992.6—1992.10 | 中共党员 |
| | | 村主任 | 姚金荣 | 1992.10—2000.10 | 中共党员 |
| | | 村副主任 | 沈兴荣 | 1992.6—1995.9 | 中共党员 |
| | | 村副主任 | 沈柏洪 | 1995.10—2000.10 | 中共党员 |
| | | 委员 | 徐美琴 | 1998.6—2000.10 | 中共党员 |
| | | 委员 | 朱云松 | 1992.10—1995 | 中共党员 |
| | | 委员 | 沈柏洪 | 1992.10—1995 | 中共党员 |
| | | 委员 | 徐玲芬 | 1992.10—1995 | — |
| | 革一村 | 村主任 | 沈乾坤 | 1992.6—1994.8 | — |
| | | 村主任 | 倪阿泉 | 1994.8—2000.10 | 中共党员 |
| | | 村副主任 | 倪阿泉 | 1992.6—1994.8 | 中共党员 |
| | | 村副主任 | 陈桂庆 | 1992.6—1994 | 中共党员 |
| | | 村副主任 | 殳顺宝 | 1992.6—1995.9 | 中共党员 |
| | | 村副主任 | 陈桂庆 | 1998.6—2000.10 | 中共党员 |
| | | 委员 | 殳金梅 | 1998.6—2000.10 | 中共党员 |
| | | 委员 | 刘月松 | 1998.6—2000.10 | — |
| | 向阳村 | 村主任 | 沈德兴 | 1992.6—1995.5 | 中共党员 |
| | | 村主任 | 朱玉建 | 1995.5—2000.10 | 中共党员 |
| | | 村副主任 | 高华生 | 1992—2000.10 | 中共党员 |
| | | 委员 | 沈惠宝 | 1992.6—1998.5 | 中共党员 |
| | | 委员 | 庄阿金 | 1992.6—1995.5 | 中共党员 |
| | | 委员 | 张建英 | 1998.6—2000.10 | 中共党员 |
| | 革新村 | 组长（筹） | 费兴华 | 2000.11 | 中共党员 |
| | | 副组长(筹) | 沈德兴 | 2000.11 | 中共党员 |
| | | 副组长(筹) | 倪阿泉 | 2000.11 | 中共党员 |
| | | 成员（筹） | 姚金荣 | 2000.11 | 中共党员 |
| | | 成员（筹） | 沈柏洪 | 2000.11 | 中共党员 |
| | | 成员（筹） | 徐美琴 | 2000.11 | 中共党员 |
| | | 成员（筹） | 庄寿良 | 2000.11 | 中共党员 |
| | | 成员（筹） | 陈桂庆 | 2000.11 | 中共党员 |

续表 11-2

| 所属乡镇 | 组织名称 | 职务 | 姓名 | 任职时间 | 备注 |
|---|---|---|---|---|---|
| 梧桐镇（1992.6—2003.8）（2001 年撤销梧桐镇建制，更名为梧桐街道） | 革新村 | 成员（筹） | 殳建明 | 2000.11 | 中共党员 |
| | | 成员（筹） | 殳金梅 | 2000.11 | 中共党员 |
| | | 成员（筹） | 刘月松 | 2000.11 | 中共党员 |
| | | 成员（筹） | 朱玉建 | 2000.11 | 中共党员 |
| | | 成员（筹） | 高华生 | 2000.11 | 中共党员 |
| | | 成员（筹） | 张建英 | 2000.11 | 中共党员 |
| | | 组长 | 倪阿泉 | 2000.12—2001.4 | 中共党员 |
| | | 村主任 | 倪阿泉 | 2001.5—2003.8 | 中共党员 |
| | | 副组长 | 姚金荣 | 2000.12—2001.4 | 中共党员 |
| | | 副组长 | 朱玉建 | 2000.12—2001.4 | 中共党员 |
| | | 组成成员 | 张建英 | 2000.12—2001.4 | 中共党员 |
| | | 组成成员 | 殳金梅 | 2000.12—2001.4 | 中共党员 |
| | | 组成成员 | 庄寿良 | 2000.12—2001.4 | 中共党员 |
| | | 村副主任 | 姚金荣 | 2001.5—2002 | 中共党员 |
| | | 村副主任 | 朱玉建 | 2001.5—2003.8 | 中共党员 |
| | | 委员 | 庄寿良 | 2001.5—2003.8 | 中共党员 |
| | | 委员 | 张建英 | 2001.5—2003.8 | 中共党员 |
| | | 委员 | 殳金梅 | 2001.5—2003.8 | 中共党员 |
| 振东新区（2003.9—2017.3） | 革新村 | 村主任 | 倪阿泉 | 2003.9—2008.4 | 中共党员 |
| | | 村主任 | 朱玉建 | 2008.5—2013.12 | 中共党员 |
| | | 村主任 | 沈柏洪 | 2014.1—2017.3 | 中共党员 |
| | | 村副主任 | 朱玉建 | 2003.9—2008.4 | 中共党员 |
| | | 村副主任 | 沈柏洪 | 2008.5—2013.12 | 中共党员 |
| | | 村副主任 | 庄林法 | 2014.1—2017.3 | 中共党员 |
| | | 委员 | 庄寿良 | 2003.9—2008.4 | 中共党员 |
| | | 委员 | 殳金梅 | 2003.9—2013.12 | 中共党员 |
| | | 委员 | 张建英 | 2003.9—2005.5 | 中共党员 |
| | | 委员 | 庄海强 | 2008.5—2013.12 | — |
| | | 委员 | 方鑫利 | 2014.1—2017.3 | 中共党员 |
| | | 委员 | 朱炬方 | 2014.1—2017.3 | 中共党员 |
| | | 委员 | 陈　兰 | 2011.3—2013.12 | 中共党员 |

续表 11-2

| 所属乡镇 | 组织名称 | 职务 | 姓名 | 任职时间 | 备注 |
| --- | --- | --- | --- | --- | --- |
| 梧桐街道（2017.4—2020.12） | 革新村 | 村主任 | 沈柏洪 | 2017.4—2020.5 | 中共党员 |
| | | 村主任 | 朱玉建 | 2020.8—2020.12 | 中共党员 |
| | | 村副主任 | 庄林法 | 2017.4 | 中共党员 |
| | | 村副主任 | 朱炬方 | 2017.5—2020.12 | 中共党员 |
| | | 委员 | 朱炬方 | 2017.4 | 中共党员 |
| | | 委员 | 方鑫利 | 2017.4—2020.12 | 中共党员 |
| | | 委员 | 丁　凡 | 2017.5—2018.7 | 中共党员 |
| | | 委员 | 戴圣炜 | 2017.5—2020.12 | 中共党员 |
| | | 委员 | 周　鑫 | 2020.8—2020.12 | 中共党员 |

## 第四节　出席上级历届人代会代表政协委员名录

表 11-3　　嘉兴市、桐乡县政协委员名录

| 名称 | 任职时间 | 职务 | 姓名 |
|---|---|---|---|
| 中国人民政治协商会议嘉兴市第一届委员会 | 1983.12—1988.6 | 委员 | 姚子堂 |
| 中国人民政治协商会议桐乡县第一届委员会 | 1984.7—1987.5 | 委员 | 姚子堂 |

表 11-4　　桐乡市（县）历届人民代表大会代表名录

| 名称 | 任职时间 | 代表姓名 |
|---|---|---|
| 桐乡县第三届人民代表大会 | 1958.5—1961.9 | 高伯乔 |
| 桐乡县第四届人民代表大会 | 1961.10—1963.11 | 高伯乔 |
| 桐乡县第五届人民代表大会 | 1963.12—1966.4 | 高伯乔 姚子堂 |
| 桐乡县第七届人民代表大会 | 1979.12—1984.6 | 庄阿金 盛阿六 徐海荣 |
| 桐乡县第八届人民代表大会 | 1984.7—1987.4 | 庄阿金 |
| 桐乡县第九届人民代表大会 | 1987.5—1990.3 | 姚玉英 徐雪林 |
| 桐乡市第十一届人民代表大会 | 1993.4—1998.2 | 费兴华 |
| 桐乡市第十二届人民代表大会 | 1998.3—2003.3 | 徐林珍 费兴华 |
| 桐乡市第十三届人民代表大会 | 2003.4—2007.1 | 费兴华 |
| 桐乡市第十四届人民代表大会 | 2007.2—2012.2 | 倪阿泉 |
| 桐乡市第十五届人民代表大会 | 2012.3—2016.12 | 倪阿泉 |
| 桐乡市第十六届人民代表大会 | 2017.1—至今 | 朱玉建 |

表 11-5

## 乡镇历届人民代表大会代表名录

| 名称 | 任职时间 | 代表姓名 |
| --- | --- | --- |
| 新南乡第二届人民代表大会 | 1956.10—1958.3 | 杨英清（其他代表名单缺失） |
| 新南乡第三届人民代表大会 | 1958.4—1958.8 | 杨英清（其他代表名单缺失） |
| 梧桐人民公社第七届人民代表大会 | 1980—1983 年 | 费长林 费永泉 沈炳堂 殳仁龙 殳祖望 殳炳官 范洪生 刘元顺 方阿松 盛阿六 方宝祥 钟小奎 陈文奎 沈惠宝 沈德兴 庄阿三 徐兰毛 沈阿大 徐雪林 高东升 庄福良 朱全金 沈全荣 赵云松 姚金荣 姚子堂 姚金煜 徐炳其 徐林宝 徐坤安 费兴华 沈美堂 姚美珍 |
| 梧桐乡第八届人民代表大会 | 1984—1986 年 | 盛阿六 徐雪林 费长林 殳炳官 李金良 陈文奎 盛兴伦 徐荣堂 沈秉林 朱甫林 沈惠宝 费永泉 盛阿林 吴雪强 朱六宝 沈月泉 庄寿良 殳金林 费兴华 姚金煜 姚利英 赵云松 姚金方 姚建松 |
| 梧桐乡第九届人民代表大会 | 1987—1990 年 | 朱云松 沈柏洪 姚金煜 倪阿泉 殳祖望 盛兴伦 沈惠宝 徐雪林 |
| 梧桐乡第十届人民代表大会 | 1991—1992 年 | 沈乾坤 刘福坤 殳祖望 沈惠宝 沈德兴 周庆荣 高华生 沈月泉 沈兴荣 姚金方 姚玉英 徐昌生 |
| 梧桐镇第十一届人民代表大会 | 1993—1995 年 | 沈乾坤 倪阿泉 陈桂庆 朱玉建 朱云松 徐昌生 姚金荣 徐玲芬 沈惠宝 殳金梅 |
| 梧桐镇第十二届人民代表大会 | 1996—2000 年 | 姚金荣 倪阿泉 徐美琴 朱玉建 费永泉 |

说明：梧桐街道、振东新区不设人民代表大会

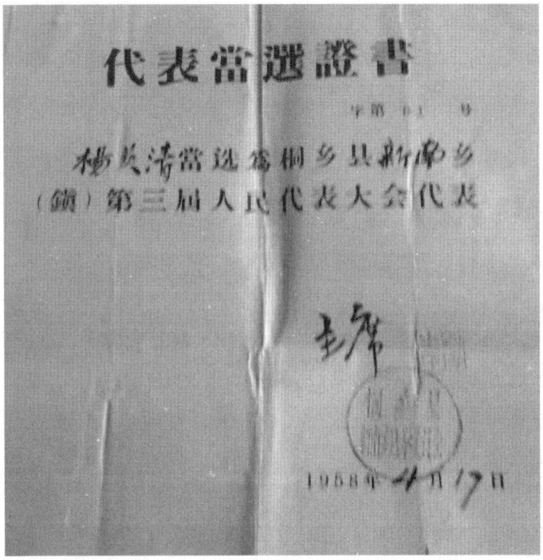

代表當選證書

字第 01 号

杨英清當选為桐乡县新南乡
（鎮）第三届人民代表大会代表

主席

1958年4月17日

▲ 杨英清当选为新南乡第三届人民代表大会代表当选证书

桐乡市
第十六届人民代表大会
代表证

发证日期：2017年1月12日
第 253 号

姓名 朱玉建
性别 男
出生年月 1966年1月
选区 振东新区第五大选区

桐乡市人大常委会制发

▲ 朱玉建当选为桐乡市第十六届人民代表大会代表的代表证

## 第五节 经济合作社

**村经济合作社** 1984—2014 年，革新村域内原新南、革一、向阳 3 个村和合并后的革新村分别建立了村经济合作社。村经济合作社是在农村改革人民公社“三级所有、队为基础”的制度，普遍推行家庭联产承包责任制而后建立起来的，其职能是协助和配合村民委员会工作，为村级组织履职提供必要的经费，合理安排村公共事务和公益事业所需的资金。它以农民集体所有的土地、工农业生产设施和其他公有财产为基础，推行家庭经营和集体统一经营的双层经营体制，进行农工商综合经营，为社员的生产、流通和生活提供综合服务，是集体所有的土地和其他资产的经营管理者。实行民主管理，自主经营，独立核算，自负盈亏，并承担生产、服务、管理、协调、开发经营、兴办企业、资产积累、发包土地和收取承包费的职能。村经济合作社可以设立独立法人，以合作社名义对外签订合同和经济往来，并可以以合作社的公有财产承担经济责任。

根据《浙江省村经济合作社组织条例》的规定，革新村域内 3 个村经济合作社每三年进行一次换届。村经济合作社实行民主管理的权力机构是社员代表大会，社员代表一般在 35 ～ 50 人。社员代表产生方法：先由村党支部提出名单，然后召开村民组长会议，由村民组长召开户主会议对代表建议名单进行讨论协商，社员无意见后确定为正式代表，报村党支部。在本村范围内推荐村经济合作社管理委员会成员候选人和监察员，管委会人员设 5 ～ 7 人，监察员设 1 人，合作社设社长 1 人，一般由支部书记担任，副社长 1 ～ 2 人，由村主任担任，委员可在其他组织的干部中兼职，监察员一般由村支部纪检委员担任。召开社员代表大会，采用无记名投票等额选举或举手表决办法进行选举。1993 年，3 个村经济合作社进行第四届换届选举，选举结果为：新南村经济合作管理委员会，社长由费兴华担任，姚金荣任副社长，庄寿良、沈柏洪、朱云松任委员，姚玉英任监察员；革一村经济合作社管理委员会，社长由刘福坤担任，沈乾坤任副社长，殳建明、陈雪荣、殳顺宝任委员，倪阿泉任监察员；向阳村经济合作社管理委员会，社长由沈德兴担任，朱玉建任副社长，沈惠宝、高华生、庄阿山任委员，庄阿金任监察员。

**村股份经济合作社** 2014 年，革新村经济合作社集体资产产权制度改革后，新的经济组织名称变更为桐乡市振东新区革新村股份经济合作社。新成立的股份经济合作社由原村经济合作社根据社员代表大会讨论决定，将集体经营性净资产折股量化改制而成，是以资产为纽带、股东为成员的综合性农村集体经济组织。合作社坚持社会主义集体所有制，执行有关法律法规和政策，实行自主经营、独立核算、自负盈亏、民主管理、风险共担、按股分红。依法属于村股份经济合作社集体所有的各项资产（经营性资产、资源性资产和公益性资产等），均属于村股份经济合作社全体股东共同所有。

村股份经济合作社设股东（代表）大会、社管会、社监会等机构，股东（代表）大会是合作社的最高权力机构；社管会是其常设的执行机构和日常工作机构，由股东（代表）大会选举产生，并对股东（代表）大会负责，实行股东代表大会领导下的社长负责制。社长必须严格执行股东（代表）大会通过的决议，向股东（代表）大会报告工作，接受社监会和股东的监督；社监会是合作社常设的监督机构，由股东（代表）大会选举产生，对股东（代表）大会负责。同时，社监会必须严格执行股东（代表）大会通过的决议，向股东（代表）大会报告工作。

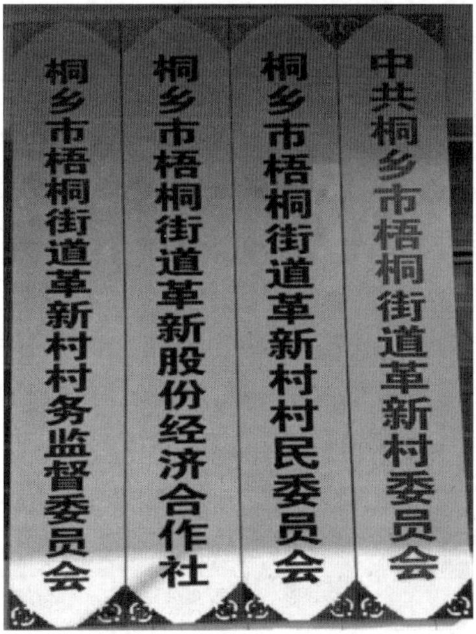


▲ 革新村村级组织名称

表 11-6　　历届村经济合作社负责人名录

| 组织名称 | | 职务 | 姓名 | 任职时间 | 备注 |
|---|---|---|---|---|---|
| 革新村域 | 新南村经济合作社 | 社长 | 赵生泉 | 1983.12—? | 中共党员 |
| | | 社长 | 费兴华 | 1993.10—2000.11 | 中共党员 |
| | | 副社长 | 姚金荣 | 1993.10—1998.9 | 中共党员 |
| | | 副社长 | 庄寿良 | 1995.10—2000.11 | 中共党员 |
| | | 副社长 | 徐全林 | 1983.12—? | 中共党员 |
| | | 副社长 | 沈永生 | 1983.12—? | 中共党员 |
| | | 委员 | 庄寿良 | 1993—1995 | 中共党员 |
| | | 委员 | 沈柏洪 | 1993—1998 | 中共党员 |
| | | 委员 | 朱云松 | 1993—1995 | 中共党员 |
| | | 监察员 | 姚玉英 | 1993—1998 | 中共党员 |
| | | 监察员 | 沈柏洪 | 1998—2000 | 中共党员 |
| | 革一村经济合作社 | 社长 | 盛兴伦 | 1983.12—? | — |
| | | 社长 | 刘福坤 | 1993.11—1998.4 | 中共党员 |
| | | 社长 | 倪阿泉 | 1998.5—2000.11 | 中共党员 |
| | | 副社长 | 沈乾坤 | 1993.10—1994.8 | — |
| | | 副社长 | 倪阿泉 | 1994.5—1998.4 | 中共党员 |
| | | 副社长 | 倪阿泉 | 1983.12—? | — |
| | | 副社长 | 祁柏林 | 1983.12—? | — |
| | | 委员 | 殳建明 | 1993—2000.11 | 中共党员 |
| | | 委员 | 陈雪荣 | 1993—1998 | — |
| | | 委员 | 殳顺宝 | 1993—1995 | 中共党员 |
| | | 监察员 | 倪阿泉 | 1993—1994.4 | 中共党员 |
| | | 监察员 | 陈桂庆 | 1995—2000.11 | 中共党员 |
| | 向阳村经济合作社 | 社长 | 徐荣堂 | 1983.12—? | 中共党员 |
| | | 社长 | 徐雪林 | 1989.10—1993 | — |
| | | 社长 | 沈德兴 | 1993.11—2000.11 | 中共党员 |
| | | 副社长 | 高华生 | 1989.10—1993 | 中共党员 |
| | | 副社长 | 朱玉建 | 1993—2000.11 | 中共党员 |

续表 11-6

| 组织名称 | | 职务 | 姓名 | 任职时间 | 备注 |
|---|---|---|---|---|---|
| 革新村域 | 向阳村经济合作社 | 副社长 | 徐雪林 | 1983.12—? | — |
| | | 副社长 | 沈金兴 | 1983.12—? | — |
| | | 委员 | 沈惠宝 | 1993—1995 | 中共党员 |
| | | 委员 | 高华生 | 1993—1995 | 中共党员 |
| | | 委员 | 庄阿山 | 1993—1995 | — |
| | | 监察员 | 庄阿金 | 1993—1995 | 中共党员 |
| | | 监察员 | 高华生 | 1995—2000.11 | 中共党员 |
| 革新村经济合作社 | | 社长 | 费兴华 | 2001.5—2008 | 中共党员 |
| | | 社长 | 倪阿泉 | 2008—2014 | 中共党员 |
| | | 副社长 | 倪阿泉 | 2001.5—2008 | 中共党员 |
| | | 委员 | 朱玉建 | 2008—2014 | 中共党员 |
| | | 委员 | 庄林法 | 2008—2014 | 中共党员 |
| | | 委员 | 庄寿良 | 2001.5—2008 | 中共党员 |
| | | 监察员 | 陈桂庆 | 2001.5—2008 | 中共党员 |
| | | 监督委员主任 | 庄寿良 | 2008—2014 | 中共党员 |
| 革新股份经济合作社 | | 董事长 | 朱玉建 | 2014—2020.8 | 中共党员 |
| | | 董事 | 沈柏洪 | 2014—2020.5 | 中共党员 |
| | | 董事 | 庄林法 | 2014—2020.8 | 中共党员 |
| | | 监事长 | 张建英 | 2014—2020.8 | 中共党员 |
| | | 监事 | 庄寿良 | 2014—2020.8 | 中共党员 |
| | | 监事 | 张长松 | 2014—2017 | — |
| | | 监事 | 毕美祥 | 2017—2020.8 | 中共党员 |
| | | 社管会社长 | 朱玉建 | 2020.9—2020.12 | 中共党员 |
| | | 社管会成员 | 庄林法 | 2020.9—2020.12 | 中共党员 |
| | | 社管会成员 | 方鑫利 | 2020.9—2020.12 | 中共党员 |
| | | 社监会主任 | 陈　兰 | 2020.9—2020.12 | 中共党员 |
| | | 社监会成员 | 沈柏洪 | 2020.9—2020.12 | 中共党员 |
| | | 社监会成员 | 张建英 | 2020.9—2020.12 | 中共党员 |

表 11-7　　村（大队）会计、报账员名录

| 原村（大队）名称 | | 姓名 | 任会计时间 | 备注 |
|---|---|---|---|---|
| 革新村域 | 新南（大队）村 | 褚惠敏 | 1962—1977 | — |
| | | 李永堂 | 1978—1979 | — |
| | | 庄寿良 | 1980—2000.11 | 中共党员 |
| | 革一（大队）村 | 费茂生 | 1962—1971.1 | — |
| | | 沈银佳 | 1971.2—1977.6 | — |
| | | 汪月松 | 1978.7—1984 | — |
| | | 倪阿泉 | 1985—1987 | 中共党员 |
| | | 陈雪荣 | 1988—1997 | — |
| | | 殳建明 | 1998—2000.11 | 中共党员 |
| | 向阳（大队）村 | 李保和 | 1962—1970.5 | — |
| | | 沈发明 | 1970.6—1977 | — |
| | | 庄阿金 | 1978—1979 | — |
| | | 高华生 | 1980—2000.11 | 中共党员 |
| 革新村 | | 庄寿良 | 2000.12—2008 | 中共党员 |
| | | 庄林法 | 2008—2012.8 | 中共党员 |
| | | 庄林法 | 2012.9—2013.12 | 报账员、中共党员 |
| | | 陈　兰 | 2014.1—2014.9 | 报账员、中共党员 |
| | | 丁　凡 | 2014.10—2018.6 | 报账员、中共党员 |
| | | 方鑫利 | 2018.7—2020.12 | 报账员、中共党员 |

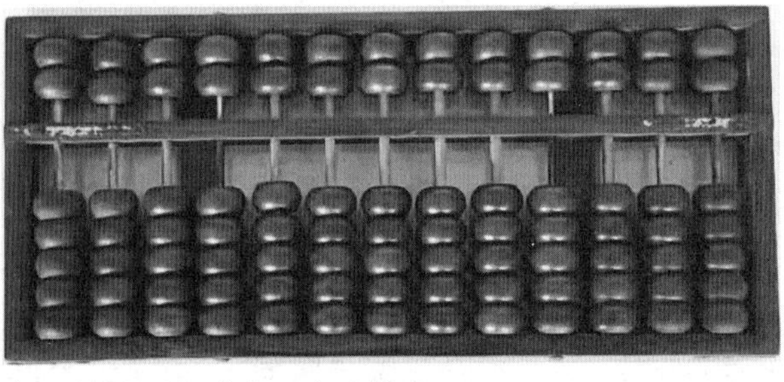

▲ 原村会计庄寿良保存的算盘

算盘是中国传统的计算工具，它为长方形，周为木框，内贯直柱，俗称“档”。一般从九档至十五档，档中横以梁，梁上两珠，每珠作数五，梁下五珠，每珠作数一，运算时定位后拨珠计算，可以做加减乘除等算法。20 世纪 80 年代及以前，大队（村）、生产队会计都要用算盘来计算账目，人们在日常生活中也经常用算盘来计算。90 年代中后期电子计算器逐步推广，算盘被替代成为历史。

## 第六节 生产队和村民小组

人民公社期间，村域内的基层组织机构为生产大队，大队下设若干个生产队，也叫小队。1958—1960 年，村域内设革新大队，辖 43 个小队，以数字序号编排名称分别为 1 小队至 43 小队。1961 年，村域内分设新南大队、革一大队和革二大队。其中新南大队辖 17 个生产队、革一大队辖 16 个生产队，并改数字编排名称为自然村名称；革二大队 10 个生产队，仍用数字序号编排名称（至 1967 年也改为自然村名称）。1962—1964 年，村域内生产队个数不变。1965—1967 年，部分生产队合并，生产队个数略有减少。1968 年、1969 年大规模合并生产队，村域内合并为 19 个大生产队，其中原新南大队从 17 个合并为 5 个，原革一大队从 16 个合并为 7 个，原向阳大队从 10 个合并为 7 个。因当时形势所需，生产队名称改掉原有的自然村名为适合时代的新名称，如“人民”“红星”“向前”“朝阳”“东风”等等。1970—1983 年，大生产队又陆续分为小生产队，全村域生产队个数增加至 33 个，并恢复用自然村名称。1984 年初起生产队改名为村民组。2000 年原新南村高家里东、高家里中、高家里西 3 个村民组合并为高家里一个村民组。至此，村域内共有 31 个村民组。

人民公社期间，生产队设正队长 1 名、副队长 1 ～ 2 名。正队长也称政治队长，副队也叫生产队长；设 2 名副队长的其中一名负责农业，叫农业队长，另一名负责蚕桑或畜牧，叫蚕桑队长或畜牧队长；还有若干名队务委员：有负责财务的会计、负责蚕桑的蚕桑队长、负责畜牧的畜牧队长、负责植保的植保员等等。1984 年后，每个村民组设组长 1 名，负责收取农户承包款、水利建设误工费以及开展城乡居民基本医疗保险政策宣传等。全村被征地拆迁后，村民组长主要负责协助村委会宣传相关政策、处理组内治安、消防、卫生等相关事务。

表 11-8　原新南村生产队（村民组）队长或村民组长一览表

| 1962—1965年 | | 1966年 | | 1967—1968年 | | 1969—1972年 | | 1973—1982年 | | 1983—1999年 | | 2000—2020年 | |
|---|---|---|---|---|---|---|---|---|---|---|---|---|---|
| 小队名称 | 队长姓名 | 小队名称 | 队长姓名 | 小队名称 | 队长姓名 | 小队名称 | 队长姓名 | 小队名称 | 队长姓名 | 村民组名称 | 组长姓名 | 村民组名称 | 组长姓名 |
| 沈家门 | 沈子龙 | 红旗 | 蔡金松 | 麦干浜 | 沈月泉 | 红光 | 高善加<br>高文山 | 麦干浜 | 沈月泉 | 麦干浜东 | 蔡跃忠 | 麦干浜东 | 蔡炳明 |
| 蔡家里 | 蔡金松<br>蔡茂兴 | | | | | | | | | 麦干浜西 | 沈月泉 | 麦干浜西 | 沈水洪 |
| 高家里 | 高善加 | 勤丰 | 高善加 | 光明 | 高善加 | | | 高家里 | 庄锦春<br>庄金甫<br>庄福良 | 高家里东 | 高柏青<br>高月章 | 高家里 | 邱月高<br>朱雪洲 |
| | | | | | | | | | | 高家里中 | 庄金甫<br>朱叙生 | | |
| 庄家门 | 庄锦春 | 先锋 | 庄锦春 | | | | | | | 高家里西 | 庄月明<br>庄永林 | | |
| 朱家浜 | 朱善学 | 五星 | 朱善金 | 朱家浜 | 朱四言 | 合心 | 沈美堂<br>沈甫荣 | 朱家浜 | 朱全金 | 朱家浜 | 朱正龙 | 朱家浜 | 朱正龙 |
| 沈家村 | 沈龙顺 | 利民 | 沈龙顺 | 沈家村 | 沈龙顺 | | | 沈家村 | 沈美堂<br>沈龙顺 | 沈家村 | 庄培松<br>沈叙顺 | 沈家村 | 沈全森 |
| 小庄村 | 庄金茂 | | | | | | | | | | | | |
| 张家里 | 张阿四 | 奋斗 | 赵品龙 | 人民 | 姚阿九 | 人民 | 姚阿九 | 包家桥 | 张全林 | 包家桥西 | 姚福龙 | 包家桥西 | 姚福龙 |
| 赵家木桥 | 赵品龙 | | | | | | | | | | | | |
| 姚家埭 | 姚阿八 | 胜利 | 姚阿九 | | | | | | | 包家桥东 | 赵金坤 | 包家桥东 | 赵伟林 |
| 潘家门 | 姚阿春 | 勤建 | 姚金林 | 潘家门 | 姚金林 | 勤建 | 姚掌官<br>姚金林 | 潘家门 | 姚阿良<br>姚金荣 | 潘家门 | 姚雪林<br>姚雪根 | 潘家门 | 姚金洲 |
| 庙东 | 姚咬生 | 建设 | 姚掌官 | 建设 | 姚掌官 | | | 北孟庙 | 姚掌官 | 北孟庙 | 姚坤生<br>姚阿松 | 北孟庙 | 姚炳坤<br>姚全其 |
| 庙西 | 姚阿松 | | | | | | | | | | | | |
| 南徐兜 | 徐洪泉 | 红卫 | 徐子芳 | 徐家兜 | 徐子芳 | 红卫 | 徐子芳<br>徐福坤 | 徐家兜 | 徐子芳 | 徐家兜 | 徐洪泉 | 徐家兜 | 徐甫明<br>徐云龙<br>徐建国 |
| 中徐兜 | 徐子芳 | | | | | | | | | | | | |
| 北徐兜 | 徐福坤 | | | | | | | 大道场 | 徐福坤<br>徐荣青<br>费兴华 | 大道场 | 徐昌元<br>徐昌生 | 大道场 | 徐昌生<br>徐荣玉 |
| 大道场 | 徐阿四 | 东风 | 徐福坤 | 大道场 | 徐福坤 | | | | | | | | |

表 11-9

## 原革一村生产队（村民组）队长或村民组长一览表

| 1962—1964年 | | 1965—1967年 | | 1968年 | | 1969—1980年 | | 1981—1982年 | | 1983—1985年 | | 1986—2020年 | |
|---|---|---|---|---|---|---|---|---|---|---|---|---|---|
| 小队名称 | 队长姓名 | 小队名称 | 队长姓名 | 小队名称 | 队长姓名 | 小队名称 | 队长姓名 | 小队名称 | 队长姓名 | 村民组名称 | 组长姓名 | 村民组名称 | 组长姓名 |
| 陈家埭 | 陈文生 | 陈家埭 | 陈文生 | 陈家埭 | 陈文生 | 陈新 | 沈堂堂<br>陈松彪<br>陈桂庆 | 陈新 | 陈桂庆 | 陈家埭 | 陈桂庆 | 陈家埭 | 陈松官<br>陈金法 |
| 新凤桥 | 沈水堂 | 新凤桥 | 沈水堂 | 新凤桥 | 沈水堂 | | | 费家埭 | 陈云亮 | 新凤桥 | 陈云亮<br>费松泉 | 新凤桥 | 费松泉 |
| 港北村 | 殳福奎 | 港北村 | 殳福金 | 港北村 | 殳金林 | 合心 | 沈春浩<br>殳金林<br>施金生 | 合心 | 殳顺宝<br>殳顺龙 | 合心 | 殳权荣 | 港北村 | 高宜法 |
| 柏子桥 | 陈金龙 | 柏子桥 | 陈金龙 | 柏子桥 | 陈金龙 | | | | | | | | |
| 后村 | 殳阿五 | 后村 | 殳阿五 | 人民 | 殳子林 | 人民 | 殳松官 | 人民 | 殳松官 | 后村 | 殳松官 | 后村 | 殳松官<br>丁阿康 |
| 殳家埭 | 殳三宝 | 殳家埭 | 殳三宝 | | | | | | | 殳家埭 | 殳阿二 | 殳家埭 | 殳柏松<br>殳庭佳<br>殳伯青 |
| 丁家里 | 丁阿五 | 丁家里 | 丁阿五 | 丁家里 | 丁阿五 | 新丰 | 丁阿五<br>毕阿二 | 丁家里 | 毕阿二 | 丁家里 | 毕阿二 | 丁家里 | 汪虎松 |
| 倪家门 | 倪子林 | 倪家门 | 倪子林 | 倪家门 | 倪子林 | | | 倪家门 | 张长松 | 倪家门 | 张长松 | 倪家门 | 张长松 |
| 南港上 | 祁文龙 | 南港上 | 祁文龙 | 南港上 | 祁文龙 | 东风 | 祁文龙<br>祁庆生 | 南港上 | 祁文龙 | 南港上 | 祁文元 | 南港上 | 祁文元<br>谈发根 |
| 吴家里 | 吴阿八 | 吴家里 | 吴阿八 | 吴家里 | 吴阿八 | | | 吴家里 | 吴雪荣 | 吴家里 | 吴雪荣 | 吴家里 | 吴雪荣<br>吴玉林 |
| 方家埭 | 方阿松 | 方家埭 | 方阿松 | 方家埭 | 方阿松 | 红星 | 盛雪金<br>盛玉生 | 方家埭 | 方叙坤 | 方家埭 | 方叙坤 | 方家埭 | 方叙坤 |
| 盛家里 | 盛户林 | 盛家里 | 盛户林 | 盛家里 | 盛户林 | | | 盛家里 | 楼永其 | 盛家里 | 楼永其 | 盛家里 | 楼永其 |
| 东南上 | 盛三宝 | | | | | | | | | | | | |
| 祁家里 | 盛七男 | | | | | | | 祁家里 | 祁元官 | 祁家里 | 祁元官 | 祁家里 | 祁元官<br>盛兴伦 |
| 范家埭 | 范阿二 | 范家埭 | 范子堂 | 范家埭 | 范子堂 | 向前 | 范洪生<br>刘福坤 | 向前 | 范子堂 | 范家埭 | 范子堂 | 范家埭 | 石林芳 |
| 刘家里 | 刘潮荣 | 刘家里 | 刘潮荣 | 刘家里 | 刘潮荣 | | | | | | | | |

表 11-10

## 原向阳村生产队（村民组）队长或村民组长一览表

| 1962—1964 年 | | 1965 年 | | 1966 年 | | 1967 年 | | 1968—1998 年 | | 1999—2020 年 | |
|---|---|---|---|---|---|---|---|---|---|---|---|
| 小队名称 | 队长姓名 | 小队名称 | 队长姓名 | 小队名称 | 队长姓名 | 小队名称 | 队长姓名 | 小队名称 | 队长姓名 | 村民组名称 | 组长姓名 |
| 1（周家里） | 周子祥 | 1（周家里） | 周子祥 | 1（周家里） | 钟金奎 | 光明 | 钟小奎 | 光明 | 钟全奎<br>钟小奎 | 周家里 | 周庆荣 |
| 2（富饶桥） | 顾子林 | 2（富饶桥） | 顾子林 | 2（富饶桥） | 沈金林 | 向阳 | 陈文奎 | 向阳 | 陈文奎 | 富饶桥 | 陈文奎 |
| 3（陆家埭） | 徐顺宝 | 3（陆家埭） | 徐金官 | 3（陆家埭） | 徐金官 | 朝阳 | 陆金泉 | 朝阳 | 徐金伦<br>徐雪林<br>沈德兴<br>徐金官 | 陆家埭 | 徐宝松<br>徐长林<br>沈兴林 |
| 4（朱家兜） | 庄福福 | 4（朱家兜） | 庄阿三 | 4（朱家兜） | 庄阿三 | 东风 | 庄金良 | 东风 | 庄金坤<br>朱甫林<br>庄七男 | 朱家兜 | 庄水民 |
| 5（椿树下南） | 徐兰娜 | 5（椿树下南） | 徐兰娜 | 5（椿树下） | 徐阿三 | 新村 | 徐金林 | 新村 | 徐金男<br>徐子林 | 椿树下 | 徐玉林<br>徐金忠 |
| 6（椿树下北） | 徐阿三 | 6（椿树下北） | 徐金林 | | | | | | | | |
| 7（大浮石桥） | 沈阿大 | 7（大浮石桥） | 沈阿大 | 6（大浮石桥） | 沈阿大 | 新华 | 沈阿大 | 立新 | 徐小狗<br>庄水方<br>徐金和 | 浮石桥 | 徐　平<br>庄阿荣<br>徐水根 |
| 8（小浮石桥） | 徐小狗 | 8（小浮石桥） | 徐小狗 | 7（小浮石桥） | 徐小狗 | 新丰 | 徐小狗 | | | | |
| 9（镬子浜东） | 石纪堂 | 9（镬子浜） | 潘财宝 | 8（镬子浜） | 石炳生 | 建设 | 石炳生 | 建设 | 陆阿毛<br>陈木春 | 镬子浜 | 陆阿毛<br>陈连兴 |
| 10（镬子浜西） | 高财方 | | | | | | | | | | |

附（一）：1972年革新村域原3个大队党政群团组织

原革一大队

1. 中共革一大队支部委员会

书　记：高伯乔

副书记：殳金毛

委　员：陈金龙　沈水堂　盛二宝　方祖泉　盛七娜

2. 革命委员会

主　任：高伯乔

副主任：殳金毛　刘元荣　吴雪荣

常　委：陈金龙　沈柳民　王永银　殳雪堂　方七娜　盛七娜　费阿增

3. 共青团组织

书　记：陈金龙

副书记：吴雪荣

4. 妇代会组织

主　任：盛阿六

副主任：姚阿彩

5. 民兵组织

指导员：高伯乔

副指导员：陈金龙

连　长：沈柳民

副连长：盛阿六　吴雪荣　殳祖堂

6. 治保组织

组　长：陈金龙

副组长：方七娜

7. 其他组织

学校贫管组负责人：倪金荣

商业贫管组负责人：陈贵山

安置工作负责人：刘元荣

血防工作负责人：吴雪荣

大队植保员：方祖泉

文宣队负责人：吴雪荣

大队报导员：丁圣其

大队会计：沈银佳

计划生育负责人：盛阿六

原新南大队

1. 中共新南大队支部委员会

书　记：徐锦源

副书记：姚子堂　庄金茂

委　员：蔡金松　高文山　徐子芳　潘全宝

2. 革命委员会

主　任：徐锦源

副主任：潘全宝　蔡金松

常　委：姚子堂　姚金荣　蔡茂兴

　　　　高文山　庄金茂　姚菊宝

3. 共青团组织

书　记：潘全宝

副书记：高玉林

4. 妇代会组织

主　任：高凤英

副主任：姚玉英　沈新宝

5. 民兵组织

指导员：徐锦源

副指导员：高文山

连　长：潘全宝

副连长：徐金甫　姚玉英

6. 治保组织

主　任：高文山

7. 调解组织

主　任：蔡金松

副主任：诸惠敏

8. 其他组织

学校贫管组负责人：蔡金松

商业贫管组负责人：蔡金松

安置工作负责人：庄金茂

血防工作负责人：徐子芳

大队植保员：徐金浩

文宣队负责人：姚雪庆

大队会计：诸惠敏

大队报导员：潘全宝

计划生育负责人：姚玉英

原向阳大队

1. 中共向阳大队支部委员会

书　记：史福寿

副书记：徐兰毛

委　员：蒋阿欢　徐福龙　沈发明

2. 革命委员会

主　任：史福寿

副主任：陆金山　蒋阿欢

常　委：徐兰毛　沈顺松　屠福坤

　　　　章顺法　许福昌

3. 共青团组织

书　记：蒋阿欢

4. 妇代会组织

主　任：沈惠宝

5. 民兵组织

指导员：史福寿

副指导员：徐兰毛

连　长：蒋阿欢

副连长：盛阿六　高海金

6. 治保组织

主　任：蒋阿欢

副主任：许福昌

7. 调解组织

主　任：徐金官

8. 其他组织

学校贫管组负责人：徐福龙

商业贫管组负责人：钟金奎

安置工作负责人：徐福龙

血防工作负责人：陆金山

大队植保员：吴春林

文宣队负责人：屠甫堂

大队报导员：施炳祥

大队会计：沈发明

计划生育负责人：沈发明

附（二）：2020 年革新村党政群团组织

1. 中共梧桐街道革新村委员会

党委书记：朱玉建

党委副书记：庄林法

党委委员：陈兰　方鑫利　戴圣炜

2. 梧桐街道革新村村民委员会

主　任：朱玉建

副主任：朱炬方

委　员：方鑫利　戴圣炜　周鑫

3. 梧桐街道革新股份经济合作社

①社管会

社　长：朱玉建

成　员：庄林法　方鑫利

②社监会

主　任：陈　兰

委　员：沈柏洪　张建英

4. 中共梧桐街道革新村纪律检查委员会

书　记：陈兰

委　员：沈柏洪　张建英

5. 中共革新村第一支部委员会

书　记：方鑫利

委　员：毕美祥　陈桂庆

6. 中共革新村第二支部委员会

书　记：戴圣炜

委　员：庄寿良　沈水洪

7. 中共革新村第三支部委员会

书　记：张建英

委　员：沈德兴　沈建清

8. 中共革新村第四支部委员会

书　记：朱炬方

委　员：姚水荣　姚周颖

9. 梧桐街道革新村民兵连

指导员：朱玉建

连　长：朱炬方

10. 梧桐街道革新村村务监督委员会

陈　兰　毕美祥　沈柏洪　沈水洪

张建英

11. 共青团梧桐街道革新村支部委员会

书　记：周鑫

委　员：姚周颖　姚　佳

12. 梧桐街道革新村妇女联合会

主　席：方鑫利

副主席：陈　兰　张建英

执　委：王国琴　祁爱金　徐永英

蔡长琴

13. 梧桐街道革新村计生协会

会　长：朱玉建

副会长：朱炬方

秘书长：方鑫利

14. 梧桐街道革新村人民调解委员会

主　任：朱玉建

副主任：朱炬方

委　员：庄林法　陈　兰　方鑫利

戴圣炜　周鑫

理　事：陈　兰　张建英

15. 梧桐革新村老年协会

会长（理事长）：盛兴伦

副会长（副理事长）：庄阿三

秘书长：姚玉英

监　事：陈桂庆

16. 梧桐街道革新村乡贤参事会

会长（理事长）：毕美祥

副会长（副理事长）：许剑明

秘书长：朱玉建

理　事：沈德兴　庄林法

监　事：庄惠铭

17. 梧桐街道革新村退役军人服务站

站　长：朱玉建

副站长：庄林法

工作人员：张建英　朱炬方

18. 梧桐街道革新村残疾人协会

主　席：沈柏洪
副主席：范小燕
委　员：张建英　庄林法　方鑫利

19. 梧桐街道革新村慈善工作站

主　任：朱玉建
成　员：庄林法　殳金梅

20. 梧桐街道革新村红十字会

会　长：朱玉建
副会长：沈柏洪
秘书长：沈柏洪（兼）

21. 梧桐街道革新村道德评判团

朱玉建　戴圣炜　朱炬方　张建英
徐荣玉　潘爱芬　沈全森　姚金洲
庄寿良　方鑫利　陈桂庆　殳金梅
楼永其　夏丽仙

22. 革新村红十字会博爱救助金管理小组

组　长：朱玉建
成　员：沈柏洪　庄林法　沈水洪
戴圣炜

23. 梧桐街道革新村监察工作联络站

站　长：陈　兰
联络员：毕美祥　沈柏洪　沈水洪
张建英

24. 梧桐街道综治大队革新中队

顾江伟　沈龙飞　沈永明　周利华
徐建国　徐伟强　党　凯　李未亥
吴伟龙　蒋铖凯　吴振涛

25. 革新村新居民姐妹议事会

潘梅丽　陈小微　陈太娟　龚露露
吴建英　贾义梅

# 第十二章　兵事 综治

革新村域地处梧桐镇和濮院镇中间地带，相距都不远，历代各派系势力争权夺利，在城镇及附近兵戎相见、相互残杀的事件时有发生。抗战时期，日军侵入桐乡时，由于村域地处杭善公路（后称杭申公路）旁边，遭受日军野蛮烧杀抢掠，灾难深重。1949 年 5 月，桐乡和平解放，国民党军警人员放弃抵抗，接受改编。

新中国成立初期，村域内团结村、柏子村、茅亭村 3 个村级组织均设立了相应的治安保卫组织，以配合上级公安、司法机关开展工作，维护社会秩序、保护村民安全、确保一方平安。20 世纪 90 年代开始，按照上级工作部署，革新村设立了社会治安综合治理工作站，建立以防范、教育、管理、建设等为内容的工作机制，各方齐抓共管，整治社会治安，为村域社会及经济发展保驾护航。2018 年被授予“桐乡市民主法治村”称号，2020 年被授予“嘉兴市民主法治村”称号。

## 第一节　兵事

### 抗战期间村域发生的兵事

革新村域紧靠原杭善公路（也称杭申公路，现濮院大道）。公路自濮院镇往西过浮石桥便进入村域北侧，过秀才桥桥西转弯向南进入村域西侧。浮石桥、镬子浜、新凤桥、倪家门、港北村等自然村处在路边。1937 年 11 月 23 日，上午10时许，两架日军飞机飞抵桐乡县城上空，在武庙街和钱家白场上空扔下多颗炸弹。日军侵入桐乡时，杭善公路是物资运输、兵员输送的陆路交通要道，是日军的生命线。日军在村域附近沿公路修筑炮楼，东面在浮石桥东桥堍北、西面在秀才桥东桥堍南，各修筑有一处二层楼高的炮楼。修筑时，强迫附近村民服劳役，稍有不从，就会受打挨骂。炮楼建成后，日军在公路两边杀人放火，实行烧光、杀光、抢光的“三光”政策，把公路两旁的树木砍光、房屋烧光，无恶不作。村域内公路边60户村民共354间房屋全部被烧掉，村庄化成一片焦土，村民扶老携幼无家可归，哭声震天，凄惨万状，被迫外出逃荒。与此同时，日军乱杀平民，其景况惨不忍睹。据年长的老人回忆统计，村域内被日军枪杀8人，打伤的也有8人。日军的行径遭到爱国军民的顽强抵抗，国民革命军62师官兵时常对盘踞在村域附近的日军开展游击战，组织当地村民破坏其交通运输线。

附：老村民回忆

村民殳雨明（男，出生于1931年，港北村人）回忆：1939年，国民革命军62师发动村民夜间挖沟掘路，切断日军交通线；一到白天，日军又拉民夫修筑。如此经常反复，使日军焦头烂额难以招架。下半年采菊花的时候，国军的几个士兵在港北村爬上村民的房屋，对准秀才桥炮楼附近的日本兵开枪，打一阵换一幢房屋，日本兵也开枪还击，这样打来打去连续打了两天。第三天下午3时左右，日本兵开始进村，用火枪喷射放火烧房子。村民扶老携幼，四处逃难，有些人后半夜回来，发现房屋全部烧毁，村坊变成一片灰烬，港北村16户人家74间房子全部烧掉。

1942年的某一天，日本人要进村扫荡，听到枪声后，柏子桥陈宝荣（绍兴籍）和村民一起逃难。傍晚，他感觉到枪声停了，想回家看看，到塘家浜朝东岗那里被日本兵发现，一枪打在肚子上，子弹穿过，当场死去。天黑时，同村几个村民用门板将尸体抬回来，有人撩开看看，肚肠流在外面。

村民殳巧明（女，出生于1934年，港北村人）回忆：日本兵烧房子那年自己才6岁。这天下午，爷爷发现日本人用火枪喷火烧着前埭房子，连忙拉起她逃到后埭羊棚间，躲在羊棚里。她妈妈去救火，日本人开枪打在裤脚管上。

其婶妈见状拉着她逃了出去，在岗滩上躲起来。后来又逃到十里开外的鲶鱼兜（城南村）亲戚家，由于无家可回，又不能长住在一家亲戚那里，只好到另一个亲戚家再住上几天。

村民老姚（北孟庙人）回忆：1937 年，淞沪会战后不久桐乡沦陷，日军占领了桐乡，沿杭申公路（时称杭善公路）建造炮楼，对公路两边实行“三光”政策，杀人放火，无恶不作，百姓居无定所，被迫外出逃荒。草庵在公路南面，虽未被烧毁，但也难逃劫难。日军常来侵扰，抢夺财物，欺压百姓，抓人做苦工、修公路和炮楼。为躲避战乱，草庵里的尼姑逃走了，庵中只剩下殳家埭的一位老太太看管。

1939 年秋，一伙日军追杀国民革命军 62 师的几个散兵。人们看见几个戴着斗笠的中国兵先在北孟庙后的菊花地里躲藏。不一会，外面传来枪声，中国兵或许觉得菊花地里不安全，于是离开菊花地，一直向南跑，过了北孟庙桥就向西南方向跑去。当地村民听到枪声，知道是日本人来了，就关好门向东到荒草沟里避难。后面追来的日本兵气势汹汹地冲进庙里，以为中国兵躲在庙里，端着刺刀东捅捅、西砸砸，嘴里嗷嗷叫嚷：“支那兵！支那兵！”日本兵的恶行激怒了管庙的姚桂金老太太（潘家门人）。她怒骂日本兵，指责他们的蛮横无理。穷凶极恶的日本兵用刺刀在她身上捅了几刀，可怜的老太太倒在血泊中，日本兵哈哈大笑扬长而去。另一位管庙的老太太（人称四太太）躲在庙里，看到这一幕吓得不敢出声，等日本兵走后，看到桂金倒在血泊中，胳膊窝还在流血，她立马喊上附近村民，众人用棉絮塞在伤口上止血，实施紧急抢救。但由于老太太失血过多，当时医疗条件匮乏，最终因无法救治而死。后来得知，日本兵追杀的几个散兵是国民革命军 62 师的“箬帽兵”，这天，他们跑到麦干浜一带和追来的日本兵交上火。

村民徐兰毛（男，出生于 1934 年，椿树下人）回忆：1942 年秋的一天，浮石桥徐关龙的妻子趴在乌桕树上采桕子，日本兵以为她趴在树上是在为国军探消息，举起长枪开了一枪，徐关龙的妻子中枪从树上掉下来，当场死亡。浮石桥三和尚的小伯在地里干活时被日军开枪打死。椿树下的徐金祥被日军打伤，徐小毛夫妇被日军抓去坐老虎凳，打得半死。镬子浜陆才庆做农活时看到日本兵，逃跑时被开枪打中大腿，血流不止，无奈用老烟丝塞满伤口止血，后来留下残疾。同年，自己代父亲去桐乡日军总部以及秀才桥日军炮楼做过苦力。

村民石继堂（男，出生于1925年，镬子浜人）回忆：1941年，自己16岁，到濮院施家庄姑母家避难，路上被日本兵拉到秀才桥炮楼里做苦工，还被打伤，当时炮楼里有五六个日本兵。1943年自己和陆家埭徐金官2人摇船经过挥士桥被日本兵拦住，他们拎住自己的脚从船上拖到岸上，拉到半碗桥炮楼里抬泥。1943年冬天，浮石桥有个傻子阿二被日军用枪柄打伤，不久后死亡。浮石桥村民阿干在嘉凳桥附近被日伪军抓住，日军将他开膛剖肚。

村民许福堂（男，出生于1924年，富饶桥人）回忆：1938年4月，其四爷爷许四宝，大约70岁，到城里去买东西，在回家路上，走到亭子桥附近，被日军开枪打在胸口，当场死亡。1940年，朱家兜宝龙的父亲阿二，看到日军来“扫荡”就往田里逃跑，被日军发现后开枪打中胸部，当场死亡。自己的小伯（许福昌的父亲）是个木匠，被日军抓去造炮楼，大约干了30天活。

村民殳龙山（男，出生于1928年，殳家埭人）回忆：1940年，殳家埭殳云堂被日军“落地开花”炮弹的弹片击中脖子受伤。

村民刘元熙（男，生于1927年，范家埭人）回忆：1938年日军进村“扫荡”，范家埭刘青荣在逃跑时被日军开枪击中腿部，子弹穿透小腿受伤。

日军造秀才桥炮楼时，自己和哥哥刘年洲2人被日军抓去造炮楼、修公路，2人都做了100多天工。殳家埭的殳龙山只有十二三岁，也被抓去修路，天天做苦力。金毛的小伯被抓去外地做苦力，直到新中国成立后才回来。

革新村域原向阳村南侧有一座石梁桥“富饶桥”，后当地人将桥名改为“火烧桥”。这和抗战时期有密切的关系，日军侵占桐乡时，在革新村附近的秀才桥建筑炮楼，对杭善公路附近浮石桥和倪家门一带的村坊进行放火掠夺，残害百姓，烧光沿公路一带的民房，所以“富饶桥”便被叫为“火烧桥”了。

## 兵役

民国35年（1946）10月，国民党为打内战，颁布新兵役法，规定男子18～45岁须服兵役。各乡、保编造适龄壮丁名册呈送县政府，通过抽签方式产生服役人员。据民国35年（1946）《桐乡年鉴》记载，革新村域当年应抽壮丁人数为121人。

表 12-1　　革新村域被日军烧毁房屋情况统计表

| 年份 | 自然村 | 被烧毁房屋户数 | 被烧毁房屋间数 |
| --- | --- | --- | --- |
| 1938—1940 年 | 椿树下 | 12 | 72 |
| | 新凤桥 | 9 | 67 |
| | 倪家门 | 7 | 54 |
| | 浮石桥 | 13 | 65 |
| | 镬子浜 | 1 | 6 |
| | 朱家兜 | 2 | 16 |
| | 港北村 | 16 | 74 |
| | 合计 | 60 | 354 |

说明：表中数据参照《桐乡市抗战时期人口伤亡和财产损失调研成果汇编》和村中老人回忆整理

新中国成立初期，实行志愿兵役制。抗美援朝期间，适龄青年踊跃报名参军。村域内陆家埭徐金章、潘家门姚阿和及方家埭方小毛 3 人光荣参军并赴朝参战。徐金章（1924—1993），1947 年参加中国人民解放军，1948 年加入中国共产党，1950 年 10 月作为志愿军赴朝参战，1953 年 9 月回国，转业回乡后，先后担任革二高级合作社社长、革二大队副大队长、党支部委员。姚阿和（1926—1990），1948 年参加中国人民解放军，1951 年入朝参加抗美援朝，战斗中身负重伤，1955 年转业回家乡，随后报名去宁夏支援当地建设，1958 年重返家乡，在梧桐镇房管所工作。方小毛（1930—2012），1952 年参加志愿军，1958 年退伍回乡。

1955 年 7 月，《中华人民共和国兵役法》公布施行，中国人民解放军由志愿兵役制改为义务兵役制，凡符合法律规定的公民都有服兵役的义务。“一

表 12-2 革新村域被日军枪杀打伤村民情况统计表

| 年份 | 自然村 | 被枪杀村民 | | 被打伤村民 | |
|---|---|---|---|---|---|
| | | 人数 | 姓名 | 人数 | 姓名 |
| 1938 | 范家埭 | | — | 1 | 刘青荣 |
| 1938 | 富饶桥 | 1 | 许四宝 | | — |
| 1939 | 潘家门 | 1 | 姚桂金 | | — |
| 1940 | 殳家埭 | | — | 1 | 殳云堂 |
| 1940 | 朱家兜 | 1 | 庄阿二 | | — |
| 1942 | 浮石桥 | 2 | 徐关龙妻子、徐阿金 | | — |
| 1942 | 镬子浜 | | — | 2 | 陆才庆（阿大）石继堂 |
| 1942 | 港北村 | 1 | 陈宝荣 | | — |
| 1942 | 椿树下 | 1 | 三和尚（小名）的小伯 | 3 | 徐金祥 徐小毛夫妇 |
| 1943 | 浮石桥 | 1 | 阿干（小名） | 1 | 傻子阿二（外号） |
| 合计 | — | 8 | — | 8 | — |

说明：表中数据参照《桐乡市抗战时期人口伤亡和财产损失调研成果汇编》和村中老人回忆整理

人参军，全家光荣”，从目测到体检、政治审查，层层选拔，由县（市）征兵领导小组审核，发放入伍通知书。

2000 年后，政府对应征入伍的现役军人及其父母实行多项优抚政策：为义务兵的父母购买意外伤害保险，每年发给优待金 2 万元；退出现役，一次性补助退伍安置费 4 万元。农村退伍军人自行参加养老保险的，年满 60 周岁后，按其军龄每年发给生活补贴 300 元。

▲ 方家埭方小毛1954年获得的奖章

**民兵**

新中国成立后，革新村域内原新南、革一、向阳3个大队（村）均建立民兵组织。1952年11月，《中华人民共和国民兵组织暂行条例》颁布实施，规定凡年满18～40岁的男性公民，身无残疾，均有参加民兵之权利和义务；18～25岁，政治纯洁、身体强壮，家庭劳动力充裕者，均应参加基干民兵组织。1958年9月，毛主席号召“大办民兵师”，后又提出“民兵工作要做到组织落实、政治落实、军事落实”的要求，实行全民皆兵。“文化大革命”初期，村级民兵组织瘫痪；1969年，因战备形势需要，民兵工作开始恢复。1983年，原新南、革一、向阳3个大队均创办“民兵青年之家”，组织民兵青年定期举办科技讲座，开展文化娱乐、政治教育、读书识字等活动。1991年，在民兵中开展学习中共十三届七中和八中全会精神、党的基本路线和反和平演变、战备形势教育。1995年，结合抗战胜利50周年纪念和学习孔繁森、杨东海等英雄模范人物，开展“民兵为桐乡添光彩”专题教育活动。1997年，原新南、革一、向阳3个村民兵连长分别进“两委”（村党支部委员会和村委会）。1998年9月，村域内3个村民兵组织开展达标活动，年底接受考评。2007年2月至2009年

2月，每年开展民兵整组工作，对全村35岁以下退役军人进行摸底、分类登记造册，把具有相应专业知识的对口人员纳编上报。2017年，革新村获得桐乡市“国防后备力量基层精准抓建达标村”称号。

## 第二节 综治（治保）

**治保**

即“治安保卫”。1951年9月，革新村域内团结村、柏子村、茅亭村设立治安保卫组。1952年10月，通过治保组织整顿后，建立治保会。1955—1956年，在合作化高潮中，以合作社为单位整顿建立治保组织。1958年10月人民公社化后，革新大队治保、调解组织合并为治保调处委员会。1961年，革新大队分为新南、革一、向阳3个大队，均设治保调处委员会。1962年3个大队治保、调解组织分设，重新建立治保小组。“文化大革命”初期，大队治保组织被取消，直至1970年恢复。治保、调解组织负责人由大队领导或党支部委员兼任。1979年，革一大队治保委员会主任丁阿五，调解委员会主任盛阿六；新南大队治保委员会主任高文山，调解委员会主任姚玉英；向阳大队治保委员会主任沈发明，调解委员会主任吴春林。

治保组织在协助公安机关维护社会秩序、保卫人民生命财产安全等方面做了大量工作。20世纪50年代，协助公安机关追查匪盗、敌特分子，处理土地改革、大办食堂中的纠纷和治安问题；60—70年代，追查破坏集体财产、投机倒把等行为，处理露天电影场寻衅滋事等治安问题；80年代，侧重安全防范和对失足者的帮教工作，协助公安机关对被管制、监外执行、假释、缓刑的犯罪分子进行监督、管理、教育，处理村民建房土地纠纷、承包土地权属纠纷引起的治安问题。

治安保卫工作坚持矛盾纠纷和一般治安案件不出大队，发生重大治安案件和刑事案件做到第一时间介入，控制现场，防止事态扩大，配合公安处置。

20世纪70年代，为了社会稳定，有效打击投机倒把、偷盗和犯罪潜逃等流窜人员，每年开展一至两次集中统一行动。行动一般在全县或全省乃至华东地区范围内统一进行，公安干警、公社和大队治保干部及民兵共同参与，在陆路、水路关键路段设卡，追查流窜人员。村域边界杭申公路（现濮院大道）、永兴港及通往邻村的主要道路均设临时卡点，查验来往人员介绍信（当时没有个人身份证），检查车辆、船只里面的货物种类，查清来源。与此同时，指定人员分别在村域内巡查，检查停靠在河港、浜兜的外来船只和滞留在村域内的外来车辆和人员。行动结束后，可疑人员由公安干警带至派出所进一步审查。

**综治**

即“社会治安综合治理”。20 世纪 90 年代，村域内新南、革一、向阳 3 个村分别建立综治工作站，由 1 名村级领导担任负责人。负责村内维稳、信访、禁毒禁赌、调解、消防、劳动保障、新居民事务等综合治理工作。1997 年起，根据“谁主管、谁负责”和条块管理相结合的工作制度，村主要领导每年与上级党委、政府部门签订目标管理责任书。2000 年 12 月并村后，村域面积 6.8 平方千米，31 个村民组，1200 多户、4800 多名常住人口。2009 年村域整体完成征地拆迁后，村民安置于革新、灵悟、金晖、永兴 4 个小区。来自外省市的新居民租住在村民的安置房内，每年递增，2020 年达到 18000 多名。消防安全、环境卫生等问题发生了重大变化，劳资、房屋租赁等矛盾纠纷大量增加，赌博、寻衅滋事等治安问题时有发生，村综治工作站工作量大任务重。2017 年，抽调 12 名年轻的退伍军人组建梧桐街道社会综合服务管理大队革新中队，分 3 组常驻于革新小区、永兴小区、灵悟和金晖小区，其业务隶属街道社会综合服务管理大队。村综治工作站配合街道综治办和社会综合服务管理大队，协调中队 3 个小组的具体工作，坚持巡查、技防相结合，维护村域社会秩序，保障村民、暂住人员的人身安全和财产安全，保一方平安。

**群防群治**　20 世纪 90 年代初，国家改革开放政策引领村域经济、社会快速发展，村民生活日新月异，大部分农户建起前埭、后埭楼房。与此同时，大量外来务工人员流入桐乡，大部分在本地企业就业，少部分闲杂人员在村内干起了小偷小摸的事。为有效遏制小偷猖獗、影响村民正常生活的现象，梧桐派出所组建治安联防队，在村域内日夜巡逻；村里组建以治保干部、村民组长为主，志愿者参与的护村队，配合联防队，建立群防群治体系。与此同时，全体村民加强防范意识，外出或夜间切记关好门窗，加固门锁，自行车、摩托车加链条锁或 U 形锁，以防范小偷乘虚而入。经联防队、护村队的巡查，全体村民的主动参与，加上公安机关的严厉打击，盗窃案件明显下降。2002 年 4 月，革新村综治站组织村干部、护村队人员，参与全市为期一周的“治安大巡防”活动，共出动100多人次。巡防期间，村域内未发生盗窃案件。

2001—2009年，因国家建设需要征收集体土地，村民分批建造安置房，振东新区拆迁办和村综治站，联合组建安全施工管理小组，指导村民在安置房施工期间加强安全防范，并与每个建筑施工负责人签订安全施工协议。在历时10年的安置房建设期间，共有1200多户相继开工建房，安全施工管理小组每天在现场巡查监督，发现安全隐患，及时督促户主或施工负责人整改、排除。广大村民十分重视建房安全问题，积极配合村、拆迁办的工作，经常检查脚手架、井字架、卷扬机等重要部位，监督施工人员安全操作。拆迁期间，多方共同努力，未发生重大的安全生产事故。

2012年，革新村在学习“枫桥经验”的基础上，开始构建自治、法治、德治“三治融合”的社会治理体系，以自治为基础、法治为保障、德治为先导，开创社会管理新模式。加强法治文化建设，在革新小区东南面建立“革新法治园”。2016年9月，被桐乡市司法局、桐乡市普法办命名为“桐乡市法治文化建设示范基地”。推行网格化管理，做到横向到边、纵向到底，覆盖全村域。全村四个小区1200多住户，按区域划分为7个网格，总网格长由村主要领导兼任，网格长则分别由村级班子成员兼任。网格长工作职责为“五进站、四必到、四必访、五必报”，“五进站”就是课堂进站，活动进站，走访进站，宣讲进站，服务进站；“四必到”就是群众有不满意情绪必到，有突发事件必到，有矛盾纠纷必到，有红白喜事必到；“四必访”就是村里有困难家庭必访，危重病人家庭必访，空巢老人及留守儿童家庭必访，信访户必访；“五必报”就是访问户有意见必报，发现安全隐患必报，发现不稳定因素必报，发现“两违”现象必报，出现重大变故等事故必报。2019年，网格管理进一步细化，向每个家庭延伸，每个网格又按住户分布划分为若干个微网格，全村共划分了70个微网格。由村民组长、党员中心户和群众骨干担任微网格长。微网格长主要职责为：宣传党的路线、方针和政策，以及政府和村的重点工作，使政府的惠民政策第一时间传达到辖区村民，让村民及时知晓受益；对所辖区微网格内基础情况做到底数清、情况明，包括户数、出租户数、党员数、困难户数等，如辖区内有安全隐患、矛盾纠纷、异常情况，第一时间上报网格长，并协助做好流动人口登记工作；深入群众，收集群众诉求，关注群众“大事、小事、家务事”，确保群众话有处说，难有人解，事有人办；发现邻里之间、家庭之间产生矛盾时，做好调解工作。村（总网格）—网格—微网格—户四级治理体系的建立，强化了精细化管理，提高了村域社会治理水平。

2016 年，桐乡市出租房整治现场会在革新村永兴小区召开，市委政法委书记蒋惠玲到会。

2012 年，革新村在灵悟小区建立新居民事务管理站，负责小区安置房内租住的新居民事务管理。2018 年，实施居住房屋出租“旅馆式”管理，分别在永兴小区、灵悟和金晖小区、革新小区设立 3 个居住出租房旅馆总台，负责租住小区内新居民信息登记与事务管理。小区内每家出租房都安装了门禁系统，

▲ 革新村法治园

▲ “三治”宣传牌

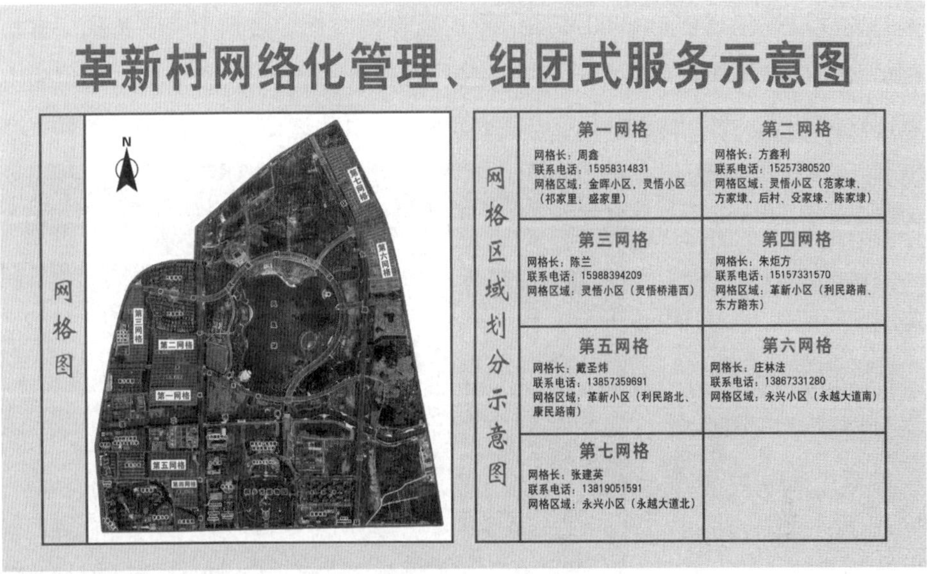


▲ 革新村网络化管理、组团式服务示意图

门禁卡由旅馆总台统一保管。新居民租住房屋，须凭有效证件在总台信息登记，领取门禁卡后方可进出租住的房屋。退房时，须到总台归还门禁卡。房东主动配合总台，提供租房、退房新居民的信息。1 万多名新居民在村域租房暂住，流动频繁，人员复杂，文化差异大，矛盾纠纷时常发生。社会综合服务管理中队、旅馆总台、全体房东群策群力，绝大多数新居民能自觉配合，租赁、登记事务管理稳步推进，井然有序。

2016 年，全村 4 个居住小区每排房屋两端均安装了监控设备，并与公安机关和街道、村综治机构联网，发挥现代科技在群防群治中的重要作用。

加强宣传，注重防范。进入 21 世纪，随着现代通信工具的普及，各类电信诈骗漫天撒网，制造骗局，侵害百姓，受骗上当事件时有耳闻。2020 年下半年，永兴小区一新居民女子因贪图小利被骗 23 万元的案例引起高度关注，“谨防诈骗”宣传刻不容缓。革新村配合上级反诈骗工作领导小组，开展反诈骗宣传活动，通过会议、微信、短信、宣传橱窗和路口喇叭播放等形式，向村民、新居民宣传防诈骗方法，在村办公区域、旅馆总台放置宣传单，让前来办事的村民、新居民索取，村社会综合服务管理中队则在巡查时向过往人员发放。2020 年共发放反诈骗宣传单 5000 多份，推送反诈骗微信、短信 100 多条次，宣传橱窗张贴反诈骗知识展板 20 多期，主要道路路口喇叭每天重复播放反诈骗内容。与此同时，还开展消防安全、禁赌禁毒、反封建迷信、电动车安全、防“套路贷”等宣传活动，提高人们防范意识。

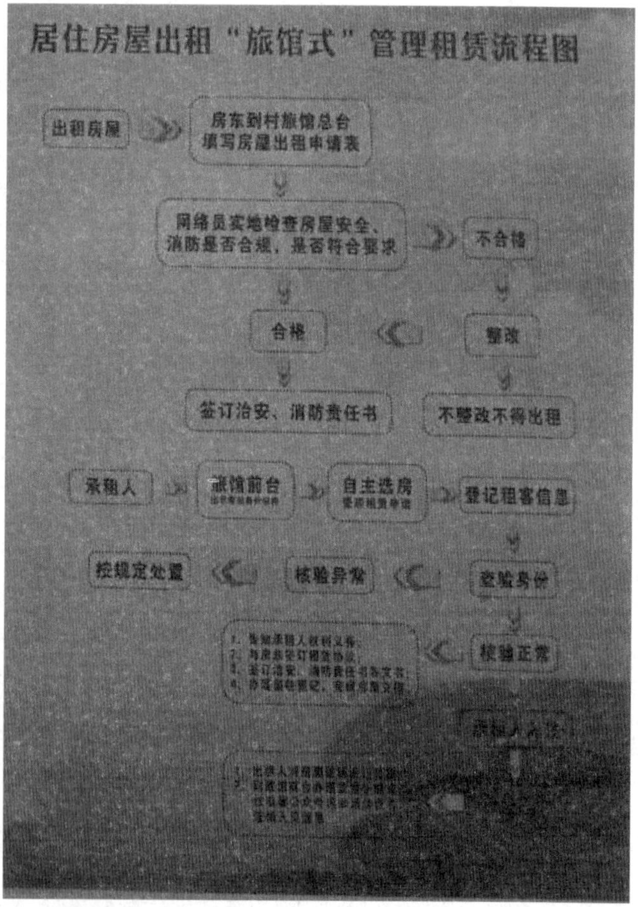

▲ 居住房屋出租“旅馆式”管理租赁流程图

**化解矛盾** 革新村域新南、革一、向阳 3 个村和合并后的革新村均成立人民调解委员会，由综治站领导兼任负责人，负责调解处理各种矛盾纠纷。2008 年，被桐乡市司法局命名为“二级人民调解委员会”。每年按季度开展村域内不安定因素排摸活动，发现苗头，及时处理，力求将矛盾纠纷解决在萌芽状态，化解在村内。2016—2020 年共处理上级转

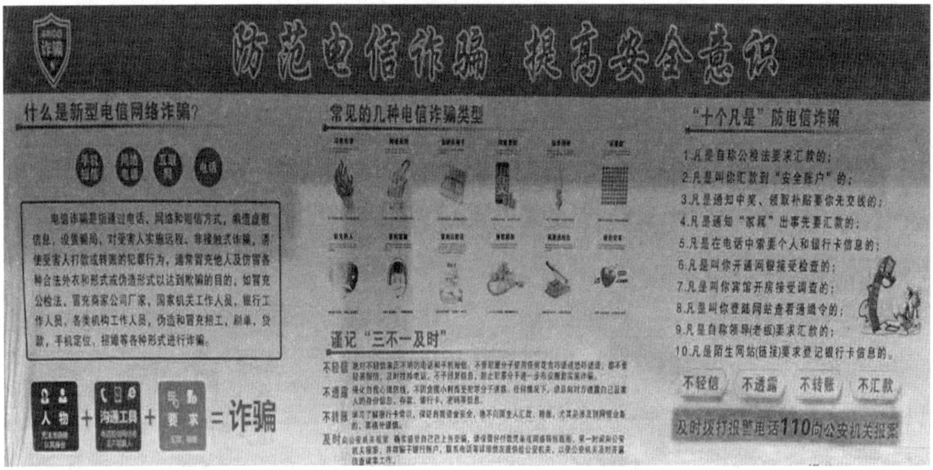

▲ 防范电信诈骗宣传牌

办的信访、市长电话 108 件，调解处理矛盾纠纷达成书面协议 25 起，现场调解处理纠纷（形成口头协议）100 多起。

村域实施征迁前，有关矛盾纠纷以赡养老人和建房、筑路土地纠纷居多。每年因赡养老人发生激烈纠纷而要求村里调解的有 2 ～ 3 起。多子女家庭弟兄成家后各自立门户，多种因素导致在赡养老人问题上发生纠纷，大小纠纷经常出现，有的小纠纷引发大矛盾，就需要村里出面调解。每年因建房、筑路引发纠纷，要求村里调解的有 5 ～ 6 起。经济发展后，村里筹集资金修筑通往各村民组的道路，并延伸至每户人家。在修筑过程中，因道路经过地点、占用土地等方面引发纠纷，村调解组织及时到场调解处理。

村域完成征迁后，有关矛盾纠纷以婚姻纠纷、欠薪纠纷、租赁纠纷和屋前屋后停车纠纷居多。随着生活水平的不断提高，传统的婚姻家庭观念受到挑战，离婚率也随之上升，离婚时甚至离婚后因小孩抚养、财产分割引发的矛盾纠纷时有发生。征地拆迁后，村民成为市民，家家户户出租房屋，因租赁发生纠纷频率较高。小老板租房办厂，雇用人员干活，劳资之间薪资纠纷也常有发生，村综治站、社会综合服务管理中队、旅馆总台以及房东均主动参与调解，合力化解欠薪纠纷。

**重点整治**　永兴、灵悟、金晖、革新 4 个安置小区建成后，村民将自己居住多余的房屋用于出租，大量暂住人口租住各家各户，给消防安全、环境卫生

▲ 革新村综治站负责人会同社会综合服务管理中队在革新小区旅馆总台处理矛盾纠纷

等方面带来了不少问题。为此，村综治站配合公安、城管、消防、工商等部门，每年对出租房组织开展以消防安全、环境卫生为重点的综合整治。每次整治历时10多天，出动200多人次。具体整治标准为：房东必须按规定登记承租人信息，同时在3天内报送相关单位；出租房屋一楼生产经营的需采用实体墙进行硬隔离，并配备灭火器、应急灯、电线穿管、安全出口标识；出租房屋二楼及以上不得从事生产、加工、仓储，必须配备灭火器、应急灯、烟感器、安全标识，并配备防毒面具、逃生绳；出租房屋楼梯通道不得停放电动车，电动车充电须在房前屋后安装充电点；禁止住宿、生产、饮食“三合一”现象出现在同一楼层。整治活动中，革新村在投入大量人力的同时还投入大量财力，配足配齐各种设施。2018年，建成了3个小区旅馆总台，安装门禁系统970户，开卡3075张，安装电动车充电棚24个，对出租房实行消防硬隔离764个，粉白1180个，为村民房屋楼道安装灭火器1382只，小区路口安装交通安全警示桩，并在公共区域增设停车位，共投入29万元。2019年，对上年度未安装的住户全部安装了门禁系统。经过重点整治，消除了安全隐患，力求最大限度减少火灾事故。2019—2020年，全村共发生火警8起，主要由电线或使用电器引起，无人员伤亡，也无重大财产损失。与此同时，村里还开展不定期的环境卫生集中整治，清除各家各户楼道以及房前屋后堆放的杂物，铲除花坛内葱韭大蒜等蔬菜和杂物。经过多次整治，4个小区的环境整洁、有序，面貌得到显著改善。

**平安创建**　1996年3月，村域内新南、革一、向阳3个村贯彻落实桐乡

▲ 集中更换旧灭火器

市综治委出台的《关于在全市开展创建“平安社区”活动的决定》，开展“治安安全村”创建活动。1999 年在 320 国道桐乡段开展创建“平安大道”活动中，原革一、向阳村积极配合，在沿线几个村民组宣传交通安全知识，教育村民自觉遵守交通法规，确保国道平安、畅通。2003 年 7 月，在桐乡市综治委组织开展的“交通安全村”等八大系列创建活动中，革新村被评为“交通安全村”。2004 年，革新村被桐乡市打造“平安桐乡”活动领导小组办公室、桐乡市社会治安综合治理委员会办公室授予“平安村”称号；2005 年和 2006 年，被桐乡市社会治安综合治理委员会连续授予“平安村示范点”称号。在以后每年创建复评中，一直保持“平安村”荣誉。

▲ 在革新小区进行消防演练

# 第十三章　教育

民国早期，革新村域内的教育基础薄弱，以农业经济为主体，农业劳动主要靠体力，对脑力劳动依赖甚少，但也有少数有钱的大户人家请先生对子女进行知识传授，称为“私塾”。民国中后期，村域内有了 3 所国民学校。1954 年，北孟庙小学更名为革新乡中心小学，当时在村域内还有富饶桥、草庵头 2 所村校。1974 年村域内办起了新南、革一两所学制两年初中，到 1979 年初中撤并至梧桐公社初中（地址亭子桥）。在加强基础教育的同时，重视业余教育，开展扫盲运动，让广大农民识字、学文化，摘掉“文盲”“半文盲”帽子。20 世纪 70 年代，村域内有了 20 个扫盲班，其中原新南大队被评为桐乡县业余教育先进单位。20 世纪 80 年代，实行九年制义务教育，村民对教育越来越重视，1981 年村域内有了第一位考取南开大学的学生，到 2019 年有 8 人考取“一段”分数线。2010 年，革新小学撤并至中山路小学；幼儿园撤并至振东中心幼儿园，至此村域内无学校、幼儿园。

## 第一节　学前教育

民国中后期，村域内无正规的幼儿教育，但有送幼童上学读书的记载。民国 35 年（1946）《桐乡年鉴》载：桐乡县第四辅导区城东乡中心国民学校属下办有三所小学。

小学只有一年级新生，没有当时革新村域内流行的复式班，应该有6岁以下的幼童随班就读。

据原梧桐镇完全小学老教师陈志农（原名叫陈玉琪）回忆，“文化大革命”前，革一大队（草庵头）小学老教师朱经鉴教四复式班，同时带管学前幼儿5～6人，受到校长朱雪华表扬。陈玉琪本人任教的麦干浜小学四复式班，也有在校学生带幼小弟妹随班跟读，因幼童年少难管，给他们发几张画片、一颗糖，让他们安静就好。这种现象应该是农村学前教育的雏形。

正规的学前教育起步于1984年。当年农忙时节，有北孟庙妇女因在秧田拔秧，随身带上的两名3岁孪生儿，其中1名落入水渠中溺亡。此事引起公社和村两级领导的重视，决定组织在农忙季节试办幼托班（俗话称关关脚），首次招生就有20余名农家幼儿报名。到了1985年秋季，在小学开学时，由村妇委会负责正式办班、小学代管。单独分班的幼儿园报名30余人。当时的课桌是水泥桌子，凳子由幼儿家中自带。招聘具有初中文化的女青年当教师，工资由村委会发放，同等享受村企业人员待遇。到了20世纪80年代末、90年代初，随着政府越来越重视学前教育，乡、村两级加大对幼儿教育的重视力度，相关投入也有了保证，课桌椅换成统一的标准幼儿课桌椅。除了固定教师1人，还安排炊事员做中饭，让幼儿与小学生一起用午餐。每到“六一”儿童节，乡、村领导都会到幼儿园慰问，赠送图书、玩具之类的用品。

表13-1　　2009年下半年革新村幼儿园情况一览表

| 幼儿数 | 教师情况 | | 设备情况 | | |
|---|---|---|---|---|---|
| 小班28人 | 学历 | 大专 | 课桌椅（套） | 图书（册） | 大型玩具（件） |
| 大班32人 | 职称 | 一级教师1人<br>二级教师1人 | 10 | 40 | 1 |

1998年，乡妇联与村领导作出决定，幼儿园划入凤鸣幼儿园（现为梧桐街道中心幼儿园）领导管理。从此，幼教的业务培训、教育质量、安全检查和

表 13-2　　2009 年下半年革新村幼儿园作息时间表

| | 作息时间 | 活动内容 |
|---|---|---|
| 上午 | 7：30—8：30 | 晨间接待及户外自主活动 |
| | 8：30—9：20 | 早操、晨间谈话 |
| | 9：20—10：00 | 集体教学、生活活动 |
| | 10：00—10：50 | 户外游戏活动 |
| | 10：50—12：00 | 餐前活动、午餐、餐后活动 |
| 下午 | 12：00—14：15 | 午睡 |
| | 14：15—14：45 | 起床整理、生活活动、点心 |
| | 14：45—15：20 | 集体教学或区域活动 |
| | 15：20—16：00 | 户外游戏或户外活动、生活活动 |
| | 16：00—16：30 | 离园活动 |

工作考核等步入正规化管理。幼儿园越办越好，教育教学有了质的飞跃，不少家长把子女送到幼儿园。

2000 年 9 月，幼儿园随小学一起搬迁至革新村域中心地段塘家浜，建起了六间两层楼的新校舍。原革一、向阳、新南三个村报名入幼已近 90 名学生。幼儿园扩大，变为 1 个大班、1 个小班，有 2 名教师、1 名保育员，增添了小床、课桌椅、玩具等，还独立设置了 2 个教室、2 个午睡室和 1 间食堂。从此，幼儿班成为名副其实的幼儿园。人们也逐渐认识到幼儿启蒙教育的重要性，不想让子女输在起跑线上。因此，全村 3 ～ 5 岁的幼儿入园率上升到 95% 以上。

2010 年，政府开辟凤凰湖景区，革新村农村集体土地大部分被征收。革新村幼儿园幼儿入学分别被安排到嘉兴市示范幼儿园——振东中心幼儿园和省级示范幼儿园——凤凰湖幼儿园。从此以后，每逢幼儿园招生，都用电脑摇号确定才能入园，入园率达 100%。革新村的幼儿园从无到有，从小到大，从人们不太愿意送孩子就读幼儿园到摇号上幼儿园，说明时代在变，人们的思想观念在变，革新村也在不断地经历沧海桑田般的变迁。

表 13-3 1991—1999 年革新村域幼儿园情况统计表

| 名称＼时间 | 1991 年 | | | 1994 年 | | | 1999 年 | | |
|---|---|---|---|---|---|---|---|---|---|
| | 班数 | 教师数 | 幼儿数 | 班数 | 教师数 | 幼儿数 | 班数 | 教师数 | 幼儿数 |
| 革一幼儿园 | 1 | 1 | 14 | 1 | 1 | 29 | 1 | 1 | 39 |
| 新南幼儿园 | 1 | 1 | 21 | 1 | 1 | 30 | 1 | 1 | 24 |
| 向阳幼儿园 | 1 | 1 | 24 | 1 | 1 | 20 | 1 | 1 | 20 |
| 合 计 | 3 | 3 | 59 | 3 | 3 | 79 | 1 | 1 | 83 |

## 第二节 小学教育

民国前村域内的小学办学情况已无资料可考，但在调查走访中，据高家里村民组庄金甫（81 岁）回忆：民国中后期，高家里大户人家高士元既是“风水先生”又是教书先生，在家教儿女外还吸收附近几户殷实人家的子女来家一起读书（称为私塾）。他的舅舅在高士元家读过书。民国后期有文字记载的是三所小学：城东乡第五至第七保，每“保”办有一所初级小学，其中的茅亭小学在茅亭浜底头。茅亭小学的校舍原本是一座茅亭庵，供奉土地菩萨，面积有三间屋子大小。抗日战争时期办有初级小学 1 所，称“茅亭小学”，新中国成立前最后一任教师名叫朱震华，为梧桐镇人。据他说，庙宇已经破败，民国时期晚上常有众多乞丐在此宿夜。

1939 年 5 月 13 日，国民党 62 师夜袭在桐乡县城内的日军指挥部，第二天白天退出城内，到达城外时曾扔下一些破旧军服，被乞丐捡到穿在身上。日军遭 62 师夜袭后进行报复性扫荡。从杭善公路向南搜寻，在茅亭小学搜到乞丐们逃跑时脱下的国军衣服，日军以为这是个抗日据点，就放火烧了茅亭小学。抗战胜利后，政府拨款修缮，朱震华继续任教至 1955 年。

表 13-4 民国 34 年（1945）革新村域内国民学校情况表

| 学校名称 | 办学地点 | 教师姓名 |
|---|---|---|
| 城东乡第五保国民学校 | 茅亭 | 钟绍雄 |
| 城东乡第六保国民学校 | 北孟庙 | 钟剑虹 |
| 城东乡第七保国民学校 | 虎啸桥 | 胡静英 |

城东乡和城北乡合并为秀川乡后，保域有调整，国民学校也随之调整。

表 13-5　民国 35 年（1946）革新村域内国民学校情况表

| 学校名称 | 学生数 | 教师姓名 | 校址 |
| --- | --- | --- | --- |
| 秀川乡第四保国民学校 | 40 | 钟剑虹 | 北孟庙 |
| 秀川乡第五保国民学校 | 18 | 陈玲珠 | 殳家埭 |
| 秀川乡第六保国民学校 | 60 | 沈玲芬 | 范家埭 |

来源《桐乡年鉴》

1954 年北孟庙小学更名为革新乡中心小学。1955 年，城濮区公所决定扩建校舍，由辅导区校长杨英青负责，教师朱震华等人一起参与，利用暑假雇用农民工拆除了华家桥庙、邱婆桥庙和茅亭庵三座庙，建成了能容纳三个班和教师办公及住宿的乡中心小学。1956 更名为新南乡小学。1958 年又更名为梧桐人民公社第二中心小学，施教区从东边的庙白、杭州扇、庄家桥至西边的茅亭浜，当时的教师有朱震华、钱荣生等人。1958 年成立梧桐人民公社时，专设革新管理区，区机关办公地点设在麦干浜浜北的高家里。翌年，设立麦干浜小学，聘任王润源担任代课教师。王润源因胜任不了复式教学，就辞职了。1962 年春，贯彻“调整、巩固、充实、提高”的方针，农村公立初小转为生产大队民办，梧桐公社第二中心小学更名为新南小学。梧桐镇小学的年轻教师陈玉琪被派至麦干浜小学，教四复式班，学生涉及周边朱家浜和爱国大队的弯头里、孔家里、张家桥和麦干浜等多个自然村，学生由少渐多，最多时有 60 余名。

20 世纪 60 年代的农村教育有两大困难：一是招生难，二是收费难。革新村当时有大片荡田，俗称南荡、北荡。那时候，国家粮食任务十分繁重，而荡田土地贫瘠，粮食作物很难有好收成。农谚称“庄稼一枝花，全靠肥当家”。各农户家中都养了不少湖羊，一则是为了多挣羊工分，增加收入；二则是依靠羊肥增加土杂肥，进而多打粮食。因此儿童只要会走路了，很多小孩便会提着竹篮，背着竹筐去割羊草。而女童由于受重男轻女封建观念的影响，家长有“长大迟早要嫁出去”的想法，很少让女童上学读书，往往读至高小阶段，全班女孩也不过两三人，少数女童甚至连一天学也没上过。更何况，那个年代还存在“童养媳”现象，有封建意识的家长更不让童养媳上学，怕她一有文化便会像鸟儿一样“飞掉”。因此，在 20 世纪 60—70 年代，革新村的初等教育普及率只有 70% 左右。当时的农村经济是单一的“以粮为纲”，男劳力一天的工分值也不过三四角钱，妇女只拿男劳力的七成，劳动值更低，所以读一个学期的学杂费虽然不到 3 元钱，但往往缴不上。为了让学生上学，许多收入微薄的教师会从自己的工资中垫付学生的学杂费。那个年代，县文教局的干部每逢开学都会下基层调研并帮助招生。那时，普及教育要达到两个 100%，一是学龄儿童入学率要达到 100%，二是学龄儿童巩固率要达到 100%，这两个“100%”把老师压得喘不过气来。除了在白天要认真教书、上好课以外，还要利用清晨、晚上的时间，趁家长还没出工或还没吃晚饭时进行家访。一旦出现了流生苗头，老师就要不厌其烦地做好家访工作，耐心说服家长，动之以情、晓之以理，一次不行就两次，有的学生甚至需要好几位老师家访好多次。由此可见，那时的招流生工作是老师最头疼的一件事。为了提高小学普及率，让农村儿童上学读书，1975 年，采取举办耕读小学的形式，把小学办到家门口。

表 13-6　　革新村域村办小学情况表

| 村（大队） | 校名 | 地址 | 备注 |
|---|---|---|---|
| 革一大队 | 殳家埭小学 | 殳家埭 | 1980 年并革一小学后并入中心小学 |
| | 范家埭小学 | 范家埭 | 1980 年并革一小学后并入中心小学 |
| | 革一完小 | 草庵头 | 1982 年并入中心小学 |
| 向阳大队 | 椿树下小学 | 椿树下 | 1980 年并入向阳小学 |
| | 革二村小 | 屠家里 | 1980 年并入向阳小学 |
| | 向阳小学 | 富饶桥 | 2000 年并入革新小学 |
| 新南大队 | 新南小学 | 北孟庙 | 2000 年 9 月迁址塘家浜 |
| | 沈家村小学 | 沈家村 | 1979 年并入新南小学 |
| | 朱家浜小学 | 朱家浜 | 1979 年并入新南小学 |
| | 麦干浜小学 | 麦干浜 | 1979 年并入新南小学 |
| 革新村 | 新南小学 | 塘家浜 | 2001 年更名为革新小学 |

这个现象直到 20 世纪的 80 年代初才慢慢地改善。当时，新南小学有一位叫孙伯农的老师为了动员一名六年级学生屠虎堂复学，上门家访十余次，直至

一个下雨天，他走上屠虎堂家附近的一座独木桥时，跌滑入河中险些溺亡。此事感动了整个小村子，农民们齐声劝告，屠虎堂终于复学，读完小学上了初中。由于孙伯农的众多先进事迹，他于 1983 年被评上了全国优秀班主任。

▲ 1955 年建造的新南小学校舍

耕读小学和村办小学虽然解决了儿童就近入学的问题，提高了普及率，但毕竟限于设备和师资问题，而且大多数耕读小学半天读书，半天回家割羊草，学习时间难以保证，因此教学质量与全日制公办小学相比差距很大。

建造于 1955 年的新南小学校舍，木结构、人字梁，土瓦屋顶，泥地平、泥操场，地基低，几乎与操场齐平，下大雨时，雨水从操场倒灌到走廊，流到教室里。几十年来年久失修，部分木梁条和人字梁逐渐腐烂，已经成了危房。1983 年 7 月，新南大队党支部决定利用暑假出资拆建了六间教室。大队里请老党员徐福坤负责基建工作，喊上本大队的 8 名泥水匠和 3 名木匠，全体教师做小工，晚上还要轮流值班管场地。新校舍把原来的木梁条换成了水泥梁条，更换了人字梁，屋顶粉刷了灰顶（在屋顶上粉刷纸筋石灰），这在当时已经是很高档了。每逢刮风下雨的天气，雨水再也不能从瓦缝中漏下来了。雪白的墙壁，雪白的屋顶，住在里面十分舒适。教室的地面和走廊都浇了水泥地面，特别是校舍的地基升高了，再也不怕下大雨的时候雨水往里灌了。此外，在两排校舍和厕所之间还浇了一条 2 米宽的水泥路，方便师生在雨天行走。8 月底，校舍按时顺利完工，秋季学期按时开学。

表 13-7　　1960—2001 年革新村公办小学一览表

| 校名 | 所在地址 | 办学概况 | 负责人 |
|---|---|---|---|
| 革新小学（梧桐人民公社第二中心小学） | 北孟庙 | 1 ~ 6 年级 | 叶天华 朱雪华 钱荣生 陈志农 蔡金祥 姚阿生 |
| 麦干浜教学点 | 麦干浜 | 1 ~ 4 年级复式初小 | — |
| 沈家村教学点 | 沈家村 | 1 ~ 4 年级复式初小 | — |
| 革一小学 | 草庵头 | 先办初小，后办完小 | 朱经鉴 方保祥 陈永根 方雪坤 |
| 向阳小学 | 富饶桥 | 三复式初小 | 尹翠娥 董翠华 沈金坤 潘毓倩 |
| 革新小学 | 塘家浜 | 1 ~ 4 年级单班初小 | 汤学明 庄复兴 |

1999 年，经梧桐镇教委与原新南村、向阳村、革一村协商，决定把新南小学迁址新造在三个村相交处的塘家浜，在已被拆除的原新南农校地基上建起六间两层教学楼，占地 300 余平方米，共四间教室、一间办公室、一间学生食堂。另建成附属幼儿园 200 平方米， 并配套建造了伙房、围墙、校门、小操场、厕所及旗杆等设施。新建的新南小学环境优美，围墙外有苗圃，四周村级道路交通便捷，50 米外村委会办公楼边上有篮球场、乒乓室等体育设施；6 名专任教师学历全部达标，教学质量名列前茅，初等教育普及率达到 100%。2000 年 11 月 26 日，根据市委办公室有关行政村合并的文件精神，革一、向阳、新南三村合并为一村，更名为革新村。2001 年，新南小学更名为革新小学。

自从新南小学搬至塘家浜后村域内的自然村与学校相距甚远，最远的几个自然村超过 1.5 千米。学生上下学基本由家长接送，学生自己徒步上下学已成为过去。2010 年，由于凤凰湖的开发建设，革新小学被拆除，师生整体合并到中山路小学，至此村域内已无学校。

▲ 1999 年建造的新南小学校舍

表 13-8 1971—2010 年革新村域小学情况表

| 年份 | 名称 | 班级数 | 学生人数 | 教师人数 |
|---|---|---|---|---|
| 1971 年 | 革一小学 | 7 | 199 | 7 |
| | 新南小学 | 6 | 237 | 6 |
| | 向阳小学 | 3 | 88 | 3 |
| 1972 年 | 革一小学 | 6 | 202 | 6 |
| | 新南小学 | 9 | 283 | 10 |
| | 向阳小学 | 3 | 93 | 4 |
| 1973 年 | 革一小学 | 6 | 199 | 6 |
| | 新南小学 | 9 | 247 | 9 |
| | 向阳小学 | 4 | 122 | 4 |
| 1974 年 | 革一小学 | 6 | 231 | 6 |
| | 新南小学 | 7 | 317 | 9 |
| | 向阳小学 | 3 | 150 | 3 |
| 1975 年 | 革一小学 | 未查证 | 235 | 5 |
| | 新南小学 | 未查证 | 288 | 8 |
| | 向阳小学 | 未查证 | 135 | 4 |
| 1976 年 | 革一小学 | 5 | 240 | 7 |
| | 新南小学 | 8 | 306 | 10 |
| | 向阳小学 | 4 | 158 | 4 |
| 1977 年 | 革一小学 | 5 | 226 | 7 |
| | 新南小学 | 7 | 274 | 9 |
| | 向阳小学 | 4 | 129 | 4 |
| 1978 年 | 革一小学 | 5 | 235 | 7 |
| | 新南小学 | 7 | 281 | 10 |
| | 向阳小学 | 4 | 145 | 4 |

续表 13-8

| 年份 | 名称 | 班级数 | 学生人数 | 教师人数 |
|---|---|---|---|---|
| 1979 年 | 革一小学 | 5 | 189 | 6 |
| | 新南小学 | 7 | 211 | 8 |
| | 向阳小学 | 3 | 123 | 4 |
| 1980 年 | 革一小学 | 5 | 179 | 6 |
| | 新南小学 | 6 | 231 | 7 |
| | 向阳小学 | 3 | 66 | 3 |
| 1981 年 | 革一小学 | 5 | 174 | 6 |
| | 新南小学 | 6 | 205 | 8 |
| | 向阳小学 | 1 | 32 | 1 |
| 1982 年 | 革一小学 | 1 | 13 | 1 |
| | 新南小学 | 5 | 194 | 6 |
| | 向阳小学 | 1 | 21 | 1 |
| 1983 年 | 革一小学 | 1 | 25 | 1 |
| | 新南小学 | 5 | 176 | 6 |
| | 向阳小学 | 1 | 26 | 1 |
| 1984 年 | 新南小学 | 5 | 174 | 6 |
| | 向阳小学 | 1 | 25 | 1 |
| 1985 年 | 新南小学 | 5 | 184 | 6 |
| | 向阳小学 | 1 | 23 | 1 |
| 1986 年 | 新南小学 | 5 | 175 | 6 |
| | 向阳小学 | 1 | 23 | 1 |
| 1987 年 | 新南小学 | 5 | 147 | 6 |
| | 向阳小学 | 1 | 20 | 1 |
| 1988 年 | 新南小学 | 5 | 142 | 6 |

续表 13-8

| 年份 | 名称 | 班级数 | 学生人数 | 教师人数 |
| --- | --- | --- | --- | --- |
| 1988 年 | 向阳小学 | 1 | 24 | 1 |
| 1989 年 | 新南小学 | 5 | 194 | 6 |
| | 向阳小学 | 1 | 24 | 1 |
| 1990 年 | 新南小学 | 4 | 133 | 5 |
| | 向阳小学 | 1 | 24 | 1 |
| 1991 年 | 新南小学 | 5 | 133 | 5 |
| | 向阳小学 | 1 | 24 | 1 |
| 1992 年 | 新南小学 | 5 | 153 | 7 |
| | 向阳小学 | 1 | 16 | 1 |
| 1993 年 | 革一小学 | 1 | 25 | 1 |
| | 新南小学 | 5 | 157 | 7 |
| | 向阳小学 | 1 | 16 | 1 |
| 1994 年 | 革一小学 | 1 | 25 | 1 |
| | 新南小学 | 5 | 175 | 7 |
| | 向阳小学 | 1 | 19 | 1 |
| 1995 年 | 革一小学 | 1 | 34 | 1 |
| | 新南小学 | 5 | 142 | 7 |
| | 向阳小学 | 1 | 26 | 1 |
| 1996 年 | 革一小学 | 1 | 35 | 1 |
| | 新南小学 | 5 | 160 | 7 |
| | 向阳小学 | 1 | 27 | 1 |
| 1997 年 | 革一小学 | 1 | 33 | 1 |
| | 新南小学 | 5 | 179 | 7 |
| | 向阳小学 | 1 | 22 | 1 |

续表 13-8

| 年份 | 名称 | 班级数 | 学生人数 | 教师人数 |
|---|---|---|---|---|
| 1998 年 | 革一小学 | 1 | 31 | 1 |
| | 新南小学 | 5 | 182 | 7 |
| | 向阳小学 | 1 | 35 | 1 |
| 1999 年 | 革一小学 | 1 | 37 | 1 |
| | 新南小学 | 5 | 171 | 7 |
| | 向阳小学 | 1 | 28 | 1 |
| 2000 年 | 革一小学 | 1 | 25 | 1 |
| | 新南小学 | 5 | 153 | 6 |
| | 向阳小学 | 1 | 18 | 1 |
| 2001 年 | 革新小学 | 5 | 186 | 6 |
| 2002 年 | 革新小学 | 4 | 181 | 6 |
| 2003 年 | 革新小学 | 4 | 197 | 6 |
| 2004 年 | 革新小学 | 4 | 186 | 7 |
| 2005 年 | 革新小学 | 4 | 167 | 7 |
| 2006 年 | 革新小学 | 4 | 148 | 7 |
| 2007 年 | 革新小学 | 4 | 121 | 7 |
| 2008 年 | 革新小学 | 3 | 99 | 5 |
| 2009 年 | 革新小学 | 3 | 109 | 5 |
| 2010 年 | 革新小学 | 3 | 112 | 5 |

▲ 1991 年，新南小学、向阳小学运动队参加梧桐乡小第二十七届运动会

▲ 2002 年，革新小学庆“六一”表彰会

## 第三节　中学教育

1958 年，梧桐人民公社成立，由于公社范围大，农业粮食任务重，加上当时都是农村土路，为方便管理，公社领导决定设立革新管理区，革一大队（老革一大队）属革新管理区管辖。管理区机关先设在朱家浜朱阿品家，第二年搬至高家里庄锦春家。高家里是一个比较富裕的自然村，农户住房整齐宽敞。抗战时，没有遭到日军的破坏，适宜做机关用房。为了加快农业生产的发展，1957 年至 1958 年初，新南乡办起了农业初中，1958 年改为农业大学，首批招生 20 余名，校址就在麦干浜浜北高家里，借用高昌明家民房当教室。校长由县文教局副局长徐楚才兼任，教师有师范学校刚毕业的沈昌堃、张静娟、杭发生 3 人，实行寄宿制，大多是小学毕业生，而且还从事过一段时间的农业劳动。学生入学采取半日读书、半日劳动的学习方式，农忙多劳动，少读书；农闲多读书，少劳动。

1961 年，农业大学迁址至亭子桥西逾桥大队的缪家村。1963 年，因国民经济困难被撤销。在当时，上过农中的也是极少数，其中不少毕业生经过一段时间锻炼，被提拔为村干部或农业技术员。

1971 年，根据当时“中学不出大队”的要求，梧桐人民公社贫下中农管理委员会（简称贫管会）决定在北孟庙试办新南高级中学，学制 2 年，招收向阳、新南两个大队的小学毕业生入学，而西部的革一大队的小学毕业生被划归到梧桐人民公社五七中学就读。中学负责人由大队干部担任，当时是贫下中农管理学校，中学负责人由老师陈志农担任，初配专任教师5名。1972年，爱国大队中学并入新南中学，初一、初二各一个班，学校规模扩大。由于师资力量缺乏，曾在桐乡一中工作过的麦干浜小学教师陈志农到中学任教，小学则另选一名回乡知青蔡金祥任教，同时聘任一名高中文化的女青年陈银莺为代课教师，4名教师教2个初中班，学生共40余名。由于教室不够用，另租了一间民房。

1974年，新南大队根据县农业局安排，在塘家浜开辟了70亩种子田，为全县培育优良稻种。为贯彻毛主席“学工、学农、学军”的指示精神，原新南中学迁址到塘家浜，学生增至80余名，依然为初一、初二两个班。1975年，由于种子场缺乏壮劳力，9月，新南中学增设了一个“土高中”班，实行半农半读，学校更名为新南农业中学（简称新南农中）。“土高中”的学制、入学条件和学习时间都与普通中学不同，学制只设一年，报名读书无须初中学历，只要上过初中即可，学生文化程度参差不一。但29名新生都是“农业劳动好手”，受到种子场的欢迎。1976年8月，参加“双抢”结束，给学生颁发了《土高中一年结业证书》。

表13-9　　1976年新南农中办学情况一览表

| 年级 | 学生（人） | 学生来源 | 专任教师 | 学制 |
| --- | --- | --- | --- | --- |
| 初一 | 40余 | 新南，向阳，爱国三村 | 共7人（另有校工1人） | 全日制一年 |
| 初二 | 40余 | 新南，向阳，爱国三村 | | 全日制一年 |
| 土高中一年级 | 29 | 新南，向阳二村 | | 半日制一年 |

新南农中晚上有夜自修，甚至上课，以弥补学生白天参加劳动而缺少的授课学习时间。新南农中十分注意培养优良校风，鼓励学生好学上进，多名学生升入了高中后品学兼优。1977年，第一年恢复高考，新南大队的21名青年踊跃报名，接受祖国的挑选，得到了浙江省高校招生办的表扬。1981年，沈家村组的沈坤荣学生考取南开大学，成为第一个考取重点大学的人，毕业后，任省文物局博物馆处处长；1980年，沈家村组的沈欣林考取全国重点中专浙江

省金华卫生学校，毕业后分配到浙江大学工作，后任浙江大学办公室主任；多名学生为桐乡社会与经济的发展作出杰出的贡献。新南农中男生重视体育锻炼，在参加公社学校的多届田径和篮球比赛运动会中获得男子冠军。但是由于缺少女学生，也缺少女运动员，获团体总分亚军。

1982 年，新南农中撤并至梧桐乡初级中学，学制变为高中三年。

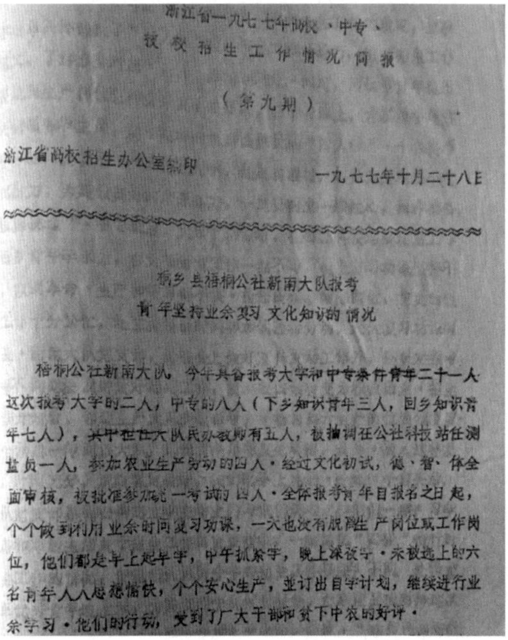
浙江省一九七七年高校、中专、技校招生工作情况简报

（第九期）

浙江省高校招生办公室编印　　一九七七年十月二十八日

桐乡县梧桐公社新南大队报考青年坚持业余复习文化知识的情况

梧桐公社新南大队，今年具备报考大学和中专条件青年二十一人，这次报考大学的二人，中专的八人（下乡知识青年三人，回乡知识青年七人），其中在任大队民办教师有五人，被抽调在公社科技站任测报员一人，参加农业生产劳动的四人。经过文化初试，德、智、体全面审核，被批准参加统一考试的四人。全体报考青年自报名之日起，个个做到利用业余时间复习功课，一天也没有脱离生产岗位或工作岗位，他们都是早上起早学，中午抓紧学，晚上深夜学。未被选上的六名青年人人思想愉快，个个安心生产，并订出自学计划，继续进行业余学习。他们的行动，受到了广大干部和贫下中农的好评。

▲ 1977 年 10 月 28 日，浙江省高校招生办公室编印简报：桐乡县梧桐公社新南大队报考青年坚持业余复习文化知识的情况

表 13-10　　1982 年新南农中课程一览表

| 年级 | 课程及每周课时 |
|---|---|
| 初一 | 政治（2 节）语文（6 节）数学（6 节）历史（2 节）英语（3 节）体育（2 节）唱歌（1 节）卫生（1 节） |
| 初二 | 政治（2 节）语文（6 节）数学（6 节）物理（3 节）化学（3 节）英语（3 节）体育（2 节）唱歌（1 节） |
| 土高中 | 政治（2 节）语文（6 节）数学（6 节）农业（2 节）体育（2 节）唱歌（1 节）劳动（12 节） |

说明：土高中学习雨天或农闲时节为全日制；农忙半日制或学校放农忙假，让学生全天从事农业劳动

表 13-11　　革新村域 1974 年—1979 年初中情况统计表

| 年份 | 名称 | 班级数 | 学生人数 | 教师人数 |
| --- | --- | --- | --- | --- |
| 1974 年 | 新南初中 | 2 | 29 | 3 |
| 1975 年 | 革一初中 | 1 | 37 | 2 |
| | 新南初中 | 2 | 61 | 3 |
| 1977 年 | 革一初中 | 1 | 38 | 2 |
| | 新南初中 | 2 | 87 | 5 |
| 1978 年 | 新南初中 | 2 | 104 | 6 |
| | 革一初中 | 无查证 | | |
| 1979 年 | 新南初中 | 2 | 96 | 6 |
| | 革一初中 | 1 | 25 | 2 |

## 第四节　农民教育

1949 年，新中国成立后，国家十分重视让广大农民识字、学文化，摘掉“文盲半文盲”的帽子。新中国成立之初，城濮区就在北孟庙组织农民利用冬闲时的晚上“读夜书”，省政府下发《农民识字课本》。革新村域内有 5 所小学，小学教师都有义务教授农民们识字，进行扫盲教育。那时，每一名小学老师，除了白天教育学生、批改作业外，晚上还要去生产队的夜校上课。

因新中国成立初期的农民还没有认识到识字的重要性，加上这里的农民几乎一年四季都没有空闲时间，扫盲教育进展不大，特别是农村妇女，绝大部分从

党内不肯改悔的走资派所抛出的“三项指示为纲”的修正主义纲领同拉萨尔的《哥达纲领》相对照，从而进一步看清了拉萨尔、林彪、党内不肯改悔的走资派，这些新老修正主义者，都是反对无产阶级对资产阶级的阶级斗争，反对无产阶级对资产阶级实行全面专政，反对无产阶级专政下的继续革命。其要害就是要复辟资本主义。这样学习，就从

桐乡县梧桐公社新南大队党支部，以阶级斗争为纲，努力办好政治夜校。这是沈介村生产队的干部社员正在认真学习理论。

桐乡县文化馆摄

▲ 桐乡县梧桐人民公社新南大队党支部努力办好政治夜校，沈家村生产队的干部、社员正在认真学习理论。1976 年 3 月 14 日，《浙江日报》进行报道

小没上过学，既不识字，也不懂计算，是文盲或半文盲。

1961年开始，党的农村政策有了大幅度调整，贯彻“调整、巩固、充实、提高”八字方针。公社、大队、生产队经常开会，对农民进行时事政策教育，取消了大食堂，农民有了自留地，多售粮、多售猪和其他农副产品会有各种奖励。农民在生产生活中接触到的粮票、布票等票证，劳动记工分，还有施用化肥、农药等生产活动，需要识字、计算的场合越来越多。沈家村组的一位老农不识字，错把除草剂当成了杀虫剂，结果两亩多的水稻颗粒无收。他逢人就说：“不识字苦啊！”广大农民对学习文化知识的呼声日益高涨。各级领导因势利导，乘势而上，公社配备了专职的业余教育干部。革新村域所在的3个大队以农村小学为基地，都办起了为农民扫盲、学文化的民校，确定了民校教师或全日制老师当辅导员，利用农闲时间，教农民识字、写字、打算盘。当时夜校的辅导老师们不但要教农民识字、写字、计算，还要适时进行农活培训，如两段育秧移栽法、化肥深施法等。原新南大队麦干浜夜校还在民校中结合办起农民俱乐部，上课之前，先教唱歌、讲故事，后来还排演文艺节目，进行赛诗会等大家喜闻乐见的文娱活动，吸引了一大批少青壮年农民，他们读完识字课本后又读《语文》课本，有的还进一步读了夜农中。沈家村民校是桐乡县文教局业余教育的一面旗帜，经常接待县内甚至外县的多批学习参观团。1976年3月11日，在县教育局副局长徐楚才的陪同下，天台县文教局的学习参观团赴沈家村民校参观，随参观团来的还有《浙江日报》的一名记者，他拍下了沈家村组民校学习的照片，并刊登于1976年3月14日的《浙江日报》上。有许多农民昔日是半文盲，通过民校的学习，他们不但学会识字，还成了生产能手，成了农技人员。有的还当上了记工员，有的当上了电工。北孟庙一位女青年通过读夜农中，不但会看文件、读报刊，而且还入了党，被培养为村支书。

麦干浜小学陈志农白天教日书，晚上教民校，坚持了十五年。1984年，经组织考察，被提拔为县教育局成人教育股股长，主抓农民教育。他与同事们一起，到各个公社组织脱盲检查验收。1985年12月，他组织迎接了省人民政府对桐乡县少青壮年基本无盲县的检查验收，让“茅盾故乡文盲多”成为了历史。同年，他被评选为“浙江省优秀共产党员”。

## 第五节 家庭教育与社会教育

革新村重视家庭教育早有渊源。早在民国时期，北孟庙庙内有壁画，其中之一画了“孟母三迁”的故事。北孟庙和南孟庙都把“孟母三迁”的故事用壁画形式搬上墙，对村民百姓有很大的教育意义。

良好的教育主体在于学校的组织实施。民国后办教育，教师很重视家庭访问，家访内容主要是动员孩子上学读书，了解孩子的家庭情况，叮嘱家长督促孩子完成家庭作业等。到了现在，以电话、短信和微信等联系家长的形式比较普遍。学校坚持每学年开一次家长会，家长会的内容主要有三个方面：一是负责老师或班主任向家长报告一个时期的学校大事；二是介绍孩子成长情况；三是挑选优秀家长介绍教子育儿经验。现代教育重视信息交流，学校有时也组织观看一些电视短片，告诫家长对孩子“春秋防染病”“夏季防溺水”“冬季防火灾”等教育活动。

2000年，革新村小学从北孟庙迁址到塘家浜革新村委会后面，建造起新校舍。已毕业的校友们闻讯为母校捐款6000余元，添置了电视机、旗杆、宣传品等多种设备，城东中心小学、革新村委会为此专门召开了庆祝会，近百名校友参加。

新时期，政府十分重视教育工作，除了在多媒体进行宣传教育外，市和镇（街道）关心下一代工作委员会安排有关老干部、老教师、老农民等人士到各村组织暑期教育。每逢六一儿童节，也有热心慈善人士向幼儿园或小学捐资、捐书、捐玩具等。

## 第六节 教师待遇与地位

抗日战争爆发之前，小学教师每月月薪20银圆左右，多数教师的收入不能维持正常生活。茅亭小学教师朱震华学问较高，写得一手好字，打得一手好算盘，他的月薪为25银圆，仅能维持夫妻俩一个月的基本开支。那时不仅待遇低，而且经常欠薪。抗战胜利后，教师薪金靠地方保长或校董出面筹集，每月折合为一石（75千克）大米，但也不能按时领到。

新中国成立初，教师薪金也是按米结算。名牌教师每月1石2斗米(90千克)，村小教师一般为50千克。有的教师不能领足50千克米，村干部就牵头组织教师到学生家轮流吃饭，俗称“吃派饭”。当时，麦干浜小学一名代课教师每月只有25元，他教了几个月就辞职了。教师工资低的现象一直持续到1955年。

1956年，教育系统进行工资改革，调整后的月工资由原来的30.50元提高到39元，按那时候的生活水平可以养活一家3～4口人。1962年，三年困难时期，在农村小学工作的教师一般都下放到生产大队（当时的政策叫“公转民”）。麦干浜小学一位公办教师1962年公转民时，月工资为30元，到1972年上调为公办教师，月工资依旧只有30.50元，工作十年基本上没有提工资。

真正的待遇改善是从1977年开始的，先后两次增加教职工工资，每次升级面为40%。1980年，国家开始发放班主任津贴（中学每人每月4～6元，小学4～5元）。1981年10月起，教职工晋升一级工资（中学教师每人每月6～9元，小学教师5.5～8元）。1984年，对工作在农村的教师实施奖励性补助。1985年，实行教师教龄补贴，每五年为一个档次，教龄20年以上者每月补贴10元。同年，还进行了工资改革，以职务工资为重的结构工资制加工龄补贴。1985年9月10日新中国设立了第一个教师节，为此，国家对在农村任教的公办教师向上浮动1～2级工资。民办教师工资增长幅度较大，在原工资额上再增长了近80%。1986年，公办教师享受每两年一次的体检待遇，退休教师则每年安排一次体检。1987年，中小学、幼儿园专任教师的工资上提10%，行政人员和其他人员向上浮动一级工资，教师人均月工资近190元。1989年10月起，全县教职工（含离退休）普加一级工资。至1990年，公办教师平均月收入215.58元，民办教师平均月收入179.18元。

进入21世纪后，教师基本上两年加一次工资，且幅度较大。据统计，2006年，公办教师年收入在5万元左右；2010年1月1日起实行绩效工资，2013年，教师年收入平均在7万元。至2020年，在职教师月收入平均在1万元以上。新中国成立后，教职工实行退休制度，1957年出台规定，退休教师月收入按退休前月工资的一半发放。1991年开始，退休教师教龄满30年以上者，享受在职时月工资100%待遇。

从21世纪初开始，教师开始享受地方财政补贴，年补贴达公务员的80%左右。2012年，落实《中华人民共和国教师法》相关规定，教师享受的工资收入与公务员同等待遇。在福利待遇方面，从 1952 年起，教职工享受公共医疗待遇，教职工的子女亦实行统筹医疗。此外，教职工病假和女教职工产假期间按规定天数工资照发。同时，严格按照政策规定落实探亲假、生活困难补助以及丧葬费、抚恤金和遗属生活费。

1984 年，由国家拨款、镇（乡）财政补助，在北港河畔等地专门建造了教师公寓或教职工宿舍楼分配给梧桐镇（乡）的教师居住。1985 年第一个教师节前后，优秀教师、先进教育工作者以及老教师等还在每年暑假中享受国内疗休养。每年教师节前，对优秀教育工作者进行表彰、奖励，人民教师的政治地位得到了充分的保障。

中共十一届三中全会后，多位求进步的教师向党组织递交入党申请书，经组织考察批准，从 1978 年至 2020 年，革新村先后有 2 名教师光荣加入了中国共产党。1978 年，中共中央决定为被错划为“右派分子”的人纠错。原革一小学老师朱经鉴在 1957 年被错划，1979 年宣布对他改正摘帽，虽时已退休，但他仍被聘往桐乡一中教务处工作；新南小学老师庄子松在 1957 年被错划成“右派分子”，1979 年宣布对他改正摘帽，恢复工作，补发待遇，直到退休；新南小学老师孙伯农在“文化大革命”中受到错误批判，“文化大革命”后因长期在农村从事普及教育工作，成绩突出，被评为全国优秀班主任。

表 13-12　曾在革新村中小学任教教师名单

| | | | |
|---|---|---|---|
| 新南乡农业初中（也称农业大学） | | | |
| 徐楚才（校长） | 沈昌堃 | 张静娟 | 杭发生 |
| 新南小学（含梧桐人民公社第二中心小学） | | | |
| 杨英清（校长） | 叶天华（校长） | 朱雪华（校长） | 左顺芳（教导） |
| 张秀敏（教导） | 毛应珍（教导） | 钱荣生（完小校长） | 朱震华 |
| 沈明昕 | 沈乃驹 | 商汝华 | 张银宝 |
| 高志明 | 董震元 | 徐土金 | 王润源 |
| 王顺荣 | 叶　飕 | 张振华 | 孙伯农 |
| 许学勤 | 王佩茗 | 罗荣荣 | 姚雪芬 |
| 陈志英 | 马柏生 | 姚立钊 | 沈春梅 |

新南小学（含梧桐人民公社第二中心小学）

| | | | |
|---|---|---|---|
| 李湘华 | 沈丽霞 | 张秋生 | 姚余亮 |
| 何依霖 | 陈钰鸣 | 陈伟栋 | 王惠珍 |
| 曹达金 | 朱　萍 | 谢忠健 | 姚建明 |
| 徐柏松 | 胡国光 | 吴士强 | 周童轮 |
| 蔡金祥 | 徐玲芬 | 庄子松 | 赵云松 |
| 褚月芬 | 姚良荣 | 钱　敏 | 陆剑仙 |
| 徐建明 | 戚树家 | 高晓琴 | |

新南中学（含新南农中）

| | | | |
|---|---|---|---|
| 陈森如 | 金雅芳 | 陈志农 | 徐媛媛 |
| 陆　菊 | 许剑明 | 吴学明 | 刘玉林 |
| 费　敏 | 姚德明 | 陈银莺 | 徐卫平 |
| 谢丽华 | | | |

革一小学（含中学部）

| | | | |
|---|---|---|---|
| 朱静涵 | 朱经鉴 | 祁柏林 | 方宝祥 |
| 潘芸华 | 范冬仙 | 张志英 | 费永泉 |
| 罗铁峰 | 冯向明 | 殳庭加 | 陈永根 |
| 沈堂堂 | 杜建明 | 丁新宝 | 章伯毅 |
| 谭月洪 | 李月强 | 姚玉明 | 胡德波 |
| 沈森木 | 孔　宸 | 潘瑞华 | 王娟芬 |
| 陆娟芬 | 高娟萍 | 方雪坤 | |

向阳小学

| | | | |
|---|---|---|---|
| 应玉琴 | 尹翠娥 | 施炳祥 | 董翠华 |
| 王月芬 | 沈永清 | 潘毓倩 | 沈金坤 |
| 王冬琴 | 王柱良 | | |

革新小学

| | | | |
|---|---|---|---|
| 姚阿生 | 沈水泉 | 屠翠英 | 许林珍 |
| 张丽娟 | 叶林渊 | 汤学明 | 张林娟 |
| 姚娟娥 | 徐雅芬 | 庄复兴 | |

# 第十四章　文化体育

革新村地处古老的吴越大地，有着深厚的文化底蕴，吴越文化在太湖流域流传甚广。几千年来的文化传承至今，也给村域内留下了庙、庵、桥梁等古迹遗存。新中国成立初期，人们的文化生活十分匮乏，只有在过年时听听茶馆店里的评书，难得看场草台戏。20世纪60—70年代，村里有了自己的宣传队（毛泽东思想宣传队），有了有线广播和露天电影。1978年，村里组建了自己的配备8.75毫米放映机的放映队，后来换成了16毫米的放映机。20世纪80年代后，随着村民物质生活水平的提高，文化生活也逐渐变得丰富多彩，从收音机、电视机、录像机到有线电视、数字电视、宽带视频、互联网、智能手机、文化礼堂、健身场地等，逐渐融入人们的文化生活中。以前，村域内没有正规的体育运动场地，更缺乏体育锻炼的意识。新中国成立后，村域内的小学开始做广播体操、上体育课，课余时间，同学们还做各种民间流传下来的游戏，如捉七、老鹰捉小鸡、官兵捉强盗、跳橡皮筋、打洋片、打夹、捉迷藏、踢毽子等。大队民兵连组织基干民兵开展列队、出操、射击、投弹、长跑等训练项目，这就成为当时农村体育的雏形。1966年，先后有51名崇福知青在村域内落户。1970年，下乡知青、回乡青年农民、退伍军人组成了一支农民篮球队，1973年5月在全县农民篮球赛中荣获冠军，并代表桐乡县参加嘉兴地区的农民篮球赛，夺得第9名。同时，全民健身也受到了各级政府的重视，投入资金到健身场地和设施的建设中。到 2020 年，村域内已有 19 个健身场地、3 个居家养老服务照料中心、4 处排舞广场，健身已经从时尚变成常态，体育在村域内由点面变为普及。

## 第一节 古迹

**北孟庙** 北孟庙在今凤凰湖东南莲花桥北堍东约百米处。据光绪《桐乡县志》记载，北孟庙始建于明代洪武年间（1368—1398），距今已有六百多年历史，清顺治七年（1650）修缮过一次。它与爱国村的南孟庙相距两里地（1000米），南北相对。古人尊崇孔孟之道、建庙祭祀、宣扬教化。桐乡有民谣道：“城里有孔庙，城外有孟庙。”孟庙就是北孟庙和南孟庙。孔孟思想、礼义之道、孟母三迁在民间广为流传。

北孟庙有庙屋十多间，根据民国 35 年（1946）档案记载：“北孟庙占地五亩七分。”前埭有九间一弄，中间是关帝殿，东西分别是土地殿和蚕花殿，后埭则是观音殿，五间庙宇高大雄伟，东边还有两间木楼。庙里塑有关帝、土地、蚕花、观音等众多菩萨。前后殿之间都有厢房，围成一个大院子，院子中间有条石板路，路西有棵六百多年树龄的银杏树，当地人都称之为白果树，也是我国的国树。银杏树高大挺拔，树干有十米多高，三人抱粗，树冠巨大，枝繁叶茂。人们依旧记得，出了桐乡东门就能看到这棵巨大的古树，古树是鸟的天堂，很多鸟类在树上筑巢、栖息。最为显眼的是白鹭，它们白天在田野里捕食飞翔，晚上在树上歇息。深秋时节，银杏果成熟，一夜风雨遍地白果，引来一群群孩子拾果。

庙屋高大，黄墙黛瓦，庙门坚固，气氛庄严。前埭朝南的一排几十扇大门都是实心排销门，十分厚重。关帝殿的北门正对院中的石板路和观音殿的正门。这对山门做工十分考究。与众不同的是，粗大的方形大门闩安装在砖墙里，关门时，门闩从墙洞里拉出来闩上，非常牢固。

庙前有宽阔的大道场，道场南是姚家浜，河浜上有座北孟庙桥。北孟庙桥是一座单孔石板桥，桥面由三块石板构成。河浜南有座戏台，朝北对着庙道场。因与庙屋隔了一条河港，故称“隔港戏台”。逢年过节做庙会时，请戏班在此做戏。

北孟庙庙界大，东南方到濮院的旺华桥、罗秋浜，南面到爱国村的石家塘、许家兜，西面到朱家浜，北面到周家里、富饶桥。庙会那天，庙界内各村坊乡民送来供品，请神佛、拜菩萨。庙会一年两次，即二月初二蚕花会、八月初二青苗会。请过菩萨、做完佛事后，乡民把鸡、肉、鱼等供品带回去做会，在村坊上摆桌设宴，庆祝一番，出份子钱的派人参加。会餐时，大家喝酒吃肉，其乐融融。二月初二蚕花会，请的是蚕神，祈求蚕花菩萨保佑蚕茧丰收。八月初二青苗会上请的是土地菩萨，求菩萨保佑风调雨顺、无灾无难、五谷丰登、粮食丰收。

▲ 庙桥

庙会上，城里商家、乡间小贩都来摆摊做生意。庙道场上，四周摆满摊位，吃喝玩乐一应俱全，大到铁耙、刮子、农具家杂，小到糖果洋片，琳琅满目，偌大的道场上挤满了从各村坊来赶庙会的人们。

傍晚，赶庙会的人们散去不久，戏班的闹场锣鼓急一阵、缓一阵地响着，爱玩的孩子早早地搬来长凳椅子，抢占好位置，玩闹嬉戏，等待看戏。夜幕降临，四邻八乡的男女老少都来看戏轧闹猛（凑热闹）。北孟庙旧时有个习惯，庙会演戏前总有个小插曲，由父亲领着家中的男孩走上戏台，穿上戏服，戴上官帽，向对面庙里的菩萨作揖祈求，幼小的孩子由父亲抱着作揖，戏班的人在一旁说上一番祝福的话，父亲送上红包表示谢意。红包数额不大，几个铜板或一个银角子，也有给一块大洋的。庙会上演戏都是地方上包场，村民看戏不用买票，戏班收到外快，更是皆大欢喜。

新中国成立后，地方政府接收了庙屋，北孟庙成为群众集会、干部办公开会的地方。1954年，新成立的城濮区区政府就设在庙里。1958年，人民公社成立，附近几个自然村在庙里办起了大食堂。之后，庙里还开设了商店和诊所。1963年，新南大队搬到庙里办公，并在前埭办起了粮食加工厂（碾米厂）和其他队办农产品加工企业，商店和诊所则分别搬到庙西和庙东。

北孟庙是桐乡东门外较大的农村集市，也正是因为有了这座庙，才集聚起人气，十分热闹。解放初，北孟庙庙东、姚家浜浜南就有茶馆、剃头店、豆腐店、打铁铺等各种店铺。庙屋厢房里有一所学堂，乡民称“白果树底下有学堂”，附近乡民子弟在此上学，一般只上一、二年级。20世纪50年代中期，政府在庙后建起了茧站，负责收购革新村和爱国村的茧子，烘干后运往桐乡丝绸公司仓库。茧站后面建了学校，即新南小学，学生最多的时候有六七个班级，不但有高小班，20世纪70年代还有两个初中班。从20世纪60年代到21世纪初，茧站西面有梧桐供销社的下伸店——新南商店。商店规模较大，有副食、百货、生产资料、农产品收购等多个部门。庙东有公社卫生院（中医院）设立的新南诊所。

1971年10月，梧桐人民公社创办东方红丝厂，厂里的煮茧机需要使用银杏树材料。经桐乡县革命委员会生产指挥组下文，锯掉了庙内有600多年历史的古银杏树，毁掉了宝贵的历史遗迹，成了革新村历史上不可弥补的损失。1975年，为打通姚家浜和北港河，公社实施开河工程，因位于河道开挖范围内，北孟庙被拆除。从此，北孟庙成为了历史。

**草庵**　草庵（也叫积福草庵头）是一座尼姑庵，地址在现凤凰湖西凤仪路中段，光绪《桐乡县志》记载，草庵建造于宋代，旧名董庵。据老人说，草庵头房子有十多间，庵中有尼姑，也有菩萨，早先有“九庙十三庵，草庵第一庵”之说，可见当时草庵的规模和影响力之大。草庵四周较清静，庵前有一条小河叫草庵浜，河上有一座小石板桥，西南是方家埭，东面和北面都是田地。陈家埭和殳家埭离草庵都有一段路。据民国35年（1946）档案记载：“积福庵有田四亩、地九亩。”

日军占领期间，伪政府设立的秀川乡乡公所就在庵中。新中国成立后，草庵由政府接管，成为群众集会的地方。人民公社成立后，在政府支持下，草庵边新建了一座大会堂，维修了旧屋，设立革新大队大队部。1961年，革新大队拆分为三个大队，即革一、革二、新南三个生产大队，革一大队仍设在草庵里。

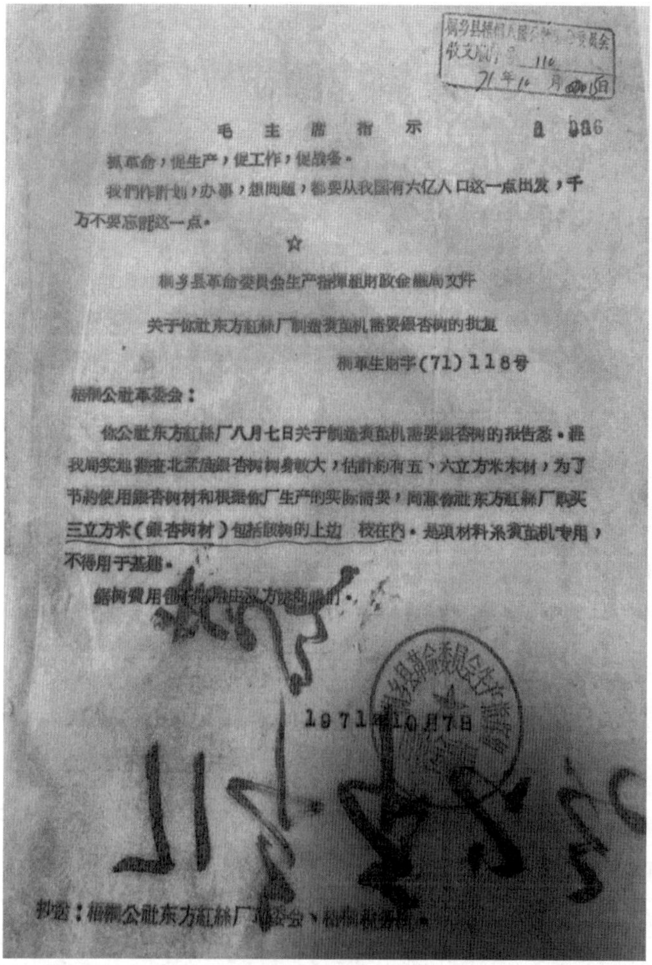
毛 主 席 指 示

抓革命，促生产，促工作，促战备。

我們作計划，办事，想問題，都要从我國有六亿人口这一点出发，千万不要忘記这一点。

☆

桐乡县革命委員会生产指揮組財政金融局文件

关于你社东方紅絲厂制造煮茧机需要銀杏树的批复

桐革生財字（71）118号

梧桐公社革委会：

你公社东方紅絲厂八月七日关于制造煮茧机需要銀杏树的报告悉。据我局实地查北孟庵銀杏树树身較大，估計約有五、六立方米木材，为了节約使用銀杏树材和根据你厂生产的实际需要，同意你社东方紅絲厂购买三立方米（銀杏树材）包括該树的上边 枝在内。是項材料系煮茧机专用，不得用于基建。

銀树費用[illegible]。

1971年10月7日

抄送：梧桐公社东方紅絲厂革委会、[illegible]。

▲ 1971 年 10 月 7 日桐乡县革命委员会生产指挥组财政金融局关于东方红丝厂制造煮茧机需要银杏树的批复

不久，庵里办起了革一小学，开始只有一个复式班，后来逐步扩大，20 世纪 70 年代已发展成为有四五个班的小学。草庵还开了商店，梧桐食品站也在此设立了生猪收购点，定期收购生猪。20 世纪 80 年代初，革一大队搬到文桥头，学校也合并到梧桐乡中心小学，草庵头的建筑陆续被拆除。

**法海庵** 法海庵（也叫法华庵），坐落于革新村域，南邻南港上，北与丁家里相连，位于现茅盾东路与平安路交叉口。法海庵始建于宋代，清康熙五年（1666）重建。据民国 5 年（1916）《桐乡县城城东乡寺庙会社财产及收益册》记载，法海庵占地十二亩四分七厘。法海庵前有个东西长约 200 米的狭长溇潭，到庵内要经过溇潭上的桥。民国时期建造杭善公路，在法海庵附近由南北向转弯向西，那个转弯处叫法海弯，此地名延续至今。据老人们回忆，法海庵在解放初期被毁，20 世纪 70 年代在“农业学大寨”、平整土地运动中，革一大队用电耕犁拉泥土，将法海庵原址和前面的溇潭填平。从此，只有法海弯这个名字，再也没有法海庵的踪迹了。

**茅亭**　茅亭（茅亭庵）在革新村域原新南村境内，位于茅亭浜的浜底头东侧，北邻范家埭，南接高家里，现位于向前桥往南 150 米，东恒加油站与公安局大楼之间。据民国 35 年（1946）《桐乡县城东乡寺庙会社财产及收益册》记载，茅亭庵占地五亩。因有了茅亭庵，此地民间俗称茅亭头。民国时期，国民政府在茅亭设立小学。抗战时期，茅亭曾遭日军焚烧，部分烧毁。抗战胜利后，国民政府曾拨款修缮，茅亭小学继续开学，延续至 1955 年。1955 年茅亭庵建筑被拆除，其材料用于建造革新乡中心小学（北孟庙小学）。

**灵悟桥**　灵悟桥是一座单孔石拱桥（石环桥），坐落在北港河北岸，灵悟桥港南端与北港河交接处，原范家埭村民组以西。灵悟桥南北走向，横跨在灵悟桥港上，坚固美观，闻名遐迩。桥上所用石材大多是花岗岩，由拱券石以纵联分节并列式砌成，桥两面各有十多级台阶，桥两侧均刻有桥联，东侧刻的是“北去多曲水听幽湖晚歌，南来少弯头看梧桐晨曦”，西侧刻的是“稻香灵动盼丰年，月明悟静映画舫”。东侧桥联讲的是桥的地理位置，西侧桥联表达的是人们的美好希冀。此桥的建造年代已无从考证，据附近的老人说，这是清代乾隆时期所建，于 2001 年北港河整治时被拆除。

▲ 浮石桥

**浮石桥**　浮石桥在《桐乡古桥》上有记载。原名浮日桥，当地人习惯称浮石桥，位于村域内向阳村浮石桥组，东西走向，横跨于永兴港上，系三孔平梁石板桥，桥长 19 米，净跨 11.5 米，桥宽 1.5 米，桥高 7.1 米，桥面每孔均由三块并列的青条石板构成，东西两侧中间桥板为几块小石板拼接而成，中间桥板南侧刻有水纹，北侧刻有“浮日桥”三字。竖壁形桥柱，桥身两对较完整，两端无踏步。石桥所用的石材多为花岗岩，有少量的是武康石。

该桥所建年代不详，桐乡市古桥普查时，整体保存较好，保持原有风貌，因此被编入《桐乡古桥》。2004年拓宽永兴港时被拆除。

附：民间传说

## 大缺口的来历

出桐乡东门外约7里处，在三里姚家浜南岸有一个只有八户人家的小村坊，叫大缺口。说起大缺口，还有一段动人的传说。大缺口，顾名思义，就是防洪堤坝缺了一个口子。村边有一处堤坝长400多米，宽十几米，高5米有余，事实上是一块旱地土岗。上游是好几百亩的荡田（地势较高的水田），下游是六七个水圩头（地势较低的水田），上下游落差4米多，上下游的水田灌溉以堤坝为界，互不相干。

相传清同治年间，自八月二十四日起，桐乡阴雨连绵二十余天，民间有谚："同治四年，水没廊檐。"特大洪涝使下游的村民不得不日夜排涝。可就在这个节骨眼上，堤坝上游的几百户村民在深夜趁下游村民不注意之际，将堤坝挖出个口子来泄洪。顷刻间，下游的几百亩苗田变成了汪洋泽国。等到洪水退去，在水里浸泡了十多天的稻苗全部烂光，使得下游五十多户的农户颗粒无收。下游的农户咽不下这口气，大伙商量后，一同去找上游农户讨说法，要求赔偿损失。可是，上游村民依仗着桐乡东门外有名望的大户——石员外，人多势众，财大气粗，蛮不讲理，根本不想赔偿。下游农户一气之下，一纸诉状将上游农户告上了县衙。谁知，石员外早就疏通好了关系，层层打点。知县纵大吃小，以水自然是从高处往低处流、泄洪总要从上游向下游排为由，判双方各打五十大板（责任对半）。下游的农户不服，上诉到嘉兴府。谁料知县早就在知府面前打好了招呼，知府说的话也与县太爷如出一辙。下游村民更加不服，大伙经过商议，横下一条心，决定哪怕砸锅卖铁、倾家荡产也要告。于是，大家凑齐了银两，派代表上京告御状。当时，清政府由于受到"杨乃武与小白菜"案的影响，对来自浙江的案子十分关注。刑部尚书接案后，派刑部监司前往浙江嘉兴。监司实地查看，提取案宗、走访村民，掌握情况后，在嘉兴府升堂宣判：堤坝上下游在田地灌溉上历代互不相干，这次，上游村民瞒着对方偷挖缺口进行泄洪，致使下游村民一年颗粒无收，有错在先，应赔偿下游村民一年的粮银和打官司的银两，对知县和知府徇私枉法、官官相护、办事不公的予以撤职查办。

这场历时三年多的官司终于打赢了。可是，堤坝下游原来的五十多户人家，后来逃荒的逃荒，饿死的饿死，病亡的病亡，剩下没多少户人家了。大缺口的官司惊动京城，传遍江浙，原来名不见经传的小地方名声大振。从此，这个叫“小庄村”的地方也改名“大缺口”了。

## 包家桥的传说

相传，不知在哪朝哪代，有一位高大人，回家过年后返回京城。原先走的是陆路，未料走到半途，下了一场大雪，而拉车的马匹也恰在此时病死了。就在这叫天天不应、叫地地不灵的时候，却见不远处的河里缓缓驶来一条官船，船头凉棚内的一位大人正在喝茶赏雪。驶到近前，认清是梅大人，不觉大喜，喊道：“那边可是梅大人”坐在船头的梅大人听到喊声，回首望时，见岸上之人却是认得的，招呼道：“对面不是高大人吗？”高大人喜道：“正是正是！”随即说明原委，梅大人即令船只靠岸。水手将船慢慢停拢，搭起跳板，将高大人迎上了船。两边见礼毕，便坐下来，烤着小火炉，品茗聊天。

闲谈不觉时长。也不知多久，行船至一处，忽闻一名水手“咦”的一声叫起来：“此处的水怎是红色的，真是奇怪！”众人闻言，齐齐探头去看，却不是红的又是什么颜色。随着船只继续往前，河水越发的红了，如血流一般。众人看了半天也没瞧出是何道理。这时，从前面荡来一叶小舟，舟上两个渔人模样，正在张网打鱼。高大人喊道：“前面的，这里是何地方？怎么此处河水是这般模样？”其中一名渔夫答道：“此地叫北孟庙，前面不远的河岔口，往西是姚家浜，顺此浜去五里许就是包老丞相府上。今日丞相八十大寿，家中屠猪宰羊，摆寿宴哩！这正是他家杀牲畜的血流入河中所致。”梅大人道：“原来如此。”转头对高大人道：“闻听包老丞相告老之后在吴地隐居，不想却在此处。既然撞见了，不妨前去讨杯酒吃。”高大人连道：“正是！正是！”即令水手岔口左拐，前往包家拜寿。

五里行程，顷刻就到。在三角漾口往北拐个弯，就能望见不远处的一座石桥。穿过桥洞复往西，就是包府了。府外场地上，人声鼎沸，热闹非凡。佣人们跑进跑出忙个不停：宰杀牲口的、洗刷餐具的、张罗茶点的、洗菜的、烧火的……

船尚未靠岸，包家老早就有人看见了，跑入府内禀报。听说钦差要来，那可是非同小可，犹如皇上亲临，包家老少连同宾客，除包丞相外全都出来迎接。

梅、高两位大人在包家子弟的引领下，进去给老丞相拜寿，少不得说些场面上的客套话。随后，众人被引至一偏厅用茶小憩，静待开席。

话说梅大人有位副手，其手下有个唤作刁四的，吃了茶点后在包府院内闲转。这刁四，原本是个泼皮无赖，本性好色。在府内见两名前来拜寿的妙龄女子，便出言相逗，进而动手动脚。正在胡闹间，外面突然进来两名大汉，身形魁梧，满脸横肉，呵斥、掌掴并赶走了刁四。一女子道："哥，你还是这般性急。如今伤了钦差的人，他若追究起来，恐对包老丞相不利啊！"大汉一愣，悔道："是我鲁莽了。本来我或念老丞相是难得的好官，一番好意前来给他拜寿，不料反给他惹下祸端。唉，现在只能先行离开，改日再来登门谢罪。只可恨如今奸佞当道，皇帝老儿昏聩无能，苦了天下百姓。"言罢，一跺脚，带上众人匆匆离去。

却说刁四逃了性命，脸上吃了一掌，心中大恨，一路跌跌撞撞往回走。冬季的天黑得早，此时虽才申时，天已大暗，黑夜里不辨东西，慌乱间走过一处屋子，隐约听人说话："……关上墙门，除去膏煤……请两位大人喝酒。"刁四暗想："关墙门？除去高、梅？"这摆的是鸿门宴呐！又一寻思，想起刚才那几个人都是绿林装扮，一拍脑门，大惊：莫不是要造反？这可是诛九族的大罪！一惊之下，脑子清醒了很多，急寻路跑回去，找到副手，又恨及刚才吃了亏，遂将情况添油加醋对他说了。副手也不细问，匆忙将事情禀明两位大人。梅、高两位大人被骇得立即率众夺门而去。

众人紧赶疾行，不几日回京面圣，一纸奏折呈将上去。几番转述之后，原本莫须有的事情也成了确凿无疑。那昏庸的皇帝老儿勃然大怒，降下一旨，着令缉拿回京，严加惩办。然而，荒唐的是，旨意下来却成了"满门抄斩，就地正法"。为了寻找造反所用刀枪器械，更是掘地三尺，最终一无所获。于是随便找了些废铜烂铁交账了事。那天，包家满门200多口人全部处斩，鲜血染红了整条姚家浜……

自此，此地虽名包家桥，却无包姓之人。唯留下那座石桥，孤零零立在河道上，诉说着这段历史悠久的传说故事。时过境迁，直到道光二十二年（1842），此处有李姓人家，为方便村民出行，出资请人将石桥从北面河湾处往南移到了三角漾口，让人们少走了许多冤枉路。

## 第二节 文化活动

**茶馆** 又称茶馆店，是爱茶人的乐园，也是人们休息、消遣和交际的场所，历史悠久。据中国古典典籍记载，最早的茶馆出现在唐代开元年间（713—741）。唐代时称茶馆为茗铺；宋代时称茶馆为茶肆；明代时称茶馆为茶寮；清代时茶馆分为清茶馆、大茶馆、书茶馆、酒茶馆和园林茶馆。南宋时，江南茶文化繁荣，茶馆在江、浙、沪一带盛行，城市里有茶楼、茶馆、茶庄等，而在偏僻的广大农村只有简陋的茶馆店或茶摊。民国时期，革新村域内只有3家茶馆店：范家埭的三和尚茶馆店、朱家兜的朱荣洲茶馆店和富饶桥的沈阿龙茶馆店；解放初的20世纪50年代，村域内新开了麦干浜庄荣生茶馆、北孟庙姚兰珍茶馆、浮石桥沈金山茶馆、革一文桥头的殳建林茶馆店和新凤桥的沈利明茶馆店。茶馆店一般每天两市：早茶和中午茶，每逢过年时就要开三市了，增加夜茶。喜欢喝早茶的人也是“灵市面”的人（耳听八方、世面灵活的人）。茶馆内各种各样的人多信息量广大，是人们信息传播、交流的场所，什么八卦新闻、小道消息、物价信息、社会现象、民间传统等。喝茶有礼节、有规矩。长辈或老者给你倒茶，你要用整个拳头在桌子上磕三下，表示“磕头致谢”的意思；平辈朋友给你倒茶，也要伸出一个食指，在桌子上轻轻叩三下，表示谢意。喝完茶把茶盅放在茶壶上，再把茶壶盖盖在茶盅上，表示茶已喝好，茶客已走。如果茶壶盖竖放盖在茶壶上，表示茶客临时外出一会儿，还要回来继续喝，茶壶不要撤下。20世纪60年代后，村域内几乎每个村民组（生产队）都有茶馆店。它既是茶馆店，也是村民组的小组会场，聚集安排每一天的农活，那个年代，茶馆店是全体农户每天早上、中午必去的地方。改革开放后，特别是1983年，全面实行家庭式联产承包责任制后，生产队的茶馆店也失去了往日的意义，自动关闭。而在北孟庙、富饶桥、文匠桥和少数几个自然村里还开设茶馆店。2009年后，革新村域整体征迁建造了灵悟、革新、永兴、金晖4

个小区，而在革新小区、灵悟小区、永兴小区的老年活动中心都设有茶室，供小区内的老年人休闲、消遣，安度晚年。

**茶馆评书**　又称竹板书。20 世纪 60 年代到 70 年代初，农村的文化生活和娱乐活动十分匮乏。每到过年时，茶馆的评书便成为当时的文化盛宴，茶馆老板预先请好“唱书先生”，一般从除夕唱到正月十五，每天两场，上场 13:00—15:30，下场 19:00—21:00，每张票价 1 角 5 分，送一壶茶。最多的一场有一百多人，唱的曲目有《封神榜》《三国演义》《水浒传》《天宝图》《杨家将》《五虎平南》《薛仁贵征东》《薛丁山征西》《罗通扫北》。老古话有：“说起《天宝图》，忘记肚里饿。”唱书先生身穿长衫，左手拿搭板，右手拿一块一尺多宽的长条什木，舞台比地面略高半截，面前一张桌子，桌上放一块惊堂木，挂着一块红布，背后一把椅子垫着红布。大人们一边喝茶一边听书。由于当时没有扩音设备，所以室内很安静。小孩们不买票跑进去听，称作“靠壁书”（不买票，没座位，不泡茶），看起来是听书，实则是看热闹。当时，如果家里来了拜年的客人，吃好饭陪客人去听一场书，那便是最高的礼遇了。

**文宣队**　文艺宣传队（又称“毛泽东思想宣传队”）。20 世纪 60—70 年代，人们只有单纯的政治学习，生产队里几乎每晚都开各种各样的会，

▲ 70—80 年代的农村大礼堂

没有一点文化娱乐生活。在这样的历史环境中，大队文艺宣传队悄然出现。一开始有几个文艺爱好者，在劳动的间隙和傍晚时分凑在一起，边弹边唱，吸引不少社员围观，后来发展到几十人，他们都是大队里的文艺积极分子，有相当一部分人是知青。起初，他们纯粹是在一起唱唱跳跳，在紧张而劳累的空闲时间释放一下青春的活力。后来，大队党支部因势利导，组建了大队文艺宣传队。他们利用业余时间，配合党支部的中心工作，自编自导自演节目，表演形式有：快板书、对口词、三句半、小品、歌舞、说唱、“杨柳青”、“紫竹调”、“样板戏”等。

每年下半年是文宣队最忙的时候，要精心准备 2 小时左右的节目，除夕夜和大年初一的下午都要在大队文化礼堂举行两场文艺演出，这是当时不成文的规矩，类似现在的春晚。节目有越剧《半篮花生》，京剧《智取威虎山》《沙家浜》《红灯记》选段，歌舞和说唱等。

党支部十分重视文宣队工作，在人力、物力、财力上给予大力支持。因此，革新村域三个大队的文艺宣传队越办越好，曾两次代表梧桐人民公社参加县里的文艺会演，越剧《半篮花生》和舞蹈《敬爱的毛主席》《丰收镰》等荣获县一等奖。有两名宣传队员被县文宣队看中，抽调到县文宣队。文宣队除了在本队演出外，还受邀去周边的兄弟大队进行演出，还到公社举办的大型会议上演出，得到了广大干部群众的一致好评。

**大队电影队** 农村的人们对电影感到既新奇又喜爱。20 世纪 50—60 年代，农村的文化生活、娱乐生活十分匮乏，能看上一场电影也是种奢望。那时，几个月才放一场电影，可老人、小孩却没有这个机会，因为电影场上人山人海，都是些年轻力壮的人，没有老人、小孩的立足之地，老人们只好站在很远的地方，望

▲ 农村露天电影

着模糊的银幕看热闹，而小孩也只能坐在银幕下方仰起头来听电影。即便这样，看电影仍是人们的一大乐事。方圆几十里的姑娘小伙只要打听到电影的消息，便成群结队前往。这既是看电影，又是有情人相互了解、相互倾诉、相互牵手的机会。现在年龄在六十多岁的夫妻，有很多就是在这样的环境中牵手走过来的。

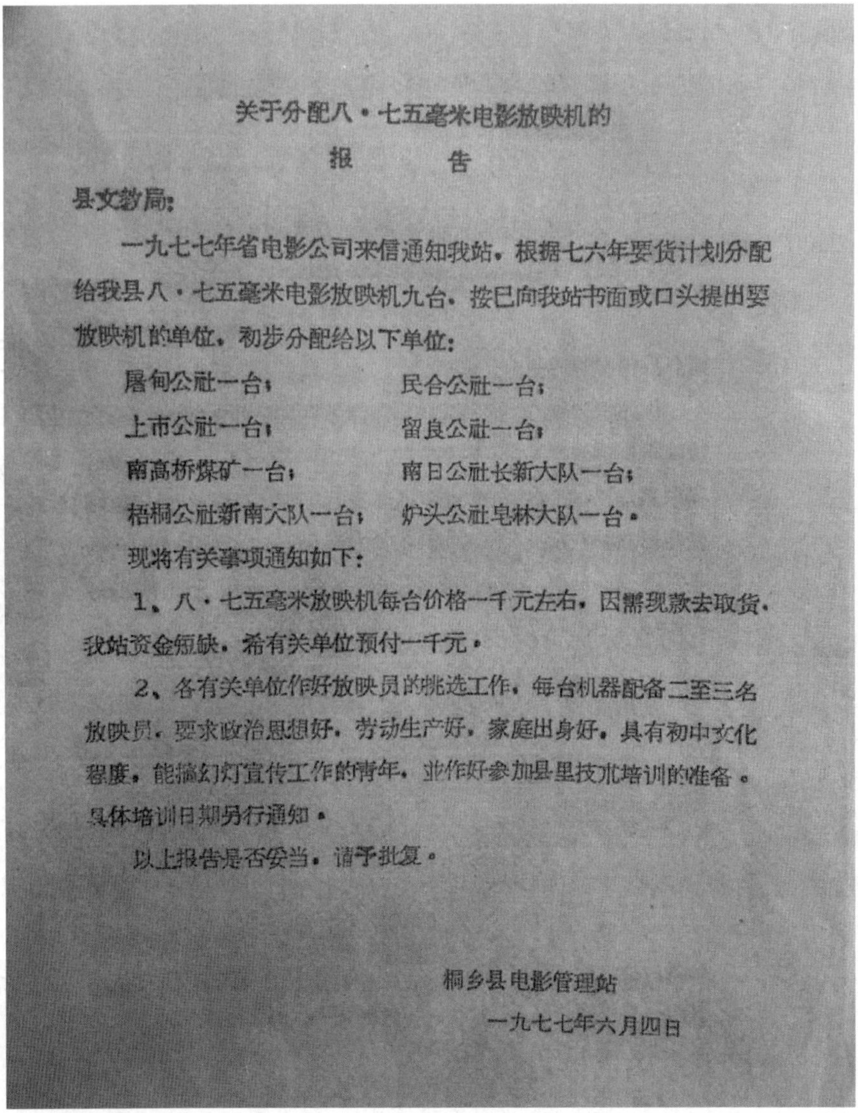

关于分配八·七五毫米电影放映机的
报告

县文教局:

一九七七年省电影公司来信通知我站，根据七六年要货计划分配给我县八·七五毫米电影放映机九台。按已向我站书面或口头提出要放映机的单位，初步分配给以下单位:

屠甸公社一台； 民合公社一台；
上市公社一台； 留良公社一台；
南高桥煤矿一台； 南日公社长新大队一台；
梧桐公社新南大队一台； 炉头公社皂林大队一台。

现将有关事项通知如下:

1、八·七五毫米放映机每台价格一千元左右，因需现款去取货，我站资金短缺，希有关单位预付一千元。

2、各有关单位作好放映员的挑选工作，每台机器配备二至三名放映员，要求政治思想好，劳动生产好，家庭出身好，具有初中文化程度，能搞幻灯宣传工作的青年，并作好参加县里技术培训的准备。具体培训日期另行通知。

以上报告是否妥当，请予批复。

桐乡县电影管理站
一九七七年六月四日

▲ 桐乡县电影管理站 1977 年 6 月 4 日关于分配 8.75 毫米电影放映机的报告

1977 年，当时的新南大队党支部根据全体村民的期盼，通过县电影管理站向县文教局宣传部申请购买放映机，经上级批准，成立了大队 8.75 毫米电影放映队，成为全县首批大队电影放映队。电影队成立后的第一场电影是彩色故事片《渡江侦察记》，当时的票价是成人 2 分、儿童 1 分。第一场电影票房收入达 30.24 元，由此可见观影人数之多。自从大队里有了放映队，放电影的次数多了，人们看电影也更方便了。除了在大队里放以外，还轮流到各生产队去放映，村民们可以在家门口看电影了。老人们感慨："电影放到家门口，可以坐着舒舒服服地看了。"随着人们对文化生活需求的提高，1984 年，村里把 8.75 毫米的旧放映机换成了 16 毫米的新放映机。从此，银幕中的形象、画质、效果就更佳了。

随着社会的飞速发展，人们的生活水平不断提高，电视机、有线电视、数码电视、宽带视频也逐步普及，露天电影渐渐淡出了人们的生活。1995 年 8 月，成立已 18 年的电影放映队结束。

**广播、电视、录像** 据 1996 年版《桐乡县志》记载："1965 年，梧桐人民公社建立广播放大站。"村域内第一次通有线广播是 1965 年的 4 月，这次装广播的数量不多，十来户人家才装了一只广播器。当广播第一次响起的时候，周围几户人家的老人、小孩都聚在广播下，抬起头望着广播，在农村，这是开天辟地头一回看到的"新玩意"。一些老人自言自语道："真奇怪！一个人怎么能躲在这个小小的箱子里说话、唱歌，而且是真人的声音呢！"当广播停了，这些老人又说："箱子说累了，休息去了。"这是那个年代真实情况的写照，说明了在落后的农村，人们对新生事物的好奇与向往。1965 年末至 1966 年初，农村有线广播普及率大幅提高，实现了队队有广播、村村有喇叭，广播入户率达 83.6%。

▲ 60 年代的广播器

那时，有线广播每天播送三次，每次播送三个半小时，每次播送均以《东方红》乐曲为开场曲，以《大海航行靠舵手》为结束曲。每次开播时间随时令

▲ 70—80年代的黑白电视机

季节进行调整。人们可按照一天三次广播的开播时间做早饭、中饭和晚饭。当时有一句话："广播响了，要烧饭了。"其中，娱乐类节目的主要内容是八部革命样板戏片段和语录歌，新闻类节目有早6:30、晚8:00准时播送的《新闻和报纸摘要》节目，这是人们最爱听的，也是村民了解国内外时事的主要途径。20世纪70年代末，广播恢复了传统的文艺节目，内容丰富多彩，有广大村民最关心的《天气预报》，也叫气象消息。《老六伯谈生产》节目给广大农民的生产生活提供了很大帮助。2001—2009年，村域内开始整村征迁，有线广播逐渐减少。到2009年，全村完成征迁后，有线广播消失，成为村民们难忘的回忆。

20世纪70年代，市面上开始出现14英寸、17英寸、21英寸、24英寸的黑白电视机，国产黑白电视机以上海牌、牡丹牌最为有名，要凭票供应，而且一票难求。到了20世纪80年代，浙江产的"西湖牌"电视面世，再也不需要凭票供应了。当时的嫁妆中，"西湖牌"电视机也是其中一大件。1978年5月，原向阳大队朝阳生产队队委决定买一台电视机，动用2000多元买了一台波兰产24英寸黑白电视机，成为村域内第一台电视机。那时，电视节目有日本的《姿三四郎》、美国的《加里森敢死队》和国产电视片《霍元甲》《陈真》等，每天晚上从邻近村民组赶来的人们把放电视的三间公房挤得满满的。生产队长看到这种情况，担心人太多会出事故，决定卖票入场看电视，想用卖票的方法减少看电视的人数，但是收效甚微。后来，电视机就被搬到室外放了，可见村民对电视的喜爱和对文化生活的美好憧憬。

1990年，随着录像机的流行，播放录像成为一种时尚。当时特别能聚集人气的是录像茶室，人们一边品

▲ 录像机、录像带

茶一边观看录像，好不惬意。那时，村域内先后开设了 4 个录像茶室，录像节目带需向桐乡市音像发行总公司租借，最火爆的录像片有《射雕英雄传》《神雕侠侣》《天龙八部》《笑傲江湖》等。到 20 世纪 90 年代末，由于有线电视、宽带视频的出现，录像逐渐消失于人们的生活中。

▲ 凤凰湖畔的排舞场

**跳排舞** 排舞源于 20 世纪 70 年代的美国西部乡村舞蹈，经过 30 多年的发展风靡全球，2006 年被引进国内。排舞进入桐乡后，由市文化部门负责推广普及。跳排舞一是为了锻炼身体，二是为了放松身心，三是为了陶冶情操，享受人生。革新村的排舞爱好者于 2006 年开始到“香港城”和“市政府广场”学跳排舞。一年后，这些人分别在革新小区、灵悟小区和永兴小区三个会所广场跳排舞。村领导也很重视，专门购置大功率音箱，装好广场灯，方便村民跳排舞。随着全村集体土地的征收，大家不用干农活儿，空闲时间多了，参加跳排舞的人越来越多，吃好晚饭去跳舞成了常态，特别是凤凰湖边的排舞点，每晚有几百人，植物园的排舞点也有 100 多人，跳舞的人、观舞的人，加上节奏欢快的旋律，成了夜晚一道迷人的风景线。2013 年，由村妇女主任张建英组建了革新村排舞队，2015 年参加振东新区排舞大赛，荣获二等奖。

**革新村村晚** 2016 年，村党总支为了进一步加强社会主义精神文明建设，丰富全体村民的文化生活，决定每年举办革新村春节联欢晚会（简称村晚）。下面是 2016—2020 年历届村晚的节目单和主题活动等。

附：革新村重要演出

时间：2016 年 2 月 4 日晚 18:30

地点：革新村文化礼堂

主题：桐乡市“文化送福 千家万户”春节文化下乡暨振东新区革新村 2016 年春节联欢晚会

附表 14-1

节目单

| 序号 | 节目形式 | 节目名称 | 表演单位 |
|---|---|---|---|
| 1 | 开场鼓 | 《水之韵》 | 革新村水鼓队 |
| 2 | 健美操 | 《活力》 | 茅盾中学健美操队 |
| 3 | 歌曲 | 《红色高跟鞋》 | 革新村刘晓娇 |
| 4 | 小品 | 《疯狂炒股》 | 凤鸣街道文体站 |
| 5 | 古筝独奏 | 《梦里水乡》 | 桐乡市文化馆 |

时间：2016 年 9 月 28 日下午

地点：桐乡市振东新区建设管理委员会

主题：“党旗在心中飘扬”红歌歌咏比赛

荣誉：参加歌咏比赛的有来自振东新区机关事业、下属公司、各村（社区）、幼儿园等 10 支队伍参赛。革新村代表队演唱了必唱曲目《花开桐乡》和自选曲目《茉莉花》，在比赛中获得了铜奖。

意义：这次活动通过庆祝中国共产党建党 95 周年暨纪念中国工农红军长征胜利 80 周年，歌颂党的优良传统，弘扬了民族精神，唱响了时代主旋律，充分展示了革新人良好的精神风貌和时代风采。

时间：2017 年 1 月 19 日晚上 6:30

地点：桐乡市革新村永兴小区文化礼堂

主题：和谐革新——革新村第二届春节联欢晚会

附表 14-2

## 节目单

| 序号 | 节目形式 | 节目名称 | 表演单位 |
|---|---|---|---|
| 开场 | 鼓乐 | 《水之魂》 | 革新村水鼓队 |
| 1 | 小组唱 | 村歌《革新颂》 | 村民丁力等 |
| 2 | 健美操 | 《傣族健身操》 | 桐乡市茅盾中学 |
| 3 | 越剧联唱 | 《红红火火闹新春》 | 革新村越剧队 |
| 4 | 少儿舞蹈 | 《追鱼—观灯》《红楼梦——天上掉下个林妹妹》《春香传—爱歌 》 | 爱舞吧舞蹈工作室 |
| 5 | 小提琴独奏 | 《月亮代表我的心》 | 国网浙江桐乡市供电公司（共建单位） |
| 6 | 爵士舞 | 《值得》 | 村民姚秋婷等 |
| 7 | 走秀展示 | 《消防服装走秀》 | 桐乡市公安消防大队（共建单位） |
| 8 | 小品 | 《甄嬛后传》 | 濮院镇文体站 |
| 9 | 独唱 | 《小苹果》 | 村民沈劼 |
| 10 | 舞蹈 | 《过年啦》 | 振东舞蹈队 |
| 11 | 笛子演奏 | 《龙的传人》 | 村民盛诗琪等 |
| 闭幕 | 滚灯 | 《凤凰情韵》 | 城南村滚灯队 |

时间：2017 年 4 月 27 日晚

地点：桐乡市政府广场

主题：桐乡市第二十九个爱国卫生宣传月广场文艺演出

意义：革新村鼓乐队节目《水之魂》受邀参加演出，革新村的姑娘们身着宝蓝色演出服，精神饱满、魅力四射，以开场鼓的形式点燃了演出现场的氛围，吹响了革新村干部群众投身桐乡市第二十九个爱国卫生宣传月活动宣传的号角，激励大家为建设美丽家园贡献力量。

时间：2017 年 6 月 9 日

地点：梧桐第一养老院

主题：振东新区革新村越剧队送戏敬老院

意义：送戏活动不仅丰富了敬老院老人们的业余生活，而且增进了老人们彼此之间的交流。同时，这也体现了革新村党总支对老人们的关爱，推动了和谐革新的建设。

时间：2017 年 10 月 25 日下午

地点：革新村灵悟小区篮球场

主题：“童心敬老”重阳节广场文艺活动

意义：通过举办此次活动，既让老人们感受到来自社会大家庭的关爱和温暖，同时也让孩子们接受了传统美德的洗礼，在幼小的心灵上播下了尊老、爱老、敬老的种子。

时间：2017 年 11 月 2 日 18:30

地点：革新村永兴小区会所广场

主题: 贯彻落实中共十九大精神 馆村文化结亲——2017 年“我们的节日·庆重阳”传统戏剧进礼堂展演活动

意义：通过此次开展送戏下乡活动，戏曲演员为乡亲们倾情演出，让广大村民在家门口看大戏，过足戏瘾的同时，又弘扬了优秀的中华传统文化，推动了乡村文化建设，宣讲了中共十九大的相关精神，同时加深了村民对中共十九大精神的了解。

时间：2018 年 2 月 7 日 18:30

地点：革新村灵悟小区会所

主题：2018 桐乡市“文化送福 千家万户”春节文化下乡活动暨桐乡市文化馆总分馆“馆村文化结亲”百姓文艺汇演梧桐革新站

附表 14-3

## 节目单

| 序号 | 节目形式 | 节目名称 | 表演单位 |
| --- | --- | --- | --- |
| 1 | 童声唱 | 《歌唱祖国》 | 革新村村民沈诗妍、徐晟 |
| 2 | 鼓舞 | 《水之魂》 | 革新村鼓乐队 |
| 3 | 太极剑 | 《花式太极剑》 | 乌镇镇皂林村 |
| 4 | 越剧 | 《越剧联唱——追鱼》 | 革新村越剧队 |
| 5 | 排舞 | 《找到爱》 | 乌镇镇皂林村 |
| 6 | 乐器独奏 | 《架子鼓》 | 濮院镇新港村 |
| 7 | 舞蹈 | 《安塞腰鼓》 | 梧桐街道庆丰村 |
| 8 | 武术 | 《船拳》 | 乌镇镇民合村 |
| 9 | 越剧 | 《打金枝》选段《闯宫》 | 梧桐街道庆丰村 |
| 10 | 爵士舞 | 《青春》 | 革新村村民姚秋婷等 |
| 11 | 歌伴舞 | 《贝加尔湖畔》 | 革新村舞蹈队、村民沈劼 |
| 12 | 诗朗诵 | 《永远二十岁》 | 乌镇镇民合村 |
| 13 | 小组唱 | 《革新颂》 | 革新村村民丁力等 |

时间：2018 年 2 月 9 日 13:30

地点：革新村永兴小区综合文化服务中心（居家养老服务中心）

主题：梧桐街道第二届“新春文化节”送戏下乡革新站

意义：演出现场，民安戏曲队演出了《梁祝——十八相送》《龙凤锁》《五女拜寿》《追鱼》等戏曲。铿锵的锣鼓、传统的唱腔、演员们惟妙惟肖的表演让观众大呼过瘾。此次活动本着贴近群众、贴近基层的原则，真正让群众近距离地感受到了戏剧的魅力，给百姓带来了一场精彩的“文化盛宴”。

时间：2019 年 1 月 16 日 13:00

地点：革新村灵悟小区居家养老服务中心

主题：梧桐街道第三届“新春文化节”送戏下乡革新站

意义：本次活动中，“三跳”演员为村民们带来了耳熟能详的作品《封神榜》，演员精彩的表演与深厚的唱功博得了在场戏迷朋友们的阵阵喝彩和掌声。

通过送戏下乡，既丰富了村民的文化娱乐生活，也满足了群众的精神文化需求，推动了革新村的精神文明建设，赢得了群众的一致好评。

时间：2019 年 2 月 2 日 18:30

地点：革新村革新小区会所

主题：“美丽家园 美好生活”2019 我们的村晚

意义：本届革新村春节联欢晚会节目形式多样，歌曲、舞蹈、越剧、京剧、小品、街舞、演奏等，给村民们带来一场除夕前夜的文化盛宴，丰富多样的节目博得现场观众阵阵掌声。

附表 14-4　节目单

| 序号 | 节目形式 | 节目名称 |
|---|---|---|
| 1 | 鼓乐 | 《水之魂》 |
| 2 | 灯笼舞 | 《福开门 好运来》 |

续附表 14-4

| 序号 | 节目形式 | 节目名称 |
| --- | --- | --- |
| 3 | 越剧 | 《孔雀东南飞——洞房》 |
| 4 | 古筝 | 《井冈山太阳红》 |
| 5 | 表演唱 | 《革旧迎新幸福来》 |
| 6 | 新疆舞 | 《妙龄少女》 |
| 7 | 越剧 | 《碧玉簪——送凤冠》 |
| 8 | 长扇舞 | 《红火火的中国甜美美的家》 |
| 9 | 京剧 | 《沙家浜——智斗》 |
| 10 | 街舞串烧 | 《中国少年说》 |
| 11 | 小品 | 《摇一摇》 |
| 12 | 舞蹈 | 《筑梦青春》 |
| 13 | 小组唱 | 村歌《革新颂》 |

时间：2020 年 1 月 15 日 18:30

地点：革新村永兴小区会所

主题：“我们的中国梦”——文化进万家 梧桐街道第四届新春文化节 革新村 2020 年春节联欢晚会

意义：本届革新村春晚节目形式多样，有歌曲、舞蹈、越剧、小品、演奏等，给村民们带来了一场文化盛宴，进一步丰富了村民的文化生活，增加了新春节日氛围，增进了邻里交流，展现了革新村积极向上的精神面貌。

附表 14-5 节目单

| 序号 | 节目形式 | 节目名称 |
|---|---|---|
| 1 | 腰鼓舞 | 《永唱中国梦》 |
| 2 | 越剧 | 《白蛇传——定盟》 |
| 3 | 小品 | 《当心套路》 |
| 4 | 扇子舞 | 《我的祖国》 |
| 5 | 古筝合奏 | 《春苗》 |
| 6 | 越剧 | 《梁祝——草桥结拜》《十八相送》 |
| 7 | 小品 | 《垃圾分类那些事》 |
| 8 | 歌曲 | 《上海滩》 |
| 9 | 越剧 | 《碧玉簪——送凤冠》 |
| 10 | 新疆舞 | 《达坂城的姑娘》 |

## 第三节　文化设施

**文化礼堂**　面积约300平方米，包含文化礼堂、道德讲堂、礼堂书屋等功能区，是村民娱乐文化活动的主要场所。排舞训练、上级文化部门组织来村演出和各种会议、讲座宣传等活动均在此进行。礼堂配备了灯光、音响等设施。文化礼堂注重乡土文化与主流文化的有机融合，把社会主义核心价值观乡土化表达，树立孝善理念，让孝善文化融入全体村民的日常生活，宣传孝善人物，讲好孝善故事，展示革新村的历史文化特色，紧密联系群众，凸显“一村一品”，使文化礼堂成为广大村民政治活动的阵地和文化活动的中心。

▲ 革新村文化礼堂

**图书室**　全村建有3个图书室，每个面积约50平方米，配备有桌椅、空调等设施，可容纳30多人阅读。每间藏书2000余册，有8种报纸杂志，是广大村民读书学习、增长知识的好去处。

▲ 革新村文化礼堂图书室

**宣传长廊**　长36米，由18块宣传展板组成。全村共有5处，分别坐落在革新小区老年居家养老服务中心对面（东方路边上）、村委会大楼东、灵悟小区会所文化广场边、永兴小区文化广场边和金晖小区中间大道。内容定期更新，主要宣传社会主义核心价值观、村民文明公约、村务公开、网格化管理、为民服务指南、五好家庭户、新家庭示范户、市级文化示范户等各类先进模范人物、当前中心工作、民主法治、村民监督、曝光台等。宣传长廊教育、引导广大村民遵纪守法、做文明有礼桐乡人，成为宣传正能量的平台、弘扬先进的载体和农村文化的宣传高地。

▲ 灵悟小区宣传长廊

## 第四节　体育活动及设施

革新村民世代务农，从前挑担、推车、摇船、罱泥、翻地耙田、拔秧种田、割稻脱粒都是体力活动，也是最原始的体育活动，锻炼了村民的体力、耐力，培养了村民吃苦耐劳的精神。随着全村集体土地被征收，革新村融入了桐乡市的城市化进程。到2020年，村民不再务农，没有了以往的体力劳动，再加上吃得好、喝得好，许多人身体发福，吃出了富贵病。2020年9月1日，国家卫生健康委发布的《健康中国行动2019—2030年》提出“健康要加油，饮食要减油”的生活方式，广大村民积极响应，积极参与，每天迎着晨曦，身披晚霞，甩开双臂，迈开大步，在凤凰湖、植物园的绿道上跑步、健走；在绿荫下、广场上舞剑、打太极；在小区的运动健身场地，随处可见村民们在健身器械上锻炼的身影。

**打篮球**　村域内有标准篮球场3个，分别是革新小区篮球场、灵悟小区篮球场和永新小区篮球场。每天傍晚，篮球爱好者们自发来到篮球场投篮、传球、运球，互相切磋球艺，有时打半场，有时打全场，在潜移默化中，越来越多的村民爱上了篮球运动。2018年，村组建了第一支篮球队，由10名队员组成，队长戴圣炜，2020年6月，参加梧桐街道组织的选拔赛获得优秀奖。

**乒乓球**　全村有室内乒乓室3处、室外1处，分别是革新居家养老服务照料中心乒乓室、灵悟居家养老服务照料中心乒乓室、永新居家养老服务照料中心乒乓室，还有灵悟小区会所广场上两处室外乒乓桌。每天，3处乒乓室都可见乒乓球爱好者在打球。他们打得很投入，一场下来汗流浃背。傍晚时分，在室外的乒乓球桌周围，围着许多村民，有的是一家三口，有的是爷孙俩，有时单打，有时双打，他们打得很认真，像是在比赛一样。

**晨练**　东方拂晓，天刚蒙蒙亮的时候，在凤凰湖、植物园，总能见到喜欢晨练的村民身影。他们有的在晨跑，有的在舞剑，有的在打太极拳，还有的在教练指导下跳健身操。修身养性、健康生活成了村民们的一种新时尚。

表 14-1　　革新村运动健身场地设施一览表

| 项目 | 地址 | 建造时间 | 投入资金（元） | 占地面积（平方米） | 器材件数 |
|---|---|---|---|---|---|
| 健身点 | 金晖小区 | 2019 | 12000 | 120 | 8 |
| 健身点 | 灵悟小区范家埭 | 2008 | 13500 | 120 | 9 |
| 健身点 | 灵悟小区殳家埭 | 2008 | 36000 | 300 | 24 |
| 健身点 | 灵悟小区丁家里 | 2008 | 13500 | 120 | 9 |
| 健身点 | 灵悟小区吴家里 | 2008 | 12000 | 120 | 8 |
| 健身点 | 灵悟小区国源路北 | 2008 | 6500 | 70 | 4 |
| 健身点 | 灵悟小区南港上 | 2008 | 15000 | 130 | 10 |
| 健身点 | 灵悟小区倪家门 | 2008 | 12000 | 120 | 8 |
| 健身点 | 灵悟小区港北村 | 2019 | 12000 | 120 | 8 |
| 健身点 | 革新小区沈家村 | 2008 | 12000 | 120 | 8 |
| 健身点 | 革新小区朱家浜 | 2008 | 12000 | 120 | 8 |
| 健身点 | 革新小区麦干浜 | 2008 | 12000 | 120 | 8 |
| 排舞小广场 | 金晖小区 | 2019 | 25000 | 100 | 1 |
| 排舞小广场 | 灵悟小区 | 2009 | 25000 | 100 | 1 |
| 篮球场 | 灵悟小区 | 2009 | 150000 | 420 | 1 |
| 排舞小广场 | 革新小区 | 2009 | 25000 | 100 | 1 |
| 篮球场 | 革新小区 | 2009 | 150000 | 420 | 1 |
| 排舞小广场 | 永兴小区 | 2018 | 25000 | 100 | 1 |
| 篮球场 | 永兴小区 | 2018 | 150000 | 420 | 1 |
| 合计 | — | — | 718500 | 3240 | 119 |

## 第五节 著述存目

据不完全统计，革新村人士在省级、地市级、县市级报纸、杂志出版和发表获奖的研究课题、论文、发明专利有：

**沈群慧**

2004 年 3 月，主持桐乡市规划课题“小学数学合作探究模式研究”。

2005 年 12 月，参与浙江省重点课题“小学环境教育与研究性学习”。

2006 年 1 月，主持桐乡市规划课题“小学数学学习评价”。

2009 年 11 月，主持嘉兴市规划课题“小班化互动教学策略运用研究”。

2009 年 12 月，主持桐乡市规划课题“构建小学低段数学‘情境引入，主体参与’教学模式研究”。

2010 年 4 月，参与全国重点课题“班主任专业校本化研究”结题。

2011 年 11 月，主持嘉兴市规划课题“小学数学预习——引探法的实践与研究”。

2013 年 2 月，主持桐乡市规划课题“小学数学课堂教学‘实效性’的研究”。

2014 年 9 月，主持浙江省级课题“创新小班化教学常规策略的研究”。

2014 年 12 月，主持桐乡市规划课题“构建小班化‘百分百’课堂教学规范的实验说研究”。

2015 年 10 月，主持嘉兴市级微型课题“小班化背景下，数学作业借鉴‘作文批改法’的研究”。

2016 年 6 月，主持嘉兴市级重点调研课题“农村小学生数学课外阅读现状的调查研究”。

2016 年 11 月，主持桐乡市规划课题“小学低段数学‘图文问题’有效解决策略的研究”。

《小学低段数学“图文问题”有效解决策略的研究》发表于《中小学数学》2016 年第 4 期。

《小学低段数学“图文问题”有效解决策略的研究》发表于《教学实践与研究》2015 年第 10 期。

《重视数学符号感的培养》发表于《嘉兴教育学院学报》2014 年第 1 期。

《重视试卷讲评课教学》发表于《教育实践与研究》2013 年第 9 期。

《小班化教学规范建设》发表于《教育实践与研究》2012 年第 12 期。

《“分米、毫米”教学例谈》发表于《中小学数学》2011 年第 5 期。

《小学数学教学也需要渗透心理健康教育》发表于《教学实践与研究》2011 年第 1 期。

《“实效性”是数学课堂的生命》发表于《基础教育研究》2010 年第 9 期。

《课堂因学生而精彩》发表于《小学教学设计》2010 年第 12 期。

《学生需要怎样的教学课堂》发表于《教育实践与研究》2009 年第 10 期。

《重视数学符号感的培养》发表于《基础教育研究》2009 年第 3 期，论文获浙江省一等奖。

《“身体生活”在儿童数学学习中的重要作用》发表于《中小学教育研究》2009 年第 2 期。

《激发兴趣实现有效学习》发表于《实验教学与装备》2009 年第 2 期。

《计算教学因为情景更有效》发表于《小学教学设计》2009 年第 1 期。

《9 加几教学设计》发表于《实践新课程》2008 年第 12 期。

《精彩课堂需要预设与生成》发表于《小学教学设计》2007 年第 11 期。

《追求简洁而有效的课堂》发表于《中小学数学》2007 年第 7/8 期。

2006 年 4 月，《小学数学学习评价的实践与思考》发表于人民教育出版社网站。

《弥补固定教材不足发挥重组材料优势》发表于《小学教学改革与实验》2006 年第 1 期。

《纸上得来终觉浅，绝知此事要躬行》发表于《中小学教学研究》2005 年第 3 期。

2005 年 9 月，《浅谈新课程理念下如何开展有意义学习》发表于《小学教学改革与试验》2005 年第 9 期，被全国中小学教师继续教育网转载。

《小学数学探究式学习的初步实践》发表于《浙江教学研究》2004 年第 4 期。

《把新理念融入数学课堂》发表于《小学教学改革与实验》2004 年第 4 期。

《让学生经历学习的过程》发表于《小学教学改革与实验》2002 年第 31 期。

2006 年 2 月，《给学生多点“自由”》发表于全国中小学教师继续教育网。

2006 年 7 月，《让课堂焕发无穷魅力》《数学课堂也需要“和谐”》发表于全国中小学教师继续教育网。

2011 年 3 月，《陌生的思想需要熟悉的事例》发表于全国中小学教师继续教育网。

2011 年 4 月，《课堂教学应凸显学生的主体地位》发表于全国中小学教师继续教育网。

2011 年 5 月，《小学数学教学也需要渗透心理健康教育》发表于全国中小学教师继续教育网。

2011 年 11 月，《小班化数学课堂互动教学的开展》发表于全国中小学教师继续教育网。

2008 年 6 月，论文《重视数学符号感的培养》获浙江省一等奖。

2019 年 6 月，论文《“方格图”应用有效策略研究》获嘉兴市一等奖。

2016 年 6 月，论文《小班化数学教学学习评价的思考》获桐乡市一等奖。

2016 年 6 月，论文《突破小学数学估算教学困境的有效策略研究》获桐乡市一等奖。

2015 年 7 月，论文《建立小班化教学新常规的初步实践》获桐乡市一等奖。

2015 年 6 月，论文《小学低段数学“图文问题”有效教学策略的研究》获桐乡市一等奖。

2015 年 5 月，论文《小班化“合作课堂”有效策略的实践研究》获桐乡市一等奖。

2014 年 5 月，论文《小班化数学作业借鉴“作文批改法”的初步实践》获桐乡市一等奖。

2013 年 5 月，论文《不要忽视“试卷讲评课”的教学》获桐乡市一等奖。

2009 年 6 月，论文《我们需要怎样的数学课堂》获桐乡市一等奖。

2008 年 6 月，论文《让计算教学更有效》获桐乡市一等奖。

2011 年 6 月，论文《克服小学生数学思维惰性的几点做法》获桐乡市一等奖。

2012 年 6 月，论文《小班化课堂教学常规的构建》获桐乡市一等奖。

2007 年 6 月，论文《“和谐”是数学课堂的主旋律》获桐乡市一等奖。

**姚建平**

《大气开放 精致和谐》发表于《新世纪小学生报》2012 年第 18 期教研 1 版。

《小学校本教研中语文连堂课的意义与操作策略》发表于《作文教学研究》2014 年第 4 期。

《基于读写结合的语文教学》发表于《语文周报》（小学版）2015 年第 23 期教师版。

2007 年 6 月，论文《大气开放 精致和谐——理想语文课堂的追寻》获桐乡市一等奖。

2007 年 12 月，论文《试论小学语文课堂教学生本化评价》获中国教育学会教育实验研究分会 2007 年度教学优秀一等奖。

2008 年 11 月，论文《小学校本教研中语文连堂课的实践》获嘉兴市二等奖。

2009 年 6 月，论文《让学生徜徉在语言文字里》获桐乡市一等奖。

2010 年 2 月，“小学语文校本教研中语文连堂课的实践与研究”获浙江省“十一五”中小学教师与校长培训研究第二轮立项课题二等奖。

2014 年 5 月，论文《小学语文阅读教学例谈》获桐乡市一等奖。

2015 年 8 月，论文《读写结合的实践》获嘉兴市二等奖。

**沈建松**

2005 年，主持桐乡市教育科学立项课题“培养学生独立人格的研究”。

2005 年，论文《在新课程理念下的数学呼唤研究性学习》获嘉兴市二等奖。

2004 年，论文《初中数学新教材开放教学探试》获嘉兴市二等奖。

2007 年，论文《关注每位学生，把学生的心留驻——浅谈数学中考复习策略》获桐乡市一等奖。

**姚国良**

2018 年 10 月，主持桐乡市教育科学规划课题“信息技术支持下农村初中数学概念有效教学的实践研究”。

《初中数学概念教学策略》发表于《少年素质教育报》2016 年第 3 期。

《基于素养提升的初中数学概念变式教学研究》发表于《博览群书（教育·教

学）》2017 年第 2 期。

2017 年 5 月，论文《初中数学概念教学中的变式策略研究》获桐乡市一等奖，同获嘉兴市二等奖。

2021 年 6 月，论文《变式数学是形　学生发展是魂——谈基于核心素养的初中数学概念变式教学的有效策略》获桐乡市一等奖。

**庄建法**

2011 年，“污泥焚烧综合利用热电联产项目”获国家能源科技进步奖个人三等奖。

2013 年，《以绿色能源为目标的污泥无害化处置的决策与实施》获浙江省企业管理现代化创新成果个人一等奖。

2017 年，“污泥处理方法及污泥处理系统”获浙江省专利优秀奖。

2019 年，获个人发明实用新型专利一项。

**沈伟华**

2016 年，“钬激光联合气压弹道治疗复杂性尿路结石”“舌黏膜、颊黏膜治疗长段尿狭窄”均获嘉兴市科技进步三等奖。

**徐建方**

《浅谈如何提高小学生实验的有效性》发表于《现代教育报》2010 年 8 月 16 日第 3 版。

**沈坤荣**

《博物馆古建筑作博物馆馆舍利弊谈》发表于《中国博物馆》1990 年第 3 期。

1996 年，论文《浙江省博物馆事业发展战略研究》获“21 世纪中国文博事业发展战略青年学术研讨会”优秀奖。

2002 年，论文《弘扬名人文化，推进人文旅游》获“嘉兴市建设江南水乡文化名城学术研讨会”三等奖。

# 第六节　革新记忆

## 菊花

唐　元稹

秋丛绕舍似陶家，遍绕篱边日渐斜。
不是花中偏爱菊，此花开尽更无花。

## 梧桐泾[1]

南宋　张尧同

落落梧桐树，
何年作凤鸣。
试看千古翠，
流尽一溪声。

## 踏塘车

明　方薰

去年踏塘车，田中赤烈飞黄沙；
今年踏塘车，田中滉泱多鱼虾。
去年一旱三五月，今年风雨横交加。
踏车一日，雨落一尺。
水深转车足无力，雨中踏车愁逼仄。
昨日前日不得息，今日已暮仍乏食。
雨不止，车不休。田中水，禾没头。
眼中泪，车上流。
子鬻去，妻难留。
妻难留，道旁哭，来日何人共车轴？
踏塘车，声辘辘。

——摘自光绪《石门县志》卷十遗文四十九

①诗人在诗后附考曰："泾在桐乡县治东，濮川所通处也。"过去有航船摇去濮院，最近的河道就是灵悟桥港。

## 烟

明 沈涛

芦塘听雨夜潇潇，风撼桐泾月色饶。
破晓橹声摇梦去，喧阗烟市竹西桥。

——摘自民国《濮院志》卷十五物产四

## 罱泥诗

清 钱载

昨夜看天色，共说今朝晴。
我船篷已卸，虽雨担罱行。
两竹手分握，力与河底争。
曲腰箝且拔，泥草无声并。
罱如蚬壳闭，张吐船随盈。
小休柳荫饭，烟气船梢横。
吴田要培壅，赖此粪可成。

——摘自清光绪《嘉兴府志》卷三十一农桑六

## 桐溪

清 汪文柏

疏篱小屋旧乡风，人郭溪流处处通。
一自凤凰飞去后，只栽桑树不栽桐。

——摘自清光绪《桐乡县志》卷一疆域上·六

## 缫丝

清 周凯

村村煮茧香，轧轧缫车声。
探汤引其绪，入手光晶莹。
上市卖新丝，织素分粗精。
归祀马头娘，共庆蚕桑成。

## 品菊

蒋同政

赏菊东篱醉意遒，杯中品足又品头。
飘香不及幽兰远，绘色何如牡丹柔。
体态苗条逊秀竹，眉容焕发羡红榴。
唯存傲骨经霜冻，一代风流岁月稠。

## 竹枝词

王企敖[①]

休道桐乡碗大城，
百强今日富名声。
新楼林立霓虹闪，
真个高梧有凤鸣。
吴越由来古战场，
于今不复道天荒。
晒红烟叶桑苗绿[②]，
白菊花开遍地香。

夹道机耕杉树遮，
前村新妇去娘家。
阿哥勿用摇船送，
且跨新添摩托车。

## 杂咏二题

陈志明[③]

### 蚕事

蚕山雪满乐开花，
昼夜辛勤幸有涯。

①王企敖（1945— ），崇福人，副教授。著有《语溪吟草》等集。
②晒红烟最有名的出自革新村范家埭，别名“范烟”。
③陈志明（1934— ），梧桐镇人，浙江大学教授，任中文系主任等职。著有《中国古典诗歌选注》等集。《蚕事》《菊花茶》二诗皆乃革新村农民劳作之歌。

闻道今年丝价贱，
缫车未响起咨嗟。

### 菊花茶

最是难忘酷暑天，
狗伸长舌地生烟。
清凉永忆菊花水，
润我乡心五十年。

### 海棠春坞

王润源[①]

不向枝头到处寻，
也宜墙角也宜盆。
移来相聚藏春坞，
玉洁冰清景苑魂。

### 【虞美人】凤湖[②]秋月

沈彬[③]

秋风悠抚鳞花绽，霓幻浮鸳慢。
婆娑月影渚前横，参差柳帐驿旁倾，舞娉婷。
蹊寻凤侣新桥处，无遇还无渡。
一眸星焕洗湖乡，四围灯秀没蓑裳，任思量。

### 【渔家傲】莲波[④]踏雪

水杉林中行万步。西风薄雪屐痕路。
只是莲花无觅处。萦苍雾。断荷残苇舟馀橹。

①王润源（1928—　），桐乡人，离休干部，曾任麦干浜小学教师。
②凤湖：凤凰湖
③沈彬，革新村新凤桥人，现为中国教育发展战略学会会员、中华诗词学会会员、浙江省诗词与楹联学会会员、嘉兴市诗词楹联学会理事、桐乡市诗词楹联学会秘书长兼诗教工作部部长。
④莲波：莲花桥港

客踏声声惊玉兔。于潜宿鹭相逃渡。
飞使银花披欲去。寻旧故。凛冬也把情留住。

**革新今咏**

少小痴情田上地，举眸欲览凤凰颜。
已辞昔日幽村寂，始恋今朝永港潺。
十里莲溪通海内，一汪蓬岛住湖间。
远方游子闻新景，纷至归来未等闲。

**革新，耕耘在心田的那方记忆**

费清[①]

美丽的凤凰湖畔
是我祖辈繁衍生息的家园
节俭朴实的革新村乡亲们
面朝黄土背对天
默默无闻辛勤耕耘着

万物复苏的春日
桑树枝丫上冒出点点新绿
又黑又小的蚁蚕开始苏醒
早起采桑半夜还要饲喂
蚕宝宝长得白白胖胖
可他们啊
疲惫不堪，日渐消瘦

一月之余起早摸黑地忙碌啊
换来银茧颗颗
挑往供销社换取生活费用之余
家家户户总要自留一些
那纯手工剥制而成的棉衣棉被啊
暖了身子，更暖了心窝

①费清，系革新村大道场村民组人，现任桐乡市茅盾实验小学教育集团中山小学教师。

夏日午后的水田啊
似即将沸腾的锅炉
一脚伸下去
让你忍不住立马抽脚上岸
可他们啊
双脚烫得通红，却全然不顾

那几千年前遗留下来的稻谷啊
在乡亲们辛勤的耕作下
拔节、生长、抽穗、开花……
竟成了洁白饱满、晶莹剔透的大米
滋养着我们的生命
秋日的菊海 万花竞放
黄蕊白瓣 摇曳生姿
摘了一茬又一茬
直到秋霜降临，寒风凛冽
穿上棉袄也要瑟瑟发抖
可他们啊
双手冻得发麻，却依然上下翻飞

一早采摘到天黑
简单、匆忙的晚餐之后便又开始生火蒸制
烈日下反复暴晒
才有了
那清香四溢的杭白菊

大小麦、榨菜、晒红烟……
这里的农作物真不少
家乡的人们啊
只要能换来幸福
一年四季 从不停歇
再苦再累也不怕

我奶奶以前总说
我们小时候条件艰苦啊
可她每天都是乐呵呵的
这淳朴的民风代代相传
生活就是甜甜的
哪怕是跟在父亲的大板车后面
满满一车的稻谷拉回家
那上坡的路上完全使不上劲
也从没想过松懈一下
更何况
大自然的馈赠真是不少
春天努力地耕种
秋天就有累累果实的收获
菊花蒸到半夜
那灶灰下的烤红薯鲜香四溢
慰藉了一天的疲惫
冬日干涸的田沟
拿上锄头一翻
那藏着过冬的肥嫩泥鳅
便成了餐桌上的美味

昨晚还没有小拇指粗的黄瓜
今早已成了一溜小胖子
一场大雨过后
那看似枯枝的桑树拳头上
冒出了水灵灵软糯糯的木耳
这神奇的大自然啊
有摧枯拉朽的魔力
革新，那片久远了的记忆
却一直耕耘在心田
留在心底的风景
依然芬芳和甘醇

岁月在流逝
而那份乡土气息
历久而弥新

## 乡愁是一份沉甸甸的财富

沈坤荣[1]

革新村，撤乡并村的产物，现在也算是我的老家了。

我出生的沈家村，是一个有数百人聚集的村子，也是我祖上世居的地方。在这里，我度过了美好的童年和无忧无虑的少年。直到1981年，19岁那年，从这里考上南开大学离乡，走上了一条为文物保护和博物馆事业的奋斗之路。

回想当年，记忆犹新，许多往事历历在目。这个村是一个不大不小、以农业为主的传统村落。全村以沈姓为多，也有屈指可数的外来姓。乡亲们都具有淳朴、憨厚、真诚、善良、节俭的性格，大家和睦相处，关系融洽。尽管并不富裕，但也说不上贫穷，基本上都能自给自足，这在当年也算是不错的。老一辈大多数没什么文化，有几位读过书或者毛笔字写得好的，能打算盘的，算是村里的秀才了，他们做些村里记账记工等令人羡慕的轻松活。所以家长们都期望子女们能好好读书，长大后可以谋份轻松的工作。

生产队里有所混合班的小学，不同年级的学生在一间大屋子里，一个年级上课时，其他年级就做作业。班上只有一位民办老师，很辛苦但很认真，从一年级教到四年级，既教语文，又教算术，轮流给不同年级的学生上课，放学后还得把学生的作业带回家进行批改。因为当时正值“文化大革命”，老师还要教大家给老师写“大字报”。回想起来，当年的老师真的很不容易！

老师换了一个又一个，不变的是老师的工作热情和学生们的学习态度。由于有好的老师、好的风气和学生们好的学习态度，所以学习基础都比较好。我们一起读书的同学里，有好几位后来一起考上了桐乡一中（这是当年全县最好的高中），高中毕业后也都谋到了不错的工作，走上了理想的工作岗位。

我们赶上了一个好时代。改革开放带来了翻天覆地的变化。老家拆迁后，在振东新区规划建设了革新小区。宽敞明亮的联排别墅整齐划一，美丽的公园、

①沈坤荣，系革新村沈家村村民组人，现为浙江省文物局博物馆与社会文物处一级调研员。

湿地和随处可见的文化体育设施，彰显了老百姓共享改革成果的幸福感和获得感，无时无刻的新变化带给人们满满的愉悦和欢欣。老年人可以每月领取养老津贴、颐养天年，享受着天伦之乐；中年人离开了农田，或当了老板、或做起了手艺活，创造着小康生活；年轻人专心上学，憧憬着美好的未来。

岁月如梭，从考上大学离开家乡算起，已足足40个年头。有诗云："少小离家老大回，乡音无改鬓毛衰。"一个充满朝气的青年，如今已两鬓灰白。然而，当年的那些人、那些事，那浓浓的乡愁和割舍不断的乡情，时常会在脑海里萦绕、回荡……

有位游子说过："乡愁是一棵没有年轮的树，永不老去。"离乡40年，尽管平时工作很忙，但每年总会回乡多次，除了看望老一辈尽尽孝心，也会四处走走看看，和当年的同龄伙伴一起聊聊天、开心地回忆起美好的往事，甚是开心。

乡愁是一份满满的思念，是一份深深的记忆，也是一份沉沉的财富。岁月可以改变一个人的容颜，但改不了对家乡的情感寄托；乡愁可以放慢一个人的脚步，但放不了对家乡的思念；记忆可以抹平儿时的顽皮，但抹不了对伙伴们的真挚友情；这份沉甸甸的财富，仍将让我受益不尽、贻享终生。

## 难忘革新村

陈志农①

1962年的春天，正是国家三年困难时期初露端倪的时候。作为一名刚满18周岁的共青团员，我积极响应国家号召，报名下派到新南大队的麦干浜小学，当上了一名农村小学老师。大队副书记蔡金松把我领到了学校门前，我瞪眼一看，一下子蒙了。因为当时的学校只有一间破教室，原先是生产队的一间猪舍，没有门窗，地面是"回"字形沟槽，沟槽中的猪粪还没有清理出，散发出阵阵难闻的气味。这让我这个曾在桐乡一中教过一年俄语（因管不好课堂纪律被调出），在梧桐镇小教过半年春季班，食宿条件在当时属于一流的正规教师就好像突然从天堂落入地狱，泪水忍不住涌了出来。蔡书记见我一副难受的样子，

①陈志农，曾在革新村域内从事教育工作22年，退休后热衷于乡土文学编撰工作，出版长篇小说、民间故事、乡土文学等著作11部。现为中国民间文艺家协会会员，桐乡市民间文艺家协会名誉主席。曾获得桐乡市人民政府金凤凰提名奖和优秀散文奖。

连忙安慰我说，马上将安排农民平整教室地面，也会在冬天之前想办法安装门窗。而吃饭住宿问题，则安排我去二里路外的北孟庙，那里有一所梧桐人民公社中心小学，有食堂可搭伙，有集体宿舍可搭床。事到如今，我也只能暂时忍受一下了。但是，当时我的脑海里旋即产生了一个念头：“我要逃！不当老师了。我的父亲当时是濮院镇最大的国营企业濮院油米厂的厂长，让他想办法弄个小工做做，也比在麦干浜小学当老师强多了！”

然而，工作了半年之后，我渐渐摒弃了“逃”的念头，想安心教书了。这是为什么呢？

一是因为这里的孩子太可爱了。过去办过几次学校，但教师都教不了几个月就“逃”走了。现在，孩子们一熟悉了我，就把我“黏”住了，他们中大多数对读书如饥似渴，十分用心。一到放学时间，就背个草簖来约我一起割羊草，边干活儿边向我介绍许多过去在镇上没有遇到过的事情。早上来上课，常常有学生带点农家地里的蔬菜，还有可以充饥的糠馍馍、麸皮团子等。逢年过节，我的讲台上会堆满好吃的，比如粽子、团子等等。那时候的我还是个毛头小子，在那个洪荒时代，能吃到这些都算是上等食品了。吃不完时还带回濮院老家，让我的五个弟妹也打打牙祭。

二是因为家长们的心肠太好了，比城里的家长们考虑周全。学校隔壁东住着一位老农，名叫蔡七娜，他看到我每逢下雨走不来泥水路，常常滑倒跌跤，弄得满身泥水，就让我在他的床后加上一张床，这样，每逢下雨天我便能住在他家中。后来，因为上级布置村校老师必须帮助农民扫盲识字，于是我便投入十分热情在学校内办了一所夜校，教青年农民们学文化、开展文艺活动，因此晚上就不再去中心小学住宿了，而是把蔡七娜家当作是我的第二个家。这样的安排，也免去了我来回奔波中心小学的许多烦恼。还有许多家长出点子，帮我解决吃饭问题。他们让我用饭盒装点米放在他们柴灶上，摆在蒸笼上蒸饭。先后有蔡金贤家、蔡三娜家、蔡月忠家等农户家为我义务蒸饭。由于解决了吃饭问题，我的饮食也不再是饥一顿、饱一顿了，生活逐渐有了规律，这使我当时患有的严重胃溃疡、胃出血症状有了好转。

三是因为个性活泼，爱好文艺，用办夜校的机会结交了一群年轻的农民朋友。黄昏时分，他们常常来我学校聊天、问学，有时候也打扑克、听我讲故事。

一天傍晚，我突发急性阑尾炎，腹痛得在床上打滚，呼喊“救命”。闻讯赶来的蔡金祥、胡成洪和沈兰洲马上七手八脚地把我抬上一个竹椅子，急摇快橹地把我送到了北门人民医院挂急诊抢救。医生说，如果晚送半小时，就可能变成化脓性腹膜炎，就有生命危险。由于手术及时，过了十多天，我便重返学校上课了。后来，麦干浜的乡亲们看我白天教小朋友，晚上还要为农民扫盲、教他们识字，实在是辛苦。蔡月忠的奶奶便把当时崇福下放知青李湘华介绍给我处对象、谈恋爱、成了家。有了家庭、有了妻子的悉心照料，我的工作更有责任感了，生活更有规律也更有乐趣了，身体也逐渐好转了。

忘不了革新村的许多农民对我有恩。蔡品初、蔡金松、姚阿生等同志先后把他们不宽敞的住房让出一间，让我们一家三口有了个“窝”。我两次下放，先后在麦干浜和北孟庙有了一块自留地，他们手把手地教我干农活，于是，好学上进的我学会了种菜、种田、施肥、治虫、摇船，甚至会使唤水牛耕田。长达 22 年的革新村生活，让我逐渐懂得了许多农事，记录了许多农谚、农俗，积累了许多农村生活常识和故事。这让我以后搞创作并当上桐乡县文联常委和市民间文艺家协会名誉主席提供了许多动力和帮助。

最难忘，革新村的干部、群众在我年轻的成长岁月中让我懂得了许多为人处世的道理，接受真善美的教育，摒弃陋习和恶俗。我在革新村这块土地上，先后在麦干浜小学干了半年，在北孟庙新南初中干了六年，在唐家浜新南农校干了五年。1982 年起，在中心小学当了近三年的教导主任（校址也建立在革新村的土地上）。他们鼓励我申请入党，向学校党支部推荐、介绍了我的现实情况与表现。由于我长期从事复式教学的实践与研究，最多的时候教的四复式学生多达 70 名，县教研室还让我担任复式教研组大组长。长达十五年的办民校经历，学习做群众工作，热情地与群众打交道，组织上也把我推到了教育局成人教育股负责人的岗位上，主要从事农民教育，亲自经历了省政府对桐乡成为青壮年无盲县的检查验收工作。

难忘革新村，知恩应图报。如今我已接近 80 岁了。从 1960 年 8 月我参加教育工作开始，算起来已经整整 60 年了。在这一整个“花甲年”中，除了努力干好本职工作外，我还为革新村做了两件好事，一是北孟庙小学拆迁到唐家浜时，我发动众多毕业校友热心捐款，为新造的小学增添了许多设备，提高了硬件基础；二是主动请缨，联合多位退休教师和村干部，主编了一本《百年革新村》，由村委会和村总支给每户村民赠送一册。

最近，革新村党委书记朱玉建和主编庄复兴（我的两位学生）聘请我担任《革新村志》的顾问，我觉得这是村委领导和广大乡亲对我的信任，也是一份义不容辞的责任。我以十分愉悦又很努力的姿态投入到长达三年多的编辑助理工作中，并写下这篇发自肺腑的随记。

难忘革新村，在《革新村志》即将出版之际，我也衷心祝福父老乡亲们的日子如芝麻开花节节高，越过越红火。作为一名老教育工作者，也祝愿大家进一步关心教育、关爱孩子们的健康成长，让他们一生心中有祖国、心中有集体、心中有他人。

## 难忘的知青岁月

孔宸①

风和日丽，碧波荡漾，我站在美丽的凤凰湖畔，禁不住忆想连连，这湖底曾有我劳作过的田地；也有我常常行走的大路小径。啊，今日桐乡东城区美丽的景点就是当年我知青岁月成长的第二故乡。

五十二年过去，弹指一挥间。

1966 年 4 月 25 日，崇福镇 106 位男女青年集体来到梧桐人民公社革一、新南、爱国、幸福四个大队（其中革一 25 位，新南 26 位）插队落户，立志耕耘。我和贾锦铨、李益强 3 人成了革一后村生产队（后来叫殳家埭）的知识青年。

下乡 13 年，在革一村共 7 年，1973 年转到留良公社，让我深深体会到青春既可以在辉煌中闪耀，也可以在平凡中永恒。

那七年，住得简陋，吃得清苦，干得劳苦。可以忘记手上的老茧破了又生，肩上的红肿消了又红，初春的雨水冰得刺骨，炎夏的烈日烫得烧心，但永不忘记的是革一的干部、乡亲对我生活上的帮助，成长时的关怀，这浓情深爱令我刻骨铭心，时时感怀。

为了增加我们的经济收入，乡亲们帮我们在自留地上种上了菊花，他们说你们要吃菜到我们地上去割，种菊花可以卖钱多。蒸菊花少了硬柴，小队长子

①孔宸，20 世纪 60 年代原革一大队的下放知青。

林伯告诉我可以去折队里乌桕树的枯枝，我不懂事，找了几个知青花了一天时间，拿了许多乌桕树柴，堆了小半屋，有社员提意见。小队会上，子林伯说：“知青到了我们队，就是自己人，这柴让他们用吧！”后来乡亲们帮我们采菊，蒸菊，晒菊并出售。这是我们下了乡后收入最多的一笔钱。这钱包含了乡亲们关心我们的浓浓深情，这情是雪中送炭，要忘也难啊！

在革一7年，我们到梧桐镇上捉过垃圾，康泾塘上开过河，稻场上和老人们一起晒过粮；也和妇女民兵们比赛种田；在小队办学教过书，也参加宣传队，教乡亲们唱革命歌曲。7年的经历给了我磨炼，7年的对错给了我一生的思考，高伯乔书记以德报怨的情怀，乡亲们无微不至的关怀，桩桩件件的回忆使我觉得革一村无愧于我的第二故乡。

在革一下乡7年，为我的成长增添了力量。回城以后我进了崇福粮管所，我知道了必须努力工作，像高伯乔书记那样，在苦干、实干、踏实干中赢得口碑，因而被单位视为骨干，也曾评上过嘉兴市粮食系统的先进工作者，我的青春虽然没有辉煌的一笔，却在平凡中永恒。

感谢革一，给了我精彩的人生，感谢伯乔书记给了我前进路上的思考，感谢乡亲们给了我踏上人生征途的信心。

## 村校教师朱经鑑

殳长林[①]

60年前，我在梧桐人民公社的原革一小学念书。那是在革一大队草庵头的大礼堂里靠北墙边隔出的一块约80平米的房子。在那里，我念完了六年小学，也是在那里，跟朱经鑑[②]老师结下了难忘的师生缘。

在我二年级开学那天，走进教室，看到了一位约40岁的高个子中年男子朝我点头微笑。他皮肤白净、长方脸、高鼻梁，脸部轮廓分明，长相清秀。他

①殳条林（1952— ），出生在梧桐人民公社革一大队，曾在革新村做过赤脚医生，1974年毕业于嘉兴地区卫校医士专业。1986—1987年曾在浙一医院进修普内科结业，1997年浙医大主治医师提高班结业，副主任医师。原为桐乡市中医医院内科主任，曾在省级以上医学杂志上发表过医学论文5篇。获得过桐乡县第一届“中青年学科带头人”、桐乡县“十佳医生”、桐乡市“人民满意医务工作者”称号。当选过桐乡县第四届党代表、嘉兴市第五届人大代表。出席过香港第四届国际肝病会议、北京国际会议中心的第七届亚太感染病年会及省级年会等学术研讨会。现为桐乡市中医医院退休返聘医生。

②朱经鑑（1914—1990），曾任梧桐镇夏家浜小学校长，在桐乡小学界颇有名望。

喉结很大，说话声音洪亮，用一口纯正的桐乡方言对我们说："吾叫朱经鑑，叫吾朱老师，从现在开始吾来教你们读书（当然后来上课时是用标准的普通话讲课的）。"

上一年级时，教我们的是一位漂亮的、大眼睛的美女老师。女老师性格温和，说话细声细气，一点也不凶。现在突然来了这么个男老师，尽管他说话时略带微笑，但还是让人忐忑呢。他问我叫什么名字、哪个生产队的，让我把名字写下来，我就怯怯地说了句："朱老师好！"然后回答了他的问题，写下了自己的名字。他笑着抚摸一下我的头说："好，好，大家坐下吧，现在我们发新书。"我心里慢慢放松下来，对朱老师也不那么害怕了。朱老师给我们发了新书就开始上课了。我们那时候开学就那么简单，没有开学典礼，到了学校就是上课。

朱老师就像一个全能老师，语文、算术、珠算、画画、体育、唱歌，全是他一人教的。后来我才知道，他毕业于嘉兴秀州中学，高中毕业后曾考取中央大学，因为是抗战时期，难于到达重庆才没上大学。

最让我佩服的是朱老师写的一手好字，无论是用粉笔还是毛笔、钢笔，都能把字写得清秀端正。他对我们写字的要求也很严格，写不好常常要重新来过。这样严格的训练使我们这些从他手里毕业的学生，一出手，写的字常常被人称赞，在后来的工作中，我也因此获誉。现在想来，最令人起敬的是即使每天的所有时间几乎都在工作，但是朱老师却把这当作平平常常的本分事情，上课非常认真，批改作业也非常仔细。他在我们做错的地方用红笔打叉后再打分，第二天，作业本发下来时，还专门指出大家的错题，再重新讲解。我还经常被叫到他的房间（也就是他的办公室）里个别指正。说到这里，我恍若看到那时的情形：朱老师住的地方就是教室东墙边隔出的一间约 10 平方米的房间，靠北面放了一张单人床，进门后，西墙边放了一张书桌、一张长条凳，这就算是他的办公室了。备课、批改作业全在这个小书桌上。找学生谈话或者学生做错事、作业没完成的，就要在这个房间里被"关夜学"，留下来继续学习，直到弄懂。现在想来，那时的朱老师全部精力都交给我们这些小孩子了呀。

朱老师生活简朴。夏天总看到他内穿白色的圆领汗衫，外套穿一件褪了色的灰色中山装，脚上是圆口布鞋，简洁、干净。吃的也很简单，他和隔壁"下伸商店”的几个店员在学校礼堂后面开一块地，自己种蔬菜，有时甚至只用一块腐乳下饭，偶尔有一个咸鸭蛋，就着吃好几餐。

敬业的朱老师经常晚上到农家去家访。有的孩子逃学、有的孩子被家长留在家里帮忙割草也会旷课，朱老师就去了解情况，给家长和孩子做思想工作，让大家好好读书。我是很喜欢读书的，朱老师就叮嘱我上学时尽量叫上同村的孩子一起去。我们学校大约有 30 多个学生，上午去上学的孩子较多，而下午很多小孩都不去上学，有时就只有二三个学生，甚至有一天下午只有我一个去上学，但即使只有我一个学生，朱老师也会仔细教我，给我布置作业。

为了让大家不落下功课，朱老师还想了个办法。让我放学后去给自己同村里几个没来上学的孩子补课，名字就叫“耕读小学”。所以我从三年级开始，上午跟老师学习，放学后就给五个小朋友做小老师，可真叫现学现卖啊！现在想来，这也让我小小年纪就懂得付出，也从中受到激励，越发用功读书。

生活上，朱老师把每个学生当自己孩子一样关心。有一次体育课，我在学校外面道地上跑步，被一个学生伸脚绊倒，我爬起来使劲将那个同学踢了一脚，那个同学当场痛得在地上打滚。朱老师马上将他扶起来，安抚他。后来也批评了他使坏绊倒同学的不是，同时也批评了我踢同学的行为，教导我们同学之间要互相友爱，互帮互助。

他对每个同学的家庭情况都了如指掌，那时我家很穷，我的铅笔用到只剩一寸长还在用，朱老师看到了就去小店里买了一支送给我。还有一次我想要一本字典，但知道家里没钱，一直没敢跟父亲提出来。有一位同学的哥哥在当兵，他拿来一本“字典”，说六分钱就可以卖给我。我欣喜地用攒了很久的零花钱买下了，却怎么也不会用，去请教朱老师。老师告诉我那不是字典，而是电报密码本，没用的。接着他就拿出自己的字典，教我怎么查字典，并且要送给我。朱老师已经帮了我很多了，我不好意思再拿他的东西，他就说：“你什么时候要用，都可以到我这里来拿，不要不好意思。”

朱老师的朴实、敬业和关爱犹如门前的小溪，默默浸润泥土，对我之后的人生影响非常大。他也很器重我，常说我长大以后肯定会是一个有出息的孩子。后来，我做了一名兢兢业业的医生，常常告诫自己不要辜负老师的期望。

1987 年，我在石门地区医院工作。有一天，去杭州参加学术会议，坐苏杭夜班轮船回到石门已半夜了，拆开当天刚送来一封信，得知是朱老师生病了，住在杭州市六院。我顾不上休息，急忙又乘夜班轮船去杭州，到杭州已是清晨了。我匆匆忙忙赶到医院，几经周转，总算见到了朱老师。师生多年不见，两人都很激动，真是有说不完的话呀。1989 年我调回桐乡中医院工作，曾多次去老师家拜访，他身体不舒服，也会让他儿子来找我。这份情谊扎根在几十年前的求学岁月，已情同父子了。

岁月如流。如今，我的好老师朱经鑑已经走了，算算如果他还在世的话已近百岁了，我也已近 70 岁了。回想起朱老师生前的种种，一幕幕恍若昨日。朱老师的一生平凡得像日日辉映大地的阳光，然而，正是这暖阳给了如我一般诸多学子成长路上坚实的呵护。我深深地怀念朱老师、感恩朱老师。

## 难于忘怀的革新经历

杨英清①

我退休已 30 多年了，往事悠悠，太多淡忘，唯烙下深刻印象的是在革新任校长的经历。

1954 年上半年，我调入革新乡中心小学当校长，此时，我 22 岁，参加工作刚满 3 年。当时，革新乡只有六所村小，没有乡中心小学，所在地只有一所单班复式小学，周围五所村小，分散在各个村。这些村小分别是北面的富饶桥小学，南面的南孟庙小学和一心村小学，西面的茅亭小学和秦皇庙小学。我住在城濮区设在北孟庙的区公所内，区委指导员史禄清亲自为我安排食宿。

这年正逢百年一遇的特大洪水，黄梅雨下了整整 80 天，大片农田被淹没，农民们全力以赴投入抗洪排涝。学校也停课了，大年龄学生投入抗洪。我也头戴笠帽，脚穿草鞋，配合乡村干部，来到哪个村就发动那个村的小朋友一起去舀水、车水，和村校老师一起战洪水、排涝灾，将洪灾造成的损失降到最低限度。

1955 年，翻了身的农民要求中心校开设高小班，当时一无校舍，二无设备。我主动请示县教育部门，得到了上级高度重视，拨下了经费。经城濮区区公所同意，革新乡政府决定扩建北孟庙小学，建造成名副其实的中心小学。暑假一开始，乡政府雇用农民工拆除了附近的茅亭庵、邱婆桥庙和华家桥庙等三座旧

①杨英清，曾任革新乡中心小学首任校长，现为桐乡一中退休教师。

庙建筑。建造校舍动工了，当地领导和附近的农民轮流前来帮忙。我也放弃暑假休息，和朱震华等老师一起当义务工，帮着搬砖头，拎泥桶……经过一暑假的艰苦劳动，具有三个教室、一个办公室、两个寝室的一幢平房拔地而起。这在建国不久的革新乡是文化教育上的一件大事，农民们奔走相告，纷纷前来参观新校舍。当时招收来自各村的初小毕业生，办起了高小班，另两个初小复式班。县文教育局分配来了新老师，添置了新课桌椅等设备，一所像模像样的学校开学了。不久，在新造教室北面再造二个教室。

同年，教育体制改革，我被任命为第二学区辅导校长，辅导革新乡、永安乡、乐安乡三个乡的小学。1956 年 3 月撤区并乡，革新乡和城南乡合并为新南乡，我所在学校更名为新南乡中心小学，上级任命我为新南乡辅导校长。这时，学校已发展到了五个班，有二百多名学生，共有六位老师。我肩上的担子更重了，这几年中我始终服从组织分配，忠于党和人民的教育事业，苦干实干，晴天一身汗，雨天一身泥，每天扛起背包，带上手电筒，日夜奔波在各个小学，去听课，检查教学工作，传达上级会议文件精神。当时，膳宿没固定，跑到哪里就与那所村小老师搭伙生活，听课辅导，帮助解决一些教育上具体问题，与当地教师打成一片。教育部门开展招生、留生、收费三项竞赛，工作担子很重，完不成任务会被“拔白旗”，由于农村普遍重男轻女，女孩子割羊草、管弟妹，家长不让女孩子读书，有的女孩子还当上童养媳，想上学比上天还难，因此入学率低，教师叫苦连天。我一方面争取乡村领导大力支持，依靠干部在大小会议上宣传发动，要求家长让子女入学，同时力争解决师资、经费不足问题，把此项工作列入党委议事日程；另一方面做好教师思想工作，让他们安下心来。一次次地上门说服家长，做到生产读书两不误，学费交不出教师自己垫付或免费，允许小朋友背草篰、带弟妹来上学，这样总算完成了三项任务。我和农村教师一起，一心扑在事业上。不但白天教小学生，晚上还教青壮年识字、学文化。

1957 年下半年，新南乡办起了全县第一所“农中”，1958 年开始改称“农业大学”。桐乡县文教局副局长徐楚才下放来兼校长，抽调张静娟、沈昌堃等老师来任文化课老师，教学搞得红红火火。学校租用农民田地搞学农试验，租用农民房屋做教室，学生为走读制，边学习边劳动。搞科技实验，试验小株密植插秧、烟叶种植及养蚕，办得很出色，各地前来参观。我作为小学辅导校长，主动协助乡党委解决师资问题，请不脱产民师兼课、听课，现场观看技术比赛，同时处理好民师工分补贴问题。还协助做好课程设置、教材选用及教室借用等工作，多次受到县、乡领导表扬。1959 年下半年，我调南日乡学校工作，依依不舍地离开了新南乡中心小学，告别曾经一起工作的同事，告别曾经支持我工作的领导。

在革新乡、新南乡当小学校长的经历，我印象深刻，难于忘怀。五年多的时间，虽然经历了千辛万苦，但为以后的成长打下了扎实的基础，我觉得这种付出值得。

## 家乡的沧桑巨变

许剑明①

我的家乡在浙江桐乡，古时因境内遍栽梧桐树而得名。家乡位于浙北杭嘉湖平原的腹地，素有“鱼米之乡、丝绸之府、百花地面、文化之邦”的美誉。家乡的地理位置得天独厚，人们常说“上有天堂、下有苏杭”，很幸运，家乡与苏州、杭州这两座吴越文化的历史名城山水相连、人文相通，像一颗璀璨的明珠镶嵌在苏杭两城的中央。古往今来，这里风调雨顺、土地肥沃、物产丰富，一直是江南富庶之地，大米、蚕茧、杭白菊、晒红烟、小湖羊皮是家乡的传统特产。世界上里程最长、工程最大、历史最悠久的交通大动脉——京杭大运河横贯境内。

我家住在市区梧桐街道东部的革新村，所在的自然村叫富饶桥组，村子因桥而得名，我家就在桥的南岸。富饶桥是一座典型的江南水乡石桥，桥的两边各有十几步的石台阶，桥面三块大条石静静地平躺着，架通了河的两岸。曾几何时，富饶桥被叫成了“火烧桥”，奶奶告诉我，那是因为以前日本人打进来，放火烧了桥边的民房，为了记住这国耻家恨，十里八乡的人就把这座桥叫作了“火烧桥”。小时候，富饶桥留下了我无数的脚印，去小学校上学要走过这座桥，放学回家要走过这座桥，去副食品小店买东西要走过这座桥，去大队部看露天电影也要走过这座桥……富饶桥成了我儿时生活的一部分。桥下一弯清澈的河水自东向西通往县城梧桐镇，沿途依次经过村域内的陆家埭、陈家埭、新

①许剑明，革新村乡贤参事会副会长，革新村富饶桥村民组人，原桐乡市住房和城乡规划建设局党委副书记。

木桥、港北村、殳家埭等自然村。这条河是家乡的母亲河，她的名字叫富饶桥港。村子的东边与濮院镇永联村隔河相望，这条河就是连通京杭大运河的永兴港；村子北边是320国道，当时叫杭申公路，公路的起点在上海、终点在云南的瑞丽。在我儿时的记忆中，富饶桥是远离城镇的偏僻农村，无论是东去濮院，还是西往县城，都需走上七八里路。如今看来，不过是十来分钟的车程，但在我小时候，这里没有畅达的道路，去城里都要走拐弯抹角的乡间土路，沿途要经过一片片的农田桑园和一个个的村庄。20世纪80年代前，连自行车这样的交通工具也没有，出门全凭着两条腿，去一趟城里，单程也得花上大半个钟头，碰到雨雪天道路泥泞就得花上一个多小时。

家乡地势平坦，河网密布，四季分明，是典型的江南水乡，这里的每一寸土地都是优质的耕地，只要肯耕耘就会有收获。家乡人吃苦耐劳、亲和纯朴，他们用勤劳的双手在古老的大地上辛勤耕耘，收获着一季季、一茬茬的粮食和经济作物。那时候，水田里通常在夏季种植双季水稻，冬季种植大小麦和油菜，旱地里除了栽桑养蚕，还要套种青菜、萝卜、大豆、白菜、菊花、榨菜、蚕豆、烟叶等经济作物。不管是水田还是旱地，一年四季都没有闲着的时候。

中共十一届三中全会召开后，改革开放的春风吹遍了神州大地，家乡实行了联产承包责任制，乡亲们从土地的束缚中被解放出来，积极性得到充分调动，年轻人纷纷进城务工经商，不少人后来成了远近闻名的老板和企业家；年纪较大的则留守家里种好自家的承包地，解决全家的吃饭问题。经过十多年的艰苦创业，乡亲们的收入迅速增加，改善居住条件成了第一要务。20世纪90年代开始，村里兴起了建房热潮，原来低矮拥挤的老平房扩建成了高大宽敞的新平房，不久以后，又纷纷拆了平房建楼房，“楼上楼下、电灯电话”，理想终于变成了现实。

1993年，家乡撤县设市，由此步入了发展快车道，工业化和城市化加快推进，过去的农业大县成为了工业强市、市场强市和旅游强市，市区迅速向周边延伸扩张，两条环城道路相继建成，仿佛两条光彩夺目的项链，把革新这片土地拥入怀中。2009年，革新村全面完成了征地拆迁，昔日偏远的乡村成为了城市的一部分。乡亲们都住进了宽敞明亮、装修考究、设施完善的安置小区，每家每户都有一幢占地160平方米的四层楼房，除了自己居住外，大部分的房子都被租出去了，底楼大多用于羊毛衫生产加工、仓储物流、开饭店、开超市等生产经营，楼上则装修成单身公寓租给外来新居民。一年下来，每户的房租收入都超过 10 万元，乡亲们的生活由小康迈向富裕，空调、冰箱、洗衣机、热水器等各种家用电器应有尽有，电脑、手机早已普及，小轿车也进入了每个家庭。

如今，富饶桥已不见了踪影，富饶桥港也融入了有880多亩水面的凤凰湖。凤凰湖充满江南水乡韵味，白天，湛蓝的天空下，湖水光彩照人，一缕缕水草轻轻摇曳，鱼儿欢快地游来游去；夜晚，绚丽的灯光下，湖水似珍珠洒落，游人在湖边或悠然漫步，或观赏夜景。环视湖的四周，被各色鲜花簇拥着的绿道、静卧在湖面的栈桥、围着护栏的观景平台错落有致地分布着，翱翔在天空中的飞鸟尽收眼底，好一派“碧水蓝天相辉映、绿树鸟语添花香”的迷人景色。风拂凤凰湖，陡增了几分妩媚；雨落凤凰湖，又平添了一派清新。极目远眺湖的北岸，振石控股、巨石玻纤、桐昆化纤、新凤鸣集团、小圆满房产，一幢幢总部大楼鳞次栉比。环绕湖的周边，星湖湾、悦湖湾、望湖湾、星都会、云上府第、春天悦里、凤栖春澜，一个个高档小区似众星捧月。不久前，位于凤凰湖与永兴港之间的凤凰湖科技城启动建设，未来这里将成为串联桐乡“三大科技城”的中心节点，智联南北的科技创新走廊，桐乡东部新城的核心区域。

改革开放40多年，家乡发生了沧桑巨变，过去偏僻落后的农村，如今成了车水马龙的新城区；过去面朝黄土背朝天的农民，如今成了上班、经商、办企业的新市民。我不由得感叹：家乡变化真大，好似凤凰涅槃，让人认不出来了！

## 家乡沧桑巨变，感恩党的领导

庄建发[①]

我出生在革新村高家里组的庄家门，在我儿时的记忆中，有一条东西向长约 1.5 里的小河道——麦干浜横贯于两个自然村之间，浜南叫麦干浜自然村，浜北叫高家里自然村。上小学时，我在麦干浜小学读了三年，四年级后转到了北孟庙的新南小学。初中是在塘家浜的新南中学（也称新南农校）读的，初二那一年，刚好遇到学制改革，原来两年制的初中改为了三年制。这一年，我没

①庄建发，革新村高家里村民组人，现任浙江物产山鹰热电有限公司董事长、法人代表。

有考上高中，便去了位于亭子桥的梧桐人民公社初级中学（桐乡市第八中学的前身）继续我的初中学习。第二年，我顺利考上了桐乡第一中学高中部，于1981年完成了全部学业，成为当时首批三年制的高中毕业生。在家乡的小学、初中读书时，我对几个老师的印象特别深刻，他们是我读小学时的孙伯农、庄复兴和沈水泉等老师，以及读初中时的陈志农、姚阿生等老师。我要感谢老师们为我在小学和初中阶段打下了良好的学习基础，使得我能够考上当时桐乡县最好的高中——桐乡第一中学。记得那一届的初中同学中，有不少去了桐乡第二中学（在崇福镇）和第三中学（在濮院镇），还有的在屠甸中学、乌镇中学读高中。在那个刚刚恢复了高考的年代，初中升高中的比例不到学生人数的五分之一，能够考上高中已经很不错了。高中毕业后，绝大部分同学都回到各自的家乡参加生产劳动，考上大中专院校的更是凤毛麟角，而我也算是一位幸运儿。1986年，我中专毕业后被分配到嘉兴冶金机械厂工作，担任电气技术员。1990年7月，组织上把我调到了嘉兴热电厂（嘉兴新嘉爱斯热电有限公司的前身）。2017年3月，我又被调到家乡的桐乡泰爱斯环保能源有限公司工作，出任总经理兼法人代表。从2017年项目基建开始到2020年4月，项目运行了三年后，组织上再次调我到海盐经济开发区（西塘桥街道）筹建新的浙江物产山鹰热电有限公司，任董事长兼法人代表。公司是由世界500强企业——物产中大旗下的浙江物产环能股份有限公司与上市民营企业山鹰国际旗下的浙江山鹰纸业有限公司共同出资组建的，属国有控股的公用热电联产项目。

我从高中毕业离开家乡，至今已有整整40个年头，当初的青春少年而今也快要到退休的年龄了。家乡的巨大变化，让我都认不出来了：读初中时新南中学所在的塘家浜那一望无际的上千亩稻田，如今变成了碧波万顷的凤凰湖风景区，湖边振石、巨石、桐昆、新凤鸣等一幢幢总部大楼鳞次栉比，环湖高档住宅小区一个个像雨后春笋般拔地而起，凤凰湖科技城正在从一张张蓝图变为现实……记得我们村是在2002年左右开始启动征地拆迁的，我家被安置到了东方路与利民路交叉的位置，安置小区的东侧就是凤凰湖、植物园、振石大酒店和吾悦广场，过去交通不便、设施落后的农村，而今成了车水马龙、热闹非凡的城市；过去祖祖辈辈面朝黄土背朝天的农民，而今成了务工经商、投资办企业的城市居民。真可谓十年巨变、沧海桑田。

这一切来之不易，饮水思源，我们都要感谢党的好领导、好政策，使家乡人民享受到了改革开放带来的发展成果，父老乡亲们都能获得免费健康体检，到了退休年龄后都可以领到养老金，每个居住小区都配套建设了设施齐全的文化礼堂。

2021 年是中国共产党成立 100 周年，也是新中国成立 72 周年。我们桐乡作为全国名列前茅的综合实力百强县，正在朝着“风雅桐乡、美丽桐乡、数字桐乡、平安桐乡”的目标奋发努力，不断开创共同富裕高质量发展示范区最精彩的桐乡窗口。相信我的家乡革新村在建设美丽乡村、美丽梧桐、美丽桐乡的进程中一定能取得新的、更大的成绩，祝愿家乡明天更美好！

## 档案里的革新

蔡月林[①]

我老家在革新村的北面，相距不足 3 千米。小时候就知道南面有个叫浮石桥的地方，公路上经过的客运汽车在那里有个停靠站，懂事后也曾经单独在那个站乘过汽车。以前，富饶桥、北孟庙、文桥头等地名有所耳闻，但不知具体在哪里。虽然与革新村只有一步之遥，也有地缘相邻，但对革新村的历史知晓甚少。参加工作后，因工作需要偶尔到过革新村域内的原新南、革一、向阳 3 个村，知道了以上这些地名的具体方位。前年 7 月，编纂《革新村志》为我提供了千载难逢的好机会，能再次走进革新，认识革新，了解革新。两年多来，经过实地走访、查阅资料，不仅目睹了革新村当今崭新的面貌，还对革新村的过去以及几十年来的发展历程有了清晰的认识。

革新村域 6.8 平方千米的土地上，有许许多多的村庄、河浜、桥梁及圩头地块的老名称。这些名称形象、动听，经历曲折、有趣，富有文化韵味，浮石桥、富饶桥等桥名、地名较为典型。

浮石桥，方圆十里内的年长者都熟知。在我以前根深蒂固的记忆中，此桥是在杭枫公路（也叫杭申公路，现濮院大道）横跨永兴港的那座桥，桥头有客运汽车临时停靠站——浮石桥站。直到一年前的一次走访了解，才彻底更正我此前的想法，其实此桥原先仅为公路桥梁（也叫洋桥头），只不过建造在浮石

---

①蔡月林，中山小学退休教师。

桥附近，习惯叫叫而已。而真正的浮石桥在公路桥往南约400米处，且附近的村庄以桥为名。随后通过查阅相关资料，我对浮石桥便有更多的了解。

浮石桥，位于革新村域浮石桥村民组，东西走向，横跨于永兴港上，三孔平梁石板桥。2014年版《桐乡古桥》记载：浮石桥长19米，净跨11.5米，桥宽1.5米，桥高7.1米，桥面每孔均由三块并列的长条石板构成，东西两侧中间桥板为几块小石板拼接而成。竖壁形桥柱有桥耳四对，较完整。两端无踏步。石桥所用石材多为花岗岩，有少量为武康石。

“浮石桥”是当地人习惯的称谓，始建的年代不详。清朝光绪年间叫捧日桥，光绪《桐乡县志》记载的桐乡县境水系图所示，革新村域东北方向永兴港上有座捧日桥，就在浮石桥的位置上。传说后人在重建时将捧日桥的名称改为浮日桥，重建石桥之初，天上浓云密布，当众人抬起一块石梁时，突然半个红日浮现在浓云之上，把建桥工地照得金亮堂堂，内中有一位老人，是石匠工头，见得这一情景，就说把这座桥改名为“浮日桥”吧！便在中间桥板南侧刻有“浮日桥”三字。由于“日”与“石”方言读音相近，久而久之，当地人把浮日桥称之为“浮石桥”。

后来，永兴港支流的一条小河上，即镬子浜、椿树下浜出口交叉的地方，又建造了一座石桥，因河道较小，当地人把那座桥叫小河石桥。浮石桥与小河石桥相距不远，方言“浮”与“河”读音又相似，永兴港河面较大，故当地人为了明确区分两座桥的名称，把浮石桥称为大河石桥。两座桥附近的村庄名称也分别为大河石桥、小河石桥。民国35年（1946）《桐乡年鉴》中记载有大河石桥、小河石桥之名称。新中国成立初期，大河石桥改为大浮石桥、小河石桥则改为小浮石桥。

1958年9月，梧桐人民公社成立后，大浮石桥、小浮石桥分别为革新大队的两生产小队。1967年，大浮石桥改名为新华生产队；小河石桥则改名为新丰生产队，属向阳大队。1968年，新华、新丰两个生产队合并为立新生产队，仍属向阳大队。1999年，恢复“浮石桥”名称，所在村民组叫浮石桥村民组，为向阳村所辖。2000年后，浮石桥村民组为革新村所辖。

集体土地被国家征用后，村民房屋拆迁安置在永兴小区，但浮石桥村民组依旧在；大、小浮石桥不在了，但“浮石桥”这个地名在人们的记忆中没有消失。如今濮院大道上横跨永兴港河面上的钢筋混凝土大桥也叫浮石桥，濮院大道与二环东路交叉的地方建造了立交桥，也取名为浮石立交桥，它们将成为“浮石桥”这地名的新见证。

富饶桥，位于革新村富饶桥村民组，南北走向，跨过富饶桥港。它的名称好听、历史悠远，且村以桥名，方圆数十里的人知晓此地名。但是，此前我一直以为是“火烧桥”，因为村域周边不明真相的人都是这么称谓的。我也曾经听到过有人问这座桥为啥叫火烧桥，不雅气，很难听。直至实地走访后，才恍然大悟，原来“火烧桥”是它的别名，是与抗日战争有紧密联系呢。传说抗战时期日军侵占桐乡，在革新村域附近的秀才桥、浮石桥分别建筑炮楼，对杭善公路（现濮院大道）附近浮石桥和倪家门一带的村坊进行放火掠夺，残害百姓，烧光沿公路一带的民房，所以原来非常好听的桥名“富饶桥”便被叫为“火烧桥”了。

富饶桥为单孔石板桥，跨度不大，两桥堍均用条石垒筑，桥面为三块石板铺设，两边的石板较宽，中间的那块石板较窄。富饶桥始建年代不详，档案资料显示，清朝光绪年间叫富造桥，光绪《桐乡县志》记载的桐乡县境水系图所示，革新村域内永兴港支流上有座富造桥，就在富饶桥位置上。由于“富造”与“富饶”方言读音相近，久而久之，便称为富饶桥，且富饶桥这名称比富造桥要好听。

民国35年（1946）《桐乡年鉴》中记载将富饶桥又称为“虎啸桥”。把富饶桥叫别为“火烧桥”难听、不雅，故有人用读音相近的“虎啸桥”替代“火烧桥”。

20世纪70年代，因河道拓宽，富饶桥被拆除了石桥改建成水泥拱桥；80年代，水泥拱桥被装着水泥的货车压断，又重建为水泥平桥。

现今，集体土地被国家征用，村民房屋拆迁安置于永兴小区，但富饶桥村民组依旧在，新建造的富饶桥也东移至永兴小区一区、二区内，南北向跨过富饶桥港东段（现从永兴港流至凤凰湖的支流），为后人留作纪念。

新中国成立以来，革新村域内的村级机构经历了多次调整变动，大致经历分一合一分一合的过程。在几次村级机构分合过程中产生的老名称，人们叫了几十年，模糊不清，叫法不一，现在有了新的发现，能还历史的本来面目。

新中国成立初期至 1958 年合作化运动结束，革新村域处于多个村级组织机构分设状态。废除保甲制后，村域内设立茅亭村、柏子村和团结村；1953 年，改为代表区制，村域内设一代表区（部分茅亭村、部分柏子村）、二代表区（柏子村）、三代表区、四代表区（团结村、部分茅亭村）4 个代表区；1956 年 10 月，村域内分设新丰高级合作社、革新高级合作社一社和革新高级合作社二社。

第一次合并是在 1958 年实行人民公社化之初，村域内撤销新丰高级合作社、革新高级合作社一社和革新高级合作社二社建制，其区域合并后建立梧桐人民公社革新大队。

1959 年上半年至 1961 年，村域内村级组织机构经历第二次分设，先是建立不久的革新大队在 1959 年上半年分为革一大队（老革一）和革二大队，再是在 1961 年革一大队（老革一）分出新南大队，成为革一、新南两个大队。至此，村域内有革一、革二和新南 3 个大队。1966 年，革二大队更名为向阳大队。

革新大队成立于 1958 年 9 月。“革新”与当时被撤销的革新一社、革新二社和新丰高级社 3 个高级合作社的名称紧密关联，且适应时代发展需要，又因原革新乡驻地在村域内的高家里，传承其好听的名称。比较遗憾的是革新大队存续时间不长，1959 年上半年，革新大队建制被撤销，分设为革一大队（老革一）和革二大队。

革一大队最早出现在 1959 年上半年。当时，革新大队分设为革一大队和革二大队。“革二”就是革新二社的简称，革新大队分出革二大队后，剩下的面积比革二大队大、人口比革二大队多，理应在“革二”前面，为此叫革一大队，也是革新一社的简称。当时的革一大队就是后人所称的“老革一”，原新丰高级合作社（后来的新南大队）区域包括在内。直到 1961 年，革一大队（老革一）分出新南大队后，剩下的区域继续沿用原大队名称——革一大队（小革一）。

革一大队（小革一）前身为茅亭村、部分柏子村。1953 年实行代表区制时，为革新乡一代表区，因此在 1956 年成立高级合作社时命名为革新高级合作社一社，简称革新一社。“革新”沿用原革新乡的名称，“一社”就是“一代表区”的沿用。革一大队又以革新一社的简写“革一”命名，1984 年初，革一大队改为革一村。

革二大队前身为柏子村。1953 年实行代表区制时，为革新乡二代表区，因此在1956年成立高级合作社时命名为革新高级合作社二社，简称革新二社。“革新”沿用原革新乡的名称，“二社”就是“二代表区”的沿用。1959年上半年，从革新大队分出，以“革新二社”的简写“革二”命名，叫革二大队。1966年，文化大革命运动开始，因“革二”有革命第二之嫌，为适应形势需要，将革二大队更名为向阳大队。1984年初，向阳大队改为向阳村。

新南大队前身为团结村，部分茅亭村。1956年成立高级合作社时为“新丰高级合作社”，取原革新乡、当时新南乡的“新”字，“丰”就是丰富、丰收之意，“新丰”预示建立高级社后，在初级社的基础上有新的丰收。1961年，原新丰高级合作社区域从革一大队（老革一）分出，取名为新南大队。当时取名新南大队考虑到两个因素：其一，取新丰高级合作社的“新”字，所在区域又位于革一大队（老革一）南部，故名新南；其二，沿用了成立梧桐人民公社时被撤销的新南乡名称。新南乡是1956年3月由革新乡和城南乡合并后建立的，其名称在新南大队名称使用之前，它当时取革新乡的“新”字和城南乡的“南”字，合起来称“新南”。1984年初，新南大队改为新南村。

新中国成立以来，曾经在革新村域存在的村级机构名称大多已成为历史的记忆，唯独“新南”这个名称现在还有两处能找到：一是位于北孟庙附近莲花桥港上的新南桥还在；二是环城东路与振兴东路交叉口北新建的一座水泥桥，也叫新南桥，它建在原麦干浜通往张家桥港的浜口位置上。

现如今的革新村是2000年12月由原革一、向阳、新南3个村合并后建立的，其名称恢复了60多年前存续短暂的老名称——革新，兼顾原革一、向阳（革二）、新南3个小村的名称，又沿用1956年撤销的曾在村域内驻地的革新乡名称，更是改革、创新的简写，富有时代气息。

## 我的革新情缘

李君婷[①]

革新村是我工作生涯的第一站。初入革新村，我便被一排排整齐划一的房屋、一条条宽阔整洁的河流、一棵棵婀娜多姿的杨柳所吸引。怀着激动而忐忑的心情，我踏上了革新村的土地，也由此开启了与革新村的不解之缘。

①李君婷，中共桐乡市委组织部派驻基层的驻村干部。

革新村，地处美丽的凤凰湖畔，气候宜人，景色优美，交通便捷，村民生活幸福，到处呈现出一派生机勃勃的景象。初到革新村是秋天的上午，美丽的梧桐叶铺满大地，一片秋意盎然的景象。来到村里，朱玉建书记和庄林法书记热情招待了我，详细介绍了革新村的概况，细心询问生活中是否有困难之处，还带我品尝了本地特色菜肴，令我备感亲切温暖。回想这两年的美好时光，革新村有“五美”，令我流连瞩目。

一是产业兴旺发展美。初到革新村，沿路看到家家户户辛勤劳作，耳边听到阵阵机器轰鸣，像一支支激昂的协奏曲，令我十分好奇。经过了解，发现革新村经济发达，产业特色鲜明，村域内以纺织业为主的时尚产业十分发达，但产业兴旺的同时也带来流动人口多、存在消防隐患等问题。为守护村民平安、保障生产安全，村干部走村入户发放宣传手册上千份，开展针对性警示教育，引导全体村民树立安全意识，提升村民安全素养。同时，强化社会监督，鼓励村民对发现的安全隐患及时上报，形成“全民查、全民督”的良好氛围，为百姓生活保驾护航，为平安桐乡建设加油助力。

二是生态宜居环境美。2021 年是桐乡市创建全国文明城市的首创之年。革新村积极响应上级号召，加强组织领导，全力夯实全国文明城市创建工作基础，真正打通宣传群众、教育群众、服务群众的“最后一公里”。广泛开展“垃圾分类进校园”“建党百年谱华章 永葆初心创辉煌”暨创建全国文明城市文艺汇演等群众喜闻乐见的活动，营造浓厚的文明创建氛围。建设智慧化平台载体，用好微“嘉”园、志愿汇等平台。利用微“嘉”园报事、议事、建言献策，提高办事效率，让村民一次也不用跑就能顺利解决诉求问题，真正做到便民利民，真正做到“群众在哪里，文明创建就延伸到哪里”，共同助推全国文明城市建设。

三是乡风文明村民美。革新村创新村级治理方式，积极利用梧桐街道党群服务中心、新时代文明实践点、灵悟会所等场地资源，通过志愿服务激发群众参与乡村治理的内生动力，投身文明实践活动中，促进邻里团结、村庄和谐，真正让乡村治理动起来、活起来。构建村级“网格化管理”模式，建立以村为单位的一级网格 7 个，以村民小组为单位的微网格 31 个。同时结合社会治安综合管理、化解矛盾纠纷等治理热点，探索新时代文明实践乡村治理新局面，让“和谐革新”的名片在乡村治理中熠熠生辉，让百姓有更多实实在在的获得感、幸福感和安全感。

四是治理有效班子美。2020年，正值村（社区）组织换届期间，革新村强化组织领导，完善工作机制，稳步推进村（社区）组织换届工作。革新村坚持“干中换、换中干”，以换届选举为契机，以“百日攻坚”为抓手，把村社换届与中心工作、群众关切和基层治理现代化结合起来，努力做到换届和发展“两不误、两促进”。开展“亮形象、晒承诺、谋发展”活动，组织新一届村（社区）党组织班子签订“三项承诺”，深入贯彻落实“先定事、后选人”理念，共同谋划村（社区）未来五年发展蓝图。作为一名参与者、见证者，我的内心感到无比喜悦与自豪。

五是生活富裕日子美。桐乡社会和谐稳定，百姓安居乐业。发源于桐乡的自治、法治、德治基层社会治理模式被写入中共十九大报告，桐乡成为全国“三治融合”的示范地。近年来，革新村持续加大民生投入，让人民群众的物质更加富裕、精神更加富有，人人参与发展、人人共享发展的生动局面进一步形成。建设居家养老照料服务中心，让村民们老有所依；完善灵悟会所，为村民们提供了休闲娱乐的场所；实行革新、灵悟菜场改造提升工程，为村民生活提供便利。村里一直继承并发扬着尊老爱幼的优良传统，为小学生举办“开蒙礼”、为考上大学的准大学生颁发“崇学奖”、为80岁以上的老人送生日蛋糕和红包，传播社会正能量，共同推动和谐革新建设。

岁月不居，时节如流。一转眼，我就要离开美丽的革新村，离开这群可爱的人了，内心满是不舍，曾经欢声笑语的美好画面如过电影般浮现在眼前。在此，我想真诚地感谢朱玉建书记和庄林法书记一直以来对我的悉心教导和谆谆教诲，感谢朝夕相处的同事们对我工作的指导和生活的照顾，感谢热情善良的村民们对我的理解和包容，感谢庄老师和蔡老师为村志编写呕心沥血、不求回报的付出，他们身上敬业无私、甘于奉献的精神打动着我，成为我今后工作的不竭精神动力。无论走到哪里，我都将是半个“革新人”，深深祝福我们的革新村越来越美丽、村域发展更和谐、百姓生活更幸福！

## 蝉声依旧

方鑫利[①]

“一闻愁意结，再听乡心起。渭上新蝉声，先听浑相似。”女儿琅琅的古诗声伴着窗外鸣叫的蝉声，内心因为炎夏引发的烦躁反倒慢慢被平复了。思绪万千，突然勾起了我小时候的回忆，那时候的我又在做什么。

蝉声响起之时，就是我最欢乐的时候。夏天能吃的能玩的总是这样的丰富多彩。小时候的我最喜欢跟着爷爷睡在搭建在沟渠上的简易床上，和他一起守护着家里的一亩三分地，守着这片种满西瓜的水田，口水就会不自觉地流下来。那时候水果不像现在这样丰富，家里像样的都紧着卖钱，西瓜却是少数能满足童心的水果，一个就管饱。再大点，西瓜渐渐对我失去了吸引力，我转移了“战场”。我家门前有条浜，名曰“横家浜”，至于名字的由来已经不大记得了，只记得那是我们避暑的好去处，它像条细长的腰带慢慢往外延伸，连通着外面的莲花桥港。放假的日子，早上迫不及待地奔赴稻田抓田鸡，然后自己动手制作一个个钩子，吃着糖水冰棍，坐在浜前钓龙虾，没一会儿工夫一桶就满了。那时候我们的吃法堪称奢侈，从来都是掐头去尾再加油爆炒的。夏天，龙虾绝对是一道不能超越的美食。中午，小伙伴们又如饺子般抱着门闩纷纷跳入河中，胆子大的早早就学会了游泳，而我就属于畏水的，直到多年后我才花钱学会了游泳。一到晚上，每家每户都会将桌子搬到稻场上，在户外吃饭，名曰“风凉夜饭”。那时候还很少普及空调，农村电扇就是主打，又因为常常停电，所以户外的晚饭就是最适宜的。我家又因地理位置优越，河面微风徐徐吹来，爸爸妈妈身披“五彩祥云”（那时候没有路灯，只有晚霞）劳作回家，一天的辛劳都通过这顿晚饭得以化解了。夏天对于孩子是快乐的，对于长辈却是辛劳的，一个夏天下来父母黝黑的皮肤就是最真实的写照，他们用自己的脊梁托起我无忧无虑的童年。

2003 年，革新村域内发生了历史性的变革。那年我家被拆迁了！乡亲们奔走相告，对于我们这些年轻人的改变可能不明显，父母们却是开心的，终于可以告别面朝黄土背朝天，天天和泥块打交道的艰辛农耕劳作，可以过上像城

①方鑫利，革新村方家埭村民组人，现任中共革新村党委委员。

里人一样的生活了。老人们却是喜忧参半，喜的是可以从繁重的农活中解脱出来，忧的也是对失去土地的恐惧，那是一辈子赖以生存的命根子呀。时间总是不给人太多的思考，按照它的既有轨道往前推进。小区内建起了一排排的楼房，排列整齐，村貌发生了巨变，整洁的沥青马路纵横交错，形成了“井”字形，道路两旁绿树成荫，花坛中间鲜花四季；到了晚上，路灯和霓虹灯把小区打扮成繁华的都市，连我自己也不知道我家的祖屋在哪处。小区内的活动场所一个个配置起来，村民们的休闲娱乐生活渐渐多了起来，引发了人们生活方式的改变。从原始的日出而作、日落而息的农耕生活到如今的日出而出、日落而出，去凤凰湖、植物园、健身场地、步行绿道跑步健走、跳舞打拳，呼吸新鲜空气；过去人们讲究的是吃好、穿好，如今人们讲究的是身体好；过去人们在夏天里热得喘不过气，冬天冷得咯咯叫，如今有了空调，一年四季春常在；孩子们的童年也少了几分过去捉鱼摸虾、游泳戏水的野趣浪漫，多了几分吃穿享受和失去天真的补课班、兴趣班的烦恼。

天在变，地在变，时代在变，人也在变，可一成不变的是夏至前后，河边的白桦树上、路边的梧桐树上、花坛里的花木丛中蝉声依旧。

## 乡路

徐建方①

记忆中，家乡的小泥路伴着童年的我玩耍、成长。上小学开始，我每天迎着朝阳出门，中午回家吃饭，下午接着上学和放学，都要走过这条小路。那是一条普通的农村机耕道路，却给我的童年留下了最美好的记忆。

小泥路记录着家乡四季的变换，路的两侧是稀落的人家和大片的桑园，更多的是农田，勤劳的人们在季节的更替下劳作，一茬接一茬，一季换一景。春开的油菜花，从嫩绿到金黄，如同一幅渐变的油画；夏忙的黄瓜棚一楞楞的，恰似绿色营帐；秋收的菊花芳香迷人，多姿多彩；冬裹的白雪，盖在起伏的田野上，尤为壮观，偶尔也能看到野兔的脚印，远远望去，像在雪白色的绸缎上镶了一朵朵小花，好看极了！

我每天来来回回走在这条亲切的小路上，晴天有尘土的相伴，最喜欢的是

①徐建方，革新村大道场村民组人，现任桐乡市教育局党委委员，计划财务科科长。

脚下生“灰”的感觉，她细腻地呵护着我的脚底；雨天有泥泞的缠绵，走路踉踉跄跄却满溢着欢声笑语。记得那时，正好在学朱自清的散文《春》，里面描写“风里带来些新翻的泥土的气息，混着青草味儿，还有各种花的香，都在微微润湿的空气里酝酿”，感觉就是在写自己的家乡，我仿佛闻到了浓浓的泥土的芬芳，顿感这种“土味”是如此沁人心脾。那会儿闲暇时的课余生活，我最喜欢的便是约上三两同伴，穿过这条小路，去离家不远的河里钓鱼了。静坐几小时，总会有不少收获。那时任凭蚊虫叮咬，挥汗如雨，现在想起来都是甜滋滋的。很少离开村子的我，偶尔也会跟着奶奶赶趟街，走差不多一个小时的路程，就是为了感受一下城里的风光，改善一下生活，足够我乐呵好几天的。

上了初中，学校离家更远，上学的路更长，于是父母给买了第一辆自行车。可那时候只有离城里近点的地方才刚刚修建了水泥路，其他的都还是泥路。到了雨天，骑车很容易打滑，一不小心就会摔跤；特别是冬天解冻的时候，路面的泥土会把车架都塞得紧紧的，别说人骑车了，即使推行也很吃力，也只能人扛车了。那时的家乡，“蜗居”于农村最深处，听不到机器的轰鸣，看不到林立的大厦，人们日出而作日落而息，都是踩着这几条熟悉的小路，过着“从前慢”的清淡日子。

慢慢地，慢慢地，道路开始延伸了，路面也开始拓宽了，水泥路能通到家门口了，感觉与城市的距离越来越近了。在家乡的沃土上，开始一点一点冒出高楼来了，也开始变得热闹起来了，有了汽车声，机器声，欢笑声……勤劳奋进的家乡人民撸起袖子，努力拼搏，让乡村融入了城市，日子越过越富足，不知不觉中已经融入城市圈。

如今，这条伴我成长的蜿蜒小道逐渐变成了靓丽的景观大道，每每路经，童年的景象历历在目，浓浓的乡情扑面而来。

## 故里草木深

徐进[①]

前些天用邮箱交期末论文的时候，发现“已发送”底部躺了几封邮件，我顺手点开来看看，原来是小学时写的小作文——《有趣的捉迷藏》：“童年中

①徐进，革新村大道场村民组人，现就读于浙江大学。

的事，有的像流星匆匆闪过；有的却像恒星，一直在我的心中闪烁着，让我久久不能忘怀。……”我边看边笑，这写的什么乱七八糟的，字写错，标点点错，语序稀烂。直到看到作文里的熟悉的名字，薇、向杰、凯、金萍、思炀、思威……我猛然一惊，我似乎好久没见过他们了，是的，我好久没见过他们了。

人们常说，时过境迁、物是人非，到我这，连物都已消失不见。

老家门前有一条小河，叫“坍桥浜”，但在村里老人口中，它还有一个更广为流传的名字——“佛手浜”，因为它的形状宛如一只佛手，仿佛菩萨降临保佑村民平安。而于我而言，可没有这么玄乎，它更像是一条丝带，串起我们每家每户，串起了我与伙伴之间的童年。小河上架着一座桥，名曰“坍桥”，名字虽有“坍”，但桥老人家的脊椎骨可硬朗着，它烙印着我们的足迹，承载着我们驶向远方的步伐与希望。而如今，“佛手浜”的“佛手”被无情的泥沙埋没，数年不坍的“坍桥”也被冰冷的铁臂推倒，生活的点滴、村民的足迹也被湮没在城市化的浪潮与无尽的时间之中，儿时的美好，也只能在长辈们闲谈之中感受那仅剩的温存。

我的童年可以称作是合格的童年了。回想幼时，春天在田里放风筝，玩累了去后边的桑树林里摘桑果吃；夏天太热，打一桶井水，抱一个西瓜，搬个凳子在弄堂里乘凉，好不自在，有时乘着祖父的耕犁机在稻田里驰骋，任凭夏天的风拍打脸庞，快意逍遥；秋天祖父母在家后面的田里忙活到晚上，父母加班还未归家，一年之中难得的没有长辈扯着嗓子喊着我的名字从村头传到村尾，而我可以和小伙伴玩到天黑的好时光，只是肚子开始吟唱；冬天的雪下得还是蛮大的，父亲在门前稻场上铲了一座雪桥，被我一脚踢垮，大伙三五成群打雪仗，手冻得通红，内心却又感到火热滚烫……

革新村大道场 21 号，“坍桥”的一隅，“佛手”的中指指尖，是我童年的承载地。八年前，挖掘机挖倒了老房子最后一面墙，也挖走了我的童年。

现在我的家叫永兴小区，家家都是黛瓦红墙，威严耸立，饭桌客厅卧室不过几步距离，手机电脑已占据了全部的生活，再也没有我家的梨树长得太高，伸向了你家的院子，你毫不客气地采下几个，说“都是一家人”；再也没有淘米可以直接去河边，淘洗得干干净净，运气好还能网上几条小鱼的新鲜劲；也见不到路边田塍上，大人们放下各种草帽、镰刀，小孩子们在一旁嬉闹；再也见不到村头的袅袅炊烟，夕阳下耕作回来佝偻的背影。连儿时的欢声笑语，都湮没在了高墙内。

好在小区旁边有凤凰湖公园，难得兴致高涨想约伙伴散步，大家却又很忙的样子婉言拒绝，或许是人成长了吧，少了份热情，多了分矜持。偶尔在公园内散步，与亲友不期而遇，默契地相视一笑，肩并肩在路边坐下来，就着夜色、就着晚风熟稔地交流起来，恍惚间，仿佛又回到了儿时，在放学路上遇到要好的小伙伴，兴奋地拉着手，一个谈天一个笑。

从出生以来已有二十余载，我无时无刻不在见证着故乡的变迁。村民的生活水平提高了，家家户户都有了小车，水泥路、柏油路早已取代了泥路、石子路，马路变宽了，也更明亮，再也不用摸黑回家了。年轻人，在外打拼的也更多了。“羁鸟恋旧林，池鱼思故渊。”无论是在外求学，还是出门打拼，革新村的人，心心念念的还是村上的一草一木，默默地为这片家园的发展努力并付出着。过去村里发大水，村民们自发在“埘桥”上组织抽水，保障我们的安全；如今的疫情，在党员干部的带领下，村民又组织镇守小区门口，阻挡病毒的入侵。虽然时间在变，地点在变，但在这变化之中，又有着恒久的不变，点点滴滴中，淳朴和乡心恒在，革新村的村民依旧心连心，一起创造村庄更美好的未来。

我们骨子里流淌着农民的血液，特别是咱们的老一辈，种了一辈子的水稻与杭白菊，养了一辈子的桑蚕，拿起锄头镰刀容易，放下却很难。一路上走走停停，唯有此处安心是吾乡。

## 最后的守望

李肖凌①

我乡旧称北孟庙，有“北有北孟庙，南有南孟庙”之说。在以前的蚕茧收购站的位置上，曾有一座庙，它就是北孟庙。北孟庙始建于明代洪武年间（1368—1398），修缮于清顺治七年（1650），距今已有600多年的历史。而北孟庙院内的那棵银杏树，相传还是建庙伊始就栽植下来了。在这600多年的时光里，庙内的僧人看着它一点点长大，它也看着庙内的僧人渐渐老去，换了一批又一批。多少个日子里，银杏树静静地聆听着庙内的暮鼓晨钟，在僧人的诵佛念经

①李肖凌，革新村包家桥村民组村民。

声中婆娑起舞，这一舞就是六个多世纪。

父辈那一代人，对这棵古银杏树是怀着深厚的感情的。平日闲话时，常会对我谈及它，以至于我现在见到路边的银杏树时，就会马上想起我们故乡的古银杏树。有时候，甚至于睡梦中都能见到它：高大的树干笔直地伸向天空，枝丫错落，遒劲蓊郁，稍一抬手就能触及它斑驳苍老的皮肤。尤其令人惊叹的是它粗壮的主干，总得三个成年人手拉手，才堪堪围得起来。

银杏树，又名白果树、公孙树等，落叶乔木，适应性强，为中生代孑遗的稀有物种，为中国独有，也是中国国树，因其花为单性，雌雄异株，所以世上遗存的古银杏树能结果的不多。然而，我乡的古银杏树却实实在在是会结果的。妙就妙在，它是雌雄同株，每年花期过后，树上开始结果子了，一半只开花不结果，另一半开花结果，直至十月左右果子成熟，这实在是一种很奇妙的现象。初结的果子是青绿的，密密实实地躲藏在枝叶间，星星似的眨着眼，打量着这方古老的大地。等到银杏果皮是米黄色的时候，它就成熟了，人们争相出来采摘。大人们搬来梯子，挥动长竹竿，将果子敲打下来。小孩子们在地上捡拾掉落的果子，兴高采烈，每个人的脸上都高兴得像个红苹果，一并将丰收的喜悦挂在红红的脸上。

人们将采得的银杏果皮肉剥除，只留下白色的核——银杏俗称白果，估计就是源于它白色的种核吧——将核放进盛有硬柴火的铜火炉内，不用多久，听到“啵”的一声，就是有一颗熟了，赶忙扒开火灰将其寻出来，香气早已经从那道裂口中透出来，可香哩！急不可耐地剥掉外壳内膜，露出晶莹的果肉来，丢进嘴里一嚼，但觉糯糯的，满口生香。

古银杏树上不单单只有银杏果，还有鸟儿。这里也是鸟儿的天堂，有八哥、白头翁、乌鸦、喜鹊、伯劳等等，多是江南常见的鸟类。这群天空的精灵是这里的常客，他们在银杏树的枝丫间纵跃嬉闹，寻食觅虫，发着叽叽喳喳的妙音，该是近于天籁的。到了傍晚，倦鸟归巢，躲在树丛中啁啾鸣转，从一个枝丫跳到另一个枝丫，踩落了一地孤寂。此时，夕阳在云层的背后收拢着余晖，逐渐隐去。有一年来了几只白鹭，飞乏了，就栖息在银杏树上。如此来回几次之后，竟然在树上筑起巢来。它们应是钟情于这方水土吧！往南百米有河流，水草丰沛，鱼虾肥美。更是醉心于这棵葳蕤的古银杏树，才选择在此安家落户，繁衍生息。白鹭产卵恰是台风比较频繁的时候，每当大风过后，在树下常能见到摔碎的鸟蛋，运气好的能捡到还算完整的鸟蛋，喜滋滋地捧回家，或蒸或煮，皆是美味。

1971 年 10 月的一天，古银杏树上的客人们被一阵猛烈的震动惊醒了。伴随着嘈杂的人声。鸟儿们惊慌地四散飞走，随后“咔啦啦”一阵响，银杏树庞大的身躯在屹立了六个多世纪之后被残忍地锯倒了。掉落下来的枝丫中，用一根碗口粗的做了一张写字台，成了当时在大队工作的我父亲的办公桌。

或者，这也是古银杏树留在世间的最后的守望了。

## 回忆小学时光

沈群慧①

人的一生中，最美好的时光是童年。

20 世纪 70 年代末期，我出生于新南村麦干浜。父亲是一位乡村教师，母亲是一位农村妇女，有一个小我一岁的弟弟和小我两岁的堂弟。瘦小的奶奶没有太多的精力带这三个差不多大小的孩子，于是，在我三岁时，我便每天跟着父亲去上学。当时父亲工作的学堂，在麦干浜的浜头上一所破旧的公房里，昏暗潮湿。只有父亲一个教师，三个年级的复式教学，虽说三个年级，但稀稀拉拉没几个学生。幼小不懂事的我，没记住什么学业上的知识，只隐隐记得，那时每天带了一碗厚厚的粥，倒点酱油，便是我当时课后的“零食”了。

在我五岁时，父亲工作的教学点撤掉了。我便跟随父亲来到了新南小学。学校在离家四里路的“庙头”，也就是新南村的村委所在地。新南小学的规模明显比“公房”大多了，南北两排平房，各六间。五个教室，一个办公室，一个幼儿班，教师大约有六七位。父亲把他小时候上学用过的一个小书包送给了我，军绿色、已微微泛白，书包上面有一颗红色的五角星，还给了我一个“孙悟空三打白骨精”的铁皮铅笔盒，铅笔盒的漆已经掉得斑斑驳驳了。当时我特别羡慕别的同学，因为他们已经到了上学年龄，他们有外婆家买的新书包和新铅笔盒。而我未足龄，就将就着先用用旧的吧。直到三年级，我的母亲，用花布给我缝了一个类似现在的布袋一样的书包，还缝上了好看的荷叶花边，我特

①沈群慧，革新村麦干浜村民组人，现任桐乡市振东实验小学教育集团人民小学校长、书记。

别高兴。

新南小学的五年求学时光里，有很多值得回味的师生情。第一任启蒙老师是屠翠英老师，语数包班，从一年级教到了三年级。屠老师皮肤白白的，声音清脆，大家都很喜欢她。冬天的时候，她会带我们到操场上，太阳底下，大声朗读课文；她会关注我们的字写得是不是端正，端正的同学会给一个大大的“优”。当时的我们特别努力写好字，就为了期待这个小奖励。四年级时，我们的语数老师，是两位代课的小姚老师。这两位小姚老师都是庙头学校附近的，初中毕业没有工作，便来学校代课教书。虽说是代课，但是他们特别能抓住学生的心理，上课前的十分钟，会给我们讲山海经故事，大家听得津津有味。课堂上劳逸结合，教学成绩却一点也不差。五年级时，语文是姚阿生老师，数学是庄复兴老师，这两位老师各有特点，姚老师比较温和，庄老师比较严厉，但都是教学经验丰富的优秀老师。他们俩带了我们一年，小学毕业考试时，在乡里升初中的排名，全乡第一名就是我们新南小学的建方同学。而我的成绩好像也不赖，记得当时在梧桐乡初级中学的学号是四号。

儿童时期的学习经历，潜移默化中，让我爱上了“教师”这个职业。我立志考师范，师范毕业后如愿当了一名教师。如今走上了管理岗位，但是我始终不忘教育初心，牢记育人使命。

## 我与茧站的故事

姚建平①

在北孟庙组，除了一排20世纪70年代建造的新农村二层楼房之外，其他人家都住平房。当时建成后，十里八乡的人都来参观，这是新农村建设的标杆。楼上楼下电灯，还没有电话，但已经让人羡慕不已。也有一些有钱人家为了方便养蚕、晒稻谷，另寻他处建起了平房。

在北孟庙，有一处建筑更显得鹤立鸡群，那就是——新南茧站。那是高大的宫殿式的房子。依河而建，坐南朝北，有三进房，光门面就有十来间，上下两层，且宽敞明亮。

第二进是又长又高的烘茧准备房，有20多米的进深，房顶呈人字形，紧

①姚建平，革新村北孟庙村民组人，现任濮院小学教育集团毛衫城小学教科室主任、政教处主任。

挨着房顶下面的两边横着装有两排大玻璃天窗，可以打开通风，屋内光线充足，空气流通。烘茧准备房的西边是一个长长的天井，天井的北边有一口水井。东边建有六间烘茧房。每间房朝西装有一扇对开门，方便运送蚕茧。烘茧房的东面是烧煤间，烧煤的地方都挖一个用砖头、水泥砌好的长方形深坑，方便在铁棱上加煤烘茧，运走煤渣，设计很科学。

第三进的中间有一个 4 米宽的楼梯，楼梯西面的前方是一排二层楼房，底下是仓库，上面有五个单间，那是在供销社上班的街上人（城里人）的住处。从楼梯上去到二楼，往西打开一对大门，是一个宽敞的储藏间，中间立着 4 个正文形立柱；往东也能打开一对大门，同样也是一个宽敞的储藏间。从楼梯上往上走，就来到了三楼，往东拐进一个小门，就看到一排排的二层木制高低铺，那是供收茧时工人们住的。走到三楼的小阳台上，望着太阳余晖照耀下的黄色洋瓦屋顶，金碧辉煌，很有气派！

对未见世面的我来说，对新南茧站有着一种特殊的感情，不仅仅是因为建筑雄伟，更是在我童年的生活中留下了不可磨灭的印象。

供销社和茧站是合二为一的。供销社里早先有七八位街上人，地位优越。他们太阳老高就下班了，拿着国家的工资，生活过得优哉游哉。而我们（乡下人）顶着月光，从烂水田里抽出脚来，顾不得擦去脚上的烂污泥，双脚有如注铅，拖着疲惫不堪的身子回家时，看到他们已经穿上绸衫，躺在凉椅上，吹着摇头电风扇，过着神仙般的生活。

供销社早先颇有规模，有收购部、百货部和食品店。在禁止开办私营商店的年代，四邻八乡的群众都要到供销社买卖东西。收购部收购大白菜、烟叶、菊花……供销社的西边还有一排村里建的平房，由南往北依次是卖肉铺、理发店、茶馆店、托儿所，每天早上好不热闹。百货部出售布匹、农具、农资。我最喜欢到食品店的柜台前转悠，流连忘返。从我懂事起，爸妈就吩咐我去买调味品。虽说只有三分钟的路程，但一点儿也不轻松，手紧紧地攥着毛票，生怕弄掉。如果一次要买酱油、盐、糖三样东西时。一路上要不停地念三样的名字，嘴是不能停下来的，一不小心就会遗忘或者搞错，有时走到半路有一样东西记不起来了，就要返回家再问一遍。尽管这样，我还是非常愿意去食品店买东西，因为多下来的钱可以买一两颗糖吃，其余如数上交。当时一分钱一颗硬糖，两分钱一颗软糖。虽说软糖好吃，但我从来不买，觉得划不来，花同样的钱吃两颗硬糖合算。记忆最深的是一毛钱可以买三个雪饼，味道好，且超划算。在物资匮乏的年代，供销社食品店的糖果勾起了我幼小身体里的馋虫，也满足了儿时味蕾的渴望。

茧站的准备间里放着一张木制乒乓球桌，那可是我们孩时最想去的地方。每当休息天，约上几个小伙伴，拿着粗糙的自制球板，轮番作战，杀个天昏地暗，好不快活！茧站第三进宽楼梯的右边有一个狭长的隔间，里面放着砻糠。据说隔间的最里面的拐脚处住着一只偷鸡豹，类似水獭一样的动物。出于好奇，壮着胆子，靠着墙根，走到一半，里面黑咕隆咚，仿佛一双发绿色的眼睛盯着我看，顿时头皮发麻，浑身鸡皮疙瘩，毛骨悚然。后来，有一次顺着宽楼梯到二楼西面的储藏间里，看到一茧蒲白色的鸭毛，才认识到真有偷鸡豹！三楼的高低铺只是收茧时有工人睡十来天，其余时间都是空着的，那可是鸟的天堂。有许多鸟在屋顶下面的面板空隙里，有的干脆在高低铺上做巢孵蛋。我们跟随几个小伙子去掏鸟蛋。小伙子们爬上高低铺的上层，站在床板上摇摇晃晃，踮着脚才勉强够得着，伸手小心地从面板里把鸟蛋掏出来。每掏一窝脚酸胳膊疼，大汗淋漓。我们几个小孩在高低铺的下层，负责收鸟蛋。鸟蛋虽小，呈青绿色。每次都能满载而归，特别有成就感。

茧站最热闹的场景莫过于收蚕茧。十里八乡都来了：有的全家总动员，担着白花花的蚕茧；有的推着满满一大板车的茧子；有的几户人家合装一条水泥船，摇到茧站的河埠头，停稳，挑着茧拾级而上，排队售茧。两个收茧窗口排着老长的队伍，有时从茧站排到桥头，有五六十米远。大家边排队，边聊天，嘈杂热闹。此时，华灯初上，两个售茧窗口仍旧人头攒动。轮到的售茧主人将一篰茧子抱起来，倒在倒三角的竹架上。验茧人麻利地用手将茧拨到长茧篰里，一边拨，一边说出定价。卖茧人听到满意的定价，褶皱的脸上漾出笑容；一旦与心中的价格有落差，难免觉得惋惜，但也无可奈何。开票人写上小队名、姓名、磅秤称出的重量、价格。卖茧的主人踮着脚，身子倚在木栅栏上，等着取发票。其余帮衬的人立马收拾东西，抽出身来。好的年景，一张蚕种可以产 100 多斤；一担茧 1000 多元。春蚕（头蚕），一般人家都看二三张蚕，多则五六张。“桑柴拳头挂金银”，一年四蚕，是乡亲们的重要收入来源。等算账房里报上自家姓名，按照整存零取的原则，拿到崭新的银行票和钞票时，所有的艰辛和劳累荡然无存，心情豁然开朗。在桥头买些酱鸭、花生、老酒，回家犒劳全家，围着八仙桌庆祝丰收。

2009年，北孟庙整个村坊集体拆迁，69户村民根据意愿分别拆迁到金晖小区和永兴小区。新南茧站也被拆掉了，退出了历史舞台，但那些童年的过往与热闹的场景，魂牵梦萦，挥之不去，成为一代人的回忆。

## 北孟庙“沈记”打铁店

姚阿生①

早年，桐乡县城东门外的北孟庙小有名气。庙天井里有棵银杏树，枝繁叶茂，高大挺拔，树干有三四抱粗，树冠巨大，周围五六里外都能看到。北孟庙有集市，有打铁店、豆腐店、茶馆店等，人气旺，遇到好年成庙里的戏台上常常演大戏。

“沈记”打铁店的师傅叫沈阿大，大家叫他沈师傅，他是南京人，20世纪30年代初，带着妻子和一双儿女，来到桐乡，在梧桐镇东门外的北孟庙租房子开了一家打铁铺，那年，沈师傅的儿子十三四岁，女儿小一点，抡大锤的是他的亲戚，叫明虎，也是江苏人，二十岁刚出头的小伙子，长得人魁马大。店房是两间门面，门前有条小河，屋后有块空地。风箱、炉子设在前廊，外面搭有凉棚，炉旁的大铁砧头安在一段粗大的树墩头上，粗树墩的下半截埋在地里，使大铁砧头很稳固，打铁店常年炉火通红。

俗话说：“天下第一苦，摇船打铁磨豆腐。”这话一点不假。

每天一早，沈师傅背着他特有的长竹环的竹篮，来到北孟庙茶馆，坐在靠街口的茶桌上，把小铁器铺在门前的街沿石上，泡上一壶茶，边喝茶边做他的小铁器的生意，这个位置也是沈师傅独有的。明虎也挑着担子，走村串户，在桥头，在路口兜售铁器，隔三差五，他们把铁具拿到桐乡城里设摊，铁耙、斧头、锄头、菜刀等，让顾客选购。

每天下午，他们有时生炉开打，有时把打好的毛坯进行细加工：整型剪修、冷弹打磨。“叮叮当当”打铁店里响个不停。一件件铁制工具在师傅们的巧手

①姚阿生，革新村北孟庙组人，中山小学退休教师。

中变得锃亮光洁。他们的铁具上都敲有一个小小的“沈记”方印，意思是这种铁器是我所打，相当于一个招牌，同时也表示打铁像做人一样，方方正正，是非分明。“沈记”打铁店的名称想来也是因为这个印记吧！有了这个记号，如果发现什么质量问题，顾客可以去店里调换或维修，店家能确认自家产品，根据情况作出处理，让顾客满意，提高店家的信誉度。

打铁店生意闹猛，上门来的人也不少，有的来买新的，有的来修旧的。旧时，兵荒马乱，灾害连连，加上苛捐杂税，农民生活很苦，农具用损了用旧了，也舍不得添置新的，用到实在不能用了，还要拿到打铁店里修理，因此，修旧也是铁店一桩生意。铁耙用旧了，铁耙齿损得又尖又窄，来店里弹一弹，斧头、竹刀等快口工具刀口钝了，拿来出出口。这些都是赚钱少的生活。沈师傅总把它放在心上，挤时间优先做好，让客户少跑一趟，免得耽误了他们。修过的工具不仅能继续使用，有的还光亮如新，锋利依旧。

抗战时，国军62师有一支部队驻扎在北孟庙里，62师是一支抗日部队，经常和这一带的日军发生激战，其间也有司务请沈师傅修理刺刀等兵器，打一些马蹄铁供战马用，沈师傅都乐意助力，并特别用心，不敢半点马虎。

过去，市面上流通的货币是银圆、铜板、铜钱，民国时期也有纸币，后来纸币贬值很快。铁店的生意主要靠银圆、铜板和铜钱进行交易，也有以物换物的原始交易方式。附近农户有时手头紧，就以米、豆来铁店换取农具，甚至用鸡蛋、蔬菜来交换的。

沈阿大师傅背井离乡在外做了十多年，也积蓄了一点钱，就在抗战胜利这一年年末带着妻儿离开打铁店，回了南京老家。当时有个灵安师傅，盘下了沈阿大师傅的打铁店，和人合伙做打铁生意。北孟庙打铁店开了几十年，几易其主，跨越了新旧社会，影响很大。到20世纪60年代，才从人们的视线中离去。

## 敲潮烟

庄复兴①

旧时，在我们广大农村地区，五六十岁的男人们都有“敲潮烟”的习惯，个别有钱人家的小姐太太抽“水烟管”。不知是哪朝哪代流传下来的，现已无

①庄复兴，革新村沈家村村民组人，中山小学退休教师。

法考证。我只知道在 20 世纪 60—70 年代，这里的老人们无论走在路上还是在地里干活，总是脖挂或腰缠“潮烟管”。我的爷爷和爸爸都是“敲潮烟”的，有时觉得“敲潮烟”好玩，随手拿起父亲的潮烟管吸一口，呛得我一时喘不过气来，咳得面红耳赤，这就成了我童年的有趣回忆。

村域内种植晒红烟的历史悠久，尤其是“范烟”，声名享誉世界。烟农们把烟片晒干后，大部分用来卖钱，留下一点到刨烟店请刨烟师傅刨成烟丝用来“敲潮烟”。刨烟师傅要先把烟片上的烟茎撕掉，再在烟片上喷上少量的油水。受潮后的烟片柔软有韧性，然后放在刨烟凳上压紧，用烟刨刨成烟丝。要敲潮烟时，把烟丝放在手里搓一搓，烟丝就变成了烟絮，俗称“老烟”，“潮烟”之名也由此得来。 这样的“老烟”吸起来味香劲足，打得倒瘾头，十分过瘾。

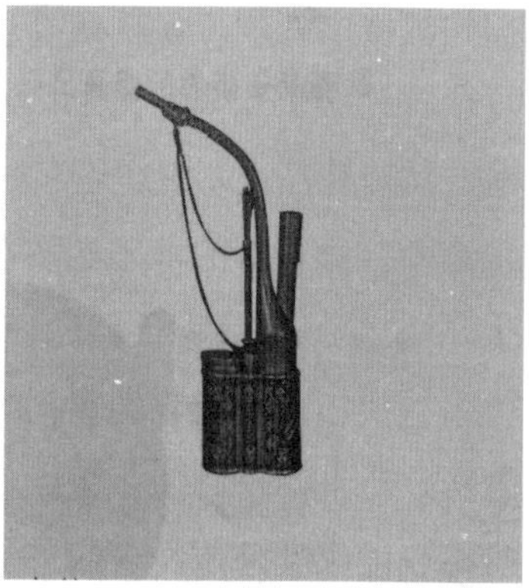

▲ 水烟管

▲ 五六十年代老人在劳动间歇“敲潮烟”的情景（汤闻飞摄）

“敲潮烟”用的潮烟管其实是用像手掌中指那么粗细的小竹子做成的。烟管有长有短，长的有 50 多厘米，短的只有 20 厘米左右。做烟管的小竹子要连着竹蒲头，削去竹蒲头上的根系，打通竹子的竹节，在竹蒲头上挖一个“烟眼”装“老烟”，这叫“烟管头”，再在烟管上系一个烟盒子，用来装“老烟”，统称为“烟壁子”。考究的人用黄杨木雕琢而成，非常精美；一般的人则随便缝个小布袋做烟袋就成。

在室内“敲潮烟”要用火柴点燃，一管烟用一根火柴点燃，一次要敲好五六管，需要用五六根火柴，有点浪费。于是，人们就用“糜头纸”来点燃，“糜头纸”就是用黄纸卷成的纸卷，长 20 多厘米，燃烧时间久，一般一根“糜头纸”可敲两次潮烟，用火柴点燃“糜头纸”，每吸一管老烟，用嘴往“糜头纸”上一吹，“糜头纸”燃烧了点着老烟，用手一甩将火熄灭，但“縻头纸”上的火芯不灭，再用嘴吹一次，“縻头纸”燃了之后又可以点燃第二管老烟了，简便又省钱。小时候在家里，我经常帮父亲吹“縻头纸”点燃老烟，这令我既感到好奇，又觉得能尽到一份孝心。

人们白天下地干活，在野外有风的时候，“縻头纸”和火柴都不能点燃老烟，所以要带上“烟火钵头”。烟火钵头是买来的黄泥钵头，用四只“活木”串成正方形，再装上环，然后将烟火钵头放在上面即可。钵头里的火，是人们在烧早饭时，有意在灶里放个干燥的桑柴拳头，不让它烧尽，放在钵头里，俗称“种火钵头”，未烧尽的桑柴拳头需要用稻草灰覆盖，这样桑柴拳头既不会烧尽，又始终燃着。“敲潮烟”时，先把草木灰推开，露出火星，然后就可以点燃老烟了。这样，它既不会被风吹灭，又十分方便。一管烟要吸 2 ～ 3 口，当“老烟”变成烟灰了，就用烟管头在火钵头上敲几下，把烟灰敲掉，再装第二管烟。“敲潮烟”之名由此而来。敲完第一次烟后，就再把稻草灰盖满桑柴拳头。就这样，一个桑柴拳头能供应一上午“敲潮烟”的火。

“敲潮烟”的次数不尽相同，因为人的烟瘾有大有小，和现在抽香烟的人一样。20 世纪 80 年代，随着人们生活水平的日益提高，卷烟在市场上供应量充足，“敲潮烟”的人越来越少，抽香烟的人数逐渐变多，只有七八十岁的老人才“敲潮烟”。到了 90 年代，连七八十岁的老人也都不“敲潮烟”而改抽香烟了。昔日的刨烟店、刨烟师傅没有了市场，逐渐销声匿迹了。就这样，“敲潮烟”的时代一去不复返，潮烟管成了古董，也成了我们这代人留给下一代的一个历史印记。

## 范家埭农业生产合作社

汤闻飞[①]

1955 年春，中央领导层对农业合作化问题，即农村试办的农业生产合作社，有不同的看法，中心思想是发展太快了。为此提出“全力巩固、坚决收缩”的方针。我作为一个农业生产合作社的试办者，为贯彻这个方针常在农村调查。受这个方针的贯彻影响，桐乡县确有一些农业合作社散了伙，原来想乘春耕生产试办的农业合作社也不准备办了。一些办得较好的农业合作社，也有个别社

①汤闻飞，桐乡市农村农业局退休干部，曾在 1955 年春，作为县农经会计辅导员进驻茅亭村范家埭陈贵山初级合作社蹲点。

员出现了一些动摇思想。其领导的实质是想到了坚决收缩，忘却了全力巩固。

为了多了解一些农业社的情况，我决定到革新乡第一个农业生产合作社——范家埭农业合作社去工作。1955 年 5 月 7 日，星期六，阴天。我带了被头铺盖先到了革新乡政府，找到沈乡长，说明我来的目的是想了解一下互助合作的发展情况。真是不谋而合，沈乡长建议我到范家埭农业生产合作社去调查了解。

范家埭农业合作社是去年年底全县巩固的 14 个农业生产合作社之一。社长陈贵山刚被县里组织到上海参观苏联农业机械化展览会去了。一到范家埭，真是人生地不熟，社长陈贵山到上海参观还未回来。当时我找到了农业社会计员刘元通，刘元通认识我，因他刚参加我们于 4 月 6 号至 16 号在北港县委干校举办的桐乡县第一期农业生产合作社会计员训练班，听过我的课。首先我问刘元通让我吃住在哪里（当年我们干部下乡，都自带被头铺盖，即使从范家埭到桐乡县政府，走路大概一个多小时，也都带被头下乡）。刘元通说：上面下来的同志，吃住都在社长陈贵山家，刘会计就带我到陈贵山家。贵山家里人反正习惯了，阿姨（贵山妻子）二话没说，就这样我在陈贵山家住到 11 号下午回县。

在范家埭农业合作社的五天时间，根据我的“生活日记”记录，整理如下：

1. 群众对粮食统购的意见很大。7 号晚上，召开社委员会议，会上大家反映的两个问题。一是对国家的粮食统购政策意见很大，主要反映统购过了头，说现在有的人家口粮比较紧张，青黄不接。二是受牛桥头农业社个别社员思想动摇的影响，社员中也出现了一些情绪。主要还是缺乏对农业合作化、国家工业化建设的宣传教育。

2. 接受新事物，培育壮秧。范家埭农业社 31 户，在当时桐乡县的农业合作社中，是一个比较大的农业合作社，受坚决收缩方针的影响，个别社员出现点思想情绪也属正常。8 号上午，和社员们一起做秧田，要求做小块秧垄，虽然是昨夜社委员会上提出的，但社员们还是接受的，说明这里的社员能接受新事物，但实在田里的泥太烂无法做。一直到 10 号，范家埭农业社的新式秧垄终于做好了。当我们向城濮区委和革新乡政府汇报后，提出明天要在范家埭召开一次新式秧垄现场会，以推广新式秧田，得到区委同意，并由区委通知城南乡、革新乡、永安乡的互助组长到范家埭参观。11 号上午 10 点到下午 1 点，三个乡的 38 个代表来了（没到齐），我们通过现场参观，大家交流了如何培育壮秧的经验，范家埭新式秧垄培育壮秧的经验，迅速在全区推广，真的可喜。

3. 社长陈贵山。我不认识陈贵山，8 号上午我从秧田回来吃中饭，陈贵山刚从上海参观回来才认识的。陈贵山是个诚实、勤劳俭朴、真心真意的人。但从表面看，好像是个不易接触的人，其实不然，这是他不喜欢花花头头的农民本质。那天他从上海回家时满头大汗，吃了饭，换了件破衣服，跟我打了声招呼，连潮烟也不吸一口，就下田去了。其实，那天晚上县里请他们看电影《梁山伯与祝英台》，他明知这部电影好看，也没看过就回家来生产了。这天晚上，我和他聊了参观苏联农业机械化的感想。第二天晚上召开社员大会，我要陈贵山介绍他参观展览馆的感想，他结结巴巴说了一些，最后他说，苏联老大哥已办了集体农庄，种田全部用机器了。就说收割，收割机叫什么康——（我插话说叫康巴茵联合收割机），他说机器开去，麦全部割倒，全部脱好麦，只要开部汽车去装麦子运到稻场上晒，你说省力不省力，社员们津津有味地听着。趁此，我就说我们范家埭农业合作社，大家一定要聚心合作，巩固合作社，将来也要办集体农庄。也算是对社员进行了一次社会主义教育，达到了巩固农业的目的（后来我了解到，在这次坚决收缩方针下，范家埭农业合作社没有一户社员退社）。

4. 保证种 50 亩烟叶地。革新乡是我们桐乡县晒红烟的种植基地。范家埭农业合作社，当年乡里分配的任务是种植 50 亩烟田。但由于国家工业建设需要，财政经济有困难，所以压缩了烟叶农贷资金，范家埭农业合作社分配到的烟叶农贷资金是 20 亩。当陈贵山听到这个信息就冒火了，说："国家只给 20 亩烟片贷款，我们就种 20 亩。"我听了真是又气又好笑。刚刚从上海参观回来，口口声声要向苏联老大哥学习，千恩万谢县里看得起他，让他去上海参观。怎么一听到国家压缩烟叶农贷资金，就翻脸不服从国家计划了，他忘了农民的责任是根据国家需要，有计划地来生产粮食和工业原料，达到改善自己生活的目的。我想，陈贵山虽然是个农业合作社社长，毕竟还是个农民，农民意识总还有他的劣根性。共产党的责任是教育农民，逐步改变他们的农民意识和思想观念。但他既然出了口，我今天在这里就有责任做好他的思想工作。谢天谢地，经过反复的疏导和商量，最后陈贵山同意服从国家计划，今年烟叶种 50 亩。这件事，让我认识到教育农民的迫切性和重要性。我想陈贵山是个好同志、好社长。

5. 会计员刘元通。我的工作是负责培训和辅导农业社会计员，到了范家埭农业社，就去看了刘元通的账目。刘元通起先有点紧张，县里老师来查账目了，其实他内心很高兴，因为刚学习过，现在老师又来指导。当时我们要求会计员记的是两本账，一本是收付流水账，一本是分类账，我看刘元通记的账很好。后来我也问了社员们，他们都很信刘元通，说刘会计算的账目很清楚，大家很满意。我想刘元通是个好会计，要给他写篇通讯报道，以后在会计训练班上介绍他的事迹。

在范家埭农业生产合作社工作了 5 天，就做了这几件事。其中 9 号下午我去城南乡与邱同志商量工作，后到县政府吃了夜饭，立即跑到范家埭农业社参加社员大会，当我讲到转租和粮食问题时，突然感到头痛、昏沉、恶心，甚至吐了起来，社员们见状，要我立即去休息，还真的生了一夜病。

# 第十五章　医疗卫生

新中国成立前的革新村，地处穷乡僻壤，村域内无郎中（医生）、无诊所，缺医少药，村民得了病只能去相距较远的梧桐、濮院镇以及嘉兴的王店看郎中。一般的小病小痛就用“叫魂、送饭、贴神符、问巫婆”等迷信方法来祛除，只有重病才会请郎中。看郎中要么用船把病人送去，要么用船把医生接来，这样病情会被拖重，病人病入膏肓，治愈的希望也会变得越发渺茫。1996 年版《桐乡县志》记载：“民国 35 年（1946），一般寿命在 50 ～ 60 岁左右，65 周岁的极为少数。民国 37 年（1948）患传染病、疟疾死亡人数占总死亡人数的 45.6%。”革新村域内情况大体相同。20 世纪 50 年代中后期，党和政府十分关心和重视广大人民群众的身体健康，梧桐人民公社卫生院选派多名医生在革新管理区（麦干浜）开办诊所，后来搬迁至北孟庙。20 世纪 70 年代初，“赤脚医生”这一新生职业应运而生，成了农村医疗卫生工作的骨干。新南大队、革一大队和向阳大队相应建立大队医务室。

20 世纪 50—60 年代，农户养猪、羊，栏旁边都挖有一口粪窖，还有鸡、鸭棚，人畜同处在几间平房里。路边、屋后到处是露天茅坑，臭气熏天，蚊蝇满天飞。下雨天，有些茅坑的粪水会溢出来，随着雨水流入河浜里，村民们洗马桶、粪桶等也都在河浜里。那时，农户饮水都取自河浜和池塘。人畜共饮一处水。20 世纪 80 年代后期，村民们开挖水井，改善了饮水条件。1992 年，自来水公司开始安装自来水，村民终于喝上了干净、卫生的水。2009 年，全村集体土地全部被征收，村民搬入革新、灵悟、永兴、金晖 4 个安置小区。每个小区都有专职保洁员负责打扫环境卫生。小区的污水、雨水管网分设，污水被接入污水管网处理。经过环境整治、垃圾分类、拆除违章建筑、“五水共治”（治污水、防洪水、排涝水、保供水、抓节水）等专项整治，村域内天更蓝，水更清、地更绿，小区面貌焕然一新。2019 年 12 月，被浙江省爱国卫生运动委员会命名为浙江省卫生村。

## 第一节　医疗机构

**梧桐人民公社卫生院革新诊所**　1958 年，梧桐人民公社成立后，便组建了梧桐人民公社卫生院（桐乡市中医院前身）。下半年，卫生院选派了四位医生来到原新南大队高家里生产队的朱家门，筹建起梧桐人民公社卫生院革新管理区卫生保健站。年仅 15 岁的姚福权，被大队推荐到卫生保健站拜师学医，师从陆兴娥。1960 年 3 月，保健站搬迁到了高家里生产队高月掌家。1968 年下半年，保健站又搬迁到大队部所在地北孟庙生产队姚财荣家，更名为梧桐人民公社卫生院革新分诊所。当时，公社卫生院沈云初、陈一新、吕稼声、吴渭人、钱龙宝等有名望的医生，24 小时常驻诊所，社员家中有人生病，无论春夏秋冬、白天黑夜，医生都随叫随到。1969 年 10 月，诊所被撤销，随后在村域内原革一、向阳、新南 3 个大队分别设立大队保健站（医务室）。革一大队设在文桥头大队部，向阳大队设在富饶桥大队部，新南大队设在北孟庙大队部。各保健站备有常用的中西医药品、针剂、敷料、注射和针灸器具，以及一些简单的检查器械。1970 年后，大队医务室的保健员改称“赤脚医生”。20 世纪 80 年代初，经考核成为乡村医生，持有乡村医生执业证书。农忙时，他们背着药箱奔走在田间地头巡回医疗，免费发放防暑药品（十滴水、人丹等）。“赤脚医生”没有工资，只是按生产队同等劳动力记工分，称为“半农半医”。他们在村域内为社员防病治病、接种免疫、治病救人。2000 年，乡村医生纳入市卫生局统一管理，业务、人事上受桐乡市中医院指导、管理。2000 年，随着新南、革一、向阳 3 村合并，重新组建成立了 “革新村社区卫生服务站”。

表 15-1　　革新村赤脚医生（乡村医生）一览表

| 姓名 | 性别 | 所在大队 | 参加工作时间 | 离岗时间 | 持证名称 | 兼职 |
|---|---|---|---|---|---|---|
| 姚福权 | 男 | 新南大队 | 1958.12 | 2010.6 | 乡村医生 | — |
| 李湘华 | 女 | 新南大队 | 1968.5 | 1972.12 | 赤脚医生 | 桐乡晚血医院护士 |
| 蔡良荣 | 男 | 新南大队 | 1969.11 | 2017.8 | 乡村医生 | — |
| 朱美文 | 女 | 新南大队 | 1972.3 | 1994.8 | 赤脚医生 | 接生员 |
| 盛富华 | 男 | 革一大队 | 1969.1 | 2010.8 | 乡村医生 | — |
| 祁美康 | 男 | 革一大队 | 1974.5 | 1987.7 | 赤脚医生 | — |
| 徐正坤 | 男 | 向阳大队 | 1977.1 | 2019.7 | 乡村医生 | — |
| 史国英 | 女 | 向阳大队 | 1971.3 | 1982.8 | 赤脚医生 | — |
| 沈阿九 | 男 | 向阳大队 | 1959.10 | 1973.2 | 卫生员 | — |

▲ 赤脚医生证

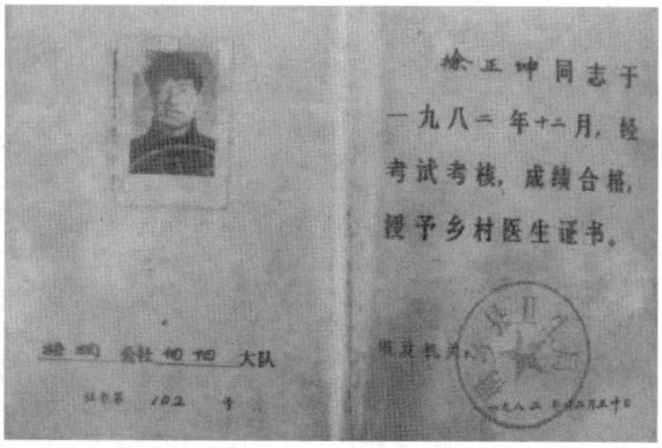


▲ 乡村医生证

**村社区卫生服务站**　2000 年成立的革新村社区卫生服务站，设在村部所在地塘家浜，设有两间门诊厅、一间药房、一间输液室、一间检查室和一间敷疗室。有 4 名乡村医生，他们是徐正坤、姚福权、蔡良荣和盛富华。2008—2010 年，4 名乡村医生相继退休。如今的村社区卫生服务站，医务人员全部由市中医院下派。配有 2 名职业医生：许凤琴（2012 年参加工作，执业医师，站长）和沈夏宇（2008 年参加工作，执业助理医生），并配有护士 1 名。在 2020 年一场突如其来的新冠感染疫情面前，她们担当在前，逆行在先。

▲ 2021 年，医务人员在幼儿园测体温

## 第二节　医疗制度

1969 年下半年，梧桐人民公社对公社社员实行集体合作医疗制度，各生产大队设立医管组和保健站（医务室），每个大队有赤脚医生 2 ～ 3 名，社员就诊药费和敷料费可报销 80%，自负 20%，其报销费用由大队公益金支出。1981 年，公社医管会作出规定，实行社、队联办合作医疗，资金由公社统一筹集，确保每个生产大队保健站正常运营。参加合作医疗的社员每年缴纳 4 元，其中大队公益金负担 1.5 元，生产队公益金负担 1.5 元，社员自负 1 元。报销范围和标准为：在大队保健站和公社卫生院就诊，医药费报销 80%，自负 20%；在县级以上医院就诊，需由公社卫生院出具转院证明，住院费和陪宿费自负，医药费报销 80%，自负 20%。

1987 年后，实行城乡居民基本医疗保险，简称新农保。资金筹集采用个人缴费和政府补贴相结合的办法。1997 年 4 月，梧桐镇在全市率先推出“农村大病保险型”合作医疗基金。医疗基金采取政府财政补助、镇属企业募捐、机关干部捐款和受益农户缴纳 4 条筹资渠道进行筹措。

2002 年实行新型城乡居民基本医疗保险，简称居民医保，保费标准为每人 60 元，其中个人负担 30 元，村补贴 30 元。2020 年，居民医保保费标准为

# 梧桐镇人民政府文件

梧政字〔1997〕23号

## 关于印发《梧桐镇农村"大病保险型"合作医疗基金暂行办法》的通知

各村民委员会：

为逐步建立农村社会保障制度，解决农村居民因病致贫的突出问题，本着"一方有难、八方支援"的人道主义精神和"取之于民、用之于民"的原则，经研究决定建立梧桐镇农村"大病保险型"合作医疗基金。现将《梧桐镇农村"大病保险型"合作医疗基金暂行办法》印发给你们，希各村认真搞好宣传发动，并组织专门力量，在6月底前，动员农户以户为单位踊跃参加，参加率要求达到农户总数的85%以上。

梧桐镇人民政府

1997年4月11日

抄送：各办事处、镇属有关企业

共印：70份

梧桐镇人民政府办公室　　1997年4月11日封发

## 梧桐镇农村"大病保险型"合作医疗基金暂行办法

### 第一章　总　则

第一条　建立大病保险型合作医疗基金（以下简称"医疗基金"），是新形势下抓好农村初级卫生保健工作的重要内容，也是解决部分群众因病致贫的有效途径，"医疗基金"鼓励人人参与。

第二条　"医疗基金"的收取、管理和使用，在镇党委、政府的统一领导下，由镇初级卫生保健委员会具体负责并组织实施。

### 第二章　参加对象

第三条　凡户籍在本镇的农村居民（已参加保险公司大病医疗保险和独生子女医疗保险者可除外），应以户为单位参加。

### 第三章　享受期限

第四条　凡参加"医疗基金"的，可在六年内（自1997年1月1日～2002年12月31日）按规定享受报销。

### 第四章　筹资渠道

第五条　"医疗基金"采取政府财政补助、镇属企业募捐、机关干部捐款和受益农户缴纳四条渠道筹集。镇财政每年补助5万元，向镇属企业一次性募捐8万元。同时发动镇机关干部捐款献爱心，在编干部每人捐款100元，镇聘、部门聘干部每人捐款50元。

### 第五章　收缴办法

第六条　凡参加"医疗基金"的，每人交纳30元，以户为单位由各村统一办理参加手续。各村收款登记后，应将名册一式二份，一份上报镇初保办，一份留村保存，经镇初保办审定后，分户签发《梧桐镇农村"大病保险型"合作医疗基金证》。

第七条　参加本"医疗基金"的截止日期为1997年6月30日，逾期在2002年12月31日前不再办理参加手续。

第八条　已参加"医疗基金"的农户，六年内因出生、婚嫁迁入或大病医疗保险、独生子女保险到期而要求参加的，仍按每人30元标准收取。须在当年的1月10日前到所在村缴款，逾期当年不再办理，自缴款年度起享受"医疗基金"报销。

### 第六章　报销范围

第九条　下列单位就医者，可享受本"医疗基金"报销：

1、城西卫生院；

2、桐乡市级及以上医疗单位；

3、转院就医者，须有转出医院主治医师签署的诊断书和医院出具的转院证明。

第十条　下列情况引起的医疗费用不属"医疗基金"报销范围：

1、孕妇分娩支付的医疗费用；

2、车祸引起的医疗费用中依法应由对方责任人承担的部分；

3、打架斗殴、寻衅滋事、服毒自杀等违法犯罪和故意行为引起的医疗费用；

4、公费医疗管理部门规定的自费项目和药品。

### 第七章　报销办法

第十一条　参加"大病保险型"合作医疗的人员，因病住院全年累计医疗费在3000元以上者，凭原始发票（复印无效）、病历卡和合作医疗基金证申请办理报销手续，经镇初级卫生保健委员会审核后方可报销。

第十二条　"医疗基金"采取存本用息与逐年抽底相结合的办法给付医疗报销款，年终采取分级累进的办法一次性给予报销，报销给付的最高额度为每人每年8000元，具体报销比例由镇初保办制定。

第十三条　本年度的医药费报销需在下一年的1月10日前由各村负责统计，初审登记后上报镇初保办，逾期不予报销。

### 第八章　附则

第十四条　本"医疗基金"实行专款专用，在六年内全部用于支付参加"医疗基金"人员的医疗费报销，使用情况每年向镇人代会作出书面报告。

第十五条　本办法自一九九七年一月起施行，未尽事宜由镇初级卫生保健委员会负责解释并补充完善。

▲ 关于印发《梧桐镇农村"大病保险型"合作医疗基金暂行办法》的通知

1630 元 / 人，其中个人缴费 560 元 / 人，各级财政补助 1070 元 / 人，村补贴 160 元 / 人。革新村村民全部参加了城乡居民基本医疗保险。

## 第三节　中草药 民间土方 民间医生

### 中草药

民国 34 年（1945）2 月的《塘南半月》刊记述："塘南农家篱边屋角大力子是其特产。"大力子（别名牛蒡子）是大宗药材，以前村域内家家户户房前屋后都能见到。村域内的中草药材还有杜瓜、蓖麻、一见喜、金菊、菊花、三七、女贞子、鱼腥草、艾草、丝瓜络等，另外还有蜂房、蜜、僵蚕、蝉蜕、蜈蚣（百脚）、龟甲、地鳖虫、鸡内金、桃仁等多种中药材。

### 民间土方

**喉痛**　鲜土牛膝根捣汁半杯，漱喉甚有效，可治喉症，亦可内服。

**感冒初发**　姜切成片用水煮开，放入红糖，当茶饮服，症状能明显减轻。

**急性痛风**　香樟树皮（刮去外皮）15 克，煎汤服用。

**痢疾**　杨梅在白酒中浸一个月左右，取杨梅或白酒吞服即可。

**出鼻血**　把马兰头洗净后，用手搓熟塞进鼻孔中。

**头痛、寒热**　在患者颈部、两眉中间，脊梁骨两边，涂上少量菜油，用瓷瓢羹来回刮或用手掐皮肤出现紫红色为宜。亦可用缝衣针或专用挑痧刀扎刺同一部位，其血为紫黑色，说明症状好转。

**伤筋**　黄栀（山栀）研粉，干面等量，水调敷局部并包扎，局部色乌青则淤血清，有效；也可用鸡屎一把（纯鸡屎），香樟树嫩枝头若干个，放水进行加热，频洗患处。

**腰肩酸痛及扭伤**　用竹筒或瓶点烟纸放入，立刻贴合在患部，有舒筋活血的功效。

**咳嗽**　梨切成片，枇杷叶洗去叶上的细毛，与梨子片一起用水炖或煮，放入少量冰糖服用，具有一定的止咳功效。

**咳嗽、内热**　鱼腥草洗净，与梨子片、少量冰糖一起用水炖或煮，当茶水饮，对止干咳有一定效果。

**哮喘**　蜒蚰漂净，用豆腐衣包裹吞服，每次 1 条，一日 2 次，连服 5 天；

或用蜒蚰炖蛋，连服 7 天；或用蔓延在屋上的南瓜藤（或丝瓜藤）齐根剪断，取藤断端放入容器里，其汁自下，每日服一杯；或壮瓜一只，加冰糖适量煎服。外用方：生姜适量榨汁，用背心浸吸后晒干、再浸吸，直至吸尽姜汁为度，背心着肉穿上，最好在夏令暑天连续穿 5 ～ 7 天。

**肺痨**　中秋时节采银杏 100 个，菜油中浸 1 年，每天吞服一个。

**鼓胀**　活大鲫鱼一尾，不去鳞杂，用醋浸死，再用醋浸没鱼身，煮到醋干为度，去鳞杂啖食。

**偏头痛**　莱菔子加入冰片少许，研末，用棉花蘸药末塞鼻，闻不到冰片气味时再换；或以天南星根切片，贴于太阳穴。

**小孩遗尿**　鸡肫皮 2 个，鸡肠、猪膀胱各一具，烘焙干燥研末，每次服 6 克，连服三四天；或以补骨脂加盐水煮干后研末，每天服 6 克，连服 10 天。或猪脬 1 个，加糯米适量煮烂吃，连吃 2 个。

**胃痛**　（1）取生石灰块若干，加水使之溶化，产生热量，把青壳鸭蛋放在石灰上煨热吃。（2）地鳖虫、乳香、五灵脂、三七、木香、荜澄茄、公丁香各等分，研为细末，每日 2 ～ 3 次，每次 3 克；或公丁香、制乳香、郁金、瓦楞子、蜣螂虫各 30 克，木香、香附、炒枳实、高良姜各 60 克研末，痛时用糖水送服 1.5 克，重者 3 克。

**湿疹**　晚蚕沙研末，麻油调敷。

**治脚气**　用白醋 1 ～ 1.5 千克放在能加热的桶里泡脚 30 ～ 40 分钟即可，连续七天。

**治刀伤**　用石灰拌甲鱼血搓成小圆粒，晾干后用刀刮成粉末，敷在伤口上。

**肾虚久泻**　猪腰一个，剖开，入补骨脂 3 克（研末），干蒸熟（不用水）。

**黄胖病**　苍术 500 克、皂矾 250 克，研细末，一日 3 次，每次服 3 ～ 6 克；或大蒜 30 克、砂仁 20 克，西瓜一个切开蒂部去瓤，放入上述 2 味后盖好固定，用砻糠火煨干研末，每服 9 克，水从小便去。

**月经不调**　治痛经、经闭：炒当归、炒白芍各 15 克，生地、䗪虫、川芎各 9 克，月季花 10 朵煎服。治月经延期：白胡椒 6 克、红糖 60 克，开水冲服。治月经过多：莲蓬壳 1 个，煨灰研末，热酒送下，一两次即止；或丝吐头煨灰吞服，亦有效。治痛经：艾叶 9 克，赤砂糖 30 克，煎服。

### 民间医生

**接生婆** 旧时，妇女分娩均是土法接生，剪断、结扎脐带用的剪刀线绳不消毒，容易感染破伤风（俗称“脐带风”），婴儿死亡率高。碰到难产，孕妇往往因大出血而死亡，分娩如过鬼门关。村域内土法接生婆（俗称老娘婆）有：原新南大队大道场自然村徐二囡，从解放初接生到1968年止；赵家木桥自然村赵宝娜，从解放初期接生到1969年止。原革一大队方家埭自然村方阿金，从1966年接生到1992年止。原新南大队朱家浜自然村朱美文，1968年作为村里的一名赤脚医生被派到梧桐人民公社卫生院学习接生技术一年，从1969年开始接生到1994年止。这些民间医生虽然已经离世，但经她们之手使很多产妇安全分娩，接生了无数新的生命。

## 第四节 疾病防治

新中国成立前，革新村域内有鼓胀病（血吸虫病）、大脚疯（血丝虫病）、麻子（天花病）、拐脚、抓手（小儿麻痹症）、癞痢、瘫子、麻风病、石病、痨病（肺结核）等患者，据不完全统计有数百人之多，于是就有了瘫子阿大、抓手阿五、麻子阿四、石病鬼阿六等绰号。

新中国成立后，党和政府高度重视人民群众身体健康，提出了“预防为主”的医疗卫生工作方针。自1953年起，每年第四季度县政府卫生科都发文将下半年度预防接种任务下达至各乡镇卫生院（联合诊所），使预防接种工作按计划完成。1953年11月，城濮区卫生所为本区域内的儿童接种牛痘，接种率达92%，使天花病（出痘子）得到控制。1979年，卫生部门对1～15岁儿童实行计划免疫，卡介苗、百日咳、麻疹疫苗、小儿麻痹症糖丸为4种基础疫苗，此外还有牛痘、乙脑、流脑、白喉、百日咳等疫苗。1985年3月起实行按月接种制度，确保儿童在出生后18个月内完成4种疫苗基础免疫的首次接种。2006年以后，儿童接种的疫苗有卡介苗、脊灰糖丸、百日咳、风疹疫苗、乙肝疫苗、流脑菌苗、乙脑疫苗、风疹疫苗、腮腺疫苗、流感疫苗等。通过各种疫苗的接种，天花病、鼠疫、麻风病和其他传染病被消灭，多发病得到有效控制。人民群众的身体健康得到保障，寿命有了极大的提高。

2000年4月，村域内最后一只“风子缸”被深埋，标志着“麻风病”在这块土地上被彻底消失。麻风病又名汉森病（也称大麻风），是一种由麻风分枝杆菌感染引起的慢性传染病。主要侵犯皮肤和外周神经组织，轻者可有皮肤斑块、四肢麻木等症状；重者会出现皮肤凹凸不平、双唇肥大厚、耳垂肿大、眉毛及头发脱落、浅感觉和出汗障碍、面瘫、四肢畸残或毁容等症状。传播途径主要是飞沫传播和接触传播。还有先辈传下来一种说法：人一旦接触到腐烂的死猫，也会传染上麻风病，所以，一直以来只要猫死了，人们马上把它深埋。俗话说："活痒梅（梅毒）死风子"，意思说，梅毒患者活着时传染力强，麻风患者死后传染力极强。所以一旦有麻风病人死了，不能葬棺材，也不能土埋，要葬在有盖密封的缸内（俗称风子缸）。桐乡市在20世纪90年代初基本消灭了麻风病，一些尚在的麻风病人由政府提供免费治疗。

**血吸虫病的防治** 血吸虫病是人体内寄生了血吸虫而带来的一种疾病。得了此病，患者会出现贫血、消瘦、头晕乏力等症状，严重时损坏肝脏，造成肝硬化、肝腹水、肝脾肿大，人们称它为"鼓胀病"。革新村地处江南水乡，气候温暖，河港浜沟多，曾经是血吸虫病重灾区。

新中国成立前，村域内患血吸虫病的村民人数众多，患者面黄肌瘦，"头颈一撮、肚皮一凸"， 丧失劳动能力。包家桥小组的张家里有位姓房的村民，祖籍江苏，来村里罱河泥，后来定居下来。他个子不高，但很结实强壮。当时家里穷，买不起蚊帐，夏天天气火热，他就挑了一担水，睡在一个大盆中。因水中有血吸虫卵，导致他患上急性血吸虫病，人一下子病倒了。不久，血吸虫病夺去了他的生命，像这样的例子还有不少。

1958年，毛主席得知江西余江县消灭了血吸虫病后写下了著名的诗篇《七律二首·送瘟神》，并向全国发出"一定要消灭血吸虫病"的号召。各级政府建立起血吸虫病防治工作领导小组，县里专门设立血防医院，解放军117医院也派医疗队帮助地方治疗血吸虫病人。为了消灭血吸虫病，村域内重点抓了三个方面的工作：一是发动群众来消灭钉螺。因为钉螺是血吸虫的中间宿主，消灭钉螺就是切断血吸虫的生活链，是消灭血吸虫的关键。20世纪60年代，大队组织查螺队，查遍全村的沟沟浜浜，然后发动群众采取土埋方式消灭钉螺。土埋的方法是：在河岸离水面0.5米处挖一沟，然后把河岸上松土杂草削下来填在沟里，撒上石灰粉和化学药物，用新土覆盖夯实，从而达到灭螺的目的，

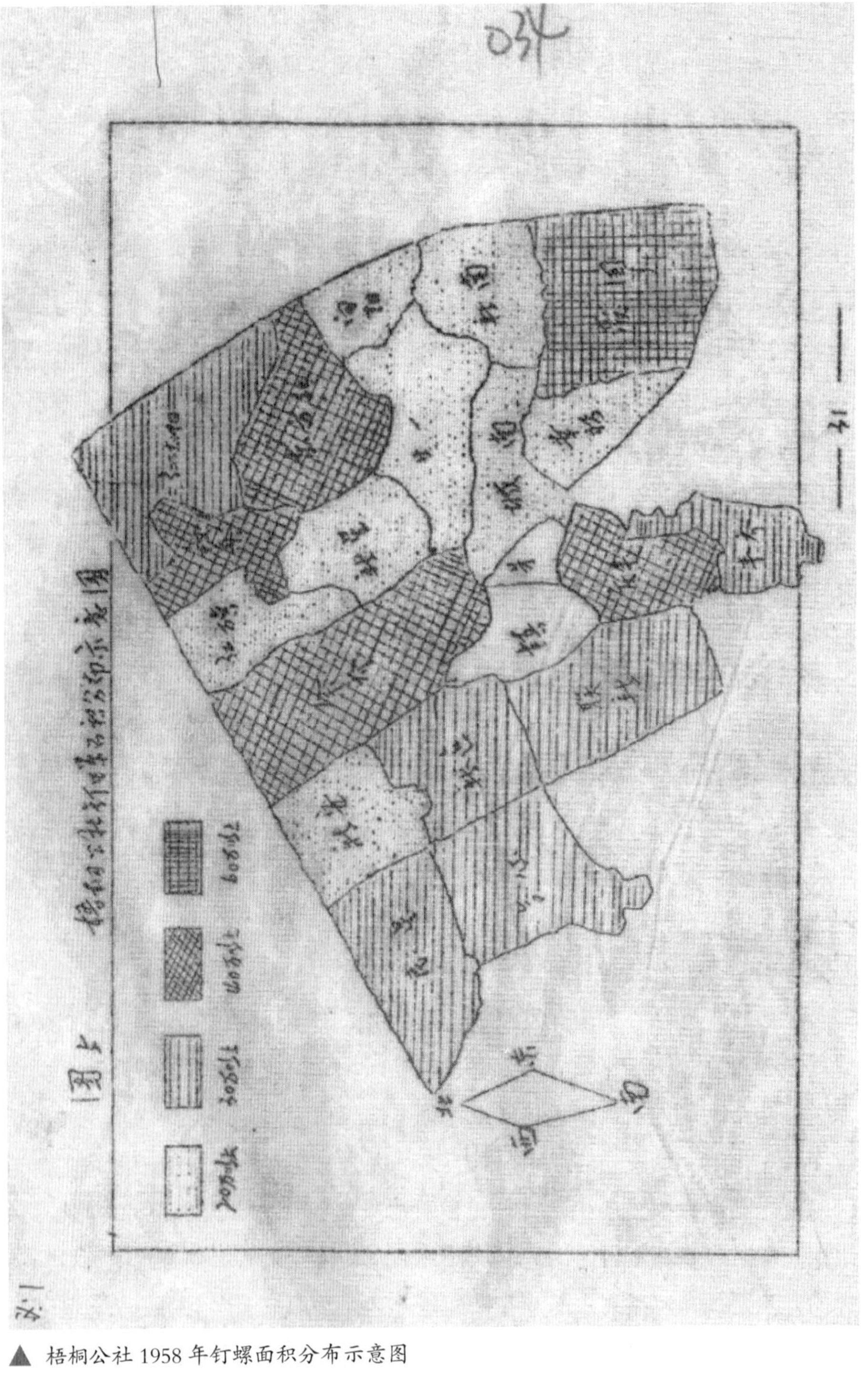

▲ 梧桐公社 1958 年钉螺面积分布示意图

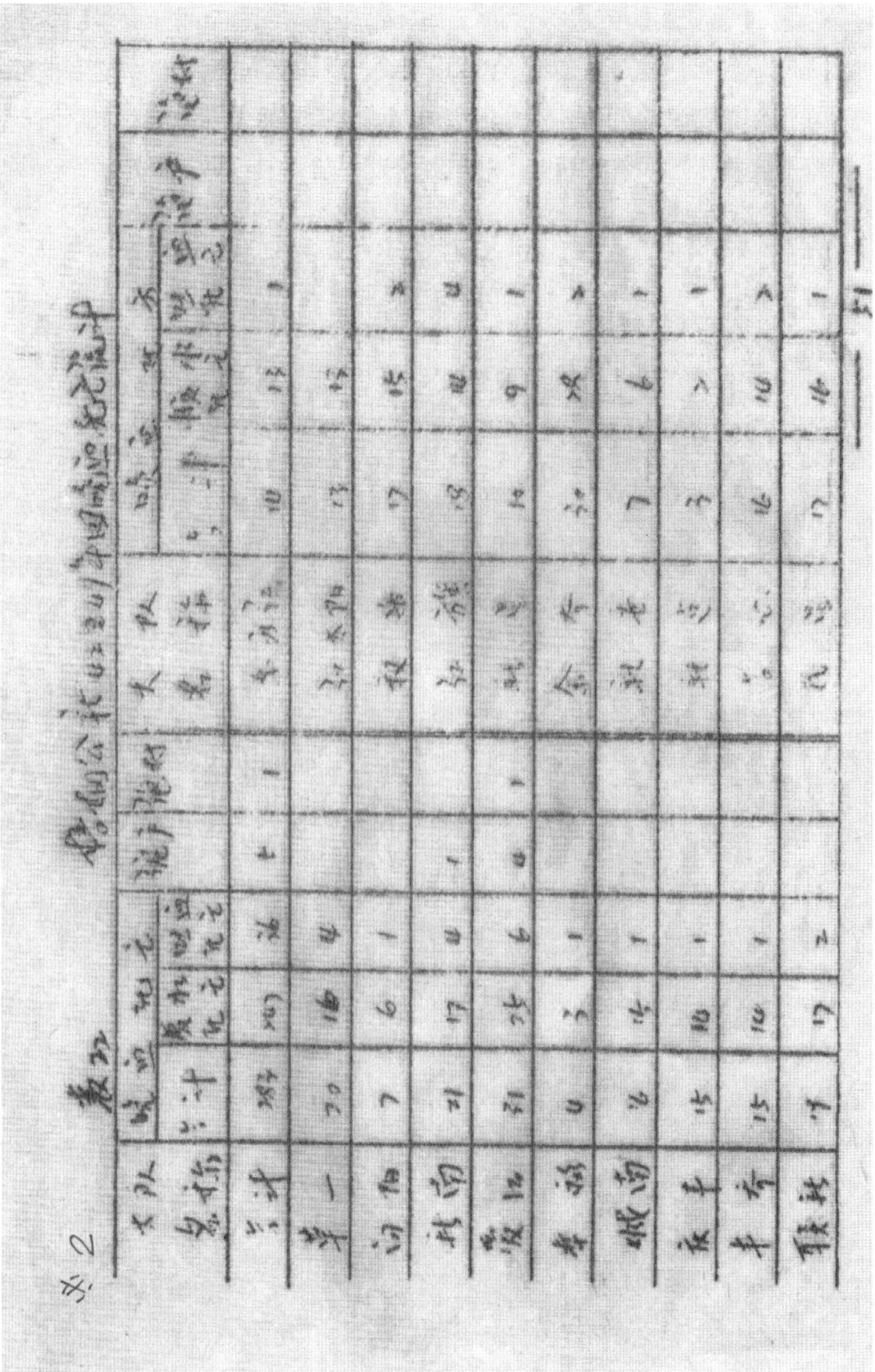

▲ 梧桐公社（1942—1949 年）因晚血死亡统计

这条埂就叫“钉螺蛳带”。钉螺蛳带每年都要修两次，分别在春季和冬季，连续七八年。当时，生产队的河浜都用来养水草（湖羊草）。生产队是按每家每户湖羊的头数测算后分配养水草面积的。所以那时属于谁家的养水草面积，就由谁负责河岸上的“钉螺蛳带”。二是开展村庄整治。为了灭螺、净化环境，

先进，找差距，深入发动群众，切实抓粪管。

在抓先进经验的同时，公社党委还注意到抓后进队的工作。红村大队血防搞得较差，去年春季搞了粪管，不久就松下来。群众批评说，这是一个上面不抓不，农忙紧张不管，种菜季节不管的“三管”单位。后来，公社党委副书记到这个队蹲点，通过调查研究，发现这个大队管工作上不去的主要原因是，毛主席的“送瘟神”光辉思想宣传不深，为什么搞管，群众思想不明确，制度过严过死，群感到不便，政策没有落实。针对这些问，他们大张旗鼓地进一步深入宣传主席的“送瘟神”光辉思想，对群众提

人负责；
现在都自
强了粪
：“火车
农增大队
管

新南大队党支部坚持思想教育

# 切实抓好粪便和饮水管理

桐乡梧桐公社新南大队党支部，在血防群众运动中，坚持思想教育，发动群众突破薄弱环节，切实抓好饮用井水，粪便无害化管理，巩固了血防成果。

新南大队开展粪、水管理工作的过程，是一个反骄破满，移风易俗的过程。开始时，有的干部认为：「消灭了钉螺，等于卡住了血吸虫的喉咙，粪、水管理无足轻重。」一些社员群众觉得这里是水网地区，「离河三步远，哪有不沾边」，「一家一只坑，用粪随我便。」因此，粪、水管理工作推不开。大队党支部针对这些活思想，组织干部、群众反复学习毛主席光辉的「送瘟神」思想，召开讲用会，开展革命大批判，把思想工作做到田头、村头、灶头，落实到社员的心头。使大家深刻认识到：血防工作中每一个环节都是重要的，必不可缺的。那种认为粪、水管理无足轻重的思想，是错误的，既缺乏彻底革命精神，又缺乏科学态度；要搞好粪、水管理，就「要同传统的观念实行最彻底的决裂」，改变旧习惯，移风易俗。在认真查螺灭螺的基础上，必须坚持「预防为主」，切实搞好粪管水管，血吸虫病人才能治一个好一个，防止反复感染，彻底送走瘟神。

为了使「两管」工作搞得扎扎实实，大队党支部先在红卫生产队搞点做出样子。他们和这个队的群众一起活学活用毛主席光辉的哲学思想，发挥人的积极因素，发扬「自力更生」、「艰苦奋斗」的精神，群策群力，因陋就简，注重实效，开水井，造粪池，改善了饮用水的条件，实现了粪便无害化管理。并及时组织了现场参观，推广这个队的经验，很快便在全大队铺开了。

这个大队的干部不仅积极宣传群众，组织群众，还以实际行动带动群众。开水井需要瓦，但一时供应不足，大队党支部副书记就把自己家里原来准备修房子用的瓦先借给集体使用。在干部的带动下，不少社员也把家里的瓦借给了集体。这样，靠群众的力量迅速解决了打井用瓦的问题。目前，这个大队已开水井二十六口，队队造起了连封式粪池。

为了切实搞好粪管，大队党支部充分发动群众进行讨论，制订了必要的管理制度，认真坚持制度。他们认为，订制度并不难，贵在自觉坚持。因此，一方面抓社员群众的思想教育工作，要积极支持，自觉遵守；一方面挑选思想好，工作认真，敢于坚持原则的社员担任清肥员。并注意抓好清肥员的思想教育，到目前已举办过十四期清肥员毛泽东思想学习班。

这个大队由于突出无产阶级政治，坚持思想领先，突破了薄弱环节，使血防成果越来越巩固。（公社报道组）

▲《浙北报》1971 年 10 月 13 日报道：新南大队党支部坚持思想教育，切实抓好粪便和饮水管理

进而保障村民的健康，村民们对房前屋后进行清理，消灭乱砖杂物堆，减少蚊蝇，不让钉螺有生存空间。三是加强粪水管理。村域内各自然村把露天粪缸的粪便集中起来，实行统一管理，专人负责粪窖上盖。新鲜人粪、猪粪倒入粪窖中，盖上盖，并用灰泥密封发酵十天半月，做到不浇新鲜粪，杜绝粪便中的血吸虫卵随着雨水或粪便流入河浜污染水源。各自然村都按要求打了水井，村民喝上井水，改善了饮水条件。

群众性的查螺灭幼虫、粪水管理，使得村容村貌焕然一新，得到了上级领导的肯定。县、公社多次在村里召开现场会。1971 年 10 月 13 日，《浙北报》刊登了"新南大队党支部坚持思想教育，切实抓好粪便和饮水管理"为题的新闻报道。

查病治病工作从 20 世纪 60 年代中期开始。化验大便能诊断出是否得了血吸虫病。梧桐人民公社卫生院建立血防站，负责化验大便，各自然村设立大便投放点，由生产小队收集后，送到大队收集点，再由专人将大便送往血防站化验，每年春季都要化验三次。

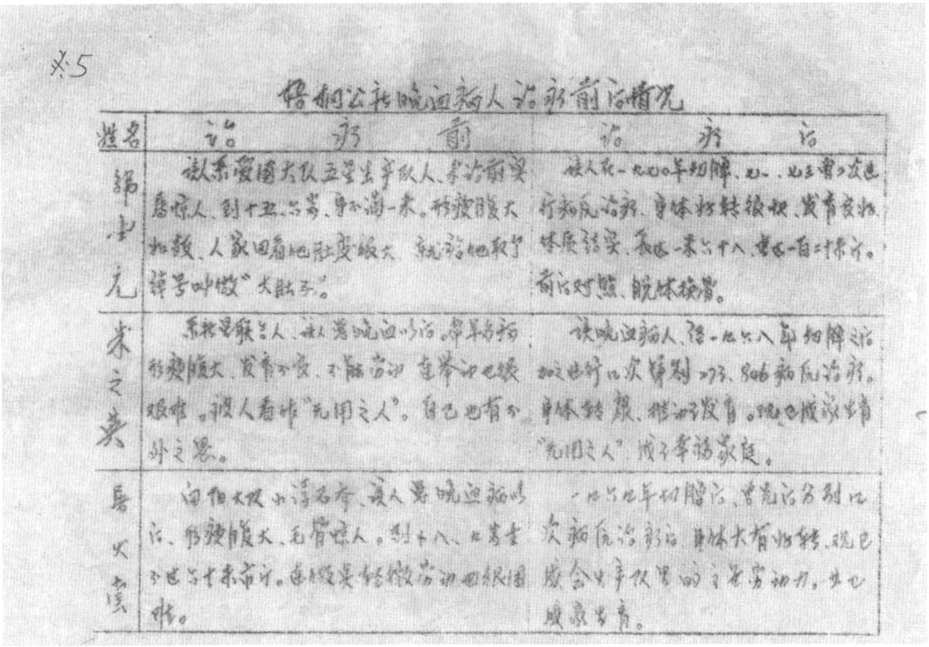
※5

梧桐公社晚血病人治疗前后情况

| 姓名 | 治疗前 | 治疗后 |
| --- | --- | --- |
| [illegible] | 该系爱国大队五星生产队人，未治前是[illegible]人，到十五、六岁，身不满一米。形瘦腹大如鼓，人家因看他肚皮很大，就给他取了绰号叫做"大肚子"。 | 该人在一九七〇年切脾、七一、七三年[illegible]进行锑剂治疗，身体好转很快，发育良好，体质结实，长成一米六十八，重一百二十斤。前后对照，[illegible]。 |
| [illegible] | [illegible]人，该人患晚血以后，常年多病，形瘦腹大，发育不良，不能劳动，连举动也很艰难，被人看作"无用之人"，自己也有[illegible]。 | 该晚血病人，经一九六八年切脾之后，加之进行[illegible]次锑剂[illegible]病后治疗，身体好转，[illegible]发育，现已成为[illegible]"无用之人"，成了幸福家庭。 |
| [illegible] | [illegible]大队[illegible]，该人患晚血以后，形瘦腹大，毛骨惊人，到十八、九岁[illegible]。连很轻微劳动也很困难。 | 一九六九年切脾后，曾先后分别[illegible]次病后治疗后，身体大有好转，现已成为生产队里的主要劳动力，[illegible]。 |

▲ 梧桐公社晚血病人治疗前后情况

通过普查，医务人员对血吸虫病患者进行进一步的内科检查，给出治疗方案。大部分患者都被安排在本大队集中治疗，由下派的医生和大队的赤脚医生负责，病情严重的则被送往县血防医院、人民医院和解放军 117 医院治疗。村域内原向阳大队朱家兜小队屠火堂患吸血病以后，形瘦腹大，到了十八九岁，体重也不过 30 来千克，连做一点轻微劳动都很困难。1969 年，在解放军 117 医院施行了切除脾脏手术，经过几次住院治疗，身体有了明显好转，后来成为生产队的主要劳动力并结婚生子。

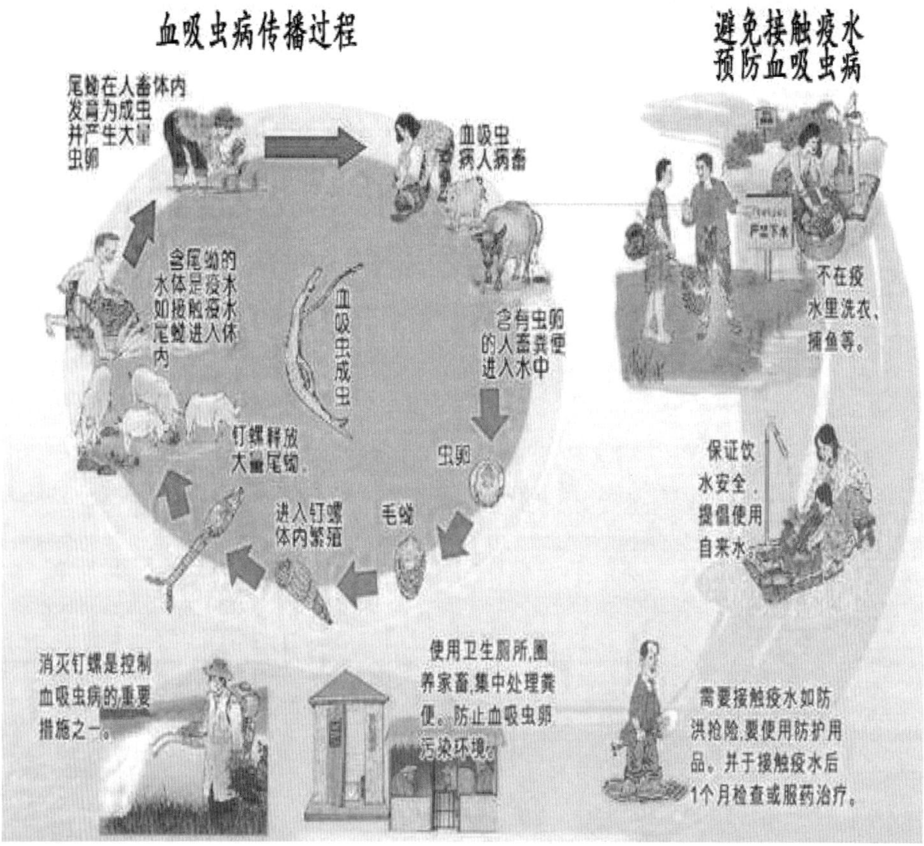


▲ 血吸虫病传播途径

“借问瘟君欲何往，纸船明烛照天烧。”新中国成立后，经过 20 多年的艰苦努力，到 20 世纪 70 年代末，村域内不再有血吸虫病患者，人们终于送走了血吸虫病这个“瘟神”。

**“非典”** 非典型性肺炎的简称，是一种新的呼吸道传染病，人类不具备免疫力，普遍易感，死亡率高。2002 年 11 月于广东顺德被发现。2003 年 3 月，北京出现第一例输入性“非典”病例，不久逐渐蔓延至全国。当时人们对此缺乏了解，“瘟疫、鼠疫、生物侵袭染上就死”的传言流入村域，人们病急乱投医，一时间出现了口罩、板蓝根冲剂、白醋脱销的情况。4 月初，梧桐街道卫生办指导各村按 1 ：40 的比例用 20% 过氧乙酸配置消毒液，对村域内的农户和公共场所喷洒消毒液，向村民宣传预防“非典”的常识。同时，组织志愿者与协管员排查村域内流入人员和患有感冒伴有低热的村民，每天准时向街道卫生办报告，一经发现立即隔离观察，直到 6 月底疫情解除，村域内无一例“非典”患者和“非典”疑似病人。

**禽流感** 一种由禽流感病毒引起的人类疾病，主要有 H5N1 和 H7N9 两种。人感染禽流感病毒后，起病急，早期症状与普通流感没有差别，均有高热、伴有咳嗽，5 ～ 7 天出现呼吸困难而死，H7N9 于 2013 年 3 月在上海市和安徽省被发现。革新村按照市疾控中心要求，召开各村民小组长会议，给每户村民印发防病知识，不吃冰冻鸡鸭等牲肉。公共场所佩戴口罩，咳嗽打喷嚏用手帕、纸巾捂住口鼻，不接触病死禽畜，发现高热症状立即就诊。2015 年 1 月 20 日，屠甸镇发现首例 H7N9 禽流感死亡人员，市政府下令关闭所有活禽交易场所和宰杀活鸡活鸭活鹅的场所，村干部和协管员轮流进行检查，村域内未发现禽流感病例。

**新型冠状病毒肺炎** 新冠肺炎病毒通过患者飞沫传播，有着极强的传染力，传播范围广、速度快。面对疫情，村党委按照上级新冠肺炎疫情防控工作领导小组的统一部署，全村域采取“预防为主、居家隔离、减少外出”等防控措施，减少传染风险。从 2020 年 2 月 1 日至 3 月 8 日，全村四个小区参加值班、巡逻的志愿者达 1200 多人。村干部放弃节假日、取消休息日，坚持正常上班，作息时间为早上 8 点至晚上 10 点，夜间安排值班人员 2 名，从晚上 7 点至第二天早上 8 点。

在革新村党委的正确领导、靠前指挥下，在值班人员和志愿者不辞辛劳、夜以继日的努力下，在全体村民的踊跃参与、积极配合下，防控措施严格到位，至 2020 年底革新村全村零感染。

▲ 2019 年 12 月革新村两套班子人员在研究、部署抗疫工作

▲ 2020 年 2 月民营企业老板向村委会捐抗疫物资

**影响村民健康的主要疾病** 据调查，2016—2020 年，革新村域内共死亡 177 人。其中，患心血管疾病 75 人，占死亡人数的 42.4%；患恶性肿瘤 66 人，占死亡人数的 37.3%；患其他基础疾病 24 人，占死亡人数的 13.6%；意外事故死亡 12 人，占死亡人数的 6.7%。心血管疾病和恶性肿瘤是威胁村民健康的两种疾病。

## 第五节 公共卫生

**环境整治** 2001—2009 年，全村域 31 个村民小组全部完成征地拆迁工作，村民结束了分散居住、基础设施不配套、环境卫生脏乱差的历史，取而代之是统一规划、设施配套、环境优美、舒适宜居的现代化城区居住小区。小区内实行卫生保洁制度，每个小区配备 7 ～ 8 名专职保洁员，维护小区环境卫生。小区内的绿化、美化有专门的物业公司负责管理。

**垃圾分类** 2018 年起实施小区垃圾分类，每个垃圾分类点分别设置可回收垃圾、易腐烂（厨余）垃圾和其他垃圾三个垃圾桶，并分别贴有标签，方便村民投放。村委会加强对垃圾分类的宣传，给每家每户发放宣传手册。还发放了家庭式垃圾分类的小垃圾桶，方便村民从源头上对垃圾进行分类。同时对垃圾分类做得好的村民予以表扬奖励，对不符合垃圾分类要求的则进行教育引导。

▲ 革新村有害垃圾积分兑换制奖励办法

专职保洁员每天早晚分别对每个垃圾投放点的垃圾桶和地面进行清水冲洗、药水消毒，彻底改变了垃圾投放点臭气难闻、苍蝇成群的面貌。

**拆除违章建筑** 村民的安置房除了自己留下一层居住外，大多出租给了从事羊毛衫加工的租户。这些新居民租房后常会在房前屋后乱搭乱建，有个别从事羊毛衫整烫的租户，甚至用木柴或各种塑料颗粒来烧锅炉，由此产生黑烟污染空气，破坏了小区环境。自2018年下半年起，村委会组织人员全面排查清理，限时拆除整改，使小区内的市容更整洁、空气更清新，小区的整体环境得到显著改善。

**五水共治** 村域内四个小区共有村级河道6条，市级河道3条，总长度4.6千米，按上级要求均实行河长负责制。2012年，村委会添置了农机挂桨船四艘，由专职河道保洁员定期巡逻保洁，打捞河面上的漂浮物、水草和浮萍，对往河道内偷排污水的行为进行巡视，确保河道的河水干净、河面整洁。河道两岸都修筑了整齐有致的石帮岸阻挡堤岸泥沙流入河中，防止河岸坍塌，河道中还设置方格，种植水生植物，用以净化水质。

**农村水改** 过去村民的饮用水多为河浜水，清晨，村民把从河浜挑来的水倒在大水缸里，用明矾澄清后再饮用。20世纪80年代，村民普遍开挖水井，口径600～800毫米，深5～6米。从此，村民饮水由河浜水变成井水，饮用水和卫生条件得到一定的改善。1996年，村域内的向阳村率先由村出资铺设管道，与桐乡自来水厂管网连接，给家家户户装上了自来水。随后，新南村、革一村也在1997年由村出资为村民安装自来水。至此，革新村域内全部接通自来水，村民也能和城里人一样喝上干净卫生的自来水。20世纪90年代后期，市场上出现了桶装、瓶装矿泉水。从此，矿泉水也进入了寻常百姓家。

**除“四害”** 1952年，县委、县政府把7月份确定为爱国卫生运动突击月，由此掀起了“除四害”（苍蝇、蚊子、老鼠、麻雀，后改麻雀为蟑螂）、讲卫生、以消灭疾病为中心的群众性爱国卫生运动高潮。苍蝇、蚊子、老鼠、蟑螂都是病毒、病菌、细菌的主要传播载体，消灭“四害”就是切断病毒、细菌的传播链，保障人民群众的身体健康。“除四害”的途径有两条：一是药物杀除，用老鼠药、蟑螂药、粘鼠板、粘蚊纸、蚊香、杀虫剂等；二是开展爱国卫生运动，通过疏通阴沟、改造厕所、清除露天茅坑、粪缸加盖、捕杀野犬、清理卫生死角等来消除“四害”的滋生地。

如今，除“四害”已成了一项常态化的工作，定期、定点投放鼠药，村里按季节购买鼠药、蟑螂药，由村民组长分发至每家每户。每个垃圾投放点都设有灭蝇笼罩，每天由专人喷洒药水灭蚊灭蝇，全民参与国家卫生城市复评迎检、全国文明城市创建等活动，大力开展爱国卫生运动，做好垃圾分类，不乱扔乱放垃圾，拔除屋前屋后花坛中的杂草，清除“四害”的滋生地。

# 第十六章　村民生活

新中国成立以前，革新村域内的村民遭受着天灾人祸的双重压迫，生活贫困，民国 8 年（1919），梅雨连旬，淹没良田，革新村域内灾情尤为严重。低洼的圩田颗粒无收，只有较高的荡田有二三成的收成。民国 23 年（1934），桐乡大旱，村域内的永兴港河底干涸，小河浜河底裂缝。田地龟裂，颗粒无收，人们吃草根树皮充饥，不少人因此胀死。再加上战火连年和各种苛捐杂税，村民苦不堪言，民不聊生。黑心的地主趁机开仓借粮，小斗出（1 斗 =5 千克），大斗进（1 斗 =7.5 千克），穷人揭不开锅。新中国成立后，在党的领导下，人们的生活逐年变好。可是，在 20 世纪 50 年代至 70 年代初，由于三年困难时期，农村生产力得不到完全解放，经济建设停滞不前，商品供应严重匮乏，粮、油、鱼、肉、布、棉花及烟、糖、酒等副食品均要凭票购买。村民们的生活只能达到温饱水平。改革开放后，全党的工作重点转移到了以经济建设为中心的轨道上来，1983 年全面实行家庭联产承包责任制后，农民群众生产积极性得到充分调动，村民一方面全力以赴抓好农业生产，在稳定粮食生产的同时，大力发展经济作物；另一方面广辟生产门路，发展个体经营，大开生财之道，在“富”字上做文章。短短几年，集体经济不断壮大，人民生活水平不断提高，过上小康生活。2009 年完成了征地拆迁，原来的农村乡下地方成了桐乡市的东部新区，村民搬入了崭新的居住小区，学习、工作、生产和生活融入信息化时代的潮流，人们的衣食住行迈进城市生活圈。

## 第一节 村民收入

在人民公社体制下，实行“三级所有、队为基础”的生产资料所有制形式，革新村域内原新南、革一、向阳三个大队都是以生产队为基本核算单位，社员集体出工（时称“大呼隆”），按工分记账，年终按工分分粮分钱。每户按人头分给少量的自留地，搞好家庭副业，允许饲养猪、羊和家禽作为日常支出的补充。1996 年版《桐乡县志》记载：“1958 年，全县农村居民人均年收入为 64.89 元，1978 年为 154.11 元，1983 年实行家庭联产承包责任制后，人均年收入为 335 元。”根据 1982 年革新村域内新南、革一、向阳三个大队的年终分配报表：新南大队人均收入为 379.42 元，革一大队人均收入为 320 元，向阳大队人均收入为 270 元，村民年平均收入为 336.02 元，人均分到粮食 709 千克。

1990 年 2 月，全县农村工作会议召开。会议提出深化农村改革，摆脱传统单一的粮食生产和严格的管理制度，转向多种经营、承包经营、工副并举，农民可以自主创业。有的农户种植水果；有的农户成为养猪、养羊专业户；有的农户在完成国家粮食任务的前提下，在自己的承包田里种经济作物来增加家庭的收入。有一技之长的能工巧匠崭露头角，大显身手，在服务村民的同时，给自己带来更多的收入。那时有手艺的人被称为“吃百家饭”很是吃香，比一般村民要富裕一些，姑娘们大多喜欢嫁个有手艺的人，父母嫁女儿首选有手艺的人家。

**泥水匠、木匠** 20 世纪 80 年代末、90 年代初，随着村民生活水平的提高，村域内平房改建楼房的逐步增多，对泥水匠、木匠的需求增加，村域内的青年纷纷拜师学艺以谋生计，泥水匠、木匠在有手艺的人员中人数最多。他们一天三餐吃着主人家，还给一包香烟，每天的工钱是 10 元，在那个年代

▲ 木匠、泥水匠工具

属于很高收入了，因为那时一斤稻谷只有 0.17 元。他们帮助村民建造楼房，为改善村民的居住条件做出了贡献。

▲ 花篮底灶头　　　▲ 碗橱

**打灶头**　灶头每家每户都有，人们的一日三餐每天都要围着灶头转好几次。村域内小有名气的打灶头师傅有原新南麦干浜的沈三林、沈发兴，沈家村的沈银兴，姚家埭的姚金贵；原向阳周家里的周庆和，镬子浜的高阿乔；原革一新凤桥的费阿三，革一殳家埭的殳阿男等，他们既有做泥水工的技术，又有在灶头上绘画的本领。灶头画是一门艺术，只有大师傅才有这个本事。打灶头的工钱是按灶眼计算，20 世纪 50—60 年代，每眼 2 元；70—80 年代每眼 5 元，90 年代每眼 10 元，有两眼灶和三眼灶（一眼就是一只锅）。灶头的花样很多，最漂亮的是“花篮底”灶头。从 2001 年至 2009 年，全村集体土地被征收，农房全部被拆迁，村民家中用了几百年的灶头都进了历史博物馆。

**厨师**　村域内的红白喜事，都要用到厨师。俗话说“不叫厨师酱胖臭”。早时，村域内的老厨师有原新南包家桥的李炳乾，朱家浜的朱善定、朱顺龙，以及原向阳富饶桥的顾和生，浮石桥的徐银狗。现在村域内的厨师有：包家桥的李福祥、朱家浜的朱正龙、徐家兜的徐林坤，富饶桥的顾明林、许福林、徐雪良，陈家埭的陈金根、新凤桥的费月明等。厨师的工钱是按酒席桌数收费的。随着时代的发展，人民生活水平的不断提高，村民置办荤汤素食越来越讲究排场，场面也越来越大。厨师单干独户难以承担，这就需要厨师之间相互合作。在这种形势下，徐家兜村民徐林坤大胆尝试，走企业化经营模式，2019 年成立了桐乡市梧桐林坤农村家宴管理服务部，这在村域内乃至整个梧桐街道也是第一家。服务部有 16 名固定厨师，加盟厨师几十人，可以在同一天为 4 ～ 5 家客户提供服务，并探索出一条买菜、烹饪一条龙服务的经营模式，服务区域从桐乡城东至濮院镇周边。

**茶担** 旧时，茶担只为少数大户人家服务，普通人家的红白喜事都由左邻右舍做帮工，借桌子、凳子，借碗筷，烧茶洗碗，事办完了还要挨家挨户还掉。随着时代的发展，村民上班、经商、打工的人越来越多，轮到做帮工时已难以应付，茶担就成了替代角色，开始进入寻常百姓家。茶担的职责是提供桌子、椅子、碗筷、蒸箱、电水壶，负责烧饭、烧开水、泡茶、抹桌子、发碗筷、摆放酒水饮料等。后来，茶担也扮演着“持娘婆”（婚礼司仪）的角色，安排婚礼中的坐茶水、盘三灯火样、坐朝南、点花烛、入洞房等仪式，拜堂时高喊：“一拜天地，二拜高堂，夫妻对拜，礼成。”茶担的工钱也是按桌数计算的，兼做司仪时新郎新娘都会给红包。村域内最早的茶担是朱家浜组的朱善学，现在的茶担有沈家村的姚培松、朱家浜的朱阿七，镬子浜的盛玉田，盛家里的盛金甫等。

**裁缝** 20 世纪 60 年代以前，年纪大一点的人都穿大褂衣裳，男式的为葡萄纽扣对襟开衫，女式的为葡萄纽扣斜襟衫。葡萄纽用手工缝制加柴熨斗熨烫而成，经验丰富的老裁缝有这门手艺。村域内的老裁缝有新南北孟庙的马海官、麦干浜的蔡巧英、范家埭的刘文高（绰号裁衣丫头）。直到 20 世纪 70 年代末，市面上还没有服装店，村民的衣着全靠裁缝师傅，特别是当春节来临时，人人都要穿件新衣服过年。为此，裁缝常常要开夜工为村民赶制服装。裁缝师傅的工钱是每天 2 元。村域内的裁缝有新南高家里的李玉英、潘家门的李美英、北孟庙的姚玲芬，向阳陆家埭的姚明宝。20 世纪 80 年代末，随着乡镇企业的发展，各类服装厂、制衣厂开始兴起，城里的服装店、服饰一条街也随之涌现，春夏秋冬、男女老少各类服装应有尽有，价格便宜，款式新颖。至此，裁缝才逐渐淡出了人们的生活。

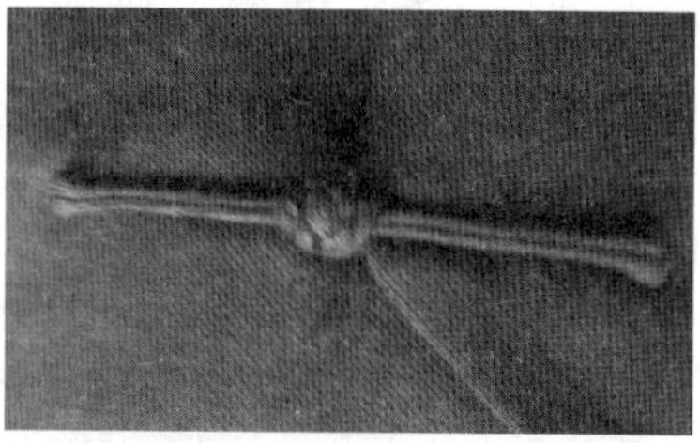

▲ 葡萄纽

▲ 缝纫机

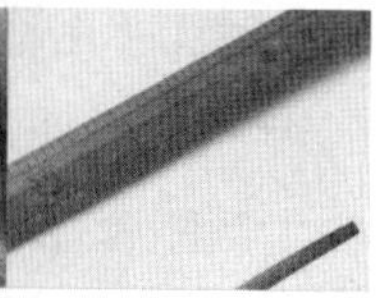

▲ 市尺

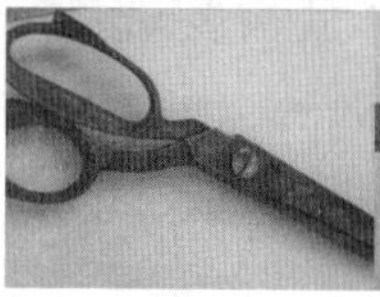

▲ 裁剪刀

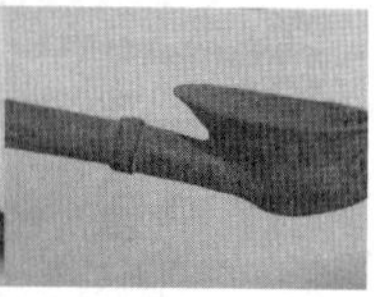

▲ 柴熨斗

**箍桶匠** 改革开放以前，村民们日常生产生活中要用到各种各样的桶，提

▲ 箍桶匠工具

桶、担桶、水桶、饭斗、米桶、锅盖、脚桶、马桶、粪桶等，大多数是由箍桶匠用木料制成。因为需求量大，所以箍桶师傅的生意非常好，每到一个村坊都要做上个把月。20 世纪 50—60 年代，村域内最有名的箍桶匠是浮石桥的庄富山，尊称“矮箍桶”。20 世纪 70 年代，他收了几个徒弟，有潘家门的姚金和、浮石桥的姚士林、徐荣高，后来，姚金和又收姚金祥、庄金法为徒。箍桶过程中最难的是做嫁妆的弯板脚桶、弯板马桶和弯板粪桶，能箍得出这几样桶的算是大师傅了。箍桶师傅的工钱按照尺寸大小和不同形状收费，一般直桶的按直径大小计算，每寸收 1 角，弯板脚桶、弯板马桶每只收 5 元，箍一只弯板马桶要用 2 天的工夫。当然，这个工钱在当时也算很高了，因为生产队一名正劳力一天的劳动工分也只有四、五角钱。直到 20 世纪 80 年代中后期，市场上开始出现各种各样的塑料桶，其优点是方便轻巧，价格便宜，经得起日晒雨淋。至此，人们才逐渐弃用木桶，大量使用塑料桶。随后，箍桶这门手艺也逐渐没有了用武之地。

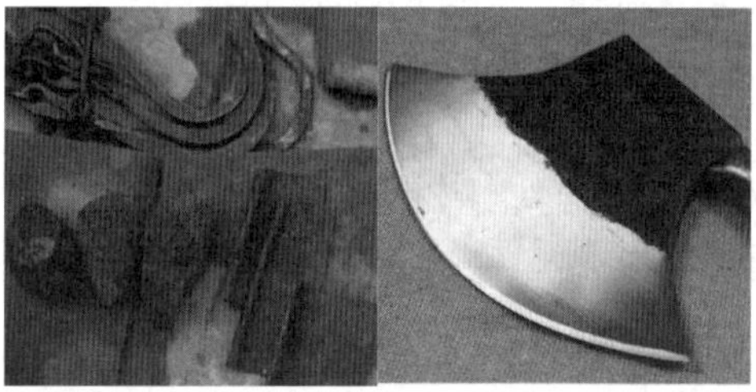

▲ 屠工工具

**屠工（俗称杀猪徒）** 20 世纪 50 年代中后期，随着梧桐供销社在各大队副食品下伸店的开设，各大队也相应开设了水作店、茶馆店、肉店。开设肉店就需要屠工，村域内最早的屠工有：新南北孟庙的姚继元，向阳浮石桥的陶茂生，革一盛家里的盛玉生、丁家里的汪阿三。20 世纪 80 年代中后期，市场全面开放，个体私营经济应运而生，有的村民看到杀猪卖肉有钱可赚，纷纷在北孟庙、文桥头、浮石桥开设肉摊头。20 世纪 90 年代初，村域内有屠工 15 人，他们既获得了丰厚的收入，又为村民的菜篮子带来了便利。

表 16-1

# 革新村能工巧匠名录

| 组别 | 姓名 | 行业 | 组别 | 姓名 | 行业 |
|---|---|---|---|---|---|
| 镬子浜 | 高阿乔 | 泥水匠 | 陆家埭 | 徐云松 | 木工 |
| 镬子浜 | 高学林 | 泥水匠 | 陆家埭 | 沈德林 | 电机维修 |
| 镬子浜 | 高学华 | 木匠 | 富饶桥 | 沈玉明 | 家电、电机维修 |
| 镬子浜 | 陈玉明 | 木匠 | 富饶桥 | 许建兴 | 漆匠 |
| 镬子浜 | 石雪根 | 电工 | 富饶桥 | 沈雪林 | 泥水匠 |
| 镬子浜 | 盛玉田 | 茶担 | 富饶桥 | 许金男 | 木匠 |
| 镬子浜 | 吴春林 | 兽医 | 富饶桥 | 许福明 | 电工 |
| 镬子浜 | 潘永海 | 漆匠 | 富饶桥 | 沈三林 | 泥水匠 |
| 镬子浜 | 陈建学 | 漆匠 | 富饶桥 | 沈锦林 | 木匠 |
| 浮石桥 | 姚士林 | 泥水匠 | 富饶桥 | 吴金泉 | 木匠 |
| 浮石桥 | 金正荣 | 木匠 | 富饶桥 | 沈正荣 | 漆匠 |
| 椿树下 | 徐雪康 | 泥水匠 | 富饶桥 | 许福林 | 厨师 |
| 椿树下 | 陶甫荣 | 铁匠 | 富饶桥 | 顾明林 | 厨师 |
| 朱家兜 | 朱福林 | 泥水匠 | 周家里 | 于水根 | 木匠 |
| 朱家兜 | 高儿先 | 泥水匠 | 周家里 | 周玉林 | 木匠 |
| 朱家兜 | 庄金海 | 泥水匠 | 周家里 | 周建明 | 泥水匠 |
| 朱家兜 | 庄玉坤 | 泥水匠 | 周家里 | 周建华 | 泥水匠 |
| 朱家兜 | 庄全泉 | 泥水匠 | 周家里 | 周庆和 | 泥水匠 |
| 朱家兜 | 庄水林 | 泥水匠 | 周家里 | 周　明 | 水电工 |
| 朱家兜 | 朱雪坤 | 木匠 | 周家里 | 周子坤 | 木匠 |
| 朱家兜 | 庄雪华 | 泥水匠 | 周家里 | 周庆安 | 泥水匠 |
| 朱家兜 | 朱月明 | 漆匠 | 周家里 | 周庆忠 | 自行车修理 |
| 朱家兜 | 朱银虎 | 理发师 | 周家里 | 钟林坤 | 泥水匠 |
| 朱家兜 | 朱福泉 | 理发师 | 陆家埭 | 徐明宝 | 裁缝 |
| 朱家兜 | 朱宝荣 | 厨师 | 陆家埭 | 陆金山 | 修理工 |
| 朱家兜 | 屠福坤 | 泥水匠 | 陆家埭 | 徐云洲 | 泥水匠 |
| 陆家埭 | 徐雪坤 | 泥水匠 | 浮石桥 | 沈加洲 | 屠工 |
| 陆家埭 | 徐长明 | 泥水匠 | 浮石桥 | 沈加正 | 屠工 |
| 陆家埭 | 沈永林 | 漆匠 | 浮石桥 | 陶茂生 | 屠工 |
| 陆家埭 | 沈兴林 | 电工 | 浮石桥 | 庄富山 | 箍桶匠 |
| 陆家埭 | 徐长林 | 电工 | 浮石桥 | 徐荣高 | 箍桶匠 |

续表 16-1

| 组别 | 姓名 | 行业 | 组别 | 姓名 | 行业 |
|---|---|---|---|---|---|
| 朱家兜 | 朱春山 | 屠工 | 范家埭 | 刘玉林 | 泥水匠 |
| 殳家埭 | 殳学明 | 木匠 | 范家埭 | 石长青 | 水电工 |
| 殳家埭 | 殳庭华 | 木匠 | 范家埭 | 范坤松 | 水电工 |
| 殳家埭 | 殳庭甫 | 木匠 | 范家埭 | 刘文高 | 裁缝 |
| 殳家埭 | 殳水明 | 泥水匠 | 新凤桥 | 费掌林 | 木匠 |
| 殳家埭 | 殳水林 | 泥水匠 | 新凤桥 | 王明法 | 木匠，水电工 |
| 殳家埭 | 殳阿三 | 泥水匠 | 新凤桥 | 沈荣明 | 泥水匠 |
| 殳家埭 | 殳林明 | 泥水匠 | 新凤桥 | 沈利明 | 泥水匠 |
| 殳家埭 | 殳月明 | 泥水匠 | 新凤桥 | 费法荣 | 泥水匠 |
| 殳家埭 | 殳福明 | 泥水匠 | 新凤桥 | 王明德 | 泥水匠 |
| 殳家埭 | 殳玉林 | 漆匠 | 新凤桥 | 沈玉坤 | 泥水匠 |
| 殳家埭 | 殳建洪 | 漆匠 | 新凤桥 | 陈云甫 | 泥水匠 |
| 方家埭 | 方金标 | 木匠 | 新凤桥 | 王明忠 | 水电工 |
| 方家埭 | 祁金坤 | 木匠 | 新凤桥 | 费玉林 | 水电工 |
| 后村 | 殳玉林 | 木匠 | 陈家埭 | 陈桂生 | 木匠 |
| 后村 | 殳德林 | 竹匠 | 陈家埭 | 陈桂和 | 木匠 |
| 后村 | 殳桂泉 | 泥水匠 | 陈家埭 | 陈翠根 | 木匠 |
| 后村 | 殳雪林 | 泥水匠 | 陈家埭 | 陈松金 | 木匠 |
| 盛家里 | 盛雨林 | 泥水匠 | 陈家埭 | 陈文根 | 木匠 |
| 盛家里 | 盛新明 | 泥水匠 | 陈家埭 | 陈松金 | 泥水匠 |
| 盛家里 | 盛永福 | 漆匠 | 陈家埭 | 陈惠良 | 泥水匠 |
| 盛家里 | 盛正佳 | 漆匠 | 陈家埭 | 陈印康 | 泥水匠 |
| 盛家里 | 盛新标 | 漆匠 | 陈家埭 | 陈彩松 | 泥水匠 |
| 盛家里 | 盛玉生 | 屠工 | 陈家埭 | 陈松毫 | 泥水匠 |
| 祁家里 | 祁雪坤 | 泥水匠 | 陈家埭 | 陈金松 | 泥水匠 |
| 祁家里 | 祁　锋 | 泥水匠 | 陈家埭 | 陈桂明 | 泥水匠 |
| 祁家里 | 祁雪明 | 泥水匠 | 吴家里 | 任杏仁 | 竹匠 |
| 祁家里 | 祁雪林 | 泥水匠 | 吴家里 | 张荣兴 | 木匠 |
| 祁家里 | 祁建明 | 泥水匠 | 吴家里 | 吴玉林 | 泥水匠 |
| 祁家里 | 祁月忠 | 电器修理工 | 南港上 | 任康华 | 竹匠 |
| 范家埭 | 范锦洲 | 木匠 | 丁家里 | 孔阿荣 | 木匠 |

续表 16-1

| 组别 | 姓名 | 行业 | 组别 | 姓名 | 行业 |
|---|---|---|---|---|---|
| 丁家里 | 孔月坤 | 泥水匠 | 高家里 | 朱雪荣 | 木匠 |
| 丁家里 | 丁雪坤 | 泥水匠 | 高家里 | 朱雪洲 | 木匠 |
| 丁家里 | 倪明明 | 泥水匠 | 高家里 | 朱雪洪 | 木匠 |
| 丁家里 | 汪阿三 | 屠工 | 高家里 | 庄永昌 | 泥水匠 |
| 倪家门 | 倪阿五 | 泥水匠 | 高家里 | 庄洪山 | 木匠 |
| 倪家门 | 倪阿四 | 木匠 | 高家里 | 庄金洪 | 厨师 |
| 倪家门 | 倪胜其 | 木匠 | 高家里 | 李玉英 | 裁缝 |
| 倪家门 | 高山兴 | 泥水匠 | 高家里 | 吴子洪 | 漆匠 |
| 倪家门 | 倪德其 | 泥水匠 | 高家里 | 费雪荣 | 木匠 |
| 倪家门 | 钱荣明 | 泥水匠 | 高家里 | 庄晓松 | 漆匠 |
| 倪家门 | 倪胜福 | 木匠 | 高家里 | 金宝兴 | 竹匠 |
| 倪家门 | 倪桂虎 | 泥水匠 | 高家里 | 戴阿大 | 竹匠 |
| 港北村 | 施永林 | 木匠 | 高家里 | 庄贵方 | 屠工 |
| 港北村 | 石金泉 | 木匠 | 朱家浜 | 朱善生 | 木匠 |
| 港北村 | 殳雪金 | 泥水匠 | 朱家浜 | 朱汉林 | 木匠 |
| 麦干浜东 | 蔡宝生 | 木匠 | 朱家浜 | 朱善庭 | 厨师 |
| 麦干浜东 | 蔡巧英 | 裁缝 | 朱家浜 | 朱善其 | 厨师 |
| 麦干浜东 | 谈月英 | 裁缝 | 高家里 | 高宝兴 | 泥水匠 |
| 麦干浜东 | 袁文花 | 裁缝 | 高家里 | 朱菊生 | 木匠 |
| 麦干浜东 | 蔡炳明 | 泥水匠 | 高家里 | 高柏权 | 泥水匠 |
| 麦干浜东 | 蔡炳坤 | 泥水匠 | 高家里 | 邱有金 | 箍叶墩 |
| 麦干浜东 | 蔡坤泉 | 理发师 | 朱家浜 | 朱善学 | 茶担 |
| 麦干浜东 | 蔡建林 | 泥水匠 | 朱家浜 | 朱世荣 | 茶担 |
| 麦干浜东 | 曹圣伟 | 泥水匠 | 朱家浜 | 朱正龙 | 厨师 |
| 麦干浜东 | 蔡柏林 | 屠工 | 朱家浜 | 朱世铭 | 厨师 |
| 麦干浜西 | 沈山林 | 泥水匠 | 朱家浜 | 朱建松 | 厨师 |
| 麦干浜西 | 沈发兴 | 泥水匠 | 朱家浜 | 朱建伟 | 泥水匠 |
| 麦干浜西 | 沈小宝 | 泥水匠 | 朱家浜 | 朱建林 | 泥水匠 |
| 麦干浜西 | 沈善坤 | 木匠 | 沈家村 | 沈银兴 | 泥水匠 |
| 麦干浜西 | 沈伟东 | 漆匠 | 沈家村 | 沈佩洪 | 泥水匠 |
| 高家里 | 邱月高 | 箍叶墩 | 沈家村 | 沈松泉 | 木匠 |

续表 16-1

| 组别 | 姓名 | 行业 | 组别 | 姓名 | 行业 |
|---|---|---|---|---|---|
| 沈家村 | 沈桂良 | 泥水匠 | 北孟庙 | 姚继元 | 屠工 |
| 沈家村 | 沈发清 | 漆匠 | 北孟庙 | 姚柏松 | 屠工 |
| 沈家村 | 姚培松 | 茶担 | 北孟庙 | 姚全林 | 泥水匠 |
| 沈家村 | 沈阿堂 | 泥水匠 | 北孟庙 | 姚金潮 | 泥水匠 |
| 沈家村 | 沈佩芳 | 泥水匠 | 北孟庙 | 姚林芬 | 裁缝 |
| 沈家村 | 沈发荣 | 木匠 | 北孟庙 | 马海官 | 裁缝 |
| 沈家村 | 沈建高 | 泥水匠 | 北孟庙 | 姚建华 | 理发师 |
| 沈家村 | 沈建坤 | 漆匠 | 北孟庙 | 冉素珍 | 理发师 |
| 包家桥 | 姚坤祥 | 泥水匠 | 北孟庙 | 姚金祥 | 箍桶匠 |
| 包家桥 | 姚金泉 | 木匠 | 徐家兜 | 徐菊明 | 木匠 |
| 包家桥 | 姚洪泉 | 漆匠 | 徐家兜 | 徐全其 | 木匠 |
| 包家桥 | 姚金贵 | 泥水匠 | 徐家兜 | 徐云其 | 木匠 |
| 包家桥 | 姚根兴 | 屠工 | 徐家兜 | 徐云根 | 泥水匠 |
| 包家桥 | 李炳权 | 厨师 | 徐家兜 | 盛圣荣 | 泥水匠 |
| 包家桥 | 李福祥 | 厨师 | 徐家兜 | 徐方荣 | 泥水匠 |
| 包家桥 | 赵建东 | 泥水匠 | 徐家兜 | 徐坤龙 | 木匠 |
| 潘家门 | 姚雪坤 | 木匠 | 徐家兜 | 徐坤其 | 漆匠 |
| 潘家门 | 姚德和 | 木匠 | 徐家兜 | 徐金洲 | 泥水匠 |
| 潘家门 | 姚林高 | 木匠 | 徐家兜 | 徐林坤 | 厨师 |
| 潘家门 | 姚金和 | 箍桶匠 | 徐家兜 | 徐德明 | 厨师 |
| 潘家门 | 姚乐生 | 理发师 | 徐家兜 | 徐银洲 | 理发师 |
| 潘家门 | 姚子顺 | 泥水匠 | 徐家兜 | 徐月良 | 理发师 |
| 潘家门 | 姚雪生 | 泥水匠 | 徐家兜 | 徐惠荣 | 泥水匠 |
| 潘家门 | 姚雪根 | 泥水匠 | 大道场 | 费元洪 | 木匠 |
| 潘家门 | 李美英 | 裁缝 | 大道场 | 沈祖良 | 木匠 |
| 潘家门 | 姚祥和 | 理发师 | 大道场 | 沈学文 | 木匠 |
| 潘家门 | 姚芝兰 | 屠工 | 大道场 | 徐荣海 | 泥水匠 |
| 潘家门 | 姚炳林 | 泥水匠 | 大道场 | 徐荣青 | 泥水匠 |
| 潘家门 | 夏明甫 | 泥水匠 | 大道场 | 朱金明 | 乐师 |

革新村位于桐乡市政府所在地梧桐街道的东部，东临全国最大的羊毛衫市场和羊毛衫生产基地濮院镇，大部分村民进城务工或投资经商从事第二、第三产业，他们有的从事羊毛衫加工经营，有的从事建筑和运输行业，有的进城开店从事服务业，工资性收入与劳务收入占总收入的比例逐年增加。1998 年，革新村人均收入为 4291.76 元（其中，原新南村人均 4297.9 元，原革一村人均收入 4304.36 元，原向阳村人均 4254 元），工资性收入 2005 元，占总收入的 46%。征地拆迁后，每户村民有 160 平方米的宅基地，建房四层加跃层，每户有 600 平方米左右的建筑面积。大部分村民自己留一层居住，少部分自己住两层，其余全部出租，每年的租金是一笔可观的收入。根据调查资料显示，永兴小区每户年租金在 8 万～ 10 万元，金晖小区每户年租金在 7 万～ 8 万元，革新小区每户年租金在 6 万～ 7 万元，灵悟小区每户年租金在 5 万～ 6 万元。单靠房屋租金，全村人均收入便可达 16995 元。

据市统计局统计报表显示，2013 年全市农村居民人均年收入 20300 元，而同年革新村村民人均年收入为 27458 元；2019 年全市农村居民人均年收入 38197 元，而同年革新村村民人均年收入为 38949 元，2020 年全市农村居民人均年收入 40358 元，而同年革新村村民人均达到 46285.94 元。

## 第二节 村民支出

### 一、建房支出

新中国成立初期的 50—60 年代，世居革新村的本地人如果拥有两埭平房（前埭 7 路头，后埭 6 路头），一个厢房（落北头），一个“天井”就算得上是“上等人家”了。可是，弟兄们一分家，就只有一间半厢房和半个灶头间，弟兄多的人家就难分家了，所以娘舅、姑父碰到分家是最头疼的了，分三天三夜也分不好，最后只好抓阄决定，归根到底是房子少、弟兄多、没法分。而那些“外乡人”（绍兴人、苏北人）初来时，上无片瓦、下无寸土。绍兴人携老带幼讨饭来到这里，给大户人家打工养家，几年下来有了一些钱，就在河边或鱼池边上建几间土墙草棚定居下来；苏北人来村里时一家老小摇一条小木船，过长江时要好几条船绑在一起才能过，否则是九死一生。他们生活在船上，给这里的农户罱泥为生。村域内有 12 户人家，原先他们在河岸边搭个船棚供老人小孩住，后来固定在一个生产队罱泥了，就从船上搬到了岸上，在河边搭几间土墙草棚，就此落地生根，融入本地村民中。

▲ 泥砖脱子（模子）

20 世纪 60 年代末至 70 年代初，村民们开始有了一点积蓄，第一件事就是改善居住条件，他们大都是将旧房翻新，有兄弟多人的则把原来的旧房拆除后扩建，使兄弟每个人都有几间瓦房。缺少建房材料就用本地竹子当椽子，用毛竹或杂树当梁条，没有木头柱子就用砖头砌成柱子来代替。缺少砖头，就土法上马自己制泥砖。泥砖的制作方法是：把田泥用脚踏熟，再把熟泥揿于泥砖模框内，撸平，再按上沾上草灰的盖子，然后拿到道场上，双手拇指用力掀掉盖子，成型的泥块被挤出模子，晒干后就成了泥砖。那个年代，绝大多数村民都是用泥砖来替代砖头建房，房屋结构也较为简单，前檐出椽，后为齐檐，室内为单砖砌成的隔墙、泥地坪、小青瓦盖顶。

原有的草棚则被改造成简易平瓦房，依靠亲戚和左邻右舍的帮工，再请几个泥水、木匠就开始建房了。那时建房的开支不大，翻新三间 100 平方米的房子在 250 元左右，三间草棚改造成 90 平方米小平房在 350 元左右。尽管那时造的房子十分简陋，梁、柱、椽子大多用杂树、毛竹代替，可比起以前兄弟两家挤在三间头平房里宽敞多了，比起那“晴天一百个日头，雨天一百只钵头”的土墙草棚不知要好多少倍。从 1938 年一直到 20 世纪 80 年代末，革新村域内居住在草棚里的人家共有 194 户 709 间。其中方家埭一村民几代居住在 4 间草棚里，直到 1987 年才拆除后改造成平瓦房，成为革新村域内拆除草棚的最后一家。20 世纪 70—80 年代，农民建房均由本人申请，经村民小组讨论通过、村委会同意、公社（乡政府）审定后，报县土管部门批准。动工前由公社（乡）、村两级土地管理员到场实地放样，即可开工建造。

表 16-2　　1938—1987 年革新村居住草棚农户一览表

| 村民组 | 户主 | 籍贯 | 房间（间） | 居住年数（年） | 拆除年份 |
|---|---|---|---|---|---|
| 吴家里 | 张金生 | 桐乡 | 3 | 21 | 1976 |
| 殳家埭 | 殳林坤 | 桐乡 | 3 | 17 | 1970 |
| | 殳林娥 | 桐乡 | 3 | 30 | 1974 |
| | 殳金法 | 桐乡 | 3 | 38 | 1975 |
| | 殳炳管 | 桐乡 | 3 | 35 | 1972 |
| | 殳明珠 | 桐乡 | 2 | 18 | 1955 |
| 方家埭 | 方祖明 | 桐乡 | 5 | 41 | 1975 |
| | 方祖荣 | 桐乡 | 6 | 42 | 1975 |
| | 祁子华 | 桐乡 | 5 | 42 | 1976 |
| | 祁子荣 | 桐乡 | 4 | 52 | 1982 |
| | 祁锦芳 | 桐乡 | 5 | 50 | 1980 |
| | 祁锦荣 | 桐乡 | 4 | 57 | 1987（最后一家拆除） |
| 丁家里 | 孔永坤 | 桐乡 | 4 | 38 | 1975 |
| | 孔锦坤 | 桐乡 | 4 | 38 | 1975 |
| | 孔顺荣 | 桐乡 | 3 | 39 | 1976 |
| | 丁阿四 | 桐乡 | 5 | 37 | 1974 |
| | 孔阿荣 | 桐乡 | 5 | 36 | 1973 |
| | 丁阿五 | 桐乡 | 6 | 37 | 1974 |
| | 孔九娜 | 桐乡 | 3 | 39 | 1976 |
| | 孔玉坤 | 桐乡 | 3 | 38 | 1975 |
| 后村 | 殳松官 | 桐乡 | 3 | 42 | 1979 |
| | 殳顺林 | 桐乡 | 4 | 41 | 1978 |
| | 殳生德 | 桐乡 | 5 | 43 | 1980 |
| | 殳阿大 | 桐乡 | 7 | 41 | 1978 |
| | 殳金松 | 桐乡 | 7 | 40 | 1977 |
| | 殳雪林 | 桐乡 | 2 | 35 | 1972 |
| | 殳桂英 | 桐乡 | 3 | 42 | 1979 |
| | 殳桂泉 | 桐乡 | 4 | 42 | 1979 |

续表 16-2

| 村民组 | 户主 | 籍贯 | 房间（间） | 居住年数（年） | 拆除年份 |
|---|---|---|---|---|---|
| 后村 | 殳建坤 | 桐乡 | 1 | 41 | 1978 |
| | 殳云松 | 桐乡 | 3 | 42 | 1979 |
| | 殳福南 | 桐乡 | 2 | 41 | 1978 |
| | 殳福坤 | 桐乡 | 3 | 41 | 1978 |
| | 殳德明 | 桐乡 | 3 | 41 | 1978 |
| | 殳建明 | 桐乡 | 3 | 42 | 1979 |
| | 殳连松 | 桐乡 | 9 | 42 | 1979 |
| | 殳玉龙 | 桐乡 | 2 | 43 | 1980 |
| | 殳玉泉 | 桐乡 | 2 | 43 | 1980 |
| | 马琴琴 | 桐乡 | 3 | 43 | 1980 |
| | 殳龙官 | 桐乡 | 5 | 43 | 1980 |
| | 丁阿康 | 桐乡 | 5 | 44 | 1981 |
| 倪家门 | 倪阿男 | 桐乡 | 4 | 41 | 1978 |
| | 倪三宝 | 桐乡 | 5 | 40 | 1977 |
| | 倪金池 | 桐乡 | 6 | 42 | 1979 |
| | 倪子兴 | 桐乡 | 3 | 41 | 1978 |
| | 倪阿宝 | 桐乡 | 3 | 42 | 1979 |
| | 倪桂山 | 桐乡 | 3 | 39 | 1976 |
| | 龚兰英 | 桐乡 | 3 | 40 | 1977 |
| | 倪金荣 | 桐乡 | 6 | 38 | 1975 |
| | 倪龙宝 | 桐乡 | 3 | 39 | 1976 |
| | 张玉林 | 桐乡 | 4 | 40 | 1977 |
| | 陈雪堂 | 桐乡 | 3 | 38 | 1975 |
| | 倪炳兴 | 桐乡 | 3 | 39 | 1976 |
| | 倪子林 | 桐乡 | 4 | 35 | 1972 |
| | 沈银佳 | 桐乡 | 3 | 37 | 1974 |
| | 倪永和 | 桐乡 | 3 | 39 | 1976 |
| | 倪永康 | 桐乡 | 3 | 39 | 1976 |

续表 16-2

| 村民组 | 户主 | 籍贯 | 房间（间） | 居住年数（年） | 拆除年份 |
|---|---|---|---|---|---|
| 陈家埭 | 汤梦林 | 绍兴 | 6 | 31 | 1972 |
| | 许品仁 | 绍兴 | 3 | 43 | 1970 |
| 港北村 | 殳雪堂 | 桐乡 | 3 | 39 | 1977 |
| | 殳付荣 | 桐乡 | 3 | 41 | 1978 |
| | 殳福官 | 桐乡 | 3 | 42 | 1979 |
| | 殳雨明 | 桐乡 | 3 | 42 | 1979 |
| | 殳雪林 | 桐乡 | 3 | 41 | 1978 |
| | 殳福金 | 桐乡 | 3 | 38 | 1976 |
| | 殳松官 | 桐乡 | 3 | 38 | 1976 |
| | 殳宝官 | 桐乡 | 5 | 39 | 1977 |
| | 高阿毛 | 萧山 | 3 | 39 | 1977 |
| | 施金生 | 萧山 | 4 | 40 | 1978 |
| | 陈金龙 | 绍兴 | 3 | 41 | 1979 |
| | 陈文斌 | 桐乡 | 4 | 40 | 1978 |
| | 董有生 | 绍兴 | 3 | 40 | 1978 |
| | 石尧根 | 绍兴 | 3 | 39 | 1977 |
| | 沈春浩 | 桐乡 | 3 | 41 | 1979 |
| | 施培昌 | 桐乡 | 3 | 38 | 1976 |
| | 朱岳兴 | 绍兴 | 3 | 38 | 1976 |
| | 陈仙和 | 绍兴 | 3 | 40 | 1978 |
| 范家埭 | 石金芳 | 绍兴 | 3 | 20 | 1975 |
| | 石财芳 | 绍兴 | 3 | 20 | 1975 |
| 盛家里 | 楼永其 | 桐乡 | 4 | 38 | 1980 |
| | 楼福其 | 桐乡 | 3 | 35 | 1979 |
| | 徐金和 | 桐乡 | 5 | 41 | 1978 |
| | 徐金林 | 桐乡 | 3 | 40 | 1980 |
| | 郑风林 | 桐乡 | 3 | 33 | 1978 |
| 新凤桥 | 沈三宝 | 桐乡 | 5 | 41 | 1978 |

续表 16-2

| 村民组 | 户主 | 籍贯 | 房间（间） | 居住年数（年） | 拆除年份 |
|---|---|---|---|---|---|
| 新凤桥 | 沈荣宝 | 桐乡 | 4 | 40 | 1977 |
| | 沈金宝 | 桐乡 | 3 | 39 | 1976 |
| | 王阿四 | 桐乡 | 5 | 43 | 1980 |
| | 沈端宝 | 桐乡 | 6 | 42 | 1979 |
| | 王永泉 | 桐乡 | 5 | 40 | 1977 |
| | 王金山 | 桐乡 | 4 | 41 | 1978 |
| | 沈正明 | 桐乡 | 7 | 43 | 1980 |
| | 沈柳明 | 桐乡 | 7 | 43 | 1979 |
| | 沈金金 | 桐乡 | 6 | 41 | 1978 |
| | 沈阿明 | 桐乡 | 3 | 45 | 1980 |
| | 费阿三 | 桐乡 | 4 | 43 | 1979 |
| | 费掌林 | 桐乡 | 3 | 39 | 1977 |
| 高家里 | 金宝发 | 绍兴 | 3 | 30 | 1975 |
| | 金宝兴 | 绍兴 | 3 | 32 | 1978 |
| | 金宝林 | 绍兴 | 3 | 30 | 1975 |
| | 胡福生 | 萧山 | 3 | 32 | 1976 |
| | 庄子堂 | 桐乡 | 3 | 19 | 1968 |
| 麦干浜东 | 胡阿来 | 萧山 | 3 | 22 | 1971 |
| | 蔡荣堂 | 桐乡 | 5 | 48 | 1981 |
| | 胡阿毛 | 萧山 | 5 | 36 | 1978 |
| | 徐财德 | 萧山 | 3 | 36 | 1978 |
| | 蔡子龙 | 桐乡 | 2 | 20 | 1980 |
| 北孟庙 | 顾松彬 | 江苏 | 3 | 15 | 1976 |
| 沈家村 | 赵龙宝 | 江苏 | 1 | 30 | 1977 |
| 徐家兜 | 庄荣海 | 桐乡 | 3 | 21 | 1980 |
| 潘家门 | 顾松文 | 江苏 | 4 | 20 | 1980 |
| 包家桥东 | 姚小狗 | 桐乡 | 3 | 29 | 1978 |
| 包家桥西 | 王同法 | 江苏 | 3 | 21 | 1974 |

续表 16-2

| 村民组 | 户主 | 籍贯 | 房间（间） | 居住年数（年） | 拆除年份 |
| --- | --- | --- | --- | --- | --- |
| 大道场 | 徐荣兴 | 桐乡 | 7 | 36 | 1979 |
| | 徐坤伦 | 桐乡 | 3 | 32 | 1977 |
| | 徐金法 | 桐乡 | 5 | 28 | 1974 |
| | 徐坤浩 | 桐乡 | 4 | 35 | 1977 |
| | 徐松泉 | 桐乡 | 3 | 34 | 1980 |
| | 徐明洲 | 桐乡 | 3 | 41 | 1980 |
| | 费金方 | 桐乡 | 3 | 32 | 1979 |
| | 徐海明 | 桐乡 | 2 | 29 | 1980 |
| | 徐坤元 | 桐乡 | 4 | 37 | 1976 |
| | 徐阿荣 | 桐乡 | 3 | 31 | 1976 |
| | 徐昌元 | 桐乡 | 3 | 23 | 1978 |
| 椿树下 | 徐天和 | 桐乡 | 4 | 30 | 1977 |
| | 徐凤生 | 桐乡 | 3 | 34 | 1978 |
| | 徐金连 | 桐乡 | 4 | 34 | 1978 |
| | 徐阿三 | 桐乡 | 3 | 35 | 1979 |
| | 徐文荣 | 桐乡 | 3 | 34 | 1978 |
| | 徐天生 | 桐乡 | 3 | 33 | 1976 |
| | 徐兰生 | 桐乡 | 3 | 27 | 1970 |
| | 徐长官 | 桐乡 | 5 | 34 | 1978 |
| | 徐洪宝 | 桐乡 | 4 | 33 | 1977 |
| | 徐财生 | 桐乡 | 4 | 23 | 1967 |
| | 徐金奎 | 桐乡 | 3 | 26 | 1970 |
| | 徐雪荣 | 桐乡 | 3 | 35 | 1979 |
| | 魏寿官 | 桐乡 | 3 | 21 | 1980 |
| | 陶化森 | 江苏 | 3 | 19 | 1977 |
| 镬子浜 | 潘传德 | 萧山 | 3 | 43 | 1980 |
| | 高华生 | 萧山 | 3 | 43 | 1980 |
| | 潘永林 | 萧山 | 3 | 42 | 1979 |

续表 16-2

| 村民组 | 户主 | 籍贯 | 房间（间） | 居住年数（年） | 拆除年份 |
| --- | --- | --- | --- | --- | --- |
| 镬子浜 | 庞小龙 | 萧山 | 3 | 41 | 1978 |
| | 史福寿 | 萧山 | 4 | 43 | 1980 |
| | 陈老虎 | 萧山 | 4 | 42 | 1979 |
| | 陈菊林 | 萧山 | 3 | 41 | 1978 |
| | 盛阿六 | 萧山 | 3 | 41 | 1978 |
| | 陈木春 | 萧山 | 4 | 42 | 1979 |
| | 陈金田 | 萧山 | 3 | 39 | 1976 |
| | 陈连荣 | 萧山 | 3 | 38 | 1975 |
| | 夏毛男 | 萧山 | 3 | 39 | 1976 |
| | 陈建学 | 萧山 | 3 | 40 | 1977 |
| | 陆柏荣 | 萧山 | 3 | 40 | 1977 |
| | 陆林甫 | 萧山 | 2 | 41 | 1978 |
| | 陆林官 | 萧山 | 2 | 42 | 1979 |
| | 沈连牛 | 萧山 | 3 | 42 | 1979 |
| | 沈龙夫 | 萧山 | 3 | 40 | 1977 |
| | 陈雪良 | 萧山 | 3 | 39 | 1976 |
| | 高阿乔 | 萧山 | 4 | 42 | 1979 |
| | 高阿孝 | 萧山 | 3 | 42 | 1979 |
| | 陈建兴 | 萧山 | 3 | 38 | 1975 |
| | 庞小兴 | 萧山 | 3 | 39 | 1976 |
| | 潘永堂 | 萧山 | 3 | 41 | 1978 |
| 朱家兜 | 庄福福 | 桐乡 | 3 | 79 | 1980 |
| 周家里 | 蒋林海 | 绍兴 | 4 | 37 | 1975 |
| | 蒋阿欢 | 绍兴 | 3 | 37 | 1975 |
| | 蒋林甫 | 绍兴 | 3 | 38 | 1976 |
| | 於水根 | 桐乡 | 3 | 39 | 1977 |
| 浮石桥 | 徐银狗 | 桐乡 | 5 | 43 | 1980 |
| | 许阿大 | 桐乡 | 4 | 39 | 1976 |

续表 16-2

| 村民组 | 户主 | 籍贯 | 房间（间） | 居住年数（年） | 拆除年份 |
|---|---|---|---|---|---|
| 浮石桥 | 徐平 | 桐乡 | 6 | 41 | 1978 |
| | 肖林宝 | 桐乡 | 6 | 44 | 1981 |
| | 徐荣高 | 桐乡 | 3 | 40 | 1977 |
| | 张关宝 | 桐乡 | 4 | 44 | 1981 |
| | 徐水根 | 桐乡 | 3 | 42 | 1979 |
| | 徐松林 | 桐乡 | 3 | 41 | 1978 |
| | 徐柏荣 | 桐乡 | 5 | 41 | 1977 |
| | 陶茂言 | 桐乡 | 4 | 44 | 1981 |
| | 陶茂生 | 桐乡 | 3 | 44 | 1981 |
| | 周阿堂 | 桐乡 | 3 | 42 | 1979 |
| | 陈金宝 | 桐乡 | 5 | 42 | 1979 |
| | 姚建荣 | 桐乡 | 3 | 38 | 1976 |
| | 庄阿荣 | 桐乡 | 4 | 37 | 1975 |
| | 姚建美 | 桐乡 | 3 | 43 | 1980 |
| | 庄永芳 | 桐乡 | 3 | 38 | 1976 |
| | 徐月松 | 桐乡 | 3 | 42 | 1979 |
| | 庄建发 | 桐乡 | 4 | 41 | 1978 |
| | 庄金贵 | 桐乡 | 4 | 40 | 1977 |
| | 庞贵松 | 桐乡 | 5 | 40 | 1977 |
| | 沈元林 | 桐乡 | 5 | 38 | 1975 |
| | 徐林华 | 桐乡 | 3 | 42 | 1979 |
| | 金阿狗 | 萧山 | 7 | 43 | 1980 |
| | 沈金荣 | 萧山 | 4 | 41 | 1978 |
| | 沈水荣 | 萧山 | 4 | 41 | 1978 |
| 陆家埭 | 赵水泉 | 绍兴 | 4 | 22 | 1971 |
| | 韩建荣 | 绍兴 | 4 | 18 | 1967 |

20世纪80年代，随着改革开放和经济建设的不断推进，村民收入明显增加，特别是那些肯吃苦、有经验的村民，在种植经济作物中，瞄准市场需求，引进新品种，收益明显高于其他村民；还有一些村民脑子活、有眼光，经商、开店收入高，用当时一句时髦的话说叫作勤劳致富。在有了一定的资金积累后，这些先富起来的村民开始把平房改造成楼房。当时，梧桐乡范围内有梧桐、红旗、红太阳、稻乐4家砖瓦厂，后来又新办了城东砖瓦厂。“八五”红砖的市场销售价格为每块0.085元，“九五”红砖、多孔砖每块为0.12元，洋瓦每片0.13元，土瓦每片0.05元，水泥每吨为70～80元。由于当时村民平房改楼房对水泥预制板（五孔板）的需求量大，因此，村域内原革一、新南、向阳三个村先后办起了水泥预制厂，当时五孔板的市场价格为：380厘米的五孔板在25元左右，400厘米的五孔板在28元左右。而当时一些外地商贩运来的五孔板（砂子用石粉代替，钢筋用竹子代替，属假冒伪劣产品）每块只要12元左右。一些资金不足的村民就购买了这种五孔板，价格虽然便宜但安全隐患极大。那时造楼房泥木工匠的工钱是每天10元左右，小工都是左邻右舍和亲戚。上五孔板时，都采用人工方式拉上去，上面由四个人拉绳子，下面二三个人用木棍顶，硬是把350千克左右的五孔板从地面一层一层往上吊。这是建造楼房过程中难度最大也是最危险的一道工序。

20世纪90年代初，村民普遍建造了前埭或后埭楼房后依然不满足，又把积蓄的钱继续投入造楼房。一般情况下，后埭楼房每间都用砖墙隔断，而前埭楼房则用钢筋混凝土大梁挑空，三间一统，很是宽敞。那时，造楼房已有井字架和卷扬机，再也不需要人工拉五孔板等建筑材料了，建房的质量也越来越好，并开始讲究装饰，外墙贴马赛克，内墙用涂料，房间地面刷上图案丰富的油漆，户型讲究实用美观。从2001年起，自西往东推进，部分村民组陆续纳入征地拆迁。至2009年，全村集体土地和村民住宅征迁完毕，村域内建起了灵悟、革新、永新、金晖4个安置小区，村民都建造起别墅式户型的住宅楼，占地160平方米，建筑面积约600平方米，乡下人过上了城里人的生活，令城里人羡慕不已，都说“风水轮流转”，“乡下人”好过了“城里人”。

随着城镇化进程的不断加速，越来越多处于中产阶层的村民不满足于现状，把目光投入到子孙后代的教育上，为了不让他们输在“起跑线”上，纷纷进城购买商品房（学区房），给子孙落户以图能上个好学校。也有村民在城里购买商品房作为保值增值的投资对象，以使自己拥有稳定的财产性收入。截至2020年，革新村现有的1169户村民中，在城里购房的有353户，商品房拥有率占总户数的30%，购买商品房402套，总面积约51770平方米。

表16-3 革新村村民购置商品住房统计表

| 序号 | 村民组 | 总户数（户） | 购房户（户） | 购房（套） | 总面积（平方米） |
|---|---|---|---|---|---|
| 1 | 麦干浜东 | 32 | 2 | 2 | 256 |
| 2 | 麦干浜西 | 24 | 6 | 7 | 945 |
| 3 | 高家里 | 59 | 12 | 14 | 2090 |
| 4 | 朱家浜 | 48 | 10 | 11 | 1496 |
| 5 | 沈家村 | 60 | 21 | 22 | 3150 |
| 6 | 包家桥东 | 34 | 9 | 9 | 1170 |
| 7 | 包家桥西 | 31 | 9 | 10 | 1548 |
| 8 | 潘家门 | 40 | 17 | 28 | 4110 |
| 9 | 北孟庙 | 71 | 18 | 20 | 2760 |
| 10 | 徐家兜 | 58 | 17 | 19 | 202 |
| 11 | 大道场 | 44 | 12 | 14 | 1540 |
| 12 | 陈家埭 | 44 | 10 | 11 | 1474 |
| 13 | 新木桥 | 32 | 9 | 12 | 1568 |
| 14 | 港北村 | 47 | 12 | 13 | 1755 |
| 15 | 殳家埭 | 38 | 11 | 13 | 1742 |
| 16 | 丁家里 | 33 | 10 | 11 | 1474 |
| 17 | 倪家门 | 32 | 9 | 9 | 1224 |
| 18 | 吴家里 | 29 | 13 | 13 | 1729 |
| 19 | 南港上 | 25 | 8 | 9 | 1197 |
| 20 | 范家埭 | 61 | 14 | 17 | 2244 |
| 21 | 盛家里 | 33 | 9 | 10 | 1286 |
| 22 | 祁家里 | 20 | 11 | 12 | 1620 |
| 23 | 方家埭 | 31 | 8 | 8 | 1040 |

续表 16-3

| 序号 | 村民组 | 总户数（户） | 购房户（户） | 购房（套） | 总面积（平方米） |
|---|---|---|---|---|---|
| 24 | 周家里 | 30 | 10 | 10 | 1389 |
| 25 | 富饶桥 | 30 | 8 | 9 | 1215 |
| 26 | 陆家埭 | 35 | 13 | 14 | 1950 |
| 27 | 朱家兜 | 27 | 13 | 16 | 2060 |
| 28 | 椿树下 | 27 | 11 | 17 | 1920 |
| 29 | 浮石桥 | 37 | 14 | 15 | 1900 |
| 30 | 镬子浜 | 41 | 14 | 14 | 1904 |
| 31 | 后村 | 26 | 13 | 13 | 1812 |
|  | 合计 | 1179 | 353 | 402 | 51770 |

**耐用消费品**　20 世纪 90 年代，人们过上了“楼上楼下、电灯电话”的幸福生活，一些高档消费品开始在村域内出现。2002 年，原新南村村民李水林购买了一辆天津夏利轿车，成为村域内拥有轿车的第一人。随后，手机、电脑、轿车、空调、热水器等大件耐用消费品进入寻常百姓家。到了 2020 年底，革新村拥有轿车 1590 辆，平均每户 1.35 辆；空调 7947 台，平均每户 6.74 台；手机 4191 部，平均每户 3.55 部；电脑 1324 台，平均每户 1.12 台；热水器 4963 台，平均每户 4.2 台。

表 16-4　**2020 年革新村民拥有大件耐用消费品统计表**

| 序号 | 村民组 | 总户数（户） | 轿车（辆） | 空调（台） | 手机（个） | 电脑（台） | 热水器（个） |
|---|---|---|---|---|---|---|---|
| 1 | 麦干浜东 | 32 | 43 | 218 | 112 | 36 | 136 |
| 2 | 麦干浜西 | 24 | 33 | 162 | 81 | 27 | 102 |
| 3 | 高家里 | 59 | 80 | 407 | 221 | 67 | 251 |
| 4 | 朱家浜 | 48 | 61 | 302 | 168 | 54 | 198 |
| 5 | 沈家村 | 60 | 66 | 309 | 198 | 73 | 206 |

续表 16-4

| 序号 | 村民组 | 总户数（户） | 轿车（辆） | 空调（台） | 手机（个） | 电脑（台） | 热水器（个） |
|---|---|---|---|---|---|---|---|
| 6 | 包家桥东 | 34 | 46 | 234 | 112 | 39 | 145 |
| 7 | 包家桥西 | 31 | 47 | 287 | 111 | 33 | 226 |
| 8 | 潘家门 | 40 | 58 | 231 | 171 | 56 | 94 |
| 9 | 北孟庙 | 71 | 97 | 419 | 260 | 80 | 302 |
| 10 | 徐家兜 | 58 | 73 | 392 | 201 | 47 | 289 |
| 11 | 大道场 | 44 | 60 | 303 | 165 | 50 | 187 |
| 12 | 陈家埭 | 44 | 59 | 279 | 157 | 51 | 167 |
| 13 | 新木桥 | 32 | 43 | 220 | 103 | 36 | 136 |
| 14 | 港北村 | 47 | 64 | 321 | 164 | 53 | 201 |
| 15 | 后村 | 26 | 35 | 131 | 101 | 37 | 73 |
| 16 | 殳家埭 | 38 | 52 | 259 | 131 | 42 | 161 |
| 17 | 丁家里 | 33 | 45 | 227 | 116 | 37 | 140 |
| 18 | 倪家门 | 32 | 44 | 221 | 112 | 36 | 136 |
| 19 | 吴家里 | 29 | 40 | 198 | 91 | 30 | 123 |
| 20 | 南港上 | 25 | 34 | 171 | 89 | 28 | 106 |
| 21 | 范家埭 | 61 | 83 | 398 | 224 | 69 | 259 |
| 22 | 盛家里 | 33 | 41 | 220 | 112 | 35 | 127 |
| 23 | 祁家里 | 20 | 25 | 131 | 67 | 23 | 85 |
| 24 | 方家埭 | 31 | 39 | 213 | 98 | 35 | 132 |
| 25 | 周家里 | 30 | 41 | 187 | 123 | 34 | 116 |
| 26 | 富饶桥 | 30 | 38 | 207 | 106 | 31 | 127 |
| 27 | 陆家埭 | 35 | 55 | 206 | 133 | 47 | 151 |
| 28 | 朱家兜 | 27 | 43 | 318 | 100 | 25 | 221 |
| 29 | 椿树下 | 27 | 36 | 186 | 82 | 31 | 115 |
| 30 | 浮石桥 | 37 | 51 | 245 | 143 | 42 | 157 |
| 31 | 镬子浜 | 41 | 58 | 345 | 139 | 40 | 94 |
|  | 合计 | 1179 | 1590 | 7947 | 4191 | 1324 | 4963 |

**旅游支出** 以前，村民对旅游十分陌生，脑子里根本没有这个意识，总认为旅游是城里人才能享有的。到了21世纪，随着村民收入水平的大幅度提高，休闲旅游在革新村成为一种时尚，以家庭旅游、亲朋好友组团旅游为主。2010年后，旅游逐步升温，有的村民一年两次旅游，走遍祖国的名山大川，五台山、泰山、峨眉山、九华山、华山、普陀山、三峡、漓江、西双版纳、天涯海角、九寨沟是热门的旅游线路，而年轻人多以“新马泰”、日韩等国家和地区作为旅游目的地，村民出国旅游已不是稀罕事。国内旅游每次4～6天，费用在4000～5000元左右；出国去东南亚及周边国家旅游，费用支出在5000～8000元不等；去欧洲和美洲国家一趟，费用大约在4万～6万元之间。

表16-5 **2018年革新村村民旅游消费调查统计表**

| 序号 | 村民组 | 总户数（户） | 国内游 | | | 国外游 | | |
|---|---|---|---|---|---|---|---|---|
| | | | 户数（户） | 人数（人） | 费用（元） | 户数（户） | 人数（人） | 费用（元） |
| 1 | 麦干浜东 | 32 | 8 | 33 | 64000 | 1 | 2 | 13000 |
| 2 | 麦干浜西 | 24 | 4 | 13 | 34700 | 1 | 2 | 12000 |
| 3 | 高家里 | 59 | 9 | 31 | 88500 | 2 | 4 | 28000 |
| 4 | 朱家浜 | 48 | 5 | 21 | 47500 | — | — | — |
| 5 | 沈家村 | 60 | 9 | 28 | 84000 | 1 | 1 | 5500 |
| 6 | 包家桥东 | 34 | 5 | 15 | 42000 | 1 | 4 | 26500 |
| 7 | 包家桥西 | 31 | 4 | 10 | 36000 | 1 | 2 | 12000 |
| 8 | 潘家门 | 40 | 5 | 14 | 56500 | 1 | 2 | 12500 |
| 9 | 北孟庙 | 71 | 10 | 32 | 73800 | 1 | 3 | 13000 |
| 10 | 徐家兜 | 58 | 7 | 22 | 66000 | 2 | 3 | 18000 |
| 11 | 大道场 | 44 | 6 | 18 | 72000 | 2 | 4 | 23000 |
| 12 | 陈家埭 | 44 | 5 | 11 | 67500 | 13 | 6 | 42000 |
| 13 | 新木桥 | 32 | 3 | 8 | 28000 | 2 | 2 | 12000 |
| 14 | 港北村 | 47 | 6 | 19 | 52700 | 1 | 2 | 9500 |
| 15 | 后村 | 26 | 4 | 10 | 23000 | — | — | — |
| 16 | 殳家埭 | 38 | 5 | 13 | 32500 | 2 | 3 | 18000 |
| 17 | 丁家里 | 33 | 5 | 12 | 31000 | 2 | 5 | 32000 |

续表 16-5

| 序号 | 村民组 | 总户数（户） | 国内游 | | | 国外游 | | |
|---|---|---|---|---|---|---|---|---|
| | | | 户数（户） | 人数（人） | 费用(元) | 户数（户） | 人数（人） | 费用(元) |
| 18 | 倪家门 | 32 | 4 | 12 | 28000 | 2 | 5 | 30000 |
| 19 | 吴家里 | 29 | 3 | 9 | 26000 | — | — | — |
| 20 | 南港上 | 25 | 3 | 8 | 24600 | — | — | — |
| 21 | 范家埭 | 61 | 8 | 23 | 61000 | 1 | 2 | 9000 |
| 22 | 盛家里 | 33 | 3 | 10 | 24800 | — | — | — |
| 23 | 祁家里 | 20 | 3 | 8 | 18000 | — | — | — |
| 24 | 方家埭 | 31 | 4 | 11 | 32000 | — | — | — |
| 25 | 周家里 | 30 | 3 | 9 | 23000 | 1 | 3 | 15000 |
| 26 | 富饶桥 | 30 | 4 | 13 | 27000 | 2 | 5 | 30000 |
| 27 | 陆家埭 | 35 | 5 | 19 | 31000 | 3 | 6 | 38000 |
| 28 | 朱家兜 | 27 | 3 | 10 | 22000 | — | — | — |
| 29 | 椿树下 | 27 | 4 | 13 | 25000 | 1 | 3 | 12000 |
| 30 | 浮石桥 | 37 | 5 | 16 | 33000 | 2 | 4 | 40000 |
| 31 | 镬子浜 | 41 | 6 | 21 | 55000 | 1 | 2 | 9000 |
| 合计 | | 1179 | 158 | 492 | 1330100 | 46 | 75 | 460000 |

**教育支出** 20 世纪 50—60 年代，农村子女上学免学杂费，只需要付几毛钱的书本费。贫下中农子女上中学、大学，国家给予助学金补助。初高中助学金分甲乙丙丁四级，甲级每月 9 元 3 角，乙级 7 元 5 角，丙级 4 元 5 角，丁级 3 元。当时的伙食标准为每月 6 元，上学读书不会增加家庭的经济负担。

20 世纪 80 年代起，基础教育逐渐普及，1986 年 4 月《中华人民共和国义务教育法》颁布，对教育制度实行改革，适龄儿童和少年必须接受九年制义务教育。20 世纪 90 年代，随着人们对学前教育、高中阶段以及高等教育的日趋重视，教育占家庭支出的比例逐年增加，特别是到 2000 年后，教育支出成为村民家庭的重要支出项目。1997 年，公办幼儿园一学期收费 500 元，2001 年增加到 800 元；1992 年义务教育收取伙食费 230 元，2001 年增加到 540 元；1997 年高中学生一学期的学费为 880 元，2001 年则增加到 1250 元。2006 年，开始出现了择校费、“三限生”和私立学校，择校和“三限生”的收费上万元，进私立学校需一次性缴费 27500 元。一些教育资源雄厚、在社会上名声好的中学往往通过向学生家长收取赞助费的方式，降低学生录取分数线，赞助金额在一万元上下。一些私立初中和民办幼儿园收费更高，部分学校初中生每年收费 25000 元，各种收费的兴趣班、特长班、艺术类班、补习班、英语班、奥数班等课外辅导班应运而生，其中学习钢琴每小时收费 300 元。高中毕业后，绝大部分学生都能进入高等院校就读。一本、二本大学一般每学年收费 4400 元，国际经济与贸易、金融、艺术类等热门专业学费则在 19000 ～ 21000 元，三本大学年收费 17000 ～ 25000 元。四年大学连生活费在内，大约需要支出 10 万～ 15 万元。一个孩子从幼儿园到本科毕业，全部在公办学校就读的话，最低教育支出在 15 万～ 20 万元之间。截至 2020 年，革新村共有 10 名学生走出国门赴 8 个国家留学，每年费用在 25 万～ 50 万元左右。

表 16-6 2018 年度幼儿园至大学本科毕业普通公办学校收费情况

| 教育阶段 | 年限（年） | 一学年收费项目（元） | | | | | | | | 合计（元） |
|---|---|---|---|---|---|---|---|---|---|---|
| | | 学费 | 图书费 | 伙食费 | 代收费 | 住宿费 | 生活费 | 医保费 | 空调费 | |
| 幼儿园 | 3 | 6500 | — | 2000 | 240 | — | — | 200 | — | 26820 |
| 小学 | 6 | — | — | 1600 | — | — | — | 200 | — | 10800 |
| 初中 | 3 | — | — | 1800 | — | — | — | 200 | — | 6000 |
| 高中 | 3 | 2500 | — | 5000 | 840 | 1000 | — | 200 | — | 28620 |
| 大学 | 4 | 4400 | 400 | — | — | 1000 | 1500/月 | 60 | 150 | 84840 |
| 合计 | — | — | — | — | — | — | 15000 | — | — | 157080 |

资料来源：市教育局计财科

**衣食支出** 男耕女织，是从前我国劳动人民勤劳品德的真实写照。以前人们的衣着主要靠妇女纺纱织布。新媳妇进门，是否聪明能干，就看她能否把“棉花变成布”。棉花自己种，采摘、轧籽、弹絮、擀棉条、摇车纺纱、拔付成绞、浆纱染色、牵经上轴、穿综打结、梭子上圩、脚踏手拉，婆媳、妯娌、姑嫂互相配合，一般一个妇女从早到晚能织出门幅 2.2 尺、长 1 丈 5 尺的土布。白的做衬衣，染色的做外套。年纪大一点的男人穿葡萄纽对襟开衫，女人穿葡萄纽大襟衣裳。

▲ 织布机

▲ 梭子

▲ 综扣

以前人们穿的都是土布鞋子，先用几股纱线搓成纳鞋底的线，一针一线，斗底排方纳成鞋底，再在鞋底上缝上鞋帮，一双土布鞋就做成了。以前男女相亲，女方送给男方的定情物就是一双自己做的布鞋，一方面是让男方看到自己的心灵手巧，另一方面是让男人穿上鞋子就想到自己，夫妻形影不离。手工做的衣裤鞋袜可以交替着穿，“新阿大、旧阿二、破阿三”，一件土布衫缝缝补补可穿两代人。

20 世纪 60—70 年代，卡其布中山装、的确良军便装、棉毛衫裤开始进入寻常百姓家，穿着逐步不用土布。90 年代，“杉杉”牌西装成为村民最时尚的穿着，每套价格 1200 ～ 2000 元之间。进入 21 世纪后，衣着服饰款式新颖多样，流行期缩短，年轻人对“韩流”服饰较为追捧。一些村民穿上上万元一件的水貂皮大衣、两三千元一件的纯羊绒内衣、一千多元一件的“花花公子”“梦特娇”等名牌 T 恤成为常事，衣着消费走向个性化、时尚化和品牌化。

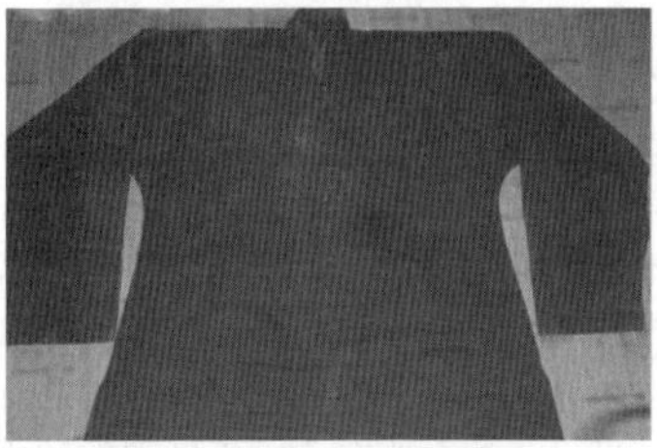
▲ 男士对开衫

▲ 女士大襟衣裳

民以食为天，以前的一日三餐以填饱肚子为主。1959 年下半年至 1962 年的三年困难时期，大食堂内的粥成了续命的汤。断粮后吃南瓜、番薯等杂粮和蔬菜充饥，冬天只能吃米糠、麦麸、豆饼、黄豆壳磨成的粉艰难度日，最后甚至连水草根、油树皮、稻柴糠也用来充饥。由于缺乏基本营养，村民普遍得了一种粗脖子

▲ 轧棉花机

▲ 摇车

的浮肿病，脖子肥大，面黄肌瘦，浑身无力。到1963年下半年，形势才开始好转，吃“二稀一干”，早晚喝粥，中午吃饭。鱼肉荤腥对当时的人们来说是一种奢望，只有在逢年过节、婚庆宴席上才能品尝到，平时饮食只能以填饱肚子为主。

20世纪90年代中期开始，村民们的粮食消费直线下降，鱼、肉、禽、蛋、奶消费上升，基围虾、黑龙江的多宝鱼、澳洲的大龙虾、四川的麻辣火锅、阳澄湖的大闸蟹、北京烤鸭等成为家常便饭。2000年以后，人们的生活返璞归真，土笋、土蒜、土鸡、土鸭、土猪肉等绿色食品重新回到餐桌。据2013年《桐乡年鉴》记载：“农村居民人均食品消费年支出4288元，比2012年增长11.1%。”2013年，革新村居民人均食品消费年支出5366元，比全市农村居民人均消费高出1078元。

**婚庆费用支出** 民国时期，女方向男方索要的聘礼是按女方年龄算一岁一担米。十六七岁的姑娘出门，男方需要拿出白米十六七担。当时一亩田最好的年份收成在二担左右的白米，有的人家无力娶媳妇。只好采用“抢亲”这样的下策。“王老虎抢亲”是戏文，但在那个年代确也存在于现实中。在拿不出聘礼的情况下，男方利用赶庙会或看戏的时机，叫上几个亲戚朋友，趁着夜色和人杂把女方抢到家，把“生米煮成熟饭”。另一种是“调亲”，张家的女儿给李家当媳妇，李家的女儿给张家当媳妇。还有一种方式就是做上门女婿，家里弟兄多，又没有女儿调亲，更没有抢亲的胆量，那就只好“倒插门”做上门女婿。那个年代人们重男轻女思想严重，所以男女比例失调，做光棍的比较多，后来就成了五保（保吃、保穿、保医、保住、保葬）户。

20世纪50—60年代，虽然没有了“抢亲”这样的方式，可“调换亲”“上门做女婿”还是存在的。1950年4月30日，新中国第一部婚姻法颁布，明确规定男女双方自由恋爱。这项法律规定破除了架在男女青年头上的婚姻枷锁，广大男女青年获得了自由恋爱的权利，但在农村至今娶媳妇仍需下聘礼。面对聘礼这一沉重的经济负担，有的望洋兴叹，选择放弃，有情人终难成眷属；有的则壮起胆子，选择私奔，等生了小孩再携儿带女一家子回娘家祈求父母认可。这又是一种娶媳妇的方式，看起来是违背了父母之命，女儿欠了父母“大不孝”的情，却还了有情男女一生的幸福。

20世纪70年代到80年代初，时兴的聘礼被称为“三转一响”，即自行车、缝纫机、手表、收音机。此外，毛料、的确良等高档服装面料也是女方所要的聘礼。那时，自行车、缝纫机、手表都要凭票供应。为了娶媳妇，村民用鸡、鸭、肉、蛋、芝麻、黄豆、菜油等土特产去城里托人换票购买。等到儿子结婚后，父母只落得两袋空空。

20世纪90年代，流行的聘礼又被称为“五金公司”，即用金项链、金手镯、金脚镯、金戒指、金耳环作为女方聘礼。当时黄金首饰在本地市场供应很

表16-7　2019年村域内婚礼（男方）费用支出项目情况

| 名目 | 金额（元） | 名目 | 金额（元） | 名目 | 金额（元） |
|---|---|---|---|---|---|
| 聘礼 | 200000～300000 | 表礼 | 3600 | 门封 | 800 |
| 酒宴 | 80000～120000 | 堂上 | 1600 | 孝娘礼 | 2888 |
| 客礼（盘头，每个800～1000元左右） | 16000 | 柯礼（花红） | 6400 | 服饰 | 16000 |
| 橱封 | 6800 | 棉花礼 | 8000 | 首饰 | 50000 |
| 腥礼（荤篮） | 2880 | 灶礼 | 800 | 卷成 | 660 |
| 糕礼 | 880 | 抱舅 | 1600 | 掮成 | 880 |
| 茶封 | 3800 | 送子 | 200 | 香烟18条、糖9千克 | 10000 |

少，做父母的只好千方百计托人到外地置办，实在无法办到，就把自己结婚时的首饰拿出来交给土金匠加工好后作聘礼。2000年后，轿车、商品房逐渐成为婚娶的标配。女方也要为女儿筹办嫁妆，既要考虑家庭经济的负担能力和（女方家庭）儿子媳妇的承受力，又要让女儿的嫁妆在场面上过得去。

▲ 嫁妆：被褥铺盖

▲ 嫁妆：现金与存折

表16-8　　2019年村域内婚礼（女方）出嫁支出明细

| 嫁妆 | 金额（元） | 蛋汤 | 金额（元） | 望蚕讯 | 金额（元） | 外甥满月 | 金额（元） | 外甥一周岁 | 金额（元） |
|---|---|---|---|---|---|---|---|---|---|
| 汽车 | 20万左右 | 土鸡蛋188个 | 600 | 带脚坐臀 | 800 | 带脚坐臀 | 800 | 带脚坐臀 | 800 |
| 丝绵被20条左右 | 1万 | 糖6千克 | 60 | 鳓鱼 | 200 | 全鸡全鱼 | 250 | 全鸡全鱼 | 250 |
| 陪嫁金 | 18～30万 | 馒糍 | 120 | 咸蛋 | 200 | 寿桃一担 | 260 | 长寿面、寿桃各一担 | 380 |
| 家电 | 1万 | 滋补品 | 3000 | 水果 | 200 | 满月衣裳 | 800 | 周岁衣服 | 800 |
| — | — | 衣裳、襄裙、抱毯 | 1000 | 糕点 | 200 | 见面礼（金镯/银镯、吊坠） | 10000 | 银手镯或银脚镯 | 3600 |

表 16-9　20 世纪 70 年代末 80 年代初村域内婚礼（男方）费用支出情况

| 名目 | 金额（元） | 名目 | 金额（元） | 名目 | 金额（元） |
|---|---|---|---|---|---|
| 聘礼 | 180 | 表礼 | 2 | 门封 | 2 |
| 酒宴 | 60 | 堂上 | 2 | 孝娘礼 | — |
| 客礼（盘头，每个 2 元） | 16 ～ 20 | 柯礼（花红） | 4 | 服饰 | 100 ～ 160 |
| 橱封 | 6 | 棉花礼 | 6 | 首饰 | 长辈的旧首饰 |
| 脭礼（箪篮） | 四圈囵（蹄子、鸡、鱼、方肉） | 灶礼 | 1 | 卷成 | 1 |
| 糕礼 | 2 | 抱舅 | 2 | 掮成 | 2 |
| 茶封 | 2 | 送子 | 1 | 香烟 2 条、糖 1 千克 | 6 ～ 8 |

表 16-10　20 世纪 70 年代末 80 年代初村域内婚礼（女方）出嫁支出情况

| 嫁妆 | 蛋汤 | 望蚕讯 | 外甥满月 | 外甥周岁 |
|---|---|---|---|---|
| 木箱 1 只、拜盒 1 只、镜箱（梳妆盒）1 只、小方台 1 张、方凳 4 只、子孙桶 1 只、缝纫机、手表、自行车、收音机（部分人家嫁 1 ～ 3 样）、丝绵被（包括床单、毯子）6 ～ 10 条、枕头（包括枕巾）一对、热水壶（铁壳）2 把、脸盆（陶瓷）2 只、玻璃杯 8 只、茶盘 1 个、火炉（铜）1 个、毛巾若干条、牙膏牙刷 1 套 | 土鸡蛋 60 ～ 100 个、糖 2 ～ 3 千克、镬糍 1 包、土鸡 1 只、带壳核桃 0.5 ～ 1 千克、小棉衣小棉裤1套、裹裙 1 条、尿布若干块 | 软糕、包子、咸蛋、枇杷等背一篓箕 | 满月鞋帽、满月衣裳（冬天冬衣，夏天夏衣） | 周岁鞋帽、周岁衣裳 1 套或 0.5 千克毛线 |

## 第三节　村民福利

**村民关爱机制和政策**　按照市民政部门帮困救扶政策规定，革新村对全村6户低保户建立专门档案，专人负责，认真落实城乡居民最低保障制度，积极争取上级有关部门和结对单位的资助，并开展定期走访、了解情况，逢年过节上门慰问，送去慰问金和慰问品，在力所能及的范围内为他们排忧解难。尊老爱幼是中华民族的传统美德，从2006年开始，按照市老龄委文件要求，每年的重阳节，村干部分头下村民组对80岁以上老人挨家挨户逐一走访，并送上慰问品为其祝寿。从2016年起，村党总支、村委决定给村域内80岁以上老人过生日，由网格长到期负责走访，并送上蛋糕、长寿面和红包，把党和政府的关怀送到千家万户。2020年，革新村80岁以上的老人有346人享受这一福利。

**革新村慈善帮扶基金**　2012年，经市慈善总会批复同意，成立革新村慈善工作站，并设立革新村慈善帮扶基金。2013年，村域内的民营企业负责人、党员、干部和爱心村民纷纷为帮扶基金捐助善款。从2015年起，村里每年用帮扶基金资助因病致贫的困难户、伤残户和低保户。

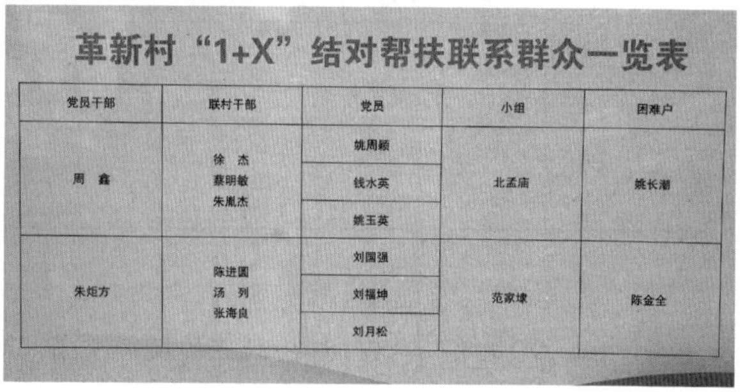
革新村"1+X"结对帮扶联系群众一览表

| 党员干部 | 联村干部 | 党员 | 小组 | 困难户 |
| --- | --- | --- | --- | --- |
| 周　鑫 | 徐　杰<br>蔡明敏<br>朱胤杰 | 姚周颖<br>钱水英<br>姚玉英 | 北孟庙 | 姚长潮 |
| 朱炬方 | 陈进国<br>汤　列<br>张海良 | 刘国强<br>刘福坤<br>刘月松 | 范家埭 | 陈金全 |

▲ 革新村结对帮扶联系群众一览表

表16-11　**革新村2015—2020年扶贫帮困情况清单**

| 年度 | 户数（户） | 总金额（元） |
| --- | --- | --- |
| 2015 | 7 | 11600 |
| 2016 | 6 | 6000 |
| 2017 | 18 | 18000 |
| 2018 | 8 | 10200 |
| 2019 | 3 | 3000 |
| 2020 | 8 | 8800 |

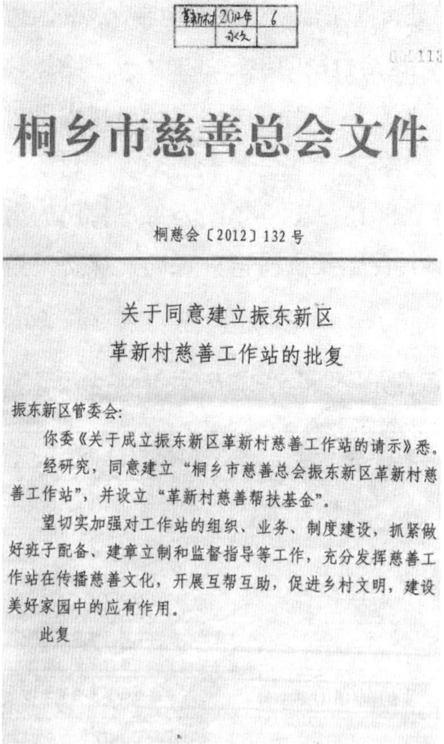



▲ 桐乡市慈善总会关于同意建立革新村慈善工作站的批复

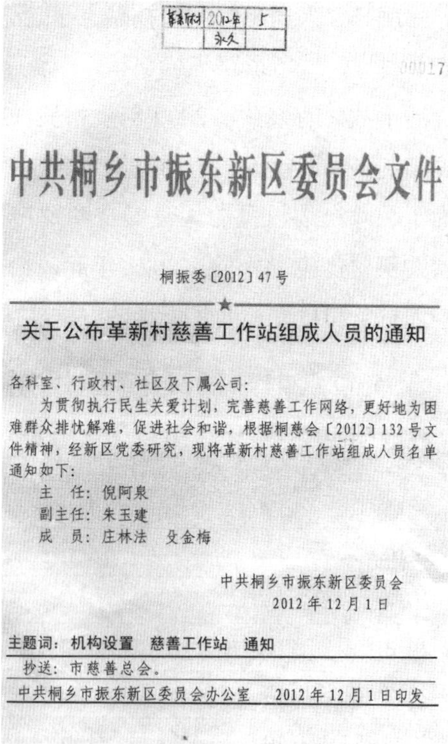



▲ 中共桐乡市振东新区委员会关于公布革新村慈善工作站组成人员的通知

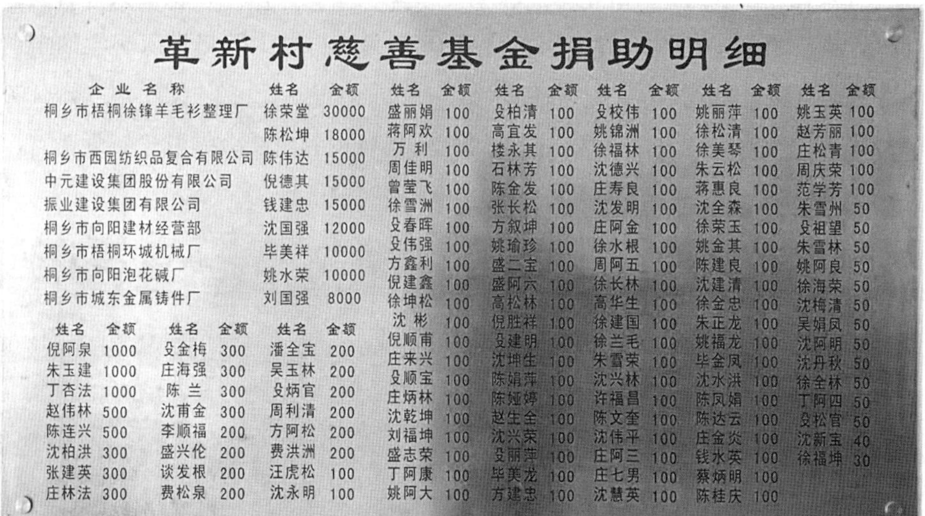



▲ 革新村慈善基金捐助明细

**房产、人身意外保险补贴** 革新村地处市区东部新城核心地带，320国道横贯村域，城市道路纵横交错，车流量大，这给村民的出行带来了安全隐患，交通事故时有发生。2009年全村完成征地拆迁后，部分房屋由于出租成了村民一笔可观的收入，但用电用气、电瓶车充电等存在隐患。村党总支、村委会为了保障全体村民的人身安全和财产安全，2015—2020年，为每户村民的房屋购买财产意外保险，2021年起，给全体村民购买人身意外保险，保费采用个人自负和村里补助各一半的办法实施。

表16-12 **2015—2021年革新村为村民人身意外保险和农户财产保险补贴金额清单**

| 年度 | 村民自负（元/户） | 补贴金额（元/户） | 总保费（元） | 村补贴总额（元） |
|---|---|---|---|---|
| 2015 | 100 | 100 | 200 | 100900 |
| 2016 | 100 | 100 | 200 | 98500 |
| 2017 | 100 | 100 | 200 | 99500 |
| 2018 | 100 | 100 | 200 | 99500 |
| 2019 | 100 | 100 | 200 | 96600 |
| 2020 | 100 | 100 | 200 | 98800 |
| 2021 | 50 | 50 | 100 | 243600 |

**开蒙礼、崇学奖** 革新村传承着尊老爱幼的优良传统，不仅是关怀村里的老人，同样也爱护村里的青少年。自2016年起，村里为即将进入小学的学前生集中举行“开蒙礼”，送上书包等文具用品。同时，设立“崇学奖”，凡考上一本、二本的高考生，凭大学录取通知书均可以到村委会领取“崇学奖”，一本5000元/生，二本3000元/生。

▲ 2019年第四届革新村学童开蒙礼

▲ 2017年第二届革新村崇学奖颁奖仪式

表 16-13 2016 年革新村崇德尚学助学奖励名单

| 序号 | 姓名 | 性别 | 家庭地址 | 文理科 | 本次 | 录取大学 |
|---|---|---|---|---|---|---|
| 1 | 沈亦昼 | 男 | 革新小区 | 理科 | 一本 | 东华大学 |
| 2 | 高 伟 | 男 | 革新小区 | 理科 | 一本 | 华中农业大学 |
| 3 | 张 超 | 男 | 灵悟小区 | 理科 | 一本 | 浙江工商大学 |
| 4 | 蔡森鸿 | 男 | 革新小区 | 理科 | 二本 | 浙江师范大学 |
| 5 | 姚建发 | 男 | 永兴小区一区 | 理科 | 二本 | 台州学院 |
| 6 | 顾佳芳 | 女 | 永兴小区二区 | 文科 | 二本 | 绍兴文理学院 |
| 7 | 庄媛秋 | 女 | 革新小区 | 文科 | 二本 | 宁波工程学院 |

说明：2016 年高考文科一本分数线 603 分，二本 462 分；理科一本分数线 600 分，二本 439 分

表 16-14 2017 年革新村崇德尚学助学奖励名单

| 序号 | 姓名 | 性别 | 家庭地址 | 段次 | 录取大学 |
|---|---|---|---|---|---|
| 1 | 王佳惠 | 女 | 灵悟小区 | 一段 | 杭州师范大学 |
| 2 | 刘雨森 | 女 | 灵悟小区 | 一段 | 杭州师范大学 |
| 3 | 倪晨鸣 | 女 | 灵悟小区 | 一段 | 湖州师范大学 |
| 4 | 徐鑫 | 男 | 永兴小区三区 | 二段 | 上海工程技术大学 |
| 5 | 殳升杰 | 男 | 灵悟小区 | 二段 | 武汉轻工大学 |
| 6 | 姚诗雨 | 女 | 金晖小区 | 二段 | 徐州工程学院 |
| 7 | 盛明亮 | 男 | 灵悟小区 | 二段 | 常熟理工学院 |
| 8 | 刘晨炀 | 男 | 灵悟小区 | 二段 | 浙江大学城市学院 |
| 9 | 张丽杰 | 女 | 灵悟小区 | 二段 | 湖南工程学院 |
| 10 | 姚凯欣 | 男 | 金晖小区 | 二段 | 浙江水利水电学院 |
| 11 | 姚凯峰 | 男 | 金晖小区 | 二段 | 浙江树人学院 |
| 12 | 姚晨慧 | 女 | 永兴小区一区 | 二段 | 上海财经大学浙江学院 |
| 13 | 陶 洁 | 女 | 永兴小区三区 | 二段 | 湘南学院 |

表 16-15　　2018 年革新村崇德尚学助学奖励名单

| 序号 | 姓名 | 性别 | 家庭地址 | 段次 | 录取大学 |
|---|---|---|---|---|---|
| 1 | 庄吴艳 | 女 | 革新小区 | 一段 | 华东理工大学 |
| 2 | 姚嘉政 | 男 | 金晖小区 | 一段 | 中国民航大学 |
| 3 | 蔡晓洁 | 女 | 革新小区 | 一段 | 浙江财经大学 |
| 4 | 姚梦蝶 | 女 | 永兴小区一区 | 二段 | 浙江树人大学 |
| 5 | 姚嘉丽 | 女 | 革新小区 | 二段 | 宁波大红鹰学院 |

表 16-16　　2019 年革新村崇德尚学助学奖励名单

| 序号 | 姓名 | 性别 | 家庭地址 | 段次 | 录取大学 |
|---|---|---|---|---|---|
| 1 | 庄丹阳 | 女 | 革新小区 | 一段 | 东华大学 |
| 2 | 高　熠 | 女 | 革新小区 | 一段 | 华东师范大学 |
| 3 | 徐　进 | 男 | 永兴小区二区 | 一段 | 浙江大学 |
| 4 | 陈　桐 | 女 | 灵悟小区 | 一段 | 杭州电子科技大学 |
| 5 | 高洁瑜 | 女 | 革新小区 | 一段 | 深圳大学 |
| 6 | 方嘉欢 | 女 | 灵悟小区 | 一段 | 浙江财经大学 |
| 7 | 盛晓玲 | 女 | 灵悟小区 | 一段 | 中国计量大学 |
| 8 | 盛桢辉 | 男 | 灵悟小区 | 一段 | 浙江农林大学 |
| 9 | 庄冬晴 | 女 | 革新小区 | 二段 | 上海健康医学院 |
| 10 | 周昊晖 | 男 | 永兴小区二区 | 二段 | 浙江越秀外国语学院 |
| 11 | 徐瑶佳 | 女 | 永兴小区二区 | 二段 | 同济大学浙江学院 |
| 12 | 赵方俊 | 男 | 金晖小区 | 二段 | 上海师范大学天华学院 |
| 13 | 徐　玥 | 女 | 永兴小区三区 | 二段 | 浙江海洋大学东海科学技术学院 |
| 14 | 沈彬燕 | 女 | 革新小区 | 二段 | 宁波财经大学 |
| 15 | 沈乐怡 | 女 | 革新小区 | 二段 | 浙江越秀外国语学院 |
| 16 | 徐思炀 | 男 | 永兴小区二区 | 二段 | 杭州医学院 |
| 17 | 陈　龙 | 男 | 灵悟小区 | 二段 | 浙江万里学院 |
| 18 | 胡　炜 | 男 | 金晖小区 | 二段 | 山西农业大学 |
| 19 | 刘琳燕 | 女 | 灵悟小区 | 二段 | 南京体育学院 |

表 16-17　　2020 年革新村崇德尚学助学奖励名单

| 序号 | 姓名 | 性别 | 家庭地址 | 段次 | 录取大学 |
|---|---|---|---|---|---|
| 1 | 庄秋勤 | 女 | 革新小区 | 一本 | 浙江工业大学 |
| 2 | 潘佳瑶 | 女 | 永兴小区四区 | 一段 | 杭州电子科技大学 |
| 3 | 盛宇枫 | 男 | 灵悟小区 | 一段 | 温州医科大学 |
| 4 | 徐珂阳 | 男 | 永兴小区三区 | 一段 | 北京交通大学 |
| 5 | 孙笑叶 | 女 | 革新小区 | 一段 | 浙江农林大学 |
| 6 | 汪思瑶 | 女 | 灵悟小区 | 一段 | 武汉工程大学 |
| 7 | 潘丽清 | 女 | 永兴小区四区 | 二段 | 南昌理工学院 |
| 8 | 沈邹毅 | 男 | 灵悟小区 | 二段 | 云南财经大学 |
| 9 | 徐志杰 | 男 | 永兴小区二区 | 二段 | 太原工业学院 |
| 10 | 周毅然 | 女 | 永兴小区二区 | 二段 | 浙江越秀外国语学院 |

**城乡居民基本医疗保险**　以前称作城乡居民合作医疗保险。以下是革新村 2008—2020 年城乡基本医疗保险费用明细表。

表 16-18　2008—2020 年革新村城乡居民基本医疗保险费用明细表

| 项目<br>年份 | 村民自负（元） | 村级补贴（元） | 当年总费用（元） | 补贴费占比（%） | 当年村补贴总额（元） |
|---|---|---|---|---|---|
| 2008 | 30 | 30 | 60 | 50 | 130000 |
| 2009 | 40 | 40 | 80 | 50 | 170000 |
| 2010 | 50 | 50 | 100 | 50 | 213000 |
| 2011 | 70 | 65 | 135 | 48.1 | 270000 |
| 2012 | 80 | 80 | 160 | 50 | 320000 |
| 2013 | 100 | 100 | 200 | 50 | 400000 |
| 2014 | 130 | 130 | 260 | 50 | 290000 |
| 2015 | 130 | 130 | 260 | 50 | 470000 |
| 2016 | 200 | 150 | 350 | 42.9 | 516000 |
| 2017 | 200 | 150 | 350 | 42.9 | 508000 |
| 2018 | 280 | 150 | 430 | 34.9 | 380000 |

续表 16-18

| 年份＼项目 | 村民自负（元） | 村级补贴（元） | 当年总费用（元） | 补贴费占比（%） | 当年村补贴总额（元） |
|---|---|---|---|---|---|
| 2019 | 340 | 150 | 490 | 30.6 | 370000 |
| 2020 | 400 | 160 | 560 | 28.6 | 780000 |

说明：从 2006 年起，每 2 年为参加合作医疗的城乡居民提供一次免费的健康体检

**便民服务中心** 2014 年，革新村建立了一站式便民服务中心，村民的出生、医疗、证明材料、办证申报等有关手续不出村就能办妥，实现“最多跑一次”。

**家宴中心** 村域内建有革新、永兴和灵悟 3 处家宴中心，中心配有桌椅、炊具、煤气，厨房设备一应俱全，村民举办红白酒宴，可借用家宴中心。场所的清洁卫生维护等一并由村里买单，村民只需支付正常的水费和电费。

**居家养老服务照料中心** 从 2014 年起，村域内先后在灵悟、革新和永兴小区建立了居家养老服务中心（老年活动中心），内设图书室、健身房、活动室、茶室、娱乐室等，配备空调等设施，并免费为前来活动的老人提供茶水服务，村里安排专人负责中心的卫生管理和茶水服务。

## 第四节 新居民生活

2000 年后，濮院羊毛衫市场依托产业集聚不断发展壮大，成为全国最大的羊毛衫集散中心。全国各地大批从事设计、生产、营销、物流的创业者和就业者纷纷涌向濮院，租房价格急剧上升。2016 年，濮院租 40 平方米用于居住的一个小套间，月租金在 800 ～ 900 元之间。作为厂房使用的 160 平米的底层房屋年租金在 8 万～ 10 万之间。革新村与濮院只有一河之隔，同样的 40 平方米的套间，月租金只要 500 ～ 600 元，精装修拎包入住的套房也只要 800 元左右。160 平米的底层房屋年租金在 3.5 万～ 4 万之间。较低的房屋租金，吸引了濮院的羊毛衫从业人员到革新村的各个小区租房创业和居住。

拥有“浙江省居住证”，具有初中以上学历，无违反计划生育，无犯罪记录，参加基本养老保险并能至少缴纳两年的新居民可享受免费就业服务、职业培训以及参加养老保险、计划生育有优惠政策，子女在居住地可免费就读九年

义务教育。学校按照新居民居住的政策规定，住满 15 年后，可根据本人意愿，符合条件可准予在居住地落户。

到 2019 年底，取得市新居民管理局核发的“浙江省居民证”的新居民，在革新村居住的有 11938 人，其中男性 6311 人，女性 5627 人，其中，居住在永兴小区的有 4722 人，灵悟小区的有 3783 人，金晖小区的有 1240 人，革新小区的有 2193 人。

从事羊毛衫行业的新居民，大多经过几年的打工，掌握了一门技术，有的掌握了从事羊毛衫经营的资源门路，开始自己做老板创业。

附（一）：革新村的新居民

居住在革新小区的陈太娟，是江苏宿迁人。2007 年，夫妻俩来到濮院打工，自己套口，老公做保健工。打拼两年，就开始自己创业。2009 年，用两万多元的启动资金，买了 12 台二手套口机，开始给羊毛衫企业提供套口加工业务。起初两年，为了节约费用，未雇用工人，凡事亲力亲为，父母姐妹齐上阵。做了几年，有了一定的盈利就逐步扩大再生产，套口机从原来的 12 台扩大到 25 台，并雇了 2 名工人。到了 2016 年，套口机发展到 50 台，雇用工人 20 人，年加工收入达 125 万元，扣除工人工资、房租等日常开支、机器维护等费用，年收入 30 多万元。后来他们在市区买了房子，孩子也顺利进入了公立的振兴西路小学读书。

2020年，由于受新冠疫情的影响，羊毛衫生产不景气，陈太娟在做好加工生意的同时，抽时间参加公益活动，融入社区生活中，在疫情防控期间主动参与巡视、值班，平时还积极参与新居民之间、新居民与本地人之间的各种纠纷处理、矛盾化解，为平安小区建设贡献自己的力量。

村域里的新居民大多来自贫困和欠发达地区，到了经济发达的桐乡，制造业和第三产业并驾齐驱，务工经商，投资创业，环境适宜，处在上海、苏州、杭州、宁波等大城市中央，且交通方便，只要肯吃苦耐劳就有可观的收入。

居住在灵悟小区168号的伍细松一家，2009年从四川省巴中市平昌县来桐乡打工。开始两年，夫妻俩为他人拉横机，他们不怕辛苦拼搏两年积蓄了3万多元。夫妻俩商议，不再为别人打工，自己创业当老板。于是，买了12台手拉横机，雇了8个人，连同自己10人加工羊毛衫和附件。两年下来，又积蓄了10多万元。2013年，他们跟老乡借了一些钱，买了5台电脑横机，挡车、验片、打样、倒毛所有工序都自己做，两年下来又赚了20多万元。2015年，电脑横机增加到18台。2020年，他们共租房9间，拥有电脑横机32台，工人17人。2016—2017年，年销售有300多万元，净利润达60万元。2017年，他们在市区西郊庄园买了一套140平方米的商品房，两个儿子都进了市属公立学校上学。他们打算再过两年，在桐乡的东城区再买一套房子，安安稳稳地在这里定居下来。

### 附（二）：新居民的革新情

革新小区中间有一条利民路，西至步行街，东至植物园。每天清晨，天蒙蒙亮，在昏暗的灯光下，总有一个穿着绿色荧光衣的身影在忙碌着，老远就能听到沙沙的扫地声，他一会儿扫地，一会儿弯下身子在花坛里捡树叶。不知是晨雾的水汽还是干活的汗水，小水珠不停地从他那花白的头发上流淌下来。当人们下班回家时，他依旧披着晚霞，迎着夜幕，在路上来回清扫，日复一日，年复一年，他每天都在这条路上干着同样的事。每到深秋时节，道路两旁的梧桐树叶稀稀落落地从树上飘落下来，路面上人行道上全是金黄色的落叶，他一个人扫不过来，就叫来老伴帮忙，他们用扫帚扫、用钳子夹，不放过一张废纸、一片树叶、一个塑料袋……他就是梧桐环卫所的清洁工王大伯。

王大伯在这里有好几个年头了，久而久之，在与王大伯的几次聊天交谈中，得知他是四川人，儿子媳妇在这里经营电脑横机，做羊毛衫加工生意。2011年，他们在市区买了商品房，孙子孙女在公立学校上学，老伴在儿子厂里帮忙烧饭，自己则出来找了这份清洁工的工作。

王大伯说："清洁工这份工作很辛苦，你们本地人不太愿意做，既觉得没面子，工钱又很少，可我感到很乐意，因为在我们老家，只有那些年轻、有知识、有技术的人才能每月挣到2000多元的工资。这份工作不需要动脑筋、耗心力，只要有力气、不怕脏、够勤奋就可以了。这么高的工资，我心满意足了。"我问他："那你过年回不回老家呀？"王大伯说："哪个人不想回家过年？可这里实在走不开，七八年来，我只回过两次，还不是过年过节时。这条路通往植物园、凤凰湖，每逢过年过节，路上人来人往，车水马龙，路上的垃圾杂物自然也多，要及时打扫干净，好让过路的行人、外来的游客看到干净的道路，有个好心情，从而给广大的游客留下一个好的印象，吸引他们下次再来桐乡玩。革新小区是我的第二故乡。你们老革新人要面子，我们新革新人也要面子。我大事情干不了，只能尽心尽责地把自己的这份工作做好，也算为第二故乡的发展出一份力。"

听了王大伯那淳朴实在的话，敬佩之情油然而生，我情不自禁地称赞道："王大伯，你用自己的辛勤汗水换来城市环境的干净整洁，你做好了手中的清洁工作也是一件大事啊！"

农历七月三十，我路过利民路时又碰到了王大伯，他问我："你们这里为什么每逢农历七月三十，家家户户的门前屋后都要插蜡烛插香？""哦！农历七月三十是地藏王菩萨生日，我们这一带的人们有个习俗，虽然我也不知道是哪朝哪代传下来的，但我小时候也是这样，到七月三十这一天，家家户户都要插蜡烛、插地藏香、烧元宝，用来敬天拜地，祈求上天风调雨顺，大地五谷丰登，人们平平安安。其实这是一种寄托，是人们对美好生活的向往，对家乡、对祖国繁荣昌盛的祈福。"王大伯听了恍然大悟："原来是这么一回事！怪不得你们这里没有严重的自然灾害，农作物年年旱涝保收。不像我们老家，房子建在半山腰，有的造在山脚下，每当刮风下雨总是提心吊胆，夜里睡不着觉，担心发生泥石流、山体滑坡等自然灾害。一旦发生，单家独户，叫天天不应，叫地地不灵。”

王大伯接着说：“我的小孙子也说，爷爷，我们现在的新家真好啊！睡觉一夜睡到大天亮。上学时，和学校里的同学在一起真热闹，放学回家，和邻居的小伙伴一起玩耍，真开心！我想等到明年的农历七月三十，我们家也要入乡随俗，插地藏香，为我们的第二故乡祈福。”

听着他朴素又真诚的话，望着他淌着汗水的脸颊，我仿佛看见了成千上万的像王大伯一样的新居民正在用他们勤劳的双手和对第二故乡的真情，把我们革新这块可爱的土地打造得更加美丽、更加富饶、更加和谐。

# 第十七章　习俗

习俗（也称风俗）是指人们在社会生活中逐渐形成的，从历史沿袭而巩固下来的，具有稳定的社会风俗和行为习俗，并且已同民族情绪和社会心理密切结合，成为人们自觉或不自觉的行为准则。传统习俗的内容是复杂的，存在于一个社会的传统习俗大体上分为两部分：一是历史遗留下来的，其源远流长，时代久远，具有社会性、集团性、民族性的特点；二是不同地区、不同集体、不同民族都有不同的习俗。革新村域内的习俗与周边地区大同小异，随着时代的变迁，人民生活水平的提高和人们思想观念的转变，一些习俗也在改变：以前过年过节，人们总要燃放烟花爆竹，2016 年 9 月 1 日起，桐乡市主城区禁止燃放烟花爆竹后，人们过年过节，用电子炮仗、百响代替传统爆竹、百响；以前，造房子要上梁，办上梁酒，2009 年全村征迁后，造房变成了买房，人们办搬家酒来代替上梁酒；以前，丧葬要做“头转”“二转”“五七”等形式，近几年，有的人家丧事简办，把“头转”“二转”“五七”三次形式变为一次完成三次的程序；以前，拜年要每家亲戚走一遍，现如今，人们在酒店包桌请客或请个厨师在家烧饭请客。但不管如何变化，有些传统的习俗是不变的，一直传承下来。

## 第一节　岁时习俗

**春节**　春节是中华民族最为隆重的传统节日，民间习惯上叫“过年”。春节的准备工作从农历十二月初就开始了，家家户户忙着做米酒、打年糕、购年货、掸灰尘、清扫屋子和洗涤器皿，准备蜡台香烛，贴年画春联，布置屋子。

吃过了腊月廿三的小年夜饭，就可以选日子过年（请神）了。过年时，供上六神马幛（六神牌）、香烛，供品有元宝头（猪头）、公鸡、鲤鱼（现在都是用活水鲤鱼放在脸盆里，请好神后放生），桌上两边放上长年糕，年糕上放着米粉做的“元宝”和“米囤”，鱼和元宝代表年年有余、年年进宝。

▲ 过年供桌

请好六神后就祭祖（俗称请太太）。对于请神和祭祖，村里的供品是不同的。请神用鲤鱼、元宝头、蹄子、条肉、公鸡都是完整的，祭祖时鸡和肉一般都是切成块的，荤菜和素菜一般有八碗或十碗。斋灶（请灶家菩萨）时，所用供品则全是素的。旧时祭祖时，有里堂太太（直系先祖）和外堂太太（旁系先祖）之分，里堂太太在堂屋里请，外堂太太在廊屋里请。现在就简化了，里堂外堂一起请，都在里屋。

除夕之夜，全家团聚吃年夜饭（小年是腊月廿九，大年是腊月三十）。大年夜饭菜肴都很丰盛，长辈都要给小辈发压岁钱。大年夜有扫地的习俗，因为大年初一不可以扫地（扫地意为散财）。再者，扫地也有讲究，要四周扫到中间，再把垃圾扫进畚斗里，意为聚财。晚饭后，桌上要放一只饭斗或淘箩，里面装上米饭，上面放一把筷子，称“隔年饭”。夜里各家各户都要燃放烟花爆竹，辞旧迎新。大人守岁，孩子吃糖果。20 世纪 80 年代开始有了电视，全家人都围坐在一起看电视，收看中央电视台播放的春节联欢晚会。昔日，欠了债还不起的人，过年时不得不到外面躲债，躲过年关，故有“有钱过年，无钱过关”的说法。大年初一，开门放炮仗迎新年，然后接灶君（灶神、灶家菩萨）。

征地拆迁前，革新村家家户户有灶头，烧饭做菜都是在灶头上。灶头上方有灶山，灶山上有灶君堂。接灶君时，灶君堂里先敬上灶神马幛，供上净茶、水果、年糕和接灶的糖糯米圆子。大人小孩早上起来穿上新衣新鞋，吃糖圆子，寓意甜蜜。是日，有不扫地、不打人、不骂人、不讨债、不倒马桶等习俗。邻里相见，互祝新年好，恭喜发财。年轻人结伴上街逛商店购物，亲友之间互相拜年。各家都用糯米镬糍糖茶招待客人、请吃年酒，儿童第一次去亲戚家拜年还能收到见面钱或压岁钱。20世纪60—70年代人民公社大集体时期，新年放假只有三天，年初四就要开工劳动，如今的春节假期为七天。

年初三早上有安灶的习俗，用青菜圆子请灶神。请灶神有多种叫法，腊月廿三的叫“送灶”，大年初一叫“接灶”，大年初三叫“安灶”，每月农历初一、十五的叫“斋灶”。

年初五，接财神。零时开始，开门放鞭炮接财神。接财神也要请神，祈求财神保佑发财致富。

年初七是“人日”，也叫“人胜节”，是人的节日。这一天，大家有秤人的习俗，一大早，有大秤的人家早早准备好，挂好大秤，在秤钩上挂上土达（用来坐人），无论是男女老少，都要秤一秤自己的重量。年初七秤人寓意是人的重量“漆牢”，不会轻下来，过去身体重是健壮的表现，是一种健康，不像现在怕壮、怕肥胖。

**拜年** 在旧时，拜年不用请，“规矩”多。大年初一，不走动拜年，全家人都要待在家里，预示着一家人一年平安持家。大年初二，开始拜年了，首先是外甥给外公、外婆、娘舅、舅妈拜年；其次是女儿、女婿给岳父、岳母拜年，早先是晚辈跪着向长辈拜年，长辈要给晚辈红包。大年初三后，按照亲戚的远近依次拜年，拜年时都要拿上礼物，一般要拿两样：一是方盒子饼干（俗称摇鼓咚），二是用糙纸扎成，面上放一张红纸的酥糖包或柿饼包。到了20世纪80年代末，市面上出现了杭州胡庆馀堂生产的人参蜂皇浆合剂“双宝素口服液”保健品。当时，人们拜年拿这种礼

▲ 双宝素口服液

物算得上高档。20 世纪 90 年代后，市面上的各种滋补保健品五花八门，有洋参丸、富硒康、脑白金、青春宝、人参等。拜年送礼也是越来越高档，新女婿拜年除了滋补品以外，还要送名烟、名酒。进入 21 世纪，随着人们生活水平的提高和传统观念的改变，拜年时送礼，除了新女婿以外，大多数人空手来、空手去，反而觉得自然，没有心理负担。过去拜年，先是男人们再是小孩、妇女，年酒一般是两碗油豆腐打底的咸肉，一碗鸡肉，一条鱼，一碗蛋夹子或油豆腐嵌肉，一碗包菜韭芽炒肉丝，两碗老笋干等八个菜，俗称："敲鱼、拨肉、嚼笋干"。小时候拜年，父母要关照哪几个菜不能吃，哪几个菜能吃，不要人家夹给你就吃，不要人家叫你吃就吃。主人用筷子点点这条鱼，"吃，大家吃"，这是"敲鱼"；主人用筷子夹块肉给你，你要夹回去，这就是"拨肉"。只能吃老笋干、包菜韭芽肉丝和垫在肉块下面的油豆腐。这几个不动的菜要从年初二端到正月半，端进端出，不知要端多少遍。过了正月十五，算是拜年结束了，有句老古话"拜年拜到正月半，拿着门闩追一段"，这样的情况一直延续到 20 世纪 80 年代。到了 90 年代，随着人们生活水平的提高和经济条件的富裕，人们拜年要有人请，要请都是全家门，办年酒用圆台，小菜再不是"敲鱼、拨肉、嚼笋干"了。全鸡、全鸭、全鱼、蹄子，简称"四囫囵"，再也用不着主人用筷子夹菜了，大家都是炒一个，吃一个。到了 21 世纪，人们办年酒不讲究过年了，年前、年后都有，有的请了厨师一次性办几桌，有的在饭店包几桌，小菜再也不是"蛮鱼、蛮肉"了，而是海鲜上桌讲品位，蔬菜荤菜讲花样，营养保健看绿色。

**元宵节**　农历正月十五是元宵节。正月也叫"元月"，夜也称"宵"，正月十五夜是新年第一个月圆之夜，所以叫"元宵"。元宵节有吃汤圆的传统，故汤圆也叫"元宵"。以前元宵之夜，有挂灯笼、猜灯谜、迎灯会的活动，村民自制灯笼，点上蜡烛，参加庙会或街上的灯会。如今灯会不见了，但吃元宵（汤圆）的传统还保留着，还可以观看中央电视台的元宵文艺晚会。元宵过后，春节算是结束了。村民们又要准备春耕生产，新一年的农事又开始了。

**清明节**　清明是我国二十四节气之一。清明节是中华民族纪念祖先的传统节日，其主要形式是祭祖扫墓。清明节前一晚是清明夜，清明夜请神过节，叫"过清明"，祭祖叫"请太太"。清明节和清明夜这两天是"无禁忌"之日，就是在这两天里筑坟墓、打矿、砌材亭、移灵柩、揭骨上甏等事也不用请人看日子、看时辰。清明节前三天和后三天都可以去先人坟前扫墓，俗称坟祭，阖家去祖上坟前除草添土、修剪树枝、植树插花、挂花环，祭拜祖上，行孝道之礼。20世纪90年代，桐乡市政府在村域内建立了革命烈士纪念碑和革命烈士纪念馆。每年的清明节前后，机关干部、学校师生都要组织去革命烈士纪念馆参观，给革命烈士纪念碑敬献花圈，缅怀革命先烈。

清明节的传统美食有清明粽子、清明圆子、芽麦塌饼等。清明夜还有吃螺蛳的习俗，吃完螺蛳后，还要将螺蛳壳撒在屋顶瓦片上，据说可除瓦蛆（一种虫子）。清明时节，天气转暖，阳光明媚，草青花开，人们踏青游览，结伴在田野里烧野火饭。

**端午节**　农历五月初五是端午节，又叫端阳节。端午节是我国的传统节日，“端”是开端的意思，“午”与“五”谐音，所以五月初五称“端午”。端午节素有包粽子、赛龙舟的习俗。节日期间，人们在门上床头挂菖蒲、艾草，能驱蚊虫。孩子要戴百锁、虎头帽、穿虎头鞋，额头上用雄黄酒点上“王”字，能辟邪镇恶，使孩子平安健康。端午节被国家认定为法定节假日，与爱国诗人屈原、名将伍子胥等历史名人联系起来，把爱国和孝道等传统的道德理念融入其中，使端午节的内涵更加丰富。人们吃黄鱼、黄鳝、咸蛋黄、雄黄酒（因雄黄有毒，现都改为黄酒）和黄瓜（俗称“五黄”）的习俗仍然盛行。说到“五黄”中的黄鱼，在20世纪60—70年代，它是人们餐桌上最普通、最常见的一道菜肴。当时500克以上的大黄鱼价格是每500克0.42元，500克以下的价格是每500克0.32～0.26元。煎鱼是男女老少都喜欢吃的，因为黄鱼肉嫩、细腻、鱼刺少。烧黄鱼时要用稻柴把黄鱼一截一截扎牢，以防鱼肉碎在汤里，用筷子夹不住，还要放上大蒜簩头，在那时是人们最大的口福了。现如今，人们吃得好，餐桌上海鲜、海味普遍都有，就是不太有吃野生大黄鱼的口福了。除了“五黄”，村域一带还流行吃“三白一红”。“三白”即茭白、白焐肉和白豆腐，“一红”为红苋菜。茭白寓意为“做人清清白白”；白焐肉寓意为吃了身体白净，民间有“吃了白焐肉可以少被蚊虫叮咬”的传言；白豆腐寓意为“吃了豆腐补脑子，做事靠谱不出格”。红苋菜炒熟后，汤是红色的，菜是绿色的，红色代表红红火火，绿色代表生命力旺盛。除了吃以外，还要把艾草、菖蒲、桃树头、大蒜头扎在一起挂在家门上。挂艾草也有讲究，挂的时间在端午节那天宜早不宜晚，挂的数量应成双成对，挂的方式要倒着挂，如春节倒贴“福”字一样。

**天贶节** 农历六月初六是“天贶节”，据说是猫狗的节日。乡间流传着一句古话叫“六月六，狗潮浴”，意思是六月初六正是盛夏，天气炎热，酷暑难耐，连猫狗也想洗浴降温。以前，每到这天，大人小孩都要下河洗澡，会游泳的畅游一番，不会游泳的则下河学习游泳。现在，人们的生活水平提高了，又讲究卫生，想游泳的一般都去体育馆或专门的游泳池，想洗澡的则去浴室，再也不见有人在河港里游泳了。此外，这天民间还有吃馄饨的习俗。

**夏至** 夏至是二十四节气之一，过了夏至天气开始进入盛夏，气温逐步升高，随处都能听到蝉鸣声。俗话说：“夏至前头知了叫，勤劳做来懒惰笑。”意思是：夏至将临知了叫了，说明天气变热，农作物播种不宜过早，过早会使作物缩短生长期，导致减产，还不如推迟播种更有利。夏至日，家有出嫁姑娘的，都要带着小孩去娘家过夜，叫“歇夏”。女儿到娘家来，一来是看望父母，二来是向父母讨要几件夏衣。俗话说“夏知了叫老蝉啼，出嫁姑娘讨夏衣”。穿着娘做的衣服能保佑一夏无恙、一年平安；对小孩来说，去外婆家是为了防止“疰夏”。传说一天不吃自家的烟火食，能让小孩整个夏天食欲旺盛胃口好、身体健康长得快。夏至日，民间有吃“麦疙瘩”的习俗，有“咸菜麦疙瘩”“青南瓜麦疙瘩”，清淡素食，吃了能去火避暑。

**七夕节** 农历七月初七是七夕节，又名乞巧节。民间传说，这天夜里牛郎与织女鹊桥相会。每到这天晚上，妇女们设瓜果糕点向织女星祈求智慧，使自己变得更加心灵手巧，同时也象征男女青年之间的爱情。如今，农历七月初七被称为中国的“情人节”。

**中元节** 农历七月十五为中元节，本地人称其为“七月半”，节前有祭祖的习俗，家家都备有菜肴祭祀祖宗念佛烧纸，以表对祖上的纪念之意，也有做七月半馍馍的习俗。

**地藏菩萨诞辰** 农历七月三十是地藏菩萨诞辰之日，有插地藏香的传统。入夜，家家门前屋后的地上都要点亮蜡烛，插地藏香纪念地藏菩萨生日，有“辟邪恶、保平安”的意思。以前，村域内没有电灯，第二天早上，孩子们会起早捡蜡烛头和香棒，蜡烛头可用来点灯照明，红色香棒可用来搭花篮等玩具。

**中秋节** 农历八月十五是中秋节，又叫“人节”“团圆节”。传统风俗中，一年中有两次团圆饭，即大年夜饭和八月半夜饭。八月半晚宴上，全家人围坐在一起吃团圆饭，饭桌上“嵌宝鸭”和芋艿是必备菜。饭后，一家人在圆月下边赏月边吃月饼，小孩们则围着大人听嫦娥奔月的故事。昔日，月饼是自家做的，亲友间有互送月饼的传统。如今月饼花样多，不少单位发月饼给员工，以表节日慰问。月饼成了赏月和馈赠亲友的美食。

**重阳节** 农历九月初九是传统节日重阳节，古有登高远眺、赏菊、吃菊花糕、喝菊花酒的习俗。现在这些习俗已经淡化了。1988年，政府把九月初九定为“老人节”。是日，党政领导都要安排慰问高龄老人，馈赠节日礼物。相关单位还会为老人举行庆寿活动。

**立冬** 立冬是农历二十四个节气中的一个节气。本地民间立冬有吃鸡的传统，据说吃了立冬鸡，一年都能健康平安。

**蚕生日** 农历十二月十二日是蚕神（蚕花菩萨）生日，也叫“蚕生十二”。人们为了养好蚕，做蚕花圆子祭蚕神。蚕花圆子都是实心无馅的米粉圆子，有白、青、黄三种。现在，祭神仪式没有了，但作为供品的蚕花圆子演变为一种点心，成为本地的一种美食。蚕花圆子做成各种有馅的馍馍，有豆沙馅、肉馅、咸菜冬笋馅等，口味绝佳。

**冬至** 冬至是二十四节气中最早被确定的一个节日，时间在每年公历的12月21—23日，有“冬至大如年”之说。冬至前一天是冬至夜，家家户户请神祭祖、祈求保佑，也有的则动土迁坟。旧时，浮厝（停放在地面的棺材外面用砖瓦盖住）在野地，亭子坍塌后，将尸骨捡入甏内，挖土掩埋。冬至也有做馍馍的习俗，称“冬至馍馍”。冬至馍馍用新收的糯米做成，无论是南瓜圆子还是猪油萝卜丝馅的米团子，都十分美味。

**送灶日** 农历十二月廿三（腊月廿三，又称小年夜）送灶神上天（送灶家菩萨）。旧时家家都有土灶，灶山上供有灶君马幛（灶家菩萨）。送灶前，先要请灶神，供品有赤豆糯米饭（加糖）、年糕、甘蔗、橘子、荸荠等。传说腊月廿三灶神上天向天帝汇报人间过失，供上又甜又黏的赤豆糯米饭，是祈求灶神上天言好事、下界保平安。

## 第二节　礼仪习俗

### 婚嫁习俗

婚姻是人生中的大事。婚嫁习俗自然繁多。革新村域内从老祖宗传承下来的有求婚、合婚、订婚、准日和结婚等婚嫁习俗。

**求婚**　男方央媒人去女方家索求帖子，帖子用红纸写，有女孩的生辰八字，也有女方看中男方主动请媒人提帖子的。提来帖子，男方将帖子放在灶山上香炉下，隔三日家中无事故，可称吉利，才去卜帖合婚。以前婚姻都是父母之命、媒妁之言的封建包办婚姻，男女双方都由父母做主。有的女方父母先去男家看过人家（看人家）才提帖子。

**合婚**　女方提了帖子，男方请人合婚，八字相配可以配婚。如果生肖相冲相克，不宜相配，就将帖子送还女家，并送上糕点。

**订婚**　订婚，也叫“定亲”，是定下亲事的意思。男方向女方下聘礼，举行订婚仪式，双方都办订婚酒席。是日，男方备好聘礼，请媒人压盘（男孩娘舅或姑夫）陪同男孩去女方家送聘礼，聘礼有金银首饰和礼金，礼金包好红包装在封袋中。礼金多少视经济条件而定，但礼金数目和封袋数都为双数，表示吉利。礼金有：正礼、门封、堂上、表礼、花红和盘头等数种。礼品还有肉（坐臀）、公鸡、鲤鱼等，女方的酒席费用男方折钱送上。

新女婿第一次上门，丈母娘要烧一碗糖蛋给他吃，一般烧4个或6个鸡蛋，加糯米镬糍。传说，旧时一户人家生下一个残疾女儿，长大后嫁给一个也有残疾的男子。女儿、女婿身体都有残疾，丈母娘担心生下的小孩也不健康，于是每次女婿上门就烧一碗糖蛋给他吃，补补身体，祈求女儿生下健康的外甥。不久，女儿果然生下了一个白白胖胖的孩子，身体非常健康。此事经过一传十、十传百，传遍桐乡一带乡村，从此凡女婿上门，丈母娘都要烧碗糖蛋给他吃。现今，准女婿第一次上门，丈母娘只要中意，就给他烧碗糖蛋，表示客气。准女婿第一次吃糖蛋不能吃完，要剩下几个蛋，表示孝敬丈母娘。

女方设午宴招待男方。宴席上，男方送来的盘头由女方分发给女方至亲，意思是要给女孩送结婚礼品。女方父母兄嫂和至亲给男孩送上见面礼金，饭后女方父母或兄弟姐妹带上礼品上男方家回礼。男方送来的门封、堂上的礼封各回一个，花红要加上一半后送回男方家，由男方谢媒人。女方到男家后，男方设宴招待。男方父母、兄嫂和至亲给女孩送上见面礼金。

**准日** 准日是男方请人选好的结婚吉日、写好日帖、送往女方的仪式。日帖由媒人送往女方家，准日一般不办准日酒。过去有定小亲的风俗，孩子幼小时，双方父母决定孩子的婚配叫定小亲。有的是指腹为婚，孩子还在娘胎里就定亲，也没有什么仪式。孩子长大后，双方父母商定孩子的婚事，请人选定结婚的日子。男女双方都办准日酒，形式与定亲相似，男方送上聘礼和日帖，女方也一样回礼。结婚日期确定后，双方各自准备婚事。

**结婚** 结婚是最热闹最喜庆的仪式，新郎迎娶新娘仪式极为隆重，三日头排场。第一天是拢相帮、待媒人。第二天举行婚礼（拜堂）。第三天，待新客，谢相帮。

婚礼之日，新娘梳妆打扮，上头（祭拜），父母为女儿穿鞋，新郎理发更衣，以前新郎穿长衫、戴礼帽（“文化大革命”前还有），请六神上头，中饭大家都吃上头团子，然后开娶亲船（现为汽车）。媒人、压盘、伴郎、喜娘、乐师、相帮与新郎同行，乐师一路吹奏。如今，摄影师一路拍摄录像，到达女方家后燃放鞭炮。新中国成立前有放铳代替鞭炮的习俗。压盘带上男方备好的礼封，到达女方家里后交给女方，女方过目后同意后才可接新郎进门。如果女方还有需求，压盘负责追加。结婚时送往女方家的礼封中，除了门封、堂上、表礼、花红外，还有厨师、茶师、抱舅（给娘舅）、总犒（犒劳相帮）、酒水（本地叫大四省），礼封总数也是双数。

新郎接进门以后，女方茶水招待，叫“坐茶水”，然后去新娘房前催邀。新娘在喜娘和伴娘的陪伴下出阁，女方娘舅抱新娘上轿（或车、船）。过去，新娘不可踩地带土上轿，否则娘家会因此而贫穷。嫁妆同行，过去有几件必不可少：铜火炉、子孙桶（马桶）、脚桶、桑苗（未嫁接）、种谷（现在改用白米代替）、万年青，这些都有好口彩，生儿育女传香火，子子孙孙万万年，蚕花茂盛廿四分，五谷丰登步步高。新娘上轿后，女方送上一担喜糕，打送新郎。送亲的姐妹亲戚也随后前往，新娘的兄弟陪送至男家，称为“吊烟囱”，乐师一路吹奏。

到达男方家后，鞭炮齐鸣。新娘由男方娘舅或姑父抱着盘三灯火样，然后站在大门口红地毯上，表示新娘不是自己走上门的，也有新郎背着新娘上门的。

男方同辈分的姑娘在大门口给新娘喂糖茶，新郎捧着脸盆、镜子和同心结，把新娘接进大门。过去，新媳妇进门时，公婆应回避，防“热面冲”，以免日后不和。新娘和娘家人由男家茶水相待，接着，新人胸戴大红花拜堂举行婚礼，一拜天地，二拜高堂，夫妻对拜。礼毕，由新郎同辈分的亲友，两人捧上龙凤花烛引路，夫妻双双慢慢走入新房，乐师吹奏相送。进入新房后，新婚男女坐于床沿结缘，公婆、兄嫂和至亲依次给新娘见面礼，婆婆在旁一一介绍，新娘也要给至亲的小辈送上见面礼。

接着是祭祖，新人祭拜祖上。20世纪90年代起，桐乡凤鸣公园、新世纪公园、植物园相继建成，都建有新婚摄影基地，新人都去公园游玩，拍摄结婚照。

男方正酒是晚餐，女方是中餐。宴席上，亲人同坐朝南，喜娘在一旁夹菜笑唱，逗新娘和众人开心。乐师吹唱京剧，烟花爆竹齐放。新郎敬酒敬烟，新娘分发喜糖（现在结缘都在喜宴上进行）。

过去革新村域内的风俗是满月回门，也有三日回门。现在交通方便，当日回门。新娘出嫁后第一个月不能在娘家过夜。

第三天是男方招待新客（新郎的岳父岳母），谢相帮。新婚之夜和下一夜都有闹新房的习俗，亲朋好友、兄弟姐妹都来参与，与新人善意调笑、游戏，向新人索取糖果、香烟，讨个快活。

新中国成立后，颁布了《中华人民共和国婚姻法》，男女平等，婚姻自由，婚姻习俗简化了，新的婚姻习俗也逐步形成，自由恋爱、友好交往、登记结婚、设宴庆祝成为时尚。20世纪50年代、70年代，村里有过两次集体婚礼，婚礼由大队干部主持。几对新人胸戴光荣花，在大队礼堂的台上举行仪式，向毛泽东像三鞠躬。20世纪60—70年代，也有旅行结婚的。新人登记结婚后，去杭州或上海等城市旅行、购物，回来后办几桌喜酒。

20世纪60年代后，花轿和郎船都没有了，迎亲改用农用船。后来用自行车、摩托车、汽车，档次越来越高。如今，迎亲请婚庆公司帮忙筹办，婚宴设在小区文化礼堂、酒家饭店，在门口撑起高大的红色充气拱门。迎亲车辆是奥迪、宝马、奔驰，宴会厅里搭起礼台、T型台，新人在台上举行时尚婚礼。

随着时代的发展和生活水平的提高，聘礼和嫁妆也随之变化。昔日，聘金为银圆、钞票，聘礼有金银首饰、布匹、丝棉、锦缎，嫁妆为橱箱、衣被、金银首饰，大户人家嫁女也有田地陪嫁，故有“女儿越嫁越穷，媳妇越讨越富”的说法。

20 世纪 60 年代以前聘金是几十元到几百元，“文化大革命”中不用聘金，只给新娘做嫁衣，折钱送上几十元到几百元。80 年代后又逐渐流行聘金，从几千元到上万元。进入 21 世纪，从几万元到几十万元不等，嫁妆也水涨船高。80 年代，是自行车、黑白电视机、收音机、八仙桌、衣被等，后来是彩电、冰箱、洗衣机、电动车、沙发、箱柜等。进入 21 世纪，用汽车和几十万的银行存票或现金作为嫁妆嫁到夫家。新娘的首饰从当初的耳环、戒指到如今的金项链、金手镯，也变得越来越高档。

**入赘** 入赘也称招“上门女婿”，女方无兄弟或兄弟尚小，招来上门女婿增加家中劳动力，协助治家，传宗接代。男方一般是兄弟众多，或家境困难，无力娶亲。昔日，上门女婿要改名改姓，改为女方家姓氏，生儿育女也随母姓，女婿有承担赡养岳父岳母的义务，同时也有财产继承权。新中国成立后，上门女婿的社会地位和家庭地位都有提高，不用改名换姓了。

**两头拜** 也叫两头开门。这种婚姻方式早先就有，不过数量不多，很少出现。20 世纪 70 年代末、80 年代初，实行计划生育后，提倡一对夫妇只生一个好。男孩、女孩都是独生子女，长大后都要赡养父母、传宗接代。所以，20 世纪末，两头拜的婚姻方式越来越普及，互不送聘礼，也不改姓名。结婚时，男女双方都去对方家拜堂祭祖，所生儿女姓氏协商决定，都有赡养父母的义务和继承财产的权利。

**续弦** 妻死后再娶，称为“讨填房”。夫亡再婚，称为“接膀”，又叫“拜污泥膀”。

**再婚** 旧社会里，受封建礼教束缚，寡妇再婚受人歧视，若带子女到新夫家被称为“拖油瓶”，受人欺辱。男子到寡妇家落户，被贬称“拜河泥膀”。丈夫亡故后，与弟弟结合称为“叔接嫂”。新中国成立后，这些封建思想被破除，提倡男女平等，寡妇再婚嫁得到了社会的认可，不再受歧视。夫妻双方和所带子女一视同仁。只要履行合法手续，结婚离婚都受法律保护。

**童养媳** 童养媳俗称“养媳妇”。旧时，经济困难的男方为减少日后结婚的开支、提前增加家中的劳力，把女孩多的人家的女孩领进家中当童养媳，等到长大后结婚。童养媳因年幼就在婆家，难免会产生矛盾或误会，造成家庭不和，夫妻感情不深。新中国成立后，此习俗已废除。

**抢亲** 旧时，男女双方订亲后，因男方家贫或其他原因结不成婚，男方就采用抢亲的手段谋得婚事。事前，男方与媒人、亲戚、本族人约好，并请他们帮助。抢亲当日（多数在夜间），男方一伙人前往女家，经媒人指认，新郎拉上新娘就走，族人相帮，连拖带拽，燃放爆竹，以示旁人不得干涉。新娘抢来后，马上拜堂认亲。第二天，小夫妻回门，岳父母看到生米煮成了熟饭，只得认女婿。此陋习于新中国成立后废除。

## 喜庆习俗

**担蛋汤** 女儿临产前一个月左右，娘家就要担蛋汤。一要为将要出生的外孙准备一些小衣服、裹裙、尿布等婴儿用品，二要准备女儿产后所需要的滋补物品，主要是鸡、鸡蛋、红糖、糯米镬糍等。现在生活条件好了，除此之外还有一些高档滋补品。但是当时，在贫苦人家和贫穷的日子里，一只鸡、几只蛋、一包红糖都是极为奢侈的。产妇在生产前喝的蛋汤也称“催生蛋汤”。如果娘家担了催生蛋汤，过一个月女儿还没生产，娘家就得担第二次蛋汤了，意思是再催催，但东西要比第一次少了。除了娘家外，其他亲戚朋友也都要担蛋汤。孩子未出生前，农历十二月份不能担蛋汤，这是这一带的忌讳。孩子出生后，什么时候都可担，但孩子出生满月后，就过了担蛋汤的日子。担蛋汤时要注意担的东西要成双，但又不能有“六”样，因为“六”与“落”同音，不吉利。

**过三朝** 婴儿生下后，要给外婆家报喜讯。到了第三天，外婆家要来给孩子过三朝，送来鱼、肉、糕点等物品，祭祀神佛，燃放鞭炮。是日，有给孩子取小名的，以后上学时再取大名。现在多为自家给孩子过三朝。

**满月** 婴儿出生一月称满月。孩子满月时要给孩子剃头（理发），家庭经济条件较好的办满月酒庆贺。这天，外婆家做来剃头馍馍（肉馅的糯米团子），请来理发师给孩子剃满月头，剃下去的头发揉成团，穿上红线挂在床头，留作纪念，或做成胎毛笔留念。满月酒上邀请孩子的叔伯、姑父、族长等长辈参加。之后祭神、放鞭炮庆贺，孩子与客人见面，长辈都给孩子送见面钿衣服，鞋帽等礼品，主人家分剃头馍馍给客人和邻居，给孩子聚人气，结人缘。

**周岁** 孩子满周岁，有办酒庆贺的习俗，也叫“闹周”和“抓周”。是日，请来孩子的叔伯、娘舅、姑父等至亲和族长吃闹周酒。客人们都给孩子送上见面钿、衣物、鞋帽等礼品。祭神仪式上敬上六神马幛，点烛焚香，摆上供品。孩子由长辈扶着在堂前拜太君菩萨，还准备尺、秤、笔、算盘等物品，让孩子挑着玩，看先抓什么东西玩，这叫“抓周”。村民用抓周这种方法来预测孩子的志向前程。如今，请神的仪式已经简化，办酒送礼的习俗还在流行，而且比以前更客气了。

**斋星官**　革新村与周边农村一样，一贯有庆寿祝福的传统习俗。庆寿有多种，逢九庆寿、高龄老人整十大寿庆寿、66 岁送寿礼。逢九庆寿，从 29 岁开始，29 岁是“韩信关”（古代名将韩信 29 岁时被杀），又称“斋星官”。斋星官需要用鲤鱼、鸡、肉，鲤鱼在仪式结束后放生，其他糕点、水果按家中代数来决定。如轮到斋星官的人有曾祖，那么祭祀时应放酒盅八只、筷子八双，鞭炮、糕点各四副（一副糕点是八样品种，四副即为重复的八样）；如上面只有祖父辈，则放酒盅六只、筷子六双，糕点、炮仗各三副；上面仅有父母的，则放酒盅四只、筷子四双，糕点、鞭炮各两副。糕点中必不可少的是米粉做的寿桃。仪式结束后，寿桃要整村分，一般每家分四个，数目成双，有散福之意。

**庆寿**　60 岁为花甲，昔日人的寿命较短，能活过七八十岁的很少，经济富裕的殷实人家，时逢太平盛世，为讨老人喜欢，光宗耀祖，为老人举办寿庆，供神斋佛。供品除了正常请神用的鱼、肉、鸡之外，还特别奉上寿桃馍馍。寿桃馍馍是肉馅的糯米团子，上有尖头，形似带蒂的桃子。女儿、寄子寄女及小辈们给老人作揖拜寿，祝老人家健康长寿。老人给小辈们拜寿礼金。寿宴上为老人敬酒祝福，吃长寿面，分发寿桃馍馍。66 岁的寿礼，女儿、寄子寄女都要送，六十六块红烧肉，表示老人吃了六十六块肉，可闯过“人逢六十六，阎王请吃肉”的关口，延年益寿，又报养育之恩和孝心。如今，寿庆请神的仪式已经简化，逢九和 66 岁时，女儿、寄子寄女送寿礼之习俗尚在流行。

**上梁**　以前，造房子先竖木榀，撑起木屋架，然后砌墙，因为当时的房子大多是泥墙。20 世纪 70 年代开始，墙里不用立柱，梁条木直接架在砖墙上，因此要先砌墙，再架梁。建造房子上梁是大事，当家（房主）和工匠都很重视。当家在上梁前请人看好日子、定好时辰，木匠师傅预先选好梁条木，出好榫头，正梁上包上红布肚兜，钉上顺治铜钿。其他梁条木先架好，只留下正梁的位置。上正梁那天，木工作头和泥工作头双双爬上梯子，用绳子把正梁提起来。良辰吉时一到，两位作头师傅一人一头，同时把正梁套进榫头。这时，鞭炮响起，人群欢腾，两位师傅往下撒上梁糖果和糕点。过去，口才好的师傅边撒边唱，喝彩唱吉利，邻里亲友争抢糖果糕点，十分热闹。

新屋内点烛上香，设台祭拜，请上梁土地，挂上上梁对联，上梁大吉。梁上好后，当家置办上梁酒，亲朋好友送来上梁礼品、红包（上梁人情）表示祝贺，媳妇娘家和出嫁的女儿家是重头，备上酒菜和上梁花糕前来贺喜，请上梁土地。上梁酒席上邀请亲朋好友、本族邻里的帮工及参与建设的工匠参加。上梁酒极为丰盛，以前称“蹄子八样头”，是八盘菜，现在有二十多盘。酒足饭饱之后，当家还要给木工作头和泥工作头发上梁红包以表谢意，其他吃上梁酒的每户发上梁糕一份，以示祝贺。

**请分家土地** 不知是哪朝哪代流传下来的习俗，当女儿家兄弟之间要分家时，作为女儿的娘家要去给女儿家请分家土地。除了鱼、肉、鸡、糕点、水果这些请神的礼品外，还要为女儿家置办镬子、镬盖、大小饭碗、筷子、勺子、篮子、淘箩；马幛架子、六神牌、盅子、酒壶、蜡扦香炉；铁耙刮子、千步镰刀、扁担土垯、箩头草鄱等生活用具和生产用具，应有尽有。请好分家土地后，还要办分家酒，请娘舅、姑父等至亲，还要请上老族长。吃好分家酒后，以示兄弟分家立户。20 世纪 80 年代中，国家实施计划生育政策，只生一胎，用不着分家，也就不用请分家土地了。但随着国家生育政策的改变，生二孩、三孩，那就要分家立户了。

**上学礼** 外甥要上学读书了，外婆家要送书包。以前，外婆只要手缝布袋就可以了。据说外婆家给外甥送书包，外甥读书悟性高、成绩好。随着时代的发展和人们生活水平的提高，送上学礼也随之而丰富。除了高档书包和学习用品以外，还有糖果、状元糕、食盐等（糖代表生活甜蜜蜜，状元糕代表成绩步步高、高中状元，盐谐音“缘”，表示结人缘）、自行车、雨鞋、雨伞、衣服等学习用品和生活用品。早先送外甥上小学只送一次，而现在，上幼儿园要送、上小学也要送，上大学那就要送大礼了。

## 丧葬习俗

**送终** 病人弥留之际，家人日夜守候身边服侍，听取遗嘱，还要准备寿衣。寿衣一般做成单数，即“三裤五领”，“三裤”为单裤、棉裤、罩裤，“五领”

为衬衣、夹衣、棉衣、罩衣和长袍。寿衣为绫罗绸缎，棉衣棉裤内翻丝绵，衬衣、衬裤为棉布。出门在外的亲人尽可能赶来与长辈见最后一面，这是晚辈对长辈尽孝的机会。谢世时，晚辈上香，跪于床前，号哭送终。

**报丧** 咽气后，儿女等亲人为死者擦身沐浴，穿上内衣，将遗体转运至堂屋门板上，头南脚北，头枕“元宝枕”，身盖被子，脚后点油灯，俗称“长明灯”，意为给死者西去照明。家人在旁不断烧黄纸和锡箔制成的纸锭，给其作“买路钱”。自族中人分头通知亲友，称为报丧。死者的衣物鞋子在附近三岔路口焚化，称为“烧包”。

**吊丧** 吊丧，也叫吊唁。亲友接到死讯后要赶来悼念死者，安慰家人。吊丧的亲友要送上海被、香布、香烛、黄纸、条肉和人情钱，现在有至亲送上花圈表示哀悼，女儿家还要送上八块方肉、羹饭，放在祭台上“请头边”。

晚辈都要戴孝。儿子戴重孝，头戴麻袋帽，身穿白长衫，腰系白布带，脚穿麻面鞋。女儿、儿媳头戴白布帽，身穿白衣裙，系白布带，脚穿白面鞋。孙辈头围白布带，曾孙辈是红布带，其他亲族系白布带，戴黑臂章。晚辈来吊丧者跪拜哀悼。儿子接客回礼，女儿、儿媳号哭，乐师吹奏哀乐，和尚道士诵经拜忏，为死者超度。

**入殓** 停尸一两天，吊丧的都来了，死者入殓。以前是自族中几个中年人为死者穿衣，也有请土工师傅为死者穿衣入殓。入殓时长子捧头，次子捧脚将死者放入棺木中，然后按顺序盖上海被，儿女的先盖，然后是亲戚送的。接着分扯蚕花布和蚕花棉兜。据说，扯到了蚕花布和蚕花棉兜的家中蚕花茂盛，又能为小孩辟邪保平安。棺木中还要放一根竹子，上缠绵兜、枣子、核桃和米饭团，称为“柱条棒”，能让死者一路上消灾免难，最后是盖棺定榫。入殓整个过程，乐师吹打，僧道诵经拜忏，女儿、儿媳等女眷号哭。

**出殡** 出殡是将死者灵柩送至墓地，也叫“送葬”。出殡时，儿子在前，一人沿途不停撒纸钱，另一人提着灯在前照明，晚辈亲族一路护送灵柩前往墓地。

安葬前，有的请人择地定向。以前有钱人家预先用砖石筑好墓穴，叫“打矿”。人死后，棺木放入后，封矿堆土，筑成坟墓。普通人家挖土葬棺做坟，大多数先将棺木安放在地面，下面垫高，上包稻草，俗称“柴冒棺材”。数年后，四周砌砖，上盖瓦片，两头留孔，形似亭子，叫“财亭”。数年后，尸骨上甏堆成小坟。夫妻合葬，入土为安。

**火化** 20 世纪 80 年代末，桐乡开始实行殡葬改革，遗体火化，坟墓集中，节约土地，净化环境。丧葬礼俗也随之简化，入殓时，遗体先安放在殡仪馆提供的棺材中，送上殡仪车去火化。遗体火化后，家中设灵台，也叫“素台”，骨灰盒放在灵台上，灵台上方贴着道士写的榜，家人每天点烛送饭，跪拜哀悼。以前灵台有摆 3 年的，有摆 1 年的，现在二转或五七时灵台撤去，撤去灵台叫“除台子”，要举行仪式。如今，丧事越办越简单，仪式越来越简化，村域内部分村民小组出现“头转”“二转”“五七”一次办的丧事仪式，即三次仪式中的全部程序一次性走完。虽然仪式简化了，但程序一样都不少。这既省了亲朋的钱，又免去几次劳心费神之事。这种形式越来越受到人们的普遍接纳，是要改变人们几千年来对待丧葬的习俗了，倡导一种“厚养薄葬”的新风尚。

**接煞** 接煞也称“二转”。依照旧俗，人死后 9 ～ 18 天还要回家作最后一次探望。这时，家中应准备好酒菜来“接煞”，起煞 9 天，满煞 18 天，这个时间都是根据死者的生辰八字而定的。起煞和满煞都是苦命人，煞期在 13 ～ 16 天的是命好人。

**做七** 做七是家人为死者做佛事，每隔七天做一次。第一个七天为“头七”，第二个七天为“二七”，以此类推，共七次，七七四十九天后“断七”，其中“五七”做的最为郑重，请来僧道念经拜忏，为死者超度。女儿家送来纸船等纸品冥器，“五七”粽子等放在祭台上夜祭，“五七”凌晨为死者解结。解结的粽子多少视死者年龄而定，天一只，地一只，狗一只，猫一只，死者几岁再加几只。解结仪式上，女儿跪于祭台前，把扎粽子的稻草结解开，粽子抛在身后，其他亲人也可参与，据说解结后死者生前一切怨结都化解。然后道士赞船，至亲跪地哀悼，赞船结束后把全部纸品冥器和死者生前衣物焚化，并除去灵台和所有孝服，骨灰盒送到墓地安葬。之后每逢亲人逝世之日，为其做忌日，表示缅怀之情。

## 第三节 生产习俗

**蚕花会** 农历二月初二是北孟庙蚕花菩萨生日。历来有请蚕花做庙会的习俗。这天，北孟庙庙界内各村坊送来供品，在北孟庙里点烛插香，请蚕花参拜祈祷，希望得到菩萨保佑，养蚕无病无灾，获得蚕茧丰收。老年妇女聚集念佛烧香，男女老少都来赶庙会。请好菩萨后，各村坊把鱼、肉等供品带回做会聚餐，同庆同乐，有时还请来戏班子在庙会做戏。

二月初二这天还有吃年糕萝卜的习俗。俗话说："撑船萝卜撑腰糕。"说是这天吃了萝卜和年糕，人健康、腰板硬、有力量，干活不腰疼。

**青苗会** 农历八月初二是北孟庙土地菩萨生日，跟二月初二一样做庙会、拜菩萨，但八月初二称"青苗会"，是请土地菩萨的，祈求土地菩萨保佑地方风调雨顺，免灾避难，稻苗长得好，五谷丰登。昔日的革新村域内，农民上半年主要靠养蚕，下半年靠种田获得经济收入。对于养蚕种田，村民十分重视。青苗会上，城里商家、乡村小贩都在庙前的道场上设摊买卖，一边收购农产品，一边销售生活用品和生产工具。最能吸引小孩的是小吃摊和观看西洋镜大洋片，夜里还有戏班做戏。新中国成立后，庙里没有菩萨，60—70年代没有举办庙会，80年代以后，庙会是请菩萨和做会（村上会餐），其名称仍是蚕花会和青苗会。土地征用后，庙会也取消了。

**二月十二百花生日** 农历二月十二是百花生日，这是农事节日。此时严冬已过，天气渐暖，万物复苏，果树开始萌芽开花。这天有给果树挂红绸带贴红纸条的习俗。据说，这天天气晴朗，果子是熟年。因此，每到这天，桃子、枇杷、梨、柿子等果树上都挂着红带子。过了百花生日，南瓜、地蒲、茄子、辣椒等蔬菜种子可下种育苗。

**请栏神** 家养猪、羊、鸡、鸭等家畜家禽是农家必不可少的副业，为求平安，无病无灾，古有请栏神的习俗。下列情况便有人请栏神：新建饲养棚舍，刚买来小猪、小鸡、小鸭饲养不顺利、不兴发、常有无故死亡的。请栏神都在棚栏前进行，插烛上香，供上黄纸折成的元宝，拜揖祈祷，求神保佑六畜兴旺、无病无灾。此习俗现已废除。

**拜桥忏** 桥造好后，为求新桥太平和周边村民平安，习惯上要拜桥忏。拜桥忏是附近村民自发组织的，费用来自于村民捐款。以前有化缘造桥、化缘拜桥忏的做法，现在桥都由政府出资建造。是日，桥堍搭起简易棚，请来一班道士，摆上桌台，点上香烛，奉上供品祭桥神，拜桥忏。乡间老太太在桥堍行礼拜揖、念行桥佛、祭拜桥神。

## 第四节　谚语

**农桑类**

五月黄梅好种田，错过黄梅勿种田。

立秋三日苗孕穗，处暑全是空心草。

早稻勿种六月田，晚稻勿过立秋关。

立冬无立稻，霜降割早稻。

立夏三朝豆腥气。

秧好半年田，秧好半熟稻。

白露白批批，秋分稻透齐。

小蚕靠火养，大蚕靠风长。

出火嗷来一片皮，大眠眠来斩斩齐。

肥料是个宝，全靠施得好。

若要萝卜大，种了萝卜过白露。

麦过春分昼夜长。

春天肥满塘，秋后粮满仓。

庄稼一枝花，全靠肥当家。

麦浇芽，菜浇花。

**气象类**

早西夜东风，日日好天公。

早上薄薄云，下午晒煞人。

早晨落雨吃饭晴，吃饭落雨无药医。

阵头雨，隔田塍。

立春落雨到清明，一日落雨一日晴。

上看初二初三，下看月半十六。

三朝雾露发西风。

瑞雪兆丰年。

今冬大雪飘，来年收成好。

早鲎（彩虹）日头夜鲎雨。

雨打正月半，一年不好看。

蜻蜓成群飞，要落阵头雨。

六月的天，孩子的脸，一日也要变三变。

南闪火门开，北闪有雨来。

勿（未）吃端午粽，寒衣勿可松；吃了端午粽，还要冻三冻。

十月赤膊，稻要潮浴。

白露身不露，赤膊当猪猡。

小暑一声雷，倒转做黄梅。

清明断雪，谷雨断霜。

天有馒头云，有个雨缝晴。

**养生类**

好菜不过食，好酒不过量。

静而少动，眼花耳聋；有静有动，无病无痛。

每天起得早，八十不见老。

卫生好，毛病少；锅灶净，少生病。

跑跑跳跳浑身轻，不走不动多生病。

庄稼没肥不长，人不锻炼不壮。

狂食损身，暴饮伤胃。

冬吃萝卜夏吃姜，不劳医生开药方。

早饭吃得好，中饭吃得饱，夜饭清淡吃得少。

一日三片姜，不用开药方。

生病吃仙方，自己寻阎王。

少吃多滋味，多吃坏肚皮。

吃肉不加蒜，营养减一半。

日咽唾沫三百口，一生活到九十九。

朝暮叩齿三百六，七老八十牙不落。

**生活类**

食多必伤胃，儿多娘受罪。

兄弟一条心，泥土变黄金。

关子头上敲潮烟。

远亲不如近邻，街坊不如对门。

冷在风里，穷在债里。

瘌痢头儿子自道好。

叫人不蚀本，舌头上打个滚。

前半夜想想自家，后半夜想想别家。

吃不穷，穿不穷，不会打算一世穷。

说话听声，锣鼓听音。

戏法人人会变，各人巧妙不同。

临时抱佛脚，越抱越蹩脚。

皮笑肉不笑，肚里藏尖刀。

村看村，户看户，社员群众看干部。

浪费无底洞，坐吃山要空。

好食勿给饱人吃。

吃饭不忘种田人，喝水不忘挖井人。

吃尽天边盐好，走遍天涯娘好。

勿会种田看上埭。

牙痛不算病，痛煞无人问。

小时偷只针，大了要偷金。

牛耕田，马吃草，儿孙自有儿孙福。

日里勿做亏心事，半夜勿怕鬼敲门。

国强民也富，国亡家也破。

新三年，旧三年，缝缝补补又三年。

欠债还钱，天经地义。

新阿大，旧阿二，缝阿三，补阿四。

游尽天涯，不及坐看文章。

常在河边走，哪有不湿鞋。

拳头上出孝子，筷头上出败子。

善有善报，恶有恶报，不是不报，时辰未到。

做生意不成一次，讨老婆不成一世。

百步无轻担。

看人挑担不吃力。

好问不迷路，好做不会穷。

**歇后语**

丈二和尚——摸不着头脑

丈母看女婿——越看越有趣

阿巧姆妈养阿巧——巧上加巧

十五只吊桶打水——七上八下

三根指头撮田螺——稳笃笃

鸭吃砻糠——空开心

大水淹了龙王庙——自家人不认自家人

外甥打灯笼——照旧（舅）

包公断案——铁面无私

丢了西瓜抓芝麻——因小失大

阴沟里的泥鳅——翻不起大浪

刘备卖草鞋——干本行

石板上掼乌龟——硬碰硬

关公走麦城——马倒路绝

武松打虎——浑身是胆

四金刚扯绷（摇船）——大来大去

四金刚腾云——悬空八只脚

老虎吃蝴蝶——不经嚼

肉骨头敲鼓——荤（昏）咚咚

黄胖烧年糕——吃力不讨好

驼子跌一跤——两头不着实

老虎头上捉蚤虱——找死

韩信点兵——多多益善

大伏天穿棉袄——不合时宜

猪八戒照镜子——里外不是人

快刀斩乱麻——干净利索

东郭先生救狼——善恶不分

杀鸡用牛刀——小题大做

头顶长疮脚底流脓——坏透了

鬼迷张天师——有法不可施

打破脑袋不喊痛——死充好汉

出头椽子——先烂掉

大海里撑篙——不着底

膝盖上打瞌睡——自靠自

辣茄过烧酒——煞克（带劲）

屠甸寺蜡烛——笃定放芯（心）

癞痢头撑伞——无发（法）无天

造屋请来箍桶匠——找错人

阿囡头烧早饭——弄弄看

杨小毛看马达——怪气

松明修坍桥——照老样

**民谣**

打送外甥做馍馍，三升糯米七升粳。

舅妈面孔急绷绷，娘舅牵磨掼家生（杂）。

外公竖起胡子不管账，外婆躲在灶口哭一场。

## 第五节　方言

### 方言（又称土话）

革新村域地处太湖与钱塘之间，属古代吴越区域，方言具有上海、嘉兴、苏州、湖州的方言共同特点，但也有在口语、口音上的不同，是先辈在日常生活、生产中形成并遗留下来的宝贵文化遗产。

有些方言（土话）的形成是人们从其事物的形状特征与其意思相结合叫出

来的。时间久了，就成了一种固定的语言。如：

**看想** 在普通话中叫“看上”或“看中”。当我们看到某样东西或者某个人，觉得喜欢，心中有时会有想法。看想是看见了觉得好，并想要得到它（他、她）的意思，比普通话中所表达的意思还要准确到位。

**女线** 在普通话中叫“缝衣针”。也许此物品是因为女人用的，而且是穿上线以后使用的，故叫“女线”。

**水菜** 在普通话中叫“河蚌”。人们把它叫作“水菜”，大概是因为此物产于水中，又可用来当小菜而得名。

**弯转** 普通话叫“虾”。因“虾”的身体弯曲，方言中的“弯转”取其特征而得名。

**无知蝶** 在普通话中叫“蝉”或“知了”。因为它的叫声在一些人听来如“知了……知了……”而叫它“知了”，而村域内的人看来，它知道什么呢？它一无所知，听起来它的叫声更像“无知……无知……”，但它又长翅膀像一只蝴蝶，所以叫它“无知蝶”。

**夜壶** 字典中“尿壶”的意思是撒尿用的壶。“夜壶”意思是夜间用的壶。因为尿壶是供男人在夜间用的壶，其他如“酒壶”“茶壶”一般是白天用的。

**小菜** 又叫过头，普通话里叫“蔬菜、荤菜”。人们把蔬菜、肉切成小块，再烧成的菜，就叫小菜。下饭或下酒的菜叫“过头”，也叫“过饭”。

**毛针** 普通话叫“笋”。笋的壳上尖有须，而其形状尖尖的，像针一样，所以人们以其形而得名毛针。

**田鸡** 普通话叫“青蛙”。青蛙的肉鲜美，好像鸡肉一样鲜，而它生长在水田里，人们称它为田鸡。

### 常用词语土话与普通话对比

| | | | |
|---|---|---|---|
| 热（niè）头 | 太阳 | 移星 | 流星 |
| 日头里厢 | 太阳底下 | 日（niè）亮 | 月亮 |
| 阴凉头里 | 背阴处 | 扫帚星 | 彗星 |
| 雷响或打雷 | 雷声 | 街（gā）上（lao） | 城里 |
| 阵头雨 | 阵雨 | 鬼（jì）头风 | 旋风 |
| 雾露 | 露气 | 乡下（wo） | 农村 |

| | |
|---|---|
| 忽显 | 闪电 |
| 厢屋头 | 客厅或大厅 |
| | |
| 瓦翘爿 | 瓦片 |
| 桥洞 | 取水的石阶 |
| 泥墣（bá）头 | 土块 |
| 埠头 | 码头 |
| 竹爿头 | 竹片 |
| | |
| 旧年 | 去年 |
| 日中心里 | 中午 |
| 开年 | 明年 |
| 黄昏头或夜快边 | 傍晚 |
| 热天公 | 夏天 |
| 朝辰头 | 早上 |
| 夜个头 | 晚上 |
| 半夜部（bù） | 半夜 |
| 冷天公 | 冬天 |
| 日脚 | 日子 |
| 年脚边 | 农历岁末 |
| 日（niè）部（bù） | 一天左右 |
| 辰光 | 时间 |
| 格歇 | 现在，刚刚 |
| 今（gī）朝 | 今天 |
| 喊（hai）边 | 边沿 |
| 门朝 | 明天 |
| 东喊 | 东面 |
| 上昼 | 上午 |
| 下（wó）昼 | 下午 |

| | |
|---|---|
| 种田 | 插秧 |
| 叉袋 | 麻袋 |
| 捉稻 | 割稻 |
| 钎步 | 铁铲 |
| 截树 | 锯树 |
| 箩头 | 箩筐 |
| 生（sang）活 | 劳动或干活 |
| 马达 | 电机 |
| 办叶 | 采叶 |
| 皮线 | 电线 |
| 插头 | 插座 |
| 电棍 | 日光灯 |
| 蚕尼 | 蚕蛹 |
| 广秧 | 桑苗 |
| 蛾子 | 蚕蛾 |
| 杠条 | 枝条 |
| 蚕沙 | 蚕粪 |
| 头眠 | 蚕第一次眠 |
| 出火 | 蚕第三次眠 |
| | |
| 蔓（mai）豆 | 黄豆 |
| 野蒲桃 | 山核桃 |
| 山茹 | 番薯 |
| 地地 | 荸荠 |
| 洋山茹 | 马铃薯 |
| 长生果 | 花生 |
| 黍蒲柱或糯黍 | 玉米 |
| 花米头 | 花蕾 |

| | |
|---|---|
| 辣茄（ga） | 辣椒 |
| 野菜 | 荠菜 |
| 裙带豆 | 长豇豆 |
| 寒豆 | 豌豆 |
| 杏（ang）子 | 樱桃 |
| 大蒲头菜 | 青菜 |
| 别杷 | 枇杷 |
| 番茄 | 西红柿 |
| 蒲桃 | 胡桃 |
| 鸡毛菜 | 萝卜秧苗 |
| 麻麻（ma） | 团子或馍馍 |
| 年包头 | 猪头 |
| 冬菜（盐济菜） | 咸菜 |
| 素小菜 | 豆制品 |
| 金粉头 | 丝粉 |

| | |
|---|---|
| 邪狗 | 疯狗 |
| 角蜢或蚂蚱 | 蚱蜢 |
| 宗牲（sang） | 畜生 |
| 顺境 | 顺利 |
| 窝鹊 | 喜鹊 |
| 毛毛纹 | 蝌蚪 |
| 麻鸟（diao） | 麻雀 |
| 喇（lǎ）太婆 | 蛤蟆 |
| 摸阿公 | 鸬鹚 |
| 结蛛 | 蜘蛛 |
| 曲蟮 | 蚯蚓 |
| 百脚 | 蜈蚣 |
| 壁龙 | 壁虎 |

| | |
|---|---|
| 蚤虱 | 跳蚤 |
| 老喔 | 乌鸦 |
| 盲子灰链鳖 | 蝮蛇 |
| 门子 | 蚊子 |
| 苍元 | 苍蝇 |
| 寸尺虫 | 尺蠖 |
| 米虫 | 蛀虫 |
| 喇（lǎ）子 | 蚜虫 |
| 游火虫 | 萤火虫 |
| 街沿石 | 门前檐口的阶石 |
| 调勾 | 小汤勺 |
| 面板 | 铺在瓦片与椽子间的薄板 |
| 墩头板 | 切菜板 |
| 灶头间 | 厨房 |
| 洋机 | 缝纫机 |
| 地塌铺 | 地铺 |
| 抢刀 | 锅铲 |
| 骨牌凳 | 小方凳 |
| 趟底布 | 鞋垫 |
| 洋蜡烛 | 蜡烛 |
| 面盆 | 脸盆 |
| 叫子 | 哨子 |
| 潮面 | 洗脸 |
| 纽子 | 纽扣 |
| 潮浴 | 洗澡 |
| 针 | 塞、铁耙针、热水壶针 |
| 抹身 | 擦身 |
| 头皮或头滑 | 第一批 |
| 二皮或二滑 | 第二批 |

| | |
|---|---|
| 困告 | 睡觉 |
| 汰手 | 洗手 |
| 乱说 | 撒谎 |
| 剃头 | 理发 |
| 善过 | 可怜 |
| 舌骨头 | 小偷 |
| 急棍 | 厉害 |
| 擦烂吾 | 闯祸 |
| | |
| 小宁 | 小孩 |
| 翻面孔 | 翻脸 |
| 小活猕 | 顽皮小孩 |
| 瞎（xia）扎（za） | 聪明 |
| 学生（sang）子 | 学生或学徒 |
| 污（wù）暖 | 尿布 |
| 老娘婆 | 接生婆 |
| 做戏 | 演戏 |
| 嚼舌头 | 多嘴 |
| 港（gàng）闲话 | 讲话 |
| 派（pá）拉 | 狠毒缺德 |
| 汰衣裳 | 洗衣服 |
| 爹爹（dia） | 祖父、爷爷 |
| 白（bie）相 | 玩耍或游戏 |
| 娘娘 | 祖母、奶奶 |
| 高兴 | 表示同意 |
| 恩（en）娘 | 姑母 |
| 齐整 | 漂亮 |
| 养小宁 | 分娩 |
| 饭米碎 | 饭粒 |

| | |
|---|---|
| 小潮头 | 男孩子 |
| 事件 | 鸡、鸭的内脏 |
| 街上（lao）人 | 城里人 |
| 消伊 | 不要 |
| 乡下（wo）人 | 农村人 |
| | |
| 清爽 | 干净 |
| 狗悲 | 小气 |
| 游水 | 游泳 |
| 打叛洞 | 藏猫猫或捉迷藏 |
| 邋搭 | 邋遢 |
| 搅（xiǎo）花头 | 煽风点火 |
| 囝（nǎng）子（en） | 男儿 |
| 僵尸躲落鬼（jì） | 讽刺、挖苦 |
| 男人家（ga） | 老公或丈夫 |
| 悲脸 | 面子 |
| 伐（wó）啦 | 我们 |
| 绵兜 | 丝绵 |
| 态得来 | 好得来或富得来 |
| 鹞子 | 风筝 |
| 携（ye）手 | 拉手或牵手 |
| 印子 | 印章 |
| 丈（sǎi）路 | 走路 |
| 好日（niè） | 结婚 |
| 找对象 | 相亲 |
| 讨新娘子 | 娶媳妇 |
| 相打 | 打架 |
| 着棋 | 下棋 |
| 立壁角 | 在墙角罚站 |

| | |
|---|---|
| 学堂 | 学校 |
| 混堂 | 浴室 |
| 趁铜钱 | 赚钱 |
| 洋钿 | 银圆 |
| 铜钱 | 钞票 |
| 勿算数 | 不算、不作数 |
| | |
| 眼泡皮 | 眼睑 |
| 济手或借手 | 左手 |
| 嘴脯 | 嘴巴 |
| 顺手 | 右手 |
| 馋吐水 | 口水 |
| 手节头 | 手指 |
| 盘牙 | 臼齿 |
| 指爪（zao） | 指甲 |
| 大（dǔ）捧（póng） | 大腿 |
| 膝钵馒头 | 膝盖 |
| 脚节头 | 脚趾 |
| 妠妠（na） | 乳房 |
| 脉息 | 脉搏 |
| 奶奶（na） | 奶水 |
| 疰船 | 晕船 |
| 疰车 | 晕车 |
| 缺嘴 | 兔唇 |
| 赎药 | 买药 |
| 呛 | 咳 |
| 塌药水（膏） | 涂药 |
| 头绳衫 | 毛线衫 |
| 老头管 | 短裤 |

| | |
|---|---|
| 伤风 | 感冒 |
| 肚里查 | 腹泻 |
| （烂肚瘟）盲肠炎 | 阑尾炎 |
| 利果（gú）瘟 | 腮腺炎 |
| 石病（痨病） | 肺结核 |
| 毒头（十三点） | 神经病 |
| 脑木炎 | 乙脑炎 |
| 风子 | 麻风 |
| 筋风吊 | 癫痫 |
| 发寒日头（发热度） | 发烧 |
| 灰鸭蛋 | 咸鸭蛋 |
| 逢（bǒng）热 | 趁热 |
| 白焐蛋 | 煮鸡蛋 |
| 打瞌充 | 打盹 |
| 结心饭 | 夹生饭 |
| 一忽 | 一觉 |
| 搭夜作 | 加夜班 |
| 打涂 | 打鼾 |
| 搓牙齿 | 刷牙 |
| 咯（guó）嘴 | 漱口 |
| 烧酒 | 白酒 |
| 冬酒 | 黄酒 |
| 杜搭酒 | 米酒 |
| 乓酒 | 料酒 |
| 烧野饭 | 野炊 |
| 烧饭 | 煮饭 |
| 烧菜 | 炒菜 |

## 第六节　生活习俗

**家常菜**　村域内旧时家家都用灶头、铁锅烧饭做菜，主食是大米，少有面食。20 世纪 60—70 年代，村民种植双季稻，晚米不够吃时，也吃早稻米，家常菜以素食为主，很少吃鱼肉之类的荤菜。蔬菜以自种自食为主，蔬菜品种有青菜、包菜、萝卜、茄子、冬瓜、南瓜、地蒲、丝瓜、竹笋、茭白、芋艿、慈姑、蚕豆、黄豆和葱韭大蒜等。豆制品有：豆腐、豆腐干、油豆腐、千张、素鸡，荤菜包括猪、羊、鸡、鸭、鹅等肉类，鸡蛋、鸭蛋等禽蛋，以及鲢鱼、鲫鱼、青鱼、草鱼等水产。腌制品有咸鱼、咸肉、咸菜、梅干菜等，还有臭豆腐干、臭苋菜梗等。烹饪方法有煮、炖、煎、炒、油炸、白烧和红烧。调味品有菜油、豆油、麻油、酱油、盐、老酒、老姜、辣椒、红糖、味精（20 世纪 60 年代末才开始用）。旧时用来招待贵客、新客（新娘第一次上门），宴席上的菜肴上蹄膀等八道或十道菜，这是最客气的。平时待客、过年过节也就是几道家常菜，不用蹄膀，但以荤菜为主，少有素菜。席间有主人夹菜、客人婉拒之习俗，有人戏称其为：“敲鱼拨肉蛋兜兜”。吃剩的荤菜舍不得倒掉，留着下次再招待客人。20 世纪 80 年代开始，村民生活水平逐步提高，膳食逐步改善，重视饮食质量，讲究营养均衡，注重荤素搭配，讲究烹调方式和口味，肉类、禽蛋、水产、海鲜等逐渐增多。

**婚丧宴席菜**　旧时，结婚酒宴有蹄膀、东坡肉等八道菜，俗称“蹄子酒”，是最为丰盛的。酒宴上除了蹄膀外，还有东坡肉（方肉）、块肉、鸡肉、鸭肉、鱼、韭菜肉丝、三鲜、笋干等。改革开放后，村民富起来了，酒宴也越来越丰盛了。特别是近几年，办酒席都用圆桌，10 人一桌，菜肴多、品质好。冷盘有白斩鸡、牛肉片、油爆虾、爆鱼、酱鸭、鸭舌、海蜇、开心果、山核桃等；热炒的有猪舌、肚片、腰花、鱼块、鱼片、发菜肉丝、韭芽肉丝、鳝丝鳝片等；红烧的有蹄膀、方肉、块肉、猪脚、羊肉、糖醋排骨、牛排、时令海鲜等；六大全有全鸡、全鸭、全鱼、蹄膀、大龙虾、东坡肉等。点心有八宝饭、小笼包或烧卖软糕、小米糕等；汤类有骨头汤、蛋花汤、肉丝汤等，还有水果拼盘。

丧事酒席俗称“豆腐饭”或“素酒”，旧时以素菜为主。宴席上有豆腐、豆腐干、千张、油豆腐、油面筋、粉丝等各种素菜，只有在最后一餐才有荤菜，如今豆腐饭也办得相当丰盛，除了第一餐桌上几个豆制品的菜，以后几餐全是荤菜，连和尚道士、念佛老太太也同样吃鱼、吃肉、吃荤菜。

**打年糕** 打年糕是村里的传统习俗。以前，每到农历年底，每家都用糯米磨成粉用手工做或用石臼打成年糕，作为新年的一道主食，有的还作为礼物送人，因为年糕寓意“年年登高”，成为人们祝福亲友的好口彩。民间还有农历二月初二吃“撑腰年糕”的习俗，俗话说“撑腰萝卜撑腰糕”，据说吃了“撑腰年糕”可以确保农忙季节不腰痛。年糕蒸热的时候又软又糯，冷却后则很坚硬，所以人们希望吃“撑腰年糕”，使自己的腰像年糕一样软硬自如，从而投入春耕大忙季节的繁重劳动中去。其实这不过是一种精神期盼，后来慢慢演变成了一种习俗。每到二月初二这天，人们都吃“撑腰年糕”。年糕的制作方法可分为浸米、淘米、磨粉、蒸粉、打年糕和做年糕六步。

▲ 打年糕

第一步，浸米。将糯米和粳米按比例掺和后浸入清水中，比例的多少根据糯米的品种和个人口味偏好而定。

第二步，淘米。浸米时间不能过长，一小时后即可捞起。去河水中淘洗，去掉杂物，淘干净后沥干。

第三步，磨粉。昔日米粉要在石磨上磨，20世纪60年代后则在小钢磨上磨。磨粉前要凭经验观察米的吃水程度，米太干磨出的米粉较粗，影响年糕的口感；米太湿要粘磨，米粉粘在磨子里磨不出来，湿米应放在竹匾里晾干后再磨，但米粉要磨得越细越好，磨好的米粉要注意散热。

第四步，蒸粉。灶上用大锅，锅上架一只木制蒸桶，蒸桶底部安好竹蒸架，铺上蒸布，防止米粉漏出。接着是上粉，上粉要用大口碗，把米粉一层一层加进去，熟一层加一层，粉色变暗便是蒸熟了，可以加粉，一直到加完为止。灶里的火要烧得旺，否则蒸汽透不上来。

第五步，打年糕。先把装有熟粉的蒸桶抬下来，放在水缸或脚桶上淋水，然后倒入石臼里，用石臼捶打，一人在旁视情况洒上一些水，防止米粉粘底。

第六步，做年糕。堂屋里搭上板台，把打成的粉团放到板台上，再用力揉搓，压扁成长方形，再用丝线分割成一条条小长方形的年糕，这叫毛糕。毛糕比用油水修光的年糕保存时间长，过年的长条年糕要做得长，用手沾上油水把年糕修光，还要做上粉米囤和粉元宝。斋灶用的年糕做成扁圆形，大碗口大，年糕上也做粉米囤和粉元宝。孩子们喜欢吃糖年糕，打年糕时，各家都会做一些糖年糕。几天后，年糕干了，毛糕浸在腊水（立春前取的水）中不易坏掉，时间长了要经常换水。

年糕做得少的不用大排其场，既不用蒸桶，也不用石臼打。将米粉加少量水弄潮搓匀，用米筛筛过，放在蒸笼上蒸熟，就可以做成年糕，此方法简单易做，适合人口少的小户人家，以往本村村民普遍用此法做年糕。

**酿米酒** 桐乡这一带历来有酿米酒的传统。昔日，村里民众在腊月里都会自酿米酒准备过年，这种米酒也叫“杜搭酒”，用于新年待客和自家享用。

酿米酒的一般有五个步骤：

第一步：淘米。把糯米淘干净，浸水24小时左右，然后沥干。

第二步：蒸饭。将米放进蒸桶里，先放半桶，不加盖，待米饭蒸熟后再加一层米，熟一层加一层，直到加完为止，再加上盖子焖一会儿。

第三步：加酒曲（酒药）。刚蒸好的米饭太烫，要用冷水淋过，然后倒进缸里，由一人用双手把米饭翻松，另一人把酒曲撒在米饭上，边翻边撒，酒曲要撒得均匀。接着，把米饭压平，中间挖个见底的圆洞，这叫“酒潭”。最后，盖上缸盖，用柴草或旧棉絮把酒缸围严实保温。这一步动作要快，太凉了酒做不好，不起酒酿；太烫了酒会酸掉。

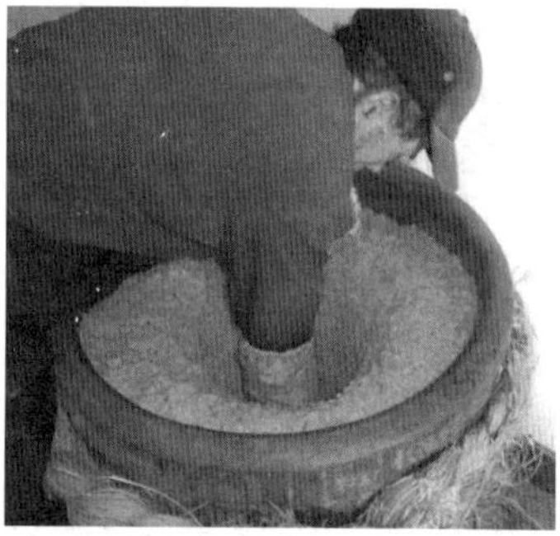
▲ 酿米酒

第四步：兑水。一昼时（24小时）后要去查看，如果满屋酒香，说明酒已做成。再去摸摸酒缸，太烫了要放凉，太凉的要加温。三天后揭开缸盖，如果酒坛里酒酿满潭，就可以兑水了，兑水比例为1 ∶ 1.5，也就是1斤米加1.5斤水，然后继续盖上缸盖。

第五步：滤酒。一周后，就可以滤酒（把米酒和酒糟分离开），滤酒都用淘箩和纱布。酒糟可做菜，用酒糟做成的糟烧鱼是一道美味佳肴。米酒去掉酒脚（坛底的沉淀物），然后上坛封严，不碰动，可以存放到清明，到种田时节还很好，甚至力道更足。

**做酱**　蚕罢后，收了小麦和蚕豆，村民就忙着做酱。这种用面粉和蚕豆做成的酱，也叫“豆瓣酱”。豆瓣酱是旧时主要的调味品。

做酱用面粉和蚕豆作原料。小麦磨成面粉，蚕豆浸胖去皮（壳）烧酥，然后按 2 ∶ 1 的比例，面粉和豆瓣混合，再用沸水搅拌后，做成麦糕。麦糕蒸熟后凉透放在蚕匾里，上盖蚕匾和旧棉絮，不让通风。麦糕发酵后出花。一星期后，掀开蚕匾看，麦糕上黄花越多越好，出花后的麦糕就是酱黄子。如果麦糕上长得是黑色的花毛就不可做酱了。

夏天的太阳火辣辣的，把酱黄子放在阳光下暴晒，晒干后的酱黄子硬邦邦的，然后放在缸盆里，倒进加盐的凉开水，水没过酱黄子，放在阳光下晒。

▲ 做酱

晒酱是不容易的。白天晒出，傍晚收进，而且要防止苍蝇蚊虫掉入和雨淋。夏天阵雨多，来势急，聪明的村民在酱缸边放个笠帽，阵雨来了，来不及收进屋就盖上笠帽，防止雨水进入。缸盆上罩着纱布或薄棉兜防蝇，每天早上晒酱时要搅拌一次，拿筷子在酱盆里按一个方向旋转，但晒热的酱不能搅拌，否则酱会变味甚至坏掉。酱越晒越稠，颜色越晒越深。二十多天后，酱香浓郁，呈一抹糊状。酱晒好后，装进瓶瓶罐罐等器皿里储藏备用。

**塌糯米镬糍**　旧时，逢年去拜年，主人家总要泡上一碗镬糍糖茶，那是最常见也是最高规格的待客之道，因为镬糍糖茶只有在过年时才能吃得到。此外，新女婿上门也送上一碗镬糍糖茶，外加两个鸡蛋，又叫糖蛋。一般这种规格只有女人在坐月子时才能享受得到。

塌糯米镬糍是件比较麻烦且有技巧的活儿。首先，将糯米饭煮得软一点，煮饭时的水要比平常烧饭时的用量多一点。然后把锅的锅壁用萝卜或芋艿擦一遍，从而去掉锅壁上的油，使锅壁不至于太光滑，否则沾不上锅壁易滑落。最

▲ 塌糯米镬糍

重要的是制作过程中的火候把控，塌糯米的门道正在于此。一会儿旺，一会儿弱，火太旺镬糍全焦，火太弱镬糍就不松，开水不易泡软。锅烧烫，用铲子铲一勺糯米饭到擦好的锅里，用铲子使劲将糯米饭往锅壁上塌，不能太厚，也不能太薄，更不能结硬块，直到锅壁都涂满了，然后将多余的糯米饭铲起，等下一锅再用，这时灶里的火势要弱到基本灭掉。片刻，涂在锅壁上的镬糍稍呈焦黄色，部分与锅壁分离，就可用铲子将其铲下，开始第二张的制作。好的糯米镬糍厚薄适中，焦脆适当，用开水一泡就慢慢软下来。现在市场上出售的镬糍大多是用糯米粉做的，用米粉做省工又省力，外形好看，厚薄均匀，但是口感就比饭镬糍差远了。

# 第十八章　宗教

革新村域内佛教、道教历史悠久，村域及周边院、庙、庵、堂、亭等建筑众多。光绪《桐乡县志》记载：三十都有紫虚道院、西竺庵、邵家桥庙、小三官堂、金福庵、茅亭、茶亭、官庄庵、南孟庙、金庵、草庵、放生庵、东明庵、北孟庙、法海庵。村域属三十都辖区，北孟庙、草庵、法海庵、茅亭在村域内，附近比较有名的还有秦皇庙、南孟庙、邱婆桥庙等宗教场所。

新中国成立后，村域内北孟庙、草庵、法海庵、茅亭等宗教建筑尚存。改革开放后民族宗教政策逐步放开，村域内信仰佛教的村民逐渐增多，有的则信仰基督教。

## 第一节　佛教

革新村域内主要的佛教活动场所有北孟庙、草庵、法海庵和茅亭庵。茅亭庵在 1955 年被拆除；法海庵在解放初被毁，20 世纪 70 年代原址被推平；草庵在抗日战争时期关闭，20 世纪 80 年代被拆除；北孟庙在 20 世纪 60 年代被毁，停止佛教活动，1975 年开挖姚家浜工程，北孟庙被拆除。

**庙会**　庙会又称“庙市”，是中国传统市集形式之一，在寺庙节日或规定日期举行。一般设在寺庙内或其附近，故称“庙会”。

革新村域内大部分自然村属北孟庙庙界内，仅有麦干浜、高家里等少数自然村属附近的秦皇庙庙界，且有交错穿插，存在同一自然村因姓氏不同而庙界不同的情况。信众依据庙界各自参加相应的庙会，成年人不分男女，只要上名、供缘、供祭品，均可点烛插香，请神佛，拜菩萨。北盂庙庙界较大，东南方到濮院的旺华桥、罗秋浜，西面到朱家浜，南面到爱国村的石家塘、许家兜（楼下），北面到周家里、富饶桥。每年农历二月初二蚕花会，祈求蚕花菩萨保佑养蚕丰收，多采茧子；八月初二青苗会，祈求土地菩萨保佑风调雨顺，五谷丰登。20世纪60年代，庙内的菩萨塑像被清除，庙会自此也停止。20世纪90年代初，庙会又悄然兴起，由于北盂庙建筑被拆除后建茧站，附近信众就在原庙基的茧站走廊做庙会，但程度比较简化，只有祭拜仪式，没有其他活动。21世纪初，茧站被拆除，于是信众们就在茧站北侧已腾空的小学教室做庙会。再后来教室也被拆除，信众们就在附近已腾空的民房内继续做庙会，直到民房被拆迁才停止了一切活动。

**烧头香** 村域内信佛人员每年正月初一都要去寺庙烧头香，祈求平安，家业兴旺。以前他们有的去北盂庙，有的去凤鸣寺（1995年，凤鸣寺搬迁至原秦皇庙位置重建）。21世纪，村民家庭轿车逐步普及，去凤鸣街道福严寺、

▲ 北盂庙庙基旁边的民房，信佛村民在这里及周边空地做庙会

▲ 上名

▲ 念佛

▲ 插烛祭拜

▲ 信徒陈玉连保存近四十年的“土地印”

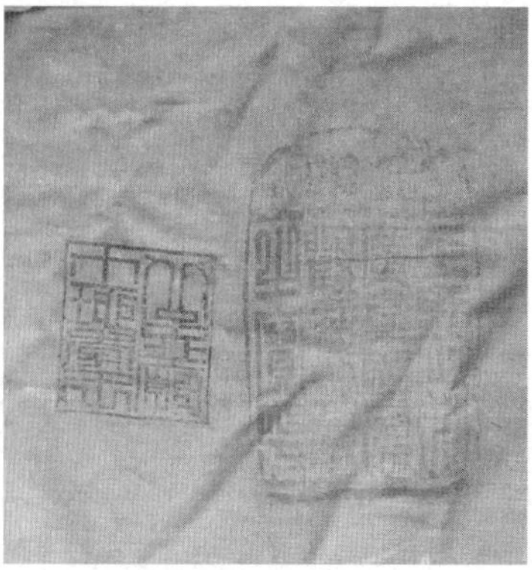

▲ 信徒烧香袋上的印章

杭州灵隐寺的人逐渐增多。烧头香最佳时间是半夜零时后，越早越好，因此有些办企业、做生意的老板，半夜不到就准备去烧头香，以求来年生意兴隆、财源广进。

**烧香拜佛** 信佛人员每年农历二月十九、六月十九、九月十九都要去凤鸣寺上香念佛，祭拜菩萨，分别称为观音菩萨的诞生日、成道日和出家日（也称涅槃日）；农历每个月的十九日为大祭，初一、十五（月半）为小祭，同样祭拜念佛，祈求天下太平，保佑家人平安，福泽绵绵。

**烧香船** 以前，村域有摇烧香船去外地求神拜佛的传统。清明前后，由村民自愿组织，他们在船上搭起芦帘篷或谷垫篷，起到防风遮雨的作用，去杭州城隍庙、灵隐寺祷告求神，保佑平安，家业兴旺。吃住在船上，启程那天开始吃素，来回时间十天左右，顺便买回杭州篮以示留念。20 世纪 50 年代末烧香船在人们的视线中消失了。

▲ 杭州篮

**“敬天”念佛** 麦干浜东组一蔡姓老太，大约从 20 世纪 90 年代起，每年农历十月初二，都要在其自家附近场地牵头主持“敬天”祭拜活动，保佑天下太平，祈求家人平安。村域周边的信徒自发前来上香念佛，最多一次有 300 多人参加。参加者自负午餐费用，由附近专人帮助采购、烧煮，提供午餐。

2020 年，村域内信佛人员有 154 人，以 60 岁以上女性为主。信佛人员进佛堂要求年满 36 岁方可上头名，首次进佛堂要准备花生、糖果等小礼品，分发给在场的念佛人员每人一小袋。信佛人员念佛当天必须吃素，也有笃信佛教的信徒常年吃素。村域内一徐姓老太时年 90 岁，已连续吃素三十多年，还经常去凤鸣寺烧香拜佛。

舍利弗彼國常有種種奇妙雜色
之鳥白鶴孔雀鸚鵡舍利迦陵頻
伽共命之鳥是諸衆鳥晝夜六時
出和雅音其音演暢五根五力七
菩提分八聖道分如是等法其土
衆生聞是音已皆悉念佛念法念
僧舍利弗汝勿謂此鳥實是罪報
所生所以者何彼佛國土無三惡
道舍利弗其佛國土尚無惡道之
名何況有實是諸衆鳥皆是阿彌

▲ 手抄经文

村域内也有为数不少的信徒专门为办丧事的人家念佛，她们 8 人一组围着八仙桌，手拿佛柴（用麦秆制作）轮回传递念佛，每次丧事连续念佛一个通宵，甚至更长时间。

村域内原向阳村一魏姓老人，在庙白的寺庙出家。寺庙停止活动后，他回村还俗。

## 第二节 道教

村域内的村民办丧事大多有请道士为死者拜忏诵经、超度灵魂的习惯。办丧事期间，逝者的家属都要请周边的道士班子拜忏，丧家和晚辈宗亲都要负担一堂忏，一场丧事一般要拜忏十多堂。道士拜忏有大小之分，大忏由 9 人组成，小忏由 7 人组成，还有一位香伙负责挑经担，提前到场布置拜忏场地，做好拜忏时的服务事项，事后收摊整理（后来逐步简化，省去了香伙，由负责者兼任）。道士拜忏诵经需穿道服，一堂忏诵经 30 分钟左右，出忏九次，出忏时祭拜者需在灵台前跪拜。拜忏完毕，道士用长约 2 米、宽约 1 米的红纸写上榜文，内容有逝者地址、谢世时间、祷告语并附逝者孝子孝女姓名，贴在灵台正上方朝南墙上。晚辈宗亲为逝者拜忏称“外荐”，则用粉红纸写上祷告语、姓名，贴在榜文上。过二七时，要请一名道士为逝者接引；过五七时与头次丧事一样要请道士拜忏超度，还要赞船、除台子（撤除供奉的灵台）。

## 第三节 基督教

基督教于 20 世纪 80 年代初传入革新村域，原新南村一沈姓村民最早信奉耶稣，成为基督教信徒，当时活动场所在原梧桐镇康泾塘 18 号。随着宗教信仰自由政策的落实，村域内信仰基督教的人数逐渐增多。2020 年，村域内有基督教信徒 45 人，其中男性 18 人，女性 27 人，年龄在 31 岁至 78 岁之间。据 1996 版《桐乡县志》记载，1990 年基督教活动场所有乌镇、屠甸、濮院、崇福、炉头、亭桥、梧桐、石门 8 个教堂和新生、庙牌、洲泉、大麻 4 个活动点。20 世纪末，原康泾塘 18 号的基督教堂因城镇房屋拆迁，搬迁至茅盾东路 66 号，革新村域的信徒大多在“桐乡家庭教会”活动，少数在新建的桐乡教堂活动。平时每逢星期天信徒们都要做礼拜，诵唱赞美诗，听牧师传道，一起做祷告。每年 12 月 25 日是纪念耶稣诞生的日子，活动最为隆重，信徒几乎悉数参加。

# 第十九章　人物

新中国成立以来，在村域的大地上，涌现出许许多多的英雄人物、先进模范和各行各业的佼佼者。为了表达对先辈们的敬仰和怀念，对那些在新中国成立初期为土地改革、巩固基层政权，在合作化、人民公社化运动中，在社会主义建设、发展集体经济的过程中，对革新村作出很大贡献且已谢世者，作人物略传；为了弘扬正能量，崇尚先进模范，传承优秀品德，对副科级以上的国家公务员、创业经商的成功人士、见义勇为的时代好人、救死扶伤的白衣天使中副主任医师以上、勤劳致富的领头雁、教书育人的辛勤园丁中的高级教师、尊老爱幼、乐善好施的村民作人物简介。

## 第一节　人物略传

**沈阿金**（1923—2006）男，梧桐街道革新村（原新南大队）沈家村组人，出身贫农家庭，1953 年 6 月入党，成为革新村域内最早的党员之一。1951 年 8 月至 1953 年 2 月任桐乡县城濮区革新乡人民政府副乡长，1953 年 3 月至 1956 年 2 月任革新乡人民政府乡长，1954 年至 1956 年 2 月任革新乡党支部书记。1957 年 2 月至 1958 年 9 月任永乐乡党支部、永乐乡党总支、永乐乡党委第二书记。1958 年 10 月至 1959 年 6 月任濮院公社党委副书记、管理委员会社长。1961 年 6 月至 12 月任炉头公社管理委员会社长，1961 年 12 月至 1963

年 11 月任炉头公社党委书记，1963 年 11 月至 1966 年 5 月任灵安公社管理委员会社长，1966 年 4 月至 1968 年 6 月任灵安公社党委副书记。1970 年 5 月至 1976 年 10 月任民合公社革命委员会副主任，1971 年 2 月至 1976 年 10 月任民合公社党的核心小组、党委副书记；1976 年 10 月至 1979 年 2 月任民合公社党委副书记、革命委员会副主任。1979 年 9 月至 1980 年 9 月任桐乡县石门蚕种场党支部书记。1983 年退休回老家，党组织关系转至原新南村党支部。

**潘子芳**（1933—2014） 男，梧桐街道革新村（原新南大队）潘家门组人。出生在贫苦农民家中，12 岁那一年，父亲因病无钱医治亡故，母亲为了生计只得改嫁到濮院农村。年少的潘子芳一人在家，幸亏有堂兄潘玉田救济抚养。

1949 年的农历五月初五端午节，18 岁的潘子芳在自家田地里干农活，碰到三位军人模样的干部向他询问去庙白的路。由于当时刚刚解放，村民对陌生人，尤其是军人十分害怕，而潘子芳则勇敢地站起来说："这里到庙白有三里路，我给你们带路吧！"这三位军人中，为首的叫韩永安（当时桐乡县的县长）。见到这位小青年机智又勇敢，十分喜欢，在了解到潘子芳出身贫苦，对解放军又是如此热情之后，在庙白任务完成后，吸收潘子芳参加革命工作，担任韩永安县长的警卫员。

潘子芳当上警卫员后，细心负责，新中国成立之初社会情况比较复杂，但潘子芳头脑机灵，工作努力，积极肯干，任务完成出色，于 1952 年 5 月光荣地加入中国共产党。1953 年，韩永安被调到温州担任市委书记，他就把潘子芳也带到了永康县工作，担任永康县古山镇太平水库党委第一书记。"文化大革命"期间，潘子芳受到冲击，但他坚信党的政策一定会照亮太平水库，他依旧以水库为家，看好水库。"文化大革命"结束，组织上为他平反，他回到了水库的重要岗位上。由于工作出色，他受到了县水利局、省农业厅的表扬奖励，被评为省劳动模范。由于潘子芳一贯的工作作风和出色的工作成绩，不久，他就被提拔为永康县县委组织部部长，直至退休。

**姚咬生**（1926—1983） 男，革新村（原新南大队）北孟庙组人，出身贫农，1960 年入党，1951—1953 年任革新乡团结村农会主任，20 世纪 60 年代任新南大队庙东生产队政治队长，70 年代任新南大队血防领导小组副组长，1978 年退休。

**殳金毛**（1926—1987） 男，革新村（原革一大队）殳家埭组人，1958 年 10 月入党。1951 年至 1953 年任茅亭村农会主任。1958 年 10 月至 1961 年任革新大队（老革一）大队长。1961 年至 1964 年任革一党支部副书记，1961 年至 1968 年任革一大队副队长。1976 年 11 月至 1978 年 3 月任革一大队党支部书记，1978 年 9 月至 1978 年 12 月任革一大队革委会副主任，1981 年当选为中共梧桐人民公社第四次代表大会代表。1979 年从领导岗位上退下后，在大队里担任年轻干部的参谋，做好传、帮、带工作。

**徐玉堂**（1906—1970） 男，革新村（原向阳大队）浮石桥组人，出身贫农，1950 年至 1952 年任革新乡柏子村农会主任。1952 年 12 月辞职后，一直在家务农。

**陈贵山**（1912—1991） 男，革新村（原革一大队）范家埭组人，1954 年入党。1951 年春，土改后的农民有了自己的土地，生产积极性高涨。但由于单干独户，碰到农忙时节，缺少畜力及生产用的大农具。有的家庭缺乏劳力，不能及时耕种，于是在同姓、亲眷、邻里之间自发出现伴工、帮工、短工的互帮互助，自然形成了互助组，村域内陈贵山率先成立互助组。1952 年 12 月，革新乡开展总结评比先锋活动，茅亭村陈贵山等 6 个重点互助组，被评为模范先锋互助组。1953 年 12 月，中共中央下发《关于发展农业生产合作社的决定》，成立初级合作社，掀起一阵高潮，陈贵山成立革新乡第一个初级合作社。1956 年 1 月，成立新南乡革新（革一）高级合作社，陈贵山任社长至 1957 年，1961 年任革一大队党支部委员。1965 年起任革一大队经济保管员，直至退休。

**高伯乔**（1931—1974） 男，梧桐街道革新村（原革一大队）盛家里组人（祖籍杭州市七堡）。贫农出身，1955 年 5 月加入中国共产党。新中国成立初期，高伯乔积极投入土改运动，带头把贫苦农民组织起来，积极参加农业合作化运动。1957 年任革新高级社社长、党支部书记，1958 年成立梧桐人民公社，1958 年 10 月～1959 年 3 月任梧桐人民公社革新管理区党总支副书记、管理区主任；1961 年 7 月～1966 年 3 月任梧桐人民公社管理委员会副社长（不脱产）。首任革新大队（老革一大队）党支部书记。1959 年 10 月任中共梧桐人民公社党委委员。

在担任大队书记期间，总是吃苦在前、身先士卒。1963 年梅雨季节，突发洪水，他哪里能睡得着觉。半夜里，穿着蓑衣，提着三光灯，冒着大雨巡视大队里的低洼圩头的堤岸，发现险情立刻叫醒村民，采取补救措施，加高加固堤坝，避免洪水倒灌，保护上百亩已经分蘖的水稻，避免了被洪水淹没的巨大损失。

二十世纪六十年代，革新大队的国家粮食任务重，为了既能向国家多卖爱国粮，又能让乡亲们填饱肚子，高伯乔积极引进三熟制（一年种 3 次粮食），在千亩田中开辟春粮种植，大、小麦、蚕豆等，实行科学的田间管理，大小麦获得丰收，得到了上级农业部门的肯定。三熟制种植经验很快在全省推广，大批农业干部前来学习取经，连省外的江西、湖南、安徽等农业部门的干部和农科人员也远道赶来实地学习参观。1959 年，革一老大队被中共嘉兴地委发文授予标兵支部称号，高伯乔被评为“浙江省先进工作者”。1962 年，高伯乔作为浙江全省支部书记典型代表（粮食全面发展），参加了浙江省农业先进单位和劳动模范代表会议。

高伯乔勇于担当，办事公正，以身作则。经常高卷裤卷，赤着双脚在田间地头巡视，发现先进苗头，及时广播推广，发现问题及时制止，予以解决。晴天一身灰、雨天一身水，把“以粮为纲”的工作一件一件落到实处。

高伯乔在桐乡县第三届人民代表大会上当选为县人民委员会委员。在第四

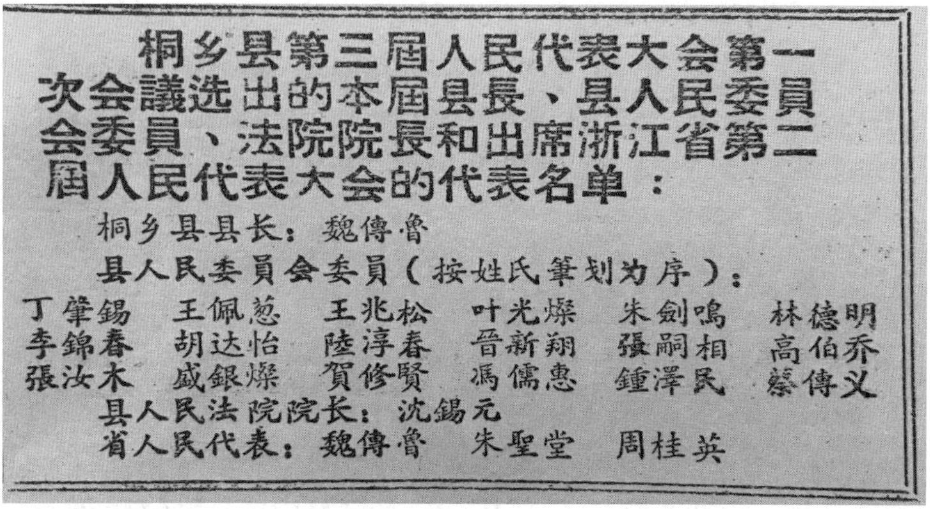

桐乡县第三届人民代表大会第一次会議选出的本届县長、县人民委員会委員、法院院長和出席浙江省第二屆人民代表大会的代表名单：

桐乡县县长：魏傳魯

县人民委員会委員（按姓氏筆划为序）：

丁肇錫　王佩葱　王兆松　叶光燦　朱劍鳴　林德明
李錦春　胡达怡　陸淳春　晉新翔　張嗣相　高伯乔
張汝木　盛銀燦　賀修賢　馮儒惠　鍾澤民　蔡傳义

县人民法院院长：沈錫元

省人民代表：魏傳魯　朱聖堂　周桂英

▲ 1958 年，在桐乡县第三届人民代表大会第一次会议上当选的领导名单

届、第五届人民代表大会上，当选为县财政预算决算审查委员会副主任。

二十世纪六七十年代，高伯乔的模范事迹多次见诸于省市级报刊。1967年，在杭州市武林广场上的“红太阳”展览馆中，专门开辟专栏，介绍并褒扬高伯乔同志的先进事迹。

由于长期的积劳成疾，1973年，高伯乔身患重病，但他还坚持着边治病边工作，他以大队部为家，吃、睡、工作一直都在大队部，直至生命的最后一刻。1974年，高伯乔因病离世，享年44岁。梧桐公社党委为高伯乔举行了隆重的追悼会，缅怀他的先进事迹。

**徐锦源**（1923—1979） 男，梧桐街道革新村（原新南大队）徐家兜组人，贫农出身，1956年加入中国共产党。1954年参加革命工作，积极投入合作化运动和人民公社化运动。1956年任第三代表区主任、民兵连连长和合作社社长。新南大队从革一老大队分开后，他由原来的革一大队副书记升任为新南大队的首任党支部书记。

20世纪50年代后期，由于国家粮食任务重，水稻亩产又低，粮食不够吃。当闻悉黄岩县试种双季稻获得成功后，他就立马在县委的组织下，作为首批学习取经的农村干部，前往黄岩考察学习。回大队后，他决定改变传统的单季稻模式，试种双季稻。他将带回的种子立即进行播种、使其发芽，当年就获得早稻试验田丰收，亩产250多千克。试验成功后的第二年，他动员全大队全面推广双季稻，当年又获大丰收，不但向国家出售粮食，还帮助全大队社员解决了温饱问题，并做到略有余粮，得到群众的拥护和赞扬。他趁热打铁，与革一大队老书记高伯乔一起，大力推广春花种植培育（即大麦、小麦、油菜），粮食作物由原来的单季稻变成了“三熟制”，为广大社员增加口粮和收入。

徐锦源善于接收新生事物，当他获悉苏南地区社队企业办得好、增加集体经济收入、当地社员因此比较富裕后，积极创办村域内第一家粮食加工厂、大队蔬菜厂，既方便了周边群众，也壮大了集体经济。

徐锦源党性原则性很强，坚决贯彻落实党的路线方针政策，处处以身作则、廉洁奉公，即便身患血吸虫病引起的肝硬化，也坚持“小车不倒只管推”，坚持抱病工作。每逢台风或洪水灾害，他总是冲在险情第一线，多次在半夜一人巡视中发现险情，及时叫醒群众，化险为夷。新南大队在徐锦源书记的带领下，多次被评为全县标兵党支部，他本人也多次被评为“优秀共产党员”。1963年2月至1970年10月，他当选为中共桐乡县第三次代表大会代表。1970年11月至1979年6月，当选为中共桐乡县第四次代表大会代表。1972年，他的先进事迹被嘉兴地区机关报《浙北报》刊发报道。

1979年冬，由于积劳成疾，徐锦源于医院病逝，终年57岁。革新村的干部群众称赞其为“焦裕禄式”的好干部。

**姚子堂**（1926—2012） 男，梧桐街道革新村（原新南大队）北孟庙组人，出身贫农，1956年6月加入中国共产党。他是新中国成立后桐乡县农业战线上的一名基层干部。20世纪50年代初期的农业合作化运动中，他积极响应党的号召，组织农民参加合作社。1956年至1958年9月，他任新丰高级社副社长和新丰高级社党支部副书记。1958年，梧桐人民公社成立，姚子堂任老革一副大队长，1961年至1968年5月任新南大队大队长。1978年7月至1983年11月任新南大队党支部书记。

新南大队是农业大村，有2000多亩的荡田和水田，每年负担的农业税20余万千克，统购统销任务粮50多万千克。他主管农业生产，每年要做好三件事：一是农业生产整体规划种什么、收什么。春节一过，他的心里就有了一本明细账。二是抓好一支农业骨干队伍，及时将上级布置的“以粮为纲”的生产任务具体布置、落实到每个生产队。他起早贪黑地检查落实情况，发现问题及时解决。由于他精通农业生产的知识和技能，基层干部都对他很敬佩。由于身体素质较差，姚子堂患上了血丝虫病，常发“瘤肤”，但他拖着一双“瘤肤膀”奔波在田间地头。也正因如此，新南大队的粮食生产年年能获大丰收，年年能超额完成国家任务，农民的生活也是一年更比一年好。三是他十分重视科学种田，按照“农业八字宪法”，合理安排好土、肥、水、种、密、保、管、工。当看到北荡田面积辽阔，肥很难被送到田头时，就组织力量、举全大队之力，人工开挖一条600多米的新开河，方便船只运送羊肥、河泥到田间地头，大大提高了北荡田的土质，为粮食丰收打下基础。1978年，在县农业局的支持下，办起了大型机械化牧场，到1979年，生猪饲养量800多头，彻底解决北荡田的缺肥问题。

姚子堂工作成绩突出，获得群众的信赖和领导的肯定。1978年3月，他作为农业条线上的优秀代表，当选为中共浙江省第六次代表大会代表；1983年12月至1988年6月，当选为嘉兴市第一届政协委员；1984年7月至1987年5月，当选为桐乡县第一届政协委员。

**徐金章**（1924—1993） 男，革新村（原向阳大队）陆家埭组人。出生在一个贫苦农民家中，1948年12月加入中国共产党，成为村域内最早的党员。15岁那年，已经是孤儿的他被国民党军队抓壮丁。少年的他跟随国民党部队跋涉了大半个中国，在胶东战役中才被解放出来。通过忆苦教育，徐金章的觉悟得到提升。1947年5月，他报名加入中国人民解放军，成了华东野战军中的一员。他凭借已掌握的小钢炮技术当上了炮兵班副班长，在淮海战役中表现英勇，荣立四等功，从而火线入党。

1950年7月，根据党中央和毛主席的指示，徐金章所在的华东野战军部队积极备战，随时准备赴朝作战。在练兵运动中，徐金章不怕苦、不怕累，苦练杀敌本领，荣立三等功。

1950年10月25日，徐金章随中国人民志愿军部队赴朝作战。在寒冬，徐金章肩扛小钢炮的炮筒与耳朵冻粘在了一起。由于整个身子冻僵发麻、动弹不得，自己没有感觉到。当他突然接到命令，要求炮兵往前挪时，他身体一动，双手抱起炮筒，鲜血一下子滴了下来，这才发现半只耳朵掉到了雪地上。这时卫生员跑过来，打开急救包进行紧急救护，可还是止不住耳朵上的血。卫生队马上把他送到前方野战卫生所进行救治。经过一夜的治疗，伤口得到及时处理，身体也有所恢复。第二天，徐金章坚决要求出院，赶回前线参加战役。总攻从拂晓开始，一直打到第三天。1953年7月27日，抗美援朝战争取得了胜利。同年9月，徐金章所在部队回到祖国。在朝鲜的两年多时间里，徐金章参加的大小战争不计其数，获朝鲜最高领袖金日成颁发的“和平勋章”。

徐金章回国后，退伍回到家乡参加社会主义建设，先后任村主任、大队党支部委员、校外辅导员，经常奔赴学校为广大师生讲艰苦奋斗的革命故事，用自己的亲身经历教育和培养下一代。

1993年，徐金章因病医治无效，不幸逝世，终年70岁。

**姚阿和**（1926—1990） 男，别名姚咬和、姚咬松，革新村（原新南大队）潘家门组人，贫农出身。1942年，16岁的他被迫加入国民党军。淮海战役中被俘，经过教育，姚阿和提高了思想觉悟，加入了中国人民解放军，成为了一名光荣的解放军战士。

1951 年，26 岁的姚阿和奉命入朝参加抗美援朝。

1951 年早春，上甘岭第三次战役打响，姚阿和作为加强营的副排长，勇敢地阻击美军的坦克部队，等到战斗结束时，姚阿和大腿被弹片伤及股骨，因流血过多而昏迷。打扫战场的部队以为他已牺牲，把死亡通知书寄到桐乡县梧桐人民公社新南大队他的家中，当时令家中的亲友悲痛不已。实际上，姚阿和经过抢救幸存下来，但从此大腿上留下了伤疤、一块弹片嵌在股骨上紧贴动脉未能取出。至今依然有许多老人提及这位当年的志愿军排长死而复活的传奇故事。因为作战英勇，姚阿和荣获二等功勋章。

1955 年，姚阿和从部队转业回家。那时，他的父母都已离世，孤身一人的他又积极响应国家的号召，报名去了宁夏支援当地建设。1958 年，他因受伤的身体不能适应当地残酷的环境而重返家乡，由县民政部门安排到梧桐镇房管所工作。1979 年，因身体原因提前退休（病退）。1990 年 5 月 3 日，姚阿和因病医治无效逝世，终年 65 岁。在火化他的遗体时，那块夹在骨灰中的弹片赫然在目，令在场的亲友们唏嘘不已。

姚阿和育有一子姚建林，现为一家纺织公司的领导。

**徐海荣**（1932—2020） 男，梧桐街道革新村（原新南大队）徐家兜组人，贫农出身，1982 年 9 月加入中国共产党，1968 年任原新南大队徐家兜生产队畜牧队长。他对待工作认真负责，在多年的养猪实践中，积累了不少经验，畜牧生产很有成效，深得大队党支部的信任。1976 年，他被推选为新南大队畜牧队队长，分管全大队的养猪业。在认真学习科学养猪知识后，他用掌握的方法指导全大队的养猪生产。1976 年 9 月，他被选派到省农科院张凤山教授处培训三个月，当时，全县有 5 名农民代表被选派到省里参与培训。在那里，他学到了科学养猪的基础知识，掌握湖羊人工授精的技术和方法，学习了育种遗传、肉猪杂交化、母猪土种化、架子猪、仔猪吃精料、青料七三搭配法，还掌握了绿萍、水葫芦的养殖方法，以此来扩大青饲料培植来源，并能对青饲料进行药酒发酵，让猪爱吃长膘快，尽量扩大饲料来源和提高青饲料的利用价值、青饲料和粗饲料的科学搭配，减轻了养猪对粮食需求的压力。

1978年，在桐乡县农林局的帮助和支持下，大队党支部决定在村域内的塘家浜建造全县规模最大的机械化牧场，用以缓解肥田倒挂的局面。牧场建成后，徐海荣以场为家，带领全体饲养员精心管理、科学饲养、培育公猪母猪、繁殖仔猪，扩大肉猪饲养量。同时，饲养湖羊、公羊，对全大队的户养母羊进行人工授精，发展湖羊生产。1979年，生猪饲养量达800多头，全年出售生猪537头。在壮大集体经济的同时，大量的猪粪使贫瘠的北塘荡田土质改良、肥力大增，为粮食丰收打下了坚实基础。

新南大队的畜牧生产得到了县委县政府和有关部门领导的肯定。从1972年起，连续9年被评为全县畜牧生产先进单位。全县各地分管畜牧的领导、畜牧专管员、辅导员纷纷前来新南大队牧场参观、取经，徐海荣都毫无保留地传授养猪的经验和方法，例如为母猪接生、母猪孕期和哺乳期的管理方法等，深受前来学习群众的好评。1972年2月，在全县畜牧生产会议上，梧桐人民公社新南大队作为先进单位代表进行经验介绍。同年6月12日，在桐乡召开的全省养猪生产现场会上，徐海荣代表梧桐人民公社新南大队作了详细介绍。

由于徐海荣的辛勤劳动和付出，他连续几年被评为公社、县级先进工作者。1979年，县委发文评选其管理的新南畜牧场为县级先进畜牧场。1979—1984年，他被推举为桐乡县第七届人民代表大会代表。1983年，联产承包到户后，集体牧场停办，徐海荣退休在家。2020年8月，因病医治无效去世，享年89岁。

## 第二节　人物简介

**殳长林**　男，1952年6月生，革新村（原革一大队）港北村组人，本科学历，副主任医师，1974年10月加入中国共产党。1968年4月至1972年8月任革一大队赤脚医生；1972年9月至1974年8月在嘉兴卫生学校医士班学习，1974年9月医士班毕业，被分配到石门地区医院工作，1975年10月至1976年10月参加桐乡县“农业学大寨”工作队，驻石门公社工作组，1986年4月至1987年4月赴浙江医科大学附属第一医院进修一年结业，1989年10月进入桐乡市中医医院，任内科主任，1997年参加浙江医科大学主治医师提高班结业，2020年晋升为副主任医师，在《浙江医学》《浙江中西医杂志》等省级报纸杂志上发表医学论文5篇。曾荣获“桐乡县第一届中青年学科带头人”“桐乡县十佳医生”“桐乡市人民满意医务工作者”称号。1994年，当选为桐乡县第四次党代会代表，2002年至2006年当选为嘉兴市第五届人民代表大会代表，出席香港国际肝病会议、北京国际会议中心的亚太感染病年会。现为桐乡市中医院退休返聘医生。

**沈福明** 男，1954年10月生，革新村（原新南大队）沈家村组人，高中学历，膏方熬制师，1985年1月加入中国共产党。1973年9月至1976年8月桐乡市第一中学读书；1977年后做过生产队的会计、大队的治保主任；1987年3月任新南村党支部委员；1987年7月至1988年12月任新南村党支部书记；1989年3月至1992年12月任梧桐乡农业公司党支部委员；1993年至1997年12月任梧桐乡初级卫生办公室主任（初保办）；1998年至2016年调入桐乡市中医院煎药；2018年5月至今在杭州胡庆馀堂煎药。

2007年，沈福明受人之托照顾一个5岁的女孩，刚开始，孩子的爸爸还会定期过来看看孩子，送点钱，到后来就不见了踪影，辗转打听才知道，孩子的父亲已因入室抢劫罪被判刑十三年，母亲另嫁他人，小女孩成了孤儿。这时，沈福明面临抉择：是否继续抚养这个小女孩？

沈福明不顾自家经济拮据的现实，毅然挑起了照顾女孩的重担。沈福明的感人事迹被广泛传播，2014年，浙江省委宣传部、浙江省文明办等单位联合在全省开展了“发现最美浙江人——浙江好人榜”推荐评选活动，每月评选一次。2015年12月的入选名单公布，桐乡人沈福明入选“诚实守信”榜单。在中央文明办发布的2016年度首期“中国好人榜”名单中，沈福明又当选为1月份诚实守信“中国好人”。

**沈发伦** 男，1955年10月生，革新村（原新南村）麦干浜组村民，1999年，在改革开放的大潮中毅然下海创业，在城西村创办了桐乡市华发菊业制品公司。创业初期，艰苦异常，一无资金，二无基地，但他迎着困难上，向银行贷款1万元作为启动资金，添置必要的烘干设备，又向城西村租赁空闲的房屋做仓库。当年收购了10吨杭白菊，凭借着精打细算，小有赚头。经过加工的杭白菊得到越来越多消费者的青睐，销路逐年扩大。到了2017年，华发菊业公司生产加工的杭白菊（胎菊）达100多吨，远销全国23个省市。沈发伦明白“养鸡生蛋”是一种良性的营销策略。2005年，他在江苏省响水县试行的500亩杭白菊的种、管、收一条龙协议取得成功，受到当地菊农的欢迎。2008 年，他又在安徽宣城山区进行荒山改造，套种杭白菊的试验获得成功，实现了公司与菊农双赢的局面，企业越做越兴旺。近二十年的辛勤耕耘，沈发伦为拓展菊业发展进行了成功的探索。在自己富起来的同时，他将自己种、管、收的经验无偿介绍给大家，被大家推选为桐乡市绿色杭白菊协会会长，并在 2017 年主持了“桐乡市杭白菊的保护与发展”论坛。他经常说：“办好公司，既为国家增加税收，又为家乡提供就业岗位，更为桐乡杭白菊打响了品牌。”担任会长以来，从 2017 年开始，推广改变杭白菊栽培方法，在乌镇镇双塔村搞示范。这种栽培方法的特点是：省工、省本，提高土地利用率，增加产值。试验获得成功，受到了市农林局科技人员和市领导的好评，使广大菊农得实惠。同时还积极向市领导建言献策，为广大菊农着想，为杭白菊种植参加农业保险，为全市杭白菊这一传统产业的发展提供了保障。从 2019 年开始，协会开设了中药材培训班，有 62 人参加，已培训 3 年，为全市杭白菊生产提供技术支撑，打出品牌。

**徐荣堂** 男，1958 年 5 月生，革新村（原向阳村）椿树下组人，文化程度小学，中共党员。1878 年 12 月应征入伍，参加中国人民解放军，1982 年 10 月退伍回乡，1983 年 9 月至 1984 年 8 月任向阳大队大队长，1984 年 8 月至 1986 年 7 月任向阳村党支部书记，1986 年 8 月至 1988 年 9 月在桐乡高尔特制衣有限公司担任业务员，1988 年 10 月至 1989 年 9 月，徐荣堂辞去制衣公司的业务员工作，承包了桐乡市华丰缩绒厂下海创业当老板。当时，濮院羊毛衫市场发展迅猛，工厂昼夜三班倒，一年下来，盈利几十万元，赚到了第一桶金。1989 年 9 月至 1999 年 4 月，又与他人合作承包经营了规模更大的桐乡市东海缩绒厂，每年利润成倍增长，可徐荣堂没有止步，他凭借自己在商海打拼的经验，有了熟练的整套缩绒技术和丰富的客户资源，想独立创办真正属于自己的企业。1999 年 5 月，斥资在桐乡市经济开发区购买 4100 多平方米的厂房，成立桐乡市徐锋羊毛衫整理厂，如今改名为桐乡市徐锋羊毛衫整理有限公司，有员工 50 多人，年利润达 250 多万元，成为革新村域内下海创业经商的成功人士。

**沈甫明** 男，1960 年 9 月生，革新村（原新南大队）沈家村组人，大专学历，1976 年 11 月参加工作，1982 年 7 月加入中国共产党。1976 年 11 月至

1978年11月任新南小学教师；1978年11月至1988年9月在部队服役；1988年10月至2003年3月，转业到桐乡市人大常委会；2003年3月至2007年6月任桐乡市人口计生局副局长；2007年6月至2013年12月任桐乡市广播电视台纪委书记；2014年1月至2015年6月任桐乡市信访局督察员；2015年7月至2020年10月在桐乡市世界互联网大会承办工作委员会；2020年11月退休。

**殳连福** 男，1961年9月出生，革新村（原革一大队）殳家埭组人，大专学历，1984年10月参加中国共产党。1975年9月至1977年7月梧桐人民公社五七中学学习；1977年9月至1979年7月桐乡县第一中学学习；1979年8月至1980年10月在家务农，在大队小学任代课老师；1980年10月至1987年12月在部队服现役，任战士、班长、司务长（其间，1983年9月至1985年7月在南京陆军学校后勤训练大队学习）；1988年1月至1994年9月在桐乡市政府办公室工作；1994年10月至2001年2月任桐乡市委办公室接待办副主任、主任；2001年2月至2016年6月任桐乡市环境保护局办公室主任、局党组成员（享受副科级待遇）；2016年被桐乡市委、桐乡市人民政府奖励三等功一次。2016年7月在嘉兴市生态环境局桐乡分局工作，2020年6月晋升为一级主任科员。

**沈坤荣** 男，1962年2月生，革新村（原新南大队）沈家村组人，研究生学历，1986年9月加入中国共产党。长三角区域文物专家库成员，是“文物工作三十年”荣誉称号获得者、浙江省文物安全技术防范工程审核组专家组成员，现任浙江省文物局博物馆与社会文物处一级调研员。

1978年，他从梧桐人民公社新南初中毕业，并以全公社第一名的成绩进入桐乡县第一中学高中学习，1981年考入南开大学历史系博物馆学专业，成为梧桐人民公社考取全国重点大学第一人。1985年7月，本科毕业，被授予历史学学位，获校级奖学金（大学期间，全班仅3名学生荣获该奖）。1985年8月毕业分配至浙江省博物馆，是全省第一个博物馆学专业的大学毕业生，1986年任浙江省博物馆团支部书记。1988年12月，调入浙江省文物局博物馆处，1994年起任博物馆处处长助理，1997年11月至2003年3月任博物馆处副处长，主持博物馆处的日常工作［其间，1998年9月至2000年5月进入浙江大学政治学理论（行政管理）专业进修研究生课程］。2001 年 4 月至 2003 年 3 月，受省委组织部委派，赴嘉兴市文化局挂职，任局党委成员、副局长。2010 年，轮岗担任浙江省文物局文物安全处处长，兼任中共浙江省文化厅直属机关第五届纪律检查委员会委员。2018 年 12 月机构改革后，改任浙江省文物局文物安全与督察处处长、党支部书记。2019 年 10 月起任浙江省文物局文物安全与督察处一级调研员，后改任浙江省文物局博物馆与社会文物处一级调研员。

1990 年，《博物馆古建筑作博物馆馆舍利弊谈》一文发表于《中国博物馆》杂志第 3 期；1996 年 11 月，《浙江省博物馆事业发展战略研究》荣获“21 世纪中国文博事业发展战略青年学术研讨会”优秀论文奖；2002 年 10 月撰写的《弘扬名人文化 推进人文旅游》获“嘉兴市建设江南水乡文化名城学术研讨会”论文三等奖。

2004 年，受杭州市拱墅区运河博物馆筹建领导小组聘请，担任杭州运河博物馆顾问，全程参与运河博物馆的建设工作，为博物馆建设出谋划策，为技术和业务把关。

在文物安全处担任处长期间，承办多起在全国有影响力的文物法人违法案件。浙江电视台钱江频道进行了连续跟踪报道，引起省内外多家新闻媒体的关注，个人微博成了“文保热线”，《法制热线》栏目作专题采访报道。2013 年第 8 个中国文化遗产日到来之际，受中央电视台的委托，通过认证的个人微博，协助科教频道在全国范围独立开展为期 45 天的“发生在我们身边的破坏文化遗产的现象和事件”素材征集，相关素材于 6 月 8 日央视科教频道分两集播出。2016 年，以“为 G20 杭州峰会营造安全大环境”为核心，认真履职，在全省文物系统部署 5 个月的全省文物安全工作大排查、大整治专项行动，确保全省文物安全无事故，被评为“保障 G20 杭州峰会工作先进个人”。

长期在浙江省文物局从事博物馆业务指导和行政管理、文物安全及技术防范管理工作，充分发挥自己的专业优势，积极为各地培训、培养专业干部，先后赴全省各设区市、70 多个县（市、区）组织的各类培训班授课。受国家文物局聘请，赴西藏等省、市、区开展博物馆和文物安全管理培训、科研课题评审等工作，多次被评为“优秀公务员”和“优秀共产党员”。

**毕美祥** 男，1962 年 3 月生，革新村（原革一大队）丁家里组人，高中学历，

1984年10月加入中国共产党。1978年6月桐乡县梧桐人民公社五七高中毕业；1978年10月至1981年5月桐乡县梧桐人民公社排灌站（梧桐人民公社机电站）挡车工；1981年5月至1987年3月梧桐人民公社机电站任车间主任；1987年3月至1992年1月梧桐乡机电站任副站长；1992年2月至1993年1月桐乡铸钢厂任车间主任；1993年2月起辞职下海，自主创立桐乡市梧桐环城机械厂，几年来，他吃苦耐劳，凭借过硬的挡车技术和稳定的客户资源，良好的信誉度，厂的规模虽然不大，但利税稳步上升。毕美祥自己富了，没有忘记回馈社会，多次向革新村"慈善帮扶基金"捐助善款。2018年8月成立桐乡市梧桐街道革新村乡贤参事会，毕美祥被推举为第一任会长，成了革新村名副其实的民营慈善企业家。

**沈建明** 男，1962年7月生，革新村（原新南大队）沈家村组人，大专学历，1990年7月加入中国共产党。2005年任中学高级教师。1980年8月至1983年7月就读于嘉兴师范专科学校；1983年8月至1990年7月在钱林初中任教；1990年8月至2002年7月在桐乡市第七中学任教；2002年8月至2008年7月在桐乡外国语学校任教；2008年8月至2015年7月在桐乡职教中心任教；2015年8月至今在桐乡技师学院任教。

**殳金林** 男，1963年8月生，革新村（原革一大队）殳家埭组人，大专学历。1983年10月参加工作，任梧桐乡经济联合社副社长和乡团委书记；1985年4月加入中国共产党。1988年10月至1992年6月任梧桐乡党委委员；1992年6月至1998年10月任濮院镇人民政府副镇长；1998年11月至2001年11月任乌镇镇党委委员、政法委书记；2001年12月至2013年10月任桐乡市司法局办公室主任（副局级）；2013年10月退休。

**许剑明** 男，1964年10月生，革新村（原向阳大队）富饶桥组人，本科学历，1991年12月加入中国共产党。1980年10月至1984年7月原梧桐人民公社新南初中、稻乐初中、梧桐乡初级中学代课教师；1984年8月至1988年6月梧桐乡人民政府工业办公室工作人员、梧桐乡司法所（法律服务所）法律工作者；1988年7月至1993年3月梧桐乡人民政府、梧桐镇人民政府统计员；1993年4月至1998年1月，梧桐镇人民政府党委秘书、党政办副主任；1998年2月至2003年6月，桐乡市人民政府办公室秘书、信息调研科科长、政务督查科科长，桐乡市人民政府法制办公室副主任（其间，参加中共中央党校函授学院本科班法律专业学习，并于2001年12月毕业）；2003年7月至2005年8月，桐乡市人民政府法制办公室主任（副科级）；2005年9月至2013年1月，桐乡市人民政府办公室党组成员、桐乡市人民政府法制办公室副主任；2013年2月至2014年4月，桐乡市司法局党组副书记、副局长；2014年5月至2019年11月桐乡市住房和城乡规划建设局（市人民防空办公室）党委副书记、濮院旅游经济区管委会副主任；2020年7月至今，桐乡市住房和城乡建设局一级主任科员、濮院旅游经济区管委会副主任。

**庄建发** 男，1964年10月生，革新村（原新南大队）高家里组人，本科学历，1995年4月加入中国共产党。1979年9月至1981年7月在桐乡市第一中学读高中；1984年9月至1986年7月在鞍山钢铁学校（后改为鞍山钢铁学院）电气自动化专业学习。1986年8月至1990年7月任嘉兴冶金机械厂技术员（其间，1988年9月至1991年7月在浙江电大电气工程学习），1990年7月至2003年6月任嘉兴热电厂电热分场主任（其间，1997年8月至1999年12月在中央党校经济管理系经济管理专业本科学习）。2003年1月至2005年1月任嘉兴嘉爱斯热电公司生产部主任，2005年1月至2007年5月任嘉兴嘉爱斯热电公司总经理助理，2007年5月至2017年3月任嘉兴嘉爱斯热电公司副总经理，2017年3月至2020年4月任桐乡泰爱斯环保能源有限公司党总支书记，2020年4月至今任浙江物产山鹰热电有限公司董事长、法定代表人。

2011年11月，被国家能源局授予《污泥焚烧综合利用热电联产项目》国家能源科技进步奖个人三等奖。2013年11月被浙江省企业联合会、浙江省企业家协会授予《以绿色能源为目标的污泥无害化处置的决策与实施》浙江省企业管理现代化创新成果2013年度个人一等奖，2017年10月获浙江省专利（污泥处理方法及污泥处理系统）优秀集体奖。2018年，他被评为“物产中大集团”新时代好书记。2019年5月，被评为桐乡市“最美环保人”。2019年7月，被中国设备管理协会评为全国电力设备管理创新“杰出人物”，获个人发明实用型专利1项与他人合作的发明专利和实用新型专利16项（近5年来与团队合作共获12项），多次获得国家级、省级荣誉称号。

三十多年来，他一直从事热电联产项目的基建、生产运行管理工作，分别参与和负责建设了嘉兴热电厂、嘉兴新嘉爱斯热电公司、桐乡泰爱斯环保能源公司、浙江物产山鹰热电公司（建设中）等4家公用热电厂，为当地的集中供热节能减排、发展循环经济作出了一定贡献。

**沈欣林** 男，1965年5月生，革新村（原新南大队）沈家村组人，研究生学历，2002年12月加入中国共产党。1979年9月至1980年7月桐乡县第一中学读初三；1980年9月至1983年6月浙江金华卫生学校医学检验专业学习；1983年8月至1996年8月在杭州大学附属医院工作；1985年9月至1988年6月在杭州大学夜大学中文专业学习；1996年8月至1999年6月在杭州大学金融与经贸学院工作；1999年6月至2009年6月在浙江大学经济学院工作；2001年5月至2002年11月在浙江大学党委组织部青年骨干研究生课程班公共管理专业学习；2009年6月至今在浙江大学社会科学学部工作。参与组织、协调并撰写“杭州大学公费医疗制度改革试行方案”“杭州大学金融与经贸学院规章制度”“浙江大学经济学院事业发展规划”“浙江大学经济学院科研管理办法”“浙江大学社会科学一级学科学术水平调研报告”“浙江大学社会科学学部教师职称晋升办法”“浙江大学社会科学学科发展十三五规划”“浙江大学社会科学学科发展十四五规划及2035年远景规划”等。同时还参加了“温州模式研究”“台州现象研究”“宁波市服务业发展规划研究”“长三角一体化研究”等大量课题的组织调研工作。参与组织了20余次国际国内学术会议。

1987年获杭州大学优秀团干部称号；2006年获浙江大学奖教金；2004年及2007年分别获得年度学校（人文社科）科研管理组织奖；2008年、2014年获年度浙江大学科研管理先进个人；2019年获评浙江大学机关先进工作者。

历任杭州大学附属医院检验科主任、办公室主任、杭州大学金融与经贸学院办公室主任，浙江大学经济学院党政办公室主任、科研科科长、浙江大学科技园科技成果转化与产业化联络员、浙江省经济学会副秘书长等职。现任浙江大学社会科学学部学术委员会秘书长。

**丁杏发** 男，1965年6月生，革新村（原革一村）丁家里组村民，1989年告别军旅生涯退伍后，分配到梧桐镇联防队并当上了队长，承担起保一方平安的职责。但丁杏发不满足眼前安稳无忧的生活，决定下海创业。1992年，丁杏发和妻子商量后，决定在原革一村西边的320国道边上开一家饭店，取名新丰酒家，这是他创业经商的起点。因为环境整洁、食材新鲜、价格公道、待人热情，饭店得到了顾客的一致好评。除了桐乡本地顾客外，还有来自嘉兴、上海等地的顾客，饭店的口碑、信誉慢慢建立起来了。1994 年，梧桐镇实施大发大房地产开发，丁杏发第一时间到实地考察，他站在挖泥机边上做出决定：“我要把饭店开到这里！”后来，随着大发社区逐步发展起来，新丰酒店成了大发大居民的“食堂”。丁杏发虽然没有拜师学过厨艺，但他却自学成才，烧得一手好菜，招牌菜为椒盐鸡翅、新丰酱鸭、松子肉排……回头客越来越多，店面从一间变为三间，再变为整幢楼。十来年时间里，新丰酒店成了家喻户晓的老饭店。2006 年前后，老饭店遇到了新问题——吃饭停车难问题。丁杏发没有停滞不前，而是观察、思考新丰酒家的出路，敏锐地感知着行业的变化。在学习了解了休闲农业的相关政策和行业前景后，他在城郊（果园桥西侧）开出一家占地 19 亩的休闲旅游农家乐餐厅——三府农家，并获得“浙江省农家乐特色点”“嘉兴市休闲观光农业基地”“嘉兴美丽田园——春游好去处推荐景点”等荣誉称号，同时，还带头做起了桐乡地方特色“野火饭”，实惠的价格、优美的环境受到了广大市民的好评。如今，三府农家已响应政府号召完成了拆迁工作，并于 2018 年 7 月在梧桐街道环城北路开了一家规模更大、档次更高的餐馆——府苑餐厅，真正成了没有挂星级、服务上星级的饭店老板。2022 年春，丁杏发还在杨园路的花果飘香家庭农场打造了集野火饭、蔬果采摘、萌宠观赏于一体的休闲娱乐基地，供市民放松身心。

**姚水荣** 男，1967 年 9 月出生，革新村（原新南村）包家桥东组人，初中学历，中共党员。1982 年 8 月初中毕业后在家务农。当时，在生产队干一天活，只能记 2 分工。1983 年推行家庭联产承包责任制后，他帮助父母耕种自家的承包田地，起早贪黑地采桑养蚕，脸朝泥土背朝天地拔秧插秧，日复一日地翻土耕作，在农村这个广阔天地里，磨炼了他吃苦耐劳的意志，养成了勤奋好学的性格。80 年代中后期，大多数年轻人进厂的进厂，做生意的做生意，干农活的只有年岁大的。于是姚水荣的父母让他去找一份工作，另谋出路。1990 年 3 月，姚水荣应聘在桐乡市泡花碱厂当了一名工人。由于他勤奋好学，短短的几个月中，就掌握了产品生产流程、配方等环节的全套工艺，并在此基础上改进完善，使产品的质量和产量稳步上升，得到了厂领导的重视。第二年下半年，厂领导让姚水荣主管厂里的供销工作，从此开始涉足商海。几年打拼下来，了解到了产品的发展潜力和市场行情，熟悉了原材料的进货门路和产品的销售渠道，积累了丰富的客户资源。这时的姚水荣有了独当一面的能力，萌发了自己创业办厂当老板的念头。1993 年 7 月，他与人合伙，在原向阳村浮石桥开办了桐乡市向阳泡花碱厂，投入 20 万元作为启动资金，招了 5 名工人。开始几年销售额在 100 多万元，利税 20 多万元。2005 年 6 月，由于永兴港拓宽工程建设需要，厂址搬迁至原向阳村村委会旧址。此时，原来的合伙人另做羊毛衫生意，工厂由姚水荣一人经营。2010 年 8 月，由于所在地域拆迁，厂址搬迁至原百桃砖瓦二厂厂区内。2016 年 12 月，随着生产经营规模的扩大，厂址又搬迁至桐乡经济开发区化工园区，与桐乡市恒立化工有限公司合作经营，姚水荣为公司负责人。经过几年的努力与打拼，企业规模从小到大，员工增加到十几个人，生产销售和利税逐年稳步提升。2020 年 8 月，姚水荣收购了原来租赁的生产场地和厂区，主营硅酸钠等化工产品，生意红火，产品供不应求，当年实现销售收入 3000 多万元，利税 500 多万元，成为村域内的纳税大户和自主创业的成功人士。

**沈建松** 男，1968 年 4 月生，革新村（原新南大队）沈家村组人，本科学历，高级教师。1994 年 12 月加入中国共产党。1987 年 9 月至 1990 年 7 月在浙江技术师范专科学校（机械）专业学习；1990 年 8 月至 2000 年 7 月在桐乡市城西中学任教师；2000 年 8 月至 2019 年 7 月在桐乡市实验中学任教师；2000 年 8 月至 2003 年 7 月在浙江教育学院数学与应用数学专业函授学习；2019 年 8 月至今任桐乡六中教育集团实验中学教师；2020 年 11 月嘉兴市人才网认定为“基础人才 A 类”人才；在第十七届“希望杯”全国数学竞赛中，被评为优秀辅导员；《在新课程理念下的数学呼唤探究性学习》《初中数学新教材开放教学探试》两篇论文荣获嘉兴市级二等奖；多次荣获桐乡市优秀班主任、市系统级优秀教师。

**刘建良** 男，1968 年 5 月生，革新村（原革一大队）范家埭组人，本科学历。1991 年 3 月加入中国共产党。1983 年 9 月至 1986 年 9 月桐乡市第三中学读高中；1986 年 9 月应征入伍，至 1988 年 9 月为空军战士；1988 年 9 月至 1992 年 7 月为空军工程学院（现为空军工程大学）航空机械系学员；1992

年8月至1993年4月为空军航空兵某中队机械师；1993年5月至1995年6月任空军航空兵某处干事；1995年7月至1996年9月任空军航空兵某中队副指导员；1996年10月至1997年3月在空军政治学院（现南京政治学院上海分院）培训学员；1997年4月至2000年3月任空军航空兵某处干事、副股长、股长；2000年4月至2001年3月在南京政治学院上海分院飞行大队教导员培训学员；2001年4月至2005年6月任空军航空兵某大队教导员；2005年7月至2006年10月任空军航空兵某团理论教员；2006年10月转业，至2015年6月任桐乡市城市管理综合行政执法局（城市管理办公室）党组成员、纪检组长；2015年6月至2015年12月任桐乡市司法局党组成员、纪检组长；2015年12月至2018年8月任桐乡市纪委驻市公安局纪检监察组副组长；2018年8月至今任桐乡市纪委驻市委政法委纪检监察组副组长。

**沈伟华** 男，1969年3月生，革新村（原向阳大队）富饶桥组人，1990年7月毕业于嘉兴医学院，本科学历，泌尿外科主任医师。擅长泌尿系复杂结石及泌尿系肿瘤的微创治疗。

1990年8月至2004年10月任桐乡市中医院外科医师、主治医师；2004年10月至2016年3月任浙江武警总队医院泌尿外科副主任医师、主任医师（科室副主任）；2016年3月至今任嘉兴市第一人民医院泌尿外科主任医师。浙江省泌尿结石外科委员，嘉兴泌尿男科、泌尿中西医结合外科委员。荣获中国人民解放军总政治部三等功二项。钬激光联合气压弹道治疗复杂性尿路结石和舌黏膜、颊黏膜治疗长段尿狭窄分获嘉兴市科技进步三等奖；2017年支援贵州普定县，帮助普定县人民医院建立泌尿外科，指导、培训科室医务人员。

**李娟萍** 女，1969年6月生，革新村（原新南大队）包家桥组人，本科学历，高级教师。1987年桐乡县第一中学高中毕业，同年参加高考，被湖州师范专科学校录取。1987年9月至1989年7月毕业于湖州师范专科学校政史科，1989年8月分配至安兴中学教政治。1991年9月至1999年7月在石门中学任教，其间，1995年7月于华东师范大学政史系函授本科毕业，1999年8月至今在嘉兴市高级中学任教。2004年12月取得中学高级教师的任职资格。2006年7月，在上海师范大学课程与教学论专业研究生课程进修班结业。2003年被评为嘉兴市秀洲区第五批教学能手，2017年荣获嘉兴市南湖区国际教育集团优秀教师称号。

**沈慧敏** 男，1972年4月生，革新村（原向阳大队）浮石桥组人，上海交通大学工商管理专业硕士毕业。1979年9月至1983年7月就读于新南小学，1983年9月至1986年7月就读于梧桐乡初级中学，1986年9月至1989年7月就读于浙江省桐乡一中，1989年9月至1996年7月就读于吉林工业大学（现吉林大学）汽车工程专业；1993年7月至1997年11月，任广州标致汽车公司研究发展部科员，负责标致汽车零部件的国产化，负责研究开发汽车电器件、道路试验和负责联系国家汽车中国汽车研究所，上报国家目录；1997年11月至2002年6月，维蒙特工业（中国）有限公司（美国纽交所上市的中国全资子公司）大区销售经理，负责制定长江以南地区的通信杆和电力杆杆体产品市场发展计划，完成每年公司制定的AOP销售计划，提议并实施区域的销售策略、项目投标和管理组织中标工程项目，运作工程施工管理。直销期间，销售成绩一直名列前茅。2003年2月至2005年4月，就读于上海交通大学高级工商管理专业（EMBA），获得硕士学位。2002年6月至2005年5月期间，任公司副总经理，公司产品主要面向电力、市政、移动通信建设部门，全面负责管理中国的销售和采购市场，同时负责技术设计、生产制造工作，制定在中国的发展战略，完成每年与美国总部协商制定的AOP市场计划，制定并实施中国的销售策略，管理各区域销售经理；改善公司内部销售部门，制定合理的作业流程，提高效率，减少风险，管理公司售前售后部门。改革公司采购制度，建立供应商招投标制度，完善质量管理，监督采购经理，贯彻实施既定方针。协调其他相关部门经理配合公司的销售策略。根据中国市场设计、研发、指导生产，编写新工厂可行性研究报告，组建新南方基地新工厂。在任3年期间，企业销售额从2亿元增长到4.5亿元，成为中国地区的领头羊。

2005年5月，他开始自主创业，创办了广州信盛通信科技有限公司，任法人代表兼总经理。创建信盛科技的子公司——广东环和投资管理有限公司。做到广东省第一大民营铁塔公司后，将子公司出售给A股上市公司。16年时间创立了通信行业中“信盛”企业品牌，抓住了行业发展机遇，使信盛产品市场占有率逐步提高，在国内名列前茅。

**姚菊祥** 男，1972年9月出生，革新村（原新南大队）潘家门组人，本科学历，应用气象高级工程师，1998 年 3 月加入中国共产党。1980 年 9 月至 1985 年 7 月就读于新南大队小学，1985 年 9 月至 1988 年 6 月就读于梧桐乡初级中学，1988 年 9 月至 1992 年 7 月就读于江西南昌气象学校气象专业；1992 年 8 月至 1997 年 7 月在浙江省气象局工作，从事气象服务工作；1997 年 8 月至 2007 年 3 月任浙江省气象服务中心服务拓展部主任（其间，1994 年 9 月至 1997 年 7 月在浙江大学完成大专学习），2007 年 4 月至 2018 年 4 月任浙江气象影视公司董事长兼总经理（其间，2006 年 2 月至 2009 年 1 月在浙江大学完成本科学业）。

**姚建平** 男，1974 年 9 月生，革新村（原新南大队）北孟庙组人，本科学历，高级教师，2005 年 12 月加入中国共产党。1987 年 9 月至 1990 年 7 月在梧桐乡初级中学学习；1990 年 9 月至 1993 年 7 月在海宁师范学校学习；1993 年 8 月至 2005 年 7 月在濮院镇中心小学任教；2005 年 8 月至 2014 年 9 月在桐乡市濮院小学任教（其间参加小学教育专科自学考试和小学教育本科函授学习，2007 年 1 月毕业）；2014 年 10 月至 2018 年 7 月在桐乡市濮院小学教育集团毛衫城小学任教；2018 年 8 月至 2020 年 1 月在新疆维吾尔自治区阿克苏地区沙雅县援疆一年半，任沙雅县教科局教研室小学语文教研员；2020 年 2 月至今在桐乡市濮院小学教育集团毛衫城小学任教；1998 年 8 月至今先后担任教导处副主任、教科室主任、政教处主任。任教 28 年来先后荣获：2005 年 8 月桐乡市第七批语文学科教学带头人；2008 年 9 月桐乡市第十批小学组语文学科教学带头人；2011 年 9 月桐乡市小学组语文学科教学带头人；2015 年 8 月桐乡市小学组语文学科教学带头人；2008 年 9 月桐乡市教育系统优秀教师；2014 年 9 月桐乡市教育系统优秀教师；2007 年 9 月桐乡市义务教育阶段课程改革实验先进个人；2019 年 1 月桐乡市教育系统优秀教师；2019 年 6 月桐乡市优秀共产党员；2019 年 9 月新疆维吾尔自治区第九批省市阿克苏地区沙雅县优秀教师；2020 年 1 月桐乡市教育系统优秀教师；2020 年 1 月新疆维吾尔自治区第九批省市优秀援疆干部人才；2020 年 1 月新疆维吾尔自治区第九批省市援疆工作中记功一次。

**徐建方** 男，1975 年 11 月生，革新村（原新南大队）大道场组人，本科学历，1998 年 12 月加入中国共产党。1991 年 9 月至 1994 年 7 月在海宁师范

（桐乡教学点）学习。1994 年 8 月毕业分配到桐乡市濮院镇小学任教。其间，先后担任学校少先队大队辅导员、总务处主任。2006 年 4 月，提拔为桐乡市洲泉实验小学（原青石小学）副校长。2014 年 7 月，调任桐乡市教育局计划财务科副科长，2018 年 3 月任计划财务科科长，2020 年 9 月提拔为桐乡市教育局党委委员。被评为 2003 年浙江省优秀志愿者、2018 年度嘉兴市优秀教育工作者、2019 年度桐乡市担当作为好干部。

**姚国良** 男，1976 年 2 月生，革新村（原新南大队）北孟庙组人，本科学历，2004 年 12 月加入中国共产党，高级教师，现任桐乡市启新学校办公室主任。1997 年 6 月毕业于湖州师范专科学校；2005 年 6 月杭州师范学院本科毕业；1997 年 8 月至今在桐乡市启新学校任教。所教学生中有多人在“希望杯”全国数学竞赛中获国家级三等奖，嘉兴市级一、二等奖，桐乡市级一等奖。他本人曾获“嘉兴市师德建设先进个人”“桐乡市学科带头人”“桐乡市优秀教师”“桐乡市骨干教师”“桐乡市优秀教育工作者”等荣誉称号。撰写的论文《初中数学概念教学中的变式策略研究》《初中数学概念教学策略》获桐乡市一、二等奖，并公开发表。

**殳建良** 男，1976 年 4 月生，革新村（原革一大队）殳家埭组人，本科学历。2001 年 9 月加入中国共产党。1994 年 8 月考取湖州师范学校，1996 年 8 月毕业。1996 年 8 月至 2000 年 8 月任桐乡市公安局梧桐派出所民警；2000 年 8 月至 2001 年 12 月任桐乡市公安局政治处民警；2001 年 12 月至 2003 年 3 月任桐乡市公安局警务教育科副科长；2003 年 3 月至 2004 年 4 月桐乡市干部科副科长；2004 年 4 月至 2004 年 11 月任桐乡市公安局干部科科长；2004 年 11 月至 2006 年 3 月任桐乡市公安局政治处副主任、干部科科长；2006 年 3 月至 2008 年 5 月任桐乡市公安局办公室主任；2008 年 5 月至 2012 年 9 月任石门镇党委委员、石门派出所所长；2012 年 9 月至 2013 年 9 月任桐乡市公安局党委委员、政治处主任；2013 年 9 月至 2015 年 8 月任桐乡市公安局党委委员、副政委兼政治处主任；2015 年 8 月至 2017 年 8 月任桐乡市公安局党委委员、副局长；2017 年 9 月至今，桐乡市人民政府办公室党组成员、副主任。

**庄漪波** 男，1976 年 4 月生，革新村（原新南大队）沈家村组人，本科学历。1987 年 9 月至 1990 年 7 月在桐乡第八中学学习；1990 年 9 月至

1993年7月在海宁师范学校普师专业学习；1993年8月至1995年1月在桐乡市凤鸣小学任教（其间，1994年2月至1995年1月市教育局人事科借用）；1995年1月至2004年9月在桐乡市教育局人事科工作（其间，1998年8月至2001年6月在省委党校函授学院经济管理专业大专班学习；2001年8月至2003年12月在中央党校函授学院法律专业本科班学习）；2004年9月至2007年11月在桐乡市人才开发服务中心工作；2007年11月至2012年6月任桐乡市职政办公室副主任；2012年6月至2017年3月任桐乡市人力资源和社会保障局专业技术人员管理科科长；2017年3月至2020年1月（援疆）任新疆维吾尔自治区沙雅县教育和科学技术局副局长；2020年1月至今任桐乡市养老保险服务中心主任（副科级）。

**徐建江** 男，1976年6月生，革新村（原新南村）徐家兜组人，本科学历。1996年9月至2000年7月在浙江工程学院（现为浙江理工大学）化工纺织专业学习，2000年8月至2003年2月，被分配到西湖达利集团工作，2003年2月至2004年1月在香港华鼎集团工作，2004年1月至2012年2月在诺华（杭州）纺织有限公司工作，2012年2月辞去职务，开始自己创业，在临平区创办了杭州诺誉纺织有限公司，主要从事沙发面料的生产和销售。创业初期面临的主要问题是业务开发和团队建设。经过八年的艰苦努力，公司有了很大的发展，建起了5000多平方米的厂房，有一支团结的创业团队和一些技术高超的员工。目前公司有员工30多人，年产值6000多万元。

**高峰** 男，1977年7月出生，革新村（原向阳大队）镬子浜组人，大学本科学历，2002年7月加入中国共产党。2000年1月至2001年8月在桐乡市炉头镇政府工作，任镇团委书记；2001年9月至2016年3月在桐乡市龙翔街道办事处工作，历任街道团委书记、党委秘书、办事处主任助理、党委委员、办事处副主任；2016年4月至今，在桐乡市交通运输局工作，任党委委员副局长，现任党委副书记、副局长。

**潘国强** 男，1977年9月生，革新村（原新南大队）潘家门生产队人，初中学历，东兴商厦保安。2013年12月30日傍晚6时左右，当晚正是桐乡东兴商厦店庆期间，顾客较多，店里人声鼎沸，非常热闹。当晚，潘国强被分配在东兴一楼东门口值勤，突然听到一楼西边传来“砰”的一声，声音很响，他听到响声就赶紧往西边跑去，当他跑到中间的时候又听到“砰、砰”两声响。很多顾客和营业员纷纷往东边跑过来，嘴里在喊：“有枪，有枪。”潘国强这时候才知道那响声是枪声。这时，潘国强什么都不想，一个劲儿挤开人群往西边冲过去，当他跑到黄金柜台区域，看到一个蒙面歹徒，一手拿着枪，一手拿着榔头，正在和他的两个同事搏斗在一起。当时，潘国强并不知道歹徒的手枪已经卡壳，他不顾一切扑上去，死死扣住歹徒拿枪的手臂，另外一个同事从后面扣住歹徒的脖子，四个人合力把歹徒紧紧地按倒在地上。警车到后，潘国强他们就把歹徒交给了公安警察。短短惊心动魄的几分钟，彰显了他们四个人在穷凶极恶的持枪歹徒面前毫不畏惧的勇敢精神。因此，潘国强受到了嘉兴市、桐乡市公安局的表彰，荣获桐乡市公安局见义勇为三等功。

**沈群慧** 女，1978 年 2 月生，革新村（原新南大队）麦干浜组人，本科学历，高级教师。2004 年 4 月加入中国共产党，现任桐乡市实验小学教育集团人民小学校长、书记。1993 年 9 月至 1996 年 7 月在浙江省平湖师范学习，1996 年 8 月参加工作，被分配到梧桐镇第二小学任教，2005 年 8 月至 2009 年 7 月任桐乡市第二实验小学教导处副主任，2009 年 8 月至 2019 年 6 月任桐乡市启新学校副校长，2019 年 7 月至今任桐乡市实验小学教育集团人民小学校长、书记。工作二十多年来，曾被评为桐乡市奥数一级教练员，辅导学生参加全国奥数竞赛，多人获全国一等奖，2000 年被评为桐乡市首批教学骨干教师，2011 年获评嘉兴市学科教学带头人，参与全国课题研究 1 项，浙江省重点课题研究 1 项，负责主持嘉兴市级课题研究 7 项，多项科研成果获嘉兴市一、二等奖，多篇论文获浙江省一等奖、嘉兴市一等奖，在《中小学教学》《浙江教学研究》《基础教育研究》等专业刊物上发表论文二十多篇，多次被评为桐乡市优秀教师、桐乡市优秀共产党员。

**姚松强** 男，1979 年 10 月生，革新村（原新南村）潘家门组人，初中学历。1995 年 7 月，姚松强（16 岁）从梧桐乡初级中学毕业后在家务农。同年 9 月，他萌生了出去做生意闯一闯的想法。可是，家里刚造好楼房，根本没有钱用来做生意。父亲看出了他的心思，其父向亲戚借了 5000 元给他。于是，姚松强用这 5000 元去杭州南星桥服装市场租了一间店面，经营服装生意。到 1996 年底，经过一年多的经营，虽然赚不到钱，所幸没有亏本，并学到了一些经商做生意的门道，增长了见识和经验。1997 年，了解到濮院羊毛衫市场生意十分红火，姚松强到濮院租了一个门市部，做圆机布羊毛衫大衣。他买了一辆摩托车带货，把毛纱送到圆机厂加工成圆机布，然后把布带回门市部裁剪，配上附件送到平车加工店加工，制成成衣后带到漂洗厂缩绒，之后再带到整烫点整烫，最后把整烫好的成衣钉上纽扣，然后再包装、发货，一年赚了几十万元。1998 年，姚松强在濮院买了一个门市部，经过市场调查和行业分析，决定做针织女装，注册商标为“浴火凤凰”，自产自销，开始真正意义上的自主创业，横机、套口全部外发。由于产品款式、销售对路，销售额和利润逐年增长。2004 年，为了扩大再生产，投资 200 多万元购买了一幢 1000 多平方米的厂房。厂里有固定的管理人员和技术人员 30 人，全部加工外包，厂里只负责后道工序。经过几年的经营，积累了一定的人脉关系和客户资源，年销售额达 3000 多万元。2006 年，为了生产和销售需要，投入 880 万元，购买两幢 2000 多平方米的厂房，成立红蚁公主服饰针织厂。到 2018 年，年销售额达到 4800 万元，上缴税金 20 多万元。为了提高市场竞争力，打造精品服饰，扩规模、提品质，2020 年又投资 2200 多万元购买了 3000 多平方米的新厂房。2020 年，虽然受新冠肺炎疫情的影响，年销售额仍达 4000 多万元。姚松强从商 26 年来，白手起家、脚踏实地，企业由小到大、从弱到强，饱含着他付出的心血和汗水，展示着他的经商才能和商业眼光。

**沈晓强** 男，1980 年 4 月生，革新村（原新南大队）麦干浜组人，研究生学历。1997 年 9 月至 1999 年 7 月在桐乡市高级中学学习；1999 年 9 月至 2003 年 6 月在浙江大学统计学专业学习；2003 年 9 月至 2005 年 6 月在中山大学运筹学与控制论专业学习，2005 年 6 月研究生毕业，获硕士学位；2005 年 7 月至 2011 年 3 月，任东海期货有限公司研究所研究员、营业部总经理、研究所所长助理；2011 年 3 月至 2013 年 6 月任万向资源有限公司投资部主管；2013 年 6 月至 2016 年 1 月任上海吉虎投资管理有限公司期货部总监；2016 年 1 月至今任方正物产集团有限公司化工能源交易部总经理、资深专家，助理总裁待遇。

**沈晓东** 男，1981 年 7 月生，革新村（原向阳大队）陆家埭组人，本科学历，2018 年 10 月加入中国共产党。1997 年 9 月至 2000 年 7 月在桐乡市高级中学读高中；2000 年 9 月在湖南工程学院电气自动化系自动化专业学习；2004 年进入桐乡市自来水公司（水务集团前身）工作。从果园桥水厂最基层一线做起，分别在制水班组、机修班组工作 7 年，2011 年进入同福水厂筹建项目组参与建设同福水厂。2014 年至 2018 年任果园桥水厂厂长，之后在运河水厂当厂长；2020 年调任同福水厂厂长至今。

**沈小平** 女，1981 年 9 月生，革新村（原新南大队）沈家村组人，本科学历，桐乡市中医院 ICU 护士长、副主任护师。1997 年 9 月至 2000 年 8 月就读于桐乡卫校护理专业；2000 年 9 月通过卫生局统考进入桐乡市中医医院工作，先后在医院内科、骨科、急诊科工作，后来医院开设了 ICU 病房，被选派为第一批业务骨干参与 ICU 工作，2011 年被任命为 ICU 护士长；2012 年取得主管护师职称。2007 年获评桐乡市卫生系统先进个人，2009 年获评桐乡市卫生系统优秀护士，2013 年获评桐乡市卫生系统医德医风标兵，2019 年获评桐乡市十佳护士，2020 年获评桐乡市卫生系统先进个人。

**庄惠铭** 男，1981 年 11 月出生，革新村（原新南村）高家里组人，大专学历。1996 年 7 月毕业于桐乡市城东初级中学，后在家务农。16 岁的他干过农活，在工地上做过泥水匠小工，搬过砖、拎过泥桶，还学过汽修，在社会的最基层体验了生活的艰辛和不易，尝到了人生的酸甜苦辣，磨炼意志，养成了做事不服输的个性。1999 年 12 月，庄惠铭（19 岁）应征入伍，成为浙江省人民政府警卫中队的一名战士。服役期间他工作认真负责，肯吃苦，冲在前，荣获“优秀士兵”“优秀班长”等荣誉，2001 年 11 月退伍。2001 年 12 月，他应聘桐乡市乌镇旅游开发管理公司，负责行政管理工作。2003 年 9 月开始参加中央广播电视大学法律专业课程学习，并于 2005 年 6 月拿到毕业证书。2005 年，他辞去了公司的工作，只身一人来到濮院羊毛衫市场做销售工作。一年多的时间里，经历了商海的摸爬滚打，他掌握了不少营销资源，摸到了做生意的门道，积累了销售经验。工作虽然忙碌辛苦，但是老板给的报酬还算丰厚。不过，庄惠铭并不满足于现状，2007 年，他辞去工作，开始与人合伙做轻纺生意。做生意碰到的第一个难题就是资金问题，自己积蓄不多，家里又刚建房子，于事不服输的他想到了贷款。他用房产抵押，向农商银行贷了 30 万元作为生意的启动资金。资金投下去了，产品质量、市场销路、客户认可度还都是未知数，家人都为他捏了一把冷汗。几个月下来，生意顺利，赚得200多万元，成了他挖到的第一桶金。2008年投资成立嘉兴市迷客纺织品有限公司，真正实现了自己当老板的理想，公司主营业务为：纺织面料、里料、成衣加工，产品出口欧洲市场。几年下来，企业规模越来越大，产品质量越来越好，信誉越来越高，外商客户也越来越多，2019年，年产值达600多万美元。但是，庄惠铭依旧不满足于现状，他居安思危，通过调查捕捉到了新商机。他发现，餐饮业在桐乡十分火爆，大大小小的酒店不计其数，夜夜高朋满座，生意十分红火。然而，这么多的饭店中，海鲜专营店却寥寥无几。于是，2014年，庄惠铭创立了嘉兴市酩悦餐饮管理有限公司，成立酩悦大酒店，专营海鲜。随着人们饮食习惯和生活理念的改变，绿色天然的海鲜受到追捧，几年下来酒店生意十分兴隆，尤其是双休日的晚上，包厢难求，要提早几天预订。之后，庄惠铭又在桐乡、海宁等地开了多家连锁直营店，2020年，共有员工200多人，年销售额达4500万元。

**沈晓华** 男，1982年4月生，革新村（原新南大队）沈家村生产队人，2007年6月毕业于浙江中医药大学。毕业后被招录到嘉兴市中医医院检验科，主管技师，2012年9月加入中国共产党。

2020年的新春时节，一场突如其来的疫情打破了人们平淡而恬静的生活，冲淡了新春佳节的喜庆祥和。湖北告急，武汉告急，疫情就是命令，全国上下，听从指挥，积极响应，组织抗疫物资，组建医疗队，紧急驰援武汉。沈晓华作为一名年轻的党员医务工作者，毅然向医院领导递上了请战书。2020年1月24日是除夕，沈晓华接到医院领导通知："明天早上（也就是大年初一）7:30到医院报到，组建嘉兴市第二批共12人援鄂医疗队，你为队长，经过三天的战前准备、抗疫防护的严格训练后，驰援武汉。"1月28日，大年初四，经过三天严格培训和训练，第二批嘉兴紧急援鄂医疗队的12名队员，在队长沈晓华的带领下，整装出发，踏上抗疫征程。当天下午抵达武汉，进驻武汉科技大学附属天佑医院。随后，整建制接管天佑医院的两个重症病房和一个危重症病房。沈晓华的工作是检验样本，也就是做核酸检测。从表面上看，没有跟患者直接的接触，但却是接触新冠病毒最多的人，又是跟新冠病毒"零距离"接触的人。实验室就是战场，每日都在与病毒展开搏斗与较量。工作最忙碌时，一天要在实验室和同事们一起完成200多份核酸样本检测，平均每100份样本里就有30～40份是阳性。一天工作要9～10小时，在武汉基本上没有睡过一个安稳觉。

从1月28日抵鄂到3月19日凯旋回浙，共52天。沈晓华和他的团队不惧危难，义无反顾地逆行奋战，累计收治患者192人，其中重症108人，危重症35人，治愈135人，开设实验检测1.8万人次。在救治患者的同时很好地保护了自己，全队人员零感染。因其突出表现，第二医疗队获国家卫生健康委员会、人力资源和社会保障部、国家中医药管理局三部门表彰，并被授予“全国卫生健康系统新冠肺炎疫情防控工作先进集体”称号。

表19-1 革新村全日制硕士研究生名单

| 姓名 | 毕业大学 | 所在村组 |
|---|---|---|
| 沈晓强 | 中山大学 | 原新南村麦干浜组 |
| 沈加乐 | 浙江大学 | 原新南村沈家村组 |
| 沈月忠 | 西安航空航天大学 | 原新南村沈家村组 |
| 庄晓燕 | 云南大学 | 原新南村沈家村组 |
| 姚丽婷 | 天津医科大学 | 原新南村潘家门组 |
| 徐　莉 | 复旦大学 | 原新南村大道场组 |
| 徐建辉 | 江苏大学 | 原新南村徐家兜组 |
| 陈建飞 | 重庆医科大学 | 原革一村陈家埭组 |
| 沈慧敏 | 上海交通大学 | 原向阳村浮石桥组 |

# 附　录

## 梧桐街道革新村村民自治章程

(2020 年 9 月 4 日村民代表会议通过)

### 第一章　总则

第一条　为了保障本村村民依法自治，加强村民委员会建设，保证村务各项工作的正常运转，促进全村四个文明建设，根据《中华人民共和国村民委员会组织法》等国家法律、法规及政策的有关规定，结合本村实际，制定本章程。

第二条　村民委员会实施村务管理必须在村党委的领导下，在国家法律、法规和政策范围内进行，必须体现民主决策、民主管理和民主监督的原则，实行自我管理、自我教育、自我服务，积极协助梧桐街道做好各项工作，完成梧桐街道根据法律、法规和政策布置的各项任务。

第三条　为了保障村务各项工作的依法、规范、有序运行，村民委员会办理本村的公共事务和公益事业，调解民间纠纷，协助维护社会治安，向梧桐街道反映村民的意见、要求和提出建议。同时，建立村民代表会议制度、村务公开制度、民主理财制度、村务公开监督制度和村规民约，以确保村民自治各项制度的贯彻落实。

第四条　本章程在广泛征得本村村民意见基础上由村民代表会议讨论通

过。本章程既是村民委员会实施村务管理的工作规程，也是全体村民的行为规范，无论干部群众都必须遵守。

第五条　本章程由村民委员会组织实施，村民代表会议监督执行。

## 第二章 村务管理

第六条　本村村务实行民主决策、民主管理、民主监督，建立村务公开监督小组、村民民主理财小组。村务公开监督小组成员由村民代表会议在不是村干部及其配偶、直系亲属的村民代表中推选产生，负责监督村务公开的执行情况，并及时向村民代表会议报告；民主理财小组成员由村民代表会议从村务公开监督小组成员中推选产生，负责对本村集体财务活动进行民主监督，参与制定本村集体的财务计划和各项财务管理制度，有权检查、审核财务账目及相关的经济活动事项，有权否决不合理开支。

第七条　为了增加村务管理工作的透明度，广泛听取村民意见和建议，设立村务公开栏和村民意见箱。村务公开栏公开的内容应包括本章程贯彻执行中有关问题，村民代表会议的决议、决定，村务公开监督小组、民主理财小组公布的财务清查、审计结果，以及村民关心的其他事项。

第八条　村民反映问题可以署名，也可以不署名。村民意见箱由村民代表会议指定专人管理，定期或不定期开箱，收集到的村民意见应在村民代表会议上宣读。村“两委”要重视村民意见建议，认真研究处理。处理情况应及时在村民代表会议上通报，必要时在村务公开栏上公开。

第九条　村民委员会在管理本村自治事务的同时，应当积极协助梧桐街道开展工作，保证国家法律、法规和政策在本村的贯彻落实。本村村民以及村内各经济组织依法承担的各项义务，村民委员会、村经济合作社负责督促完成。

## 第三章 村干部管理

第十条　全体村干部必须对村民负责，接受村党委的领导和梧桐街道的指导，服从村民委员会的管理，恪尽职守，努力做好分工范围内的各项工作。要牢固树立全心全意为村民服务的思想，带头履行党员义务和村民义务，不准做特殊村民，不准侵占村民利益，不准倚仗职权为自己和亲属谋取私利，不准贪图享受，不准违法乱纪。

第十一条　建立村民委员会向村民代表会议报告工作制度，每年向村民代表会议报告一次工作，每月组织召开一次村民委员会全体会议，传达贯彻上级文件和研究部署本村工作，交流情况，落实任务。

第十二条　实行村干部分工负责制。根据本村现有干部和村务管理的要求，实行按岗位分工和按任务定员相结合的办法，将全部村务工作分解落实到每一位村干部。

第十三条　建立村干部任期目标考核制度。根据本村经济、社会发展现状，制定本届村民委员会任期目标，研究落实实现任期目标的办法和措施，确定分年度工作目标并作出承诺。同时将任期考核和年终考评相结合，年终根据村干部工作目标完成情况，采取自评、互评和村民评议相结合的办法，对每个村干部工作业绩进行考评。

第十四条　建立健全民主评议村干部制度。每年组织一次评议活动，结合年终工作总结，对照个人年度目标，在村民代表会议上对每一位村干部进行民主评议，作出优秀、称职、不称职的评定结论，对评出的优秀村干部，进行宣传、表彰；对不称职的村干部，责令限期改正，不适合继续担任村干部工作的，按产生程序进行罢免、劝辞。

## 第四章　公共公益事业管理

第十五条　建立村民生产服务组织，选用有一定文化基础和技术专长、热心为村民服务的人员，成立专项服务小组，以便民利民、促进生产、发展经济为宗旨，为村民生产、生活提供服务，服务小组在村“两委”领导下开展工作。

第十六条　实行城乡居民新型合作医疗保险和城乡居民社会养老保险。

第十七条　合理安排本村各项公共事务和公益事业的经费投入，兴办村公益事业项目确需村民筹资筹劳的，实行村公益事业项目“一事一议”筹资筹劳办法。具体议事项目、筹集对象和标准，由村“两委”提出方案，经村民代表会议通过后实施。

第十八条　对于村公共事务和公益事业的经费使用情况和收支账目，村民委员会应一事一公布，接受村民监督。

## 第五章 集体经济监督管理

第十九条 本村集体经济包括村土地、房屋、村集体种养殖业等集体资产和经济实体，属本村村民集体所有，由村经济合作社负责经营管理，村民委员会尊重和支持村经济合作社独立进行经济活动的自主权，并有权对集体经济的经营活动实施监督管理。

第二十条 本村区域内属村集体所有的土地，由村经济合作社管理和发包，村民委员会实施监督。土地承包者和依法使用者只有使用权，没有所有权。

第二十一条 为加强村镇建设规划管理，需要新建、扩建、改建任何建筑物，铺设道路和管线都必须向村民委员会提出申请，并依法呈报上级有关部门审批，严格服从规划管理。

第二十二条 村民民主理财小组对村财务工作进行监督管理。村经济合作社的财务工作应贯彻执行党和国家的方针政策及有关法律和规定，实行民主管理。

第二十三条 村民委员会支持和督促村经济合作社履行下列职责：

1．保护和管理村集体所有或者使用的土地资源；

2．经营管理村集体所有的资源性资产、经营性资产和公益性资产，组织集体资产的发包、租赁，拓展物业经营服务；

3．提供社员生产经营和生活所需服务；

4．建立健全村集体资产经营管理、财务会计、民主理财、收益分配和产权制度等相关制度。

对没有很好履行上述职责所造成的经济损失，在查清责任的基础上，酌情由责任人赔偿。村务公开监督小组在街道村务公开和民主管理工作领导小组指导下，有权对村经济和村务进行监督。

第二十四条 上级政府下拨的各种农用物资、农业投入经费等的分配使用，由村“两委”和合作社提出方案，村民代表会议讨论决定，各项款物分配使用情况应张榜公布，接受村民监督。

## 第六章 计划生育管理

第二十五条 本村计划生育工作由村党委书记和村民委员会主任负总责，

实行村民委员会成员分片包干，设立计划生育专职管理员承担日常事务。凡居住在本村的人员，包括本村的村民、新居民，都必须遵守国家人口与计划生育法律、法规，服从村计划生育管理。对违反国家人口与计划生育法律、法规，村“两委”有权报上级政府按有关规定进行处罚。

第二十六条　符合《婚姻法》《浙江省计划生育条例》规定，并持有《计划生育证》的夫妻，允许生育子女。对计划外怀孕的，要及时动员落实补救措施。对拒不采取措施的，按有关规定予以处罚。

第二十七条　严禁弃婴、溺婴，违者依照有关法律、法规处理。不得藏匿包庇外来人员躲避计划生育。

## 第七章 社会治安管理

第二十八条　为了维护本村社会秩序的稳定，创造一个良好的生产生活环境，村民委员会设立人民调解、治安保卫委员会，负责本村社会治安综合治理工作。建立健全义务调解队伍，企业负责人、村民小组组长为义务调解员，协助村人民调解委员会调解本村的民间纠纷，防止矛盾激化，预防刑事案件和治安案件的发生。

第二十九条　大力开展普法教育，利用各种宣传工具和形式进行法制宣传，教育村民遵纪守法，遵守社会公德。开展社会治安“群防群治”，加强安全防范，勇于检举揭发各种违法犯罪行为，同一切违法行为作斗争。

第三十条　协助公安机关做好易燃、易爆、剧毒、枪支、管制刀具等危险物品的管理；严禁赌博，发现为赌博提供场所条件的，应予以批评教育，不听劝阻的报公安机关处理；对吸毒人员和利用封建迷信招摇撞骗者，应予以教育、劝阻并报有关部门处理。

第三十一条　加强对归正人员、问题青少年的管教和帮教工作，由村民委员会指定专人进行监督、教育和帮助。外来人员在本村居留的，应向村新居民事务站登记，不得私自留宿不明身份的人员。为外来人员提供违法犯罪场所的，报送公安机关处理。

## 第八章　附则

第三十二条　本章程执行情况由村民委员会按年度作出总结，向村民代表会议报告。重要情况应随时报告。

第三十三条　村民委员会可以根据本章程有关规定，制定单项的工作细则，但不得与本章程的规定相抵触。

第三十四条　本章程有与国家法律、法规、政策相抵触的，按国家规定执行。

第三十五条　本章程自通过之日起实施，如有修改变动须经村民代表会议讨论通过。

## 村规民约

（2020 年 9 月 4 日村民代表会议通过）

为提高全体村民自我管理、自我教育、自我服务的能力，促进全村的安定团结和文明建设，根据法律、法规和国家有关政策规定，制定本村规民约。

一、切实保护耕地，严禁耕地抛荒，不得侵占、非法买卖和其他形式非法转让集体土地，擅自搭建、加层，违者视情节轻重给予批评教育，限期改正，情节严重的报上级相关管理部门处理。

二、村民建房必须服从本村规划，并按照规定程序申报，在领取《建房许可证》后，按批准的地点和面积施工建房。

三、上级配套工程落实在我村境内，村民应积极支持和配合。对在办理合法征用土地手续并已兑现经济补偿的土地上施工的单位，任何人不得无理取闹，如致使施工损失的，要赔偿经济损失。

四、实行计划生育，对非法怀孕和计划外生育者，对有谩骂、侮辱、殴打计划生育工作人员等行为者，按有关法律法规和政策严肃处理。

五、学龄儿童和青少年有依法接受教育的权利和义务，其法定监护人应保证子女接受九年制义务教育，营造崇德尚学的良好氛围，对品学兼优的学生进行适当的奖励。

六、本村任何组织和个人一律不准招用 16 周岁以下的人做工。违者报有关部门依法处理。

七、凡符合服兵役条件的本村村民，都有服兵役的义务，应积极主动参加兵役登记、体检和应征。对逃避服兵役（包括不参加初检、不参加复检和体检合格拒绝服兵役）的村民，按照有关法律和政策规定予以处理，情节严重的由有关部门依法追究法律责任。

八、要尊老爱幼，保护老人、妇女、儿童在社会和家庭生活中的合法权益，禁止虐待、遗弃、伤害行为。任何人不得剥夺已婚女子的合法继承权。丧偶女子有继承遗产和带户再婚的权利。

九、父母、继父母、养父母对未成年的子女、继子女和养子女必须依法履行抚养义务。成年子女、继子女、养子女及其配偶，对基本丧失劳动能力或无生活来源的父母、继父母、养父母必须依法履行赡养义务。营造尊老重孝的氛围，提倡子女经常看望、陪伴老人。

十、村民发生赡养纠纷时，由村调解委员会进行调解，调解不成的，村民委员会支持被赡养人依法向人民法院提起诉讼。

十一、严禁任何单位和个人非法制造、经销、买卖、私藏管制刀具、火枪等凶器和危险物品；严禁在禁止区域内燃放烟花爆竹；严禁吸毒、贩毒。任何人不得以各种借口煽动群众到机关、学校、企业、村民委员会办公地、他人住宅起哄捣乱、闹事、制造事端，不得寻衅滋事，扰乱社会治安秩序。

十二、不得非法搜身、侵入他人住宅和限制他人人身自由，不准诽谤他人和侮辱妇女，邻里之间发生纠纷不得采用威胁、要挟的方法，对殴打他人造成伤害的，应赔偿医药费、误工费等，情节严重的，提请司法机关依法处理。

十三、不偷拿国家、集体、他人财物，不在公路、水域航道上设置障碍，不损毁、移动指示标志，不损毁会所、居家养老中心、文化、体育、健身等集体公共设施，不乱砍滥伐树木，不毁绿私种。搞好环境卫生，不乱扔杂物垃圾，不污染水源，保持村容村貌整洁。

十四、严禁传播淫秽物品，严禁卖淫嫖娼，严禁赌博和小偷小摸，反对迷信活动，严禁利用迷信活动造谣惑众、骗取财物。

十五、积极推行殡葬改革，服从殡葬管理，遗体火化后骨灰盒存放在安息堂或生态公墓。提倡勤俭节约，反对婚嫁、丧葬大操大办。

十六、违反本村规民约的，除触犯法律由有关部门依法处理外，村民委员会可作出如下处理：

1. 予以批评教育；

2. 写出悔过书，进行通报；

3. 责令其恢复原状或作价赔偿；

4. 视情况给予经济处罚；

5. 取消享受或者暂缓享受村里的优惠待遇。

十七、凡违反本村规民约要进行处理的，必须在调查核实后，经村民委员会（或村民代表会议）集体讨论、决定，不得擅自处理。

十八、凡被依法处罚或违反本村规民约的农户，在本年度不得进行相关的评比和奖励。

十九、外来人员在本村居住的参照执行本村规民约。

二十、本村规民约与国家法律、法规、政策相抵触的，按国家规定执行。

二十一、本村规民约自村民代表会议讨论通过之日起施行。

## 梧桐街道革新股份经济合作社章程

（2020 年 9 月 4 日代表大会通过）

### 第一章 总则

第一条　为规范运作，促进本社集体经济发展，维护和保障全体社员股东的合法权益，建立起与社会主义市场经济要求相适应的集体资产管理体制和集体经济组织治理机制，根据《浙江省村经济合作社组织条例》及有关法律法规和政策的规定，结合本社实际，制定本章程。

第二条　本社定名为桐乡市梧桐街道革新股份经济合作社。社址设在桐乡市梧桐街道革新村灵悟小区。

第三条　本社由梧桐街道革新村经济合作社根据股东代表大会讨论决定，将集体经营性资产折股量化改制而成，是以资产为纽带、社员股东为成员的综合性集体经济组织。

第四条　本社坚持社会主义集体所有制，执行有关法律法规和政策，实行自主经营、独立核算、自负盈亏、民主管理、风险共担、按股分红。本社基本职能是生产生活服务、资产经营、资产管理、资产积累和收益分配等。

第五条　依法属于本社集体所有的各项资产（经营性资产、资源性资产和公益性资产等），均属于本社全体社员股东共同所有。

第六条　本股份经济合作社受上级党委、政府和农村集体资产主管部门的指导和监督，并在法律法规和政策范围内开展经营活动。

## 第二章 股东

第七条　持有本股份经济合作社股权，并取得本股份经济合作社核发的股权证书的股权人，为本股份经济合作社社员股东。

第八条　本社社员股东享有以下权利：

（一）凡年满 18 周岁并享有独立民事行为能力的基本社员股东享有选举权、被选举权和表决权；

（二）对本社经营管理享有民主管理、民主监督的权利；

（三）享有对本社社管会提出质询、批评和建议的权利；

（四）享受本社提供的生产、生活服务及各项福利的权利；

（五）按照股份取得分红的权利；

（六）本社解体后，经核算依法分得本社的剩余财产。

第九条　本社社员股东应承担以下义务：

（一）遵守本社章程；

（二）执行社员股东代表大会（或社员股东大会）及社管会的各项决议；

（三）自觉遵守有关法律法规和党的各项方针政策，依法行事；

（四）关心本社的生产、经营和管理活动，维护本社的合法权益；

（五）按其所持股份份额为限，依法承担相应的经营风险。

## 第三章 股权设置与量化

第十条　经财产清查并依法调整账户后，原村经济合作社集体总资产 53018768 元，负债 19986465 元，净资产（所有者权益）33032303 元，其中经营性资产25602969元，按1元折1股，共计17922079股。

非经营性资产暂不列入折股量化的范围。今后因土地征用补偿收入增加或经营性资产增值等变化，可以增加股份或追加折股量化总额。

第十一条　集体经营性资产折股量化设置人口股、农龄股。按照公正、公开、民主的原则，根据本股份经济合作社改革《实施方案》确定的股权量化办法折股量化到人。

第十二条　分配给社员股东的股权，属社员股东个人所有。个人股权可依法继承，但不得退股提现或退股抽资，不得抵押。持股满3周年，经社管会批准，可以在本社内部转让，但不得对外转让。

第十三条　股份原则上实行静态管理，确定后不作变动。如确需调整，须经社员股东大会或社员股东代表大会讨论通过。

第十四条　参加股份经济合作社的社员股东按户统一发给记名股权证书，股权证书是对社员股东股权的确认，社员股东必须认真保管，社员股东变更、股权证书遗失、股权证书所载股份发生变动的，都要及时申请补办或变更。

## 第四章　组织机构

第十五条　本社设社员股东（代表）大会、社管会、社监会等机构。

第十六条　社员股东（代表）大会是本社的最高权力机构。

（一）社员股东代表名额按不少于年满18周岁以上社员股东总数的3%确定，但最少不得少于20人。本届社员股东代表大会设社员股东代表60名。

（二）社员股东代表由具有选举权的社员股东推荐选举产生。

（三）社员股东代表每届任期5年，可连选连任。

第十七条　社员股东（代表）大会每年至少召开2次会议。有特殊情况的可临时召开。

（一）经社管会或社监会提议，可临时召开社员股东（代表）大会；

（二）由1/3以上社员股东代表（或1/5以上年满18周岁以上的社员股东）提议，应当召开社员股东（代表）大会；

（三）社员股东（代表）大会须有不少于2/3以上社员股东（代表）出席方能召开。

第十八条　社员股东（代表）大会实行一人一票表决制。

社员股东（代表）大会形成的决议，须经到会社员股东（代表）2/3 以上通过方能生效。

第十九条　社员股东（代表）大会行使下列职权：

（一）通过、修改本社章程；

（二）选举、罢免社管会、社监会成员；

（三）审议、批准社管会、社监会工作报告；

（四）审议、批准本社发展规划、资产经营计划、重大投资决策、年度财务预决算报告和集体资产经营管理方案；

（五）审议、批准收益分配方案；

（六）审议、批准社管会、社监会成员的报酬方案及资产经营责任考核办法；

（七）讨论、决定其他重大事项。

第二十条　社管会是本社常设的执行机构和日常工作机构，由社员股东（代表）大会选举产生，并对本社社员股东（代表）大会负责。

（一）社管会设成员 3 名，由社员股东（代表）大会选举产生。社管会每届任期 5 年，可以连选连任。

（二）社管会设社长 1 名，由成员选举产生。社长是本社的法定代表人。

第二十一条　社管会实行社员股东代表大会领导下的社长负责制。社管会必须严格执行社员股东（代表）大会通过的决议，向社员股东（代表）大会报告工作，接受社监会和本社社员股东的监督。

（一）社管会行使下列职权：

1. 召集、主持社员股东（代表）大会，并向社员股东（代表）大会报告工作；

2. 起草社员股东（代表）大会决议；

3. 拟订本社发展规划、资产经营计划和集体资产经营管理方案；

4. 对重大投资项目进行可行性论证，提出投资决策方案；

5. 拟订本社财务管理制度、财务预决算方案、收益分配方案及资产经营责任考核方案；

6. 提出社管会、社监会成员及工作人员的报酬方案；

7. 执行社员股东（代表）大会通过的决议；

8. 负责日常社务工作，根据需要设置必要的内部经营管理机构，聘用必要的经营管理人员。

（二）社长行使下列职权：

1. 主持社员股东（代表）大会和召集、主持召开社管会会议；

2. 组织实施社管会形成的决议，并向社管会报告；

3. 向上级部门报告备案。

（三）社管会定期召开会议。社管会会议须有 2/3 以上成员出席方可举行。社管会作出决议须经全体成员的过半数通过。

第二十二条　社监会是本社常设的监督机构，由社员股东（代表）大会选举产生，对本社社员股东（代表）大会负责。

本社设社监会成员 3 名，社监会设主任 1 名。社监会每届任期 5 年，可以连选连任。

社管会、社监会成员不得相互交叉兼职。

第二十三条　社监会必须严格执行社员股东（代表）大会通过的决议，向社员股东（代表）大会报告工作。

社监会行使下列职权：

（一）监督本社章程的执行情况；

（二）监督社员股东（代表）大会决议执行情况；

（三）对社管会及工作人员的工作行使监督职能，提出建议和批评意见；

（四）每月至少审查一次本社财务，并向社员股东公布；

（五）必要时提议临时召开社员股东（代表）大会；

（六）社监会成员可以列席社管会会议。

第二十四条　社监会可以向社员股东（代表）大会提出罢免不称职的社管会成员的建议。

## 第五章 资产经营与管理

第二十五条　社管会应以效益为中心，以资产的保值增值为目标，加强对本社资产的经营管理。社管会可依照国家有关法律、法规、政策以及本章程规定的职权和程序，采取独资经营、股份合作、租赁、拍卖、兼并等办法，进行资产经营活动，确保资产保值增值。

第二十六条　社管会在资产发包、租赁时，应依法签订承包、租赁合同，按合同约定及时向承包人、承租人收取承包、租赁金。重大工程项目的承包、租赁应进行公开招投标。

第二十七条　社管会对本社负有资产保值增值的责任，未经社员股东代表大会（或社员股东大会）讨论通过，不得将集体资金出借给任何单位和个人。严禁为其他单位和个人作经济担保。

第二十八条　本社必须建立集体资产登记制度，每年清查盘点一次，做好登记造册与归档工作。一般每隔 5 年对资产进行一次清产核资或委托有资质的评估机构对本社资产进行评估，并将结果向全体社员股东公布。

## 第六章　财务管理与收益分配

第二十九条　严格执行财政部制定的《农村合作经济组织财务制度》《村集体经济组织会计制度》，严格遵照和贯彻省、嘉兴市、桐乡市、梧桐街道和社员股东代表大会（社员股东大会）通过和制定的财务管理制度，切实加强财务管理和会计核算。

社管会、社监会成员的直系亲属不能被聘为本社财务主管人员。

第三十条　建立健全财务管理制度。财务收支情况经社监会审查监督后，按月逐笔分明细向社员股东公开。

财务预决算、重大开支项目和收益分配方案，须经社员股东（代表）大会审议通过，并接受上级集体资产主管部门的审计，将结果向全体社员股东公布。

第三十一条　本社建立固定资产折旧制度，按规定足额提取折旧费。

第三十二条　本社坚持勤俭办社的方针，反对铺张浪费，严格控制非生产性开支。

第三十三条　本社正确处理国家、集体、个人之间的关系，实行同股同利，搞好收益分配。当年净收益先提取 30% 的公积公益金，再足额弥补当年应付福利费支出后，由社员股东（代表）大会研究制定方案，进行分配。

第三十四条　建立健全经营目标责任制和相应的激励约束机制。对经营管理成效显著，超额完成经营目标任务的，对经营班子给予一定的经济奖励。对经营不善的，要承担相应的经济责任。

具体目标任务和考核办法由社管会提出，经社员股东（代表）大会讨论通过后实施。

第三十五条　经本社社员股东（代表）大会讨论通过的收益分配方案及目标责任考核结果，须报梧桐街道办事处审核备案。

## 第七章 附则

第三十六条　本章程经新一届（第三届）社员股东（代表）大会审议通过，自 2020 年 9 月 4 日起生效，并送市农村集体资产管理部门、梧桐街道办事处备案。

第三十七条　本章程由社管会负责解释。

# 革新村村务监督委员会工作流程图

## 村务监督委员会对村级事务决策监督工作流程图

### 方案形成监督

1. 村党组织是否集体讨论形成初步方案。
2. 村“两委”是否召开联席会议商议形成工作预案。
3. 村“两委”制定工作预案后是否召开党委大会或党员代表议事会进行审议。
4. 工作方案是否在村务公开栏进行公示征求意见。

### 形成决议监督

5. 工作方案是否经过村民代表会议表决通过，形成的决议是否规范、合法。
6. 形成的决议是否在村务公开栏内进行公告。

### 操作实施监督

7. 村“两委”是否按时向村民代表会议报告决议事项办理情况，并在村务公开栏公开。
8. 决策实施是否按照决议要求实施。
9. 决议事项完成并经村监委审查后，在村务公开栏公开。

### 问题处理

重大事项未经集体讨论决定的，村监委应提出意见、建设，并督促村“两委”按民主决策程序进行决策。

决策实施过程中违反决议内容操作的，村监委应提出整改措施，村民委员会应及时予以答复并落实整改意见。

## 村务监督委员会对村级财务监督工作流程图

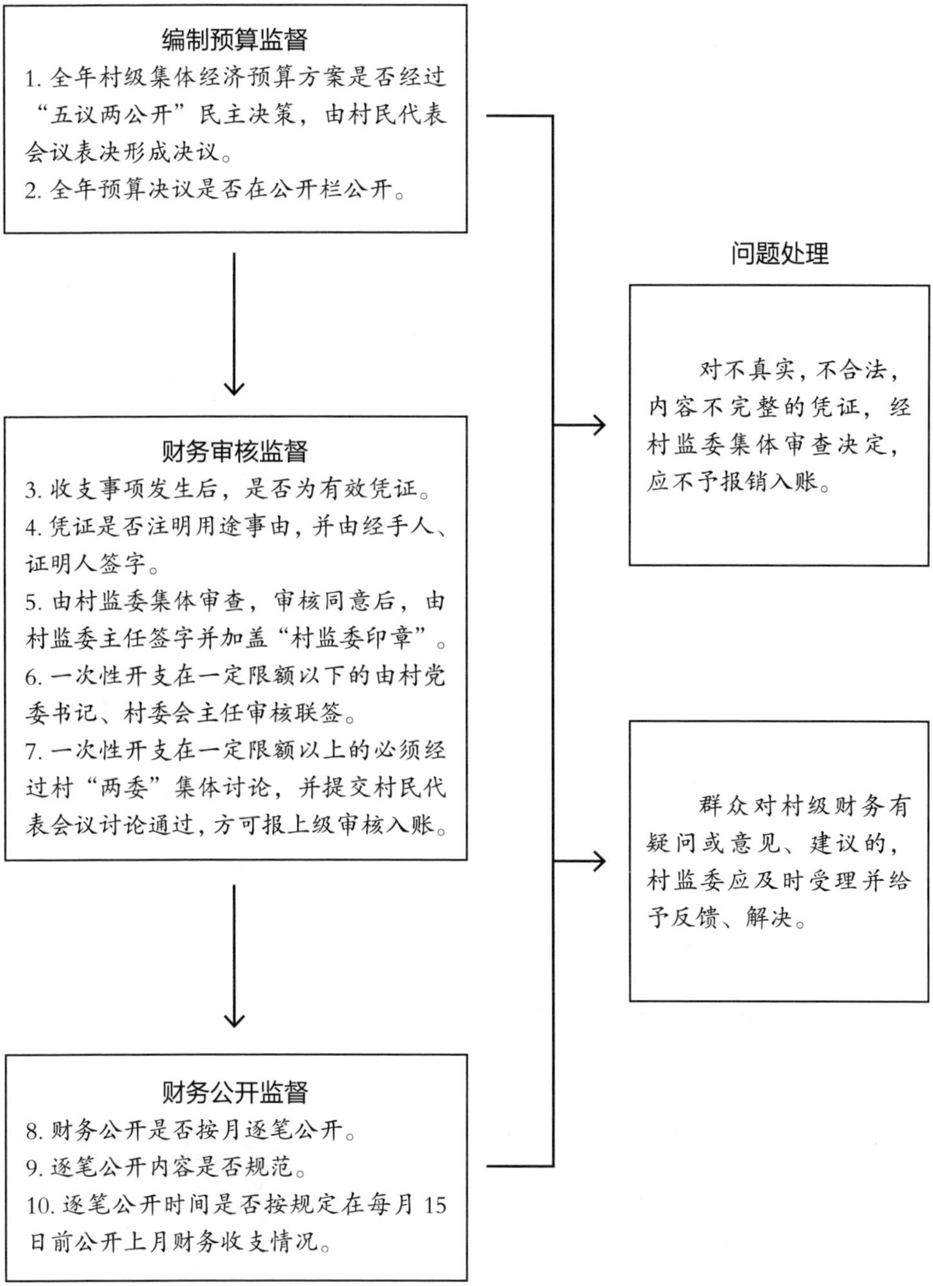

**村务监督委员会对村务公开监督工作流程图**

公开程序监督

1. 公开事项是否经过村“两委”或村民代表会议集体讨论决定。审查是否有集体讨论形成的相关会议记录和决议。

2. 公开事项要形成文字方案，公开前，要经过村监委审查盖章。

↓

公开内容监督

3. 公开事项是否按照规定的18项内容做到应公开都公开。

4. 公开事项的内容是否完整、真实。

↓

公开形式监督

5. 公开时间是否按照长期、定期、即时公开的不同要求规范操作。

6. 是否按照规定在固定村务公开栏公开。

7. 除在村务公开栏公开外，有否通过村民代表会议、党员会议等形式公开。

→

问题处理

村监委对村务公开内容、形式、程序进行审查，如有异议，应当在5日内提出，提交村“两委”，要求补充、完善。群众对公布的内容有疑问的，以口头或书面形式向村监委投诉，村监委应及时进行调查，确有内容遗漏或不真实的，应督促村民委员会在7日内予以解释和答复。

## 村务监督委员会对村级公共资源交易监督工作流程图

### 标前监督

1. 项目的确定是否经过村民代表会议集体讨论决定。
2. 项目方案的制定是否经过村“两委”提出初步方案提交村民代表会议讨论确定。
3. 项目交易申请是否经上级小额公共资源交易领导小组批准同意。

### 标中监督

4. 信息发布的内容是否规范（主要审查项目的基本情况、条件设定、招投标方式）。
5. 信息发布的时间、地点、形式是否符合要求。
6. 招标过程中审查报名、资格审查、领取标书是否符合规定。
7. 招标过程中审查开标的通知、时间、地点和实施情况是否符合规定。
8. 招标过程中审查评标和评标的提交结果情况是否规范。
9. 招标过程中审查定标结果、结果公示是否规范。

### 标后监督

10. 合同签订是否经过村“两委”集体讨论决定。
11. 合同内容是否进行公开。
12. 工程建设中进度、质量的监督：工作进度、质量是否符合要求。
13. 验收过程中监督：工程竣工验收是否合格，结果是否报送上级小额公共资源交易领导小组。
14. 工程量变更的监督：工程量、设计变更是否经工程监督小组确定，是否有联系单，并报上级小额公共资源交易领导小组批准后实施。
15. 工程结算的监督：工程结算是否按照合同规定进行、增加工程量超过招投标总价10%的，是否经村委代表会议决定。

→

### 问题处理

通过查看相关资料，现场察看交易活动开展情况，受理举报投诉等进行监督检查，对发现存在的问题，村监委应及时向村“两委”提出意见和建议，村“两委”应及时解释、答复或落实整改措施。

## 2020 年桐乡市城乡居民医保政策要点

### 一、参加对象

本市行政区域内的下列人员可参加居民基本医疗保险（以下称居民医保）：

（一）本地居民、未参加职工基本医疗保险的城乡居民；

（二）非本地户籍，但持有浙江省居住证，在户籍地未参加新型农村合作医疗保险、城镇居民基本医疗保险、职工基本医疗保险等的新居民及其子女；

（三）各类全日制高等学校（包括民办高校）全日制本、专科生、研究生中未参加户籍地新型农村合作医疗保险、城镇居民基本医疗保险等的学生。

### 二、保障期限

居民医保参保人员按年缴费，中途或接续参保须缴全年费用。参保人员在规定时间办理参保缴费手续后，即可在年度内按照本规定享受居民医保待遇、参保人员在超过规定时间后参保的，居民医保待遇自缴费的 3 个月后开始享受。

（一）符合下列条件之一，接续或中途参保的，自缴费的次月起享受居民医保待遇：

1. 本地户籍复退军人、婚嫁迁入、归正人员、大学毕业生等人员；

2. 职工基本医疗保险中断（终止）或跨制度、跨统筹地转移基本医疗保险关系的人员，在 3 个月内接续参保缴费的；

3. 全日制高等学校（包括民办高校）全日制本、专科和研究生新入学学生；

4. 特困供养人员、最低生活保障家庭、最低生活保障边缘家庭、持证残疾人、计生特殊家庭等参保人员；

5. 新迁入的桐乡户籍人员。

（二）新生儿（含符合参保条件新居民的新生儿）于出生 3 个月内办理参保手续（跨年度的，须按全年标准补缴上年度费用），待遇自出生之日起享受。

### 三、筹资标准

2020 年全市居民医保总筹资额度为 1630 元 / 人，其中个人缴费 560 元 / 人；各级财政补助 1070 元 / 人。

持证残疾人、计生特殊家庭等困难参保人员，特困供养人员、最低生活保障家庭成员、最低生活保障边缘家庭人员和县级以上人民政府确定的其他困难人员，其个人缴费部分由当地政府承担。

## 四、享受待遇

（一）普通门（急）诊（购药）待遇

一个年度内，参保人员在定点医药机构发生的符合基本医疗保险规定支付范围的普通门（急）诊和购药医疗费用，统筹基金按以下规定支付：

1. 社区卫生服务中心（站）以及按政策实行医共（联）体管理的基层医疗机构按 50% 支付，二级医疗机构按 20% 支付，其他医疗机构按 10% 支付。

2. 居民医保门诊统筹基金最高补偿额为 800 元。

（二）住院待遇

一个年度内，参保人员在定点医疗机构发生的符合基本医疗保险规定支付范围的住院医疗费用，按下列规定支付：

1. 起付标准：一级及以下医疗机构（社区卫生服务机构）300 元，二级医疗机构 500 元，三级医疗机构 800 元。最高支付限额 20 万元。

2. 支付比例：在起付标准以上至最高限额以下部分，一级及以下医疗机构（社区卫生服务机构）按 80% 支付，二级医疗机构按 75% 支付，三级医疗机构按 65% 支付。

住院起付标准一年计收一次。多次住院或转院的按最高等级医疗机构标准计收。

（三）规定病种门诊待遇

1. 病种范围：恶性肿瘤放化疗、尿毒症血透和腹透、器官移植抗排异、再生障碍性贫血、系统性红斑狼疮、血友病、重性精神病、肺结核病辅助治疗（国家免费抗结核病药物治疗除外）、艾滋病机会性感染（国家规定的免费抗病毒治疗除外）、儿童孤独症等 10 种。

2. 定点医药机构：符合规定病种条件的参保人员在定点医疗机构和选择嘉兴市域内 2 家定点零售药店作为其门诊规定病种的定点医药机构。

3. 医疗待遇：在规定病种定点医药机构发生的符合基本医疗保险规定病种支付范围的针对性门诊医疗费用，可视作住院医疗费用（不设起付标准）按

65% 支付。规定病种门诊针对性中草药治疗费用，按每帖 50 元的最高支付标准纳入结算，不足标准的，按实结算。

（四）生育医疗待遇

未享受就业配偶生育医疗待遇的参保人员，发生符合法定生育条件的住院分娩，可享受 500 元定额标准补助，由居民医保统筹基金支付，不计入最高支付限额额度。

## 五、转诊就医

（一）嘉兴市域内就医购药的，符合基本医疗保险支付范围医疗费用按规定的医药机构对应比例支付。

（二）按卫生健康部门要求规范转诊到嘉兴市外定点医疗机构就诊的，符合基本医疗保险支付范围的医疗费用，先由个人自费 10% 后，统一按三级医院比例支付。

（三）未按卫生健康部门要求规范转诊到嘉兴市外定点医疗机构就诊的，符合基本医疗保险支付范围的医疗费用，先由个人自费 20% 后，统一按三级医院比例支付。

（四）在外地医疗机构急诊、抢救的，先由个人自费 10% 后，再按相应等级医院比例支付。

（五）对长期居住外地或因工作原因需驻外地 3 个月以上的，可向参保地经办机构申请办理异地安置（暂居外地）手续，其居住地定点医疗机构发生的医疗费用视同我市定点医疗机构发生的费用，按规定比例报销。其间临时回原居住地定点医疗机构发生的医疗费，按外地急诊处理。

## 六、居民医保慢性病门诊

（一）慢性病病种：

省定城乡居民医保门诊慢性病病种包括高血压、糖尿病、肺结核、冠心病、支气管哮喘、慢性肾脏病、慢性阻塞性肺疾病、慢性肝病、帕金森病、风湿关节炎、阿尔茨海默病、精神分裂症（情感性精神病）12 种常见慢性病。

（二）享受慢性病待遇要求

与家庭医生签约并办理慢性病门诊待遇备案的城乡居民参保人员，在签约社区卫生服务机构发生的慢性病针对性用药纳入慢性病基层门诊待遇范围；未签约办理慢性病门诊待遇备案或在其他基层门诊待遇按现行城乡居民医保普通门诊待遇执行。

经与家庭医生签约并办理慢性病门诊待遇备案的城乡居民参保人员，凭签约家庭医生开具的慢性病用药连续（外配）处方在慢性病门诊待遇指定医保定点药店配取慢性病针对性用药。

（三）慢性病门诊保障待遇：

城乡居民医保门诊慢性病不设起付线。

基层门诊符合慢性病门诊目录的医疗费报销比例为6%（其中，肺结核慢性病门诊报销比例为70%）；二级、三级医疗机构报销比例为10%。精神病专科医院精神分裂症就医门诊慢性病医疗费用报销比例为60%。慢性病门诊指定药店报销比例按嘉兴市相关文件执行。

患高血压、糖尿病城乡居民基本医疗保险参保人员在二级医疗机构慢性病门诊发生符合省慢性病门诊目录的医疗费报销比例调整为50%，居民医保门诊慢性病医疗费封顶线为每年度1500元。

## 七、大病保险

（一）大病保险支付范围：

1. 使用按规定确定为大病保险特殊药品、罕见病特殊药品医疗费用；

2. 在定点医药机构发生的符合基本医疗保险规定支付范围的住院（含规定病种、慢性病门诊）医疗费用，按基本医疗保险政策规定比例支付（含各类补助）后的自负医疗费用；

3. 居民医保参保人员在最高支付限额以上，符合基本医疗保险规定支付范围的住院（含规定病种门诊）医疗费用。

（二）大病保险待遇：

参保人员在一个年度内，纳入大病保险支付范围的个人累计医疗费用1.5万元（不含）至5万元部分，由大病保险基金支付60%；5万元（不含）以上，由大病保险基金部分支付70%。

贫困人口纳入大病保险支付范围的个人累计医疗费用500元（不含）至5万元部分，由大病保险基金支付65%；5万元（不含）以上部分，由大病保险基金支付75%。

## 八、就诊管理

（一）参保人员必须在居民医保定点医疗机构接受治疗的医药费用，方可列入居民医保报销范围。

（二）参保人员享受医疗保障待遇按照《浙江省基本医疗保险、工伤保险和生育保险药品目录》《浙江省基本医疗保险医疗服务项目目录》和《浙江省大病保险特殊药品目录》以及国家、省、市有关规定执行。

## 九、费用结算

（一）参保人员凭本人社会保障市民卡在定点医药机构就诊购药，应当由参保人员个人负担的医疗费用，由参保人员直接向定点医药机支付；其余的由定点医药机构按照协议与经办机构按月结算。

（二）因故未能刷卡结算的（定点零售药店除外），参保人员应凭医疗费发票原件、清单、出院小结等到经办机构及网点办理医疗费用结算。

（三）至年度末，参保人员连续住院满 6 个月以及家庭病床建床患者，应予结算。

## 十、不予报销范围

下列医疗费用不纳入医疗保障基（资）金（以下称医疗保障金）支付范围：

（一）应当从工伤保险基金中支付的；

（二）应当由第三人负担的；

（三）应当由公共卫生负担的；

（四）在境外就医的；

（五）国家规定不予支付的其他费用。

## 十一、监督管理

（一）基本医疗保障金实行分级管理，统一纳入社会保障基金财政专户、实行收支两管理，执行社会保障基金预决算制度和财务会计核算管理制度。任何部门、单位和个人均不侵占、挤占和挪用医疗保障金，也不得用于平衡财政预算。

（二）定点医药机构违反与医保经办机构所签协议的，依照有关约定追究其违约责任。参保人员违反基本医疗保障规定并造成医疗保障金损失的，由经办机构追回已经支付的医疗保障金，并可向用人单位通报。

（三）以欺诈、伪造证明材料或者其他手段骗取医疗保障金的，依据《中华人民共和国社会保险法》等规定，责令退回骗取的医疗保障金。属于医疗保障服务机构的，解除服务协议。直接负责的主管人员和其他直接责任人员有执业资格的，由主管部门依法吊销其执业资格。涉嫌犯罪的，移送司法机关依法处理。

（四）医疗保障行政部门、征收机关、经办机构及其工作人员违反基本医疗保障规定的按照《中华人民共和国社会保险法》等规定处理。

## 村域之首

第一所小学——城东乡第六保国民学校（北孟庙，民国 33 年，1944 年）

第一个小学教师——城东乡第六保国民学校钟剑虹（北孟庙，民国 33 年，1944 年）

第一个幼儿班——城东乡第七保国民学校（富饶桥，1946 年）

第一个中共党员——徐金章（陆家埭，1948 年 11 月）

第一批参加中国人民解放军的村民——潘传兴、陈志华、方潮官（1951 年 10 月）

第一次全国人口普查，革新村域内同步开展（1953 年 7 月 1 日）

第一次实行普选桐乡县人民代表——高伯乔当选（1953 年）

第一年执行粮食统购统销政策（1953 年秋）

第一个农业初级合作社——陈贵山负责的范家埭农业初级合作社（1954 年 3 月成立）

第一个小蚕共育室——范家埭农业初级合作社共育室（1954 年 4 月）

第一次发放棉布票，村域内全体村民受益（1954 年）

第一年实行义务兵役制，村域内适龄青年踊跃报名（1955 年 7 月）

第一年推行水田耕作制度改革，改单季稻为双季稻（早稻、晚稻）（1956 年）

第一所初中——新南乡农业初中（后改为农业大学，1957 年）

第一次有客运汽车出现在村域内——杭善公路全线通车（浮石桥车站，1958 年）

第一任中共革新大队支部委员会书记——高伯乔（盛家里，1958 年 10 月）

第一任大队长（革新大队）——殳金毛（殳家埭，1958 年 10 月）

第一个诊所——梧桐人民公社卫生院革新管理区卫生保健站（高家里，1958 年 9 月）

第一个乡村医生——姚福权（包家桥东，1958 年）

第一次在全公社引进“三熟制”耕种模式获得成功（1959 年 3 月）

第一场露天电影——《南征北战》（革新大队部草庵头，1959 年）

第一座灌溉机埠——朱家浜机埠（1960 年）

第一台10千伏安变压器摆放在朱家浜机埠（1962年11月）

第一座排涝水闸（俗称石坝）——姚家浜水闸（1962年12月）

第一年早稻种植使用尼龙薄膜保温育秧（1963年）

第一年开展“农业学大赛”运动（1964年）

第一家队办企业——新南稻谷加工厂（1964年4月）

第一台电耕犁——革一大队购买（1965年6月）

第一次通有线广播（1965年4月）

第一批下乡知青——来自崇福镇的51名青年（1966年4月25日）

第一台中型拖拉机——向阳大队购买（1969年7月）

第一批血吸虫病患者得到锑剂治疗（1970年3月）

第一台半导体收音机拥有者——沈阿四（富饶桥，1972年）

第一次参加桐乡县首届农民篮球赛，并获得第一名（新南大队篮球队，1973年5月）

第一次代表桐乡县农民男篮参加嘉兴地区农民男篮赛——新南大队篮球队（1973年11月）

第一所半农半读的土高中——新南农中（塘家浜，1975年8月）

第一次开挖三里姚家浜与北港、十字港连通（1975年11月）

第一座钢筋水泥拱桥——新南桥（1976年10月）

第一批建造钢筋混凝土结构楼房——姚福昌等5户（北孟庙组，1976年12月）

第一台8.75毫米电影放映机——新南大队放映队（1977年12月）

第一次试验推广池杉嫩枝水养法育苗新技术获得成功——新南大队苗圃（1977年）

第一个全市规模最大的机械化牧场——塘家浜机械化牧场（1978年）

第一位出席中共浙江省党代会的代表——姚子堂（北孟庙，1978年）

第一个沼气池的建造者——曹炳林（丁家里，1978年）

第一台电视机（波兰产24吋黑白电视机）——陆家埭生产队（1978年）

第一次池杉浸种催芽技术获得成功，县农林部门向全县推广——新南林业队（1980年）

第一位考上全国重点大学的学生——沈坤荣（南开大学）（沈家村，1981年）

第一位取得个体工商户营业执照的村民——陈永根（新凤桥，1983年）

第一个实行家庭联产承包责任制的生产队——殳家埭生产队（1983年10月）

第一个稻谷总产创历史最高纪录年份——达到6314.39吨（1984年）

第一批种葡萄专业户——周庆和、蒋林甫（周家里，1985年）

第一家个体经营饭店——浮石桥饭店（沈加林，1985年）

第一家私营企业——桐乡市东海缩绒厂（椿树下徐荣堂创办，1989年）

第一批全县推广省柴灶试点村——原革一村（1989年）

第一个牛蛙养殖户——庄建荣（高家里，1989年）

第一部程控固定电话拥有者——费兴堂（镬子浜，1993年）

第一个养猪专业户——姚立人（北孟庙，1993年）

第一部模拟移动电话摩托罗拉（大哥大）拥有者——姚水荣（包家桥东，1995年）

第一辆自卸货车拥有者——沈元林（浮石桥，1995年）

第一座跨过村域的立交桥——梧桐立交桥（1995年）

第一个电话村——原向阳村（1996年）

第一年全面推行村务公开制度（1998年）

第一条水泥村道，西起法海湾，东到北孟庙，北连浮石桥，全长4.5千米，宽5米（2000年）

第一任中共革新村党总支部委员会书记——费兴华（大道场，2000年）

第一条途经革新村域的城市公交线路——3路公交线（2002年）

第一批拆迁安置村民组——南港上组、丁家里组59户（2001年9月）

第一辆轿车（夏利）拥有者——李水林（沈家村，2002年）

第一批办理养老保险的村民有1534人（倪家门等11个村民组，2003年4月）

第一次为参加合作医疗的城乡居民每两年提供一次免费健康体检（2006年）

第一大村民组——北孟庙村民组（2008年）

第一家便民菜场——灵悟小区便民菜场（2008年）

第一次建立一站式便民服务中心（2014 年）

第一次从村帮扶基金中资助村域内因病致贫的困难户、伤残户、低保户（2015 年）

第一次设立“开蒙礼”“崇学奖”（2016 年）

第一次获得“崇学奖”的学子——沈亦昼、高伟、张超、蔡淼鸿、姚建发、顾桂芳、庄媛秋（2016 年）

第一年实行给村域内 80 岁以上老人祝寿过生日（2016 年）

第一届革新村春节联欢晚会（简称村晚）（2016 年 2 月 4 日）

第一届革新村乡贤参事会成立（2018 年）

第一次编写革新村村史——《百年革新村》（2018 年）

第一个农村家宴管理服务部——桐乡市梧桐林坤农村家宴管理服务部（2019 年）

第一任中共革新村委员会书记——朱玉建（朱家兜，2019 年 4 月）

第一大姓氏——徐姓（2020 年统计人数为 536 人）

第一个援鄂医疗队长——沈晓华（沈家村，2020 年）

第一次修《革新村志》（2020 年）

第一次出现的两位百岁老人——包家桥东姚巧文、麦干浜西沈银宝（均为 1922 年出生）

## 村域遗痕

最后的小河浜——吴家里张家浜、潘家门的李家浜（又叫鬼出浜）（2020 年尚在）

最后的河埠——新南菜厂河埠（2020 年尚在）

最后一所小学——革新小学，后并入中山小学（2010 年 8 月）

最后一块集体土地被征收——北孟庙组（2009 年 6 月 4 日）

最后一年缴农业税（2005 年）

最后一座石桥——浮石桥（2004 年）

最后一只农用水泥船被淘汰（2003 年）

最后一年交国家粮食任务（2000 年）

最后一年种植春粮、早稻（1999 年）

最后一批青壮年农民脱盲（1994 年）

最后一名抗美援朝志愿军老兵——徐金章（陆家埭人，1993 年去世）

最后一名民办教师转为公办教师（1993 年）

最后一年使用粮票（1992 年）

最后一年通过了上级部门对村域内消灭钉螺和血吸虫病工作的检查验收（1991 年）

最后一户草棚被拆除——祁锦荣户（方家埭，1987 年）

最后一年由生产队共育养蚕（1984 年春蚕出火后分到户养）

最后一头耕牛退出耕作——原新南大队徐家兜组（1978 年）

最后一批知识青年回城——3 名梧桐镇知青（1980 年 9 月）

最后一次为地主、富农“摘帽”（1979 年）

最后一年实施保甲制（1949 年）

# 后　记

我出生至今，还从未离开过革新村这一方家乡的沃土。喝着姚家浜的水，吃着家乡的白米饭，闻着稻草麦秆的清香，沐浴着古杏的银露长大。忘不了坐着砖头凳子、水泥桌度过的五年小学时光，也忘不了隔壁是猪、羊棚的农舍教室里两年的初中学习，更忘不了起早贪黑、面朝黄土背朝天的田间劳作；摇船从姚家浜出发，一路经过永兴港、富饶桥港、灵悟桥港去县城梧桐镇上摇“桐乡粪”；一夜未眠肩挑手摇去粮站粜国家粮食任务的情境。1975 年 3 月，我从泥泞的田埂走上讲台，成了一名大队里的小学民办教师（也称赤脚老师）。从此，每年两个学期无数次的学生家访，让我对村域内的每一个自然村落，每一条乡间小道，每一座大小桥梁，乃至每一方水田圩头和零星错落的农舍都有了近距离的接触，留下了终生难以抹去的印记。

斗转星移，光阴似箭。一转眼几十年过去了，家乡发生了翻天覆地的变化。从 2001 年至 2009 年，由于城市发展的需要，村里的集体土地完成了整体征迁，31 个村民组的农户被安置在灵悟、革新、永兴和金晖 4 个小区，村民们告别了祖祖辈辈一脉相承的农耕生活，搬进了设施齐全、环境优美的居住小区，过上了现代化的城市化生活。那些曾经熟悉的自然村落、小桥流水、河浜沟渠、溇潭池塘、村道小径、白墙黛瓦、竹园林木被植物园、凤凰湖等公园景观，以及各类居住小区、总部大楼所取代。

也许是上了年纪的缘故，总是容易怀旧。每当闻到园林工人修剪草坪时的清香像极了刚割下稻草的味道，这使我自然而然想起了昔日烈日下“双抢”收割早稻时那辛劳的场景：那缕缕炊烟、声声蛙鸣、阵阵蝉叫的恬静乡村景象，烙印于心间，浮现于眼前，令人留恋遐想。每次站在莲花桥上凝神远望，那一湾河水依旧缓缓东去，只有几个被风雨、河水冲刷得有些塌了的河埠依稀还在。时过境迁，睹景生情，思绪万千：若干年后，我们的子孙后辈是否还会知道这片曾经世代居住、养育了一代又一代人的土地过去是何等模样？我想应该让我们的子孙后辈了解家乡的往事和故土的沧海桑田，知道自己从哪里来，又将往哪里去？与生俱来的乡愁情愫使我产生了一个念想：能否写一些家乡过去的村落村貌、村情民风、农耕织造、风俗习惯、繁衍生息的文学记忆，给子孙后代留一点回忆呢？

2020 年 6 月 13 日，村党委书记朱玉建打电话给我，邀我去村委商议编写村志的事。玉建书记说：“根据全国文史工作会议的精神，市委、市政府要求各镇、街道重视传统史料文化的抢救工作，发挥存史、育人、资政的作用。每个镇、街道至少要有一个行政村作为编纂村志的试点。为此，梧桐街道党委把修村志的试点任务交给了我们革新村。村党委经过研究决定，要由革新人来修革新志。经过再三考虑，我们要把这项重任交给你，村党委相信你不会推辞，同时我们也将全力以赴支持你的工作！”接到修村志的任务后，我百感交集，又喜又忧，喜的是终于能实现我多年来的心愿，忧的是生怕自己才疏学浅不能做到游刃有余，而“修志”对我来说还是“和尚拜丈母”第一回，连个概念也没有。要完成这项重任困难重重，担心辜负了村党委对我的信任和期望。

2020 年 7 月 11 日，村“两委”召开《革新村志》编纂启动会议，参加会议的有全体村干部和编辑组人员，会上成立了《革新村志》编委会，由村党委书记朱玉建任主任，副书记庄林法任副主任，聘请陈志农老师为顾问。编辑组由庄林法、陈兰、沈德兴、庄寿良、陈桂庆、蔡月林、庄复兴等同志组成。会议要求编委会人员提高认识，重视修志工作，全力支持、关心编辑组的工作，及时提供相关条线上的数据和资料；编辑组人员要不怕辛劳，不怕麻烦，以实事求是、细致、务实、全面的工作态度，争取编纂出一部能够反映革新村在不同历史时期中的发展轨迹，同时又符合本村特色、经得起时间和历史检验、具有史料价值的村志。这次编写的村志是我们革新村的首部村志，也是梧桐街道的第一部村志，是一项系统性、开创性的文化工程。

启动仪式后，在村党委副书记庄林法同志的带领下，修志工作紧锣密鼓地开展起来。设立了村志办公室，添置电脑、打印机、办公桌、椅、橱、稿纸、文件夹、笔等办公用品。为了学习兄弟单位编修村志的经验，2020 年 7 月 16 日，玉建书记带我赶赴嘉善县陶庄镇，与《陶庄镇志》和《汾南村志》的主编沈燮冬先生进行了面对面的交流，令我受益匪浅。2021 年 10 月 13 日，我作为编辑组人员参加了嘉兴市档案局地方志编纂室举办的“嘉兴市乡镇（街道）村志培训班”的培训，进一步加深了对修村志的理解和感悟，使我对修好村志信心倍增。

在修志过程中，我有过无从下笔、一筹莫展、冥思苦想的时候；有过面临要查的资料、数据查无结果时的焦虑与无奈；有过贵人指点、答疑解惑时的喜悦与兴奋。玉建书记亲自过问修志工作。三年来，几十次听取汇报，为村志把脉、定位、解惑。多次联系上级相关部门，为我们查阅资料、照片提供帮助。在村里召开的全体党员、村民组长会议上进一步广泛发动，让大家踊跃向编辑组提供值得回忆的人和事、有价值的历史照片、票据凭证等实物资料，并给 31 名村民组长布置任务，让他们调查、统计编写村志所需要的本村民小组的有关数据，为我们搜集到了第一手的数据、资料，使修志工作得以顺利展开。陈志农老师作为《革新村志》的顾问，几次三番地向我毫无保留地传授修志的一般路径：首先要多看、多查阅相关资料，多走访、多调查人和事，积累材料，不要急于下笔；其次，再根据本村的实际情况和特色确定章节目录。同时，他无私地借给我 1996 年版的《桐乡县志》《桐乡市志（1991—2010）》《桐乡市农业志》《桐乡县地名志》《新联村志》等参考文献，并提供了他所掌握了解的所有影像、文字资料。每修一章我都送给他审阅，他总是不顾年老体弱，认真阅览，并给予修改建议，使修志工作少走弯路。当我遇到疑问时，他总是为我们出谋划策，指点迷津，找出解决问题的方法。蔡月林老师是我的黄金搭档，凭着他有过编写校史和查档案的经验，带着庄寿良、高华生两位老会计，冒着酷暑，用了两个多月的时间，先后去了桐乡市城市档案中心、桐城委档案室、市统计局、自然资源规划局、民政局、退役军人事务局、住房和城乡建设局，以及嘉兴市生态环境局桐乡分局、梧桐市场监督管理所、梧桐街道中山小学档案室等十多个单位，查阅档案，收集数据。同时，我在沈德兴、庄寿良、陈桂庆三位老同志的配合下，走村入户走访了156人，其中最高年龄91岁。为了弥补档案资料中所记载的缺略，蔡月林老师去原向阳村老干部徐兰毛（87岁）家8次上门走访、核实。我和他还起早去利民茶店与喝早茶的老人座谈了5次，走访的人员中有新中国成立初期的老党员、老干部、80岁以上的村民以及公务员、医生、教师、民营企业老板、退伍军人、知识青年、能工巧匠、新居民、和尚道士、念佛老太、信教群众等，对人或事进行求证，笔录口述，为修志获得了第一手史实性资料。

国务院2006年发布的《地方志工作条例》规定，县以上行政单位每20年左右应编修一次地方志书，对修志的任务、行文、史料、文字等进行规范，而对乡村志书的编修没有作出明确规定。因此，我根据已收集到的资料和村域的特点来设置章节、目录，补县志所缺，详县志所略。在撰写过程中，以农业、农村、农民为主线，以改革开放以来村容村貌变化，尤其是村域整体征地拆迁为重点，以村民生活改善提高为着眼点。革新村是一个农业村，在20世纪60年代至80年代，国家粮食任务按土地面积计算，在全公社是最重的，为国家作出过很大的贡献。当时，革新村人多地少，为了既能超额完成国家任务，又要使全体村民能够填饱肚子，20世纪60年代初期，在村域内试验实施“三熟制”的耕作模式，即（麦—稻—稻、豆—稻—稻、菜—稻—稻），结果大获成功，成为全县乃至全省最早实施的新型耕作方式。“三熟制”的推广大大缓解了国家粮食任务重与群众口粮的矛盾，受到了上级政府特别是农业部门的高度肯定。当时的县委机关报《桐乡日报》经常报道革新村干部和群众战天斗地办农业、鼓足干劲争上游的先进事迹，使村域内的原革一、新南大队成为全县农业战线的一面红旗。从2001—2009年，革新村完成了整体征迁，全体村民都搬进了600多平米的别墅式安置房，村容村貌发生了翻天覆地的变化，原来的旧貌、旧址已湮没于历史长河中。为留住曾经的记忆，我们走访、收集了村域征迁前的照片、实物资料编进村志中，以征迁后地面上的建筑物为参照物加以对比，把征迁前与征迁后的变化串联在一起，好让村民们以及下一代能够记住自己的祖居故土。

古人修志遵循“考据详明，采撷精当，既无缺略，亦无冒滥”。《革新村志》编纂中，参考引录了清嘉庆《桐乡县志》、清光绪《桐乡县志》、《桐乡县志》、《桐乡市志（1991—2010）》、《桐乡市农业志》《桐乡县地名志》《桐乡县教育志》等专业志，以及民国35年（1946）《桐乡年鉴》、1998年以后的《桐乡年鉴》、《中国共产党桐乡历史大事记》、《桐乡市抗战时期人口伤亡和财产损失调研成果汇编》、《历史的足迹》等书籍。现代人修志强调明古详今，以亲历、亲见、亲闻的资料为依据，我们在编志的过程中始终坚持这一原则。在写到梧桐人民公社成立的时间时，“中国共产党桐乡历史大事记”中记载的是1958年9月28日，而1996年版的《桐乡县志》中记载的却是1958年10月1日。为了确定这个时间，我们去桐乡档案馆查阅资料，结果查到1958年9月19日第306期《桐乡日报》第一版上刊登了梧桐人民公社成立的新闻报道，并配发了社论。由此确定梧桐公社成立于1958年9月18日，这篇新闻报道具有时效性，客观可信。因此，我们确定梧桐人民公社成立的时间为1958年9月18日。在编写“中国共产党的基层党组织”一章时，梧桐人民公社组织史中记载：1956年成立新丰高级合作社党支部，革新高级合作社一社党支部（简称革新一社），革新高级合作社二社党支部（简称革新二社）。但是在书记一栏中，革新二社没有书记。我们五六次走访1958年入党的老党员徐兰毛，根据他的回忆讲述和在市档案馆查到的1961年梧桐人民公社党员名册中，1956年革新二社只有2名党员，没有党支部。这两名党员的组织关系在革新一社党支部，老人讲述的与党员名册中的人数一致。1961年，徐兰毛时任革二大队首任党支部书记。我们以亲历、亲见者为据，实事求是地记录和反映当时的实情。在编写“村级组织”一章时有关“废除保甲制”的时间，1996年版的《桐乡县志》记载：在“大事记”中的时间为1949年11月，在“党的重要决策和实施”中的时间为1950年春，在《中国共产党桐乡历史大事记》中的时间则为1950年5月。我们带着疑问走访了桐乡市档案馆庄永明、沈家明两位副馆长，他们对我们在修志工作中的严谨态度表示了肯定。后通过考证给出的答案是梧桐人民公社成立的时间和我们的观点一致，1958年9月18日。废除保甲制度的时间当时在全县不是统一的，有一个先后过程，从1949年底开始到1950年春结束，秀川乡是全县最后一个乡，在1950年春废除保甲制。因此我们认定革新村域内在1950年春废除保甲制。在写到1958年9月18日成立梧桐人民公社后，原革新一社、革新二社、新丰高级社合并后的大队名时，档案馆查不到当年梧桐人民公社命名的文件资料，民间流传叫“革新大队”，也叫“革一大队”的说法。从1988年版《浙江省桐乡县地名志》中查到：革一大队、向阳大队、新南大队1958年为梧桐人民公社革新大队；在档案馆保存的资料中有：1960年6月结婚证明、离婚证明上，标题和落款均为：梧桐人民公社革新生产队；有1959年3月的《干部调配方案》表中呈报单位分别是：革新七小队、革新八小队、革新九小队；据老同志潘全宝、徐兰毛回忆：当时叫“革新”，也有叫“革一”。《梧桐乡组织史》记载：1958年10月至1960年，新丰、向阳、革一全部合并为革一大队；1959年11月，中共嘉兴地委命名桐乡县梧桐人民公社革一生产大队党支部为“农村标兵党支部”；1958年至1960年间，《桐乡日报》报道中均称“革一生产大队”；市档案馆资料显示：1959年《梧桐人民公社粮食分配情况表》中记载有革一、革二两个大队。综上所述，我们认为：1958年，人民公社成立时，村域内革新一社、革新二社和新丰高级社合并后的名称为“革新生产队”；1959年，革新大队分为革一（含新南）、革二两个生产大队；1961年，革一生产队再分为革一、新南两个大队。在编写过程中，每编写好一章，我们两人交换修改，再送其他编委成员修改，虚心听取编委人员的意见和建议，使志书的内容翔实可信，做到无冒滥虚构，保证志书史料的真实性和准确性。

在近三年的修志过程中，承蒙各方热心人士、社会贤达、修志专家的鼎力相助、悉心教导，无私提供文字资料、实物照片。桐乡市原副市长、桐乡市政协原主席徐八斤获悉革新村要编村志，给我们寄来了《桐乡古桥》《桐乡蚕文化》及他在1974—1979年间在新南大队时的经历、见闻，还欣然为《革新村志》作序。市档案馆副馆长庄永明在听取了《革新村志》的编纂情况后，对我们给予高度关注和支持，对我们在修志过程中遇到的问题及时解答，并提供有关革新村的史实资料，在村志初稿完成后，为我们审阅了40多万字的村志初稿，并提出了修改意见。2022年2月23日，庄永明副馆长来村委会，座谈村志编写情况，反馈审阅过程中的相关问题。桐乡市水利局为我们提供了2000年以前的革新村域内的水系图。在拜访市作协秘书长颜剑明的时候，他认真听取了我们的修志情况汇报后，十分真诚地向我们提出了修村志的建议：“修村志要从细入手，抓住第一手资料，重视对口述资料的积累，着眼于小、细、详，做到明古详今，比例在1∶3左右，你们修的是首志，所以对村的历史一定要能查多远就查多远，能挖多深就挖多深。”市农林局退休老干部汤闻飞和市级机关退休老干部李渭钫热情无私地向我们提供了解放初期至20世纪80年代他们在革新村域内留下的珍贵历史瞬间，为我们诠释了照片上的革新村史。市统计局副局长沈富洪为了给我们提供第三次至第七次全国人口普查的相关数据，还指派专人从已经封存的档案库中查找革新村人口普查分户表，整理、计算相应的数据，第一时间给我们寄过来。自然资源规划局沈春洪为我们提供了革新村域内所有建设单位的名称、土地面积、建筑面积等详细数据和建筑物坐落位置。市农林局退休老干部、《桐乡市农业志》副主编杨承禹先生为我们提供了20世纪80年代作为农林局下派的农技员在革新村的所见所闻：培育大小麦良种、稻田养蟹等情况。桐乡市摄影家协会的李群力先生帮助我们航拍了革新村新貌和四个小区的全景照片。原市住房和城乡规划建设局（市人民防空办公室）党委副书记许剑明利用业余时间，认真仔细地修改了二十章40多万字的《革新村志》初稿。《新联村志》主编沈坤山用一个多月时间修改了村志的初稿，提出了修改意见。市委组织部派驻基层的驻村干部李君婷和革新村文化专管员姚周颖不辞辛劳，在完成本职工作的同时，利用业余时间、放弃休息，将《革新村志》几十万字的初稿录入电脑。中山小学退休教师姚阿生热心帮助整理“习俗”篇章和“基础设施”篇的两小节，他克服眼疾和走路不便的困难，冒着酷暑，实地查证革新村域内的各种桥梁以及村域内各路公交车站点，逐一记录在册。全村31个村民组的村民组长以主人翁的态度认真积极配合做好《革新村志》中所需的各种数据摸底、统计工作，及时给我们提供了最基层的第一手数据资料。新中国成立初期的老党员干部徐兰毛、潘全宝多次为我们口述解放初期、互助组、合作化、人民公社等不同历史时期的村域变迁、亲身经历、重要事件，使我们对那段历史有了较为完整的了解，为我们整体记录那段历史提供了依据，弥补了县志、市志、档案资料的缺失。在《革新村志》付梓之际，一并表示最诚挚的感谢！

在三年多的修志过程中，我们认真负责，倾尽全力，力图通过自己的努力和勤奋使志书少一点缺憾。《革新村志》是革新的首志，时间跨度大，涉及面广，史料散佚不全，再加上我们经验不足，《革新村志》难免有疏漏和不足之处，也有不尽如人意的地方，在此欢迎村领导和全体村民及社会各界人士不吝赐教！

庄复兴

2022年10月